Hermes Trismegistus

Magus

Cabala

Natural Magic

Pico della Mirandola

Agrippa

Asclepius

Tommaso Campanella

Corpus Hermeticum

Pseudo-Dionysius

Sermo Perfectus

Marsilio Ficino

Prisca Theologia

ジョルダーノ・ブルーノとヘルメス教の伝統

Giordano Bruno and the Hermetic Tradition

フランセス・イエイツ＝著
前野佳彦＝訳

工作舎

〈ヘルメス・トリスメギストス〉、
シエナ大聖堂のモザイク装飾床

ジョルダーノ・ブルーノとヘルメス教の伝統 ❖ 目次

第四章——フィチーノの自然魔術

第五章——ピコ・デッラ・ミランドラとカバラ的魔術

第六章——偽ディオニュシウスとキリスト教魔術の神学

第一〇章——十六世紀の宗教的ヘルメティズム

第一一章——ジョルダーノ・ブルーノ——最初のパリ滞在

第一二章——ジョルダーノ・ブルーノのイギリス滞在——ヘルメス教的改革

❖本書はFrances A. Yates, Giordano Bruno and the Hermetic Tradition (Routledge & Kegan Paul, 1964) の全訳である。底本としては初版を使用した。

❖原著者の表記が明らかに誤植だと判断し得る場合に限り、訳者の判断で原文を校正して訳文を作製した。その場合は必ず訳註に問題の箇所を表記し訳者の判断の根拠を示すようにした（全体で数カ所）。

❖本書の訳語の選択で問題になるのは二点、つまり［1］〈ヘルメティズム関係、及び［2］占星術、魔術関係、の訳語である。

［1］ヘルメティズム関係の訳語——❶Hermetism＝〈ヘルメス教〉を基本訳語として選択し、文脈に応じてさらに〈ヘルメス主義〉および〈ヘルメティズム〉を使い分けた。この訳語の選択は本書の最も中核部の理解と連関しているので、訳註及び解説で訳者の基本的な読解を示してある。細かな議論はそちらを参照されたい。❷Hermetica＝〈ヘルメス文書〉。最広義のヘルメス文献の意味であるが、本書ではほぼ『ピマンデル』と『アスクレピウス』の両者に限定されている。❸Corpus Hermeticum＝『ヘルメス選集』。ヘルメス文献の中核部であり、またフィチーノの翻訳を介してルネサンス・ヘルメティズムの基盤となった文献である。本書では〈ヘルメス文書〉から『アスクレピウス』を除いたものがほぼ『ヘルメス選集』だと考えれば、文献的背景の理解が整理されるだろう。それぞれの選集の書誌学的背景に関してはイエイツが適宜解説を加えているので説明はそちらに譲りたい。

［2］占星術、魔術関係の訳語——占星術、魔術の用語は一般的な意味にも用いられている。しかし文脈でほぼ決定可能であるので本質的な問題とはならない。したがって以下の訳語は明らかに占星術、魔術が問題となる部分の他でも、イエイツの連想がはっきりとそちらに向かっている場合には、やはりこの専門用語を優先して用いることにした。頻出する用語は以下のものである。

❶zodiac＝〈黄道十二宮〉／〈黄道帯〉と訳した。❷influence/influences＝星辰が下方の事物を支配する力である。〈感応霊力〉の定訳を用いた。❸character/characters＝〈占星記号〉と訳した。❹sign/signs＝黄道十二宮の宮の徴を意味する。〈宮〉と訳した。他星座の表記は概ね『研究社新英和大辞典』の訳語を優先した。

❖原註は★001、訳註は☆001とし、それぞれ巻末にまとめた。また、広く読者の便宜に供するため、原書にない小見出しを付した。

序

もうかなり以前のことになるが、わたしはジョルダーノ・ブルーノの『灰の水曜日の晩餐』(*La cena de le ceneri*)を英訳してみようと思ったことがある。翻訳の序言では当時のブルーノ研究の通念に従った総括を予定していた。つまりルネサンスの伝統を継承するこの進歩的哲学者がコペルニクスの天体理論をいち早く受け入れた、その思想的な大胆さを強調するつもりだったのである。しかし具体的にこの作品の検討を始め、作中に実名で登場するブルーノが、当時のロンドンをストランド街[001]からホワイトホール[002]へ向かい、とある邸宅[003]で当時の貴顕や学者たちを前にしてコペルニクスの天体理論を解説する様子を追っていくうちに、さまざまな疑問を感じ始めた。このロンドン散策は虚構のもので、作中の晩餐会は当時ブルーノが寄寓していたフランス大使館で行われたのではないだろうか。コペルニクスの天体理論は本当にこの哲学談義の主題なのだろうか。それとも何かがこの理論によって暗示されていたのではないだろうか。このようにしてブルーノの問題はそれ以降、すべてのわたしの研究活動の真の焦点を形成することになった。大量のメモ、草稿が積み重なっていったが、完全な理解にはほど遠かった。何か重要な鍵があるはずなのだがそれが見つからなかったのである。

何人かのルネサンス研究家たちが、イタリア・ルネサンスに及ぼしたヘルメティズムの影響の重要性に注目し始めてから、概ね二五年ほどが経っている。P・O・クリステラー[☆004]の書誌学的な基礎研究によって、フィチーノの『ヘルメス選集《コルプス・ヘルメティクム》』ラテン語訳が当時相当広く普及していたこと、そしてその重要性というものが明るみに出された。[☆005] E・ガリン[☆006]は、特に彼の『中世とルネサンス』(*Medioevo e Rinascimento*)において、また最近再版された『イタリア・ルネサンスの哲学文化』(*La cultura filosofica del Rinascimento italiano*)の中のいくつかのエッセイにおいて、ルネサンス思想に内在するヘルメティズム的要因を緻密な記述により浮かび上がらせている。彼はまた学生たちを組織してヘルメティズムが個々の著作家たちに与えた影響を詳細に検討させ、その成果を『ヘルメティズムに関する人文主義資料集』(*Testi umanistici su l'ermetismo*)に纏めた。フランスの何人かの研究者もルネサンス・ヘルメティズムに注目している。イギリスではD・P・ウォーカー[☆007]が〈始源の神学《プリスカ・テオロギア》〉[☆008]に関して重要な研究論文を発表し、またフィチーノがヘルメス文献の『アスクレピウス』[☆009]を活用したその意味を『フィチーノからカンパネッラに至る精霊-悪霊魔術』(*Spiritual and Demonic Magic from Ficino to Campanella*)[☆010]において分析記述した。ウォーカーのこの研究は初めてルネサンス期の魔術観に微妙な差異性が存在することを明確にし、また魔術という現象が宗教的諸問題に対して持つ意味をも示唆した重要な著作である。

しかし今まで誰一人としてブルーノをヘルメティズムとの連関で論じたことはなかった。わたしもこうしたヘルメティズム関係の先行研究に注意を払ってきたものの、しばらくの間は、ヘルメティズムとブルーノの関係に気づかないままだった。もちろんわたしはずっと以前から、ブルーノの著作、特に記憶を主題とした著作には魔術に関する記述が頻出することに（リン・ソーンダイク[☆011]も彼の『魔術と実験科学の歴史』［*History of Magic and Experimental Science*］を執筆する際にこの事実を見逃していない）気づいていた。しかしわたしはまだブルーノの魔術が彼の哲学の本質的部分を構成し、そしてその哲学はヘルメティズム的哲学という大きな範疇に包摂されるということを理解していなかった。ほんの数年前になって突然探していたものが見つかった。つまりわたしはルネサンス・ヘルメティズムこそがブルーノ理解の主な手掛かりであることを悟ったのである。ようやく正しい了解の鍵が発見された。わたしがそれまでに行ってきたブルーノ研究の断片はしかるべき全体像に収まり始めた。そして本書がかなりの短期間に成立することとなったのである。

本研究がブルーノのみを対象とする専門研究でないことは明らかである。本書が目指しているのは、表題に示した通りのこと、すなわちブルーノをヘルメティズムの伝統の中に置くということ、それだけである。ブルーノ自身の思想を新しい視座から解釈するためには、本書以外の研究が必要である。特に古典的記憶術の歴史における彼の位置を解明しなければならない。[☆012]ブルーノはこの古典的記憶術を魔術的-宗教的な記憶技法へと変容させているからである。本書でのブルーノの記憶理論に関する言及は、かなり明瞭さに欠ける部分もあるかもしれないが、わたしはこの主題は独立させてもう一冊の研究書で扱いたいと思っている。またやはり記憶術に関してだが、本書には大きな空隙が存在している。ブルーノに与えたルル[☆013]の影響にはほとんど言及されていないし、ブルーノのルルス主義[☆014]をテーマとした多くの著作も活用されないままに終わったのである。ここでもブルーノとルルス主義の伝統の相互連関を主題とする独立した研究が必要とされており、いつの日にかそうした著作を上梓できればと願っている。ヘルメティズム、記憶技法、そしてルルス主義という三つの要因のすべては、ブルーノの複雑な人格、精神、そして彼の掲げる伝道的使命に織り込まれている。またこの三つの要因は独自の履歴と歴史を持っている。その歴史は中世に発し、ルネサンスを通り抜けて、近代の分水嶺としてのデカルトと十七世紀にまで到達しているのである。

　本書の全体を通じて、その資料的基礎はノック＝フェステュジエールが編纂仏訳した『ヘルメス選集』と、A-J・フェステュジエール[☆015]の著作『ヘルメス・トリスメギストスの啓示』(*La Révélation d'Hermès Trismégiste*)に拠るところが大きかった。ルネサンス・ヘルメティズムは、わたしが本書の最初の一〇章で詳説したような観点から研究されたことはなかった。しかしこの部分では他の先行研究に負うところが大きかったことも確かである。特に第四、七、九、一〇章はウォーカーの研究を参照し、第八章はガリンの示唆した方向で検証を進めている。カバラに関しては、わたしの知識のほとんどすべてはG・ショーレム[☆016]の著作を参照したものである。

わたしはカバラをCabalaと綴ることにこだわったが、[☆017]それはルネサンス思想の観点からこうした古代的叡智に接近してみたいと思ったからであり、またピコもブルーノもカバラをこう綴っているからでもある。この最初の一〇章に続く九つの章では、ブルーノをヘルメティズム-カバラ的伝統の一つの変奏型として提示している。この部分は非常に革命的とも言える研究であって、わたしは過去のブルーノ研究の大半をほとんど無視せざるを得なかった。基礎資料として用いたのはしたがって伝記資料と文書資料が中心で、例外的に参照した二、三の研究は註に指示してある。ブルーノの著作原典としてはG・アクイレッキアが校訂したジェンティーレ版のイタリア語対話篇、そしてやはりアクイレッキアが編集した二冊の最近発見されたラテン語の著作を活用した。カンパネッラをブルーノとの連関で扱うわたしの視座は、カンパネッラの魔術に関するウォーカーの著作を参照した面もあり、またL・フィルポの研究に負うところもあるものの、その基本においてはわたし独自のものである。終わりの二章は〈ヘルメス文書《ヘルメティカ》〉の年代同定によりヘルメティズムの影響力が弱まっていった点を強調し、それが秘教的著作家や秘密結社に流れ込んでいった過程を記述した(この二点はガリンが簡単に示唆したことのあるものでもある)。したがってメルセンヌ、ケプラー、デカルトを中心とした十七世紀的思潮の抬頭も、本書では、ヘルメティズム的伝統を背景として検討されることになる。

こうした恐ろしく複雑なテーマに対しては、過度の単純化という手法の採用もまた避け難かった。また構成の中心をジョルダーノ・ブルーノに置き、彼に至る流れ、彼以降の展開を追ったことは、必然的にわたしの資料選択に影響を及ぼしたのではないかと思う。ヘルメティズム全体の歴史はこれからの研究テーマである。それは中世期を含まねばならないし、わたしが対象とした時期を越えて書き続けられねばならない。ルネサンス・ヘルメティズムのような特殊で、馴染みがなく、また曖昧模糊とした思考世界に切り込む本研究は、危険を覚悟で先へ先へと進まねばならなかったし、全く過ちを犯さないということなどできはしなかった。それはわたしもはっきりと自覚している。もし本書がこの非常に重要な領域に対する関心を高め、他の研究者の参加の意欲を掻き立てることができれば、十分にその役目は果たしたことになるだろう。

　本書の成立は非常に長い年月に及んでいるので、わたしを助けて下さった方々への謝辞は年代順に述べるのが妥当ではないかと思う。ドロシー・ウェイリー・シンガー[☆018]とはブルーノへの共通の関心から知り合い、そしてその好意と勇気づけがわたしの人生の転回点となった。なぜなら彼女の仲介によってわたしは、エドガー・ヴィント、故フリッツ・ザクスル、そしてゲルトルート・ビング[☆019]と個人的に知り合い、まだロンドン移転後ミルバンクにあった頃のワールブルク研究所に通うようになったからである。その後先見の明に富んだ政府当局者の寛大な配慮により、ワールブルク研究所とその蔵書はロンドン大学に編入されることになった。[☆020]第二次大戦の終わりが近づいた頃、ザクスルがわたしを研究所のスタッフに加えてくれた。おかげでわたしはアビィ・ワールブルク[☆021]によって創設され、現在はロンドン大学に所属するこの研究所の蔵書を長年研究の基礎として活用できる恵まれた立場に立つことになった。この研究所で研究を行う者はすべてその蔵書システムの影響を蒙る。蔵書の個性的な配列が創設者ワールブルクの精神を如実に反映しているためである。[☆022]そしてまたわたしは研究所のスタッフの方々にも親しく接して頂くという、何物にも代え難い恵まれた環境で研究を続けることができた。G・ビングはわたしが何年もブルーノ研究を続行していることを知っていた。そして常に理解ある励ましの言葉をかけてわたしを支えてくれた。現在の研究所長、エルンスト・ゴンブリッヒ[☆023]は大いなる忍耐と好意をもって本書の成立までを支え、助言し、助けて下さった。現在研究所のスタッフに加わったパーキン・ウォーカーとは共通の関心を持つ分野で活発な討論を繰り返した。これらすべての人々は本書の草稿に目を通し価値ある批評を加えて下さった。ビングは校正刷りにまで眼を通して下さった。友情、そして友と語らうことにどれだけ多くのことを負っているか、それを知ることもできなければ、どうやって感謝すればよいのかも分からないほどである。旧友の何人かは今は合衆国にいる。その中からチャールズ・ミッチェル（激論を闘わせた相手だ。駅で、列車の中でまで延々と）と、ルドルフ・ウィットカウアー[☆024]を挙げておこう。ウィットカウアーはわたしの研究が重大な局面にさしかかった際に貴重なアドバイスをして下さった。長年ブルーノ研究の同僚であったG・アクイレッキアは快く未刊の草稿を閲覧させて下さった。O・クルツ、J・

トラップ他研究所の司書の方々はその知識によって御支援頂いた。また写真資料部[☆025]の職員の方々にも常に変わらぬ御助力を頂いた。

わたしは研究のために常にロンドン図書館を用いてきた。館員の方々にこの場を借りて謝意を述べたい。また大英博物館とそのスタッフの方々に計り知れない恩義を受けたことはあらためて申すまでもないだろう。

姉のR・W・イエイツは本書の草稿、校正刷りに何度も目を通してくれた。そして全く疲れを知らぬ注意を払って校正を手伝い、助言を与え続けてくれた。姉の支援はわたしの生活そのもののあらゆる方面にまで及んだ。他の家人は、わたしのブルーノ研究が始まった時にはまだ存命中であった。その人たちのことを思い出しつつ序を終えることにしよう。

フランセス・A・イエイツ
ロンドン大学ルネサンス史準教授
ロンドン大学ワールブルク研究所にて

第一章

ヘルメス・トリスメギストス

古代エジプトへの回帰とヘルメス文献

ルネサンスの大いなる進歩は、その活力、情念的な推進力のすべてを過去の想起から得ていた。[☆001]当時は、清浄な真理の時代である始源の黄金時代に、青銅の、そして鉄の時代が続き、そしてこの過程は永遠に繰り返すという円環的な時間概念がいまだに支配的であった。[☆002]真理の探究とは必然的に早期のもの、古代のものを原初的な黄金時代として求めることと同義であるとされた。したがってこの黄金時代からすれば、現在とそれに近い過去は、卑俗な金属の時代、腐敗した退化の時代だとされることになったのである。当時の通念で捉えられた人類の歴史は、原始的な動物を起源として定向的に複雑性を増し前進していく、という進化概念に規定されたものではなかった。逆に過去こそは恒に現在よりも優れたものであり、進歩とは古代の再興、復活、再生《ルネサンス》に他ならなかったのである。人文主義者たちは、自分たちの近代文明よりも高尚で優れた純粋な黄金の文明時代へと回帰しつつあるという感慨に満たされつつ、古典古代の文芸作品と遺構《モニュメント》を再発見していった。宗教改革の主導者が聖書と初期教会の教父たちに復帰した時に彼の心を満たしたものも、退廃の基底に埋もれた福音＝黄金の再発見の感覚だった。[☆003]

こうしたことはしかし陳腐とすら言えるほど自明の理であるし、この二つの偉大なる復古運動が回帰を目指す、より以前のより優れた時代の年代同定に関して間違わなかったことも明らかである。人文主義者はキケロの生きた時代を同定できたし、一般に彼が古典文化の全盛期と考える時期の正確な年代を知悉していた。同じく宗教改革の主導者は、福音史家たちの正確な年代同定まではできなかったものの、自分がキリスト教の最初期の数世紀に復帰しようと試みていることははっきりと自覚していた。しかし本書がこれから取り組むことになるルネサンスの復古運動、つまりそれは魔術の栄えた清浄な黄金時代への回帰に他ならないわけだが、この復古運動は年代同定上の根本的な誤りに基づいて行われたものなのである。[☆004]ルネサンス期の〈魔術師《マグス》〉[☆005]の推進力となった著作は、当時古代の遙か彼方にまで遡るものと信じられていた。しかしそれは実際には紀元後二世紀から三世紀にかけて書かれたものだった。ルネサンスの〈魔術師《マグス》〉は「エジプトの叡智」へと回帰していたわけではなかった。その「エジプトの叡智」はヘブライの族長たちや預言者たちよりずっと後代のものではなく、プラトンや他のギリシア古典に登場する哲学者たちよりは遥かに古いものだとされていた。そしてルネサンス期の〈魔術師《マグス》〉は、こうした哲学者たちがその聖なる源泉としての〈エジプトの叡智〉を摂取同化したのだと固く信じていた。彼はしかし実際には原始キリスト教の異教的な背景に、つまり魔術と東方《オリエント》からの影響に染め上げられた古代末期世界の宗教心象に遡行しつつあったのである。この宗教はギリシア哲学をグノーシス教[☆006]的に脚色したものであり、人生の意義の探索に疲れ果てた古代末期の異教徒たちにとっては、同時代の初期キリスト教徒たちの説教するところとは異なった形の逃避を可能にした宗教世界でもあった。

エジプトの神トートは、神々の書記であり叡智の化身としての神である。ギリシア人たちはこのトート神を自分たちのヘルメス神と同一視し、時折「三倍も偉大な《トリスメギストス》」という称号を付け加えた。[★001]ラテン族、つまりローマ人たちは、このヘルメス神つまりメルクリウス神とトート神の同一視を継承し、例えばキケロは彼の著作『神々の本性について』(*De natura deorum*)の中で、実際には五柱のヘルメス神がいたのだと説明している。彼に拠れば、その中で五番目の最後のヘルメス神が、アルグス[☆007]を殺した結果、エジプトに亡命し[☆008]、「エジプト人に法律と文字を教えたのである」。そして彼はエジプトの名前テウトまたはトートで呼ばれるようになったのだ、とキケロは説明した。[★002]厖大な量のギリシア語文献がヘルメス・トリスメギストスに仮託されつつ産み出されていった。それらのテクストの主題は占星術とオカルト神秘学[☆009]である。つまりそれは、植物や宝石の秘密の効力やそうした知識に基づいた共感呪術[☆010]、また天体の力を招き寄せるための護符《タリスマン》の造り方[☆011]といった諸々の論題を廻るものである。こうした天体に関する呪術の実践のための論文、あるいはむしろ秘訣集《レシピーズ》と言うべきかもしれないが、それらがヘルメス神に仮託されて産み出されていくのと並行して、同じ尊称が冠せられた哲学的な著作群も組織されていった。ヘルメス[☆012]教的な概念の枠組《フレームワーク》が最初に哲学に応用されたのが何時だったのかは不明だが、現在のわれわれにまで伝承されてきた〈ヘルメス文書《ヘルメティカ》〉[☆013]の中の哲学領域で最重要の著作である『アスクレピウス』(*Asclepius*)[☆014]と『ヘルメス選集《コルプス・ヘルメティクム》』(*Corpus Hermeticum*)[☆015]はおそらく紀元後一〇〇年から三〇〇年の間にその成立年代を同定すべきものである。[★003]これらの著作には虚構されたエジプトの枠組が与えられてはいるものの、多くの学者たちは、ここには真正にエジプト的と言える要素はほとんど含まれていないと考えている。しかし土着のエジプトの信仰もこうした著作家たちにある程度は影響を与えたのだろうと認める研究者たちもいないわけではない。[★004]いずれにせよこれらの著作は、ルネサンスの人々がそう信じ込んだように、叡智の極みにあるエジプトの神官たちによって古典古代の最古の時代に書かれたものではない。作者はさまざまな無名の著作家たちであり、おそらくはすべてがギリシア人で、[★005]したがってこれらの著作は当時の通俗化されたギリシア哲学の要素を含んでいる。それはプラトニズムとストイシズムの混成哲学であり、それにまた幾分かはユダヤ教とおそらくはペルシアの宗教の影響[☆016]も混入している。内容には著しい差異が見られるものの、すべての著作には張りつめた敬虔の気韻が浸透している。『アスクレピウス』は、エジプト人の宗教を記述することを目指し、彼らが魔術的儀式や他の儀礼的手段を用いて、礼拝の対象としての神々の御神体に天空《コスモス》の力を招き寄せた過程を明らかにしようとする。この小論はラテン語の翻訳を通じてわれわれに伝わって来たものだが、翻訳者は以前はマダウロスのアプレイウスであると考えられ[★006]ていた。[☆017]『ピマンデル』(一五巻のヘルメス教的対話篇から成る『ヘルメス選集』の最初の作品)[★007]は世界の創成の物語を語る。それは部分的には旧約の「創世記」を想起させるものである。他の作品は霊魂が惑星の天球《スファイア》を通り抜けてその上方にある神の王国へと飛翔していくその有様を描いたり、[☆018]霊魂が物質界に拘束されているその軛を断ち切って神的な力や美徳と融合するに至る、その甦生の道程を忘我の高揚感と共に描いたりしている。

フェステュジエールはその著作『ヘルメス・トリスメギストスの啓示』(*La Révélation d'Hermès Trismégiste*)の第一巻におい

★008て、この時代の精神風土を分析している。それはおおよそキリスト教生誕後二世紀を経た時代であり、『アスクレピウス』や『ヘルメス選集』によってわれわれにまで伝えられたヘルメス教の著作が書かれたのはこの時期である。この時代は外向きには高度に組織された社会制度を特質とし、平和を享受していた。〈ローマの平和《パックス・ロマーナ》〉がその機能を遺憾なく発揮すると共に、帝国内の多様な集団は、効率よく働く官僚制度によって統治されていた。偉大なるローマの街道によって交通は素晴らしく円滑に組織されていた。知識人層は〈自由七芸〉(the seven liberal arts)☆019に基づいたグレコ－ローマン型☆020の文化的教養を身につけていた。しかしまたこの時代の心性と精神の状況は奇妙なものだった。かつて力強い知性の活力を示したギリシア哲学は涸渇し、停滞し、袋小路に陥ってしまった。おそらくは、ギリシア的思弁が自らの措定する仮説のその検証を、実験によって行うという決定的な一歩を踏み出そうと一度もしなかったことが、この滞留の原因なのだろう——この一歩は一五〇〇年の時間が流れ、ようやく十七世紀になって近代科学の思想が生まれて初めて可能になるものであった。紀元後二世紀の古代世界は、ギリシア的思弁の弁証《ディアクレティケー》そのものに倦んでいた。それはいかなる確実な帰結にも導くものではないように思えたからである。プラトン主義者たち、ストア派の人々、エピクロス派の人々は、さまざまに異なるそうした学派の理論を繰り返すことができるだけで、もはやなんらの進歩ももたらしえなかった。学派の教義は教科書や手引書《マニュアル》の形にまで煮詰められ、それが帝国内で実践される哲学教育の基礎となった。ヘルメス教の著作が表現する哲学もまたそれがギリシア起源である限りにおいて、この規格化されたタイプの当時の哲学であり、プラトン主義、新プラトン主義、ストア派、そして他のさまざまのギリシア思想のあちこちからの借り物を一つのごった煮の鍋の中へ放り込んだものである。

紀元後二世紀のこの古代世界は、張りつめた心で現実の知識を求め、現実が醸成する諸問題への解答を探り続けていた。しかしこの解答を与えることに通常の教育は失敗していた。だから彼らは教育制度とは別の道を辿ってこの解答を求めた。すなわち彼ら探求者は直観的、神秘的、魔術的な道を辿ったのである。理性は解答の探求に失敗したように見えた。だから彼らは〈理性《ヌース》〉そのものを人間に内在する直観的能力であると捉え直した上で、それを鍛錬しようとしたのである。哲学は弁証術の練習問題としてではなく、神的なものに関する、また世界の意義に関する直観的な知に到達する方法として、すなわち〈世界認識《グノーシス》〉の道として用いるべきものとなった。要約して言うならば、哲学は禁欲の原則と宗教的生活によって支えられねばならなくなったのである。ヘルメス教関係の著作はしばしば師と弟子の間に交わされる対話という形式を採るが、通常この対話は一種の法悦《エクスタシー》へと高揚し、そこで神秘に到達した弟子は顕証《イリュミネーション》を得たことに心を満たされて賞揚の讃歌を詠う。彼は世界、または宇宙の観想《コンテンプレーション》によって、この顕証に到達する。あるいはむしろ彼自身の理性または精神《メンス》に反照した宇宙を観想することによってこの奥義に達する。彼自身の理性または精神が、世界の神的な意義を彼のために弁別して説き明かし、世界に対する霊的な制御の力を彼に与える。グノーシス的啓示や経験の世界では、この神的なものへの沈潜の過程は、惑星や天球を通過して行く霊魂の上昇として表象される。このようにしてギリシア的思弁世界の多くの領域で、特にプラトン主義とストア派において、世界認識の宗教経験はある種の地下水脈を形成していった。そしてそれがヘルメス教に至って現実に一つの宗教となるのである。[☆021] それは神殿も儀典も持たないとはいえ、やはり孤独な心の裡において執り行われる一つの祭祀《カルト》なのであり、〈世界認識〉を内実とする一つの宗教的哲学、または哲学的宗教なのである。

後二世紀に生きた人々は、古い事物は純粋で神聖であり、最古の思想家たちこそ、後代に現れたせわしない合理主義者たちとは違って、神々により近い処でその思弁の歩みを進めていたのだという観念に浸りきっていた(そしてルネサンスは彼らからこの観念を摂取し同化した)。これが例えば、この時代にピュタゴラス教の復興が強力に推し進められた理由でもある。[☆022] 彼らはまた空間的、地理的にも遠くかけ離れたものがより聖なるものであると感じていた。[★009] この時代に隆盛を極めた未開人《バルバロイ》崇拝の背景にはこの観念がある。インドの裸形苦行僧《ジムノソフィスト》たち、ペルシアのゾロアスター教祭司《マギ》、カルデアの占星術師たちが彼らの尊崇の対象となったのは、それらの未開人たちの知の獲得の姿の方が、ギリシア人たちのそれよりもより宗教的なものに思えたからである。[★010] ローマ帝国の坩堝《るつぼ》の中ではすべての宗教が許容されており、オリエント出自の宗教祭祀に親しむ機会は山ほどあった。とりわけこの時代に尊崇されたのはエジプト人たちだった。エジプトの神殿機構は当時まだ現実に機能しており、ギリシア化されたローマ世界で宗教的な真理の啓示を熱烈に捜し求める人々は、どこか辺鄙な地方にある神殿を巡礼者として訪れることを切望し、その聖地の近くで夜を過ごし、夢の中で神々しい神秘の幻視を得られるだろうという期待と共に眠りに就いたものである。[★011][☆023] エジプトこそがすべての知の原始の故郷であった。偉大なギリシアの哲学者たちもまたそこを訪れて神官たちと語り合ったのだという信仰は、長い間通念に等しかった。紀元後二世紀の精神風土の中では、エジプトの古風で謎めいた宗教やその神官たちが持っていると見做された深遠なる知識、彼らの禁欲的生活、また彼らが神殿の秘密の地下室で執り行うと想像されていた宗教的魔術は、特に強烈な魅力を発散していたのである。ヘルメス教の文献『アスクレピウス』に反映しているのは、当時のギリシア化されたローマ世界に特徴的だった親エジプト的な雰囲気である。この著作ではこうした雰囲気を背景として、神官たちが彼らの礼拝する神々の御神体に生命を吹き込む魔術を実践する様を描き、また最古のエジプトの宗教もやがて終焉に向かうだろうというような心動かされる神々の託宣が告げられることになる。「やがて来る終焉の時には」と、エジプトの神官の姿で登場したヘルメス・トリスメギストスは彼の弟子アスクレピウスに語る。「人々は人生に倦み疲れ、もはや世界を彼らの讃嘆と尊崇にふさわしい対象であるとは見做さなくなる。この全一なる世界は、善きものであり、過去、現在、未来において観想され得るものの中で最善のものである。しかしそれは衰亡の危機に曝されてしまうのだ。人々は全一なる世界を重荷に感じるだろう。そしてその時以降、この宇宙の全体は軽侮され、もはや大切にされることはなくなる。しかしこの世界こそが比類なき神の御業であり、無限に変化する形態から形成された最善の創造であり、栄えある作品であり、神の意志の道具なのである。神は妬むことなく自身の作品である世界に惜しみない寵愛を与える。そしてその全一なる世界の中に、尊崇と賞讃と愛情に値するすべてのものが、調和的な差異性と共に集められている。世界はそのようなものとして観想されるのである」[★012]。こうして、エジプトとその魔術的宗教は、此岸的世界を観想するヘルメス教的宗教と同一視されるに至るのである。

このような背景を考慮すれば、ルネサンス期の〈魔術師《マグス》〉のヘルメス文献に対する思い入れを理解することができる。彼らはヘルメス教の文献こそが最古のエジプトの叡智と哲学と魔術を記述した神秘的かつ貴重な資料なのだと信じたのである。ヘルメス・トリスメギストスという神話上の名称は、グノーシス派の哲学的啓示や魔術を論じた著作や秘訣集と観念連合していた。ヘルメスはルネサンス人にとっては実在の人物だったのであり、遥か彼方の古代に生き、こうした著作のすべてを自ら著述したエジプトの神官だったのである。こうした文献に実際に含まれているものは、紀元後初頭の数世紀で一般に流布していたいささか通俗化した哲学的教説からつぎはぎされたギリシア哲学の抜粋《スクラップ》である。しかしルネサンスの読者にとっては、まさにここにこそ始原の叡智の源泉があり、プラトンも他のギリシア人たちも彼らの最高の知識をこの源泉から学び取ったと考えたのである。

この甚大な時代錯誤は驚嘆すべき帰結をもたらした[☆024]。

ラクタンティウスによるヘルメス・トリスメギストス評価

ルネサンス期の人々が、ヘルメス・トリスメギストスを遥か古代の実在の人物でありヘルメス文献の作者であると考えたその根拠は、立派な権威筋によって支持されていた。というのもこの見解は初期教会の指導的な教父たちによって、特にラクタンティウス[☆025]とアウグスティヌス[☆026]によって暗黙裡に前提とされていたからである。もちろんこうしたキリスト教著作家たちは絶対的信憑性という権威を持つ存在であったから、彼らに疑いを差し挟むことなど何人も考えることさえしなかった。三世紀のラクタンティウス、および四世紀のアウグスティヌスは、彼らの著作においてヘルメス・トリスメギストスを、その実在性と蒼古性の両面で疑問の余地のない存在として認めた。これはヘルメス文献の卓越性、重要性と、ヘルメス・トリスメギストス伝説の初期の完全な成功とを証言する特筆に値する事実である。

ラクタンティウスは彼の著作『神的教理』(*Divinae Institutiones*)において、キケロが述べたあの「エジプト人たちに文字と法律を教えた」五番目のメルクリウス神に関する条を引用した後で、このエジプトのヘルメスについてこう続けている。「彼は人間であったけれども、非常に遠い古代に生きた人物であり、すべての種類の学識に深く通じていた。だから多くの学問領域の知識は彼に寄せて〈トリスメギストス〉の名で呼ばれることになったのである。彼は神的な事物の知識に関する書物を数多く書き、そこでは唯一にして至高なる〈神〉の栄光を証言している。彼はその〈神〉について言及する際に、われわれキリスト者が用いるのと同じ呼称を用いているのである――〈神にして父なる御方〉と」[★013]。ラクタンティウスは『ヘルメス選集』のいくつかの作品と『アスクレピウス』からも何度か引用を行っているから[★014]、この「数多くの書物」という言い方で、われわれにまで伝承されたヘルメス文献のあるものを指していることは確かである。ラクタンティウスはヘルメス・トリスメギストスとその著作を非常に古い時代のものだとする。『神の怒りについて』(*De ira Dei*)で彼は、トリスメギストスはプラトンやピュタゴラスよりもずっと古いと述べているから[★015]、この前提からさらに独自の推論を続けたのかもしれない。

ラクタンティウスの『神的教理』には、他にもヘルメス・トリスメギストスからの引用やそれへの言及が数多く見られる。彼はキリスト教の真理を傍証するものとして、異教の叡智を積極的に活用しようとしていた。こうした自身の布教戦略にとって、ヘルメスは頼りになる同盟者であると考えていたのである。前述の引用文中では、ヘルメスがキリスト者と同じく〈神〉に語りかける際に「父なる御方」と呼んでいると指摘している。実際にヘルメス文献においては、しばしば〈父〉という言葉が至高の存在の呼称として用いられている。さらに興味深い符合はヘルメスが〈造物主《デミウルゴス》〉[☆027]に対して「神の子」という表現を用いていることである。ラクタンティウスは、これこそ最古の著作家ヘルメス・トリスメギストスがキリスト教の真理性を洞察した証であると考えた。この注目に値する証言を強調しようとして、ラクタンティウスは、ギリシア語の原典で『アスクレピウス』の一節をそのまま引用している（これは失われたギリシア語原典を断片の形でわれわれに伝えてくれる引用の一つである）。

ヘルメスは『完全なる言葉』という表題を持つ書物の中で次のように述べている。「万物の創造者であり主である御方は、われわれが〈神〉という名で呼ぶにふさわしいと考えるその御方である。というのも〈彼〉は第二の〈神〉を眼に見え手に触ることのできるものとして造られたからである。……つまり〈彼〉は〈彼〉のみを、すなわち〈彼〉ただ一人をまず最初にお造りになったのである。〈彼〉は〈彼〉[☆028]自身と等しく、すべての善きことどもに満ち溢れているように見えた。そこで〈彼〉は〈彼〉[☆029]を聖別し、〈彼〉を〈彼自身の息子〉として認め、それに全き愛を注がれたのである[★016]」。

〈*Sermo Perfectus*〉、つまり〈完全なる言葉〉は『アスクレピウス』のギリシア語原典版の表題を逐語訳したものである[★017]。ラクタンティウスがギリシア語の原文で引用する前掲の一節は、われわれが所持するこの書物のラテン語訳に概ね対応している。『アスクレピウス』はこうして、エジプト人たちが彼らの偶像を作製する奇怪な手順を記述し、またエジプトの宗教の衰亡に対する哀歌を内容とする書物であるにもかかわらず、それがまた〈神の子〉に関する預言をも含んでいるがゆえに、キリスト教からも認められることになった。

ヘルメス文献の著作家たちが〈神の子〉という表現を用いているのは『アスクレピウス』においてだけではない。『ピマンデル』の冒頭には、ヘルメス教的な世界創造の記述が見られる。そこでは〈神〉の創造の御業は〈神の子〉としての光り輝く〈言葉〉によってなされたと述べられている。[★018] ラクタンティウスは創造の〈言葉〉としての〈神の子〉を論じる際に、聖書からの引用と共に異教徒の証言をも参照し、ギリシア人は〈彼〉をロゴスであるともトリスメギストスであるとも述べている、と指摘している。彼がここで『ピマンデル』中の、創造の〈言葉〉は〈神の子〉であると述べた一節のことを考えていることは間違いない。そしてさらに彼はこう付け加える。「さまざまな手段によってほとんどすべての真理を探究したトリスメギストスは、しばしば〈言葉〉の卓越と荘厳を描いている」[★019]。

ラクタンティウスは、ヘルメス・トリスメギストスが〈神の子〉と〈言葉〉について語ったがゆえに、キリストの福音の到来を予見し予言した異教徒たちの中でも最重要の一人であると考えていた。彼は『神的教理』の三箇所で、トリスメギストスをシビュラたち[☆030]と並べて、キリストの来臨を予言し証言した者の一人だとしている。[★020] ラクタンティウスの著作の中には、ヘルメス・トリスメギストスを敵視したような意見を述べた箇所は全く見当たらない。ヘルメス・トリスメギストスは、ラクタンティウスにとっては、常に最古の全能の著作家であり、その著作の主旨はキリスト教と矛盾することのない適切さを示している、と考える。ヘルメスが〈神の子〉に言及したことは、シビュラたちと並ぶ異教の予言者の地位を彼に与える。ラクタンティウスは、一般論としては、偶像の崇拝を非難しているし、魔術師《マギ》たちが招来する魔人《ダイモン》たちは邪悪な堕天使だとも考えている。[★021] しかし彼は、こうした否定的な事柄をトリスメギストスと結び付けることはしない。トリスメギストスは、彼にとっては、常に神々しい真理の権威として尊崇に値する姿で登場するのである。したがってルネサンスの〈魔術師《マグス》〉が、教父ラクタンティウスを特に好んだことにはなんの不思議もない。[☆031]〈魔術師《マグス》〉もまたキリスト者でありたいと願っていたからである。

アウグスティヌスはしかし、キリスト者でありたいと願っていたルネサンスの〈魔術師《マグス》〉にとっては、一つの難関となった。なぜなら彼は『神の国』(*De Civitate Dei*)の中で、「トリスメギストスと呼ばれたエジプト人のヘルメス」の偶像に関する見解を厳しく糾弾しているからである。論難の対象となったのは、『アスクレピウス』中の、エジプト人たちが呪術的宗教を信奉し、魔術の力によって精霊たちを招き寄せて彼らの崇《あが》める御神体に生命を吹き込む有様を述べた章句である。アウグスティヌスはこの部分を長々と引用している。[★022] 彼はしかしラクタンティウスとは違って、『アスクレピウス』のギリシア語原典版を用いているわけではなく、われわれが現在所持しているのと同じラテン語訳に拠っている。[☆032] したがって『アスクレピウス』のラテン語訳は少なくとも紀元後四世紀にはすでに存在していたことは間違いない。[★023] すでに先に述べておいたが、かつてはこの翻訳はマダウロスのアプレイウスの作だとされていた。[☆033]

アウグスティヌスが『アスクレピウス』の偶像崇拝的章句を論難する、その背景《コンテクスト》が重要である。彼は魔術一般を攻撃すると共に、特にマダウロスのアプレイウスの精霊観ないし神霊観を非難の対象としているのである。[★024]

マダウロスのアプレイウスは、この時代の知性を体現する非常に興味深い典型である。彼の世代は、ギリシア化したローマ世界の中で高度な一般的教養を身に着けていたにもかかわらず、諸々の学派が標榜する教説の陳腐さに倦み疲れ、自己救済のきっかけをオカルト神秘学の中に、特にエジプト的なタイプのオカルト現象の中に探し求めるようになっていた。アプレイウスは紀元一二三年前後に生まれ、カルタゴとアテーナイで教育を受け、その後エジプトへ旅行した折に訴訟沙汰に巻き込まれ、魔術を用いた廉《かど》で訴えられた。[☆034] 彼は一般に『黄金のろば』[★025]の表題で知られる素晴らしい小説の作者として有名である。[☆035] この小説の主人公は魔女によってろばの姿に変えられてしまう。そしてその獣の姿のまま数多くの苦難を体験した後に、女神イシスの顕現を忘我の境地で幻視して人間の姿に戻る。

女神イシスは、ろばの姿の彼が絶望のあまり人気もない海辺を彷徨《さまよ》っていた時に、彼の眼前に降臨したのだった。小説の結末では、彼はエジプトのイシス神殿の神官となる。この小説全体の醸し出す雰囲気は、その倫理的なテーマ性（というのも動物の姿への変容は、罪を犯したことに対する懲罰に他ならないわけだから）や、また法悦《エクスタティック》的な加入儀礼、奥義の啓示、そしてエジプト的な色彩といった点からして、ヘルメス文献の雰囲気と似ている。アプレイウスは実際には『アスクレピウス』の翻訳者だったわけではないのだが、『アスクレピウス』は彼の心にも訴えかけただろうことは間違いない。

アウグスティヌスはアプレイウスをプラトン主義者だと決めつけ、彼がソクラテスの〈神霊《ダイモーン》〉☆036を論考した著作において、大気の精霊たち、つまり神霊《ダイモーネース》たちを神々と人間の間の仲介者と見做したことを強い調子で非難する。これはしかしアウグスティヌスが大気の精霊たちや神霊たちの存在を信じなかったからではなく、逆にそれらが邪悪な霊、または悪魔として実在することを固く信じていたからなのである。アウグスティヌスはまたエジプト人たちをその魔術のゆえに称讃したという廉でヘルメス・トリスメギストスを非難する。エジプト人たちは、魔術によってこうした精霊や神霊を招き寄せて、彼らの崇拝する神々の神像に宿らせ、御神体に生命を吹き込んで神々自体へと変容させた。そのことをヘルメス・トリスメギストスは礼讃している、とアウグスティヌスは論難しているのである。ここで彼は神の製作について述べた『アスクレピウス』中の章句を逐語的に引用している。続いてエジプトの宗教が終焉するだろうという預言とその衰亡に対する哀歌が検討される。アウグスティヌスは、それをキリスト教の到来による偶像崇拝の終焉の預言であると解釈する。ここでもヘルメス・トリスメギストスは、来たるべきキリスト教の到来の預言者なのだが、この預言に対する栄誉は否定される。つまりアウグスティヌスは、彼がこうした未来の予知を得たのは崇拝していた悪魔《ダイモン》たちのおかげであると断定するのである。

悪魔の仲間であったヘルメスは、こうした事柄の預言を行うに際して、キリストによる救いを隠し通すものの、偶像を崇める彼ら自身の迷信のすべてが、やがてキリストによって破滅に至らざるを得ないことを嘆きつつ告知し預言するのです。というのもヘルメスは(使徒パウロが述べておられるように)[☆037]「神を知りながら、神として崇めることも感謝することもせず、かえって、むなしい思いにふけり、心が鈍く暗くなった」者たちの一人だからです。[★026]

しかしアウグスティヌスはまたこう続ける。「このヘルメスは〈神〉について多くの真実を語っています」。確かにヘルメスはエジプトの偶像崇拝を盲目的に礼讃したし、またその偶像崇拝が終焉に向かうだろうという預言は悪魔から得たものであったけれども、逆にまた彼はイザヤの如き真の預言者の言葉をも引用している。そうアウグスティヌスは指摘する。そしてそのイザヤはこう言ったのだった。「主の御前に、エジプトの偶像はよろめきエジプト人の勇気は、全く失われる[★027][☆038]」。

アウグスティヌスは、ヘルメスが〈神の子〉について述べていることに関しては一言も言及していない。あるいはアウグスティヌスのこの論法は、少なくとも部分的に、ヘルメスを異教徒の預言者として讃美するラクタンティウスを意識したものなのかもしれない。

ヘルメスに関するアウグスティヌスの見解は、ヘルメス教の著作を熱烈に礼讃した多くのルネサンス人にとって、もちろん一つの越え難き難関を意味することになった。この難関からの抜け道にはさまざまのものがあった。『アスクレピウス』中の偶像崇拝的な章句は、魔術師アプレイウスがそのラテン語訳の際に改竄挿入したもので、今となっては失われてしまったヘルメス自身によるギリシア語原典版には存在しなかったと主張することで、この困難を回避しようとするやり方もあった。この方法は後に見るように[★028]十六世紀のヘルメス主義者の一部で採用されたものである。[☆039] しかしルネサンスの〈魔術師《マグス》〉にとっては、『アスクレピウス』中の魔術を論じた条は、ヘルメス文献の中でも最も魅力を感じる部分だった。ではいかにしてキリスト教徒としての〈魔術師《マグス》〉はアウグスティヌスの論難を迂回することができるのだろうか。マルシーリオ・フィチーノ[☆040]は、アウグスティヌスのヘルメス糾弾の言葉を引用しておきながら、この論難はひとまず無視して、おずおずとではあるものの、自身占星錬金の魔術に手を染めるというやり方でこの迂回を行った。ジョルダーノ・ブルーノ[☆041]は、より大胆な道を辿ることになる。彼は此岸的世界の崇拝を内実とするエジプトの魔術的宗教は、最古の宗教であるばかりでなく唯一真正の宗教であり、ユダヤ教もキリスト教も共にこの宗教を隠蔽し堕落させてしまったと主張するのである。

『神の国』(*De Civitate Dei*)の中には、もう一箇所、ヘルメス・トリスメギストスに言及した条がある。こちらの方は、エジプトの偶像崇拝を論難したあの章句からは全く切り離されて、別の背景を与えられている。アウグスティヌスはまずヘブライ語が非常に古い言語であると断言し、またヘブライの預言者たちや族長たちはいかなる異教徒の預言者たちよりも遥か以前の人々なのだから、族長たちの叡智はエジプトの知識よりも古いのだと主張する。

彼ら(エジプト人たち)の御大層な〈叡智〉が一体なんだかお分かりでしょうか。それは本当のところ天文学やその他の見識を高めるというよりは、機知を弄ぶ手段にすぎないのです。徳性ということに関しては、エジプトではトリスメギストスの時代に至るまで、関心が払われることすらなかったのです。このトリスメギストスは、確かにギリシアの賢人や哲学者たちよりはずっと以前の人物ですが、それでもアブラハム、イサク、ヤコブ、ヨゼフよりは後の時代、いやそれどころかモーセよりも遅く生まれた人間なのです。というのもモーセが誕生した時、プロメーテウスの兄弟である偉大な天文学者のアトラースはまだ存命中でした。このアトラースは先代のメルクリウスの母方の祖父であり、そしてこのメルクリウスがトリスメギストスの父を息子

としていたからなのです。[★029]

このようにしてアウグスティヌスは、彼の絶大な権威によって、「ギリシアの賢人や哲学者たちよりはずっと以前の」ヘルメス・トリスメギストスの非常な蒼古性というものを確証した。彼はトリスメギストスがモーセの同時代人より三世代後の時代に生きた人物だとするいささか奇抜なこの系譜を示すことによって、モーセとヘルメスの間の先後関係を廻る非常にしばしば論争の的となった問題のきっかけを与えることになった。ではアウグスティヌスがそう言っているように、ヘルメスはギリシア人たちよりはずっと以前に生きた人物だしても、それはモーセよりは少し後の時代なのだろうか。それとも彼はモーセの同時代人、あるいはモーセ以前の人物なのだろうか。この点に関する見解は、後の時代のヘルメス派や〈魔術師たち《マギ》〉の間で分れることになった。ヘルメスの年代をモーセとの関係において決定しようとするこうした欲求は、「創世記」とヘルメス文献の『ピマンデル』の間に存在する親近性によって刺激されたものであり、この親近性は『ピマンデル』を一読した読者なら誰でも強い感銘を受ける事実でもある。

他のキリスト教草創期の著作家たちも、ヘルメス・トリスメギストスについて多くのことを教えてくれる。[★030] とりわけアレクサンドリアのクレメンス[☆042]が重要である。クレメンスはエジプトの神官たちによる印象深い祭礼の行列を記述する際、その御練りの先頭には詠唱者がヘルメスによって書かれた音楽と讃歌の二巻の巻物を手にして歩み、また十二宮占星家《ホロスコープス》はヘルメスの著作である星辰に関する四巻の巻物を手にして歩むと述べている。クレメンスはこの祭典の描写を進める中で、ヘルメス・トリスメギストスの著作は全部で四二の作品を数え、その中三六点はエジプト人の哲学のすべてを網羅し、残りの六点は医学関係のものであると言明している。[★031] クレメンスが現代のわれわれにまで伝承されてきた〈ヘルメス文書〉のなにがしかを知っていたということはほとんどあり得ないことなのだが、[★032][☆043] ルネサンス期の『ヘルメス選集』と『アスクレピウス』の読者は、今自分が手にしているのはクレメンスが言及した大いなる、聖なる叢書の中で運良く残った貴重な書物なのだと固く信じ込んでいたのである。

ヘルメス文献のラテン語訳

一四六〇年頃、一人の修道士がマケドニアからギリシア語の写本を携えて、フィレンツェに戻ってきた。この男はコジモ・デ・メディチ[☆044]が写本蒐集のために雇った数多くの代理人の一人だった。この写本の中に『ヘルメス選集』の写本も一部含まれていた。完全な写本ではない。というのは一五篇あるはずの選集の中一四篇のみで最後の一篇が欠けていたのである。[★033]プラトンの写本はこれより先すでに蒐集が完了し、翻訳を待つだけであった。しかしコジモはフィチーノに対してこのプラトン訳をしばらく中断し、またプラトンを始めとするギリシアの哲人たちに関する仕事に乗り出す前に、まずこのヘルメス・トリスメギストスの著作を早急に訳出するようにと依頼した。フィチーノ自身が、プロティノス註解に付したロレンツォ・デ・メディチ[☆045]への献辞の中で、この事情を明かしている。この献辞でフィチーノは、まずフィレンツェ公会議[☆046]のために渡来したゲミストス・プレトーン[☆047]を始めとするビザンティンの人文学者たちがギリシア研究を大きく推進した有様を描き、彼自身ビザンティン帝国から西方に伝来してきたギリシア哲学の至宝の数々を翻訳する依頼をコジモから受けたその事情を物語る。彼によればコジモはまずプラトンの著作を翻訳のために彼に手渡した。しかし一四六三年になってコジモから新たな依頼があり、まず早急にヘルメス文書を訳出した上で、その後にプラトン訳へと進むように指示されたのだった。「コジモ様は私にまずヘルメス・トリスメギストスを訳出し、その後でプラトン訳に取りかかるようにとお命じになりました[★034]」。老コジモは一四六四年に亡くなるわけだが、フィチーノは彼がまだ存命中に数箇月で訳出を完了し、それからプラトン訳の仕事にかかった[★035]。

これは極めて特殊な状況である。プラトンの全著作原典は出揃って、訳出を待っている。しかし訳者フィチーノが大急ぎでヘルメス文書を翻訳し終えるまでじっと待っていなければならないのである。おそらくは死の床にあったコジモがヘルメス文書を死ぬ前に読みたいと願ったからなのだろう。これは〈三倍も偉大なる者〉の謎めいた名声をなんと明らかに証言していることだろう！　コジモとフィチーノは、すでに教父たちを通じて、ヘルメス・トリスメギストスがプラトンよりも遙か以前の時代に生きた人物であることを確信していた。彼らはまたラテン語訳の『アスクレピウス』をも読んでいた。この作品は同じ始源の叡智の泉から流れ出た古いエジプトの知見に対する渇望を著しく刺激したのである。[★036]　エジプトはギリシアより古く、ヘルメスはプラトン以前に生きた。ルネサンスの精神は古きもの、始源なるもの、遙か彼方のものをほとんど神的な真理そのものとして尊崇する。したがって『ヘルメス選集』は、プラトンの『国家』や『饗宴』よりも先に訳されることを当然の権利として要求するのである。そして実際にこれがフィチーノの最初の訳業となったのだった。

　フィチーノは彼の翻訳に『ピマンデル』という表題を与えた。これは実際には『ヘルメス選集』の最初の作品のみの表題なのだが、[☆048]　フィチーノはそれを〈選集《コルプス》〉全体へと、正確には彼が手にし得た写本の一四篇全体へと拡張し、その総題とした。彼は完成した翻訳をコジモに献げた。この献辞をフィチーノ自身は〈解題《アルグメントゥム》〉と名付けた。この献辞は、彼がこの古代のエジプトの叡智の驚嘆すべき啓示を前にして感じた深い畏敬と讃嘆の念を告げている。

> モーセが生まれた時代、自然学者であったプロメーテウスの兄弟で占星天文家であったアトラースは男盛りでした。このアトラースは年長のメルクリウスの母方の伯父にあたり、その甥がメルクリウス・トリスメギストスだったのです。[★037]

こうして、アウグスティヌスの伝えるヘルメスの系譜をほんの少しばかり歪めた形で〈解題〉は始まり、ヘルメスを直ちに遙か古代に置き、ほとんどモーセ的な背景を与えるのである。

アウグスティヌスがメルクリウスについて論じている、とフィチーノは続ける。そしてキケロとラクタンティウスも、と。彼はキケロからはメルクリウスがエジプト人たちに「法律と文字を与えた」という条を引用し、さらに彼はヘルモポリスと呼ばれた都市を創建したのだと付言する。[☆049] 彼はエジプトの神官の中で至高の叡智を体現した賢者であり、その厖大な知識のゆえに最高の哲人であり、その浄く正しい生活と神々しい祭式の実践のゆえに最高の神官であり、法の執行者としては王侯の権威にもふさわしく振舞った。それゆえ彼はテルマクシムス、即ち「三倍も偉大なる者」というふさわしい呼称を得たのである。[★038]

> 彼は神学の創始者と呼ばれています。その継承者はオルフェウスであり、始源の神学者たちの間では彼が第二の地位を占めます。オルフェウスの聖なる教説の奥義に達したアグラオフェーモス[☆050]を神学の方面で継いだのがピュタゴラスです。そのピュタゴラスの弟子がフィロラオス[☆051]、つまりわれわれの敬愛するあの神にも等しいプラトンの師です。したがってメルクリウスを淵源とし、神にも等しいプラトンにおいて極まる……一つの〈始源の神学〉(*prisca theologia*)というものが存在するのです。[★039]

フィチーノはこの『ピマンデル』への序文の中で、深く研究してきた叡智の系譜を初めて提示している。この系譜の資料的源泉は教父たち、特にアウグスティヌス、ラクタンティウス、そしてクレメンスであって、同時代のゲミストス・プレトーンが主たる典拠だというわけではない。というのもプレトーンはトリスメギストスには言及しないからである。フィチーノは、後にも何度となくこの叡智の系譜を繰り返し論じることになるが、その際ヘルメス・

トリスメギストスは恒にその系譜の第一位を占めるか、ゾロアスターに継ぐ位置を与えられるか（ゾロアスターはプレトーンにとっては〈始源の神学者《プリスクス・テオログス》〉の第一人者としてお気に入りの存在だった）、あるいはゾロアスターと纏めて最初に置かれる。★040〈始源の神学《プリスカ・テオロギア》〉の系譜は、フィチーノの考えでは、ヘルメスに叡智の伝統の「源泉にして根源」（fons et origo）としての極めて重要な位置を必然的に与え、そしてその系譜は途切れることなくプラトンにまで至ったのだとされる。フィチーノがヘルメスの始源性と重要性について疑いの余地のない信念を持っていたことに関しては、彼の他の著作をも引き合いに出すことができるだろう。フィチーノのこの姿勢は、フィレンツェの哲人としての彼を描いた早い時期の伝記作家にも感銘を与え、こう言わしめている。「彼（フィチーノ）はプラトンの哲学がメルクリウスの哲学を淵源としているという揺るぎない確信を持っていた。彼にはメルクリウスの教説の方がピュタゴラスのそれよりも、オルフェウスの教理に近く、またある意味ではわれわれ自身の〈神学〉にも（つまりキリスト教神学にも）近いものに思えたのである」★041。

フィチーノは、『ピマンデル』への序文の続きの部分で、メルクリウスが神的な事柄の知見を廻る多くの著作を纏めた、と述べている。これらの著作の中でメルクリウスは秘められた神秘を明かした。フィチーノに拠れば、メルクリウスは哲学者として語っているだけではなく、時として未来についての託宣を予言者として詠唱する。彼は原初の宗教の滅亡を予見し、新しい信仰の誕生とキリストの到来を予告する。アウグスティヌスは確かにメルクリウスがこの知識を得たのは占星あるいは悪霊たちの入れ知恵ではなかったかと疑っているが、ラクタンティウスは彼をシビュラたちや予言者たちの一人に数えることになんのためらいも感じなかった、とフィチーノは述べる。★042

こうしたフィチーノの評釈は（以上は〈解題〉を逐語訳ではなく自由にパラフレーズしてみたものだが）ある種の窮余の一策を示している。彼は、アウグスティヌスが『アスクレピウス』の偶像崇拝を糾弾したことをなんとか迂回して、彼のヒーロー、メルクリウスを救い出そうとするのである。フィチーノはそのために、ラクタンティウスの好意的な見解を強調する。さらに続けてこう言う。メルクリウスの著述した数多くの作品の中で特に二つが神聖なものである。その中の一つはプラトン主義者のアプレイウスによってラテン語訳された『アスクレピウス』と呼ばれた著作であり、もう一つはマケドニアからイタリアにもたらされ、コジモの指示によって彼自身がラテン語訳した『ピマンデル』と呼ばれる著作（つまり『ヘルメス選集』）である。フィチーノは『ピマンデル』が最初エジプトの言葉で書かれ、ついでギリシア人たちにエジプトの神秘的奥義を明かすためにギリシア語訳されたのだと信じていた。

〈解題〉は法悦調の讃嘆で終る。これは〈ヘルメス文書〉そのものの主題である、あのグノーシス的加入儀礼の雰囲気を反映している。フィチーノは、この著作の中から神々しい啓示の光が照り輝くことを確信している。それが教えるのはいかにしてわれわれが感覚の欺瞞と空想の暗雲の上に飛翔して、精神を〈神の精神〉に向け変えるべきかということであり、月が太陽に向き直るが如きこの転回が成就されるならば、〈ピマンデル〉、即ち〈神の精神〉がわれわれの精神に流れ込み、すべての事物の秩序を〈神〉の裡なる秩序として観照することができるのである。

スコットは彼が編集した〈ヘルメス集〉の序文中で、フィチーノのこの著作に対する見解を以下のように要約している。

ヘルメス・トリスメギストスとギリシアの哲人たちの関係についてのフィチーノの見解は、一部はキリスト教草創期の著作家たち、特にラクタンティウスとアウグスティヌスが提供する資料に基づいたものである。しかしそれはまた『ヘルメス選集』と偽アプレイウスによるラテン語訳の『アスクレピウス』自体の証言にも拠っている。ヘルメス教の教理とプラトンの教説との間に事実上存在する類似性は際立ったものである。そこでフィチーノはこの事実がなんらかの歴史的な連関を意味しているのだろうと……見抜いていた。しかし〈ヘルメス文書〉の著者は、ほぼモーセの時代に生きた人物であるという説は、彼の時代には事実上公認されていた。フィチーノもこの説をそのまま受け容れてしまう。それによって彼は、プラトンと〈ヘルメス文書〉の作者との間の真の関係を転倒させてしまい、プラトンは神学をピュタゴラスの仲立ちによってトリスメギストスから借りてきたのだと思い込んでしまったのである。このフィチーノの見解は、少なくともその骨子において、十六世紀の末に至るまでこの問題を扱う者たちの定説として受け容れられた。★043

ルネサンスの新プラトン主義を研究しようとするすべての学人は、この事実を銘記しておいた方がよい。なぜならルネサンス・ネオプラトニズムの運動の原点がフィチーノの翻訳と著作に他ならないからである。〈ヘルメス文書〉を〈始源の神学〉として畏敬の念をもって扱うということが、フィチーノ自身の哲学体系にいかなる影響を与えたのかという問題は、これまで十分に研究されてきたとは言えない。この〈始源の神学〉は〈神の精神〉(*Divine Mens*)から流出した原初的啓示の源泉である。フィチーノはこの神学が、エジプトの叡智から派生した〈世界認識〉の一つであるプラトニズムの、その根源にまで至る導きの糸であると考えたのである。

フィチーノの同時代人は、ヘルメス文献に極度の重要性を認める彼の見解をそのまま踏襲した。P・O・クリステラーが指摘しているように、彼の『ピマンデル』訳は爆発的に流布するに至った。★044 写本はフィチーノの他のどの著作よりも多くの数が現存している。最初に印刷されたのは一四七一年で、十六世紀末までに第一六版にまで達している。これは単独版のみの記録で、他の著作との合本は含まれていない。トンマーゾ・ベンチによるイタリア語訳は一五四八年にフィレンツェで出版された。ルフェーヴル・デタープル☆052はフィチーノの『ピマンデル』を合本にして出版した。ヘルメス文献の編纂、翻訳、類聚、註釈に関する十六世紀の文献目録は非常に長大かつ複雑なもので、★045 ルネサンス期を通じてヘルメス・トリスメギストスが提起した深く熱烈な関心が存在したことを証言している。

ルネサンス期の魔術再興

中世には教会が魔術を追放した。その結果魔術師は裏社会の仄暗い片隅に逃げ込み、そこでこっそりその忌み嫌われた営みを続けることとなった。きちんとした生活をする人々は時には内々に彼らを雇うこともあったかもしれない。ともかく彼らは非常に怖れられていた。しかし彼らは公に宗教的哲人として称讃されるような存在では全くなかった。これに対しルネサンスの魔術は、改革された学識ある魔術であって、古めかしい、無知の、邪悪な黒魔術とのいかなる関係も否認するのを恒とした。ルネサンス的哲人にとっては、魔術はしばしば一つの尊崇に値する随伴的能力だった。魔術のこの新しい地位《ステイタス》は、確実にビュザンティウム[☆053]から流入した大量の文献に主たる原因を帰すべき現象である。その大部分はキリスト生誕後の初頭数世紀間に成立したものであり、その時代の支配的な哲学諸派は皆オカルト神秘学の色合いを帯びていた。こうしたイアンブリコス[☆054]や、ポルフュリオス[☆055]、あるいはプロティノス[☆056]といった著者にすら親しんでいたルネサンス期の学識と熱意ある読者たちは、もはや魔術を無知蒙昧な劣悪な人々の生業だと見做すことはできなくなっていた。フィチーノが喧伝した古代的叡智の系譜も魔術の再興には有利に働いた。多くの〈始源の神学者たち《プリスキ・テオロギ》〉は同時にまた〈始源の魔術師たち《プリスキ・マギ》〉でもあって、こうした系譜の基盤となる文献資料自体がオカルト神秘主義に傾いていた紀元後初頭の数世紀間に成立したものだったからである。最古の賢者であるゾロアスターは、叡智の伝統上での最初の存在としての地位を時折ヘルメスから奪った。彼は『カルデア人の神託』という著作を残したとされていた。この作品は遙か古代のものだと見做されていたが、現実には紀元後二世紀に成立したものである[★046]。〈始源の神学者たち〉の伝統上で二番目の存在はオルフェウスだとされた。そして呪文朗唱による魔術は、彼が教えたオルフェウス讃歌に基づいていた。しかしこの讃歌のほとんどは紀元後二世紀から三世紀の間に成立したものである[★047]。つまり聖なる文献資料なるものの年代同定が大きく誤っていたのは、最古の神学者または魔術師《マグス》としてのヘルメス・トリスメギストスの場合に限らないのである。

にもかかわらず、やはりヘルメス・トリスメギストスがルネサンス期の魔術再興においては最重要の存在だったと言ってよいだろう。エジプトは伝統的に最も隠微で強力な魔術を連想させる国だった。そして今、一人のエジプトの神官の著作が明るみに出されてみると、それは意外なほどの深い経験世界を告知していたのである。その経験の質は、教父ラクタンティウスが彼に対して表明していた高い評価を裏づけるものであり、最も権威ある人々は彼をプラトン哲学の淵源であると考えたのである。『ヘルメス選集』の発見は、ヘルメスの敬虔さを際立たせ、彼をルネサンス期に支配的であったプラトン哲学と緊密な関係に置いた。この事実が、アウグスティヌスによってその邪悪な悪魔的魔術を糾弾された『アスクレピウス』の名誉回復をも果たしたということは確実である。この時代、ヘルメス・トリスメギストスに公認された異様なまでに尊貴なる地位は、エジプトとその叡智の名誉を回復し、その叡智と結びついていた魔術の名誉をも回復したのである。

第二章

フィチーノの『ピマンデル』と『アスクレピウス』

ヘルメス文献の概要

フィチーノは『ヘルメス選集』(*Corpus Hermeticum*)の全一四篇を翻訳し、その全体に及ぶ表題として『ピマンデル』を選んだ。本章ではその中の四篇を選んで内容をごく手短に要約してみたい。その際、重要な論点に関してはフィチーノ自身がそれらの諸篇に対して加えた註釈を参照することにする。この最古のエジプトの著者は、フィチーノにとっては、モーセ的真理、それどころかキリスト教的真理をも神秘的なやり方でまざまざと啓示してくれる存在であった。彼のその畏怖に満ちた驚嘆の念をそれらの註釈から読み取ってみたいのである。本章の終わりでは『アスクレピウス』の内容を簡単に検討する。こうした手順を踏む理由は、フィチーノが『ピマンデル』を訳出する以前にすでに〈解題《アルグメントゥム》〉で呈示した解釈を読者に早めに知っておいて頂きたいからである。ヘルメス・トリスメギストスの著した「神々しい書物」はフィチーノにとっては二冊あった。その一つは〈神の力と叡智について〉(『ピマンデル』の全一四篇)、もう一つは〈神的な意志について〉(つまり『アスクレピウス』)である。『ピマンデル』の描く魔術に対してルネサンス人がどういう立場をとったかということを正しく理解するためには、『ピマンデル』が啓示しているとされた神的な事柄、またそれに対する尋常ならざる敬虔の念といった当時の背景を考慮してこの作品を読み解く必要がある。

西暦紀元初頭の数世紀間に成立した異教的グノーシス教[☆001]の史料としての側面からこれらの作品群に興味をもたれる読者の方々に対しては、フェステュジエールの浩瀚なる研究、『ヘルメス・トリスメギストスの啓示』(*La Révélation d'Hermès Trismégiste*)を参照して頂くようにお願いしたい。彼はこれらの資料に含まれる哲学的な原典との関係を渉猟し、また背景となる時代の社会的、宗教的な精神風土を見事に再現してくれているからである。[★001]これらの作品群の著者たちは、同時代のグレコ-ローマン期の哲学体系同様に、ヘブライ関係の原典資料をも用いた可能性がないわけではない。[★002]さらにまた現実の成立年代がキリスト生誕以降であることを考慮すれば、彼らはキリスト教について、またキリスト教徒の懐く〈神の子〉の観念について、なんらかの知識を持っていたかもしれない。[★003] しかしわれわれの研究での目的を優先するならば、ヘルメス文献の歴史批判的な諸問題を前面に押し出すことは的外れである。こうした問題はフィチーノと彼の読者たちには全く知られていなかったかもしれないし、またわれわれは、まずフィチーノ、そして彼に続くルネサンス思潮の全体がこれらの文書資料に取り組もうとした、その方向に沿ってわれわれ自身の想像力を参加させたいのである。つまりわれわれも彼らと共に、これらの作品がプラトンより以前の一人の著者によって、つまりキリストより遥か以前に、最古のエジプト的叡智の啓示として記録された、と仮定してみたいのである。[☆002] この仮説的想定の枠組を保つために、本章で分析する五篇には「エジプト風の」表題をつけ、その作者はすべて「ヘルメス・トリスメギストス」だということにしてしまいたい。これらの文献が非常に古くまたエジプト風の性格を持つものだという、当時の広く流布していた幻想に対するある程度の共感によって初めて、それがルネサンスの読者たちに与えた甚大なる衝撃《インパクト》というものを理解することができると思うからである。

しかしながらこの偉大なるエジプトの錯誤を共にする前に、いくつかの批判的な準備作業をしておかねばならない。

これらの著作は、実際には、無名の複数の作者によって書かれたものであり、またその成立の時期も明らかにかなりのばらつきがある。個々の論考ですらしばしばつぎはぎの集成であり、さまざまな小論を分類整理して全体に纏め上げている。したがってその内容は実に多彩であり、また互いに矛盾した主張を含むことも稀ではない。一つの真に整合的な体系をそこから引き出すことは不可能である。それにまたそれらは合理的に考え抜かれた哲学体系を目指したものでもない。それは神的なそして個人的な救済への明らかな啓示を探し求める個々の魂の記録であって、その啓示は私的に帰依する神または救世主の加護によってではなく、宇宙に対する宗教的な姿勢によって、つまりは〈世界認識《グノーシス》〉によって与えられるべきものなのである。まさにこの宗教的姿勢、宗教的経験の記録としての性格が、思惟の体系としては全く一貫性のない〈ヘルメス文書《ヘルメティカ》〉に統一性を与えていると言える。

　これらの文献が前提とする宇宙論的な基本枠は、明言されていない場合でも、恒に占星術的なものである。物質世界は星々の、そしてまた〈七柱の支配者たち〉と呼ばれた七つの惑星の支配下にある。宗教的グノーシス派の見る自然界の法則は占星術的法則であり、それがまた彼らの宗教的経験の舞台背景ともなる。

　〈ヘルメス文書〉に関わるさまざまな著者たちの間では、星辰によって支配されるこうした世界に対する基本的姿勢に関して根本的な差異がある。フェステュジエールはこれらの著作を二つのタイプの〈世界認識〉、つまりペシミスト的グノーシスとオプティミスト的グノーシスに分類している。[★004] ペシミスト（あるいは二元論者《デュアリスト》）としてのグノーシス派にとっては、物質世界は星々の宿命的な影響に深く浸潤されており、それ自体として悪しきものである。だからこの世界から禁欲的な生活によって逃れ出る必要がある。物質とのあらゆる接触をできる限り避け、それによって明澄さを得た魂は惑星の支配圏を通過しつつ上昇を続け、その上昇につれて世界の悪しき影響力を脱ぎ捨て、魂の真の故郷である非物質的な神的な世界へと還帰するのである。[☆003] オプティミストとしてのグノーシス派にとっては、物質は神的なものを孕んでいる。だから地球は神的な生命を得て生き、また運動するし、星々はそれ自体神的な生き物であり、太陽は神的な力によって燃え立つ。自然のどの部分をとっても善ならざるものは存在しない。というのもそれらはすべて〈神〉に包括された部分だからである。

　これからヘルメス文献の五篇の著作を選び、その内容を紹介する。手順としては、分析も直接の引用も等しく援用することにする。[★005] 省略した部分も多い。また時折前後を入れ替えて論旨を整えることも試みた。これらの著作は非常に多くの繰り返しを含みかなり冗長なものなので、その主たる骨子をできる限り簡略化して呈示したかったからである。

❶エジプト風の創世記。『ピマンデル（ポイマンドレス）』[☆004]（『ヘルメス選集』[★006]I。オプティミスト的グノーシスとペシミスト的グノーシスを等分に含む）

トリスメギストスの身体的感覚が深い眠りに落ちた時の如く鎮まりかえった時、理性《ヌース》または神的な精神《メンス》としてのピマンデルが顕われ出る。トリスメギストスは彼に存在の本質と神を知りたいという切なる思いを開陳する。

ピマンデルの姿は変容し、トリスメギストスは無限の空間が彼方まで光に充たされているのを観る。やがてある種の曇りまたは闇が顕れ出て、その中から激しい呻きの如き名状し難い響きが聞こえ、火のようなものが噴き出すと、光は一つの聖なる〈言葉〉を発する。その混じり気のない純粋なる火は、湿潤なる領域を脱して、高きものをめざし上昇を始める。すると軽きものである大気もまた火の吐息を追っていく。「あの光が」とピマンデルは言う、「わたし自身なのだ。つまりヌースであり、おまえの神である。……そしてヌースから発するあの光り輝く〈言葉〉は〈神の子〉である」[☆005]。

トリスメギストスは次に自身の裡なるヌースまたはメンスを観る。そこには光と無数の力勁き者たちがいて、絶大なる威力に包まれた無限の世界と火が見える。彼はピマンデルに問う。「一体どこから自然の諸々の元素は生ずるのですか」。ピマンデルは答える。「神の意志からだ。神の意志が世界を自らの裡に受け取る。……そして生命であり光である理性-神は第二の理性-造物主《デミウルゴス》を産み出す。この神は火と吐息の神として七柱の〈支配者たち〉を形造り、彼らがその円陣によって感覚世界を包み込むのだ」。世界は理性-造物主と同じ物質によってできているから、造物主と一体となっている。そして造物主は世界と共に七柱の〈支配者たち〉を動かし、下位の物質世界はこの〈支配者たち〉に依存している。

トリスメギストスの説明に拠れば、火であり吐息である理性‐造物主‐世界が七柱の〈支配者たち〉を形造り動かし始めると、次には人間の創造が続く。これは〈父なるヌース〉の直接の御業である。

「さてすべての存在の父であるヌースは生命であり光であるものとして、自分に似せて人間を創造する。そしてヌースはこの人間を彼自身の子として愛する。というのも人間は彼の父の似姿であるわけだから美しい存在である。だからヌースは人間の裡なる自身の姿に恋し、彼の御業のすべてを委ねるのである。☆006 人間は造物主が火の中で行う創造の世界を観ると、自分もそうした偉業を成し遂げたくなる。〈父〉はその願いを許す。造物主が万能の力を働かせつつ創造の業を行う、その作用圏に踏み行った人間は、彼の兄弟である〈支配者たち〉の働く姿を観る。☆007 すると〈支配者たち〉もまた彼に恋し、それぞれが自分の権力の一部を彼に与える。〈支配者たち〉の本質を知りその世界への参与を許された人間は、この作用圏の限界に達し、さらにそこを越えて突き進み、火を支配する〈彼〉の力を知ろうとする。

人間はいまや可死の存在たち、生き物たちの世界に対する全き支配を獲得し、天界の覆いを突き抜けその枠組の上にもたれかかって、下方の〈自然〉に美しい彼の〈神〉の似姿を示す。自然は人間の裡に尽きることのない美と〈支配者たち〉のすべての力が溶け合い〈神〉の姿と一つになっているのを観る。その時自然は素晴らしく美しい人間の姿が水面に映え☆008 またその影が大地に射しているのを観て、愛の眼差しと共に彼に微笑みかける。そして人間は自身の似姿が水面に映え自然の裡にあるのを観て、彼女を愛し共に住まおうとする。こう欲したその時、彼は理性なきその似姿の裡に入り、望みを成就した。すると〈自然〉は愛する者を受け取ることができたので彼を抱擁し、彼らは燃えさかる愛によって一つに結び合わされた」。

人間は自然と共に住まうために死すべき肉体を身に纏った。それゆえ地上のすべての存在の中で彼だけが二重の性質を帯びる者となり、肉体によっては死すべき者であると共に、本質としての〈人〉としては不死なる者なのである。彼は真実は不死でありすべての物に対する支配を得てはいるものの、また彼の肉体によっては可死なる者としての条件に拘束されている。つまり〈宿命〉の支配下にあり、諸々の天球の力の奴隷である。「さていよいよ」とピマンデルは語る。「おまえにこれまでは隠されていた一つの神秘を打ち明けることにしよう。人間と一つに結ばれた自然は驚くべき奇跡を成し遂げる。人間は前に言ったように、火と吐息から成るあの七柱の存在たちを合わせた性質を裡に秘めている。自然は人間との結合により七人の人間を産み出す。彼らは七柱の〈支配者たち〉の性質を備え、両性を具有し天空へ向けて立ち上がる」[☆009]。この最初の七人のヒトは以下のようにして産み出される。女性の役をするのは大地であり水が産み出す力を与える。火が熟成させ、自然はエーテルから生命の吐息を受け取る。そして〈人間〉の姿形からその肉体を形造る。〈人間〉は生命であり光である自身の本質を魂と知性へと変容させる。こうして生命は魂に、光は知性に変えられる。そして感覚世界のすべての存在たちは、一つの〈期〉の終焉までこの状態に留まる[☆010]。

この一つの〈期〉が終焉を迎える時、とピマンデルは続ける。その時すべての事物を結びつけていた絆は神の意志によって断ち切られる。それまでは人間もすべての動物も両性を具有していたのだが、それ以降は二つの性に分けられる。そして神は言挙げして言う、「産めよ、増えよ」[☆011]と。続いて〈摂理〉[☆012]が宿命と諸々の天球の威力により[☆013]産みの業を定め、すべての生き物はおのおのの類に従って増えていく。

ピマンデルは、今教示された神秘をまのあたりにしたトリスメギストスに、さらにいかに生きていくべきかを助言する。彼は自己自身を知るべきである。なぜなら、「自己自身を知る者は自身へと赴く者であるから」。つまり彼の真の自然へと向かうのである[☆014]。「人間は父なる神から生まれ出た。そして神は光であり生命《いのち》であるのだから、おまえも神のごとく光であり生命である。だからおまえ自身が光であり生命であることを学び知るならば……おまえは生命へと還帰するのである」。ただ知性を持つ者だけが（すべての人々がそれを持っているわけではない〉、このようにして自己自身を知ることができる。だからトリスメギストスは浄く聖なる生活を心がけねばならない。父なる方に息子としての敬愛を示し、祈りを捧げ讃歌を唱うことで父の寛慈を得ようと努めなければならない。

トリスメギストスは、ピマンデルがすべての事柄を啓示してくれたことに感謝するが、さらにまた〈昇天〉についても知りたいと願う。ピマンデルは説明する。人が死ぬ時、可死のものであった肉体は物体としての諸要素に分解する。しかし精神としての人は諸々の天球の支配圏を通り抜けて上昇を続ける。この上昇に際して人はそれぞれの天球圏に彼のその可死の性質の一部分とそれに含まれている悪を脱ぎ捨てていく[☆015]。そして天球の諸力が彼の上に刻印していたすべてのものを脱ぎ捨てると[☆016]、〈八柱めの支配者の[☆017]〉世界へと踏み入り、そこで〈力たち〉が神への讃歌を唱っているのを聴き、彼自身その〈力たち〉と渾然一体となる。

ピマンデルはここでトリスメギストスに「諸々の力を授け、万有の本質と至高なる幻視についての教示を与えた後」、別れを告げる。トリスメギストスはその後、人々に過ちを改め不死なる世界へと参入するようにと教え諭し始める。

トリスメギストスはこうして「彼自身の裡にピマンデルの恵みを刻み込んだ[★007][☆018]」。

創世記との類似点

フィチーノはこの対話篇に関する註釈の際に、「創世記」との著しい類似に非常に驚いている。「ここでメルクリウスはモーセの秘教を論じていることが分かる」、と彼は切り出し、続いて明らかに目につく照応を列挙していく。モーセは深淵の面《おもて》に闇があり、また〈神の霊〉が水面《みなも》の上にたゆたっているのを観る[☆019]。メルクリウスは闇があり、

〈神の言葉〉が湿潤なるものを熱するのを観る。モーセは力強い〈神の言葉〉による創造を告げる。[☆020] メルクリウスはすべての事物を照らす光り輝く〈言葉〉が〈神の子〉であると述べている。もしキリスト受肉以前に生まれた者がこうしたことを知り得たとすれば[☆021]、彼メルクリウス[☆022]は事実〈子〉が〈父〉から生まれ、〈霊〉が〈父〉と〈子〉から生ずるのを目撃したことになる。[☆023] メルクリウスは創造が〈神的な言葉〉によってなし遂げられるのを観た。彼は人が神の似姿に造られ、続いて人が知性界から肉体の裡へと転落するのを観た。彼メルクリウスは神が「産めよ、増えよ」と命じたと語る時、実際ほとんどモーセと同じ言葉を用いている。[☆024] そして彼はわれわれが堕落してしまった存在であることを認めた上で、その堕落の前のあの知性的で不死の自然へと再び昇り行くための方法を教示するのである。モーセはヘブライの民の立法者であり、メルクリウスはエジプトの民の立法者である。彼は従順なる信徒たちに対して、父なる神を誉め讃え、讃歌と感謝の祈りを捧げるように、また生命と光に心を傾けつつ生きるようにと教え諭すのである。[★008]

先に要約した部分の『ピマンデル』への註釈が示すように、この著作がモーセの世界との類似を含むと思い込んだことが(プラトンとの類似はそれほどまでではない)、フィチーノがこの作品に深い感銘を受けた理由である。だからこそ古《いにしえ》の教父たちはトリスメギストスをモーセと関係させつつ年代同定することにあれほどまでの熱意を示したのだ、とフィチーノは考えたにちがいない。なぜならトリスメギストスは本当にエジプト人のモーセのように見えるわけだから。後年に至るまでフィチーノはこの驚嘆すべき事柄についての沈思熟考を続けた。『プラトン神学《テオロギア・プラトニカ》』の中では[☆025]結局のところヘルメス・トリスメギストスはモーセその人だったのではないだろうか、と大胆な憶測を試みてすらいる。この著作中で『ティマイオス』[☆026]の世界創造の物語について述べた後[☆027]、こう付け加えている。「こうした世界生成の起源についてはトリスメギストス・メルクリウスの方がもっとはっきりした形で教えてくれている。しかしこのメルクリウスがもしモーセその人だったとしたならば、それほどまでの知識を得ていたことに対して驚くまでもないのかもしれない。歴史家のアルタパヌス[☆028]もさまざまな推論を重ねつつそう主張している」[★009]。

しかしトリスメギストスはモーセよりもさらに優れた存在である、とフィチーノは考える[☆029]。なぜなら彼はキリスト受肉の遙か以前に、創造する力のある〈言葉〉が〈神の子〉であることを洞察しているのだから。「一方(モーセ)は万有が主の力強き言葉によって創造されたと告げている。対してもう一人の方(メルクリウス)は万物を照らす光り輝くかの言葉が……神の子であるという真理を主張している」。おそらくフィチーノはここで「ヨハネによる福音書」の冒頭部分との比較を念頭に置いているのだろう[☆030]。コジモのために急いで『ピマンデル』を翻訳していた時、フィチーノはラクタンティウスがいかに正鵠を得ていたかということを感じたのではないだろうか。ラクタンティウスはこう言っているからである。トリスメギストスは「さまざまなやり方でほとんどすべての真理を探し求めた」、そして「しばしば〈荘厳なる世界〉の素晴らしき有様を描き」、『ピマンデル』[☆031]において、そして『アスクレピウス』の中でも、この世界を〈神の子〉と呼んでいる、と。

　かくしてある種聖性の芳香の如きものが、このエジプト風創世記の作者を包み薫ることとなった。彼はモーセに瓜二つであり、キリスト教の到来を予言し、〈父なる神〉への敬愛と献身に満ちた敬虔なる生き方を教えたからである。

　にもかかわらずモーセ的創世記とこのエジプト風創世記の間には、さまざまな範疇にわたる根本的な差異が存在することも明々白々な事実である。フィチーノはと言えば、意味深長なことだが、この差異の存在を指摘することを全くやめてしまった。特にこの二つの創世記が非常に深い次元で背反しているのは、〈人間〉の本性と彼の〈転落〉の本質についての見解である。

　確かにエジプト風創世記同様に、モーセの創世記でも人間は神の似姿に造られすべての生き物に対する支配を許されたとされている。しかしモーセの創世記では、このことは決してアダムが神的な存在として、つまり神的な創造の力を有する者として創造されたことを意味するものではない。[☆032] エデンの楽園を神と共に歩んでいた〈堕落〉以前のアダムですら、そうした神的存在に擬せられることはない。アダムがイヴと蛇の誘惑に負けて〈知恵の木〉の果実を食べ神の如くになろうとしたのは確かだが、それは反抗の罪の証であって、この罪はエデンの園からの追放によって罰せられるのである。[☆033] しかしエジプト風の創世記においては、新しく創造された人間は、やはり新しく創造されたばかりの〈七柱の支配者たち〉(惑星たち)がすべての事物を統べているのを観て、自分もそうしたものを造り出したい、つまり創造の力を持ちたいと願う。そしてまたこのことを反抗の罪と考えてもいない。[★010] 彼は〈七柱の支配者たち〉の仲間入りを許され、愛され、その諸々の力を分け与えてもらうのである。このエジプト風のアダムは人間以上の存在である。なぜなら彼は神的な存在であり、下方の世界を支配すべく神によって創造された、あの神霊としての星々の族《うから》に属しているからである。彼は〈世界-造物主〉、つまり〈神の子〉であり、「第二の神」として星々を動かすかの創造の力に満ちた者の「兄弟」ですらあるのだ。

確かに彼は転落する。しかしこの転落はそれ自体、彼の力から発する業である。彼は諸々の天球の支配域を貫いて下方を見やり、その覆いを引き剥がし、自身の姿を下方の〈自然〉にまで示す。彼がそうするのは自由な意志によってであり、美しい〈自然〉の姿に恋したからである。そして〈七柱の支配者たち〉の本性を彼も分有するがゆえに、その力によって自然が産み、保つその業を助けるのである。彼は〈自然〉の面《かんばせ》に映った彼自身の姿に恋し、その恋情に動かされてそうしたいと願ったのだった(ちょうど神が〈人間〉の裡に彼自身の美しい姿を観て、〈人間〉を愛した如くに)。そして〈自然〉は人の力を認め、彼の裡に〈七柱の支配者たち〉の諸力が宿っているのを認め、彼を愛し、彼と一つに結ばれる。

確かにこれは喪失を裡に秘めた転落である。〈人間〉は〈自然〉の許に降り来たり可死の肉体を身に纏うことで、この可死の肉体、すなわち彼の可死的な部分を星々の支配下に置くことになる。だからこの転落は(まず〈人間〉と〈自然〉

によって産み出された七人の性なき人々の奇妙な時代が続いた後で）、両性への分離によって罰せられることになるのだろう。しかし人の不死なる部分は神的なそして創造的なものであり続ける。彼は人間としての魂と肉体から成っているのではない。神的な、創造的な、不死の本質と肉体から成っているのである。そしてこの神性、この力を彼は神的な〈精神〉を幻視する時再発見する。ピマンデルが示す神的な〈精神〉は、彼自身の神的な〈精神〉に似たものであったからである。ピマンデルはトリスメギストスに「諸々の力を授け、万有の本質と至高なる幻視についての教示を与えた後」、立ち去る。

エジプト風創世記は、神的な人間の創造と転落の物語であり、この人間はまさにその発生の起源そのものにおいて神霊としての星々と緊密に関係づけられている。つまり一言で言えば、それは〈魔術師《マグス》〉としての〈人間〉の創造と転落の物語なのである。そしてこのエジプト風創世記は、突然、〈最大ノ驚異《マグヌム・ミラークルム》〉としての人間を称えるあの『アスクレピウス』中の有名な条へと連続する（この讃嘆からピコ・デッラ・ミランドラは彼の『人間の尊厳について』を始めることになるわけだが）。

> アスクレピウスよ、人間というものはなんと大いなる驚異だろう、なんと敬愛と賞賛に値する存在だろう。というのも彼は一柱の神としての本性の中へと渡り行く者だからである。あたかも彼自身一柱の神でもあるかの如くに彼は神霊たちの族《うから》と親しく交わる。彼らと同じ出自であることを知っているからだ。彼は自身の本性の中、人間にしか属さないものを侮蔑する。他の部分に宿る神性に望みを懸けているからだ。[★011]

❷エジプト風の復活譚。〈ヘルメス・トリスメギストスが山上[☆034]で彼の子タトと語らった秘密の対話〉（『ヘルメス

選集[★012]』XIII、二元論的グノーシス）

タトはいまや世界の織り成す幻想に対抗して精神を鍛え、最後の加入儀礼への心の準備ができた。そこで父トリスメギストスに復活についての教理を示してくれるように頼む。トリスメギストスは、復活する人は沈黙の裡に育まれる知性の叡智から生まれ出る、そしてその叡智の種子は〈神の意志〉によって彼の裡に蒔かれた〈真の善〉であると語る。このような再度の誕生を経た人は、「神的な存在、〈神〉の子となるだろう。そしてその存在の全体がすべて〈力〉に浸透されるだろう」。トリスメギストス自身、復活を経験した。父の話に引き込まれ始めたタトは、奥義に与《あずか》らせてくれるようにと懇願し、「誰が復活の業を取り仕切っているのですか」と尋ねる。父は答える。「〈神の子〉だ。彼は他の人々と変わりないのだが、〈神〉の意志によって復活を取り仕切る〈神の子〉となる」。タトは真理とは何かと尋ねる。真理とは、「穢れなきもの、限界なきもの、色もなく、形もなく、不動であり、露わであり、光り輝き、それ自身によってのみそれと知られるもの、変わる事なき〈善〉、〈物質ならざるもの〉」である、と教え諭される。感官によってそれを知覚することはできず、感官はただその力の働きの結果を知ることができるだけである[☆035]。そしてその知に至るためには、人は〈神〉の裡における誕生を理解することができなければならない。「父なる方よ、わたしにはそれができないということなのでしょうか」とタトは叫ぶ。父は彼自身、それを自分に引き寄せねばならない、と答える。そうすればそれは自ずから近づいて来るだろう。それを望むことだ。そうすれば、それは生じてくる。つまり、肉体の諸々の感官の働きを止める、すると神性が彼の裡側に生まれ出る[☆036]。だから「物質の引き起こす諸々の非理性的な懲罰」から自身を浄めなければならない。これらの〈懲罰〉は怖ろしいものであり、また数も多い。その中でも重要なものは全部で一二ある。つまり、〈無知〉、〈憂い〉、〈気まぐれ〉、〈ふしだら〉、〈不正〉、〈貪欲〉、〈偽り〉、

〈妬み〉、〈詐欺〉、〈怒り〉、〈軽率〉、〈恨み〉である。これらは人間が肉体の裡に閉じ込められた場合、感覚を通じて苦しみを強いるという意味で〈懲罰〉なのである。

続いてある種宗教的な沈黙の中でタトは復活の業の成就を体験する。〈神の諸々の力〉が彼の裡に入り〈諸々の懲罰〉を追放する。〈知識〉が〈無知〉に取って代わる。〈歓び〉が〈憂い〉を追い立てる。〈堅実〉が〈気まぐれ〉に、〈忍耐〉が〈ふしだら〉に、〈正義〉が〈不正〉に、〈寛大〉が〈貪欲〉に、〈真理〉が〈偽り〉に取って代わる。〈真理〉の到来と共に〈善〉が〈生命〉と〈光〉を引き連れてやって来る。そして残りのすべての〈懲罰〉は追放される。一〇体で一組を構成する〈諸々の力〉が一二体で一組の〈諸々の懲罰〉を無効にする。[☆037]

タトが復活を無事に経験し終えると、トリスメギストスは彼を「天幕」の外へと連れ出す（フィチーノは「天幕」をtabernaculum＝幕屋と訳している）。[☆038] この天幕は黄道十二宮の円陣に基づいて造られており、タトは今までこの天幕の内にいたのである。フェステュジエールが説明してくれていることだが、この一二の悪徳、または〈懲罰〉は黄道十二宮の一二の〈宿〉の徴に由来している。タトは自身まだ物質的であり物質の影響下にあった間は、それらの徴の力に拘束されていたのである。フェステュジエールはこの過程を『ピマンデル』に描かれた天球を通過していくあの上昇と比較している。そこでは七つの惑星に支配される七つの悪徳があり、奥義に参入する者は上昇の道行きにつれて、これらの悪徳を棄てていくのだった。[★013] このように物質の〈懲罰〉は、実際には星々の感応霊力によって引き起こされるのであり、復活の経験においては〈神的な力〉としての〈美徳〉がそれに取って代わる。そしてこの〈神的な力〉が天界の物質的な重みとその影響力に拘束されていた魂を解放するのである。〈諸々の力〉は〈言葉〉において〈一者〉である。[☆039] そしてこのようにして復活した魂はそれ自体〈言葉〉と成り、〈神の子〉と成り行く。[★014]

トリスメギストスは自らの復活体験をタトに伝授する。すると〈諸々の力〉はタトの裡に入ってそこで〈復活の讃歌〉を唱う。「あまねく四大に向かってこの讃歌を唱い聴かせよう……わたしは〈創造主〉、〈万有〉、〈一者〉の歌を唱おう。天空よ、啓き放て。四方の風よ、吐息を滞めよ。〈神〉の不死なる圏域に向かってわたしの言葉は放たれる……わたしの裡なる〈諸々の力〉は、〈一者〉へ、〈万有〉へ向けて唱う……〈父〉なる御方よ、〈諸々の力〉の源よ、あなたに感謝を捧げ奉る。〈神〉でありわたしの力の源を統べたもうあなたへ……これがわが裡なる〈諸々の力〉の叫びである……これがあなたの所有である〈人〉が、火を貫き、大気を貫き、大地を貫き、水を貫き、吐息を貫き、あなたのすべての被造物を貫いて叫ぶ、その言挙げの声である……」[☆040]。

フィチーノはこの対話篇に対する註釈の中で[★015]、諸々の懲罰(ultores)が追放され、神のもろもろの力(Potestates Dei)が取って代わるという条を、キリスト教的な復活、つまり〈言葉〉であり〈神の子〉であるキリストに参入することによる復活の経験と対応させている。フェステュジエールが指摘しているように[★016]、このグノーシス的体験は、事実、恩寵の賦与といった趣がある。つまりそれは星辰があらかじめ予定する宿命を無効にしてくれるのである[☆041]。

フィチーノのラテン語訳に従って作成した〈懲罰〉と〈諸力〉の一覧表を以下に掲載しておくことにしよう。彼は〈気まぐれ〉を〈みだらさ〉と訳しているし、註釈の中では〈懲罰〉のリストを作る際に〈ふしだら〉は〈放埒〉(Luxuria)と訳しているのに、翻訳本文の方では忘れてしまっている。〈諸力〉の一覧表は註釈においても作成していないから、この〈放埒〉に対抗すべき力は欠けているが、それはもちろん〈貞淑〉(Castitas)でなければならないはずである(またはもし原文の〈忍耐〉がそのまま訳出されていたとしたら〈決断力〉[Fortitudo]だということになるだろう)。

〈懲罰〉	〈諸力〉
無知(Ignorantia)	神の知(Cognitio Dei)

憂い(Tristitia)	歓び(Gaudium)
気まぐれ(Inconstantia)	堅実(Constantia)
貪欲(Cupiditas)	自制(Continentia)
放埒(Luxuria)	貞淑(Castitas)?/決断力(Fortitudo)?
不正(Injustitia)	正義(Justitia)
偽り(Deceptio)	真理(Veritas)
妬み(Invidia)	善(Bonum)
欺瞞(Fraus)	明澄(Lumen)
怒り(Ira)	生命(Vita)
無謀(Temeritas)	
恨み(Malitia)	

このヘルメス・トリスメギストスによる〈福音〉は、おそらくはフィチーノにとって大きな意味を持ったはずである。つまり彼は星の力を非常に怖れる人だったからである。『ピマンデル』における〈言葉〉による創造同様に、この〈福音〉は「ヨハネによる福音書」と符合しているように彼には思えただろう。「言の裡に生命《いのち》があった。生命《いのち》は人間を照らす光であった」★017 ☆042とそこにはある。そして〈言《ことば》〉は自分を受け入れた人々のすべてに対して、「その人々には神の子となる資格を与えた」とも。

❸〈精神〉の裡なる宇宙についてのエジプト風省察。〈ヘルメスに語りかける《精神》〉(『ヘルメス選集』★018 XI。オプティ

ミスト的グノーシス）（この対話篇全体を通じて〈精神〉がヘルメスに語りかけているという設定である）

〈永遠〉はそれ自体〈神の力〉である。そして〈永遠〉の働きによる作品が世界である。だから世界は始まりを持たず、〈永遠〉の業によって恒に生成し続ける。それゆえ世界の中にある事物は何一つ滅びることはなく破壊されることもない。〈永遠〉は不壊なるものだからである。☆043

この世界という大いなる肉体はそれ自体で一つの魂であり、それは知性と〈神〉に充ち満ちている。〈神〉は世界の裡側も外側も充たし、万有を生動させるのである。

わたしを通じて（つまり〈精神〉によって）世界を眺め、その美に思いを致しなさい。七つの天界の階層とその秩序を見守りなさい。すべての物が光に充ち満ちているのを見遣りなさい。大地が万有の中心に置かれているのを観なさい。大地が大いなる乳母としてすべての地上の生き物たちを養っている、その有様を観なさい。すべてが魂に充たされており、すべての存在たちは動き続けている。☆044 誰がこれらの事物を造ったのか。〈唯一なる神〉である。なぜなら〈神〉は〈一者〉であるから。世界は恒に一つのものであることに注意しなさい。太陽は一つ、月は一つ、神的な活動は一つ、だから〈神〉もまた一つである。そしてすべてのものは生きているのだから、生命もまた一つである。〈神〉は確かに一者である。この〈神〉の働きによって、すべてのものは存在するものとなる。死は肉体に集められた四大そのものの破壊ではない。その絆が断ち切られるのだ。この変化が死と呼ばれるのは、それによって肉体が解体するからである。しかしヘルメスよ、おまえにはっきりと言っておこう。こうして解体する存在物はその形を変えるだけなのだ。

すべてのものは〈神〉の裡にある。しかし一つの空間に置かれたような状態であるわけではない。というのも表象という非物体的な働きにおいては、事物は空間的に配置されているわけではないからだ。このことをおまえ自身の経験によって確かめてみなさい。おまえの魂に向かって、インドに行け、大洋を渡れ、と命じてみなさい。一瞬のうちにそれは成し遂げられるだろう。天界に向けて舞い上がれ、と命じてみなさい。翼など必要ではない。なにものもその飛翔を妨げることなどできはしない。そしてもしもおまえがさらに天の穹窿を突き抜けて何がその先にあるのかを観たいと望むならば——世界を超えたその彼方に何かが存在するかということを、ということだが——そうしてみるがよい。

なんという力、なんという迅さをおまえは持っていることか、そのことを考えてみなさい。そして〈神〉もまたそうであると考えねばならない。彼はすべての存在者を、自身の裡に、あたかも思惟そのものであるかの如くに保持している。世界を、自らを、万有を。だからおまえが自分自身を〈神〉に等しい者としない限り、おまえは〈神〉を理解することはできない。似た者同士だけが互いを理解できるからだ。際限もない偉大さへ向けておまえ自身を養い育てなさい。乾坤一擲、肉体の拘束からおまえ自身を解放しなさい。すべての時の流れを越えて伸び広がり、〈永遠〉そのものとなりなさい。そうすればおまえは〈神〉を理解することになる。おまえにとって不可能なことは何一つないことを信じなさい。自身が不死であり、すべてを理解できる、すべての技芸、すべての学問、すべての生きている者たちの本性を、それらすべてを理解できると考えなさい。いと高き処を越えたさらなる高みへと昇り行きなさい。いと深き処を越えたさらなる深みへと降り行きなさい。[☆045]おまえ自身の裡にすべての被造物の感覚を取り込みなさい。火と水、乾燥と湿潤のその感覚を。そしておまえはどこにでも存在していると想い描きなさい。地上に、大海に、大空に。まだ生まれていない者として、母なる者の子宮の裡に、青年として、老人として、死者として、死を越えた彼方にある者として、それらすべての者として想い描きなさい。[☆046]おまえが自らの思惟の裡に、時間、空間、諸々の場所、実体、性質、量、それらすべてを一度に抱き取るならば、おまえは〈神〉を理解できるだろう。[☆047]

もはや〈神〉は不可視だ、などと語ってはならない。そのようなことを言ってはならない。なぜなら〈神〉より顕わに姿を見せているものなどありはしないのだから。彼は万有を創造した。それはおまえが存在するものを通じて、その万有をこそ、そこに観るためである。というのもあらゆる存在者を通じて自身の姿を顕す、というところにこそ〈神〉の力の驚異が存するからである。なにものも不可視ではない、非物体的なものですらそうではない。知性は思惟の活動において、そして〈神〉は創造の業によって、自らを可視のものとする。[☆048]

フィチーノのこの対話篇に対する註釈は単なる要約《レジュメ》にすぎない。

読者はこのエジプト風啓示（それは全くオプティミスト的グノーシスのタイプに属する）の基礎となる世界観が、前に見た啓示（ペシミスト的グノーシスのタイプに基づくもの）とは根本的に異なることに気づかれることと思う。ヘルメスがタトに与える啓示においては、物質はそれ自体悪であり、復活の業とは神的な〈諸々の力〉または〈諸々の美徳〉の魂と融合することによってその悪徳の力から逃れることだった。それに対してこちらの啓示では世界はそれ自体として善である。なぜならそれは〈神〉によって充たされているからである。〈世界認識〉とは、この場合裡なる精神において世界を省察することである。そのようにして世界を造った〈神〉を知るに至るのである。

しかしタトの復活に描かれたペシミスト的グノーシスにおいても、世界は彼の精神の裡に反照している。復活を遂げた後、彼は被造物を通じて〈神〉へ呼びかける。そして今見た対話篇と同じようにアイオーン、つまり〈永遠〉そのものに変容するのである。したがって両方のタイプのグノーシスは共に、精神の裡に世界を反照させることを原理としていることが分かる。しかしどこに重点を置くかということは異なる。一方は啓示によって奥義に達した者が、物質の悪しき諸力から解放されるさまを描き、したがってそこでは倫理的な要因が強調されている。他方の啓示は自然における〈神〉についてのものであり、したがってそれは一種の汎神論である。物質世界はそれ自体神的なものに充ち満ちており、〈世界認識〉とはそれをあるがままに、十全に把握し精神の裡に保つことだとされる。

しかしルネサンス期のヘルメス文書の心酔者は、これらすべての文献が最古のエジプト人ヘルメス・トリスメギストスという一人の著者の作品だと信じていたことを忘れてはならない。したがって彼にとってはこうした差異はあまり目につくものではなかっただろう。

❹人間と自然についてのエジプト風哲学。大地の運動。〈ヘルメス・トリスメギストスはタトに〈普遍的知性〉について語る〉（『ヘルメス選集』[★019]XII。オプティミスト的グノーシス）

タトよ、知性は〈神〉の実体そのものに由来する。人間たちにとってはこの知性が〈神〉である。だからある人々は神なのであり、彼らの人間性は神性に近い。しかし知性によって導かれないならば、人は自分以下の存在、動物的な状態へと転落する。すべての人間は宿命の支配下にあるが、言葉を保持する者たち、知性の統制に従う者たちは他の者たちと同じような形で宿命に屈服しているわけではない。〈神〉が人間に与えたこの知性と言葉という二つの贈り物は、不死性と同じ価値を持っている。だから人がそれを正しく用いるならば、彼は不死なる存在たちと全く異なるところはないのだ。

世界もまた一柱の神である。それはより偉大な神の似姿である。世界はこのより偉大な神と一体となり、この〈父〉の意志と秩序を保つがゆえに、全体としての生命と同義なのである。〈父〉の意志によって定められた円環の道を辿って循環し続ける世界においては、[☆049]生きて活動していないものは何一つとして存在しない。世界がその凝集する力を保つ限りは生き続けるべきであると定めたのは、〈父〉の意志である。それゆえ世界は必然的に神の如きものとして存在する。[☆050]世界の裡には神の如きものが宿り、[☆051]そしてそれが万有の似姿だとしたならば、その中に死物が存在し得るなどということがどうしてあり得ようか。なぜなら死とは崩壊であり、崩壊とは破壊である。そして何ものであれ〈神〉から出たものが破壊されるというようなことは決してあり得ないからである。

でも〈父〉なる御方よ、世界の裡に生きるものたちは確かに世界の一部分を成してはいるものの、それでもやはり死んでいくのではありませんか。

わが子よ、そのようなことを言ってはならない。おまえは現象にとらわれて過ちを犯している。命あるものたちは死ぬわけではない。ただその肉体は合成されたものであるから解体する。これは死ではなく、混合物の分解である。分解した後は、破壊されるのではなく更新されるのである。生命の源の力は実際のところ何なのか。それは運動ではないか。[☆052] では世界の裡にあって不動なるものがどこにあるというのか。そんなものなどありはしない。[☆053]

しかし少なくとも大地は不動のように見えるのではないでしょうか。

違う。全く逆だ。すべての存在物の中でただ大地だけが多くの運動に従いながら、なおかつ安定しているのだ。もしそうではなく、このすべての存在物を護り育む大地が不動だとするなら、全く馬鹿げたことになるだろう。すべてのものを産み出すものが大地なのだ。そして運動することなしには、産み出すことはできはしない。すべて世界の裡に存するものは例外なしに運動の状態にある。そして運動の中にあるものは、同時に生命の裡にある。だから世界のこの美しい有様を省察しなさい。そしてそれが生動しているさまを、すべての物質が生命に充ち満ちているさまを注視しなさい。

では父なる御方よ、〈神〉は物質の裡にあるのですか。

物質がもし〈神〉から離れて存在するのなら、どこにそれは置かれているというのか。もしそれが働くものの位置に置かれていないなら、ただもう混乱した塊にすぎないのではないか。そしてそれが働くものの位置に置かれているとしたら、では誰がそうしたのか。物質の裡で働き続ける力は皆〈神〉の一部分に他ならないのだ。物質や物体や実体について語ろうとするのなら、それらの事物はすべて〈神〉の、〈万有〉である〈神〉の、その働く力であることを知らねばならない。〈万有〉の裡では〈神〉でないようなものは何一つない。それゆえわが子よ、この〈世界〉を尊崇しなさい、そしてそのための祭祀を行いなさい。

再びここでもフィチーノの註釈は要約でしかない。

この対話篇は再度「エジプト風の」オプティミスト的なグノーシス哲学を展開しているが、大部分は他の論考で主張されていることの繰り返しである。その基本的な骨子は、人間は彼の知性によって神的な存在なのであり、〈世界認識〉とは〈神〉を観るために自ら一柱の神となる、[☆054]あるいは再びそうなるということである。このことははっきりとここでも述べられている。

〈エジプト風の〉自然哲学は（つまりオプティミスト的グノーシス[☆055]は）神性、永遠性、そして世界と物質の生命を重視するが、それもまたここで再び強調された形で主張されている。この神的で生動する世界においては、何ものも死ぬことはあり得ず、すべてのものはこの大地も含めて、運動の中にある。

神的な人間が彼の神的な知性を働かせる、そしてそのことによって、神聖な本性を持つこの生きた世界と一つに溶け合った知性そのものに参与する。こうした哲学は〈魔術師《マグス》〉としての〈人〉にとって、まさに理想の哲学である。そのことを『アスクレピウス』が示すことになる。

❺エジプト風の宗教。〈アスクレピウス[★020]〉または〈完全なる言葉〉（後者が正しい表題であることの根拠としては、ラク

タンティウスがそれを〈完全ナル言葉《セルモー・ペルフェクトゥス》〉と呼んでいることを挙げるべきだろう。オプティミスト的グノーシス）

ヘルメス・トリスメギストス、アスクレピウス、タト、そしてハモン[☆056]はとあるエジプトの神殿に集う。他の誰もそこに居合わせることは許されない。神々しい壮麗さに充ち満ちた教えを凡庸な人々に漏らすことはそれ自体不敬を犯すことになるからである。[☆057]四人の宗教的熱誠に包まれて〈神〉がその聖なる場所に顕現すると、神的なる愛（divinus Cupido）[★021]はヘルメスの口を借りて語り始める。

万物は天界から、〈万有〉である〈一者〉から降りてくる。この下降は天界そのものの媒介によって成し遂げられる。あなたたちの神的な知性をしっかりと集中させ、このことに慎重に想いを致しなさい。なぜなら神性についての教理はいと高き処から、あたかも奔流の如く、激しく天下るからである。諸々の天体から絶えず流出してくるものがあって、それはすべての生き物とすべての個体の魂を端から端へと貫き通す。[☆058]〈神〉は物質をすべての形の器として用意した。そして自然は四大の力により自らの形をそれら物質の上に刻み続ける。そのようにして存在者たちの位階を天界にまで拡張し続けるのである。

すべての種はそれ固有の個体を産み続ける。神霊たちであれ、人間たちであれ、鳥の類、あるいは動物たち、皆そうである。人間という種の個体にはさまざまな差異が存在する。しかし彼らはかつて神霊たちの族《うから》と親しく交わっていたその高き処から降り下ってきた者たちであるから、他のすべての種とのつながりを保っている。人間はその精神により神々とつながりを持つ。だから彼は神々に近い存在として、天界によって霊感を吹き込まれた一つの宗教によって[☆059]自らを神々と結びつけるのである。

それゆえアスクレピウスよ、人間は〈最大ノ驚異《マグヌム・ミラークルム》〉であり、尊崇と顕彰に値する存在なのだ。というのも彼は自身一柱の神でもあるかの如く神の本性の中へと入り行き、神霊たちの族と親しく交わる。自分が彼らと同じ血をひいていることを知っているからだ。彼は自分の中の人間的でしかない性質を軽侮する。そうでないもう一つの部分の神性に望みを懸けているからだ。★022

人間は彼が保持する神々しさ、つまり彼の知性によって神々と結ばれている。他のすべての被造物は天界の定めに従って、彼に服従し人はこれらを愛の絆によって自らに結びつける。この神々と人間たちの和合はしかしすべての人々に対してのものではなく、知性的認識能力のある人々だけに限られている。かくしてただ人間だけが被造物たちの中にあって二重の性質を備えている。半ばは〈神〉に似て、他の半ばは四大から成り立っている。ではどうして人間はこのような二重の本性の裡に閉じ込められるという負い目を与えられているのか。その理由は以下の如くである。

〈神〉が第二の神を造った時、この神は〈神〉に美しく思えた。そこで〈神〉はこの第二の神を彼の神性から生まれ出た子として愛した★023（ラクタンティウスによれば「彼の〈子〉として」。ラクタンティウスはこの章句をヘルメスがキリスト教の到来を告げた予言の一つであると見做している★024）。しかしそこには〈神〉が成したことを熟視すべきさらに別の存在というものがなければならなかった。そこで彼は人間を創造した☆060。そしてこの人間が物質的なものにくるまれていなければすべてのものを差配することができないことが分かったので、〈神〉は彼に肉体を与えたのである。かくして人は二重の起源から形造られることとなった。それは彼が天上的な事物を讃嘆し尊崇する一方で、また地上的な事物に心を配り、それらを治めるためなのである。

神々の魂は一般には完全に知的なものだと言われている。しかしこれが妥当するのは上位の神々についてだけである。なぜなら神々には多くの位階があって、あるものは知性的な存在であるが、また別に感性的な神々というものも存在するからである。

主だった上位の位置を占めるのは次の神々である（ここでは主だった神々に関する二つの段落を一つに纏めてみること

にする)。

天空の支配者はユピテルである。そして彼は天空の仲立ちによってすべての存在者たちに生命を分かち与える(おそらくこれより前に述べられた吐息または息吹《スピリトゥス》[☆061]が世界に生きるすべての存在者たちの命を保っているという主張が、ここで述べられた〈大気〉の神としてのユピテルの至高性に連関しているのだろう)。ユピテルの占める位置は天空と大地の中間である。

太陽はまた〈光〉でもある。なぜなら日輪の仲立ちによって光は万物を照らすからである。太陽が他の星々を照らし出すのはしかしその光によってというよりは、むしろ自身の神性と聖性によってである。だから彼は第二の神と見做されねばならない。世界は生動しその裡のすべての事物は生きて動いている。そしてすべての生あるものを統べるのが太陽なのである。

神々の位階の次の位置には〈三六柱の神々〉が来るが、彼らは〈ホロスコープたち〉と呼ばれている。[★025 ☆062] これらは一定の場所に固定された星々であり彼らを統べる主神は〈あらゆる形《パントモルフ》を与える神〉、または〈すべての形《オムニフォルム》を与える神〉と呼ばれている。この神が各々の種の個体にそれ特有の形態を押印するのである。生まれてくる個体の形というものはどれ一つとして他と同じようにはできていない。これらの形は一時間の間にも、その円周分の含む多くの瞬間[☆063]と同じ数だけ変化する。そしてその円周の裡側には偉大なる〈すべての形を与える神〉が鎮座ましましているのである(これらの三六柱の神々はデカンまたは黄道十二宮の円周三六〇度が分割された一〇度ごとの区域である。[★026 ☆064] ここに呈示されたエジプト風の神学体系における太陽とデカンたちを伴った黄道十二宮の際立った重要性に注意されたい)。

神々のリストの最後には七つの天体が来る。それらを統べる支配者は〈運命〉または〈宿命〉である。〈大気〉はこれらすべての神々の道具または器官である。

これで神々と人間たちを結びつける絆については語られた。アスクレピウスよ、次には人間の強さ、その力というものを知らねばならない。主であり父である御方が天界の神々の創造者であるように、人間は諸々の神殿に住まう神々の製作者なのである。人間は命を受け取るばかりではない。彼の方もまた命を与えるのである。人間は〈神〉に向かって歩むだけではない。彼は神々を造るのである。☆065

トリスメギストスよ、あなたは神像のことをおっしゃっているのですか。

そうだ神像のことだ、アスクレピウスよ。彼らは生命を吹き込まれた神像であり感覚《センスス》と精神《スピリトゥス》を十全に備えている。彼らは未来を予言したり、また人間たちに災いを与えたり、多くのことをなし遂げることができるのだ。★027

(この部分から先の、人工の神々についての叙述をここに繋げてみることにする)

人間についてこれまで述べられたことはそれだけですでに驚嘆に値することである。しかし最も驚嘆すべきは、彼が神々の本性を見抜きそれを産み出すことができるということである。われわれの最初の祖先たちが神々を造る技術を発明した。彼らは自然の物質から抽出した力を神像の中に注ぎ込んだ。しかし「本物の魂を創造することはできなかったので、まず悪霊たちや天使たちの霊を呼び出した。そして神聖で神々しい儀式を執り行うことで、それらの霊たちを彼らが礼拝する偶像の中へと誘い入れたのだ。それによって偶像は善きこと、悪しきことをなす力を備えることとなった」。これらの地上的な、つまり人工の神々は、薬草、石、そして香料といったそれ自体神的な働きをするオカルト的な力を含む物質を組み合わせることで製作された。☆066だから人々は多くの供犠や讃歌や礼讃や、また天界の調和を想い出させる甘美な楽の調べといったもので偶像たちを歓ばせようとする。それは偶像の中にかつて誘い入れられた天上的な元素が、天上的な儀式を繰り返すことに歓びを感じ、長く人間たちの許に留まりたいと思うように仕向けるためなのである。これが人間が神々を造るその方法である。★028 ヘルメス・トリスメギストスはこうした人工の神々の例として、アスクレピウスの礼拝、彼自身の祖ヘルメス神、そしてイシス神に対する礼拝を挙げている（つまりこれらの神格を模した神像を廻る祭祀という意味である）。そしてさらに彼はここでエジプトの動物崇拝についても言及している。

（再び『アスクレピウス』の前の部分に戻る）

エジプトの宗教は一者の裡なる神的な万有を廻るものであり、叡智ある真の祭祀を本質としている。しかしそれはやがて滅び行く運命にある。

〈嘆きの歌（または黙示録）★029〉

エジプト人たちは敬虔な心をもってたゆまず神性を尊崇してきた。しかしやがてそれが全くの無駄であったと見做されるような時が来るだろう。彼らの聖なる礼拝はすべて何の功徳も示さぬものに成り果ててしまう。神々は地上を去り、天界へと帰還するだろう。彼らはエジプトを棄ててしまうだろう。かつて宗教の宮居であったこの土地は神々の寡婦となり見捨てられるだろう。異邦人がこの国に充ち満ち、宗教的なしきたりがもはや護られなくなるだろう。それればかりではない。より苦しみに満ちた時代が来る。いわゆる法律というものが定められ、神々に対する敬虔の行いや祭祀はすべて、処罰をもって禁じられることになってしまうだろう。その時聖域と神殿の家であったこの神聖な土地は、墓と死体に覆われることになるだろう。ああ、エジプトよ、エジプトよ、おまえの宗教の名残といえばただの物語だけになってしまうだろう。そして後代おまえの子孫たちはもはやその御伽噺など信じはしないのだ。おまえのかつての敬虔なる行いの数々を語るものと言えば、石に刻まれた言葉しか残らないだろう。スキタイの民、あるいはインドの民、または他のそうした野蛮な隣人たち☆067がエジプトに居すわることになるだろう。なぜなら、見よ、神性は天界に帰還してしまった。そして人々は見捨てられ皆死に絶えた。もはや神も人もいないエジプトは荒野でしかない……。アスクレピウスよ、なぜ泣くのか。エジプトに起こるであろうことはこれですべてではない。もっと悪しきことどもが押し寄せて、もっと悩ましい罪の数々にエジプトはすっかり穢されてしまうのだ。神々を熱愛していたエジプトは、その時までは地上で最も神聖な国であり、神々への献身ゆえに地上で唯一神々が宮居を定める国であった。エジプトは人間たちに神性と敬虔を教えてきたのだ。それが最も非道な残虐の手本を与えることになってしまうだろう。その時には人々は生に倦み疲れ、世界を彼らの讃嘆と尊崇に値する対象だと見做すことをやめてしまう。この万有は本来善なるものであり、過去、現在、未来にわたって観照されるものの中、最善のものである。それが滅亡の危機に曝されてしまうのだ。人々は世界を重荷と見做すだろう。その時以降、彼らはこの宇宙の全体を侮蔑し始め、もはやそれを大切にしようとはしない。それは〈神〉の無比の作品であったはずなのに。それは無限の変化を見せる形態によって造られた栄えある建築物であり、善き創造物なのだ。それは妬みなく彼の作品のすべてにその寵愛を注ぎ込む〈神〉の意志の道具なのだ。そしてそこには尊崇、称讃、恋慕に値するすべてのものが、一つの全体へ、一つの調和した異なり☆008へと集《つど》っているさまが観られるのだ。しかしその時には、暗闇が光よりも好まれるだろう。生きることよりも死ぬことの方がましだと考えられるだろう。誰一人としてもはやその眼差しを上方の天界に向けようとはしなくなるだろう。敬虔な人は気が狂っているのだと見做され、かえって不信心者が賢者だとされる。狂暴な者は勇気があるとされ、最悪の犯罪者が善良な人だと見做される。魂とそれに関するすべての信仰、つまりわたしが今あなたたちに語ったことだが、魂はその本性からして不死であり、あるいは不死性を獲得できることを予見しているということ――こうしたことは馬鹿げたことだと見做され一笑に付されてしまうだろう。そしてまことにその時には、精神の宗教に帰依すること自体が法を犯すこと、重大な犯罪であると見做されるだろう。新しい正義の観念、新しい法の数々が制定されることになるだろう。もはや神性について、敬虔について、そして天界とそこに宮居します神々にふさわしいことどもについて、何一つとして語られることはなく、また魂の裡において信仰を勝ち得ることもないだろう。

神々は人間たちから去ってしまうだろう。嘆かわしい絶縁である。ただ悪しき天使たちだけが留まって人々に立ち交じり、暴力で強要して大胆な犯罪と放埒へと誘う——彼ら犯罪者とて哀れな者どもである——こうして浮かれ果てた者どもは戦争や略奪や詐欺、そして魂の本性に反したありとあらゆることに夢中になる。その時大地は均衡を失い、大海はもはや航海を許さず、天界にもはや星々が満ちわたることはなく、星は天界を歩み行くことをやめる。すべての神的な声は沈黙させられ、また自らも沈黙を欲する。大地の実りは腐り果て、土壌はもはや産む力を失い、大気そのものも陰鬱な無気力を孕んで重くたちこめる。

これが老いさらばえた世界の姿である。宗教はなく、無秩序とすべての善きことどもの混乱があるばかりだ。アスクレピウスよ、こうしたすべての事柄が起こる時、主にして父なる御方、力を得た最初の神であり〈唯一なる神〉の造物主である御方は、まずこうした慣わしや進んで行われている数々の犯罪に目を留められる。そして神的な意志である自らの意志によって悪徳への道、宇宙の腐敗への道を塞ぎ、過ちを正そうと努められる。彼はこうしてすべての悪しき企みを、あるいは大洪水によって地上から消し去り、あるいは大火によって焼き尽くし、あるいは多くの場所に疫病を撒き散らすことによって抹殺する。その後で彼は世界をその最初の美へと連れ戻すだろう。この世界は再び尊崇と讃嘆に値するものとなり、〈神〉もまたかくも偉大な業の創造者、修復者として、人間たちに誉め称えられるだろう。そして彼らは称讃と祝福の讃歌を絶えることなく捧げつつ生きていくのだ。これが世界の再生の過程である。それはすべての善きことどもの更新であり、

〈自然〉それ自体の聖なる、そして最も厳粛なる復元である。そしてそれは時の流れの力によって……〈神〉の意志によって成就される復元なのである。

『アスクレピウス』に対するフィチーノの註釈は見当たらない。彼の著作集中の『アスクレピウス』訳に付けられた註釈は、以前は彼自身のものだとされていたが、現在ではルフェーヴル・デタープルのものであることが判明している。[★030] ルフェーヴル・デタープルはその註釈で〈神の制作〉の条を激しく非難している。[★031] この非難は現在はだからフィチーノから分離して考えることができる。その註釈を書いたのは彼ではないからである。[☆069]

したがって『アスクレピウス』をフィチーノがどう評価していたかということの最良の手引きは〈解題〉である。彼によって『ピマンデル』と総称されたその『ヘルメス選集』の翻訳の前書きがこの〈解題〉であった。そこで彼はヘルメス・トリスメギストスの多くの著作の中で二つの作品が「神的である」、と言っている。一つは〈神的な意志〉についての作品であり、もう一つは〈神〉の〈力〉と〈叡智〉についての作品である。最初のものが『アスクレピウス』、後のものが『ピマンデル』である。[★032]

このように『アスクレピウス』はフィチーノにとって〈神〉の〈意志〉についての「神的な」作品であった。そしてそれはこの最も聖なる太古のエジプト人によるもう一つの「神的な」作品、つまり〈神〉の〈力〉と〈叡智〉についての『ピマンデル』と密接に連関していたのである。

『アスクレピウス』の名誉回復

この章では『ヘルメス選集』中の四つの著作の内容と『アスクレピウス』の内容を比較参照しつつ考察してみた。その目的は、フィチーノと彼の著作の読者たちがエジプト風創世記の中に認めたモーセ的敬虔、そしてエジプト風の復活の中にあるキリスト教的敬虔が、彼らにとって『アスクレピウス』の描くエジプト風の宗教の名誉を回復させたものだったのかもしれないということを示唆することにあった。彼らは『ヘルメス選集』の諸作品と同じ哲学、同じ構想が『アスクレピウス』でも繰り返されているのに気づいたかもしれない。『アスクレピウス』は、〈精神の宗教〉つまり世界についての精神の宗教と調和する宗教祭祀を啓示するものであるように思えたかもしれない。この聖なるエジプト人は『ヘルメス選集』と『アスクレピウス』の両作品中におけるさまざまな章句で、この啓示を予言的な響きと共に〈神の子〉と結びつけている。新しく発見された〈選集《コルプス》〉、そしてフィチーノによる翻訳であり熱心な読者を獲得した『ピマンデル』の光に照らしてみれば、アウグスティヌスの『ピマンデル』非難は誤っているように見えたかもしれない。アウグスティヌスは〈嘆きの歌〉を悪霊たちによって吹き込まれたものではあるものの、真正の預言である、そしてそれはキリスト教が到来しエジプトの偶像崇拝を廃止する預言であるとしたのだった。その逆に、ラクタンティウスが〈完全ナル言葉《セルモー・ペルフェクトゥス》〉と呼んだ作品は、確かに、聖なるヘルメスによって執り行われた宗教祭祀への最後の加入儀礼を含んでいたのである。

そしてその祭祀は星辰魔術の儀式を含んでいた。「地上の神々」として神殿内に鎮座する神像たちは、神官たちがさまざまな物質のオカルト的な性質を知悉し、それを共感魔術の原則に従って調合し、呪文によって天上の神々の生命をそれらの像の中に誘い入れることによって活きて動くものとなるのである。だから共感的な星辰魔術によって「天空の生命を下方へと引き寄せる」ことは哲学者にとって正当な行為、いやそれどころか彼の宗教と連動した敬虔なる活動だということにすらなるだろう。事実フィチーノは魔術に関する著作『天上より導かれるべき生命について』(*De vita coelitus comparanda*)でそうした実践活動を行うように勧めているのである。

『ヘルメス選集』の発見による『アスクレピウス』の名誉回復は、ルネサンスにおける魔術の復興を推進した主たる要因の一つではないかとわたしは思う。そしてこのことを理解するただ一つの手段は、フィチーノの『ピマンデル』とそれに対する彼の註釈の敬虔な解釈の数々を背景として『アスクレピウス』を読み解くことなのである。

この読解が成功した時には『アスクレピウス』中の、あの有名な〈嘆きの歌〉に対する解釈も変化するかもしれない。このエジプトびいきの美しくも感動的な修辞的小品は、道徳的な憤りに充たされており、ヘブライ的な預言を想起させるところがある。実際また著者はヘブライズムからの影響を受けていたのかもしれない。神聖なるエジプトの宗教の滅亡は道徳律の崩壊と等置され、その来たるべき復旧は道徳の復旧と同義である。「世界を廻る宗教」の衰亡は倫理の衰亡と道徳の完全なる混乱をもたらす。だからこそ敬虔な善人はその約束された帰還に望みを懸けるべきなのである。この観点からすれば〈嘆きの歌〉はアウグスティヌスが考えたのとは全く違う風に見えてくるだろう。つまり退廃したキリスト教にエジプト的な敬虔と道徳性の精神のなにがしかを吹き込むための訓戒のようなものに、ということである。[☆070]

シエナの大聖堂を参拝のため、あるいは観光のために訪れる人は、名高いそのモザイク装飾床に描かれたヘルメス・トリスメギストスの肖像（本書冒頭の図参照）にまず出会うことになる。[☆071] ヘルメスの両脇にはシビュラが二人控えて、キリスト教の到来を告げ知らせる彼らの予言書を手にしている。この二人の後ろには一〇人のシビュラ[☆072]の残りの者たちがそれぞれまた予言書を手にして配されている。ここでわれわれが眼前にするのは、明らかに、ラクタンティウスの著作におけるのと同じ、キリスト教の到来を告げる偉大な異教徒の予言者としてのヘルメス・トリスメギストスである。彼の足元の銘文はこの尊崇されてきた人物の年代を同定したものだが、アウグスティヌスやラクタンティウスよりもさらに昔へ遡り、彼は「モイセ[☆073]の同時代人、ヘルメス・メルクリウスである」と紹介されている。ヘルメスの右手には、ターバンを纏ったオリエント風の人物がうやうやしい態度でほとんどお辞儀をするような格好で描かれている。これはおそらく彼の「同時代人」モーセのつもりなのだろう。[☆074]この肖像の後ろには重々しい名士といった類の人物が控えている。これはおそらくヘルメスとの対話に参加する敬虔なエジプト人、例えばアスクレピウスあるいはタトを表しているつもりなのだろう。

ヘルメスの左手はスフィンクスに支えられた石版の上に軽く置かれている。石版に刻まれているのは次の銘文である。

万物の造物主である〈神〉は
手ずから神を造られた
可視の神を　そして彼を
初めに　一人だけ造られた
彼を嘉《よみ》された〈神〉は
ご自分の御子である彼を
心からいつくしまれた
聖なる言葉と呼ばれるその御子を

スコットが指摘したように、[★033]この銘文は『アスクレピウス』のギリシア語原典からラクタンティウスが引用した部分で、そのラテン語訳の要約版である。初期教父としてのラクタンティウスは、この部分に〈神の子〉への言及があることを非常に強い調子で指摘した。「われわれが正しく〈神〉と呼ぶことの許される、万物の〈創造主〉であり〈主〉である御方は目に見え感じ取ることのできる第二の神を造られた時、……それゆえ彼を最初にそして彼だけを、彼一人だけを造られた時、彼は〈神〉に美しくそして善きことどもに充ち満ちて見えた。そこで〈神〉は彼を聖別し自身の〈御子〉として心からいつくしまれたのである」[★034]。モザイク画の銘文のすべての要素をこのラクタンティウスの要約にも確認することができるが、ただ最後の「彼は聖なる言葉と呼ばれる」だけが欠けている。これは『ピマンデル』の冒頭に告げられた[★035]〈神の子〉としての〈言葉〉を廻るヘルメスの別の予言を導入したものであり、こちらもラクタンティウスによって別の折に指摘された部分である。

嘆願者であるモーセは（もしこの人物が本当にモーセを意図したものであるとしてのことだが）、一冊の書物を手にし、ヘルメスもその本に手を添えている。この本の上にはこうある、

「文字と法律を受け取りなさい、エジプトの民よ」。

この言葉は明らかにヘルメス・トリスメギストスに関するキケロの叙述を基としている。ラクタンティウスも引用したこの章句ではヘルメスはエジプト人たちにその文字と法律を与えた人物として描かれている（「エジプト人たちに法と文字とを与えた」[★036]）。しかし銘文の言葉には意味深長な変更がある。

「おまえたちの文字と法律を受け取りなさい、エジプトの人々よ」

という文言は、ヘブライの立法者から（つまり嘆願者がモーセであるとして）エジプトの立法者に対する嘆願を、すなわちエジプトの敬虔と徳性を復興するようにという嘆願を意味しているとも考え得るからである[☆075]。

ヘルメス・トリスメギストスとシビュラたちのモザイクがシエナの大聖堂の床を飾るべく製作されたのは一四八

〇年代である。★037 ヘルメス・トリスメギストスの肖像をキリスト教建築の入口近くに誇示するが如くに描き、彼にかくも崇高な霊的位置を与えたのは、孤立した地域的な現象に規定されてのことではない。それはむしろイタリア・ルネサンスが彼をどう捉えていたかということの一つの象徴であり、また彼が十六世紀、さらには十七世紀ももうかなり進んだ時期まで全ヨーロッパを席巻することになる、その並外れた経歴の予言でもあった。

第三章

ヘルメス・トリスメギストスと魔術

ヘルメス文書の魔術的側面

ヘルメス文書は二つの系統に分かれる。まず最初は哲学的な物語群で『ヘルメス選集《コルプス・ヘルメティクム》』や『アスクレピウス』に含まれているものがその例である。これらには同じ部門の他のテクストを加えることができる。特にストバイオスによって編纂された、[☆001]詞華抜粋集中に採録されて残った断簡資料が重要である。[★001]もう一つは占星術、錬金術、そして魔術関係の文献で、それらの多くはやはりヘルメス・トリスメギストスに寄せられたものである。しかしこの二つの部門は完全に切り離して個別に考えることはできない。[★002]すでに見たように『アスクレピウス』中でエジプト人たちが「神々を製作した」方法を称讃したあの条でも、現実に魔術の実践が記述されているわけだし、それればかりでなく、哲学的なヘルメス文書の中でも最も格調高く神秘的な物語群ですら、すでに見たように、宇宙における占星術的なパターンというものをあらかじめ前提としているのである。グノーシス教と魔術は元々協働関係にある。例えばペシミスト的グノーシス派は魔法の合言葉と合図を知っておく必要がある。天球を通過して上昇していく際に、この合言葉と合図を使って星々の悪しき物質的な力を自身から取り除くためである。対してオプティミスト的グノーシス派は共感魔術、呪文、護符といった手段で同じ宇宙の諸力を上方から引き寄せることになんの怖れも持たない。それらの力が善なるものであることを信じているからである。

共感魔術の方法[★003]は星々から地上に向かって絶えず流出してくるものがあってそれが感応霊力を持っているということを前提とし、『アスクレピウス』の著者もそのことに言及している。必要な知識を備えた術者《オペレイター》ならば、この流出物とその感応霊力を導き用いることができると信じられていたのである。物質界のすべての物体は星に依存しており、星から降り注ぐ秘密《オカルト》の共感に充たされている。例えば術者が惑星ウェヌス[☆002]の力を用いたいと思ったとしよう。彼は何がウェヌスに属する植物なのか、どの石、どの金属、どの動物がウェヌスのものなのかを知らねばならない。

ウェヌスに呼びかける時にはそうしたものだけを用いる必要があるからである。彼はウェヌスがどういう姿をしているかを知っておかねばならないし、それを護符の上に刻み込む正しいやり方を心得ておかねばならない。護符もウェヌス的な素材を用い、そして占星術の告知するぴたりと合ったその正しい瞬間に造られねばならない。こうした似姿はその星の精気または力を捉え、そしてそれを使うことができるように留め、あるいは貯めるとされているからである。惑星のそれぞれが、オカルト的共感と図像の製作に関する複雑な擬似科学的属性を有していただけではない。黄道十二宮の〈宿〉の徴《しるし》もまた、それぞれ自分だけの植物、動物、図像等々を持っていた。そして天のすべての星座、星々についても全く同じことが言えたのである。というのも〈万有〉は、限りなく複雑な相互関係の網の目によって一つに連結された〈一者〉に他ならないからである。魔術師とはこの網の目の中に参入することを心得た者の謂であった。彼は上方からまっすぐ下に降ってくる感応霊力の連鎖というものを知悉した上で、さらに地上の事物に内在するオカルト的共振、天上的な影像の数々、呪文や呼称、そうした類のものを正しく用いる。こうした手順によって上昇する連鎖というものを自身のために確立し、この万有の網の目を活用したのである。魔術師はあるいは現実の物質的な利益を得ようとしてこれらの力を用いるかもしれない。あるいは彼は『アスクレピウス』中に描かれた神官的な魔術の場合と同じく、自然における神的な諸力を洞察し、それを礼拝するために宗教的にそれらの力を活用するのかもしれない。いずれの場合も前提とされている方法とその宇宙論的な背景は同一のものである。

　哲学的な傾向を持つ〈ヘルメス文書《ヘルメティカ》〉の背景はヘレニズム期の占星術であり、それはまたエジプト的な要素、つまり三六体のデカンの体系と融合している。これらは黄道十二宮の円環の三六〇度を一〇度ごとに分割した区域を支配する神々のことである。[★004] エジプトの民は風変わりなことを考えるものである。つまり彼らは時間をも神格化したのである。それも抽象的な意味だけでなく、具体的に昼と夜のそれぞれの時間が神を持ち、その時間が来るとその神を慰撫し懐柔する必要があったのである。[☆003] デカンという名称が定まったのはヘレニズム期である。しかし実際にはそれらはエジプトの時間を支配する星の神々でり、それがカルデア風の占星術に吸収され[☆004]黄道十二宮のシステムの一部分と化したのである。デカンはすべて図像を伴い、この図像はデカンの一覧表が変化するにつれて異なったものとなる。これらデカンの威力溢れる図像群は、エジプトの諸々の神殿が保管する文書記録から生まれ出たものである。デカンたちはさまざまな相貌を見せる存在だった。まず彼らはあらかじめ決められた占星術的な意味を持ち、〈ホロスコープ〉として自分が支配する時間に生まれた生命の形態を支配した。彼らは自分の領域に入ってきた惑星[☆005]と合体し、また黄道十二宮の徴と融合する時は、三体のデカンがそれぞれの徴と協働してその徴の三つの〈顔〉を呈示することになる[☆006]。しかし彼らはまた神々、つまり威勢あるエジプトの神々であり、この原初的相貌が忘れ去られるようなことは決してなかった。この事実が彼らに神秘的な重みを与える。『アスクレピウス』の著者が神々の一覧表を呈示する際〈三六柱のホロスコープたち〉に割り振る位階の高さは、この著作の持つ真正にエジプト的な側面を表している。ストバイオスの採録した断簡の一つでは、ヘルメスと彼の息子タトの対話という馴染みの枠組の中で〈三六柱の者たち〉の大いなる意義が語られている。

> わが子よ、世界の全体を覆う一つの組織というものが存在するということ、そのことについてはすでに語られた。この組織は円環の形をしている。それをおまえの心に想い描きなさい。なぜならそれが〈万有〉の姿だからだ。
>
> 父よ、おっしゃる通りわたしの心の裡にそうした形を想い描きました。
>
> では次にやはりおまえの心の裡に、この今描いた組織の円環形の内側、すなわち宇宙自体の円環と内側の黄道十二宮の円環のそのちょうど中間に、それら二つの円環を分断する形で、三六体のデカンたちを配しなさい。そうすれば新しい円環はあたかも〈万有〉を支えつつ、なお黄道十二宮を区切るような位置に置かれるこ

とになる。そしてこの中間の円環は、惑星たちを引き連れて黄道十二宮を経巡ることになり、惑星たちと交互に〈万有〉を運動させる力を持つことになるのだ……このことに注意しなさい。なぜならデカンたちは惑星を統制し、そしてわれわれはその七つの天体に支配される存在であるからだ。おまえの目にはデカンの子供たちや惑星の仲立ちによって、彼らのある種の感応霊力がわれわれに及んでいるのが見えないだろうか。[★005]

デカンたちは〈万有〉自体の円環に接し、黄道十二宮の円環と惑星の上方に位置している。そして彼らは下界の事物を思いのままに操る神的な、あるいは神霊的な威勢溢れる諸力であるとされる。その力は彼らの子供たち、または息子たち、神霊たちによって、あるいは惑星の仲立ちによって下方に達するのである。

　このように哲学的傾向の〈ヘルメス文書〉もまた、実践的な〈ヘルメス文書〉、つまり占星術や錬金術に関する物語群と同じ思考の枠組に規定されている。占星術や錬金術を主題とする後者の部門では植物、動物、宝石といった事物の一覧表が作られ、それが星々との隠れた《オカルト》共振作用に応じて分類される。そのようにして惑星、星座の徴、デカンたちの図像の一覧が作製され、この一覧を基礎として魔術的な護符の製作方法が記されることになるのである。ヘルメス・トリスメギストスに寄せられたこの分野における文献は非常に広い範囲に及び、また複雑な様相を呈する。二、三の例を挙げておこう。まずヘルメスによるとされる黄道十二宮の〈宿〉の名称と力に関する論考がある。[★006] 同様に彼に帰せられた〈宿〉や惑星と協働する植物についてのいくつかの論考。[★007] ヘルメス・トリスメギストスがアスクレピウスに与えたとされる動物たちのオカルト的能力に関する書物。[★008] ヘルメスがエジプト人アモン[☆007]に献呈したとされる占星医術に関する論考。この論考は星辰の悪しき影響によって引き起こされた病をいかにして治療するかを論じている。共感魔術と護符の活用によって天界との繋がりを確保し、力を導き降ろすことがこの治療法の基礎である。つまり問題を起こしている当の星の善き力を増大させるか、または他の星の影響力を活用するのである。[★009] [☆008]

ヘルメス・トリスメギストスという名前そのものが特にデカンたちの図像的一覧と密接に関係しているようである。例えば最近解明が進んだ『ヘルメス・トリスメギストスの書《リベル・ヘルメティス・トリスメギスティ》』★010と題された著作は、占星術と占星魔術に関する論考であり、デカンを論ずることから始めている。またヘルメスの『聖なる書《リベル・サケル》』★011は、デカンの図像とそれぞれのデカンと共感する宝石や植物の一覧を示し、さらに適切な宝石上にその図像を彫り込む方法を補説したものである。彫刻された宝石は関係のある植物と共に指輪に固定され、その指輪をはめる者は、招き寄せようとするデカンが嫌うすべての食物を差し控えなければならないとされる。

要約して言えば、オカルト的共感や護符を扱ったこうしたタイプの文献においては、ヘルメス・トリスメギストスという名そのものが呪文のような働きをしているのである。ここでも彼は言語を発明したとされるヘルメス－トートの資格において、その拘束し解放する言葉の創始者として、魔術の操作に加担する。★012彼に帰せられた魔術の祈願や呪文のいくつかは、『ヘルメス選集』に述べられた祈願や呪文と似ている。

中世においてもヘルメス・トリスメギストスの名前はよく知られていた。そしてそれは錬金術や魔術、特に図像魔術や護符と結びついていた。★013中世の人々はデカンに関する知識はすべて危険な悪霊たちに関係させて彼らを怖れていた。またヘルメスによって書かれたとされる書物のいくつかは、悪魔的な魔術を含んでいるという理由で、アルベルトゥス・マグヌス☆009から激しく非難されている。★014アウグスティヌスがすでに『アスクレピウス』の悪霊崇拝を非難していた（この崇拝は彼にとっては特にデカン崇拝を意味していたのかもしれない）。この非難は『アスクレピウス』を圧迫し続けた。しかしながら自然哲学に関心を持った中世の著作家たちは尊敬の念を込めてヘルメス・トリスメギストスの名を口にした。ロジャー・ベーコン☆010にとって、彼は「哲学者たちの父」であったし、★015時としてフィチーノやシエナのあのモザイクの立案者たちが考えたよりも☆011さらに古くまで遡る系図が与えられることもあった。例えば十二世紀に書かれた錬金術の著作の翻訳の序文では三人のヘルメスがいたとされている。まずエノク☆012、次にノア、そしてヘルメス・トリプレックスである。このヘルメス・トリプレックスは王、哲学者、予言者を一身に兼ねた者で、ノアの洪水以降にエジプトを統治したとされるのである。この〈ヘルメス・メルクリウス・トリプレックス〉の系図は占星術関係の十三世紀に書かれた一編の論考中にも見られ、そこでもなぜ彼が「三重の」[☆013]存在なのかについて同じ説明が与えられる。[★016] フィチーノもまた『ピマンデル』の序論とした〈論考《アルグメントゥム》〉の中で〈トリスメギストス〉という語に関してこれと似た説明を試みていることに留意すべきだろう。彼は、この言葉はヘルメスが司祭、哲学者、そして王または立法者という三重の資格を有していたことに言及したものだと述べている。しかし中世期の系図の方はフィチーノとは違ってヘルメス・トリプレックスをモーセ以前、ノアの時代に置いている。

魔術マニュアル『ピカトリクス』

共感的-星辰的魔術に関しては、特に護符についての豊かな内容を含む、非常に包括的な著作が一つ存在する。それは『ピカトリクス』の呼称で一般に知られた書物である。[☆014]『ピカトリクス』はヘルメス・トリスメギストスの著作に帰せられているわけではないのだが、その中で彼の名前はしばしば非常な敬意を込めて言及されている。そしてそれはまた、フィチーノが護符と共感魔術の研究に際して参考にした権威の一つだったかもしれないという意味でも、重要な著作である。

西欧の中世とルネサンスまで伝わったヘルメスに帰せられた多くの魔術書がそうであるように、『ピカトリクス』もまた元々はアラビア語で書かれ、[★017] その成立の年代はおそらく十二世紀である。[☆015] ヘルメス教とグノーシス派の文献が表現する諸観念はアラビア世界、特にハッラーのアラビア人たちに甚大な影響を与えていた。[☆016] この土地のアラビア人の間では護符魔術が行われていたし、ヘルメス教が浸透していたサービア教徒[☆017]を介して、ヘルメス教の哲学的-

宗教的側面と魔術的側面の双方からの影響を蒙った。『ピカトリクス』はこのサービア的な、つまりヘルメス教的な影響を強く受けた一人のアラビア人著作家によって書かれた。彼は魔術的図像の一覧を示し、よく考え抜かれた哲学的な舞台背景を用いながら、魔術の手順に関する実践的な助言を与えている。そこで開陳されている哲学は多くの点で『ヘルメス選集』や『アスクレピウス』のいくつかの論考中に見出されるのと類似の教説である。フィチーノと彼の友人たちは『ピマンデル』の驚嘆すべき著者、エジプト風のモーセにしてキリスト教の到来の予言者ヘルメス・トリスメギストスが表明した数々の教説、哲学-宗教的感情の多くを『ピカトリクス』中にも認め得たかもしれない。しかし『ピカトリクス』の教説は、護符の作り方、上方の世界との照応結合の連鎖を確立することで星々の感応霊力を下方に招き寄せる方法、といった実践的魔術を対象としたものである。

『ピカトリクス』のラテン語訳[★018]はアラビア語の原典より短い。序文ではこの書物がアルフォンソ賢王[☆018]の命によりアラビア語原典からスペイン語に翻訳された事情を述べるが、このスペイン語の翻訳は失われてしまった。ラテン語訳『ピカトリクス』がイタリア・ルネサンスの時期、相当に広く流布していたことは確実である。[★019]ピコ・デッラ・ミランドラの蔵書にも『ピカトリクス』のラテン語訳写本が一部含まれていた。[★020]またピコの同時代人で熱烈なヘルメス教信奉者であったルドヴィコ・ラッツァレッリ[☆019]はこの書物の存在を知っていた。[★021]偉大なるピコの甥であるジョヴァンニ・フランチェスコ・ピコ[☆020]もまた、伯父の死後に書いた著作の中で『ピカトリクス』に関する知識を持っていたことを示している。[★022]サンフォリアン・シャンピエ[☆021]は〈ヘルメス文書〉の新しい版を編集した人物だが、キリスト教的ヘルメティズムを『アスクレピウス』に描かれた魔術から切り離すことに熱心で、『ピカトリクス』については否定的な見解を示し（一五一四年に）アーバノのペトルス[☆022]がその説を借用したことを非難している。[★023]この魔術の教科書がいかに人気があったかということは、ラブレーがそれを痛烈な皮肉の対象としていることによっても証言されている。つまり彼は「悪魔学部長、悪魔学博士ピカトリス猊下[☆023]」という呼び方をしているからである。[★024]当時こうした類の本が人目をはばかりつつ熱心に読まれていた様子は、アグリッパ・ドービニェが一五七二年から一五七三年頃書いた手紙を見ると分かる。[☆024] そこで彼はフランス国王アンリ三世[☆025]がスペインから何冊かの魔術関係の書物を送らせたこと、何度も頼んでようやくそれらを見せてもらうことはできたものの、筆写はしないことを厳重に誓約させられたことを述べている。そしてそれらの本の中には「トレドのドン・ホァン・ピカトリクスの註釈本」があった。[★025]

こうして見てくると、『ピカトリクス』は印刷はされなかったものの、写本の形で十五世紀から十六世紀にわたってかなり広範に流布していたことは確実である。他方十五世紀以前の写本は見つかっていないから、[★026] それが広まり始めたのはヘルメス・トリスメギストスを神の如くに尊崇したのと同じ十五世紀だということになるだろう。

『ピカトリクス』の冒頭で著者はまず敬虔な祈りを捧げた後、深遠なる秘密を打ち明けることを読者に約束する。というのも知識こそは〈神〉が人間に与えた最善の贈り物であり、知識とはすべての事物の根源と原理を知ることだからである。根本の真理は、存在するのは物体ではなく〈一者〉だということであり、〈一者〉とは〈唯一の真理〉、〈唯一の統一体〉のことである。すべての事物はこの〈一者〉に由来する。万有は発生し続け解体し続ける永遠の運動の中にあるが、この〈一者〉によって真理と統一を獲得する。事物の中には階層というものが存在する。この階層に従って低きものは高きものへと上昇し、高きものは低きものに向かって下降する。[☆026] 人間は宇宙という大いなる世界を反照した一つの小さな世界である。[☆027] 賢人は彼の知性によって、七つの天体の彼方に昇り行くことができる。

こうして『ピカトリクス』の哲学を手短かに要約してみると、この著作の描く魔術師は一種の〈世界認識《グノーシス》〉、つまり万有の本性に関する洞察を彼の魔術の拠り処としていることが分かる。

自然の秩序はさらに二つの段落を費やして詳述されている。[★027] まず〈神〉または〈第一物質《プリーマ・マテリア》〉は形態を持たない。この形なき非物体的〈一者〉から一連の事物が発生する。それは、以下の三つの範疇に分類される。

知《インテレクトゥス》　性または精神《メンス》。

霊《スピリトゥス》　気。

物質《マテリア》または物質的自然、すなわち元素と元素によって造られたもの《エレメンタータ》。

霊気は上方から下方に降りてくる。事物がそれを捕捉する場合、それは捕捉されたその場所に留まる（「それが捕らえられたそこに」）。あるいは他の章では★028こう述べられている。「より優れた物体の威力というものがつまりはより劣ったものの力であり形態である。そしてより劣ったものの形態は、より優れたものの威力に連関した素材によって、形造られている。この物質と形態の二つはあたかも一つに連結されたかのような状態にある。なぜならその（地上的な事物より成った）物体的素材と（星々の）霊的素材はもともと一つの物質だからである」。したがって魔術のその〈術〉のすべては、霊気の流れを捕らえ、それを物質の中に流入させることを廻っているのである。

　この霊気の流入を成し遂げる最も重要な手段は護符を作ることである。護符とは星々の図像を正しい素材に、正しい時間に、正しい心構えで、等々の条件を満たして彫り刻んだものである。

『ピカトリクス』の最初の二書は長く込み入ったものだが、その全部がこの最も難しい護符製作の技術の解説に費やされている。護符を作るためには天文学、数学、音楽、形而上学の、そして実際上すべての事物に関する深い知識を持たねばならない。というのも霊気を護符に導き入れることは非常に複雑な仕事であり、意志堅固な哲学者のみがそれを成し遂げることができるからである。

『ピカトリクス』には護符の製作に適した図像の一覧が与えられている。惑星関係の図像の一覧からのいくつかの例を以下に示してみることにしよう。★029

土　星《サトゥルヌス》の二つの図像。☆028

〈カラスの頭と足の男が玉座に坐す姿。右手には投槍を、左手には長槍または一本の矢を持っている〉

〈竜の上に立つ男の姿。黒衣を着て右手には鎌、左手には投槍を持っている〉

木星《ユピテル》の二つの図像。☆029

〈鷲の上に坐す男の姿。裾長の服を着ている。足元には鷲が一羽ずつ……〉

〈ライオンの頭、鳥の足を持った男の姿。足元には七頭一双の首を持つ竜。男は右手に一本の矢を持っている……〉

火星《マルス》の図像。

〈男の姿。王冠を戴き右手に剣を持って振りかざしている〉

太陽《ソール》の図像。

〈玉座に坐す王の姿。頭には王冠を戴く。足元には太陽の形（魔術的記号）〉

金星《ウェヌス》の図像。

〈髪を解き雄鹿に乗った女の姿。右手にはリンゴを一つ、左手には花束を持ち、白い衣装を身に纏っている〉

水　星《メルクリウス》の図像。

〈雄鶏を頭上に乗せ、玉座に坐す男の姿。鷲のような足をして、左手の掌には火を握っている。足元にはこの徴（魔術的記号）〉

月《ルナ》の図像。

〈竜に乗った美しい顔の女の姿。額には角が二本生え、二匹の蛇が体に巻き付いている……さらに両腕にはそれぞれ一匹の蛇が巻き付いている。頭上には一頭の竜。もう一頭の竜が足元に控える。この二頭の竜は共に七頭一双の首を持つ〉

これらの例から見て取れるように、惑星の魔術的図像はそれと分かる形で男神たち女神たちの古典的な姿と関係付けられているものの、奇妙に野蛮な追加や変更を伴っている。

『ピカトリクス』には三六体のデカンたちすべての図像が★030、その所属する黄道十二宮の一宮毎に分けて掲載されている。

白羊宮のデカンたちの図像。

第一デカン。〈赤い眼の大男。剣を持ち白い服を身に纏っている☆030〉

第二デカン。〈緑衣を纏った女。足が一本しかない〉

第三デカン。〈黄金の天球を持ち赤い服を着た男〉

という風に一二の徴に属する三六体のデカンたちのすべての一覧表は続く。皆風変わりで野蛮な図像を伴っている。

『ピカトリクス』の著者は最初の二書で護符とその製作法について詳しく述べた後、第三書[★031]では宝石、植物、動物等々と惑星、宮《シグヌム》等々の照応関係の詳細な一覧を与え、さらにまた、身体のどの部分がどの宮に照応しているのか、[☆031]惑星の色、惑星の名前や力に呼びかけながらその霊気を招き寄せる方法、等々について論じている。第四書[★032]は同様の事柄やまた香料の用い方について論じ、惑星に向けた讃辞で結ばれている。

この書物はこうしてみると分かるように、魔術師のための最も手広い教則本であり護符魔術と共感魔術の基礎となる自然哲学を要約し、実践のための処方を付け加えている。その論述は厳密に実用的なものである。さまざまな護符や処方は特定の目標を実現するためのものであり、病気を治すため、長生きのため、色々な企てに成功するため、牢獄から逃げ出すため、敵を打ち負かすため、他人の愛顧を勝ち取るため、等々のために用いられるのである。

ヘルメス・トリスメギストスはいくつかの護符の図像の出典を述べる際に言及され、また他の連関でもしばしば参照されている。中でも特に強い印象を与える条が『ピカトリクス』の第四書にある。そこではヘルメスが最初に魔術的図像を用いた人物であると主張され、またエジプトに一つの驚嘆すべき都市を創設したと称讃されているのである。

カルデア人の間にはこの術を完璧に用いることのできる達人がいる。彼らはヘルメスが最初に図像を工夫し、それによって月の力に対抗してナイル河の水量を調整することができたのだと確言している。この人物は太陽神に捧げた神殿を建立し、すべての人々を避けてその中に隠遁した。するともう誰も彼を見ることができなくなった。しかし確かに彼はその中に居たのである。またエジプトの東部に一辺の長さが一二マイル（ローマ・マイル《ミーリアーリア》）[☆032]の都市を創設したのも彼である。その都市は一つの城の形に築かれていて、その四辺にそれぞれ一つの門を持っていた。東の門には鷲の像を置いた。また西の門には牡牛の像、南の門にはライオンの像、北の門には犬の像をそれぞれ置いた。彼はこれらの像に霊気を導き入れたので、像は声を出して語り、彼らの許可を得ることなしには誰一人としてその町の門をくぐることはできなかった。町の中にはまた木々を植えたが、その中の一本は非常に巨大で、すべての種類の木の実を実らせていた。城の高台には高さ三〇キューピット[☆033]の塔を建て、その塔の頂上には灯台（ロトンダ）[☆034]を置くように命じた。その灯台の光は日毎に色が変わりながら七日目に至り、次の日には再び最初の色に戻るように工夫した。そのようにして町全体がこれらの色に染め上げられたのである。町の近くには多くの湖沼があり、そこは魚類が豊富であった[☆035]。町の周囲には図像を彫りつけた板を置き、それらを特別なやり方で配置して、その図像の力で町の住民たちが徳高きものとなり、すべての邪悪や災いから逃れるようにした。この町の名はアドケンティンという[★033]。

ハッラーのアラビア人たちの生き生きとした想像力を介して、ここではあの『アスクレピウス』中に描かれた神官的-宗教的魔術が想起されている。エジプトの動物と鳥たちの姿をした神々の彫像が人工の神々として登場し、ヘルメス・トリスメギストスはそれら神像の中に霊気を導き入れて命を与える。すると神像は声を出して語り始め、魔術的ユートピアの四門を見張るのである[☆036]。中央の塔からは諸惑星の色彩が輝きわたる。そして町の周囲に置かれる図像の数々。これらの図像は黄道十二宮の宮の徴とデカンたちの図像なのだろうか。ヘルメスはそれらを配置して、天上からの感応霊力の中でただ善きものだけが町に入るようにしたのだろうか。エジプト人たちの立法者ヘルメスは法を制定する。そしてその法は服従を求めるものである。彼は星辰魔術を力強く操作することによって、町の住人たちが徳高き者となるように強い、彼らの健康と知性を維持する。町の中に植えられた豊饒そのものを象徴する樹木は、ヘルメスが生殖の力をも統制して善きもの、賢きもの、徳高く健全なものだけが生まれるようにしていることをも意味しているのかもしれない。

『ピカトリクス』の著者は、このアドケンティン市の素晴らしく印象的な描写の条では、他の箇所の基調であった個人的な護符の実用的な処方といった次元を遥かに越えて想像力を飛翔させている。護符はせいぜい歯痛の鎮静、順調な取引の手助け、競争相手の足を引っ張る手段といったところを目指していた。しかしこの都市の記述は魔術の持つ可能性をより広い視野で捉えようとしたものである。この都市はつまりヘルメス・メルクリウス・トリプレックスをその三重の本性において示している。あるいはエジプトの神官兼神の製作者として、哲学-魔術師として、そして王にして立法者という三つの資格において、ヘルメスを示している、という風にも言うことができるかもしれない。残念ながらアドケンティン市の創設がいつ行われたかという年代はこの記述中には与えられていないから、それが大洪水の直後ノアの時代に起こったことなのか、あるいはモーセの時代ないしモーセからそれほど下らない時代のことなのかを知ることはできない。しかしこの太古のヘルメスが残した二冊の〈神的な〉書物に心酔した敬虔なる人々は――つまり『ピマンデル』と『アスクレピウス』の読者は――この都市の生き生きとした描写に非常な感銘を受けたことはまず間違いない。この都市においては、あたかもプラトンの理想の〈国家〉と同じく、賢人哲学者が支配者であり、『アスクレピウス』中に描かれたようなエジプトの神官的魔術を用いて、その絶大なる力により支配を貫徹するのである。徳性が魔術によって住民たちに強制されているというこのアドケンティン市の描写は、魔術的なエジプトの宗教が衰亡していく中で風習や道徳もまた荒廃に帰するその有様を描いた〈嘆きの歌〉の、その感動的な末世観の倫理的背景をも説明してくれる。〈嘆きの歌〉に続く『アスクレピウス』中の予言では、未来のエジプトの宗教の復興についてこう述べられているのである。

地上に君臨する神々はやがて失った力を取り戻し、エジプトの遥かの果てにある、ある一つの都市に鎮座することになるだろう。その町は沈みゆく日輪に向かって築かれ、そこへは陸路や海路を辿って、死すべき人

類のあらゆる種族が参拝に急ぐことになるだろう。★034

『アスクレピウス』の文脈上では、『ピカトリクス』の描くアドケンティン市はこうした都市に見えたかもしれない。それは、頽廃以前の理想のエジプト社会と、未来の全面的な復興に際しての理念的な範例、その両者を一身に兼ね備えたものだったのかもしれない。

『ピカトリクス』の著者はまた先に引用した部分の冒頭で、ヘルメス・トリスメギストスが太陽神に捧げた一つの神殿を建立したと述べている。この太陽神の神殿ははっきりした形で彼の町に結びついているわけではないものの、ともかく彼は姿を見せないままこの神殿の祭司となったのだった。『ピマンデル』（もちろんわたしはこの書名でフィチーノがこの表題で包括した『ヘルメス選集』の一四篇の論考すべてを意味しているわけだが）と『アスクレピウス』を敬虔の念と共に読んだ読者の心の中では、この太陽神に捧げた神殿の創設者としてのヘルメスの姿は、これらの作品中で非常にしばしば太陽が登場するという事実と結びついたことだろう。例えば『ヘルメス選集』Ⅴでは天界の神々の中で至高の存在は太陽である、と述べられているし、★035 第一〇書では著者はプラトン的な用語法に従いつつ、太陽を〈善そのもの〉に、またその光線を知性の輝きの流出になぞらえている。★036 また『アスクレピウス』に示されたエジプトの神々の一覧では、太陽神は惑星よりも遥かに優れた存在だと位置づけられている。★037 つまりこの一覧の中で太陽は、惑星たちの天球の上にいる三六体のホロスコープたちよりもさらに上位に位置づけられているからである。したがって『ピカトリクス』のヘルメス・トリスメギストスが太陽神の神殿の創設者であるという主張は、『ピマンデル』と『アスクレピウス』で展開されているあの神聖なる〈始源ノ神学者《プリスクス・テオログス》〉を廻る教説と完璧に符合調和していると言ってよいだろう。

フィチーノと魔術

マルシーリオ・フィチーノの魔術はいささか趣味半分といった趣きのものだったが、彼は護符の使用も試行錯誤的に試み続けた。この試行の背景には彼が参照したであろう多くの中世的権威が控えている。中世の占星家たちは護符の図像一覧を示したからである。その中の一人、アーバノのペトルスはデカンたちの図像を整理しており、フィチーノはその論考『天上より導かれるべき生命について』の中で彼の名前を挙げて引用している。[★038] この論考の表題の翻訳を試みるならば、『星辰の生命の捕捉について』あたりかもしれない。[☆037] 彼はまた何人かのネオプラトニズムの著作家たちから魔術の実践についての奨励のようなものを強く感じたことだろう。フィチーノはこれらの著作家たちを研究し翻訳もしている。特にプロクロスあるいはイアンブリコスの『エジプトの秘儀について』が重要である。[☆038] しかしこうした古代、中世の著作家からの影響はあるものの、D・P・ウォーカーも指摘しているように、フィチーノに主たる刺激を与え、また模範ともなったものは確実に『アスクレピウス』中の魔術に関する記述である。[★039] ウォーカーはさらにフィチーノの実用的魔術の典拠であり得たものの一つとして『ピカトリクス』を挙げている。[★040] 本書ですでに試みた分析が示すように、『ピカトリクス』とヘルメス文献の間には親近性が存在する。したがって〈神の如き〉『ピマンデル』とやはり〈神のごとき〉『アスクレピウス』に敬虔に心酔しきっていたフィチーノのような読者は、護符魔術を論じた実用的著作『ピカトリクス』にも、神々しい二冊の書物に登場する太古のヘルメス・トリスメギストスを連想し、その言葉を想い起こさせる多くの条を見出したであろうことが推察される。だからこの『ピカトリクス』をヘルメティズム研究の文脈で読み解くことこそが、フィチーノのような敬虔なるキリスト教的新プラトン主義者を、魔術の実践へと導入した動因だったかもしれないのである。

中世においては教会権力が魔術をある程度規制し、その中の極端なものは禁止しようと試みた。しかし魔術は決して死に絶えるようなことはなかった。イタリアで星辰魔術の図像世界に対する関心が高まった時も、この関心はフィレンツェに限定されていたわけではないし、またフィチーノのネオプラトニズムの庇護を必要としていたわけでもない。アペニン山脈を挟んでフィレンツェとは逆側に位置するフェラーラではボルソ・デステ大公[☆039]が彼の宮殿の大広間を一年の各月をテーマとした一連の絵画で装飾した。そしてその中心的な部分には黄道十二宮の各宮の徴を置き、この徴に三六体のデカンたちの図像を配した。デカンたちは非常に印象的な姿に描かれている[☆040]。この広間のフレスコ装飾は一四七〇年以前には完成していた[★041]。フレスコ画のまず一番下の段にはフェラーラの宮廷生活の非常に多彩な場面が描かれ、その上には黄道十二宮に沿って三六体のデカンたちが横一列に並んでいる。この連作はまず白羊宮の三体のデカンたちと宮の徴から始まる（本書図01 a）。このデカンたちの姿は、上に引用した『ピカトリクス』の一覧表とはほんの少しの違いしかない。それは全体においては同一の構想の結果であることが容易に確認される。登場するのは白衣を纏った黒い肌の大男であり（本書図01 b）、スカートでただ片足しかないという不幸な事実を隠そうとしている女であり、天球ないし環を手に持つ男である。当世風の魅力的な衣装にもかかわらず、彼らはエジプトの時間の神々であり、アウグスティヌスによって追放された神霊たちなのである。

しかし本研究の主題は、フィレンツェ・ネオプラトニズムの主流から離れたところにもそうした星辰図像の復興があったと指摘することではない。むしろわれわれが関心を持つのは、マルシーリオ・フィチーノが、プラトンやネオプラトニズムの復興運動に際してキリスト教との調和にあれほど腐心したにもかかわらず、魔術という脇道に逸れ、それが復興運動の核心に侵入することを許したという事実である。フィチーノのこの逸脱から始まったルネサンス哲学は、その後魔術的な底流から大きく離れることは決してなかった。その際フィチーノが始めたこの近代的哲学魔術にある種の口実を与えたものが、ヘルメス文献が展開する〈始源ノ神学《プリスカ・テオロギア》〉についての理論であり、また敬虔にして太古なるヘルメス・トリスメギストスについての、つまり〈始源の神学者〉と〈魔術師《マグス》〉についての教説であっ

図01a［上］——〈白羊宮の"宿"とその三体のデカン〉
図01b［下］——〈白羊宮の第一デカン〉
フランチェスコ・デル・コッサ、フェラーラ、
スキファノイア宮殿(photos: Villani)。

た。『アスクレピウス』の魅力はおそらく初期ルネサンスの時期にすでに思潮を形成する牽引力となりつつあった。[★042] フィチーノは――『ヘルメス選集』を訳すためにプラトン訳を中断して――ヘルメスの聖性に関する新たな啓示を示した。この時彼は、ラクタンティウスが〈神の子〉の降臨を告げる預言者としてのヘルメスに対して与えた高い評価の確証を得た。つまりヘルメスに関するラクタンティウスの見解を採用し、アウグスティヌスの警告をやり過ごす権限を手に入れたと感じたのである。同じ頃シエナの大聖堂に、ラクタンティウスが保証した異教の予言者としての姿で、ヘルメス・トリスメギストスが登場し、彼の名誉回復の成功の前兆となった。

もちろんオルフェウスやゾロアスターといった他の〈始源《プリスキ》の神学者《テオロギ》たち〉もまた〈魔術師《マギ》たち〉であったし、彼らもまたその太古性によって魔術の諸形態の復興を権威づけたことを忘れるべきではない。しかし魔術と哲学の融合という観点からすれば、ヘルメス・トリスメギストスがやはり〈始源《プリスキ》の魔術師《マギ》たち〉の中では最重要の存在である。なぜなら最古の哲学的作品だとされた彼の著作本文が研究対象として存在し、これらの著作にはモーセの反響があるとされ、キリスト以前にすでにキリスト教を予見していたと見做され、さらに神の如きプラトンの教理すらまた予言的に先取りしているとされたからである。

異教的反動とエジプト趣味

ラクタンティウスが彼の『神的教理』(*Divinae Institutes*)を書いたのは、かなり表層的な次元でしかキリスト教化が進んでいなかったコンスタンティヌス大帝統治下のローマ帝国においてだった。この著作での彼の立論の基調は、異教がいかにキリスト教に近いものであるか、あるいはキリスト教を予見しているかということを強調することである。

ラクタンティウスは異教徒にキリスト教への改宗を勧める手段としてそうした論述を試みたのだった。ラクタンティウスとアウグスティヌスの時代の間には異教側からの反発が、背教者ユリアヌス帝の治世という形をとって顕在化している。[☆041] その背教は哲学的な「世界を礼拝する宗教」への回帰、また秘儀的祭祀への復帰を通じてキリスト教という新しい成り上がり宗教を追放しようとする志向を内実としていた。ユリアヌスは『太陽神《ヘーリオス》への讃歌』を著し、そこで太陽神を至高の神、知性によって直観される〈善そのもの〉の影像として礼拝している。彼は天界にはまた大勢の他の神々も存在すると言っている。

というのも彼（太陽神）は、三つの天球のそれぞれを黄道帯によって四分割するのと同じようにして……黄道帯をも一二の神的な威力に分けているからである。そしてさらにまた彼はこの一二の領域をそれぞれ三分割し、全部で三六体の神々を造り上げる。[★043]

異教的反動、すなわち復古を志向するこうしたタイプのネオプラトニズム的宗教では、[☆042] エジプト文化の標榜が大きな役割を果たしていた。そのことはオリゲネス[☆043]のケルスス[☆044]に対する論駁がはっきりと証言している。ケルススは、いかに多くのことを「エジプト人たちから学び得るか」を論じている。オリゲネスはこの失われたケルススの著作から以下の条を引用している。

彼ら（エジプト人たち）は人間の身体は、三六体の神霊たちないし天上の神々の思うままにされているという……各々の神霊が身体の異なった部分を引き受けているのである。彼らはこうした神霊たちの名前を知っていてそれをその土地の言葉で呼んでいる。例えば、クヌーメン、クナクーメン、ナト、シカト、ビウー、エルー、エレビウー、ラマノール、レイアノール等々であり、他のすべての名前も自分の言葉で知っている。彼らはこれらの名前に呼びかけることで身体のさまざまな部位の痛みを和らげるのである。こうしたさまざまな神霊たちに敬意を表しておきたい人がいるなら、その邪魔をしてよい理由があるだろうか。つまり病弱であるよりは健康でいられ、悪運よりは幸運に恵まれ、責め苦や処罰からも救われるのならばどうしてそうしたことに反対する理由があるだろうか。

このケルススの主張に対して、オリゲネスはこう論駁する。

こうした論述によってケルススはわれわれの魂を悪霊たちの次元にまで引き降ろそうと試みているのである。あたかもそれらの霊たちがわれわれの身体を思いのままにする権限を持っているとでもいうかのように。彼は世界の〈神〉を全身全霊を込めて崇拝することを全く知らない。彼は〈神〉の礼拝をそれほどまでに軽んずるが故に、尊崇され輝かしい礼讃の対象となった〈神〉の御力のみで彼を称讃する人を護るには十分であることを信じないのである。つまり実際に〈彼〉を礼拝するその結果として〈神〉は正しい人に悪霊を撃退する力を与えるのである。というのもケルススは「イエス・キリストの名において」という祈りの文句が真の信者たちによって発せられる時、少なからざる人々が病気や悪霊の憑依やその他の苦しみから癒されたということを全く知らないままだったからである……ケルススに拠ればわれわれはキリスト教を信奉するよりむしろ魔法や妖術でも行った方がましだということになってしまうだろう。自らをお示しになる、明らけくも至高なる〈神〉を信仰するよりも、無数の精霊たちを信ずる方がましだということにでもなってしまうだろう★044……

異教の側からの反動の時代の後に著述したアウグスティヌスは、ラクタンティウスの希望的見解、つまりヘルメス・トリスメギストスはキリスト教の到来を告げた聖なる予言者であるとする意見を受け容れることはもうできなかった。だから『アスクレピウス』中には悪魔-崇拝があると警告を発したのである。

しかしそのアウグスティヌスですら、この文書の年代同定に関してはやはり法外な誤りを共にし、その是認に一役買っている。彼も、ヘルメスはその知識を悪霊たちから得たとはいえやはり正しくキリスト教の到来は予言した、と考えたのである。

敬虔なキリスト教徒であったフィチーノは、『ヘルメス選集』と『アスクレピウス』の異常な古さを確信し、またそれらが神聖な、神的な性格を持つものであるというラクタンティウスの評価を踏襲して、その研究を続けた。その結果として彼は、彼自身が信じていたようにキリスト教の真理性を予見しつつ洞察した（そしてまた魔術の実践に正当性を与えた）〈始源の神学者〉の生きた太古の時代を望見したわけではなく、むしろエジプト化と魔術化の傾向を持った異教の哲学的〈世界認識〉へと遡行したのであり、それは背教者ユリアヌス帝治世下の反キリスト教的反動を特徴づけていたものと同一のものだったのである。

われわれがこれから扱うことになる魔術は、占星術一般とは根本的に異なるものである。占星術は必ずしも魔術である必要はない。それは数学的な学問であり、ただその基礎に人間の運命は取り消しようもない形で星々に支配されているという確信が置かれているだけである。だから個人のホロスコープ、つまり彼の誕生時における星々の配置を検討することで、あらかじめ変更できない形に定められた個人の未来を予告することができることになる。しかしこれまで見てきたルネサンス期に復興する魔術は、星々にその図像や感応霊力理論の基礎を置くという意味でのみ占星術的なものである。しかしそれは実際には逆に占星術的な決定論から逃れる手段なのであって、この脱出は星々に優る力を獲得し、その影響力を術者の望む方向へと導くことによって成し遂げられるのである。[☆045] あるいは宗教的な意味では、それは救済への道である。つまり物質的な運命、宿命からの脱出の手段であり、神的なものへの洞察を得る方法である。したがって〈占星術的魔術〉(astrological magic)という呼称はそれを正しく定式化したものではない。本書では一応〈星辰魔術〉(astral magic)という名称を用いることにしたい。あまりぴたりとした言葉ではないかもしれないが、これよりましな用語法がないからである。[☆046]

フィチーノは非常に慎重なまた臆病なやり方で、おとなしい形の星辰魔術をおずおずと試み始めた。それは土星に支配されていた彼自身のホロスコープから逃れ、もっと幸せな星の感応霊力を招き寄せ、それによってホロスコープの予告する運命を変えようとする試みだった。しかしこの比較的無邪気な星辰療法が一つの水門を押し開け、その水門を通って驚くべき魔術の復興の洪水が全ヨーロッパに一気に広がることになったのである。

第四章

フィチーノの自然魔術★001

フィチーノの父は医師であった。そして彼自身聖職者であると同時にまた医師でもあった。一四八九年初版の『生命の書』(*Libri de Vita*)[★002]は三部に分かれた医学についての論文である。中世やルネサンスの医学書は、避けがたい条件として、広く一般に受け入れられていた占星術的な知識を立論の大前提として活用する必要があった。医学的処方は通常そうした占星術的理論に基づいて行われたからである。例えば十二宮の〈宿〉の徴《しるし》が身体のそれぞれの部位を支配しているとか、あるいは身体に外化する気質上の差異は関係する惑星が違うからだとか、そういった類の理論である。だからフィチーノの本の大部分は、彼自身がそう主張しているように、当時の通念では正規の医学だと見做すことができたのである。しかし彼はまたこの本の中で、想像力を駆使する手の込んだ魔術を推奨しようとしていることも確かである。この魔術は護符の使用を含んでいる。彼はこの魔術の導入の危険性について十分自覚し、かなり神経を尖らせている。そこで読者に向けた序論の中で、「もし読者諸兄が天文学的な図像を用いることに賛同されないなら」、それらは無視してしまって結構だと断っている。[★003]

この本は主に学問的研究者の健康のために書かれたものである。つまりあまりに研究に没頭しすぎることで病気になったり憂鬱症《メランコリア》[★004]に陥ったりする学人向けの書物なのである。[☆001]それは学問という活動そのものの本性が、それに従事する者たちを土星の影響下に置くからである。というのも観察力の集中と難解な抽象的思考は土星の領域に属するからである。土星はまた憂鬱症の原因となる惑星であると共に、生命や青春の活気には敵対する。したがって研究に没頭して活力を消耗しきってしまい憂鬱症に罹った学者や、こうした活力がどのみち衰えつつある老人に対しては、土星に関係する植物、香料、動物、宝石、そうしたものを可能な限り避けること、そしてさらに、もっと幸せで快活で生命力を与える天体たち、つまり主に太陽、木星、金星がそうした類の天体なのだが、それらに関係する植物、香料、動物、宝石、人々を活用し、そうしたものに取り巻かれるようにすべきだとされるのである。フィチーノはこれらの天体から与えられる健康と快活に役立つ「贈り物」について多くの言葉を費やして熱心に語り、一度ならず詩的な表現を用いてそれらを〈三美神〉と呼んでいる。[★005][☆002] 恩恵を与える星辰の影響力を〈三美神〉と等置することはユリアヌス帝の〈太陽神の讃歌〉にすでに見られるから、[★006] フィチーノもそれに倣ったのかもしれない。黄金は太陽と木星の霊気に充たされた金属であり、それゆえ憂鬱症と闘う時に有効である。緑は健康と生命を与える色である。そこで読者は〈命の養い手であるウェヌス《アルマ・ウェヌス》〉[☆003][★007]に従って、緑なす野辺を彼女と共にそぞろ歩くようにと勧められる。そぞろに、しかしウェヌスの花、例えば薔薇[☆004]を摘み、またユピテルの花である黄金色に輝くクロッカスを摘むことが望ましい。フィチーノは非土星的な食餌《ダイエット》の助言も与えているし、芳香や香水の活用も役に立つと考えている。われわれは今、かなりの出費を覚悟しなければならない精神科医の診察室にいるのだと考えるべきなのかもしれない。彼は患者が出費を厭わないし、田舎で休暇を楽しみ、季節外れの花々を手に入れることができることをよく知っているのである。[☆005]

護符については第三書に至って初めて言及される。この第三書は『天上より導かれるべき生命について《デー・ウィータ・コエリトゥス・コンパランダ》』と題されている。その第一章はある種難解な哲学的教理の開陳から始まる。[★008] それは周知の三分割、つまり知性と魂と身体の三部構成に基づいていて、このこと自体ははっきりしている。しかしこのことを別にすれば、やはり何かしら混乱させるものがそこにはある。まず世界の知性、世界の身体というものがあって、両者の間に世界の魂があるとされている。神的な精神《メンス》つまり知性の中にはイデアたちが内在する。一方世界の魂の中には「種子的理性」があって、その数は精神の中のイデアたちの数に等しく、それらのイデアに照応ないしそれらを反照している。そしてこの魂の中の「種子的理性」に世界の物質ないし身体におけるさまざまな種が照応している。種は根拠に対応し、あるいは依存し、それらによって形成される。物質の纏う形態としてのイデアが衰えてくると、それは「中間の場」で再生することができる。この再生は衰えた当該の形態が依存しているすぐ上の位階の形態を操作することによって成し遂げられるのだろう。世界の魂の中にある理性とより下位の形態とは調和的に符合している。この符合をゾロアスターは神的な連結と、シュネシウス☆006は魔術的呪縛と呼んでいる。こうした結合は星々とその神霊たちというよりはむしろ世界の魂に依存している。そしてこの魂は至るところに現前している。それゆえ「より古い時代のプラトン主義者たち」はさまざまな図像が天界にあると考えた。つまり四八の星座の図像がそれであり、その中の一二は黄道帯上に配され、残りの三六はその外にある。黄道十二宮の三六の「相」もこうした図像に含まれる。このように整序された天上の諸形態に、より劣った地上の事物たちの形態は依存している。以上がフィチーノの述べるところである。

フィチーノは『天上より導かれるべき生命について』に付した副題で、この書物は同じ主題を扱ったプロティノス☆007の著作に対する註釈であると述べている。彼はここでは特に『エンネアデアス』のどの部分を考えてこう述べているのかを明らかにしていない。しかしP・O・クリステラーは、プロティノスの『エンネアデアス』にフィチーノが加えた註釈の写本の一つに『天上より導かれるべき生命について』の名前が登場することを発見した。それは第四書第三章第一一節の箇所であり★009、プロティノスはそこでこう述べている。

わたしは……霊廟を定め神像を奉献することで神的な存在たちの現存を確保しようとしたあの古《いにしえ》の賢人たちは、〈万有〉の本質というものを洞察していたように思う。なぜなら彼らはこの（世界の）〈魂〉にはどこででも参入することができるものの、その現前というものは魂にとっての適切な器が準備されればより容易に確実なものとなるだろうことをはっきりと認識していたからである。この器とはつまり魂のある部分やある位相というものを受け取る能力を特に備えた場☆008であったり、魂の似姿をちょうど鏡像のように造り出して、その

影像を捕獲できるようなもののことである。[☆009]
そのすべての内実を再度産み出すということは〈万有〉の本性である。そして〈万有〉が参与する〈理性の原理〉もまたまさにこの再生産の対象となる。特定の事物はすべて一つの〈理性の原理〉が物質中に投影された影像なのであり、この物質中の〈理性の原理〉もまた前-物質的な〈理性の原理〉自体の影像なのである。かくしてすべての特定の実在は、かの〈神的なる存在〉に連結されている。それらはもともとこの〈神的なる存在〉の似姿として造られたのである……[★010]

この章句はフィチーノが語る二つの主要な論題に再会したかのような印象を与える。しかしその組織は異なっていて、こちらの論じ方の方が思考の論理をフィチーノよりは少しだけ明晰にしてくれている。まず第一に〈万有〉の本性を理解していた古の賢人たちは、神的な存在たちを彼らの神域に招き降ろす術を心得ていた。それは世界の魂を引き寄せたり、その一部を確保したりすることによって成し遂げられた。この主張はフィチーノの魔術的連結や呪縛に関する言及と照応している。ゾロアスターやシュネシオスによって描かれたとされるその連結や呪縛は、世界の魂が内包する理性と下位の事物の形態との間に存する調和的符合関係のことだった。フィチーノはこの理論を踏襲する際に、星辰の図像にも言及している。それはあたかもこれらの図像が魔術的な連結という体系の一部を成すかの如き論述であり、実際またこれらの天界の図像の配置に下位の事物の形態は由来するとされている。次にネオプラトニズム的な理論の概要を、フィチーノは魔術を暗示する前に解説するが、プロティノス自身は魔術への言及の後で呈示している。この理論の核心は、神的な知性に内在するイデアたちが世界の魂に投影されその裡に影像ないし形態として反照している、という主張である。さらにそれらのイデアたちは、この世界の魂への反照から発して(世界の魂に内在する媒介者によって)、今度は物質の形態へと写りはえるのである。

一応こう仮定してみよう。フィチーノが考えていたのは、こうした影像が原初的に世界の魂の裡なる「種子的理性」ないし「理性-原理」に連関するということであり、さらにこの理性たちは神的な精神に内在するイデアがかの「中間の場」において反照したものであるということである、と。[☆010] もしこの仮定が正しいならば、プロティノスの主張についてのフィチーノの註釈に天界の図像が登場し、そしてそれを論文の序論に置いたことも意味を持つかもしれない。するとこうした図像はイデアの形ということになるのかもしれないし、[☆011] あるいはイデアに接近するための手段ということになるだろう。この接近は神的な精神の裡なるイデアの純粋に知性的な形態と、世界の魂ないし世界の身体の中に反照したイデアのもっとぼんやりとした影との間の中間的・媒介的段階として行われる。したがって古の賢人たちが世界の魂の一部を彼らの神域に招き降ろすことができたのは、この媒介的な「中間の場」に存在する影像を操作することによってなのだ、とされるのである。

フィチーノのこの部分の論述は、感覚世界の物質的形態は衰えることがあること、そしてその時にはそれが依存しているより高い段階の影像を操作することによって、いわば再形成することができる、という観念を内包している。この章句の分析を行ったE・ガリンは、より上位の影像が模倣ないし復元されるこの過程を、神的な感応霊力が劣化した感覚的形態の内部に捕獲され再導入されることだと規定している。[★011] このようにして神官の姿をした魔術師は半-神的な役を演ずることにより、図像の使用についての知識を活用しつつ、至高の神的なる世界と世界の魂及び感覚的世界との間に存在する循環を維持するのである。

E・H・ゴンブリッヒは「象徴的図像」(Icones Symbolicae)と題された論文中で、現代人には非常に理解することが難しいルネサンス的な思考様式を分析している。ルネサンス期の新プラトン主義者は、「古代的」な図像が遙か昔に遡る伝統によってようやく彼の許まで辿り着いたのだと信じていた。この図像はしかし、この時代の独自の思考様式によって変容し、それらは彼らにとってはイデアの反照を宿す現実の器となった。これがゴンブリッヒの主張の骨子である。[★012] こうして例えば〈正義〉の古代的図像は、ただの画像ではなく、〈正義〉の神的なイデアのある種の残響、味わい、実体をその裡に宿すことになる。このゴンブリッヒの解釈は、フィチーノが星辰図像について抱いていた思考の様式を理解する際にも有効であるように思える。彼はそうした図像が「もっと古い時代のプラトン主義者たち」から由来していると考えたからである。しかしまたこうした図像にあっては、イデアへの関係は、その図像の古代性にもかかわらず、イデアそのものとしてはかえって近いのである。そしてこの近さの根拠が、それらの図像の本来の位置を論ずる宇宙論であった。それは精神と、世界の魂《アニマ・ムンディ》と世界の身体《コルプス・ムンディ》を廻る宇宙論である。

このようにしてプロティノスの主張に対するフィチーノの註釈は、回り道をしながら、護符の使用、そして『アスクレピウス』に描かれた魔術を正当化するものとなる。その正当化の根拠はネオプラトニズム的なものである。つまりは古の賢人たち、また護符を用いる現代人たちは悪魔たちを呼び出しているわけではなく、〈万有〉の本性を深く理解し、神的なイデアがこの下方世界に反照してくるその度合いについて知悉しているのだとされるのである。

フィチーノのプロティノス解釈

D・P・ウォーカーも指摘しているように、[★013]『天上より導かれるべき生命について』の結尾でフィチーノは再び冒頭部に呈示したプロティノスに対する註釈の問題に戻り、新たに、プロティノスのそこでの見解はヘルメス・トリスメギストスがすでに彼の著書『アスクレピウス』中で述べたことを真似た、あるいは繰り返しただけだと主張している。これはフィチーノの著書『天上より導かれるべき生命について』が副次的な意味でしかプロティノスに対する註釈を行わず、なによりもトリスメギストスを註解しようとしたものだということを意味する。より正確には、それはエジプトの魔術的礼拝が描かれた『アスクレピウス』中の章句に対する註解なのである。

いかなる物質(の一部分)も、より優れた事物に接触すると……直ちに天上の影響を蒙る。この影響を仲立ちするのは、かの驚嘆すべき威力と生命の代行者であり、それはあらゆる場所に現前している、……それはあたかも鏡が顔を映すような、また木霊《こだま》が声を反響させるようなものである。これについてはプロティノスが、メルクリウスを模倣しつつ、一つの例を挙げている。プロティノスは、古代の神官たち、または魔術師たちが彼らの神像やまた奉献する犠牲の裡に、ある神的な讃嘆に値するものを導き入れるのを恒とした、と述べている。彼(プロティノス)はこの点に関してはトリスメギストスと同じ考え方をしている。つまり彼は神官たちがこうした操作によって物質から分離した霊たち(それはつまり悪霊たちである)を導いたのではなく、〈世界の裡なる神的なものたち〉(mundana numina)を招き寄せたのだと考えたのである。この点に関してはわたしもこの論考の冒頭で賛同しておいたし、シュネシオスもそれに同意している……プロティノスはメルクリウスの意見を踏襲しているわけだが、そのメルクリウス自身、神像を造るに際して地上的霊気やより高位の霊気に拠ったわけではなく、大気の霊気の力を借りたのだと言っている。そしてその素材には薬草や、木材、宝石、香料を用いたが、それはそれらの素材が(と彼は言うのだが)自然の神的な力を裡に秘めているからなのである。……エジプトの神官の中には練達の者たちがいる。彼らはまず神々が存在すること、そしてそれは人間たちの上に存在するある種の霊気であることを合理的に教示する。しかし人々がこの教示に耳を傾けようとしない時には、あの秘密の魔術を考え出し、それを用いて神霊たちを神像に誘い入れ、それらが神々であるかの如き外見を与えるのである。……わたしは最初かの聖人の列に加えられたるトマス・アクィナスの見解に従いつつ、[☆012]もし彼らが本当に話すことのできる神像を製作したとするなら、それは星辰の影響力だけを用いたということはあり得ず、悪霊たちの助けを借りたのだろうと考えた。……しかしここではまずメルクリウスとプロティノスに戻ることにしよう。メルクリウスはこう言っている。神官たちは、まずこの世界の自然的事物の中から適切な力を持った素材を選び出し、それらを混ぜ合わせたのである、と。プロティノスもこの見解に従い、世界の魂の中ではすべてのものが容易に宥和し得る、と考えている。なぜなら世界の魂は、自身の神性と融合したある種の種子的な理性の力によって、自然界の事物の諸形態を産出し運動させるからである。この理性を彼は神々と呼んでいる。というのはそれらは至高の精神の裡ではイデアと分離されていないからである。[★014]

この章句の一つの解釈としては、これはフィチーノの見解の変化を記録する資料である、という考え方がある。つまりまず彼はトマス・アクィナスが『アスクレピウス』中の魔術をはっきりと悪魔的なものだと非難したその見解に[★015]賛同していた。しかしプロティノスの註解を読んで以来、確かにエジプトの神官たちの中には悪魔的魔術を用いていた悪しき者もいたけれども、ヘルメス・トリスメギストスは彼らの一人ではなかったということを理解した。ヘルメスの力はただこの世界から、つまり〈万有〉の本性への洞察から汲み取られていた。その〈万有〉は一つの位階を成していて、その中ではまず〈世界の知性〉からイデアの影響力が降下し、それは〈世界の魂〉の裡なる〈種子としての根拠〉を通過して、〈世界の身体〉の裡なる物質的形態へと至る。[★016]だから天上の図像たちはその力を〈世界〉から得ているのであって、悪霊たちからではない、ということになる。その図像たちは、イデアの影としての本性のゆえに、〈知性〉と〈身体〉の中間の場に置かれた媒介者である。新プラトン主義者としての魔術師が用いるのもこの存在の連鎖なのであり、それによって彼は魔術的操作を行い、より高き事物とより低き事物の間の婚姻を取り持つのである。

このようにして『アスクレピウス』の魔術は、まずプロティノスによって再解釈され、次いでフィチーノの『天上より導かれるべき生命について』と共にルネサンスのネオプラトニズム的哲学に流れ込む。つまりフィチーノのキリスト教的ネオプラトニズムに流れ入るのである。[☆013]このキリスト教的ネオプラトニズムというものはある種の離れ業であって[☆014]、すでに見たように、キリスト教会権威筋の宣告する正統派的見解を巧妙にすり抜けていく必要があった。フィチーノが『天上より導かれるべき生命について』を執筆した時、おそらく彼はオリゲネスのケルススに対する論駁書を読んだばかりで、それを第二一章に引用している[★017]。その際彼はまたオリゲネスの引用に含まれているケルススの主張にも関心を持ったのかもしれない。この異教徒ケルススは、キリスト教徒がエジプト人たちを馬鹿にする、その侮蔑の根拠のなさを指摘しているのである。「とはいえ彼らは多くの深遠なる秘祭を催したし、こうした（エジプトの魔術的宗教における）礼拝は、不可視の観念に対する崇拝なのであって、多くの人々が考えるような束の間の命しか持たない動物たちの崇拝ではないのである[★018]」。フィチーノは彼のヒーロー、聖なるヘルメス・トリスメギストスを褒めそやす言葉には敏感であったから、このケルススの章句に対するオリゲネスの返答には勇気づけられたのではなかろうか。彼はこう言っているからである。「善良なるケルススよ、あなたは、エジプト人たちが邪悪ではない多くの秘祭を催したことを正当に評価している。そして説明はやや曖昧ではあるものの、彼らの動物崇拝に対する意見も基本的には正しい」。しかしながらこの評言の置かれた文脈はあまりフィチーノの意に沿うものではない。オリゲネスはケルススの宗教史観を否定することに全力を傾けているからである。その史観とはエジプト人たちを一例とする古代の善き宗教的伝統が、まずユダヤ人たちによって腐敗させられ、さらにキリスト教徒たちによって破壊された、というものだった。

霊気理論と護符魔術

フィチーノの魔術は霊気《スピリトゥス》に関する理論に基づいている。これはウォーカーによって見事に解明された事実であり、この問題についての徹底した学問的議論に関心がある読者は、すでに述べたようにまず彼の研究を参照すべきである。[★019] フィチーノはいかにして「天上の力を招き降ろす」べきかという理論を、降下の通路としての霊気の観念を基軸として構築した。その通路を通って星々の感応霊力は拡散するとされる。世界の魂と身体の間には世界の霊気《スピリトゥス・ムンディ》があって、それは宇宙全体に浸潤している。この媒体を介して星辰の感応霊力は人間に向かって降りてくる。人間はこの感応霊力を彼自身の霊によって吸入する。それはさらに世界の身体全体へと拡がる。霊気は非常に微細な稀薄な実体であって、ウェルギリウスの次の詩行はこの霊気について詠《うた》ったものである。

裡なる霊気が養い手となり、その全体を貫きつつ
精神が支配し、大いなる肢体と溶け合う[★020]

特定の惑星に関連する動物、植物、食物、芳香、色等々を用いなければならないのは、この惑星の霊気を引き寄せる必要があるからである。霊気は大気の上、風の上に漂う。それはある種非常に稀薄な気体であり、またかすかに熱を持っている。特に太陽や木星の光線を通して、[☆015] われわれの霊は世界の霊気を「飲み干す」のである。

このフィチーノの註釈の主たる典拠は『エンネアデアス』だと思われる。しかし『エンネアデス』そのものの中には霊気の理論について論じた部分は見当たらない。あるいはプロティノスの著作のどこかで明言はせずに暗示くらいはされているのかもしれないが、少なくともわたしはこの哲学者の作品中に、世界の霊気が星辰の感応霊力の媒体であり、魔術操作の基盤であるということ、つまりフィチーノの仕事の基礎となった理論を、明確に呈示した章句を発見することはできなかった。フィチーノが特に実用的魔術と護符との連関でもしそうした明快な魔術理論を見出したとするならば、それは『ピカトリクス』においてのはずである。前の章で見たようにこの著作の魔術理論の基礎は知性《インテレクトゥス》、霊気《スピリトゥス》、物質《マテリア》の連鎖である。下位の事物を構成する素材は星々の素材である霊気と密接に連関して

[★021]いる。魔術とは流出する霊気を物質の中へと導きまた制御することであって、そのための最重要の方法の一つが護符の使用である。護符とはある星の霊気が導き降ろされる物質的目標点であって、その中に到達した星の霊気は貯蔵されることになる。フィチーノはこの霊気論的魔術の理論を[☆016]『ピカトリクス』によって研究することができたはずである。そしてその理論には霊気を引き寄せることのできる事物の一覧、護符を造るための処方、さらに護符に刻むための図像の数々が付け加えられている。フィチーノが魔術理論の構築に際して『ピカトリクス』を種本として用いたのではないかという推論は、彼が記述する図像のいくつかが『ピカトリクス』中のそれらと類似しているわけだから、かなり確実性が高い。

フィチーノが呈示する図像のほとんどは『天上より導かれるべき生命について』の第一八章に集中している。彼はまず黄道帯の十二宮の図像について触れた後、宮の徴にはそれぞれまたその〈相〉の図像というものがあって、それらはインド人、エジプト人、カルデア人に由来する（デカンの図像の一覧は実際にこれらの集団に淵源を持つものである）と述べている。例えば以下の〈相〉の例。

処女宮（Virgo）の最初の〈相〉。美しい少女が手に穀物の穂を持って座り、幼児を胸に抱いている。[★022]

幼児を伴ったこのデカンの図像は『ピカトリクス』からではなくアルブマザール[☆017]から採録されたものであり、フィチーノも彼の名を典拠として挙げている。この図像は唯一フィチーノが呈示したデカン関係のものであり――彼が扱う他のすべての図像は惑星関係のものである――それを使ってよいのかどうか確信が持てないようである。続いて彼は、もし水星からの恩恵を得たいなら、その図像を錫か銀の素材の上に刻み、それに処女宮の徴を加え、さらに処女宮と水星の占星記号を添えなければならない、と述べる。そして、処女宮の最初の〈相〉を付け加えてもよいかもしれないと続けた後、こう断っている。「もしその図像を用いるべきだとしての話だが」。この護符はしたがって、水星の図像、いくつかの宮の徴や占星記号、そしておそらく幼児を抱く処女宮の図像の組み合わせから造られることになるだろう。この護符が医療的な護符ではなく、水星からの知的な「恩恵」を獲得するためのものであることに注意しなければならない。

長寿を得るためにはサファイアの上に土星の図像を刻むとよい。その図像は以下の姿に決められている。「一人の老人が背の高い玉座または一頭の竜の上に座り、頭には暗い色の亜麻製の頭巾を被り、頭上高く挙げた手には鎌ないし魚を一匹持ち、裾長の暗い色の衣服を纏っている」★023。この図像は『ピカトリクス』の一つの図像に類似し、さらに同書の他の二つの図像からの要素を含んでいる（『ピカトリクス』中の土星の図像は以下の通りである。「背の高い玉座の上に坐す男の姿。頭には泥で汚れた亜麻の頭巾を被り、手には鎌を握っている。真っ直ぐ立った一人の老人の姿。頭上に手を高く振り上げ、その手には魚を一匹握っている……一頭の竜の上に立つ男の姿。右手には鎌を、左手には投げ槍を握り、暗い色の衣服を纏っている」★024）。

長く幸せな人生を得るためには、とフィチーノの助言は続く、白く透明な宝石の上にユピテルの図像を彫るとよい。それは「鷲または竜の上に座る男で、王冠を戴き、黄色い裾長の衣服を纏っている」★025。『ピカトリクス』にはこれと非常によく似たユピテルの図像が存在する（「鷲の上にいる男の姿……彼の衣服はすべて黄色である」★026）。

病気を治すためには以下の図像の使用をフィチーノは勧めている。「玉座に就いた一人の王。黄色い衣服を纏っている。それに一羽のカラスと太陽の形を加える」★027。この図像と『ピカトリクス』中の一つの図像の類似は際立ったものである。「玉座に坐す王の姿。頭には王冠を戴く。彼の前にはカラスを一羽、足元にはこれらの形（魔術的記号）を添える」★028。『ピカトリクス』ではこの図像はフィチーノの場合のような医療的な護符ではなく、他の王たちすべてを打ち負かす力を王に与えようとするのである。

肉体的な幸福と強さが欲しいなら、フィチーノはリンゴと花束を手に持ち、白と黄色の衣装を身に纏った、うら若いウェヌスの図像を勧める（「乙女の姿のウェヌスの図像を。手にはリンゴと花束を持ち、黄色と白の衣装を纏ったものを」[★029]。『ピカトリクス』のこれに対応するウェヌスの図像は、「髪を解き雄鹿に乗った女の姿。右手にはリンゴを一つ、左手には花束を持ち、白い衣装を身に纏っている」[★030]）。

フィチーノによって描かれた水星の図像の一つ。「兜を被った一人の男が玉座に坐している。両足は鷲の形で、左手には雄鶏を一羽または火を持っている……」[★031]（『ピカトリクス』の対応する水星の図像は、「雄鹿を頭上に乗せ、王座に坐す男の姿。鷲のような足をして、左手の掌には火を握っている」[★032]）。この水星の図像は機知と記憶の増進に役立つとフィチーノは言っている。あるいは大理石に彫り刻んだ時は熱病対策となる。

フィチーノの護符と『ピカトリクス』のそれとの間の類似関係は、必ずしも彼がこの著作を利用したことの絶対確実な証拠だというわけではない。彼は図像用の他の典拠も知っていたし、またそれに言及もしている[★033]。彼の護符上の神々は概ね通常の姿、つまり鷲に乗るユピテル、花束やリンゴを持つウェヌスといった姿で描かれている。しかしまた彼が『ピカトリクス』中の惑星の図像に関する章にしっかり目を通していたという印象は強く残るのである。

興味深いのは、概して、彼は、デカンたちの図像を避け、ほとんど惑星の図像のみに集中しているように見えることである。これに気付いたのはW・グンデルだった。このデカン図像の大家は、フィチーノが惑星図像に集中したことは、伝統的に存在していたデカンと惑星の図像の間の競合関係を反映したもので、フィチーノはつまり惑星の側についたのだと考えている。「フィチーノにおいては、古来存在したデカンたちを信奉する占星術の体系と、惑星を信ずる占星術の体系の間の競合関係が、惑星の側に有利に決定されている」[★034]。この選択は、彼が神霊を招き寄せる魔術を避けたことと本質連関していたのではないかと考えてみたくなる。デカンという神霊の図像を避け惑星の図像を使用することで――つまり惑星の神霊たちを招き寄せるのではなく、ただ「世界の裡なる神々」の影像として、世界の魂の裡なるイデアの影[☆018]としてそれらを用いる、ということだが――この敬虔なる新プラトン主義者は、自分がただ「世界の」魔術、つまり自然の諸力を活用する自然魔術を行っているのであって、神霊たちに頼る魔術を行っているわけではない、と信ずることがおそらくはできたのではあるまいか。フィチーノのこの不安とためらいに比較すると、アペニン山脈を越えたフェラーラ[☆019]やパドヴァ[★035]で自分たちの住む部屋の壁をこの怖ろしい三六体の神格たちの図像で飾ることをなんとも思わなかった、その人々の大胆さには呆れるばかりである。[☆020]

『天上より導かれるべき生命について』第一八章でフィチーノの心は揺れに揺れている。その複雑怪奇な錯綜の跡を辿ることは奇妙な体験である。惑星に基づく護符の一覧を紹介する前に、彼は十字架について風変わりな見解を開陳している。つまり十字架もまた一種の護符だと言うのである。[★036][☆021] 天上からの諸力は天の光が垂直に降下する時に最大となる。つまりそれは光が東西南北の方位点を結ぶ十字架の中点に垂直に降りる時である。エジプト人たちはだから十字架の形を活用した。それは彼らにとって来世の生命をも意味したのである。彼らはセラピス神像[☆022]の胸部にもその十字架の飾りを彫り込んだ。フィチーノはしかし、エジプト人たちが十字架を使用したのは、星々の恩恵を蒙るための力をそれが持っているという理由によるというよりは、それ自体キリストの来臨の一つの予言であり、彼らは知らず知らずこの予言を行っていたのだと考えている。こうしてキリスト教の到来を予言したそのエジプト人たちの聖なる本質というものが、護符の図像を一覧するに際してのなかなか時宜を得た導入となってくれるわけである。

この一覧表を呈示した後、フィチーノは護符の医療的使用を推賞した医師たち、特にアーバノのペトルスの見解を大いに称讃する。ついでポルフュリオス[☆023]とプロティノスに言及した後、アルベルトゥス・マグヌスを論じ、彼を〈占星術及び神学の教授〉だと評している。それは彼が『天文学の鏡』(*Speculum astronomiae*)の中で正しい護符と誤った護符を弁別しているからである。[★037] 次にフィチーノは再びトマス・アクィナスが『対異教徒大全《コントラ・ゲンティーレス》』[☆024]の中で示している見解についてあれこれと頭を悩ませた結果、最後にようやくトマスの主張に近いと彼が考える処に到達している。つまり護符はその力を主としてその物質的素材から汲んでいるのであって、それに刻まれた図像からではない、という見解である[★038]。しかしまた、もし護符が天体の調和に似た力の影響下に製作されるならば、そのことは護符の効果を増すともされているのである。

手短に言えば、フィチーノは回り道をして護符の使用を正当化したわけである。しかし彼は主として惑星に関係する護符を構想し、しかもそれらを「神霊的」なやり方で使用するのではなく、ウォーカーが述べたように、「霊気の」魔術と共に用いることを予定していたことは確実である。つまりそれは〈世界の霊気〉を活用する魔術であり、〈世界の霊気〉は主として植物や金属の組み合わせによって招き寄せられるのだが、また惑星に関する護符の使用によってもその招来は可能なのである。しかしまたその護符が招く星々は世界の諸力ないし自然の諸力としての星々であって、神霊としての星辰ではない[★039]。

「では一体どうして一つの宇宙的な影像を、宇宙そのものの似姿であるような図像を用いてはならないのだろうか。それによって宇宙からの多くの恩恵が得られる望みがあるかもしれないのに」。この慨嘆は、先行する数章にわたって「自然な」やり方で用いられる惑星の図像の弁護が長々と試みられた後で第一九章の冒頭に置かれている。宇宙の似姿ないし〈世界の図形〉(mundi figura)は真鍮に金と銀を混ぜたものから作製することができる(つまりこれらが木星、太陽、そして金星の金属である)。製作は吉兆の徴を持つ時間に始められなければならない。その吉兆は太陽が白羊宮の最初の一度に侵入する時である。安息日[☆025]にその仕事をしてはならない。安息日は土星に支配されているからである[☆026]。仕事の完成は金星に合わせなければならない。「その絶対的な美を表出するためである」。色彩や線描ないし表情の描写を活用しなければならない。「三つの普遍的かつ個別の世界の色彩というものが存在する。それらは緑、金色、そして青であり、この三色は天界の〈三美神〉のために、つまり金星、太陽、そして木星のために聖別されている。「だから彼らは、天上的優美の恩恵を獲得するにはこれらの三色を頻繁に用いねばならない、と判断した。製作中の図像は世界の定式を表現するものであるから、その世界の天球の色彩である青を活用しなければならない。彼らは天界そのものにも、また星々を描く背景にも金色を付け加えねばならないと考えた。またウェスタないしケレス、つまり大地のことだが[☆027]、これは緑で描かれねばならない[★040][☆028]」。

この章句にはわたしが理解できないことが多く含まれている。扱われている図柄は世界の新しい誕生を祝う新年祭か、あるいはさらに世界の最初の誕生である世界創造に関連しているように見える（ピコ・デッラ・ミランドラの『ヘプタプルス[☆029]』への言及がある）。しかし一般的に言って、この魔術的ないし護符的対象は『生命の書《リブリー・デー・ウィータ》』全体の文脈上に収まるものだとは言える。この著作は、太陽、金星、そして木星のその健康を増進し、若返りの力を与え、土星に対抗する威力ある感応霊力を、招き降ろすか、ないし飲み干すためのさまざまな技術を詳述することに全編を費やしているからである。その際、記述ないしは暗示された対象は（というのはその記述は非常に曖昧だから）、太陽、金星、木星の吉祥を与える影響力を招き降ろすための天界のモデルであるように見える。これらの惑星の色彩がこのモデルにおいては支配的であったことは確実だろう。それら惑星の図像は彩色されていたと想定することも、おそらくは許されるだろう。しかし大地としてのケレスに緑を纏わせて登場させることは理解できるが、ウェスタの登場は奇妙である[☆030]。

フィチーノは、こうして製作された作品を身に着けるか、または前に置いて眺めることができる、と言っているように見える[★041]。それがおそらくメダルかあるいは細工された宝石だと暗示しているのだろう[☆031]。

彼は次に、宇宙模型[☆032]を論じる。それは天球の運動を再現するような形に組み立てることができる。参考になるのはアルキメデスの作例であり、また最近ロレンツォという名のフィレンツェ人が造ったのもそのような宇宙模型だった、と述べている。彼がここで言及しているのはロレンツォ・デ・メディチのためにロレンツォ・デッラ・ヴォルパイア[☆033]が造った天文時計のことで[★042]、それには惑星の模型も付属していた。こうした宇宙模型はただ単に鑑賞するために造られるのではなく、魂の中で瞑想されるためなのだ、とフィチーノは言う。[☆034] これは前の箇所で暗示されていた事象とは明らかに別の種類のものである。それはつまり宇宙の機構のモデルなのである。

最後に以下のようなものを組み立てるとよい、ないし組み立てるべきである。

住居の最も奥まったところにある、そこでいつも生活し就寝もする寝室を兼ねた小部屋に丸天井を設ける。その丸天井の内側にそうした宇宙模型図を彩色して描く。そうすれば家を出る際にも、個々の事物の外観にはあまり注意を払うことはせずに、すでに心の裡にある宇宙の模像とその色彩を注視し続けることになるだろう。[★043]

ここで述べられているのは寝室の天井画のことだと思う。それは同時にまた宇宙模型でもあるような絵画で、おそらくまた〈三美神〉の模像、つまり三つの吉祥をもたらす天体、太陽、金星、木星が場面を支配し、そしてそれらの惑星の色彩である青、金色、緑がこの絵画ないしフレスコの彩色の中心となる。[☆035]

さまざまな形態の「宇宙模型」は、これで分かるように、芸術的なオブジェなのであって、それはまた護符的な効力をも有するがゆえに魔術的に用いることが可能なのである。それらは天界の影像に有利な配置を与え、有利な感応霊力のみを招き降ろし、不利なものは除外し、そのことで地上の〈世界〉に影響を及ぼそうと試みるのである。要約して言えば、残念ながら非常に曖昧な形でしか暗示されていないこの芸術作品のプランは機能的なものであり、目的をもって製作されたものである。つまり魔術的使用のためのものである。世界の模像としての天界の影像を知悉し巧みに配置することによって、〈魔術師〉《マグス》は星辰の感応霊力を統御する。ちょうどヘルメス・トリスメギストスがあの世界の模像として設計された彼の都市アドケンティンにおいて図像を配置し、星辰の感応霊力を制御して住民に及ぼし、そのことによって彼らの健康と徳性を維持しようとしたように。フィチーノの数々の「宇宙模型」もまたそうした諸々の感応霊力を『生命の書』で示された構想に沿って活用すべく企図されていたのだろう。つまり太陽的、金星的、木星的感応霊力を優先的に招き寄せ、また土星と火星のそれを避けるという企図である。

フィチーノの「宇宙模型」を廻る記述において、本書のこれからの展開を視野に入れつつ特に注意を促しておきたい点は、こうした模像が鑑賞されるためだけのものではなく、心の裡で省察され、ないし記憶されるためのものだったという事実である。[☆036] 寝室の天井に描かれた宇宙の模像を凝視し、この図柄を惑星の色彩と共に記憶に刻みつける。そうすれば家を出て無数の個々の事物を見る時、これらをすでに自分の記憶の裡に保持しているより次元の高い現実を反照する影像たちの力で、一つに統合することができる。これは風変わりな構想、あるいは常軌を逸したとも言える幻想であって、それが後世ジョルダーノ・ブルーノに霊感を与え、記憶を天界の影像によって基礎づけようとする試みへと導いたのである。それらの影像は世界の魂の裡なるイデアたちの影であって、[☆037] ブルーノはそのようにして世界の裡に存する無数の個体とすべての記憶の内実を統合し組織しようとしたのであった。

ボッティチェッリの《春》

E・H・ゴンブリッヒはその論考「ボッティチェッリの神話素材」(Botticelli's Mythologies)の中で、フィチーノがロレンツォ・デ・ピエルフランチェスコ・デ・メディチに宛てた手紙を引用している。[☆038] その手紙でフィチーノは若きロレンツォに、これから「素晴らしい贈り物」を送ろうとしているところだ、と語っている。

なぜなら天界を観照する者は、彼が眼にする事象の中で天界より広大なものはないことを知るからです。だから、もしもわたしが貴殿に天界自体を贈り物として与えるとするならば、その値はいかなるものであり得ましょうか。★044

フィチーノはさらにこの若き貴公子に、ロレンツォの「月」を、つまり彼の魂と肉体をきちんと整え、土星と火星からのあまりに過度の影響を避け、太陽、木星、そして金星からの恩恵に充ちた影響を獲得するように努めるべきだと忠告している。「もし貴殿がこのようにして天界の宮の徴と貴殿自身の才能を用いるならば、運命の脅威から逃れ得るでしょう。そしてさらに神の恩恵が得られるならば、幸せな憂いのない人生を送ることになるのです」。

ゴンブリッヒは《春《プリマヴェーラ》》(本書図02参照)をこうした星辰の配列操作との連関で論じている。彼はこの絵の左端に登場するメルクリウスは惑星的図像であることを示唆し、ここで描かれた〈三美神〉が太陽、木星、そして金星に該当するのではないかという可能性を提起している。しかしこの解釈は検討の結果最終的には否定している。さらに彼は中央の人物は確かにウェヌスだということを強調する。☆039 わたしがこれから述べようとすることは、ゴンブリッヒの所見の全体的な方向と矛盾するものではないと思う。☆040

フィチーノがピエルフランチェスコに贈ったこの「素晴らしい贈り物」は、「天界自体の贈り物」であると言われている。それは確実に「宇宙の模像を造ること」を論じた『天上より導かれるべき生命について』第一九章で記述されたものと同じ性格の構造を持っていたと思われる。宇宙の模像は、恩恵を与える惑星を引き寄せ土星を避けるために操作配置された世界の図像だった。「贈り物」自体はおそらく現実の物体ではなく、こうした「宇宙の模像」を内面的に魂または想像力の裡に形造り、その影像に内的な注意を集中するための助言だったのだろう。あるいはそうした心の裡での省察に用いるためのオブジェや護符をどういう風にデザインすればよいのか、という助言だった

図02―――《春《プリマヴェーラ》》、ボッティチェッリ、フィレンツェ、ウフィツイ(photo:Alinari)。

かもしれない。ボッティチェッリの《春》が描かれたのは、『天上より導かれるべき生命について』が書かれたか、あるいは少なくとも出版されたのよりは前なのだが[☆041]、それは明かにこうした目的のためにデザインされた作品である。《春》の人物群についてここでまた詳細な解釈を試みることはやめておこう。わたしが示唆しておきたいのは、フィチーノの魔術理論を研究テーマとする本書の観点からすれば、この絵は彼の魔術の実用的応用例として、複雑な一つの護符として見え始めてくる、ということだけである。つまりそれは「宇宙の影像」であり、それを見守る者に、健康で元気を回復させる反土星的な影響力だけを伝達すべきものなのである。つまりここにあるのは視覚的な形態をとったフィチーノの自然魔術である。それは木々や花々を配し、惑星的な図像のみを、しかも「世界」に連関したもののみを用いて、神霊たちは招き寄せないようにしている。あるいはそれはネオプラトニズム的な存在の位階の中でのイデアの影たちなのだという風に言ってもよい。右側の人物群が神話上何を意味しているのかはともかくとして[☆042]、彼らの間を吹き抜けているのは世界の霊気ではないだろうか。それは大気の精霊の膨らんだ頬から発して、走り去る乙女の風にはためく衣紋によって視覚化されているのではないだろうか。つまりここでは星々の影響を媒介する霊気が魔術的護符の裡に捕捉され貯蔵されているのである。

フィチーノが助言しているように、ボッティチェッリの〈養い手であるウェヌス〉と共にわれわれも緑なす花咲く野辺を散策してみることにしよう。霊気に充ち満ちた風薫るその爽やかな大気を胸一杯に吸いながら――しかしそれにしてもこの女神は、あのリンゴと花束を両手に持った、つんと澄ました護符のちっぽけなウェヌスとはなんと違っていることだろう！　とはいえやはり女神の果たす護符としての役割は同じなのである。つまり彼女は金星からウェヌス的な霊気を招き降ろし、彼女の美しい絵姿を護符として身に着ける者に、また絵画として見つめる者に、その霊気を伝達するという一つの機能を担っているのである[☆043]。

フィチーノのオルフェウス教的魔術[★045]は、彼の護符魔術が偽装された形ないし改訂された形でのヘルメス・トリスメギストスへの回帰であったのと同様、太古の〈始源の神学者《プリスクス・テオログス》〉への一つの還帰の形式である。フィチーノの〈始源の神学者たち《プリスキ・テオロギ》〉の名簿《リスト》上では、オルフェウスはトリスメギストスのすぐ次に来る。〈オルフェウス教文書《オルフィカ》〉の名で知られている讃歌集が、ルネサンスに伝わったオルフェウス讃歌の、唯一ではないにしても主要な原典だった。この讃歌集の成立はおそらく紀元後二世紀から三世紀の間であり[☆044]、そうすると〈ヘルメス文書《ヘルメティカ》〉の成立と大雑把に言って同時期だということになる。それはおそらく当時の宗教的セクトの儀礼で用いられていた讃歌である。その内容は通例、神の、特に太陽神のさまざまな名を呼び、それによって神のさまざまな威力を招き寄せようとする祝詞だった。そこにはしたがって単なるニュアンスという以上の魔術的な呪文性が内在している。フィチーノと彼の同時代人は、オルフェウス讃歌はオルフェウス自身によるもので、プラトンより遙か以前に生きた〈始源の神学者〉の宗教的詠唱に倣った非常に古い作品であると信じていた。だからフィチーノにとってオルフェウス的な唱歌を復興することは深い意義のある仕事であった。彼はこの作業によって最古の神学者の一人が実践していた宗教儀礼へと、しかも〈三位一体〉を予見した神学者のそれへと復帰しつつあるのだと信じていたから[★046]である[☆045]。つまりこのオルフェウス讃歌に対するフィチーノの確信に潜在していたものも、〈ヘルメス文書〉に対する深甚なる尊崇の念を掻き立てたのと同じタイプの歴史的錯誤なのだった[☆046]。

フィチーノはオルフェウス教の唱歌を歌う習慣があった。おそらく自ら古式のヴィオラ(lira da braccio)[☆047]を弾いて伴奏したのだろう[★047]。曲は単純な単旋律の音楽で、フィチーノは天球の動く天上から発する音楽を反響していると信じていた。つまりピュタゴラスが語っているあの天界の音楽のことである。このようにして太陽の讃歌、ないし木星の讃歌、あるいは金星の讃歌をそれらの天体に調律を合わせて唱うことができた。この唱歌は、天体の名前また威力に呼び掛けることでその力を増幅し、その感応霊力を招き降ろすための手段となる。共感魔術や護符魔術の背景に霊気の理論があったように、この声楽的ないし聴覚的魔術の基盤も霊気理論である。こうしてみるとオルフェウス教的魔術は護符魔術に正確に対応していることが分かる。すなわち、この魔術は選択された星辰の感応霊力《インフルエンシーズ》を招き降ろすという同一の目的で用いられ、その媒体ないし霊媒はここでも再び霊気なのである。二つの魔術の間に存在する違いは——もちろんそれは根本的な違いでもあるのだが——一方は視覚的なものであり、視覚的図像（護符）を通して作用するものであるのに対し、他方は聴覚的かつ声楽的であって、音楽と朗唱によって作用する、という点に存する。

ウォーカーは『天上より導かれるべき生命について』の中で記述された呪文を用いる聴覚的魔術は、明言はされていないものの、実際にはオルフェウス教的朗唱と全く同一のものであると考えている。[★048] フィチーノの魔術には、自然的事象の分類と護符を廻る共感魔術と、讃歌や招魂を伴う呪文朗唱的魔術の二つがあるが、両者共にこの書物の中で提示されている。

呪文朗唱的魔術は護符魔術と同じ問題を提起する。それは世界を支配する諸力としての神々に向けた自然魔術なのか、それとも星々の神霊たちを呼び出す悪霊的呪術なのか、という問題である。この問いに対する答えはおそらくここでも護符魔術の場合と同じものだろう。つまりフィチーノは彼の呪文朗唱を純粋な自然魔術だと考えていたということである。少なくともわれわれはこの点に関するピコ・デッラ・ミランドラの言葉、つまりオルフェウス教的唱歌は自然魔術だとする主張を知っている。なぜなら彼は『オルフェウス教の結論集』（*Conclusiones Orphicae*）の中で、実際にこの言葉を用いて、オルフェウス教的讃歌を称えているからである。

> 自然魔術の中ではオルフェウスの讃歌ほど霊験あらたかなものはない。もちろん適切な音楽、正しい心構え、そして賢者たちの知悉する他の条件は不可欠の要件ではあるが。[★049]

ピコは、オルフェウス教に関する結論集の他の部分では、はっきりとオルフェウスが唱っている神々の名前は惑わしの霊たちではなく「自然の、そして神々しい徳性の名前」[★050]であって、それは世界全体に遍く広がっているのだ、と主張している。

フィチーノの自然魔術に対する見解の全体を理解するためには、彼が大気のそよぎの中で星々の感応霊力を招き降ろすために音楽的な呪文朗唱を行い、自然的物体や護符を共感魔術的に配置している具体的な姿を心に思い描いてみなければならない。霊気は惑星的唱歌によっても、また記述されている他の方法によっても捕捉される。フィチーノの護符と呪文朗唱との間には、しかしより緊密な連関があるのかもしれない。というのは第一八章において護符を長々とまた込み入ったやり方で擁護した後で、彼はそれらの護符が「天上の調和と類似の調和に包まれて」[★051]製作され、そのことがそれらの威力を強める、と述べているからである。とはいえ、この章句を根拠として、フィチーノが護符や護符的なタイプの絵画は適切なオルフェウス教的呪文朗唱に合わせて製作されることで、霊気をそれらの対象の中に注ぎ込む役に立つと考えていた、と断定してよいのかどうかは分からない。

前もって周到に予防措置は講じておいたものの、フィチーノは『生命の書』によって面倒な事態に巻き込まれるのを避けるわけにはいかなかった。この事情はこの本に『弁明《アポロギア》』[★052]が補足されているという事実によって確認することができる。明らかに人々はこの書物を前にして怪訝に感じ、こういう風に問い続けたのだろう。「マルシリウスは聖職者だろう。聖職者が医術に占星術だって。それにキリスト教徒が魔術だの図像だの、なんになると言うんだ」。フィチーノはこうした問いに対して、古代においては聖職者は常に医術を実践していたと主張し、カルデア、ペルシア、そしてエジプトの神官たちの例を挙げている。さらに医術は占星術抜きには不可能であること、キリストその人もまた〈癒す人〉であったと述べている。しかし何よりも彼が強調するのは魔術には二つの種類があるということである。つまり一つは悪霊的魔術であり、これは違法であり邪悪なものである。しかしもう一つの魔術は自然的なものであって、これは有益でありまた必要なものでもある。彼自身が実践してきた、また人々に助言もしてきた唯一の魔術は、善なる、有益な類の魔術——すなわち〈自然魔術《マギア・ナトゥラーリス》〉なのである。[★053]

中世魔術とルネサンス魔術の連続性

この近代的な自然魔術はなんとまたエレガントで芸術的に洗練されていることだろうか！[★054] 新プラトン主義の哲学者がオルフェウス教的讃歌を唱っている有様を想像してみよう。伴奏は彼自らが古式のヴィオラを肩に置いて弾き、その古雅な楽器にはオルフェウスが自分の歌で動物たちを馴らしている場面が描かれている。このルネサンス的情景を『ピカトリクス』中の呪文、そのまことに野蛮としか言いようのない、こそこそと陰に籠もった呟きと比べてみよう。この新しい魔術と古い魔術のあまりの違いには呆れるばかりである。

> ベイデルス、デメイメス、アドゥレックス、メトゥックガイン、アティネー、フフェックス、ウクイズズ、ガディックス、ソール、汝の悪霊たちと共に、すみやかに来たれ。[★055][☆048]

この太陽に呼びかける『ピカトリクス』中の呪文のたわごとめいた響きは、フィチーノのあの「自然の」天体唱歌となんとかけ離れていることだろうか！　あるいは医師フィチーノの患者たちがその助言に従って、花々や、宝石や、芳香に取り囲まれているさまを想い描いてもよいだろう。彼らが守るべきその健康な生活のいかにもリッチでチャーミングな雰囲気をまず想像して、それを『ピカトリクス』中で推賞されている、汚らわしくも忌まわしい物質、その悪臭を放ち吐き気を催させる混ぜ物[☆049]と較べてみるとよい。流行に乗るこのしゃれた医師の勧める新しいエレガントな魔術と、古い汚らしい魔術とのコントラストはどぎついばかりに際立っている。再度ここでも確認されるのは原始的な護符魔術の図像は、ルネサンス芸術家の手にかかると、不朽の美の形象へと拡張され高められるということであり、その形象においては、古典的形式は再発見されると同時に、またある新しいものへと錬金術的に変容しているのである。

しかしそれにもかかわらず、古い魔術と新しい魔術の間には絶対的な連続性というものが存在していた。両者は共に同一の占星術的想念に基礎を置いている。両者は共に自然界の物質を同一の方法に従って分類する。両者は共に護符と呪文を用いる。両者は共に生気論的魔術であり、霊気が上方から下方へ流れる感応霊力の媒体であることを確信している。そして最後に両者は共に入念に構成された哲学的なコンテクストに基礎を置く。『ピカトリクス』の魔術は哲学の枠組の中で提示され、フィチーノの自然魔術は原理的に彼の信奉するネオプラトニズムに結びついているのである。

要約すれば、ルネサンス期の魔術は、中世的魔術から連続するものとして、そしてまた同時にその伝統が新しいあるものへと変容していく過程として、その両面から把握する必要がある。この現象はワールブルクとザクスルが発見し研究した、もう一つ別の現象と完全な並行関係にある。つまり異教の神々の形象が中世を通じて占星術関係の写本の中に保存され、ルネサンスまでその野蛮な形態で伝承され、再度古典期の芸術作品の再発見と模倣を通して、再びまた古典的な形式を身に纏うようになった、という現象である。[★056] 同様にして星辰魔術もまた中世的伝統によって継承され、ルネサンス期に至るとネオプラトニズム的な降霊術の再発見を介して、古典的な形態を再び身に纏うようになった。[☆050] 太陽神への讃歌、占星術的文脈に置かれた〈三美神〉、そしてネオプラトニズム、こうした要素を伴うフィチーノの魔術は、その物の見方も実践の手順もそしてその古典的な形態からしても、『ピカトリクス』よりはユリアヌス帝の魔術に近いものである。しかしその魔術の内実は『ピカトリクス』、ないしは似たようなマニュアル本によって彼にまで伝わったものだった。そしてそれを彼はギリシャ原典の研究によって古典的形態へと遡行させ変容させたのである。したがってルネサンス期の芸術作品の意味とその使用法[☆051]を理解するためには、通常行われているように、その形式を理解するために古典的形態の再生の歴史を研究するというやり方と並んで、魔術の歴史の研究という取り組み方も同じくらい必要なのだと言えるのではないだろうか。〈三美神〉が(汲めど尽くせぬこの例を用いるならば)その古典的な形態を再獲得したのは、確かに真正に古典的な形式の復元と模倣によってである。しかしその模倣の際に、彼女たちは魔術の再生によって、その護符的な威力をも再獲得したはずなのである。

しかしまた異教的な外観をとるルネサンス芸術は、その内実においては純粋に異教的なものではなく、表層または深層のキリスト教的な倍音を伴っている(この現象の古典的な範例は処女マリアの外観を伴ったボッティチェッリのウェヌスである)[☆052]。同じことがフィチーノの魔術についても言える。しかし彼の魔術は宗教から全く切り離された純粋に医療的な処方だったのだと見做されてはならない。というのもそれはウォーカーも強調するように、それ自体一種の宗教だったからである。ウォーカーはフィチーノの親しい弟子であり模倣者であったフランチェスコ・ダ・ディアチェット[☆053]の章句を引用している[★057]。そこに彼らが信奉する魔術の宗教性が非常にはっきりとした形で表明されている。ディアチェットは「太陽に関係する恩恵」を獲得したいなら何を成すべきかを記述している。まず太陽に関係した色の、つまり例えば金色の外套を纏わねばならない。そして太陽神の図像を祀った祭壇を前にして儀式を執り行う。その際太陽に関係した植物から作られた香を薫《た》きこめ、例えば太陽神の御神体としては「玉座に就いた太陽神が王冠を戴き、サフラン色のマントを羽織っている図像に、カラスと十二宮図の太陽の記号を添える」ことが望ましい。これは『天上より導かれるべき生命について』中に登場する太陽神の護符であり、われわれはそれが『ピカトリクス』から採られたのかもしれない、と考えたのだった[★058]。また彼は太陽に関係した物質から作られた軟膏を身体に塗りつけ、太陽神に捧げたオルフェウス教的讃歌を唱わねばならない。その唱歌で神的〈一者〉、〈精神〉、そして〈魂〉としての太陽神を呼び寄せるのである。この呼称の組み合わせはネオプラトニズム出自のもので、ユリアヌス帝が太陽神を礼拝する時に用いたのもこの三つの名であった。ウォーカーも言っているように、この三つ組は『天上より導かれるべき生命について』の中ではそのままの形では言及されていない。しかしそれはフィチーノのこの作品が註解しているプロティノスの『エンネアデアス』の中では、[★059]諸イデア間の位階の例として示唆されている。ディアチェットの太陽崇拝儀式はしたがって、『天上より導かれるべき生命について』では暗黙の了解事項であったあるものを顕示してみせたものであり、それはおそらくフィチーノ自身の実践したであろう儀式をも反映している。もしそうであったとするならば、フィチーノの魔術は宗教的魔術であり、此岸的世界の礼拝を内実とする宗教の再興なのである。[☆054]

一人の敬虔なるキリスト教徒は、こうした異教の再興を、どのようにすれば彼自身のキリスト教信仰と有和させることができたのだろうか。確かにルネサンス期の基調であった宗教的習合《シンクレティズム》[☆055]はネオプラトニズム的な三つ組の呼称をキリスト教的三位一体と結びつけ、太陽崇拝は理論的にも歴史的にもキリスト教と親近性を持つ宗教なのだという風に説明はできたかもしれない。しかしこうした議論によってその本体としての太陽崇拝を宗教的祭祀として再興することの弁明ができるとはとうてい思えない。ウォーカーも示唆していることだが、フィチーノをしてこの太陽崇拝再興へと衝き動かした動因はおそらく『アスクレピウス』中に描かれたエジプトの魔術的宗教に対する深い関心だったのだろう。したがって『天上より導かれるべき生命について』がプロティノスについての註釈であるというのは、ただ表層的な意味においてでしかないのであり、それが本当に註解しているのは『アスクレピウス』の方である。つまり『アスクレピウス』に描かれた魔術の「自然的な」そしてネオプラトニズム的な基底を発見することによって、それを正当化しようと試みる註解なのである。

『生命の書』がすでに出版されていた一四八九年に至ると、ヘルメス・トリスメギストスはシエナの大聖堂内に安全に鎮座ましますことができた。彼は誇らしげに自著の『アスクレピウス』を引用して、〈神の子〉の来臨を予言し、モーセは彼にエジプトの法と文字を再び創出するようにと嘆願している。こうした事態を招いた責任者としてはまずラクタンティウスを挙げるべきだろう。なぜならトリスメギストスを聖なる異教の予言者だとした彼の解釈をフィチーノも踏襲したからである。フィチーノはこの真理が『ピマンデル』中に素晴らしい形で証明されている、そしてそのことを自分は発見したのだと信じたのだった。このことがおそらくは魔術的宗教の採用と実践への勇気を彼に与えたのであろう。とはいえもちろん彼は、この魔術を恐怖の念と共に、悪霊の登場をなんとか避けようと震えおののきつつ行うことしかできなかった。そのことは今見てきたばかりである。

ともあれヘルメス・トリスメギストスが、シエナ大聖堂に見られるように、キリスト教会の内陣に侵入した時、魔術の歴史はルネサンス宗教史と融合したのであった。

第五章

ピコ・デッラ・ミランドラとカバラ的魔術

ヘルメス・トリスメギストスとカバラ

ピコ・デッラ・ミランドラはフィチーノの同時代人であり、その哲学的履歴をまずフィチーノからの影響下に開始している。ピコはフィチーノより若かったが、[☆001]師の〈自然魔術《マギア・ナトゥラーリス》〉に対する熱狂を吸収し同化すると、師よりも遥かに力強くまたあけすけにそれを標榜した。しかしピコがルネサンス魔術史で重要な存在であるその主たる理由は、彼が自然魔術を補完すべきもう一つ別の範疇の魔術を付け加えたことによっている。ピコがルネサンス魔術師《マグス》の素養に加えたこの別の種類の魔術とは実践的カバラないしカバラの魔術である。それは霊気を用いる魔術だが、その霊気的側面は自然魔術のように自然界の〈世界の霊気《スピリトゥス・ムンディ》〉のみを用いるという意味に限定されず、宇宙に遍在する自然的諸力を超えた彼方のより高位に位置する諸力を活用しようと試みる、つまりそういう意味での霊気の活用なのである。実践的カバラは天使たち、大天使たち、〈神〉の力ないし名称である一〇のセフィロト、[☆002]そして〈神〉それ自体をも呼び寄せる。この降霊的側面から見れば、カバラのいくつかの儀式は他の魔術の儀式と類似している。しかし聖なるヘブライ語の威力を強調するという面ではより独自性の強いものでもある。実践的カバラはフィチーノの自然魔術より遥かに野心的な魔術であって、宗教から分離することはほぼ不可能であるような魔術である。

ルネサンス的心性は配置のシンメトリーを好んだから、エジプト人たちにとってのモーセであるとされたヘルメス・トリスメギストスの著作とカバラの間には一種の並行関係が想定されるに至った。カバラはユダヤの神秘的伝統の一つであり、モーセその人から口伝されて始まったとされていた。[☆003]カバラ主義者は皆そう信じていたのだが、ピコもまたカバラの教理の非常な古さ、それがまさしくモーセにまで遡る秘伝であることを固く信じていた。モーセが選ばれた者たちだけにまず奥義を伝授し、この伝授に与った者たちがまたそれを奥義とする、という風に代々伝えていったのだ、とされるのである。そしてその奥義は「創世記」に登場する族長たち[☆004]によっては完全には説明されていない神秘を啓示するものだと考えられていた。わたしの知る限り、カバラは〈始源の神学《プリスカ・テオロギア》〉という呼称をもって呼ばれたことは一度もなかったと思う。というのもこの熟語は古代の叡智の中でも特に異教に淵源を持つものについて用いられるのに対し、カバラはヘブライの叡智であるから、自ずからより神聖なものだと考えられたからである。ピコにとってカバラはキリスト教の真理性を確証するものであったから、キリスト教的カバラは古代的叡智の中でヘブライ=キリスト教的な淵源を持つとされた。そしてその基盤の上でこそ、異教徒たちの古代的叡智、とりわけヘルメス・トリスメギストスを比較考証することが非常に価値のある示唆に富んだ研究となり得る、と彼は考えたのだった。ヘルメス・トリスメギストスはこうして比較宗教学的研究の試みにおいてピコの主たる対象となるが、それはヘルメスがエジプト人たちの立法者であり、また霊感に充ちたエジプト風創世記である『ピマンデル』の著者として、モーセに非常に似た位置にあったからである。

　ピコの目でヘルメス教の著作群とカバラを比べてみると、ある種のシンメトリーが顕れ出てきて、われわれをも魅了する。このヘルメスというエジプト人の立法者は、驚嘆すべき教理の秘密を漏らし、その教理は世界創造の説を含み、その説を見るとモーセが知っていたことを彼もまた知悉していたように思えてくるのである。この神秘的教理という本体に調和する形で一つの魔術が付属している。これがすなわち『アスクレピウス』に描かれた魔術である。これと並行して、カバラにおいてもまずヘブライの民に律法を与えた預言者たちの教説の本体から派生した素晴らしい秘教的教理があり、それがモーセの世界創造を廻る神秘に新しい光を投げかけているのである。ピコはこの符合の奇跡の裡にキリストの神性が実証されていると確信し、忘我の歓びに浸ったのだった。そしてまたもう一つの並行現象が存在する。すなわちカバラにおいてもそれに照応する実践的カバラという、ある種の魔術が付属しているのである。

　ヘルメス教とカバラはまた、両者にとって原理的なテーマに関して協働関係にある。つまり〈言葉〉による世界創造というテーマがそれである。〈ヘルメス文書《ヘルメティカ》〉に描かれた秘教とは〈言葉〉ないし〈ロゴス〉の秘教であった。そしてそれは『ピマンデル』においては光り輝く〈言葉〉による創造であり、その言葉は〈理性《ヌース》〉から発する〈神の子〉として世界創造の業を成就するのだった。「創世記」においては被造世界を形成するために「〈神〉は語った」。彼はヘブライ語で語ったわけだから、カバラ主義者にとってはヘブライ語の言葉と文字が終わりなき神秘的瞑想の主題となる。それがまた実践的カバラを信奉する者にとっては、ヘブライ語が魔術的威力を有する根拠ともなる。この点に関してヘルメス教とキリスト教的カバラを結合するのに貢献したのはラクタンティウスであったかもしれない。[☆005]というのも彼は『詩編』の詩行、「〈神〉の言葉によって天は造られた」[☆006]及び「ヨハネ福音書」の章句、「初めに言《ことば》があった」[☆007]を引用した後、このことは異教徒たちによっても支持されている、と付け加えているからである。「なぜなら、トリスメギストスはさまざまな手段を用いてほとんどすべての真理を探究したのだが、その彼がしばしば〈言葉〉の卓越性と威厳について語っているのである」。そして彼はまた、「言語道断の聖なる言葉というものが存在して、それに言及することは人間の能力を超えている」[★001]と認めている。[☆008]

ピコが創始しほとんど煽《あお》ったとすら言いたくなるヘルメス教とカバラの融合は、重大な帰結をもたらすこととなった。この融合の結果としてのヘルメス教的カバラの伝統は、究極的には彼に由来するもので、遠くの時代にまで及ぶ重要な現象の発端となった。この融合は純粋に神秘主義的なものでもあり得た。その場合は極端なまでに複雑な宗教的迷宮の中で世界創造と人間の本性に関するヘルメス教的、カバラ主義的瞑想が増殖することとなった。この迷宮は数秘学的、和声論的要素をも包含し、そこにピュタゴラス派からの影響もまた吸収同化されていったのである。しかしまたこの融合は魔術的な側面をも持っていた。そしてこの分野でもピコは創始者であり、初めてヘルメス教的なタイプの魔術とカバラ的なそれとを統合したのである。

ピコ・デッラ・ミランドラが彼の九〇〇の命題、すなわちすべての哲学から採録された主張の要点を携えてローマへと向かったのは一四八六年のことだった。彼はそれを公開の討論の場で呈示して、それらすべてが互いに和解し調和できることを示そうとしたのである。[☆009] ソーンダイクによれば、これらの命題集はピコの思考法が「概ね占星術の色合いを帯びていること、自然魔術に好意的であること、オルフェウス教的讃歌、カルデア人の託宣、そしてユダヤのカバラといったオカルト神秘学的かつ秘教的な文献への嗜好を持っていること」を示している。[★002] もちろんヘルメス・トリスメギストスに帰せられた著作もこれに含まれる。大いなる討論の場は結局与えられなかった。いくつかの命題に対して神学者たちから激しい抗議の声が挙がったので、翌一四八七年には『弁明』つまり反論を出版しなければならなくなった。この出版に補足されたのが〈人間の尊厳について〉の演説の大部分で、これはもともと予定されていた討論会の皮切りのための式辞演説草稿だったのである。この演説の反響はルネサンス期の全体を通じて何度も繰り返されることになる。それはルネサンス魔術、つまりフィチーノによって導入されピコによって完成された新しいタイプの魔術の大いなる憲章《チャーター》なのである。[☆010]

これからしばらく本章ではピコの命題集ないし『結論集《コンクルシオーネス》』、『弁明』及び人間の尊厳についての〈弁論〉を扱うことにしたい。[★003] 分析の目的は非常に限定されたものである。まず第一に、ピコが〈魔術《マギア》〉ないし〈自然魔術《マギア・ナトゥラーリス》〉について述べている条に集中し、彼の意図するところを明確にしてみたい。第二に、ピコが理論的カバラと実践的カバラを区別していること、そして後者がカバラの魔術に該当するということを提示してみたい。第三に、ピコが〈自然魔術〉は実践的カバラによって補完される必要があり、そうしない場合は〈自然魔術〉の効力ははなはだ弱いものでしかないと考えていたことを検証してみたい。これらの三つの目標はもちろん互いに重なり合っているから、それぞれを明確に分離しておくことがいつも可能だというわけにはいかないだろう。もう一つ断っておかねばならないのは、わたしはピコが「実践的カバラ」という言葉でカバラの魔術を意味していたことを確信しているとはいえ、彼が具体的にこの目的のために用いた魔術の手順を解明する能力はないという点である。これはヘブライ学の専門家[☆011]が探求すべき分野だということになるだろう。

ピコの九〇〇の命題集の中で二六の命題は〈魔術の結論集〉(Conclusiones Magicae)を主題としている。これらは自然魔術とカバラ的魔術の双方を含んでいる。まず自然魔術に関する命題を選んで検討してみよう。

魔術に関する最初の〈結論〉は以下の如く呈示されている。

> 近代人たちが用いているすべての魔術は、なんらの基盤も根拠も真理も持たないもので、教会がそれを追放するのは真に当を得たことである。なぜならそれは明白な真理の敵たちの手によって、つまり悪しき性質を備えた知性たちが醸し出すその虚偽の暗闇を支配する者の手によって[☆012]造られたものであるから。[★004]

すべて「近代の魔術」は悪しきものだ、とピコはこの最初の〈結論〉で宣告する。それは無根拠であり、悪魔の業であり、教会がそれを糾弾するのは正しいことである。この宣告は、ピコの時代に「近代の魔術」として用いられていた魔術に妥協の余地なく反対しているかのように響く。しかしながらそもそも魔術師というものは、魔術の主題を論ずるに際して、確かに邪悪な悪魔的な魔術も存在するけれども、自分たちが行っているのはそうした類の魔術ではない、という風に前口上を付けるものなのである。したがってわたしはこの「近代の魔術」という言葉でピコが意味しているものは、新しい様式の自然魔術ではなく、中世以来の旧態依然たる魔術のことであると考える。なぜなら次の〈結論〉はこういう風に始まっているからである。

自然魔術は実践を許可されており、禁止されたものではない[★005]……

善き魔術、許可されてしかるべき魔術というものが存在し、それは実際禁止されていない。つまりそれが〈自然魔術〉なのである。

ピコはこの〈自然魔術〉という言葉で何を意味しているのだろうか。第三の〈結論〉で彼はこう述べている。

魔術は自然に関する学問の実践的部門の一部を成している。

さらに第五の〈結論〉ではこう言われる。

天上と地上に分散する力の中で、魔術師が働かせ、結びつけることができないようなものは存在しない。

そして第一三の〈結論〉。

魔術の仕事は世界の婚姻以外のものではない[★006]。

この三つの〈結論〉から考えて、ピコが合法的な自然魔術という言葉で意味しているものが何かは明らかであるとわたしは思う。つまりそれは共感魔術の原理に従って自然界の物質を正しく用い、大地と天界の間に「絆」を確立する実践的操作のことである。このような絆は、自然界の霊気によって効力を吹き込まれた護符ないし星辰図像が確立するより高次の絆なしには本来の力を発揮しないものである。したがって護符の使用はピコの魔術の方法に含まれていなければならない（と少なくともわたしは考える）。つまりピコのその方法の内実は、魔術師が自然魔術を用いつつ、天界の威力と地上のそれとを「結合する」、あるいは同一の観念を別様に表現すれば「世界の婚姻を成就する」ことにある。

ピコの自然魔術が自然界の物質を組み合わせるといったことだけに限定されていなかったことは、二四番目の〈結論〉から明らかとなる。

> より秘められた哲学の原理からしてはっきりと認識すべきことは、魔術の業においては、いかなる自然の物質よりも、符丁と図式（characteres et figuras）の成し得ることの方が大きいという事実である。[★007]

これは最大の力を有するものが物質的実在ではないという明確な主張である。そして魔術で使用されるものはそうした物質から造られるのではなく、魔術的な「符丁」と「図式」[☆013]から構成されている。こうしたものの操作によってこそ魔術の効力は最大に高められるのである。ピコはここでは護符の図像に対する正しい術語としての図像（imagines）という言葉は用いていない。しかし〈符丁〉（characteres）とはそうした魔術的な記号のことであって（『ピカトリクス』のようなマニュアル本には図解付きで掲載されている）、フィチーノによって引用された護符の実例のいくつかは実際にそれらの符丁を護符の図像として用いているのである。わたしは「図式」が何を意味しているのかに関しては定かではない。それが「図像／影像」をも意味し得るのか、それともこれもまた「符丁」の性格を持つのか、確かなことは言えない。

しかしピコが有効な働きをするのは魔術的な記号だと主張していることは確実である。だから彼の自然魔術は自然界の物質を組み合わせるといった以上のものであり、そうした魔術的記号をも包含しているのである。

ピコは『弁明』において、悪しき魔術のその邪悪さと対照的な彼の自然魔術の善良さについての〈結論〉を繰り返している。善き魔術は天界の事物を地上のそれと結合し、両者の婚姻を成就する。彼はこの二つの主張（すなわち「結合」と「婚姻」に関する記述）は他のすべての魔術に関する彼の〈結論〉、特に記号と図柄に関する命題を強調ないし共示するものである、と断っている。さらに彼は地上を天界と結婚させる善き自然魔術はすべて自然的な方法、すなわち〈自然界の諸々の威力〉（virtutes naturales）によってなされること、したがってそこで用いられる魔術的な記号と図柄の活躍もまた「自然の」働きなのであることを強調している。要約すれば、ピコは自分が擁護する魔術は悪霊的な魔術ではなく一つの自然魔術であることを明示しようとしているとわたしは考える。★008

したがってピコの自然魔術は、おそらくフィチーノの魔術と同様に、自然界の共感的共振を応用するばかりでなく、魔術的な図像や記号も活用しているように思える。ただしその目的は悪霊たちの力ではなく自然界の力を招き寄せることである。ピコのこの自然魔術に対する弁明が、それより二年後に出版されたフィチーノの自著『生命の書《リブリー・デー・ウィータ》』に対する弁明に影響を与えたかもしれない可能性は大きい。

フィチーノの魔術とピコのそれとの間に存在するもう一つの絆は、ピコもまたオルフェウス教的な呪文朗唱を自然魔術だと見做して推賞しているという事実である。オルフェウス教に関する〈結論〉の第二の命題で、ピコはすでに先に引用したように、こう述べている。

> 自然魔術の中ではオルフェウスの讃歌ほど霊験あらたかなものはない。もちろん適切な音楽、正しい心構え、そして賢者たちの知悉する他の条件が不可欠ではあるが。★009

第三のオルフェウス教の〈結論〉では、彼はこのオルフェウス的魔術は悪霊的なものではない、と保証している。

オルフェウスが歌っている神々の名は、善ではなく悪の元凶であるような、かの欺きの霊たちの名ではない。それはむしろ真の〈神〉によって世界中に配分された自然の神的な諸々の威力の名であって、もし人がその名を正しく用いる方法を心得てさえいれば、非常にためになるものなのである[★010]。

したがってピコの心に描かれた〈自然の魔術師《マグス》〉は、フィチーノの自然魔術と同じ種類の手段、つまり自然的共感、自然を呼び寄せるオルフェウス教的呪文朗唱、自然界の事物に連関させられた魔術的記号や図像といったものを用いていたと考えてよいだろう。そしてこれらの手順の中には、ほぼ確実にフィチーノの解釈に従った護符の使用が含まれていたはずである。ピコはフィチーノと同じ心象の世界を逍遙している。そのことはベニヴィエーニ[☆014]の『愛の歌』(*Canzona de Amore*)に対するピコの註釈を見れば明らかである。さらに彼が自分のメダルに彫らせた〈三美神〉は、おそらく根本のところで言えば、ネオプラトニズム化した護符の図像として土星に対抗するものであった、と考えるべきだろう[★011][☆015]。

実際に催されることはなかった〈結論集〉を討論する会議のための冒頭演説草稿〈人間の尊厳について〉の中で、ピコは魔術に関する主張の主要なものを繰り返している。魔術には二つあり、その一つは悪霊たちの働きによるものだが、他の一つは一種の自然哲学であること[★012]、善き魔術は〈共　感《シンパティア》〉によって、つまりすべての自然を貫く相互的信頼関係を知悉することによって働くこと、そうした主張である。この〈共感〉とは一つの物が他の物に惹きつけられるその秘密の呪縛力のことであって、だからこそ農民は葡萄の蔓と楡の木を夫婦《めおと》として娶《めあわ》せ[☆016]、「魔術師は大地を天界と娶せる。つまりより下位の事物の力を天上の事物に固有な恩恵と結合するのである[★013]」。魔術師《マグス》ピコはこの〈人間〉

の感嘆すべき力に関する瞑想を、ヘルメス・トリスメギストスがアスクレピウスに語りかける言葉と共に始めるのである。「アスクレピウスよ、大いなる奇跡、それが人間なのだ」[★014]。この聖なる言葉が〈人間の尊厳〉についての詳細な宗教的教示を導入し、そしてまたピコの自然魔術を『アスクレピウス』の魔術の文脈上に置くのである。

しかしピコはフィチーノのように『アスクレピウス』との繋がりをプロティノスへの註解の重ね着にくるみこんだり、あるいは誤解を招きかねない形でトマス・アクィナスを引用してみせたりして意図的に曖昧にすることはしない。むしろ彼はこの冒頭の言葉でいわば大胆にも手袋を投げ捨てて決闘の挑発をしているかのような趣きなのだ。「わたしが実際に論じているのは『アスクレピウス』の魔術のことだ。そしてわたしは〈人間〉の裡なる〈魔術師〉を誉め称えているのだ。ちょうどヘルメス・トリスメギストスがそれを誉め称えた如くに」、と。

カバラの理論的基盤

しかしながら自然魔術はピコの見解に拠れば、それ自体は弱々しい術にすぎない。カバラ主義者の知悉する魔術をそれに加えて行わない限りは、実効性のある業を成し遂げることはできないのである。

> 魔術の働きは、カバラの術が明示的にであれ暗黙裡にであれ、それに加えられない限りは、いかなる効力も持つことはできない[★015]。

魔術に関する〈結論集〉の第一五命題はこう述べている。この妥協なき苛酷な主張は、実際のところ、フィチーノの魔術に原理原則上の無効宣告を行う。フィチーノはこのより高い次元の諸力を用いていないわけだから。

魔術で使用されるすべての名称は、量として用いられ意味をなす名称であれ、単独にそれそのもののために用いられる名称であれ、☆017 ヘブライ語であるか、またはそれから直接に派生した言葉でない限りは、なんの威力も持ち得ない。★016

この二二番目の魔術に関する結論は、フィチーノのように、ただいくつかのヘブライ語を聞きかじった程度のあわれな魔術師にとってはなかなか厳しいものである。

先に述べた讃歌の働きも（つまりオルフェウス教の讃歌）、カバラの術が加わらない限り、全くの無である。カバラによってこそすべての韻律の形式は連続的なものも非連続的なものも正しく実現されるからである。★017

このオルフェウス教に関する結論の第二一番目の命題に従うならば、フィチーノの誇りであり歓びであったオルフェウス教的唱歌でさえもカバラなしには魔術の名に値しないことになる。

最新装備の若き魔術師ピコの残酷とも言える主張が、フィチーノの自然魔術は、彼自身がそう主張するように、悪霊的なものではないということの最終的な保証になっているのはいささか皮肉なことだとわたしは思う。フィチーノは惑星ないし黄道十二宮の神霊たちを活用しようとするにはあまりに敬虔であまりに慎重だった。そしてまた天使の力を活用する魔術を理解するためのカバラの知識も彼には欠けていた。彼はだから害はないものの、その代わり弱々しい効力しか持たない自然魔術で満足する他なかった。しかし自然魔術をカバラと結びつけることのできる〈魔術師《マグス》〉はフィチーノとは異なった立脚点を獲得する。というのも、ピコが『弁明』の中で述べているように、カバラには二つの種類があり、その一つは「〈自然魔術〉の最高の部分」なのである。

中世期にスペインで発達したカバラ[★018]は、その理論的基盤を一〇の〈セフィロト〉と二二のヘブライ語のアルファベットに置いていた。[☆018] セフィロトの教理は〈創造の書〉ないし『セーフェル・イェツィラー』(*SeferYezirah/SepherYetzirah*)[☆019]で規定され、『ゾーハル』では全編を通じて常に参照され言及されている。この『ゾーハル』は十三世紀にスペインで成立した神秘主義的著作で、当時のスペインのカバラ的伝統を具現した書物である。[☆020] セフィロトは「〈神〉の呼称としては最も一般的な一〇の名で、それらは全体として彼の唯一の大いなる〈名〉を形造る」[★019]。それらは「〈神〉が世界へ向けて言挙げした創造する〈名〉である」[★020]。被造物としての宇宙は、〈神〉の裡に生動するこれら諸力の外的な発展形態に他ならない。このセフィロトの創造的契機は宇宙論との内的関係を構成する。そしてこの関係によりセフィロトと宇宙の一〇の天球圏との本質連関が規定されるに至るのである。その一〇の天球圏は七つの惑星の天球、恒星たちの散りばめられた天球、そしてそれらを超えた彼方のより高次の天球から成り立っている。カバラ主義において極めて印象的なことは、天使たちないし神的な霊たちがこのシステムの全体を通じて、仲介者としての重要な役を果たしているという点である。彼らは階層を成しており、その位階はまた他の範疇の位階に対応している。同様に悪しき天使たちないし悪霊たちも存在し、彼らの形成する位階はその善き対偶である善なる天使たちに照応している。カバラ主義者のこの上もなく精緻な神秘主義のシステムは神智学的な宇宙論のシステムに基づいており、それはヘブライ語原典テクストの言葉と文字を対象とする複雑精緻な解釈学によって旧約聖典、特に「創世記」と結びつけられる(『ゾーハル』の大部分は「創世記」に対する註解である)。

ヘブライ語のアルファベットは、カバラ主義者にとって、〈神〉の〈名〉ないし〈諸々の名〉を含んだものである。それは世界の基底的な霊的本性を〈神〉の創造する言語として反照している。世界創造とは〈神〉の視点からすれば、〈彼〉の隠れたる自己の表出なのであって、その表出は〈それ自体〉に一つの名を、聖なる〈神の名〉を与える[★021]。それが創造の永遠の業なのである。カバラ主義者はヘブライ語のアルファベットとその配置を〈神〉の名の構成要因として省察の対象とすることで、〈神〉それ自体と〈名の威力〉による彼の御業の双方を同時に瞑想するのである。

スペインで展開したカバラ主義の二つの部門はこのように両者共に〈名〉ないし〈諸々の名〉に基盤を置いている。それらは相補的な関係にあり一つに融合する。一方の部門は〈セフィロトの道〉と呼ばれ、[★022]もう一方は〈諸々の名の道〉と呼ばれる。[★023]後者を標榜した専門家は十三世紀スペインのユダヤ人アブラハム・アブラフィア[☆021]である。彼はヘブライ語の文字を組み合わせる一つのシステムを造りそれによって限りない順列と組み合わせの変化を可能とした。[☆022]そしてそれによって非常に複雑な瞑想の技法を創始発展させたのである。

カバラは〈神〉を知るための道であるという意味では、本来的には一つの神秘主義である。しかしそこにはある種の魔術もまた介在している。その魔術は、神秘主義的ないし主観的に、ある種の自己催眠の手段として用いることも可能である。その場合それは神秘的省察を補助する役目を果たす。G・ショーレムはアブラフィアの用いた魔術はそうした種類のものだったと考えている。[★024]あるいはまた、実効性のある魔術を展開することも可能である。[★025]その場合はヘブライ語の力を活用し、ないしそれによって招き寄せられる天使たちの力を借りて、魔術的な業を成し遂げるのである（もちろんわたしはここで、ピコ・デッラ・ミランドラのような、魔術を信奉していた神秘主義者の観点を借りて語っているのである）。カバラ主義者たちは、天使の個々の役割を示す語根に本来〈神〉の名を示す言葉であった〈エル〉、〈イヤ〉を語尾として付加するという手段で、旧約聖典には登場しない多くの天使たちの名前を創出した（旧約が言及する天使はガブリエル、ラファエル、ミカエルのみである）。[☆023]こうした天使たちの名前を呼んで招き寄せることや、護符の上にその名前を彫りつけることが威力を持つとされたのである。ノタリコン[☆024]の方法によるヘブライ語の短縮、ないしテムラー[☆025]の方法による置換あるいはアナグラム[☆026]もまた威力あるものとされた。実践的カバラないしカバラ主義者の魔術において用いられた最も複雑な手法の一つがゲマトリア[☆027]である。これはヘブライ語のそれぞれの文字に一定の数値を対応させることを基礎とするもので、極端に複雑錯綜した一種の演算を内包している。[☆028]この数学的操作により言葉が数値に転換され、逆にまた数値が言葉に置換されることで、世界の全有機体は言葉-数として読み取り可能となる。別様に言えば、天界の日月星辰や天使の軍団のその総勢の数値は正確に三億一六五万五一七二なのである。言葉-数の対応を一種の方程式として展開することは、こうした類の他のすべての手法がそうであるように、必ずしも魔術的なものでなければならない必然性はなく、例えば純粋に神秘主義的であることも可能である。しかしこの方程式はそれが天使たちの名前と連結しているということによって、実践的カバラの重要な要素となる。例えば七二の天使たちが存在し、そのそれぞれの名前と数値を知悉することによって、セフィロトそれ自体に接近ないしそれを呼び寄せることができるのである。この降霊的儀礼の呪文は必ずヘブライ語で唱えられねばならない。しかしまた黙示的な手法というものもあって、その場合はヘブライ語の単語、文字、記号ないし符丁《シグナクラ》[☆029]を配置ないし提示することだけで呪文を唱えたことになるのである。

自然魔術のカバラ的超越

ピコがすべての知の総合を目指して没頭した分野には——その成果である〈結論集〉は二四歳の青年の作品だが——ヘブライ語の習得も含まれていた。ピコのヘブライ語の水準は相当のものだったらしい。少なくとも同時代のキリスト教徒の中では抜きんでていたことは確実である。[★026] 彼は多くの学識あるユダヤ人たちと交友関係を結んでいて、その中の何人かは名前も知られている——例えばエリア・デル・メディゴ[☆030]、フラヴィウス・ミトリダーテス[☆031]といった人々である。彼らの他にもまた学習に必要な書物や写本を手に入れる手助けをしてくれた人々もいた。ピコはヘブライの経典はおそらく原語で、多くの註釈書と共に読んでいたし、その中にはカバラ主義者の著した註解や著作も含まれていただろう。『ゾーハル』に関するなんらかの知識は持っていたように思えるし、『ソロモンの雅歌』に対する神秘主義的な立場の註釈書も読んでいたようである。ショーレムは彼がアブラハム・アブラフィアの文字‐結合の技法を参考にしていたらしいことを指摘している。[★027] この敬虔なそして物ごとに没頭する質《たち》の青年がヘブライ語とカバラの研究を高く評価したのは、とりわけそれらがキリスト教の本質についての完全なる洞察を可能にし、キリストの神性と三位一体の真理性を証言してくれることを信じていたからだった。カバラ主義者の〈結論集〉の七二番目の命題は「ヘブライの叡智の基礎からキリスト教信仰を確立する[★028]」ことを目指すものであると言明されている。カバラの秘伝においては〈名〉の四分法（テトラグラマトン）が用いられる。第六の結論は、この四分法に示される三つの大いなる〈神の名〉が、〈三位一体〉の三位に対応していると主張している。[★029] さらに第七の結論は、「ヘブライのカバラ主義者は、誰一人として、イエスという名が、もしもそれをカバラ主義者の原則と手法によって解釈するならば、〈神〉、〈神の子〉、そして〈第三位[☆032]〉の神性によって媒介された〈父なる御方〉の叡智、この三つを同時に表していることを否定することはまずできないだろう[★030]」、と断言している。

ピコはカバラに関する結論集でも『弁明』でも、さまざまな種類のカバラを区別して論じている。第一の結論ではこう述べている。

> 他のカバラ主義者たちがどう言おうとも、少なくともこのわたしは、まず最初になすべき区別として、カバラの学問をセフィロトとセモトの学に、また同様にして実践的なそれと思弁的なそれに分けたいと思う。[★031]

次の結論では「思弁的カバラ」をさらに四つの下位範疇に分けている。

> 他のカバラ主義者たちがどう言おうとも、少なくともこのわたしは、思弁的なカバラをさらに四つに分けた

いと思う。それはわたしが提示するのを恒としてきた哲学の四つの分野に対応している。第一はわたしがアルファベットの公転《レウォルーチオ》と名付ける学問で、これはやはりわたしが普遍哲学(philosophiam catholicam)☆033と呼ぶものに対応している。第二、第三、第四の部門は三重のメルクリウス的学問であり、三つの自然の部門に関する哲学、すなわち神的な自然の哲学、媒介者としての自然の哲学、そして感覚的自然に関する哲学の三部門に対応している。★032

この思弁的なカバラの最初の部門、すなわちアルファベットの回転によって実行される「普遍的」哲学として記述されたもの☆034はアブラハム・アブラフィアと彼の学派、〈諸々の名の道〉が用いた文字-結合の技法に言及したものだとショーレムは考えている。三つの世界を示唆する第二の部分は——つまりセフィロトと天使たちの住まう天界を超えた世界、星辰の場である天上世界、そして感覚的つまり地上的世界の三世界だが——おそらく〈セフィロトの道〉に照応しているのだろう。

カバラに関する結論集の第三命題で、ピコは実践的カバラの定義を与えている。

> 実践的カバラの部門をなす学問は、形態に関する全形而上学とより低次の事物に関する神学を実践する。★033

幸いにして『弁明』中で、彼はカバラの種類についてのこの曖昧な命題を少しはっきりさせる説明を与えてくれている。ピコはそこでは思弁的カバラに下位範疇を設けることをやめて全体をただ二つの部門に分類し、その二つ共にカバラの名に値する学問であると主張する。その一つは〈結合の術〉(*ars combinandi*)であり、これはおそらく思弁的カバラについての結論中で言及されていたアルファベットの回転によって実行される〈普遍哲学〉に照応しているのだろう。ピコはここでこの術が、正確にその手順まで一致しないにしても、「われわれの間では〈ライムンドゥスの術〉(*ars Raymundi*)と呼ばれているものに(つまりラモン・ルル[☆035]の技法のことだが)似ている」と述べている。誉れあるカバラの名で呼ばれるべき第二の学問は、月を超えた彼方のより高次の事物の諸力に関わるもので、それは「自然魔術の最高の部門に属する」。次いで彼はこの二つの定義を再度繰り返す。「この二つの学問の中、最初のものは〈結合の術〉であって、それは〈結論集〉において回転するアルファベットの技法と呼んだものである。第二のものはより高次の事物の諸力を捕捉する一つの手法であって、やはり同じ目的を追求する別の手法が自然魔術なのである」。彼はさらにカバラの本来の意味はおそらくこの二つの学問にそのまま当てはまるものではないが、これらはカバラの理念を「分有」[☆036]するという意味においてカバラの名を冠することが許されるだろう、と付け加えている。[★034]

わたしに理解できる範囲で解釈してみれば、ピコはカバラを二つの主たる部門に分けていることになる。一つは〈結合の術《アルス・コンビナンディ》〉であり、おそらくはアブラハム・アブラフィアの文字-結合を廻る神秘主義に由来するものである。ピコはこの方法がある程度〈ラモン・ルルの術〉に似ていると考えている。ピコのカバラ主義のこの側面については、本書のこれからの議論からひとまずすべて除外したい。なぜならそれは〈ラモン・ルルの術〉の歴史に属しているからである。本書ではピコのカバラの第二のもの、つまり「より高次の事物の諸力を捕捉する一つの手法であり、その同じ目的を追求する別の手法が自然魔術であるような」学問、また「自然魔術の最高の部門」であるようなカバラのみに集中してみることにしよう。明らかにこの第二の種類のカバラは魔術である。それは自然魔術と同族の魔術だが、より高位のものである。それは必然的に星辰の彼方、天界を超えた至高の圏域へと至らねばならない。対して自然魔術の目指すものは高々星辰の領域までなのである。別様に言えば、カバラは必然的に自然魔術が捕捉するものよりも強力な星辰の威力を捕捉する手段を持っている。なぜならそれはいわばより高次の諸力に対する備えを持っているからである。

この種類のカバラが魔術であるということは、『弁明』におけるピコのこの問題に関する論述によって十分に立証される。[★035]ピコに従えば、ちょうどわれわれキリスト教徒の間にも降霊術という悪しき形態の魔術がある。そしてそれはもちろん彼が擁護している自然魔術とは全く別物なのだが、ちょうどこの悪しき魔術が存在するように、ヘブライの民の間においても悪しき形態の、退廃したカバラというものが存在している。確かに邪悪なカバラ主義者の魔術師たちというものがいて、自身の術がモーセ、ソロモン、アダム、あるいはエノクから伝えられてきたと偽り、〈神〉の秘密の諸々の名を知っていると広言したり、悪霊たちを従わせるにはどういう力を使えばよいのか知っていると言いふらしたり、挙げ句の果てにはキリストが奇跡を行ったのはこうした手段に頼ったのだと言ったりする始末である。誰にでもすぐ分かるように、ピコが擁護しようとしているのはもちろんこうした邪悪な種類の魔術、不正なカバラ的魔術ではない。だから彼は、〈結論集〉の一つで、キリストの奇跡はカバラによってなし遂げられたはずはないということを特に力を込めて強調する(魔術に関する結論の第七命題では、キリストの奇跡は魔術によるものでもカバラによるものでもない、と主張されている)。[★036]

これらの言い訳や自己免責的な弁解は、善きカバラ主義者たちのその実践の方法が悪しきそれと似たようなものであり、ただ善き意図をもってなされることが違うだけだということをかなりはっきりと示しているように思われる。善きカバラ主義者たちもまた、〈神〉の秘密の名、天使たちの名をヘブライ語で唱え、その威力ある言語で彼らを呼び寄せ、ないしは聖なるヘブライ語のアルファベットを魔術的に配置して彼らを招き寄せる。邪悪なカバラ主義者はこの同じ方法で悪しき天使たちないしは悪霊たちを呼び覚まそうとする。善き魔術師たちは善き天使たちを呼び寄せる。いずれにせよカバラは自然魔術の上を行く、それよりも遙かに優れた魔術だということになる。なぜならそれは星々を超えた彼方、天界を超越する世界の諸力を活用するからである。

ピコの〈結論集〉の命題をいくつか吟味してみれば、彼の信奉するカバラ的魔術がほとんど確実にこのような種類のものであったことが確認されるはずである。

この問題に関しては〈結論集〉の二つの部門、すなわち〈魔術に関する結論集〉(Conclusiones Magicae)と〈カバラ主義に関する結論集〉(Conclusiones Cabalistae)が重要である。魔術に関する結論は一部は自然魔術についてのものであり、また一部はカバラ的魔術についてだが、いくつかの命題は両者にわたっている。すでに自然魔術に関するいくつかの命題を引用しておいた。ここではカバラ的魔術に関するものと、自然魔術をも含めて論じている命題を検討してみたい。

驚嘆に値する業を成し遂げるものは魔術かもしれず、あるいはカバラ的な術、あるいは何か他の種類の手段かもしれないが、ともかくどのような方法を用いようとも、まず第一に頼みとすべきは〈神〉への信仰である★037……

この魔術に関する結論の第六命題は、魔術の目的を「驚嘆に値する業」を成すこととするその定義のゆえに興味深いものである。なぜなら「驚嘆に値する業」とは魔術的操作に他ならないからである。この命題はまたこうした業を成し遂げることのできるさまざまな種類の魔術を挙げている。つまり自然魔術としての〈魔術《マギア》〉、カバラ、またその他の範疇の魔術等である。この最後の条項に従えば、例えばオルフェウス教的魔術やカルデア風の魔術をも包含することになるだろう。実際ピコはこの両者について〈結論集〉の他の箇所で論じている。命題の最後は〈神〉に対する敬虔の精神を厳かに鼓舞することで締めくくられる。すべての善き魔術の実践はこの敬虔の念と共に成されねばならない。

わたしはすでに魔術に関する〈結論集〉の第一五命題を引用しておいた。そこではカバラによって補完されない限り、いかなる魔術的操作も実効性を持たないと主張されていた。さらに第二二命題も検討しておいた。そこで確言されていたことは、魔術の業で用いられる名称は、ヘブライ語であるか、あるいはヘブライ語から直接派生したものでなければ威力を持たない、ということだった。ここではさらに第二五命題を付け加えてみよう。それは以下の如きものである。

　魔術師にとって（占星錬金のため）の記号《カレクテーレス》が本来の仕事の対象であるように、カバラ本来の対象は数である。そしてこの記号と数の両者の中間には、その変化を究極の形にまで追求する文字の活用の世界が存在している。[★038]

自然魔術は記号を、カバラ的魔術は数を文字の操作を通じて活用する。[☆037] ヘブライ語の文字に数値が与えられることがカバラ的魔術実践の基礎を形成する。この命題はそれをはっきりと主張している。またここには非常に曖昧な形ではあるものの、魔術の記号とカバラの文字‐数の間に繋がりがあることも言及されている。[☆038]

　第一動者からの感応霊力は、もしそれが固有のものであり直接的なものであるならば、媒介を経た間接的な動因の成し得ないことを成し遂げる。ちょうどそのように、カバラの業は、もしそれが純粋な媒介を経ない直接的なカバラであるならば、いかなる魔術も成し得ないことを成し遂げる。[★039][☆039]

この魔術に関する〈結論集〉の第二六の命題はまたこの部立ての最後の命題でもあるが、魔術とカバラの関係を考える際には非常に重要なものである。自然魔術はただ媒介的、中間的な動因のみを活用する。すなわち星辰がそれである。これに対して純粋なカバラは直接、第一の動因、すなわち〈神〉自身に向かう。だからこそそれは自然魔術がけっして達成し得ない業を成し遂げるのである。

〈セフィロト〉と神秘的な昇天

カバラ主義に関する〈結論集〉からは、すでにカバラのさまざまな種類を弁別した最初の三命題を引用しておいた。ここではさらにこの部立ての別の命題を選んで検討しておこう。カバラ主義に関するこの結論の数々を見ると、その基調が果たして明確に魔術的なものと言えるのかどうか（つまり魔術に関する結論集はまさにそのようなものであるわけだが）あまり定かではなくなる。むしろそのいくつかは、あるいはその大部分は、純粋に神秘主義的なものではないかと思えてくるのである。ではピコは果たして魂が天球の圏域を通過してセフィロトへと上昇していくその神秘的な昇天を、そしてその彼方にある神秘的な〈無〉を語ろうとしているのだろうか。あるいは逆に彼はこの上昇のために魔術的手段を用いることを予定し、あるいはその上昇の操作から獲得されるべき魔術的諸力に狙いを定めているのだろうか。いずれにせよ彼のような人格においては、神秘主義を魔術から分離する明確な境界線を引くことは難しいし、おそらくは不可能だろう。

理性を備えた魂が大天使の手によって〈神〉に捧げられるという状態が確かに存在する。このことはカバラ主義者たちによって明言されているわけではない。☆040 この状態は魂の肉体からの離脱によってのみ生じる。逆に魂からの肉体の離脱というものも起こり得るが、これは偶然の働きによって、つまり〈死の接吻〉のような場合だけに限られる。この〈死の接吻〉が主の面《かんばせ》を前にして行われる時、かの主の聖者たちの死というものについて貴重な叙述がなされてきたのである。[★040][☆041]

この第一一番目の結論は確かに深遠な神秘体験を背景としている。至高の法悦の中で、魂は肉体を離脱し、カバラ主義者は大天使の仲立ちによって〈神〉と交流し得るのである。[☆042] その法悦は非常に強烈なものであるので、それは時として偶然の力により肉体の死に至ることがある。これが〈死の接吻《モルス・オスクリ》〉と呼ばれる死に方である。[☆043] ピコはこの神秘体験に強く心を奪われ、ベニヴィエーニの詩に対する註釈でも〈死の接吻〉に言及している。[★041]

合理的に知性に属していないようなものは、純粋なカバラの業の対象とはなり得ない。[★042][☆044]

純粋なカバラの操作は魂の知性的部分によってなされる。このことはカバラを即座に自然魔術の操作方法から分離する。なぜなら自然魔術はただ自然界の〈霊気《スピリトゥス》〉を活用するのみだからである。

カバラの業を成そうとする者は……その手順を間違えたり、ないし十分に身を浄めずに仕事にかかったりした場合には、アザゼルに食い尽くされてしまうだろう。[★043][☆045]

ここで述べられているのは神秘主義的な操作手順だけなのかもしれない。大天使たちを呼び寄せようとしてそのやり方を間違え、代わりに邪悪な天使たちに出会ってしまうというわけである。あるいはこれは魔術師たちに対する通常の警告なのかもしれない。儀式を始める前にきちんと斎戒をし、身を浄めておかねばならない。この正しい準備を怠った魔術師はその魔術の最中、ないしは魔術的操作に取りかかろうとするところで間違いを犯してしまい、その結果怖るべき危険に巻き込まれてしまう。

自然魔術は星々の悪霊たちを招き降ろしてしまうことを注意深く避け、こうした危険に対する対策を講じてきた。星々の霊たちの中には善き者もいるが中には邪悪な霊たちもいる。だから自然魔術の立場としては、一般的な〈霊気〉そのものを活用する魔術以上のことをやろうとはしないのが結局は安全なのである。ピコのより高次の魔術は確かに天使的であり神的なものではあるが、完全に安全なわけではない。なぜなら天使の間にも善き天使たちと並んで悪しき天使たちというものが存在するからである。自然魔術の手順を誤って、赤い眼をした大男に突然面と向き合い、ああこれは白羊宮の第一の〈相〉、エジプトから出たデカンの悪霊だ、と悟るのもぞっとしない話ではある。しかしカバラの間違いはもっとずっと怖ろしい。なにしろこのユダヤ本場の堕天使、アザゼルに食い尽くされてしまうわけだから。

ピコは宇宙の一〇の天圏が——つまり惑星たちの七つの天球、第八の天球ないし恒星たちの天界、最高天、そして第一の動者が——一〇のセフィロトないしカバラの〈数表〉と連関していることを十全に理解し、そのことをカバラ主義に関する結論集の第四八命題において明示している。

> 他のカバラ主義においてどのように言われていようとも、ともかくもわたしは一〇の天圏にこうした一〇の数が対応していると主張したい。つまり構造物の方を先にしてこの対応を説明してみると、木星が四の数字に、火星が五の数字に、太陽が六の数字に、土星が七の数字に、金星が八の数字に、水星が九の数字に、月が一〇の数字に、そしてさらにこの天界の建造物の上にある恒星の天界が三の数字に、第一の動者が二の数字に、最高天(coelum empyreum)が数字の一に、[☆046]それぞれ対応しているのである。[★044]

ピコの列挙の仕方はいささか混乱しているが、[★045][☆047]彼はともかく一〇の天圏と一〇のセフィロトの対応を考えている。この対応は例えば次のような一覧表として示されることがある。

〈セフィロト〉	〈天圏〉
❶ケテル	第一動者(Primum mobile)
❷ホフマー	第八天界
❸ビナー	土星
❹ヘセド	木星
❺ゲヴラー	火星
❻ラヒミン	太陽
❼ネツァハ	金星
❽ホド	水星
❾イェソド	月
❿マルフート	四大

カバラを宇宙と連関させ一種の神智学とするのは、このセフィロトと宇宙の天圏の関係なのである。そしてまたカバラ的魔術が自然魔術の完成形態、ないしはより高次の形態であると主張することを可能にするものもまたこの本質連関である。つまりそれはより高次の霊力を招き寄せるのだが、それらの力はやはり星々と有機的に連関してい

るのである。
ピコはカバラ主義に関する結論の第六六命題で、セフィロトのそれぞれの意味を解説している。そして一〇のセフィロトに「われわれの魂を適合させる」方法を以下のように論じている。

わたしはわたしたちの魂を以下の如く一〇のセフィロトに適合させてみたい。まず魂の統一は第一のそれと、知性は第二のそれと、理性は第三のそれと、高次の欲望は第四のそれと、高次の怒りは第五のそれと、自由意志は第六のそれと、すべてがそれによってより優れたものへと変容する、その原因を第七のそれと、すべてがそれによってより劣ったものへと変容する、その原因を第八のそれと、混合されるや否や相互を保持しつつ一体と化す、そうした混合ではなく、むしろ互いの間のよそよそしさかあるいは相互の愛着によって混合の状態を保つそうした混合[☆048]を第九のそれと、第一の者がそれによって居を定める、その力を第一〇のそれと対応させ、適合させたい。[★046]

この章句はショーレムによって纏められた[★047]セフィロトの意義との比較が可能である。

〈ピコ〉
〈ケテル〉＝至高者――統一
〈ホフマー〉＝叡智――知性
〈ビナー〉＝聡明――理性
〈ヘセド〉＝愛情ないし憐憫――高次の欲望

〈ゲヴラー〉＝力と憤怒――高次の怒り
〈ラヒミン〉＝同情――自由意志
〈ネツァハ〉＝永遠――それによってすべてがより善きものへと変容するもの
〈ホド〉＝壮麗――それによってすべてがより劣ったものへと変容するもの
〈イェソド〉＝根拠――混合等々
〈マルフート〉＝王国ないし栄光――第一の者の力

ピコが与えた意味はこれで分かるように、セフィロト本来の意義とほとんど同じものである。セフィロトの順列は最後のものが最初のものに結びつくことによって循環的配置ないしは循環運動を形成するが、ピコはこのことに対する洞察をも有していたことを示している。

ピコのカバラ主義に関する結論集が七二の命題を含んでいるのは偶然ではない。というのはその第五六命題で示されているところを見れば、彼が〈神〉の名が七二の文字を含むという神秘のなにがしかに通じていたことは明らかだからである。

> 一〇という基数から四という基数を引き出すことができる者は、もし彼が熟達のカバラの士であるならば、言い難き名から七二の文字によって形造られる名を引き出すその方法を知ることになるだろう。★048 ☆049

ピコのカバラ主義に関する結論集が醸す神秘性からわれわれが留意しておくべきことは、彼が〈セフィロトの道〉の概要とその宇宙との本質連関をともかくも知っていたこと、さらにこの連関がカバラと自然魔術との繋がりの根拠であると共に、またカバラの優越性をも説明しているということを理解していたこと、この二点である。魔術に関する〈結論集〉を見れば、彼が実践的カバラないしカバラ的魔術を行う企図を自身持っていたことが分かる。もちろん彼が実際にそれを行った方法の詳細は、ただカバラの奥義に通じた者だけがよく解説し得る類のものであることは間違いない。ロイヒリン[☆050]は一五一七年に出版された『カバラ的技法について』(*De arte cabalistica*)[★049]において、ピコのカバラ主義に関する〈結論集〉のいくつかの命題を引用して註釈もしている。[★050] カバラ本来の思想的内実に関しては、ピコが述べたことよりもこの本からの方が多くを学び知ることができることは確実である。またピコの命題に対するロイヒリンの註解からは、ピコが説明しないままに伏せているカバラ実践のための詳細の多くを知ることができる。例えば天使たちは声を発することはせず沈黙を守るから、彼らと意思疎通するには彼らの名前を声に出して呼ぶより、〈記憶の符丁〉(signacula memorativa)(ヘブライの記憶術で用いる記号である)を用いた方がうまくいくことなどである。[★051] ロイヒリンはまた文字-数値の置換演算法についても詳細に論じ、多くの天使たちの名前を明かしている。その中には〈神の名〉を形成する七二の天使たちも含まれる(ヴェフィア、イェリエル、シタエル、エレミア等々である)。[★052] こうした耳遠い名の天使たちに対して、馴染み深いラファエル、ガブリエル、そしてミカエルを呼び寄せるための方法も別にあって、ロイヒリンはそれも教えてくれる。[★053] このロイヒリンを仲立ちとして、ピコのカバラ主義的魔術はトリテミウス[☆051]やコルネリウス・アグリッパ[☆052]の天使魔術に継承されていくことになる。しかしこれらの魔術師たちは敬虔で瞑想的なピコよりは、もっと粗野な実用本位の関心によって魔術に関わることになる。[☆053]

ピコの〈人間の尊厳について〉の演説は全編〈魔術〉と〈カバラ〉という言葉に充ち満ちている。この二つがまさに彼の思想の主題なのである。トリスメギストスに帰せられた大いなる奇跡としての人間に関する言葉を冒頭で引用した後、主部では自然魔術への讃辞が語られる。[★054] それからヘブライの秘教とモーセから発するその秘密の伝承へと論題を転じる。[★055] この演説は秘密の事柄に満ちており、それらははっきりと啓示されているわけではない。エジプト人たちは彼らの神殿にスフィンクスの彫刻を施してその秘教的宗教が沈黙のヴェールによって護られねばならないことを示した。[★056] そしてヘブライのカバラは沈黙の封印と共に伝承される秘教を裡に秘めている。[★057]

しかし時として彼は秘密を漏らしかける。

もしも謎のヴェールに包み隠した形でなら、最も秘められた秘教について公に語ることも許されるというならば……われわれはラファエルを呼び寄せるのである。この天界の博士を招き降ろして、彼があたかも病を癒す医師の如くにわれわれを倫理学や弁証論によって解放してくれるのを期待するのである。そしていまや健康を取り戻したわれわれの裡に〈主〉の御力であるガブリエルが住まうことになるだろう。彼はわれわれが自然の奇跡の中を通って行くその道案内をしてくれる。そしてその途上で〈神〉の力勁さとその活力がどこに働いているのかを見せてくれるのだ。彼はやがて大祭司、ミカエルにわれわれを引き渡す。彼はわれわれが哲学の奉仕を終えると、宝石を散りばめた王冠を授け、神学の祭司へと叙任するだろう。[★058]

どのようにしたらわれわれはラファエル、ガブリエル、そしてミカエルを呼び寄せて、そのすべての活力と知恵と共にわれわれの裡に住まわせることができるというのだろうか。彼らの秘密の名前と数を知ることがおそらくはそれを可能にするのだろうか。この高尚なる神秘主義的熱情のその核心には実践的カバラの秘密が隠されているのだろうか。

魔術の礼讃と〈魔術師《マグス》〉としての人間の称讃はこの演説では一般的な修辞の語法にくるまれてくぐもり、魔術の秘密の手順はほのめかされるだけである。しかし〈魔術〉もカバラも両者共に礼讃の対象となっていることは明らかである。ルネサンスの〈魔術師《マグス》〉は、このピコの演説によって初めてその充実した力と〈尊厳〉とを備えて世界に出現した。彼らは完全な存在であるためには、自然魔術と同時にまたその「最高の形態」である実践的カバラにも通じていなければならなかった。

ウォーカーは、フィチーノの魔術に関する研究の中で、彼の魔術はおそらく主として主観的なものであった、つまり彼はそれを主に自分自身に用いたのだろうと示唆している。[★059] それは想像力の働きによって作用する魔術であった。想像力を日常生活と儀礼のさまざまな方式によって整え、自然界に遍在する神々の神的な形姿を内面において迎え入れるための準備をする。それは高度に芸術的な性格の魔術であり、魔術的な手順によって芸術的な感受性を高めようとする。ピコの実践的カバラの用い方についてもおそらく同じ主観性が妥当するだろう。それは深い宗教性と芸術性を備えた一人の人間が、主に自分の内面において行う、カバラ的魔術だった。いかなる形姿でラファエル、ガブリエル、そしてミカエルはピコ・デッラ・ミランドラのような人間の内面に住まうことになったのだろうか。その想像裡の形象はボッティチェッリないしラファエッロが絵画で示した天使の姿形よりもさらに崇高な美を示していたかもしれない。

まさにこの想像力を参加させるこうした芸術上の意味において、われわれはフィチーノとピコによって始められたルネサンス魔術が後世に及ぼした影響を理解すべきなのである。ルネサンス期において実力ある〈魔術師《マグス》〉とはつまり芸術家たちのことであった。そしてドナテッロないしミケランジェロのような人々こそ、神的な生命を彼らの芸術の力によってその彫像の中へと導き入れることができたのである。

魔術とキリスト教

ピコの魔術に内在する二重性は、避け難い形で、魔術を宗教の領域に持ち込む。自然界に遍在する神々を祀ってそれを医学的な療法として活用しようとする、あのフィチーノの穏やかな試みですら神学者たちとの面倒な葛藤を引き起こした。ピコがやはり同じ方面から蒙った圧迫は、遙かに深刻でより根本的なものとなるべき定めにあった。なぜなら彼は自然魔術をカバラに従属させつつ連結することによって、魔術そのものを飛翔させ、神と天使の活力の充溢する超天上界に編入させてしまったからである。宗教的魔術を内実とする祭祀とは、例えば自然魔術の太陽崇拝の儀式と比較した場合、それ自体がすでに宗教祭祀である。[☆054] 彼は『ヘプタプルス』で、より高次の自然と合体するためには、讃歌や礼拝や祈願によって宗教的祭祀を執り行わなければならないと主張している。[★060] さらにオルフェウス教に関する結論集では〈ダビデの讃歌〉――つまり「詩編」のことだが――はカバラの業を行うための呪文として朗唱されたもので、その呪文としての力強さは、ちょうどオルフェウスの讃歌が自然魔術的な効果を持つことに匹敵する、と述べられている。

> ダビデの讃歌がカバラの業に驚嘆すべき効果をもたらすように、そのようにまたオルフェウスの讃歌は真実であり正当である自然魔術に対して奉仕する。[★061]

「詩編」の一編を朗唱する実践的なカバラ主義者は、オルフェウス教の讃歌を詠唱する自然魔術の信奉者と類似した一つの儀式を執り行っているのである――それは類似の、しかしより威力ある儀式である。すでに上に引用したオルフェウス教に関する別の結論では、オルフェウス教の讃歌は「カバラの業」がそれに付け加えられない限りなんの力も持たないと主張されているからである。オルフェウス教風の詠唱の際に、どうすればそれと同時にカバラの操作を行うことができたのかは、なかなか理解しづらいところがある。ピコはおそらくは単純に「詩編」の朗唱とオルフェウス教的詠唱を交互に行うべきだというほどのことを言っているのではあるまいか。あるいは自然界の神々に捧げた讃歌を詠唱する際にも、その自然を超越する真の〈神〉へ〈魂の志向《インテンツィオ・アニマエ》〉を向けた状態でその詠唱は成されるのかもしれない。あるいはまた自然界の神々に向けた讃歌に宗教的な聖歌の節回しをつけて歌うことの効果を狙うのだろうか。するとそれはまた逆に自然界の神々に対する讃歌の記憶の拠り処ともなって、教会で唱われるダビデの〈神〉に向けた宗教的讃歌の音楽的な枠がそうした形で活用されることになるのかもしれない。この問題はおそらくは解決不可能だろう。しかしこうした問いを立ててみることによって、後代宗教と魔術の関係について激論が巻き起こったその背景を理解できることも確かである。それは、宗教的な改革はより多くの魔術的要素を包含すべきなのか、それとも逆に宗教から魔術を排除すべきなのかという問題である。この現象をこうした文脈上に置くだけでなく、さらにキリスト教会に当初から魔術的な奇跡の力を持つとされた諸々の図像-影像が包摂されていたことを考え合わせてみよう。すると、ルネサンスが宗教的魔術の意義をこの上なく強調したことの逆側に、聖画像破壊《イコノクラスム》を伴った宗教改革があったという二項対立の事実が浮かび上がってくるだろう。この内的連関が、一つの問題として次第に抬頭してくるその事情を、現象の内側から理解できるかもしれないのである。[☆055]

ピコの定式における魔術とキリスト教の連関は、魔術とカバラこそキリストの神性を証明するのに役立つものであるという彼の驚くべき主張によって、より緊密な、より畏るべきものとなる。魔術に関する〈結論集〉の第七命題ではこう言われている。

> キリストの神性をわれわれに証明してくれる学問としては、魔術とカバラに優るものは何一つとして存在し

ない。[★062]

この驚くべき主張で彼が本当のところ何を意味しているのかはどこにも明かされていない。しかしまさにこの結論が最も激しい反発を招き、囂々たる非難の嵐を巻き起こしたのである。彼も『弁明』においては何よりもまずこの命題の謝罪と弁護に集中する。[★063] またカバラ主義に関する結論のいくつかにも、カバラがキリストの神性を確証する力を持っているという主張が見られる。

❼ヘブライのカバラ主義者たちの誰一人として、イエスという名は、もしそれがカバラの方法と原則に従って解釈されるならば、〈神〉と、〈神〉及び父なる御方の叡智の子と、第三位としての神性と——つまりそれは激しく燃える人間性の本質としての愛の火であるわけだが——この三つを一つに纏めたものであることを、そしてその名の全体は正確にこれ以外の意味は持ちようがないということを否定することはまずできないだろう。

⓯ヨド-ヘー-ワーウ-ヘーという名は名状し難き名であり、カバラ主義者たちはこれが未来の救世主の名だと言う。これによって明らかに認め得ることは、未来において、かの〈神〉と聖霊によって人間の形となられた〈神の子〉と、人間の種を完成すべき護り手が、主の後に従って人々の上に降り来たり、君臨するであろうということである。[★064]

このようにしてこの青年は、カバラ主義的な文字操作によって、イエスという名が実際に救世主と〈神の子〉とを意味するということを知り、歓喜の法悦に浸ったわけである。

　では魔術の方もキリストの神性の証になるというのはどういうことなのだろうか。わたしには満足のいく説明はできない。ただピコが聖餐(Eucharist)を一種の〈魔術〉として捉えていた可能性はあると思う。この問題に関心がおありの読者はピコの書いた聖餐についての論考を参照されたい[★065]。ただしわたしが検討してみた範囲では、この論文中に〈魔術〉という言葉がはっきりと用いられた箇所を発見することはできなかったことは言い添えておこう。

　熱烈なキリスト教徒であり、神秘主義者であるピコ・デッラ・ミランドラは、自信に充ち満ち、自由奔放に、魔術とカバラの擁護という課題に立ち向かう。魔術と言っても、キリスト教徒はそんなものに道楽半分に嘴《くちばし》を突っ込んだりするものではない、と一般に言われるような類の魔術ではない。それは逆に彼自身の宗教の真理性を確証し、その信仰の神秘に対するより深い霊的覚醒へと導いてくれる、そうした魔術でありカバラなのである。しかしピコが彼の宗教を擁護しようとして持ち出した道具立ては、そのまま両刃の剣でもあった。彼はこの剣の裏側が鋭利な切れ味の危険なものであることも自覚し、魔術に関する〈結論集〉の第七命題でその弁護を試みている。それは『弁明』においてもより強調された形で繰り返されている。

> キリストのなされた業は、魔術の道を辿っても、カバラの道を辿っても、なし遂げられるようなものではなかった[★066]。

魔術とカバラがそれほどまでに威力あるものならば、キリストがその奇跡に満ちた業をなし遂げた時にも、それらの手段に頼ったのではないだろうか。いや絶対にそのようなことはない、とピコは力を込めて否定する。しかし彼より後代の魔術師たちはこの危険な思想を再び取り上げることになるだろう。

われわれのテーマを歴史的に通観する場合、ピコの位置に決定的な重要性を与えるもう一つの側面がある。〈人間の尊厳について〉の演説で扱われる〈魔術〉は、詰まるところ『アスクレピウス』で描かれる魔術から由来したものである。ピコは演説をヘルメス・トリスメギストスの言葉、つまり彼が人間という大いなる奇跡について述べた言葉から始めることによって、自身この連関を大胆に強調してみせる。魔術とカバラを一つに連結することによって、ピコは実際にヘルメティズムとカバラの間を取り持ち娶《めあわ》せている。そしてこの婚姻は本章の始めの方で強調しておいたように、ピコによって初めて成し遂げられたものなのである。この婚姻からヘルメス教的-カバラ主義者という申し子が生まれ、広範かつ複雑な領域にわたる、無数の、そして呆れるほどの不可解さに満ちた著作群へと成長していくのである。

中世的魔術はルネサンス期に新しい哲学的な魔術の様式によって改革され、それに取って代わられた。このことは前章ですでに示唆しておいた。中世魔術の中には天使たちの名を用い、〈神〉の諸々の名はヘブライ語で唱え、くずれたヘブライ語もどきの呪文を唱え、文字や図表を奇妙な魔法の配置で用いるという型のものがある。魔術師たちはこうした魔術をモーセ以来のものだとし、特にソロモン由来のものだと主張した。この型の魔術の最も独創的な教則本は『ソロモンの鍵』(*Clavis Salomonis*)[★067]の表題で一般に知られた著作である。この書物はさまざまな写本の形で広い範囲に流布し、密かに読まれ続けた。ピコが自分の実践的カバラは、ソロモン、モーセ、エノクないしアダムの名を冠して一般に行われている魔術、つまり悪しき魔術師たちが悪霊たちを呼び出すといった類の邪悪な魔術とはなんの関係もない[★068]と強調する時、脳裏に描いているのはおそらくこの型の魔術である。こうした古いタイプの魔術は、カバラ本来の高尚な哲学的神秘主義と比較して見れば、またヘブライ語とヘブライ語のアルファベットに潜む神秘をある程度実地に知った上で観察すれば、ただ単に邪悪なものと見えるばかりでなく、無知蒙昧で野蛮なものと判断されざるを得ない。したがってこの古き魔術は当然の如く実践的カバラに取って代わられた。実践的カバラとはつまりは学識に富むヘブライの魔術なのであり、やはり学識に富むネオプラトニズム的魔術の傍らにその安住の地を見出す。そしてこの二つの魔術は二人の使徒の如く相並んで、ルネサンス期の〈魔術師《マグス》〉に必要不可欠な装備を与えたのである。

　こうして次第に魔術師の社会的地位《ステイタス》の本質的な変化というものが顕わになってくる。汚らしい混ぜ物を調合する降霊術師、あるいはおどろおどろしい呪いを考え出す妖術使いは、両者共に社会の落ちこぼれであり、宗教を危険に曝す者たちと見做され、それゆえこっそりとその魔法の生業《なりわい》を続けざるを得なかった。これら流行遅れの人々をルネサンスの哲学的かつ敬虔な〈魔術師たち《マギ》〉に重ね合わせることはまず不可能である。ここにはほとんど芸術家のステイタスの変化になぞらえることのできる、魔術の地位の変化というものが介在している。中世の単なる職工は、ルネサンス期に至るや学識ある洗練された王侯貴顕の仲間へと変容したのだった。魔術師たちの変容もこれに劣らず根本的で、過去の同類の影をも留めぬ類のものだった。誰が果たして、フィチーノに、この自然の共感と、古典的テクストの呪文朗唱と、ネオプラトニズム化された精巧な護符製作をこの上もなく洗練されたやり方で行うエレガントなルネサンス期の哲人に、こそこそと『ピカトリクス』に没頭する中世期の降霊術師の影を、その子孫の姿を認めることができるだろうか。誰が果たして、神秘家のピコに、このカバラの宗教的法悦に我を忘れる、そして大天使たちを傍らに呼び寄せることを夢想するルネサンス期の哲人に、『ソロモンの鍵』といった類の野蛮な秘法を用いる中世期の魔法使いの影を、その子孫の姿を認めることができるだろうか。しかしながらここにはある種の連続性というものが存在していることもまた確かなのである。なぜなら彼らが用いる技法のすべてはやはり古き魔術と同一の原理に拠るものだったからである。フィチーノの魔術はこの上もなく洗練され改善されてはいるものの、やはりそれは生気論的な降霊術の一つの変奏であった。ピコの実践的カバラは強い宗教性と神秘性の色合いを帯びてはいるものの、やはり一つの魔術なのである。

古いタイプの降霊術は、詰まるところ、紀元後初頭の数世紀間に、ヘルメス教ないし異教的グノーシス派との連関を保ちつつ、隆盛を極めた古典古代末期の魔術の型から派生したものである。[☆056] ちょうどそれと同じように、古いタイプの魔法は同じ古典末期の同じ淵源へと遡行する。天使たちの名、ヘブライ語の〈神〉の諸々の名、ヘブライ語の文字と記号、こうした要素は異教とユダヤの原典が分かちがたく絡み合ったグノーシス的魔術の特性であった。この絡み合いは後代においても続いていく。例えば『ピカトリクス』にはユダヤ教の天使たちの名が登場するし、『ソロモンの鍵』のいくつかの写本では、その著者は「ピカトリクス」だとされている。[★069][☆057] このような事情であるから、ルネサンス期の〈魔術〉とカバラは、両者共に、究極的には異教とユダヤのグノーシス派に遡らせることのできる魔術的伝統の、改善され再興された形態として捉えることが可能なのである。

それに加えて、この二つの魔術がルネサンス期に再興されるその理論的なコンテクストというものは――つまりは〈ヘルメス文書〉とカバラのことだが――その根源においてはグノーシス的なものである。〈ヘルメス文書〉は紀元後初頭の数世紀間に成立した異教的グノーシスを記録する文集であって、そのいくつかには（特に『ピマンデル』における世界創造の物語が顕著な例である）ユダヤ教からの影響が見られる。最近ショーレムがその研究において強調したように、早い時期のユダヤ的カバラにはグノーシスからの強い影響が観察されるし、[★070] 特にネオプラトニズム的な要素がこの影響においては際立っている。中世期のスペインのカバラ主義においてはカバラとネオプラトニズムの絡み合いが確認される。ショーレムはこの習合の例として特に興味深いものを一つ挙げ、われわれの注意を喚起している。異教的グノーシスの理論では、天界を通過しつつ上昇を続ける魂は、この上昇の過程で物質からの影響を棄てていく。最終的な魂の再生は第八の天界で起こるとされている。そこにおいて〈神〉の力と徳が魂の裡へと染み入るのである。すでにこの教理の一つの実例を第二章で要約しておいた。『ヘルメス選集《コルプス・ヘルメティクム》』XIIIから抜粋された〈エジプト風の再生〉がそれである。そこでは第八の、ないし「八柱の神々の《オグドアディック》」天界において〈諸々の威力〉が再生した魂の裡に入り込むそのさまが描かれていた。この合体が成就した後、魂の裡なる〈諸々の威力〉は再生を称える「八柱の神々の讃歌」を唱和する。★071 ショーレムはヘカロート☆058の文献中に（ヘカロート文献はカバラの先駆形態の一つである）全く同一の観念が存在することを示唆した。そこでは神の栄光と力が第八の天界にあるものとして構想されており、「八柱の《オグドアス》」という言葉すらヘブライ語に翻訳されているのである。★072

これは非常に奇妙なことでもあるのだが、ピコ・デッラ・ミランドラがヘルメス教とカバラの本質連関を直観した時、その直観はショーレムが彼の学問的方法によって到達した結論とほとんど同一のものなのである。ピコは彼の『結論集』において、カバラ主義に関する結論を提示する直前で、ヘルメス・トリスメギストスの一〇の命題を援用している。ヘルメス教に関するこれらの結論の第九命題は以下の如くである。

> 一〇の懲罰を一つずつ列挙すると以下の如くになる。無知。憂い。気まぐれ。欲望。不正。奢侈。妬み。偽り。怒り。悪意。以上である。★073

ピコはここでフィチーノによって翻訳された『ヘルメス選集』XIIIを引用している。フィチーノは物質の一二の「罰」を「懲罰《ウルトーレス》」と訳していて、この語をピコも使っているしその一つ一つの懲罰の名もピコとフィチーノは一致している。★074 ただピコの方は一二の「懲罰」ないし悪しき物質の力から二つを除いて、一〇の「懲罰」しか示していない。『ヘルメス選集』XIIIにおいては、一二の「懲罰」は黄道十二宮から派生したもので、星辰の力に支配された人間の姿を示していたことを想起しなければならない。この一二の「懲罰」は一〇の善き力ないし〈神〉の力と徳によって追い出されるのだった。そして一〇の組が一二の組を追放し終わった時、魂は復活し「八柱の神々」への讃歌を唱う。ピコにはしかし「懲罰」を一〇に減らす理由があった。彼はヘルメス教に関する次の第一〇命題でカバラとの比較を行いたかったのである。

一〇の懲罰については一つ前の結論でメルクリウスに従いつつ論じておいたが、これがカバラの悪とそれらを見張るものたち（praefectis illius）の一〇の配列に対応していることを、慧眼の士は洞察されることと思う。しかしこの「見張る者たち」についてはカバラ主義者に関する結論集においてもわたしは何も言うことはできなかった。それは秘密の事柄に属しているからである。★075

ピコはここでヘルメス教の「懲罰」とカバラで述べられる一〇の悪しき事柄の対応★076について考えているのだとわたしは思う。この一〇の悪はその対偶である一〇の善きものたちによって追い出される——つまりは一〇のセフィロトによってである。この善悪の転回の経験を彼はカバラ主義者に関する結論集では口外しなかった。なぜならそれはあまりに神聖な秘密であり漏らすわけにはいかなかったからである。このことはつまりは（と少なくともわたしは解釈したいのだが）ピコがカバラ主義者の根本体験はヘルメス教徒のそれと同一のものだと信じていたということである。一〇のセフィロトないし〈神〉の力と名がすべての悪しき力を魂から追い払った後に、その魂の裡に住まう。これがカバラ主義者の根本体験である。ヘルメス教徒の場合は、「懲罰」を魂から追い払った「諸々の力」がその魂の裡に居を定め、復活の「八柱の神々の」讃歌をそこで唱う。この二つの根本体験の同一性をピコは確信したのだった。

これらのヘルメス教に関する〈結論集〉についてわたしが試みた解釈がもし正しいなら、ピコがヘルメス教とカバラ主義の間の婚姻を取り持ったというその意味は、表層的な魔術の次元には留まらないことになる。非常に深い宗教体験の世界において、その婚姻は成立した。その婚姻を支えたのは、宇宙的な枠組を背景とする諸力及びその対抗者たちから構造化されるヘルメス教の体系と、やはり同様の宇宙的な枠組を背景とする、セフィロト及びその対抗者たちから構造化されるカバラの体系である。そしてヘルメス教の体系とカバラの体系との間に根本的な類似性が存在していることをピコは洞察したのだった。

ピコのこの比較宗教学的な注目に値する試みは、しかし批判的な学的認識に留まるものではなかった。カバラをヘルメス教のグノーシス主義と批判的に比較しつつグノーシス的要因の介在を確認する、といった学問的な営為は彼にとっては全く意味を持たなかった。この比較はむしろピコを歓喜に満ちた洞察へと導く。つまりピコは、エジプト人たちにとってのモーセであるトリスメギストスが諸力と懲罰について説いたことは、カバラ主義者が伝えるように、モーセがセフィロトとその対抗者たちについて教えたことと全く一致しているということを洞察したのである。

魔術を宗教と協働する霊的な力として再評価しようとするルネサンス的志向の最深層には、グノーシス派と〈ヘルメス文書〉への関心があった。今見てきたように、この二つの関心領域に、ピコは彼のカバラへの関心を結合することができたわけである。最近の数年間でルネサンス期のヘルメティズムに関する多くの研究が行われ、その結果、フィチーノのネオプラトニズムも、ピコの神秘主義的基盤の上ですべての哲学を統合しようとする試みも、その両者共に根本においては、新しい哲学への情熱というよりはむしろ新しい一つの〈世界認識《グノーシス》〉への渇望であったことが明らかになってきた。いずれにせよ、フィチーノとピコが魔術に宗教的な側面から接近したのは、ヘルメス・トリスメギストスの崇拝を通じて実現された〈世界認識〉的雰囲気への没入であった。それは魔術師を知見の階梯のいと高きところへと据え置くものでもあった。その認識の尖塔の頂点に祭り上げられた魔術師の位置というものは、啓蒙の光の行き届かなかった前の時代までの暗がりの中で、粗野な降霊術師や霊媒師が占めたその位置とは全くさま変わりしたものだったのである。

最後に、ピコの名高い演説における魔術師としての人間の尊厳[☆059]という思想は、その基礎を初期教会の教父たちの著作にではなく、グノーシス関係のテクストに置いているということを指摘しておきたい。ピコは演説の冒頭でこの大いなる奇跡である人間についての『アスクレピウス』中の章句に言及しているが、その全体を引用しているわけではない。しかしこの章句は、その文脈からして、ひとたび引用されるやいなや、この奇跡である人間が、その起源において、神的な存在であることを主張するのである[☆060]。

> さてこのように、アスクレピウスよ、人間は一つの大いなる奇跡であり、尊崇と称讃に値する存在なのだ。なぜなら彼はあたかも彼自身一柱の神でもあるかの如くに、神の本性へと参入するからである。彼は神霊たちの族《うから》と類縁の関係にあり、自分が彼らと同じ起源から出ていることを知っている。彼は人間にしか属さないような彼自身の本性を軽蔑する。なぜなら彼は彼の希望を自身のもう一つの部分、神性の宿るその部分に賭けているからである[★077]。

初期教会の教父たちは、人間を尊厳に満ちた位置に置き、地上に生きる存在の最高の者、宇宙の観察者、マクロコスモスの反照を自らの裡に保つミクロコスモスとして規定した。こうした正統信仰《オーソドックス》的な観念のすべては〈人間の尊厳について〉の演説中に包含されている[★078]。しかし〈魔術師としての人間の尊厳〉、つまり魔術を操作する、自らの裡に神的な創造の力を秘め、大地を天上と娶《めあわ》せるその魔術的威力を宿した、その魔術師である人間の尊厳という観念は、グノーシス的異端に基づくものである。人間はかつて自身神的な存在だったのであり、神的な精神の反照である彼の知性の力によって再び神的な存在へと回帰し得る者である。ルネサンス期における魔術師の再評価の最終形態は彼[☆061]が神的な人間になり得るという命題である。今一度、創造的芸術家と魔術師の並行関係を想い起こしておこう。この〈神的〉という定型形容句《エピセット》こそこの時代の人々が同時代に生きる偉人たちに与えた讃辞にほかならない。彼らは彼らの偉人たちについて、しばしば〈神の如きラファエッロ〉、ないし〈神の如きレオナルド〉、あるいは〈神の如きミケランジェロ〉という言い回しを用いたのである。[☆062]

異端者ピコ

フィチーノは彼の表した『弁明』から知られるように、魔術を標榜したため神学者たちとの論争に巻き込まれた。ピコはと言えば、彼はフィチーノよりも遥かに大胆奔放であったからその困難もまた遥かに深刻なものであった。ピコの事例は神学的な〈著名事件〉といったものになり、長く記憶されることとなった。この事件の骨子は非常に単純化して要約することが可能である。主要な事実は以下の如きものである。[★079] ピコの命題のいくつかについてローマの神学者たちの間では深刻な異端の噂が広まった。それを顧慮した教皇インノケンティウス八世[☆063]は事情を調査するべく委員会を組織せざるを得なくなった。ピコは何度かこの委員会に出頭するよう召喚され、自身の見解を弁明しなければならなかった。結局、いくつかの命題は根本的に有罪であるとの宣告を受けた。その中には魔術に関する結論中のピコの主張、「キリストの神性をわれわれに確証してくれる学問の中では、魔術とカバラより優れたものは存在しない」、も含まれていた。この有罪宣告にもかかわらず、ピコは彼の『弁明』を出版し、それに〈人間の尊厳について〉の演説の一部を付した。初版の日付は一四八七年五月とされているが、この日付は疑問視されている。『弁明』において彼は有罪とされた自分の見解を擁護している。この出版はもちろん新たな紛糾をもたらし、異端審問の権限を持つ司教たちが彼の問題を処断するために任命されることとなった。同年の七月にピコは公に自らの過ちを認め自説を白紙撤回することを委員会に伝えた。翌八月、教皇は勅令教書を布告してすべての命題を有罪とし公刊を禁止したが、ピコが自ら過ちを認めたことを情状酌量して本人は無罪であるとした。この布告にもかかわらず、ピコが危険を感じてフランスに亡命した時、教皇庁からの特使が派遣され、ピコはしばらくの間ヴァンセンヌの監獄に拘留されることとなった。ただ彼の事件は、フランスでは宮廷でも大学関係者の間でもかなりの程度まで同情の眼で見られていた。彼がその多くの命題中でパリ大学の教授たちの学説を援用したことが、好感をもって評価されていたからである。フランス国王[☆064]からの執りなしの書状のおかげで、彼はイタリアへの帰国を許される。ロレンツォ・デ・メディチは常に彼を支援し、教皇との仲裁を試みた[☆065]。したがってピコはフィレンツェに住み続けることはできたのだが、かなりの圧迫を感じながらではあった。サヴォナローラ[☆066]の影響を受けた晩年の彼の生活は極端なまでの敬虔と禁欲に染め上げられた。没年は一四九四年[☆067]、フランス国王の軍隊がフィレンツェに侵入したその日のことだった[☆068]。

一四八九年にピコの『弁明』に対する長文の公式回答が、ピコの一件を審査した委員の一人であるスペイン人の司教ペドロ・ガルシアによって公刊された。ソーンダイクはガルシアのこの著作を分析し[★080]、それが魔術一般に対する評価を歴史的に通観する上で重要なドキュメントであることを指摘している。この著作の大半は、「キリストの神性をわれわれに確証してくれる学問の中で魔術とカバラほど優れたものは存在しない」、というピコの主張の否定に費やされている。ガルシアはすべての魔術に反対する。どのような種類のものであろうとも魔術は悪しきもの、悪魔的なものであり、カトリックの信仰と相容れないものなのである。彼は占星術の理論自体は否定しない。その理論の帰結としてのオカルト的共感の存在も認めている。しかしこうした超常的現象は悪魔の助けなしには誰も認識もできなければ、まして使いこなすことなどできるはずはない、と主張する。彼は非常に強い調子で占星術的図像、すなわち護符の使用を批判する。スペインの神学者の中にも、トマス・アクィナスが護符の使用は認めていたとほのめかして護符を擁護した者がいた。ガルシアはこの護符擁護を糾弾する。彼の論旨は、フィチーノがトマス・アクィナスを護符の使用の弁護のために苦心惨憺して援用していた事実と比較してみると興味深い。そしてフィチーノの『天上より導かれるべき生命について』は、このガルシアの公式回答と同じ年に上梓されているのである。

ガルシアはまた占星術的な図像の断罪と関連して、占星魔術は「教会で用いられる魔術」と同様に悪霊的な影響力とは無縁であることもできるはずだ、という魔術擁護論とも対峙しなければならなかった。教皇によって祝福された祭礼用の蠟製の〈神の子羊〉や、また教会の鐘の音が持つ祝福の力がそのような「教会によって用いられる魔術」と見做されていた。ガルシアはこれを全面的に否定し、キリスト教の典礼は星辰の力によってではなく、ただ創造主の全能なる力、それのみによって効力を持つのだということを力を込めて主張する。最後にガルシアはカバラの古さをも否定する。

ガルシアの著作はこのように魔術それ自体を断罪したものであるばかりでなく、「教会で用いられる魔術」が魔術一般となんらかの関わりを持っているのではないか、という見解に対する論駁でもあった。

次の世紀になるとアルカンジェロ・デ・ブルゴ・ヌオーヴォが、このガルシアのピコに対する論難を受けて、ピコの弁護を引き受け著作を公刊する(ヴェネツィアにて一五六九年に出版)。[★081] このガルシアとアルカンジェロの著作は、宗教的典礼と魔術の連関に関する賛否の両論を要約して示したものだと言えるかもしれない。この問題は十六世紀に至るとその激論の猛威を発揮し始めるのだが、ウォーカーも彼の研究中でこの現象に注目している。[★082] この論争の範例的な事例がピコのケースであり、ピコを非難する側、弁護する側の双方で用いられた論拠が後代の激論にその論点を提供することとなったのである。

教皇アレクサンデル六世による擁護

ピコの状況は、一四九二年に新しい教皇がその地位に就くことによって、晩年の数年間、大幅に緩和された。その年にキリスト教の霊的指導者の地位はインノケンティウス八世からアレクサンデル六世、いわゆるボルジャ家の教皇へと引き継がれたからである。彼はもちろんルネサンス人の中でも最も喧《やかま》しい議論の対象となった多彩な人物であった。先任者であったインノケンティウス八世とは違って、このボルジャ家の教皇は占星術と魔術への反発など全く感じていなかった。その逆である。彼はこうした分野に深い関心を抱き、ピコの正統性を擁護すべく、非常に印象的な形で救いの手を差し伸べたのだった。ロレンツォ・デ・メディチはピコに対する教皇の赦免勅書をインノケンティウス八世から手に入れようと何度も試みたにもかかわらず結局うまくいかなかったが、アレクサンデル六世は教皇聖座の頂点を極めてからまだ一年とたたない一四九三年六月一八日に、自らピコの無罪を宣告する勅書を公布した。★083 それればかりではない。新教皇はピコ自身への親書を起草し、それを「幸いなる選ばれし息子よ、使徒である教皇の祝福を受けなさい」という言葉で始めたのだった。アレクサンデル六世はこの手紙の中でピコ事件の顛末を要約して繰り返している。九〇〇の命題から説き起こし、それに対する『弁明』、ピコを異端と糾弾した委員会、フランスへの亡命について言及した後、彼と彼の著作のすべてをあらゆる異端の疑いから放免する旨をもって結ぶ。ピコは「神の如き溢れんばかりの叡智」に恵まれた知者であり、〈教会〉の忠実なる息子だとされている。この教皇親書はそれ以降ピコの著作のすべての版に添えて出版され、★084 最高の権威に裏づけられたこの著者の見解は、申し分のない正統信仰と考えて間違いないということを、読者に保証することになったのだった。これはピコに対する激しい糾弾の主たる原因だったあの主張、すなわち〈魔術〉とカバラはキリスト教信仰に対する有力な支えとなり得るという主張をも含めている。つまり、アレクサンデル六世は異端審問の司教たちの断罪をもみ消してしまったのであ

図03───〈黄道十二宮とヘルメス・トリスメギストス〉、ピントゥリッキオ、ヴァティカン、ボルジャのアパルタメント、シビュラの部屋(photo: Anderson)。

図04―――〈アルグスを殺すメルクリウス〉、ピントゥリッキオ、ヴァティカン、ボルジャのアパルタメント、聖者たちの部屋(photo: Anderson)。

図05———〈ヘルメス・トリスメギストスとモーセを伴う女神イシス〉、ピントゥリッキオ、ヴァティカン、ボルジャのアパルタメント、聖者たちの部屋(photo: Anderson)。

図06a［上］———〈エジプト風のアピス神礼拝〉、ピントゥリッキオ、ヴァティカン、
ボルジャのアパルタメント、聖者たちの部屋（photo: Anderson）。
図06b［下］———〈牡牛の姿をしたアピス神の十字架礼拝〉、帯状装飾の部分、ヴァティカン、
ボルジャのアパルタメント、聖者たちの部屋。

る。

こうした状況の変化の中でピコは一四九三-九四年頃、『予言占星術への駁論』(*Disputationes adversus astrologiam divinatricem*)を著した。この占星術に反対する著作はこれまでは、ピコが占星術的迷信を免れていたことの証拠だと受け取られてきた。しかし表題だけを見てもピコが非難しているのは託宣的な占星術、つまり人間の運命が星辰によって決定されているということを信じ、誕生時の星位を記したホロスコープを用いてあらかじめ決められた未来を予告しようとする通例の占星術であることが分かる。最近指摘されたことは[★085]、ピコがこの書物で繰り返しているのは、星辰の感応力が「天界の霊気」によって媒介されているという理論であり、それはあのフィチーノの主張を踏襲したものであるという事実である。またピコは占星術師たちを論駁した著者たちの一人として、「われわれのマルシーリオ」の名を特に挙げている。この論駁において彼は「プロティノスの道を辿ったのである」。ピコによれば、「フィチーノはプロティノスの研究によって、プラトン哲学への洞察を深め、それを豊かなそして広いものへと発展させるのに貢献した」[★086]。これはおそらくはフィチーノのプロティノス註釈、『天上より導かれるべき生命について』を評した言葉だろう。またピコの言葉はフィチーノの著作の中心概念である〈自然魔術〉(それはプロティノス風の護符を含むわけだが)をも示唆し、この著作を占星術に反対した著作家たちの列に加えることで間接的に擁護していると見做すことができる[★087]。簡単に言えば、ピコは本当のところはフィチーノの〈星辰魔術《アストラル・マジック》〉を擁護しているのである(この表現そのものを用いているわけではないが)[☆070]。この〈星辰魔術〉はすでに前章で強調しておいたように、星々の感応霊気を活用し統御する方法を教えることによって占星術的決定論からの脱出を可能にするわけだから、本来の占星術とは非常に異なるものなのである[☆071]。一四九三-九四年という時期に、つまりほぼ教皇アレクサンデル六世がピコをあらゆる非難糾弾から無罪放免した頃に書かれたこの著作は、占星術の論駁書という触れ込みではあるものの、実際のところは〈自然魔術〉を擁護したものである。

ピコを廻る論戦にアレクサンデル六世も参加して、〈魔術師〉の力強い味方となった。ヴァティカンのフレスコ画、つまりピントリッキオ[☆072]がアレクサンデル六世のために〈ボルジャのアパルタメント〉[☆073]のために製作したフレスコ連作は特異な〈エジプト主義〉を示している。これもアレクサンデル六世のピコ擁護と同じ文脈上で観察すべき現象である。これらのフレスコはF・ザクスル[☆074]の研究対象となった。[★088]彼は全体の正統信仰的なプランに奇妙な暗示的要素が加味されていることを指摘している。〈アパルタメント〉の最初の部屋には一二人のシビュラたちが描かれキリストの来臨を告げる予言をしている。それと並んで一二人のヘブライの預言者たちも描かれている。わたしはラクタンティウスとシエナ大聖堂の床装飾のプラニングに従って、ここでも最も偉大な異教徒の予言者としてのヘルメス・トリスメギストスの姿を探すべきだと考える。彼が登場するとするならば、シビュラの描かれた部屋が最も似合いの場所だからである。わたしはシビュラたちの上に描かれたいかにも預言者然とした人物が彼だと思う。この人物は惑星たちの列の締めくくりの位置に登場し、黄道十二宮がその頭上に添えられている（本書図03参照）。次の間の主題は十二使徒と並ぶ一二人の予言者たちであり、ヘブライと異教徒の予言者たちによって予告されたキリスト教の到来が十二使徒によって表現されている。続くいくつかの部屋には七自由学芸が占星術を筆頭として描かれ、それに七聖人、そして処女マリアの生涯からの七つの場面が加わる。ここまでは全く正統信仰的なプラニングだと言ってよい。

しかし聖人たちの間に添えられたエジプトの情景は非常に奇妙なものである。ボルジャ家の紋章は牡牛だが、この家紋としての牡牛はこの部屋のフレスコではアピス神、つまりエジプト人たちがオシリスの化身の一つとして崇めていた神としての牡牛の姿に変容している。そしてアピスとは太陽神なのである。[☆075]このフレスコ連作の構成で顕在化しているのは、ストーリーの進行に伴って暗示による意味の転移が起こるという現象である。それによってエジプトの牡牛ないし太陽は、ボルジャ家の〈牡牛〉すなわち太陽としての〈教皇〉と同一視されるに至る。エジプトの情景はユーノーによって牝牛に変えられたイオの物語から始まる。ユーノーはイオの見張りに怪物アルゴスを置く。アルゴスはメルクリウスによって殺される。フレスコでは抜き身の剣を振りかざすメルクリウスがアルゴスにとどめを刺そうとしている（本書図04参照）。☆076 メルクリウスのおかげでアルゴスから解放されたイオは、エジプトに逃げそこで女神イシスへと変容する。メルクリウスとアルゴスの闘いの場面に続くフレスコではイオ＝イシスが玉座に着いている（本書図05参照）。女神の左に控える人物をザクスルはモーセだと考えている。右手に伺候する者とシビュラたちの部屋に登場したあの黄道十二宮を添えられた者（本書図03参照）は明らかに同一人物である。したがってここでも再びヘルメス・トリスメギストスが描かれているのだとわたしは提案してみたい。こちらの画面ではモーセと対にされているわけである。

キケロによれば、アルゴスを殺したメルクリウスとはヘルメス・トリスメギストスその人である。彼はこの行為の後エジプトに行き、そこでエジプトの人々に法と文字とを教えたとされている。この話はフィチーノも知っていて、その『ピマンデル』の冒頭部、〈解題《アルグメントゥム》〉で触れている。

> 人々が主張するところに従えば、この者は（すなわちトリスメギストスは）アルゴスを殺し、エジプト人たちの上に君臨して、彼らに法と文字とを与えたのである。★089

したがってフレスコ画に描かれたアルゴスを殺すメルクリウスとは、ヘルメス・トリスメギストスその人だということになる。すると次の情景は、エジプトでのヘルメス・トリスメギストスをエジプト人たちの立法者として描き、彼に並べてヘブライ人に律法を与えたモーセを置いている、ということになるのではあるまいか。もしそうだとすれば、この並列は、われわれのこれまでの〈魔術〉とカバラを廻る探求ですっかり馴染みになった、ヘルメス＝モーセの対比の通常の型に収まることになる。
教皇アレクサンデル六世はその治世の早い段階で、こうしたエジプトの宗教を賛美する意図を持った(本書図06a参照)フレスコ連作を描かせている。なぜなのだろうか。そのプラニングは〈十字架〉を礼拝するエジプトの牡牛神であるアピスを含み(本書図06b参照)、さらにヘルメス・トリスメギストスとモーセを結びつけている。わたしは教皇アレクサンデル六世がその前任者インノケンティウス八世の治世を逆転させようとする意図をはっきりと宣告したかったからではないかと思う。つまりピコ・デッラ・ミランドラの主張する〈魔術〉とカバラを宗教の支えとすべきだというプランを採用することによって、その前任者の宗教政策との根本的な差異を顕示したかったのだと考えてみたいのである。

ピコ・デッラ・ミランドラが人文主義的古典研究の歴史に占める大きな意義はいかに高く評価しても過大ではない。彼こそまさにヨーロッパ的人間の新しい位置というものを大胆奔放に定式化した最初の人物なのである。☆077 つまり〈魔術師《マグス》〉としての人間。〈魔術〉とカバラを二つながら用いつつ、世界に働きかけ、科学によって自己の運命を支配しようとする人間。これがピコの捉えた〈人間〉である。そしてこのピコを追想することによって、〈魔術師《マグス》〉の登場とその宗教との有機的な結びつきを、その源泉において研究することができるのである。

第六章

偽ディオニュシウスとキリスト教魔術の神学

フィチーノにとって聖ディオニュシウス・アレオパギタ[☆001]は、プラトニズムの頂点を意味する[★001]と同時に、聖パウロがアテーナイで出会った聖人でもあった。九層を成す天使たちの位階を幻視した彼の神学は、トマス・アクィナスを始めとする〈教会〉のすべての碩学たちによって疑問の余地のないものとして是認され、正統信仰的なキリスト教神学の中に不可欠の要素として統合された[★002]。聖ディオニュシウスはフィチーノの『プラトン神学』(*Theologia Platonica*)と『キリスト教について』(*De Christiana Religione*)においては常に言及され参照されている。この二つの著作において彼はプラトニズムとキリスト教の総合の可能性を詳述したわけだが、実際、フィチーノにとってのみならず、すべての後代のキリスト教的ネオプラトニストにとって、ディオニュシウスはキリスト教陣営に属する同盟者の代表であり続けた。

『天上位階論』(*Peri tes ouranias hierarchias*)[☆002]の著者はもちろん現実には聖パウロと語らった聖人ディオニュシウスではなく、ネオプラトニズムの影響を強く受けた無名の作家である。彼は天使たちの九層の位階を三組に分け、三人の天使から成るそれぞれの組が〈三位一体〉の一つの〈位格〉[☆003]を顕すとする。この九層の天使たちの位階は純粋に霊的ないし神的な性質のものであるから、その場所は宇宙の天圏のさらに上方、つまりそれを超越した彼方に置かれることになる。偽ディオニュシウスの描く秩序は厳密に言えば宇宙論的宗教とは言えない[☆004]。しかしこうした位階によって詳述される秩序の観念の全体は、なにがしか、世界を廻るグノーシス的宗教を思い起こさせるものがある。あるいは宇宙的秩序の舞台背景の場で得られる宗教的経験を彷彿とさせる、という風に言ってもよい。R・ロックはしたがって偽ディオニュシウス的神秘主義とグノーシス教、とりわけヘルメス教的なタイプのそれとの間に存在する並行関係に着目した。そしてヘルメス教が『天上位階論』における位階の観念に影響を与えた可能性を指摘している[★003]。

こうしてここでも再び年代同定の錯誤という現象が、ルネサンス的総合の試みに影響を及ぼすことになる。聖パウロの同時代人だと信じられていた偉大なキリスト教の護教聖人が、誤った年代を設定された〈始源の神学者たち《プリスキ・テオロギ》〉と同じ時期に属していたのだとされ、その結果としてグノーシス的思考の領域に包含されることとなったのである。☆005

フィチーノは『キリスト教について《デー・クリスティアーナ・レリギオーネ》』★004の第一四章において、九層を成す霊的な位階によって構成される宇宙の秩序を、以下の如く詳述している。


四大。これは実体においても質においても変化する。

七つの惑星。これは実体においては変化しないが、質と配置においては変化する。

第八天界。この天界の運動は惑星の運動とは対極的であり、〈明るさ〉(candor)と〈輝き〉(splendor)を持っている。

水晶天界。☆006その運動は単純であり〈明るさ〉の質を持っている。

最高天。ここにおいてはすべては恒常的であり、その〈光輝《ルーメン》〉は〈明るさ《カンドル》〉よりさらに優れた質の光である。


恒常的であり〈光り輝く《ルケーンス》〉最高天に〈三位一体〉は置かれ、それは偽ディオニュシウスが描く天使たちの九層の位階によって構成されている。この組織の中には天使たちの大軍がいて、その数の多さは人間の計算能力を遥かに超えている。この九層の位階とは次のようなものである。


セラフィム、ケルビム、トローネス。これらが〈父なる御方〉の位階を形成する。

統治、徳、力。これらが〈子なる御方〉の位階を形成する。

第七階級の権天使たち、大天使たち、天使たち。これらが〈聖霊〉の位階を形成する。★005

フィチーノの解釈に従えば、偽ディオニュシウスの最初の位階はその〈三位一体〉からの流出体を直接飲み干すということになる（「その流出体を三位一体から飲み干す」）。第二の位階は最初の位階から流出体を受け取り、第三の位階は第一と第二の位階からそれを受け取る。同様に位階の活動領域にも区分があり、以下の如くになる。


セラフィムは〈神〉の秩序とその摂理について思いを廻らす。

ケルビムは〈神〉の本質とその形態について思いを廻らす。

トローネスは思いを廻らすこともするが、業を成すために降下してくることもある。

「統治」は建築家の如く、他の者たちが実施することを立案設計する。

「徳」は実行し天界を動かす。そして〈神〉の道具としてその奇跡の業の働きに参加する。

「力」は神の統治の秩序が中断されないように見張る。その中には人間界の事物に降下してくるものもある。

権天使たちは公共の事柄、つまり国家、君主、高官に心を配る。

大天使たちは神々しい祭典を執り行い聖なる事柄を顧慮する。

天使たちは小さな事柄に配慮し、守護天使として個々人の世話をする。[★006]

フィチーノが懐く天上の位階についての観念は、先人二人の影響を蒙っている。つまりトマス・アクィナスとダンテである。これにさらに彼自身が導入した変化の観念が加わる。例えば位階間の活動領域の差異は偽ディオニュシウスではそれほど明確には規定されていない。フィチーノはこの点に関してはトマス・アクィナスを踏襲している。[★007] さらに位階と宇宙の天圏との連結についてはダンテに倣っている。ダンテは『饗宴』(*Convivio*)の中で位階を天圏と連関させているし、[★008] また何よりも『神曲―天国篇』において、祝福された魂たちが七つの惑星の天圏に集うさまを詳しく描いている。そこでは〈使徒たち〉と〈勝利する教会〉は第八天界に置かれ、第九天界には天使たちの九層の位階が構成され、そしてそれらの位階すべての上に最高天の〈三位一体〉が王冠の如くに置かれている。

フィチーノは練達のダンテ研究者でもあった。先に分析した天使たちの位階を廻る章句を執筆していた時には、当然ながらダンテの『神曲―天国篇』のことを考えていたはずである。彼はそこでダンテの詩に言及している。[★009] フィチーノは光のさまざまな質の違いを分析するにあたって、さまざまな言葉で光を言い換えて説明しようとしているが、これはおそらくダンテからの影響によるものだろう。天上の光が天使たちの位階に反照し、鏡のように一つに位階から他の位階へとその光の輝きが照り返されるという形象は典型的に偽ディオニュシウス的な観念である。しかしダンテはここでもある種新しい転回を付け加え、彼とベアトリーチェが惑星の天圏を通り抜けて昇っていく際、一つ一つの上昇の段階に対応して、光がその質を変化させていくさまを描いている。その光は第八天界、第九天界、最高天へと昇りゆくに従って、まばゆい輝きの度を強めていくのである。フィチーノも先に分析した章句で明らかに同じ観念に従い、第八天界では光の〈輝き《スプレンドル》〉を、透明結晶天ではより強い光の〈明るさ〉を、最高天では至上の光の〈光輝〉を語る（その上にはおそらくそれ以上に高次の光である神的な精神における〈光そのもの《ルクス》〉が存在するのだろう）。[☆007] フィチーノは彼の著作『太陽について《デー・ソーレ》』[★010] と『光について《デー・ルーミネ》』[★011] でもこうしたさまざまに変化する用語で光を描出しているが、その用語法が常に同じ意味構造を保っているのかどうかは定かではない。

フィチーノは位階間の関係を述べる際に、ほとんど占星術的に響く要素を導入し、それによって諸位階と天圏との連続性を強化している。位階はそれぞれ〈三位一体〉からの感応霊気を「飲み干す」と言われている。この言葉は『天上より導かれるべき生命について』の中で世界の〈霊気《スピリトゥス》〉について述べていた条を如実に想い起こさせる。そこでは星々の世界を通して撒き散らされた〈霊気〉がこの地上の受け手である事物によって飲み干されると考えられているからである。もしこの光の描出のための一連の用語法に、もう一つ〈太陽光〉という言葉を太陽ないしソールという天体のために付加するならば、その太陽からの〈霊気〉を飲み干すことが、より高次の種類の光との繋がりを確保するということになるだろう。つまり諸位階が飲み干すあの〈流出体〉と至高の彼方から降り注ぐより高次の光の形態との繋がりが、それによって確保されるということである。[★012][☆008]

このようにフィチーノの自然的ないし霊気的魔術は、それ自体としては天体、とりわけ太陽を中心にしたものでそれ以上の領域に超え出ていこうとするものではない。しかしそれは天使たちの領域というものを想定することによって魔術の領域を連続的に拡張し、その結果として天圏は自己を超越していくのである。しかしフィチーノが、通例のキリスト教徒としての祈りや嘆願の範囲を超える形で、天使たちを〈操作〉しようとした形跡はない。少なくともわたしはそう思う。彼はまた天界を動かす〈諸々の徳〉の領域にまで到達して奇跡を起こす力を手に入れるといった試みとも無縁である。

星々の世界を超えて天使たちの世界に至るという観念自体は、もちろんごく普通のキリスト教徒にとっても馴染みのものである。例えばシェイクスピアの『ヴェニスの商人』の登場人物ロレンツォを挙げることができるだろう。彼は音楽の語彙を用いてこの観念に素晴らしい表現を与える。

おすわり、ジェシカ。どうだ、この夜空は！
まるで床一面に黄金の小皿を散りばめたようだ。
きみの目に映るどんな小さな星屑も、みんな
天をめぐりながら、天使のように歌っているのだ、
あどけない瞳の天童たちに声を合わせてな。[★013]

（『ヴェニスの商人』第五幕第一場　小田島雄志訳）

ロレンツォは夜空を見上げながら、天球の調和が天使たちの位階の天上的な合唱と結ばれているということに思い至り、感嘆の念に浸されているのである。

天使たちの世界と否定の神学

フィチーノにとって偽ディオニュシウスはキリスト教とネオプラトニズムを総合するために非常に重要な存在だった。同様にまたピコも、ユダヤ的カバラとキリスト教の間に橋を架けようとするその企てに際して、彼を援用している。ピコの『ヘプタプルス』はカバラのやり方に従った「創世記」註解だが、あらゆる場面で偽ディオニュシウスを参照しているのである。

ピコはこの著作において、しばしばカバラ主義者が理解する意味での〈三つの世界〉に言及している。カバラ主義者たちは宇宙をまず元素ないし地上的世界、次に天上的ないし星辰の世界、そして最後に超天上的世界の三つに分けている。これらすべての世界の間には感応霊気が連続的に充満している。ピコはこの観念を容易にネオプラトニズムともキリスト教的-偽ディオニュシウス的神秘主義とも結びつけることができた。

ピコはネオプラトニズムとの繋がりを構築する際には（フィチーノもそうしたように）、天使たちの世界を哲学者たちが〈知性界〉と呼び慣わしてきたものと同一視する。[☆009] 三つの世界の中で最高位のものは神学者たちによって〈天使的〉と定義されている。同じ世界は哲学者の用語に従えば〈知性的〉なのである。次に来るのが天上世界、そして最後がわれわれの住まう〈月下の〉世界である。[★014] 続いてピコはこのモデルとカバラ主義者の言う〈三つの世界〉との照応を確認しようとする。〈三つの世界〉をモーセは〈神の幕屋〉を三分割することで象徴的に表現した。[★015] 特に『ヘプタプルス』の第三書でピコは「古代のヘブライ人」の教理を偽ディオニュシウスのそれに同化させようと努めている。彼は位階の働きに関するトマス・アクィナスの定義を繰り返し、その三つ組の分類法をカバラ主義者の〈三つの世界〉と相関させようとして次のように述べている。

ここで(つまり「創世記」に関するカバラ主義的註解において)分かることは、天空が水のただ中に置かれているということである。そして同じ箇所に天使たちの三つの位階の存在も暗示されている。……(位階の中の)最初と最後のものは水の領域によって区切られている。天空は水のただ中にあるわけだから、一つは天空の上にあり、一つは天空の下にある。その二つの位階の中間の領域が天空そのものにあたる。こうした事柄に思念を集中してみると、ここで描かれた世界がディオニュシウスの教理に完全に一致していることが分かる。至高の位階は彼に拠れば瞑想の対象とされ、天空の上、水の領域の中で形成される。この至高の領域は天上的な行為も地上的な行為も含めてすべての業の上にあって、永遠の音楽の調べで〈神〉を称讃し続ける。中間的な位階は天上的な働きを受け持ち、天空自体によって、つまり天そのものによって具現されている。最後の位階はその本性からすればすべての物体を超越して天空にある。しかしその働きは天の下方にある事物の世話をすることである。それは権天使たち、大天使たち、天使たちに分かれていて、彼らの活動はすべて月下の事柄に関するものである。権天使たちの働きは国家、国王、諸侯に向けられており、大天使たちの働きは秘祭や聖なる儀式に関するものである。それに対して、天使たちは私的な事柄に注意を配り、それぞれが個々人に関係している。最後の位階は天空の下に位置する水の領域によって形成されることになる。なぜならそれは変化する儚い事物を統轄しているからである……[★016]

ピコは最初の位階を超天上的な世界(天空の上に位置する水の領域)に、第二の位階を天上の世界(天空に)に、そして第三の位階を四大ないし月下の世界（天空の下に位置する水の領域）に、照応させている。彼は三つの領域の間での特別な感応霊力の相互作用というものの存在を容認し、それによってフィチーノよりもさらに厳格に天上の位階を「占星術化」している。ディオニュシウス偽書自体にはこうした占星術化の傾向というものは全く存在しない。そこでは九層の位階が全体で〈三位一体〉を構成するさまが記述され、その異なる位階に応じた〈三位一体〉が讃美されるのみである。

フィチーノの場合には光のさまざまな質が「位階化」されている。ピコにおいてそれと比較可能なのは熱の位階の提示だろう。「われわれにとっては〈熱〉は四大の質である。天界においては（すなわち星辰の世界では）それは熱的な威力となる。そしてさらに天使たちの精神においてはそれは〈熱〉のイデアである[★017]」。

ガリンが指摘したように[★018]、ピコが『ヘプタプルス』の第三書のための序論[★019]においてディオニュシウスの教説と「古代のヘブライ人」の間には一般に考えられているよりも深い次元での繋がりがあるのかもしれない、と秘密めかした言い方をする時、彼は偽ディオニュシウスの位階とセフィロトの体系が比較可能だと示唆しているのかもしれない。

セフィロトにおいてもある種の等級というものが存在する。その最高のものは言い難き神秘を純粋に観照することだけに関わる。それに対して低次のセフィロトは、むしろ人間たちの世界との繋がりを保っているように見える。

セフィロトにはさらに循環的な運動というものが存在する（カバラ主義者に関する結論集の第六六命題を見ると、彼がこの運動のことを知っていたことが分かる）。この運動によって最初のセフィロトは最後のセフィロトと連結される。こうした運動は外観上はビザンティン的な硬直を示す天使たちの位階においても想定されている[☆010]。なぜならそれらは全体としての働きによって〈三位一体〉を構成するものだからである[☆011]。ピコは、わたしが調べてみた限りでは、セフィロトと天使たちの位階の間に明確な照応関係が存在するということを詳しく説くことはしていない。しかし後代のヘルメス教‐カバラ主義的伝統では、この点は明確にテーマ化されている。例えばロバート・フラッド[☆012]の場合が典型例である。彼の著作の一つに掲載された図表には(本書図07a参照)、カバラの一〇の〈神〉の名と一〇のセフィロトの名(縦書きされている)、そして一〇の天圏が天上の九層の位階と共に纏めて提示されている。この半端な位階の数は〈世界の魂《アニマ・ムンディ》〉を一つ追加することで切りのよい一〇に水増しされている。ピコもこうした相関の提示にはおそらく賛同したと思う。もちろんピコが正確にこの型の図式を用いたかどうかまでは分からない。フラッドは他のもう一つの図表では(本書図08参照)位階と天圏を合わせて、それらを二二のヘブライ語のアルファベットと照応させている。

フィチーノとピコは二人共天使たちの位階と宇宙論的な基本枠を結合した。しかしまた二人の間にはカバラに関しての差異が存在する。ピコは実践的カバラによって天使たちの世界にまで到達し、それを操作する手段を持っていたが、カバラに無知だったフィチーノにはその道は閉ざされていた。カバラで説かれている天使たちというものはピコにとっては基本的にはディオニュシウス偽書に登場する無数の天使たちと同一のものだっただろう。[★020]違いがあるとすれば、カバラは天使たちについてより多くを教え、彼らと交流するにはどうすればよいかを知っていたという点だけである。

イエズス会士であったアタナシウス・キルヒャー[☆013]は一六四六年に著作を公刊している。彼はピコによって創始されたヘルメス教的-カバラ主義的伝統の後継者たちの中でも最も著名な思想家の一人であった。この本の口絵には(本書図09参照)ヘブライ語の名前が一つ示されていて、それを光線と雲が取り巻いており、雲の中には天使たちの群が描かれている。その下には黄道十二宮を伴う天上世界がある。さらにその下が月下のこの地上世界であり、そこを支配するのは大公フェルディナンド三世[☆014]である。本章で概説された宇宙図の基本的な着想は、この口絵においても変わることなく保たれている。ヘルメティズム-偽ディオニュシウス的な宇宙像が、太陽の光線の派手な装飾化や、羽虫のようにうじゃうじゃと飛び交う天使たちといったまことにバロック的な着想と折り合いの付きやすい世界であったことは、この口絵を見れば一目瞭然である。

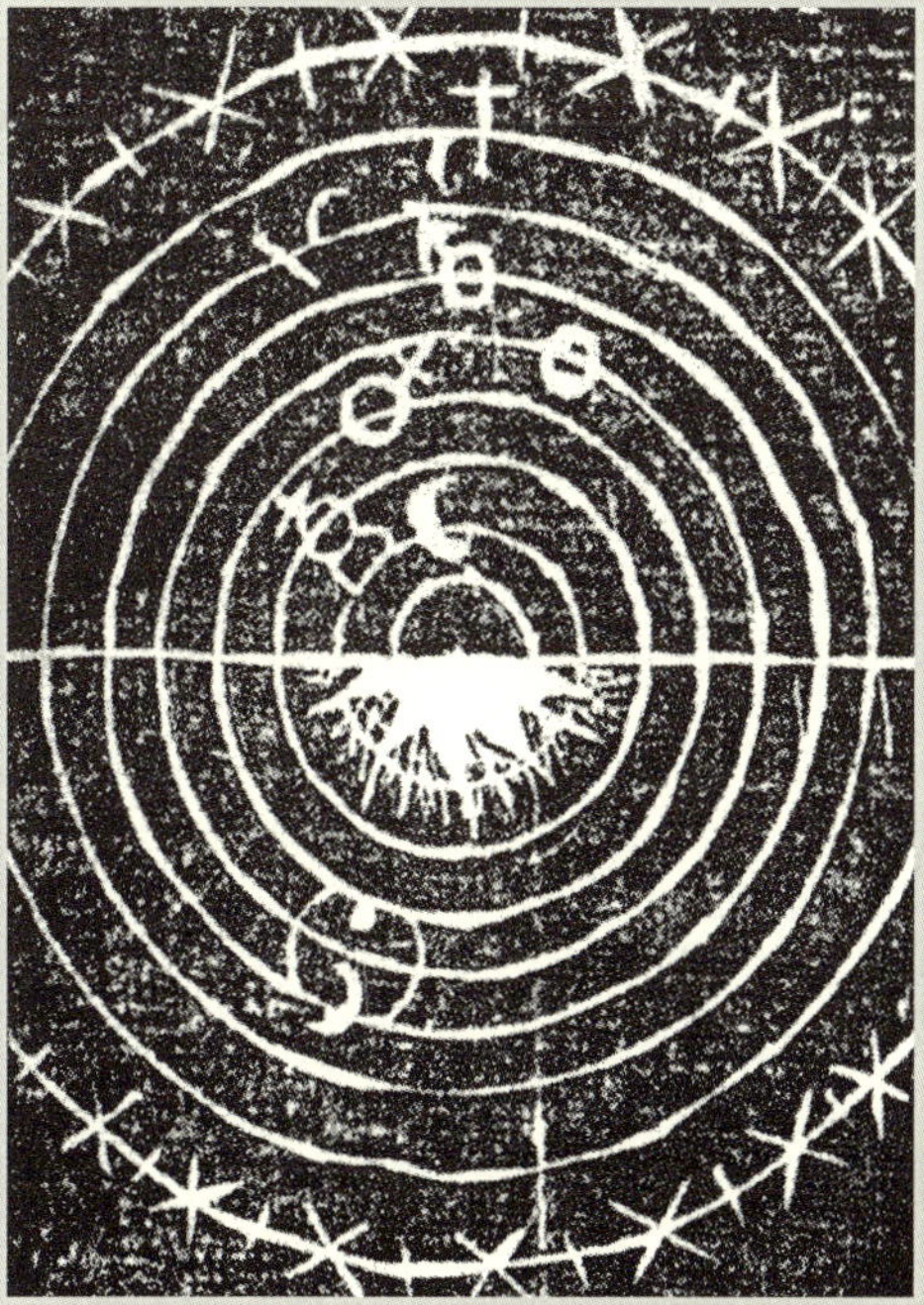

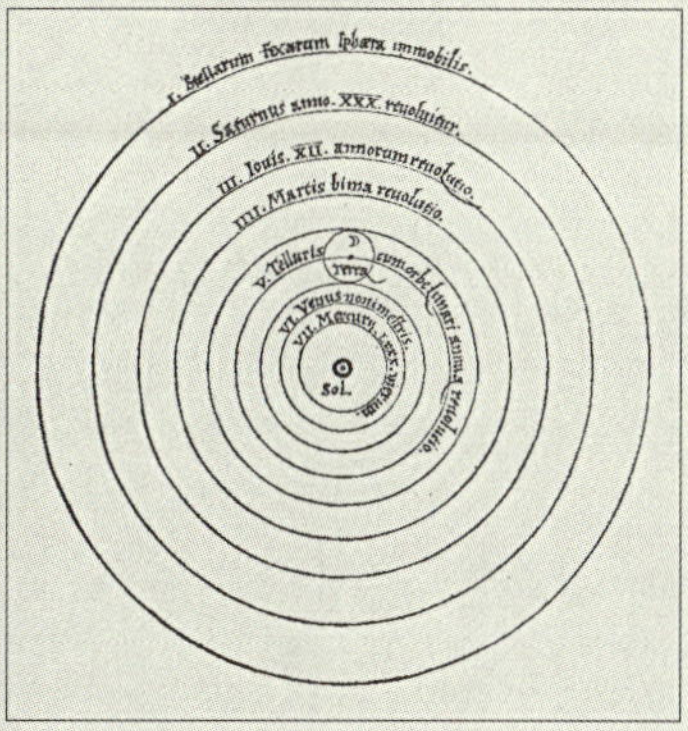

図07a[上]———〈セフィロト、天使の位階、天球〉
ロバート・フラッドの『宇宙の流星』より、フランクフルト、1626, p.8
図07b[右下]———〈コペルニクスの天体図〉
N・コペルニクスの『天体の回転について』より、ニュルンベルク、1543
図07c[左下]———〈プトレマイオスとコペルニクスの宇宙体系〉
ジョルダーノ・ブルーノの『灰の水曜日の晩餐』より、1584

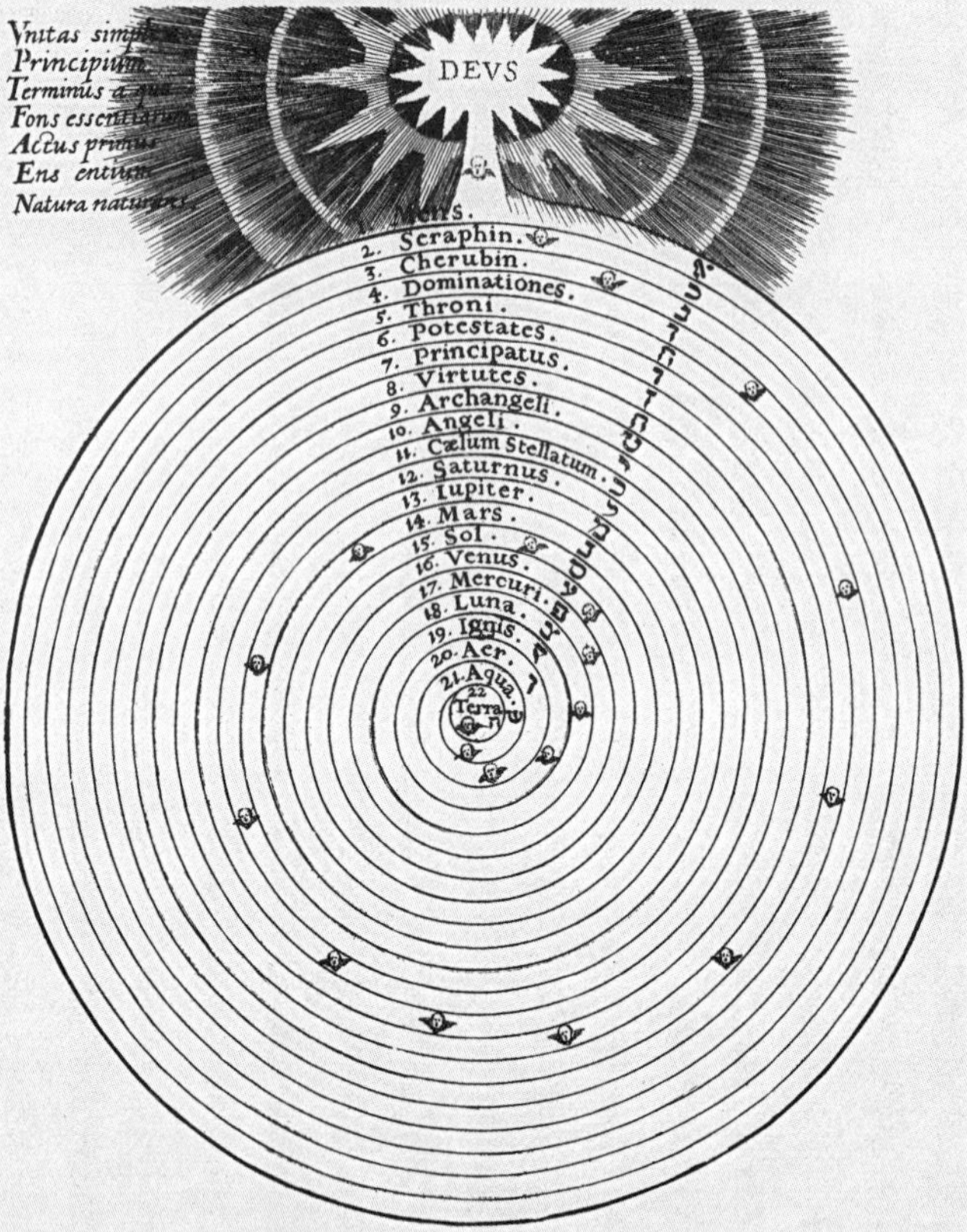

図08———〈天使の位階、天球、ヘブライ語のアルファベット〉
ロバート・フラッドの『両宇宙誌』より、オッペンハイム、1617，1619，II(I)、p.219

図09———〈アタナシウス・キルヒャーの『光と闇の大いなる技法』題扉〉、
ローマ、1646

偽ディオニュシウスがルネサンス的総合にとって非常に重要なものとなったもう一つの理由は、彼に一貫する〈否定の神学〉(negative theology)の観念にある。偽ディオニュシウスは天使たちの位階において〈三位一体〉との関係も述べるという意味では、神格そのものの諸契機をある程度まで積極的に暗示してはいる。しかし彼はまた「否定的な手法」をも用いてそれを説明しようとする。つまり〈神〉はその現実の本質においていかなる言葉をも超越し、〈彼〉が本当はいかなるものなのかを示す〈名〉を全く持たない。したがって彼は最後の手段としてせいぜい否定辞によって規定し得るのみであり、それはある種の暗闇による規定なのである。〈彼〉は善そのものではなく、美そのものでもなく、真理そのものでもない、という言い方をする時に意味されているのは、〈彼〉がこうしたわれわれの了解の範囲にあり言葉で言い表すこともできる事象を超えているということである。ディオニュシウス偽書に特徴的なこの否定的な手法を廻る神秘主義は、時代が下るにつれ、非常に美しい形で精神的営為を作品化することになった。例えば十四世紀イギリスの無名の著者による『無知の雲』(*The Cloud of Unknowing*)[☆015]を挙げることができる。未知の著者はサン＝ドニ[☆016]の〈隠れたる神性〉の教えに従いつつ、[★021]無知の雲に身を包む。その雲の暗闇の中で彼は自らの裡に蠢動する〈神〉への盲目の愛を感じ、[★022]その力に運ばれて〈隠れ去った神〉(*Deus Absconditus*)へと向かうのである。また学識ある哲学者ニコラウス・クサーヌス[☆017]はディオニュシウスの〈学識ある無知〉に神性へ接近するための最後の解答ないし手段を見出し、それを彼の有名な著作『学識ある無知について』(*De docta ignorantia*)において詳述している。否定の神学ないし否定の手法の理念をフィチーノまで媒介したのはディオニュシウスだけでなくクサーヌスも含まれる。フィチーノはクサーヌスを非常に尊敬していた。そして彼の思想はプラトニズムの系譜上で欠かせない重要な位置にあると評価している。[★023][☆018]

ディオニュシウス偽書の『神名論』には否定の神学に関する多くの章句が見出され、また〈神〉はあらゆる知見を超えた存在であるという思想が展開されている。フィチーノはこの著作の新訳を試みている。〈神〉は〈善《ボニタス》〉を超え、

〈本質《エッセンツィア》〉を超え、〈生命《ウィータ》〉を超え、〈真理《ウェリタス》〉を超え、その他彼に付されるすべての名称を超えている、と偽ディオニュシウスは主張する。だからある意味で神は名を持たない。しかしまたそれとは別の意味では神は無数の名を持っている。なぜなら神は〈善〉であり、〈本質〉であり、〈生命〉であり、〈真理〉であり、すべての事物に宿る存在だからである。[★024] フィチーノがこの偽ディオニュシウスの章句に付した註釈は以下の如きものである。

> ディオニュシウスのこの神秘的な主張は、ヘルメス・テルマクシムス[☆019]によって確証されている。彼は〈神〉は何ものでもなく、しかしまたすべてである、と述べているからである。そしてまた〈神〉には名がない、しかしまたあらゆる名を持つ、とも述べている。[★025]

フィチーノはこの註釈で『アスクレピウス』の章句を想起している。そこではトリスメギストスがこう言っている。

> 壮麗なる万有の創造主であり、すべての存在物の父であり主である御方を一つの名で示すことなど、いやどれほど多くの名を用いようとも、指し示すことなどできるはずもない。〈神〉は名を持たない。いやむしろあらゆる名を持っている。なぜなら彼は〈一にして全〉であり、すべての事物は彼の名をもって呼ばれるか、あるいは彼はすべての事物の名によって呼ばれるか、この二つの可能性しか存在しないからである……彼の意志は完全に善なるものである。すべての事物に内在する〈善そのもの《ボニタス》〉は神のその神格から発している。[★026]

ヘルメス教の著者はここでは確かにシリアの僧[☆020]の精神に非常に近いところで思考を進めている。ヘルメス・トリスメギストスは聖ディオニュシウスの主張する名のない、しかしあらゆる名を持つ〈神〉についての命題に賛同した。

そのことに対してフィチーノが深い感銘を覚えたことはなんの不思議もない。

〈否定の神学〉はヘブライのカバラ的神秘主義においても一つの要素となっている。一〇のセフィロトがそこから発する淵源としてのエーン・ソーフ[☆021]は本来的には〈無〉であり、名状し難きものであり、未知なる〈隠れ去る神《デウス・アブスコンディトゥス》〉である。セフィロトの中でも最も高きところ、最もかけ離れたところにあるケテルないし〈王冠〉は、この〈無〉の裡に隠れ消え去るのである。[★027]つまりセフィロトそのものには〈一〇の名〉が与えられているかの如くに見えるものの、その最高のものは〈無〉ないし〈無名〉なのである。

ピコの著作においてエーン・ソーフを偽ディオニュシウス的な否定の神学と関係づけて論じているような章句は、探してみたが見つけることはできなかった。しかしオルフェウス教に関する結論集の第一五命題はこの連関で重要である。

オルフェウスの言う〈夜〉とカバラで言われる〈エーン・ソーフ〉とは同一のものである。[★028]

ピコの心象においては、オルフェウス教的な〈夜〉から偽ディオニュシウス的な暗闇に至るには、ほんの少しの跳躍で足りただろう。プラトニズムに関する結論集においても、似たような神秘的観念が示されている。

そうしたわけであるから、愛は盲目であるとオルフェウスは述べている。つまりそれは知性を超えているのである。[★029][☆022]

この命題は盲目のエロスの形象を用いて、偽ディオニュシウスが述べるのと等質の〈否定的〉経験を語っている。

ピコの総合のその本来的な意味を理解するための唯一の鍵は、彼がその試みを神秘主義的な次元で行っていることを了解することである。ありとあらゆる哲学と宗教から彼が収集する多くの〈名〉は、その根底において、〈名なきもの〉の裡に包摂されていく。この〈否定の道〉(via negativa)のキリスト教神学における権威が、彼にとってもまた、偽ディオニュシウスに他ならなかったのである。

ルネサンス期の宗教と魔術の関係

本章では自然魔術とカバラ的魔術という二つの系統の魔術そのものを扱うのではなく、それらが包含されていた宗教的、宇宙論的な基本枠《フレイムワーク》というものをまず再構成しようと努めてきた。ルネサンス期の宗教と魔術の間に存在するかすかな、そして繊細な関係というものを理解しようとすることが最重要の課題なのであり、それによってこの時期に特徴的な占星術化する神秘主義と、それとちょうど逆向きの神秘主義化する占星術という二つの傾向への了解の道が啓けるのである。この用語法はルネサンス的経験の指標としてはぎこちないものではある。それにまた超天上的なものが天上的なものと交錯し、そしてそれが地上に向けて降下してくる、そうした決定的な瞬間を捉えることは非常に難しい。〈三位一体〉から発する天上的な光を三つの位階がそれぞれ飲み干し、それが太陽の光へと変容し、そして天空の全体を照らし出す、それはさらに〈魔術《マギア》〉の〈霊気〉によって飲み干される。ではこうした決定的な変容は、〈この瞬間〉といった形で捉え得るものなのか。また実践的カバラの諸技法が、超天上的な位階に忘我の境地で見入るという形の、ヘブライズムとキリスト教が融合したような神秘主義へと変容する、その決定的瞬間をどこに設定すればよいのか。

この問題はエロスの形象を借りて表現することもできる。『ピマンデル』で語られる〈魔術師としての人間〉の創造を廻るヘルメス教的な物語では、このエロスという半神的存在が地上に降りてきたその原因は彼が美しい自然に恋をしたからなのだ、という風に説明されていた。エロスは情熱的な抱擁と共に自然と一つになる。[★030] 自然に対するエロス的な関係は、共感魔術一般にとって本質的な契機である。〈魔術師《マグス》〉は愛の共感と共に地上を天上と結合するその共感の世界へと参入する。この情念的な関係が魔術師の力の主たる源泉なのである。「なぜ〈愛〉は〈魔術師《マグス》〉と呼ばれているのか」とフィチーノは『饗宴』への註解の中で自問する。[☆023]「それは魔術のすべての力の本源は〈愛〉だからである。魔術の業とは一つの事物を、自然的類似を仲立ちとして、他のもう一つの事物へと引き寄せることに他ならない。この世界の諸々の部分というものは、ちょうど動物の器官がそうであるように、ただ一つの〈愛〉に依存し、自然的な交感によって一つに結びつけられているのである。……この関係の親しさから共通の〈愛〉が生じる。そしてこの〈愛〉からすべてを親しく引き寄せる力というものが生まれる。これこそが真の魔術に他ならないのである」[★031]。ディオニュシウス偽書の描く天上の位階には、それらのすべての位階間を貫く一つの流れが存在し、それはエロスと呼ばれていた。著者はさらにこのエロスの運動を〈善〉から発して〈善〉へと還帰する永遠の循環になぞらえていた。[★032] M・ド・ガンディヤックは、フィチーノが『饗宴註解』の他の部分で、このエロス的な流れに元のディオニュシウス偽書には全く存在しない意味を付け加えていることを指摘した。[★033] ディオニュシウス偽書においては、エロス的な流れは純粋な恩寵の賜である。しかしフィチーノはこの命題を変奏した。それは「遍在する共感を廻る魔術のテーマ」[★034]に従った変奏であった。

　かくして〈光〉と同様〈愛〉においても再び、〈魔術師《マグス》〉の魔術実践的な愛と天上の位階の間を循環する神的な愛との間に、一種の連続性が介在する。この場合も、エロス的な魔術が神的な愛に参入するその瞬間、つまり〈魔術師《マグス》〉が超天上的な光と愛を礼服の如く身に纏って厳かに登場するその瞬間を捉えることは難しい。この観念はしかし直ちにネオプラトニズムの用語に置き換えることが可能である。なぜならネオプラトニズム的な〈精神《メンス》〉はフィチーノとピコによって〈天使的精神〉と等置されているからである。こうした意味の陰影のすべては、ベニヴィエーニの『愛の歌』(*Canzona de Amore*)に対するピコの註釈に読み取れるように、協働して多くの複雑な低音や倍音を響かせることになる。しかしそれにしてもこうした恋愛詩への註釈のどこが魔術なのだろうか。どこにカバラ主義的であると同時にキリスト教的でもあるような神秘主義があるというのだろうか。一体どこにネオプラトニズム的な神秘主義があるというのだろうか。この迷宮的な問いに対する導きの糸は詩化された占星術である。ピコの註解はこの詩化された占星術に充ち満ちており、それによって神秘主義的魔術から魔術的神秘主義への移行というものが実現されるのである。

ヘルメス教文献の中には、ヘルメスと彼の子タト、ないしアスクレピウスと他の信者たちとの対話が風変わりな、また単純な形で記録されている。しかしこの単純さは見せかけの単純さにすぎない。これらのテクストは対話の参加者たちが深い宗教体験を共有していたという強い印象を与える。その宗教体験は此岸的なこの世界の範囲内で出会われるものであり、その過程は〈諸々の力〉が魂を占有する第八天界において完成し完了する。この体験の属する宗教とは「エジプトの」星辰魔術を廻る宗教である。ヘルメス教的対話篇がキリスト教の真理性を風変わりな形で予言しているということをフィチーノは固く信じ、この確信によってキリスト教徒としての宗教経験を此岸的な世界の枠内に置く勇気を得た。フィチーノとピコの洞察はたとえ年代同定上の錯誤を基礎としていたとはいえ、比較宗教学的な試みを内包していたという点で、現実的な、また先見の明に富むものでもあった。彼らはこの比較によってヘルメス教の宗教体系とディオニュシウス偽書のネオプラトニズム化されたキリスト教との間に類似関係を認め、ピコはさらにカバラ的神智学との比較をも試みることができたのだった。ある意味において彼らは正しかったのである。なぜならこれら三つの神智学的な体系は、すべて此岸的世界を廻る宗教と連関していたか、あるいは宇宙の天圏と結びついたものだからである。

ヘルメス教の文献は、フェステュジエールによって、オプティミスト的なタイプとペシミスト的なそれに分類されている。オプティミスト的なタイプのグノーシスにおいては、宗教経験の舞台となる宇宙はそれ自体善であり、神性に満たされている。それに対してペシミスト的ないし二元論的なタイプのグノーシスにおいては、物質はそれ自体として悪であり、したがって感応霊力に浸潤されたその悪しき物質の重みから逃れることが救済なのである。前に指摘しておいたように[★035]、ルネサンス期の読書人たちにとっては、この二つのタイプの間の区分は曖昧になることもあった。フィチーノがいかに二元論的な感性に乏しかったかということは、オルムズド（アフラ・マズダー）、ミトラス、アフリマンはペルシアの〈魔術師たち《マギ》〉がすべての宗教を貫く真理である〈神は三位一体である〉という命題に与えた固有の表現である、と彼が考えていたことに如実に現れている[★036]。もちろんアフリマンは厳格に二元論的なゾロアスター教の体系における悪の原理に他ならない。断固たる信念をもってあらゆるところにキリスト教のその真理性の暗示を発見しようとしていたフィチーノが、〈ヘルメス文書《ヘルメティカ》〉の二元論的な側面を全く無視するか、またはそれをキリスト教的禁欲の「エジプト風の」現れだと考えたとしても全く不思議はなかった。それに加えて、ヘルメス教文献の中で『アスクレピウス』を始めとして最も影響力を持った著作には、二元論的な要素は希薄であり、それらはより汎神論的な傾向を基軸とするものだった。カバラもそれをグノーシスの一種と見做し得る限りでは、基本的にオプティミスト的なものである。そしてディオニュシウス偽書はもちろんキリスト教的な救済のオプティミズムに啓発されたネオプラトニズムの最高の形態を示すものでもあった。

フィチーノとピコの宗教経験に「グノーシス」という概念を適用することの妥当性は、それが宗教的方法による知の模索であったということに根拠を持つ。しかし本書において〈グノーシス主義〉という言葉がルネサンス的経験を記述する文脈上で用いられる時には、それが本来共示してきた明確に二元論的ないしマニ教[☆024]的な含みはあらかじめ取り除かれている。

第七章

コルネリウス・アグリッパのルネサンス魔術総覧

アグリッパの通俗的魔術概説書

ネッテスハイム出身のハインリヒ・コルネリウス・アグリッパ[★001]は決してルネサンス期における最重要の魔術師ではないし、彼の著作『オカルト哲学について』(*De occulta philosophia*) もまた、しばしば魔術の教則本だと呼ばれてはきたものの、本当の意味での魔術の教科書だったわけではない。つまりそれは魔術の技術的な手順を詳細に示すわけでもなければ、またその表題が主張するような意味での深遠なる哲学書だというわけでもない。深遠なる魔術師であったカルダーノ[☆001]はこの著作はあまりに浅薄だとして一顧だにしなかった。[★002]にもかかわらず、『オカルト哲学について』《デー・オクルタ・フィロソフィア》はルネサンス魔術の全領域に対する、初めての実用的な——難しい主題の許す限りという断り付きだが——概説書なのである。わたしのこの研究はもちろん魔術の手順を隅々まで知り尽くした深遠なる魔術師の著作ではない。それどころか慎ましやかな歴史研究の一つの試みにすぎない。その意図するところはジョルダーノ・ブルーノを理解し、また魔術的思考の系譜上での彼の位置を知るのに役立つようなテーマを素描してみたい、というにすぎない(ブルーノはたまたまこの平々凡々たる概説書を大いに活用しているのである)。そういう意図から、本章をオカルト哲学を取り扱ったアグリッパのこの通俗的著作の分析に割いてみたいのである。

アグリッパはこの著作を一五一〇年以前に完成していた。しかしそのまま一五三三年までは出版しなかった。その出版の年には、彼のもう一つの著作『諸学の空しさについて』(*De vanitate scientiarum* 一五三〇年出版)が上梓されてすでに数年を経ていた。この著作では、オカルト的な学問も含めて、すべての学問は空しいものだということが主張されている。しかしアグリッパの主たる関心事は、その生涯の終わりに至るまで、疑問の余地なくオカルト的な諸学問にあった。したがってそうした学問分野に関する概説書である『オカルト哲学について』を出版する前に、その領域の学問は空しいということをテーマとする書物を公刊するということは、一種の予防策だったと見做し得る。それは魔術師や占星術師がしばしば用いる類の予防策であって、もし将来神学者の糾弾を受けるようなことになった時に、そうした主題に関してはすでに自身が「反対」し論駁していると指摘できるようにしておくわけである。こうした保険はなかなか役に立つ。この自己否定には、自分はそうした知識の悪用に反対しただけであって、自身の意図するところは善用である、という断り書きが付くのが常だった。

　アグリッパは第一書の最初の二章で宇宙の区分を論じている。それは三つの世界に、すなわち四大の世界、天上の世界、そして知性の世界に分けられる。それぞれの世界は自分より上位の世界からの感応霊力を蒙る。造物主の力は、知性界に住まう天使たちの仲立ちによって天上世界の星々へと降り行き、そこからさらに四大の世界と四大から形成されるすべての事物、つまり動物、植物、金属、宝石等々へと至る。魔術師たちは、われわれ人間がこの同じ過程を逆向きに辿ることができる、と考える。つまり下位の諸力を操作することによって上方の世界の力を下方のわれわれに向けて招き寄せるのである。彼らはまた四大の世界の諸力を医術と自然哲学の力を借りて発見しようと試みる。[☆002] 天上世界の力は占星術と数学によって、知性界に関しては宗教の聖なる儀礼を研究することによって解明が試みられる。アグリッパのこの著作は三書に分けられている。第一書は自然魔術ないし四大の世界の魔術に関するものであり、第二書は天上世界の魔術を扱い、第三書は儀礼による魔術を主題とする。この三分割は哲学の三分割、すなわち自然学[☆003]、数学、そして神学への分割に対応している。魔術のみがこの三つの領域に及ぶ。過去の時代の卓越した魔術師として、メルクリウス、トリスメギストス、ゾロアスター、オルフェウス、ピュタゴラス、ポルフュリオス、イアンブリコス、プロティノス、プロクロス、そしてプラトンが挙げられている。[★003]

最初の数章で四大の理論を検討した後、アグリッパは事物に内在するオカルト神秘学的な力と、それらが「〈世界の魂〉と星々の輝きによってイデアに浸される」過程を述べる。[★004] この条はフィチーノの『天上より導かれるべき生命について』第一章に基づくもので、同書からの逐語的な引用を含んでいる。アグリッパは、フィチーノが星辰の図像を論じているのは、イデアの下降の媒体としてなのだということを了解している。「下位の事物のすべての力は星々とその図像に依存している……そして各々の種はそれに照応する天上の図像を持っているのである」。[★005] 後の方の章では「オカルト的諸力の間を結合する要としての〈世界の魂〉について論じられている。[★006] アグリッパは再びフィチーノを引用し、彼の〈霊　気《スピリトゥス》〉論をそのまま紹介している。[★007] 続く章ではそれぞれの惑星、また黄道十二宮に属する植物、動物、宝石等々が論じられる。また星辰の記号がその星に属する事物に刻み込まれるため、例えば太陽に関係する動物の骨や同じく太陽に属する植物の根や茎を切ってみると太陽の星辰記号がそこに印されてあるのを確認することができる、と述べられている。続いて自然魔術の操作手順に関する指示が纏められている。それは物に潜む自然的共感を操作し、下方の事物を配列し正しく用いることによって、より上位の事物の諸力を招き降ろすことを目的としている。[★008]

ここまでのアグリッパの立論は、概ねフィチーノの論ずる自然魔術と大差ない。それは四大の世界において実施される自然魔術であり、その手段は自然の事物に潜む星辰からのオカルト的諸力を活用することである。しかし二人の間にはまた大きな違いがある。ウォーカーも指摘したように、[★009] アグリッパはフィチーノのようにこの魔術の神霊的な側面を避けるために細心の注意を払うことはしない。つまりフィチーノの場合は星辰の感応霊気のみを招き寄せることに留意し、星々を超えた霊的な諸力からの感応霊気は忌避したわけだが、アグリッパはこの点ではフィチーノに従わない。このやり方で天上的かつ生命的な恩恵を（つまり天上世界または中間的世界の恩恵を）呼び降ろすことができるのみならず、知性的で神的な恩恵をも（つまり知性界の恩恵をも）獲得することができる、と彼は述べている。「メルクリウス・トリスメギストスはこう記している。神霊は彼にふさわしいようなある種の素材によって造型された図形や彫像に直ちに生気を与える、と。アウグスティヌスもその『神の国』の第八書で同じことを述べている」[★010]。しかしアウグスティヌスはこの件に言い及ぶ時、強い調子でそれを糾弾していることを付け加えておくべきである。

さらにアグリッパはこう続ける。「というのも世界の照応というものはかくの如きものであり、天上的な事物は超天上的な事物を引き寄せ、自然界の事物は超自然的な事物を引き寄せるのである。そしてこの世界を牽引する力は、万物を貫いて流動する諸力と、すべての種のその運動への参入によって生じる」[★011]。古代の神官たちが神像や神の図像を造り、それらに未来を予言させることができたのも、この世界の照応によるものだとされる。アグリッパが目指しているのは『アスクレピウス』のタイプの魔術で、神霊たちの力を最大限活用しようとする。それは前の数章で記述したあのフィチーノの穏やかにネオプラトニズム化された魔術とは大きく異なるものである。アグリッパはこの種の魔術には悪しきものも存在することを知っている。彼は「グノーシス派の魔術師」や、おそらくはテンプル騎士団が行っていた魔術[☆004]がそうした邪悪な種類のものだったろうと考えている。しかし彼はまた、神秘的な祈りを捧げる清らかな霊魂や敬虔なる者の苦行は天上の天使たちを引き寄せることができる、そしてこのことは誰でも知っていることだ、と付け加える。地上に存在するある種の物質が善き用いられ方をされた場合、それが神性を招き寄せる力を持つことに疑問の余地はないとされる[★012]。

続く数章では、蠱惑《こわく》、毒薬、薫香（惑星と共感する香料とその作り方）、塗り薬と媚薬、指輪について論じられ[★013]、その中には光を主題とする興味深い章も含まれている[★014]。光はまず〈父〉から発して〈子〉と〈聖霊〉へ降り行き、そこから天使たちと天体へと向かう。さらに光は火へ向けて、また、人間へと降り行くと、理性の光、神的な事物の知識と化す。

想像力に到達すれば、照射された物体の色彩として現象する。次いで惑星の色彩が列挙される。さらに惑星に関係する身振り、予言、土占い、水占い、気象による占い、火による占い、狂気《フロル》、そして憂鬱症をもたらす体液について論じられている。それから心理学的な章句があり、情念についての議論へと続く。情念は肉体を変化させる力を持っていること、星に関係する情念ないし感性を磨くことで（例えば金星《ウェヌス》に結びつく〈愛〉を養うことで）、その星の感応霊力を引き寄せることができるということ、魔術師の操作手順が強い情念の力を用いる方法等々が論じられている。[★015]

第一書の後の方の数章では、言葉と名前の力が論じられている。[★016] 固有名詞の威力、星や神格のすべての名前、威徳を用いて呪文を作るやり方等々である。最後の章ではヘブライ語のアルファベットの文字と黄道十二宮、惑星、そして四大の占星記号の関係が論じられる。この関係があるからこそヘブライ語は強大な魔術的威力を発揮する。他の言語のアルファベットもこうした意味を含んではいるのだが、その力はヘブライ語よりは弱いとされている。

第二書／天上的魔術

魔術で最も必要なものは数学の知識である。自然界に存在する力によって成し遂げられることは、数、重さ、そして尺度に支配されているからである。数学の力を用いれば、他に自然の力は全く用いなくとも、自然の働きと同じように見える作用を生み出すことができる。また動きそして話すことのできる影像や肖像を作ることもできる（数学的魔術はオカルト的な自然界の威力を用いる場合と同じ力を持った生きて動く影像を作り出すことができる。自然力を用いる魔術によって製作される影像については『アスクレピウス』に記述されているわけだが、アグリッパはその章句を引用している）。魔術師は自然哲学と数学の原理に従い、この二つの学問領域から派生する中間的な諸学を——代数学、音楽、幾何学、光学、天文学、力学等々を——知悉することによって奇跡の業を成し遂げる。今日でも古代に製作された作品の名残である、列柱、ピラミッド、巨大な人工の墳丘といったものを見ることができる。これらは数学的魔術によって成し遂げられたのである。自然界の事物を用いれば自然の威力をわがものとできるわけだが、それと同様にして、抽象的な事物を用いることによって――つまり数学的、また天上に関する事物を用いることで――天上的な威力を獲得できる。だから土星が昇り来る時間に合わせて真鍮の板の表に占星的図像を彫り込めば、その像に未来を語らせることができるのである。[★017]

ピュタゴラスは、自然界の事物よりも数の方がずっと現実性を備えている、と述べている。だからこそまた数学的魔術は自然魔術よりも優れたものなのである。[★018]

続く数章では数と数の組み合わせの威力が論じられる。まず最初に論じられるのは〈一者〉であり、それは至高の〈神〉に属する万有の原理であり目的であるとされる。だからただ一つの太陽が存在し、人類はただ一人のアダムから生じ、ただ一人のキリストによって救済されるのである。[★019] 続いて数章にわたり〈二〉から〈一二〉までが、その意味と組み合わせに従って論じられる。[★020] 〈三〉は例えば〈三位一体〉の意味を持つ数である。[★021] だから三つの神学的徳性が存在し、〈三美神〉が存在し、それぞれの黄道宮には三体のデカンが存在し、魂の力は三つある。すなわち数、尺度、重さがそれである。ヘブライ語のアルファベットは、それぞれ数値を持ち、それらは数魔術の中で最も威力あるものである。それに続いて魔方陣の解説がなされる。これは正方形に配置された数である（実際の数字を置くこともあれば、それと等値のヘブライ文字を置くこともある）。[☆005] 魔方陣は惑星がそれぞれ持っている数値と連動して、関係する惑星の感応霊力を招き降ろす力を持つ。[★022]

次には和声を用いた治癒法とその星辰との連関が論じられる。[☆006] 併せて、人間の魂に内在する和声的調和、また宇宙の和声に従って正しく作曲された音楽が魂を調和させる効力を持つことが論じられる。[★023]

天上的魔術について長々と議論された後、さらにまた天上的魔術に用いられる図像にも非常に多くの言葉が費やされる。[★024] この議論は惑星の図像、黄道十二宮の図像といったものの細かい列挙を含んでおり、それに加えて三六体のデカン神霊たちの図像を実際に図版として印刷してみせることすらアグリッパはなんの抵抗も感じずに行っている。

　とりわけアグリッパは天界の図像を彫り込んだ護符の製作一般の説明に力を入れている。このテーマはすでにフィチーノを論じる際に扱ったから、[☆007] ここで再び詳細に検討することはせず、彼の列挙する図像から二、三の例を選べば足りるだろう。例えば土星の一つの図像は、「雄鹿の頭、駱駝の足を持った一人の男が、玉座ないし一頭の竜の上に坐し、右手には鎌を、左手には一本の矢を持っている姿」である。[★025] 太陽《ソール》のある図像は、「王冠を戴いた一人の王が玉座に座り、その胸元には一羽のカラスが止まり、足元には手袋の片方だけが置かれ、黄色い衣服を身に纏っている」[★026]。金星のある図像では、「髪を解いてなびかせた一人の少女が、長い白衣を身に纏い、その右手にはオリーブの枝を一本ないしリンゴを一つまたは花束を、左手には櫛を一本持っている」[★027]。土星の図像を正しいやり方で護符の上に刻むと長寿を獲得できる。太陽《ソール》の図像は企てることのすべてに成功をもたらし、熱病に効き目がある。金星の図像は精力と美貌を与える。黄道十二宮に属する三六体のデカンの図像の先頭[★028]には白羊宮の第一デカンが怖ろしい姿で登場する。「立ち姿の黒い男。白い長衣を着ている。巨魁で大力であり、赤い眼をして怒っているよう見える」。アグリッパはまた月と恒星の〈宿〉[☆008]に対して黄道十二宮とは違った図像を示している。[★029] このようにして彼は、天上的魔術で用いられるべき護符図像の完全な目録を与える。彼はまた天界の事物に似せた図像ではなく、願いごととその意図を示して操作するための図像の作り方というものも述べている。例えば愛情を手に入れるためには抱き合う二人の図像を作ればうまくいく。[★030] この発想によって、護符の図像製作には個別の創意工夫が大幅に持ち込まれることになる。

「図像に関してはこれで十分だろう」とアグリッパは結ぶ。

> なぜなら読者はもう自力で他の図像を見出すことができるだろうから。しかし一つ知っておかねばならないことがある。それはこうした図像は活力を吹き込まれない限りは全くなんの役にも立たないということである。活力を吹き込まれて初めて……その裡に自然的威力ないし天上的、英雄的、生気的、神霊的、天使的な威力が宿ることになるのである。しかしいったい誰が一つの図像に魂を入れ、宝石や金属や木や蝋に生命を与えることができるのだろうか。また誰がアブラハムの子孫たちを宝石の中から生み出すことができるのだろうか。まことにこの秘密は頭の鈍い職人たちには明かされていない。……だからこうしたことができるのは、四大のただ中に住まい、自然を征服し、天上よりも高く昇り行き、天使たちの圏域をも超え出てさらなる高みへと、原型であるイデアそのものへと昇り詰めた者のみなのである。[★031] その至高の場において、彼はこれら原型の仲間となり、それと協働してあらゆることを成し得るのである。

この章句はアグリッパが、あの小心で敬虔だったフィチーノを超え出て、遥か彼方まで先へ行ったことをよく示している。フィチーノはただこの四大の世界での自然魔術だけを目指していた。だからほんの少しばかり天上的魔術の要素を持ち込む時でも、それは一、二の惑星的護符に限られ、しかもその使用法は依然として自然的なものであった。アグリッパの描く〈魔術師《マグス》〉は三つの世界すべてを通り抜けてひたすらに上昇を続ける。四大の世界を抜け、天上の世界を抜け、知性的、天使的、神霊的世界に至り、さらにその世界をも超え出て造物主自身へと向かい、彼の神的な創造の力をわがものにしようとする。[☆009] フィチーノは禁断の園への扉をほんのわずかばかり開いておいただけだった。それがいまや完全に開け放たれてしまったのである。

アグリッパの教える呪文朗唱もまた、フィチーノのオルフェウス教的唱歌より遥かに高いところを目指している。アグリッパはオルフェウスの魔術を論じるに際して、彼が讃歌の中で呼びかけている神格は邪悪な霊たちではなく、

〈神〉が人間たちのために定めた神的かつ自然的な威力であり、それがこうした讃歌の向かう対象となるのだと説いた。[★032]彼は呪文朗唱の際に用いられるべき惑星の名前、象徴となる小物、威力を列挙している。そして「この下方の世界で奇跡に似た業を成し遂げようとする者は、誰であれ」、とりわけて太陽を必ず招き寄せるべきであるとする。大きな望みを持つ〈魔術師《マグス》〉は太陽の感応霊気をあらゆる手段を用いて引き寄せるべきである。それには言葉で祈るだけでなく宗教的な身振りも加えねばならない。[★033]これはある意味では、フィチーノが実践した太陽崇拝や太陽を称えるオルフェウス教的呪文朗唱の一種だと言える。しかしその目的は変わった。いまや奇跡の力を獲得することが目指されるのである。

　この書物で教示されている魔術の哲学は重要である。それは確かにある程度までは世界の魂についてのありふれた記述であり、そこにまたウェルギリウスの「精神が世界を一塊に動かし」[★034]といった類のありふれた引用が添えられるにすぎない。しかしアグリッパはまた『ヘルメス選集《コルプス・ヘルメティクム》』からの素材も用い、頻繁に引用を試みている(もちろんヘルメス・トリスメギストスその人の意見であり教説であるという形をとっている)。世界の魂に関しては、彼は「メルクリウスの論文である『共同の世界について《デー・コムーニ》』」[★035]から引用している。これは世界の神性とその活発性を主題とするオプティミスト的なグノーシスに属する文献で、すでに本書の第二章で分析したものである。[★036]そこでは事物の成長と消滅に伴う大地の永続的な運動がその生命の証とされていた。アグリッパはこのように『アスクレピウス』とそこで描かれた魔術を用いるだけでなく、他の『ヘルメス選集』の著作も活用している。この選集の哲学を彼は自分の魔術的哲学の体系の中に組み入れる。[★037]彼の描く三つの世界を通り抜けて上昇していく万能の〈魔術師《マグス》〉の力強い姿は、『ピマンデル』に登場するあの〈魔術師としての人間〉の上昇と下降の記憶を留めている。[★038]

第三書／儀典的ないし宗教的魔術

この書においてアグリッパはさらなる高みへと飛翔する。なぜなら同書が扱うのは「諸宗教の法則を探し求めるべきことを説くあの魔術の一部門」だからである。そしてそれは宗教の儀礼に従いつつ、精神と思想を鍛え、真理の認識へと至ることを教える魔術である。精神と思想が良い状態にないならば肉体もまた良い状態ではあり得ないということは、すべての〈魔術師たち《マギ》〉の一致した意見である。ヘルメス・トリスメギストスに拠れば、浄い生活、敬虔、そして神々しい宗教というものなしには確固たる精神を保つことはできない。思想を浄化しそれを神的なものへ高め得るのは宗教の神聖さだけだからである。[★039]彼はしかしこの書物の秘教的神秘については心して沈黙を守るべきだ、と勧告する。なぜなら、これもヘルメスの言葉だが、大衆の間に「これほどまでに神々しくも壮麗な法話」を漏らすのは（この言い回しは『アスクレピウス』の冒頭部からの引用である）宗教に対する冒瀆だからである。[★040]プラトン、ピュタゴラス、ポルフュリオス、オルフェウス、そしてカバラ主義者たちもまた宗教的な事柄に関しては秘密を守ることを命じている。そしてキリストはと言えば、寓話の中に真理を隠したのである。さらにまた魔術師にとって絶対的に不可欠なこと、すべての魔術的操作の鍵となる秘事がある。それは「人間に、それほどまでに高貴な徳と力に対しての尊厳を与えること」である。[★041]奇跡的な業が成し遂げられるのは、魂の最も高貴な能力である知性の働きによる。宗教的な〈魔術師《マグス》〉に不可欠な尊厳を与えるのは、禁欲的で浄く宗教的な生活である。ある種の儀礼的な仕草、例えば両手を相手に向けてかざすような身振りはこの尊厳を与えることができる。聖務の権威なく、また神聖なる教理の支えなく、素質と教養の品位なく、僭越にも魔術の業を行おうとする者は皆、何一つとして成し遂げることはできない。

アグリッパはここではっきりとわれわれをフィチーノのタイプの魔術から引き離し、魔術というものをフィチーノより遥かに遠大な視界で捉え、ピコのタイプの魔術にまで至ろうとする。ヘルメス教やカバラ主義者の秘密に対する神秘的なほのめかし、この高い次元での〈魔術師《マグス》〉が獲得すべき尊厳、こうした要素はピコの〈人間の尊厳〉についての演説に非常に似た雰囲気を持っている。しかしここでも再びアグリッパは先人を越え、ピコよりさらに遠くへ行く。なぜなら今これからこの第三書で論じられる第三世界ないし知性界の魔術とは実質的に神官的魔術だからである。つまりそれは宗教的な奇跡の実現をも包摂する宗教的魔術なのである。

彼は次に信仰に基づいた真に神的な魔術宗教と、単なる信じ込みによるだけの迷信的宗教を区別して概観する。[★042] この二つの宗教を較べると、確かに後者は前者より遥かに劣ってはいるものの、それでも両者は全く無関係だというわけではない。例えば奇跡というものは真の信仰によるのと同様に、単なる信じ込みによっても成し遂げられるのである。もちろんそのためには信じ込みの度合いが十分に強いものでなければならないことは言うまでもない。[☆010] というのも魔術の業というものは、真に神的なものであれ、単なる信じ込みによるものであれ、両者共に、何にもまして信仰というものを要請するからである。アグリッパは続いて慎重に、かの古《いにしえ》の〈魔術師たち《マギ》〉、すなわちカルデア人、エジプト人、アッシリア人、ペルシア人は、カトリックの信仰に比べると、皆誤った者であり、あまり真剣に受け取ってはならない、と勧告する。にもかかわらず、こうした古の宗教にも多くの美点があるのであって、真理を誤謬から選り分けることを知っている者は、彼らから多くのことを学び得るのである、とも付け加える。

カバラでは四を聖なる数とするが、宗教一般における導きの霊《ガイド》[☆011]は三つ、つまり〈愛〉と〈希望〉と〈信仰〉である。この導きの霊によってわれわれは時として自然を支配し、四大を左右し、風を起こし、病人を癒し、死者を蘇らせることができる。[☆012] こうした業は、自然や天上の諸力の助けを借りることなく、宗教の働きのみで成し遂げられる。しかし宗教のみによって活動する者は長く生きることはできず、神性に回帰して行く。[☆013] 魔術師はもちろん真の〈神〉とはどの御方なのかを知らなければならない。しかしまたそれよりは劣った神格の数々を知り、さらにそれらに奉仕するためにはいかなる祭祀によるべきかを知ることも大切な知識である。特に木星が重要であり、オルフェウスはこれを宇宙そのものと等置している。[★043]

オルフェウスの讃歌と古代の〈魔術師たち《マギ》〉の見解はカバラ主義者たちの奥義や正統的信仰の伝統と異なっているわけではない。オルフェウスが〈神々〉と呼ぶものを、サン＝ドニは（つまり偽ディオニュシウスは）〈諸力〉と呼んでいるし、カバラ主義者たちは〈命数法〉（numerations）と名づける（つまりセフィロトのことである）。カバラのエーン・ソーフはオルフェウスの〈夜〉と同一のものである（これはピコの結論集の命題そのままの引用である）。一〇の〈命数法〉ないしセフィロトはそれぞれ名前を持っていて、その名前は、最も高位のものから最も低位のものに至る、ありとあらゆる被造物に働きかける。つまりまず天使たちの九層の位階、次に天の九層の圏域、そして最後に人間とこの地上世界に作用するのである。アグリッパは続いてヘブライの一〇の神格の名、セフィロトの名とその意味を列挙し、さらにそれに関係する天使たちの秩序と天圏をも付け加える。[★044] 次にさらにいくつかのヘブライの神格の名、三角魔方陣（Abracadabra）の配置法、ヘブライ語の名前が彫り込まれた護符の挿絵といったものを呈示する。[★045] 神格の名から発する徳性の流出は、天使たちの仲立ちによってわれわれにまで達する。キリストの降誕以来、イエスという名はあらゆる力を具現している。それゆえカバラ主義者は他の名を用いることができないのである。[★046]

知性ないし神霊には三つの等級が存在する。[★047] ❶超天上的な段階ではそれは神性とのみ関わる。❷天上的な段階では、神霊たちは、〈宮〉やデカンたちや惑星や他の星に属する。それらすべては名前と占星図式を持っている。名前は呪文に用いられ、図式は護符に彫り込まれる。❸より下位のこの地上世界においては、それらは火、大気、土、水の霊となる。

神学者たちの見解に従うなら、天使たちもまた同じ三つの等級に分類される。つまりセラフィム、ケルビム、トローネスは超天上的な世界に住み、〈統治〉、〈徳〉、〈力〉は天上の世界に宿り、権天使たち、大天使たち、天使たちは地上の世界を受け持つ。ヘブライの天使たちの秩序もこの分類に従う。次に続くのはヘブライの三つの位階の名とそれらの圏域に対応する天使たちのやはりヘブライ語の名である。ヘブライの学者たちは他にも多くの天使の名を旧約聖典から引いてくる。例えば全体として一つの〈神〉の名を形造る七二の天使の名などである。[★048]

これ以上要約を続けるまでもあるまい。カバラ主義の知識に関してはアグリッパは部分的に同時代のロイヒリンやトリテミウスも参考にしているが、[★049]真の意味での基礎を提供しているのはやはりピコである。アグリッパの発想の基本は、われわれが前章で検討した実践的カバラないしカバラ的魔術の基軸上に置かれている。それは魔術を実行する者を天使たち、セフィロト、神格の名と交感させ、また同様にディオニュシウス偽書に描かれた天使たちの位階にも参入させることによって、キリスト教的魔術へと変容する。つまりそれは三つの世界すべてを貫く有機的な結合の紐帯によって天上的ないし四大的な魔術と融合する。

アグリッパにおいては、このキリスト教的魔術は決定的な形で宗教的実践と結びついている。この書の後の方の章では宗教的典礼や儀式について多くの言葉が費やされ、[★050]音楽、蠟燭、灯明、鐘、祭壇といった小物をふんだんに使う儀典が描かれる。その中に魔術的な彫像について論じた一章がある。[★051]そこで挙げられる例はほとんど古代からのものばかりなのだが、にもかかわらず、キリスト教会に祀られる図像たちの奇跡をもたらす力というものも暗示されていることは明らかである。彼自身が結論として要約しているように、[★052]すべてのことが言い尽くされているわけではないのである。この著作は、削除してある部分を奥義にふさわしい者ならば結局は自力で発見できるように、またそれにふさわしくない者はあまり多くを知りすぎないように、意図的に工夫されている。しかし敬虔なる読者は魔術的な原理が自分の中に浸透していくのを感じるに違いない。過去において、ヘルメス、ゾロアスター、アポロニオス[☆014]やその他の奇跡の実現者たちによって獲得された力が自分のものとなり始めるのを感じ得るかもしれない。

『オカルト哲学について』の主題は〈魔術《マギア》〉とカバラである。カバラと〈魔術〉、それはもちろんピコの主題でもあった。フィチーノが創始した〈魔術〉はより強力な神霊魔術へと進化したが、それはまた神霊と天使を重ね合わせることで保護された魔術でもあった（少なくともその意図においてはそうであった）。一方ピコのカバラは強力な宗教魔術へと進化した。それは天上と四大に関する魔術との有機的な連続性を保つ魔術であり、天使たちの位階と結びつき、宗教上の儀式、図像、儀典を魔術によって活気づけ、聖職者たちは魔術によって奇跡を行うことができるのだというさらなる主張によって、それらに新たな活力を吹き込もうとしたのだった。

アグリッパはピコを廻る論争においてすでに主題化されていた論点を、極端な形に展開し、その論理的帰結にまで導こうとする。ガルシアがピコを糾弾する際に援用した論拠は、〈魔術〉及びカバラとキリスト教の間にはいかなる繋がりも存在しないという主張だった。しかしこの論拠は聖なるエジプトの牡牛、教皇アレクサンデル六世がピコに祝福を与えた時にすでに雲散霧消していたのである。

フィチーノの魔術は穏やかで芸術家肌のものであり、主観的でどこか精神科医を連想させる趣きがあった。ピコの魔術は求心的に敬虔なものであり、瞑想的であった。両者は共にアグリッパの魔術に特徴的な、怖ろしく強力な力の共示というものをいまだに知らない。しかしこの魁偉な建造物の基礎を築いたのはやはりフィチーノとピコの両人なのである。その建築は〈始源の神学《プリスカ・テオロギア》〉の直接の帰結であり、〈始源の魔術《プリスカ・マギア》〉と同義だった。そしてまた、エジプトのモーセとしてのヘルメス・トリスメギストスとカバラの祖としてのモーセの間に同盟関係を構築するという作業の、その基礎固めをしたのもやはりフィチーノとピコの二人だったのである。

アグリッパと神官的魔術

その形態と構成において、そしてその強調点がさまざまな種類の魔術から獲得することのできる実用的な効果に

置かれているということからして、『オカルト哲学について』の始めの二書は『ピカトリクス』の記憶を留めている。★053
この著作で詳述される〈魔術〉、あるいは第三書に至って主題化されるカバラは、いずれも技術的な側面から処方集《レシピーズ》として扱われている。こうした実用一点張りの教則本を目の当たりにしてみると、フィチーノとピコがネオプラトニズムの文脈において、あるいはヘブライの神秘主義の光に照らしつつ瞑想していた高尚なる魔術が、再び旧弊な降霊術と悪霊招魂の昔に退行しつつあるかのような印象を禁じ得ない。この著作の読者の一人はアグリッパに手紙を書いて、秘教的真理に通暁したいと希望した。しかしこの著作にとっては真に象徴的なことだが、この読者が望んだのは〈魔術〉とカバラについての秘教ではなく、「『ピカトリクス』とカバラ」についての秘教なのである。★054

しかしまた旧魔術への退行のみを強調すれば足りるというほど単純なことではない。というのもアグリッパの魔術は降霊術的であり悪霊招魂的であると言っても、その二つの要素はもはや中世的な精神に規定されてはいないからである。それらは迫害を逃れ社会の片隅でこっそりと仕事をするしかなかった中世期の古い魔術師たちの生き方とは重ならない。アグリッパの魔術は高貴なルネサンス魔術の衣装を身に纏い、ルネサンス的〈魔術師《マグス》〉の〈尊厳〉を見せつつ登場する。護符をネオプラトニズム化するフィチーノの章句も引用されている。そして『ヘルメス選集』の哲学的教説の頻繁な参照は、『アスクレピウス』で描かれた魔術をヘルメス教的哲学と神秘主義の文脈に置き直すことになる。これもまたフィチーノがすでに予見していたことである。とりわけ重要なことは、実践的カバラが降霊的呪術を天使や知性の世界と融合したことである。それは魔術師の地位の向上に本質的な意味を持った。この地位向上はアグリッパが神官的魔術に与えた高い位置にはっきりと見て取ることができる。最も高貴な尊厳性を備えた〈魔術師《マグス》〉とは神官としての〈魔術師《マグス》〉であり、彼は宗教的儀式を執り行い、宗教的奇跡を成し遂げるのである。彼は魔術によって「大地を天界と娶《めあわ》せ」、カバラによって天使たちを招き寄せつつ宗教的〈魔術師《マグス》〉としての自己神化《アポテオーシス》に至る。なぜなら彼が下方の地上世界で有する魔術の力は、彼が知性界で有する至高の宗教的威力と有機的に連結されているからである。

要約して言うなら、アグリッパの魔術によって到達された地点とは、ヘルメス文献『アスクレピウス』中でわれわれがすでに出会った、あの理想のエジプト的社会ないしエジプト風に演出された社会に非常に似たものであり、その制度的本質は神官たちによって統治される神権支配である。彼らは魔術的宗教の秘密を知悉し、それによって全社会を統率する。とはいえまた彼らは、魔術的儀式の奥義が魔術によって生動する神像といった表層の現象を越えたものであることも了解している。それは真実には心の宗教なのであって、万有を超越する〈一者〉の礼拝を本質とする。だから奥義の礼拝に与《あずか》る者は、四大と天上の力の操作によって生動するその神像たちの秘密をも知り、その一風風変わりな神たちの姿に惑わされることなく、〈一者〉の本来の世界である知性界へと、つまり神的な〈精神《メンス》〉の裡なるイデア界へと超越を続けていくのである。

ルネサンス魔術と十六世紀の宗教的諸問題との内的連関は広範な領域にわたる現象であって、ここで解決を試みるわけにはいかない。[★055] それはまた魔術と宗教儀式を安直に連結してみせたコルネリウス・アグリッパの如き無節操とも言える魔術師を基礎にして考えるべき問題でもない。[☆015] この問題の探求は長期の研究を不可欠とする。その出発点がピコを廻る論争であることはほぼ確実だと思われるが、ではそれはどこへ向かうのか、と問われると誰一人定かな答えは見出せないだろう。しかし探求の焦点ということならば、いくつかの問いは、明確な輪郭を伴って、自ずから姿を顕し始める。例えばこういう問いである。宗教改革に特徴的だった聖画像破壊《イコノクラスム》の激しさは、あるいはそのほんの少し前に宗教により多くの魔術が持ち込まれたことへの反動だったのではないだろうか。中世は、全体として見れば、アウグスティヌスの見解を従順に踏襲し、『アスクレピウス』に含まれる偶像崇拝を追放してきた。ヘルメス・トリスメギストスを教会に招き入れたのはラクタンティウスとフィチーノ、またピコである(そしてこのピコは教皇アレクサンデル六世によって強く支持された)。したがって魔術と宗教の関係はもはや単純に中世的なテーマであるとは言えなくなる。それはむしろ非常に複雑な現象であり、必然的に「教会制度に内在する魔術のその基盤とはなんなのか」あるいは「〈魔術〉とカバラは宗教の支えとして受け入れられるべきなのか、それとも拒絶されるべきなのか」といった本質的な問いを誘発するのである。この後者の問いは、「魔術の盛行は宗教上の改革を助けるものなのか」という形に変えて提出することもできるだろう。この問いに対する一つの解答が強い否定形として現れたのかもしれない。つまり「すべての魔術を取り除き、すべての図像を壊してしまおうではないか！」というスローガンがそれである。

しかしコルネリウス・アグリッパの非常に広範な影響力を持ったこの概説書の中では、こうした急進的な形で問題が提出されることはなかった。アグリッパによれば、宗教的魔術にはさらに二つの種類が存在するとされる。一つは善き魔術であり、それは最高の宗教的洞察と力の獲得へと導く。もう一つは悪しき迷信的な魔術であり、善き魔術の悪しき写しである。そしてこれが自身宗教的魔術師であったジョルダーノ・ブルーノがアグリッパから継承した見解でもあった。彼は魔術と宗教の関係を廻るこの問題に関しては、その解決のための資料の多くを――ほとんどと言ってもよい――コルネリウス・アグリッパの同書から得ていたのである。

第八章

ルネサンス魔術と科学

ルネサンス期における〈人間〉像の変化

アグリッパの〈魔術師《マグス》〉が魔術的操作を行う舞台として用いたコスモス、すなわち〈世界像〉は、その骨子において中世的な世界像と異なるものではなかった。地球は相変わらず世界の底にあって中心となっていたし、そのすぐ上には他の三つの元素である水、大気、火の圏域があり、次には天球の圏域がカルデア人ないしプトレマイオスの太陽をその諸天球の中心に置く[☆001]秩序に従って配置されている。その上にあるのは恒星の天界である。さらにその上に天使たちの住む神的な天界があり、最後にすべての上に君臨する〈神〉が来る。この中世的世界像がルネサンス期にも継承されていったことにはなんら奇妙な点はなかった。逆にそれはすでに長い間確立されてきた事物そのものの秩序と同一視されていた。変わったのは世界の描像ではなく〈人間〉の位置だった。彼はもはや中世における如く、世界創造の奇跡を行う〈神〉のその御業を敬虔の念と共に静観する観察者ではない。世界という創造の御業をも超越する〈神〉を誉め讃える崇拝者ではない。そうではなく〈人間〉みずからが実践的操作《オペレイター》の主体となったのであり、彼は神的な秩序から、また自然界の秩序から、力を引き出しそれをわがものにすることを目指すのである。[☆002]ここで再びあのフラッドの著作を飾った挿絵（本書図10参照）を一瞥することが役に立つかもしれない。この著作はアグリッパよりはかなり後代のものではあるけれども、しかしやはり同じ伝統に属しているからである。[☆003]中心の地球の上には一匹の猿が坐り、彼の周りには四大の世界が拡がっている。この猿は鎖に繋がれ、太陽を表す一人の女性がその鎖を左手に持っている。彼女は月、恒星、天上世界、惑星と黄道帯の天圏といったもののただ中に立っている。黄道帯ないし恒星の天圏にはさらに三つの天圏があってそこには小さく描かれた天使たちが群れ合っているのが見える。太陽を表すこの女性の右手も鎖に繋がれており、その鎖は上に伸びていって〈神〉そのものに達している。その〈神〉は天使たちの圏域を超えた彼方にあり、栄光の雲の中に記されたヘブライ語の名前によって表現されている。この

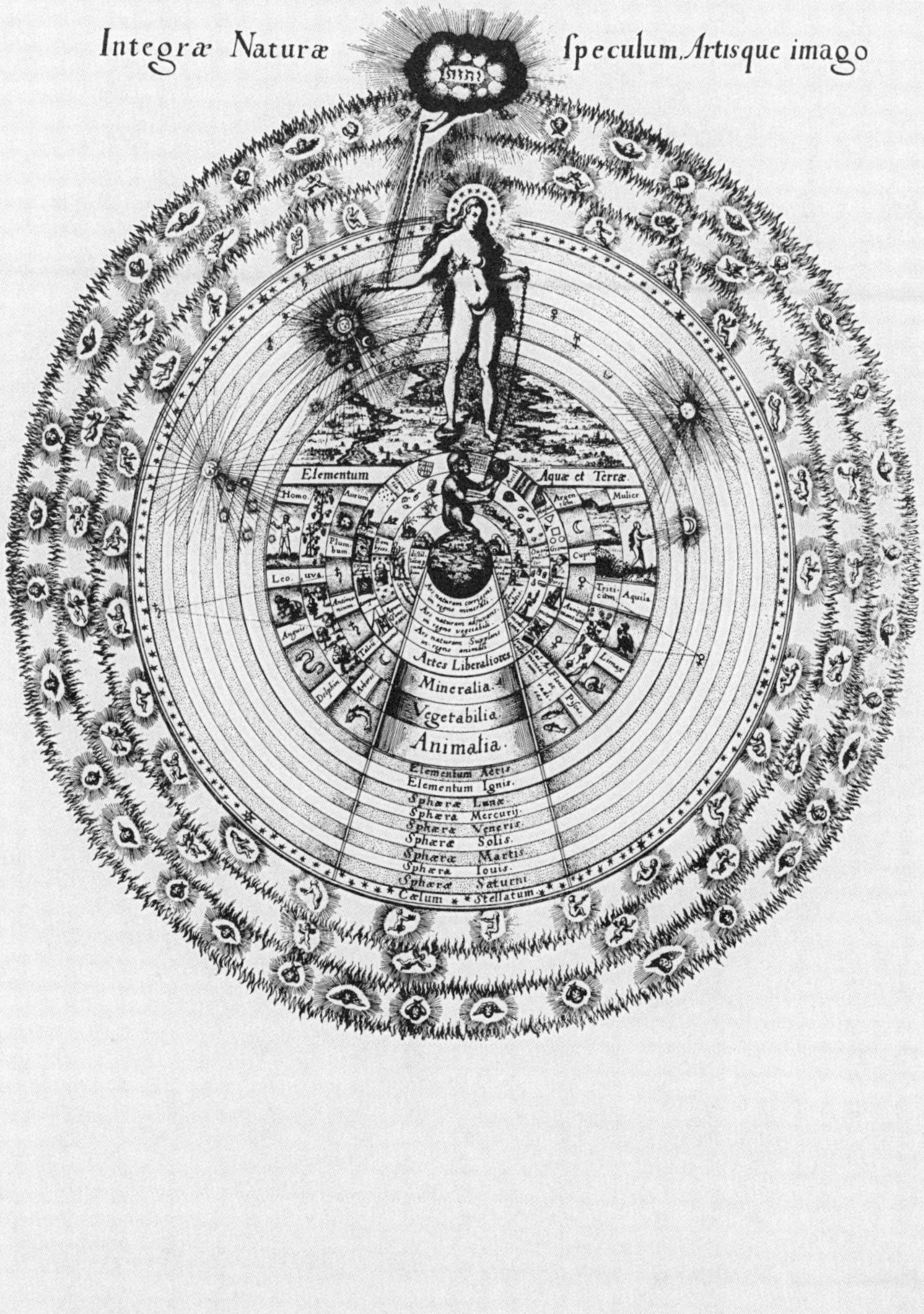

図10―――〈自然と技芸〉、ロバート・フラッドの『両宇宙誌』より、I、p.3

地球の上に坐る猿が〈人間〉である。いやむしろ〈人間の技芸〉という言い方をした方がよいかもしれない。その〈技芸〉によって人は自然を模倣するわけだから。つまり〈猿真似〉をするのである。[★001] この図に示された〈人間〉は確かに彼の〈尊厳〉のなにがしかを失ってしまった。その代わりに彼が得たもの、それは〈力〉である。彼は自然を賢く真似る猿と化したのであり、自然の働くその筋道を発見し、それを真似ることによって、自然の力をわがものにしようと努めるのである。本書のこれまでの展開でわれわれにすでに馴染みとなった魔術の用語法を真似てこの事態を要約してみよう。まず〈魔術《マギア》〉によって人間は地上と天上を娶《めあわ》せるその結び目を活用する術を学んだ。そしてカバラによって、天上界を神的な〈名〉に結びつける。その結合の仲立ちをするのは天使たちである。人間はこうしたより高次の絆を操作する術を〈魔術〉とカバラによって学んだのである。概ねこんなところだろうか。

　実用的魔術ないし威力魔術の興味深い一例を提供するのは、シュポンハイムの修道院長、ヨハンネス・トリテミウスの『機密記号法』(*Steganographia*)[☆004] である。この書物が出版されたのは著者の死後かなりの時を経た一六〇六年だったが、[☆005] 写本としてはそれ以前に流布していた。トリテミウスはアグリッパの友人であると共に師匠格でもあり、ロイヒリンの著作をも知っていた。『機密記号法』は暗号作製法、つまり暗号を用いる方法を解き明かそうと意図された著作で、ある程度まで、暗号のマニュアル本的な性格を持っている。[★002] 第一書は地域の天使たち、すなわち地上の一定の部分を治める天使たちを呼び出すための方法を論じている。第二書は時間の天使たち、つまり昼夜の一定の時間を支配する天使たちを扱う。第三書はこれらの天使たちよりは高位に位置する七天使たちについて論じ、彼らは七つの惑星を支配するとされている。[★003] トリテミウスは、この天使たちのネットワークを非常に実用的な目的のために活用しようとする。つまりそれをある種のテレパシーとして使い、遠く離れたところにいる人々にメッセージを伝える手段として用いようとするのである。彼はまたこのネットワークによって「世界中で起こっていることについて」知ることができるのではないかと期待している。[★004] 彼が提唱するこの暗号科学の技法的な側面は　怖ろしく複雑であり、何頁にもわたって延々と解説される込み入った演算法は、占星術的であると共にカバラ的であり、天使の名前と数値の互換性といった観念とも連関している。例えば最初の四つ組の天使の一人であるサムエルは数で表すと四四四〇であり、それはまた彼の下位に位置する八天使の数値の総数に等しい、といった類の演算である。★005

こうした暗号演算を目の当たりにしているこのわれわれは、ピコがカバラを用いたあの瞑想的な敬虔さからなんと遠くまで来てしまったことだろう！　トリテミウスはそれにしてもあまりに短命であった！　このわれわれの時代まで生きていさえすれば、遠くの友人に長距離電話をし、世界中で起こっていることをテレビで眺めて、非常なる幸福感に浸れただろうに。まあしかしあまり茶化しすぎるのはフェアではないかもしれない。トリテミウスの魔術の背景に広大な秘数の領域が拡がっていることも確かなのだから。

ルネサンス魔術における「数」の重要性

護符的な〈魔術〉の実用的操作や、カバラが説く天使たちの名前をやはり実用的な意図で操ることとは、それ自体としては、近代的な応用科学がもたらす現実的な成果へと導くものではない。しかしフィチーノが列挙した〈始源の神学者たち《プリスキ・テオロギ》〉ないし〈始源の魔術師たち《プリスキ・マギ》〉の中には、数こそがすべての真理の基盤であることを力説した一人の人物が含まれている。つまりピュタゴラスである。ピコの九〇〇の命題中にも、「ピュタゴラスの数学による」一四の結論が含まれていた。★006 その第一命題は〈一者〉がすべての他の数の根拠である、という主張である。他の命題はピュタゴラスの数を廻る象徴法を介してピコの命題体系そのものに包摂されている。さらにピコは〈弁明〉において〈魔術〉とカバラをピュタゴラス的数学によって連結している。★007 このカバラ的演算とピュタゴラス主義の結合は、ロイヒリンの『カバラの技法について』(*De arte cabalistica*)によって、さらなる展開が試みられた。魔術が数に注意を集中するということの新しい傾向は、アグリッパの魔術マニュアルにも反映され、数に関する長い説明を生む。その一部分は前章で要約的に検討しておいた。もしアグリッパの魔術の基調を、それが狙いを定める惑星の「贈り物」によって表現してみるならば、フィチーノの魔術が避けていた土星に対し、逆に積極的にその贈り物である高度に抽象的な思考の集中と純粋数学を求めるのが彼の魔術の特徴だという風に定式化できるだろう（かくしてボッティチェッリの描いたウェヌスを中心とする護符である《春《プリマヴェーラ》》がフィチーノ的な魔術に対応していたとすれば、デューラーの描いた土星を中心とする護符である〈メレンコリア〉の版画は、アグリッパ的な魔術を反映しているのである★008 ☆006）。

このようにルネサンス魔術は次第に数を実践的操作の鍵と見做し始めていた。その後の歴史が証明するように、人類が応用科学において達成したことの親鍵《マスターキー》ないしその一つとなったのは実際に数だった。数を中心とする操作手段の確立によって、宇宙の諸力は人間に奉仕する形へと変容させられたのである。

しかしここでも再度指摘しておかねばならないが、ピュタゴラス的な数は象徴主義と神秘主義に有機的に組み込まれており、またカバラが呪文的招霊で用いる数の体系は、ヘブライ語のアルファベットに与えられる神秘的な威力と本質連関していた。この両者共に、それ自体としては、応用科学で現実に機能する数学へと進展していくような性質のものではなかったのである。しかしここには確認しておくべき重要な事実が依然として存在する。それはアグリッパが定式化したような〈魔術〉とカバラ本来の企図の内部にもまた、真正の数学的諸科学のための場所というものが存在して、実践的操作への応用を待ち構えていたということである。

すでに見たように、アグリッパは『オカルト哲学について』の第二書冒頭部で、魔術師が数学に通じていなければならないという点を強調している。なぜなら、「自然の威力を借りずに」数学の力のみで、つまり純粋に機械的な手段のみで、木製の鳩を飛ばして見せたアルキュタースや、動く彫像を作ったダイダロスや、話をすることができる彫像を作ったメルクリウス（ここではすでに見た『アスクレピウス』に登場するあの驚くべき神像が、応用科学の奇跡として捉えられている）などが、そうした数々の驚嘆に値する作品を作り出しているからである。魔術師はもし自然哲学と数学に加えて力学の知識も有するならば、いとも素晴らしきことどもをなし遂げ得る、とアグリッパは言う。だから〈魔術師《マグス》〉はこうした驚異を生み出すことのできる諸科学を、彼の教養の必須の部門だと考えねばならないのである。★009

真正の数学に基づいた応用科学的な道具を〈魔術師《マグス》〉の装備に加えようとするこうしたアグリッパの企図は、後代に至っても忘れ去られることはなかった。そのことはトンマーゾ・カンパネッラ☆007の著作のある章句に如実に現れている。この本はアグリッパからほとんど一世紀後に書かれたものであるにもかかわらず、数学を重視した先人の見解を想起している。この著作『魔術と恩寵』（*Magia e Grazia*）は主に宗教的魔術を扱ったものであり、カンパネッラはそこでさまざまな種類の魔術の分類を試みているのだが、その中には彼が「現実的で人工的な魔術」と呼ぶものも含まれている。

現実的で人工的な魔術は現実の効果を生み出す。それはアルキュタース☆008が作った空を飛ぶ木製の鳩のようなものである。ボテルスによれば、最近でもニュルンベルクで同様の方法により人工の鷲と蠅が作られたそうである。ダイダロスは錘か水銀の運動を利用して動く彫像を製作した。しかしパリのギョームが書いていること、つまり人間の声でしゃべることのできる人工の首を作ることが可能であり、アルベルトゥス・マグヌスは実際にそれを作った云々という話はわたしは本当だとは思わない。ただ管楽器で用いるいわゆる〈舌《リード》〉で空気を震わせて声を真似ることは可能だと思う。ちょうどそのようなやり方でファラリス☆009は青銅の牡牛を作り、それは吼えることができた。こうした技芸はしかしながら、ある部分を錘や滑車で動かしたり、空気圧や水圧を用いる装置の助けを借りてくるか、あるいは素材そのものに力を加えるかして、現実の効果を生み出さない限りは、驚嘆すべきものとはならない。しかしこうした諸力や素材は人間の魂そのものを捉えるよ

うなものではあり得ないのである。[★010]

この章句もまた、驚異の彫像への関心が科学的な側面をも備えていたこと、そして力学や他の「現実的で人工的な」魔術というものも、ルネサンスにおける魔術全般の再興によって助成されてきたのではないかという仮説の例証とするに足りるだろう。

この「現実的で人工的な魔術」を〈魔術〉とカバラの文脈に置くことによって、ジョン・ディー[☆010]のような人物の一見したところ矛盾に満ちた幅広い活動を、ルネサンス的〈魔術師《マグス》〉の全体像に本来的に包摂されるものとして理解することが可能になる。ジョン・ディー[★011]は真の数学者であり、数学史においてもかなり重要な存在である。彼は数学のあらゆる部門に深い関心を持っていたばかりでなく、数学の実用的活用の分野にも関わった。そのため応用科学的な成功を収めることにもなったのである。彼自身の資質としては実用科学に向いていて発明家の風貌を持っていた。この分野での彼の活動は非常に多岐にわたり、これには大学で上演された劇のための「空飛ぶ黄金虫」というものまで含まれていた。[☆011] H・ビリングリーによって英訳されたユークリッドの『幾何学原論』のためにディーは序文を書いた。その中で同時代の数学の状況を概観し、熱烈な調子で数学的研究を進め改善すべきことを説いている。彼が本来の数学とそれを実用化した応用科学に関心を持っていたことが分かる。彼はこの勧告をするにあたって、ローマで九〇〇の命題を提出した「高貴なるミランドラ伯」の意見に自分は従ったのだ、と述べている。この命題の中、数学に関する結論の第一一命題では、「数によって、すべてを明るみに出し、知られ得ることのすべてを知り尽くす方法が確立される」(by numbers, a way is had, to the searching out, and understanding of euery thyng, hable to be knowen)[★012]という主張がなされているからである。これは確かに、ディーが自身そう述べている通り、ピコの全部で八五を数える数学に関する結論集の命題の一つ、「数によってすべての知り得ることを探求し、認識するためのその方法が得られるのである」(Per numeros habetur uia ad omnis scibilis inuestigationem et intellectionem）[★013]をそのまま英訳したものである。

ディーの精神の半ばは、確かに「現実的で人工的な魔術」としての数に興味を持ち、それに向けられていた（ビリングリー訳の序文ではこうした表現を用いているわけではないが）。[★014] しかしより興味をそそられていたのは、ヘブライ語の天使たちや霊の名前と結びついた数の活用の方面だったという事実である。それは実践的カバラの数魔術であり、ディーは彼の助手だったエドワード・ケリー[☆012]と共にこの実践的カバラを試してもいる。[☆013] ディーとケリーはアグリッパのオカルト哲学を熱心に研究していた。[★015] アグリッパの著書の第三書には天使たちの招喚のために用いられるべき数値とアルファベットの詳細な一覧表が掲載してある。それをディーとケリーは彼らの降霊儀式に使用したのだった。[★016] その魔術的儀式では、ミカエル、ガブリエル、ラファエルと他の天使たち、また精霊たちが見霊の水晶球[☆014]の中に顕れ、ケリーの口を借りてディーに語りかけたが、ディー自身は天使たちの姿を見ることはなかった。[★017] つまりケリーは詐欺師であり、信心深い師匠をだましたのだが、この詐欺の性質そのものが、まさに彼ら二人がいかにルネサンス魔術に通じていたかということをよく示している。ディーが天使たちから学び知りたかったのは何よりもまず自然の秘密だった。[★018] つまり降霊術は彼にとって科学研究をより高い次元で行うことに他ならなかったのである。ピコ・デッラ・ミランドラと同じく、ディーは熱烈なキリスト者だった。彼の天使招喚術に対する姿勢も〈人間の尊厳について〉の演説を用意するピコと全く同じ畏敬と驚嘆に満たされたものだった。

ディーの同時代人たちは、実践的カバラと降霊術の区別もつかないほど魔術に関しては無知だったが、これはまたおそらくは不当な無知とも言えないものだったのだろう。しかしまた彼らは、ディーがビリングリー訳の序文で苦々しげに嘆いているように、「自然に、数学的に、機械によってなされた芸当や見世物」[★019]は邪悪な悪霊的魔術によってなされたわけではなく、数の自然的使用を手段としたものなのだということを理解することができなかった。

ジョン・ディーはルネサンス的〈魔術師《マグス》〉の品位を備え、また操作の威力に対する感覚を十二分に持った人物である。また彼は、ルネサンス魔術によって覚醒した実践的操作への意志というものが、真の応用科学の領域での操作意志へと変容し、またそれを促進し得たということの、非常にはっきりとした実例でもある。別の言い方をするなら、より高い次元での宗教的魔術が実践する数的操作というものが、より低い次元での「現実的で人工的な魔術」が実践する数的操作に連関し、それを促進し得るということを身をもって示した人物がディーなのである。

ヘルメス教的カバラ主義者

特にヘルメティズム固有の科学と言えば、それは錬金術だろう。錬金術師の聖書として周知の文献である『エメラルド碑版』[☆015](*Emerald Table*)の著者はヘルメス・トリスメギストスだとされ、凝縮した形で〈万有〉と〈一者〉の哲学の神秘を説いている。[★020] ルネサンスに至ると、新しい型の〈錬金術《アルキミア》〉が興り、それは新しい〈魔術〉及びカバラと結びつくことになった。ディーはこの運動の一つの例であり、錬金術は彼の主たる関心事でもあった。しかしもちろんこの新しい錬金術を代表する人物はパラケルスス[☆016]である。

W・パーゲルの研究はパラケルススの錬金術思想の基盤である〈第一物質〉が、『ヘルメス選集《コルプス・ヘルメティクム》』に見出されるようなロゴスないし〈世界〉の観念、及びカバラ的な世界解釈と連関していることを示した。[★021] 新しいパラケルススの錬金術はルネサンスのヘルメス教的-カバラ的伝統からその活力を汲み取っていた。確実に言えることは、パラケルススがフィチーノ及びフィチーノ的な魔術から大きな影響を受けていたということである。彼の『長寿について』(*De vita longa*)はフィチーノの『天上より導かれるべき生命について』に刺激を受けて成立した著作である。[★022] 医学に魔術を適用するという点でも、彼はフィチーノの歩んだ道を辿っている。フィチーノもまた医師であった。パラケルススの仕事の全体的傾向を〈ヘルメス教的カバラ主義者〉という概念に括ることも可能かもしれない。もちろん彼はこの伝統を風変わりな、しかし独創的なやり方で変容させている。彼は医師となった〈魔術師〉であり、患者を前にしてただその身体のみを医療の対象とするのではなく想像力に働きかけようとする。その際彼は医師自身の想像力を最大限働かせるべきことを強調する。この想像力の医療的活用こそ、明らかにフィチーノ的魔術から継承された遺産なのであった。

フランチェスコ会の修道士であったヴェネチア人、フランチェスコ・ジョルジョないしジョルジ[☆017]の著作『世界の調和』(*De Harmonia mundi* 一五二五年)は、ヘルメス教的カバラ主義者のあらゆるタイプに内在している一つのテーマを十全に展開している。それは宇宙的調和のテーマ、すなわちミクロコスモスとしての人間と、より大きな世界である宇宙、マクロコスモスとの間の調和的関係である。このテーマはもちろん決してルネサンス期に新しく発見されたものではない。それどころか逆に中世全体にわたる基本的な観念だった。しかしこの本来の中世的なピュタゴラス主義の伝統に、ヘルメティズムとカバラ主義は豊かな変化と緻密さを付加し、宇宙の和声法を一つの新しい交響楽へと拡張したのである。ジョルジはカバラを学び、またフィチーノの伝統を継ぐフィレンツェの人文主義的サークルとも交流していた。そしてこの拡張の最初の第一歩を踏み出すことになったのである。C・ヴァゾーリは『世界の調和』から多くの例を引き、またジョルジの他の著作からも引用しつつ、フィチーノの翻訳を通じて「ヘルメス・トリスメギストス」が彼に及ぼした深い影響を実証してみせた。[★023]

ジョルジ以降、宇宙的調和の複雑性に深く沈潜することは、ルネサンス的思惟の最も特徴的な相貌の一つとなった。この宇宙和声論は数をピュタゴラス的な意味すなわち質的な意味で用いようとする。つまりそれは数を数学本来の意味で用いるわけではない。しかしこのルネサンス的思惟は、数をすべての自然的事象の鍵として捉え、それに最大限の注意を払い続けることによって、宇宙を真正な数学的思考によって把握するための道を切り拓いたとも言えるのである。よく知られていることだが、ケプラーは彼が創始した新しい天文学をいまだに和声的調和のコンテクストで捉えていた。彼はピュタゴラスの和声論がヘルメス文献にも含まれていることにはっきりと気がついていて、それを注意深く研究したのである[★024]

中心としての太陽

〈始源の神学《プリスカ・テオロギア》〉への熱狂は、次第に太陽の重要性を強調するようになった。この傾向は時代が下るにつれますます強くなっていく。フィチーノの列挙する〈始源の神学者たち《プリスキ・テオロギ》〉の中には[★025]、地動説を唱えた二人の哲人が含まれている。それはピュタゴラスとフィロラオス[☆018]である。後者はピュタゴラス派の天文観を著作として纏めている。その天文観は、宇宙の中心に火が燃えていて、その周りを地球、太陽、そして他の天体が回っているとするものだった。ヘルメス・トリスメギストスの崇拝も、中世期に一般的に支持されていたカルデア的‐プトレマイオス的なシステムにおける太陽とは異なった位置をこの天体に認めようとする傾向を持っていた。ヘルメス・トリスメギストスが象徴するエジプトのシステムが惑星間に想定する秩序は、カルデアのシステムとは異なり、太陽を七つの天体の中央に置くのではなく、月のすぐ上、他の五つの惑星の下に置いている。中世・ルネサンス期を通じて非常に広く読まれていたプラトン主義者マクロビウス[☆019]は、この二つのシステムの違いを強調し、太陽を地球の近くに置くエジプトのシステムの方がプラトンの真意に適っていたと主張している。[★026]フィチーノは彼の著作『太陽について《デー・ソーレ》』において、まずエジプトの宇宙論システムに言及し[★027]、続いて太陽が蒼穹の果てよりもむしろ地球の近くに置かれたのは〈摂理《プロヴィデンス》〉によるものであり、その目的は太陽の発する〈霊気《スピリトゥス》〉と〈火気《イグニス》〉によって地球を暖めることにある、と述べた。月は星辰からの感応霊力を仲立ちする通路であるから、太陽を月のすぐ上に置くエジプトのシステムは、カルデアのそれよりも、もともと太陽を焦点とすることを基調としていたフィチーノの霊気‐魔術には適していたのだろう。しかし彼がカルデアの宇宙論そのものを否定していたという証拠はない。むしろ彼はここでも、また他の著作においても、基本的にはカルデアのシステムを受け入れていたのである。

とはいえプトレマイオス的なシステムが太陽に与えていた位置に対する信頼は、〈始源の神学者たち〉によっていささか揺らいではいた。太陽に意識を集中させるのに貢献した要因としてこれより遥かに重要なのは、〈始源の神学者たち〉の中でも最古の存在である（とフィチーノは信じていたわけだが）ヘルメス・トリスメギストスが、すなわちエジプト人たちにとってのモーセが、太陽に大きな宗教的意義を認めていたということだった。太陽はもちろん常に宗教的象徴であったし、キリスト教でもそうした形で活用されてきた。しかしヘルメス文献では太陽は造物主《デミウルゴス》、〈第二の神〉と呼ばれることがある。『アスクレピウス』ではヘルメスがこう言っている。

> 太陽が他の星々を照らすのはその光によるというよりは、むしろその神性と聖性によっているのだ。だからアスクレピウスよ、おまえは太陽を第二の神だと考えねばならない。なぜなら彼は万物を治め、その光を世界のすべての生命の上に、魂を持ったものの上にも、魂を持っていないものの上にも均しく及ぼすからだ。[★028][☆020]

太陽の神性に関する章句は他にも『ヘルメス選集』のV、[★029] X、[★030] そしてとりわけXVI[★031]に集中して見られる（ただし最後の選集XVI篇はフィチーノに影響を与えることはなかった。彼の翻訳の元となった写本中にまだ含まれていなかったからである。サンフォリアン・シャンピエがラッツァレッリの翻訳を付してこの対話篇を出版したのは一五〇七年だった）。[★032] 称讃の対象となったエジプトの宗教は太陽崇拝を含んでいた。『アスクレピウス』において示されたエジプト人たちの神々の一覧の中にも[★033]太陽は挙げられている。

こうしたエジプト＝ヘルメス教的な太陽観がフィチーノの太陽‐魔術に影響を及ぼしたことに疑問の余地はない。それは哲学的な次元では、太陽を知性の輝きと等置しイデアの主たる表象とするプラトンの教説と結びつき、宗教的な次元ではディオニュシウス偽書の描く光の象徴法と連動することになる。フィチーノの『太陽について』と『光について《デー・ルーミネ》』で確認できることは、この三つの要素が一つに絡み合った形で彼に影響を及ぼしているという事実である。前の数章で全体の概観を得ようと試みたことだが、星辰魔術において太陽が観念的焦点となったことは、ディオニュシウス偽書のキリスト教化されたネオプラトニズムを媒介として、結局は至高の〈神の光《ルックス・デイ》〉へと至るものだった。こうした過程によってフィチーノにとっての太陽は、ほとんどヘルメスやユリアヌス帝にとっての太陽と等しいものに、つまり〈第二の神〉、あるいはネオプラトニズム的な体系における〈可視の神〉になったのである。

ニコラウス・コペルニクスの『天球の回転について』(*De revolutionibus orbium caelestium*)は一五〇七年から一五三〇年の間に執筆され、一五四三年に出版された。コペルニクスが地球が太陽の周りを回るという画期的な仮説に到達したのは、魔術によるものではない。それは純粋に数学的な計算のもたらした大いなる成果である。しかし彼はその発見を読者に伝える際に、それは一つの瞑想の帰結であると考えている。つまりこの宇宙を〈神〉の啓示ないし多くの哲学者たちが〈可視の神〉と呼ぶものとして観照することは瞑想に他ならないのである。要約して言えば、コペルニクス的革命が遂行されたのは、〈此岸的世界を廻る宗教〉の醸す雰囲気の裡においてだった。コペルニクスはさらに〈始源の神学者たち〉の権威を傍証として挙げることも忘れていない(この表現そのものを用いているわけではないが)。その中にはピュタゴラスとフィロラオスも地動説の権威として言及されている。★034 太陽中心の体系を図によって示す(本書図版07b参照)という決定的な場面のすぐ後で、ヘルメス・トリスメギストスの太陽についての見解が紹介されている。

まことに万物の中心に位置するのは太陽である。この美しき宇宙の神殿の裡で燃える松明《たいまつ》の如き太陽は、その宇宙の中心から同時にすべてを照らし出せるのであるから、それより他の、ないしそれより優れたどのような場所にこの松明を置けばよいと言うのだろうか。太陽をある者は世界の灯明と呼んでいる。これは間違った言い方とは言えない。他の者たちは世界の精神と呼び、また世界を治める者と呼ぶ者もいる。トリメギストゥス[ママ]は〈可視の神〉と呼んでいる。★035

ここにはおそらくキケロのよく知られた〈スキピオの夢〉の残響を認めることができるだろう。この作品中には太陽に言及した条があって、★036 それに対するマクロビウスの註解も存在するからである。しかし主たる源泉は、先に引用した、『アスクレピウス』中のヘルメス・トリスメギストスの言葉であることは間違いない。

コペルニクスがその発見を提示する基本枠が目的論的に構成されていたことは、すでに確認されてから久しい定説である。★037 しかし今に至るまで、一般的に理解されているとは言い難いのは、この基本枠が同時代的なもの、つまりコペルニクスの生きた時代によって規定されたものだったという事実である。彼はトマス・アクィナスの世界観の中で生きていたわけではない。そうではなくネオプラトニズムの世界像、すなわちヘルメス・トリスメギストスを筆頭とする〈始源の神学者たち〉へ遡行しようとするフィチーノの世界像が、コペルニクスの生きた時代を規定した世界観だったのである。この新しい世界の描像において太陽が特に強調されていたことが情念的な動因として働き、コペルニクスに太陽が現実に天体の体系の中心に置かれているという仮説を立てさせ、そしてその仮説に沿った数学的計算をなさしめたのだ、という風に言うことができるだろう。また逆にこうも言えるだろう。彼は自分の発見を受け入れやすいものにするためにこそ、この新しい宇宙への対し方の基本枠を用いて示したのである、と。おそらくは二つながらに正しい説明の仕方である。あるいは両者にはそれぞれ正しい主張も含まれている、という風に言ってもよい。

いずれにせよ、コペルニクスの発見は、それを祝福するヘルメス・トリスメギストスを一種の保証人として登場させた。つまりヘルメスがエジプト人たちの魔術的宗教における太陽崇拝を描いた、あの有名な著作からの引用を傍証として呈示されたのである。

最近発見された文献[★038]によれば、ジョルダーノ・ブルーノはオックスフォード大学でコペルニクス説を擁護する講演を行った際に、フィチーノの『天上より導かれるべき生命について』を引用し、それを傍証として用いている。この有名なルネサンスの哲人もまた、コペルニクスの見た太陽を、フィチーノの太陽魔術との緊密な連関の上で捉えようとしている。わたしは本書の後の方の数章で予定している分析において、ブルーノが確信に満ちた宗教的ヘルメス主義者であったこと、つまり『アスクレピウス』に描かれたエジプト人たちの魔術的宗教の信徒であったことを証明してみたいと思っている。彼はヘルメス教の再興が差し迫っているということを予言するためにイギリスに来たのであり、コペルニクスが見た宇宙の中心としての太陽を、目前のヘルメス教再興を天空において告げ知らせる前兆として捉えたのである。彼はコペルニクスを庇護者の感情をもって擁護するが、それはコペルニクスがその理論をただ数学的見地から理解しただけであって、自分(つまりブルーノ)こそはその理論のより深遠な宗教的かつ魔術的な意義を洞察したと考えていたからである。この主張に対する証明はいずれブルーノの章において与えられることになるのでそれまで待って頂きたい。わたしはここで少し先回りをしてブルーノの見たコペルニクスを論じたわけだが、それはブルーノのコペルニクス説の活用の仕方が、非常に印象的な形で、ルネサンス期における真正の科学とヘルメス教の境界がいかに流動的かつ不明瞭なものであったかということを示してくれているからである。コペルニクスはヘルメティズムの神秘主義的太陽観の影響を受けなかったわけではないが、その数学的操作においてはヘルメス教とは全く無縁だった。ブルーノはしかし、コペルニクスの科学的業績を前科学的な段階、つまりヘルメス教の世界へと遡らせ、コペルニクスの呈示する宇宙図を神的な秘教のヒエログリフとして解釈するのである。

科学的実践への解放

本章は偏った、またいくつかの例証を引くだけの断片的なやり方で一つのテーマの存在を暗示しようとしたにすぎない。しかしこのテーマ自体の重要性ということについてなら、わたしはそれが思惟そのものの歴史にとって絶対的な基底的意義を持つことを確信している。ルネサンス魔術は、人間的定位のマクロの転換にとって、本質的な要因として機能したのである。[☆021]

ギリシア人たちは第一級の数学的かつ科学的知性を備えた民族として、機械工学やその他の応用科学においても多くの発見を成し遂げている。しかし彼らはわれわれ西欧の人間が近代の始まりの時期に踏み出した重要な一歩を先取りすることはなかった。理論と実践の間に渡された橋を越えていくこと、獲得した知を実践への前提として活用することに全力を尽くすこと、近代がそれによって始まった決定的な第一歩を、彼らギリシアたちは全身全霊を傾けて行うことをしなかった。なぜなのだろうか。それは結局のところ意志の問題であった。基本的にギリシア人たちは実践的な次元での操作を欲しなかったのである。彼らは実用的営為を卑俗な機械的な作業だと見做していた。人間の尊厳にふさわしい営為は純粋に理性的な哲学的思弁のみである。だから実践とはそれからの頽落と同義だった。中世はこの姿勢を保ちつつ、それを新しい形式でくるんだ。神学は哲学の王冠となり、人間の真の目的は観照に置かれた。一方で実践的操作の願望は悪魔のみが掻き立てうるものだとされた。ルネサンス魔術が真に科学的な手順へと導く力を備えていたのかどうかという問題とは全く関係なく、ルネサンス的〈魔術師《マグス》〉が近代という時代において果たした真の機能とは、彼が意志そのものを変容させたという事実に存するのである（という風にわたしは考える）。いまや実践的操作の営為は人間にとって品位ある重要な活動となったのである。いまや人間が、この一個の大いなる奇跡が、彼の力を十全に発揮することは宗教的な営為であり、〈神〉の意志に反することではないことが明らかになったのである。この意志の新たなる方向付け、この基本的かつ心理的な再定位こそが、もはやその精神において、ギリシア的でも中世的でもない彼方へと意志を解放し、すべての重要な帰結を産むその端緒となったのである。

この新しい定位の姿勢の根源となった情念的な要因とはなんだったのだろうか。それは〈ヘルメス文書〉とそのお供の〈魔術〉の再発見がもたらした宗教的な高揚感に源泉を持つ情念であったと指摘し得る。またカバラとその魔術-宗教的技法が呼び覚ました圧倒的な感情というものをそれに加えてもよい。つまり魔術が〈世界認識《グノーシス》〉の支えになり得るという新しい観念が、意志に新しい方向を与えたのである。

太陽を中心に置き換えることで古い宇宙論を解体するに至るその近代科学の衝動ですら、新しく幻視された太陽へ向かう衝動として捉えるならば、此岸としてのこの世界を志向するヘルメス教固有の欲求だったかもしれない。その衝動は最初フィチーノによって魔術として解釈され、次にコペルニクスにおいて科学としての姿を顕し、最後にブルーノにおいてグノーシス的宗教性へと回帰する。後に見るように、ブルーノが一度は受容した彼のコペルニクス説から再度離脱し、無数の世界によって充ち満ちた無限の宇宙へと飛翔する、その情念的原動力となったものもまたヘルメス教的衝動だったのである。

このようにして〈ヘルメス・トリスメギストス〉、また彼と結ばれたネオプラトニズム[☆022]とカバラは、その栄光に満ちた隆盛の時期、西欧的人間の内面を支配し、そこで演じられた人間的運命の造型において、重要な役割を果たしたと言えるのかもしれない。

第九章

魔術批判［1］神学的異議［2］人文主義者の伝統

ピコは教皇アレクサンデル六世の支持を得ることができた。しかし新しい魔術はカトリックの側からもプロテスタントの側からも、無批判に見過ごされたわけでは決してない。全くその逆である。魔術が盛んに実践されるにつれ、それを警戒する抗議の声が喧しくなり始めた。この批判の声は十六世紀を通じてその音量を増していく。〈魔術師《マギ》たち〉はもちろん自分が、行為においても意図においても、敬虔で善良な人間であることを強調し続けた。自分たちは自然魔術だけを行っているのであって、悪霊的な魔術とは無縁だ。より高いところの霊力を招き寄せようとする時でも、それは天使たちであってけっして悪魔ではない、というわけである。魔術師たちの親玉とでも言うべきアグリッパは、神霊たちも天使たちも両方とも呼び寄せてはいたようだが、その彼ですら、自分の著作の頂点には宗教的魔術を置き、高尚なる宗教的自負を開陳してみせたのだった。しかし多くの人々は、ではどのようにしてその招かれた天使は天使ではなく悪魔だと分かるのか、と問い、この流行の全体に歯止めをかけるべきだと要求し始めた。魔術の主張する宗教性はただ事態をより危険なものにするばかりだった。ルネサンス魔術に対する神学的異議については、ウォーカーが優れた分析を行っているし、またソーンダイクの『魔術と実験科学の歴史』にも多くの重要な史料が集められている。したがって本章ではこれらの研究に基づいて、魔術批判全体の印象を手短に纏めるのみに留めたい。

ピコの甥にあたるジョヴァンニ・フランチェスコ・ピコは、強い調子でフィチーノの護符を批判し、また叔父の魔術にも反対している。しかし彼は、この著名な縁者が『予言占星術駁論』(*Adversus Astrologiam*)において魔術をすべて公に否認したと考えている。あるいはそう考えたいと望んでいる。★001 G・F・ピコの魔術と占星術の糾弾は、この二つがいかに〈始源の神学《プリスカ・テオロギア》〉の観念に拘束されていたかをよく示している。彼は〈始源の神学〉を異教的偶像崇拝と見做しているのである。彼はまた『ピカトリクス』にも言及し、「全く無内容な愚書」と決めつけている。[★002] フィチーノに対しては名前を挙げて糾弾しているわけではないが、フィチーノが行っていた（そしてピコが自然魔術として推賞した）オルフェウス的呪文朗唱は強い調子で非難している。さらに占星術的図像について著述した「ある人物」に反対する見解を開陳するのだが、この「ある人物」とはフィチーノのことを言っているに違いない。[★003]

ピコの甥による魔術批判の立論はそれなりに印象的なものである。その論拠の多くは一五八三年にヨハン・ヴァイアー[☆001]によって繰り返されることになった。このヴァイアーという人物はプロテスタントであり、ピコの甥同様に〈始源の神学〉を邪悪な異教的迷信であると決めつけ、魔術の源泉だと見做している。[★004]「ギリシアの賢者たちがエジプトを訪れたことは、真の神学であるモーセ的伝統を学ぶことに繋がったのではなく、逆に悪しきエジプトの魔術の習得という結果に至ったのである」[★005]。ヴァイアーはプロテスタントとして宗教が魔術から完全に解き放たれていることを要請する。したがって彼の著書ではその大きな部分がカトリックの教会礼拝の批判に割かれることになる。もちろん彼はそれを迷信だと見做している。[★006] 激しく魔術を批判したプロテスタントの著作家としてはもう一人エラストゥス[☆002]を挙げることができる。彼が特に敵視したのはフィチーノの魔術である。エラストゥスはそれをエジプト風の愚劣さと結びつけ、フィチーノ批判をプラトン主義者批判へと一般化する。「この男は一体本当に〈神〉に仕える聖職者なのだろうか」と彼は非難の叫びを挙げる。「自分ではそう見せたいようだが、むしろ本当のところはエジプトの秘祭の庇護者であり大祭司といったところではないだろうか」[★007]。彼はフィチーノが「忌まわしい、明らかに悪魔的な作り話」[★008]に耽溺したと糾弾する。おそらくこれは『アスクレピウス』に描かれた魔術を示唆しているのだろう。エラストゥスもまたヴァイアー同様に宗教を完全に魔術から解き放ちたいと望んでいる。[★009]

魔術に対するカトリックの側からの公式見解はイエズス会士のマルティン・デル・リオ[☆003]が一五九九―一六〇〇年に出版した大部の著作の中で重々しく宣告されている。[★010] デル・リオは自然魔術のいくつかは認めようとしているし、フィチーノに対しても全く反感と嫌悪の塊だというわけではない。しかし彼は護符の使用は断固として糾弾する。またヘブライ語が何か特別な力を持っているということも否定する。かくしてフィチーノの〈魔術《マギア》〉もピコの実践的カバラも二つながら拒絶されることになる。教皇アレクサンデル六世の魔術寄りの見解は対抗宗教改革の時代に至るともはや支持されなくなっていた。デル・リオはアグリッパが黒魔術師だったことを確信し、魔術師の中でも最悪のタイプだとしている。カトリックの著作家として彼はカトリックの教会礼拝が魔術の一種だという主張を論駁する。これはずっと前にガルシアがやはりカトリック教会の立場からピコを攻撃する際に行ったのと同じ立論である。

ルネサンス魔術に対しては、それが華やかな流行となった時期に、すでにカトリックの側にもプロテスタントの側にもその運動に批判的な神学者たちの団体というものが存在していたことが分かる。そして彼らの批判は強大な影響力を及ぼし始めていたのである。

[2] 人文主義者の伝統

最初に〈人文主義者の伝統〉という言葉が何を意味しているのかを述べておきたい。わたしの考えでは、ラテン古典のテクスト校訂、ローマ文明の生んだ古典のルネサンスにおける復興、そしてこうした復興運動から生まれてくる生活と文学に対する基本的な姿勢といったものがこの言葉の内実ではないかと思う。中世においてもこの運動の先駆者たちは多数存在したが、イタリア・ルネサンスの運動に関して言えば、その主たる創始者はペトラルカ[☆004]である。ラテン古典のテクスト校訂、そしてそれがもたらした古典古代の新しい描像がさらなる熱狂を生んでいった。この過程は十四世紀に始まり、十五世紀へと継承されていく。ラテン古典のテクスト校訂を中心とした古典復興は、ルネサンスの次の大いなる経験世界の開始以前に、つまり十五世紀のギリシア古典のテクスト復興とそれがもたらす哲学的啓示への没入が始まる前に、かなりの程度まで進み、すでにある種の洗練に達していた。この二つのルネサンス的経験が全く異なった性質のものであったこと、つまり異なる古典史料を異なるやり方で用いたものであり、人間精神の異なる側面に刺激を与えるものであったことはいくら強調しても過大ではないとわたしは思う。[☆005] いくつか比較を試みてみよう。

例えば本書の第一章冒頭で扱った対照的な事例があった。ラテン系統の人文主義者の年代同定は基本的に正確だった。彼は自分が復古を標榜しているそのローマ文明の正確な日付を知っていた。彼らの復古の目標は、キケロが体現するラテン弁論術の黄金期であり、キケロの演説が代表する文学-歴史研究の水準の高さであり、その素晴らしいラテン文体であり、それらすべての基盤を成すよく組織された社会における品位ある生活様式であった。その古典世界は、ラテン人文主義者が想定した日付で現実に存在した世界であった。彼はその年代を霧の彼方にかすむ太古に遡らせて〈大洪水〉の前か後かを論じたりはしないし、また怪しげな年表をそれに付したりもしない。もう一つのギリシア的人文主義の方ではまさにそうした〈始源の神学〉を廻る年代考証の怪しさが力の入れどころを誤らせ、ギリシア哲学一般への姿勢を歪めてしまった。ラテン人文主義者の歴史に対する現実感覚は、彼のテクスト校訂に際しても、学問上の現実主義として活用されることになる。ペトラルカはすでに古典テクストの年代同定と真偽判断の感性を備えていたし[★011]、彼の後継者たちになるとこの感性は急速に高度の文献学的専門性へと進化する。ロレンツォ・ヴァッラ[☆006]は、中世期全般を通じて〈トゥリウス〉[☆007]の著した弁論術の教則本だと見做されてきた『ヘレンニウスへ』(*Ad Herennium*)[☆008]が、実際にはキケロの作品ではないことを実証した。[★012] このラテン人文主義者の文献学的専門性を、フィチーノが〈始源の神学〉のテクストの古さを信じて疑わなかったその「自信に満ちた騙されやすさ」とでも評したくなるような態度と比較してみるとよいだろう。フィチーノたちが扱うテクストもまた、実際にはヘレニズム期の遅い成立のものだったのである。

さらに比較を続けるならば、この二つの伝統はそれぞれ全く異なる関心を基軸とするものだった。人文主義者の嗜好は文学[★013]と歴史の方向に向かっていた。[☆009] 彼は弁論と文学の良きスタイルというものに絶大な価値を置く。これに対してもう一つの伝統の嗜好[☆010]は哲学と、神学と、そして科学へと（つまり魔術の段階の科学ということだが）向けられていた。この差異はローマ的精神とギリシア的精神の根本的な違いを反映している。ここでもラテン人文主義者の懐く人間の尊厳についての観念は、もう一つの伝統で育まれたそれとは全く違う意味を持っていた。例えばポッジョ・ブラッチョリーニ[☆011]にとっては人間的尊厳の再興とは、中世ラテンの劣悪な文体を捨て、中世的かつ僧院的な生活の無味乾燥を捨て去ることだった。そして彼は高貴なるローマ人を真似つつ、社会的特権と洗練された威厳をもって、自己と自己の置かれた環境を支配しようと試みたのだった。[★014] しかしピコにとっては、人間の尊厳とはまず〈神〉との関係における尊厳だった。そしてまたそれ以上に、神的な創造の力を備えた〈魔術師としての人間〉の尊厳を意味していたのである。

さらに中世に対する評価もこの二つの伝統では異なっている。中世が〈野蛮〉に見えたのはラテン人文主義者にとってだった。中世は劣悪なラテン文を書き、〈ローマ精神《ロマニタス》〉に対する真正の感性を失っていたからである。したがってまず良きラテン文を復興することが人文主義者の使命だった。それを復興すれば後はその文章の力が自力で〈ローマ精神〉一般を再生させ、その精神が世界を再び野蛮の時代から新しい古典文化の黄金期へと導くに違いないと彼は信じていた。[★015] もう一つの伝統の信奉者は、〈敬虔なる哲学《ピア・フィロソフィア》〉の黄金の連環が〈始源の神学〉から発して現代まで辿り着く過程で、中世をも通り抜けて来たことに留意していた。つまり彼は最も尊崇に値するプラトン主義者の何人かを、この〈野蛮〉の中世に見出したのである。スコラ哲学は（それはラテン人文主義にとっては野蛮の極みだったわけだが）、フィチーノやピコにとっては〈敬虔なる哲学〉の一つの重要な源泉だった。彼らの信奉するネオプラトニズムや他の学派の資料とそれらを対照させて理解を深めることができたからである。フィチーノは、彼の理論にキリスト教的総合の基盤を与えるためにトマス・アクィナスを活用したし、ピコの九〇〇の命題の相当の部分は中世哲学を扱っている。ピコはエルモラオ・バルバロ[☆012]に宛てた有名な、しばしば引用されてきた書簡で、彼が野蛮な著作家たちにかまけて、もっと洗練された学術に使うべき時間を無駄にしているという非難に対して弁明を試みている。

われわれが生きてきたこの生き方は、卓越したるわが友エルモラオよ、子々孫々にわたってそうあるべき生き方だと思う。それは文法学者たちの学校で過ぎゆく人生、若く未熟な精神が訓練を必要とするような、そこでの人生ではなかった。そうではなく、哲学者たちを同僚とし、賢人たちと一つの話題を共にして語らう、そういう生き方だった。そこでの話題はアンドロマケの母親についての蘊蓄を傾けるだとか、ニオベの多くの息子たちの名前を詮索するだとかいった類の、どうでもよい知識のひけらかしではなく、人間の事柄、そして神の事柄を廻るものだった。[★016]

ピコは人文主義者の友人が、文法や言葉の勉強といった瑣事にかまけ、純粋に文学的装飾でしかないその児戯に似た教養に没頭していることを非難している。[☆013]それに対して彼自身は、より次元の高い自由四芸[☆014]の学問研究に携わってきたのである。ピコのこの手紙は二つの伝統の間を根本的に分かつその目的の違いというものを非常にはっきりとした形で示している。この違いは後世ジョルダーノ・ブルーノが「文法屋の衒学者ども」と呼んだ人文主義者の末裔たちに対するもっと激しい抗議に再登場する差異でもあった。彼ら衒学者は〈魔術師《マグス》〉のより次元の高い活動を理解する能力がないのである。ここで奇妙な想像に耽ってみることも許されるかもしれない。この〈魔術師たち《マギ》〉がもう少しだけ〈幼稚な〉文法の勉強を真面目に続けて、その結果自身も結構な文献学者に経上がったとしてみよう。ひよっとしたら彼らは〈始源の神学者たち《プリスキ・テオロギ》〉の正体を見透かしたかもしれない。しかしその場合は——彼らは決してもはや〈魔術師たち《マギ》〉になることはなかったはずである。

とりわけ宗教に対する姿勢が二つの伝統の間では根本的に異なっていた。人文主義者は、ペトラルカの如く敬虔なるキリスト者である場合には、その人文的教養を道徳的な向上に生かそうとした。古典古代の偉人たちを研究してそれを徳性の模範とし、そこからキリスト者である自分にも役立つなんらかの教訓を引き出そうとする。逆にポッジョやヴァッラや他の後代の人文主義者のように、彼がそれほどキリスト教的でも敬虔でもない場合には、古典古代のその異教的生活に熱狂し没頭するあまり、キリスト教そのものを軽んじ始める。ルネサンス的異教主義の最も際立った、また自他共に認める範例というものは、実際、後代のラテン人文主義者たちの中に見出される。[☆015] ラテン的人文主義においてはキリスト教を重視する場合も軽視する場合も、宗教は実際には決定的な要因とはならない。人文的素養を身につけた人間が、その教養をキリスト教的な道徳と連関させるかどうかは彼個人の問題であって、一般的かつ本来的な意味での宗教的問題とはならないのである。ネオプラトニズムの受容の場合には全く事情が異なる。それはネオプラトニズムがキリスト教信仰の新たな解釈と理解を要請したからである。とりわけこの点で人文主義者たちとの違いを示したのは〈魔術師《マグス》〉であった。彼は宇宙における〈神〉の振る舞い方を理解し、それを自らの魔術で再現することができると主張したからである。フィチーノとピコが発展させた魔術は本来的に宗教的な主張を含んでいた。そのことは本章の冒頭で引用した逆側からの異論が、やはり宗教的な主張であることによってもよく示されていると言える。

しかしわれわれのここでのテーマは魔術に対抗する勢力としての人文主義である。そしてわたしは、ルネサンスの人文主義は実際にそのような勢力であったと考える。他の要素を混じ得ない状態での人文主義というものは、その特性である批判的な学問性という点からしても、また人間の問題に対する歴史的社会的な取り組み方からしても、

〈魔術師〉とその大仰な自己主張に協調できるような雰囲気は持っていない。しかし学問状況を包む時代の雰囲気というものは混ぜ物なしの純粋状態にあることはむしろ稀で、他の伝統からの要因が入り込んでくることもまた真実である。

おそらくこの異物の混入の最も明らかな例がヒエログリフを廻る事情だろう。ホラポローンがエジプトのヒエログリフを解読したと称し[☆016]、それがルネサンスに熱狂的な流行を生んだこと、そしてそれが標章図像《エンブレーマタ》へと発展していったことは、ルネサンスエジプト学の特徴であり、また典型的なルネサンス的現象として、すでに非常に詳細な調査と研究の対象となってきた[★017][☆017]。ホラポローンの著作とされる『聖刻文字論《ヒエログリフィカ》』は、遙か古代の作品だとされるものの、実際にはヘレニズム期の成立である[★018][☆018]。この著作でエジプトのヒエログリフは隠れた道徳的、宗教的意義の象徴だと説明されている。もちろんこれは、この言語の真の特性を誤解したものである。ヒエログリフの流行は〈始源の神学〉への傾注の一つの派生型であった。その人気を生み出した基盤となったのが、ヘルメス・トリスメギストスに象徴されるエジプト的叡智に対する深い尊崇の念だったのである。『ピマンデル』に先立つ〈解題《アルグメントゥム》〉の中で、フィチーノは、ヒエログリフを創出したのはヘルメスであるとしている[★019]。護符と比較した場合、ヒエログリフは魔術そのものではない。それは聖なるエジプトの文字を用いて隠された真理を表現する深遠なる手段なのである。そしてそれは人文主義者たちに非常に好まれる対象となった。それゆえこのヒエログリフの流行は、先に述べたように、本来はこの類の神秘主義からは遠かった人文主義への〈エジプト〉的要素の混入と見做すべきなのである。

しかし純粋な人文主義もまた宗教的な傾向を示すことがあった。それも宗教的かつ神学的な傾向である。この方向性の最もはっきりとした事例はエラスムス[☆019]であった。エラスムスはその世界観のすべての点において、完璧なる人文主義者である。彼は品位ある教養、広い学問、良きラテン文の価値を確信していた。そして彼はまた、洗練された教養人たちの国際コミュニティーというものが形成されれば、良き文体のラテン語という国際語を操って容易に意思疎通できるようになる時代が到来するだろうと考えた。そしてそうなりさえすれば、すぐにでも黄金時代がやって来るだろうと信じていた。彼はまた、ペトラルカがそうであったように、敬虔なるキリスト者であった。したがって良い教育を受けた人々が形作る国際コミュニティーは、敬虔にキリスト教的なものとなるはずだった。彼らはその古典的教養によって、古《いにしえ》の徳高き人々の模範を仰ぎつつ、道徳的な教理を説き広めるのである。エラスムスは弁証論、形而上学、自然哲学には全くなんの関心も持たなかった。主著『痴愚神礼讃』☆020の中ではスコラ学者とそのひどいラテン語に嘲罵の限りを浴びせている。彼の中世的学術に対する嫌悪感には、その表層の審美的な軽侮の念、上品な教養の欠如に対する軽蔑感のさらに深層に、中世的学術が論じていた主題そのものに対する気質的な反感、ある種の無理解が秘められていた。

　エラスムスの時代は、凋落していく中世と共に頽廃の度を強めていった。その時代に彼が提唱した救済案は、人文主義者にして文学者であるその彼の人格の本源から生まれ出た救済案であった。そしてこの人文主義者はまたキリスト者なのである。つまりその救済案とは新しく発明された印刷術を用いて、キリスト教の著作を広く流布させる、というものであった。したがって彼の生涯は新約聖書、及びギリシア教父やラテン教父たちの著作を出版し註解する事業に捧げられることになる。これがエラスムスにとっての〈始源の神学〉への回帰であった。つまり新約聖書と教父たちの著作を出版することでキリスト教の原点へ復帰しようとするのである。

　エラスムスはこの企図を〈魔術師たち《マギ》〉がそこへ復帰しようとする〈始源の神学者たち〉に対する対極として捉えていたかもしれない。これに関係がありそうな逸話が残されている。エラスムスの礼讃者が彼を〈三倍も偉大な方《テルマクシムス》〉と呼んで称えたことがあった。ところが彼は非常な苛立ちを示したのである。ジョージ・クラットンは、このお追従でしかないはずの異名に対してエラスムスが訳の分からない怒りを見せたのは、おそらくは〈三倍も偉大な方〉という褒め言葉が〈三倍も偉大なヘルメス《ヘルメス・トリスメギストス》〉を暗示していたからだろうと指摘している。つまり彼は自分の著作がそうした類の始源的神学と比較されることに我慢がならなかったのである。[★020] ウォーカーも指摘するように、いずれにせよエラスムスは〈始源の神学〉を資料として用いることはなかった。そして以下の章句では、カルデア人の託宣と〈ヘルメス文書〉の信憑性について疑問を投げかけているように思える。

出所がカルデア人またはエジプト人だというと、それだけのことでわれわれは夢中になってそれを知りたいと思う。……そしてしばしばつまらぬ男の夢のような話に付き合っては不安を感じることになる。そいつが山師であることは言うまでもないし、全くためにならないことは別にしても、相手にするだけでひどい時間の無駄になるのだ。悪しき結果を生むくらいのことはできるのだが、それはそれでひどいものだ。[★021]

「悪しき結果を生むくらいのこと」というのは魔術に迷い込むことを意味しているのではないだろうか。それにしても偉大なるヘルメスはなんとつまらないものに化け変わってしまったことか！　つまらぬ夢想家、そして多分山師なのだ！

エラスムスがしっくりと収まるそういう環境の中では、逆に〈魔術《マギア》〉はその成功に不可欠な信念、信じやすさといったものに出会うことはまずない。またエラスムスはカバラを研究したロイヒリンの友人ではあったものの、その手紙の中でしばしば自分はカバラはたいしたものだとは思わないという意味のことを述べている。[★022] さらにエラスムスは彼の『新約聖書通釈』[☆021]の中で、ディオニュシウス・アレオパギタが『天上位階論』の著者であることを疑問視している。[★023] つまり彼の批判的意識の中では、キリスト教的〈魔術師《マグス》〉という総合の可能性ですらその基盤が揺らいでいるのである。こうした不敬とも言える批判主義的信条という点では、エラスムスはあの大胆不敵なヴァッラを範としている。この批判主義はイギリスのカルトゥジア会に衝撃を与えることになった。[★024][☆022] それはまた彼の友人ジョン・コレット[☆023]をも動揺させたに違いないと考えてよいだろう。コレットは熱烈なディオニュシウス偽書の信奉者だったからである。

エラスムスの批判的な（そして同時に全く科学には無関心な）精神環境では、フィチーノとピコによってかくも壮大に構想されたルネサンス的〈魔術師《マグス》〉の道具立てのすべては、疑わしい学問性を背景とした空しい夢想の次元に萎縮してしまう。エラスムスの信奉者は、キリスト者として、〈始源の神学〉を否認する。それはキリスト者がそこへ回帰すべき真に始源的な福音原典ではないからである。[★025]

ホイジンガはエラスムスがボルセレンのアンナに宛てた手紙[☆024]を引いて、それは彼が金を得るためならパトロンの「慣習上の敬虔」にもお追従を並べてみせることができたことの一例だとしている。「貴方様にわたくしの祈りのいくつかを贈らせて頂くことにします。その祈りを呪文としてお使いになって、天からかの御方を招き降ろすこともできるでしょう。といって月ではございません。正義の太陽をお産みになったその御方のことです」[★026]。エラスムスがここではアイロニーを用いているというホイジンガの判断はおそらく正しいだろう。だとすればそのアイロニーは慣習上の敬虔ではなく、むしろ新しい占星術化された宗教の流行に向けられていたことになる。

世俗的な人文主義が〈魔術師《マグス》〉に好意的ではなかったように、エラスムスのタイプの宗教的人文主義もまた彼に好都合なものとは言えなかった。しかしエジプトの産んだものの中で一つだけエラスムスが価値を置いたものがあった。それがヒエログリフである。彼はそれを『格言集』(*Adagia*)[☆025]で活用しているし、万人の理解できる一種の視覚言語としてのヒエログリフは、人々を一つに纏める力を持ち、またその善意を推進する助けになり得ると考えていた。[★027]この点で「エジプトの読み書き」は人文的ラテン教養と同じ陣営に参加して、エラスムスの長年の夢である、万人に対する寛容と相互理解の精神を推進する手段となる。しかしこれは、エジプト主義の完全に合理化された活用でもある。

宗教改革と魔術

エラスムスの産んだ卵が、宗教改革によって孵化し産声を上げた時、その帰結は芸術と学問の破壊という怖ろしい姿をとることになった。教会では「偶像崇拝的な」図像の徹底的粉砕が進行する一方、それと並んで修道院や大学の図書室では刊行本や写本の破壊消却が行われた。エドワード[☆026]六世治下の一五五〇年に、政府の行政官がオックスフォード大学を訪れた折には、ちょうど図書館から持ち出された書籍が大きく燃えさかりやがて灰燼に帰していくところだった。ウッドによれば、特に怪しいと見做されたのは数学的図式を掲載する書物だった。

> 天使たちや数学の図式が載っているような書物は、教皇派か悪魔的か、あるいは両方であるとされて、破壊する十分の理由があると見做された。このことをわたしは確信している[★028]。

形而上学や数学的研究に対して人文主義者たちは嫌悪感を懐いていた。この嫌悪感は宗教改革の時期に至ると、過去の時代とそこで行われていた魔術一般に対する憎悪へと変容するのである。こうした種類の学問研究に対する理解が全く失われてしまうと、それらをすべて魔術と見做す無知蒙昧な恐怖が拡がっていった。問題はルネサンス期の魔術の復興が、いかなる程度まで、すべての魔術的色合いを持つ哲学への疑惑を掻き立て、それが結局はエドワード朝の破壊的な活動を誘発したのかということである。わたしはこの問いはまだ一度も提出されたことがないように思う。この破壊活動はエラスムスを代表とする批判的人文主義の帰結であり、その論理を破壊的な狂信と化さしめ教会そのものに向けたものなのである。この問いは以前に本書で提出した問いと並行関係にある。つまりわれわれは宗教改革期の聖画像破壊《イコノクラスム》が、最近のものも含む図像に対する魔術熱によって、いかなる程度まで掻き立てられたのかということを問題にしてみたのだった。

メアリ女王による短い反動の幕間狂言の後、[☆027] エリザベス女王統治下のイギリスは公式に宗教改革の陣営に属する国となった。その改革はエラスムス的なタイプのものであったから、[☆028] 彼の『新約聖書通釈』はすべての教会に置かれることとなった。これはオックスフォード大学の体制に即して言うならば、それまで哲学と数学の領域で特に傑出していたこの大学の伝統はもはや復旧されることはなく、それ以降の研究の重点は異なるタイプの学術によって置き換えられたということである。

鳴り物入りだったジョルダーノ・ブルーノのイギリス来訪の焦点となったのは、オックスフォード大学での公開討論である。そこで彼は自分の〈新しい哲学〉を開陳したのだが、それに対する大学側の「衒学者たち」の応対は思わしいものではなく、『灰の水曜日の晩餐』(*Cena de le ceneri*)ではそのことを嘆いている。もっとも『原因、原理と一者について』(*De la causa, principio e uno*)の中ではある程度弁解気味でもある。わたしはすでに一九三八-三九年に公刊された拙論[★029]の中で、このエピソードの歴史的背景を分析しておいた。そしてその際、ブルーノのオックスフォード大学の教授連に対する反駁の内実は、彼らが人文主義者にすぎないこと、彼がいささか無作法に「文法屋の衒学者ども」と呼んだ哲学音痴たちにすぎないことへの反感だったことを指摘しておいた。彼らはブルーノが宇宙の中心には太陽があり、地球はその周りを回っているのだと主張すると、エラスムスの『格言集』から狂気についての洒落た言い回しを見つけて、それをこの狂人に使ってみせるというまことに浅薄な文人気取りを誇示することしかしなかった。わたしはその論文で、ブルーノが『原因、原理と一者について』の中で大学に対していささか無礼な言葉遣いをしたことを詫びる際に、宗教改革以前の古き良きオックスフォード大学が哲学と学問の傑出した中心地であったことを九天の高みまで持ち上げて絶讃していることも指摘しておいた。またわたしは論文中でブルーノと改革後のエラスムス的なオックスフォード大学の間で起こった確執が、ピコ・デッラ・ミランドラと彼の友人エルモラオ・バルバロとの間の緊張関係に比較可能であることを指摘した。人文主義者の友人が中世期の「野蛮な」著作家たちを軽蔑していることに対して、ピコは自分が彼らの研究に没頭してきたことを弁護しているからである。この分析はそれ自体、完全に正しいことをわたしは依然として確信している。したがって論文中でこの主張を証明するために用いた実証的史料の詳細はここでは繰り返したくない。★030

しかしその後、ロバート・マクナルティの非常に重要な研究が最近公刊された結果、われわれは今ではブルーノがオックスフォード大学での講演に際して、フィチーノの『天上より導かれるべき生命について』からの長い章句を、記憶のみに頼って引用したという事実を知っている。ブルーノはこの章句がコペルニクスの理論とある程度まで連関していると見做していた。★031手短に言えば、ブルーノはフィチーノ的〈魔術師《マグス》〉としてオックスフォードの公開討論会に登場したのである。この非常に価値ある発見は、本書の後の方の章で扱われる主題と関連している。ブルーノの哲学は基本的にヘルメス教的なものであった。そして彼は最も急進的なタイプのヘルメス的〈魔術師《マグス》〉として魔術的-宗教的使命感に満たされていた。コペルニクス説はその使命感の一つの徴表だったのである。こうした命題はしかし後の方の章でより詳しく論じられることになるだろう。

わたしがここで先回りをして持論の一端を示したのは、ブルーノを十全に理解するためにその背景となる歴史状況を理解する必要があることはもちろんだとしても、その歴史状況が極端に複雑なものだからである。つまりわたしは、先に進む前に、読者に将来の議論の展開について少しばかり予備的な見通しを持ってもらうほうがよいだろうと考えたのである。第八章の結尾で、われわれはコペルニクス自身が彼の発見をヘルメス・トリスメギストスと結びつけていることを確認した。そしてこの連結がブルーノにコペルニクス説の彼流の活用への道を示唆することにもなった。本章で〈魔術師《マグス》〉と人文主義の対立関係を分析した成果を踏まえるならば、この最も急進的な〈魔術師《マグス》〉であるブルーノが、一五八三年にオックスフォードを来訪した時、激しい反発を招いたことのその必然性も、こうした背景に置いてみると十全に理解できるのである。

エラスムス主義的な改革を経たプロテスタントの国であるイギリスで、魔術的な哲学を標榜することはすでに狂気の沙汰であった。その同じ哲学がブルーノを対抗宗教改革のローマまで、その火刑の柱まで、導くことになったのである。

第一〇章

十六世紀の宗教的ヘルメティズム

〈ヘルメス文書〉から魔術を排除して、それを純粋に宗教的かつ哲学的に用いる方法がある。ヘルメス・トリスメギストスが非常に宗教的な著作家であることには賛同した上で、彼が時として悪しき魔術に迷い込むことを非難するというやり方である。例えば『アスクレピウス』で偶像に生命を吹き込むやり方を論じた部分が、そうした方法で処理されることになる。もう一つは、こうした章句はヘルメス自身の言葉ではなく、魔術師であったマダウロスのアプレイウスが『アスクレピウス』をラテン語訳した時に改竄したと主張してそれを除くという方法である。いずれにせよこうしたやり方で魔術を除いてしまえば、ヘルメスを称讃するのになんの気兼ねもなくなる。彼は旧約、新約両聖典の真理に通じた、驚嘆すべき洞察力を備えた人物として礼讃され、太古のエジプト人として世界創造の物語を著し、それはヘブライ語の「創世記」に非常に近いものだとされる。彼は〈言葉〉としての〈神の子〉について語る。彼は〈山上の垂訓〉に似た説諭の中で（つまり『ヘルメス選集《コルプス・ヘルメティクム》』XIIIが描くヘルメス・トリスメギストスと彼の子タトとの対話の中で）、一つの宗教体験を語っているが、それはキリスト者の復活体験に似ている。彼はまた「ヨハネ福音書」の冒頭を思わせることをも述べている。こうしたキリスト教との並行関係はかつてフィチーノに深い感銘を与えたわけだが、ひとたびそこから『アスクレピウス』的な魔術さえ取り除いてしまえば、フィチーノとは違って魔術を受け入れることには抵抗を感じる者も、忘我の歓びに浸りつつこの有り難い符合の行方を夢想し続けることができたのだった。

『ヘルメス選集』をヘレニズム期に成立したグノーシス的文献として研究する現代の学者たちは、キリスト教からの影響はそこには全く存在しないか、あっても取るに足らない程度だと考えている。[★001]しかし宗教的熱狂を感じた十六世紀の読者にとっては、このエジプトの神官はほとんどキリスト者のような語り方をし、遥か彼方の時の隔たりを越えて、キリスト教の到来を予告しているように思えたのだった。イザーク・カゾボン[☆001]は一二〇〇年の時を経て初めて（ラクタンティウスからカゾボンまではおよそ一二世紀の隔たりである）、つまり一六一四年に、おそろしく昔にヘルメス・トリスメギストスという白髪頭の古代人がいたということにしてしまってもよいが、『ヘルメス選集』はともかくそういう人物の作品ではあり得ない、と指摘した。[☆002] 重要なことはしかし、この時カゾボンが、この文献は、あるいは少なくともその一部は、キリスト教徒による偽作だと考えたことである。[★002] すでに長い間『ヘルメス選集』の解釈に関してはキリスト教的連想が常態化していたため、最初の批判的検討に際してすらその点に変更はなかったわけである。

しかしながら十六世紀にはまだカゾボンのこの発見はなされていなかった。この事実が明るみに出された後ですら、ヘルメティズム[☆003]はただちに廃れてしまったというわけではない。宗教思想に対して、それが行使してきた絶大なる力のほんの一部分が追放されたにすぎないのである。十六世紀の末に至るまで、ヘルメティズムの影響力は一方向に増大するばかりであり、この傾向は十七世紀に入っても続き、長い間その影響は残り続けた。J・ダジャンが述べたように、「十六世紀末から十七世紀初頭にかけては、宗教的ヘルメティズムの黄金期であった[★003][☆004]」。

魔術を除いた形での宗教的ヘルメティズムは主にフランスで盛んであった。ウォーカーも指摘するように、イタリアからフランスに輸入される格好となったネオプラトニズム運動は、そこでは少しばかり慎重に論じられたし、〈始源の神学《プリスカ・テオロギア》〉が魔術と異端への奨励になり得る危険も認識されていた。[★004] ルフェーヴル・デタープルはヘルメティズムをフランスに導入するにあたって指導的な役割を果たしたが、彼はまた『アスクレピウス』の魔術に対しては警鐘を鳴らしている。彼はイタリアを訪れた際に、フィチーノとピコに実際に会っている。彼は自分がフィチーノの弟子であり熱烈な崇拝者であると語り、フィチーノの『ピマンデル』を編集し、フランスで一四九四年にパリ大学から出版した。数年後の一五〇五年には、フィチーノの『ピマンデル』と『アスクレピウス』を初めて合本にして公刊している。その際彼は自ら筆を執って後者に対する註解を行い、その中で『アスクレピウス』の偶像製作の条を取り上げ、それは悪しき魔術だと非難している。[★005] この翻訳註解本は有名なフランス人司教ギヨーム・ブリソネ[☆005]に献呈され、魔術を抜きにしたヘルメティズムの思想運動を教会制度の内部で開始することになった。ルフェーヴル・デタープルは公刊は避けたものの、自身魔術を主題とする著作を書いていた。[★006] したがってこの魔術という危険な論題を慎重に除いたことは、彼がかつて犯した魔術への熱中という過ちの悔い改めないし隠蔽を動機としていた可能性がある。彼はこの『ピマンデル』と『アスクレピウス』の合本にさらにもう一つ、ヘルメス主義者であったルドヴィコ・ラッツァレッリによって書かれた非常に特異な作品を付け加えている。ラッツァレッリはヘルメティズムに関しては狂信的でいささか誇張を好む人物であった。一四九四年以前に書かれた彼の著作『ヘルメスの酒杯』(*Crater Hermetis*)は『ヘルメス選集』の復活を主題とした小論(選集Ⅳ)を範とし、復活の体験が師から弟子へと相伝されるさまを熱狂的な言葉で描いている。P・O・クリステラーはこの作品を研究し、貴重な成果を発表した。彼はこのヘルメティズム的復活を論じた部分が、弟子たちに聖霊を吹き込むキリストの逸話を暗示したものであることを示唆している。この聖書の逸話はヘルメス教的体験として再解釈され、霊感を得たヘルメス主義者ならこの現代においてもそれを繰り返すことができる、とされるのである。[★007] このように、ルフェーヴル・デタープルは確かに『アスクレピウス』の魔術は新しく編纂した合本訳書中で糾弾してみせるものの、同時にまたこのある種宗教的心理体験の魔術的解釈とでも称すべき論考を、一つの註釈として訳書の中に加えるのである。[★008]『ヘルメスの酒杯』のフランス語訳は、枢機卿シャルル・ド・ロレーヌ[☆006]に献呈され、一五四九年に出版された『ヘルメス選集』のフランス語訳に付された。このことはヘルメス教を廻る宗教的熱狂がフランスの教会関係者の間で着々と広まりつつあったことを示唆する事実である。

リヨンのサンフォリアン・シャンピエはフランスにおけるネオプラトニズムの指導的な信奉者であり、またフィチーノの崇拝者だった。彼は『四倍の生命について』(*De Quadruplici Vita* リヨン、一五〇七年)という著作で、フィチーノの『生命の書《リブリー・デー・ウィータ》』を模倣している。しかしフィチーノの『天上より導かれるべき生命について』で扱われていた護符は除き、それに対する警告含みの論駁も行っている。またシャンピエは、『アスクレピウス』の魔術を描いた章句は聖なるヘルメスが書いたものではないという、〈ヘルメス文書〉の信奉者を安心させてくれる見解を初めて公にした人物でもある。つまりそれは邪悪な魔術師、マダウロスのアプレイウスがこの著作をラテン語訳する時にこっそり付け加えたものだ、というわけである。[★009] ヘルメス教を論じた後の時代のフランスの著作家たちもまた、この発想を常套として繰り返し、宗教的ヘルメティズムの一般的な受容に大きく貢献することとなった。シャンピエは彼の『四倍の生命』の付録として、『ヘルメス選集』の最後の小論、[★010] つまりルドヴィコ・ラッツァレッリがラテン語に翻訳した『定義集』(*Definitiones*)を加えている。これはフィチーノ訳の基になったギリシア語写本には含まれていなかったため訳されていなかったものである。この初めてラテン語訳されたヘルメス文書で最も印象的な部分は、太陽とそれを取り巻く「神霊たちの合唱隊」の壮大な描写である。

トゥルネブス[☆007]は一五五四年、パリで初めて、『ヘルメス選集』のギリシア語原典テクストに、フィチーノのラテン語訳とそれに含まれなかった小論のラッツァレッリ訳を付して出版した。ウェルゲリウス[☆008]による序文ではヘルメス教とキリスト教の類似が強調され、エジプト人ヘルメスはファラオの時代以前に生きた人物であり、したがってモーセ以前ということになる、と述べられている。[★011] ヘルメス・トリスメギストスはこのようにしてよりキリスト教的に、より神聖になる。そしてそれにつれてその年代はより以前に置かれるようになる。その結果とうとう、モーセ以前、の人物だということになってしまったのである。

エール[☆009]の司教フランソワ・ド・フォワ・ド・カンダルは、宗教的ヘルメティズムの新しい高みというものに法悦を感じつつ昇り詰めた人物である。彼は一五七四年に[☆010]『ヘルメス選集』の新しいギリシア語原典版を出版した。基礎としたのはトゥルネブスの版だが、それにスカリゲルや他の学者の助言による校訂を加えた。彼はヘルメスの到達した神的な事柄を廻る知見はヘブライの預言者たちのそれを超え、使徒たちや福音史家と並ぶものだと考えた。へルメスはモーセよりも古い時代に生きた人物で、神的な霊感を得たに違いないとされた。『アスクレピウス』中の悪しき章句はもちろんアプレイウスの創作である。フォワは一五七九年に〈ヘルメス文書《ヘルメティカ》〉のフランス語訳を出版した。この翻訳の序文は原典版での主張を繰り返し、ヘルメス・トリスメギストスの著作をほとんど教会正典と同じ高みにまで祭り上げている。[★012]

魔術ぬきのヘルメティズム

魔術から浄められたヘルメスは、フィチーノの護符からも解き放たれて、称讃の声は高まるばかりだった。しかしフランスではそれにもかかわらず、魔術への関心もかなり強い形で持続していた。ジャック・ゴオリはレオ・スアーウィス[☆011]と自称した人物だが、フィチーノはまだまだ中途半端でもっとずっと強力なヘルメス的魔術が必要だと考えていた。ゴオリは一五七六年に没するまでパリに暮らし、そこで一種の医学-魔術的アカデミーを主宰していたらしい。バイフ[☆012]がかつて〈詩歌音楽アカデミー〉を創設した跡地からそう遠くないあたりである。[★013]

敬虔なるヘルメス主義者たちは『アスクレピウス』の魔術をマダウロスのアプレイウスの改竄だとしたわけだが、あるいはこの非難がかえって確信犯的な魔術師たちにとってはアプレイウスの魅力を増したのかもしれない。アプレイウスの『黄金のろば』はイタリア・ルネサンスにおいては非常に人気を博した本なのである。この小説は、ありとあらゆる種類の魔術が横行していた古典古代末期の社会を、素晴らしい躍動感で読者の眼前に活写する。主人公は邪悪な魔女の力でろばに変えられてしまう。そしてそのろばの姿のまま、運命の手荒な打撃と懲罰を堪え忍ぶ。とうとう絶望に駆られて荒涼たる浜辺を彷徨っていると、彼方の海原から女神イシスが浮かび上がる。この神顕現を目の当たりにして法悦に浸るうちに、ようやくろばの姿から解放される。最後にはイシスの秘祭の奥義に与《あずか》ることが許され、女神の祭祀を司る神官となるのである。こうしてこの小説の主人公の運命は、苦悩する〈魔術師《マグス》〉のオデュッセイアといった趣の遍歴譚を形作っている。[☆013] 文体はけばけばしく粗野であり、滑稽かつ卑猥である。しかしこの荒唐無稽なろばの御伽噺の中に、エジプトの秘祭的秘教が隠されているのである。こうした文体は近代の魔術師にも魅力あるモデルとなり得たかもしれない。わたしはもちろんジョルダーノ・ブルーノのことを言っているのである。

フィチーノとピコは〈始源の神学〉とネオプラトニズムを、キリスト教的な基礎を持つ宗教的総合の基軸として用いることを構想していた。その総合の裡では異教徒のすべての哲学体系はキリスト教に収斂するはずだった。このキリスト教神学的な〈始源の神学〉の活用は習合的な性格のものであり、それ自体としては魔術から独立している。十六世紀フランスで神学を論じた著作家たちの間では、この傾向が非常に顕著になってくる。例えばシャロンの司教であったポンテュス・ド・ティヤール[☆014]の場合をその極端な例の一つとして挙げることができる。

> 聖なるエジプトの学派から……われわれにまで伝わったのは、三を基数とする秘密の教理であり、それはまた救済の知見を裡に秘めたものでもあった。この原理は非常に重視されたので、世界の本質はその重さの面でも尺度の面でもこの数の組み合わせによるものとされた。つまりこれこそが、あなたがたが知っている三柱の〈神〉の定式の奥義として、〈魔術師たち《マギ》〉が理解している秘密でもある。というのは彼らはオロマシスという神名が〈神〉を、ミトラという神名が知性ないしラテン民族が〈精神〉と呼んだものを、アラミニスという神名が〈魂〉を意味するということを知っているからである。[★014]

ポンテュス・ド・ティヤールのこの章句のほとんどは、彼が用いる他の類似の論法と同じく、フィチーノの『プラトン神学』を典拠とするものである。[★015] 引用部では、エジプトとゾロアスター教関係の材料は、魔術との連関上で用いられることはない。それは〈始源の神学〉がキリスト教の〈三位一体〉を予知し模倣していたという主張の論拠として参照されるだけである。ティヤールがこの論文の後の方で用いる表現を借用すれば、この現象は「神的な実体がその威力をすべての民族の間に及ぼし、その結果として世界中を探してもなんらかの神性の香りを発しないような民族は存在しないということ」を示しているのである。

ヘルメス・トリスメギストスは、『アスクレピウス』の悪しき魔術の要因さえ取り除けば、キリスト教的に見ても最高に敬虔な存在となる。そのことが彼の〈始源の神学者《プリスクス・テオログス》〉としての評価をも高めることになる。ティヤールはヘルメスの神学がすべての神学の中で最古のものだと述べている。彼は『ピマンデル』から祈願の章句を引用した後、修辞的な疑問を発する。例えダビデの詩篇といえども、これ以上に敬虔で宗教的な文句があり得るだろうか、と。[★016] ティヤールはリヨン近郊の出身であったから、サンフォリアン・シャンピエが提唱した浄化されたヘルメティズムの構想の影響を受けていることは確実である。[☆015]

エヴレーの司教であり、後に枢機卿にまで昇り詰めたジャック・ダヴィ・デュ・ペロン[☆016]はフランスで出版されたティヤールの著作に序文を寄せた折に、それが習合的な傾向の著作であることを強調し、著者ティヤールはカバラ主義者の三つの世界についての教理をも援用していると分析してみせる。カバラの三つの世界とは、知性界、天上界、そして可視界のことである。[★017] ここでもカバラ主義は実践的カバラを意味するものではない。それはヘブライの伝統から流行りの習合的傾向を支持するような曖昧な要素を探してきて、それをカバラと名付けただけの話である。

ティヤールやデュ・ペロンのような著作家が試みたのは神学的な総合であった。この神学的構想が〈プレイヤード〉を中心とするフランス詩界、また特にそのメンバーの一人であったバイフによって創設された〈詩歌音楽アカデミー〉に与えた影響は、わたしの著作『十六世紀のフランス学士院』(*The French Academies of the Sixteenth Century* 一九四七年)の中で詳細に検討しておいた。このアカデミーは詩歌と音楽を同一の〈尺度〉で計ることを目的としたものだった。その尺度は古代様式の規範と同一視され、それに従うことで古代音楽と同じ〈効果〉を聴衆の胸に呼び覚ますことができるとされるのである。アカデミーでは、神話的な暗示を多用した世俗歌唱と、宗教的な「詩篇」歌唱の両方のジャンルで作曲活動が行われたが、その伴奏音楽の様式は同一のものであった。こうした作品が魔術的な意味での〈呪文朗唱〉なのか、それとも芸術的な意味で呪文的な要素を活用しているだけなのかを判断することは非常に難しい。というのもこの時期に至ると、魔術と芸術の間に境界線を引くことが困難になるからである。これは魔術と宗教の間の境界についても言えることである。[☆017]呪文と魔術の意図というものは人それぞれだ、という言い方も可能である。例えばポンテュス・ド・ティヤールのような司教は、フランス・カトリック教会特有の用心深さと協調する形で、〈始源の神学〉系の魔術に対しては慎重に振る舞う。しかしわれわれは、当時フランス宮廷では祝祭に新しい芸術手法が用いられ、その精神が宮廷中に活気を与えていたこと、そしてその運動の焦点にはかの〈イタリアの御婦人〉がいたことをも同時に想起しなければならない。つまり当時フランス宮廷の中心には、かつてフィチーノとピコの学術を支援し、彼らの魔術研究をも止めようとはしなかった大いなるフィレンツェの名家、メディチ家の出である〈皇太后《クイーン・マザー》〉、カトリーヌ・ド・メディシス[☆018]が君臨していたからである。カトリーヌは護符に熱中し、魔術師や占星術師を好んで支援したことで悪名が高かった。彼女が中心となって催した宮廷祝祭の背景になんらかの魔術的な意図が隠されていなかったとは考えにくい。[☆019]一五八一年に催された〈王妃のバレエ・コミック〉(*Ballet comique de la reine*)[☆020]はカトリーヌが創始した宮廷祝祭の伝統上にあるものだった。しかしこのバレエで呪文のように響く音楽と歌唱に応えるように、ユピテルとメルクリウスが天上から降りてくるという演出がなされる時、カトリーヌ自身大いに芸術的資質に恵まれていたことは認めるとしても、彼女が果たしてこの降下する神々をただ純粋に芸術的な表現だと感じたかどうかは疑わしい。おそらくはそれ以上のものだったのではあるまいか。彼女にとってこうした見世物は護符の観念の延長上にあり、それを複雑化したものだったのではなかろうか。つまりそれは惑星の神々を幸運をもたらすように配し、吉祥の言葉を散りばめた呪文朗唱で呼び寄せようとするもので、全体として驚嘆に値する芸術作品であるばかりでなく、一つの魔術的実践なのであり、それによって何ごとかが成し遂げられ、その結果招き降ろされる天上の恵みがフランス王国を助け、宗教戦争の和平への道を開いてくれるはずのものなのである。[★018]

プロテスタント的ヘルメティズム

これまで本章で取り扱ってきた著作家たちはすべてカトリックだった。今度はプロテスタントの側からヘルメティズムを大いに活用した一人の著作家を挙げてみよう。『キリスト教信仰の真実』(*De la verite de la religion chretienne*)を著したフィリップ・デュ・プレシ・モルネ[☆021]がその人である。[★019] 彼のこの著作は、プランタン[☆022]によって一五八一年にアントウェルペンで出版され、ナヴァール国王[☆023]に献呈された。その献辞の中でモルネは「こうした悲惨な時代の中で」こそ、世界を「〈神〉の光輝の影像として」、人間を〈神〉の似姿に造られたものとして捉えたい、そして宗教を根本から解明したいという自らの企図を開陳している。この世紀も後半に入ると、宗教改革とカトリック的反動の間で繰り広げられた争いが怖ろしい戦争と迫害の嵐を巻き起こし、ヨーロッパは荒廃の危機に瀕していた。モルネはそうした時代にヘルメティズム的な宗教性に救済を求めた人々の典型例である。世界の此岸性を内実とするこの宗教性は、同時代の泥沼から距離を取り、両陣営の狂信が生む暴力の苦悶から脱出する可能性を示してくれた。すべての時代の賢者たちはただ唯一の〈神〉のみが存在すると教えてきた、とモルネは言う。

メルキュール・トリスメジスト[☆024]は万人の典拠たり得る人物である(もしこうした著作が真実彼のものであるか、あるいは少なくとも非常に古いものであるとしての話だが）。彼はその著作のあらゆる箇所でこう述べている。〈神〉は唯一の御方である。統一がすべての事象の根幹である。〈神〉にのみ〈父〉と〈善〉の名が属する……彼は〈神〉を〈世界の父〉と呼ぶ……すべての威力から発する〈業《わざ》〉、すべての〈業〉を為す〈威力〉……彼のみが〈万有〉である。名もなく、すべての名に優る御方、それが彼である。★020

モルネはこうした見解の典拠として、欄外註に、『ピマンデル』Ⅱ、Ⅲ、Ⅳ、Ⅴ、Ⅵ、Ⅸ、Ⅺ、ⅩⅢ（これらは『ヘルメス選集』の諸篇である）と『アスクレピウス』を挙げている。

他の部分では彼は〈ヘルメス文書〉に登場する〈言葉〉としての〈神の子〉という表現を検討し、その世界創造の物語を「創世記」と比較している。★021そしてピコ・デッラ・ミランドラからは、あらゆる宗教教理に含まれる〈無〉の神秘的瞑想に関する見解を引いてくる。

エジプト人たちは第一の原理に呼びかける時、それを〈すべての認識を超えた暗闇〉と呼んでいる。これはつまりヘブライ人の〈エーン・ソーフ〉またオルフェウスの言う〈夜〉のようなものである。★022

ピコはオルフェウス教の〈夜〉とカバラに登場する〈エーン・ソーフ〉は同一のものだという結論を下していた。モルネは、エジプトの（つまりヘルメス教の）教理も、理性を超えた暗闇を説き、諸々の名の上にある無名を説いているから結局同じことを述べている、と付け加える。彼はカバラについてピコよりももっと多くのことを知っていた様子が窺える。『ゾーハル』についての言及もあるし、ある程度まで内容的な知識も持っていたようである。★023モルネはわれわれにはお馴染みとなった、ヘルメス教とカバラの総合を試みている。しかし彼が語るその総合は決して魔術ではなくまた実践的カバラでもない。それは完全に神秘的かつ神学的なものである。彼は後の方でカバラは魔術ではないということを断固たる調子で主張している。そして同じくモーセは魔術師ではないし、そもそも魔術は誤った空しい営みである、と断言する。[★024]

モルネのこの著作はそれが出版された一五八一年のアントウェルペンの状況を反映したものだと言える。当時オラニエ公ウィレムは、一時的にスペインのフェリペ二世の支配を脱したオランダ南部に、宗教的寛容を標榜する国家体制を打ち立てようとしていた。翌年アンジュー公フランソワ[☆025]がウィレムによってこの国家の名目上の首長とされたが、この国家は短命に留まり結局多くの紛争の中で解体していった。[★025]興味深いのは、この政治的事業を推進することで宗教的寛容を広めようと努めた人々が、その倫理的基盤としてエラスムス的な寛容の伝統を拠り処としていたという事実である。宗教的軋轢から脱出しようとする十六世紀的憧憬は、このようにエラスムス主義とヘルメス教-カバラ的伝統という全く異なる二つの潮流に基盤を置いていたのだった。

この事情はジョルダーノ・ブルーノのイギリス滞在にも影響している。彼自身の証言に拠れば、フィリップ・シドニー卿[☆026]とその仲間内の応対の方が、オックスフォードの「衒学者ども」のそれよりは遙かにましなものであった。シドニーは南ネーデルラントの寛容政策には深く共感していた。そしてブルーノがイギリスを去って間もない一五八六年には、その政策に命まで捧げることになった。デュ・プレシ・モルネはシドニーの知己であったし、また彼の最も評価した神学者でもある。そのことはわれわれが先に引用と分析を試みたばかりのモルネの著書『キリスト教信仰の真実』を、シドニー自身が翻訳しようとしていたという事実によって実証される。すでに翻訳は始められていたのだが、彼の戦死で完成には至らなかった。結局アーサー・ゴールディング[☆027]がその先を続け、一五八七年に『キリスト教信仰の真実性に関する論考』(*A Woorke concerning the trewnesse of Christian Religion*)という表題で出版されている。この著作には当時ネーデルラント方面でスペイン軍と戦っていたレスター伯[☆028]に宛てた献辞が付されていた。

したがってわれわれは先に引用したモルネのフランス語原文を、おそらくシドニー本人のものかもしれない英訳を参照しつつ読むことができる。この章句の置かれた場所は著作冒頭に近いところである。

> メルクリウス・トリスメギストスはこうしたことをすべて創始した人物であるわけだが（もしこれらの彼のものだとされた著作が真実彼によって書かれたとして、また実際にそれらが非常に古いものだとしての話である）、あらゆる箇所でこう教えている。唯一の〈神〉のみが存在する。一者が万物の根幹である。この一者なしには、何ものも現在そうであるような姿で存在することはできない。この一者は唯一の善、善そのものとも呼ばれ、万物を創造する力を持っている……彼のみに〈父〉と〈善〉という名は属する……メルクリウスは彼を〈世界の父〉、〈創造主〉、〈始まり〉と呼んでいる……それはまたすべての力を働かせる者であり、すべての業をなす力でもある。★026

これで分かるように、シドニーがヘルメス教の教理を、それもモルネが呈示した形でのヘルメス教、つまり魔術を取り除いた形でのヘルメス教を知悉していたことは確かである。

それではシドニーは、ジョルダーノ・ブルーノをどう受け止めたのだろうか。そしてブルーノが、ヨーロッパの宗教的軋轢に対する万能薬として、魔術的ヘルメス教と魔術的エジプト主義への回帰を標榜したことをどう考えたのだろうか。ジョルダーノ・ブルーノを別にしても、ヘルメス教の伝統そのものの中に、もちろん〈魔術師《マグス》〉の主張というものは存在する。しかしこのヘルメティズム内在的な魔術の主張もまた、その語調と内実において、モルネの標榜したプロテスタント的な非魔術的ヘルメティズムとは非常に異なったものだったのである。

宗教的寛容とヘルメティズム

十六世紀の宗教的ヘルメティズムからもう一つ別の例を挙げておこう。イタリア人のカプチン僧[☆029]、アンニーバレ・ロッセリ[☆030]による『ヘルメス・メルクリウス・トリスメギストスの著作〈ピマンデル〉、及び註解』(*Pymander Hermetis Mercurii Trismegistus, cum commentariis*)がそれである。クラカウで一五八五年から一五九〇年の間に出版されたこの本は六巻に及ぶ大著である[★027]。ロッセリはフォワ・ド・カンダルが編纂した〈ヘルメス文書〉の原典の使用を通じて、フランスの宗教的ヘルメティズムの伝統に参加することになった。彼の註釈はルネサンス期のネオプラトニズムの定番となった方法を踏襲し、古典作家の全体を幅広く活用している。彼は魔術について語る時には慎重に構え、また読者にもそれには注意するようにと警鐘を鳴らす[★028]。ディオニュシウス偽書の説く天上の位階には多くの頁を割き[★029]、『ピマンデル』で論じられた〈七柱の統治者たち〉を扱い、それを天使と同一視している[★030]。ロッセリは天上界と超天上界ないし天使の世界の間の連続性というものを認識して法悦に浸っているが、カバラには言及しない。だからおそらくは天使に関する魔術を行うつもりはなかったと考えてよいだろう。彼のヘルメティズムとの取り組みは深い次元で宗教的であり、キリスト教的である。この魁偉とも言える仕事の規模そのものが、十六世紀末に向かっていかにヘルメティズムへの熱狂が持続的に増大していったかということを証言している。ロッセリがカプチン僧であったことを考慮すれば、宗教的ヘルメティズムは対抗宗教改革の陣営においても地歩を占めつつあったことが推定できるのである。

J・ダジャンはこう述べている。「この宗教的ヘルメティズムの影響は、プロテスタントにもカトリックにも同様に及んだ。そして両方の陣営において、最も平和共存的な神学への志向を涵養したのである[★031]」。モルネのプロテスタントの立場からの論考は、ヘルメティズムの強い影響を示している。そしてそれはオラニエ公ウィレムが宗教的寛容を導入しようとしていたアントウェルペンで公刊された。それと同様に、ロッセリのカトリック的ヘルメティズムの大いなる試みも、宗教的寛容を基調としていた国ポーランドで最初に出版された。この両者の符合にはおそらく重要な意味がある。こうした試みは特にはっきりとした形での〈和平神学〉や宗教的再統合を目指したものではない。目標とされたのはむしろ一般的な意味での寛容、つまり宗教的問題の解決に暴力を用いることを拒否しようとする姿勢だった。そのためにこそ、キリスト教的な意味に理解されたヘルメティズムの、その世界を廻る宗教性に両陣営から歩み寄ることで、キリスト者の寛容という和解の雰囲気を醸成しようとしたのである。

一五八〇年代のフランス宮廷においては国王アンリ三世が求心的な宗教運動の焦点だった。彼自身はカプチン修道会の深い影響を受けていた。アンリ三世はこの修道会を大規模に支援し、彼が組織した贖罪の信徒団体の多くはこの修道会に属していた。[★032] 国王は直面する困難な状況を宗教的な手段で解決しようと試みていた。スペインのフェリペ二世に煽動されたフランスのカトリック急進派は、暴力と危険な手段へと傾いていた。同様にプロテスタントの急進派も妥協というものを知らなかった。国王はこの難しい状況の中で中道を見出そうと努めていた。そしてカトリック「ポリティーク派」ないし寛容を目指す宗教運動を支援することで、国王である彼とフランス王国に対する忠誠を期待したのである。わたしはこのアンリ三世を取り巻く時代の雰囲気をすでに公刊した別の研究書[★033]とまた一編の論文で検討しておいた。一九三九-四〇年に発表した「ジョルダーノ・ブルーノの宗教政策」がそれである。[★034] わたしがこの論文で提起したのは、一五八二年にブルーノがパリからイギリスに渡った時、彼はアンリ三世からある種の政治的使命を託されていた、という仮説である。パリ滞在中にブルーノはアンリ三世からある程度の支援を受けていたし、イギリスに渡ったのは、国王アンリの平和的で宗教的な意図をスペインの軍事的野心との対照において際立たせ広めるためでもあった。イギリスもまたそのスペインの圧迫の脅威を感じていたからである。そのアンリについて、ブルーノは彼の『勝ち誇る野獣の追放』(*Spaccio della bestia trionfante*)でこう述べている。

彼は……平和を愛する君主です。彼は民が自足しているなら、それを可能な限りそのまま静謐な敬虔の生活に委ねておきます。騒々しい軍事の道具立ては好みません。そうしたものは地上の暴政や不安定な支配を盲目的に手に入れようとする手段にすぎないからです。彼が好むものはそうしたものではなく、正義と尊厳を伴うすべての慣習なのです。なぜならそれこそが永続的な王国の建設へ通ずる道だからです。★035

わたしはまたブルーノの哲学は宗教的な背景を持っており、したがって彼のイギリス行きは、プロテスタントの国に対するカトリック側からのある種の和解を目指すという使命をも帯びたものであったということをその論文で示唆しておいた。

ブルーノはパリからイギリスへ向かったわけだが、そのパリではフランスで盛んだった宗教的ヘルメティズムや、ロッセリのようなカプチン僧を中心としたカトリック内部での宗教的ヘルメティズムというものの醸す雰囲気を十二分に実見したはずである。しかしまた彼は何よりも自身のヘルメティズム、自身の〈新しい哲学〉を現下の宗教的状況に対する緩和剤として説こうとしていたのであって、それはロッセリに見られるようなタイプのヘルメティズム、つまりキリスト教的、偽ディオニュシウス的、天使位階論的な要素を持つヘルメティズムではなかった。とはいえロッセリはブルーノとの関係において慎重に検討されねばならないことも確かである。

パトリッツィの〈新しい哲学〉

十六世紀におけるヘルメティズムという主題はあまりに茫漠としたものであり、本章ではいくつかの実例に沿って足早に通観することしかできない。しかしその実例の選択は、次章で行う予定のヘルメス教的哲学者としてのブルーノの評価に役立つようなものという基準で行ってある。そこでこうした観点からして最も重要な例の一つを検討しておくことにしよう。つまりフランチェスコ・パトリッツィ[☆031]の事例である。

スコットが述べているように、「パトリッツィは真の熱情を感じつつ、真正なる宗教の復興という課題に取り組んだように思える。その際彼は〈ヘルメス文書〉をこの企図のために活用し得る最も有効な手段の一つと見做したのだった」[★036]。パトリッツィは彼の計画の素描を『普遍哲学新論』(*Nova de universis philosophia*)で試みている。初版が一五九一年にフェラーラで公刊されたこの著作は(第二版はヴェネツィアで一五九三年)、教皇グレゴリウス十四世に献呈されている。彼は自分のこの〈新普遍哲学〉の補遺として、トゥルネブスとフォワ・ド・カンダルのギリシア語原典版に自らのラテン新訳を付した『ヘルメス選集』を刊行し、さらに『アスクレピウス』とストバイオスによって収録されたいくつかの〈ヘルメス文書〉断簡をもそれに付け加えている。パトリッツィはこのようにして自身の著作に含める形で、その新哲学の基礎資料として、これまでに刊行されたものの中で最大規模の〈ヘルメス文書〉を提供したのだった。これはもちろん情熱的な献身を前提とした労作である。パトリッツィはヘルメス・トリスメギストスがモーセよりさらに少し古い時代の人物であると確信し[★037]、モーセの残した世界創造についての説明は、『ピマンデル』中の創造物語によって補完されなければならないと考えていた。そして〈三位一体〉の神秘に関してもモーセよりはヘルメスの方が遙かにはっきりと語っていると評価した[★038]。

グレゴリウス十四世に宛てた『普遍哲学新論《ノウァ・デー・ウニウェルシース・フィロソフィア》』の献辞の中で、パトリッツィは、まず現今の哲学者は〈神〉を信じていないと一般に思われていると指摘する。その理由は彼に拠れば、研究されてきた唯一の哲学がアリストテレス[☆032]のそれで、アリストテレスの哲学は〈神〉の全能と摂理を否定したものだからである。しかしヘルメスは哲学することなしには敬虔であることはできないと言っている。そこでパトリッツィはより信憑性の高い哲学を発見し、それによってわれわれが〈神〉に回帰できるようにしたいのである。彼は教皇グレゴリウス十四世とその後継者たちが、自分の宗教的哲学を教会の哲学として採用し、それがあらゆる場所で教えられるように配慮することを希望する。彼が疑問に思わざるを得ないのは、アリストテレスの全著作を合わせてもヘルメスの小論一篇の哲学ほどの価値もないのに、どうしてアリストテレスの哲学が含む〈神〉に敵対的な部分までもが、これまで教会の哲学として研究されてきたのか、ということである。プラトンの対話篇の多くもまた公の機関で教授されるべきだし、プロティノス、プロクロス[☆033]、初期教会の教父たちの著作に対しても同様の配慮がなされるべきである。しかしスコラ哲学者たちは危険なので注意しなければならない。彼らはあまりにアリストテレス的だからである[☆034]。

わたくしが希望しておりますことは、教皇聖下を始めとし、将来のすべての教皇聖下各位が勅令を公布され、わたくしがここで名前を挙げました著書があらゆる場所で永続的に教授されることです（特に〈ヘルメス文書〉が卓越したものであります）。わたくしはそれらの著書を過去一四年間フェラーラで教えて参りました。もし聖下におかれましてこの御配慮を賜りまするならば、イタリア、スペイン、そしてフランスのすべての才能ある人々を〈教会〉に友好的な人材へと育て上げることができますでしょう。そうすればドイツのプロテスタントたちですら彼らを範として、カトリックの信仰に戻って参るでしょう。彼らを〈教会〉に呼び戻すには教会の審問制度や世俗の武力に訴えて強制するよりは、この方法を用いる方が遙かに容易なのです[☆035]。聖下はこのわたくしの提唱いたします教理を、イエズス会士の組織しております教育機関において布教するようお命じになるべきでありましょう。彼らは善き業にいそしみつつある者たちだからです。聖下がもしこのわたくしの提案を実行に移されますならば、聖下の栄光は末永く人々の間に輝き渡ることでありましょう。そしてこのわたくしは、聖下のその企ての助手として参加を切望させて頂く次第であります[★039]。

ここではヘルメティズムを基盤とする敬虔哲学が、はっきりと対抗宗教改革的な道具立ての中に置かれ、イエズス会士がこの手段を用いることが望ましいと忠告されている。そしてそれは迫害や武力の行使によらずに、プロテスタントたちを引き寄せる平和的手段なのである。

『普遍哲学新論』の中で呈示されたパトリッツィの〈新哲学〉は、魔術を用心深く避けようとしたフランスの伝統に根ざすものというよりは、フィチーノとピコに遡行するイタリアのヘルメティズムの伝統を背景としたものである。パトリッツィはプラトンが魔術は神々の祭祀であると主張している条を引用し、[★040]〈ヨハンネス・ピクス〉[☆036]はペルシア人たちにとっての〈魔術師《マグス》〉は、ギリシア人たちにとっての哲学者と同じ意味を持った存在であったと主張しているとする。[★041] 他の箇所でも彼は〈魔術師《マグス》〉という言葉の本当の意味は、「〈神〉を大切にする者」のことであり、魔術の最も古い形態である〈始源の魔術〉とは真の宗教のことなのだと繰り返している。[★042] 第一書[★043]において彼は一連の光というものを説き起し、まず超天上の光から始めて、それが星辰の世界を通り抜け、さらに太陽の光としてこの地上世界に達するその有様を、ヘルメス文献及びディオニュシウス偽書を典拠としつつ描いている。[★044] ロッセリも光に関しては似たような説明の仕方をしていたが、パトリッツィの方がこの理論の元であるフィチーノのそれに近いことを感じさせる。魔術のある種のものがここでは含意されているためだろう。パトリッツィは自然哲学の諸問題にも多くの部分を割いている。例えば太陽の位置に関しては、ヘルメスはそれが月の上にあるとしている、と述べている。[★045] ただしコペルニクスへの言及はなく、太陽中心説も認めていない。彼は宇宙にみなぎる生気について詳細な検討を行い、[★046] 生気説を認める(もっとも地動説は認めない)。そして〈一者について〉という章では〈一者〉と〈万有〉についての長広舌を振るう。[★047]

パトリッツィにおいてわれわれが出会うのは、ヘルメティズムの強い影響を受けた〈新しい哲学〉の解説者である。彼のヘルメティズムは、それを魔術から浄化しようとするより近い過去の試みを越えて、〈始源の魔術〉の意義を信じていたフィチーノ的なヘルメティズムの世界へと遡行する。彼の哲学はアリストテレスよりも宗教的であることを標榜するという意味において、反アリストテレス的な哲学である。この哲学の著者は、教皇が、宗教を復興しプロテスタントを再改宗させるためのその対抗宗教改革的な試みの手段として、それを採用することを期待している。

パトリッツィは一五九二年にプラトン哲学を大学で教授するようローマへ招かれた。招聘したのは教皇クレメンス八世である。パトリッツィは〈新普遍哲学〉を素描した自著でヘルメティズム的な対抗宗教改革の必要性を説いていた。したがってこの教皇の招聘は自己の教説を説き広めることが許された証しであると確信し、希望に満ちてローマへ赴いたのである。しかし彼の教説に対する批判の声が挙がり、異端審問所との紛糾が始まってしまった。★048 そして著作中の異端的と見做された部分をすべて除くか修正することに同意させられたのである。のみならず結局著作は全体として有罪を宣告されるに至った。パトリッツィ自身はそれ以上の罰は受けなかったものの（彼は没年の一五九七年まで教授職に留まっていたように見える）、実際のところは沈黙を強要され、「モーセの同時代人ヘルメス・トリスメギストス」を、かつてのシエナ大聖堂におけるが如く、〈教会〉のただ中に導き入れようとする彼の試みは、公の支援を得られないままに終わったのだった。この一幕の物語は、十六世紀末の精神的混乱状況を分かりやすい形で示している。その混乱ゆえに、これほど敬虔なるカトリックであったパトリッツィのようなプラトニストですら、自分の立つ神学の位置というものが分からなくなってしまっていたのである（魔術の教会神学的な位置はデル・リオによって、ちょうどパトリッツィがローマに滞在していた頃定義されたが、★049 それはまだ公刊されてはいなかった）。

ジョルダーノ・ブルーノもまた〈新しい哲学〉の布教者であり、それをプロテスタントの国イギリスにおいて説き広めようとした。その哲学の内実もまた、これからの各章で証明されるように、基本的にはヘルメス教的なものであった。彼は一五九一年にイタリアに帰国したが、それは教皇クレメンス八世が自分の哲学に関心を示してくれるかもしれないと期待したからだった。しかしブルーノは怖るべき一歩をすでに踏み出していた。プロテスタントであれカトリックであれ、ともかくもすべての敬虔なる宗教的ヘルメティズムの基盤を成していたそのキリスト教的解釈というものを彼は捨て去ってしまったのである。だからこそまた、普遍的改革の使命に燃えるヘルメス教的哲学者としての彼の運命は、パトリッツィのそれよりは遙かに苛酷なものとなったのだった。

イギリスにおける宗教的ヘルメティズム

十六世紀のヨーロッパ大陸部での宗教的ヘルメティズムに対する関心は、求心的な没頭を特徴としていた。それに比べると同時期のイギリスは奇妙に孤立した位置にある。その原因はこの国が近い過去において宗教的な激動の時代を経ていたためだった。カトリック神学及び哲学を、ネオプラトニズムとそれが標榜する〈始源の神学〉に習合させるという試みは、イギリスにおいては、トマス・モア[☆037]及びジョン・コレットとその仲間たちが始めた運動であった。コレットは明らかにフィチーノ的な思想圏からの影響を受けていたし、偽ディオニュシウスの天使位階論についての論考もある。この著作はイギリスの前-宗教改革期の偽ディオニュシウス的神秘主義を、新しく興ったディオニュシウス主義と総合しようとしたものである[★050]。モアはピコ・デッラ・ミランドラを非常に評価し、甥のG・P・ピコによる伝記を修道女のための修養書として英語に翻訳している[★051]。この伝記の原書にはピコの哲学的関心を記述した条がある。モアはその部分を、ピコ・デッラ・ミランドラの関心は「ヘブライ人、カルデア人、そしてアラビア人の秘密の神秘」であり、また「かのピュタゴラス、トリスメギストス、そしてオルフェウスの古く渾然とした哲学」であったという風に翻訳している[★052]。このようにちょうど十六世紀が始まろうとするその時に(モアの『ピコの生涯』は一五一〇年に印刷されたが、翻訳草稿はこれより五年前に成立していたと推定されている)、〈始源の神学者たち《プリスキ・テオロギ》〉の名前は一人のイギリス人によって彼の母国に紹介されたのだった。

モアの『ユートピア』は最初にラテン語版として一五一六年に出版された。ユートピアの住人の宗教は以下のように描写されている（引用はラルフ・ロビンソン[☆038]の英訳に拠る）。

〈神〉として太陽を崇拝している者もいれば、月やまた他の天体を崇拝する者もいる。さらに卓越した徳性と輝かしい栄光を備えていた一人の人間を崇拝する者たちもいる。彼らはこの人間をただ単に〈神〉として尊崇するのではなく、最大の至高の〈神〉そのものと見做しているのである。しかし住人の大多数、そしてこれはまた最も賢い人々でもあるのだが、彼らは（先に述べたすべての教説を否定しつつ）ある種の神的な威力というものが存在すると信じている。この力は未知のものであり、永遠に続き、理解することも言葉で説明することもできない、とされる。それは人間の智恵の能力が及ぶ範囲の遥か彼方にあって、世界中に、大きさのあるものとしてではなく、徳性として、力として遍在しているのである。この力を彼らは〈万物の父〉と呼んでいる。この〈万物の父〉のみが、すべての事物の始まりと、増大と、進展と、変化と、終焉を支配すると彼らは信じている。そして神的な祈りの時間もまた彼にのみ向けられるのである。[★053]

このユートピアの最も賢い住人たちによって実践される宗教は、彼らがキリスト教を受け入れる下準備をすることになる。この宗教の描写にはヘルメティズムからの影響があることを指摘しておきたい。

しかし彼らは、われわれがキリストの名を口にするのを聞くと……その教えに賛同したのです。その際いかに彼らが心からの歓びを示したことか、とても信じてもらえないかもしれません。それは〈神〉の密かな霊感が彼らを満たしたからかもしれませんし、あるいは彼らの間で最も重視されているキリスト教の信仰が最も近いと判断したからかもしれません[★054]。

こうして改宗したユートピアの住人は、おそらくキリスト教化されたヘルメス教徒だと言ってよいだろう。いずれにせよ彼らはすでに十六世紀の宗教的ヘルメティズムの特質をはっきりとした形で体現している。つまり彼らは宗教的な事柄に暴力を用いることをきっぱりと拒絶するのである。もしもユートピアの住人がキリスト教に改宗した後に、その信心が度を越して、他のすべての宗教を糾弾するようなことになると、その者は厳しく非難され、ついには追放されてしまう。

なぜなら彼らの間で最も古くからある法の一つは、誰一人として自身の宗教を護ることを非難されるべきではない、と定めているからです。というのもユートピアの王は勅令を布告して……すべての人々は、自分の好きな宗教を選び、それに従うことができることを定めたのです。また他人に自分の宗教を説くことは自由に行ってよいけれども、それを平和に、穏やかに、静かに、冷静に、せっかちな議論好きの心から他人を罵倒したり、妬んだりすることなしに行わなければならないとも定めたのです。さらにもし彼が公正で礼儀正しい説論によって他の人々を説き伏せられない時でも、いかなる種類の暴力も用いるべきではない、不快感を露わにした挑発的な言葉を投げかけるようなこともしてはならない、とも定めました。そしてこのような場合に、激しく熱に浮かされて、自論の正しさにこだわり争い続けるような者は、追放か拘禁の罰に処されると決定したのです[★055]。

このようにトマス・モアは十六世紀の壊滅的状況が始まるその前に、宗教的寛容の原則を列挙してみせたのだった

――つまりそれは彼自身の処刑の前、メアリの治世下であのスミスフィールドの火が燃やされる前、エリザベス女王の治世下でカトリックの宣教師たちが拷問される前、フランスの宗教戦争とサン＝バルテルミの虐殺[☆039]の前、ネーデルラントで恐るべきスペイン人たちの残虐が荒れ狂う前、カルヴァンがセルヴェトゥス[☆040]を火刑に処す前、そしてジョルダーノ・ブルーノを異端審問所が焼き殺す前、という意味である。もしわたしが先に述べたユートピアの住人は〈始源の神学者たち〉であり、その古代の智恵のなにがしかをキリスト教に持ち込もうとしているという命題が正しいならば、モアはこうした破局の前、十六世紀も終わりに近づく頃に、宗教的紛糾の緩和剤と評価されるべき方向をすでに指し示していたということになるだろう――つまりそれが宗教的ヘルメティズムの方向に他ならない。

新しくイタリアから渡来した思潮の影響下に始まった、こうしたイギリス前-宗教改革期のカトリシズムの展開は、ヘンリー八世の治世後期に起こった不吉な方向転換によって中途で断絶することになってしまった。断頭台の露と消えたモアの死によって[☆041]、始まったばかりの思想史の一章はあまりに早い結末を迎えることとなった。エドワード四世治世下の、極端に不寛容だったプロテスタントたちは、書籍や文庫を焼き討ちして過去との絶縁を図った。この流れはメアリ・スチュアート治世下の、同じように暴力的な親スペイン的カトリック勢力の不寛容によって引き継がれることになる。エリザベス女王の治世に至ると、その最も急進的なピューリタン勢力の日の出の勢いによって、イギリスの宗教改革が確立された。しかしピューリタン的なイギリス国教会は、この時期にはエラスムス的な寛容のほとんどを失ってしまった。彼らはメアリ女王治世時の迫害に憤激し、もしスペインのフェリペ二世がヨーロッパを制覇して再びイギリスに勢力を及ぼすことにでもなれば、その迫害が再度荒れ狂うだろうと怖れざるを得なかった。こうした情勢を前にしたピューリタンたちは、自分たちが陰惨な歴史の道をひたすら先へ先へと急いでいるという思いに浸っていた。「陰惨な」と言わざるを得ないのは、彼らにとっての歴史は、邪悪な教皇に支配されたうんざりするほど長い過去と、イギリスの王冠と教会がローマから脱出し得た現在の正当化と、その白黒に単純化されてしまっていたからである。フォックス[☆042]の『殉教者の書』は、こうした歴史状況をメアリ女王治世下のぞっとする殉教の挿絵で飾り、当時のピューリタン的な姿勢というものを典型的な形で示している。フォックスのこの書物にはいかなる哲学の痕跡もほとんど見られない。こうした雰囲気の中では〈始源の神学〉を廻る静謐な会話など続けられるべくもない。またネオプラトニズムの霊気に満たされ詩人や音楽家たちと親しく付き合う、ポンテュス・ド・ティヤールのようなフランスの司教や、ヘルメティズムに没頭するアンニーバレ・ロッセリのような熱狂的な修道士に比較可能な人物を、当時のイギリスの聖職者たちの中に探すことは全く不可能である。イギリスでそうした事柄への興味関心がまだ存在し得たとすれば、それは教会や大学といった公的に認知された機関においてではなく、私的な仲間裡においてであった。例えばジョン・ディーと共に三つの世界の数の不思議に興味を持ち、モア＝コレットの伝統の残存物をも研究するフィリップ・シドニー卿を中心とする宮廷人のグループがその典型である。

ディーはルネサンスの〈魔術師《マグス》〉として、魔術の基盤としての中世的伝統を必要としていた。ところがそれはイギリスにおいてはすでに中断され四散してしまっていた。修道院の蔵書が破壊され続けたことはディーを大きな不安に陥れた。彼はそのでき得る限りの部分を救い出そうとしたのだが、この努力は彼に「降霊術師」としての嫌疑をかける結果になっただけでなく、カトリックの過去に未練と共感を持っているようにすら見せてしまった。修道院の廃墟はその壮麗な破局と共にエリザベス朝の舞台背景に聳えていた。近代の〈魔術師《マグス》〉ジョン・ディーは孤独なうら寂しい登場人物として、四散した宗教書を、そしてまた科学書を探し求めてその廃墟をうろついたのである。彼は確かに首席占星術師としてエリザベス女王に仕え、その庇護を受けてはいた。しかし女王は彼が嘆願していた学問研究のための便宜を図り、彼に適当な地位を与えることはしないままに終わった。むしろフィリップ・シドニーに率いられた知的な宮廷人たちのグループの方が、彼を自分たちの哲学教師に選ぶことになったのである。

ディーはブルーノのイギリス滞在中はほとんど国内にいなかった。彼はブルーノがイギリスに来た年の一五八三年後半には大陸に向けて旅立った。まだブルーノがイギリス滞在中だった一五八五年には、ディーはクラカウを訪れヘルメス主義者のアンニーバレ・ロッセリに会っている。「わたしは偉大な神学者であるアンニーバレ博士と会い、霊的な事柄についての助言を得ることができた。彼はちょうどヘルメス・トリスメギストスの著作『ピマンデル』註解の執筆に取りかかったところである」と、ディーは彼の『精霊日記』に記した。同じ日記の翌日には、「わたしはシトー会の教会でミサに列席し聖体を拝領した。博士はシトー会の教授をされているのである」と記載されている。[★056] この記事はディーの精神の故郷がどこにあったかをはっきりとわれわれに語ってくれる——つまり宗教的ヘルメティズムが彼の心の故郷だったのである。ディーはこうした宗教的な典礼に参加することで、将来ケリーと共に思う存分実践的カバラの実験に耽るその準備をしていた。彼はおそらく魔術に際して自分の身を護るために、天上の位階におけるキリスト教の天使たちの連続性というものを必要としたのだろう。この連続性は「アンニーバレ博士」の著書が示すように、ロッセリの情熱的な偽ディオニュシウス的-ヘルメス的瞑想が志向する対象でもあったからである。

シドニーはしたがって少なくとも二つのタイプのヘルメティズムを知悉していたことになる。彼はまずデュ・プレシ・モルネによって解説された脱魔術的なタイプを知っていた。彼はまた〈魔術師《マグス》〉であるディーと交際していた。魔術師といってもしかしキリスト教徒である魔術師である。ディーはまたコペルニクスの天文理論の数学的内実を完全に理解することのできる本物の科学者でもあった。[★057] さらにここにブルーノがやって来て、シドニーにそれとはまた別の銘柄《ブランド》のヘルメティズムを教えることになる。

これでジョルダーノ・ブルーノが本書に壮麗なる登場を果たす、その場面に対するわれわれの心の準備も整ったことになる。これまでの章は結局彼の登場の準備のためのものだった。なぜならこの非凡な人物を理解するための道は、彼をルネサンス・ヘルメティズムの歴史の文脈に置くこと以外にはあり得ないからである。

第二章

ジョルダーノ・ブルーノ――最初のパリ滞在

前提としての古典的記憶術

ジョルダーノ・ブルーノ[★001]は一五四八年に南イタリアのノラで生まれた。ノラはヴェスヴィオ山麓の小さな町である。彼はこの火山の如き熱い血と、ナポリの出自を決して失うことはなかった。そして誇りをもって自らを「ノラの人」と呼んだ。明るい陽光に恵まれた地方の人間である。一五六三年にドメニコ会に入り、ナポリにある大きなドメニコ会修道院の寄宿修道士となった。これはトマス・アクィナスの墓所がある修道院でもある。一五七六年に異端の嫌疑をかけられて面倒なことになりかけたので、ドメニコ会の修道衣を捨てて逃亡した。以降ヨーロッパ中を放浪する生活が始まった。カルヴァンが支配するジュネーヴに行ってみたが、あまりそこの人気《じんき》を好きになれず、カルヴァン主義者も彼を好まなかった。トゥールーズで二年間サクロボスコ[☆001]の『天球論』(*Tractatus de Sphaera*)について講義した後、一五八一年の暮れに近い頃、パリにやって来た。パリでは公開講義を行い、その中には神の三〇の属性についての三〇回連続講義というものもあった[★002]。この講義によって彼は国王アンリ三世の関心を惹くことになった。

ブルーノはパリで記憶術に関する二冊の書物を上梓する。この書物は彼の魔術師としての本質を示している。〈序〉で述べたように、本書の目的は、ブルーノをルネサンス期のヘルメティズムと魔術の歴史の中に位置づけることである。わたしはさらにもう一冊、現在のこの本に似た企図をもって、ブルーノを古典的な記憶術の歴史の中に位置づけることを目的とした著作を上梓したいと思っている[☆002]。この二つの要素は、結局一つの思想世界へと収斂する。なぜならブルーノの記憶術は、一つの魔術の技法、ヘルメティズム的技法だからである。本書ではブルーノの記憶術関係の著作が持つヘルメティズム的側面を取り扱うこととし、魔術の要素が記憶術と融合した過程はもう一冊の研究書の中で詳細に検討してみたい。しかしいずれにせよ、本章での作業の導入として、古典的記憶術につ[★003]いて多少なりとも纏めておく必要がある。

ローマの弁論家たちはある種の記憶法を用いていた。この記憶法については『ヘレンニウスへ』に纏まった記述があり、キケロとクインティリアヌスもそれに言及している。まず一つの建物を選び、その一連の場所を記憶する。次に論題を想起するための影像を作り、それをこの記憶した場所に割り振る。弁論家たちは演説を行う際に、想像の空間の中でこのあらかじめ記憶してある場所を通り過ぎながら、そこに割り振ってある影像を拾い集める。この影像が彼の演説の構想を想い起こさせることになるのである。記憶の場所の体系化に用いることができるのは建物だけではない。スケプシスのメトロドーロス[☆003]は自分の記憶体系の基盤として黄道十二宮を用いたと言われている。

この古典的技法は、通常は単純に記憶技術と見られている。それは中世における長い歴史を持ち、アルベルトゥス・マグヌスもトマス・アクィナスも推賞している。記憶術はルネサンスに至ると、ネオプラトニストとヘルメス主義者の間で一種の流行となった。この時期になると記憶術は、基本的かつ祖型的な影像を記憶に刻印する手段として理解されるようになり、その〈場所《トポス》〉の体系に内在する宇宙的秩序からして、宇宙を知る一種の内的な方法と見做されることになった。この原理はすでにフィチーノの『天上より導かれるべき生命について』ではっきりと表明されている。そこで彼は、惑星の図像や色彩を丸天井に描き、それを見て記憶する者が、屋外に出て出会うさまざまな現象の個別の知覚のすべてを、その記憶した図像に合わせて組織する過程を記述している[★004]。内的な世界に宇宙を映し出すというヘルメティズム的な経験[★005]が、ルネサンス期の魔術的記憶理論の基盤にあるとわたしは思う。〈場所〉や影像のシステムである古典的記憶術はこの理論の中に統合され、祖型的な影像に魔術の力が生気を与える。記憶術は、この祖型を記憶に刻み込むことによって原初的な経験を獲得する、そのための手段として活用される。〈魔術師《マグス》〉は、魔術的ないし護符的な影像を記憶の影像として用いることで想像力を魔術的に組織し、いわばコスモスの諸力と波長の合った、絶倫の魔術的人格を手に入れ、それによって宇宙的な知と力を獲得しようと望むのである。

古典的な記憶術のルネサンスにおける驚くべき変容つまり適応は、すでにブルーノ以前に始まっていた。しかしその頂点を提供したのはブルーノである。本章で検討する『イデアの影について』(*De umbris idearum*)と『キルケーの呪文』(*Cantus Circaeus*)は魔術的記憶理論を扱う彼の最初の著作である。それらはブルーノがイギリスに渡る以前にすでに一個の魔術師であったという事実を明かしている。

『イデアの影について』

『イデアの影について』《デー・ウンブリース・イデアールム》はパリで一五八二年に出版され、アンリ三世に献呈された。国王への献辞を挟み込むようにして詩が何編か置かれている。作者はこの著作の難しさをあらかじめ読者に警告して、研究の入り口はでこぼこ道の難儀で苦労するだろうが、しかしそこを抜けた先には素晴らしい報酬が待っているだろうと告げる。キオス島にある女神ディアナの御神像は、神殿に参拝する者には泣き顔を示し、参拝を終えて神殿を去る者には笑い顔を示していると伝えられているが、この書物はこの女神像になぞらえることができるだろう。[★006] あるいはピュタゴラスの謎々に比べてもらってもよい。〈二本の角〉の一方は荒く不快だが、もう一方はより良き事物へと導くのだった。この女神の顔とピュタゴラスの謎々はそれ自体なかなか難しいものではあるけれども、それらが投げかける影に入って沈思黙考する者は、ためになる何かを見つけることができるだろう。魔法使いマーリン[☆004]のものだとされている叡智の詩の一つは、色々な動物たちにはそれぞれ苦手なことがあるということを謎々の形で述べている。例えば豚はその本性からして空を飛ぶには適していない。それゆえ読者はもしこの眼前の書物にふさわしい力を自分が備えているという自信が持てないなら、読むのはやめるべきだと警告しておこう。[★007] この著作の道しるべとして置かれた冒頭のこの詩の雰囲気、つまり神秘めかしながらも大言壮語するこの調子は本論に入ってからも一貫して持続している。[☆005]

『イデアの影について』の本論は、ヘルメス、フィロティムス、ロギフェルの三人の間で交わされる対話で始められる。[★008] ヘルメスは知識や技芸を昇ろうとする太陽になぞらえる。それが昇るにつれ暗闇の勢力はその隠れ家に退き、光の人と生き物は出てきて仕事に取りかかる。夜とプルート神に対して聖別された闇の生き物は、魔女、ヒキガエル、バジリスク、[☆006] 梟《ふくろう》である。これらは日の出と共に追放される。それに対し光の生き物は、雄鶏、フェニックス、白鳥、ガチョウ、鷲、山猫、雄羊、そしてライオンである。彼らは醒めて働くものたちである。光の香草《ハーブ》や花——ヘリオトロープやルピンなど——は夜の成長を妨げる。

ヘルメスは技芸に内在する啓示の光について述べる。それら技芸は、太陽という天体に占星術的に関係する動物や植物に、太陽の光が潜んでいるというのと同じ意味で、光を内在させているだけではない。同時にまた「惑わしを本性とする感覚」ではなく、「過つことなき知性」に基づく哲学の啓示の光を宿しているのである。彼は続いて「循環」や「半周期」、そして「諸世界の運動」について語る。この世界は多くの者が「動物たち」または「神々」であると考えている。さらにこの哲学における太陽の力というものについても語る。[★009]

フィロティムスはヘルメスが手にしている書物を見てそれはなんの本かと尋ねる。彼はそれは〈イデアの影たち〉について論じた著作だと答える。[★010] その著者は本にした内容を公表すべきかどうか迷っている、と付け加える。フィロティムスは、もしそうした躊躇が正しいのなら、そもそも偉大なる著書というものは全く生み出されることはなかったに違いないと指摘する。かつてエジプトの神官たちが言い慣わしていたように、抑圧する水星《メルクリウス》[☆007]たちがいかにさまざまな法規を布告しようとも、神々の摂理はその歩みを止めることはない。われわれがたとえ恒に光の方を向いているわけではないからといって、知性の輝きは止みはしないし、また可視の太陽もその光の照射を止めない。

ここでロギフェルが対話に加わる。彼はアドホック先生やスコペット先生といった多くの碩学の名前を挙げて、この先生方は記憶術を全く評価していないと述べる。記憶の技術からはたとえそれがキケロやトマス（・アクィナス）

やアルベルトゥス（・マグヌス）といったひとかどの人物たちのものであっても何も学ぶことはない、とプシコテウス先生も仰っている。★011 ロギフェルは記憶力を増すための医療的手段には精通している。例えばどういう食餌が最も記憶力を増強するかとか、あるいはどういう摂生一般が必要かとかいった類の知識である。こうした知識の方が、影像やら図式やらを用いるあの空しいあてにならない記憶術よりも遙かに有益だと彼は見做している。フィロティムスはロギフェルの主張に答えて、そういう風にカラスはガーガー、狼はオーンオーン、馬はヒンヒンやらかすしかできないものだ、と罵る。ロギフェルは明らかに、著者ブルーノが冒頭でマーリンの詩を引いて警告した、自分の能力以上のことに口を出さないように用心した方がよい豚的な連中の一人である。

これがイギリスに渡る前にパリで書かれた『イデアの影について』の冒頭七‐八頁の対話の内容である。この部分を読むだけで、この後イギリスで書かれることになる対話篇の数々の概要をその登場人物《ドラマティス・ペルソナエ》の面からも、形象の面からも予見することができる。イギリスで出版された対話篇の中で、新しいコペルニクス的哲学を擁護する賢者は、フィロテオないしテオフィロと呼ばれ、著者である「ノラの人」を代弁する。この代弁者は彼を称讃する弟子たちと、またその逆に彼を批判する敵たち、つまり彼を攻撃する「衒学者たち」に取り巻かれている。イギリスで出版された対話篇全編に溢れる修辞的形象はすでにここにも登場している。神秘の啓示を具現する昇り行く日輪は、「コペルニクスの」自然哲学と結びつけられ、光の生き物たちと闇の生き物たちがこの啓示の敵味方として分類される。それと同様に、非太陽的な本性を持つ衒学者たちが、ちょうど先の場面で演じられたように、賢者たちと対立しているのである。

『イデアの影について』の対話はまた非常にはっきりとした形で、フィロティムスの教師が――つまりフィロテオないしテオフィロまたは「ノラの人」、すなわちジョルダーノ・ブルーノ自身の教師は、ということだが――ヘルメス・トリスメギストスであるということを示している。新しい哲学と技芸をその内容とする書物をフィロティムスに手渡すのはヘルメスである。それはジョルダーノ・ブルーノによる〈イデアの影について〉の書物でもある。しかし本当のところはその著者はヘルメスである。つまりそれは魔術についての著作、それも非常に強力な太陽魔術についての著作なのである。ここではまた『アスクレピウス』の〈悲嘆〉も暗示されており、エジプト人の魔術的宗教が、末代末世には、法律の布告によって禁止されてしまうその有様が描かれている。[★012] この末世の記述はまた、ジョルダーノ・ブルーノに開示されたヘルメティズム的啓示が、エジプトの宗教に連関するものであることを示している。つまり知性の、精神の宗教は可視の太陽の崇拝の彼方に及ぶのである。このエジプトの宗教を法律によって禁じたのは、〈悲嘆〉をアウグスティヌス風に解釈するならば、キリスト教徒である。彼らのより純粋な宗教がエジプト人の宗教に取って代わったのだとされる。しかしブルーノに拠れば、キリスト教徒という「水星たち《メルクリウス》」の誤謬がより良きエジプトの宗教を弾圧したというのが真相である。これはヘルメティズムの反キリスト教的解釈であり、それについての例証はブルーノの後期の著作で数多く挙げられることになる。

マーリンの、身のほど知らずの詮索はやめよ、という警告は非常に気になるところではあり、またわれわれが太陽に縁のある動物か鳥である可能性も極めて薄いとは思うのだが、それにもかかわらず、あえて神秘的な〈イデアの影〉の暗がりへもう少しばかり侵入を試みてみよう。

この書物は三〇を基数とした分類法を基調としている。まず〈志向《インテンチオーネス》〉についての三〇の短い段落ないし章がある。それは光の影を見ること、つまり反照を目指す志向性を持つことで神的な光を間接的に見ることを論じたものである。[★013] この部分にはカバラ主義の、また〈ソロモンの雅歌〉の形象世界へのいくつかの言及が含まれている。〈志向〉は一つの車輪によって図解され、それは三〇に区切られ、それぞれに文字が記され、中央には太陽がある。[★014] そのようにすべての〈志向〉は太陽を向いている。その太陽は可視の日輪であるばかりでなく、まず何よりも神的な知性を意味し、可視の部分はその影像なのである。文字が記された車輪は確実にこの書物におけるルル[☆008]の影響を反映している。ルルの原理の一つは、それぞれの技芸を文字が代表する神的な属性によって基礎づけることだからである。それは、原稿は失われてしまったが、ブルーノがパリで行ったあの〈三〇の神的な属性〉についての講演とおそらく関係しているのだろう[★015]。

続いて〈イデアの観念〉についての三〇の短い章が来る[★016]。これらはネオプラトニズム風の気韻を感じさせるもので、プロティノスに対するいくつかの言及を含んでいる。直接的な引用は行わないものの、ブルーノが主に念頭に置いているのは、フィチーノの『天上より導かれるべき生命について』である。彼は実際に、やや混乱したやり方ではあるものの、フィチーノが行った天上の影像の「プロティノス化」をほのめかし、こうした影像を列挙する準備作業をしている。この影像の体系の基盤の上に魔術的記憶の理論が構築されることになるのである。

これらの影像の列挙がこの本のかなりの部分を占めている[★017]。それらは三〇ごとの組に分けられ、それぞれはさらに五つの要素を持つ下位の組に分けられ、したがって全部では一五〇の影像が列挙されることになる。

まず冒頭に挙げられるのは三六体のデカンの影像である。最初に来るのはもちろん馴染みの男の姿である。

> 白羊宮の第一の相として昇ってくるのは、魁偉な体軀の黒い男である。目は爛々と輝き、怒りの表情に満ち、白い衣服を身に纏っている[★018]。

怖れを知らぬブルーノはこのエジプトのデカン神霊の影像を自分の記憶に刻みつけるのになんの躊躇も感じない[☆009]。E・ガリンが指摘したように[★019]、ブルーノは、このバビロニアのテウクロス[☆010]に帰せられた三六体のデカン図像を、ほとんどすべてコルネリウス・アグリッパの『オカルト哲学について』から採録している[★020]。

つぎには惑星の四九の図像が論じられる。それぞれの惑星が七つずつの影像を持っている。例えば、土星の最初の図像。雄鹿の頭をした男が竜の上に乗っている。右手には梟《ふくろう》が一羽留まっているが、その梟は一匹の蛇をついばんでいる。[★021]

ブルーノの惑星の影像は、多少の変化はあるものの、アグリッパの記述に近い。[★022] 続いて月の〈宿〉である二八の図像と、一つの〈月の竜《ドラコ・ルーナエ》〉の図像が示されるが、[★023] これらすべてはアグリッパの挙げるものと非常に似通っている。[★024] 最後にブルーノは三六の図像を挙げ、ホロスコープを一二に分割する〈宿〉をこの図像と関連させる。[★025] これらの図像は独特のもので、これまでのところ他の類型との関係は同定されていない。おそらくはブルーノ自身がこれらの図像を創作したのだろう（ブルーノが主たる権威として参照するアグリッパは、特別の目的のために占星的な図像を作り上げることは一向に構わないと言っている）。[★026] ブルーノは魔術的図像を創作ないし発明することにかけては玄人はだしであった。一五九一年に出版された彼の最後の著作は図像の製作法を論じたもので、護符や魔術で使う図像を扱っている。[★027]

ブルーノはフィチーノの提唱した護符の活用に回帰する。しかし彼はフィチーノの感じたキリスト教徒としての抑制を全く無視し、文字通りの意味での護符に戻る。彼はキリスト教よりもヘルメティズム的なエジプト主義の方を信じているからである。魔術の文献に親しんだことのある者にとっては、この著作の『イデアの影について』という表題そのものが魔術の方向を示唆している。なぜならチェッコ・ダスコリ[☆011]は、十四世紀に生きた有名な魔術師で最後は火刑に処された人物だが、サクロボスコの『天球論』に対する降霊術的な註釈の中で『イデアの影についての書』（*Liber de umbris idearum*）という表題の一冊の書物を挙げ、それをソロモンの著作だとしているからである。[★028] ブルーノはキリスト教を否定し、ヘルメティズム的なエジプト主義に熱狂的に賛同することによって、より暗くより中世的な降霊術の方向へと遡行する。しかしまた同時に、フィチーノが提唱した護符魔術のその精巧な「プロティノス化」をも保持するのである。この主張はいささか常軌を逸したものに見えてしまうかもしれないが、わたしは、ブルーノの〈イデアの影〉とはつまり魔術的図像そのもののことだと確信しているのである。それらは天上界における祖型的な影像であり、この下方の地上の事物よりは神的な精神におけるイデアに近い存在なのである。フィチーノがこの〈影〉という言葉をしばしば用いるのも、時折はこうした意味を含ませていたのかもしれない。[☆012]

魔術の図像は記憶の体系を表現する車輪の上に配置される。この車輪にさらに他の多くの車輪が対応し、その上には地上世界のすべての物理的事象が記憶されている。つまり四大、宝石、金属、香草、植物、動物、鳥等々そうしたもののすべてである。何世紀にもわたって蓄積されてきた人類の知見の総体は、一五〇人の偉大なる創造者たちの図像によって記憶されることになる。[★029] この記憶の体系を保持する者は、時の流れを超越し、宇宙と人間のその全体を内的な世界に反照させることになる。すでに指摘したように、こうした記憶の体系がヘルメティズムでは秘密とされたその理由は、『ヘルメス選集』で暗示されている教理、つまり宇宙が精神の裡に反照されるというグノーシス的な教理の、その秘教性によるものではないかと思う。例えば『ピマンデル』の結尾で奥義を拝領する弟子が、ピマンデルの啓示を自分の内面に刻み込もうとする場面[★030]や、本書第二章で〈精神の裡なる宇宙に関するエジプト風の省察〉という表題を与えて要約した『ヘルメス選集』XIをその例として挙げることができる。その要約から再度結論部を引用してみよう。

おまえが自分自身を〈神〉に等しい者としない限り、おまえは〈神〉を理解することはできない。似た者同士だけが互いを理解できるからだ。際限もない偉大さへ向けておまえ自身を養い育てなさい。乾坤一擲、肉体の拘束からおまえ自身を解放しなさい。すべての時の流れを越えて伸び上がり、〈永遠〉そのものとなりなさい。そうすればおまえは〈神〉を理解することになる。おまえにとって不可能なことは何一つないことを信じなさい。自身が不死であり、すべてを理解できる、すべての芸術、すべての学問、すべての生き物たちの本性を、それらすべてを理解できると考えなさい。いと高き処を越え、さらなる高みへと昇り行きなさい。いと深き処を越え、さらなる深みへと降りゆきなさい。おまえ自身の裡にすべての被造物の感覚を取り込みなさい。火と水、乾燥と湿潤のその感覚を。そしておまえはどこにでも存在していると想い描きなさい。地上に、大海に、大空に。まだ生まれていない者として、母なる者の子宮の裡に、青年として、老人として、死者として、死を越えた彼方にある者として、それらすべての者として想い描きなさい。おまえが自らの思惟の裡に、時間、空間、諸々の場所、実体、性質、量、それらすべてを一度に抱き取るならば、おまえは〈神〉を理解できるだろう。[★031]

ブルーノは記憶の裡に天上の影像、つまり天界の祖型的な影像を刻み込もうとする。この影像は神的な精神《メンス》の裡なるイデアの影であって、下方のすべての事物はこの影に依存している。ブルーノはこの作業によって神的な諸力を自分の内面に取り込み「エジプト的」経験を獲得しようとしているのだとわたしは思う。つまり真にグノーシス的なやり方で〈永遠《アイオーン》〉と融合しようとしているのである。黄道十二宮の図式を自分の想像世界に刻印することで、「形象を操作する技法を身につけ、記憶力だけでなく魂のすべての能力を素晴らしいやり方で増進することができる[★032]」。もしも天上の諸形態に自分を適合させることができれば、「事物の多元的混乱を脱出して、その基底をなす統一性へ到達できるだろう」。なぜならそれによって、宇宙に存在する種のそれぞれの部分は分離されたばらばらの状態で捉えられるのではなく、そのすべての基底にある秩序との連関において把握されるからである。そうなればわれわれが理解できないようなものが果たして存在し得るだろうか。記憶し操作できないようなものが存在し得るだろうか[★033]。

ブルーノの魔術的な記憶の体系は、〈魔術師《マグス》〉の記憶を具現化したものである。〈魔術師《マグス》〉は彼の想像力を祖型の影像と同調させることで、現象世界の多元性を超えた真の現実の存在を知ると共に、この洞察によって諸力を獲得する。それは天上的な図像に対するフィチーノのネオプラトニズム的な解釈を直接的に継承するものでありながら[★034]、それを遙かに大胆奔放に展開し極端な帰結へと導くものでもある。

『イデアの影について』に記述された技法の「エジプト的な」性格は、ブルーノの弟子であるスコットランド人アレグザンダー・ディクソンによって強調された。彼は一五八三年にロンドンで『イデアの影』を模倣した著書を出版している[★035]。冒頭部では「メルクリウス」と「テウト」という、両者共にエジプト人ヘルメス・トリスメギストスに由来する人物が、対話を行う。

『キルケーの呪文』

パリで出版された魔術的記憶理論を扱うもう一冊の書物には、女主人公として、かの大いなる女魔法使いであり太陽神の娘であるキルケー[☆013]が登場する。この書物は『キルケーの呪文《カントゥス・キルカエウス》』(*Cantus Circaeus*)と題され[★036]、ジャン・ルグノーによってフランスのマルタ騎士団副総長アンリ・ダングレーム[☆014]に献呈された。彼はアンリ二世の庶子であった関係上半ば王室に属し、フランス宮廷では重要な名士であった。ルグノーは献辞の中で、ブルーノが彼に草稿を委ね、出版に向けての編集を頼んだと述べている。出版されたのは一五八二年であり『イデアの影について』の出版と同じ年だが、こちらの方がいくぶん遅い。序文の中で『イデアの影について』を「敬虔なるキリスト者の国王」に捧げた著作として言及している部分があるからである[★037]。

この書物の幕開けはキルケーが太陽神に捧げるおどろおどろしい呪文朗唱の場面である[★038]。太陽神のすべての名、すべての属性、それに関係する動物たち、鳥たち、金属等々がこの祝詞で用いられる。祝詞が続くさなか、キルケーの侍女モエリスは外に出て日光の射し方を調べなければならない。呪文の効果がしっかり現れているかどうかを確かめるためである。この呪文朗唱の場面にはフィチーノの『天上より導かれるべき生命について』の残響が、やや取捨選択はされているものの、はっきりと聴き取れる。祝詞の願懸けの対象となるのはまず太陽である。太陽は、世界の魂の裡なる「諸々の根拠」の媒介によって、「イデアたち」から発する計り知れない力をわれわれまで運んでくれるからである。またさらに香草、植物、宝石等々も祝詞の対象となる。それらは霊気《スピリトゥス》を引き寄せる手段となるからである。[★039]キルケーは続いて、月、土星、木星、火星、金星、そして水星に捧げる呪文朗唱を行う。こちらも同じように怖ろしげなものだが、太陽に対してのものほどは長くない。祝詞の最後には、七柱の支配者たちすべてに向けて祈りを聞き届けてくれるよう嘆願する。[★040]彼女は祝詞朗唱をしながら、魔術の操作も行っている。植物や宝石等々を配置し、「聖なる神々の碑銘」が刻まれた板を掲げ、空中に占星記号を描く。その間侍女のモエリスは一枚の羊皮紙文書を広げるように命じられている。その文書の上には最も威力ある〈徴《ノタエ》〉が描かれているが、その力の神秘はすべての死すべき族《うから》からは隠されている。[★041]

この作品の呪文の典拠は、『イデアの影について』の天上的図像の出所と同じように、コルネリウス・アグリッパの『オカルト哲学について』である。[★042]比較のために、金星に捧げる祝詞をブルーノとアグリッパからそれぞれ引用してみよう。

ブルーノ――

ウェヌスよ。養い手であり、美しい姿をなし、貌《かんばせ》は最も美しく、友なる、親切な、恵み深い、甘美なる、心地良い、輝かしい、天上の、女神ディオーネーの娘神よ、芳しき、戯れの、泡から生まれた、豊饒なる、恵み深い、気前の良い、寛大な、落ち着いた、遊び好きの、才気溢れる、情熱的な、最大の仲裁者、愛の支配者よ……[★043]

アグリッパ――

ウェヌスよ。女支配者と呼ばれる方よ。養い手であり、美しい姿をなし、天上の、輝かしい、美しい貌《かんばせ》の、寛大な、さまざまな力を持つ、豊饒なる御方よ。愛と美の女支配者よ、長き時を経た御方よ、人々の二親の始まりよ。すべての物ごとの始まりの時に、両性の違いを双方からの愛によって結びつけ、人間と生き物すべてのその子々孫々のうからやからを、永遠の時にわたって日々生み増やされる御方よ、すべての悦びの女王よ、溢れる歓喜の女主人よ[★044]……

ブルーノとアグリッパの惑星への呪文はこの例でも、また他の場合も完全に一致はしていない。しかしブルーノはアグリッパの定式を下敷きにしている。アグリッパの星辰図像を用いる時と同じようにして、随意に改変を加えているのである。

キルケーの呪文朗唱ないし〈カントゥス〉は「記憶の実践を目指して構成される[★045]」、と述べられている。そして〈記憶術〉の記述がこれに続いている[★046]。ここでまたフィチーノの弟子ディアチェットによって描かれた、あの太陽崇拝の儀式を想い起こしてみよう。そこでは太陽の護符が、儀式やオルフェウス的朗唱の対象となり、その結果、想像力は情緒的な力を得て「ある種の刻印」を受け取る準備が整うのだった[★047]。この情景に照らして見ると、キルケーの行っている惑星に向けた呪文朗唱は、想像力が惑星の影像の刻印を受け取るための準備をしているように見える。奥義に精通した者は、すでに天上界の影像の刻印を受けた想像力を働かせて、〈記憶術〉の作業を始める。想像力の整序が魔術的記憶に必要な準備作業となるのである。キルケーの呪文朗唱の場面にすぐ〈記憶術〉の記述が続くことに対する説明はこれまでなされたことがない。わたしの立論は、この結びつきに対する解釈として正しいものであるかどうかは分からないが、少なくとも正しい可能性はあると思う。

キルケーの呪文を、本物のフィチーノ伝授の魔術、オルフェウス讃歌の形態を取るその優雅で上品な、そして学識ある呪文朗唱と比較してみると、『キルケーの呪文』におけるブルーノの奔放な魔術の持つ中世志向的で荒々しい性格というものが際立ってくる。これはより強力な魔術を得るための手段として意図的に選ばれたのかもしれない。[☆015]
キルケーは太陽神に向いてこう祝詞を捧げる。

> あなた様の娘キルケーの祈りを捧げるその声に応えて降り来たりませ。もしも真剣に浄い心でわたくしがここに控えておりますことをお認めなさいますならば。もしも正しい手段をもってわたくしが尊い儀式を行っておりますことをお認めなさいますならば。ご覧なさりませ。あなた様にふさわしい祭壇を築き上げてございます。あなた様に向けてくゆり立つ薫香が整っております。白い穂が赤く燃え立って薫る煙を上げております。ご覧なさりませ。わたくしは三度、おどろおどろしき秘密の呪文を唱えております。[★048]

ここには祭壇と薫香が準備されている。それはフィチーノの太陽崇拝の儀式と同じである。しかし唱えられる呪文は〈太陽〉に向けたオルフェウス風の讃歌ではなく、「おどろおどろしき秘密の呪文」(barbara et arcana carmina)である。

キルケーの行う魔術はある種の道徳的改革というものを暗示している。彼女は黄金時代の正義の女神アストライアの居場所を尋ねる。[★049][☆016] キルケーは悪事を行う者たちをおどかし、徳性を復活させるために神々を会議へと召集する。[★050]彼女の魔術の結果、人々は野獣に変身する。[★051] これは(通例のキルケー物語の解釈とは全く反対に)善いことなのである。なぜなら邪悪な者たちは、その本性に従った動物の形でいた方が害を与えることがより少なくてすむからである。[★052] しかしまた美しく徳高い動物や鳥もいて、彼らは悪の夜から飛び去る。雄鶏が中でも最も美しく、声高く、高貴で、寛大で、高潔で、太陽に似て、帝王の如く、ほとんど神に等しい生き物である。彼は相争う悪しき雄鶏たちとの闘いに勝つ時、その卓越した至上の権威を歌に唱う。[★053] 雄鶏はもちろんフランス王国を表す馴染みの比喩である。このキルケーの改革熱は、F・トッコが指摘したように、[★054] 奇妙な形で『勝ち誇る野獣の追放』(*Spaccio della bestia trionfante*)を先取りしている(しかしトッコはまた、十九世紀にジョルダーノ・ブルーノに心酔した自由主義的な学者の通弊として、魔術の要因を全く忘れている)。

ブルーノのイギリス訪問と隠された使命

ブルーノは彼が生きるその社会環境からの影響を一種の感応霊力の如く、共振しつつ受容する。彼はそういう本性を持った魔術師だった。本書の後の方で示されるように、ブルーノはイギリス滞在中に、エリザベス朝の宮廷的女王崇拝のその最も深遠難解な要素をあっさり自分のものにしている。また一五八一年にパリを訪れた時には、大いなる宮廷祝祭〈王妃のバレエ・コミック〉(*Ballet comique de la reine*)がちょうど催されている最中で、あるいは彼は運良く間に合って参観できたかもしれない。少なくともその噂は聞いただろう。このバレエの台本が出版されたのは一五八二年であり、それはまた彼の『キルケーの呪文』の出版の年でもある。キルケーはこのバレエにも登場し、そこではフランスの宗教戦争[☆017]の悪しき魔力、つまり人々を野獣の如き振る舞いに至らしめた張本人として表されている。この魔法使いは祝祭バレエの上演という善き魔術によって追放され、この勝利はキルケーをアンリ三世のもとへと連れて行くという場面で演出される。彼女は魔法の杖を国王アンリ三世に手渡し、かくして悪しき魔法使いキルケーの魔術は善きフランス王政の魔術へと変容するのである。こうして見ると、ブルーノはフランス宮廷でちょうど話題となっていたフランス王政による太陽魔術的改革の観念を、素早く自分のものにした可能性がある。

ここで再度、前章で扱ったフランスの宗教的ヘルメス主義者の慎重さというものを思い出してみよう。彼らは自身が標榜するキリスト教的ヘルメティズムを、『アスクレピウス』の魔術とフィチーノの護符魔術から区別するために、細心の注意を払ったのだった。カトリック的‐キリスト教的ヘルメティズムは今やフランスの聖職者たちの間で花盛りとなっていた。それにアンリ三世周辺のカプチン僧たちの宗教運動も加わる。これがブルーノの登場した世界である。彼は徹頭徹尾魔術そのものとしてのヘルメティズムを標榜し、『アスクレピウス』の魔術に歓喜の声を挙げ、フィチーノの魔術をフィチーノ自身夢想だにしなかった彼方にまで導く。それはまさに一つの爆発と呼ぶにふさわしい登場の仕方だった。とはいえしかしブルーノと彼の魔術はまた、宗教的ヘルメティズムのより大きな思想圏に包摂されていくことにもなるのである。

ブルーノとアンリ三世の関係は、ブルーノがヴェネツィアで捕縛された後、そこの異端審問官の尋問を受けて語った記録が残されているだけである。彼の述べるところに従えば、公開講演の噂を聞いたフランス国王は彼を呼び寄せ、今教えている記憶術は自然の力によるものなのかそれとも魔術の技法によっているのかを尋ねた。こう聞かれた自分はそれが魔術的なものではないことを国王に証明してみせた、とブルーノは異端審問官に語っている。この供述はもちろん真実ではない。彼は続いて、自分が『イデアの影について』という自著を国王に献呈すると、国王は直ちに彼を講師に任命した、と述べている[★055]。もし国王アンリがこの『イデアの影について』の頁を実際にめくってみたとしたら、そこに記述されているのが魔術に用いる図像であることを認めたに違いない。というのも本書の前の方の章で見たように、この王は魔術関係の書物をわざわざ取り寄せた人物だからである。それが届くとドービニェに閲覧を許したのだった。そしてその中の一冊は『ピカトリクス』だった[★056]。さらにまたアンリ[☆018]の母親の魔術師と占星術師への耽溺ぶりを考えても、彼が魔術については相当な知識を持っていたと見る方が自然である。したがってより信憑性に富む仮説としては、アンリがブルーノをわざわざ呼び寄せたのは、魔術を教えているらしいという噂に惹かれたためである、というのが妥当な線に思える。

ブルーノはまた異端審問官に、イギリスに行くに際して、フランス国王からイギリス駐在のフランス大使に宛てた紹介状を貰っていた、と述べている。この大使はミシェル・ド・カステルノー・ド・モーヴィシエールという名前の人物[☆019]で、ブルーノはイギリス滞在の期間中はずっとこの人物と行動を共にしている[★057]。国王の紹介状についてはこのブルーノの供述で言及されているだけで他の史料は存在しない。しかしおそらく事実ではないかとわたしは思う。彼が実際にイギリス滞在中はずっとフランス大使と一緒だったことをわれわれは知っているし、またブルーノの著作の一つから得られる知識として、彼の著述と行動一般が巻き起こした騒ぎから護ってくれたのもこの大使だからである。ブルーノは、イギリスで出版されたこれらの著作のあちこちで、厳しい検閲と監視が当たり前のこの時代、土地の人間ならばまず発言を許されるはずのないことを述べている。彼が実際に著作を発表し、しかも投獄もされず、いかなる形の処罰も蒙っていないという事実は、彼がなんらかの外交上の保護特権を享受していたことを強く示唆するとわたしは思う。つまりフランス国王自らフランス大使に宛てた紹介状があったならば、可能であるはずの保護特権ということである。

したがってブルーノにある使命を授けてイギリスに送り込み、そのことによって彼の人生行路を大きく変えたのはアンリ三世だったかもしれない、ということになる。その使命は内密《スブ・ロサ》のものであったにもかかわらず、ブルーノの人生を、放浪する魔術師の生活から非常に奇妙な伝道者のそれへと変容させたのだった。

パリ駐在のイギリス大使であったヘンリー・コバムは、いつもながら情報収集を怠らないフランシス・ウォルシンガム[☆020]に宛てて、一五八三年三月の日付がある急送公文書の中で、ブルーノのイギリス到着が差し迫っていることを知らせている。「ジョルダーノ・ブルーノ・ノラーノ博士は哲学の教授であり、イギリスに赴こうとしております。この人物の信奉する宗教に関してはわたしは賛成いたしかねます[★058]」。この大使が賛同できないと感じているのが——それはおそらくは控え目な表現に留めているのだろうが——ブルーノの哲学ではなく宗教であることに注意しなければならない。

本書の読者が、本章で示されたブルーノという著名なルネサンス哲学者の心根に仰天され、この大使の意見に同意したくなる気持ちに傾いたとしても、わたしとしては咎めだてすることはできない。しかしもし、われわれが思想の歴史における真実を探求したいと望むのならば、何ごとも除外すべきではない。ジョルダーノ・ブルーノという最も極端なタイプのヘルメス主義的魔術師は、彼の「新しい哲学」を開陳するために、いまやイギリスに赴こうとしているのである。

第一二章
ジョルダーノ・ブルーノのイギリス滞在——ヘルメス教的改革

オックスフォード大学にて

ブルーノはイギリスでの活動をフランス大使に献呈した一冊の書物を発表することから始めた。この著作は三つの作品を含んでいる。まず〈記憶術〉の論文、これは『キルケーの呪文《カントゥス・キルカエウス》』中の記憶術に関する部分をそのまま繰り返したものである。これに『三〇の封印の解説』(*Explicatio Triginta Sigillorum*)と『封印中の封印』(*Sigillus Sigillorum*)と題された二つの作品が添えられている。[★001]「封印」を「三〇」で纏めるというこの構想は、彼がいまだに『イデアの影について《デー・ウンブリース・イデアールム》』で呈示した神秘的-魔術的な思想圏で思考を進めていることを示している。この書物の全体は、彼がパリで公刊した二点の著作で始めた方向、つまり〈魔術師《マグス》〉の自己修練の主要な手段として記憶の領域を探査するという方向のさらなる展開であると言える。パリではこうした努力の副産物として講師の地位を得、国王の関心を惹くことができた。そこで彼はイギリスでも似たような成果を得ることを期待した。フランス大使に宛てた献辞の後に、「いとも傑出したるオックスフォード大学副総長及びその卓越したる教授、碩学諸兄へ」宛てた挨拶の辞が掲載されている。それは次のような出だしで始まる。

わたくしフィロテウス・ヨルダーヌス・ブルーヌス・ノラーヌス[☆001]は、通例よりは難解なる神学に通じた学究であり、純粋にして特にまた無味乾燥なる叡智に通じた教授であり、ヨーロッパの最善の学士院より注目され、賛同と名誉をもって受け入れられたる哲学者であります。野蛮で下賤なる者たちはいざ知らず、いずこにても親交を結ぶ眠れる魂の覚醒者、でしゃばりで頑固な無知蒙昧を飼い馴らす者、普遍的人間愛を宣告する者、ブリテン人よりもイタリア人であることを好まないわけではない者、女であるよりもむしろ男、王冠を戴くよりはむしろ司教冠の似合う頭の持ち主、兵士のいでたちよりはむしろ弁論家のトガの似合う者、修道士のフードなしよりはそれがあった方がよい者、しかしより平和な心根の、より礼儀正しい、より忠誠を知る、より有用な者、聖別された頭、十字架の徴《しるし》を持つ額、洗ってある手、割礼を施した一物に注意を集中するのではなく（その顔によって人柄が知られる、そういう場所において）、心と魂の教養と洗練に注意を払う者、それがわたくしであります。愚昧と偽善を撒き散らす者たちからは憎まれ、しかし誠実で勤勉な者たちからは探し求められる、そしてその才能も高貴な賛同にふさわしい、そうした者であるわたくしは……[★002]

こうした語り口は確かに注意を惹く。この脅迫的なまでに寛容を強弁する著者の全く驚くべき作法による挨拶を受けた教授連は、もし実際にその本を覗き込んでみたとしたなら、それが非常に茫漠とした種類の魔術について論じた著作であることを即座に悟ったはずである。事実、これを悟るためには、題扉を見るだけで十分であった。そこには、「論理学、形而上学、カバラ、自然魔術、長短取り揃えた諸々の技芸」によって読者が求めるものはすべて、この著作中に発見されるであろう[★003]、と書かれてあるからである。実際にこの著作は、一方に〈魔術《マギア》〉とカバラを置き、他方にルルス主義及び記憶術を置き、この両者を結びつけてみせるブルーノのその呆れるばかりに複雑な手法を解き明かすものでもある。

一五八三年六月にポーランド公子アルベルトゥス・アラスコ[☆002]、別称ラスキ（ワスキ）はオックスフォード大学に来駕し、女王直々の特命により、饗宴、演劇、そして公開討論会といったさまざまな催しで実に豪奢な歓待を受けた[★004]。ジョン・ディーの日記から推察するとフィリップ・シドニー卿が皇太子をオックスフォードに案内したらしい。モートレイクに住んでいたディーをオックスフォードからの帰途、シドニーがアラスコを連れて訪れたとディーの日記には記載されている[★005]。ブルーノは自著『灰の水曜日の晩餐』の中で、アラスコのためにオックスフォードで催された公開討論に参加したと述べている。

……オックスフォードに行って〈ノラの人〉がどうだったか、そこいらの人々に聞いて下さい。彼はポーランドの公子アラスコや他のイギリスの貴顕を前にして、神学の先生たちと公開で討論したのです。彼がいかにうまく議論に応じたか、聞いて下さい。この重大な催しのためお出ましになった学士院のお偉方たちが、まるで刈られたばかりの畑の切り株に躓《つまづ》くひよっこたちのように、一五の三段論法には一五回も固まってしまう、その哀れにぶざまな有様を聞いて下さい。そこの豚殿がいかに乱暴で無礼だったか、そして〈ノラの人〉がいかに忍耐強く、いかに人間らしくそれに応えたことか。その穏やかな振る舞いで彼は自分が本当にナポリの生まれであることを示したのです。ここよりも穏やかな空の下に生まれ、育った男なのです。そして彼らのあまりのひどさが〈魂の不死性〉と〈五組の天球〉について彼が予定していた講演をやめさせてしまった、その事情を聞いてみて下さい。[★006]

ブルーノのオックスフォード大学での体験については、ゲイブリエル・ハーヴィ[☆003]、ジョン・フローリオ[☆004]、そしてサミュエル・ダニエル[☆005]の友人〈N・W〉氏といった[★007]何人かの人々の曖昧な記録しか残っていない。それでこれまでのところはそれ以外の史料としては、先に引用したブルーノ自身の説明があるだけだった。ともかくもこの魔術師がそこでの接待に満足していなかったことはこの説明でよく分かる。

ブルーノのオックスフォードでの講演に関しては、ロバート・マクナルティが『ルネサンス新報』(*Renaissance News*)に一九六〇年に公刊した論文中で、オックスフォード大学側からの全く新しい史料を発表した[★008]。後にカンタベリーの大主教となるジョージ・アボット[☆006]は、一五八三年にブルーノがオックスフォード大学を来訪した頃は、ベイリオル学寮[☆007]で学んでいた。彼はその後一六〇四年になって、当時イギリスで秘密に印刷され流布していたカトリックの著作家の議論に対抗して、プロテスタントの立場を一編の博士論文に纏め上げ出版した。この秘密出版のカトリック著作家はベネディクト会修道士のトマス・ヒルという人物で、彼の『カトリック信仰の四つの根拠』(*A Quartron of Reasons of Catholike Religion*)[☆008]は一六〇〇年に印刷された後、かなり広い範囲に影響を及ぼしていた。ヒルのこの書物はカトリックの早期の布教宣伝書で主張された論旨を、大部分そのまま掲載したものである。この宣伝冊子はリチャード・ブリストウの『この……異端の時代において、真実を発見する明瞭確実なさまざまな方法についての小論』(*A Briefe Treatise of Diuerse Plaine and Sure Ways to Finde Out Truths in This...Time of Heresie*)という著作で、これは一五七四年に出版された後、数刷を重ねている。[★009] この冊子の内容を要約すると以下のようになる。カトリックは、こうした冊子で、彼らの信仰がプロテスタントのそれと較べてどうしてより真実のものなのかという根拠をいくつも示そうとしている。例えば彼らには伝統と教父たちの保証する権威というものがあるという主張である。それに対し異端というものは何も新しいものではなく、近代の異端は古代の異端の繰り返しにすぎない。プロテスタントの信仰ではなく、カトリックの信仰によってこそ奇跡の数々は成し遂げられる。カトリックは宗教的幻視を体験するが、プロテスタントは何も見ない。カトリックはその信仰において一つであることを皆認めているが、異端者たちはお互い同士で争い続ける。以上のような内容である。

ジョージ・アボットはその教育からして明確にカルヴィニスト的ピューリタンであった。彼がヒル(及び彼が種本にしたブリストウ)の主張に対抗する意図で書いた本は、大学の出版を請け負っていたジョゼフ・バーンズによって一六〇四年に、『誤って正統信仰という名を得た、教皇制度を支持するヒル博士の根拠――根拠薄弱であることを暴露され、目的遂行にはあまりに不十分であることが検討の結果明らかとなった、その姿』(*The Reasons Which Doctour Hill Hath Brought, for the Upholding of Papistry, Which is Falselie Termed the Catholike Religion; Unmasked, and Shewed to Be Very Weake, and Upon Examination Moast Insufficient fo That Purpose*)[☆009]というタイトルで上梓された。一体誰がこうした表題を持つ著作の中に、ジョルダーノ・ブルーノ理解のための新しい鍵が眠っているかもしれないなどと夢想するだろうか。しかしまさにR・マクナルティが注目に値する発見を行ったのはこの本の中でなのである。以下が問題の条である。

あのイタリア出のぺちゃくちゃカイツブリは、ご大層に〈フィロテウス・ヨルダーヌス・ブルーヌス、より精緻なる神学の博士〉とかなんとか自称して御座る（欄外註。〈三〇の封印の解説〉の序文）。名前の方がちびの体よりよっぽど長い。この男はポーランドの大公アラスコの取り巻きになって、一五八三年にわが大学を見物に来た。あの栄えある場所でなんとか一仕事やらかしてひとかどの者だということを見せようと、夢中になって頑張った。もう一度やって来た時には、一向知性は増しておらず、厚かましさだけが前よりもひどくなっておった。われわれの最善の最も有名な学寮のその最高の場所に登って、袖をインチキ手品師のようにからげると（stripping vp his sleeues like some Iugler）、チェントルムだのチルクルスだのキルクムフェレンチアだのお国訛り丸出し☆010でご高説をのたまった。彼はやたらに多くの説を並べて見せたが、その中にコペルニクスの意見もあってそれを説き始めた。あの地球は回っており、天界はじっと止まっておるという愚説だ。本当のところ回っておったのはこの男の頭の中身の方だった。実際ぐるぐる回り続けてその脳味噌は全く止まることを知らないのだ。彼が最初の講演を行った時、当時も今も大学で良い地位にある真面目な学究の一人は、この御仁ののたまうことをどこかで読んだことがある気がした。しかしその場では気がついたことは言わないままにしておいた。しかし次の講演を聴いた時に、最初の講演の折の記憶が蘇り、書斎に戻って探していたものをとうとう見つけ出した。つまり最初の講演も後の方の講演も、全く言葉通りにマルシリウス・フィキーヌスの著書を繰り返しているだけなのだ（欄外註。『天上より導かれるべき生命について』☆011）。われらの国土の稀少にして傑出したる光彩であらせられるダラムの主教猊下は当時クライスト・チャーチの学部長をされていたが、かの学究は自分の発見を学部長に伝えたのである。最初、発見したことをこのいとも栄えある講師殿にお伝えするのが適当だと思われた。しかしその後で、最初にこのことに思い至ったあの学究が、もう一度チャンスを与える方がいいと非常に賢い提案をし、頼み込んだ。もし彼が三度まで醜態を曝し、聴衆を馬鹿にするならばその時は思いのままにするがいいだろう、というのである。この一幕の後もしかしヨルダーヌスはまさに同じ《イデム》ヨルダーヌスであり続けた。そこで彼らは何人かを遣わして、もう十分我慢した、ご苦労感謝いたす云々、と彼に言わせた。そこでこのちびさんもいささか真面目になって、それで一件落着という次第。★010

なんと素晴らしい一幕だろう！　ここにはコペルニクスの理論の正しさを『天上より導かれるべき生命について』に描かれた星辰魔術と太陽崇拝を背景に置きつつ宣言する〈魔術師《マグス》〉の姿が捉えられている。重々しい男が登場し、これと何かしら似通ったことをどこかで読んだことがある気がして、書斎に帰りフィチーノを手に取る。彼らオックスフォードの人々は、ブルーノの演説で一体何が問題になっているのかすら果たして分かっていただろうか。分かっていなかったことは確かである。しかし〈インチキ手品師《ジャグラー》〉という言葉は重要である。魔術師を暗示しているからである。

アボットはブルーノを強引に反カトリック的な自著の世界に引きずり込む。アボットはそもそも、異端者たちは相争うのに対してカトリック教徒は「統一と合意」を特徴としている、というブリストウ＝ヒルのカトリック擁護の論旨に反論しようとしていたのだった。彼が強調しようとしたことは、ヒルはただブリストウの挙げた材料を繰り返しているにすぎない、独創性がないということだった。ブルーノはここで剽窃のもう一つの事例として引かれているのである。講演の内容はすべてフィチーノの借用だった。そしてその剽窃の現行犯を取り押さえたのがわがオックスフォード大学だというわけである。しかしこれはわざわざブルーノの逸話を差し挟むにはあまりにお粗末な口実である。何かもっと大事なことが背景にあるに違いない。アボットは明らかに『三〇の封印の解説』序文での、オックスフォードの教授たちに宛てられたブルーノの声明文の存在を知っていた。もし彼がもう少し丹念にその本を調べてみたならば、そこでは「善き」魔術的宗教が擁護されていること、そしてその論旨の基盤を提供したのはコルネリウス・アグリッパの『オカルト哲学について』であることを見出しただろう。これだけでこのイタリアの「インチキ手品師」に対する攻撃を本題のカトリック教徒たちに対する攻撃に含めるには十分な理由だったかもしれない。カトリック教徒たちもまた、自分たちの信仰を擁護する根拠として、カトリック信仰には奇跡の力があるという主張をしているからである。ブルーノは、はっきりとコペルニクスの理論の側に立つことを表明した『灰の水曜日の晩餐』の中で、オックスフォードでのこの体験に言及し、彼の公開講演の邪魔をした「衒学者ども」を激しく罵倒している。この罵倒の中味は先に引用しておいた。一方ブルーノはまた、『原因、原理と一者について』の中では、オックスフォード大学を非難したことを詫びている。しかしこの弁明は、宗教改革以前のオックスフォード大学と現在の大学の姿との比較という形を取っていて、その比較の帰結は後者に不利なものである。

そしてまた他のヨーロッパの大学で思弁的な研究がなされる以前に、すでにこの地(オックスフォード)で多大の成果を挙げた人々の思い出も消え去ってはいないのです。彼らのラテン語は野蛮と言ってよいほどお粗末でしたし、職業から言えばただの修道僧たちにすぎませんでした。しかし彼らがその基礎を築いた形而上的な諸原理からこそ、哲学の最も稀少で高貴な輝きは生まれ出たのです(その哲学はわれわれのこの時代にはほとんど死に絶えてしまいましたが)。その成果は少しはましなラテン語が話されている地方の他の学園へと拡がっていったのでした。しかしわたしを不安な気持ちにさせると同時にいささかの笑いの種を与えてくれたのは、ここで(現在のオックスフォード)よりも純粋なラテン語とギリシア語が話されている場所は見たことがないということでした。それにまた(わたしは一般化して話しています)、彼ら大学人は自分たちの先輩たちとは全く違う人種だということを非常に誇りにしているのです。この古《いにしえ》の大学人たちは雄弁や洒落た文法の使い回しといったことにはほとんど注意を払わず、ひたすら思弁的な仕事に集中しました。その思弁を現在の後裔たちは〈詭弁《ソフィズム》〉と呼んでいるのです。これら古の学究たちは、形而上学的研究の分野では、彼らが師とも主とも仰いだアリストテレスを遥かに凌駕しているのです。……わたしは現代の生み出す何ものにも増して、たとえそれがキケロ的な雄弁や修辞の技法を誇りにしようとも、これら先人たちの研究の方を遥かに高く評価したいのです。★011

この弁明は実際のところは弁明でもなんでもない。オックスフォードで研究した古の修道僧たちに対する深い賛嘆の念は表明されているものの、本題は再びこれら先人たちに取って代わったのが「文法屋の衒学者たち」だということに対する非難だからである。この呼称は、『晩餐』でオックスフォードの教授連に対する罵倒の言葉として用いられたものである。ブルーノとしては、オックスフォード大学で、現代のキケロ主義者たちよりは、古のお粗末なラテン語しか話せない修道僧の一人に会うことの方を遥かに好ましく思ったことだろう。おそらくはアラスコ公子もまたオックスフォード大学にはさしたる満足を感じなかったらしい。というのも公子はオックスフォード来訪の後で、シドニー卿に「降霊術師」ディーのところに連れて行ってもらっているからである。★012

しかしアボットがオックスフォードを攻撃したこの魔術師に対して本能的な憎悪を感じたことに対しては、情状酌量の余地を認めねばならないだろう。アボットは、ブルーノがその講演で、コペルニクスの太陽に関する理論をフィチーノの『天上より導かれるべき生命について』と結びつけたと証言している。この証言に疑いを挟む理由は全くないとわたしは思う――実に計り知れない価値がある情報である。パリで出版されたブルーノの魔術関係の著作を検討する際、その採るべき方向というものをこの証言が指し示してくれる。アボットがその反カトリック論争書にブルーノ攻撃をも含めたことは、彼がブルーノのフィチーノ的コペルニクス主義の裡に一つの宗教的意義をも認めていたということを示唆している。

『勝ち誇る野獣の追放』

ブルーノがイギリスで出版したイタリア語の対話篇的著作は、通例、倫理的、哲学的著作に分類されている。わたしは本章の以下の分析で、ブルーノが提示する道徳的改革と彼の哲学は両者共に彼本来のヘルメス教的使命と本質連関していたことを示したいと思う。その使命においては、フィチーノの魔術は全面的に拡張されて、『アスクレピウス』の擬似エジプト的な魔術宗教の完全な復興が企図されることになるのである。ブルーノの使命の本来的に「エジプト的な」性格は、いわゆる道徳的対話篇の一編である『勝ち誇る野獣の追放』(*Spaccio della bestia trionfante*)に非常に明確な形で表されている。そこでまずこの著作の検討から始め、次章で『灰の水曜日の晩餐』を取り扱うことにしたい。こちらの方はいわゆる哲学的対話篇であり、著者の主張はコペルニクス哲学の用語法に翻訳されて表現されている。

ブルーノの『勝ち誇る野獣の追放《スパッチオ・デラ・ベスティア・トリオンファンテ》』(一五八四年)の基本的なテーマは、エジプト人の魔術的宗教の讃美である。彼らの崇拝の内実は「事物に宿る〈神〉」の崇拝であったとされる。

> というのも……さまざまな生き物はさまざまな霊や力を表しているからです。この霊や力がそれらの事物を拘束する絶対的な存在形を超えて、一つの別の存在を獲得するのです。するとこの存在がすべての事物とその能力と尺度に応じた相互関係に入るのです。だから〈神〉は全体として(全面的にというわけではなく、いくつかの事物にはより優先的に、他の事物にはそれほどではなく、という意味ですが)、すべての事物の裡に宿っているのです。

例えば金星はその実体の痕跡と様態からして、生命を持たない絵画や彫像の中に宿るよりは、遙かに効率よく、毒蛇やサソリ、いやそれどころかタマネギやニンニクの中にまで浸透しています。こうしたわけですから、太陽はクロッカス、スイセン、ヒマワリ、雄鶏、ライオンの中に宿っていると考えるべきです。神々のそれぞれは、さまざまな本質《エンス》の属《ゲヌス》のもとに分類されたそれぞれの種《スペキエス》によって、認識されるべきです。というのも神性はそれが自然と交流する限りにおいて、あるやり方で地上に降り下って来るわけですが、また同様に自然も神性を目指して上昇するからです。このようにして自然界の事物に内在する光によって、人はそれらの事物を支配する生命へと昇り行くのです。まことにわたしは、賢者たちがこうした手段によって、神々の親交と好意と愛着を勝ち得るということをこの眼に見ます。その時神々は神像から発する声によって、助言を与え、教理を示し、予言し、人間の力を超えた事柄を教えるのです。神々はその神像の中から、魔術的で神々しい儀式によって、神性が最も微細な事物の中へさえも自らの本性を与えようとして降り下って来る、その同じ自然の階梯を辿って昇り行き、神性のその高みへと至るのです。わたしが最も嘆かわしく思うのは、エジプトの卓越した祭祀をもはや模範とすることをやめてしまった、分別の無い、馬鹿げた偶像崇拝者が存在するということです。それはちょうど影が身体のその高貴さに接近できないようなものです。彼らは自身なんらの知識も持たない神性を、屍体の髪や爪、また生命のない事物の裡に探し求めるのです。こうした偶像崇拝者は、かの神に似た、深く思い量る神性の崇拝者たちを嘲り笑うのみならず、その愚弄はわれわれ普通の人間にも及び、われわれを野獣同様に見下すのです。さらに悪いことには、彼らはあの古の神性の崇拝者たちの祭祀が消え去り廃れてしまった一方で、自分たちの馬鹿げた儀式だけが非常な評判となっているのを見て、勝利に酔うのです。

「モムスよ、心を悩ますのはやめなさい」、とイシスは言いました。「なぜなら暗黒と光に有為転変があるのは運命の定めだからです」。
「しかし一番ひどいことは」、とモムスは言います、「彼ら偶像崇拝者が自分たちは光の中にいるのだと確信していることです」。
するとイシスは、暗黒はもし彼らがそれを暗黒と知るならもはや暗闇ではなくなるだろう、と言いました。そこでかの賢者たちは、神々からある種の恩恵や贈り物を授けてもらうために、深遠なる魔術の力によって、神性を裡に宿す自然界の事物のいくつかを活用しました。神性はそれらの事物によって、ある種の効果を伴って自らを顕すのです。だからこれらの儀式は空しい想像の産物ではなく、神々のその耳にまで実際に届く、命ある声なのです[★013]……

この章句が『アスクレピウス』中の「神の製作」の条に基づいたものであることは言うまでもないだろう[★014]。それはここでは深遠なる魔術によって成し遂げられたという風に説明され、またエジプトの魔術的宗教の一部分なのだとも述べられる。このエジプトの宗教を他のどの宗教よりも好ましく思っている、とブルーノは表明する。エジプトの宗教についての見解は、後の方でさらに詳しく述べられる。

このように、ワニや、雄鶏や、タマネギや、カブラはけっしてそれ自体のために崇拝されたわけではないのです。そうではなく、崇拝されたのはワニや雄鶏や他の事物に宿る神々なのです。その神性はそれらの神々が特定の時、特定の場所では死滅することもあるのに応じて、さまざまな実体の裡にあったし、あるし、あるだろう、ということになるのです。それらの神性は別様に言えば、継続的に、あるいはすべてが一時に、顕現します。つまり、その神性はそれらの事物に近く親しい存在であって、被造物との関係を超越し、それ自体において絶対であり、至高の存在であるといった類の神性ではないのです。[012] こうしてあなたがたはすべての事物に宿る唯一の単純な神性が、唯一の豊饒なる自然として、宇宙の母であり保護者として、さまざまな実体の裡に輝きわたるのを観るでしょう。それらはその本性をさまざまな形で顕すのに応じて、さまざまな名前を持つのです。あなたがたは人がさまざまな贈り物を勝ち得ることによって、この〈一者〉へと昇り行かねばならないということを知るでしょう。なぜなら網に入った水、皿に乗った魚を手に入れようとするのは空しいことだからです。だからわれわれのこの地球と神的な母に最も近い、太陽と月という天体が宿すものは生命そのものであり、その生命は二つの主要なる根拠に従って事物の形態を規定するのです。その時彼らは他の七つの根拠を七つの彷徨う惑星に照応させながら、それに規定された生命を理解することになります。それらの惑星は始源的な原理、つまり生み増やす力の素因ですから、彼らはそれぞれの属における種の差異というものをこの惑星に還元します。その際彼らは植物や、動物や、宝石や、感応霊力の名前を口にし、さらにそれらが土星に、木星に、火星等々に属している、という言い方をします。また同様に、部分と器官、色彩、封印、占星記号、宮の徴、図像が七つの種に分けられることになるのです。しかしこうしたすべてのことにもかかわらず、彼らは〈一者〉こそがすべての事物に宿る神性であることを知っているのです。その〈一者〉は数知れぬやり方で拡散しつつ自らを顕わし、また無数の名を持ちます。適切な根拠を持った無数の方法により、それを探求することができます。また一方ではそれは無数の儀式によって栄えあるものとされ、養い育てられます。それらの儀式によってわれわれは無数の恩恵を〈一者〉から得ることを求めます。叡智と判断力が、技芸と勤勉が、そして知性の光の活用が、この知性界の太陽から顕現すべきだからです。この顕現は時には強く、時には弱いものとなるでしょう。この慣わしが〈魔術《マギア》〉と呼ばれているのです。この魔術が超自然的な原理に則るならば、それは神的な魔術です。それが自然の省察とその秘密の探索に向けられるならば、それは自然魔術と呼ばれます。それが魂の根拠と行為を内実とする時には、それは中間的ないし数学的魔術です。つまりそれは物体的にして霊的なものと、霊的にして知性的なものとの二つの次元の中間にあるのです。

「さて、ここでわたしたちの話の趣旨に戻ることにしましょう」とイシスはモムスに言いました。「愚かで無分別な偶像崇拝者たちは、エジプト人たちの魔術と神々しい祭祀を嘲笑する権利を持っていません。エジプト人たちは、それぞれの事物の適切な根拠に従って、すべての事物とすべての働きにおける神性の顕れを省察し続けたからです。彼らは、自然の胎内に宿る種の力によって、自然から彼らが欲する恩恵を受け取る手立てを知っていました。自然が海や河に魚を泳がせ、荒野には野獣を走らせ、鉱山には金属を、木々には果実を与えるように、エジプト人たちはある種の動物、野獣、そして植物のある部分に、分け前、徳性、運勢、そして刻印というものを割り振ったのです。それゆえ海に宿る神格はネプチューンと呼ばれ、太陽の神格はアポロ、大地のそれはケレース、荒野にはディアナが宿り、そして他のすべての自然の種には、さまざまな自然の神格がさまざまなイデアの如くに宿っているのです。そしてそれらすべての神格はすべての神格中の神格、自然を超えた諸々のイデアの源泉に結びついているのです★015」。

ブルーノのエジプト主義

ジョルダーノ・ブルーノはここで一体何をしているのだろうか。答えは簡単である。彼は、少しばかり無害な魔術に手を染め、その主たる拠り処である『アスクレピウス』の魔術については黙っておくといったフィチーノ流の弱々しい試みを完全に捨て去り、ルネサンス魔術をその異教の源泉へと連れ戻しているのである。彼は『アスクレピウス』抜きに、キリスト教的ヘルメス主義を構築しようとする宗教的ヘルメティズムの運動を軽蔑し、自身はそれとは違う完全なるエジプト主義者であることを宣言する。彼はオリゲネスが引用するケルスス★016の反キリスト教的論証がそうであったように、ギリシア人たちの自然神崇拝や、エジプト人たちの宗教がキリスト教徒たちによって破壊されたことを嘆く。ギリシア人やエジプト人はそうした宗教祭祀によって、神的なイデア、知性界の太陽、そしてネオプラトニズムの唱える〈一者〉に接近したのである。

だから彼は『アスクレピウス』の〈悲嘆〉の全体を引用するに際して、その感動的な抑揚を、イタリア語に翻訳することができたのである。

おお、アスクレピウスよ、おまえはエジプトがいかに天界の影像そのものであるか……われわれの大地であり、世界の神殿であるかをまだ知らない。しかし嘆かわしい時がやって来て、エジプトは空しくその神性への敬虔と愛着を持て余すことになるだろう。……ああエジプトよ、エジプトよ、おまえの宗教の名残と言えばただの物語だけになってしまうだろう。……暗闇がかくも光を圧倒するだろう。そして生きることよりも死ぬことの方がましだと考えられるだろう。誰一人としてまなざしを上方の天界に向けようとはしなくなるだろう。敬虔な人は気が狂っているのだと見做され、かえって不信心者が賢者だとされる。狂暴な者は強者だとされ、最悪の者が善き者と見做される。そしてまことにその時には、精神の宗教に帰依すること自体が重大な犯罪であると法規で定められるのだ。新しい正義の観念、新しい法が制定され、もはや聖なるものも敬虔なるものも存在せず、天界とそこに宮居します神々にふさわしいことどもについて語られることもない。ただ悪しき天使たちだけが留まって人々に立ち交じり、哀れな者どもを強要して、あたかもそれが正義であるかの如くに、あらゆる悪行の放逸へと誘う。こうして彼らは戦争や略奪や詐欺、そして魂の本性に反したありとあらゆることの原因となる。これが老いさらばえた世界の姿である。宗教はなく、無秩序とすべての善きことどもの混乱があるばかりだ。しかし絶望してはならない、アスクレピウスよ。なぜなら、こうしたすべてのことが起こってしまった時、主にして父なる〈神〉は、世界の支配者として万能の全知の御方は……疑いもなくかくの如き物ごとの進行に終止符を打ち、世界を古の姿へと連れ戻すからである。[★017]

エジプト人たちの驚嘆すべき魔術的宗教は戻ってくるだろう。彼らの道徳律が今の時代の混沌に取って代わり、〈悲嘆〉の予言は成就するだろう。そしてこの現在の暗黒を追放すべきエジプトの光の回帰を告げる天上の徴《しるし》こそが（次章で見るように）、コペルニクスの観た太陽なのである。

上に引用した章句は、『アスクレピウス』の魔術描写を素材として、それにフィチーノ風のネオプラトニズム化を施すといった傾向が顕著に認められる部分を含んでいる。特に星辰の基本的な感応霊力に対して「諸々の根拠」という言葉を用いる場面がそうであり、これは『天上より導かれるべき生命について』の冒頭部を想い起こさせる。[★018] またコルネリウス・アグリッパの影響もあり、それは〈魔術〉を神的ないし超自然的なもの、中間的ないし数学的なもの、そして自然的なものに三分割するその分類法に反映している。[★019] 例えば七つの惑星に属する色彩、封印、記号、徴、図像、そうしたものをもっと知りたければ、もちろん読者はアグリッパの実用的な著作を参照すればよいということになるだろう。ブルーノの完全に〈現代的な魔術師《マグス》〉としてのエジプト主義は、このように最終的にはフィチーノに淵源を持つものでありながら、同時にまたアグリッパの段階の実用魔術を経てきたものでもある。ブルーノは堂々と自分のエジプト主義は一つの宗教であることを宣言する。それは善き宗教であり、キリスト教徒が破壊した宗教であり、法規の禁止によって闇に呑み込まれてしまった宗教である。キリスト教徒たちは、ネオプラトニズム的な基礎を持つエジプトの自然宗教とその善き道徳律を撤廃し、それに替えるに死んだ事物の崇拝と、馬鹿げた儀式と、道徳を失った悪しき振る舞いと、戦争の永続をもってしたのだった。「最高の叡智を持つエジプト人メルクリオ」(Mercurio Egizio sapientissimo) はブルーノにとっては神的な叡智そのものであった。[★020] そして『勝ち誇る野獣の追放』は来たるべき宗教的道徳改革の概要を示すのである。

『宇宙の乙女』

『追放』に描かれた改革の特徴は、それが天上で始まるということである。ユピテルが改革のために惑星の神々を会議に召集する。この神々の会議が改革つまり浄化を目指すその対象は、黄道十二宮の諸星座と、それに含まれない北方、南方の諸星座の図像である。この天界の改革を指揮する天上の会議で論陣を張るのは、神々しいソフィア、イシス、そしてモムスである。天界の図像を配置換え、つまり浄化し、それによって天上での改革を始めようという(したがって下方の地上世界の状況は、改革された天界から流出する力によって改善されるわけだが)このブルーノの発想は、〈ヘルメス文書〉の一編によって示唆されたものかもしれない。これは『ヘルメス選集』中の馴染みの対話篇ではなく、ストバイオスの詞華集に採録されることによって伝存した断簡である。この断簡は『宇宙の乙女《コレー》』[★021](*Kore Kosmou*) あるいは「世界の娘(ないし処女《ヴァージン》)」[☆013]という表題の小品で、パトリッツィのラテン語訳では『世界のミネルウァ』(*Minerva Mundi*) と題されている。この小品はイシスとその息子ホルスの間の対話という形式を採り、その対話にはモムスも参加する。イシスはまず世界創造の過程を描く。その初期の段階では天界の図像が配置され、それにすべての下界の事物は依存することになる。[★022] 続いて下方の世界の事物が創造されることになるが、これらの事物の低次の性質は満足のいくものではない。そこで〈神〉は人間を造ることにし、神々の会議を召集してこの創造に参加させる。惑星の神々はそれぞれの特性に適った贈り物を人間に与える。[★023] しかし事態はますます悪くなるばかりなので、〈神〉は再び神々を惑星会議へと呼び集める[★024](ちょうどブルーノの『追放』の中で、ユピテルが改革を行うために神々を召集するように)。至高所を支配していた〈無知蒙昧〉は追放される。四大の穢れは浄められ、神的な自然の再度の流出を受け取ることになる。[★025] 物語はイシスとオシリスを誉め讃える言葉で結ばれる。彼らは殺し合いに終止符を打ち、正義を回復したのである。ヘルメスが彼らに下方の世界の事物は上方の世界の事物と共感関係になければならないことを教えた。それを学んだ夫婦神は、天上界の秘教を内容とする秘祭の制度を地上世界に定め、それが天上と地上の間を直接連結する聖なる機能を果たすことになる。[★026]

この物語の意味ははなはだ曖昧なものである。[★027] したがってわたしはブルーノの『追放』との比較に役立ついくつかの要素を抜き出すのみに留めた。『追放』は神々自身の自己浄化と天上界の改革を目指して、神々を会議に召集する話である。改革を論ずる者たちの中には神々しいソフィアとイシスとモムス(ホルスではなく)がいる。この天上の改革の次には人類の全面的な改革が予定されていて、その帰結の一つがエジプトの宗教と倫理の再来である。さらに〈ヘルメス文書〉中の小品では、神々をルキアノス風の馴れ馴れしさで描くという奇妙な調子が保たれていて(モムスはルキアノスが非常にしばしば用いる登場人物である)[★028]、それは『追放』の特徴でもある。[☆014]

『宇宙の乙女《コレー・コスムー》』は他のヘルメス文書と共に合本にされ、それにパトリッツィのラテン語訳を付して一五九一年に初版が上梓された。[★029] したがってブルーノが自著『追放』の出版の年である一五八四年以前にこの文書の存在を知っていたとすれば、それをヘルメス主義者の間で回し読みされていた翻訳の写本として知っていたか、あるいはストバイオスのギリシア語原典で読んだに違いないということになる。[★030]

立ち上がるのだ、神々よ。そしてこの天上からこれらすべての幽霊たち、彫像、図式、図像、絵画、そしてわたしたち神々自身の貪欲と欲情と窃盗と憎悪と侮蔑と恥辱を曝け出すような物語の数々をすべて追放するのだ。この暗く陰鬱なわれわれの過ちの夜が過ぎ去りますように。なぜなら新しい正義の日が今や明け初めようとして、わたしたちを招いているからだ。だからさあ、昇り行く日輪がわたしたちの不浄を明るみに曝さないようにしっかり準備を整えよう。わたしたちは身を浄め、美しく装わねばならない。……わたしが言いたいのは準備を整えるということだ。まずわたしたちの内部にある知性の天上世界で、次にこのわたしたちの眼前に広がる感覚的な、物体的な世界の中で正しい位置をとることだ。わたしたちのこの内面の天界から〈奇形の大熊座〉、〈中傷の矢座〉、〈軽率の馬座〉、〈不平の犬座〉、〈追従の子犬座〉を取り除こう。〈暴力のヘラクレス座〉、〈陰謀の琴座〉、〈不信心の三角座〉、〈浮気な牛飼い座〉、〈残酷なケフェウス座〉をすべて追放しよう。〈妬みの竜座〉が遠のきますように。〈軽率な白鳥座〉も、〈虚栄のカシオペア座〉も、〈怠惰なアンドロメダ座〉も、〈空しく怖れるペルセウス座〉も、すべてわたしたちを離れ去りますように。〈悪口する蛇遣い座〉、〈傲慢な鷲座〉、〈肉欲のイルカ座〉、〈短気な馬座〉、〈情欲の海蛇座〉を追い出そう。〈大食の鯨座〉、〈残忍なオリオン座〉、〈贅沢なエリダヌス座〉、〈無知蒙昧なゴルゴン座〉、〈臆病な兎座〉をすべて遠のけよう。〈貪欲なアルゴー座〉、〈不節制な酒杯《クラーテル》座〉、〈不正な天秤座〉、〈鈍重な蟹座〉、〈欺瞞の山羊座〉、これらすべてを胸の奥底に秘めておくことをもうやめよう。〈詐欺の蠍座〉も、〈動物的な激情のケンタウロス座〉も、〈迷信の祭壇座〉も、〈高慢な王冠座〉も、〈卑しむべき沈黙の魚座〉も、これらすべてを近寄せないようにしよう。彼らと共に、〈不作法に馴れ馴れしい双子座〉も、〈つまらぬことに気をもむ牡牛座〉も、〈無分別な牡羊座〉も、〈圧政の獅子座〉も、〈放蕩な水瓶座〉も、〈実りなき会話の乙女座〉も、〈誹謗の射手座〉もまた滅びますように。わたしたちがこうして住まいを浄めるならば、神々よ、わたしたちがこうしてこの天界を一新するならば、星座もそこから発する霊力も一新されるだろう。刻印も運勢も一新されるだろう。なぜならすべての事物はこの上方の世界に依存しているからだ[★031]……

星座に結びつけられた美徳と悪徳

この言葉は『追放』で、天上の神々の会議、つまりは改革の〈中央審議会〉を前にしてユピテルが行う演説の一部である。雷霆を振るう全能の神は年をとったことを実感し、悔悛の気分に浸っている。天上界を見回してみてもそこに見える四八の星座は、醜い動物の姿をした星座、例えばぶざまな奇形の熊つまり大熊座や、牡羊座や牡牛座といった動物の形をした黄道十二宮の星座や、神々の恥ずべき行為を想い起こさせる図像、例えばメルクリウスの盗みを憶えている琴座や、ユピテル自身の私生児であるヘラクレスやペルセウス[☆015]の姿といったものばかりである。召集された神々はしたがって彼らの秘密会議《コンクラーヴェ》において、順番に星座の善悪を検討しなければならない。まず熊座や北方の星座から始め、黄道十二宮の星座を通り過ぎて、最後には南方の星座を検討する[★032]。ユピテルはおそらくこの天上の御前会議に参加した神々に、それぞれヒュギーヌス[☆016]の著作を一部ずつ、図解入りの版で配っているのだろう。それは恥ずべき神話的連想を本文として、その横に木版挿絵の星座の図像を添えたものである[☆017]（後年纏められたブルーノの記憶術関係の著作の一つは、惑星の神々の木版挿絵で図解されており、これらはパリで一五七八年に出版されたヒュギーヌスの著作の挿絵図版と同一のものである[★033]）。ともかく、『追放』を研究するには挿絵入りのヒュギーヌスを座右に置くのが役に立つ。ブルーノは神話の素材の多くをこの書物に負っているからである。そしてこの驚嘆に値する彼の著作が提唱する宗教、倫理の全面的改革という主題を構成するものも、見直された形での星座の神話的図像に他ならない。

それぞれの星座図像が検討される際には、それと結びつく悪徳は嘆きの対象となり、これらの悪徳に対置される美徳は称讃される。またそれ以上のことが同時に進行している。上昇と下降の活発な運動である。悪徳は神々によって投げ捨てられ、天界から追放される。その空いた場所にその反対の美徳が昇り来る。かくしてついに〈勝ち誇る野獣〉はすべて駆逐される。この〈勝ち誇る野獣〉は時折そう解釈されたように〈教皇〉を意味しているわけではない。それは諸々の悪徳の総体なのであって、それが美徳に敵対しているのである。このことはブルーノ自身によって、フィリップ・シドニーに宛てたこの著作の献辞の中で明言されている。「かくして勝ち誇る野獣は追放されます。それは権勢を振るう諸々の悪徳のことであり、(魂の)神的な部分に敵対しているのです[★034]」。

ブルーノは星座の一覧表と、星座に結びつけられた美徳悪徳の一覧表を、二度提示している。まずシドニーへの献辞においてそれは列挙され、次に対話本篇で神々が天界を隅々まで浄める際にも、改革の運動が詳細に記述されるにつれ、同じ一覧表が呈示される。美徳の勝利を抽象的に論じる対話の第二篇に至っても、彼は依然として星座と照応する美徳の秩序に従って論を進めている。ブルーノはここで、魔術的記憶の体系を用いて、星座の図像の秩序を、彼自身の記憶の裡にくっきりと刻み込んでいる。このことを理解する必要があるのは、この著作のすべての論旨がこの記憶への刻印を廻っているからである。

以下に挙げるのは、神々が天界の改革を進めるにつれて、諸々の美徳は昇り来たり、諸々の悪徳は降り去る、その美徳-悪徳の上昇下降運動のいくつかの例である。

大熊座と小熊座には、〈真理〉、〈存在〉、〈善〉が昇り来たって、〈奇形〉、〈偽り〉、〈欠陥〉を追放する[★035]。ケフェウス座では〈叡智〉(ソフィア)が〈無知蒙昧〉と〈愚昧な信念〉に取って代わる[★036]。牛飼い座(アルクトフュラクス)では〈犯罪〉の代わりに〈自然-人間法〉がやって来る[★037]。北冠座では〈正義〉が〈不正〉に取って代わる[★038]。三角座では〈信念〉、〈愛〉、〈誠実〉が〈虚偽〉を追放する[★039]。プレイアデス(昴)では(ブルーノはこの星座を黄道十二宮の徴の一つに数えているが、これはヒュギーヌスのいくつかの版に対応している)、〈統一〉、〈礼儀〉、〈一致〉が、〈分派〉、〈徒党〉、〈党派〉の代わりに登場する[★040]。蠍座では〈誠実〉と〈真実〉が〈虚偽〉と〈裏切り〉を追い出す[★041]。山羊座に関しては、ギリシアの神々がエジプトに来た折に動物の姿に変わったという物語がヒュギーヌスで語られている。天界の見直し作業がこの山羊座の浄化にまで及んだ時点で、先に引用したエジプトの宗教に対する賛辞と『アスクレピウス』からの〈悲嘆〉が挿入されている。[★042]〈略奪〉と〈偽り〉がオリオン座を去ると、その代わりに〈雅量〉と〈公共精神〉が昇って来る。[★043]カラス座では〈神的魔術〉が〈ペテン〉に取って代わる。[★044]

こうしてわれわれはブルーノの天上改革が何を意味していたのかを、部分的にではあるが、了解し始める。〈悲嘆〉の結尾で示された予言は成就した。エジプトの宗教とエジプトの道徳律が崩壊した後に続いた古き時代は過ぎ去った。魔術的宗教は再び天界へと昇り来たり、同様にエジプト社会の美徳も天に昇る。克服された悪徳のいくつかは、〈悲嘆〉で挙げられているものと同一である。[★045]例えば〈欺瞞〉がそうである。ブルーノは〈悲嘆〉をもう一つの「エジプトの」作品、すなわち、『ヘルメス選集』[★046]XIIIと結びつける。そこでは復活した魂の一〇種の力が、星々の悪しき感応霊力と結びついた一二の悪徳に取って代わるのだった。彼はこの数範疇に従ってはいない。しかし本書の分析がここまで進むと、ブルーノが懐く宇宙論的な枠組みの中で成し遂げられる倫理的再生という観念の起源は、疑問の余地なくヘルメティズムであることが了解される。

改革御前会議に参列し天界の改革を指揮する神々の名前は、『追放』のどこにも呈示されていない。しかし審議での発言者を見ればそれがどの神々であるかは分かる。ユピテルに召集されて会議に参席しているのは、アポロ、メルクリウス、サトゥルヌス、マルス、ウェヌス、ディアナである。彼らはもちろん〈太陽《ソール》〉と〈月〉がオリュンポス神のアポロとディアナに名を変えているだけで、[☆018]その内実はすべて惑星の神々である。参席している他の神々はユノ、ミネルウァ、ネプチューンそしてイシスである。イシスは弁者として目立った活躍をする。

ブルーノはシドニーへの献辞の中で、神々は「魂の数々の美徳と諸々の威力」[★047]を表している、と述べている。彼はまたその理由を、「すべての人間の中には……一つの世界、一つの宇宙があるからです」[★048]と説明している。したがって天界の改革は、人格の改革、ないし新しい人格の創出と同義になる。作中のユピテルは、すでに引用した弁論においで、改革は神々自身の内面で始まることになる、と述べている。だから神々は彼らの裡なる「知性の天界において配置を定める」べきだし、悪しき性質を「彼らの内面の天界から追放し[★049]」、それを善き性質によって置き換えるべきなのである。この神々自身の内面の改革が、四八の星座という天の蒼穹の全面に映りはえ、諸々の美徳が昇り来たり悪徳に取って代わることになる。このように『追放』において形成されるものは神格的実在《パーソナリティ》[☆019]であり、それに備わる諸力が改革の全面的成就と融合することになるのである。

しかしそれはいかなる神格的実在なのだろうか。この実在の内実を知るには天界を見渡せばよい。そこに星座として燦然と光り輝き、勝ち誇っている善きものたちがその内実である。それは主として太陽的な人格である。アポロは魔術と託宣の擁護者であり、このアポロ的実在が、魔術的宗教再興の予言者的指導者になる。善き太陽的性質の勝利は、例えばアポロが魔術を用いて竜を呪縛する〈竜座[★050]〉において、また〈神的魔術〉が悪しき形態の魔術に勝利するカラス座[★051]において観察することができる。同じ範疇の感応霊力の中から最も重要なものを他に一つ挙げるとすれば、それは木星《ユピテル》の感応霊力である。木星的性質である立法の精神と寛慈の徳は、〈牛飼い座[★052]〉、〈水瓶座[★053]〉、〈牡羊座[★054]〉、〈天秤座[★055]〉その他の星座で優勢であることが見て取れる。金星《ウェヌス》の影響も強力であり、友情と性愛を助長し、不和を調和させ、火星《マルス》ないし戦争を煽動する勢力を抑制する。金星は〈プレイアデス〉(昴)[★056]、〈双子座[★057]〉、〈イルカ座[★058]〉において勝利し、火星を圧倒する。土星《サトゥルヌス》の特質の中では、深い研究や内面的集中といった善き性質は保持されている。例えば〈ペルセウス座[★059]〉がそれである。しかし土星的非社交性や他の不快な性質は、木星的ないし金星的感応霊力によって抑制される。火星はあらゆる場所で押さえつけられる。特に〈カシオペア座[★060]〉で、火星はユピテルからかなり手荒く扱われる。

これが『追放』で示された善き性質、悪しき性質の奇妙な一覧表の、少なくともわたしが提供できる解釈である。

それは美徳悪徳の単純な一覧ではない。わたしが示唆したいのはそれらが星々の善き感応霊力、そして悪しきそれを体現しているということである。神格的実在は星々の善き贈り物、その感応霊力の善き側面を選り抜くことによってそれらを制御する（例えば金星を例に取ると、性愛と慈愛は選ぶが好色は選ばないといった具合である。他の惑星からの感応霊力も選択的に処理される）。また悪しき性質が優勢である惑星、例えば火星や土星は、強力な太陽、木星、ないし金星の感応霊力を招き寄せることによって制御する。『追放』のこの側面は、ブルーノの後期の著作を検討する後の方の章でまた検討することになるだろう。それらの著作では善悪の道徳的性質が列挙されているのだが、それらは『追放』と同じタイプのものであり、基盤となる星辰的心理学との明確な連関を示しているのである。[★061]

『追放』で展開された倫理観に対するわたしのこの解釈がもし正しいならば、ブルーノはフィチーノ流の魔術をさらに発展させようとしている、ということになるだろう。つまり彼は、神格的実在を形成し、それによって太陽、木星、金星の感応霊力が優勢となり、悪しき星々の感応霊力は抑制されるような天界の体制を確立しようとしているのである。この体制は完全に展開された形での「エジプト的」、つまりヘルメス教的倫理と宗教へと至り、その宇宙論的な枠組みの中で改革つまり救済が実現される。諸々の悪徳の総体である〈勝ち誇る野獣〉とは星々から発する悪しき感応霊力の総体のことであり、それはそれらに対抗する善き力によって放擲される。そして神的な美徳が、一つの威力として、浄化された神格的実在に満ちわたることになる。

パリンゲニウスからの影響

『追放』では動物的な形態つまり〈野獣〉の形が、奇妙に両面価値的《アンビバレント》な用いられ方をしている。天空の動物的形態、すなわち星座図像の動物的形態は、時として悪徳を体現しているように見え、それらは改善された神格的実在からは追放される。しかし神々が〈山羊座〉を検討している場面では、この動物は、「事物に宿る神的なもの」[★062]を礼拝の対象とする自然魔術的宗教の真理性を証言するものとして、天界に留まることを許される。別の場面でも、動物の形をとった天界の図像は悪徳を意味していることもあるが、かといってそれに神的な徳性が備わっていないわけではない、と言われている。エジプト人たちも野獣のその自然の形態を用いながら、神性そのものの洞察の高みへと至ったのだ、とされる。[★063] 星座図像の動物的形態は、改革の標榜する徳性の逆側の悪徳を意味することもあるものの、そのものとしては擁護されている。つまりそれら天界に置かれた動物たちの姿は、〈事物に宿る神《デウス・イン・レーブス》〉の表徴だとされるのである。特に〈山羊座〉の場合がそうである。倫理的改革が野獣たちの図像を天上から追放するのは、それらが悪徳の寓意であることが明らかになった時である。改革は、エジプト及びエジプト的動物崇拝の代表者としての野獣たちを、天上に残そうとする。〈勝ち誇る野獣の追放〉という表題は、こうして二重の意味を持つことになる。つまり野獣は一方では追放され、別の次元では勝ち誇ることになるのである。あるいは教皇アレクサンデル六世もまた、アピスの象徴を、この特別に難解な二重性と共に観念していたのかもしれない。[★064]

ブルーノは神々のギリシア的またエジプト的形態について思念を集中する際、カルターリ[☆020]の『神々の図像について』(*De gli immagini degli dei*)を座右に置いて参照していたのかもしれない。カルターリの著作はしばしばギリシアとエジプトの神々の姿を対照させて図解しているからである。『追放』の神々は、概ねギリシアとエジプトの二つの神表象の間を揺れ動き、その過程で次第にエジプトの力が優勢になってくる。〈ボルジャのアパルタメント〉のフレスコ画は、ギリシアの牝牛であるイオがエジプトにおいて女神イシスへと変容を遂げる有様を描いている。この画題は、エジプトの牡牛であるアピス神が処女マリアと聖人たちを礼拝している姿を示す点では、確かに〈始源の神学者たち〉の表象世界に属している。つまりそれはその意味では正統信仰的なのだが、しかしその変容の表象そのものはおそらく『追放』と同一のヘルメティズム的な価値基準の上を動いているのだろう。

ブルーノ自身の〈始源の神学〉ないし〈始源の魔術〉の歴史に対する見解は、はっきりした形で表明されている。

> カルデア魔術の十全なる能力が、ユダヤ人たちのカバラから由来したものだなどと考えてはならない。というのもユダヤ人たちは、疑いもなくエジプトの塵芥にすぎないし、これまで誰一人として、エジプト人たちが善であれ悪であれ何かの原理原則をユダヤ人たちから借用したなどという主張を、いかなる蓋然性の程度においても、なし得た者はいないからである。[☆021]だからこそわれわれギリシア人は、高貴なる学識の栄えた偉大なる王国エジプトを、われわれ自身の物語、比喩そして教理教説の祖国として認知するのである[★065]……

ブルーノは、このような形でモーセとヘルメスの前後関係を廻る大いなる論争を解決してみせた。エジプト人がギリシアとヘブライ人より古い人々であり(したがってもちろんキリスト教徒以前の人々であり)、これらすべての民族の中で最善の宗教、最善の魔術、最善の法律を持っていたのである。ブルーノが論拠として用いているのは馴染みの材料だが、その方向づけの独自性によって、啞然とするほど非正統信仰的な観点に立つ。

ブルーノはヘルメス文書関係の諸作品を、自分が復興を目指している太古のエジプトの宗教及び倫理の記録として読んでいた。それらが『追放』に基本的な影響を与えたことは言うまでもない。しかしこれとは別にもう一つこの著作に確実に影響を与えた著書が存在する。それはパリンゲニウス[☆022]の『生命の黄道十二宮』(*Zodiacus vitae*)(初版は一五三四年)である。[★066]この著作はラテン教訓詩の形式をとっている。パリンゲニウスは黄道帯の一二の徴を順に経巡りながら、美徳による悪徳の克服という彼の道徳教理を織り込んでいく。この詩は精神が天界に上昇していくたびに、その熱狂つまり〈狂気《フロル》〉が奔出する有様を強調して描いている。この点で著者はヘルメス教の教義から影響を受けていたようにわたしは感じる。[★067]またこれもわたしの憶測なのだが、このヘルメティズムからの影響は、黄道十二宮という宇宙論的な舞台の上に倫理道徳を登場させるという、彼の基本的な構想にも反映しているように思う。著者パリンゲニウスの倫理観、つまり彼が称揚する道徳的徳性は、おそらくはエピクロス主義的なものである。エピクロスはこの著作で道徳の最高の教師として登場し、エピクロス的快楽説は、放逸な退嬰的な調子ではなく、真のエピクロス主義に特徴的な厳粛と抑制と共に、繰り返し教示されている。パリンゲニウスはエピクロスに関する知識をルクレティウスの詩から得ており、エピクロスの宇宙論からもある程度の影響を受けている。しかしパリンゲニウスのエピクロス主義は独特の形でネオプラトニズムからの、またヘルメス教からの影響と混淆している。また魔術に対する言及も彼の詩の中でしばしば繰り返される。つまりこのルネサンス的エピクロス主義は、明らかに、ルクレティウスのそれとは大きく異なるものである。

ガリンが指摘したように、[★068] ルネサンス期に再発見されたルクレティウスの詩はフィチーノに影響を与えた。ルネサンスの著作家たちの中には、快楽は一つの善であるというエピクロスの教説を、自然界で〈愛〉が持つ普遍的かつ内在的な活力の宇宙的意義と同一視する者も出てきた。この一例として、ガリンは[★069]パリンゲニウスの『生命の黄道十二宮』から金星を詠った詩句を挙げる。それはルクレティウスの主著『事物の本性について』(*De natura rerum*)の冒頭で描かれる、ウェヌスに対する呪文朗唱から影響を受けたものだが、パリンゲニウスでは「自然の」金星は、ネオプラトニズム化の手法に従って、世界の魂と結びつけられている。

ブルーノが「エジプト的」改革の内実とする道徳的教説は、禁欲的なものではなく、その一部はエピクロス主義的なものである。この道徳観は、おそらくパリンゲニウスのヘルメティズムとエピクロス主義の融合という独創的な試みによって準備されたのだろう。パリンゲニウスもまた、自然主義的-エピクロス的な倫理観を基盤として、修道士や司祭の自然に悖る生活や道徳的頽廃に対する諷刺を展開しているのである。この寓意哲学詩はこうした諷刺に満ちており(だからこそこの著作はプロテスタント諸国でもてはやされたわけだが)、その面でも『追放』とその宗教的諷刺の世界に通じる道を拓くことになったのだった。

しかしながらパリンゲニウスの著作には、ブルーノの入念に構想された天上の改革や、あるいは聖なるエジプトの宗教の擁護に対応する要素は全く存在しない。『追放』におけるブルーノの諷刺は、カトリシズムのいくつかの形態に向けられることもあるものの、全体としては反プロテスタント的なものである。またブルーノ後期の著作でのパリンゲニウスに対する言及は、二人の見解が必ずしも一致していたわけではないことを示している。★070 しかしまたブルーノの倫理観、そして彼が自分の「エジプト主義」と結びつける自由主義的なタイプの道徳改革にとっては、黄道十二宮の舞台で展開されるパリンゲニウスのエピクロス主義は示唆に富むものでもある。

星座のヘルメス教的改革

ブルーノの「エジプト風の」改革、つまりヘルメス教的改革は、彼が生きる時代との密接な連関において構想されたものだった。『追放』は政治-宗教的な主張を内実とし、それは天上で、つまり四八の星座の図像とその改善を廻る討論の場で宣言されることになる。

改革後の〈牛飼い座〉の中に法律が昇り来たって場所を得ることになる。法規は人間の社会に対する有用性に基盤を置くものである。それは貧者、弱者を護り、暴君を制し、技芸、学問、科学を支援して公共の福利に用いるようにすべきものである。ユピテルはその改革において、「衒学者たち」に激しい調子で反対する。彼らは善き仕事に価値はないと説くからである。

彼らのために仕事をする者などいないし、彼らもまた誰のために働くわけでもない（というのも彼らの仕事ときたら仕事の悪口を言うこと以外には何もないのだ）。それでも彼らは、自分の傍にいる人々のために営々と働く、そういう他人の仕事のおかげで生きている。つまりそういう人々は自分以外の人々のために、神殿や礼拝堂を建て、宿屋や施療院を開き、学寮や大学を創設する。したがってそうした無為徒食の徒は公然たる盗人であり、他人が相続すべき富を不当に占有しているのだ。[☆023] 彼らは完全で善良であるべき者たちだが、そうではない。そうならば少なくとも世間に対して邪で有害であってはならないはずだ（ところが実際彼らは邪で有害なのだ）。むしろ社会に必要な人材でなければならない。思弁的な学問に精通し、倫理性に注意を払い、互いに助け合いたい、社会を維持したいという熱意と配慮を増進することに心を砕く者でなければならない（もともとそのためにこそすべての法規は存在するのである）。そしてその手段として善行をなす者には報酬を与え、犯罪者に対しては刑罰をもって威嚇するのである。[★071]

後の方の章句では、ユピテルは〈審判〉に、こうした「われわれのこの時代にヨーロッパ中ではびこっている文法屋ども」の振る舞いを調査するように命ずる。

いかなる成功を彼らが収めているのかを〈審判〉に調べさせねばならない。また正義と憐憫の行いに関して、公共の福利の維持と増進に関して、彼らがどういう風に他人の習慣を刺激し挑発しているのかを調べさせねばならない。彼らの薫陶と管理によって、学士院、大学、神殿、施療院、学寮、学校、その他規則と技芸が訓練される場所は向上したのか、それともそうしたものが見出される場所において、こうした者たちが人々の間に現れ交際を始めて以降、もはや以前と同じ能力を発揮することはなくなってしまったのか否か、それを調べさせねばならない。次に彼らの配慮によって、事態は改善したのか、それとも逆に彼らの怠慢によって、事態は悪化し、そうした施設は破滅に至り、解体され、四散してしまったのか否かを調べさせねばならない。また彼らが他の者たちの財産を不当に占有しているのか、それとも自分自身の財産を増し殖やすことに熱中しているのかを調べさせねばならない。そして最後に、彼らの味方をする者たちが、彼らとは逆の考え方をしていた前任者たちが公共の福利を増進し確立していた如くに、やはりそれを引き続き増進し確立したのか、あるいはむしろ仕事への意欲を失わせ、新しい仕事を行う意欲も古い仕事を維持する意欲も失わせる一方、こうした連中と一緒になって浪費し、蕩尽し、貪り尽くしていないかどうかを調べさせねばならない。[★072]

「衒学者たち」は善き仕事を軽蔑し（ここで暗示されているのはもちろん信仰による正当化の独断的教理である）、彼らの前任者たちの善き仕事を破壊する。こうした「衒学者たち」を非難する先の引用の章句、また他の章句においても、ある種奇妙な参照の二重性というものが内在している。それによって、前宗教改革期のイギリスの過去が現在のそれよりも「エジプト的な」法の理想状態に近いものとして幻視され、その過去の寺院、施療院、学寮の廃墟は、ほとんど『アスクレピウス』の〈悲嘆〉の調子で嘆きの対象となる。ブルーノが、「オックスフォードの衒学者たち」よりも、昔のお粗末なラテン語しか話せない修道士たちの方が遙かにましな人々であったと感じたこと、そしてその「衒学者たち」と険悪な仲になったことは、この参照の二重性の文脈上で新たな意味を獲得する。するとジョージ・アボットが彼の反カトリック宣伝活動の対象にブルーノを含めていたことも、きわめて妥当なことに思えてくるのである。

次の二つの星座、〈北冠座〉と〈ヘラクレス座〉においても法を廻る議論が続けられる。〈北冠座〉の王冠は、善き仕事を罵倒する邪悪な衒学者たちを鎮圧してくれるような正しい王子に与えられるべきであり、[★073]ヘラクレスの図像はユピテルの姦通という過ちを想い起こさせるという理由で、[☆024]天界から追放されたのだが、しかし彼自身は地上に降

り下って新しい善き仕事に取りかかることになるのである。[★074]
〈カシオペア座〉が検討の対象となると、他の神々が彼女をどうするか決める前に、いきなり火星《マルス》が飛び出してきて、カシオペアの性格はスペイン人の性格に非常に似ているから断固天界にその図像を残すべきである、と激しい口調で要求する（カシオペアはネプチューンの孫ネレイスたちより美しいと自慢したので罰せられたのである）。[☆025] しかしカシオペアに対する火星《マルス》のこの親スペイン的な動議にもかかわらず、彼女の〈自負〉、〈傲慢〉、〈偽り〉は天界から追放されて放擲され、その替わりに〈純真〉が昇って来る。[★075] ここで暗示されているのは、戦争と社会の分裂を好むカトリックのスペインが、明らかに「衒学」の別のタイプを代表しているということである。

それとは反対に、〈双子座〉の検討の際には、クピド、アポロ、水星、土星そして金星が登場して〈不公平〉に取って代わるべき、〈愛〉、〈友情〉そして〈平和〉の味方をする。[★076] 〈天秤座〉においては、〈均衡〉が地上の不正の数々を調査するために降り下るべきことが告げ知らされる。とりわけウェスタの殿堂[☆026]で行われている自然に悖った暴力行為を正さねばならない。[★077]

ブルーノが擁護している倫理は、平和で有益な活動を助け、党派間の闘争を追放する。つまりそれは法と秩序の支配する道徳倫理である。私的な側面から見れば、その倫理観は〈金星〉、〈木星〉、〈太陽〉の善き性質を奨励するものであるから、非禁欲主義的なものである。これはすぐ先に挙げた「ウェスタの殿堂」の反自然性に対する抗議に例示された要因でもある。[☆027] キリスト教徒が党派に分裂して相争っているその過ちのすべては、エジプトの宗教とそれにブルーノが結びつける一種の道徳律への回帰によって矯正されるべきものなのである。しかし彼の構想に拠れば、この改革は教会制度とある程度連動しつつ行われるべきものである。というのも〈祭壇座〉で検討される〈祭壇〉は、半人半獣の（つまりエジプト的な神表象である）〈ケンタウロス座〉と共に天界に残るべきだとされているからである。[★078] ケンタウロスは病人を癒したこと、そして天上の星に至る道を示したということが称讃される。[☆028] ケンタウロスは天上に留まるべきである。なぜなら祭壇のあるところには、祭壇に仕える祭司も控えているべきだから。

〈北冠座〉の番になると、アポロがこの星座の王冠をどう扱うべきかと問いかける。

この王冠は（とユピテルが答える）、いと高き運命の定めにより、そしてまた神的精神の霊感により、その至高の徳性に対する報酬として、無敵の王アンリ三世の戴冠を待ち受けている。この王冠は、寛大で勢威ある、そして好戦的なフランス国土の王である彼に、フランスとポーランドのそのそれぞれの王冠を獲得した後に約束されている。彼がこのことを宣言したのは、その統治の始まりにおいてであり、素晴らしい工夫を凝らした王冠を準備させた。その本体は、二つの下の王冠が、もう一つのより優れたより美しい王冠を戴く形になったおり、その頂上の王冠には全体の魂として銘文が刻まれている。その銘文とは、「第三の天界が待っている」（Tertia coelo manet.）というものである。この最もキリスト教的な君主、聖なる、敬虔な、純粋無垢な国王は安んじて、「第三の天界が待っている」と言うことができる。なぜなら彼は聖典にこう述べられていることをよく知っているからだ。「平和を打ち立てる者は幸いである、心の純粋な者は幸いである、なぜなら天の王国は彼らのものであるから」。彼は平和を愛する。彼は自足した民の安穏と献身を可能な限り尊重し、軍事的な道具立ての喧《やかま》しい大騒動は好まない。それらは地上の不安定な圧政と支配を盲目的に獲得するための道具にすぎないからだ。彼が好むのはむしろすべての正義と敬虔であり、それらは永遠の王国に通ずる真っ直ぐな道を指し示している。彼の臣下には確かに向こう見ずで、狂暴で、騒ぎを好む者もいるが、そうした者たちが彼の統治の間（彼の静謐なる精神は好戦的な激情を奨励しないのだが）、他の国土の王冠と王笏を獲得することを口実としないようにしなければならない。その口実をもって彼を説き伏せ、他の国々の平和を乱すという多大の害をなす連中の手助けを彼がするようなことにならないように、注意しなければならない。なぜなら「第三の天界が待っている」からである。謀反の凶徒たちは、フランスの軍隊が彼の意志に背いてまで他の国土の境界や沿岸を脅かすことを期待するだろうが、その期待は空しいものに留まるだろう。なぜならいかに節操を失った御前会議が彼をそそのかそうとも、変転定めなき運命が誘惑しようとも、外部からの示唆や賛同の機会が提供されようとも、新しい栄誉を身に纏い新しい王冠を戴くことを口実として、彼が(必要やむを得ない場合を除いて)精神の静謐に対する配慮の祝福を断念するように説き伏せられるということはあり得ないからだ。なぜなら彼は他者の所有に執着するよりは、自己の所有を物惜しみなく与えようとする、そうした類の君主だからだ。だからポルトガル王国の空位を狙ったり、ベルギー支配のために策動したりするのは他の君主たちに任せておくがよい。なぜ彼以外の君主たちは頭を悩まし、忙しげに立ち回るのだ。なぜお前たちは、他の君主や国王たちが攻めてきてお前の軍隊を打ち破り、お前の王冠を奪い取ってしまうことを怖れ疑っているのか。「第三の天界が待っている」のだ。だからこの王冠はここに置いて(とユピテルは結論を述べる)、彼の到来を待つがよい。かくも素晴らしい王冠にふさわしいのは彼なのだから……[★079]

神々はすべて異口同音に、その王冠はアンリ三世に与えられるべきである、と賛同する。そして彼らは、改革の仕事が終わったことを祝う大いなる饗宴を催すために、〈南魚座〉に赴くのである。

ここでブルーノは、一人のカトリック君主の友好的意図を、イギリスの貴顕、特におそらくはこの著作の献呈の対象となったフィリップ・シドニーに伝えようとしている。この君主は、スペインと〈カトリック同盟〉の野心に加わることを拒否し、他の国家に対するすべての攻撃の計画を、公然たる戦争の形であれ、隠然たる破壊活動の形であれ、共に放棄するのである。彼の臣下たちの中には争いを好む者も確かに存在して、スペイン-ギーズ公の操る党派となっているが、彼らはイギリス女王の敵であるのと同様にフランス国王である彼にとっても敵なのである。ブルーノは国王アンリの名において、こうした争いを超越して、古《いにしえ》のヨーロッパのその精神的統一に回帰しようではないか、と呼びかける。☆029

『追放』はフランス大使館に寄寓する一客人によって書かれたものであり、この客人は彼の他のいくつかの著作をフランス大使に献呈した人物でもある。こうした背景を持つ『追放』は、イギリスの読者にとっては、ある程度までフランス国家の権威を伴う書物として見えていたはずである。少なくともフランス大使モーヴィシエールは、いかなる意味でも出版に反対しなかったようであるし、この著作にはフランス国王からの提言が含まれているようにも見える。また『追放』の主題である魔術的-宗教的ヘルメティズムは、フランスでブルーノがすでに公刊していた魔術関係の著作と概ね符合している。

『追放』の文体は明らかにルキアノスの皮肉が効いた軽みのある調子に倣っている。しかしそれが本来属するコンテクストは、十六世紀の宗教的ヘルメティズムの本流である。☆030 ただしその教説は、この潮流の中でも特に風変わりな常軌を逸した形式☆031で説かれている。

宗教的ヘルメティスト、ブルーノ

本書の第一〇章ですでに見たように、宗教的ヘルメティズムには非常にさまざまな形態がある。十六世紀末という時代は、すべてのタイプの宗教的ヘルメティズムがその「感応霊力」の頂点に達した時代でもあった。ブルーノが『追放』を執筆していた時期にはすでにデュ・プレシ・モルネはその神学的著作を書き終えており、それをシドニーが翻訳している最中だった。このモルネの著作が志向するのはプロテスタント的なタイプのキリスト教的ヘルメティズムであり、それを宗教上の紛糾に対する緩和剤として用いようとするが、その内実は完全に脱魔術的なものである。また同じ頃カプチン僧のロッセリは、おそらくすでに、彼の浩瀚なヘルメティズム的労作に取りかかっていただろう。あと何年かすればパトリッツィが登場して、教皇に一冊の自著を贈り、ドイツのプロテスタント教徒を懐柔する手段として、ヘルメティズムに基づく哲学を強く奨め、またイエズス会もヘルメティズムを採用すべきだと助言する。パトリッツィのタイプのヘルメティズムは、それがフィチーノ風の魔術の要素をある程度含んでいる限りにおいて、他の二つの脱魔術的なヘルメティズムよりはブルーノのそれに近い。しかしまた両者の間には非常に明確な差異も存在する。パトリッツィはヘルメティズムのキリスト教的解釈を保持しているが、ブルーノはそれを放棄しているからである。ブルーノがヘルメティズムのキリスト教的解釈を放棄したという事実は、とりわけ全身全霊をこめた魔術との取り組みに窺える。またそれは魔術をヘルメティズムの中核と見做す彼の観点に如実に顕れている。彼はこの放棄によって急進的な一歩を踏み出し、通例のキリスト教的ヘルメティズムの単調さを脱するのである。彼は『アスクレピウス』中の魔術に関する章句を忌避したり隠蔽したりする代わりに、公然と、ここで描かれた魔術が、自分の提案する宗教的かつ倫理的改革の基盤なのだと認める。したがって、確かに彼の魔術的改革、ないしエジプト主義の復興が間近に迫っているという予言は、カトリック的基本枠に沿った改革の発展形として構想されてはいるものの、彼を本来の意味でのキリスト教的ヘルメス主義者と呼ぶわけにはもはやいかない（彼がキリストを魔術的宗教の裡に留めるとするなら、それは寛仁の〈魔術師《マグス》〉としてのキリストである）。

短期のイギリス滞在の後、再びパリに戻ったブルーノは、サン＝ヴィクトル修道院[☆032]の図書室に通い始めた。図書室の司書は日記をつけていて、その中にブルーノとの日々の対話も記録されている。彼の報告によれば、ブルーノはトマス・アクィナスを非常に称讃したが、スコラ学者の細かすぎる議論は非難した。「例えば彼らの〈秘蹟〉(*the Sacraments*)[☆033]と〈聖体〉(*the Eucharist*)[☆034]の議論は誤っている、聖ペテロと聖パウロはこうしたことを（こうした細かな議論を）知らなかった、知っていたのは『これがわたしの肉体である』(hoc est corpus meum)[☆035]という言葉だけである、と言った。彼は宗教上の困難はこうした問題が除かれさえすれば容易に解決できる、そしてこうした問題はもう少しで解決されるだろうことを期待している、と述べた。しかし何にもまして彼が嫌悪するのはフランスとイギリスの異端者たちだ、なぜなら彼らは善き仕事というものを軽蔑し彼らの信仰の正しさを強弁し正当化することしか知らないからだ、と言った。[★080]というのもキリスト教徒はすべて善良なる生活を送ることを目指しているのだから、と(toute la chrestienté tend à bien vivre)」。この言葉は『追放』で説かれる教え、またそこで繰り広げられる善き仕事を侮蔑する「衒学者たち」に対する非難にぴたりと重なり合っている。またこの著作においても〈エリダヌス座〉と〈祭壇座〉を検討する条に、明らかに聖体祭儀ないしはその魔術的解釈に対する秘密めかした言葉が述べられている。[★081]

モチェニゴ[☆036]はヴェネツィアの異端審問官に対する告発状で、ブルーノが以下のように述べたと密告している。「今日の教会制度はかつての使徒たちのようなやり方を採らない。使徒たちはその訓戒と自らの善き生活によって人々を改宗させた。しかし今日ではカトリックになりたくないと望む者は、誰でも懲罰と責め苦を耐え忍ばなければならない。というのも愛ではなく暴力が用いられているからである。もちろん自分自身はカトリックの信仰を他のどの信仰よりも遙かに好ましく思うけれども、この信仰もまた多くの改革を必要としていることは確かである。こうした事態はもちろん望ましいものではない。しかしやがて世界はそれ自身の力で、全面的に自浄され改革されるだろう。というのはこうした腐敗がこのまま続くことは全く不可能だからである。自分はナヴァール国王[☆037]に大いなる事業の実現を期待している。彼はこう述べたのです」[★082]。これらの言葉もまた『追放』で説かれる教義と全く重なり合っている。

このように魔術師ジョルダーノ・ブルーノは、ヘルメティズム的な宗教的使命を自覚していた。彼は宗教的ヘルメティストの中の〈異端児《アンファン・テリーブル》〉であった。しかしまた彼は一個の宗教的ヘルメティストでもあったのである。このコンテクスト上に彼を置く時、彼はようやく彼自身の世紀の潮流の中に本来の姿を現すことになる。

ブルーノ、〈太陽の都市〉、〈ユートピア〉

イタリアのブルーノ研究家たちは、この決定的な重要性を持つブルーノとヘルメティズムの関係を見落としていた。しかしそれでも彼らは、魔術がブルーノの思考圏においてある役割を担っていることは、かなり以前から認識していた。例えばコルサーノは一九四〇年に公刊された彼の研究の中でこのことに注目しているし、ブルーノの魔術的思考の背景にはある種宗教的改革の要素も潜在している、と述べている。[★083] さらにフィルポは、ブルーノの魔術と改革に関するコルサーノの見解を発展させて、この二つの要因は連関しており、ブルーノは魔術によって改革を実現できると信じていた、と指摘している。[★084]

確かにこうした類の連関が、この『勝ち誇る野獣の追放』という作品に潜む謎の本質なのかもしれない。魔術師は天界の図像を操作する。その図像に下方の地上のすべての事物は依存しているわけだから、この操作は来たるべき改革を準備することになる。「われわれがこのようにわれらの天界を一新するならば」、とユピテルは言う。「星座とその感応霊力は一新するだろう。そして事物の刻印と運命は新しくなるだろう。なぜならすべての事物はこの上方の天界に依存しているからである」。[★085] 同様に『宇宙の乙女』においても、神々が荒廃した世界を革新するための惑星会議に集まると、宇宙の元素に向かって「神的な自然から第二の流出が生じる」のである。[★086] こうした思考の流れに沿って『追放』は読み解かれねばならない。星座の図像は、単に十六世紀末の宗教的社会的状況に対する面白おかしい諷刺の媒体として、つまり文学的な手法としてのみ選ばれたものではない。改革を主導する魔術師の内面においてこそ、その改革は天上において始まる。彼の内面の天界の図像、すなわち天界の神々の図像は、配置し直されることで自己浄化され、その一新された神々が、黄道十二宮と北方及び南方の星座を改革することになるのである。

われわれはこれを見て何を想起するだろうか。もちろん『ピカトリクス』に描かれた、魔術的都市アドケンティンだろう。それはヘルメス・トリスメギストスによって建設され、その町の周囲には「板に彫られた図像」が置かれたのだった。「そして彼はそれらの図像を配置して、その徳性の力によって町の住人が徳高き者たちとなり、すべての害悪を脱することができるようにしたのだった」[★087]。本書の第四章で示唆しておいたように、この都市建設者トリスメギストスの描像が、魔術師としてのヘルメス・トリスメギストスと、エジプト人に善き道徳律を与えそれを守らせた立法者としての彼を一つに結びつけたのだった。同じ連結が『追放』においても見られるのではないかとわたしは思う。つまり天界の図像の操作による改革と、宗教倫理全体にわたる改革の、その結合のことである。

注意しなければならないことは、『ピカトリクス』では、ヘルメス・トリスメギストスが太陽の神殿をも建設したとされていることである。われわれはこの魔術教則本を研究した人々が、太陽神殿の建設と都市アドケンティンの創設を、『アスクレピウス』中の謎めいた言葉と結びつけていたかもしれないと推測した。それは〈悲嘆〉の後に置かれた、エジプトの宗教と法の復興がやがて成し遂げられるだろうという予言の言葉である。「大地を支配する神々はやがて復活し、その神像はエジプトの辺境にある一つの都市に安置されるだろう。その都市は沈み行く日輪に向かって創設され、死すべき族《うから》のあらゆる民が陸路海路を辿りこの町へと急ぎ行くだろう」[★088]。ブルーノの心が魔術的な太陽都市に惹きつけられていたことは、サン＝ヴィクトル修道院の司書が残した貴重な日記中の記載によって明らかとなる。この司書はこう記しているのである。「ヨルダーヌスはわたしにこう語った。フィレンツェの公爵[☆038]がラテン語だけが話されるような都市を建設したという話は聞いたことがないが、この公爵が〈太陽の都市〉(Civitas solis)を建設したいと望んでいたという話は聞いたことがある。この都市では他の町、例えばローマやロードスのように一年を通して毎日太陽が輝いている。彼はこう語った」[★089]。

この風変わりな魔術的圏域に、星辰宗教と太陽崇拝を伴ったあのカンパネッラの理想国家、つまり〈太陽の都市〉も置いて考えるべきだろう。後の方で一章を割いてカンパネッラの太陽都市と『追放』の比較を試みることにするが、両者には共通点が多い。とりわけ社会の和合と公共の奉仕を説く倫理観がそうである。また社会改革の必要な要素として公共の福利のための学識と発明の活用を説くという点でも、ブルーノとカンパネッラは重なり合っている。

ここでもう一つ、予想だにしなかった比較の可能性が浮かび上がってくる。つまり『追放』とトマス・モアの『ユートピア』との比較である。モアの理想国家は、その社会的和合の倫理が一般に広く称讃されてきた。ではユートピアの住人の宗教とはいかなるものだったのだろうか。そこには非常に大規模な、蠟燭の明かりでほの暗く照らされた教会があり、神官たちが壮麗な礼服を身に纏って入堂していく。その礼服は鳥の羽を縫い合わせて作られた「玉虫色の」ものであり、その図柄は「ある神的な秘密の教え」を秘めている。[★090] このユートピアの神官の礼服は、初期のこの著作に対する書評では「降霊術の礼服」を想い起こさせるとされている。[★091] 確かにモア的共産主義者に内在する宗教性[☆039]はかなり風変わりな雰囲気を持っている。つまり『ユートピア』は、ヘンリー八世がローマと決裂する以前にモアが懐いていた改革の構想を反映したものかもしれないのである。

『追放』を読むイギリスの読者は、モアのこの著名な書物を想い起こしたかもしれない。モアもまた、他の人々のためになされた善き仕事が一人の私欲のために占有されるよりは刑場の露と消える方を選ぶ、そういう人物だったからである。

いずれにせよブルーノの魔術的ヘルメティズムは、エリザベス朝の半ばカトリックの信条を懐く者たち、不満を感じるインテリゲンツィアたち、[☆040] また他の密かな不平不満を懐く社会分子に対して、彼らの秘められた願望に対するある種のはけ口を与えたのだった。それは彼らも憎悪していたスペインのカトリシズムが与える騒擾への使嗾《しそう》とは全く別の解放感だった。奔放な劇的スタイルで書かれ、力強い想像力によってルキアノス的で天上的なユーモアを駆使するこの『勝ち誇る野獣の追放』は、エリザベス朝ルネサンスがこれからまさに誕生しようとするその決定的な時期に、核心的な影響を与えた著作だったかもしれない。[☆041] なぜならこの著作は、ルネサンス的ネオプラトニズムの核心、その爆発的な展開の力を秘めた『アスクレピウス』の魔術の全体を、削除されない形で含むものだったからである。

第一三章

ジョルダーノ・ブルーノのイギリス滞在——ヘルメス教的哲学

「あなたの哲学はえらくまたあなたに都合良くできている、それは認めましょう。しかしそのあなたの哲学がまだ生まれもしなかった時代もあったのです」とブルーノは『灰の水曜日の晩餐』（出版は一五八四年で『追放』と同年だが成立はおそらくそれ以前）に登場する衒学者の博士に慨嘆する。「ところがそういう時代、すでにカルデア人の哲学、エジプト人の哲学、ゾロアスター教の祭司《マギ》たちの哲学、オルフェウス教徒の哲学、ピュタゴラス教徒の哲学、そしてまた他の古代の思想家たちの哲学がとっくに存在していたのです。彼らの考え方の方がずっとわたしたちの趣味には合ってますね」。★001『晩餐』の衒学者たちに対する諷刺は、彼とオックスフォード大学の博士たちとの間のいざこざを反映している。上の言葉は彼らに対して、そしてまた彼の著作の読者たちすべてに対して、自分の哲学が一つの〈始源の魔術《プリスカ・マギア》〉であることをはっきりと表明したものである。一四年の後、ブルーノはヴィッテンベルク大学の教授たちに向けて、これと似た〈始源の魔術《プリスカ・マギア》〉の系譜を呈示している。それは「叡智の神殿」としてまずエジプト人とカルデア人によって建立され、ついでゾロアスター教の祭司、ヒンドゥー教の裸形苦行僧等々がその建設に参加する。近代に近づくと、アルベルトゥス・マグヌス、ニコラウス・クサーヌス、コペルニクスが登場する。コペルニクスは宇宙の本質の省察において、「アリストテレスとすべての逍遙学派《ペリパテーティコイ》を合わせたよりも深い理解を示した」★002。『灰の水曜日の晩餐』においてもコペルニクスは似たような形で、最高の讃辞の対象となっている。

> 彼（コペルニクス）のおかげで、われわれは一般に流布している哲学のいくつかの偏見から解放されたのです。こうした俗説には「無知」という名を奉るだけで十分です。とはいえ彼もまた、この「無知」を完全に超越していたとは言えません。彼は自然の研究者というよりは、むしろ数学の方に没頭した人物でした。それで人を

惑わせる誤った原理の根源を取り除くのに十分なほどの深い洞察を得ることはできなかったのです。また探求の途上で出会うすべての困難を解決し、自身と人々の双方を空しい研究から解放し、探求の関心を恒常的で確実な事物の方へと向け変える、そうした能力も彼は持ち合わせていませんでした。★003

つまりどういうことかと言うと、コペルニクスの研究は端緒とはなったものの、彼は単なる数学者にすぎなかったから、彼自身の発見に秘められた深遠なる意義を理解することがなかった、というのである。したがって彼は真理の曙、その本来の予言者に先駆ける者である。この本来の予言者とは「〈ノラの人〉」、つまりブルーノ自身だということになる。しかしまたコペルニクスの予備的研究は、感謝されてしかるべきものである。

一体誰がこの人物（コペルニクス）とその仕事をかくも恥ずべき非礼をもってあしらい、彼のすべての業績を忘れ果てる権利を持っているのでしょうか。彼の登場は、まさに神意によって定められたものであり、それは完全なる日の出に先駆ける曙光であったのです。そのことを誰が忘れ果てる権利を持っているでしょうか。この完全なる日の出とは、太古の真の哲学が、盲目で妬み深い無知蒙昧の暗き洞窟に途方もなく長い間埋められ葬られた後に、再び生を得て立ち上がる、その復活のことです。また誰が彼の著作にいくつか遺漏があるというただそれだけの理由で、獣めいた迷信に惑わされてあちらこちらとうろつくだけの俗悪な畜群に等しき者たちと同等に扱ってよいものでしょうか。むしろ彼を、優れた悟性によって自身の限界を超え、導きの師としての神的知性を信頼し、正しい認識に至った、そういう優れた人々の一人に数えるべきではないでしょうか。

さて、ではこれから〈ノラの人〉について何を語ろうとしているのでしょうか。おそらくはわたしにふさわしいことは、彼を誉め讃えないようにすることかもしれません。というのも彼はあまりにわたしに近い、実際あまりに近すぎて、それはわたしがわたし自身に近すぎるようなものなのです。とはいえしかしまともな理解力を持った人間ならば、わたしがここで自画自讃したからといって、咎め立てをする者は一人もいないでしょう。というのも、時としては、自画自讃は心地よいだけでなく必要なことでもあるからです。……かの古《いにしえ》の時代に、ティーフュスが最初に船を造り、それでアルゴーナウタイと大海原を渡り、そのことで称讃の対象になったのならば[☆001]……そしてまたわれわれのこの時代にコロンブスが誉れを得たとするならば……では天上に昇り行く道を見つけ出した者に対しては何を語ればよいのでしょうか……。人間の精神を解放し、その知を拘束から解き放ったのは……ノラの人なのです。人間の精神は狭い牢獄のその重く淀む空気の中で窒息していました。その獄舎からは、いわばその壁に走る亀裂を通してしか、遙か彼方の星々のほの暗い光を望むことはできませんでした。人間の精神の翼はもぎ取られていました。それは彼が高みへと舞い上がり、覆い隠す雲海を越えて、その彼方には本当に何が存在しているのかを知ることのないようにするため、そしてこの獲得した知によって地下の洞窟のその泥にまみれた者たちの汚らしく馬鹿馬鹿しい戯言から自分を解き放つ、そういうことがないようにするためだったのです。こうした地下の者たちは、あたかも自分たちは天上から降臨ましましたメルクリウスたち[☆002]、アポロたちであるような御大層な顔をして、多くの自惚《うぬぼ》れと共に、世界の上に獣じみた愚行と悪徳を押しつけ、それをあたかも徳性、神性、原理そのものであるかのように偽ったのです。彼らは太古のわれわれの父祖の時代に、魂に神性と英雄の誉れを与えたその光を消し去り、その一方では、愚者と詭弁家の真っ暗闇の無知蒙昧を野放図に助長したのです。それゆえこの人間理性に対する圧政の長き時代を通じて、時折訪れる澄み切った意識の中で、理性はその卑しく貶められた状態を嘆き悲しみ、理性の内部で恒に呟き続けるかの神的な予言の精神の声に向けて、言挙げの叫びを発するのです。

淑女よ、誰が一体わたしのために天に舞い上がり、
かくも乱れたわたしの心に、正気を戻してくれましょうぞ★004……

ごらんなさい。今あなたがたの前に立っているこのわたしこそ、大気を通り抜け天空を貫いた男なのです。星々の間を進み行き、宇宙の果てをもさらに越えて、天体の間に設定されていた、盲目で通俗的な哲学の用いる誤った数学によって描かれた架空の境界——第一の天界、第八の、第九の、第一〇の、その他ありとあらゆるその架空の天体の架空の境界を打ち壊した男、それがわたしなのです。この男は感覚と理性の光によって、最も入念な探求の鍵を用いて、われわれが把握できるすべての真理の扉を開け放ち、自然のその貌《かんばせ》を包み隠していた覆いを剥ぎ取ったのです。彼はモグラの目を開け、現実の鏡に映る影像を観ることのできない者たちに、その彼らを取り巻いている現実の影像を、光で照らし出してやったのです。彼は難しい議論などにはあまり関心を持たない者たちの、その押し黙った舌を解きほぐしてやりました。彼は人々の縮こまった手足を伸ばしてやりました。その弱々しい身体では、卑俗な物質には成し遂げられない、あの精神の旅路に出かけることは無理だったからです★005……

十九世紀の自由主義的精神は、この章句に中世的束縛を破棄した科学思想家の進歩を認め、忘我の歓びに浸るのを恒とした。実際、これらの言葉は非常に印象的であり、なにかしら人を興奮させるものがある。ではいったいそれは本当のところ何を意味しているのだろうか。

太陽中心説はすでに古典古代の時期にさまざまな形で知られていたし、コペルニクス自身もそれらの古代の先駆者たちを参照している★006。しかしこの〈ノラの人〉が予言する復活を遂げつつある古代の真理とは、天文学的な意味で

の、また数学的仮説としての太陽中心説ではない。ブルーノ自身、単なる数学者がこの太陽中心説に観るものよりも遥かに多くのことをその裡に観ている、と述べている。しかしまたコペルニクスですら、純粋に数学的見地に立っていたわけではない。彼は新しい宇宙体系を図式で提示するそのすぐ傍で、太陽を可視の神だと定義する『アスクレピウス』中のヘルメス・トリスメギストスの言葉を引用しているからである。これがまさにブルーノの先の章句の言葉の真の含意を理解する鍵である。つまり〈ノラの人〉が展開しているのは、宇宙の神性を透視しようとする一つのヘルメス教的啓示なのであり、それはまた一つの拡張された〈世界認識《グノーシス》〉なのである。

コペルニクス的体系に登場する太陽とは、つまりは太古の真の哲学が、果てしもなく長い間暗い洞窟の闇に葬られた後に復活する、その全き日の出の到来を告げ知らせるものだった。ブルーノはここで〈真実は時の娘〉(Veritas Filia Temporis)[☆003]というモットー、つまり真実を白日に曝す時の力を心に思い描いている。イギリスではこの座右銘は、まずメアリ女王治世下でプロテスタントの闇からのカトリック的真理の帰還の意味で用いられた後、エリザベス女王の時代に至ると、今度は全く逆の意味で、つまりカトリックの闇からのプロテスタント的真理の回帰の意味で用いられた。[★007]ブルーノが語ろうとする真実は、長い間、天界から天下ったと偽る「メルクリウスたちやアポロたち」によって、洞窟の牢獄の暗闇に閉じ込められていた。この言葉の意味は、似たような表現を用いる『イデアの影について』の章句と比較することで明らかとなる。そこでは、さまざまな時代にメルクリウスたちが圧制者として登場し法規を布告するからといって、神々の摂理がそのことで止むわけではない、というかつてのエジプトの神官たちの言葉が紹介されている。知性は光り輝くことを止めない。そして可視の太陽もまた、たとえわれわれのすべてが恒にそちらに顔を向けなくとも、光り輝くことを止めない。[★008]いまや輝き初める真理とは、偽りのメルクリウスたちによって(つまりキリスト教徒たちによって)弾圧されていた真理、魔術的真理である。それはまたエジプトの真理でもあって、ヘルメス・トリスメギストスがそう呼んだ可視の神としての太陽であり、また『アスクレピウス』の〈悲嘆〉でその消滅が嘆きの対象となった真理でもある。『灰の水曜日の晩餐』の別の箇所では、明け初める真理の太陽が次のように描かれている。

われわれは自問すべきです。はたして地平線上に昇り来たるその太陽の真理の光によってわれわれが昼に向かっているのか、それとも、太陽はむしろわれわれの反対側のその対蹠地の住人の上に輝いているのか、と。つまり錯誤の闇はわれわれの上に懸かっているのか、彼らの上に懸かっているのか、ということです。この太古の哲学を再興し始めたわれわれは、夜を終える曙に包まれているのか、それとも終わろうとする日の黄昏の中にいるのか、ということです。この問いはしかし難しい問いではありません。なぜならこの二つの思想を信奉する学派は、それぞれその果実によって概ねその価値を量り得るからです。

では彼ら二つの学派の違いを考えてみましょう。一方の思想は穏やかな生活を送る人々を作り出します。彼らは治癒の技に長けた人々であり、省察において公正であり、洞察において着目に値し、魔術において驚嘆すべき力を持ち、迷信にはうんざりし、法を守り、非難の余地のない道徳性の持ち主であり、神学には慧眼を発揮し、彼らのなすすべての事柄において英雄の気概に満ちています。このことは彼らの長寿に顕れています。その身体のより大いなる力強さに顕れています。彼らの高尚なる発想に顕れています。実現過つことなき彼らの予言に顕れています。つまり彼らは物質を変容させる術を知り、社会の中で平和に生きる術を知っているのです。彼らの聖なる典礼は犯し難きものであり、彼らの処罰は公正です。彼らは善き教導の霊と親しく交わり、彼らのその驚くべき武勇の数々は、今日に至るまでその影響を及ぼしているのです。この人々の敵対者たちについては、誰であれともかく善き常識を備えた方にその検討を委ねれば、それで十分でしょう。[★009]

ブルーノの標榜する真理は、正統的にカトリック的なものでもなければ、正統的にプロテスタント的なものでもない。それはエジプトの真理、魔術的真理なのである。しかしまた『灰の水曜日の晩餐』には文法屋-衒学者の代表として、マンフーリオとプルデンツィオという二人が登場し、その全体の調子はブルーノとオックスフォード大学のプロテスタントの教授たちとの間のいざこざを反映している。したがって先に『追放』の検討の際に確認しておいた幻視の二重性というものがここにも介在している。つまりこの『晩餐』で説かれるエジプトの真理の場合も、オックスフォード大学の前任者たちを参照の対象とするのであり、この「そうではなかった人々」と、大いなるヘルメス教的改革のその魔術性は、ある程度まで重なり合うことになるのである。

ブルーノは自分が予言者の資格を備え、新しい運動の指導者に適任な人材であることを明言する。なぜなら彼はすでに天球を通り抜けて至高の高みに至るその上昇を体験したからである。ブルーノは、コペルニクスの発見が、固定された星々の場の体系が天球であり、それらの天球から宇宙は構成されているという描像を破壊したと考えた。そしてこの古き宇宙像を破壊するという行為を、『ピマンデル』に描かれたヘルメス教的〈世界認識〉の本質、つまり奥義参入者の上昇下降の認識運動と同一視した。〈魔術師《マグス》〉としての人は、天球を通過しつつ、次々にその覆いを破って行く。そして「天球の覆いを通り抜けて、宇宙の枠組そのものに寄り掛かる」のである。[★010] ブルーノはグノーシス的な上昇を成し遂げ、ヘルメス教的な経験を終えた。そして裡なる諸力を感じ取ることによって、神的な存在となったのである。

ブルーノはこの章句で彼自身を描写している。イタリア語の原文を引くとこうなる。"quel'o ch'ha varcato l'aria, penetrato il cielo, discorso le stelle, trapassato ghi margini del mondo"「この男は空を渡り、天界を貫き、星々を通り過ぎ、宇宙の端を越えて行ったのです」[★011]。このブルーノの自己意識にとって、先に述べた『ピマンデル』との照応よりも一層重要な参照対象は、コルネリウス・アグリッパの『オカルト哲学について』が描く魔術師の体験である。そこでは、魔術師は天界の図像に力を吹き込む前に、この体験を済ませておくべきだとされている。アグリッパは数章にわたって護符魔術を詳細に説き、占星的図像を列挙し、こうした図像がまた特別な目的に合わせて造り出されるその方法をも述べている。その後で、われわれが以前に引用しておいた、魔術的諸力を獲得するために前もって済ませておかねばならない経験についての章句が続く。それはある種の上昇の体験である。

> ……こうした力を有するのは、四大と共に過ごしたことのある者だけである。彼は、自然を克服し、天上を越えたさらなる高みへと昇り、天使たちよりも高い階梯へと至り、ついには祖型そのものに辿り着き、その祖型と共に働き、共に操作する者となることによって、ついにはあらゆることを成し遂げる能力を獲得するのである。★012

この章句は、ブルーノが彼の上昇を描く条とほとんど一字一句符合している。唯一の違いは、ブルーノが天使たちには言及しない点だけである。

ブルーノ的習合は魔術と哲学と詩を融合させた独特のものだが、この習合がグノーシス的神懸《トランス》かりによって表現されていることがまた特徴的である。その法悦状態においては、肉体はその感覚的束縛に縛られたまま眠りに似た状態に（『ピマンデル』に描かれる如くに）捨て置かれ、魂はアリオストの『狂えるオルランド』(*Orlando furioso*)に描かれた愛の法悦の経験同様に、肉体を離脱する。

> 誰がこのわたしのために、淑女よ、天に昇り
> わたしの失われた正気を取り戻してくれるでしょうか。

このような男、ブルーノのような男を、オックスフォードの学者たちはどう理解のしようがあっただろうか。いやそもそも誰がこのような人物を理解できるだろうか。魔術師の誇大妄想が、啞然とするほどの激しさで詩的熱狂と融合している。狂人、恋する男、そして詩人が、ジョルダーノ・ブルーノにおけるほど緊密に一体化した例は、いかに空想を逞しくしたとしても思い描くことすらできない。

ヒエログリフとしてのコペルニクス的宇宙

われわれはジョージ・アボットの貴重な証言によって、オックスフォードの学者の一人がフィチーノの『天上より導かれるべき生命について』を持ってきて、ブルーノを剽窃の疑いで詰問しようとしたことを知っている。[★013]『晩餐』のコペルニクス主義を廻る議論には、このオックスフォードでの論争が反映している。議論の場はロンドン、そこにはフルク・グレヴィル[☆004]他の貴紳が居合わせ、討論そのものはブルーノと二人の地元出身の「衒学者たち」の間で行われる。このブルーノの創作した物語においても、本を持って来させるというエピソードが重苦しい雰囲気を醸し出している。ブルーノは「衒学者たち」と論争し——両者共に自説の裏付けとして図を描いている——コペルニクスは月が地球の周りを回っているとは述べておらず、地球も月も同じ周転円上[☆005]を動いていると言っている、と主張する。[★014]問題を解決するために、「参席していた貴顕たちは、コペルニクスの本を持って来させた」[★015]。ブルーノはコペルニクスの本の図を見せられて、彼の図との違いを指摘されるが、依然として自説の正しさを主張する。そして衒学者のトルクァートがコペルニクスの図で地球を示している点だと考えているものは(これが正しい解釈なのだが)、実際には、「コンパスで周転円を描く時にその中心として指示された点であり、周転円そのものは地球と月を同時に含んだものなのです」(本書図07c参照)と述べる。[★016]この本を取りに行くという逸話は、『晩餐』が背景としているオックスフォード大学での論争の実話を、ブルーノが故意に変更して脚色した可能性がある——つまりここで持って来られる本は、フィチーノの著作ではなくコペルニクスの本なのである。

真相を言ってしまえば、ブルーノにとってコペルニクスの図は一種のヒエログリフ、つまり力強い神的な神秘を背景に秘めたヘルメス教的な封印の一つなのだった。そして彼はこの封印の謎を解いたのである。『追放』におけるコペルニクスの図を廻る議論の真の意味を理解するためには、ケプラーが一六二一年に図式の使用法を分析してみせた、素晴らしい章句を参照しなければならないだろう。この議論は、調和を論じたケプラーとフラッドの著作で用いられたそれぞれの図式の間に、根本的な違いが存在することをきっかけとしたものだった。自分の図は真に数学的なものだ、とケプラーは言う。それに対して、フラッドの図はヘルメス教的なものである。「あなたは数学をヘルメス教徒のやり方で扱っている」と彼はフラッドに慨嘆して見せる。[★017] 同様にブルーノもコペルニクスの図を「ヘルメス教徒のやり方で」読み解いたのである。そしてコペルニクス自身のヘルメス・トリスメギストスに対する言及が、まさにこの図のすぐ近くに見出されるという事実が、ブルーノのこの読み方を奨励したとも言えるのである。

太陽中心説では地球が動くことになる。これが重要である。なぜならブルーノに従うならば、コペルニクスは、「自然に即した理論化を行うというよりはむしろ数学に即した理論化を行った」ので、地球の運動という理論そのものは復興して見せたものの、今のところその理論は嘲笑と侮蔑の対象となっている。[★018] ブルーノは地球の運動という観念を熱狂的に歓迎するが、それは低次元の数学的根拠に従うからではない。そうではなく、以下の如き根拠からなのである。

それ(地球)が動くのは、自己を一新し生まれ変わるためです。永遠に同じ形態に縛られているのは地球にとって耐え難いことだからです。個体としては恒久的ではあり得ないものたちも……種としては永遠のものです。同一の様態においては永続的ではあり得ない実体も、他の現象形態に自らを変容することで、その永続性を保つのです。事物の物質的契機と実体的契機は不壊のものであり、そのすべての部分においてすべての形態を通過していくという必然性を有しているのです。……それゆえこの地球、つまりこの一つの星の物質的全体性にとって、死や解体ということはふさわしくないのです。それにまたそもそも完全なる消滅というのは、すべての自然的事象にとって不可能なことです。ですから地球はそのすべての部分を時の流れに従い、また一定の秩序に従って変化させ、それによって自己を更新していくのです。……われわれ自身も、われわれに関係のある事物も、有為転変を続け、到来し離脱し続けます。われわれ自身のもので、われわれとは離れたものになってしまわないものは何一つないし、またわれわれと離れた者で、われわれ自身のものになってしまわないものも何一つ存在しません。……何一つとして、その物を形作っている実体と物質の他は、何一つとして、それ自体として永続するようなものは存在しません。この実体にして物質であるものは恒常的な有為転変の裡にあります。超実体的な実体については今は語らないことにしておきましょう。そして理性に論を戻しましょう。それもわれわれ人間の永遠の乳母であり母である、この地球という大いなる個体の理性に注目してみたいのです。あなたがたは、この地球の運動の原因は何かということを問題にしていたのでした。わたしはこう答えましょう。地球の運動を、その全体としての運動としてばかりではなく、すべての部分の運動として捉えた場合、その運動の原因とは、それが無常なる有為転変を通過していくことができるようにするためなのです。[☆006] そしてその結果。すべてはすべての場所に見出されることになり、それによってすべての形態と配置を通過していくことになるのです[★019]……

わたしはこのブルーノの章句の横に、『ヘルメス選集《コルプス・ヘルメティクム》』XIIを並べてみたい。この対話篇に表題を与えるならば、〈ヘルメス・トリスメギストスはタトに普遍的知性について語る〉という風になるだろう。

父なる御方よ、世界の裡に生きるものたちは、確かに世界の一部分を成してはいるものの、それでもやはり死んでいくのではありませんか。

わが子よ、そのようなことを言ってはならない。おまえは現象に囚われて過ちを犯している。命ある者たちは死ぬわけではない。ただその肉体は合成されたものであるから解体する。これは死ではなく、合成物の解体である。分解した後は、破壊されるのではなく更新されるのである。生命の源の力は真実には何なのか。それは運動ではないか。では世界の裡にあって不動なるものがどこにあるというのか。そんなものなどありはしない。

しかし少なくとも大地は不動のように見えるのではないでしょうか。

違う。全く逆だ。すべての存在物の中でただ大地だけが、多くの運動に従いながら、なおかつ安定しているのだ。もしそうではなく、このすべての存在物を護り育む大地が不動だとするなら、全く馬鹿げたことになるだろう。すべてのものを産み出すものが大地なのだ。そして運動することなしには、産み出すことはできはしない。おまえが尋ねているように、世界のその四分の一が活動していないのではないか、と問うこと自体が全く馬鹿げたことなのだ。というのも物体にとっては静止しているということは、活動していないということ以外の意味は持ち得ないからである。だからわが子よ、おまえは世界の裡にあるもののすべてが例外なく運動の状態にあり、減少しているか増大しているかのどちらかだということを知らねばならない。そして運動しているものとは、すなわち生きているものの謂《いい》である。すべての生き物がその同一性を保つべき必然性は存在しない。というのもわが子よ、全体として捉えた場合には世界は確かに不動である。しかしこの世界のすべての部分は運動の裡にあり、そしてまたそれにもかかわらず何一つ滅びることもなければ、破壊されることもないのである。[★020]

ブルーノは、地球が多くの運動を蒙りながらもなおかつ安定している、というヘルメス教の主張を変更するだけでよかった。地球は部分としても全体としても運動するとされる。この変更を踏まえて、ブルーノはヘルメス教文献が表出する情感を再現し、場合によっては言葉通りに引用するのである。その結果がすでに引用した『灰の水曜日の晩餐』の地球の運動を廻る章句となる。

　コルネリウス・アグリッパも、世界の魂と宇宙の生動を論じた数章の中でヘルメス教文献からの章句を引用している。すべてのものに生命と活気を与える星々が生命も活力も持たないと考えるのはつじつまが合わない、とアグリッパは言う。地球そのものも生きているのである。

『共同のものについて』という著作の中で、メルクリウスは、すべて世界の裡に存在するものは増大することによって、あるいは減少することによって、運動している、と述べている。そしてすべての運動するものはまた生きているものでもあるわけだから、地球ですらも、その増殖と変化の運動によって、生きているのである。[★021]

傍点を付した箇所は、フィチーノによる『共同のものについて』のラテン語訳そのままの引用である。アグリッパはただ最後の地球もまた生きているという条だけを付け加えている。同じ主張がブルーノではこうなる。

事物の裡に内在する原理がその運動の原因である。……だから地球と諸天体はそれに内在する個体として、原理が示す差異性と調和しつつ、運動している。この内在的原理こそそれら個体の魂に他ならないのである……★022

ブルーノは、コペルニクスが地球の運動を仮説として呈示した、その「単に数学的」な論証を遥かに越えて、それがヘルメス・トリスメギストスとコルネリウス・アグリッパの主張を実証していると考えた。つまり他の言葉で言うならば、宇宙の生動という魔術的哲学の証左をそこに見たのだった。

無限の宇宙、無数の世界

ブルーノは思想史また科学史において、ただ単にコペルニクスの理論の受容と支持という側面から評価されてきたわけではない。より高い評価を受けてきたのは、彼の想像力の素晴らしい飛躍である。彼はこの飛躍によって、コペルニクス主義に宇宙の無限性の観念を結びつけたのだった。これはコペルニクス自身の教説には含まれていない理論的拡張でもある。ブルーノは、この無限の宇宙を、無限の空間を運動する無数の世界で満たす——かくして彼はプトレマイオスの宇宙像が表現する中世的閉鎖性を最終的な形で打破し、より現代的な概念化への道を啓いたのである。この点に関しては、本書で採択された方法よりは、通例のブルーノ研究の方が役に立つかもしれない。こうした従来の研究にすでに親しまれている読者各位は、ブルーノの無限の観念の先駆者の一人がニコラウス・クサーヌスであること、またブルーノがイギリス滞在中にコペルニクス主義を宇宙の無限性と連結したトマス・ディグス☆007の著作に出会った可能性が指摘されていること★023、これらのことはすでにご存じではないかと思う。また、これも非常に説得力に富む形で指摘されたことだが、ブルーノの無限と無数の世界の実在に対する信念は、十全性の原理に基づいたものであり、それによれば、無限の原因としての〈神〉は、無限の働きを示すことが必須であり、彼の創造の力にはいかなる限界も設定され得ない、とされるのである。[★024]

しかしまた、「ブルーノの世界観は生気論的であり魔術的である」ということも観察されてきた。「彼の捉えた天体は生気に満たされた存在であり、自身の意欲に従って自由に空間中を運動する。それはプラトンやパトリッツィの思い描く天体に似ている。ブルーノはしたがってけっして近代的な心性の持ち主ではなかった」。[★025]この主張に、われわれが今検討したばかりの事実、すなわちブルーノがコペルニクスの地動説を受け入れたのは魔術的かつ生気論的根拠に基づくものだったという事実を付け加えることができるだろう。また彼の構想に従えば、惑星のみならず無限の宇宙に存在する無数の世界もまた、その無限の空間の中を、神的な生命に満たされつつ、巨大な動物のような姿で運動するものであったという事実を加えてもよい。

彼は……宇宙は無限であると断言しました。そしてそれは巨大なエーテルの領域から成り立っており、一つの巨大な空間から成る天空のようなものであって、その懐に天体は抱かれているのだ、とも述べました。……さらにまた、月、太陽そして無数の天体はこのエーテルの領域にあり、地球もその例外ではないということ、これも彼の意見です。こうした天体という大いなる動物が固定されてしまうような、蒼穹や台座や基礎があるなどとは信じられない、こうした天体というものは宇宙を構成する無限の神的な能力を裡に秘めた無限の素材なのだから、こういう風にも彼は述べました。[★026]

これが『灰の水曜日の晩餐』で展開される、無限の宇宙と無数の生動する世界に関する主張の典型例である。『無限の宇宙と諸世界について』(*De l'infinito universo e mondi*)☆008においても同じ主張が繰り返されているが、それはまたさまざまな変奏を伴っており、彼が神性の観念を心に思い描くためにそうした世界の〈絵〉を必要としていたことを示している。

接近不可能な神性のその貌《かんばせ》を描くための無限の図像《イメージ》が必要不可欠なのです。その図像の裡には、その無限の構成要素としての無数の世界が含まれていなければなりません★027……

ブルーノはヘルメス文献中に、無限の宇宙と無数の世界の観念そのものを発見することはできなかった。しかし彼がこうした観念を形成するに至ったその精神というものは、やはりそこに見出し得るのである。例えば以下のような条である。

〈善〉の莫大さというものは、物質的なものであれ非物質的なものであれ、感覚的なものであれ知性的なものであれ、すべての存在物の形造る現実そのものと同じ大いさを示している。これが〈善〉の本質である。つまりこれが〈神〉の本質でもある★028。

また『アスクレピウス』には次の言葉がある。

というのも、もし世界の外に空間が存在するとするならば(わたしはそうは思わないのだが)、わたしの考えではそれは無数の知的存在で満たされていなければならない。つまりそれらの知的存在は、その空間の神的な存在に似たものであるだろう。だから感覚界は全く生命を持ったものたちだけで満たされているのだ★029……

ブルーノは、神性に対する自覚を強めるためには、世界の外には無限の空間が確かに存在する、そしてそれは神的な存在たちに充ち満ちてある、とだけ先の章句に言い足せばよかっただろう。そうすれば彼は、無限のそして無数の世界についての自分の観念と、ヘルメス教的グノーシスを融合させることができたはずである。『巨大さ、及び無数の思い描き難きものたちについて』(*De immenso, innumerabilibus et infigurabilibus*)の中の注目に値する章句において、ブルーノが自身をいわば無限の中へと投げ入れる、そのヘルメス教的上方への跳躍、天界への上昇とはいかなるものなのかを実際に観察することができる。詩の序章は精神《メンス》の上昇を描いている。この上昇によって新しい世界の姿が啓示されることになる。序章に対する註解に以下の言葉が見られる。

> トリスメギストスによって、人間は大いなる奇跡だと呼ばれている。人間はあたかも自らが神でもあるかのように神に思いを潜め、神が万物の裡に顕れるようにと努める。そして……あたかも彼の求める神とは無限であり、測り難きものであり、遍在する万有であるかの如く、際限もなき事物へと向かい行くのである。★031

ブルーノは、奇跡的で神にも似た人間の力を称讃する有名な章句を少しだけ変えて、その力を無限の神と無限の宇宙を認識する力へと拡張している。ブルーノが無限の空間に舞い上がらせようとするものは、大いなる奇跡である人間、自らが神的な起源の存在であることを知っている人間なのである。彼はこの上昇によって、厖大に拡張された宇宙に反照する無限の神性の新しい啓示を獲得し、内面の省察の対象とする。

この新たな幻視を可能にした直接的な典拠がなんだったのかははっきりしている。ブルーノは、ルクレティウスの『事物の本性について《デー・ナートゥーラ・レールム》』の中に、無限の空間に無数の世界があってそこにはわれわれに似た住人が住んでいる、という観念を見出したのである。彼は『無限の宇宙と諸世界について』★032や他の著作の中で、ルクレティウスのこの教説の引用を繰り返している。しかし彼はまたルクレティウスの無数の世界という観念に（それ自体もちろんエピクロスの哲学を踏襲したものだが）魔術的な活気を吹き込むことで、全体の意味を本質的に変えてしまう。この魔術性というものはルクレティウスの醒めきった宇宙像には全く無縁なものなのである。また同様にブルーノは、ルクレティウスと共有する無限とその内実の無限性の観念に、さらに無限の神性の影像としての機能を賦与する——これもまたルクレティウスの不可知論にとっては完全に異質な観念である。ルクレティウスの神なき宇宙は、厭世的な人間が宗教の恐怖から逃れるための避難所の趣があった。ブルーノによって、この避難所は、莫大に拡張されたヘルメス教的世界認識へと変容させられた。それは魔術師である〈神〉の啓示であり、魔術的な生気に充ち満ちた無数の世界の存在を告知する。この幻視的啓示を獲得するためにこそ、かの大いなる奇跡、〈魔術師《マグス》〉としての人間は、彼自身を無限の彼方にまで拡張して、その無限の宇宙を内面に映し出すことができるようにしなければならないのである。

　本章の冒頭でわたしはブルーノがヴィッテンベルクで行った演説中で提示した叡智の系譜を引用しておいた。この引用の目的は、〈始源の魔術〉ないしオカルティズムのブルーノの観念における連鎖を示すためであった。ブルーノはこの連鎖の中にコペルニクスをも位置づけている。ルクレティウスもまたこの系譜中に含まれていることは非常に大きな意味がある。わたしは先の引用では彼の名を省いたのだが、ここでもう一度この系譜の全体を検討してみることにしよう。ブルーノの言うところに従えば、最初の〈叡智の神殿〉はエジプト人とカルデア人によって建立された。第二のそれはペルシアの祭司《マギ》とゾロアスターによって、第三のそれはインドの裸形苦行僧たちによって、第四のそれはトラキアにおいてオルフェウスによって、第五のそれはギリシア人、つまりタレース及び他の賢者たちによって、第六のそれはイタリア人、とりわけルクレティウスによって、第七のそれはドイツ人たち、つまりアルベルトゥス・マグヌス、クサーヌス、コペルニクス、そしてパリンゲニウスによってそれぞれ建設された。[★033] わたしには、この系譜は、彼のコペルニクス主義の解釈と等質のものに思える。彼がコペルニクス主義を「エジプト主義」の回帰を告げる先駆けとして捉えたように、ルクレティウスの宇宙像もまた彼にとっては、拡張された形でのエジプト的叡智の一種に見えていたのではないだろうか。ブルーノはこの見地からルクレティウスの無限の宇宙と無数の世界の観念を採用し、そしてそれを自身のコペルニクス主義に融合させたのではないだろうか。コペルニクス主義自体、彼の場合にはすでに拡張された形でのヘルメス教的幻視と一体化しているのである。

系譜中の他の人物に関して言えば、アルベルトゥス・マグヌスが〈魔術師《マグス》〉の一人として考えられていたことは確実である。クサーヌスはブルーノが非常に称讃した人物だが、彼はその教説中である種の幾何的象徴法を用いたことがあった。ブルーノはおそらくこれをヘルメティズム的な手法だと受け取ったのだろう。クサーヌスの人口に膾炙した命題、すなわち〈神〉は「中心があらゆる場所にあり、円周はどこにもない球」のようなものであるという命題は、実際のところ、十二世紀のヘルメス教偽書の一論文中に初めて登場するのである。[★034] この命題はクサーヌスによって宇宙の原理へと拡張された。[★035] それは〈神〉の反照としての宇宙である。この観念もまた、その精神においては、ヘルメティズム的なものであり、それがブルーノの思考の基盤を提供した。彼にとっては、無数の世界のすべては、拘束を解かれて無限となった宇宙のそれぞれの神的な中心なのである。

〈叡智〉の系譜にパリンゲニウスも登場している。ブルーノは彼の著作を通じてルクレティウスを典拠とするエピクロスの倫理観に出会った。[☆009] さらにブルーノがパリンゲニウスを介して知ったのは、ヘルメティズム的魔術と融合した形でのルクレティウス的宇宙論のいくつかの要素である。[★036] この受容の独特の性格は前章で検討しておいた。ブルーノはパリンゲニウスの教説に完全に同意しているわけではないが、この著者がブルーノのルクレティウスに対する牽強付会的解釈を助長した可能性はある。

ブルーノは、素晴らしい想像力の飛翔によって、彼のコペルニクス主義を無数の世界で充ち満ちた無限の宇宙の描像へと拡張した。その世界のすべては神的な生命を吹き込まれ動き続ける。こういう風に幻視された宇宙は、彼にとっては――コペルニクスとルクレティウスを共に誤解したことにより――ヘルメス教的世界認識の莫大な拡張を意味した。つまり自然の神的な生命を洞察する魔術師の世界認識の拡張という意味である。

この無限に拡張された〈万有〉は、依然として〈一者〉である。この〈万有〉と〈一者〉の等置こそは、すでに見たように、ヘルメス教の基本的な教理なのである。〈一者〉における〈万有〉の統合は、一貫してブルーノの思考のテーマとなっている。この点に関する最も印象的な章句は、『原因、原理と一者について』に見られ、それはある種ヘルメス教讃歌の如き趣を持っている。

〈最高善〉(summum bonum)、最高に望ましきもの、最高の完成と至福は、万有に生気を吹き込むその統一の裡に存する……神々は称えられてあれ、そしてあらゆる生き物は無限なるものを拡大せよ。この最も単純にして、最も統一されたる一者、至高なるもの、最も絶対的な原因、始まりにして一者なるものを……★037

〈一者〉の裡における〈万有〉の統一というものの本質を、ブルーノは『原因について』の始めの方で以下の如く強調している。

それは自然の真理と秘密に対する最も確固たる基盤なのです。自然が事物を産み出すために事物の方へと降り下っていくその階梯と、知性がそれらの事物についての認識を得ようとして昇り行くその階梯は全く同じ一つの道なのです。あなたはこのことを知らねばなりません。この両者共に、中間に存在する数知れぬ事物を通過して、統一から発し、統一へと還帰するということ、このことをあなたは知っておかねばなりません。★038

〈万有〉が〈一者〉であるという哲学が、魔術への道を啓き、〈魔術師《マグス》〉はこの哲学によって、自然の全体を貫くオカルト的共感と共振の階梯を、魔術的操作の基盤とすることができた。この哲学が単なる魔術の基盤であることを止めて宗教の基盤となる時、それはヘルメス教的擬似エジプト人の宗教と同義となる。この擬似的エジプト人について、ブルーノは『追放』の中でこう述べている。

彼は魔術と神々しい儀式によって……神性の高みへと昇り行くのです。その時彼は、神性が自らを顕しつつ、最も小さき事物へと降り下って来る、その際に用いるのと同じ自然の階梯を用いて逆方向に昇り行くのです。★039

ブルーノの哲学と宗教は一つに重なり合う。それはヘルメス教的なものである。この二つの要因の連結を、彼の言説の全体に認める必要がある。拡張された宇宙は、拡張された非禁欲主義的なエピクロスの倫理観と結びつけられる。ヘルメス教的世界認識の莫大な外延は、宗教の根元的な有機的形態が損なわれた現状に対するブルーノの不満を呑み込み治癒する。ルクレティウス自身の宗教に対する嫌悪は、つまりは彼の時代に横行していた宗教の形態に対する嫌悪であった。彼の「世界」に向けた注視とは跳梁する迷信の恐怖からの脱出だった。こうした契機はブルーノにおいても疑いもなく共感を勝ち得ている。しかしブルーノはルクレティウスの如き無神論者ではない。これもまた確かな事実である。無限の宇宙と無数の世界とは、彼にとっては、新しい啓示なのであり、彼を圧倒する神性に対する観念を強く際立たせるものなのである。あるいは、それらは思い描き難きものを思い描き、無限の神性という現実を自らの内面に把握し保持しようとする方法なのだ、という言い方をしてもよい。というのもブルーノは思考それ自体をヘルメス教的な方法で、つまり半ば魔術的に、神的な直観知へと至るための手段として用いるからである。

ブルーノは彼の特殊な視座を確立することによって、キリスト教的ヘルメス主義者がヘルメス文献を取り扱う際に示したあの狐疑逡巡から解放された。またその視座は『ヘルメス選集』の中でもより汎神論的でよりオプティミスティックなものを自分の理論の基盤として選ぶことを可能とした。例えばそれは、『選集』XII「共同のものについて」(*De communi*)、あるいは『選集』V「何ゆえ〈神〉は受難し、同時にまた隠れるのか」(*Quod Deus latens simul et patens est*)(フィチーノのラテン語訳表題を添えておく)といった対話篇である。

このことはまた、キリスト教的ヘルメス主義者が注意深く避けていた非キリスト教的な教理をも受容することを可能にした。例えば輪廻転生説である(それは特に『アスクレピウス』と『ヘルメス選集』Xに濃厚に見出される)[★040]。ブルーノは輪廻転生を『天馬ペガソスのカバラ』(*Cabala del Cavallo Pegaseo*)において[★041]公然と認め、『晩餐』や他の著作のいくつかの章句においても[★042]それを支持することを暗示している。同様に天球を通過して昇り行くグノーシス的な上昇もまた、ブルーノ以前のヘルメティズムでは忌避されてきた要素だった。例外はフィチーノが星辰の本質論への関心を示す際に、この上昇に対してある種の憧れを抱いたかもしれないこと[★043]、そして魔術師アグリッパの場合はその憧憬をはっきりと持っていたこと、そのくらいである。

ブルーノ的視座のもう一つの帰結は、彼とは別のタイプのヘルメティズム、例えばフィチーノの『ヘルメス選集』に対する註解の場合に典型的に見られたような、ヘルメスが〈三位一体〉を予見していたといった類の、入念なキリスト教化への志向と正当化の論理が全く放棄されたという事実である。この放棄は意識的なものであったに違いない。『ヘルメス選集』に関しては、彼がフィチーノのラテン語訳を用いていたことは確実であり、またフィチーノの註解をも見ていたはずだからである。三で一組を成すものを初期の神学者たちや哲学者たちの言説から集めてきて、それが〈三位一体〉の先駆形態だと説明する、このやり方はフィチーノの『プラトン神学《テオロギア・プラトニカ》』において、ティヤールの対話篇において、そして実際のところほとんどすべてのキリスト教的ネオプラトニストの間で、定番として確立されたものだった。だから逆にブルーノの著作にこの論理が全く見当たらないことが非常に目立つのである。この点が彼の宗教的ヘルメス主義を、例えばパトリッツィのそれからはっきりと分かつことになる。パトリッツィは確かにフィチーノ的魔術を少しは用いたかもしれないが、〈三位一体〉主義に関しては全く正統的だった。さらにこの〈三位一体〉論の欠如は、ブルーノの立場を彼が好んだ座右の書であるアグリッパの『オカルト哲学について』からさえ分かつことになる。なぜならこの著作は、結局のところは、魔術の基本枠として、ディオニュシウス偽書とその〈三位一体〉論を前提としているからである。[★044] ブルーノ自身、自分の著作にいわゆる神学が欠如していることを自覚していた。そしてその理由を、自分は自然を超越しようと試みることはせず、純粋な自然哲学者として語っているのだ、という風に説明している。彼は神学そのものに反対することを欲したわけではない。むしろ彼自身の神性を無限の諸世界の裡に求めていたのである。[★045]

この方法の選択によって、ブルーノのヘルメティズム理解は、おそらくはヘルメス文献をその真の意図に沿って、つまり「此岸的世界を内実とする宗教」の世界認識的表現として、解釈するものとなったのである。そして彼はこの〈世界認識〉を無限の世界へと拡張した。また彼の『アスクレピウス』の読解も、それを古典古代末期のネオプラトニズム化されたエジプトの秘教的祭祀の文脈上に置こうとするものだったが、それはやはり正しい解釈だった。しかしブルーノは当時のすべての人々がそうであったように、〈ヘルメス文書《ヘルメティカ》〉の正しい年代は全く知らず、自分はその読解を通じてモーセ以前のエジプトの哲学と宗教に回帰しつつあるのだと思い込んでいた。

ブルーノの哲学を廻る問題は、フィチーノやピコの場合同様に、彼が一個の習合主義者であったという事実によって、きわめて複雑なものとなっている。つまり彼は広範な読書を通じて知った他の哲学や文学を、中核をなすヘルメティズム的経験と融合させてしまうのである。彼はプラトンやネオプラトニストの著作をフィチーノのラテン語訳を通じて知っていた。アヴェロエス派の哲学[☆010]は彼にとっても重要なものだったかもしれない（ピコの総合の試みにもアヴェロエスは登場する）。アヴェロエスの説く〈能動知性〉(intellectus agens)は、ヘルメティズムで主張される〈普遍的なものについて〉の説の確証であり拡張だと、彼は考えたかもしれないからである。またアヴィケブロン（イブン・ガビロル）[☆011]の『生命の泉』(*Fons vitae*)も彼に影響を与えた。元ドメニコ会修道士であったブルーノは、彼がかつてこの修道会に所属していたことに非常な誇りを感じ、同じドメニコ会の難解なる哲学者アルベルトゥス・マグヌスの著作にも通暁していた。彼はまたこの修道会の最も輝かしい先輩トマス・アクィナスに対しても、深甚なる讃嘆の念を表明するのを恒としていた。とはいえわたしは、この称讃は近代的なトマス主義者のそれとは全く異なるものだったのではないかと思う。それは魔術師ブルーノがトマスを一人の偉大なる〈魔術師《マグス》〉として認め、その高貴なる英雄の気概に満ちた情熱に対して抱く敬意だったのだろう。[★046]

ブルーノは、コルネリウス・アグリッパのオカルト哲学に対して常に深い愛着を感じていた。その他の同時代哲学からの影響としては、テレジオ[☆012]を挙げることができるが、さらに重要な存在としてはパラケルススがいる――実際彼はブルーノが呈示する〈叡智〉の系譜において、パリンゲニウスの後に登場している。

ブルーノの反アリストテレス主義は、彼を時代に先駆けた進歩的思想家として礼讃した人々にとってはその解釈の証左となった。コペルニクスの理論を擁護する啓蒙的思想家ブルーノが、中世を象徴する頑迷なるアリストテレス主義に敵対している、というわけである。しかし彼自身の思想世界に即して言えば、この解釈は完全に正しかったとは言えない。ブルーノにとっては、アリストテレスは文献に没頭し、オカルト的真理を見ることもできなければ見る意欲も持たない、そういう「衒学者」の典型であった。衒学者は、コペルニクスの理論が、一つのヘルメス教的真理を象徴する「封印」であることを見抜くこともできない。ちょうど『灰の水曜日の晩餐』に登場する博士たちがそうであるように。彼らの公認の看板と言えば「文法屋」にして「アリストテレス学者」という月並みな衒学そのものの特性なのである。別の著作では、「哀れなアリストテレス」は「深遠なる魔術」を理解する能力を持たない憐れむべき存在だとされている。[★047]時としてこうした反アリストテレス的な姿勢は、注目に値する洞察をもたらすことがある。例えばブルーノはアリストテレスが提示する元素の体系を、「自然に即した」概念ではなく、単に「論理的」なものだと批判している。[★048]

アリストテレスはしかし、別の局面では、彼に追随しただけの愚かなアリストテレス主義者たちとは違う一個の哲学者として考えられている。彼は実際に真理を洞察することはできたのだが、ただそれを曖昧な表現で覆い隠してしまったのだとされるのである。アリストテレスは、霊感を得て地球の運動を半ば予測し、『気象論』では地球は「太陽の傍にあり、回転している」と述べる。ブルーノによれば、アリストテレスはここでは哲学者として発言しているのではない。そうではなく「託宣を告知するものとして、つまり洞察はしたものの、その洞察を思いきって語る勇気は持たない者の如くに、あるいは見てはいるのだが、見ているものを信じきれてはいない人の如くに」語るのである。[★049]

ブルーノにとっては数学もまた衒学の一種であり得た。それは最も深い真理の直前で立ち止まるといった類の衒学である。だからコペルニクスの用いた数学は〈ノラの人〉の獲得したさらなる真理の洞察によって乗り越えられねばならないのである。

とはいえしかしブルーノの最大の敵、彼の強迫観念であり悪夢は「文法屋の衒学者ども」であった。このタイプの衒学は、アリストテレス主義的な衒学とも結びつき得る。しかし文法家本来の衒学は、偏狭な哲学体系という姿をとるだけではない。そもそもの哲学的研究そのものを衒学者は軽蔑するのである。彼はラテン文体、単語や言い回しの辞書といった細かなことに注意を集中し、それと引き替えに哲学は捨ててしまう。そしてこうした重箱の隅をつつくような作業に没頭するあまり、言葉がそもそも意味の表現として存在するのだということに対する感覚を全く失ってしまう。文法家的衒学に対するブルーノの嫌悪は、以前は哲学研究に属していた特権的地位を人文主義的研究が不当にも僭称している現状に対する彼の嫌悪感を反映したものでもある。ブルーノの描く文法屋衒学者は、その文学史的な出自からすれば、喜劇の定番である頑迷な衒学者へ遡る。彼はそうした衒学者が登場する喜劇『カンデライオ』を書いた（出版はイギリスに渡る以前、パリにおいて）。そこでは知ったかぶりの衒学者がエラスムスの『格言集』を種本にして、のべつまくなしに警句を連発してみせるのである。[★050]『晩餐』に登場する衒学者もエラスムスの格言、「アンティキュラに向けて船出している」（Anticyram navigat）[☆013]をブルーノに向かってうそぶく。[★051]言わんとすることは「お前は狂っている」というだけのことで、それを衒学でくるんで見せているわけである。ブルーノがオックスフォードでコペルニクス的-フィチーノ的魔術に長広舌を振るっている最中に、そこの教授連が「彼はアンティキュラ《アンティキュラム・》に向けて船出《ナーヴィガット》している！」と実際に叫んだかどうか、そこまで考える必要はないだろう。しかしわれわれはジョージ・アボットの証言によって、彼らがブルーノを狂った男だと見做したことは知っている。「本当のところ回っておったのはこの男の頭の中身の方だった。実際ぐるぐる回り続けてその脳味噌は全く止まることを知らないのだ」[★052]、とアボットは言っている。

ブルーノは人文主義と人文主義者のラテン文体に対する憎悪を表現する手段として、彼自身のラテン文を誇示してみせた。それは断固として坊主臭い俗流ラテン語であり、また驚くべき奔放さを、特にその語彙操作において発揮する完全に独創的な文体でもある。つまりそれは、正統派の古典学者とは言えない者だけが（かく申すわたしもその一人なのだが）我慢して読む気がするような、そういう文体なのである。[☆014]

ブルーノの文法的衒学に対する諷刺は、ある意味では、エラスムスが実践して見せたスコラ的衒学諷刺の逆転である。諷刺において、ブルーノとエラスムスは全く逆の方向を見ていたとも言える。ブルーノにとって人文主義とは、エラスムスがそう考えたような中世的野蛮を克服した新しい時代の学識ではなく、逆に古《いにしえ》の哲学的伝統の破壊者だった。われわれは、ブルーノがオックスフォードの教授連に反対したその理由は、彼らがお粗末なラテン語しかしゃべれなかった「その前任者たちとは全く別物だということをえらく誇りに思っている」★053からだということを知っている。また彼がかつて属していたドメニコ会の〈魔術師たち《マギ》〉、すなわちアルベルトゥス・マグヌスやトマスがもはやオックスフォードでは研究されていないことにもブルーノは気づき、苛立ちを感じたに違いない。

しかしこうした要因だけで、ブルーノの文法的衒学者に対する非難の動機のすべてが説明できるわけではない。こうした衒学者は、初歩的な段階を抜けきれずより深い真理に達することができないという意味で、小児的なのである。だから彼の言語使用は些末な表層に拘泥し、魔術的かつ呪文的な言語の力を忘れてしまう。衒学批判の底に隠れたこのより繊細な根拠は、本書の後の方の数章ではっきりと認識されることになるだろう。

宗教的和解の心象画

ブルーノのヘルメス教的、つまり「エジプト的」な自然哲学は、彼のヘルメス教的、ないし「エジプト的」自然宗教と切り離すことはできない。それと同じく哲学的対話篇『灰の水曜日の晩餐』に登場する衒学者たちは、この作品の手引き書的な位置にある『勝ち誇る野獣の追放』に登場する衒学者たちから切り離すことはできない。後者の衒学は明らかに宗教的な領域に向けられているからである。つまりそれは善き仕事を侮蔑し彼らの前任者たちの善き仕事を破壊してしまう者たちの衒学、プロテスタントないしピューリタンの宗教的不寛容の産む衒学なのである。すでに見てきたように、ブルーノのヘルメティズムはいかに風変わりな外観を呈しようとも、宗教的寛容つまり宗教上の紛糾に対する平和協調的な解決策を模索するというその志向性において、やはり十六世紀の宗教的ヘルメティズムの潮流に属しているのである。

われわれは皆無知蒙昧な状態に生まれ落ち、無知蒙昧であることを喜んで認める者たちです。そのことをわたしははっきりと知っています。成長につれてわれわれは家庭の習慣や決まりごとによって躾けられていきます。さらにわれわれの敵の法律や儀式や信仰や礼儀に対する、そして総じてわれわれとは異なる者たちに対する非難の声を常に聞くことになります。とはいえこの敵やわれわれと異なる者たちも、われわれとわれわれが行っていることに対する全く同じ類の非難を常に聞いて育つのです。このようにして、われわれ自身の裡に、養育の自然な圧力というものによって、自分たちの生活習慣に対する熱意の根底が培われることになります。まさにそのようにして、他の人々の裡には彼ら自身のわれわれのそれとは異なる慣習に対する情熱が養われていくのです。この事実からして、われわれが、われわれの信仰の敵を押さえつけ屠《ほふ》るのは、神々への喜ばしい犠牲奉献と見做すべきだということになってしまう。これはほとんど自明の事柄だとされるのです。そしてわれわれの敵も、似たことをわれわれに対して行う時、同じような感じ方をしている。そのような時、彼らは〈神〉が永遠の生命に導くその光を彼らに賜ったことに対して、感謝の祈りを捧げるのです。その祈りの熱意と確信は、われわれ自身が、あいつらほどには盲目でも闇に覆われてもいないと思って感じる、その喜びに優るとも劣らないものなのです。★054

このような言葉で、『晩餐』に登場する論者の一人は、十六世紀の宗教状況を要約している。これと同じ表現は、すぐ前で見た、より良き日の到来を告げ知らせる〈ノラの人〉の哲学に関しても、その哲学の日輪が昇り初める情景に対して適用することができるだろう。つまり彼に反対する人間は、彼とは全く逆の見方をしているだろうということである。ではこうした人々をどうやって教え導けばいいのだろうか。

　言葉を尽くして彼らの確信するところを掘り崩していくことです。そして巧妙な説得の術を用いて、彼らをその偏狭さからでき得る限り遠ざけることです[★055]……

怒りっぽいこの魔術師は、それでも自分を和解の伝道者だと見做しているのである。

　ブルーノは、『灰の水曜日の晩餐』の中で〈晩餐〉を描き、そこで貴顕や衒学者たちを前にして、自分の哲学を解説する（彼がヴェネツィアの異端審問官に語ったところによれば、この〈晩餐〉は実際に催されたものだが、その場所は作品中で仮設されたようにフルク・グレヴィルの邸宅ではなく、フランス大使館である）。わたしは別の機会[★056]に、この〈Cena de le ceneri〉つまり〈灰の水曜日の晩餐〉という奇妙な表題は、この〈晩餐〉に宗教的な意味を含蓄させているのかもしれないということを示唆しておいた。つまりこの舞台設定[★057]はブルーノが『追放』の中で暗示しているように見える〈聖体拝領〉のある種の変奏形かもしれないということである。この『追放』の〈聖体拝領〉模倣については、彼自身がサン＝ヴィクトル修道院の司書に語った言葉が残されている[★058]。しかしこの〈晩餐〉のすべては混乱の極みを示しており、その場面設定と、ロンドンの街路を通っていく往路、復路の情景は（もし〈晩餐〉が本当にブルーノが寄宿していた大使館で催されたとすれば、往復の場面は想像上のものだということになる）、ブルーノ自身がフランス大使への献辞の中で示唆しているように、魔術的かつ比喩的な一幅の絵画と見做すのが最善だということになるだろう。

　この〈晩餐〉の内実がいかなるものであれ、ともかく『灰の水曜日の晩餐』で提示される秘祭的秘教は、フランス国王と結びつけられている。フランス国王は、大使への献辞中で寛仁の君主、太陽の如きライオンとして描かれている。「彼がちょうどその住処《すみか》の洞穴で吼えるライオンのように、怒りに燃えて咆哮する時には、密林に棲む他の猛獣たちは恐れおののくのです。しかし彼が静かに休息する時には、寛大で穏やかな情愛が、柔らかな炎のように静かに燃えて、熱帯をさらに暖め、凍てついた〈熊座〉を熱し、あの高慢な〈牛飼い座〉の永遠の支配の下に凍りついた北極の氷山をも溶かすのです」★059。このフランス国王の描写は『灰の水曜日の晩餐』を、同様にアンリ三世の天上的とも言える登場の場面を含む『勝ち誇る野獣の追放』と結びつけることになる。フランス大使への献辞中では、この非常に風変わりな作品である『追放』の内容を要約する条で、一幅の王宮の絵が描かれている。したがって同じ献辞中のフランス国王の姿は、この王宮にしっくりと収まるように構想されていたのかもしれない。

陛下は（第二の対話において）何よりもまず、晩餐会のそもそものきっかけがなんだったのかということをお知りになるでしょう。次に散策、逍遙の場面が続きます。これは歴史的真実というよりはむしろ詩的な比喩的なものとして読まれた方が読者の好みには適うのではないかと思います。第三に主人公はいささか混乱した状況で、ともかくある種道徳的な〈場〉のようなものの中に飛び込んでしまいます。この〈場〉の中を彼は少しも立ち止まらずにひたすら彷徨《さまよ》い続けるのですが、その際、リュンケウスのような眼を瞠って宇宙の大いなる構造を観察しながら、すべての卑小な事物、彼の歩みを邪魔するすべての砂利、躓きの石を飛び越えて行くように見えます。このことでは彼は絵描きと同じやり方をしているのです。つまり描いているその対象だけに閉じ込められてしまうのを嫌う絵描きは、石、山々、木々、泉、川、丘をその絵に付け加え、それらで絵を一杯にして、芸術と自然の調和を図るのです。ここで彼は、一つの王宮を陛下にお見せするでしょう。そこには森があり、彼方の空が見え、その空が描かれた彼方にはまさに昇ろうとする太陽が半分のぞいています。時折一羽の鳥、一匹の猪、一頭の牡鹿、一匹の驢馬、一頭の馬が、その頭だけ、または角や尻の方や耳

> の片方を、それが何であるか分かるようにのぞかせています。これらの動物はそれぞれ特徴のある顔つき、姿勢をしています。したがいまして、この絵をじっくりと何度も眺める者は、よく言われていますように、話の全部が分かってしまう、そして非常な満足をもって、何がそこに描かれているのかを判断できるようになるのです。それと同じやり方で、陛下はわたしが申すことを読み取り、そして心に思い描くことになるでしょう。★060

エリザベス朝の読者は、もし海外に出かけたことがなかったならば、こうした様式で描かれた絵画をほとんど見たことがなかっただろう。☆015 もちろんしかし、彼がわれわれよりは遙かに多くの暗示を理解したことにも疑いの余地はない。

ブルーノは衒学者たちに『追放』で酷評を浴びせたことを、『原因、原理と一者について』の第一対話篇で少しばかり弁解している。この弁解の際に、想像空間のブルーノ画廊に、もう一枚注目に値する絵画が加えられる。

> あなたが取り組んでいる課題はですね、フィロテオさん、それは最も有益で、また最も困難なものなのです。というのはあなたは、人々をその無知盲目の深淵から助け出そうとしておられる。そして彼らをこれらの星々の照らす明るく静謐な光の中へと導き出そうと望んでおられる。わたしたちは、今その星々が黄昏の天の外套に包まれて、さまざまに光り輝くのを観ています。確かにあなたが熱い思いをもって救いの手を差し伸べようとされているのは人間に対してであって、動物たちを助けようとしているわけではありません。しかしそれでも、あなたを待ち受けるものはさまざまに異なる動物たちに対する場合と同じく、さまざまに異なる忘恩であるだろうということを覚悟しておかねばなりません……目の見えないモグラのように振る舞う者た

ちもいるでしょう。彼らは自分の頭上に広々とした天界への眺めが啓けたと感じるやいなや、慌てて土を掘り、地下に潜り込み、そのまま馴染みの暗闇の中にいつまでも居続けようとするのです。また夜鳥に似た者たちもいます。彼らは視力が利かず、東の空に日輪の先駆けである茜色の帯が明け初めるのを見ただけで、慌てて薄暗いねぐらに潜り込むのです。天界の光をしっかりと見つめることができず、地下のプルートー神の暗き牢獄の地獄めいた辺りに住まう定めの生き物たちのすべては、アレクトーンの怖ろしい角笛の音を聞くと、その羽を大きく広げ、くるりと身を翻して住処へと帰り行くのです。しかし太陽を見るべく生まれついた者、忌まわしき夜の終わりに達した感謝の念で胸を一杯にした者は、彼らの水晶の球に似た瞳のただ中に、勝ち誇る太陽のその長く期待していた光線を受け取る準備をするのです。そしてその胸に今まで感じたことのない悦びを感じ、両手を高く揚げ、声を限りに東の空を礼拝するのです[★061]……

これは対幅の一枚である。つまり『追放』の献辞に描かれた、学者たちとコペルニクスの理論を主題とする心の絵画の向かいに置かれるべきものである。この魔術師はなんという素晴らしい絵描きになってしまったのだろうか！ともあれ、詩作と絵画と哲学はもともと一つの営みだという主張も（「絵画の如く詩作せよ」［ut pictura poesis］という著名な理論の拡張によって[☆016]）ブルーノの哲学の一部を成していたのだった。

このことからして哲学者はまた、ある意味において、画家であり詩人であるということが分かるのです。そして同様に、詩人は画家であると共に哲学者です。画家は哲学者であり詩人です。だから真の詩人、真の画家、真の哲学者はお互いを好み、お互いに称讃し合うのです。[★062]

第一四章

ジョルダーノ・ブルーノとカバラ

『天馬ペガソスのカバラ』

ルネサンス期の〈魔術師《マグス》〉は、ピコ・デッラ・ミランドラの描くその尊厳に満ちた姿に従うならば、〈魔術《マギア》〉とカバラを結合して用いる。つまり〈魔術師《マグス》〉はヘルメティズム的な基礎を持つフィチーノのタイプの自然魔術に実践的カバラの要素を加え、それによって高次の霊的かつ天使的世界との交流を可能にする。この高次の世界との交流をキリスト教的〈魔術師《マグス》〉は、ディオニュシウス偽書に描かれた天使たちの位階と結びつけた。われわれはすでに、ブルーノがルネサンス的〈魔術師《マグス》〉としては変則的な存在であることを見てきた。彼のヘルメティズムは、ヘルメス文献のキリスト教的解釈を拒み、完全なる「エジプト主義」を標榜するものだった。したがって彼のカバラに対する関係も変則的なものであることが前もって予測される。そして実際にそうなのである。ただしまたこの大いなる変則性にもかかわらず、ブルーノが依然としてヘルメティズム的-カバラ的伝統に属していることも忘れてはならない。『天馬ペガソスのカバラ』(*Cabala del Cavallo Pegaseo*)では、彼はエジプト的な洞察のその純粋性を守るために、完全にカバラを拒否しているように見える。この拒否の姿勢は、彼が〈始源の神学《プリスカ・テオロギア》〉ないし〈始源の魔術《プリスカ・マギア》〉の歴史に対して抱く最高度に非正統的な観念と整合的に調和している。彼の観念に従うならば、この歴史においてエジプト人は最古の民族であるばかりでなく、最高の民族であり、ユダヤ人とキリスト教徒はエジプト人より遅い集団であるばかりでなく、それよりはっきりと劣った集団なのである。とはいえ彼はこの姿勢を完全に首尾一貫して保っているわけではない。彼は自分の「エジプト主義」がたとえ非キリスト教的なものではあっても、依然として教会の枠組における改革の基盤となり得ると考えたし、他方ではまた、その「エジプト主義」の裡に、低次の啓示であり魔術であるユダヤのカバラの要素もある程度まで維持しておこうとするのである。

ブルーノはおそらくヘブライ語はほんの片言しか知らなかったはずである。[★001] ヘブライ語のアルファベットの知識は持っていて、自分の図表に用いている。しかしそれを越えて、カバラの体系そのものを問題にし、諸々の名前、セフィロト、天使たちの階層、等々を論じる際には、その議論の素材を彼のバイブルから、すなわちコルネリウス・アグリッパのオカルト哲学概説書から直接引いている。ブルーノはトリテミウスの『機密記号法《ステガノグラフィア》』を知っていたし、おそらくはロイヒリンの『カバラの技法について《デー・アルテ・カバリスティカ》』も知っていた。また少しは『ゾーハル』に関する知識も持っていたかもしれない。[★002] ピコ・デッラ・ミランドラの著作を知っていたことは間違いない。あのサン＝ヴィクトル修道院の司書がその貴重な日記の中でこの点に関する内密の事情を打ち明けてくれている。ブルーノはこう彼に言った（実際ブルーノはこの司書相手に延々と長話を繰り返していたに違いない）。自分は「ピクス・ミランドゥラーヌスとイエズス会士の哲学のすべてを軽蔑している」[★003]と（かなり奇妙な連結ではある）。

ブルーノの魔術の典拠は元々かなり貧弱なものだったのかもしれない。というのも彼は不思議なほど、アグリッパの独創性のない受け売りの寄せ集めに熱中し、それに頼りきっているからである。モスクワのノロフ・コレクションはブルーノの魔術関係の草稿の集成だが、[★004] そこにはブルーノのために彼の筆耕助手ベースラー[☆001]が書き抜いた、魔術関係の著作からの断簡資料が含まれている。この頃ブルーノは一五九二年のイタリア帰国を目前に控えて、彼自身の魔術的人格を強化しようと努力を重ねていた。その手元にはすでに、自身の改革運動への支持を取り付けるため、教皇への献辞を添えた著書の草稿が準備されていた。[★005] では助手ベースラーは、一体何をそれほどまでに急いで写し取っていたのだろうか。それは主として『オカルト哲学について《デー・オクルタ・フィロソフィア》』からの長い書き抜きだった。この書物はブルーノに非常な感銘を与えていたに違いない。彼はもちろんそれに盲従していたわけではない。とはいえしかしこの著作は、彼の魔術研究のほとんどすべての場面において、出発点《ポワン・ド・デパール》を提供した。すでに確認したように、ヘルメティズム的哲学の主要な要素のいくつかは、アグリッパのこの魔術教則本に統合されていた。したがってフィチーノのヘルメス文書翻訳と並んで、やはりこの文脈でもこの著作は彼に感銘を与えたのかもしれない。

『天馬ペガソスのカバラ』はイギリスで一五八五年に出版された著作だが、その奥付の出版地は意図的にパリに変えてある。[★006][☆002] この作品でブルーノはカバラに対する基本的な姿勢を示し、そのキリスト教的な拡張形態である偽ディオニュシウス的な天上位階論に対する見解をも明らかにしている。彼はさらに、この偽ディオニュシウスの否定神学に基づく、かの宗教的習合主義に対する態度表明をも行った。もちろんこの習合主義の究極的な形態を提供したのが、フィチーノとピコに他ならなかったわけである。ブルーノはまずカバラ主義的-偽ディオニュシウス的体系を素描する。一〇のセフィロトの名前を挙げ、そのそれぞれの意味を述べ、このセフィロトに伴うヘブライの天使たちの階層を略述し、この階層に対応する天界の九の位階を提示する。彼はこの天の九の位階をなんとしても一〇の数にするため、一〇番目のセフィロトの名マルクートを補い、それに対応する天使の階層イッシム、つまり「肉体を離脱した魂や英雄たち」の階層を添える。[★007] これらすべてをブルーノは直接『オカルト哲学について』から借用している。[★008]

カバラ的セフィロトの彼方に広がる神秘的な〈無〉を、ブルーノは〈ろば〉によって象徴している。この否定神学ないし無知を体現する〈ろば〉が、この作品の風変わりな主人公なのである。〈ろば〉によって深遠なる神学を表現することは、外観上は冒瀆的に見えるかもしれない。しかしブルーノが本当に冒瀆的な意図を持っていたとはわたしには思えない。聖餐のパンを運ぶロバや、エルサレムに入城するキリストを乗せたロバは、この否定的なへりくだりの意味で寓意化されてきた。ブルーノはこうした寓意の伝統を知悉していたし、それに言及してもいる。[★009] ブルーノはつまり不真面目なわけでも軽薄に振る舞おうとしているわけでもない。彼はただ非常に風変わりな宗教を心に懐き、そしてそれに非常に風変わりな寓意の衣を着せるのである。

ブルーノはカバラの体系を素描した後、続けてヘブライ人はエジプト人から彼らの叡智を得たのだと主張する。彼はヘブライ人によるエジプトの叡智の堕落の例として、プルタルコスの『イシスとオシリスについて』(*De Iside et Osiride*)

から一つの物語を引いてくる。エジプト人たちはこの堕落によって「彼らの崇拝していた牡牛オピンないしアピン(牡牛の姿のアピス)」を〈ろば〉に変えてしまった。そしてそれからは〈ろば〉が彼らにとって叡智の象徴となった。[★010] つまり要約して言えば、〈ろば〉は、カバラ主義者であれ、偽ディオニュシウス派であれ、あるいはキリスト教徒であれ、ともかくすべての否定神学を象徴することになる。[★011] しかしブルーノは一つの新しいカバラ、否むしろ古来のエジプトのカバラを構想する。それは彼自身の宗教でもあり、この作品の第一部に続く対話篇「ノラの〈ろば〉チレニコ」[☆003](*L'Asino Cillenico del Nolano*)の中で詳細に論じられている。

この対話篇の登場人物は実際に〈ろば〉である。彼は話すことができて、「ごくあたりまえのろば」(*naturalissimo asino*)を自称する。[★012] 彼は「世界の働きと自然の原理」を省察しているのだが、その本性は「天然自然」である。[★013] 彼は「天然自然」を探求することを標榜する、ピュタゴラス派的な学会が一つ見つかったのでそこの会員となった。この学会参加の理由は次の如くである。

> 超自然界の事物は、自然界の事物に反照しています。この反照を通じてのみ超自然界の事物は了解可能となるのです。というのも超自然界の事物をそれ自体として把握できるのは、浄められた高次の知性だけなのですから。[★014]

この学会では形而上学は全く研究されていない。なぜなら、「他の人々が形而上学のつもりで自慢しているものは、論理学の一分野にすぎないからです」[★015]。

ブルーノが「形而上学」だとして一掃してしまうのは、セフィロトの観念を基軸とするカバラ主義的体系、偽ディオニュシウス的天上位階論、そしてキリスト教的〈魔術師《マグス》〉が、悪霊的な霊力を排除するために彼の自然魔術の基盤の上に構築してきた上部構造のすべてである。彼はこの伝統との訣別によって、エジプト人の〈自然宗教〉へと、つまり此岸的世界を対象とする自然哲学や自然宗教へと回帰しようとする。ブルーノはあらかじめこの此岸的宗教を、ヘルメティズムの伝統から抽出しておいたのだった。さらにこの「あたりまえのろば」は『追放』の〈勝ち誇る野獣〉と同じものだということが明言される。[★016]

ブルーノのこのエジプトの〈ろば〉の出所は明々白々である。アプレイウスの『黄金のろば』を思い出すだけでいい。マダウロスのアプレイウスが書いたこの物語は、ろばの姿に変えられた男がただ一人浜辺で女神イシスを幻視し、エジプトの秘祭の神官になる、という筋書きだった。マダウロスのアプレイウスは、『アスクレピウス』をラテン語訳した人物だと見做されていたことも想い起こしておかねばならない。彼はキリスト教的ヘルメス主義者たちからは、この聖典に邪悪な魔術の記述をこっそり挿入改竄した張本人として非難されたのだった。[★017]非キリスト教徒の奔放な魔術師であるブルーノは、アプレイウスの〈ろば〉を自作の主人公とすることによって、魔術師としてのアプレイウスと『アスクレピウス』に描かれた充実した魔術の記述を公然と称讃するのである。

アプレイウスの描くろばを一個の自然哲学者として解釈するという考え方をブルーノに示唆したのは、ほとんど確実に、彼の偉大なるヒーローであった魔術師、ネッテスハイムのコルネリウス・アグリッパである。F・トッコが指摘したように、このろばを廻るブルーノの章句のある部分は、アグリッパの『諸学の空しさについて』(*De vanitate scientiarum*)から取られたものである。アグリッパはこの著作でまずオカルト諸学を解説し、最後にそれらすべては虚妄だとして拒絶してみせるのだが、その際ろばを無知の象徴として用いているのである。[★018]この著作の献辞の中で、アグリッパは彼自身、かつてルキアノスやアプレイウスが描いたように、「哲学ろば」に変身させられてしまったように感ずる、と述べている。

ルネサンス期の〈魔術師たち《マギ》〉が形成する伝統の中で、ブルーノの位置がいかに変則的なものであったかを理解するには、『天馬ペガソスのカバラ』から始まる一連の作品の連関上でブルーノの思想を把握しなければならない。ブルーノはセフィロトの体系を素描し、それに連関したキリスト教的な天上位階論をも略述する。彼はこの作業によって、ルネサンス期のキリスト教的〈魔術師《マグス》〉の立場を自覚的に想起すると共に、やはり自覚的にその立場から訣別するのである。ブルーノの〈魔術〉は、フィチーノの自然魔術を廻る逡巡が生んだ安全策を完全に放棄している。それだけではない。彼の〈魔術〉は、悪霊たちを高次の霊的諸力によって統御するための（そう期待されたわけだが）あの天使たちの上位の構造体を全く持たず、それのみで自立しているのである。

　しかしそれですべてではない。ルネサンス期の魔術再評価の趨勢は、やはりブルーノにも根本的な影響を及ぼしている。まず一方ではこの再評価により魔術は重要な哲学的潮流に伴う補助的要素としての位置に高められた。この伝統はブルーノによって大きく推し進められることになる。また他方で、かつてピコをして、宗教的洞察に至るための補助手段として〈魔術〉とカバラを歓迎せしめた、その霊感に満ちた宗教的感情は、ブルーノにおいても依然として非常に強靭な力を保持している。彼は自分の哲学的宗教ないし宗教的哲学、あるいはより正確には哲学的-宗教的魔術[☆004]を、深甚なる誠心を籠めて探求し、それが全面的な宗教の改革の切り札になり得ることを確信していた。ブルーノの構想する新しい「カバラ」の、彼自身による定義は、「神学的哲学のカバラ、カバラ的神学の哲学、哲学的カバラの神学[★019]」というものであった[☆005]。

　ブルーノはこのように彼の基本的な立場を表明するにあたって、「カバラ」という言葉を保持している。これからすぐ検討するように、彼のカバラ主義と偽ディオニュシウス的な神秘主義に対する姿勢は、実践の次元では、『天馬ペガソスのカバラ』が想定させるかもしれないような極端に敵対的なものではない。彼はこの二つの神秘主義的要素を他の著作でも用いているし、そのようにしてルネサンス的〈魔術師《マグス》〉の本流に棹さすことになるのである。とはいえもちろん非常に独創的な、特異な棹のさし方には違いないのだが。

ブルーノの魔術研究

ブルーノの著作の中には、はっきりと魔術を主題とするものがいくつかある。また記憶術や哲学本来のテーマを扱うものも魔術との関連は非常に顕著である。はっきりと魔術を主題として扱う作品の代表は、『魔術について』(*De magia*) と『属における連結』(*De vinculis in genere*) で、両作品共におそらく一五九〇年から九一年の間に書かれたものである。ただし十九世紀も終わり近くになるまで出版されることはなく、初版はその十九世紀のブルーノ・ラテン語著作集に収められたものである。[★020] コルサーノがブルーノの魔術に対する関心の存在に着目したのも、この二著についての研究をきっかけとしていた。[★021] ただしコルサーノは、ブルーノが魔術研究を本格的に始めたのはかなり遅くなってからだと考えている。しかし実際には魔術はブルーノの経歴が始まると同時に、彼の研究の基軸となっていたのである。

これまで本書が検討してきた事実から当然予想されることだが、ブルーノの『魔術について《デー・マギア》』は、アグリッパの『オカルト哲学について』を基礎とし、その全体の骨子においてアグリッパが提示した主題の組織に従っている。しかしまた非常に重大な差異もいくつか存在する。アグリッパの著書はまず三つの部分に分けられていたということを想起しておかねばならない。すなわち四大に関する魔術、天上に関する魔術、超天上界に関する宗教的魔術の三分野であり、これはまたカバラ主義者の主張する三つの世界の秩序に対応していた。この区分はブルーノの『魔術について』にも認めることはできるのだが、ただし宗教的魔術の領域に進むと、ブルーノは意味深長にヘブライ関係の魔術について一言も言わなくなる。つまりヘブライ語や、セフィロトや、ヘブライ及び偽ディオニュシウス的な天使たちの位階の、その古代性、聖性そして威力というものへのすべての言及を差し控えるのである。[★022] 確かに『魔術について』冒頭部で呈示される〈始源の魔術師《プリスキ・マギ》たち〉の一覧にカバラ主義者は登場しているし、〈魔術師〉とは賢人の謂なのだとするその主張の例示にもカバラは言及されている。エジプト人たちの間にあってはヘルメス・トリスメギストスが賢者として名高かったように、ガリア人たちの間ではドルイド教僧侶[☆006]が、インド人の間では裸形苦行僧が、ヘブライ人の間ではカバラ主義者が、ペルシア人の間ではゾロア《マ》スター教の《ギ》祭司が、ギリシア人の間では七賢人が、ラテン人の間では智者と呼ばれた人々が、それぞれ賢者としての〈魔術師〉だった。[★023] しかし、正統的な魔術の伝統に親しんできた魔術師なら、ブルーノが魔術におけるヘブライ語の卓越した威力については一言も述べていないという事実は、やはり気になるに違いない。その逆にブルーノは、エジプトの言語とその聖なる文字を称讃することにかなりの言葉を費やすのである。

……エジプト人の間で用いられた聖なる文字は、ヒエログリフと呼ばれていた。……それは図像であり……もともと自然の事物から、あるいはその一部分から取られたものだった。エジプト人たちはこうした言語記号や言語音声（voces）を用いつつ、驚嘆すべき熟達の技によって、神々の語る言語を捉えることができたのである。後の時代になって今のわれわれが用いているのと同じ種類の文字が、やはり別の種類の研究発案の結果、テウトあるいは他の誰かによって発明された。するとこの文字の導入によって記憶の調和が失われると共に、神々と魔術に関する諸学の調和にも亀裂が走ることになったのである。[★024]

この章句は『ヘルメス選集《コルプス・ヘルメティクム》』XVI（いわゆる〈定義集〉の対話篇）中に含まれる、エジプトの言語を称讃した条を思い起こさせる。そこではアスクレピウスがアモン王に向かって、彼らの対話篇は原典のエジプト語で保存されるべきで、ギリシア語に翻訳してはならない、と語っていたのだった。なぜならギリシア語は混乱した内容空疎な言語であり、原典エジプト語の「功徳」がギリシア語訳では失われてしまうだろう、というのがその根拠である。[★025] もしブルーノがこの条を読んだとするなら、それはおそらくルドヴィコ・ラッツァレッリのラテン語訳によってだっただろう（この対話小品はフィチーノによってはまだ翻訳されていなかったことを想起しなければならない）。★026 彼の訳文ではこの主張の骨子、つまりエジプト語の魔術的な力がそれを持たない他の言語に翻訳された場合には失われてしまうという点が、非常に明確に表現されている。★027 この章句がブルーノを惹き付けたに違いないということは、推察されてしかるべきだろう。それは彼の「衒学者たち」に対する批判の根幹に関連しているからである。ギリシア人たちの言語使用は、衒学者たちと同様に、ただ空しく言葉を重ねて議論するだけであった。これに対してエジプト的な、つまり魔術的な言語ないし記号使用の特性は、神的な現実と直接交流することを目指す点にある。ブルーノの表現を借りるなら、「神々の言語を捉えることによって」神的な現実の操作をも可能にするのである。ヘルメス文献には、普通のアルファベットの発明が、「別の種類の熱意と結びついた」ギリシア人の言語使用を可能にしたという主張が見られる。ブルーノはこの主張を、言語の非魔術的使用一般と等置することによって、全体の論旨をも一般化し、言語と記号を魔術的かつ直観的に用いた「エジプト人たち」と（おそらく彼はそう見たに違いないのだが）、そうしたことを知らない「衒学者たち」との間の差異を際立たせるのである。★028

ブルーノの述べるところに拠れば、魔術において自明の公理とするべき方法は、すべてのその実践的操作において、〈神〉から神々へ至る感応霊力の連鎖を常に眼前に置くことである。この連鎖は神々から星々へ、星々から神霊たちへ至るものであることを認識しておかねばならない。神霊たちは星々の養い手なのであって、地球もまたこの神霊たちに属している。霊力の連鎖は、神霊たちから四大の元素へ、四大の元素から感覚世界と「すべての動物界」へと連続する。この感応霊力のすべての連鎖が魔術の下降の階梯なのである。逆の上昇の階梯は、感覚界から始まって、まず四大の元素、神霊たち、星々、神々へと至り、そこからさらに世界の魂ないし宇宙の精神へと向かう。そこから「単一の〈至高善《オプティムス・マクシムス》〉、その非物質的で絶対的な、自己充足した姿の省察」★029へと至るのである。明らかにこの上昇の過程で決定的な意味を持つ画期は、神霊たちの世界への侵入である。ブルーノの魔術は神霊たちと関係を持つことに全くなんの屈託も感じない類のものである。彼は霊《スピリトゥス》の力を活用する自然魔術が何を基盤としているかを完全に自覚しているのだが、[★030]フィチーノ的な留保は放棄する。つまりブルーノは神霊たちの世界に侵入することを実際に欲するのである。この欲求は彼の魔術の根幹に関わる欲求である。また彼のこの企図においては、神霊たちの力を制御すべきいかなるキリスト教的天使も存在しない。彼はそうした天使たちに呼びかけようとはしない。ブルーノとて、もちろん自身の魔術は善き魔術だと信じている。[★031]この点は他の魔術師たちとなんの違いもない。ただこの魔術師にとっては、他の魔術師たちの魔術は常に劣ったものに見えていたということである。したがってエジプトの宗教は正しいものであるとする彼の見地からすれば、彼の遵奉する魔術こそが正しいものである。なぜなら、すでにわれわれも知っているように、エジプトの神官たちが操作の対象とし、彼らの神像の中に招き入れたのは神霊たちに他ならなかったからである。

　したがってブルーノの実践的魔術は、精霊ないしは神霊を「連結」の操作によって招き寄せることを目指す。神霊たちとの連結を確立する方法は、すでにフィチーノの『天上より導かれるべき生命について』冒頭に述べられている。そこでフィチーノはその方法に関するネオプラトニストの著作からの引用を行うものの、[★032]自身はそうした魔術を使ったことはないと断言している。アグリッパもこの連結について一章を割いて説明している。このアグリッパの解説がブルーノの基礎となった。[★033]もっとも彼はそれを入念に磨き上げていることも忘れてはいない。連結を確立する一つの手段は、「言葉と唱歌による」ものである。[★034]これはつまりは呪文朗唱による方法だが、それはもはやフィチーノにおけるように純粋な自然魔術とは見做されておらず、神霊たちを招き寄せる手段なのである。もう一つの手段は、図像や封印や占星記号等々を用いて神霊たちを引き寄せるという方法である。[★035]さらにまた想像力を用いるという方法がある。[★036]そしてこれがブルーノの魔術の主たる手法である。それは想像力ないし記憶力を、神霊たちの感応霊力を受けやすい状態に整えることを主眼とし、そのために記憶の上に刻印された図像ないし他の魔術的な記号を用いるのである。ブルーノは『魔術について』において、想像力を廻る彼の魔術的心理学を通例の大学学科で用いる心理学の用語法に対応させている。しかしまた彼はこの想像力を心的エネルギーと等置することによって、全体の論旨を変容させる。彼にとっての想像力とは、より正確に言えば、魔術によって生気を得て励起状態に入った想像力のことであり、それが認知能力と融合する時に心的推進力を生み出すのである。つまり魔術によって生気を吹き込まれた想像力が、「すべての内的な情動への唯一の入口であり、すべての連結における連結[★037]」なのである。ここではブルーノの言葉自体が高揚して励起状態にあり、自身にとっての秘教の核心的奥義を述べるその表現は冥《くら》く曖昧である。しかしともかくも想像力の整序によって、霊的ないし神霊的な力を自らの人格の中核に導入し、それが人格に潜む内的な力を解放する、というのが彼の構想である。この構想が、ブルーノが魔術的な記憶の体系の構築により繰り返し試みていることの内実であり[★038]、その目的は、『魔術について』の結論部に明確に述べられているように、偉大なる〈魔術師《マグス》〉ないしは宗教指導者の人格と力を獲得することにある。

　実際こうしてブルーノの魔術の内実を観察してみると、キリスト教的〈魔術師《マグス》〉の〈魔術〉とカバラの体系から実に遠くまで来てしまったことを痛感させられる。それらは自然魔術に安全策を講じ、ヘブライ-キリスト教的な天使たちを宗教的魔術の保証として用いるものだった。しかしこの落差にもかかわらず、ジョルダーノ・ブルーノは、やはり人間を〈大いなる奇跡〉として讃歎したルネサンス思想の直接的な継承者であり、論理的な帰結なのである。人間はその出自の神性、そしてその裡なる神的な〈力〉によって再び神的な存在になり得る、とルネサンス人は確信していた。ブルーノもこの確信を共にする。つまり一言で言うならば、ブルーノという存在はルネサンス・ヘルメティズムの帰結そのものなのである。もし人がヘルメス教的な体験を経ることで、かくも大いなる諸力を獲得できるのならば、どうしてキリストもまた、このような方法によってこそ彼の大いなる力を獲得したのだと考えてはならないのだろうか。ピコ・デッラ・ミランドラはキリストの神性を〈魔術〉とカバラによって立証できると考えた。ブルーノはしかしルネサンス魔術に内在する可能性を別の方向に解釈する。

ブルーノの思想の特質を成すものは、確かに「エジプト主義」とヘルメティズムである。しかし以前からの伝統であるヘルメティズムとカバラの結合もまた彼の企図に依然として影を投げかけている。ただその強調点が異なっているのである。その一つの例は、ブルーノもまた伝統的な「創世記」と『ピマンデル』の等置を受け入れているという事実に見られる。世界創造についてのモーセ的叡智を、ヘルメス教的叡智と同一視するというあの見方を、彼も受け入れるのである。ブルーノはドイツで一五九一年に出版された『巨大さと無数の事物について』(*De immenso et innumerabilibus*)の中で、「創世記」におけるモーセの「水」という言葉の使用法を論じている。彼に拠れば、モーセはこの「水」の観念をエジプトの叡智から学んだのであり、光によって生気を吹き込まれる「湿潤なる自然」について述べたヘルメス・トリスメギストス(つまり『ピマンデル』)の言葉をそのまま引用している。モーセはいつもブルーノが彼に与える位置通りに、ここでもエジプト人たちより劣った、遅れて来た人物であり、その最善の智恵はすべて彼らから学んだのだとされる。しかしそれでもブルーノは、エジプトの創世物語と並んでやはりモーセの「創世記」を典拠とし続けるのである。次の章句では、「エジプト人たちとカバラ主義者たちは」(この順序に注意すること)〈火《イグニス》〉が原初的な実体ではないという点で一致していたと述べている。[★039] 世界創造の原初的な物質が、水-光の連結したものであって火ではなかったとするこのメルクリウスとモーセの見解の一致について、ブルーノは別の箇所でも論じている。『巨大さについて』のその部分を引用しておこう。

したがって基底的な実体について論じた人々は何人かいて
その中にメルクリウスとモーセも入っている。彼らは始源の物質に火は入れなかった。それは合成されたものだと言おうとしたのである。つまり光と水によって形成されるものなのだと。[★040]

似たような形で『三重に最小なるものと尺度について』(*De triplici minimo et mensura* 同様にドイツで一五九一年に出版された)に登場するモーセ、トリスメギストス、そして「他のカルデア人やエジプト人たち」も、世界創造については見解の一致を見ているとされている。[★041]他にも多くのモーセ＝ヘルメス関係を論ずる引用がラテン語の著作から集められている。このことはおそらく、ブルーノが実際に「創世記」に対するカバラ主義者たちの註釈書を知っていたという事実を意味しているのだろう。

カバラ的な観念は、確かに彼にとっての第一義であったヘルメティズムとエジプト主義に比較すれば副次的なものではあったが、しかし彼の思想世界の一つの要素として持続力を保持していたことも確かである。この事情は『勝ち誇る野獣の追放』においても観察される。エジプトの宗教と、それが事物の多元性を超越して統一へと至る力を持っていたことを解説した後、彼は多元における統一を実現するためのカバラ的手法についても詳しく論じている。このカバラ的要因と「エジプト主義」との連関を示すために、ここでもう一度エジプトに関する章句を引用しておこう(本書第一二章ですでに引用しておいたものである)。この二度手間を弁解することはやめたい。なぜならこのエジプトの章句はブルーノの主張の骨子を非常に凝縮した形で表しているからであり、したがって再三再四そこに戻って理解を深めることが不可欠だからである。彼はエジプトの宗教的礼拝というものの本質を記述する。それは占星的連関上に散在する事物の多元性を超えて上方へ向かい、事物を超越した〈一者〉に至る。[☆007]

……彼ら(エジプト人たち)は、二つの主要なる根拠に従って、事物の形態を規定する生命のその根源が、この地球という神的な母に最も近い、太陽と月という二つの天体であるということを認識していました。彼らは他の七つの根拠を七つの彷徨《さまよ》う惑星に照応させながら、それに規定された生命の本質を理解していました。それらの惑星は始源的な原理であり、生み増やす力の素因なのです。彼らはそれぞれの属における種の差異というものをこの惑星に還元します。その際彼らは植物や、動物や、宝石や、感応霊力の名前を口にし、それらが土星に、木星に、火星等々に属している、という言い方をします。また同様に、部分と器官、色彩、封印、占星記号、宮の徴、図像が七つの種に分けられることになるのです。しかしこれらすべてのことにもかかわらず、彼らは〈一者〉こそがすべての事物に宿る神性であることを知っていました。その〈一者〉は数知れぬやり方で拡散しつつ自らを顕し、無数の名を持ちます。そして適切な根拠を持つ無数の方法で探求可能となります。また一方ではそれは無数の儀式によって栄えあるものとされ、養い育てられます。……だから叡智と判断力が、技芸と勤勉が、そして知性の光の活用が必要とされるのです。この知性界の太陽の顕現は時には強く、時には弱いものになるでしょう。この慣わしが「魔術」と呼ばれるものなのです。

……愚かで無分別な偶像崇拝者たちは、エジプト人たちの魔術と神々しい祭祀を嘲笑するわけですが、その実彼らはそうした権利を持ってはいません。エジプト人たちは、それぞれの事物の適切な根拠に従って、すべての事物とすべての働きにおける神性の顕れを省察し続けたのです。……彼らは自然の胎内に宿る種の力によって、自然から彼らが欲する恩恵を受け取ることができるということを知っていたのです。……すべての自然の種には、さまざまな自然の神格が、イデアのごとくに宿っているのです。そしてそれらすべての神格は、すべての神格中の神格、自然を越えた諸々のイデアの源泉に連関しているのです。

わたしはユダヤ人たちのカバラもここから派生したものだと思います。つまりその叡智は（それがどのようなものであれ）エジプト人たちに由来しているのです。モーセもまたエジプト人の間で養育されたわけですから。

まず最初にカバラは第一の原理に、言い尽くし難い〈名〉を与えます。その〈名〉から次に四つの〈名〉が、さらにそこから一二の〈名〉が展開し、このようにして七二の総数に至るまで展開は一直線に続きます。そこから再び発して今度は直接、間接の過程を辿りつつ、一四四の総数にまで至ります。さらに四と一二の基数を用いつつ展開は続けられ、ついには無量数に達します。この無量数が、事物の側の無数の種というものに照応しているわけです。こうした方法で、彼らはその適切な用語法により適切な名を選んで、神や天使や知的存在やそれぞれの種を支配する力を名指すのです。その結果すべての〈神格〉は、一つの共通の源泉へと還元されるに至ります。それはちょうどあらゆる種類の光が第一の原理、それ自体が輝くものであるその原理へと還元されるようなものです。そしてさまざまな数多くの鏡に映りはえる影像は、個別の実体においてそうであるように、一つの形態的、イデア的な原理を自らの源泉として中心に持つようになるのです。

これが真実です。つまり絶対者として捉えられた〈神〉は、われわれとはいささかの関わりも持ちません。〈彼〉は自然の働きというものによって〈彼自身〉と関わるだけなのです。この自然に対して、〈彼〉は自然以上に緊密な関係にあります。したがって〈彼〉は自然そのものではないにしても、確かに〈彼〉は自然の中の自然であり、魂そのものではないにしても、それでも世界の魂のその核心なのです。[★042]

「天然自然」な活用

この章句においてブルーノは、〈四文字《テトラグラマトン》〉すなわち聖なる四文字から成る〈神の名〉と、この聖なる名を支える七二の〈セムハマフォーレス〉ないし「光を担う」天使たちについて論じている。これらの天使たちは皆ヘブライの学者たちが旧約聖典から選んだ名前を持っている。[★043] ブルーノが先の引用で描いているように、この天使たちの数は天上界の代数的展開により、四から出発して次々に増殖していく。ブルーノはこの知識を彼には周知の典拠であるアグリッパの『オカルト哲学について』から得たのだろう。[★044]もっともロイヒリンの論述をも参考にした可能性は否めない。[★045]しかしカバラ本来の神秘主義においては、聖なる名から順次展開していくこれらの天使たちは超天上界に属しており、神秘家はヘブライ語のアルファベットに関する深遠なる知識を介して、それらの天使たちと交わるのである。神秘家はさらに今度は天使たちを介して、〈名〉そのものとも交流し、自然界の遙か上方の絶対者の領域を漂いつつ、神自身の裡における〈神〉の生命の神秘を洞察する。ブルーノはこうした「形而上学」を一掃するのだが、しかしそのシステムそのものは「自然に」活用しようとする。つまり形而上的なものを形而下的な天然自然へと引き下ろすのだが、多元的なものに統一を与えるという彼本来の目的に沿って、そのシステムの総合的な側面は活用するのである。多元的なものに統一を与えるということ、それは別様に言えば、〈万有〉を〈一者〉に連れ戻すということでもある。少なくとも実践的魔術に関する限り、ブルーノは天使たちを招き寄せようとするカバラ的魔術を、現実の神霊を対象とした降霊術だと解釈していたのではないかと思う。このカバラ本来の神秘主義からの逸脱は、アグリッパの研究が示唆する方向でもある。アグリッパの主著での神霊たちに関する章は、[★046]似たような代数的方法を用いて、一二の宮の徴、三六のデカン、七二の〈五つ組〉をシステム化しているが、この章は天使たちを論じた章のすぐ前に置かれている。事実、天使魔術を物理自然的に、つまり神霊たちの力を活用するために用いるという発想は、おそらくすでにトリテミウスによって示唆された手法であり、ブルーノはこの知識を得て活用したのだろう(助手のベースラーは彼のために『機密記号法』の一部を筆写している)。[★047]

　ブルーノの懐いた宗教と魔術の観念にとっての最善の方法とは、すでに引用した『追放』の章句の前半で描かれたエジプト的な方法であった。しかしユダヤ人たちの方法、そしてカバラの方法も(つまり彼らはこの方法をエジプト人たちから学んだものの、それを「形而上的」に変えることで堕落させたわけだが)、もしそれを「天然自然」な意味で理解するならば、応用可能である。本章の冒頭で検討した著作中で、ブルーノが自身のカバラを「全く天然自然のろば」のカバラだと述べた真意もそこにあるのだとわたしは思う。いつものようにこの人物は、古い馴染みの素材を用いて仕事をしているのだが、その素材をあれこれ取捨選択するうちに全く新しい配置が生まれてくるのである。

ブルーノの見地からして最も本質的なことは、衒学的な知ったかぶりによって神的な自然との交流の手段が損なわれてしまった、その亀裂を癒す手段を発見することである。その手段が、生きた〈声〉、徴、図像、封印であった。この交流の生きた手段がいつ発見されるか（あるいはある種の神懸かり的忘我の境地で、それが内的意識の上に刻印されるか）ということを彼は問題にし続ける。もしそれが可能となるならば、それによって統合された宇宙は心性の内面に反照され、〈魔術師《マグス》〉は力を獲得してエジプトの神官の如き生活を送り、自然と魔術的な交流に入るのである。この信じ難いほどに風変わりな彼の観点から、その全体のコンテクストを概観する時に初めて、『イデアの影』に見出されるような手順――デカンの神霊を記憶に刻印するという方法――は了解可能になる、とまでは言えないにしても、少なくともその視座の中での整合性は得ることになるだろう。

ブルーノ的総合にとって、カバラ的要素の残存よりも重要だったのは、ルルス主義の活用である。しかし本書では――熟慮の上でなのだが――ブルーノのルルス主義的な側面は意図的に扱わないことにしておこう。それでなくとも複雑な主題の歴史叙述をこれ以上無闇に錯綜させないためである。

『三〇の封印』

ブルーノの懐くルネサンス〈魔術師《マグス》〉の理想にとって、カバラがエジプト主義に従属すべきものだったとするならば、その〈魔術師《マグス》〉と偽ディオニュシウス的な神秘主義との関係はいかなるものになるのだろうか。この神秘主義の説くキリスト教の天使たちの位階によって、キリスト教的〈魔術師《マグス》〉のその〈魔術〉とカバラの結合という方法は依然としてキリスト教的な全体の企図の中に位置づけられるのであるから。ここでもまたブルーノのいつもの総合的手法が垣間見えている——例えば彼は『英雄的熱狂』(*Eroici furori*)において称讃の言葉と共にディオニュシウス・アレオパギタの名を口にしている。[★048] しかしその全体の均衡というものは根本的に変化している。つまりここでもブルーノはアグリッパの『オカルト哲学について』から出発して、宗教的魔術の新しい帰結を求めるのである。

ブルーノの著作の中で、最も風変わりでありまた興味深いものは『三〇の封印』[★049]である。イギリスで一五八三年に出版されたこの作品は、イギリスで上梓された最初の著作であり、オックスフォード大学の学者たちに宛てた、なかなかに挑発的な序文が付されている。[★050] それはもちろん激論を生んだ彼のオックスフォード訪問と関係したものである。〈三〇の封印〉とは三〇の神秘的な論考の集成の意味であり、そのそれぞれには図式が掲載されている。彼はここで持論の魔術的記憶術の原理を解説しようとしている。ここにはまた彼の想像力論に関係した注目に値する一つの試論が展開されている。[★051] この点に関しては、われわれは『魔術について』の考察の際に、またそのすぐ前で彼の内的な統合への志向を論じた際にすでに言及してある。魔術的記憶の究極の目的は、宗教的人格の形成である。それは善き〈魔術師《マグス》〉の人格である。それゆえブルーノは三〇の記憶術的な「封印」の神秘を呈示した後、[★052] すぐ続いて宗教の本質を論じ始める。この議論を彼はさまざまな「縮約」という表題の下に行う。[★053] この語はさまざまな宗教的経験の意味で用いられている。そしてその中にはもちろん善き経験もあれば悪しき経験もある。ブルーノはこの議論のほとんどすべての場面で、アグリッパの類似の主題を廻る論旨を自身の目的のために拡張し、変更する。例えばアグリッパは宗教的な経験をするためには、孤独で静謐な生活が不可欠だと説く。その論証として、モーセが孤独の中で啓示を幻視したことや、プロクロスがやはり孤独において知性的本質の幻視へと上昇していったことを例に挙げる。[★054] これがブルーノの第一の「縮約」の議論の基盤となる。ブルーノは孤独裡に啓示を幻視し驚嘆すべき力を獲得した人々として、モーセ、ナザレのイエス、ラモン・ルルの名を挙げ、さらにエジプト人やバビロニア人の中に現れた閑暇を楽しむ瞑想家に言い及ぶ。こうして彼は瞑想的な生活に不可欠な閑暇と平和を破壊した人々に対する攻撃を準備するのである。★055 他の「縮約」は悪しき迷信的な宗教的魔術、また善き宗教的魔術の経験に関するもので、★056 その基盤はアグリッパの宗教的魔術を廻る議論である。アグリッパによれば、宗教的魔術には真理を基盤とする真実で神的なるものと、迷信的な騙されやすさによるものとがある。★057 ブルーノはこの善き「縮約」を達成した人物の例としてトマス・アクィナスの名を挙げ賞讃する。トマスは彼によれば最も瞑想に秀でた人物の一人であり、ゾロアスターや聖パウロと同じように、恍惚として想像裡の天上界へと至ったのである。★058

アグリッパは宗教的魔術を解説するに際して、少なくとも〈三位一体主義〉の外観なりとも保とうとしている。例えば宗教の三つの導き手は〈愛〉と〈希望〉と〈信仰〉だと述べているが、これは正統信仰で説く三つの神学的徳性に一致している。★059 ブルーノはと言えば、『オカルト哲学について』の第三書を気儘に拾い読みしながら、材料を集め、それを自分の都合のよいように変更し組み替えるのだが、その作業の際、常に〈三位一体〉を連想させる〈三つの組〉を避けるのである。その結果彼の標榜する宗教の導き手は、三つではなく四つになる。すなわちそれは〈愛〉、〈技芸〉、〈普遍学《マテーシス》〉、そして〈魔術〉であり、★060 宗教的〈魔術師《マグス》〉はこの四つの営みの示す道を辿りつつ、完璧な力のそのいと高き頂点へと達するのである。これらすべてはプラトニズムで説かれる〈神的な狂気《フロル》〉と融合した魔術と連関している。〈愛〉はすべての事物に宿る生命の力である。魔術師は事物へと向かうこの〈愛〉の力を遮断して奪取し、それを〈神的な狂気〉へと変容させることで、低次の事物の束縛を脱して超天上的な領域へと参入する。★061 〈技芸〉とは世界の魂と融合するための知識である。★062 〈普遍学〉によって、われわれは物質、運動、そして時間を抽象化する術を学び、それによって知性界に存在する諸々の種の知的省察へと至る。魔術には二種類ある。悪しき魔術と、非常に優れた善なる魔術である。善き魔術は、整えられたる信仰と他の賞讃に値する類の〈縮約〉によって、過ちを正し、弱きを助け、最も大いなる神霊である〈愛〉によって魂を神的な力と融合させる。★063 その時この魔術的な愛は、フィチーノの説いた二柱のウェヌス神の理論と連関することになる★064（ただしブルーノはフィチーノの名前を挙げてはいない）。このようにして宗教的魔術師は（ブルーノが『英雄的熱狂《エロイチ・フローリ》』において行なったように）、ネオプラトニズム的な愛の詩人へと変容することが可能となるのである。

　ではこうしたすべてのことを考慮に入れるとして、ブルーノの構想の全体の中で、ルネサンス的〈魔術師《マグス》〉のそのキリスト教的側面はどうなってしまったのだろうか。それは消えてしまった、というのが答えだろう。つまりブルーノが放棄した〈ヘルメス文書《ヘルメティカ》〉のキリスト教的かつ〈三位一体主義〉的な解釈と共に捨てられ消え去ってしまったのである。しかしそれにもかかわらず、キリストは彼にとって依然として慈愛に満ちた善き〈魔術師《マグス》〉である。またブルーノは、偉大なる哲学者たちや瞑想家たちを支え育んだ中世に対する、強い共感を感じる人物でもある。その中世は彼らに閑暇と英雄的な〈神的狂気〉、すなわち最高の「縮約」の、その至高の高みに到達する機会を提供し、それに伴って魔術的な洞察と魔術的な力をも与えたからである。

エジプト主義とフリーメイソンの前史

　かくしてフィチーノのキリスト教的な『プラトン神学《テオロギア・プラトニカ》』を構築しようとするすべての努力、つまり〈始源の神学者たち《プリスキ・テオロギ》〉、〈始源の魔術師たち《ブリスキ・マギ》〉さらにはキリスト教的プラトニズム、こうしたものを内実としながらなおかつ密やかに魔術の要素とも結託しようとする、そうした試みのすべては、ジョルダーノ・ブルーノの心眼には無に等しいものと映った。彼は『アスクレピウス』に描かれた魔術的なエジプトの宗教を大胆に全面肯定し（そして同時に『ヘルメス選集』中にキリスト教の到来が予言されているとする従来の説を否定し）、そのエジプトの魔術宗教を真にネオプラトニズム的な降霊秘法であり法悦、すなわち〈一者〉への上昇であるとした。この彼の解釈は、ヘルメティズムの古代的現実に呼応するものでもあった。なぜならヘルメス教的なエジプト主義は、元来、古典古代末期のネオプラトニズムによって解釈されたエジプト主義に他ならなかったからである。しかしブルーノという思想家の呈示する問題は、彼をエジプトの秘教的祭祀に追随していた古代末期のネオプラトニストの範疇に単純化してしまえば解決するというほど簡単なものではない。フィチーノとピコによって創始された大いなる思想の全体が展開しつつブルーノまで確実に到達していた。そしてそれは、情念的な力、カバラ的な、またキリスト教的な連想の数々、中世的な、また古典古代的なすべての哲学と宗教を魔術と共に統合しようとする習合的志向、そうした契機のすべてを包摂する大規模な運動だったのである。

さらにまた――そしてこの点がわたしの心に映る思想家としてのジョルダーノ・ブルーノの風貌の中で最も重要な側面の一つなのだが――彼は宗教的な不寛容が怖ろしい形で横行していた十六世紀末に登場する。この状況の中で、人々は宗教的ヘルメティズムの裡に、戦闘状態にある宗教分派間の寛容ないし一致の可能性を求めていた。本書の第一〇章ですでに見たように、キリスト教的ヘルメティズムにはカトリックからプロテスタントに至るさまざまなタイプのものがあったが、そのほとんどは魔術を忌避していた。こうした状況の中にエジプトの魔術的ヘルメティズムを思想の基盤とするジョルダーノ・ブルーノが登場し、一種エジプト化された対抗宗教改革を説教師の如くに説き広める。その予言によれば、エジプト主義の回帰と共に、現状の宗教的葛藤はなんらかの解決を見て消え去るのである。また彼は、社会的な福利を目指す善き仕事と、社会の和合の倫理に重きを置いた道徳改革の必要性をも説き広める。ブルーノはかつてのドメニコ会士として、宗教改革後のオックスフォードを訪れた時、中世的過去がもはや現在と断絶した廃墟として眼前に広がっているのを目撃した。彼はその中世の前任者たちの善き仕事が破壊され、彼らの哲学、彼らの博愛主義、そして彼らの魔術が侮蔑の対象となってしまったことを慨嘆する。

ではこうした宗教的寛容を可能にするような結びつき、つまり中世的過去との感情的連帯、他の人々のために成された善き仕事の価値の強調、そしてエジプト人の宗教と象徴法に対する愛着、こうした要素の結合は果たしてどこに認められるだろうか。わたしが思いつく限りでの唯一の解答は——フリーメイソンである。[☆008] つまり中世的な石工組合との神話的紐帯、寛容の哲学、博愛主義、そしてエジプト風の象徴法を統合したものがフリーメイソンに他ならないからである。フリーメイソンがイギリスではっきりとした形の協会団体として登場するのは、ようやく十七世紀の初めになってからである。しかしこの集団は明らかに、もっとずっと古くまで遡る先駆者たち、前例の数々、そしてなんらかの伝統を前提としていた。このフリーメイソン前史というテーマが、非常に曖昧模糊とした領域に属するものであることは認めなければならない。ここでは暗闇の中を手探りで進むしかない。[☆009] そしてその暗闇の中には、さまざまな神秘が待ち受けている。しかしこうした手探り状態において、当時のイギリスで霊的な充足を味わえずにいた人々を心に思い描く時、そうした彼らにとってこそ、このブルーノの「エジプト風の」伝道は、ある種〈魔笛〉が初めて重苦しい大気の上を軽やかに馳せたかの如き慰め[☆010]に満ちた暗示を与えたのかもしれない、そう思えてくるのである。

第一五章

ジョルダーノ・ブルーノ——英雄的狂信家にしてエリザベス朝の宮廷人

『英雄的熱狂』

ブルーノの『英雄的熱狂《エロイチ・フローリ》』(*De gli eroici furori*)★001は一五八五年にイギリスで出版され、フィリップ・シドニーに献呈された。内容はペトラルカ風の凝った隠喩法を駆使した恋愛詩集である。この詩集には自己註解が添えられていて、本文の詩を哲学的ないし神秘的な愛の側面から解釈する。シドニーへの献辞★002の中でブルーノは、自分のペトラルカ模倣は、婦人に向けられた愛を詠《うた》う通例のそれではなく、魂の知的領域に連関したより高次の詩的営為である、と説明している。彼は「卑俗な愛」を否定するわけではないし、それがふさわしい場所で営まれるならば、むしろ推賞すべき面を持っていると思っている。しかし彼自身の愛が語りかけるのは「高尚なるクピド」に向かってなのである。ブルーノは明らかにプラトンの『饗宴《シュンポジオン》』に対するフィチーノの註解を参照している。フィチーノの理論に拠れば、二通りのウェヌスないしクピドが存在し、一方は高尚で一方は卑俗なのである。

ブルーノは彼の恋愛詩の神秘的な企図をより際立たせるために、献辞の中でそれをソロモンの『雅歌《カンティクル》』の表現と比べた★003。事物に恒に内在する神的な光は、いわばわれわれの感覚の門を叩き続けており、それはソロモンによって次のように描かれている。「ごらんなさい、もう家の外に立って／窓からうかがい／格子の外からのぞいています☆001★004」。

恋愛詩を哲学的ないし神秘主義的な文脈で用いることは、脈々と続く伝統を背景にしている。この要素は〈宮廷風恋愛《アムール・クルトワ》〉☆002にも最初から内在していたのかもしれない。しかし〈宮廷風恋愛〉における神秘的哲学性の有無という問題は、長い論争の対象ともなってきた。詩集に付された註解から、その詩の目的が神秘主義的なものであったことが分かる例として、ダンテの『饗宴《コンヴィーヴィオ》』とベニヴィエーニの『抒情詩《カンツォーナ》』に対するピコの註釈を挙げることができる。ブルーノはこの二つとも参照していた可能性がある★005。ソロモンの作だとされた『雅歌《カンティクル》』も、キリスト教の神秘主義的伝統とカバラ的な神秘主義の両方の文脈で、そうした神秘的解釈の対象となってきた作品である★006。

『英雄的熱狂』は、はっきりと区切られた部立てによって構成され、それぞれの部門はまず文章で描写される紋章《エンブレム》ないし意匠を持ち、その記述が紋章図集の挿絵の役目を果たしている。★007 次に詩が来る。これは概ねソネットの形式で書かれ、紋章《エンブレム》の記述で視覚化された比喩形象を用いている。最後に自己註解が添えられ、そこでは紋章《エンブレム》と詩に潜む意味が釈義されるのである。

こうした部立ての例を挙げておこう。★008 まず紋章《エンブレム》。二つの眼の形をした二つの星に〈死と生〉《モルス・エト・ウィータ》という銘が添えられている。次に詩。これはペトラルカ風恋愛詩の最もありふれた月並み定型《クリシェー》の一つを発想の基軸にしている。淑女の瞳はまるで清らかな星のようであり、恋する男はそれが自分の上に注がれるのを恋い焦がれつつ、熱き祈りを捧げる。しかしもしそれが自分の上に注がれるなら、その眼差しは彼を殺す力を持っていることを心底知っているのだ云々、という月並みである。この中央にどっかりと鎮座まします月並みを、似たように月並み的な発想がぐるりと取り巻いている。そこにあるのは恋にやつれた哀れな男の憔悴しきったおもわ。それそこに彼の心の責め苦が書いてある云々。

ああ愛の手ずから、みずぐきの跡うるわしく
たれとて認めよう、わがかんばせに記されたその心の嘆きを……
淑女の高慢と残酷、それが恋する男を嬲《なぶ》ってやまない云々。
ああしかしおんみのそのたかぶり、それを止めるくつわもくさりもなく
……ただひたすらにわたしを嬲り苦しめる……

こうした月並みは結局詩全体の発想の原点へと至りつく。つまり燈火ないし星の如き淑女の瞳。

ああおんみのその嬲りよう、かくもわたしのまなざしを避け、
うるわしい薄物に覆われたその愛くるしい光を隠す、
かく乱れゆく空には何一つうららもなく……

淑女はついには女神へと変容し愛の祈りの対象となる。恋に焦がれ苦しむ男を憐れみ、一目なりとも見そなわせたまえ、たとえ女神の眼差しが彼を殺すことになろうとも。

おお女神よ、憐れみにおんみの心を開き
ああ淑女よ、おんみの瞳のその門戸を開きたまえ、
そしてわれを見そなわせたまえ、たとえそれが死のまなざしであろうとも[★009]！

ペトラルカ風紋切りのごたまぜからできているこのソネットの全体を支配している着想は、星の如き瞳の隠喩であり、それはすでに紋章で提示されていた。

神性に捧げる恋愛詩

さて最後に自己註釈である。そこでこの詩の意味が解説されることになる。恋する男の心の嘆き、その恋の物語

が記されてある〈おもわ〉とは、〈神〉を探し求める魂の姿なのである。ブルーノは「詩篇」の隠喩を引いてくる。「渇いた大地のようなわたしの魂を／あなたに向けます」[☆003]。「わたしは口を大きく開き、渇望しています。／あなたの戒めを慕い求めます」[★010][☆004]。淑女の高慢は隠喩なのである。それは〈神〉が時として妬み深い、怒っている、眠っている、などと表現されるのと同じ次元のものである。それらは〈神〉が自らの姿を幻視によって啓示することを非常にしばしば差し控えることを意味している。「そのように眼差しの光はまぶたの薄物によって覆われ、乱れた心の空は隠喩や謎を取り除いたとしても晴れることはないのである」[★011]。恋人の瞳が開けよかしと祈ることで、恋する男は、神性の燈火が自ずと顕れ出ることを祈っている。恋人の眼差しが与えるかもしれない死とは、魂の神秘的な死を意味している。「それは永遠の生命に等しきものであり、人間はそれをこの世の生で先取りして受け取り、永遠にわたって享受するのである」[★012]。

この註釈なしに本文だけを読めば、この〈星の如き瞳〉を詠う詩は、通常のソネットの連想上で構想されたものに見えるだろう。註釈によって初めてわれわれはこの恋愛詩の内実を知る。それは作者ブルーノが彼の内面の神性に捧げる祈りなのである。

ではこの英雄的狂信家によってそれほどまでにひたすらな切望と共に探し求められる神性とは一体なんなのだろうか。それは彼がシドニーへの献辞の中で語っているように、「天然自然の瞑想」の宗教と連関するものである。その宗教によってこそ事物に内在する神性の光は、「魂を占有し、それを高め、〈神〉へと向け直すのです」[★013]。恋する者の心臓を鋭く射る視線は、「事物の無数の個体と種であり、そこに〈神性の美〉の輝きが顕れ出ているのです」[★014]。この点に関して本質的なことを教示した神学者たちもいた。彼らは以下のように述べている。

（これらの神学者たちは）自然界に存在するすべての固有の形態の裡に、自然の真理を探るべきであることを教えました。その自然の形態において、彼らは永遠の本質、すなわち事物の永遠の自己増殖と有為転変を生み出す元になるその固有の実体を省察したのです。それらの基底的実体は、基礎づけるもの、生み出すものに従って命名されています。そしてそれらすべての上には形態の形態、光の源泉、真理の真理、神々の中の〈神〉が君臨しています。万物は神性に満ち、真理に満ち、存在に満ち、そして善なるものに充ち満ちているのです。[★015]

宇宙におけるアポロであり絶対的な光である太陽は、その影としてのディアナ、つまり月の上に反照している。月は宇宙における自然の世界を象徴しており、そこにおいて真理の陶酔者は神性の面影を、つまり神性の光の自然における反照を追い求める狩人となる。この狩人は、彼が射止めようとするものに心を寄せてしまう。彼は自身神的な者になろうとする。ここから、「面影」を追い求め狩り立てようとするアクタイオーンとその猟犬たちという[☆005]、素晴らしい神話表象が生まれることになる。『英雄的熱狂』ではこの表象が何度も繰り返し現れ、神的な事物に憧れる思想は、猟犬の如くに、しだいに獲物を追いつめ、その洞察の深まりと共についにはアクタイオーンを、つまり自分自身を喰らい尽くしてしまう。彼はこうして野生に戻り、雄鹿の如く森の中に住まって、裸体のディアナ、すなわち自然の美しいその姿形を観照する力を得るのである。彼は〈万有〉を〈一者〉として観る。彼は大海である女神アンフィトリーテー[☆006]を観るが、彼女はすべての数とモナドの源泉なのである。たとえ彼がこのモナドをその本質において、つまり絶対者の光において把握はできないとしても、それを図像において捉えるのである。なぜなら神性そのものであるモナドから、この世界であるモナドは生まれ出るのだから。[★016]

『英雄的熱狂』で用いられる比喩形象は、驚嘆すべき複雑さと美しさを持っているが、それらが形作る宗教は、『勝ち誇る野獣の追放』で描かれたエジプトの宗教と同一のものである。エジプトの宗教は、すべての事物の裡に宿る神性を瞑想し、星辰の支配に従って分類されたその無数の種の間を通り抜けて上昇する術を知悉し、神性の統一へ、自然を超えたイデアの源泉へと至るのだった。

『英雄的熱狂』においても、エジプト宗教の再興が目前に迫っているという予言に出会う。その再興は〈世界の大いなる年〉の一巡りによってなし遂げられるのである。

> 大いなる年の一巡りというのは、一つの時間の単位であり、そこにおいては最も変化に富む慣習と効果の、また最も対照的で敵対的な手段により、その年はまた元の年に戻っていくのです。……われわれは今、屑のように成り果てた学問の中でもがいています。それは屑のような思いつきのゴミを貯めていきます。それが習俗と仕事を屑のようにしてしまっています。さて、だからこそです。だからこそこれからようやくより良い時代へと変化していくだろうこと、きっとそうなるだろうことが期待できるのです。★017 ☆007

世界の状況というものは、反対物への転回によって進行していく。だからそれが非常に悪い状況にあるということは、これから良い方向に戻っていくだろうことを期待させるのである。逆にまた、例えばかつてのエジプトのように、すべてがうまくいっている時というのは、暗黒への転落をあらかじめ予測しておかねばならないのである。

> ヘルメス・トリスメギストスが見たエジプトは、諸学と託宣の栄光のただ中にありました。彼は人々がこうした手段によって神霊や神々と親しく交わり、その結果として深い宗教性を獲得するのを眼前にしていました。だからこそ彼はアスクレピウスに向かって嘆きに満ちた口調で、新しい宗教と祭祀の数々が続いて興り、それが暗闇をもたらすだろうこと、今眼前に見ている状況については空しいお話が非難侮蔑の格好の的として残るだけであろうことを予言するのです。それと同じことが言えます……つまり逆にわれわれのこの時代

においては、堪え忍ばないで済むような邪悪や損傷はないほどです。だからこそです。だからこそ、われわれが期待できないような善、期待できないような名誉もまたあり得ないのです。[★018]

ここで含意されていることは、状況の循環の論理である。今の世界は〈見解〉や〈仕事〉の最も低調な時代のただ中にあり、〈悲嘆〉で予言された暗闇への転落のそのどん底にある。したがってまさに今、転回が期待できる。つまりかつてエジプトがヘルメス・トリスメギストスの時代に享受した光と輝きに充ち満ちた時代、そこで人々は神々や神霊たちと交わり深い宗教性を獲得していたその時代に、回帰することが期待できるのである。

この章句と比較すべきは、『灰の水曜日の晩餐』[★019]の中で、〈ノラの人〉が自分は今の時代の抑圧に通じた者だと表明する条だろう（われわれはすでに『イデアの影』の中の似たような章句との比較によって、ここで言及されている〈抑圧〉は〈悲嘆〉で描かれた新しい法規によるエジプト宗教の禁止のことだったことを確認している）。もっともここでは、その抑圧はまた「古代におけるわれわれの父祖たちの魂を神的かつ英雄的なものにした」ものであり、『狂えるオルランド《オルランド・フリオーソ》』で描かれる、「狂気の」恋が至りつく神懸かり的忘我法悦との連関で理解されるべきものである。恋に取り憑かれた者は、その恋の狂乱において、彼の「正気」が肉体から離脱していくのを体験する。

たれが、おお淑女よ、わたしのために天上に昇り
わたしの失われた正気を連れ戻してくれるのでしょう。

このアリオストの詩行には、ブルーノの神秘的な恋愛詩を収めた著作、『英雄的熱狂』という表題に含まれる二つの要素がそのままの形で現れている。それは魂を「神的な英雄的なもの」とする経験であり、情熱的な恋の〈狂気《フロル》〉が陥

る法悦的忘我に結びつけるものでもある。
『ピマンデル』に描かれているようなヘルメス教の至福体験においては、魂は自身の祖型である神的な〈精神《メンス》〉から発する光そのものとなる。しかしこのすべての幻視的啓示を通じて肉体は「眠っている」。感覚は拘束されたままであり、魂は肉体を離脱して神性と合一する。★020 このヘルメス教的法悦は〈メランコリー〉を主題とするミルトンの詩「思いに沈む人」(*Il Penseroso*)の中に描かれている。

あるいはまた、わたしのランプを真夜中の静寂《しじま》に、
どこか寂しい高い塔の上に置いてしまおう。
そこからわたしは、〈三倍も偉大な〉ヘルメスと共に
しばしば〈熊座〉を夜すがら見守り、あるいは
プラトンの魂を天界から呼び戻し、探ることにしよう。
いかなる世界が、またいかなる茫漠たる圏域が、
不死のこの精神を、それがその肉の束縛の宿りを
投げ捨てたならば、保つことになるのかを。
そしてまたこの神霊たちをも、探ることにしよう。
火に燃え、大気に漂い、流れに浮かぶ、そしてまた地底に潜む彼らを。
その力はかくも親しき、
惑星との、そして四大との交わりが生むもの。

このミルトンの詩行は、素晴らしい表現によってヘルメス教的法悦の雰囲気を醸し出している（この詩行はわたしの心には〈熊座〉への言及によって、ブルーノとの繋がりを保っているように映る。〈熊座〉は『追放』における天上の改革が始まる星座だからである）。その法悦において、不死の魂は肉体を捨て去り、神霊たちと宗教的な交わりを結び、その経験がつまりは魂に奇跡的な魔術の力を与えることになるのである。

『英雄的熱狂』では神懸かり的法悦が何度か描かれ、また暗示されている。例えば〈水先案内人のいない小舟〉の紋章を伴う詩に対する註解がそれである。そこではイアンブリコスの瞑想の力についての論が引き合いに出される。瞑想は時として魂が肉体を離脱するほどまでに深いものとなることがある。ブルーノはここで読者の注意を喚起して、「三〇の封印」についての自著ですでに「縮約」を論じていること、そこでは「縮約の方法にはさまざまあり、あるものは忌まわしく恥ずべき手段をとるが、また別のものは英雄的な手段をとる」と述べていることを示唆している。[★021] ブルーノは他の箇所で善き熱狂ないし善き熱狂的〈縮約〉をさらに二つに分類している。神的な精神は無知蒙昧な人間をも支配することがあり、この人間はその霊気を彼自身理解することなしに霊感に満たされる。これが第一の種類の善き熱狂である。また他の種類の善き熱狂においては、「瞑想に熟達し、生得的に明晰な知的精神の持ち主であるような者が……話し、行動するのですが、それは器や道具のようにではなく、創造の業に精通した者としてなのです」。この二つの種類では、「始めの者は尊敬に値しますが、それは聖餐のパンを運ぶロバが尊敬に値するようなものです。それに対し後者は聖餐そのものと同じ価値を持っているのです」。すなわち彼らは神的な存在なのである。[★022]

手短に言うなら、『英雄的熱狂』が現実に目指している宗教経験は、ヘルメティズム的な世界認識《グノーシス》だとわたしは思う。それは〈魔術師《マグス》〉としての人間を描く神秘的な恋愛詩であり、彼が元々神的なものとして創造され、神的な力を備え、この神的な力によって再び神性と合体する途上にあるその過程を描くのである。

しかしながら中核にあるヘルメス教的なものは、ネオプラトニズムの概念組織の下に覆い隠されている。ではこのネオプラトニズム的な〈数々の狂気《フローレース》〉と連結された形でのヘルメティズムを、ブルーノが呈示するどの要素の中に見出すことができるだろうか。もしこうした連結の明らかな事例を発見できたならば、それはブルーノのネオプラトニズム的な愛の狂乱を描く『英雄的熱狂』がヘルメティズム的な世界認識を志向していたということを傍証することになるだろう。このような事例は確かに存在するのだが、それは予想される場所にある。つまり魔術の権威コルネリウス・アグリッパの著作中にその事例は存在する。すでに見てきたように、魔術師ブルーノは常にこの権威を頼りにしてきたのだった。

魂は〈一者〉へと再度上昇するに際して、〈狂気〉ないし〈熱狂〉の力を借りる。この〈狂気〉には四つの段階があるとされ、それらはフィチーノによって、プラトンを典拠としつつ、『饗宴』への註解や他の著作の中で提示されている。その第一は〈技芸の女神たち《ムーサイ》〉が支配する詩的霊感を吹き込む〈狂気〉である。第二はディオニュソス[☆008]の支配する宗教的〈狂気〉である。第三はアポロの支配する予言的〈狂気〉。第四はウェヌスの支配する愛の〈狂気〉である。この四つの霊感の階梯の中で最後の、そして最高の霊感を受けた魂は〈一者〉と合体し〈一者〉の裡に自己を回復するのである。[☆009]『オカルト哲学について』におけるアグリッパ[★023]も、この階梯に従って四つの〈狂気〉を概観する。論述が第四の最高の〈狂気〉に至ると、彼は以下のように述べる。

> ウェヌスから発する第四の〈狂気〉について言うならば、それは人間の精神を愛の激情によって一柱の神の方向へと転回させ、その神へと錬金術的に自己変形するのである。この過程は彼を〈神〉に似たものとし、〈神〉の真の似姿とする。だからヘルメスはこう言ったのである。「おおアスクレピウスよ、人間は大いなる奇跡である。人間は称讃されるべき、尊崇されるべき動物である。なぜなら彼はあたかも彼自身〈神〉であるかの如

く〈神〉の本性へと移り行くからである。彼は神霊たちの族《うから》と親しく交わる。なぜなら自身が彼らと同じ出自の存在であることを知っているからである。彼は自らの裡にあるただ人間的でしかないような部分を侮蔑する。なぜなら彼はそうではない神的な部分に望みを懸けているからである」。このように〈神〉へ向けて変容した魂は、〈神〉から完全性を賦与され、神性との本質的な接触によって、すべての事物を知悉するに至る……愛によって〈神〉へ変容した人間は……時として自然自身よりも大いなる驚嘆すべき業を成し遂げ、そのような業が奇跡と呼ばれるのである……人間は〈神〉の似姿である。少なくともウェヌスの〈狂気〉によって〈神〉に似たものとなり〈精神〉の裡にのみ生きる者はそうである。……ヘブライ人とカバラの学者たちは、人間の魂は〈神〉の光であると言っている。それは〈言葉〉の似姿に造られ、原因中の原因のその最初の形態であり、永遠の〈言葉〉を表す文字が刻まれた封印によって記された〈神〉の実体であるとされる。このことを理解していたヘルメス・トリスメギストスは、人間は天上界の住人たちよりも高次の存在であるか、少なくとも彼らと同じ定めに従う存在である、と述べている。★024

わたしはこのアグリッパの章句が、『英雄的熱狂』で説かれる英雄的な愛の、その〈狂気〉の真の意味を解説しているように思う。それはウェヌスの〈狂気〉を、『アスクレピウス』中に描かれた〈大いなる奇跡〉《マグヌム・ミラークルム》としての人間になるための手段として、再解釈したものなのである。その手段とは驚嘆すべき力を手に入れること、神霊たちと自分が同じ出自であると知って、彼らの一族と親しく交わることである。先のアグリッパの章句には『ピマンデル』と「創世記」の人間創造物語を等置する、よく見られる傾向も顕在化している。この等置こそが、どうして『英雄的熱狂』で愛が描かれる時、カバラの神秘主義とネオプラトニズム的な神秘主義が同時に援用される必然性があるのかを説明してくれるのである。この愛の真の本性は、それが「エジプトの」愛であるということであり、それはヘルメス教的な人間への愛、つまり〈魔術師《マグス》〉としての人間のその〈大いなる奇跡〉への愛なのである。
『英雄的熱狂』の中で最も印象的で神秘的に響く章句の一つは、神性の跡を追う狩人としてのアクタイオーンが、自然の水面に映りはえた神性の美しき貌《かんばせ》を観る場面である。

　この湖水、すなわち類似性の鏡には、神的な善と栄光のその輝きが照りはえています。その自然の業は、上方と下方の水によって象徴されています。それは蒼穹の上と下に位置しているのです。そこにおいて彼は、女神の最も美しき面と胸を観る……つまりそれが可視のものであるということを観るのです。[★025]

この部分の一つの解釈としては、それが『ピマンデル』のあの〈魔術師《マグス》〉としての人間を描いた素晴らしい章句を響かせている、と考えることだろう。『ピマンデル』では、魔術師としての人間が、天球の果てのその枠組の上に身体をもたせかけて下方の自然を覗き込む。彼は自然の水面に映りはえた造物主の似姿としての自分の面のその美しさに引き寄せられ、その結果自然を愛するようになるのだった。[★026]
アグリッパは『アスクレピウス』のこの〈大いなる奇跡〉のすぐ後に続く章句も纏めて引用してもよかったかもしれない。そこでは、人間は「天上の企図によってすべての生き物に結びつけられているということを知っている。そして彼はこのすべての生き物たちを愛の絆によって自らに結びつけるのである」。[★027]と述べられている。〈魔術師《マグス》〉としての人間の愛とは、操作し実践する愛である。それはブルーノが『三〇の封印』中で〈愛〉と〈魔術〉を魔術宗教中の主な指針として挙げて説明しているように、〈魔術師《マグス》〉の魔術の究極の基底なのである。
『英雄的熱狂』には魔術そのものへの言及は多くない。しかしそれは、宗教的な〈魔術師《マグス》〉になることを切望した一人の思想家の、いわば精神の記録なのである。そこではペトラルカ風の愛の紋章自体に、ブルーノの内的な魔術のその感応霊力というものを確認することができる。これらの射るような眼差し、瞳、火、涙等々といったありふれたペトラルカ風の比喩形象は、正確なまた明晰な視覚化を目指して記述されており、それらはまるでロザリオの一つ一つの数珠のように作品全体に撒き散らされ、それに詩と註解が付属する仕組みになっている。ブルーノは記憶を魔術的かつ護符的な図像によって基礎づけることで記憶の普遍的な内実を一つの体系、つまり記憶術に統合しようと試みてきた。このブルーノの試行を背景に置けば、『英雄的熱狂』を視覚的紋章《エンブレム》によって構成しようとする彼の意図に内在するこの記憶術という馴染みの要素の意味も認識されるだろう。ここで呈示されるペトラルカ流の比喩形象は、ヒエログリフとして使用されているのだということも指摘してよいかもしれない（そのようにしてそれは紋章の根源に復帰しようとするのである）。あるいはこう言ってもよい。それは図像、徴、封印、占星記号、声を――空しい衒学的な言語使用に対抗して――現実との魔術的な生きた感応的交感そのままの姿で用いようとするものである、と。『追放』の改革が究極的には人格の裡で成し遂げられるものであったように、『英雄的熱狂』が描く世界も内的な経験に連関している。アクタイオーンは、「神性を彼自身の裡に吸い込んだ」後は、それをもはや彼の外に求める必要はない。なぜなら「改善された知性と意志の力によって、神性は今や裡側に宿っているからです」[★028]。ブルーノにとって〈魔術師《マグス》〉としての人間の尊厳は彼の内面に存する。彼が世界認識を導出すべき魔術的手法を想像力に付加する時も、それは内面における操作なのである。

〈聖なる愛〉の啓示体験

われわれはブルーノが常にヘルメス教的ないしエジプト的な啓示に最高の評価を与えるのを見てきた。しかしこのことはルネサンス〈魔術師《マグス》〉の人格を形成する他の要因が、つまりカバラがそこに加わらないという意味ではない。

したがって『英雄的熱狂』においても、ヘブライ的神秘主義の要素は決して欠如しているわけではない。すでに見てきたように、この作品の献辞において、この作品で描かれる愛は「雅歌」の神秘主義に結びつけて理解されるべきであると述べられている。また作品中でも、そこで描かれた体験と比較参照可能なものとして、カバラ主義者たちの言う「死の接吻」の神秘を二度まで示唆している。[★029] このように『英雄的熱狂』の世界はある意味において、いまだにピコ・デッラ・ミランドラの総合の試みの視界の中にあるとも言える。もちろんその内部の構造は本質的に変化していることも確かなのだが。

さらにルネサンス〈魔術師《マグス》〉のキリスト教的な要素、少なくともディオニュシウス偽書的な要素もまたブルーノの著作に欠けてはいない。彼が神秘主義的な文脈で、しばしば神的な感応霊力は「神的な愛」であるという言い方をする時、そこにはキリスト教からの影響というものがはっきりと認められる。この言い回しは「詩篇」からの頻繁な引用と相俟って、〈ヘルメス文書《ヘルメティカ》〉の異教的グノーシスに本来は存在していなかったキリスト教的なアクセントを、彼の神秘主義に付加することになる。彼は自身の言語を絶した神秘体験を、ピュタゴラスの説く否定性の教説と比較するばかりでなく、ディオニュシウス(・アレオパギタ)の否定神学とも比較参照するのである。

……最も深遠な、また神性に通じた神学者たちは、〈神〉は言葉によってよりも沈黙によって一層適切に称えられ愛される、と述べています。それはちょうど人が眼を開けた状態でいるよりも、かえって閉じた状態の方が、眼前の事物の種的本質をよりよく認めうるようなものです。だからピュタゴラスとディオニュシウスの否定の神学は、アリストテレスの顕示的な神学及びスコラの学者たちのそれよりも、より一層称讃されるのです。[★030]

フィチーノとピコにおいて、キリスト教的な総合の企図を実現するために重要な意義を持った偽ディオニュシウスの否定神学は、『英雄的熱狂』の神秘主義においても、確かにその用い方は異なるものの（それは種ないし自然における神性の啓示に対する「否定的」な姿勢となる）、全く不在だというわけではない。この作品の結尾に置かれ、またその頂点をも形作る〈九人の盲者〉を廻るあの奇妙な逸話においても、ディオニュシウス・アレオパギタへの言及は繰り返される。★031 九人の盲者は九編の詩で彼らの盲目を嘆く。すると聖なる壺がニュンフたちによって開けられ、彼らは視力を回復する。九人の啓示を受けた者たちは、九つのそれぞれ異なる楽器の伴奏に合わせ、九つの歌を唱う。これが九つの天球を暗示しているのは明らかである。その他にもこの九人の啓示を受けた者たちの姿には、ブルーノ自身シドニーへの献辞の中で述べているように★032、キリスト教の神学者たちの「精神の九つの位階」、すなわちディオニュシウス偽書的な天上の位階が反映している。ブルーノのこの作品は、その結尾に至って天使的な調和をその構造の頂点として提示することになる。これはキリスト教的〈魔術師《マグス》〉の構想を反照したものであり、そこにおいては〈魔術〉とカバラが、偽ディオニュシウス的な天使たちの位階の枠組の中に包摂されることになる。しかし、これもまたいつものことだが、ブルーノはこの構想を通常の意味で用いているわけではない。啓示を受ける九人の盲者は天使たちの位階におけるように、外的な「形而上学」の体系を体現する存在であるとは言えない。彼らはむしろ一つの人格の構成要素なのであり、その人格がこれら九つの啓示によって奥義に達するのである。ブルーノはしかし、英雄的狂信家の最高にして最後の啓示をこうした形態で表現することによって、伝統的な構想に対する譲歩をも示している。

この九人の啓示体験は（つまりそれは、この盲者たちと共に「幸多きカンパニアの土地」にある故郷を立ち去った〈ノラの人〉自身の姿なのだが）、キルケーの聖所で与えられる。彼らはそこで祈りを捧げ、「天がかつての幸せな時代同様に、この現在においても賢きキルケーのような神様を地上に降り下らせて、植物や金属を用いながら呪文を朗唱し、自然を制御してくださるように」[★033]と願う。この祈りに応えて太陽神の娘神キルケー自身が降臨する。そして「彼らは、女神の降臨と共に、他の多くの神格たちがもはや神ではなくなり、この女神に伺候しつつ消え去ったのを見たのでした」[★034]。このように至高の啓示は魔術的なものである。そしてこのことは再び『英雄的熱狂』を、一人の〈魔術師《マグス》〉の内的体験として解釈するわれわれの見解を支持するものでもある。それはブルーノがドメニコ会での修養の期間に吸収したネオプラトニズム、カバラ主義、偽ディオニュシウス主義、そしてカトリックの神学的伝統という非常に複雑な影響を融合させた産物であるにもかかわらず、その根底においてはやはり第一義的にオプティミスト的なヘルメス教的世界認識を内実としているのである。

　このようにしてブルーノは、再度そのルネサンス的〈魔術師《マグス》〉としての姿をわれわれの前に現す。その魔術の出発点はフィチーノ＝ピコ的な総合の企図なのだが（そしてそれはアグリッパの『オカルト哲学について』を経由したものだが）、構想全体の重心の移動により、ヘルメス教的な要因が支配的になる。カバラ主義とディオニュシウス偽書的な要素は、指導的なエジプトの自然主義に従属するものとなる。とはいうもののしかし、ヘルメス・トリスメギストスが、シエナ大聖堂の例ですでに見たように、教会内部に入り込んだのは無駄なことではなかった。ヘルメティズムはキリスト教に関係があったとされたことによって、深い次元でのキリスト教化を蒙ったのである。十六世紀のキリスト教徒はカトリックであれプロテスタントであれ、宗教的ヘルメティズムを熱烈に支持したし、その傾向はブルーノの時代まで続いていた。彼らは宗教の名においてなされる犯罪と戦争の惨禍に疲労困憊し、寛容と統合の道を探し求めていた。ブルーノの標榜する宗教は、確かに純粋に「エジプト的」なものではあるのだが、彼の時代に共通するこうした強い宗教感情は『英雄的熱狂』の中にも流れ込み、そこで描かれる愛の熱狂にしばしばほとんどキリスト教的な調子とアクセントを与えている。いずれにせよそれらを生み出した霊感は、常に深い宗教感情に支えられていたことは間違いない。しかしキリスト教的な文脈上での宗教的ヘルメティズムは、魔術を忌避する傾向を持っていた。対してブルーノは、完全にエジプトに帰依したヘルメス教徒として、魔術の要因を強調する。彼の教説において統合の力を持つものは〈魔術師《マグス》〉の愛なのである。『英雄的熱狂』はしたがって『勝ち誇る野獣の追放』で呈示された改革者の、その内的宗教経験の世界を描いたものである。『追放』においても、〈プレイアデス座〉や〈双子座〉に集った神々は、つまり改革者のその人格に備わる力のすべては、愛を称える言葉を連ねている。[★035] カトリックであれプロテスタントであれ、戦争や迫害を事とする不寛容な衒学者たちは、皆天上から追放される。こうして新しい魔術の与える洞察に満ちた新しい時代が、個人の地平にも世界の地平にも明け初めることになる。これがジョルダーノ・ブルーノがエジプト的宗教への回帰という構想のもとに提起した〈宗教改革〉の計画だった。

『英雄的熱狂』の愛の紋章《エンブレム》にブルーノが神秘的な意味を付加していることは、イエズス会の宗教的紋章集の構想に極めて似通っている。十七世紀初頭に成立したそれらの著作では、「世俗的」な愛の紋章が「聖なる」愛の紋章に置換されるという方法が取られているからである。[☆010] わたしはこの点をすでに発表した論文中で指摘してある。その論文はブルーノの紋章と連関させる形で、ヴァエニウスのコレクション[☆011]中の世俗的な愛の紋章を研究したものである。貴婦人の瞳から鋭い視線が矢のように飛んで恋する男を傷つけている紋章、それはクピドの場合もあり、聖なる愛の紋章が対照的に添えられている場合もある。この聖なる愛の紋章には心臓を傷つけている神聖なる愛の矢が描かれている。さらに聖なる愛から光線が発して魂を貫いている紋章もある。[★036] 全くこれと同じ手法で、ブルーノは『英雄的熱狂』の中でペトラルカ流の隠喩形象を用いているのだが、ただ彼の場合は聖なる愛の眼差しの矢や、また神的な光から発する光線は、英雄的な狂信家の心臓を貫くものの、その矢や光線の出所は自然における〈神〉なのである。イギリスにおけるプロテスタント的宗教改革の帰結に対するブルーノの激しい批判を考慮に入れれば、混乱したエリザベス朝の状況の中では、ブルーノの提言をカトリック正統派的な対抗宗教改革の一種と混同してしまうことも容易にあり得ただろう。例えば後年カンタベリー大主教まで昇りつめたジョージ・アボットはおそらくそういう風に誤解している。カトリック教徒たちは「奇跡」を行う力が自分たちの宗派にはあるという理由で、プロテスタントに対する優越性を主張する。それに対してアボットは、彼の『誤って正統信仰という名を得た、教皇制度を支持するヒル博士の根拠——根拠薄弱であることを暴露され、目的遂行にはあまりに不十分であることが検討の結果明らかとなった、その姿』と題された著書で、長々とそれに対する批判を展開するのだが、そこにこの「ちびのイタリア人のインチキ手品師」がオックスフォードに登場する有様を、あまりかんばしくない調子で戯画化して加えているからである[★037]。

エリザベス女王崇拝への参加

正統派的な対抗宗教改革の教理とブルーノの提言を根本的に分かつ要因として、ブルーノのそれが明確な政治的見解を含むものだったという事実を挙げることができる。例えば『追放』に含まれる政治的な提言とは、スペインに代表されるカトリック的反動の脅威を前にして、フランスからイギリスに友好の手を差し伸べることだった。フランス国王はスペインの主導するカトリック同盟に嫌々ながら縛り付けられ、イギリスの女王もまたやはりスペインに煽動された「教皇の陰謀」に常に脅かされていた。つまり両者共にスペインの脅威を感じていたわけである。この提言を裏書きするようなアンリ三世からの委任状を、実際にブルーノが得ていたかどうかは定かでないにしても、いずれにせよ彼がイギリス滞在中はずっとフランス大使館に寄寓し続けたことは確かな事実であり、その時期はまた大いなる危機をもたらしたスペインの無敵艦隊《アルマーダ》来寇からさほど遠くない[☆012]、恐怖に満ちた時代でもあった。そしてブルーノ自身、政治的にははっきりと反スペインの立場をとっていた（この姿勢は特に『追放』中のスペインのナポリ支配に反対する章句に如実に窺える[★038]）。彼はこの危機的状況を乗り切ろうとして舵取りを続けるエリザベス女王とその顧問たちを口を極めて礼讃する。そればかりではなく、ブルーノは実際にあの一見風変わりな、そして多面的な現象でもあったエリザベス女王崇拝に参加し、[☆013] その表現形態のいくつかを造型する手助けすらしていたかもしれないのである。これが本章の表題に登場する彼を、「英雄的な狂信家にしてエリザベス朝の宮廷人」とわたしが呼ぶそもそもの理由なのである。

男性の中に、この神の如きエリザベス (*diva Elizabetta*) よりも優れた、あるいは彼女に等しい人物を見出すことが一体できるものでしょうか。この女王は天賦の才能と運勢に恵まれてイギリスを統治し、その玉座はかくも安泰であり、それを求めていかに陰謀の言葉や行為を重ねても全くの無駄なのです。彼女の統治する国にあって、この貴婦人自身ほど素晴らしい者はない。貴顕たちの間にあって、彼女ほど英雄的な者はいない。学者博士の間にあって彼女ほど学識ある者はいない。そして顧問官たちの間にあって、彼女ほど賢い頭を持った者はいないのです。[★039]

後年、ヴェネツィアの異端審問官を前にして、ブルーノはこの「異端の君主」に対する称讃の言葉を撤回した。

尋問――彼が異端者、ないし異端の君主を賞讃したことはなかったか。彼はかくも長きにわたって彼らと交わっていたからである。何を彼は賞讃したのか。またその賞讃の意図や如何。[☆014]

答弁――わたしは確かに多くの異端者たち、そしてまた異端の君主たちを称讃してきました。しかしそれは彼らが異端者だったからではなく、ただ彼らに備わった道徳的な徳性を礼讃しただけなのです。わたしは彼らを宗教的であるとか、敬虔であると言って称讃したこともありませんし、そうした宗教的な褒め言葉を彼らに対して使ったこともありません。確かにわたしの著書『原因、原理と一者について』の中で、わたしはイギリス女王を称讃し、彼女を「神の如き《ディーヴァ》」と呼びました。しかしそれは宗教的な意味を持たせてのものではなく、古代人が習慣上君主たちに与えていたのと同じ、単なる尊称[☆015]としてです。わたしが当時滞在し、この著作を執筆することにもなったイギリスでは、この「神の如き」という尊称は女王に用いられる慣わしでもあったのです。[☆016]それにわたしは彼女と個人的に面識があったわけですから、普通の人々にもまして彼女をこういう風に呼ぶのが自然なのでした。わたしはフランス大使に同行する形で、宮廷には非常にしばしば伺候していたのです。しかし今はこの貴婦人を褒めそやしたことが間違いだったことを認識しています。彼女はなんといっても異端者だったわけですから。とりわけ彼女を「神の如き」という尊称で呼んだことは間違っていました。[★040]

しかしこの『原因について』中の言葉よりも重要な意味を持つのは、『灰の水曜日の晩餐』におけるエリザベス女王礼讃であり、ブルーノはそのことは異端審問官に供述していない。そこでは広大で神秘的な一大帝国がイギリス女王に約束されているのである。ブルーノはここで女王の処女性崇拝を廻る神秘的な帝国支配信仰に参加している。エリザベス女王に捧げられた尊称「アストライア」、つまり黄金時代の処女神がその帝国の象徴なのである。[☆017]

エリザベス女王について語ることにしましょう。この女王はその称号から言っても、王家の尊さから言っても、世界中のどの王国と比べてもひけを取るものではありません。この女王は正しく国を治めるその叡智と手腕からしても、王笏を保つ者たちの誰にも負けないのです。……もし彼女が治める地上のその領土が、彼女の精神のその広大さ、偉大さに見合ったものであるならば、このアンフィトリーテー[☆018]はその腰帯の裡に広大なる領域を収め、その支配の及ぶ圏域をブリテンとアイルランドに限らず新世界の彼方にまで押し広げるでしょう。その全領土は宇宙の枠組の如くに拡がり、そこに女王の力強い統治の手腕が発揮され、統合された王国の形成へと至るのです。★041

ブルーノは、帝国ないし普遍的統治の意味での〈一者〉であるエリザベス女王に「アンフィトリーテー」という称号を奉る。この尊称は、彼女の神秘的な帝国を『英雄的熱狂』で描かれる「自然の」神性の幻視中に登場するアンフィトリーテーと合体させているのだと見ることもできる。そこではアンフィトリーテーはイデアの大海の源泉であり、〈一者〉としての〈万有〉であるとされているからである。

『英雄的熱狂』は非常に風変わりな、そしてまた微妙な形でエリザベス女王崇拝と密接に連関している。シドニーへの献辞中で、女王は「かの無比のディアナ」として登場する。そして先に検討したあの九人の盲者の幻視的啓示の場面は「太陽からははっきりと隔たった」土地、つまりブリテン島で演じられている。それは「大海の、つまりアンフィトリーテーの神性に抱き取られて」★042横たわる島である。九人の盲者が啓示を受けた者になるという本文中の描写に至ると、イギリスとの連関、またエリザベス女王との繋がりはより一層感銘深いものとなる。九人は放浪の旅を続け、ブリテン島へとやって来る。すると「〈父なるテムズ〉の愛らしい優美なニュンフたち」が彼らを出迎える。その中では〈一者〉が長女であり、この〈一者〉の眼前で壺がひとりでに開く。奥義が幻視され、九人の盲者は九人の〈啓示を受けた者〉《イルーミナーティ》となる。★043神秘的な真理の顕現であるとされるこの〈一者〉は、明らかに、「無比の」ディアナであり、アンフィトリーテーである存在、つまり一言で言えば「神の如きエリザベッタ」である（ここには異端の臭いがするという異端審問官の疑いは、この点に関しては完全に正しかったことになる）。彼女はこうしてブルーノが構想する、尋常ならざる新しい統治体系における地上の支配者として君臨するのである。

『英雄的熱狂』はまた、騎士道精神との関わりにおける女王崇拝を反映したものでもある。騎士道は、エリザベス女王統治下で大いなる復興を遂げた。それを明確に示す催しが〈即位記念馬上槍試合〉(*the Accession Day Tilts*)[☆019]である。この催しに参加する騎士たちは、彼らの紋章が描かれた盾を女王に掲げて見せた。『英雄的熱狂』では一連の紋章《エンブレム》ないし銘文入り図案《インプレーサ》が挙げられており、それらは英雄的な狂信家に割り振られた盾に描かれている[★044]。わたしは以前に書いた論文で、〈即位記念馬上槍試合〉の銘文入り紋章盾の難解なイコノロジーを研究するためにはブルーノの参照が不可欠であることを指摘しておいた。その難解な意味を解釈するためには、「ブルーノの表現を追ってみるほど役に立つことはないのである。例えば空を飛ぶ不死鳥には、〈運命が立ちはだかる〉(Fata obstant)の銘文が添えられ、一本の樫の木が描かれた盾には〈樫の木をさらに固くしたる如く〉(Ut robori robor)という銘文、さらに深遠な味わいを持つものとして、一つの太陽と二つの円が描かれただけの盾に〈周っている〉(Circuit)という銘が添えられたものを挙げることができる[★045]」。〈即位記念馬上槍試合〉の図像表象は、一五七五年に催された祝祭劇〈ウッドストック・エンターテインメント〉で形成されたものだった。この祝祭劇の主題の一つは、盲目の隠者ヒーミティーズが世界で一番素晴らしい国にやって来て、その世界一の支配者に謁見を許されると視力を回復する、というものである[★046]。この祝祭劇の台本は一五八五年に出版されている[★047]。つまり『英雄的熱狂』の出版と同じ年である。すでに述べたことだが、「他の著作でもエリザベス女王崇拝への共感を示したことのあるブルーノは、自身の哲学的対話篇を女王の処女性を廻って紡がれていた騎士道物語に結びつけようとする意図を持っていたのかもしれない[★048]」。

イギリスの騎士たち、宮廷人たち、そしてその焦点にいるイギリス女王に対するブルーノの姿勢は、前任者たちを追い出してしまったオックスフォードの「衒学者たち」に示した彼の態度と非常に異なったものであった。この事実は、ブルーノがエリザベス朝の社会に走った亀裂を洞察していた証であり、また彼がそこでくつろぎを感じながら、女王崇拝の深奥にまで踏み込んで理解することができたものの、エリザベス朝の世界に内在するいくつかの契機に対しては敵対的であったことをも示している。宮廷社会の中心部に参入を許されたという彼自身の言明は、必ずしも虚言だったとは言えない。このことはエリザベス朝の詩の中、特に内密の限られた範囲でしか読まれなかったものが、逆に彼が創始した図像表象を用いているという事実によっても傍証される。

ブルーノがイギリスに及ぼした影響の全体像の解明は、全く新しい視座からの再検討を必要としているのである。

第一六章

ジョルダーノ・ブルーノ——二度目のパリ滞在

〈カトリック同盟〉支配下のパリへ

ブルーノは二度とイギリスで書いたようには書かなかった。それは一つには、もうイタリア語で書くことがなかったからである。本来イタリア語はラテン語よりも彼には合った言語だった。G・アクイレッキアは、ブルーノがイギリス滞在中にイタリア語で著述したのは、当時イギリスで哲学や科学の著作を自国語《ヴァーナキュラ》で書く新しい潮流が起こり、その影響を彼も受けていたのではないかと考えている。[★001] またブルーノがイギリスでの著作に用いた対話篇形式も（例外は『三〇の封印』であり、この作品はまたイギリスでの唯一のラテン語による著作でもある）、彼の際立って演劇的な才能には適したスタイルであった。彼自身こうした演劇的才能が自分の中で開花しつつあるのをはっきりと感じ取り、悲劇の詩神《ムーサ》と喜劇の詩神の間で逡巡する自己の姿を描いている。[★002] 彼は戯曲をイギリスで書いたわけではないのだが、対話篇のいくつかの場面は――例えば『晩餐』の「衒学者たち」と「哲学者」の論争の場面など――いささか悪口雑言を楽しみ過ぎる趣きはあるものの、独特の効果を生んでいることも確かである。イギリスでブルーノの才能は、明らかに詩的かつ文学的な表現の方向で開花しつつあった。その理由の一つは、彼がイギリスではその後もはや味わうことのなかった比較的幸福な状態にあったことが挙げられるだろう。彼はイギリス滞在中、常に後ろ盾を持ち支援されているという感覚を保つことができた。その後ろ盾がフランス国王直々のものであったかどうかは定かではないが、少なくともフランス大使が彼を支援していたことは確実である。大使は非常に親身に彼の世話を焼いたようだし、ブルーノは彼の庇護下で、おそらく人生ただ一度と言えるほどのきちんとした上流の環境に暮らすことを許されていた。そして確実に、彼の提言に対する反響も日に日に高まっていった。これはわれわれも感じ取ることができる。路上で出会う人々の中には粗野な者もいるにはいたが、[★003] そうしたいささかの難点を除けば、ヨーロッパのどこよりもイギリスは平和であった。これが彼が「神の如きエリザベッタ」を誉め讃えるもう一つの理由である。

彼女の統治の幸運と成功は、このわれわれの時代における奇跡です。ヨーロッパのその心臓部では事情は全く異なるからです。ティベル河は怒り猛って流れ、ポー河は威嚇的に、ローヌ河は暴力に耽り、セーヌの流れは血に染まり、ガロンヌ河は荒れ狂い、エブロ河[☆001]とタホ河[☆002]は怒りにわれを忘れて流れ下り、モーゼル河は乱れ、ドナウ河は騒然と泡だっています。しかしこの女王は五つ、ないしそれ以上の種類の光沢を容れる彼女の瞳の輝きによって、果てもなき大海を宥め鎮めます。そしてこの大海の愛し子テムズが、すべての危険を逃れ、幸福と安穏に浸りつつ、緑なす川辺を洗い、まがりくねるその流れの果てに、母なる海原に達する時、彼女は豊かな満ち潮引き潮をもって愛し子をその豊かな胸に抱き取るのです。[★004]

一五八五年の十月にフランス大使モーヴィシエールは召喚に応じて帰国する。ブルーノも彼の随行員として同行した。帰途の海峡横断は順調にはいかなかった。大使を乗せた船は海賊に襲われ略奪された。[★005]一行がパリに辿り着いた時、セーヌが本当に間もなく血に染まるだろうことはあまりに明らかな情勢となっていた。状況は極めて険悪であった。ギーズ公[☆003]はすでに配下の軍勢を動員しており、スペインの支持も取り付けてあった。七月にアンリ三世は、それまでユグノー教徒の享受していた自由を無効宣言する〈ヌムールの協約〉を結ぶことを余儀なくされた。国王はギーズ公とスペインによって主導され煽動された〈カトリック同盟〉[☆004]の極端な反動政策に事実上降伏したことを公にしたのである。九月には親スペイン的な教皇シクストゥス五世[☆005]が、ナヴァール王アンリとコンデ親王[☆006]に対抗する勅書を発令し、これらの異端の君主たちがフランス国王となることは決してないだろうと宣告した。これは戦争を不可避のものとする決定的な一歩となった。〈カトリック同盟〉の説教師たちは、パリの巷で、おどろおどろしい調子の説教に熱弁を振るっていた。一方国王アンリ三世はと言えば、信心にすがり、あの奇妙な懺悔の行列に時折姿を見せるだけで引き籠もりがちになってしまった。ブルーノが最初にパリを訪問した時に比べれば、状況は話にならないほど悪化してしまっていた。それはまたブルーノにとっては、もはやいかなる王室の支援も受けられなくなったことをも意味した。大使モーヴィシエールの召喚と、彼に替わってギーズ公派のシャトーネフ[☆007]がイギリスに着任したことも、事実上この状況の変化から来たものだったのである。[★006] もはやフランス大使館で晩餐会が催されることもなく、そこに寄寓する人物が神秘的な恋愛詩を発表するといったこともなくなった。かつてブルーノからそうした恋愛詩を献呈されたフィリップ・シドニーは、ブルーノがイギリスを去ったその一月後にスペインと戦うため低地諸国《ネーデルラント》へと赴き、翌年戦死することになる。

　ブルーノはヴェネツィアの異端審問官に向かって、この二度目のパリ訪問に際しては概ね自弁で生活していたこと、「わたしの知り合いの貴紳たち」と交際していたことを供述している。[★007] この僅かな情報は、ヤーコポ・コルビネッリ[☆008]がジャン・ヴィンチェンツォ・ピネッリ[☆009]に宛てた書簡中にブルーノに関する記事が見つかったことで、補足されることになった。[★008] 博識を誇ったコルビネッリは、さまざまな形でアンリ三世の諮問を受けていた学者で、おそらくイタリア人としては最もこの君主に信頼されていた人物である。[★009] 彼はピネッリから委託を受けて、パリから政治、文芸のニュースを送っていた。またピネッリがパドヴァで蒐集を続けていた、その素晴らしい蔵書のための書籍と写本を入手することも、この委託に含まれていた。コルビネッリはアンリ三世を中心とする集団に忠誠を尽くし、ギーズ公と〈カトリック同盟〉にははっきりと反対する立場をとっていた。彼とピネッリの往復書簡は文芸学術上の豊富な材料を含んでいることはもちろんだが、また十六世紀末にヴェネツィア地方とフランス社会の一部で、ある種の政治的宗教的感情が渦巻いていたことを実証する史料としても貴重なものである。こうした社会集団は確かにカトリックではあるのだが、ナヴァール王アンリがヨーロッパの現状の袋小路を解決してくれることを期待していた。もう一人コルビネッリと緊密な関係にありその書簡でも常に言及されている人物は、ナヴァール王の使節の役目を果たしていたベルヴィルの修道院長ピエロ・デル・ベーネ[★010]である。このベーネなる人物は、ブルーノがパリで一五八六年に上梓した二冊の著書の献呈を受けている。[★011] この事実に、コルビネッリの書簡中でブルーノに対する好意に満ちた言葉が見られることを加味して考えるならば、ブルーノがその二度目のパリ訪問中に親しく交際していた「わたしの知り合いの貴紳たち」とはおそらくコルビネッリ及びデル・ベーネとそのサークルの人々――つまりアンリ三世に忠実なイタリア人のグループであった蓋然性が高くなる。このグループはまたナヴァール王アンリの運命に関心を寄せる人々であり、パドヴァのピネッリとも緊密な関係を保っていた。後で見ることになるが、ブルーノは、困難な事態に転機をもたらし、新しい自由で寛容な統治への道を拓く人物として、ナヴァール王に期待を寄せていたのである。

ブルーノの第二のパリ滞在中に起きた驚くべき事件は、ファブリツィオ・モルデンテ[☆010]の発明した新型のコンパスを廻っている。[★012] とはいえもしこれまで本書でわたしが試みてきた叙述の意図が成功して、ジョルダーノ・ブルーノは他の人物とは全く異なる類の人間だと言うことが読者各位にすでに自明の事実となっているなら、それほどまでの驚きは与えないだろうと思う。このファブリツィオ・モルデンテは、それまでの普通のコンパスの軸足に一つの工夫を施して「〈自然〉を模倣する〈人工〉に必要な素晴らしい効果」をもたらす新しい型のコンパスを発明した。モルデンテはともかくその短い説明書きでこういう風にその新案のコンパスを解説し、挿絵と図を添えている。この本を彼は一五八五年にパリで出版した。[★013] モルデンテのコンパスはおそらくはガリレオ・ガリレイが発明した比例コンパスの先駆としての位置にあることが指摘されている。[★014] ブルーノは当時パリにいたモルデンテと知り合いになり、この新案コンパスに非常な感銘を受けた。彼は自分の話を熱心に聴いてくれるあのサン＝ヴィクトル修道院の司書にそのことを語り、モルデンテは「幾何学者の神様」のような存在だと述べている。そしてモルデンテはラテン語ができないようだから、自分がその発明の解説書をラテン語訳してあげてもよいと思っている、と付け加えた。[★015] 彼はこの言葉以上のことを実行してみせた。つまりモルデンテのコンパスについての対話篇を四篇も仕上げ、その中で発明者自身はその神の如き発明の素晴らしさをまだ十分に理解したとは言えない、と庇護者よろしく一席ぶってみせたのである。もちろん彼、ブルーノはその意味をしっかりと理解したというわけだった。あまり不自然とは言えない話だが、コルビネッリの書簡の証言により、モルデンテは「われを忘れて怒り狂った」ことが分かっている。[★016] この結果、彼は出版されたこの対話篇初版を全部買い占めて破棄してしまった[★017]（一部だけがこの破壊を免れ、一部は完全なもの、もう一部は脱簡含みの不完全なものだが、ともかくわれわれの手元まで伝わっている）。さらに彼はブルーノを罰して貰うために、「ギーズ派のところに行った」のである。[★018] 書簡が伝えるこの最後の項目は、当時パリに完全武装したギーズ派が横行していた事情を考え合わせれば、かなり怖ろしいことではある。

この逸話の意味を理解するには、『灰の水曜日の晩餐』に描かれたブルーノとコペルニクスの関係を想い起こす必要があるだろう。この立派な学者コペルニクスも、ブルーノの見るところでは、自身完全に理解したとは言えない偉大なる発見をしたのだった。なぜなら彼は数学者にすぎなかったからである。そしてコペルニクスの示した天体図の真の意義を理解したのが〈ノラの人〉だというわけだった。その真理が神的なヒエログリフとして神々しい意味の輝きを放つのを彼は観たのである。それはエジプト主義の回帰を告げるヒエログリフであり、その秘教は哀れで無知蒙昧なオックスフォードの衒学者たちには隠されたままなのであった。〈ノラの人〉がモルデンテの新案コンパスとそれによる作図を見た時、これと同じことが起こったのだと思う。

新案コンパスを論じた対話篇の一つで、ブルーノは発明者モルデンテを九天の高みに持ち上げている。彼は「好奇心に富むエジプト、大言壮語のギリシア、実践に長けたペルシア、そして観察の細やかなアラビア」、これらすべての叡智の故郷でさえ知らなかったあるものを発見したからである。[★019] この古代的叡智の纏め方は、ブルーノの連想の方向を示している。この対話篇を廻る悪夢《インソムニウム》の如き後日談をこれに付け加えてみれば、ブルーノが当初からこの発明は「彷徨う星々」と関係した一つの「神的な普遍学《マテーシス》」だと考えていたことが明らかとなる。[★020] この「普遍学《マテーシス》」という言葉は、『勝ち誇る愚者』（*Idiota Triumphans*）という奇妙な表題を持つもう一つの対話篇でも用いられており、非常に重要な意味を持っている。というのも「普遍学《マテーシス》」は、『三〇の封印』でのこの言葉の使用法を見ても分かるように、数学ではなく、四つの「宗教の指針」の一つだからである。他の三つの指針は〈愛〉、〈技芸〉、そして〈魔術〉だった。[★021]『勝ち誇る愚者』で展開されているのは、モルデンテが「霊感を吹き込まれた無知蒙昧」によって語っているという主張である。つまり〈勝ち誇る愚者〉とは彼のことなのであり、この〈愚者〉の意味は霊感の分析によって説明されている。つまりごく単純な人々にも霊感が天降ることがあり、そうした場合、彼らは自分が何を言っているのか十分に理解しないままにその霊気に満たされた言葉を語るのである。彼らと対照的なのは、別のより高次の霊感を操る人々で、こうした人々は、霊感の伝える認識の内実を完全な自覚と共に把握する。[★022] われわれはすでに『英雄的熱狂』中の章句で同じ議論がなされているのを見た。そこでは霊感を受けた単純な人々は、聖餐のパンを運ぶロバに喩えられていた。[★023]『勝ち誇る愚者』ではこのタイプの霊感は、バラムのロバに喩えられている。[☆011] モルデンテは明らかにこのタイプのロバだとされるのである。ブルーノはすぐ続いてエジプト人の聖なる礼拝という宗教的主題に移行する。それは事物に内在する〈神〉の礼拝であり、エジプト人たちはそれをさらに越えて神性そのものに至ったのである、と述べる。[★024]

モルデンテが〈勝ち誇る愚者〉あるいは〈バラムのロバ〉と呼ばれることにいささか抵抗を感じたことは、極めて納得のいく話である。しかしブルーノが言いたかったのは（少なくともわたしはそう解釈するのだが）、モルデンテは自分で理解してはいないと言っても、ともかく神的な真理を提示しているのであり、彼より深い洞察の持ち主は——つまり例えば〈ノラの人〉がそうだが——それが素晴らしい啓示を含んでいることを歓呼の声と共に宣言する、ということだった。この対話篇の後の方では、モルデンテの作図は「普遍学《マテーシス》」によって神秘的な解釈が可能となる、とはっきり述べられている。つまりピュタゴラス教徒やカバラ主義者たちが用いた手法により、ということである。[★025] 手短に言えば、ブルーノの解釈するモルデンテの新案コンパスは、ケプラーが「ヘルメス学」と呼ぶもの、つまり数学的な図式を数学的にではなく、「ピュタゴラス的な意図で」用いようとする立場の有力な手段となる。
ピュタゴラス的、つまり数秘学的な手法で幾何図式を扱うことは中世では伝統的な方法だった。この伝統をルネサンスのオカルティズムは是認しただけでなく、さらにヘルメス学及びカバラと融合させつつ拡張し組織化した。人々がこうした事柄に対して醒めた距離をとり始めるのはようやく次の世紀、十七世紀を迎えてからだった。つまりそれは、ブルーノの時代に蔓延していた流行だったのである。この事情はジョージ・ピール☆012の描く魔法使いノーサンバランド伯爵のオカルティズム研究の姿からも窺える。

令名いと高き君、ノーサンバランドの美しき華よ、
詩神の愛し子、庇護者、そして寵児よ、
かの女神は君の裡なる芸術と博識を慈しみ、
その〈普遍学《マテーシス》〉をいとも美しく飾り立てる。
その誉め讃えられるべき数学の手腕を、
星辰と黄道帯との親しき交流を。
彼にとって天界は開かれた書物の如く眼前に横たわり、
その指図は過つことなく、
凡庸な学者たちが何度も通った賤しき道を離れ、
かの古代の崇められるべき足跡を辿り、
かのトリスメギストスとピュタゴラスの顰みに倣いつつ、
人跡稀なる、踏み分け難きその道を踏み分け、

やがて広々とした心地よき野原へと至る。
神聖なる科学と哲学のその原野へと。[★026]

真に驚嘆に値することは、ブルーノが『灰の水曜日の晩餐』といった狂気の沙汰としか思えないような挑発的な著作を、オックスフォード大学の教授連に向けて発表してみせるその信じ難い大胆さである（コペルニクスとて、もしまだ生きていたなら、『晩餐』の初版は全部買い占めてすべて破棄したことだろう）。この大胆さはモルデンテを論じた対話篇についても言えることである。それともあるいは彼は、『晩餐』におけるコペルニクスの天体図をそう解釈したように[★027]、ファブリツィオ・モルデンテの新案コンパスは術学の時代が終わり、エジプト主義の回帰と共に〈カトリック同盟〉が間もなく消え去る、その予言の一つだと考えていたのだろうか。いずれにせよ、モルデンテは「ギーズ派のところに行った」。恐るべき術学者の恐るべき行為である。

わたしはブルーノ＝モルデンテ論争事件の謎のすべてをここで解き得たふりをするつもりはない。以前に書いた論文で指摘しておいたように、この事件が報告されたコルビネッリのピネッリ宛書簡は、より大きな政治−宗教的状況、特にナヴァール国王に対する教皇勅書への反動という最大の関心事を背景として書かれたものである。[★028] 将来コルビネッリとピネッリの往復書簡集がすべて刊行の運びとなる時に[★029]、この時期のパリでのブルーノの活動もより明るい光に照らして検討することが可能になるだろう。

コレージュ・ド・カンブレでの公開討論会

パリ滞在期間中のブルーノが示したもう一つの大いなる功業と言うべきものは、コレージュ・ド・カンブレで行われた[☆013]公開討論会の企画である。ブルーノはこの討論会で「逍遙学派《ペリパテーティコイ》に反対する[☆014]自然と世界に関する一二〇の論題」を詳説することを予告し、パリ中の学者たちに参加を呼びかけた。ブルーノはあらかじめこの『論題』を執筆済みであり、弟子のジャン・エヌカンの名前を借りてパリで一五八六年に出版していた。この著作はアンリ三世に献呈され、パリ大学総長ジャン・フィルサック宛[☆015]の公開書簡が添えられている。[★030] この書簡は、例えば以前の著作に添えられたオックスフォード大学の副総長及び教授たちに宛てた公開書簡に比べれば、ブルーノとしては、かなり大人しいものであり、ほとんど謙虚とすら言えるものである。彼はフィルサックに、以前パリ大学が彼に示した好意に対する感謝の意を表明している。おそらくこれは、彼が最初のパリ訪問時にそこで講師としての活動を許されたことを指しているのだろう。さらにブルーノは総長にもう間もなくパリを離れるところだと告げている。[★031]『一二〇の論題』(*Centum et viginti articuli*)の出版の意図が、公開討論に先駆けてその進行の手順を呈示しておこうとするものであったことは明らかである。この著作は二年後に、当時ブルーノが滞在していたヴィッテンベルクで再版されている。内容は概ね同じだが表題は『カンブレの無脈症』(*Camoeracensis Acrotismus*)[☆016]と変えてある。[★032]

あの感心なコタン(これがサン=ヴィクトル修道院の司書の名前だが)は、彼の図書室を訪れるこの印象的な閲覧者が公の場に登場したこの一件にいたく興味を惹かれたらしい。われわれは彼の日記から、ブルーノが「王立教授団[☆017]と、カンブレの関心を持つすべての人々」(les lecteurs royaux et tous à l'ouïr dedans Cambrai)を討論に招待したのは、五月二八日と二九日(一五八六年の)、つまり「聖霊降臨の週の水曜と木曜」(les mercredy et jeudy de la sepmaine de Pentecoste)であったことを知ることができる。[★033] ブルーノの弟子のエヌカンによってまず論題の支持弁論が行われた。エヌカンは「大きな椅子」に坐っていた。一方ブルーノ自身は「庭園に抜ける出口の近くの小さな椅子」に収まっていた。[★034] これはおそらく逃げ出す必要が生じる場合を見越しての——そしてこの予測は当たったのだが——用心だったのだろう。

弟子のエヌカンが朗読した冒頭演説は、『灰の水曜日の晩餐』とほとんど同じ言葉を用いた章句がいくつも含まれていた。ただ違うのはラテン語になっているというだけのことである。暗い牢獄に閉じ込められた人間の描写があり、そこからは遥か彼方に星々を見ることができるだけだ云々という条もそのままだった。[★035] しかしそこからが違う。われわれ人間は今や解放されたのである。われわれは今やただ一つの天界が頭上に懸かっているのを見る。それはエーテルに満ちた茫漠たる空間であり、その中をあの燃え立つ諸天体が動き回り、われわれ人間に〈神〉の栄光と御厳《みいつ》を告げ知らせているのである。[★036] われわれは、この一つの天界を見上げて、無限の働きの背後に潜む無限の原因を洞察しようとする。われわれは、神性が自身から遠く隔たった存在ではなく、むしろわれわれ自身の裡に宿るものであることを知る。なぜならその神性の中心はあらゆる場所にあり、それは他の諸世界の住人たちにとって身近なものであるように、われわれ人間にとっても近しい存在だからである。だからこそわれわれは、馬鹿げた夢を見ているに等しい諸々の権威に盲従するのではなく、われわれ自身のよく整えられた感官と、啓示の光を受けた知性に従わねばならない。無限の宇宙という観念は、〈神〉が有限であるという観念よりは〈神〉の御厳《みいつ》にふさわしいものである。[★037] これらの論題を検討するために本日は卓越したる諸学の教授諸兄がわたしの招きに応じてここに集われたのである。討論は、悪意を籠めた頑なさによってではなく、平静な、そして和解の精神に沿って、ここに現前する真理そのものの威厳を仰ぎ見つつ行われるよう留意されたい、云々と続いた。[★038]

　司書コタンの記録によれば、この演説が終わった時、ブルーノは席から立ち上がって、誰でもアリストテレスを擁護するなり、彼を批判するなり随意にされるがよい、と述べたそうである。誰も何も言わなかった。そこでブルーノは同じ言葉をもっと大声で、あたかも勝利を収めた者の如くに叫んだ。その時「ロドルフス・カレリウス」と名乗る一人の若い論客が立ち上がって、ブルーノの中傷的な非難からアリストテレスを擁護すべく長々と演説を始めた。彼はまず開口一番、今まで〈王立教授団〉が沈黙を保っていたのは、ブルーノの発言が答える価値がないほどにひどいものに思えたからだ、と切り口上で始めた。彼は自分の弁論を終えるとブルーノに答弁するよう要求したが、ブルーノは黙ったままその場を立ち去ろうとした。討論会場に来ていた学生たちはこれを許さずブルーノを捕らえて、彼がアリストテレスに対する非難中傷を取り消さない限りは立ち去ることはならない、と言った。ブルーノは翌日この批判演説に答弁することを条件にして、ようやく彼らの手を逃れることができた。演説をした男は掲示板にブルーノが翌日また討論会場に姿を見せるだろうことを告示した。翌日になるとこの「ロドルフス・カレリウス」は議長の席に着き、ブルーノの自惚れと詐欺的な論弁に対し、非常なる優雅さをもって、アリストテレスの弁護を行い、再度彼に答弁を要求した。「しかしブルーヌスは会場に姿を見せなかった。それどころかそれ以来この町そのものから逐電してしまったのである[★039]」。

「わたしは、カトリックのキリスト教信仰に直接反対するようなことを教示したことは決してありません」とブルーノはヴェネツィアの異端審問官に供述した。「確かにパリでは間接的にそのようなことをしている、と批判されたことがあります[☆018]。しかしわたしは〈逍遙学派に反対する一二〇の論題〉という表題の下に、この学派と他の通俗哲学を纏めて批判する討論会を行っただけなのです。論題の内容はあらかじめ当局の許可を得て冊子として印刷もされていました。当局の方々が、こうした主題は、信仰の光を導きとして真理に対する偏見を持つのではなく、自然な原理原則に従って取り扱うことが許可されてしかるべきだと考えられたからに他なりません。こうしたやり方で、アリストテレスやプラトンの著作を研究することが可能なのです。彼らの哲学は元々正統信仰に間接的にではあれ反しているわけですし、わたしが哲学的に解説し擁護した論題に比べれば、それに敵対していると言ってもよいほどなのです[★040]」。

コレージュ・ド・カンブレで演ぜられた場面の中で最も重要な意義を持つのは、「ロドルフス・カレリウス」がこの一幕で果たした役割である。彼はまるでブルーノを沈黙させるべく「霊感を得た」かのようであった（もちろん英雄的〈狂気〉の意味での霊感ではないが）。司書コタンが付け加えてくれた情報に拠れば、この「カレリウス」は現在は「国王陛下に演説家と年代記編纂者の資格でお仕えしているデュ・ペロン殿と共に、引き籠もって暮らしている」とされている。[★041]このジャック・ダヴィ・デュ・ペロンという人物は国王アンリ三世と緊密な関係にあるサークルに属しており、ヴァンセンヌの学士院《アカデミー》で宗教講話を行って国王から称讃されたことがあった。その講話は〈始源の神学《プリスカ・テオロギア》〉と宗教的ヘルメティズムの要素に充ち満ちたものである。つまりこのサークルは、アンリ三世がこの苦難に満ちた時期にますます信心頼みになるにつれ、その周りに形成されていったそういう取り巻き集団の一つだったのである。[★042] したがってこのデュ・ペロンと共に引き籠もって暮らしている「ロドルフス・カレリウス」とは、明らかにヴァンセンヌのグループに属していたラウル・カイエ[☆019]のことであると思われる。彼はヴァンセンヌで聴いたデュ・ペロンの宗教講話を称える以下のソネットを書いている。

わたしが神性について語るあなたの言葉を聴いた時、
わたしはあなたの精神の裡なる神性のその壮麗を称えた。
その神性は全宇宙を抱き取り、自らのその無限の大いさの
涯なき涯に至るまでは運動を止めようとしない。

わたしはあなたのその講話に充ち満ちた真理を誉め讃えた。
その講話は死すべき族《うから》をして不死のものへと向かわしめることをのみ目指し、
この大いなる機構のそのさまざまな段階に応じて

われわれを不死なる世界へと導き入れる。
大いなる万有の裡に宿る〈世界の魂〉が
すべての事物を生かし、感じせしめ、動かすように、
全くそれと同じように、あなたの魂もまたこの大いなる物体と融合する。

それは地上と大海のあらゆる場所でなされることを見やり、
またさまざまな天界の働きとその間の調和を注視し、
そして、〈神〉が世界に対するごとく、われわれの精神に向き合う。★043

この詩はデュ・ペロンを一個の宗教的〈魔術師《マグス》〉の如くに描く。この〈魔術師《マグス》〉は世界の魂と一つに融合するに至る。カンブレで行われた公開討論でブルーノの邪魔をした人物が、このソネットの作者にしてデュ・ペロンの友人であるという事実は、この詩人の介入が〈ギーズ派〉や〈カトリック同盟派〉によって煽動されたものと言うよりは、国王自身の子飼いの集団によってなされたことを示している。アンリ三世はいわば天上の改革の指導者としてブルーノから提供されていたその〈南冠座〉の玉座に就くことを辞退してしまった——それは確かにあまりに危険な地位ではあった。国王はブルーノと縁を切ったということを、彼の敵たちに示す必要があったのである。拙著『十六世紀のフランス学士院』（*The French Academies of the Sixteenth Century*）ですでに指摘しておいたように、ブルーノがイギリスでフランス大使館の後ろ盾を得て行ったことは、国王アンリにとっては、むしろ敵の憎悪を刺激するだけに終わっていたのかもしれない。もちろんこれは、ブルーノの活動がフランスで広く知られていたとしての話ではあるが、国王に憎悪の

念を燃やす敵たちは、カトリックの臣民に対して国王の評判を落とす材料を常に探し求めていたこともまた確かなのである。[★044]

ブルーノはカイエが討論会で敵対的に介入した時、今まで彼が享受していた、あるいは享受していると勝手に思い込んでいた、フランス王室からの支援がもはや望めないことをはっきり悟ったに違いない。

ブルーノがこの討論会を企画することによって周りを挑発したその動機は、大学であれ、国王周辺であれ、何かの地位に復職することを狙ってのものであった可能性はない。彼はすでにパリを離れる予定だったし、〈カトリック同盟〉の支配下に入ろうとしているパリにもはや自身の居場所はないと理解していたことに疑問の余地はない。また彼は、状況に非常に精通していた友人のコルビネッリを通じて、国王アンリ三世の現状はもはや絶望的であり、国王のためにもはや何もできはしないと悟っていたはずである。では一体なぜ彼はこうした討論会を企画して周りを挑発するようなことをしでかしたのだろうか。非常に危険な行為ではないだろうか。おそらくここにはじっとしていることも沈黙を保つこともできないというブルーノの気質上の要因も、少なくとも部分的に絡んでいたに違いない。ブルーノの性格は全体として評価することが非常に難しいものである。その一方には相も変わらぬ自己宣伝と大言壮語の欲求がある。しかしまた他方には伝道者としての使命感があり、これは真正の使命感なのである。ともかくこうした時期こうした場所で〈カトリック同盟〉が了解するキリスト教信仰よりも「此岸的世界の宗教」の方がより善い宗教ではないか、と論ずること自体（わたしは確実に彼はそうした弁論を予定していたと考えるのだが）、非常に大胆奔放としか言いようのない行為であった――たとえ彼が用心して庭園に通ずる側のドアの近くに坐り、翌日は討論会を欠席したとしてもである。錯誤がもしブルーノの側にあったとすれば、それはおそらく、彼が予想していなかった国王の周辺から反対の声が挙がったというところに認め得るだろう。

およそ疲れるということを知らないこの人物は、この年（一五八六年）パリでまた著作を上梓している。『アリストテレスの自然学講義における想像力論』(*Figuratio Aristotelici Physici Auditus*)[★045]という表題の大部の著作がそれで、モルデンテの新案コンパスに関する対話篇同様に、ピエロ・デル・ベーネに献呈された。このアリストテレスの〈想像力論《フィグラティオ》〉はブルーノの全著作中でも最も難解なものの一つである――これはいささか語るに落ちた月並みなコメントだが、ともかくその難解さは徹底している。それが記憶術の一種であることに疑いはない。アリストテレスの自然学で説かれる一五の原則がまず図像形象ごとに纏められる。オリュンピアの木、ミネルウァ、テティス、〈自然《ナトゥーラ》〉ないし〈高次のパーン〉等々といった図像である。これらの図像は全体で一つの図を構成するように配置される。この配置図は明らかに数学的なものではなく、〈普遍学《マテーシス》〉として構想されている。それは正方形に似た形の図形で、その中にはホロスコープの十二宿も描かれている。[☆020]しかしすぐにそれを越えて一気に複雑化し、さまざまな不規則幾何文様に拡散していく。[★046]ここにはある種古典的記憶術を思わせる、一つの建物の諸処に図像を配置していくという結合法も見え隠れする。[☆021]しかしまたこれらは〈普遍学《マテーシス》〉やありとあらゆる天才的な思いつきと組み合わされて、ほとんど狂気の沙汰としか言いようのない複雑さを呈している。いずれにせよわたしは、この著作になんらかの「提言《メッセイジ》」が隠されているのではないかと考えている。

パリで展開された思想的営為は、このように、概ねイギリスでのそれに対応している。パリでも『三〇の封印』で呈示された理論に対応する、一つの奇妙な記憶術が考察され続けた。例えばモルデンテを廻る対話篇、特に『勝ち誇る愚者』は『天馬ペガソスのカバラ』及び『追放』のテーマを持続的に発展させている。コレージュ・ド・カンブレでの論争は、オックスフォード大学の教授連との揉めごとに対応すると同時に、テーマ的にも『灰の水曜日の晩餐』の世界を繰り返している。しかしパリで産み出された作品の方が遙かに曖昧で、また難解な形式を採っている。ブルーノが『英雄的熱狂』によって、エリザベス朝の詩世界に大きく貢献した、その素晴らしい詩的言語の形象世界に対応するようなものは何一つパリでは産み出されなかった。また例えばイギリスの衒学者たち（プロテスタント的不寛容の象徴としての）との争いは、『晩餐』におけるように、時として叙情性にも流れる輝かしい演劇性を表現し得た。しかしそれに対応するものはパリでの著作には不在である。パリに蔓延したカトリック的衒学の雰囲気はあまりに陰惨なものであったので、しばらくの間ブルーノの天才の火を消してしまったのかもしれない。

この時期パリで刊行されたブルーノの著作のすべてが、ナヴァール王アンリのために働いていたピエロ・デル・ベーネに献呈されたという事実は（唯一の例外は国王アンリ三世に献呈されたカンブレでの討論会向けのプログラム冊子だが、これは全く無視されてしまった）、ブルーノが、彼の友人コルビネッリやそのパドヴァの文通相手と同じく、ナヴァール王に期待するところがあり、この君主を現状の苦難からの救いとして支持すべきだと考えていたことを示しているのだろう。アンリ三世と皇太后カトリーヌ・ド・メディシスもまたナヴァール王アンリに期待していた。パリからの密使がしばしば彼のいる南方へ向かい、状況を緩和するためにカトリックに改宗してくれという説得が続けられていた。後年に至り、国王アンリ三世はすでに亡く、〈カトリック同盟〉との怖ろしい戦争がフランスにおけるルネサンス文化を破壊し尽くした後に、ようやくナヴァール王アンリは事態の収拾に成功した。その時に当たって、ナヴァール王のカトリック改宗に決定的な役割を果たしたのは、かつてアンリ三世と緊密に関係するグループに属していたあのジャック・ダヴィ・デュ・ペロンなのである。彼は当時エヴレーの司教であり、後にはついに枢機卿にまで昇り詰めることになるが、改宗後のアンリを国王アンリ四世としてカトリック教会に認めさせるための交渉に辣腕を発揮したのだった。こうして〈最もキリスト教的なフランス国王〉アンリ四世が誕生することになる。[★047] この事件はブルーノの生死を左右する意味をも持つこととなった。というのはコルサーノが指摘しているように、ブルーノがイタリアに帰国するという致命的な一歩を踏み出したのも、アンリ四世のフランス国王即位がヨーロッパ中にもたらした希望と連動したものだったからである。★048

この二回目のパリ滞在の時期に起きたもう一つ別の出来事について触れておかねばならない。ブルーノの複雑な人格を考える際にそれは重要なヒントを与えてくれるからである。このパリ滞在中の期間を通じてずっと、彼はカトリック教会への再改宗の可能性を模索していた。☆022 ロンドンで知り合ったスペイン大使のメンドーサ☆023がちょうどパリに来ていたので彼に接近した。さらに教皇大使であったベルガモの司教にも謁見を願ってみた。しかし望んだ結果は得られなかった。彼が望んだのはカトリック教会に再度受け入れてもらい、修道会脱会の件を無罪放免にしてもらって、ミサの聖体拝領に参加できるようになることだった。しかしドメニコ会そのものには戻る気はなかった。★049 この試みはただ単に、またカトリックの国に戻って来たのだから、カトリックでいた方が都合が良いという程度の打算だったのだろうか。しかしわたしには、ブルーノはけっして打算によって行動する人物ではなかったように思えてならない。打算は彼の本性の裡にはない行動形態なのである。彼の人生のすべての行動は唐突であり、自発的である。だからこのカトリック教会への帰還の試みは、おそらくは完全に自発的で真剣なものであったはずである。したがってそれはまた彼の思想とも調和する行動である。☆024 彼はイギリスの異端者たちを嫌い、彼らが「仕事」を侮蔑していることに強い反感を感じた。彼の気質は全くカトリック的な環境で形成されてきたので、プロテスタンティズムは彼にとって決して好感の持てるものではなかった。来たるべき大いなる改革はいずれにせよカトリック的な基本枠の中で起こるべきであった。つまりそれは聖餐に関する問題が解けた時に始まるのであり、この問題はブルーノがサン゠ヴィクトルの司書に説明したように、「簡単に解決できる」ものなのである。☆025 だからわたしは、この時期彼がパリでカトリック教会に帰還しようとしたことは、全く彼らしい、また真剣なものであったと考える。ブルーノにとって、来たるべき新しい体制とは魔術と倫理によって改革された、つまりエジプト化された寛容なカトリック的‐普遍的宗教であるはずだったからである。

ブルーノは、コルビネッリがピネッリにいつものように手紙を書いていた一五八六年八月四日にはまだパリにいた。この書簡中でコルビネッリはブルーノが「哀れなアリストテレスをあまり厳しく叱りつけたので、どこかからお咎めがあるのではないかと」びくびくしていると述べている。[★050] そしてあのモルデンテも「ギーズ派のところに行った」と付け加えている。ブルーノがパリを去ったのはこの手紙のすぐ後だったに違いない。彼はヴェネツィアの異端審問官に「周りが騒々しくなってきたので」パリを離れた、[★051] と語っている。これはありのままの真実だった。

次に彼はドイツへと赴いた。

第一七章

ジョルダーノ・ブルーノのドイツ滞在

ヴィッテンベルク大学にて

ブルーノの活動のそれぞれの時期は、独立した研究を必要としている。その時期に成立した著作はその時彼が活動していた場所で書かれ、その土地、その時期に固有の状況に対応した書き方をしているからである。前の数章にわたって、わたしはそうした時期ごとに分節する方法をいささか試みてきた。もちろん十分に詳細な記述を行うわけにはいかなかったが、ともかく一回目のパリ滞在、イギリス滞在の時期、二回目のパリ滞在を、時期ごとに検討してみたわけである。しかしドイツ滞在の時期は、いささか足早に通り過ぎざるを得ないので、重要と思われる点を指摘する程度に留めておきたい。

ブルーノは、ヴィッテンベルクに二年間滞在した(一五八六年から八八年まで)。ここでの彼の地位は、大学講師ないし教授の肩書きを伴っていた。ヴィッテンベルク大学の学者たちは、彼を大学に受け入れ、学寮での講義を許可したのである。彼は非常な喜びと感謝の念でこの特典を享受した。ヴィッテンベルク大学理事会に対する献辞の中で、ブルーノはこう述べている。「わたしは、あなたたちの間ではなんらの名声も権威も勝ち得たことはありませんでした。君主貴顕の支援推薦があったわけでもなく、ただフランスの騒擾を避けて逃げてきただけの男です。……そのわたしを、あなた方は非常な好意をもって歓迎して下さり、学士院の名簿にわたしの名を加えてくださったばかりか、かくも高貴なかくも学識ある教授会の一員として受け入れてくださいました。それが私的な学院でも排他的な秘密の団体でもないこと、否、このドイツのアテーナイとしての令名を馳せるヴィッテンベルクの、その真の大学の一員であることを、わたしは十二分に自覚する次第なのであります★001」。ルターゆかりの大学は、〈ノラの人〉の訪問による厳しい試験に耐え名誉ある評価を得ることができた。ブルーノはこの大学について語る際、讃辞の他の言葉を知らなかった。彼は明らかにフランスのカルヴィニスト的異端者たちやイギリスのピューリタン国教会派よりも、ドイツのルター派を好ましく感じた。不運なことに彼がドイツに滞在している間に、彼を迎え入れてくれた人々に敵対するカルヴィニストの党派が優勢となった。これが彼がヴィッテンベルクを去った理由である。少なくともそういう風に、彼はヴェネツィアの異端審問官に事情を説明した。[★002] ルター派の支援を受けたことによって、この時期の彼は幸福に暮らすことができた。そのためしかし本来の伝道者としての使命の方はお留守となる。衒学者たちについての批判の言葉ももはや聞かれなくなった。逆に同じ大学宛の献辞の中で、彼は大学関係者の名前をいちいち挙げてはその研究を讃える言葉を連ねている。[★003]

　ブルーノはヴィッテンベルクに滞在中相当量の仕事をしているが、その大半は大学での講義が基になっている。実際にヴィッテンベルクで出版された著作の中には、『ルルスの結合法による光明』(*De lampade combinatoria lulliana*)[★004]と『論理学によって狩り立てられたる進歩と光明』(*De progressu et lampade venatoria logicorum*)[★005]が含まれている。出版そのものはJ・H・オールステッドによりブルーノの死後一六一二年になされたものだが、やはりヴィッテンベルク大学での講義に関連した著作として『熟達の熱弁』(*Artificium perorandi*)[★006]をこれに加えねばならないだろう。さらにまた十九世紀のブルーノラテン語著作集編纂の折に初めて活字になった『アリストテレスの自然学』(*Liber physicorum Aristotelis*)[★007]もこの時期の成立である。これらはすべてブルーノの研究者にとっては重要な著作であり、特に彼とルルス主義の関係を考える際には欠かせない資料である。しかしその反面、イギリスで書かれたものに比べるとはっきりと退屈なものでもある。イギリスでのあの素晴らしい対話篇は、考えてみれば、彼のオックスフォード大学での講義が失敗したことを機縁としていたことを想い出す。

　しかし魔術師としてのブルーノの常軌を逸した内面生活は、ヴィッテンベルクでの活動の時期もずっと変わらず裡なる炎を揺らがせていた。その炎の漏れ出ずる光を垣間見させるのは『三〇の彫像の光明』(*Lampas triginta statuarum*)[★008]である。この著作はノロフ・コレクションの手稿を基にして、十九世紀のラテン語著作集で初めて日の目を見たものだが、おそらくはヴィッテンベルクで執筆されたものである。その表題が示すように、この作品は〈三〇の……〉という形式の表題を持つ作品群に属している。つまり最初のパリ訪問の時期に出版された『三〇の影』★009、イギリス滞在中に出版された『三〇の封印』、そしてノロフ・コレクションのもう一つの手稿である『三〇の結合』★010、等々の作品群である。ブルーノはこの著作で依然として記憶ないし心性の造型という観念を追い続けている。それらは図像ないし記号によって基礎づけられることによって統合され、その図像や記号の媒介によって、心性は現実との交流関係に入る。『三〇の影』では占星的図像が記憶の基礎として用いられていたが、この『三〇の影像の光明』の方では〈影像たち〉、つまり護符製作の原理によって造型される内的な影像が、その役目を果たすことになる。「こうした教示の方法を発明したのは、われわれが初めてではない。われわれはただ昔の教えを復活しようとしているのである。自然そのものの中に光と闇の有為転変があるように、さまざまな哲学の学派にもまた有為転変というものがある。アリストテレスが彼の『天体論』(*De coelo*)の中で言っているように、完全に新しいことというのはそもそも存在しないのである。そこで何世紀もたった今、かえって昔のこうした教説に戻る必要がある★011」。

さてこの章句をどう考えるかだが、ブルーノは他の著作においても、エジプトの宗教への回帰が間近に迫っているということを述べる際に、決まってこの〈光と闇の有為転変〉という言い回しを用いているから、わたしはここで記述されている内面で造型される〈影像たち〉とはつまり、『アスクレピウス』で描かれているあの魔術的神像が内的な想像の世界へと転移させられたものではないかと思う。この神像はエジプト人の宗教にとって本質的な意味を持ち、彼らは神霊たちをその中に導き入れることによってそれに生気を吹き込む術《すべ》を知っていたのだった。われわれはまたブルーノが『魔術について《デー・マギア》』において、神霊たちとの繋がりを実現する方法の中で最重要でまた最も強力な手段は、想像力の活用であると考えていたことも知っている。したがって論理的帰結として、この三〇の影像は想像の世界に造型される三〇の神霊たちとの連結形式ということになるのではないかと思う。この連結を媒介として

〈魔術師《マグス》〉は〈魔術師《マグス》〉としての人格を造型していくのである。すでに指摘しておいたように、これと同じ観念は『三〇の影』においても論じられており、この著作には、記憶上でエジプトのデカン神霊たちを操作しようとする発想も含まれている。『三〇の彫像たち』同様に、神霊たちとの連結形式を主題とする（つまり『属における連結』の主題だが）試みは、ノロフ・コレクションの手稿においても散見し、『三〇の連結形式』の表題の下に纏められている。

『三〇の彫像たち』はブルーノの思想を研究する場合に基本的な意味を持つ著作である。この作品を全体として理解するためには、まずブルーノの記憶理論関連の著作を記憶術の歴史のコンテクスト上に位置づける作業が不可欠である[★012]し、また彼のルルス主義もラモン・ルルの〈術《アルス》〉の受容史全体の中で捉えられねばならない。こうしたことが準備作業として必要なのである[★013]。本章でこの著作を検討しようとするわたしの立場は、こうした準備作業をひとまず捨象した偏ったものでしかない。本書の基本的な立場が、ブルーノをヘルメティズムの歴史の中で捉えようとするものだからである。

形態を有する「彫像たち」について述べる前に、ブルーノは形態を造型することが不可能な三つの「形を持ち得ないものたち」を列挙している。それは〈混沌《カオス》〉、〈冥府《オルクス》〉そして〈夜《ノクス》〉である。〈混沌〉はそれに対応するなんらの彫像も画像も持たず、想像することすらできない。それはそこに事物が存在することによってのみその存在が認識される空間そのものであり、無限の宇宙をもその裡に包摂している。〈冥府〉は子が父に倣うように〈混沌〉に倣う。それは〈オルクス〉ないし〈深淵〉と呼ばれている。その茫漠さは父なる〈混沌〉の茫漠さに照応している。彼は無限の貪欲そのものであり、父なる〈混沌〉の無限を追い求めて止まない欠如そのものであり、底なしの深淵である。〈夜〉は〈冥府〉の娘である。したがって彼女もまた〈形を持ち得ないもの〉なのだが、それに宿る理性によって、すべての神々の中で最古の神でもある。したがってそれは、この「神」としての側面からは、形を持ち得るものでもある。彼女は〈第一物質《マテリア・プリーマ》〉を表し、女神としては彫像の形態を取り得る。それは黒服を纏った老婦人の像で巨大な黒い翼を持っている[★014]。

この〈混沌〉、〈冥府〉、〈夜〉という下方世界の三幅対に対置されるのは、「天上の三幅対」である。まず〈父〉、これは精神であり充溢である。次に〈子〉、これは始源の知性である。そして〈光〉、これは万有に宿る霊気であり、〈世界の魂《アニマ・ムンディ》〉である。〈父〉を表す影像は存在しないが、無限の光が彼の原型である。それはまたその中心があらゆる所にあるような無限の天球でもある。つまりそれは絶対的な統一そのものである。われわれ人間に備わるような有限の知性によっては、〈父〉の無限なる本性はただ一つ一つの鏡に反照した形でしか認識され得ない。なぜならわれわれの知性は、プラトンが描く洞窟でのように、☆001 ただ影だけを見て、光そのものを見ることはないからである。われわれが見ているのは種やイデアそのものではなく、種やイデアの影にすぎないのである。したがってわれわれは、〈父〉の面輪《おもわ》を裡なる面影と外なる働きによってしか省察することができない。★015

「古代の神学者たちは」、とブルーノは続ける。彼らは〈父〉ないし精神《メンス》によって知性、つまり〈子〉が産み出されるということ、またこの〈父〉と〈子〉の間を〈輝き《フルゴル》〉、つまり光ないし愛が媒介しているということを理解していた。それゆえ人は、〈父〉の裡においては最高の本質を、〈子〉の裡においては創造の美と愛を、〈光輝〉ないし光の裡においては万有に浸透し万有に生気を与えるその霊気を、それぞれ瞑想し洞察することができるのである。★016 この〈天上の〉三幅対は、想像の世界に思い描くことが可能である。つまり「父、精神、子なる言葉として。そしてこの言葉によって宇宙は造られたのである」。★017 精神《メンス》から知性《インテレクトゥス》が発生する。知性からは情動《アフェクトゥス》または愛が発する。精神はすべての上に君臨し、知性は洞察し分配する。愛はすべてを製作し配置する。この最後に登場する愛はまた光ないし〈輝き〉であって、万有に満ち、万有によって拡散していく。だからそれは〈世界の魂《アニマ・ムンディ》〉とも、また〈諸々の宇宙の霊気《スピリトゥス・ウニウェルソールム》〉とも呼ばれるのであり、かつてウェルギリウスが「霊気は裡側を養い育てる」(spiritus intus alit)★018 という言葉で表現したものもこの原初的な愛に他ならない。

わたしはこの理論の背景を以下のように解釈している。まずブルーノのこの三幅対は、『ヘルメス選集《コルプス・ヘルメティクム》』に由来している。『ヘルメス選集』においてもしばしば精神は〈父〉として描かれ、〈神の子《フィーリウス・ディー》〉は〈父〉から発する〈言葉〉であるとされ、光ないし霊気が〈世界の魂〉として言及されているからである。[★019] これらの観念はフィチーノによって解釈を施され、ラクタンティウスがそれをキリスト教的〈三位一体〉の予言ないし先駆形態として是認したことと相俟って、フィチーノ風のキリスト教的ネオプラトニズムの中核部に置かれることとなった。そこからブルーノは多くの用語を借用し、この『三〇の影像たち』で繰り返し用いている。しかし「エジプト人」としてのブルーノは、キリスト教的な解釈を拒絶し、ヘルメティズム的なグノーシス主義に回帰する。以上がわたしの解釈である。

「形を持ち得ないものたち」に続いて、魔術的な内面の影像としての「形を持ち得るものたち」が論じられる。

まずアポロの影像。これはモナドを象徴する。彼は戦車の上に立っている。これは彼が絶対的な一者であることを表している。彼は裸体であるが、これは彼が一つの単純さであることを表現している。彼から発する光線がしっかりと遠くまで達するのは、ただ一つの純粋なる真理の持つ力を表している。アポロの眼前には一羽のカラスが飛んでいるが、これは多元性の否定による統一を示唆している。彼はすべての星々を照らすことによって属の単一性を示す。それはまた種の単一性でもある。なぜなら彼は十二の〈宮〉をも照らすからである。また彼は一つの数である。これは彼の紋章がライオンであることによって示唆されている。また彼は一つの集いを体現する。これは彼が〈技芸の女神たち《ムーサイ》〉の合唱隊を引き連れていることによって分かる。またアポロの竪琴は、彼が調和であり一致であること、多くの声部から成る協和であることを表す。この竪琴はまた〈宇宙の霊気〉とも呼ばれている。[★020]

この記述はかなりありふれた通例のアポロ像を表したもののように見える。しかしその本質は魔術的で護符的なものである。それはいくつかの細部によって示唆されている。例えばアポロ神の前を飛ぶ「一羽のカラス」は、フィチーノがかつて記述したことのあるカラスの姿を彫り込んだ護符と連関している。[★021]

土星《サトゥルヌス》の影像は〈始まり〉を象徴し、アポロの影像と同じ原理原則に則って製作される。それはいつもながらの老人の姿をした神であり、手には鎌を握っている。彼の乗る戦車は雄鹿たちによって引かれているが、これは『イデアの影』でブルーノがすでに用いた土星の図像に符合している。[★022]

　他の影像の中には、プロメーテウス、ウルカヌス、テティス、〈射手座〉、オリュンポス山、コエリウス、デモゴルゴン[☆002]、ミネルウァ（これは重要な影像である。なぜならこの女神は「法悦」また「神的あるいは神霊的知性と人間的知性のある種の連続性」を象徴しているからである）[★023]、ウェヌス、クピドの矢（この影像は『英雄的熱狂』の図像表象と連関する）、そして〈永遠《アイオーン》〉といった図像が含まれている。これらの影像の配列は占星術的なものではなく、観念そのものの秩序に従っている。

　この風変わりな著作は、ブルーノが魔術的神像を伴うエジプトの宗教を賞讃し崇拝しつつ、それを内面へと、想像の世界へと転移したことを、ブルーノの他のすべての著作にもまして、はっきりと示している。[☆003] それは神殿や儀式を伴う外的な祭祀ではなく、内的な祭祀なのである。ヘルメティズムのこの内的ないし個人的な性格は、古代のヘルメス文献そのものの中にすでに浸透している契機である。それは宗教体験の中核に常に内面における、人間の精神における反照という心象を置き、それを強調する。そしてその人間の精神自体、世界創造者の、神的な宇宙の似姿に造られるとされるのである。さらにこの「三〇の影像たち」は、ブルーノの無限の宇宙と無数の諸世界を廻る哲学が、事実上ヘルメス教的な概念操作の結果であるということをはっきりと示している。われわれは前に、彼の哲学はグノーシスの拡張という側面を持っていることを確認したが、それもまたこの文脈上で捉え直すことができる。その無限の宇宙は、ヘルメス教的瞑想において世界が精神に映りはえるのと同様に、やはり内面に反照されるべきものであり、この反照の結果それは無限を渇望する魂の無限の欲求を充足しつつ、拡張された形での内的な宗教経験となるのである。

　このように、ヴィッテンベルク大学講師としてのブルーノは、『追放』や『英雄的熱狂』といった作品はもはや書かなかったものの、内的な生活においては、それまでと同じ求心性をもって、内化された図像表象を注視し続けた。

そのことがこれらの著作にその力を与えているのである。

ブルーノはヴィッテンベルク大学を去るに当たって、心のこもった『別れの挨拶』(*Oratio valedictoria*)[★024]という一書を著して、旅立ちの記念とした。彼は送別の宴に集まった教授たちを前にして、自分はパリスとは違って三柱の女神たちの中でミネルヴァを選んだのだ、と述べる。[☆004]ミネルヴァを観るとは、盲目になるということである。この女神によって叡智を得るとは、愚鈍になるということである。なぜなら彼女はソフィアつまり〈叡智〉自体なのだから。[☆005]この女神は月の如くに美しく、太陽の如く偉大で、整列した軍勢の如く怖ろしく、いかなる汚れも彼女には触れることができないがゆえに無垢であり、女神それ自体を表すがゆえに栄えある者であり、あらゆることを単独でなし得るがゆえに力ある者であり、慈愛溢れる者として、彼女に聖別された国々に降臨し、人々を〈神〉と預言者たちの善き友とするのである。

> この女神をこそ、わたしはまだ若者にすぎなかった頃から愛し、探し求めてきました。そしてわたしの伴侶に望み、彼女の姿形の恋人となりました。……そしてわたしは祈りを捧げました……彼女が降臨してわたしと共にあるようにと。わたしと共に仕事をしてくれるようにと。わたしが自分に欠けているものを知り、何が〈神〉に好ましいことなのかを知り得るようにと。なぜなら彼女はこうしたことを知悉して、わたしを護り、わたしの仕事を冷静に導いてくれるからです。[★025]

この演説には以前に検討したあの叡智の系譜も用いられている。ドイツで〈叡智の神殿〉を建設した者たちの列挙は、マルティン・ルターへのいささか大仰な讃辞の言葉で締めくくられる。これはブルーノがここでルターゆかりの大学に謝意を表している以上、避けられないことではあった。[★026]

それは素晴らしい出来の演説である。興が乗ってくると彼は〈父なる神〉、〈精神〉を持ち出し、近寄りがたい光について長々と言葉を連ね、それはその影や面影を介して観ることのできるものであること、またその影や面影は無限の宇宙と無数の諸々の世界に反照していることを述べる。最後に彼は世界中の国々から真理の探究に来る人々が集うここヴィッテンベルクでこそ真理は見出されるだろう、と締めくくる。[★027] すでにイギリスで予感していたことだが、テムズのニュンフたちの間で啓示の壺が開いたとするなら、ここでこそその啓示は体験されるだろう云々[★028]と言葉は続く。

モチェニゴは異端審問所にブルーノを訴え出たその密告訴状の中で、ブルーノが自分は哲学の名の下に新しい宗派を創始しようと企図している、そう彼に語ったことがあると述べている。[★029] 他の密告者たちも同じ内容のことをほのめかし、さらにブルーノがこの将来の宗派は「ジョルダーノ派」(Giordanisti)と呼ばれることになるだろう、そして特にドイツのルター派からの反響が期待できるだろう、と述べたと付け加えている。[★030]

わたしはこの史料に出会った時、あるいはこの「ジョルダーノ派」の噂はいまだ解決に至っていない〈薔薇十字団《ロージクルーシアンズ》〉の起源の謎に関係しているのではないかと直観した。ドイツでこの団体について人々が語り始めるのは十七世紀初頭からであり、しかもそれはルター派の人々の間でなの[★031]である。[☆006]

フランクフルトでの出版

一五八八年初頭にブルーノはヴィッテンベルクを去りプラハに向かった。ここに彼は約半年滞在している。[★032] プラハは神聖ローマ皇帝ルドルフ二世[☆007]の宮廷があった都市であり、皇帝はヨーロッパ中から占星術師や錬金術師を招聘して、あまり華々しい成果が挙がったとは言えないが、ともかく彼らを庇護しながら〈賢者の石〉探しに熱中していた。ブルーノ自身は錬金術方面に実践的な心得のあるヘルメス主義者ではなかった。しかし〈普遍学《マテーシス》〉を提唱して皇帝の関心を惹こうと考え、自著を一冊プラハで出版し献呈してみた。これは『数学者たちに反対する諸論拠』（*Articuli adversus mathematicos*）[★033]というなかなか挑発的な表題の著作である。しかしこのプラハに、この同じ時期、あの仇敵ファブリツィオ・モルデンテも滞在していたとは[☆008]、なんという奇妙な偶然だろうか！　彼はしかも皇帝付きの天文学者だったのである！[★034]

この「数学者たちに反対する」著作には挿絵が添えられている。それはなかなかに好奇心をそそられる一連の図表で、本書に抜粋しておいた（本書図11－13参照）[★035]。これらの図には時折妙な物体、例えばリュートとかが割り込んで来るものの、一見して全体としては幾何学図形であるように見える。しかしこの印象は誤りである。「テウトの輻《や》」というエジプト風の表題を持つ図（本書図13a参照）は稲妻形の線と点で装飾され、惑星の占星図式に基づく意匠を変化させたもののように見える。もう一つのやはり装飾的な図案は「テウトの環」と題されている。こちらはよりはっきりと幾何学的な図案に見えるものの、やはり風変わりな花模様や他の文様が添えられて奇妙に生動している。こうした装飾は一八八九年に出版されたブルーノ著作集中の挿絵からは取り除かれてしまった（本書図12a、b参照）[★036]。それはまるで薄っぺらなくせに生真面目な十九世紀風とでも称したくなる雰囲気に変えられてしまっていて、原図の持つ奔放な情感の横溢にはほど遠いものがある[★037]。わたしはブルーノ自身がこれらの木版挿絵を制作した可能性があると考えている。というのもこれらの図はそのスタイルが『三重に最小なるものと尺度について』の挿絵に似ているのだが、この著書の書肆はそれらの木版挿絵がブルーノ自身によって彫られたと述べているからである[★038]。

わたしはこうした図案に「普遍学《マテーシス》的」なブルーノのテクストを結びつけてみようと試みたが、交差する円を組み合わせた最初の三つの図（本書図11a、b、c参照）[★039]の他は、結果はかんばしくなかった。これらの図の最初のものに関しては、本文テクストがはっきりとそれは宇宙精神の象徴だと述べている。また二番目のものは知性、三番目のものは、対立物を調和させ多元を一者へと統合する〈愛の形〉であるとしている。★040 これらの図形は幾何学にとってのみならず、すべての学問、そして瞑想と操作的実践《オペレイティング》にとってもっとも☆009「豊かな内容を含む」ものだと言われている。★041 これら三つの図案はしたがって、ブルーノが『三〇の彫像たち』で提示したヘルメス的三位一体を表しているということになる。〈愛の形〉(amoris figura)を象徴する第三の図形(本書図11 c参照)は、実際に〈魔術〉という言葉を図の中に織り込んでいる。さらにこれらの図形は本文中では以下の省略記号によって表示されると述べられている。

〈精神の諸々の形《フィグーラエ・メンティス》〉はこの記号で示される
〈知性の諸々の形《フィグーラエ・インテレクトゥス》〉はこの記号で示される
〈愛の諸々の形《フィグーラエ・アモーリス》〉はこの記号で示される

★☽☉

最初の二つは太陽と月、そして第三のものは五稜の星形の図案である。これらの省略記号は実際に線分や円周、球面や角等々を論じる「普遍学的」な本文テクスト中に登場している。したがってこの本はある種の暗号を用いて書かれた可能性がある。

神聖ローマ皇帝ルドルフがこの「普遍学」の中に隠された提言を読み解くことができたかどうかは定かではないが、彼に宛てられた序の献辞の趣旨は分かり易いものである。そこではまず、光と闇の有為転変というものがあり、今の時代は相争う党派の紛糾が生む惨禍に苦しむ暗黒の時代である、と述べられる。闘争する党派は、万民法《ユス・ゲンティウル》を破ることで真の〈神〉が定めた秩序を破壊してしまい、社会の絆は解体されてしまう。人間蔑視の精神に衝き動かされた、これら怒りの念に燃える非道の司祭たちは、人々の手に争いの剣を握らせる。彼らはあたかもありとあらゆる詐欺ペテンを行おうとして、天上から盗人の首領メルクリウス☆010たちが降ってきたようなものである。党派の人々は

図11a［右上］———〈精神の図案〉
図11b［右下］———〈知性の図案〉
図11c［左上］———〈愛の図案〉
図11d［左下］———〈ゾエメトラ〉
ジョルダーノ・ブルーノ『数学者たちに反対する諸論拠』より、
プラハ、1588（photos: Bibl.Nat.Paris）

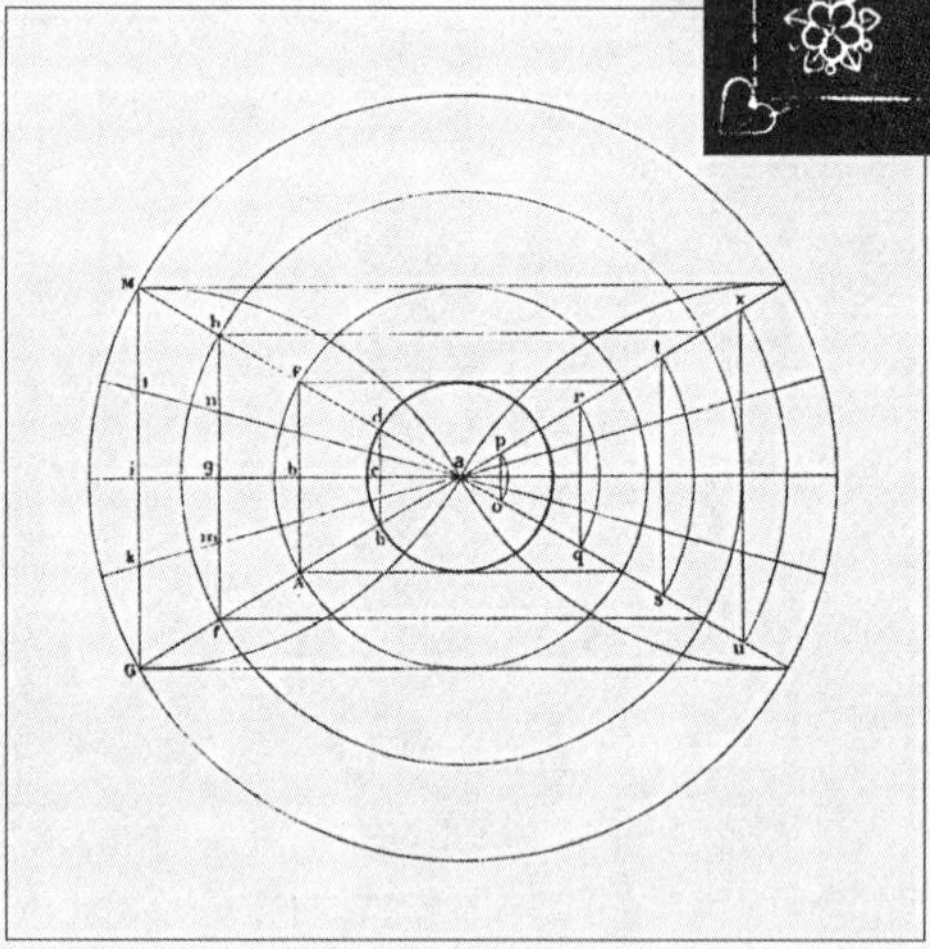

図12a［右］———〈G・ブルーノ『数学者たちに反対する諸論拠』の挿絵〉、
プラハ、1588（photo: Bibl.Nat.Paris）
図12b［左］———〈G・ブルーノ『ラテン語著作集』I（iii）、1889, p.84より〉

図13a［右上］———〈テウトの輻〉
図13b［右下］———〈標題のない図案〉
図13c［左上］———〈大いなる眺望〉
図13d［左下］———〈拡張する者〉
ジョルダーノ・ブルーノ『数学者たちに反対する諸論拠』より、
プラハ、1588（photos: Bibl.Nat.Paris）

人間たちを互いに敵対させ、愛の掟を破壊するのを事とする。しかしこの愛の掟は、悪霊に踊らされた党派が独占し得るようなものではなく、元来万有の〈父〉である〈神〉そのものから発したものなのである。父なる〈神〉は正しき人、不正な人の別なく彼の恩恵をすべての人々に等しなみに与え、分け隔てのない人間愛を命ずる。だから真の宗教は論争や対立を越えた、魂の指針でなければならない。誰一人として他の人々の見解を非難したり制圧したりする権利は持っていない。しかるに今日ではアリストテレスを錦の御旗とする類の者たちがわがもの顔に横行し、全世界がそれに盲従してしまうかの如き有様だ。しかしわれわれは穏やかな慈しみの光を見上げ、そちらに顔を向けることにしよう。注意を促す自然の声に耳を傾けることにしよう。そして精神の素朴さを保ちながら、叡智に従い、優しき素直な心で事に当たることにしよう。★042

〈ノラの人〉のここでの提言は、彼が生きる時代に直接関わるものである。ルドルフ二世に宛てたこの献辞ほど、はっきりとまた詳細に彼の時代への関与を語るものはない。そしてここにはまた彼が探求を続けてきた馴染みの主題のすべてが凝縮された形で登場する。光と闇の有為転変が語られ、「天上から降ってくる盗賊の首領メルクリウスたち」が登場する。彼らは他のブルーノの著作でもエジプトの宗教を滅ぼした張本として、しばしば定型化して言及されているから、われわれにはすでに馴染みの存在である。エジプトの宗教は彼が信奉するものであり、それは万民法と普遍的な愛の掟を破壊するようなことはしない。ところが狂信的な党派、例えば「アリストテレス主義者たち」はまさにそうした非道の行いに走り、自身の偏見を他人に押しつけようとする。ブルーノはあるいはファブリツィオ・モルデンテが同じプラハに居るということに刺激されて、〈カトリック同盟〉に支配されたパリの暗い状況を想い出しているのではないだろうか。イギリスで彼が抑圧的状況の元凶と考えたのは、主にそこのプロテスタントたちだった。しかしすべての宗教的迫害、宗教の名において遂行されるすべての戦争は、愛の掟を破壊するものである。ブルーノの魔術的宗教は確かに風変わりなものではあるし、またその内面のエジプト主義は実際常軌を逸し、怖ろしいものですらある。しかしそれは相争う党派たちとは違って愛の掟を破壊するようなことはしない。これがこの英雄的狂信家の高貴な側面でもある。

皇帝はこのブルーノの「数学者たちに反対する」普遍学の褒美として金銭を与えたが、[★043]具体的な仕事や地位は与えなかった。ブルーノはプラハを去りヘルムシュテット[☆011]に赴いた。

「ヨルダーヌス・ブルーヌス・ノラーヌス・イータルス」[☆012]は一五八九年一月一三日に、ヘルムシュテットにあるブラウンシュヴァイク公ユリウス記念大学に学籍登録[★044]を行った[☆013]。この大学はブラウンシュヴァイク＝ヴォルフェンビュッテル公ユリウスにより、自由主義的原則を旨として、僅か一二年前に設立されたばかりだった。ユリウス公はブルーノの到着後まもなく没し、大公位は息子のハインリヒ・ユリウスが相続した。ヘルムシュテットの宗教状況はかなり流動的なものだった。亡くなった大公はプロテスタントだったが、公国を継承した息子の方は名目的にではあれカトリックである。ブルーノはヘルムシュテットでプロテスタントの牧師と諍《いさか》いを起こして教区から破門されてしまったが、[★045]若き大公ハインリヒ・ユリウスは彼にかなりの好意を感じていたらしい。この大学の設立者でもあった父君ユリウス公が亡くなった折には、大学で弔辞を述べる大役を彼に任せている。ブルーノは再び本領を発揮して大学の教授たちを前に、非常に独創的な演説の一つを行った。

ヘルムシュテットの『弔慰の弁論』(*Oratio consolatoria*)[★046]はヴィッテンベルクで行った演説『別れの挨拶』ほど輝かしい修辞を連ねたものではない。しかし興味深い点は、彼がここでイギリス滞在中よりもはっきりと急進的に反カトリック、反教皇の立場を明確にしていることである。彼はイタリアやスペインでの邪悪な司祭たちによる圧政が、自然の秩序、すなわち民の掟や市民法を破壊し尽くしたことを告発する。フランスやベルギーが宗教戦争で荒廃する一方で、ドイツのいくつかの地方は最悪の惨禍に見舞われている。[★047]ブルーノはすでに『追放』において、天上の改革の際に法治の回復の重要性を強調していた。しかしこの演説とプラハで起草した皇帝への献辞に認められる民の掟への強い関心は、国際法理論の創始者であり、彼の友人でもあったアルベリーコ・ジェンティーレ[☆014]からの影響を考えるべきなのかもしれない[★048]。ブルーノはジェンティーレとはイギリス滞在中に知り合い、ヴィッテンベルクで再会した。ヴィッテンベルク大学で彼が講師の地位を得たのも、ジェンティーレの仲介によるものだった。

　故大公ユリウスに対する称讃の言葉を修辞的に述べるあたりから、ブルーノの調子は彼本来の独創性を発揮し始める。まずいつも通り北方と南方の星座が描かれ、そこに亡くなったユリウス大公の美徳の数々が昇天してくると、悪徳は追い出され墜落していく[★049]。無数の蛇の形をした髪を振り乱すゴルゴンも登場する。ゴルゴンは教皇庁の倒錯した圧政の象徴なのである。怪物は髪の数より多い舌を持ち、すべての舌は〈神〉、自然、そして人間の本性に反する冒瀆の言葉を語り続ける。そしてそのことによって世界中に悪臭紛々たる無知蒙昧と悪徳の害毒を流し続ける[★050]。ここには明確に反教皇主義的な主張が見られる。弔辞演説はこのようにして星座の改革の全体を描き、それがルター派であった故大公の美徳によって成し遂げられたことを説く。つまりその基調は明らかに反教皇、反カトリック的なものである。

　『追放』に描かれた天上の改革の世界から、この弔辞演説に描かれたそれに至る調子の変化を考えるためには、一五八五年のヨーロッパの状況を一五八九年のそれと比較し、その根本的な差異を想起しておかねばならない。〈カトリック同盟〉は、暴力的な宣伝活動と実力行使により一五八六年以来パリを支配していた（ブルーノが立ち去った直後からである）。アンリ三世は一五八九年に暗殺された。この怖ろしい出来事の続いた年に、ナヴァール王アンリはパリ包囲戦の最終段階にあった。前年一五八八年にイギリスは無敵艦隊《アルマーダ》に対する勝利を収めた。『勝ち誇る野獣の追放』のいまだにカトリック的な基調は、アンリ三世という、度量があり寛容なカトリック国王の指導下での改革を前提としたものだった。こうした指導を期待することはもはやできなかった。そこで改革の構想はよりプロテスタント的な、反教皇的な方向にその重心を移動させていったのである。もしブルーノの性格が通常人のそれであったならば、プロテスタントの大公を前にしての阿諛追従で金銭を得たことも情状の余地がある、とでもいうことになろうが、〈ノラの人〉は通常人ではなく常に自己の確信するところを語ってきた人物だということを考えねばならない。ブラウンシュヴァイク＝ヴォルフェンビュッテル大公ユリウスは、したがってあの「神の如きエリザベッタ」と同じ範疇で括られるべき人物であって、彼はブルーノが称讃し、異端審問官が疑惑の対象とした、〈異端者の君主たち〉の一人だったのである。

大公ユリウスの嫡子は名目上カトリック教徒だったわけだが、そのハインリヒ・ユリウスにブルーノはすでに何年も前から執筆を続けていたラテン語の詩集を献呈した。この詩集が出版された場所は、『弔慰の弁論』とは違ってヘルムシュテットではなくフランクフルトである。しかし献辞の序詩[★051]はヘルムシュテット滞在時の雰囲気を保っている。ブルーノはその序詩の一つで、大公とカトリック司教を兼ねていたハインリヒ・ユリウスに対し、ヘルメス・トリスメギストスの時代にも、神官は同時に王であり、王は同時に神官であったと述べる。[★052]

おそらくブルーノはこのヘルムシュテット滞在中に、後にノロフ・コレクションに蒐集された魔術関係の草稿に取り組み始めたのだろう。その中には神霊たちとの「連結形式」を論じつつ想像力の魔術-心理学的解釈を試みる『魔術について』と、やはり「連結形式」を取り扱う『属における連結について《デー・ウィンクリース・イン・ゲネレ》』が含まれている。したがってこのヘルムシュテットにおいても筆耕助手ヒエロニュムス・ベースラーは、ブルーノのためにアグリッパ、トリテミウスの著作からの書き抜きや他の魔術関係のテクストの筆写を続けていただろうことが推測できる。[★053]

新大公ハインリヒ・ユリウスは、亡父の葬礼の際に弔辞を述べたブルーノに対して謝礼金を与えた。この金で彼は「二冊の著書を出版するために」[★054]フランクフルトに赴いた。彼はフランクフルトの書肆ヨハン・ヴェッヒェルに連絡を取り、[★055]ラテン語の長詩の出版準備作業に入った。この作品はおそらくイギリス滞在中に書き始められ、それ以来の放浪の期間を通じて書き継がれていたものである。ブルーノの哲学に心酔する者たちは、しばしばイギリス滞在中に書かれたイタリア語の対話篇だけに基礎資料を限定して研究を進める[★056]。しかしこれらの著作の背景を成すイギリスでのブルーノの活動を考慮に入れることなく、またルネサンス的〈魔術師《マグス》〉の系譜上で彼を捉えることもしない場合には、イギリスで書かれたイタリア語の著作ですら、非常に奇妙な誤解の対象となってしまうことがしばしばある。ラテン語の詩作品も、彼の常日頃の主張をすべて繰り返している。その文体はしかしイタリア語の対話篇ほどの魅力には乏しい。これはブルーノのもう一つの悲劇と言ってよいのだろう。なぜなら彼は良きラテン詩の詩人とは言えなくとも、やはり一個の詩人ではあったのであり、その提言の底には常に魔術的な比喩形象の世界が広がっていたからである。イタリア語の対話篇を読む者は、その比喩形象の魔術的な力を如実に感じ取るし、同じ質の熱気と情念はこれらの長大なラテン詩の裡にも潜んでいる。しかしまた、『巨大さ、無数なるもの、形なきものについて』(*De immenso, innumerabilibus et infigurabilibus*)[★057]、『三重に最小なるものと尺度について』(*De triplici minimo et mensura*)[★058] そして『モナド、数、及び図形について』(*De monade numero et figura*)[★059] といった作品を、最初から最後まで通して読むには、英雄的と言わねばならない熱意を必要とすることも確かである。

こうしたラテン詩はルクレティウスの哲学詩を模倣したものである。『巨大さについて』は、ブルーノの無限の宇宙と無数の世界を廻る哲学を最も詳細な形で展開している。彼は元々この哲学自体をルクレティウスに学んだのだが、それを魔術的哲学の中心概念である宇宙の生気と融合させ、その観念をヘルメス教的な立場で活用する。つまり自身の精神の裡にこの無限へと拡張された宇宙を反照させ、それによって宇宙に内在する無限の神性をも自己の内面に取り込もうとするのである。この詩の冒頭部に付けられたブルーノ自身の註解からの言葉を前に引用しておいたが[★060]、そこでは『アスクレピウス』のあの〈人間は大いなる奇跡である《マグヌム・ミラークルム・エスト・ホモー》〉から始まる章句が、無限をも包摂する方向に拡張されている。大いなる奇跡としての人間は今や自己自身を無限の方向に拡張して、この無限としての宇宙を自己の内面に受け入れねばならない。巨大なもの、無数のものとはこうした「形なきもの」であり、『三〇の彫像たち』においては、それらは内面世界に反照し、そのことによって魂が無限に対して感じる限りなき欲求を充足させるに至る、とされている。[★061]

『最小について』でブルーノは無限小について考察する。〈最小要素《ミニマ》〉から世界は構成されている。これらの〈最小要素〉ないしモナドは、デモクリトスの説くアトムに関係づけられている。ブルーノは、このデモクリトスの説もまた、ルクレティウスの哲学詩を介して学んでいる。『魔術について』[★062]では、彼は〈霊気《スピリトゥス》〉を論じる際にアトム説を紹介している。これは『要素と原因の原理について』(*De rerum principiis elementis et causis*)[★063]でも同様である。

しかしこの〈巨大なもの〉と〈最小のもの〉を詠う二篇のラテン詩には、何かしらそれ以上のものが隠されている。読者は哲学を表立って論じているように見える詩句の中に、目立たない形で、何かがほとんど故意に隠されているような感触を持ち、どうしてもそれを忘れることができなくなる。例えば『巨大さについて』では、エジプトの宗教を破壊した者たちに対する特に激しい非難の言葉が連ねられている。この破壊によって、「光は葬られ」、残虐、宗派の分裂、悪しき習慣、法の無視といった事柄が世界中に広まっていった。[★064]この詩句への神秘的な導入として、『ピマンデル』におけるメルクリウスの予言が紹介されている。ここでも再び、馴染みの〈悲嘆〉に対するブルーノの解釈が敷衍されていることに疑問の余地はない。つまりここでも、キリスト教徒がエジプトの善き宗教を破壊したとするあの〈悲嘆〉の章句に彼は賛同するのである。『巨大さについて』を読み進めていくと、最後のあたりで突然「アポロの広間《アートリウム》」[☆015]、「ミネルウァの広間」、「ウェヌスの広間」という名前で呼ばれる図に出会って注意を促されることになる。それらは最も「内容豊かな」図であり、事物の祖型を秘めた「封印」であると説明される。[★065]もし読者がジョルダーノの忠実な弟子だとしたならば、彼は前にこれと同じ図、ないしほとんど同じ図をどこかで見たことを想い出すだろう。つまり『数学者たちに反対する諸論拠《アルティクリ・アドウェルスス・マテマティコース》』の三位一体の図である(本書図11 a、b、c参照)。この〈精神〉、〈知性〉、

〈愛〉の三つ組は、「数学者たちに反対する」封印であった。「数学者たち」は、皇帝ルドルフに宛てた序の献辞の中では、戦争状態にあるキリスト教の各宗派と同一視されており、その分裂闘争は愛の宗教と自然の崇拝によって撤廃されねばならないことが説かれたのだった。もしこの忠実なる読者が、さらに心底からの〈ジョルダーノ派〉として、もしブルーノと共にパリに滞在したことがあるとするなら、彼はこの『巨大さについて』の二つの図が「モルデンテのプレクトルム」(Plectrum Mordentii)[☆016]、及び「モルデンテの正方形」と題されているのを見て[★066]、ひょっとしてこれらの図は、すでに当時〈カトリック同盟〉の支配下にあったパリで、ブルーノとモルデンテの間で演じられた新案のコンパスを廻るあのいざこざと何かの関係があるのではないか、と勘を働かせるかもしれない。『尺度について』のラテン詩は、本体の『三重に最小なるものについて』の補説という形を取っている。この作品もわたしには非常に特殊なものに思える。実際まずブルーノはここで幾何図形のさまざまなタイプを列挙して検討しているように見えるのである。ではどうしてそれらの図が、「ヘルメスの率いる〈カリテース〉(三美神)に至る道を示す」[★067]のだろうか。あるいはまたどのようにして、バッコス、ディアナ、そしてヘルメスの形作る三角形の中に「カリテースの家」を見出すべきなのだろうか[★068]。これら三編のラテン詩集は、書肆ヴェッヒェルによって、フランクフルトで出版された。詩集に掲載された図が原典版で検討されるに至って、『三重に最小なるものと尺度について』の図のみが他の二編のそれに比べて大きく異なっていることが明らかにされた。この詩編の図には無数の星々、花模様、唐草模様等々の幻想的な意匠が散りばめられているのである(本書図14a、b参照)。十九世紀のブルーノラテン語著作集の編集者たちは、意匠の基体としての幾何学的図式のみを模写し[★069]、星模様や他の要素を省略してしまった。これはおそらく、彼らがそれらの意匠を無意味な装飾的要素だと考えたためだろう(『数学者に反対する諸論拠』でも、彼ら十九世紀の編集者は、同じ方針で図表を刈り込んでしまった)。しかしこの詩集の書肆ヴェッヒェルは、ハインリヒ・ユリウス大公に宛てた献辞の中で、著者ブルーノ自身がこれらの木版挿絵の原画を作製したのだとはっきり述べているのである[★070][☆017]。したがってブルーノ自身が、この図版に含まれる無数の星模様や他の奇妙な意匠に重要な意義を籠めていたはずである。あるいはブルーノが実際にドイツでなんらかのヘルメス教的な宗派を創設したことが、この謎を解く一つの鍵なのかもしれない(『異端審問記録要綱《ソンマーリオ》』の中にも「ジョルダーノ派」の噂は記録されている)。つまりこうした図は宗派の象徴ではないか、ということである。もしそうならば、こうした図を符丁として解読しそれを文字化した場合には、なんらかの暗号メッセージが顕れる可能性がある。[☆018] いずれにせよ、これらの図に登場する過剰なまでの星模様は、非常に印象的である。そして「数学者たちに反対する」著作においては、ブルーノは星模様を〈愛《アモル》〉の意味で用いていたのだった。[★071]

フランクフルトで出版された第三のラテン詩集は、『モナド、数、及び図形について』[★072]と題され、数とその意味を主題としている。まず単一《モナス》から説き起こし、次に二という数を論じ、次には三という風に順次説き進めていく。このブルーノの論述は、コルネリウス・アグリッパのこれらの数に関する章に基づいていて、[★073] そのこと自体はすでにもうかなり以前から指摘されている。[★074] しかしブルーノは、アグリッパの論述のそもそもの趣旨に変更を加えていることに注意しなければならない。アグリッパははっきりと、いまだにキリスト教的〈魔術師《マグス》〉の正統的伝統の系譜上に位置する。したがって彼はこれらの数にも、キリスト教的三位一体論者の、また偽ディオニュシウス的、あるいはカバラ的な意義を与えている。ブルーノはこれらの伝統的解釈を排除する。その結果として彼の提示する数は、純粋に「エジプト的」なものに、つまりヘルメス教的なものに、あるいはピュタゴラス教徒的なものに変容するのである。この数魔術の変容は、われわれがすでに『追放』や『英雄的熱狂』で検討しておいたものと同一の過程を示している。つまりそれは解釈の重心の移動であり、その結果ヘルメス教的‐エジプト的な要因が優勢となるのである。

アグリッパはそれぞれの数に固有の尺度を与え、それが内包するさまざまな次元の意味を詳説する。例えば三という数の尺度においては、[★075] その最高の意味、つまり祖型的な意義は三文字から構成される(ヘブライ語の)〈神〉の名である。そしてそれは〈父〉、〈子〉、〈聖霊〉を、つまりキリスト教的な〈三位一体〉を意味している。知性界にあってはこの同じ三という数が、天使たちの三つの位階を表すことになる。それは、ディオニュシウス偽書で説かれる九つの天上の位階のことであり、それが三つごとに分類され全体として再び〈三位一体〉を示すことになる。一方天上界においては、三という数は〈宮〉(黄道十二宮)の四つ組を纏めたものとなる。この三つの四つ組は(ホロスコープの)〈宿〉においても、〈三宮〉(triplicity)☆019においても繰り返される。四大の自然世界ではそれは各元素の三つの段階に対応する。小世界においては、つまり人間というミクロコスモスにおいては、三という数は人間の身体の三つの主要部分、頭、胸、腹に対応する。地獄においてはそれは三つの地獄的憤怒、三柱の地獄の審判者たち、そして地獄の永遠の断罪を受けた呪われた者たちの三つの段階を意味する。

しかしブルーノの詩の三という数を論じた詩句は、〈三位一体〉に関しては全く沈黙を保っている。そこでの三つ組は、〈精神《メンス》〉、〈知性《インテレクトゥス》〉、〈愛《アモル》〉であって、それは他の三つ組、例えば〈真〉、〈美〉、〈善〉によって、つまり〈三美神〉によって表現することができる。☆020ブルーノは〈統一《ウニタース》〉、〈真《ウェリタース》〉、〈善《ボニタース》〉という三つ組も用いている。この三という数に彼が添えた挿絵では、三つの太陽が描かれている(図14 c)。それらは〈生《ウィータ》〉、〈知性《インテレクトゥス》〉(これは〈言葉〉と比較可能だろう)、〈生産《ゲネラーティオー》〉に対応し、それらは三つの色彩を持つ虹の中に存在する、と説かれている。★076以上はブルーノの三に関する記述を相当に要約したものであることは言っておかねばなるまい。しかしこの要約からだけでも、ブルーノの三の観念をアグリッパのそれと比較した場合、それがキリスト教的な意味での〈三位一体主義〉ではなく、ネオプラトニズム的あるいはヘルメス教的な三の観念を廻るものであるという点は、明確にし得るのではないかと思う。

ブルーノの数秘学を研究する正しい道は、まず第一に関連するアグリッパの章の内容をしっかり把握した上で、第二にそれを慎重にブルーノの『モナドについて』の数観念と比較し、第三にロバート・フラッドの「神的な数」についての論★077との比較に進むという手順ではないかと思う。フラッドはブルーノと基本的には同じことをしている。彼

図14a［右上］、**図14b**［右下］———〈ジョルダーノ・ブルーノの『三重に最小なるものと尺度について』〉、フランクフルト、1591より
図14c［左上］、**図14d**［左下］———〈ジョルダーノ・ブルーノの『モナド、数、及び図形について』〉、フランクフルト、1591より

はブルーノと同じマクロコスモス‐ミクロコスモスの照応という基本枠の中で、一つ一つの数を列挙し意味を釈義していく。しかし彼は〈精神〉、〈知性‐言葉〉、〈世界の魂〉がキリスト教的な〈三位一体〉を表現しているとすることで、キリスト教的な解釈の伝統に回帰している。フラッドは、ほとんどあらゆる場面で、自分が尊崇するヘルメス・トリスメギストスの名前を挙げるのだが、一方でまた〈三位一体〉、〈天使たち〉、そしてカバラ主義に言及し、それらは再度キリスト教的〈魔術師《マグス》〉の枠組に正しく関連付けられるのである。彼の思い描く〈魔術師《マグス》〉は、その枠組に従って魔術の実践操作を行い、また彼自身この基本枠の中で思考を進めることになる。この歴史的連続性の中で、ブルーノをアグリッパとフラッドを結ぶ線の中間に位置づけてみた場合、ブルーノの数秘学の持つ特異性が際立つことになる。ブルーノの魔術的数観念の伝統からの逸脱は、彼が〈ヘルメス文書《ヘルメティカ》〉のキリスト教的解釈を拒んだこととの必然的な帰結の一つと捉えるべきである――さらにルネサンス的〈魔術師《マグス》〉としてのブルーノの位置の全体がその帰結でもある。そしてそれはまた徹底した「エジプト主義」の擁護のために、〈ヘルメス文書〉解釈の重点を移動させることをも意味していたわけである。

『モナドについて』の際立った特徴の一つは、ブルーノがそこでサクロボスコの『天体論』★078に関するチェッコ・ダスコリの降霊術的な註釈を活用しているという事実である。すでに前に指摘しておいたように、ブルーノは最初のパリ滞在当時に出版した魔術的記憶を主題とする『イデアの影について《デー・ウンブリース・イデアールム》』という著作の表題を、おそらくはチェッコの説に従って選んでいる。その説によれば、かつてソロモンが書いた魔術の本が同じ表題だったとされていたのだった。『モナドについて』にはチェッコの著作からの長い引用が試みられている。その引用の際、チェッコには「キックス・アスクラーヌス」という名前に添えて、「光の時代に生まれし」という讃辞が奉られている。★079これはもちろんブルーノが、異端審問によって一三二七年に火刑に果てたこの降霊術師をいかに高く評価していたかということを示している。ブルーノは、一〇の数を一〇のセフィロトに関係した聖なる数として論じる際に、チェッコからの非常に長い引用を行っている。彼はセフィロトにも言及はするものの、著作の後の方では神霊たちないし精霊たちの秩序の方を記述する。この秩序は位階を成しており、円を組み合わせた図の裡にその本質を省察することができるのである。「これら（神霊たちの秩序）は円の組み合わせを用いて省察することができる。そのことに関してはアストフォーンが『星座に連関した金属』（*Liber Mineralium constellatorum*）の中で述べている通りである。『円の組み合わせは』と彼は言っている、『なんと大きな力を持つことだろう』、と」。★080 ブルーノは、チェッコがこのアストフォーンからの言葉を引用した条をそのままここで用いている。アストフォーンなる人物は他の文献には一切登場しないから、おそらくはチェッコの創作だろう。★081 ブルーノのこのチェッコの引用は、彼がヘルメス教の三位一体を図案で表す時、どうして円の組み合わせがそれほどまでに画面を支配することになるのか（本書図11 a、b、c参照）という疑問にある程度答えてくれる。また実際にこの意匠は、彼の著作中の挿絵としてしばしば用いられている。ブルーノはまた魔王フローロンにも多大の関心を寄せている。このフローロンはチェッコによれば、ソロモンの『影の書《リベル・デー・ウンブリース》』で北方の支配者として論じられている。魔王フローロンは魔法の鏡を操作することで招き寄せられる。彼は以前には〈ケルビウム〉の秩序に属していたらしい。これらすべてのことに関してブルーノはチェッコの論をそのまま引用し繰り返している。★082

ここで論じられているのは、フィチーノが実践的カバラを彼の体系に導入しようとした時、注意深く抑圧され破棄されたまさにそのタイプの魔術であり、この抑圧によってフィチーノは新しい、安全で学識豊かな、天使のみに顔を向けた呪文魔術を確立したのだった。それに対し、ブルーノの徹底した「エジプト主義」への回帰は、古いタイプの魔術への、すなわちあけすけに「神霊的」な降霊術への還帰を意味している。ブルーノの『モナドについて』に掲載された最後の図（本書図14 d参照）★083 は、一つの斜めにかしいだ三角形の外側に、虫のように曲がりくねった奇妙な形の図形が添えられたものである。わたしは、この図は神霊たちとの〈連結図式〉を表現したものではないかと思う。

曲がりくねった小さな図形は、『数学者たちに反対する諸論拠』の挿絵の一枚にも登場している（図13b参照）★084。ブルーノが持っていたこの降霊術へのあけすけな欲求を、ジョン・ディーが助手のケリーと行った降霊術と比べてみよう。ディーとケリーは神霊たちの接近に非常に神経を尖らせており、善き聖なる天使とだけ交渉を持とうと慎重に構えている。ブルーノの降霊術をさらにピコ・デッラ・ミランドラのあの深い宗教的敬虔の感情と比較してみよう。さらにまたあのアグリッパでさえこれらの図を前にすれば、ある種の震撼を感じただろうことが推察されるのである。

ブルーノの〈普遍学〉

わたしはブルーノの著作を飾るこれらの気狂いじみた図案こそが、彼の言う〈普遍学《マテーシス》〉なのだと考える。『三〇の封印』でブルーノは宗教の四つの指針として〈愛〉、〈魔術〉、〈技芸〉、〈普遍学〉を挙げていたことを想い起こさなければならない。彼は〈技芸〉という言葉で、完全に正統的解釈からは逸脱した彼固有の〈ルルスの術〉のことを意味しているのだとわたしは思う。ブルーノは〈普遍学〉を定義するに当たって、ピュタゴラスとプラトンは深遠で難解な事柄を数学的な手段を用いてほのめかすという術《すべ》に長けていた、と述べている。このコメント自体は数に対する通常のピュタゴラス主義的な姿勢、つまり象徴主義的な姿勢であり、特に問題はない。しかしすぐ続いて彼は、〈普遍的学識《マテーマタ》〉☆021と物理的事象の中間には、自然界の諸力を活用することのできる領域が広がっていて「魔術師たち《マギ》」はまさにこの中間的領域で自然の諸力を活用したのである、と述べている。そしてヘラクレイトス、エピクロス、シュネシウス、プロクロスはこのことを確証しているし、降霊術師たちもそれを大いに活用している、と付け加える★085（ブルーノがエピクロスをこの奇妙なグループに入れていることに注意されたい）。

ピュタゴラス教徒の象徴主義的な数観念も、「普遍学的」な数の使用も、「真に人工的な魔術」ではない。この「真に人工的な魔術」こそが機械仕掛けの鳩や飛行物体を生み出すことができるのである。しかしブルーノはけっして数学的、機械学的科学の進歩を推進しようとしているわけではない。むしろ彼の立場はこの意味の進歩に対しては反動的であり、コペルニクスの天体図も新案コンパスも彼にかかっては「普遍学」の方向へと逆行させられてしまうのである。

とはいえジョルダーノ・ブルーノを科学的ないし真正に哲学的に考察することのみが、唯一絶対の方法であるわけではない。彼の思想的遍歴を追跡するにつけ、むしろ彼の新しい哲学の提言とは宗教的な内実のものだったのではないか、そして彼の著作を飾る図案のいくつかは、彼によって実際に創設された一つの宗派の象徴を示したものなのではないか、という疑問が芽生え、やがてそれは確信へと変わっていくのである。

第一八章

ジョルダーノ・ブルーノ——最後の刊行本

『図像、記号、イデアの構成について』

ブルーノはフランクフルトで三冊のラテン詩集を公刊した。このフランクノルト滞在は二つに時期に分けられる。到着したのは大体一五九〇年半ばあたり、翌一五九一年には滞在をひとまず中断してスイスを訪問し、その後再びフランクフルトに戻っている。[★001]

ハインツェルという名の（ヨハンネス・ヘンリキウス・ハインケリウス）一風変わった人物が、これより少し前、チューリヒ近郊のエルグという領地を手に入れた。彼はアウクスブルクの出で、錬金術とさまざまな種類のオカルティズム及び魔術に関心を持っていた。そこで彼はエルグにそうした術に練達しているという評判のある者たちを招いて、気前よくもてなすことにした。[★002] ブルーノは招かれて数箇月ここに滞在した。彼はこの風変わりなエルグの貴紳のために、自身も非常に重要なものだと認めた一点の著作を纏めた。それは『図像、記号、イデアの構成について』(*De imaginum, signorum et idearum compositione*)[★003]と題された作品で、ハインツェルに献呈されて出版された。書肆は例のヴェッヒェル、出版地はフランクフルト、出版年は一五九一年である。ブルーノはこの作品をエルグで、または短期間滞在したチューリヒで執筆したものと思われる。執筆を終えると草稿を携えてフランクフルトへ赴いた。そしてこれが公刊された彼の最後の著作となった。

この著作は、魔術的な記憶の体系化を主題としており、最初のパリ滞在時に出版されアンリ三世に献呈されたあの『イデアの影について』《デー・ウンブリース・イデアールム》と多くの論点を共有している。想起しておくべき点は、[★004] この記憶体系が一五〇〇の魔術的ないし護符的な図像を基盤として構築されるものだということである。これらの図像は、エジプトのデカン神霊たち、惑星の図像、また他のこうした架空の図像から成っていた。彼らを中心に描かれた同心円上に、動物、植物、宝石の図像、そして物理的な被造物のすべての世界が配置され、さらにその外側の円周上には、すべての学問技芸が、その一五〇人の偉大なる創始者たちに従って分類されていた。中央に置かれた魔術的図像は、いわば魔術の発電所に当たり、全体のシステムにエネルギーを与えて生動させていた。このシステムは「ヘルメス」が創始したとされていた。われわれはそれがヘルメス文献の一編に描かれた宗教的経験に連関していると考えた。つまり密儀に与る新参者が、法悦に浸りつつ自身の内面に全宇宙を反照させ、その結果宇宙の〈諸力〉と融合する、あの奥義体験である。

『図像、記号、イデアの構成について』はこれと類似する構想に基づいているが、その形態はより入念に工夫されている。中央魔術発電所は、この著作では、一二の〈原理〉によって表現される。これらの〈原理〉は、一つの人格から発するエネルギーである。全宇宙の内面的構成要素、つまり技芸、学問等々は、異常なほど緻密に考案された一連の部屋、大広間、区切りに、それに従って配列されるというよりは、むしろ脈絡もなくばらまかれている。この配列は古典的な記憶術の配列法と連関している。古典的な記憶術においては、観念はあらかじめ記憶された建物のそれぞれの場所に配置されることによって記憶される。しかしブルーノのこの著書における自由奔放な構想においては、この記憶の基体となる建築自体が〈魔術化〉されている。この書物に示された記憶の基体となる場所のさまざまな設計図の中には、明らかにヘルメス教的な〈封印〉に連関したものがある。この点は、この著作の一見したところ記憶のみに関わるように見える構図を、他の著作で提示された〈封印〉と比較してみると明らかになる。これらの魔術的な記憶の各部屋を、ここで読者と共に経巡るのは、読者各位を幻惑させるだけだろうからやめておこう。ただ一二の中心的な〈原理〉ないしエネルギーだけは見ておく価値があると思う。その〈原理〉に全体のシステムは依存しており、またそれは『勝ち誇る野獣の追放』中に登場する神々を彷彿とさせるという意味でも、われわれにとって興味深いものだからである。

『図像の構成について《デー・イマギヌム・コンポジチオーネ》』で提示される〈原理〉のいくつかは、他の〈原理〉を伴うか、または同じ〈領域〉に見出される。それは以下の如きものとなる。ユピテルはユノを伴う。そしてサトゥルヌス、マルス、メルクリウス、ミネルウァ、アポロと続く。次のアエスクラピウス[☆001]にはキルケー、アリオーン、オルフェウスが同じ仲間として加わる。次に太陽《ソール》、月《ルナ》、ウェヌス、クピド。最後のテルスは大洋《オーケアヌス》、ネプトゥーヌス、プルートーを伴う。[★005]

まずこの一二の〈原理〉を横一列に並べてみよう。そしてその下に『追放』で弁者として登場し、天界の改革のための会議に参加する神格たちを、やはり横一列に並べてみよう。すると以下のようになるはずである。

〈一二の原理〉

（G・ブルーノの『図像、記号、イデアの構成について』一五九一より）

Ⅰ　ユピテル　（図像一八点）
　　ユノ
Ⅱ　サトゥルヌス　（図像四点）
Ⅲ　マルス　（図像四点）
Ⅳ　メルクリウス　（図像七点）
Ⅴ　ミネルウァ　（図像三点）
Ⅵ　アポロ　（図像八点）
Ⅶ　アエスクラピウス　（図像六点）
　　キルケー　（図像一点）
　　アリオーン　（図像一点）
　　オルフェウス　（図像三点）

〈神々〉

（G・ブルーノの『勝ち誇る野獣の追放』一五八五より）

ユピテル
ユノ
サトゥルヌス
マルス
メルクリウス
ミネルウァ
アポロ
（アポロは彼の魔術師としてキルケーとメデアを伴いアエスクラピウスを伴う）

VIII	太陽《ソール》	（図像一点）	
IX	月《ルナ》	（図像六点）	ディアナ
X	ウェヌス	（図像十点）	ウェヌスとクピド
XI	クピド	（図像二点）	
XII	テルス	（図像三点）	ケレス
	大洋《オーケアヌス》	（図像一点）	ネプトゥーヌス
	ネプトゥーヌス	（図像一点）	テティス
	プルートー	（図像一点）	モムス
			イシス

この二つの一覧表を比較することで、『追放』に登場する神々と、『図像の構成について』で提示される「原理」の間には特筆に値する類似性が存在することが容易に見て取れる。[☆002]なぜならその多くは重なり合い、いやそれどころか全体として、ほとんど同一の形態を示すからである。また一般的な類似性も両者の間には存在する。二つの一覧表は共に七つの惑星を含み、さらにそれ以外の原理も包摂している。この惑星に関係しない原理も、両者の間では何かしら似通った雰囲気を持っている。ミネルウァは両方に登場する。アポロの場合は少し難しいが、もし『追放』の一覧に、天上の会議でアポロの意見を支持するキルケー、メデア、アエスクラピウスを加えるならば、『図像の構成について』で示されるいささか風変わりなアエスクラピウスのグループとの対応を認めることができる。女神イシスは大地ないし自然の象徴であることを想起すれば、『追放』のイシスのグループに『図像の構成』のテルスのグループを対応させることができるだろう。

これらの〈原理〉との連関では、マニリウス☆003の範例が容易に思い浮かぶ。彼はオリュンポス十二神を黄道十二宮の徴、すなわちミネルウァ、ウェヌス、アポロ、メルクリウス、ユピテル、ケレス、ウルカーヌス、マルス、ディアナ、ウェスタ、ユノ、ネプトゥーヌスと結びつけている。したがってブルーノはこのモデルを念頭に置いていたのかもしれない。しかしいつものように、彼は因襲と化した構図を彼自身の企図に合わせ、変奏している。もちろんブルーノの場合も〈原理〉の占星術的な側面は強い。七つの惑星に対応する七柱の神々（木星《ユピテル》、土星《サトゥルヌス》、火星《マルス》、水星《メルクリウス》、太陽《アポロ＝ソール》、月《ルナ》、金星《ウェヌス》）☆004は、挿絵の木版画ではそれぞれが戦車を駆る惑星神としての姿で登場する。この図像の種本はヒュギーヌスの著作である。★006

しかし『図像の構成について』の「原理」は、『追放』の神々と似た性格を持っているというだけではない。『図像の構成について』では、それぞれの〈原理〉の特性を描写するために入念に作成された異名的な定型修辞☆005が添えられている。これらの定型修辞は、『追放』で描かれたあの美徳と悪徳に非常によく似ている。そこでは神々の中央委員会によって天上の改革が断行されるにつれ、善き性質、つまり美徳は星座の中に昇り行き、悪しき性質、つまり悪徳は星座から転落していくのだった。例えば『図像の構成について』に登場するユピテルには〈原因〉、〈原理〉、〈始源〉が先行し、〈父権〉、〈力〉、〈統治〉が彼を取り巻き、彼の戴冠の場には〈諮問〉、〈真理〉、〈敬虔〉、〈廉直〉、〈公平無私〉、そして愛想の良い〈祭祀〉、〈静謐〉、〈自由〉、〈庇護聖域〉が居合わせる。ユピテルの戦車の右手に伺候するのは〈生命〉、不壊の〈無垢〉、すっくりと立った〈清廉〉、〈寛慈〉、〈歓喜〉、〈節制〉、〈寛容〉であり、左手には〈高慢〉、〈誇示〉、〈野心〉、〈異常〉、〈虚栄〉、他者の〈侮蔑〉、〈簒奪〉が控えている。★007ブルーノは驚くべき豊かさで、ここに見られるような定型修辞を、すべての〈原理〉に対して付加し増殖させていく。ユピテルのそれに限っても、先の列挙はそのほんの一部分にすぎない。『追放』の読者は、そこに描かれた天上の改革と同じタイプの修辞をここに直ちに認めるだろう。もし先のユピテルに添えられた定型修辞を素材として、それを『追放』の様式で表現するならば、これこれの星座に〈公平無私〉、愛想の良い〈祭祀〉、〈静謐〉等々が上昇して来て、その対立物である〈高慢〉、〈異常〉、他者への〈侮蔑〉、〈簒奪〉等々を追い出し、それらは星座から転落して下方に降っていく、という言い方をすることになるだろう。『図像の構成について』において、ブルーノは星座の描写は行っていないし、こうしたすべての素晴らしい修辞表現に対して、上昇や下降の観念を適用することもしていない。しかしそれにもかかわらず、彼が『追放』と同じ構想の中で語っていることは明らかであり、〈原理〉に添えられた定型修辞は、その意味では『追放』に描かれるような改革のための原材料を提供しているのである。

『図像の構成について』は、『追放』で用いられる定型修辞を解釈するための手掛かりを実際に与えてくれる。先に挙げたユピテルの例では、善い意味を持つ定型修辞は哲学的原理（〈原因〉、〈原理〉、〈始源〉など）と、惑星神としての性格を包摂していることが見て取れる。この惑星神としてユピテルは、「ユピテル的＝快活な」慈愛に満ちた存在であり、支配神という特別な星なのである。ユピテルの善き定型修辞は、善き、快活な、慈愛に満ちたタイプの支配を描く。それは〈寛慈〉、〈歓喜〉、〈節制〉、〈寛容〉などである。それに対してユピテルの悪しき定型修辞は、この星の悪しき側面と悪しき支配者を表す。それは〈高慢〉、〈野心〉、他者の〈侮蔑〉、〈簒奪〉などである。

わたしはこうした『図像の構成について』の定型修辞と、それらが惑星の感応霊力の善悪両面と連関する様態を研究してきた。それによってわたしは、『追放』について前の章で述べた命題、すなわち天上の改革とは、実際には星辰の善き感応霊力の悪しきそれに対する勝利を意味する、という主張を裏付けることができたと思う。[★008] つまり『追放』を正しく研究する方法とは、そこで用いられている定型修辞を『図像の構成について』のそれと比較することなのである。この比較によって、これらの定型修辞がどの惑星に属するのかが明らかになる。

さらに注意すべきは、『図像の構成について』に登場する土星に対する定型修辞が、ほとんど悪い意味を持つものばかりであるという点である。例えば〈不潔〉、〈陰鬱〉、〈苛酷〉、〈硬直〉などである。同様にまた火星の定型修辞も悪しきものばかりである。例えば〈残虐〉、狂信的な〈硬直〉、無情な〈獰猛〉などである。[★009] ここで『追放』の星座巡りをしながら、いかなる悪しき事柄が天上から追放されるのかを観察してみれば、そしてそれを『図像の構成について』における土星と火星の悪しき性質を描写した定型修辞と比較してみれば、天上の改革において土星と火星は善き天体としての木星、金星そして太陽の感応霊力によって制御されることが明らかとなる。『図像の構成について』におけるウェヌスとクピドに添えられた定型修辞はなかなか愛らしいものである。例えば甘美なる〈合意〉、落ち着いた〈同意〉、聖なる〈友情〉、穏やかな〈好意〉、事物の〈調和〉、そして〈統一〉などである。[★010] こうした観念は『追放』においても木星的な観念と共に、火星と土星の引き起こす悲惨に取って代わるものとして、天上の改革を推し進めるのだった。

『図像の構成について』でも、『追放』の場合同様に、太陽は中心的な意義を担っている。〈原理〉の一覧表において、その中央の場所を占めるのは、太陽的な性質を持つものたちのグループである。まずアポロ自身がいる。[★011] アポロは〈富〉、〈豊饒〉、〈多産〉、〈豪奢〉を表す。次にアポロの息子であるアエスクラピウスが、[★012] 太陽神の娘であるキルケー、オルフェウスそしてアリオーンを引き連れて登場する。[★013] このグループはすべて魔術に関わるが、その魔術は善をなす魔術である。アエスクラピウスはとりわけ、受け入れやすい〈治癒〉、強健な〈養生〉を表す。キルケーは魔術そのものであり、それはまた非常に強力な魔術である。彼女の力は善意あるものとも、悪意あるものともなり得る。オルフェウスとアリオーンは、わたしの考えるところでは、太陽崇拝の呪文を表している。このグループの最後には太陽神自身が登場する。[★014] 彼は〈時間〉、〈持続〉、〈永遠〉、〈昼夜〉を表す。

『追放』と同様に、『図像の構成について』においても、中核的な原理は太陽的で魔術的なものである。われわれは、ブルーノが構想する魔術的改革のただ中に再び居合わせることになる。つまりそれは、概ね彼がイギリス滞在中に構想した改革の観念と重なり合う。

さらに『図像の構成について』中の定型修辞の使用のされ方を追うだけで、魔術的改革の構想が彼の同時代への適用を前提としたものであることが明白となる。それは『追放』に登場する同時代的宿痾《しゅくあ》としての「衒学者たち」が、木星、太陽そして金星の主導する改革によって打ち負かされるのと同様である。『図像の構成について』では、オルフェウスとアリオーンの呪文朗唱が土星の引き起こす惨禍を克服する。この土星的惨禍は、はっきりと悪しき形態の宗教を共示している。〈悲嘆と叫喚〉が髪を振り乱し、頭には塵と灰を振りかける怖ろしい☆006〈不潔〉、また気狂いじみた〈頑なさ〉がその結果地上に蔓延する。★015 邪悪な火星は、★016 宗教戦争と宗教的迫害の元凶である。〈文法屋の衒学者ども〉は水星の悪しき側面を体現する。それに対し水星の善き側面とは〈雄弁〉、〈洗練〉、〈教養〉である。しかしこれが再び〈文法屋的衒学〉に毒されると（実際に本文テクストでそういう風に語られているのだが）、〈饒舌〉、〈口汚さ〉、禍々しい〈噂〉、毒々しい〈罵倒〉へと退行する。★017

『図像の構成について』の中で惑星に関係しない〈原理〉を一瞥しておくならば、まずミネルウァは〈真実〉、〈率直〉、〈誠実〉を表す。★018 他方テルスを筆頭とする最後のグループは、自然哲学を表す。つまりテルスは〈自然〉、〈母性〉、〈多産〉、〈生産〉を意味する★019（これは『追放』における神々の中で、自然宗教を体現するイシスが占める位置に対応している）。

『図像の構成について』では、こうした注目に値する観念は、記憶理論を扱う難解で大がかりな、そして全くなんの魅力もないとすら言いたくなる、呆れるほどの錯綜の下に埋もれてしまっている。しかしそれらは、『勝ち誇る野獣の追放』の中で素晴らしい文学的手腕と魅力的な比喩形象によって展開された観念と本質的には同一のものである。★020 ブルーノは変わり者のこのエルグ城の城主に、彼が六年前ロンドンでフィリップ・シドニーに呈示したのと同じ、時代の困窮に対する万能薬、つまり同じ魔術的宗教改革の計画を示そうとしたのである。

魔術的図像による宇宙の内面化

以上見てきた諸点は、確かに興味深くまた重要な意義を持つものではあるが、それは『図像、記号、イデアの構成について』中で最も興味深くまた啓示的な契機だというわけではない。というのもこの著作は表題が示唆しているように、「図像、記号及びイデアの構成」を主題としており、つまり魔術的ないし護符的な図像、記号、イデアの構成を意味しているからである。ここでは「イデア」は護符的な図像の等価物となっている。それぞれの原理には、特別な目的のために新たに作製されたか、あるいは既存の要素を組み合わせたかした、複数の護符的ないし魔術的な図像が添えられている。この目的とは、わたしの考えるところでは、これらの図像に想像力を集中することによって呈示された一二の原理ないし力を（その善き側面のみを）自己の人格の中へ導入することである。その結果一人の太陽的にして木星的かつ金星的な〈魔術師《マグス》〉が誕生することとなり、彼はまた魔術的宗教改革の指導者となるのである。それぞれの原理に添えられた図像の数は大きく異なる。先に掲載した一覧表でそれぞれの原理に対応する図像の数を示しておいたから、一目でこの違いは確認できると思う。例えばユピテルは（ユノを伴って）一八の図像を持ち、アポロは（アエスクラピウスのグループと太陽を一緒にすれば）二〇の図像、ウェヌスとクピドの組は一二の図像を持つのに対して、サトゥルヌスとマルスはそれぞれ四つずつの図像しか持たない。したがってこれらの図像を介して力を獲得する人格は、主に太陽的、木星的そして金星的なものとなり、火星的ないし土星的な性格には乏しい、ということになるだろう。

ここで示されている魔術的な構想は、常軌を逸した奇妙なものに見えるかもしれない。しかしそれは、フィチーノが『天上より導かれるべき生命について』で呈示した方法よりも風変わりだというわけではない。フィチーノの目的は、憂鬱症《メランコリア》に陥るのを避けること、土星と火星の悪しき感応霊力を回避することであり、その手段は善き天体としての太陽、木星そして金星の感応霊力を招き寄せることだった。彼はこの目的を実現するために、穏やかで小規模な星辰祭祀を実践した。そしてそれは護符の使用を含むものだった。彼はこの魔術的祭祀をある種の医療的手段として、学問研究者の陥りがちな憂鬱症の治癒手段として構想していた。しかしまたそれは、単にそれだけのものではなかった。つまりフィチーノにおいてすら、こうした魔術的操作実践は祭祀を伴う一つの宗教としての側面を持っていた。そこで彼はそれを自分のキリスト者としての良心となんとか両立させようとして苦労することになるのである。フィチーノはもちろん、この医療的実践によって一人の〈魔術師《マグス》〉になろうとしたわけでも、奇跡を行ってみせようとしたわけでもない。しかし彼はやはり人格の変容を目指したのであり、憂鬱症の土星的性格から、より幸福な木星-太陽-金星的性格への人格の改善を試みたことは確かなのである。

ジョージ・アボットの記録から分かるように、ジョルダーノ・ブルーノは、フィチーノの著作『天上より導かれるべき生命について』を暗記するほどに知悉していた。そして彼は、フィチーノのキリスト教追随型の医療効果を期待した魔術祭祀を、宗教的〈魔術師《マグス》〉を育成するための内的な技法へと発展変容させた。それはある意味フィチーノの構想の非常に論理的とも言える展開であった。しかしまた、一つの宗教を創始してしまえば、それがいかなるものへと発展していくかは誰にも予測がつかない、とも言えるかもしれない。キリスト教的ヘルメティズムが、十六世紀の主力だったことを常に念頭に置いておかねばならない。多くのカトリックまたプロテスタントの信徒たちが、ヘルメティズムをキリスト教化することで、宗教的対立を緩和できるのではないかと期待していた。われわれはブルーノをこの文脈上で理解する必要がある。もちろん彼は常にキリスト教的ヘルメティズムの遙かに先を行く。なぜなら彼は、『アスクレピウス』の魔術的宗教を最善の宗教として受け入れるからである。この観念を内面へと転化すれば、フィチーノの護符魔術を内面に適用して〈魔術師《マグス》〉を育成しようとする彼の構想へと発展する。そしてこの〈魔術師《マグス》〉をブルーノは魔術的宗教運動の指導者へと育て上げようとするのである。

ブルーノは彼の図像を構成する際に、占星術的護符作製法の影響を受けている。また通例の神話的形象をも活用してそれらを多様化し、あるいは護符形象と古典的神話形象を融合させ、あるいはまた自身で創作した風変わりな形象を付け加えている。二、三の例のみを挙げておこう。例えば太陽《ソール》に関する図像は以下の如くである。


弓を持つアポロ。矢筒は持たず、笑っている。

弓を持つ一人の男。一匹の狼を殺しているところ。彼の頭上には一羽のカラスが飛んでいる。

若い美しい男。リュートを持っている……

見慣れない図像。……顎髭を生やした男が兜を被り、一頭のライオンの上に乗っている。兜の上にさらに黄金の王冠を戴いている。……兜の上には立派な鶏冠を持つ雄鶏が一羽留まっている。雄鶏は美しい色彩で飾られている。[★021]

これで分かるように、通常の古典的図像は、より魔術的な要素の付加により変化を付けられている。こうした混交はすべての図像に見られる。ブルーノは図像をより魔術的なものへと変化させる時、しばしばそれは「見慣れない」図像であるという言い方をする。ブルーノの作製する図像は、古典的な形態のすぐ横に風変わりな陰鬱で暴力的な形態を並べる方法を採っており、この古典的なものと野蛮なものの混交はそれを見る者に非常に奇妙な感覚を与える。この混交の印象的な例はオルフェウスである。その最初の図像は若い男がリュートを手に動物たちを飼い馴らしている姿である。しかし第二の図像は黒い玉座に坐す黒い王であり、彼の前では奔放な性的情景が演じられている[★022](これにはおそらく錬金術的な意味が籠められているのだろう[☆007])。

こうした図像を構想し構成する時、ブルーノは非常に独創的に振る舞い、彼だけの世界を紡いでいるのだろうか。

それとも彼は想像力の戸口を少しだけ開けたままにして、こうしたルネサンス的形象世界の背景に潜む何かを垣間見せてくれているのだろうか。ルネサンス人が自分のメダルに一つの図像を「構成」する時、はたして彼はこうした護符的な方法を適用しているのだろうか。ブルーノが呈示するこうした図像で奇妙な点は、彼が、初期ルネサンスで達成されたアルカイックな形態の古典様式化という過程を、逆転させているように見えることである。つまり彼は古典的な図像を故意に、より野蛮な形態へと逆行させているように見えるのである。なぜなのだろうか。あるいはこれが彼の全面的な「エジプト主義」の一つの特徴だったのかもしれない。ブルーノは図像からより魔術的な力を得ることを、その本来の魔術的な力を回復することを欲したのである。[☆008]

この古典的形態と野蛮な護符的形態の奇妙な混交は、この著作で呈示された一覧から風変わりなウェヌスの図像を選んでみると一目瞭然となる。

> 海の泡から乙女が立ち現れる、[☆009] 彼女は陸に上がるとその掌で海の体液をぬぐい去る。[☆010]
> 季節と秩序の女神ホーラーたちが裸の乙女に衣を着せ、その頭に花輪の冠を置く。
> あまり見慣れぬ図像。威厳に満ちた一人の男が王冠を戴き、非常に穏和な表情をして駱駝の上に乗っている。ありとあらゆる花で彩られた衣装を身に纏い、その右手に裸の少女を抱え、重々しく立派な様子で進んで行く……西からは穏やかな西風《ゼフュロス》と共にありとあらゆる美を備えた一団（〈宮廷のひとびと〉?）がやって来る。[★023]

最初の二つの図像はボッティチェッリの《ウェヌスの誕生》を思わせるものがある。第三の駱駝に乗って王冠を戴く男の姿は、タイプとしては護符的な図像であるが、観念及び形態上でこの護符性は弱められている——あらゆる花で彩られた衣装や、西からやって来る穏やかな西風など。こうしたモティーフは、通例の護符図像の特徴を成す硬直した固定的表現には全く見出されないものである。

あるいはフィチーノもまた、こうした方法で図像を構想したのだろうか。つまり基体となる魔術的、護符的な図像表現を、ルネサンス的な古典古代の形態の復古の方向に拡張することによって、その魔術的な力を和らげようとしたのだろうか。前の方の章で、ボッティチェッリの《春《プリマヴェーラ》》は、基本的にはまさにこうした方法で、その表現をより豊かな古典的形態へと拡張した、護符としてのウェヌス像であるということを指摘しておいた。つまりこの絵画作品の全体は、フィチーノの星辰祭祀を反映したものだった。ジョルダーノ・ブルーノのウェヌス像は、明確に魔術的な意図で構想されており、こうした示唆を傍証しているように思われる。

ブルーノの実践的方法は、魔術的図像を内面化し、それを想像裡において、また魔術的記憶において瞑想の対象とする。フィチーノの『天上より導かれるべき生命について』にすでに、この方法の萌芽が見られる。このフィチーノの著作には「宇宙の姿形の作成について」という奇妙な表題の一章があり、そこではその姿形と図像は「魂の裡で省察される」べきだと述べられている。そこではまた、こうして記憶された図像が、個々の事物の多様性に統一を与えるとも述べられている。そういう風にして、事物の統一を内面の図像により把握した者は、彼の家を出て外を歩く時も、個々の事象の眺めに心を奪われることなく、そこに宇宙の姿形と色彩を認めることができるのである。[★024] これはまたブルーノの目指すところでもある。彼もまた現実との生き生きとした交流の中で、常に、図像、記号、占星記号を探し求め、それを記憶に固定することによって、宇宙に存在するすべてを統合しようとする。

このようにブルーノの『図像、記号、イデアの構成について』は——時代的にはかなり遅い時期の産物であるにもかかわらず——ルネサンス的心性が図像を構想する際の、そしてまたそれを用いる際の、要石となった観念を示してくれる可能性のある重要な著作である。

ブルーノのこの方法は、ロバート・フラッドにも知られていて、フラッド自身この方法を用いてもいる。一六一九年に出版された彼の代表作『両宇宙誌』の第二部では、天界に基礎を置く記憶の体系が論じられ、その体系には実践的な記憶術のための、一つの劇場をモデルとする記憶用の一連の場が提示されている。[★025][☆011]これはブルーノの『図像の構成について』の二箇所で記述された、やはり記憶術に連関した建築的配置と似通っており、フラッドはこの箇所を知っていたに違いないとわたしは考えている。フラッドもまた、「イデア」という言葉を通例のプラトン的な意味ではない用い方をしているのは興味深い。つまり霊的な事象、天使たち、神霊たち、「星々の肖像」つまり「天上界の事物の象徴としての男神たち女神たちの図像」という意味をイデアという言葉に担わせているのである。[★026]

ブルーノは『図像の構成について』のハインツェルに宛てた献辞中で、一二の原理は「言語を絶し形状を絶した最高善《オプティムス・マクシムス》が包摂する万有の、その作用主体であり、意味主体であり、拡張(?)主体である」[★027]、と述べている。つまりそれらは神的な〈諸力〉なのである。この全体系の目指すところは(わたしは少なくともそう思うのだが)、自己とこれらの〈諸力〉を合一させることにある。われわれはここでもまたヘルメス教の観念の一つに戻ることになる。奥義に参与する新参者の努力は、〈諸力〉と自己を融合させ、そのようにして自ら神的な存在となることを目指すべきであるとするあの観念である。

ブルーノは『図像の構成について』の第一部でも再び彼の想像力論を展開し、それが宗教的かつ魔術的過程の中核的な機関であることを説く。この理論はすでにイギリスで執筆された『三〇の封印の解説』(*Explicatio Triginta Sigillorum*)で呈示され、『魔術について』(*De magia*)で最も詳細に論じられている。この『魔術について』は一五九〇年[☆012]から翌年にかけて執筆された著作であり(つまり『図像の構成について』とおよそ同じ時期である)、すでに本書の前の方の章で検討しておいた。そこで呈示された想像力論は、『図像の構成について』に即して研究してみるとさらに興味深いものがある。なぜならそれは、ブルーノの内面における奇妙なある種の混乱を露わにするからである。彼はまずアリストテレスの言葉、「思考とは図像を操作する思惟活動の謂《いい》である」[★028]という命題を引用する。ブルーノはこのアリストテレスの言葉を、彼自身の確信する想像力の卓越性を支持する主張として用いる。想像力はブルーノによれば真理に到達する手段に他ならない。後の方ではシュネシウスが夢について論じた著作中で展開する想像力擁護論を（フィチーノのラテン語訳を用いつつ）援用する。[★029] シュネシウスの想像力擁護の論拠は、神的な諸力も人間と交流するために夢を用い、その夢とは想像力の所産に他ならないというものである。ブルーノはアリストテレスとシュネシウスがそれぞれ想像力を表に立てるその根拠が、全く正反対のものだということを理解できなかったようである。アリストテレスは、感官の所動的印象から形成される表象を、思考の唯一の基盤だと考えている。[☆013] 対してシュネシウスは、夢で生動する想像力の上で神的かつ奇跡的な働きをする図像表象のことを考えている。ブルーノは、感覚的刻印から形成される表象に関するアリストテレスの命題を引用した後、すぐ逆の側の古典的伝統に猪突猛進し、ヘレニズム末期の想像力を重視するネオプラトニストであるシュネシウスの論拠を援用するが、これはアリストテレス主義的な文脈からは逸脱したものである。つまりこの時期のネオプラトニストは、想像力によって神的なものは人間と交流すると考え、だから想像力を内的感覚の中で最も力のあるものと見做したのだった。この逆の側の論拠をもブルーノは活用するのである。

このブルーノの混乱は、彼の記憶理論には本質的な混乱でもあった。なぜなら彼は記憶術の伝統そのものを変容させてしまったからである。古典的な記憶術の理論家たちは――その中にはトマス・アクィナスも入るのだが――アリストテレスの教説を一種公式見解として認め、図像を操作するかなり合理的な技法としての記憶術を確立していた。ブルーノは、この古典理論を魔術的宗教的な技法に変容させてしまう。その目指すところは、想像力を記憶技法によって訓練し、それを神的なものに到達し神的な諸力を獲得するための道具的機関として用いようとするものであった。[★030] その構想に従えば、想像力の媒介により、天使たち、神霊たち、星々の肖像、男神たち女神たちの内的な「彫像たち」との結合が確立され、それによって天上界の事物との交流が可能となるのである。

『図像の構成について』の中でも特に驚くべき章句は、「創世記」の金の子牛と真鍮の彫像を廻るものである（ブルーノはこれをモーセによって使用された魔術的図像だと解釈する。そしてこの驚くべき主張の傍証として「カバラ主義者たちの教説」を援用する）。さらにプロメーテウスの製作した土偶に関する論述をも付け加えるべきだろう。ブルーノはこれらすべてを、形代[☆014]の力で神々の恩恵を招き降ろす魔術的儀礼の実例だと考える。その媒介の手段は下方の低位の事物と、上方の高次の事物の間に存在するオカルト的な類比関係を活用することだった。「こうして神々はそれらの図像や類似物に繋がれた者たちの如くに、引き寄せられ招き降ろされ、自らの姿を顕すのである」[★031]。この最後の章句によって、われわれは神霊たちに連結された、馴染みのエジプトの神像たちの世界に戻って来る。ここでブルーノは、この馴染みの神像たちをモーセの魔術、またプロメーテウスの魔術と結びつける。そして記憶術を内的な魔術の構成原理として用いる自分の理論の傍証として、これらの神像を用いるのである。

　ブルーノの述べるところに従えば、光は内的な世界の媒体であり、それを介して神的な図像と暗示は内面に刻印される。この光は通常の感覚的印象が視覚に到達するための媒体ではなく、最も内奥の瞑想に射し込む内的な光である。モーセはそれについて語りつつ、この内的な光を「始めに生まれたもの」(primogenita)と呼び、メルクリウスは『ピマンデル』中でやはりそれについて言及している[★032]。ここでブルーノは、ヘルメティズム-カバラ的伝統に特徴的な「創世記」と『ピマンデル』の等置を、内的な世界の創造物語へと変容させつつ適用している。

　『図像の構成について』には狂乱ないし〈狂気《フロル》〉を論じた言葉や章句も散見する。〈狂気〉と共に真理に没頭する者は、神的なものの面影を追い求める。この主張は『英雄的熱狂』での〈狂気〉を論じた章句に似通っている。ここではしかしブルーノは、詩と絵画と哲学は同一の営みだというあの命題に別の定式を与える。つまり彼はこの三つ組にもう一つ音楽を加えるのである。「真の哲学は音楽、詩、ないしは絵画である。真の絵画は詩、音楽、そして哲学である。真の詩ないし音楽は、神的な叡智であり絵画である」[★033][☆015]。

これまでジョルダーノ・ブルーノを称讃した哲学者たちは何人もいたが、彼らはこうしたテクストの相互連関というものを研究することがほとんどなかった。しかしまさにこうした文脈上でこそ、ブルーノの無限の宇宙と無数の世界を廻る哲学は考察されるべきなのである。つまりこうした中核的な観念は、彼にとっては、第一義的に哲学的ないし科学的な思惟の帰結ではなく、むしろ神的なもののヒエログリフとしての性格を有するものなのである。それは形状成り難きものに形を与えようとする試みなのであり、獲得された形状は想像力の励起によって記憶に刻まれ、その図像の媒介によって宇宙との内的な合一が目指されるのである。これこそが彼が、その急進的に宗教的な魔術により、一生追い求めてやまなかったヘルメス教的目標なのだった。

いささか不思議に思うのですが、どうしてこれほどまでに内面の力を把握し理解する者が少ないのでしょうか。……自身の裡にすべてを見るならば、その者は、そのまま、万有そのものなのです。[★034]

第一九章

ジョルダーノ・ブルーノ——イタリア帰国

ヴェネツィアでの投獄

ジョヴァンニ・バッティスタ・チョットは本屋の主人で、店舗をヴェネツィアに持っていた。彼の顧客の一人にスアン・モチェニゴというヴェネツィアの高貴な名門の末裔がいた。このモチェニゴはチョットからブルーノの本を買って、彼に著者が今どこにいるのか知っているか、できれば著者ブルーノから直接「記憶の秘密」や他の事柄を学びたいのだが、と尋ねた。チョットはフランクフルトの書籍市に行ったことがあり、[☆001] そこでブルーノに会って個人的な知己となっていた。チョットはブルーノに連絡を取って、モチェニゴが彼をヴェネツィアに招きたがっていることを伝えた。ブルーノはこの招待を受け入れ、一五九一年の八月にヴェネツィアに姿を見せた。[★001] どうして彼は、危険を忘れたかのように致命的な一歩を踏み出し、イタリアに帰国するようなことをしたのだろうか。

ブルーノはすでにもう何年も、数々の国境を越えてはまた戻るという放浪の生活を続けていた。宗教というイデオロギーのカーテンは彼にはないも同然だった。彼は、プロテスタントの支配するイギリスから〈カトリック同盟〉の支配下にあるパリへ赴き、そこからルター派の居城ヴィッテンベルクに行き、さらに今度はカトリックのプラハへと、その都度その土地の学問の中心地を目指しつつ、その場所に至るや時代への提言を行い続けた。どうやらブルーノは、イタリアでも同様の生活を咎め立てされることなく続けられると考えていたような節《ふし》がある。というのも彼は、ずっと以前にナポリで知り合った一人のドメニコ会修道士とヴェネツィアで再会して旧交を温めた折に、教皇に献呈するための著作に取りかかったところだ、と告げているのである。そしてローマで何か文学的な仕事ができる機会を探してみたい、自分の才能をそこで示せればあるいは何かの講座の口が見つかるかもしれない、と付け加えた。[★002] わたしはまさにこの狂気の沙汰としか言えない計画は、ブルーノが一度たりとも自分を反カトリック的だと考えたことがなかったという事実を示唆するものだと思う。カトリックの土地は、「彼には他のどこよりも気に入っていた」[★003]。しかしカトリックの制度にはさまざまな問題が生じていた。それは改革を必要とし、そしてこの改革を支援することが〈ノラの人〉の使命であった。この改革を始めるべき最善の場所は、カトリック制度の中心地としてのローマに他ならず、そこでブルーノは教皇と気脈を通じることを期待したのである。

　ジョルダーノ・ブルーノのような人物は、危険を怖れるということに対してある種免疫ができてしまっているようである。その原因はこうした人々の使命感にあるのかもしれないし、あるいはただ誇大妄想のなせる業なのかもしれない。あるいはまた彼らの恒常的な異常さと隣り合わせのその生活形態が、こうした病的な大胆さを生むのかもしれない。「わたしは貴殿の魂までは見ることができませんが」、という風に彼に心酔したあるイギリスの崇拝者は切り出す。「その魂から発散する光線は見ることができます。そしてそれによってわたしは、貴殿の裡には一つの太陽が、あるいはさらにそれよりも大いなる発光体が確かに存在しているのを認識するのです」[★004]。まだブルーノがノラの幼い子供だった頃、非常に古めかしい感じのする一匹の巨大な蛇が家の壁の裂け目から姿を現した[★005]。幼少時、揺り籠の傍に姿を見せる蛇は、ヘラクレスの物語から分かるように[☆002]、英雄的運命を告げる予兆である。ブルーノが、自身を一人の〈救世主《メシア》〉だと考えていたことには、ほとんど疑いの余地がない。それはまたルネサンス期にはそれほど稀ではない幻想でもあった。この救世主妄想の注目に値する例としては、「メルクリウス」を自称しつつ、自分は一種のキリストなのだと考えていた実在の男を挙げることができる[★006]。ヘルメス教的な自己神化の経験は、奇跡的な方法で実現されると考えられていた。それはキリストが、使徒たちに彼の変容の経験を伝えたようなものである[☆003]。このヘルメス教的経験は、「メルクリウスにしてキリスト」の弟子であった、ルドヴィーコ・ラッツァレッリによってその著書『ヘルメスの酒杯』の中に描かれている。この本はサンフォリアン・シャンピエによって、『ヘルメス選集《コルプス・ヘルメティクム》』XVIのラテン語訳と合本にする形で出版された。このラテン語訳を行ったのもラッツァレッリである。われわれは以前本書でブルーノが、ラッツァレッリのラテン語訳で、このヘルメス文書の一篇を読んでいたのだろうと推測した。

もしそうならば、彼は合本のもう一篇『ヘルメスの酒杯』をも読んでいた可能性があることになる。それにまたヘルメティズムは「自己神化」の経験を内包するものであったから、本来的に、こうした種類の宗教的妄想を生みやすいものでもあった。

コルサーノとフィルポが指摘しているように★007、これまでの数年間にブルーノが享受した自由な生活は、行動へ向けてのエネルギーを彼の裡に蓄積しつつあった。ノロフ・コレクションの写本草稿が示すように、ここしばらく、彼は狂躁的な生産性を示しつつ、魔術の技法についての求心的な研究と執筆を続けていた。かつてアンリ三世の特命を帯びてイギリスへ派遣されたように、新しい使命への出発の時が近づきつつあった。われわれは『図像、記号、イデアの構成について』において、かつて『勝ち誇る野獣の追放』の背景を成した諸々の観念が、新たな力を得て彼の内的生活に再登場してくる有様を観察した。ブルーノは、フランクフルト滞在中はカルメル会修道院に身を寄せていた。そこの修道院長はヴェネツィアのチョットに対して、ブルーノは常に新しい事柄について書き、夢み、占星術を使って予兆を知ろうとしている、と述べている（「彼はたいていは、新しい事柄について書き、キマイラ的な妄想を持ち、占星術で占うのに忙しく時を過ごしている、といったところです」）★008。そしてまた、ブルーノが、自分は使徒たちよりも多くの事を知っている、もしその気になれば世界中の宗教を一つに纏めてみせる、と語ったと述べている（「彼はこう言いました。使徒たちも知らないようなことを自分は知っている、そしてその気になりさえすれば、全世界には一つだけしか宗教がない、ということになるだろう、と」）★009。

しかしブルーノのイタリア帰還に最も強い影響を与えたのは、一五九一年半ばにヨーロッパ全体の状況に生じた大きな変化だった。ナヴァール王アンリが、時の英雄として登場したのである。彼は〈カトリック同盟〉に対する勝利を収め、その背後のスペインの支援をも挫き、自分の権利を貫徹してフランス国王の地位を獲得した。アンリはカトリックに改宗するだろうという噂もすでに囁かれていた。ブルーノにとってこの事件は、再びカトリックの基本枠の中での全面的改革が可能になったことを意味した。

「今日の教会制度の運営は、もはやかつての使徒たちの時代のようなものではなくなってしまいました。使徒たちは、人々を説諭と彼ら自身の立派な生活態度で改宗させていました。ところが今では、カトリックに留まるのを嫌う者は懲罰と拷問を堪え忍ばねばならない有様です。というのも愛ではなく暴力が用いられているからです。世界がこのままの状態で続くことなどできるわけがありません。なぜならそこにあるのは無知蒙昧ばかりで、善良なる宗教などありはしないからです」。カトリックの信仰は他のどの宗派よりも彼には好ましく思えてきた、と彼は述べました。しかしこのカトリックとて大いなる改革を必要としている、現状は好ましいものではない、しかしすぐに世界は自ら全体的な改革を始めるだろう、なぜならこうした腐敗を堪え忍ぶだけの状況がこれ以上続くことは全く不可能だからだ、と彼は述べました。彼はナヴァール王に大いなる未来を期待している、だから自分の著書を急いで出版してこの方面での信頼を勝ち取らねばならない、なぜなら時が来れば、彼は〈指導者《カピターノ》〉になることを欲しているからである、と述べました。またそうなった時にはいつまでも今の貧乏暮らしをしているわけはない、なぜならその時には他人の財産が使い放題になるだろうから、とも言いました。★010

密告者モチェニゴは、ヴェネツィアの異端審問所に提出した訴状の中で（一五九二年五月）、ブルーノがこう語るのを確かに聞いたと述べている。われわれはこの訴状の陳述に、馴染みの主題をいくつも見出すことができる。世界は今その最低の衰退期の腐敗のただ中にある。それはより良き「エジプト的な」状況への回帰の時がまさに来たことを意味している。善き時代への回帰を告知し、自ら〈指導者《カピターノ》〉たらんとするこの予言者は、新しい愛と魔術の体制を確立するためのさまざまな動機を持っている。そしてこの点は密告者モチェニゴもかなり正確に報告している。大急ぎで出版を済ませて「評判になる」というのもブルーノらしい動機である。しかしモチェニゴがほのめかしている金銭欲という点には、わたしは賛同しかねるものを感じる。彼が望んでいたのは精神的な意味での評価であり、その予言者的な任務の是認であったと考えるからである。

緊急の出版を要する新著とは「七自由学芸」を論じたもので、教皇クレメンス八世に献呈される予定だった。ブルーノはこの著作の草稿を携えてフランクフルトに行き、公刊の手筈を整えようとしていた。ちょうどその時、モチェニゴの策謀によってヴェネツィアの異端審問所に引き渡され、牢獄に入れられたのである。ブルーノは異端審問官に対し、この前後の事情をすべてありのままに陳述している。まずフランクフルトに行ってこの本を出版し、「出来の良いことがわたしには分かっている」他のこれまでに公刊した著作と、出版したばかりのこの本を持って聖主教皇聖下に謁見を願い出、その足元にひれ伏すつもりだった、と彼は述べている。また今上教皇聖下は「学識ある者たち《ヴィルトゥオージ》を大切にされる」方だと噂に聞いたので、自分のこれまでの事情を説明し、修道院を逃げ出した罪を赦して頂き、「宗派の中でではなく」（つまり彼が逃げ出した修道会に戻ることなく）しかし聖職者の一員として生活することを認めて頂くつもりだった、とも付け加えた。★011 この異端審問官に対する供述は、彼が知り合いのドメニコ会士に語った計画と一致している。

異端審問官たちは、ナヴァール王についての尋問を始めた。彼と知り合いなのか。彼から支援や恩顧を期待していたのか。

わたしはナヴァール王にもその家臣たちにもお会いしたことはありません。遠目に見たことすらないのです。ただ彼についてあれやこれや噂話をした折に、彼がカルヴィニストだとも異端者だとも思わない、ただ統治の必要からそういうふりをすることはあるかもしれない、彼が異端の仲間だということを一応言って見せないと誰もついてこなくなるだろうから、という風なことを語ったことはあります。また彼がフランス王国を平定した後は、故アンリ三世の治世を尊重して、わたしが故王から公開講演の許可を頂いていたその恩顧を、再度彼からも認めて貰えることを期待している、という風に語ったこともあります。★012

ブルーノがナヴァール王に大いなる未来を期待しているというモチェニゴの告発を、彼はこういう風にはぐらかそうとした。しかし異端審問官たちはこの陳述に満足せず、尋問を続け、ナヴァール王を話題にした折に彼の大いなる功業を期待していると語ったことはなかったか、と聞いた。また今の世界は改革を非常に必要としている、キリスト教は他の宗教よりも彼には好ましいものではあるけれども、それは大いなる改革を必要としていると語ったことはなかったか、と尋ねた。

そういうことを言ったことはありません。わたしがナヴァール王を称讃したとしても、それは彼が異端を信奉しているからではないのです。その称讃の理由はもう言ってありますが、彼が国を治めたいがために異端者として生活して見せている点なのです。それ以外には異端に染まる理由は彼にはないとわたしは信じています。それが彼を称讃する理由なのです。★013

またブルーノは、「指導者《カピターノ》」になりたいと言ったことがあるということも否認した。★014 異端審問官たちは、この「大いなる改革」の期待とそれがナヴァール王に結びついている点に特に関心を持っていたことが分かる。

ブルーノは、ナヴァール王アンリと王が信頼する顧問たちについては、彼が供述した以上のことを知っていた。

というのも彼はパリのコルビネッリとピエロ・デル・ベーネを個人的に知っていたし、特に後者に対してはモルデンテを論じた対話篇や他の自著を献呈するような間柄にあったからである。[★015]デル・ベーネはナヴァール王アンリの動向とその本心についてもかなり詳しかった。コルビネッリは一五八五年八月のピネッリ宛書簡の中で、デル・ベーネが最近ガスコーニュのナヴァール王の宮廷を訪問したと告げている。デル・ベーネのそこでの仕事については、曖昧に神話的な修辞を交えて〈ネッソス〉のそれよりは大事なものだったという風に語られ、[☆004]またナヴァール王がカトリックに改宗する可能性があることも暗示されている。[★016]こうした背景を置いてみると、ブルーノが一五八六年にパリで交際していた友人知己の間では、こうした事柄が事情通の噂話として論じられていた可能性があることが分かる。またもう一つ、おそらくこれも関心を惹くに値すると思われるのだが、アンリ四世が一五九五年にカトリックに改宗した折、教皇の赦免勅書をローマからもたらしたのはこのピエロ・デル・ベーネの兄弟アレッサンドロ・デル・ベーネなのである。[★017]このデル・ベーネ家とナヴァール王アンリ、後のアンリ四世との関係はしたがって非常に重要である。もし将来ピネッリとコルビネッリの往復書簡集のすべてが公刊の運びになれば、この点に関する（そしておそらくは間接的にブルーノの政治-宗教的な位置に関しても）解明が進むものと思われる。

もし仮にブルーノの懐く全面的改革という、それ自体実現不可能な計画が実現に至ったと仮定してみるならば、その事件を祝う架空の祝典には、『勝ち誇る野獣の追放』の内容を大掛かりなマニエリスム風絵画に移し替えたような雰囲気がふさわしいと思う。『勝ち誇る野獣の追放』はある意味絵画化に向いた作品であるし、いつも口元に薄ら笑いを浮かべているアンリ四世ならば、このマニエリスティックな絵には、なかなかのはまり役といってよいだろう――少なくともあのアンリ三世の哀れな憂鬱症よりはずっとましだと思う。そしてこの祝典と共に、アンリ四世はめでたく神々に祝福されつつ王座に就き、木星的、太陽的そして金星的な改革を実行することにでもなるのだろう。

ナヴァール王が勝利を収め、またカトリックに改宗した後は、ヨーロッパ中で何かしら宗教上の妥協が成立するのではないかという曖昧な、しかしまた大きな期待が醸成されていった。この期待は特にヴェネツィアで顕著だった。この点についてはアグリッパ・ドービニェが皮肉な見解を残している。

予言者たちは……土占いや、託宣の書や、ブルボン家のおどろおどろしい名前を持ち出して、この君主は社会を帝国に、説教壇を王座に、鍵を剣に変えるだろう、そして彼はキリスト教徒を治める神聖ローマ皇帝として死ぬだろう、と御託宣に熱を上げている。ヴェネツィア人たちは、この日の出の勢いの君主を九天の高みに祭り上げる崇拝ぶりで、本物のフランスの紳士が一人でも彼らの町を通りかかるや、急いで出迎えて下へも置かぬもてなしに慌てふためく、といった有様である。神聖ローマ皇帝の宮廷やポーランドでは、帝国はこの幸運に恵まれた君主に委ねられるべきだ、とおおっぴらに神への祈りを捧げているらしい。この祈りには宗派の再統合の議論やら、それができないなら全部纏めて赦してしまえやら、イタリアも同じ見方をするよう説得しろやら、なんでもかでもごたまぜに放り込んである。[★018]

こうしてみると、ジョルダーノ・ブルーノ一人が、ナヴァール王に大きな期待を寄せていたわけではないことが分かる。

この時期、キリスト教世界の再統合と改革の期待が、ヨーロッパ中に渦巻いていた。そしてその渦の焦点にナヴァール王がいた。この全体の情勢はこれまで研究対象になったことはない。ただ最近の研究は、こうした意図を懐いて活動していた当時の個々の人物に注意を向けるようになってきてはいる。[★019] これらの人物の中で、ブルーノとの比較という視点から見て、最も重要なのはフランチェスコ・プッチ[☆005]である。[★020] ブルーノ同様にプッチは外国暮らしが長く、多くの〈異端〉の国々を経巡ってきた（彼はイギリスにいたこともあり、イギリスの有力者たちと交際していた）。こうした遍歴の後、一五八五年になってプラハでカトリックに再改宗している。プラハではディーやケリーと知り合い、その降霊術の儀式にも参席した。[★021] 彼はナヴァール王を崇拝していた。イタリアへの帰国は一五九二年、ブルーノの帰国のほんの数箇月後である。この帰国を前にしてプッチは、当時の重要な君主貴顕の多くに宛てて書簡を送った。その中にはナヴァール王、イギリスのエリザベス女王、そして教皇クレメンス八世が含まれている。[★022] 故国イタリアの歓迎はおそらく彼の期待に反したものだった。ローマの異端審問所の牢獄に投げ込まれてしまったのである。そして一五九七年、自説の誤りを撤回することを拒み、死刑の宣告を受けて処刑された（彼はブルーノのように生きながら火刑に処されたわけではなく、牢獄内での断首刑の後、その遺体がカンポ・デ・フィオーリ広場で見せしめのために焼かれた）。プッチの思想にヘルメティズム的な基軸が存在していたことはほとんど間違いない。この点に関する決定的な判断を下すには、もちろん詳細な検討を必要とする。しかし当時のナヴァール王を焦点とする政治宗教運動が、その教会和平的な希望の本源をさまざまな形のヘルメティズム運動から汲んでいたことは確実である。そしてナヴァール王崇拝者の間には、ヘルメス主義者が多く見られたのである。いずれにせよこの十六世紀末という時代そのものが、J・ダジャンが定式化したように、「宗教的ヘルメティズムの黄金時代」（"l'âge d'or de l'ermétisme religieux"[★023]）と重なり合っている。

以前見たように、アンニーバレ・ロッセリは、ジョン・ディーの宗教上の問題の個人的な相談役であった。[★024] 彼はブルーノがイタリアに帰国した頃には、その浩瀚な著作、「ヘルメス・トリスメギストス作の『ピマンデル』」に対する註解をクラカウで出版していた（一五八五-九〇年）。[★025] 一五九一年ブルーノ帰国の年には、フランチェスコ・パトリッツィがその主著『普遍哲学新論』(*Nova de universis philosophia*)を公刊している。これは彼が編纂した〈ヘルメス文書《ヘルメティカ》〉の新版と自身の〈新しい哲学〉を含むもので、教皇グレゴリウス十四世に献呈された。この献辞の中でパトリッツィは、へルメティズム的宗教哲学をあらゆる教育機関、特にイエズス会士の組織運営する学校で教えるようにすれば、離反した人々をカトリック教会に連れ戻す方法として、「教会の譴責や軍事的強制によるものよりは」適切な手段を提供するだろう、と自薦した。[★026] 自分の本を教皇に献呈した結果パトリッツィは何を得ただろうか。この著書の公刊の翌年に当たる一五九二年に、彼はグレゴリウス十四世の後継者クレメンス八世によって、ローマに招聘され大学での講座を任されたのである。[★027]

ナヴァール王アンリへの期待

パトリッツィが主著の公刊後しばらくの間、クレメンス八世から庇護され、輝かしい成功を収めたことは、ブルーノの期待を掻き立てた。密告者モチェニゴはこう述べている。

「イル・パトリッツィオ」とかいう男が[☆006]ローマに呼ばれた時、ジョルダーノはこの教皇はいい奴だ、哲学者を大事にする、だから自分も大事にしてもらうことが期待できるだろう、だってこの「イル・パトリッツィオ」は哲学者で何の信仰も持っていやしないんだから、と申しました。そこでわたし（モチェニゴ）はこうやり返しました、でもその「イル・パトリッツィオ」という男は善きカトリックだっていうじゃないか、[★028]と……

さらにモチェニゴはこう続けている。

彼（ブルーノ）が新しい宗派をドイツで創設したがっているという話は、彼から直接聞いたことはありません。

しかし彼が、自分の今やっているいくつかの研究が纏まれば、偉大なる人物として広く知られるようになるだろう、と自信満々に断言したのは聞きました。またフランスでのナヴァール王の事業がうまくいくことを願っている、そうなったらイタリアに自分が戻っても自由に生き自由に考えることができるだろう、とも申しました。またこの「イル・パトリツィオ」とかいう男がローマに行ったことを知ると、教皇が彼（ブルーノ）に謁見を許し、庇護を与えてくれるとよいのだが、なぜなら自分は自分の信念に従って生きてきただけで、誰に対しても罪を犯したことなどないのだから、とも申しました。★029

モチェニゴのこの陳述はなんといっても密告訴追なのだから、そこにそこはかとなく中傷的な歪曲の臭いが漂うのは致しかたないだろう。しかしここで述べられたブルーノのナヴァール王に対する期待と、パトリッツィがローマで収めた成功がブルーノの期待を掻き立てたということに関しては、その内容は概ね正しいのではないかと思う。ブルーノがこの時期にイタリアに帰国した真の理由は、他の同時代人の多くがそうであったように、彼もナヴァール王がヨーロッパ列強の一員として目覚ましい登場の仕方をしたことに期待を懸けたからだろう。つまりナヴァール王の活躍が、宗教的状況をより自由な方向に緩和させ、その波がイタリアにまで広がるだろうと考えたのである。きっとモチェニゴの招待そのものが、彼にとっては、次の一歩がいかなるものであるべきかを告げる天の声の如くに聞こえたのだろう。モチェニゴの招待は、結局死の罠だったわけだが、ブルーノは別にこの貴顕に記憶術を教えるためだけの理由でその招きに応じたわけではなかった。★030 むしろ彼は、事態が改善される兆しがついに顕れ、その新しい時代の曙光がイタリアにまで広がろうとしていることを信じたからこそ帰国したのである。パトリッツィが教皇に対して収めた成功は、実際に帰国の計画が正しいということの証に見えたに違いない。パトリッツィもまた宗教的ヘルメティストではなかっただろうか。だとすればブルーノとて宗教的ヘルメティストであることになんの変わりもないのである——もっとも彼流に、ではあるが。

　モチェニゴの招待がブルーノ帰国の主な理由ではなかったことを示唆するもう一つの事実は、彼がイタリア帰国後すぐさまモチェニゴの館に寄寓したわけではなく、数箇月は単独で行動しているという点である。ブルーノはまずヴェネツィアで独立した生活をし、[★031]チョットの本屋を訪れては噂話をしたり、[★032]この時期かあるいはもう少し後かもしれないが、アンドレア・モロシーニ[☆007]の館に私設されていた研究機関《アカデミー》[☆008]を訪れ、そこでの会合で発表も行っている。[★033]

　ブルーノはまたおよそ三箇月の間パドヴァでも暮らしている。[★034]パドヴァはピネッリの町でもあった。彼は自分の館と文庫をあらゆる種類の専門家に研究所として開放していた。そしてコルビネッリは、このパドヴァのピネッリ宛に、パリから定期的な報告を書簡で送っていたのである。その報告のいくつかで彼はブルーノとファブリツィオ・モルデンテの悶着の一件を告げ、またブルーノの「草稿《スクリットゥーレ》」を同封したこともあった。[★035]ピネッリは、彼の書簡が示しているように、ヴェネツィアの自由主義者的な気質を備えた人物であったから、確実にこの時期ナヴァール王に大きな期待を寄せていたに違いない。ブルーノがパドヴァ滞在中にピネッリと接触したというはっきりした証拠はない。そもそもこのパドヴァでの彼の活動そのものが非常に記録に乏しく、ただ筆耕助手のベースラーに口述筆記をさせたり、さまざまな著作からの写しを取らせたりして非常に忙しく仕事をしていたらしいことだけが分かっている。彼がベースラーに『属における結合について』を口述したのもここパドヴァにおいてであった。[★036]この作品は魔術的な〈連結形式〉を主題としたものの中では最も成熟した著作であり、特に愛ないし性愛的な牽引力を媒介とした結合の叙述は注目に値する。この時期ベースラーはまた、ヴィッテンベルクで書かれた『三〇の彫像』の写本を一冊仕上げている。[★037]さらに元々ベースラーの所有していた『ヘルメスとプトレマイオスの封印について』(*De sigilis Hermetis et Ptolomaei*)という著作の写本から、もう一部写しを取る作業もここで行われた。この写しはブルーノが逮捕された時、彼の「降霊術の書物」の中に発見されて、異端審問官たちの非常な興味と警戒の念を掻き立てたように見える問題の著作である。[★038]ブルーノは、それは彼自身が書いたものではなく、パドヴァで彼のために筆写されたものであることを述べた後、「わたしはそこに自然の予言に関することが述べてあるのは知ってますが、何か他に非難されるようなことが書いてあるのかどうかは知りません。わたしがそれを筆写させたのは正当な使い方（つまり占星術）をするためです。しかしまだわたしはそれを読んではいないのです。それを手に入れようと思ったのはアルベルトゥス・マグヌスが彼の著書『鉱物について』（*De minerabilis*）の中でそれに言及し、その〈さまざまな石と想像の作用について〉（*De imaginibus lapidum*）の章で特にこの著作を称讃しているからです[★039]」、と付け加えた。まだこの本の内容は見ていない、というこのぞんざいな物言いは、この著作が彼の十八番のテーマであるヘルメス教の封印を論じたものであることを考えれば、全く説得力に乏しい。

　このように魔術師ブルーノはパドヴァで忙しく仕事をしていた。それは愛の力によって「結合」の能力を備えた魔術的人格を獲得するためであり、そのためにヘルメス教的封印と神霊との結合方式の研究を続けていたのである。フィルポが示唆したように、パドヴァのこの時期は、ブルーノにとって、伝道的使命への出立を目前にした準備の時期であったと見做すべきである。[★040]フィルポはまた同時に、ブルーノの性格と気質がこうした困難で繊細な感覚を必須とする危険な課題に立ち向かうには全く向いていなかったことを鋭く指摘している。[★041]実際ブルーノは苛立ちやすく、喧嘩早く――というよりは病的な憤怒の発作に見舞われ易く、そうなるとあたりかまわず怖ろしい言葉で罵り続け、まわりの人々をぞっとさせるのだった。彼は結局あれほど探し求めていた魔術的な魅力に富む人格というものを持ち合わせてはいなかった。そして自分の大切な提言をこの異常な発作で台なしにすることになったのである。例えばトンマーゾ・カンパネッラもブルーノ同様に提言を行う魔術師だったが、彼の場合はその性格にある程度の現実感覚が備わっていた。つまり度量の質というものが全く違っていたため、状況を正しく把握し力強く対処する能力がカンパネッラには備わっていた――まさにその能力がこの〈ノラの人〉には全く欠如していたのだった。

異端審問始まる

　ブルーノは一五九二年三月にパドヴァを去ってヴェネツィアに赴いた。[★042]そして本屋のチョットが仲介した当初の取り決め通り、モチェニゴの家に寄寓して彼に自説の講釈を始めた。これまでのブルーノ研究では、この招待は当初から罠であり、モチェニゴは常にブルーノを異端審問所に引き渡そうと隙を狙っていたのだ、という風に説明されてきた。しかしこれが作為的な罠だったというはっきりとした証拠はない。またモチェニゴは実際のブルーノの講釈を聞いて失望と苛立ちを感じ、その意趣返しに彼を異端審問所に売ったのだ、という説明がなされることもあった。しかしこれまで本書で示唆してきたブルーノの帰国の真の理由というものを考慮に入れるならば、モチェニゴの密告訴追を新たな見地から捉えることが可能になると思う。ブルーノを二箇月近く身近で観察したモチェニゴは、彼の自負する使命についても何がしかを知り得たに違いない。反自由主義的なヴェネツィア名門の出であるモチェニゴとしては、ナヴァール王の登場により彼の町にも自由の風が吹き始めることを望むはずはなかった。したがって彼は反ナヴァール王の立場だったはずである。それに加えてブルーノは、モチェニゴの家に寄寓中にひどい怒りの発作に襲われてそれを押さえることができなかったらしい。あるいはこの発作自体、彼がもはやパトロンのモチェニゴを信用できなくなったことが原因だったのかもしれない。ブルーノは出立の準備をしフランクフルトに戻ろうとしたが、モチェニゴは実力行使をして彼を館の中の一室に閉じ込めてしまった。ブルーノはそこから直接、古《いにしえ》の宗教裁判所、つまり当時の〈検邪聖省〉[☆009]の管轄する監獄に移送されたのである。投獄の日付は一五九二年五月二六日であった。[★043]その日にブルーノの八年間に及ぶ禁固生活が始まり、それは彼の死をもって終わることになった。

　ブルーノの異端審問事件に関する文書としては、ヴェネツィアの異端審問所の取り調べ資料がかなり以前から知られていた。これにローマの教皇庁の資料も多少加わる。これらの一次史料はヴィンチェンツォ・スパンパナートが編纂公刊した『ジョルダーノ・ブルーノ伝記史料集成』(*Documenti della vita Giordano Bruno* 一九三三年)で一般の閲覧が可能となった。一九四二年になってさらに枢機卿アンジェロ・メルカーティによって重要な史料が発見され、彼自身の手でその年に『ジョルダーノ・ブルーノ異端訴訟要綱』(*Il Sommario del Processo di Giordano Bruno*)として編纂公刊された。この〈ソンマーリオ〉、つまり〈要約《サマリー》〉はジョルダーノ・ブルーノの異端事件を担当したローマの異端審問官たちのために、証拠書類を要約した文書の集成である。この史料は前述のメルカーティ枢機卿によって、教皇ピウス九世の私的な文庫の文書の中から発見された。[★044] この文書はヴェネツィアの異端審問所関係の文書記録の大部分を繰り返しているが、多くの新たな情報も付け加えている。しかしながらそれは実際の〈裁判資料《プロチェッソ》〉、すなわち有罪宣告を含む公式の審判資料ではない。したがってそれは、ブルーノが最終的にいかなる根拠で有罪を宣告されたのか、という事情までは記録していないのである。この〈裁判資料〉は永遠に失われてしまった。ナポレオンがパリに移送するように命じた大量の文書の中に含まれていたために、その後それらの文書と纏めて厚紙を作る工場用のパルプ原料として売り払われてしまったのである。[★045][☆010]

　ヴェネツィアで行われた審判の最後になって、ブルーノは、訴追された異端条項のすべてを認め、自説を撤回し、審問官たちの前で悔い改めの態度を見せて憐れみを請うた。[★046] しかし教会法の定めでは、彼はローマに移送されなければならなかった。[☆011] ローマでの裁判は長々と続いた。一五九九年になって訴訟をはかどらせるための努力がようやく成された。有名なイエズス会士のロベルト・ベラルミーノ[☆012]がトラガリオーロ[☆013]と協力してブルーノの著作の異端的内容を八つの命題に纏め、それをブルーノに示してその撤回を求めたのである。ブルーノは当初そうする用意があることを表明した。[★047] しかしこの年の暮れになって、彼は一度表明したこの自説撤回の意図を再度取り消し、かつて一度たりとも異端的なことを書いたことも言ったこともない、と頑固に主張し始めた。そして〈検邪聖省〉の裁判官たちは彼の見解を間違って解釈しているだけなのだ、と述べた。[★048] ブルーノは悔悛を知らない異端者として有罪判決を受け、処刑のため世俗部門の刑吏に引き渡された。こうしてブルーノは、一六〇〇年二月一七日、ローマのカンポ・デ・フィオーリ広場において、生きながらの火刑に果てたのである。

　ブルーノは、ヴェネツィアの異端審問官たちに対する供述の早い段階で、自身の哲学を非常に詳細かつ率直に説明している。[★049] その口調は異端審問への供述というよりは、むしろオックスフォード、パリ、あるいはヴィッテンベルクの学者を前にしているかのような調子である。宇宙は無限である。なぜなら神的な力が無限である以上、有限の世界を生み出すはずはないからである。地球も月や他の惑星同様に、一つの星である。ピュタゴラスもそう述べている。さらに星々はそれぞれが一つの世界であって、その数は無数である。この宇宙の中には普遍的な摂理が存在し、その摂理の恩恵によって、宇宙の中のすべての存在物は生命を吹き込まれ運動している。この宇宙の万物の本性は、神性の、つまり〈神〉の影ないし〈面影〉であって、この〈神〉の本質は言葉で言い表すことも説明することもできない。自分はしかしこの神性の本質的属性が全き〈一者〉性であることを——神学者たちや偉大なる哲学者たちと同じく——了解している。神性の三つの属性、〈力〉、〈叡智〉、〈善〉(Potenzia, Sapienza e Bontà)は、〈精神《メンス》〉、〈知性《インテレクトゥス》〉、〈愛《アモル》〉(mente, intelletto ed amore)と同一のものである。

　こうしたことを哲学の見地からではなく信仰の見地から見るならば、叡智つまり〈精神〉の子は、哲学者たちには〈知性〉と呼ばれ、神学者たちには〈言葉〉と呼ばれている。それは人間の肉体の形を取ったのだと信じなければならないとされてきた。[☆014] しかし自分(ブルーノ)は、いつもこの点には疑いを感じてきた。それは疑問の余地があると思ったので、確信的な信仰を持つには至らなかったのである。神的な聖霊に関しては、自分はピュタゴラス教徒たちと同一の見解を持っている。つまりソロモンが言うように、「〈主〉の聖霊が大地に充ち満ちている。そしてこれが万物を支え保っているのだ」(Spiritus Domini replevit orbem terrarum, et hoc quod continet omnia)という見方、あるいはウェルギリウスが、

霊気が裡なるすべてを、その各部に浸透しつつ養い育て、
精神は渾沌たる巨魁を衝き動かす……
（*Spiritus intus alit totamque infusa per artus*
mens agitat molem...）

と述べるその見方を自分も正しいと思っている、と彼は述べた。

ブルーノのこの信念は、ルネサンス期のネオプラトニズム的ヘルメティストのそれである。ただ彼は〈ヘルメス文書〉で用いられる〈知性《インテレクトゥス》〉ないし〈神の子《フィーリウス・デイ》〉という言葉を、ラクタンティウスがそう解釈したようには、あるいはシエナ大聖堂の床モザイクのヘルメス・トリスメギストスの姿が示しているような形では考えない。つまり彼はそれが――この否定がキリスト教的ヘルメティストと非キリスト教的ヘルメティストを分かつ分水嶺となるわけだが――〈三位一体〉の第二の神位のこと[☆015]を意味しているとは考えない。対してブルーノが第三の神位を〈世界の魂〉ないしウェルギリウスが描くところの「霊気が裡なるものを養い育てる《スピリトゥス・イントゥス・アリット》」という姿として捉えるのは、ルネサンス期にしばしば見られる解釈であって彼独自のものではない。一つだけ例を挙げておくならば、司教（後の枢機卿）ジャック・ダヴィ・デュ・ペロンは聖霊降臨祭での説教でこの解釈を敷衍して詳しく説明している。[★050]

後にブルーノは異端審問官たちに、自分の信仰は少なくとも〈父〉と〈精神〉に関しては、カトリックの信仰に適った正統的なものだということを強調する。ただ〈子〉に関しては自分は正統信仰的ではない、と告白する。[★051]〈第三神位〉に関するブルーノの見解は、ルネサンス期のキリスト教的ネオプラトニストとしては正統派に属していたと言ってよいだろう。

ブルーノは、基本的に、ヘルメティズム的観念としての〈神の子〉をキリスト教的〈三位一体〉の〈第二神位〉と同一

視しない。この点が、彼のヘルメティズムがどうして純粋に「エジプト的な」ものを志向するのかという神学上の根拠である。つまり彼においては、ヘルメス教的なエジプトの宗教は、キリスト教の先駆形態としての〈始源の神学《プリスカ・テオロギア》〉ではなく、現実の〈真の宗教〉であったということである。

〈要綱《ソンマーリオ》〉に含まれる新しい資料の中で非常に重要なものは、十字架に対するブルーノの解釈である。彼はそれを現実にエジプトに存在していた聖なる徴《しるし》だと考える。監獄で同房だった囚人の供述に拠れば、ブルーノは、キリストが磔刑となった十字架はキリスト教の祭壇に飾られている十字架の形ではなかったと言った[☆016]。そして今のキリスト教で用いられる十字架は、元々は女神イシスの胸に懸かる飾りだったものを、キリスト教徒たちがエジプト人たちから「盗んだ」のだと言ったというのである[★052]。尋問でこの点を追及されたブルーノは、キリストが磔刑にされた十字架の形は「絵に描かれている」ものの形とは違うと言ったことを認めた。そしてさらに重要な言葉を付け加えた。

> わたしの記憶では、マルシーリオ・フィチーノの著作を読んだ時に、この符丁(*carattere*)[☆017]の威力と聖性はわれらが主イエス・キリストの受肉の時代よりも遥か以前から存在していたのだ、と述べた条に出会ったことがあります。そして確か彼は、エジプト人の宗教が栄えていた頃、つまりモーセの時代にこの徴はすでに知られていた、そしてこの徴はセラピス神の胸に飾りとして置かれていた、と言っていたと思います。惑星からの感応霊力は……それらが主たる〈宮〉の始まりの位置にある時に、つまり分至経線が黄道ないし黄道十二宮を直線で分割する時に、普通よりずっと効力の強いものだとも彼は言っていました。つまりその時はそうしたやり方で分割し合う円軌道がこの符丁の形(つまり十字架の形)を結ぶわけです[★053]……

確かにフィチーノの『天上より導かれるべき生命について』にはそうした章句が存在する[★054]。フィチーノはそこで、十字架が星辰の感応霊力を捕捉することのできる非常に有効な形だと説明している。そしてこの十字架は、もともとセラピス神像の胸に彫られていたとも述べている。しかしフィチーノは、十字架がエジプト人たちの間ですでに礼拝の対象となっていた理由は、「星々の恩恵」の証がそこにあるからというだけではなく、キリストの来臨の予兆としてでもあったと考えている。

あるいはこの『天上より導かれるべき生命について』の章句が、ブルーノのエジプト主義の主たる典拠だったのかもしれない。フィチーノの論旨を少し変えるだけでよかったからである。つまり力強い魔術的効力を持つエジプトの十字架は、キリスト教の予兆であるとするフィチーノの主張を、エジプトの十字架こそ真の十字架であり、真の宗教を表現するものである、という風に変更したのである。このエジプトの十字架のその魔術的な力を、キリスト教徒たちは変容させ、結局弱くしてしまった（この主張が、四人仲間に語ったとされる、キリスト教徒たちがエジプト人から十字架を「盗んだ」という主張に対応するのだろう）。エジプトの十字架は、このようにしてブルーノ自身の使命の徴、その「符丁」、その「封印」となった。彼が自身の使命を改革されたカトリック教会の枠に収めることは容易だと考えた根拠もここにあるのだろう。なぜなら教会の祭壇にあるその十字架こそ、真のエジプトの十字架なのである！

この牢獄の中でも〈ノラの人〉の内面では、いつもながらの常軌を逸した活動が続けられていたことが分かる――その思考の筋道は、フィチーノが十字の形に注目したその心の動きと非常に似たものであることに注意しなければならない。しかしまたそこには一つ、根本的な差異が存在する。フィチーノの見たエジプトの十字架は、キリスト教の予兆を意味したのに対して、ブルーノにとってのキリスト教徒とは、エジプトの真の十字架を盗み汚した張本人たちに他ならない、という差異である（同房の囚人がブルーノの言ったことをそのまま伝えたことはほぼ確実な感じがする）。

ブルーノがフィチーノとは対照的に、あらゆる魔術を徹底的に探索しようとし、その行為を正当な、宗教的なものだと確信できたのも、このフィチーノとの根本的な差異があればこそだった。フィチーノの方は、自身の魔術を自然で非神霊的なものに保つために、細心の注意を必要としたのである。

ブルーノは、善き魔術と悪しき魔術の弁別に関する自身の見解を、なぜ彼が『ヘルメスの封印』という書物を持っていたのか、と尋問された際に、その関連で説明している。「魔術は」と、彼は切り出す、「一本の剣のようなものです。邪悪な者の手にある時はそれは悪しき用いられ方をされます。しかし〈神〉を怖れ、その剣から生じ得る正当な効果と不当な効果を弁別し得る善き者の手にある時には、つまり星々の配置から生じる威力を介して、また図像や印章を介してそれをうまく使用する術を知っている時には、全く別です」。つまりそれを善き目的のために用いることができるのである。[★055]

モーセは偉大な〈魔術師《マグス》〉である（囚人仲間の密告は続く。ブルーノが異端審問官に答えた言葉ではなく、彼が監獄でそれとなく語った言葉である）。モーセはエジプト人たちから魔術を学んだ。ファラオの取り巻きの魔術師たちを打ち負かすほど、その魔術に熟達していた。[★056]

キリストの行った奇跡に対してはどのような見解を持っているのか、と異端審問官は尋ねた。ブルーノはそれに答えて、それらの奇跡はキリストの神性の証だ、しかしそれよりも大いなる証は福音で説かれる法そのものだと思う、と述べた。キリスト以外の人々、例えば使徒たちが奇跡をなす時には、彼らはキリストの力を借りてその奇跡を行っている、だから外面的に見ればキリストの奇跡と使徒や聖人の行う奇跡は同じ奇跡に見えるが、そうではない。なぜならキリストの奇跡は彼自身の力によってなされるのに対して、他の者たちの奇跡は自分ではない他者の力、つまりキリストの力を借りてなされるからだ、とも述べた。[★057]

異端判決の根拠

われわれは不幸にして、ベラルミーノとトラガリオーロがブルーノに撤回を要求した八つの異端的命題がいかなるものであったのかについて記録する資料を持ち合わせていない。しかし〈要綱〉の中には、彼の著作の命題を廻るこの異端譴責に対する、「修道士ヨルダーヌス」の回答要約が残されている。★058 これはおそらく(もちろん絶対確実だというわけにはいかないが)、ベラルミーノの譴責がいかなるものであったかを示唆するだろう。この資料をわたしも検討してみたが、それは非常に混乱した、また人を混乱させる類の資料である。少なくともそれは無限の宇宙に言及しつつ無限の〈神〉について論じている。また人間の魂が創造された時のその様態、地球の運動、星々が天使たちであること、地球が感覚と理性を備えた一個の魂によって生命を得ていること、多くの世界が存在すること等々について論じられている。そこにあるのは主に哲学的な論点であるように見える。しかしメルカーティも指摘しているように、異端審問所の尋問自体は、哲学的ないし科学的な論点を問題にすることは非常に稀であり、主に神学的な疑義、原理原則上の事柄、ブルーノが異端者たち、異端の国々と関わりを持ってきたこと、そうしたことを廻っている。★059

ブルーノは最終的に自説の撤回を拒んだ。そしてその撤回の対象は、彼がかつて言ったこと、書いたことのすべてを含んでいた。したがって最後の異端判決は、拘禁期間中になされた何年にも及ぶすべての尋問の対象となったさまざまな論点を含んでいたはずである。そこにはもちろんまた、はっきりといかなるものであったかは分からないにせよ、ベラルミーノたちが提出した八つの譴責も含まれていただろう。☆018 ガスパール・スキオッピウス☆019は、ブルーノの処刑の現場を実見した人物だが、彼はまた異端審問の最終判決が読み上げられる際にも居合わせて、それを聞いていたかもしれない。スキオッピウスはブルーノが有罪だとされた事由として非常に雑然とした論点を列挙している。無数の世界があると主張したこと、魔術は善なる正当な営みだと主張したこと、〈聖霊〉は〈世界の魂《アニマ・ムンディ》〉と同じものだと主張したこと、モーセは魔術によって奇跡を行い、その魔術はエジプト人をも凌駕したと主張したこと、キリストは一人の〈魔術師《マグス》〉であったと主張したこと、等々である。[★060] この他にも論拠はいくつも挙げられているが、同じように雑然としたものである。ありのままを認めるならば、われわれは（〈裁判資料〉が失われてしまったために）ブルーノの裁判と判決の実際を再現できるほど十分な証拠書類を持っていないのである。[★061]

もし地動説がブルーノの有罪判決の一つの事由であったとしても、それはガリレオの事例とは全く異なっている。ガリレオは地球が動いているという彼の主張を撤回するように強制されたわけだし、またその主張自体、真正の数学と力学に基づいたものであった。彼はジョルダーノ・ブルーノとは異なった精神風土に生きた人間であり、その世界においてはもはや「ピュタゴラス教徒的な企図」も「ヘルメス教的封印」もなんの意味も持ってはいなかった。科学者としての彼は、真正に科学的な根拠に基づいて彼の結論に到達したのである。対してブルーノの哲学は、彼の宗教から分離することはできない。彼が無限の宇宙と無数の世界という拡張された形式の〈世界認識《グノーシス》〉の裡に見たものは、まさに彼の宗教、つまり〈此岸的世界を廻る宗教〉そのものだったからである。そしてそれは〈神〉の「面影」が顕す新しい神性の啓示でもあった。彼にあっては、コペルニクス主義はこの新しい啓示の一つの象徴であり、その啓示はエジプト人の信奉した自然宗教とその魔術への回帰と同義であるべきものでもあった。そして非常に奇妙なことではあるのだが、この回帰を彼は、カトリックの基本枠の中で行い得ると考えていたのである。[★062]

このようなわけで、ブルーノが哲学的思想家として迫害され、無数の世界の存在や地球の運動の主張といった大胆な理論のために火刑に処されたのだという伝説に追随することはもはや不可能である。[☆020] この伝説は〈要綱〉が公刊された時点ですでにその基盤を失い始めていた。実際の異端審問の過程において、哲学的ないし科学的な問題がほとんど関心の対象になっていないということをこの文書は示していたし、コルサーノやフィルポが、ブルーノの宗教的使命に重点を置く研究の成果を挙げ始めたからである。本書で示したこの研究が、よりはっきりとした形で、ブルーノのこの使命とその内実を解明することに寄与してくれればとわたしは期待している。わたしはまた本書において、彼の哲学、つまり一般にはコペルニクス主義だと受け取られている太陽中心説への賛同を含むそれが、むしろこの宗教的使命の本質的な部分に属していたということも強調しておいたつもりである。ブルーノは完全にヘルメティズムに没頭しきっていたので、自然、数、幾何、図式、等々の本性を哲学的考察の対象とする時も、それらに神性の持つ意味を混入することなしに済ますことができなかった。したがって彼はまた、神性からきれいに別れたような哲学[☆021]を哲学の代表として認めるようなことは決してなかったろう。このこともまた確実である。

したがって彼に異端の判決を下したカトリック教会は、たとえ仮にブルーノの異端に哲学的論点を含めていたとしても、法手続き上は完全に正しかったことになる。[☆022]教会制度の見地からすれば、こうした哲学的論点は異端から全く切り離すことのできないものだったからである。[☆023]

シェイクスピア、ガリレオへの影響

しかし道徳倫理的な次元では、ブルーノの立場は強固な意味を持っていた。というのもここで自己主張しているのは、ルネサンスの〈魔術師たち《マギ》〉の系譜を継ぐ者なのであり、彼は〈人間の尊厳〉の意味での自由、寛容、人間の権利がすべての国で妥当することを擁護し、すべてのイデオロギー的な障壁を無視して、自分の思うことをありのままに述べようとしているからである。〈魔術師《マグス》〉ブルーノは愛を擁護する。キリスト教は元来愛の宗教であった。それを敵対する両陣営の衒学者たちが何か別のものにしてしまった。これに対立してブルーノは愛を擁護するのである。

恋は、勇気の点ではヘラクレスだ、龍に守られた
金色のリンゴのなる木に登ることなどわけはない。
知恵の点ではスフィンクスだ。声の美しいことは
太陽神アポロがその金髪を糸にしたという竪琴《たてごと》だ。
恋が口を開くと、神々はすべてそれに声をあわせ、
その妙《たえ》なるハーモニーで天国は夢見心地になるという。[★063]
（シェイクスピア『恋の骨折り損』第四幕、三場、三三七―三四二行　小田島雄志訳）

この愛を称讃する比喩の数々を語るのは、シェイクスピアの『恋の骨折り損』の登場人物で、ジョルダーノ・ブルーノと同名のビローン（Berowne）[☆024]である。多くの著述家が――その中にはかくいうわたしも含まれているのだが――このビローンという人物は、ブルーノのイギリス訪問をなんらかの形で反映したものに違いないと論じてきた。しかしやはりわたしも含めてなのだが、こうしたことを論じてきた人々は、ブルーノがイギリスで何を語っていたのかをしっかり理解していなかったために、この劇の台詞《せりふ》を聞いてもその背景に何を探し求めるべきなのか誰一人として全く分かっていなかった。しかし今のわたしには、このビローンの愛を誉め讃えるいかにも張った調子の台詞が、ブルーノの『勝ち誇る野獣の追放』の反響を留めていることは明々白々であるように思える。『追放』では、星座を廻る改革の議論の際に、すべての神々が愛を讃えて弁舌を振るっているからである。さらにこの『恋の骨折り損』がフランス宮廷で演じられるという舞台設定が――しかもナヴァール王の宮廷である――今のわたしには非常に意味深いものに思える。この宮廷で詩人と恋人たちを率いる位置にいるのがビローンなのである。つまりこの劇は、ビローン＝ブルーノの結合を背景として、フランス宮廷というこの設定された場で、ナヴァール王が「ふさわしい事績を実

現」することを期待する、ヨーロッパ全体の同時代的雰囲気を表現しようとするものなのである。

劇中で詩人と恋人たちの仇役を演ずるのは二人の衒学者たちであり、その一人はスペインの軍人（ドン・アーマードー）、もう一人は「文法屋」（ホロファニーズ）である。ここでもブルーノの『追放』に登場する二つのタイプの衒学が解釈の鍵を与えてくれる。『追放』の衒学は、カトリック・スペインの獰猛な野心と、善き仕事を軽蔑するプロテスタントの〈文法屋〉によって体現されているからである。他にもありとあらゆる種類の符合が両者の間には存在していて、この解釈の正しさを傍証している。それらはここで論じるにはあまりに議論が詳細にわたるのでやめておくが、ただ一つ、ビローンが劇の終わりの方で病人の世話をするために施療院に入る場面だけは取り上げておこう。つまり施療院施設はブルーノがオックスフォードの前任者を讃え、後任者がそれをなおざりにしたことを嘆いた、その「善き仕事」に含まれていたのである。

ブルーノとシェイクスピアの関係という問題は、全く新しい研究を必要としている。☆025 この問題は非常に奥行きが深く、特にブルーノとの関係におけるシェイクスピアの言語観の研究を不可欠の要素としている。シェイクスピアが言語の意味性ということに非常に深い関わり方をしていたということ――ブルーノの素晴らしい表現を用いるならば――「神々の声を捉える言葉」を求めていたということ、そしてそれが衒学的な、内容空疎な言語使用と対比させられていたということを探求課題としなければならない。シェイクスピアの想像力が描く世界は魔術に充ち満ちている。そして魔術は、しばしば、世界が対峙するさまざまな問題を、想像上で解決するその媒体を提供しているように見える。プロスペロという人物を造型して見せたのはシェイクスピアではなかっただろうか。この慈愛に満ちた〈魔術師《マグス》〉の不死なる肖像。そして彼が理想の国家をその島に実現してみせる。こうしたすべてのことを想像の世界に描いて見せたのは他ならぬシェイクスピアではなかっただろうか。★064 ではこのシェイクスピアが懐いた〈魔術師《マグス》〉の大いなる観念は、ブルーノにどれだけのことを負っているのだろうか。つまりブルーノが、時代の悲惨さに対する解決策として、やはり〈魔術師《マグス》〉の大いなる役割を再度造型し直して見せたこと、それといかなる関係にあるのだろうか。

大いなる事績を期待されていたナヴァール王は、カトリックへ改宗しフランス国王となった後、寛容へ向けての政策をフランス国内向けにはナントの王令という形[☆026]で実現して見せた。この王令によって確かにユグノー教徒の礼拝の自由は、条件付きではあるものの、ともかく容認された。しかしもし当時イギリスの半カトリック的な王党派が、何かこれと似たことをナヴァール王のヨーロッパにおける覇権から期待していたとするならば、彼らは失望を味わったに違いない。イギリスのカトリックに向けては、ナントの王令に当たるようなものが発令されることはなかったからである。[★065] そしてイタリアの事情はと言えば、ブルーノはナヴァール王に期待を懸けて故郷への帰還を急いだがゆえに、処刑台の露と消えたわけだった。

このようにブルーノの提言のその声は、故国イタリアにおいてはあまりに早く押さえつけられてしまった。しかしわたしは、トライアーノ・ボッカリーニ[☆027]の『パルナッソス山からの報告』(*Ragguagli di Parnaso*. 一六一二―一三年)にはブルーノの反響らしきものが認められるのではないかと考えている。そこでは同時代的事件についての皮肉な議論が、アポロの主宰するパルナッソスでの会議という枠組の中で行われる。この作品はわたしにはブルーノの『追放』を思い起こさせる。特にルキアノス風の文体で神話を活用し、似たような政治的時事性を示す点がそうである。ボッカリーニはヴェネツィアの自由主義者であり、非常にはっきりと反スペイン的であった。そして彼の作品の主人公は、ナヴァール王(アンリ四世)である。この「パルナッソス便り」は、わたしには多くのブルーノ的主題を活用しているように見える。宗教改革を始めた文法家たちが登場して議論する場面があるし、スペインの無法も描かれる。パルナッソス山にアンリ四世暗殺の知らせが届くと、アポロンはその顔を厚い雲で覆い隠し、深いため息をつきながらその雲の陰でこう呟く。「世界は今やその最初の混沌へと回帰しようとしている。なぜなら邪悪な裏切り者たちの冒瀆はそのような高みにまで及んでしまったからだ」[★066]。

ガリレオはブルーノとは全く違う根拠により、地球の運動の理論を受け入れた。しかしかなり奇妙な感じすらするのだが、ガリレオの『二大世界体系についての対話』(*Dialogo dei due massimi sistemi del mondo*)[☆028]の「文学的な」形式は『灰の水曜日の晩餐』に似ていないことはないのである。ガリレオの対話篇には頑固なアリストテレス主義者が一人登場する。彼はアリストテレスの註釈者の一人に倣って、シンプリチオ[☆029]と命名されている。この名前はもちろん「馬鹿者《シンプルトン》」の意味も共示させるために選ばれたものである。議論は二人の貴紳フランチェスコ・サグレードとフィリッポ・サルヴィアーティの臨席のもと、ヴェネツィアのサグレードの邸宅で行われる。このフランチェスコ・サグレードをフルク・グレヴィルに置き換えてみれば、このグレヴィルのロンドンの邸宅でブルーノの描くコペルニクスを廻る議論は行われたことになっているから、フィリッポ・サルヴィアーティの代わりはフィリップ・シドニーが務めることになるだろう。つまりガリレオの描くヴェネツィアの集まりは、ブルーノが描くロンドンでの集まりに非常に似ているのである。貴顕が登場し、衒学者が登場し、そして哲学者の登場となる。この哲学者はここではブルーノではなくガリレオ自身だということになる。ガリレオはもちろん、コペルニクスとプトレマイオスの宇宙論的体系を廻る大いなる議論を、合理的かつ科学的な次元に移し替えている。しかしこの議論の場の設定は、以前ブルーノが行った、ピュタゴラス主義的かつヘルメティズム的な次元での宇宙論を奇妙に想い起こさせる[★067]。ガリレオは果たして『灰の水曜日の晩餐』を読んでいたのだろうか。ガリレオはともかく一五九二年以来ずっとパドヴァに居た(つまりブルーノがパドヴァに滞在していたそのすぐ後からである)。そして彼はピネッリと親しい関係にあり、ピネッリの蒐集品を研究のために使用させてもらっていた[★068]。

ブルーノがコペルニクス説を活用してみせたそのやり方が、異端審問官たちにある種の印象を残したことは間違いない。したがってガリレオがまたしても地動説を支持した時に、その背景にそれ以上のものがあるのではないかという疑惑を、異端審問官たちの心に掻き立ててしまったのではないか、と考えてみることはできそうである。

第二〇章

ジョルダーノ・ブルーノとトンマーゾ・カンパネッラ

トンマーゾ・カンパネッラ[★001][☆001]は、イタリア・ルネサンスの思想家たちが形成する一つの系譜の最後に来る人物である。つまり同じ系譜に含まれるジョルダーノ・ブルーノは、最後から二番目の思想家だということになる。ブルーノと同様カンパネッラもまた魔術師-哲学者であった。彼はフィチーノから始まるルネサンス〈魔術師《マグス》〉の流れを汲み、その死に至るまでフィチーノ風の魔術を実践したことが知られている。また彼はブルーノ同様、伝道的使命を懐いた〈魔術師《マグス》〉であった。体軀も魁偉であった彼は、その頭に七つの瘤を持ち、それは七つの惑星の徴なのだと信じていた[★002]。そして自分が大宇宙と結ばれており、全面的な魔術的-宗教的改革の指導者としての運命を担って生まれてきたことを心底確信していた。カンパネッラは何度か拷問され、彼の人生の二七年間、あるいはそれ以上も監獄の中で暮らしたが、ブルーノとは違って火刑台で果てるようなことにはならずに済んだ。そして——これもブルーノと違う点だが——彼はカトリックの基本枠の中で行おうとした自分の改革計画をほとんど実現してみせたのである。あるいは実現という言葉に語弊があるなら、少なくとも多くの重要な人物の関心をその改革計画へ惹きつけることには成功したのである。カンパネッラの改革の企図は、いくつかの変奏は加わるものの、基本的にはブルーノのそれに近い。彼の経歴もまた、いくつかの変奏は加わるものの、基本的にはブルーノのそれに似ている。したがってカンパネッラとブルーノの類似性と差異性は、ブルーノの本質を時代遡行的に逆照射してブルーノの理解を助けることにもなるのである。

　カンパネッラの経歴はおよそ三つの時期に分かれる。その最初の時期の彼は、ドメニコ会の異端的な修道士であり、煽動者として監獄を出たり入ったりの繰り返しだった。この履歴の頂点にカラブリア反乱蜂起[☆002]が来る。この反乱は、ナポリ王国内でのスペイン支配を廃絶することを目指したある種革命的な運動であり、革命が成功しスペインの支配を一掃した暁には、大胆奔放なユートピア的共和国、魔術的な〈太陽の都市〉が地上に実現するはずだった。そしてカンパネッラはこの〈太陽の都市〉の祭司長にして予言者となる予定だったのである。世界全体に関わるこの新しい時代の到来は、カンパネッラによれば、天界の兆しによって告げられるはずであった。カンパネッラと彼の支援者たちは、熱に浮かされたような説教によって、この革命の到来を激しい言葉で告知したものの、蜂起そのものはほとんどまともな準備もなく始められた。もちろんそうした烏合の叛徒たちは、スペインの軍事力と南イタリアですでに制度化されて久しいスペイン支配の組織力の前には無力であり、反乱は完全な失敗に終わった。この失敗によりカンパネッラの人生の第二幕が始まることになる。彼はナポリの監獄に収監された。この服役中に彼は驚くべき確固とした意志の強さをもって、厖大な哲学的かつ神学的な著作の執筆に取りかかり、獄中から宣伝工作《プロパガンダ》を指導したのである。この工作活動の焦点は、一見したところ、以前の革命的宣言を伴う魔術的改革の計画から、より正統派的な方向へと転向していた。今度は逆にスペイン王国ないし教皇支配が将来の全面的改革の基本枠を提供すべきものだとされたのである。こうした活動により、自身の哲学及び神学の自然主義的傾向かつ魔術的基盤をけっして捨てはしなかったにもかかわらず、彼は思想家としての社会的評価を高めることに成功した。そして壮年時代の全体をナポリの監獄で過ごした後、釈放にまでこぎつけたのである。この釈放後が彼の人生の第三幕である。カンパネッラはフランスに行き、全面的改革の指導者としての名誉ある地位を、今度はフランス王国に与えることにした。〈太陽の都市〉の中心に置かれるべき、人工の太陽に等しい地位はフランス王国のものとなった。彼はリシュリューと宮廷の庇護支援を受け、後にルイ十四世として王国を支配することになる王太子《ドーファン》[☆003]の誕生を祝うまで長生きした[☆004]。つまり改革された世界の〈太陽王〉となるべき運命をもってこの王子は生まれてきたわけである[☆005]。

カンパネッラは、その人生の第一幕において、ブルーノの足跡を忠実に辿っていた。そのことをわたしは確信している。しかしそれにもかかわらず、彼はブルーノの運命を回避することに成功した。それは彼が一種の世渡りの知恵《サヴォワール・フェール》、つまりある種の狡知を備えていたからだが、まさにこうした世間知がブルーノには全く欠如していたのだった。カンパネッラはそれどころかその人生の第三幕では、フランス王国の隆盛を告げる予言者として、パリで神の如くも て囃されるに至った。これとて思い起こせばブルーノが、全面的改革を体現するアンリ三世、アンリ四世を通じてやはりフランス王国に大きな期待を懸けていた、その延長上にあったわけである。

本書のブルーノ登場以前の各章は、ブルーノを目指して書かれたものだった。ルネサンス魔術と宗教的ヘルメティズムの流れを一つのコンテクストとして構成することによって、ブルーノ登場の舞台を整えることがその目的だった。ブルーノ以降を扱う本章もこれに似た狙いを持っている。つまりカンパネッラを通してブルーノを回想しつつ検討を行うということである。カンパネッラに関する文献は厖大な量に達し、またその内容は極めて複雑である。したがってわたしは、このあらかじめ設定した目標に沿って、それらの中からいくつかの論点のみを選択することにしたい。

カラブリア反乱

カンパネッラは一五六八年、カラブリアの町スティロに生まれた。[☆006] ブルーノの生まれた場所はナポリ近郊のノラであり、それは一五四八年のことだった。二人は同じ南イタリア、ナポリ王国の出自である。ナポリ王国はイタリア半島全体でハプスブルク-スペインの最も苛酷な圧政を体験した地方だった。カンパネッラはブルーノより二〇歳年少だったわけだが、この世代差は、カンパネッラがブルーノの足跡を辿ったと言ってもそれは時代が下った状況下においてだった、ということを意味している。ブルーノは一五六三年にドメニコ修道会に入り、ナポリのドメニコ会の修道院で暮らし始める。カンパネッラが同じドメニコ会に入ったのはそれから一九年後の一五八二年である。

彼が入った修道院の所在地はもっと北の方だった。ブルーノは異端の嫌疑をかけられ訴えられそうになったので、一五七六年に修道会を脱会し逃亡する。こうして多くの国々を経巡る遍歴時代が始まることになる。その一三年後、一五八三年にカンパネッラは修道院を出てナポリにやって来た。そこで彼は異端の嫌疑をかけられ、訴えられて投獄されてしまう。カンパネッラはこうしてみると、その若い時期、南イタリアのドメニコ会特有の不思議に反抗的な気質を吸収しつつ人と成り、ブルーノと同じような体験をしてきたことが分かる。

この二人の人生がほとんどすれ違いかけたことが一度だけあった。前章で見たように、★003 ブルーノはイタリアに帰国するとおよそ三箇月をパドヴァで過ごし、そこで自分の伝道的使命を果たす準備をした。彼はこの時期疑いもなく非常な高揚感と共に生きていた。自然魔術も神霊魔術も、ともかくあらゆる種類の魔術を研究し、自身の〈魔術師《マグス》〉としてのカリスマ的人格を強化し、それによって教皇クレメンス八世に大きな印象を与え、ついには大いなる改革への支援を取り付けるつもりであった。ブルーノは一五九二年の三月にパドヴァを去ってヴェネツィアに赴き、そこでモチェニゴの手練手管によって異端審問所の監獄に投獄され姿を消してしまう。この顛末はほぼ確実にパドヴァの町でも噂となり、特にピネッリの知己友人の間では注目されたはずである。

一五九二年一〇月、今度はカンパネッラがパドヴァにやって来る。★004 ブルーノが去って六箇月後である。カンパネッラは一年ないし二年、この町に滞在してガリレオにも会っている。カンパネッラもまたパドヴァ滞在中は興奮状態にあったようで、繰り返し訴えられ、ついには投獄されてしまった。彼は一五九三年から翌年にかけて、このパドヴァの監獄に拘禁されていた期間に、クレメンス八世に献呈するための何冊かの著書を仕上げている。

ブルーノがパドヴァを去り運命の投獄を体験した同じ頃、大して間を置かずにカンパネッラが同じ町にやって来たということ自体が意味深長である。この二人の魔術師-哲学者は、同じように全面的な改革を提唱し、同じように異端的なドメニコ会士であった。その二人がほとんどすれ違いかけたのである。ブルーノがパドヴァを去って後、そこにはある種の彼を偲ぶ雰囲気、サークル、評判の如きものが醸成されていき、それがまさにカンパネッラを惹き付けたとは考えられないだろうか。

一五九四年末にカンパネッラはローマの異端審問所本部の監獄に移送された。訴追の事由の中には、著書『事物の感覚的な力について』(*De sensitiva rerum facultate*)の中で〈世界の魂〉についての異端的な教説を展開し、また冒瀆的なソネットを書いたという項目が含まれていた。彼は教皇に献呈するための論文を執筆し、その中で全世界の君主の位を教皇に認め、世界統合のための遠大な計画の概略を描いてみせた。彼はまたもう一つ論文を仕上げ、スペイン王国の企図するところには逆らうべきでないとイタリアの諸侯に忠告した。[★005] 彼が後者の提言を真剣に行ったとは信じ難い。というのもカンパネッラは、このほんの数年後にはスペインに対するカラブリア反乱の先頭に立つことになるからである。カンパネッラはブルーノと違い、目的を達するためには時として偽りの顔を見せることも辞さない人物であった。彼は一五九五年末には釈放されたが、[★006] これはおそらく絶大な権勢を誇ったレーリオ・オルシーニ[☆007]の庇護と仲介のおかげである。オルシーニは、カンパネッラが獄中で書いたこれらの作品に共感を覚えたのだった。

ブルーノとカンパネッラの生涯はここで再びすれ違っている。互いにそれを知る由もなかったとはいえなんという近さだろうか！　ブルーノもこの時期ローマの異端審問所に収監されていたから、二人はほんのいくつか離れた監房に居合わせたことになる。

カンパネッラは一五九七年の暮れにローマを去ってナポリに赴いた。ナポリで彼は私的な会合の場を設け、一人の占星家及びローマで監獄仲間だった地理学者のスティリオーラ[☆008]と会談している。スティリオーラはコペルニクス天文学の熱狂的な支持者でもあった。[★007] おそらくこの会合が、カンパネッラに天界の予兆に関する確信を与えたのだろう。それは大規模な政治宗教上の変化が目前に迫っているという予言であり、この予言を彼はカラブリア反乱の間中ことあるごとに繰り返すことになる。この会合を終えると、一五九八年にはナポリを出立してさらに南方の故郷カラブリアを目指した。そこでカンパネッラは一五九八年から翌年にかけてスペイン支配に対する反乱蜂起を組織することになるのである。

カラブリア反乱の驚くべき顛末は、レオン・ブランシェのカンパネッラ伝で語られている。[★008] このなかなか出来の良い記述の基礎資料となったのは、ルイジ・アマービレ[☆009]によって発見刊行された豊かな内容の史料である。[★009] この史料は元々反乱鎮圧後当局によって収集されたものであった。カンパネッラの支持者の多くは、彼と同じドメニコ会の修道士たちだった。彼らとカンパネッラは熱に浮かされたような調子で大いなる変革が間近に迫ったことを論じ、また宣告した。人々の間で慈愛の心が失われつつあること、不和と異端の増大、これらは新しい体制確立が必須であることの証拠であるとされた。その変革の到来を予告しているのは、天上の予兆の数々である。その予兆の中には「太陽の降下」、すなわち太陽が地球に接近しつつある、というものもあった（カンパネッラは後年の著作においても、この前兆に固執し続けている）。[★010] 一六〇〇年という年が特に重要視された。その根拠は数秘学における九と七の重要性である。一六という数は両者を含むわけである。来たるべき体制変革においては、自然と自然宗教に基づく、より善き宗教祭祀とより善き道徳規範が確立されるはずだった。だからカラブリアの人々は、この新しき時代の到来を迎えるためにこそ、スペインの圧政を廃絶し、新しい宗教と倫理を具現する共和国を樹立する準備をしなければならない。そしてカンパネッラこそは、その新しい段階へと導く、新しき時代の〈救世主《メシア》〉に他ならない。占星的予兆と宗教的予言の両者が、共にそのことを告げている。

新しい時代が到来した後も、キリスト教の役割は依然として重要なものであり続ける。キリスト教はこれまで常に預言者、呪師、託宣の術に長けた者たち、そして奇跡を行う者たちを生んできた。キリストは偉大なる〈魔術師《マグス》〉であり立法者である。だからカトリックの秘儀と、自然魔術の信奉する宗教とは和解《ラプロシュマン》することができるのである。カンパネッラは、キリスト教の原典と、特に聖カタリーナ、聖ビルギッタ、聖ウィンケンティウス・フェレリ

[☆010]ウスの行った予言を傍証として引用した。この引用はさらにサヴォナローラ、フィオーレの大修道院長ヨアキム[☆011]、ペトラルカ、ダンテに及ぶ。しかしとりわけカンパネッラが頻繁な参照の対象とし、権威として用いたのは、シビュラたちの託宣だった。彼はこの託宣をラクタンティウス的な解釈に拠りつつ活用するのである[★011]。

この風変わりな反乱で目立ったのは、異端的なドメニコ会士、ないし元ドメニコ会士たちの活躍だった。カンパネッラの右腕だったディオニジオ・ポンツィオがまずこの会の修道士だったし、彼だけでなくカンパネッラの信奉者の中には多くのドメニコ会士が含まれていた[★012]。一五九九年のカラブリア反乱の四年前、一五九五年にナポリで騒擾事件が起きている。この事件の中核にも奔放なドメニコ会士たちの活躍が見られた。したがって両事件の間の繋がりを推定することは可能である。このナポリの事件の起こりは、聖ドメニコ教会附属修道院の規律をより厳しく取り締まるためにローマから監視団が派遣されたことに始まる。この代表団に対抗して武装した修道士たちが蜂起したのである[★013]。この事件以外にも、南イタリアのドメニコ会士による騒擾事件は多かった。こうしてみるとブルーノとカンパネッラの革命的思想は、彼らに固有のものではなかったのかもしれない。逆に、この南イタリアのドメニコ会全般に醸成されていた物の見え方から、彼らの革命的思想が生まれたと考えることもできるのではあるまいか。もしそうだとすれば、このカラブリア反乱こそは、ブルーノとカンパネッラの両者をその危険きわまりない人生遍歴へと駆り立てた、土地の力のその最後の沸騰爆発ということになるのだろう。

カンパネッラは、この常軌を逸した抵抗運動の成功を保証するものとして、彼自身のカリスマ的人格と、天上の前兆、そして古《いにしえ》の予言の記録を主たる頼りとしていた。現実的な反乱の準備としては、南イタリアのスペイン支配に不満を感じている貴族たちの協力を取り付けることと、トルコに戦艦の何艘かを派遣してもらい蜂起の支援を要請することだけではほとんど全部の方策が尽きていた。トルコは実際に反乱が始まると艦隊を送ってはきたのだが、到着が遅すぎて何もできなかった[☆012]。蜂起はあっさりと鎮圧され、その結果一五九九年の末までにナポリの監獄は反抗的なドメニコ会士とその支援者たちで溢れかえった。尋問はしばしば拷問の手段を交えて続けられ、その結果は蜂起運動の自白証言記録として残された。それを前述のアマービレが発見し、一八八二年に公刊することになるのである。

しかしこの一八八二年においても、あるいはそれ以来のこの反乱の研究史上でも、誰一人としてこの反乱運動とジョルダーノ・ブルーノの関係を問題にした研究者はいなかったことをわたしは確信している。とはいえ事実として、このカラブリア反乱は、ブルーノの改革計画を実地に行動に移したもののように思えるのであり、企図と実行の類似性は一目瞭然である。ブルーノ自身もまた、蜂起した叛徒たち同様に、世界の新しい時代の到来は目前に迫っており、だからこそ自分の提言している改革は早急に行われる必要があると確信していた。カンパネッラのカラブリアでの行動に見られる性急で信念に満ちた行動様式は、自身の奇跡を行う力と、時代の表徴を正しく読み解いているという確信から生まれたものであった。そしてその性急さは、まさにイタリアに帰還するブルーノが見せた自信過剰に通ずるものでもあった。もちろんそうは言っても、ブルーノのイタリア帰還がカンパネッラに与えた衝撃だけが、彼の革命的運動の起因だとするのは明らかに行き過ぎだろう。他の要因も考慮されなければならないし、すでに先に述べたようにブルーノとカンパネッラの動機の間に存在する類似性は、南イタリアのドメニコ会特有の、全般的な状況に対する不満の感情に規定されていたのかもしれないからである。カラブリアの蜂起は、この社会的な不平不満の存在を垣間見させる事件でもある。さらにまたこの世紀末《ファン・ド・シエークル》の状況下では、これら変革と改革の切迫という観念は、空気中に漂っていたと言えるほど一般的なものであり、ためにローマの異端審問所の監獄は希望を挫かれた夢想家たちで溢れることになったのだった。このような夢から覚まされた幻視者の一人は、例えばフランチェスコ・プッチ☆013である。このイギリス滞在経験のある法学者は、普遍的キリスト教共和国樹立の構想を懐いて、感動的なクレメンス八世への公開書簡を携え、イタリアに帰国した。ブルーノの帰国とほぼ同時期である。そして彼もまたブルーノ同様に、フランスのアンリ四世に時代の困難を解決する希望を見出していたのだった。★014 プッチの最期もまたブルーノのそれと似たものであった。彼はローマで一五九四年に投獄され、一五九七年に死刑の判決を受け処刑された。フィルポが指摘しているように、カンパネッラはこのプッチとローマの監獄で出会い話をしているから、彼からの影響を受けたことはほとんど確実に思える。★015

しかしこうした他からの影響関係を正しく考慮に入れるとしても、また過大な評価は慎むべきであるとしても、やはり主たる影響関係ということでは、思想の松明《たいまつ》はブルーノから直接カンパネッラに手渡されたように見えるのである。後年のカンパネッラの書簡中には、ブルーノのイタリア語の対話篇で論じられた思想が多く見られ、それもほとんど言葉通りに登場することすらある。特に『灰の水曜日の晩餐』からの影響が著しい。この事実はカンパネッラが少なくともブルーノの著作のなにがしかを実際に読んでいたということを示唆している。

ブルーノの処刑の日付も、カラブリア蜂起の顛末を背景に置いて見ると、新たな意味を持ってくる。ブルーノは八年間に及ぶ収監審問の後、どうして一六〇〇年二月に判決を言い渡され、公開での怖ろしい処刑に果てることになったのだろうか。その直前一五九九年一一月にカンパネッラはナポリの監獄に収監されている。そして一六〇〇年二月と言えば、彼は拷問の責め苦に遭っている最中だった。したがってカラブリアの反乱が鎮圧された直後の、このブルーノという反抗的なドメニコ会士の処刑は、この反乱自体がもう一人のやはり反抗的なドメニコ会士に指導されていたことを考え合わせれば、一種の見せしめとも受け取られたのではないだろうか。カンパネッラ自身は、ブルーノと同じ死に方をすることをきわどいところで避けることができた。それは彼が冷静沈着に佯狂という手段を用いたからだった。

このようにして九と七という意義深い数から構成された、吉兆の年一六〇〇年が明けた。ブルーノの死の年、カンパネッラがこれから二七年を過ごす監獄に入ったその年である。このフィチーノの二人の末裔たちにおいて、ルネサンスは依然として生きて働く思想の力だった。しかし彼らの運命はイタリアにおけるルネサンス的活力の抑圧を典型的に示すこととなった。そして同じ時期、他のヨーロッパの国々のルネサンス的な伝統は、十七世紀の新しい時代の流れと融合していくことになったのである。

『太陽の都市』

カンパネッラは彼の最も有名な著作『太陽の都市』(*Città del Sole*)において、彼の構想するユートピア、すなわち理想国家の概略を描いている。後世アマービレはカラブリア反乱の史料を発見した時、その証言文書で明らかとなった反乱の目標が『太陽の都市』で表明された構想に近いものであることを理解した。反乱の目指した目的は、事実上〈太陽の都市〉に非常に良く似た新国家を建設することだったのである。またブランシェはカンパネッラに関する研究書の中で、特に一章を設けてこの発見史料を要約し、この反乱とカンパネッラの理想都市との関係を分析している。★016

『太陽の都市』は、おそらく一六〇二年頃執筆されている。ということはつまりカンパネッラの二七年に及ぶ収監生活のごく初めの時期だということになる。この最初期の草稿は、イタリア語で書かれ公刊されないままに終わった(初版は一九〇四年である)。★017 後にカンパネッラは、自身この作品をラテン語訳した。これはしかし内容的に最初の草稿と完全に一致するものではない。この校訂と部分的な改訂を経たラテン語版が、彼の存命中に出版されることになった。初版は一六二三年で出版地はドイツであった。一六三七年にはパリでも出版されたが、このパリ版は初版と少しだけ内容に異同がある。

〈太陽の都市〉は、広大な平野の中心に位置する一つの丘の上に建設されている。それは七つの円環状の地区(*giri*)に仕切られ、その一つ一つの区画は七つの惑星の名前に従って命名されている。〈都市〉の家々、宮殿、修道院はこれら円環《ジーリ》に沿って建設されている。これらの円環は、市壁によって区切られている。〈都市〉には市壁の外周状に配置された四つの市門から、四本の街路が中央に向けて走っている。

〈都市〉の中心は、この町が置かれた丘の頂上にあたり、素晴らしい建築技法を用いて巨大な神殿が建立されている。この神殿の外形は完全な円形で、その魁偉な丸屋根は巨大な列柱によって支えられている。祭壇の上に置かれているのは大きな「天球儀」(mappamondo)だけであり、その天球儀にはすべての天体が描かれ、また地球もその全体が描かれている。丸屋根の天井には天界の主だった星々がすべて描かれ、それらには名前と、下界の事物を支配するその力が三行詩に詠み込まれて添えてある。この天井画の描写は祭壇上の天球儀に対応している。神殿には七つの灯明が天井から吊され、これには常に火が灯されており、七つの惑星に倣った名前を持っている。神殿の外壁、また内陣の幕仕切には、すべての星々がその配置に従って描かれ、それぞれには三行詩が添えてある。[★018]

これで明らかなように、この神殿は世界そのものの精密な模型である。したがってその神殿で行われる祭祀は、世界を対象とした祭祀だということになる。

町を同心円状に区切る〈円環〉の市壁も、その外側と内側の両面が絵画で装飾されている。第一の〈円環〉の（つまり神殿に最も近い市壁の）内側には、ありとあらゆる数学の記号が描かれている。それらはユークリッドやアルキメデスが述べたものよりもさらに多い。同じ壁の外側には、あらゆる国々を含む世界地図が、それぞれの儀式、慣習、法律の描写を伴って描かれている。そこにはまたそれぞれの国のアルファベットも表記され、それには太陽都市の言語のアルファベットも添えられている。

次の〈円環〉の内側には、あらゆる宝石と鉱物が描かれている。その外側に描かれるのは、湖沼、海洋、河川、葡萄酒、そしてすべての液状の物体である。そこには病気を治すためのさまざまな水薬を一杯に入れた壺も描かれている。第三の〈円環〉の片側は、植物界の描写にあてられている。そこにはすべての木々また香草が描かれ、それらの効用と星々との関わりが説明されている。反対側にはすべての魚類が描かれ、それらと天上界の事物との関わりが説明される。第四の〈円環〉には鳥類、爬虫類が描かれる。第五の〈円環〉に描かれているのは動物である。

最後に最も外側の〈円環〉が記述される。その内側には、すべての機械的な技芸がその発明者と共に描かれ、それらが世界のさまざまな場所で用いられるその有様が説明される。その外側には法律を制定し、科学を推し進めた者たちの肖像が描かれる。それはモーセ、オシリス、ユピテル、メルクリウス、マホメット[☆014]、等々の多くの者たちである。

この壁のより高いところ、つまりより名誉ある場所に、キリストと十二使徒が描かれている。太陽都市の住民はキリストを非常に尊崇している。

このように〈都市〉は、星々に依存し自然魔術の法則によって統治される世界をそのまま反映している。偉大な人々とは、これらの法則を活用する術を熟知した者たちのことであり、つまりは発明家たち、道徳倫理の教師たち、奇跡を行う者たち、宗教的指導者たちの謂《いい》である。彼らは一言で言えば〈魔術師たち《マギ》〉であり、彼らの先頭に立つのが、使徒たちを従えたキリストなのである。

〈都市〉の支配者は祭司長である。その名は〈太陽〉を意味している（草稿では祭司長の名は太陽の象徴で表されている。それは中央に点を持つ円である）[☆015]。それは、われわれの言語で〈形而上学〉と呼ばれているものと同義だとされる。この太陽‐祭司は、霊的な領域であれ世俗の分野であれ、この町で生じるすべての事柄を支配する。彼は〈力〉、〈叡智〉、〈愛〉と呼ばれる三人の顧問官の助けを借りて町を治める。〈力〉はすべての軍事を受け持つ。〈叡智〉はすべての学問技芸を担当し、〈愛〉は生殖過程のすべてを統制し、善き種の維持を目的として男と女を結びつける[☆016]。教育と医療も〈愛〉の顧問官が管轄する。

〈都市〉の住民はこうした支配体制下で、すべてを共有し、兄弟愛の中で生きる。彼らは知的であり、善い教育を受ける。幼少の頃から世界に関するすべてのことを学び、市壁に描かれたすべての技芸と学問も彼らの教育を助ける。彼らは科学上の発明を奨励し、発明の結果は共同の福利に還元されて、一般の安寧に貢献することになる。彼らは健康で薬餌についても精通している。彼らの徳性は高い。この町では美徳が悪徳に打ち克ったからである。執政官たちは〈自由〉、〈寛大〉、〈純潔〉、〈剛毅〉、〈正義〉、〈緻密〉(*Solertia*)、〈真実〉、〈慈愛〉、〈感謝〉、〈憐憫〉等々の美徳の名で呼ばれている。太陽都市の住民の間では、窃盗、殺人、近親相姦、不倫というものは存在せず、そもそもいかなる悪意も敵意も知らない。

すべてのユートピアがそうであるように、〈太陽の都市〉においても、プラトンの『国家』からの明確な影響が見られる。特にその共産主義的側面がそうである。しかしカンパネッラの共和国は、隅から隅まで占星術に充ち満ちており、これはプラトンとは関係がない。その生活様式のすべては、星々との善き関係を打ち立てることによって整えられるのである。人間に対しても、淘汰的な育種によって善き血統の維持が目指されるという点は、大胆な革新の試みであり、この著作の主張の中でも特に有名だが、これはわれわれが理解している遺伝学(*genetics*)とは、事実上全くなんの関係もないことに注意しなければならない。[☆017] その〈育種〉は、懐妊の正しい瞬間を占星術的に選ぼうとするものであり、また総じてオスとメスの配偶をその占星的気質の相性に従って統制しようとするものなのである。したがってもし『太陽の都市』を、いかなる形態のものであれ、現代的国家の効率的統制に向けた青写真だと見做すならば、それはこの作品を完全に誤解することになってしまうだろう。この〈都市〉は、星々との正しい調和を目指して構想されているのであり、その調和からこそ〈都市〉の享受するすべての福利、健康、そして徳性は派生すべきものなのである。[☆018]

〈太陽の都市〉を支配する祭司長と彼の顧問官たちが、〈魔術師たち《マギ》〉であることは明らかであるように思える。彼らは世界の成り立ちを理解し、フィチーノの言葉で表現するならば、人類の福利のために「天上の生命を招き降ろす」術を知悉しているからである。カンパネッラは、神殿の中で星々がどのように描かれているかについては記述していない。ただし丸天井に描かれた星々の図像は、そこから吊り下がる七つの惑星に倣った灯明と共に、祭壇の上に置かれた天球儀のそれと照応している。それではこれらは、黄道十二宮に属する三六のデカンの魔術的図像をも含んでいたと考えることはできないだろうか。この〈都市〉は善き魔術によって統治され、天上からの善き感応霊力が悪しきそれを圧倒するように配慮されていたのではないだろうか。カンパネッラの『太陽の都市』の典拠としては、これまでにさまざまな著作が挙げられてきた。例えばトマス・モアの『ユートピア』からの影響は、特に、この太陽都市が旅人により〈新世界〉で発見されるという設定に窺えるし、他のルネサンス期の都市計画からの影響[☆019]も指摘されている。しかしわたしの考えるところでは、これらの影響は副次的なものである。この作品の最終的な典拠を発見するためには、魔術の伝統を探り、ルネサンスがその力を養い育てた、その源泉に至るまで深く掘り進めねばならない。少なくともわたしには、魔術的伝統の本源との最も緊密な並行関係というものが、ここには存在するように思えてならないのである。つまりカンパネッラのこの太陽都市と、他ならぬ『ピカトリクス』の描く理想都市アドケンティンの間の照応関係のことである。[★019]

『ピカトリクス』の魔術的都市では、四つの門を持つ城が登場し、そこにはヘルメス・トリスメギストスが霊気を吹き込んだ彫像が置かれていた。これを〈太陽の都市〉の四つの市門、そしてそこから町の中心に走る街路と比較してみよう。アドケンティンの城の中央には灯台が建てられ、そこからは七つの惑星の色彩に倣う光線が発して町を照らすのだった。これを〈太陽の都市〉の神殿で常夜灯として燃え続ける七つの惑星にちなんだ灯明と比べてみよう。ヘルメスはアドケンティンの周辺に魔術的な図像を配置し、「その並べ方を工夫して、その力により、町の住人が徳高き者たちとなり、すべての邪悪と害悪から逃れられるようにした」のだった。これを〈太陽の都市〉の天上の図像と比べてみよう。それはすでに示唆しておいたように、類似の機能を果たしていた。アドケンティンの中心には、一本の木が植えられ、その木はすべての種類の木の実を実らせるのだった。これを〈太陽の都市〉の繁殖の統制と比較してみよう。

『ピカトリクス』でアドケンティン市を記述する章句においても、ヘルメス・トリスメギストスは、太陽神を礼拝するための神殿を建立したとされている。もし『ピカトリクス』に描かれるこのアドケンティン市と太陽神殿を(すでに前の方の章で示唆しておいたように)「天然自然な」エジプトの宗教、及び『アスクレピウス』中のその衰退に対する悲嘆と連関させてみるならば、来たるべきエジプトの宗教や法規の復興の予言と並んで、次の言葉に出会うことになる。

地上にその支配の力を及ぼす神々もまた、いずれ復興され、エジプトの最果ての地にある一つの都市に鎮座ましますことになるだろう。その都市は、沈みゆく日輪に向けて建設される。そしてその都市へと、死すべき人間のあらゆる族《うから》が、陸路海路を辿って急ぎ来たることになるのだ。[★020]

ルネサンス魔術の根本経典としての意味を持ったのは、『アスクレピウス』のこの章句だった。ここには確かに、カンパネッラの提唱する普遍都市、〈太陽の都市〉の登場を告げる予言の響きがある。[★021]

ひとたびこの関係を洞察するならば、カンパネッラの描く白衣を身に纏う太陽都市の住人はエジプト人であること、つまりヘルメス教的な擬似-エジプト人であることが明らかになる。太陽祭司はすべての学問技芸に通じ、「存在物の位階とその天上の事物との照応関係を知悉しなければならない」。[★022]これはそのままヘルメス教で説かれるエジプトの神官たちの叡智の内実である。その原型は、神官、哲学者、王にして立法者という三つの役割を果たすヘルメス・トリスメギストスその人の叡智であった。同様に〈太陽の都市〉の太陽祭司もまた、智恵ある者、神官、そして支配者を一身に兼ね備えた者である。

もちろんこの太陽祭司は、同時に、プラトンの描く理想的な哲人-王でもある。しかしルネサンス期の歴史意識の中では、プラトンはエジプトから学んだのであり、ヘルメス教の文献はギリシア的叡智よりもさらに太古に遡るものだった。カンパネッラの太陽都市もまたこのルネサンス的歴史意識を共有する。もちろん太陽の神殿には、ソロモンの神殿の残響という形でのヘブライズムからの影響も見られるし、プラトンからの影響も多々存在する。しかしこれらすべての要因の背後には、エジプト的なものの影響が隠されている。つまりわたしが示唆したいのは、〈太陽の都市〉を規定した最も深い、その最基底を成す影響はヘルメス教的なものだということである。その最初のモデルは『ピカトリクス』に描かれた魔術都市アドケンティンであり、また『アスクレピウス』に描かれるエジプトの宗教の記述である。そしてその基底の上に後代の多くの要因が積もり重なって〈太陽の都市〉を生んだのである。そうわたしは考えている。

カンパネッラの理想都市は、ルネサンス期の宗教的ヘルメティズムという伝統が生み出した、非常に豊かな、またさまざまな形態をとる文化的営為の中に位置づけられるべきものである。それは確かに、極端に魔術的なタイプの宗教的ヘルメティズムを本質とするものである。しかしまたカンパネッラは、ヘルメス教文献のキリスト教化が非常に一般化していたために、〈太陽の都市〉の「天然自然な」宗教と法律はキリスト教に近いものだと信ずることもできたのだった。つまりその宗教は、キリスト教の聖餐で完成され得るものであり、キリストを〈魔術師《マグス》〉として尊崇するならば、新しい普遍的な宗教と倫理を形成することができるのである。そしてカンパネッラは、世界がまさにこの新しい宗教倫理を待ちわびていることを確信していたのだった。

もしこれらの自然の法に従う人々（太陽都市の住民）が、キリスト教徒に非常に近い信仰を持っているとするならば、彼らの自然法にはさらに聖餐が必要なだけだということになるだろう。わたしはこのことから、真の法とはキリスト教のそれであり、もしその濫用を取り除くことができるならば、それは世界を支配するだろうという結論に至るのである。★023

〈太陽の都市〉は、太陽祭司によって統治されているわけだから、宗教的かつ魔術的な意味では太陽中心的な都市である。ではその都市構造は天文学的な意味でも太陽中心的なのだろうか。つまりそれはコペルニクス的な都市だろうか。都市構造の中心となる〈円環〉は確かに惑星の名に倣って呼ばれている。しかし、地球がその〈円環〉に含まれていて太陽が中心にあるのか、あるいは太陽もそれらの惑星に含まれていて☆020地球が中心にあるのか、どちらなのかは明言されていない。むしろ太陽都市の住民はどちらの理論にも関心を示すのである。

彼ら（太陽都市の住民）はプトレマイオスもコペルニクスも両者共に称讃する。とはいえ（太陽中心説については）アリスタルコスとフィロラオスの方がコペルニクスよりも先んじているのである。……彼らはこうした天体の理論についても、非常に緻密な研究を重ねている。というのも世界の構造（la fabrica del mondo）を知ること、そしてそれが滅びるものなのかどうか、滅びるとすればそれは何時なのかを知るということは重要だからである。彼らはキリストが星々の形成する〈宮〉について、また太陽や月について述べたことは正しいと信じている。……また世界には終わりがあって、それはあたかも夜の闇に紛れる盗人のように知らない間にやって来るだろうと信じている。だから彼らは、時代の更新（つまり世界滅亡以前の千年王国）を期待し、またおそらくその更新の時期も終焉するだろうことを予測している……彼らはアリストテレスを敵視し、衒学者だと言っている。★024

太陽都市の住民は、コペルニクスに関しては完全に態度を決めたわけではないが、いずれにせよ彼らの心は天文理論からすぐに天界の「予兆」の方向に向かっているように見える。彼らは「衒学者」のアリストテレスを嫌っている。ここでわれわれはまた、ブルーノが『晩餐』で、アリストテレス的衒学に対してコペルニクス主義を擁護した、その論弁の場の雰囲気に非常に近いものを感じ取ることになる。ブルーノにとって、コペルニクス的天体像は、エジプト主義の回帰を告げる日の出の象徴であった。ただし太陽都市の住民の懐く千年王国観はブルーノには見られないものだし、他にもいくつか差異は存在する。それにもかかわらずわたしは、〈太陽の都市〉は、宗教と倫理の魔術的な、つまりフィチーノ的な改革のなにがしかを表現しているのではないかと思う。ブルーノはその差し迫った改革の前兆として、太陽に顕れた徴《しるし》として、コペルニクスの天体像を捉えたのだった。

ブルーノが『追放』で提示するヘルメス教的改革の構想を〈太陽の都市〉と比較してみると、さまざまなことが分かってくるように思う。『追放』においても、キリストは天界の一員であり〈魔術師《マグス》〉として尊崇されている。☆021 天上の改革はそこでも太陽を焦点として行われている。太陽神としてのアポロが、善き惑星である金星、木星、水星の感応霊力を統合して、宇宙全体に及ぶ善なる意志を生み出そうとする。星座の改善を担当する神々たちの間には、その惑星としての姿形、黄道十二宮、そして他の天界の星座としての姿形の間に、互恵的な関係が確立されている。一方〈太陽の都市〉においては、それと同じ調和的関係が、神殿の丸屋根天井に描かれた星辰図像と祭壇の上に置かれた天球儀、そして丸屋根天井から吊り下がる惑星にちなむ灯明といった儀礼的モチーフ間の照応という形で表現されている。『追放』においては、星辰の感応霊力の善き要素が美徳として天界に上昇して来る一方で、悪しき側面は悪徳として追放され放擲される。そのようにして美徳は悪徳に打ち克つわけだが、それは〈太陽の都市〉においても同様である。住民は徳高き者であるように配慮がなされ、悪徳は追放される。改革の性質も、両者共に社会的和合を目指す倫理性を本質としている。このように文学的な様式は非常に異なるにもかかわらず、より深い次元における一致というものが両者の間には介在している。

さらにブルーノがあのサン=ヴィクトル修道院の司書との雑談の折に、御伽噺に出てくる都市のことだとして〈太陽の都市〉という言い方をしたことがあるのを思い起こしてもよいかもしれない。[★025]

自分の構想した〈太陽の都市〉を実現するための反乱を起こしたカンパネッラは、その目標の設定において、ブルーノが懐いたヘルメス教的使命からそれほど遠くないところにいたのだと考えることができるだろう。

教皇のための魔術儀式

カンパネッラが収監されていた間に書いた著作は厖大な量に達する。これらの浩瀚な著作群は、いまだに全体としての連関が解明されていないし、またその公刊すら全体に及んではいない。草稿の一部は彼がまだ監獄にいる間に、弟子のトビアス・アダミ[☆022]によって持ち出され、ドイツで公刊された。その中には一六二三年にフランクフルトで出版された『太陽の都市』のラテン語訳初版が含まれている。カンパネッラがフランスで過ごした、その生涯の最後の時期にも多くの著作が公刊された。しかしこれらの遅い時期の出版は、彼の思想の晩期の展開がそれらの著作に見られるということを意味しているわけではない。フランスで新しく書いたものはほとんどなく、もともと監獄にいた頃に書いたものをその時期になって出版したのである。生前出版されたもの以外にも著作は存在し、それらはようやく最近陽の目を見て公刊の運びとなった。例えば何巻にも及ぶ厖大な著作『神学《テオロギア》』もやはり収監中に執筆されたが、カンパネッラの生前には公刊の許可が下りず、最近になってようやく出版されたのである。[★026]その他の草稿はいまだに出版されていない。こうしたいささか普通でない事情がカンパネッラの著作には伴うため、その著作を公刊の年代順に通観して彼の思想の変化を追うという通常の方法は通用しない。さらにまたより深刻な困難が存在する。カンパネッラは、さまざまな立場の権威筋から正統信仰的な支持支援を勝ち取るために、常に自分の著作を改訂し修正し続け、往年の急進的な主張を和らげることがあった。この事実は必然的に彼の著作の解釈を難しくする。例えばフランスで一六三七年に出版された『太陽の都市』の第三ヴァージョン[☆023]は、リシュリューがフランス王政の構築に対して懐いていた野心[☆024]を意識し、それに太陽都市の描像を適合させようとしている。カンパネッラの思想そのものは、ブルーノよりも難しくも緻密でもないのに、こうしたすべての事情から、著作家としての彼は研究が非常に難しい対象となっている。

カンパネッラについて研究し著作を公刊した人々は多い。しかし彼がフィチーノの魔術を実践していたことの重要性をはっきりと語った著作家は、ただ一人しかいない。D・P・ウォーカーだけがその点に着目した研究者であり、これからのわたしの分析も彼の研究成果に多くを負っている[★027]。

カンパネッラの『形而上学』がパリで上梓されたのは、彼の死の前年一六三八年だが[★028]、おそらくほとんど一生の間彼はこの著作と向き合ってきたと言ってよいだろう。カンパネッラは、フィチーノの『天上より導かれるべき生命について』の詳細な分析を試み、その過程でフィチーノの魔術の完璧とも言える要約を行っている。『天上より導かれるべき生命について』自体の分析も見事なものであり、現代の研究者にとってもこの難解な作品を扱うに際して非常に役に立つ。彼はまたフィチーノの魔術を解説した自著にも多々言及し、「いかなる芳香、味覚、色彩、温度、空気、水、葡萄酒、衣服、会話、音楽、天気、星々を用いて、〈世界の霊気〉を自身の裡に導き入れるべきか」を教示している[★029]。カンパネッラはフィチーノの魔術理論とその実践法を解説する前に、序論として、イアンブリコス、ポルフュリオス、プロクロスの魔術論の要約を添え、その中心に〈ヘルメス文書〉《ヘルメティカ》の描く魔術の全体を提示する。彼はその際、『アスクレピウス』中のエジプトの宗教について述べた部分と、神像の中に天上界の神霊たちの霊気を導き入れるための魔術的操作についての論述を引用している[★030]。彼はまた、ヘルメス・トリスメギストスが「天界における事物の形態をあたかも封印であるかのように読み解く方法を教えた[★031]」とも述べている。これはもちろん占星術的な図像のことであり、同じ箇所で三六のデカン図像についても論じている。
カンパネッラは、フィチーノの魔術の解説を始めるにあたって、「こうしたすべての教説は」ヘルメス・トリスメギストスから由来したものなのである、と切り出している。★032 ウォーカーの解釈に従えば、このカンパネッラの言葉は、「フィチーノの占星魔術が、『アスクレピウス』中の、偶像が護符あるいは人間（操作主体《オペレイター》）に変容するという論旨と同じ実践的操作を内実としている」ことを意味している。カンパネッラがフィチーノの魔術をほぼ完璧に把握していたことは確実であり、また彼は、フィチーノがヘルメス・トリスメギストスを自己の理論の典拠としていたということも、完全に理解している。
われわれはカンパネッラがこの魔術を実際に行ったことを知っている。それは一六二八年にローマで教皇ウルバーヌス八世☆025のために実施された。事の起こりはある種の〈食〉が天界で観察されたことだった。これを教皇の敵たち（特にスペインである。というのもこの教皇は反スペインの立場をとっていたから）が彼の死を告げる徴だと予言したことを教皇は怖れたのだった。カンパネッラは、教皇のために魔術を実践してこの邪気を祓おうとした。まず二人は一つの部屋に閉じこもり、部屋の各所に封印を施して外気が全く入らないようにした。内側に白い布を天井から垂らし、その部屋である種の香草を薫《た》いて燻らせた。二つの灯明（luminaria）と五本の松明が灯された。これらは七つの惑星の象徴である。黄道十二宮の〈宮〉の徴はある種の方法で模擬的に描かれた。こうした準備に関してはこう述べられている。「これは哲学的な手順を踏んでいるのであって、俗物たちが考えるような迷信とはわけが違うのである」。木星的、また金星的な音楽☆026が演奏された。善き惑星に属する宝石、植物、色彩が用いられ、彼ら二人は占星術的な方法で蒸留した酒☆027を飲んだ。この魔術儀式はカンパネッラ自身によって、☆028彼の著作『占星術《アストロロギア》』（リヨン、一六二九年）の補遺の中で記述されている。★033
彼は同じ種類の魔術儀式を自身の死の寸前にも行っている。その年一六三九年にも食が起き、カンパネッラはそれが自分の死を告げるものであることを怖れた。そこでこの『占星術』に描かれた魔術儀式を、自分自身の厄除けのために、サントノレ通りにあったドメニコ会修道院の寄宿室で行ったのだった。[★034]

この儀式で演奏された音楽について言えば、これはウォーカーも指摘するように、[★035]〈食〉のために悪い状態に陥った現実の天体の代わりに、人工の、幸運をもたらす天体を造り出すことを目指していたのだろう。この魔術儀式は私的に行われた個人的な安寧を祈願するためのものである。しかしもし組織された国家に祭司階級が存在して、彼らが魔術の実践法に通じ、それを恒常的に行っていたとしたら、その国家は天界から天降るあらゆる悪しき感応霊力を逃れて、健康の面でも、道徳の面でも永久に高い水準を維持できるということになるだろう。これがまさに擬似‐ヘルメス教的エジプト人たちが彼らの自然宗教を活用することで実現可能だと思っていた理想世界なのである。彼らはつまり『アスクレピウス』で描かれる魔術を志向していたのだった。そしてこうした理想状態を理想国家として実現したものが、ヘルメス・トリスメギストスが建設したとされるアドケンティン市であった。『ピカトリクス』に描かれるこの都市では、巨大な灯台が常に惑星の色彩の光線を照射し、その町の周辺には天界の図像が配置されていた。カンパネッラの理想の〈太陽の都市〉も、そのような理想国家の一つとして構想されていたことは間違いない。そこでは太陽の祭壇と七つの惑星を擬した灯明が、丸天井に描かれた図像に照応し、その祭壇の傍らには、訓練された〈魔術師《マギ》たち〉から成る神官団が控えていたのだった。

カンパネッラは、占星術に関心を持っていた教皇ウルバーヌス八世が、魔術的改革を教皇庁に導入してくれるかもしれないと期待していたはずである。教皇庁と教皇制度は彼にとっては常にこの改革の正しい、そして最善の中心点だったからである。また彼は人生最後の時期にパリで勝利のただ中にいた時も、リシュリューがフランス王政との関わりで彼の魔術的改革の構想に関心を持ってくれることを期待していたはずである。カンパネッラは、自著『事物の感覚と魔術について』(*De sensu rerum et magia*)をリシュリューに献呈するに際して(パリ版は一六三七年)、この偉大なる枢機卿に〈太陽の都市〉の建設を進言している。パリ版の『太陽の都市』（一六三七年）は少しだけ正統信仰的な方向への改訂を加えている。例えばマホメットは取り除かれ[☆029]、キリストと使徒たちはもっと高い場所に置かれている。アリストテレスは衒学者という蔑称ではなく、論理学者という呼称で呼ばれている。しかしもう一つ加えられた変更がある。太陽都市の住民が実際に魔術を実践している様子が描かれているのである[★036]。

カンパネッラの〈神学大全〉

どうしてカンパネッラは、魔術的改革が、カトリック的な基本枠の中で実現できると考え得たのだろうか。一つの根拠は、キリスト教的な偽ディオニュシウスの天使たちの位階が、そのまま星辰の世界に連続していたからである。この連続性の保持においても、カンパネッラは、フィチーノの直系の後継者であることを示している。前に本書の「偽ディオニュシウスとキリスト教魔術の神学」と題した章で[☆030]、フィチーノの思想世界においては、天使たちの位階は神的な感応霊力というものを発しているが、それはほとんど占星術的な姿を示しており、またその力はそのまま天界固有の感応霊力に連続しているということを示しておいた。つまりこの連鎖によって上昇と下降の連続性が確保され、星辰を対象とする祭祀はそのまま天使たちの世界まで届くことになる。天使の位階が〈三位一体〉を具現しているわけだから、フィチーノの「ネオプラトニズム」をキリスト教化するのに最も貢献したのは、キリスト教的プラトニストとしての聖ディオニュシウスであった。フィチーノは「ネオプラトニズム」を自称していたものの、その教説の内実はヘルメティズム的魔術だったからである。

カンパネッラも、フィチーノと似たような基軸に沿って彼の思想を展開している。ウォーカーは、カンパネッラの魔術が天使の世界と連動していることを指摘した。カンパネッラに登場する天使たちが、特に偽ディオニュシウス的なものであることは確実である。なぜなら彼は『形而上学』において、ヘルメス・トリスメギストスとフィチーノの魔術を解説する直前で、長々と天使の位階を論じているからである。その天使たちの機能を弁別する記述の形式は、フィチーノを如実に思い起こさせるものがある。[★037]イタリア語で書かれた『太陽の都市』の最初の草稿においても、天上世界と天使界の連続性ははっきりと主張されている。太陽都市の神殿入口を飾る列柱の上には、存在するものたちの階梯が説明されており、「何が〈神〉なのか、何が天使なのか、何が世界なのか、星辰なのか、そして人間なのか……」(che cosa è Dio, che cosa è angelo, che cosa è mondo, stella, uomo...)という言葉が刻まれているからである。[★038]あるいは図像でこの言葉を説明していたのかもしれない。ともかくこの存在の階梯は、神殿に参拝する人々に、彼らが星々の仲立ちによって〈神〉と天使たちに至るのだということを明示するのである。

本書で研究してきたルネサンス魔術の歴史では、まずフィチーノが、究極的にはヘルメス教に遡行する〈魔術《マギア》〉の観念を一般化し、それにピコ・デッラ・ミランドラがカバラを付加補足したのだった。この補足は、カバラに内在する力によって、〈魔術〉と天使の世界の連続性が再度強化されたことを意味する。カバラは天使たちの世界に到達しようとし、またその天使たちの仲立ちによって、セフィロトとヘブライ語の〈神〉の名前に秘められた神性の最高の奥義に達することを志向するものだからである。このようにルネサンスの〈魔術〉には、キリスト教の天上位階との連続性を確立するという方向と、カバラに備わる天使魔術を活用しようとする方向という二つの志向が内在し、この二つが此岸的世界を廻るヘルメス教的祭祀と宗教との[☆031]連結を非常に緊密化することになったのである。しかしカンパネッラにおいては、少なくともわたしが検討した限りでは、このカバラと融合する形でのルネサンス魔術の流れは希薄である。例えばカンパネッラの『形而上学』においては偽ディオニュシウスを論じた条はあるが、そこにセフィロトへの言及はない。しかし〈魔術〉とカバラを結びつけるルネサンス魔術の本流では、まさにこの天上位階とセフィロトは並置されるべきなのである(例えばフラッドにおけるこの並置の事例は本書図版07を参照)。さらにわたしは少なくとも一箇所、カンパネッラがカバラ的神秘主義を批判している章句を発見した。[★039] このわたしの発見は、カンパネッラがフランチェスコ・ジョルジのカバラ主義者的な計画に賛同していなかったというウォーカーの指摘[★040]を傍証するものでもあると思う。カンパネッラのカバラに対するこの消極的な姿勢は、すでに検討しておいたブルーノのそれと比較することができるだろう。ブルーノの場合もカバラからの影響は皆無だったわけではないが、ヘルメティズムとエジプト主義の第一義性に比べれば、カバラの位置は遙かに副次的なものへと後退しているのである。

カンパネッラは、ヘルメス教的な此岸的世界を廻る祭祀の有効性を固く信じ、それを基盤として精緻な神学の大系を構築した。この点では彼はブルーノと異なっている。ブルーノは、自然宗教が、改革された後のカトリシズムの基本枠を提供し得るのではないかと考えてはいたものの、神学そのものには関心が薄く、「天然自然」の世界に没頭していたからである。

カンパネッラの何巻にも及ぶ浩瀚な『神学』の全体が研究され解明されて初めて、われわれは、彼の自然神学をより良く理解することができるようになるだろう。〈魔術と恩恵〉(Magia e Grazia)[★041]といった表題のいくつかを見るだけでも、その意義というものをあらかじめ推察することができる。容易に予測されることだが、カンパネッラの神学大系では、宗教的ヘルメティズムが重要な機能を果たしている。彼は自著『聖なる三位の単一性について』(*De Sancta Monotriade*)の中で、エジプトの王であったトリスメギストスはほとんどすべてのキリスト教の神秘に通じ、それについて語ってもいる、と述べている。[★042] 例えばトリスメギストスは〈神〉が〈三位一体〉であることを知っていたし、〈神〉がその〈言葉〉によって世界を創造したということも知っていた。彼は、その時〈神〉が「わがすべての業の実りよ、木々のごとく芽吹き伸び広がりなさい」(Germinate et pullulate omnia opera mea)と言挙げして叫んだのだと言っている。これは「創世記」における〈神〉の言葉、「産めよ、増えよ」(Crescite et multiplicamini)[☆032]に照応している。[★043] ここでカンパネッラはフィチーノのラテン語訳によって『ピマンデル』を引用している。[★044] またフィチーノが、この『ピマンデル』の註釈で指摘しているモーセとヘルメス・トリスメギストスとの照応関係を、そのまま踏襲している。[★045] この一例だけでも、カンパネッラが宗教的ヘルメティズムから非常に深い次元での影響を受けていたことを知るには十分だろう。カンパネッラも、フィチーノと同様に、トリスメギストスが敬虔な宗教的人物であったこと、彼がキリスト教の神秘を予知していたことを確信していた。この確信によって彼らは、トリスメギストスをほとんど一個のキリスト者と見做し、彼の魔術を権威あるものと考えたのである。

『神学』のもう少し前の方で、カンパネッラは非常に重要な主張を行っている。彼は、トマス・アクィナスの〈三位一体〉論を参照する。そこでトマスは、われわれ人間が〈三位一体〉の内実を自然的な方法で知ることはできない、と主張している。その理由は、自然界の被造物の裡には〈三位一体〉の光は反映していないからだ、とトマスは続ける。しかし聖トマスは、「プラトン派とトリスメギストスの著作は読んでいなかった。それらは彼の時代にはいまだにラテン語に翻訳されていなかったからである[★046]」。したがってトマス主義者の信奉する神学は、プラトン派とトリスメギストスの著作の光に照らして改訂する必要がある、という論理的要請が生じる。実際にカンパネッラが監獄で行おうとしたことは、ドメニコ会士としての神学的素養を生かしつつ、まさにこの改訂された『神学大全《スンマ・テオロギカ》』[☆033]を構築することにあったのだと、わたしは確信している。つまり彼はプラトニストたちとトリスメギストスの著作を参照しつつ、より「自然な」〈三位一体〉の神学、より「自然な」キリスト論、より「自然な」聖餐に関する見解を展開しようとしたのである。この改訂されたトマス神学においては、恩寵は一種の〈神的な魔術《マギア・ディヴィーナ》〉となり、この〈神的な魔術〉は〈自然魔術《マギア・ナトゥラーリス》〉からそれ自体の力で発生する、とされる。この新しい神学と調和する哲学は、もちろん、もはやスコラ哲学のアリストテレス主義ではなく、ルネサンス固有のアニミズム的哲学とその魔術的な自然解釈ということになるだろう。

われわれはここでカンパネッラのこの大規模な試行の足跡を辿ることはできない。それは優に一冊の研究書を必要とするものだし、それどころか数冊の規模に及ぶかもしれないからである。どうしてそれほど大がかりな研究になるかというと、そもそも彼の神学体系を正しく理解するためには、ルネサンスのトマス主義の歴史全体を背景に置いて考える必要があるからである。またこの歴史についての研究書はいまだに一冊も存在しないのである。その研究はいずれにせよ、フィチーノのトマス・アクィナス援用の試みを検討することから始められることになるだろう。フィチーノは、護符の使用をトマス・アクィナスも賛同していた、というやや迂遠な論拠を用いることで正当化しようとしたのだった。このフィチーノの試みは、それほど風変わりなものではない。それはカイエタヌス枢機卿の事例を参照することで明らかとなる。ウォーカーも指摘しているように、カイエタヌス[☆034]は一五七〇年にトマスの著作集を編纂出版するにあたって、その註釈で護符の使用の正当性を擁護しているのである[★047]。カンパネッラは、自身の星辰魔術を擁護する折に、このカイエタヌスの註釈を権威として用いているから、トマスの著作集はカイエタヌス版で読んでいたことが分かる[★048]（もう一人の偉大なるドメニコ会士、アルベルトゥス・マグヌスを魔術の擁護者として援用する試みは、遙かに容易なものだった。なぜならアルベルトゥス自身、おそらくは一個の魔術師だったからである）。近現代のトマス主義から判断すれば破門に値したような、ルネサンス固有のトマス主義というものが存在した。カンパネッラの神学体系は、まさにその頂点を形成している（それは彼の生前には公刊されなかったし、一般の賛同を得ることもなかった）。彼の『神学』は、新たなドメニコ会の〈大全《スンマ》〉となすべく構想されたものであった。そしてそれは、対抗宗教改革とルネサンス魔術の双方に、神学的基盤を提供するべく予定されていたのである。

カンパネッラの自然哲学

カンパネッラは、その多くの著作で、ちょうどブルーノがそうであったように、ただ自然哲学者としての資格のみで語ろうとする。そのような時、彼は世界が生命を持ち感覚を備えたものであることを主張し、このアニミズム的汎生気論に自身の〈魔術〉の観念を結びつけようとする。このアニミズムの連関では、これまで繰り返し、カンパネッラに影響を与えた二人の著作家の名が挙げられてきた。その一人はアニミズム的哲学を説くテレジオである。彼は熱と冷気の間の葛藤にこだわり、それを世界の基本的な原理だと見做している。もう一人は魔術を科学に再編することを試みたジョヴァンニ・バッティスタ・デッラ・ポルタである。★049☆035カンパネッラが、この二人の南イタリア出身の同時代的思想家たちから、多大の影響を受けたことは事実である。しかしカンパネッラ自身は、ヘルメティズムからの影響を最大のものと見做し、それに比べればこの二人からの影響は副次的、ないしはこの基底的な影響の派生物であると捉えていた。彼の著作を参照するだけでこの事情は明らかとなる。それを証明する二つの事例をこれから検討してみることにしたい。まず『神学』の第一書では生命を持った世界について次のように語られている。

ウェルギリウスも、ルカーヌスも、他のすべての詩人たち、そしてプラトン派の哲人たちも、世界が生きたものであることを教えている。とりわけトリスメギストスがそうである。……トリスメギストスは、世界を変転するものと呼ぶのだが、それは世界が死んだものではなく、ただ変転を重ねるだけのものだからである。われわれもまた世界が死んだものではないと主張する。ただし熱と冷が互いを無化し合い、それが感覚上に反映する場合は別である。★050

カンパネッラは、世界が生命を持っているというこの主張は「最初にトリスメギストスによって教示された」と述べ、続いて『ヘルメス選集』XIIから、死というものは存在せず、ただ有為転変のみがある、という言葉を引用する。そしてこの命題に、さらにテレジオの寒熱の理論を付加し変更を加える。いずれにせよアニミズムの根本原理は、「最初にトリスメギストスによって教示された」のである。すでに前の方の章で検討したように、ブルーノのアニミズムも

ヘルメティズムに淵源を持つものだった。カンパネッラと同じ『ヘルメス選集』の章句をブルーノも援用している。★051
したがってわたしは、ブルーノの場合と同じく、カンパネッラも、ヘルメティズム的アニミズムをテレジオの理論によって装飾するものの、やはりそのアニミズムの淵源はヘルメティズムに求めるべきであると考えたい。このカンパネッラの章句は、ルネサンスのアニミズムが究極的にはヘルメティズムから派生したものであるというわれわれの主張の重要な傍証をも提供している。もちろんルネサンス的アニミズムは、このカンパネッラの例にも見られるように、プラトンやプラトン派の哲学者、またウェルギリウス等々を典拠として用いもする。しかしそれは本質的なことではない。むしろ最古の時代に生きたトリスメギストスの、そしてまた最初にこの世界は生きているということを教示した人物としての彼の、絶大なる権威というものが、宇宙全体の生気論という魔術の基礎にとって決定的な重みを持ったのである。

ポルタの魔術理論がカンパネッラに与えた影響を次に見ておこう。カンパネッラの著作『事物の感覚及び魔術について』(*Del senso delle cose e della magia*)には、ポルタが魔術の改善に果たした貢献を論じた部分がある。その数頁後に次の言葉が見える。

> 優れた叡智を備えていたトリスメギストスは、人間は世界における一つの奇跡である、そして人間はその高貴さにおいて神に等しいか、あるいはそれに優る存在である、と述べている。彼はまた、人間はその理性の裡に絶大な能力を秘めているので、その能力を用いて大理石や青銅から神々の像を造り出し、星座の周りの正しい時を選んで、それらの神像に生命を吹き込み、それらに語りかければ応答を得るようにすることができる、とも述べている。ポルフュリオスとプロティノスもこのことを確信し、さらに天上には良き天使たちと悪しき天使たちが存在する、こうしたことは皆自分の体験から知っていると付け加えている。わたしはこ

のことのはっきりとした証拠を自分で確認したわけではない。といってそれを探し求めて見出し得なかったという意味ではなく、元々少しそれとは違う見解を持っていたのである。[★052]

カンパネッラは、同時代的魔術師の一人ポルタを論じているにもかかわらず、ここではさらに、ルネサンス魔術にとっての福音書とも言える『アスクレピウス』の大いなる奇跡としての人間を論じた章句に遡る。そしてそこに描かれた、神々に生気を与える術を熟知していたエジプト人たちの叡智を、正統的な連想に則って、ネオプラトニズム的な降霊術（「ポルフュリオスとプロティノス」）と結びつけるのである。

カンパネッラのアニミズム及び魔術は、ブルーノの場合と同様に、究極的にはヘルメス教的なものであり、テレジオとポルタからの影響はこれに比べれば副次的なものである（ブルーノの場合もポルタからの影響を確認することができる。とりわけ動物の表情溢れる描写がそうであり、これはある意味で魔術の世界と繋がっている。またテレジオからの影響も多少はあるが、これはカンパネッラの場合と比べるとそれほど強くはない）。

『アスクレピウス』からの引用を行った後、カンパネッラはさらに「神的な魔術《マギア・ディウィーナ》」というものが存在しているが、これは〈神〉の恩寵なしに行うことは不可能であり、モーセや聖人たちが奇跡を行ったのもこの「神的な魔術《マギア・ディウィーナ》」に拠ったものである、と述べる。彼はさらに「自然魔術《マギア・ナトゥラーリス》」と、悪魔の力を借りる「悪魔的魔術《マギア・ディアボリカ》」を論じる。自然魔術は、もし正しく実践されるならば、神的な魔術へと昇華することができる。「被造物への憐憫と敬意をもって正しくそれを（自然魔術を）行う者は、しばしば天上の者たちと共に、超自然的な世界へと昇り行くことが可能となる」[★053]。この観念は、エジプト人が行った神的で魔術的な儀式を廻るブルーノの思想から、それほど遠く離れたものではない。そのエジプト人の儀式においても、彼らは自然を超えて彼方の神的な世界へと上昇して行ったとされているからである。

カンパネッラの著作を読み進めていくと、時としてブルーノの言葉がそのままそこに響いているような錯覚に陥ることがある。例えば『事物の感覚について』中の次の条。

人間の認識が深まるにつれ、彼は太陽の上にいることを思い、さらにそれを超えて行くことを思い描き、さらに上昇を続けて天界のさらに彼方に至り、その彼方の無数の世界へと至る。……これらの無限の原因から、この種族（人間）は造られているのである……アリストテレスは、そうしたいと高きところのことを思い描くのは、空しい想像にすぎないと言っている。しかしわたしはトリスメギストスと共にこう言いたい。いと低きことのみを思うのが、まさに動物性のなせる業なのだ、と。果たしてどこからこの無限性というものが由来するのか、それを彼に答えて欲しいものである。もしも似た世界同士が似たような考え方をするものならば、さらにその先にまた似た世界が次々に相応じていくことになるだろう。そしてそれは無限へと至ることになる。だからわたしは、この似たものの間の照応というものは、ずっと終わりなく無限に続けられるならば、そもそもそれらの事物が初めから無限を分有していることに等しくなる、と付け加えたいのである。[★054]

ここにはブルーノが世界の涯をさらに超え出ていく、その跳躍に非常に近い過程が描かれている。ブルーノのその超越も、一つの無限への跳躍であり、その無限の中には無数の他の世界が含まれていた。人間の精神がこの跳躍をなし得るということは、人間の精神が元々無限に似た力を有していることを証している。カンパネッラにとっては、この思想を啓示するのが「トリスメギストス」であり、彼はこのトリスメギストスを視野の狭いアリストテレスと対比させるのである。

カンパネッラは、その自然哲学の構築において、ブルーノと非常によく似た基軸上で彼の思想を展開していったことが分かる。もちろんそこには差異も留保も存在する。例えばカンパネッラは、ヘルメス教で説かれる輪廻思想の教説には賛同しない。[★055] 一方ブルーノはそれを認めている。しかしこの『事物の感覚について』という著書の現在の形は、カンパネッラが最も早い時期に懐いていた思想を改訂したものかもしれないことは念頭に置いておく必要がある。

もしも最初期のカンパネッラの思想を、全く削除のない純粋な形で知り得るならば、その時はブルーノとの類似性もより大きいものとなるかもしれない。そしてカンパネッラがそもそも彼の思想遍歴の始まりにおいて、すなわちカラブリアの反乱蜂起の組織において目指したものが、ブルーノのタイプの完全なエジプト風の改革であり、そのために神霊的魔術をそのあらゆる極端さも含めて活用しようとしていた、ということも明らかになるかもしれない。ウォーカーが指摘したように、収監された当初、カンパネッラは非常に危険な形態の魔術を実践していたのである。[★056] だから『何を想起すべきか』(*Quod Reminiscentur*)では、若い頃に悪霊的な魔術に手を染めたことを悔い改めているような響きのする言葉を残している。[★057]

カンパネッラは後年、人々がブルーノの世評と自分を結びつけてしまわないように、意識的に彼との繋がりを避けていたのかもしれない。わたしの知る限り、カンパネッラが実際にブルーノの名前を挙げて言及しているのは、コペルニクスの太陽中心説に関してだけである。もちろん太陽中心説は、ブルーノが自説の論拠として活用したことで悪名を馳せた問題の学説でもあった。一六二二年にカンパネッラはガリレオのための〈弁明〉を出版している。彼はガリレオ以前にコペルニクスの太陽中心説と地動説を擁護した人々を論じる際に、ブルーノもそれらの人々の中に入れてはいるが、彼は異端者だったとも付け加えている。「ノラの人ブルーノ及び他の者たちについては、彼らの異端ゆえにここで言及することは許されない」。[★058] カンパネッラはブルーノのコペルニクス主義に巻き込まれてしまわないように用心しているのである。彼はガリレオのための弁明書においても、またガリレオ宛の書簡においても、太陽中心説を古代的真理への回帰であり、新しい時代の予兆であるという風に述べている。つまり彼はそこではブルーノの『灰の水曜日の晩餐』をはっきりと想起させるような言葉遣いをしている。それだけに一層ブルーノの〈異端〉に巻き込まれないように慎重に構える必要があったのだろう。「この新しい世界、新しい星辰、新しい世界体系の古代的真理が新たに発見されたということ、……これが新しい世紀の原理となるのです」[☆036]とカンパネッラは、一六三二年のガリレオ宛書簡の中で述べている。[★059] また他の書簡中では、今新しい神学体系を構築中であることをガリレオに打ち明け、その完成の暁にはガリレオの正しさも神学的に証明されるだろうと予告している。[★060] したがってこの時期のカンパネッラが、太陽中心説を新しい時代の予兆として認め、それを自身の新しい神学体系に包摂しようとしていたことは確実なのだが、ただしそれは彼が、人生のこの段階で、ブルーノの〈異端〉のすべてを容認したわけではない、ということに注意する必要がある。

　これらすべての事情は、カンパネッラが以前懐いていた急進的な見解を変更したことを示している。その変更の理由は、あまりに極端に走ったことを単純に後悔したのかもしれないし、あるいは反乱が鎮圧された後で、そうした急進的思想を実践することの不可能を悟ったからかもしれない。いずれにせよ彼の『神学』は、『ヘルメス選集』のキリスト教的解釈によって変更されたヘルメティズムを包摂するものである。彼の場合、このヘルメティズムのキリスト教化は、宗教的ヘルメティズムの伝統の中でもより正統信仰に近い方向を志向する。それは〈神的な魔術〉へと容易に昇華され、より穏やかな、より恐怖を掻き立てることの少ない形態を選ぶのである。カンパネッラは『神学』の一章〈魔術と恩寵《マギア・エ・グラーツィア》〉において、アグリッパが悪魔の力を借りる魔術を排除しなかったことを誤りだと非難している。[★061] それに対して神的な生命を獲得するためのフィチーノの三つの魔術的方法は、確かに実践するには非常に難しい魔術ではあるけれども、時折批判されてきたような意味で異端的であるわけではない、と述べている。[★062] このようにカンパネッラの構想する〈大全《スンマ》〉は、ブルーノのようには急進的でない穏やかな形式の〈エジプト主義〉を包摂しようとする。ブルーノの方は、アグリッパの呈示する魔術の中の最も悪魔的なものに対しても狐疑逡巡を感じることは全くなかったし、それどころか魔術師として火刑台に果てたチェッコ・ダスコリの魔術を用いることにもなんの抵抗も感じなかったのである。

もしブルーノが自分の魔術とヘルメティズムを神学的に包摂するような〈大全《スンマ》〉の構想を懐いたとしたならば、それはカンパネッラよりも遥かに難しい作業になっただろう。ブルーノのヘルメティズムは、〈ヘルメス文書〉のキリスト教的解釈を拒むものだったからである。しかしこの難しい課題ですらブルーノは解決可能だと考えていた。もしそうでなかったとしたならば、どうして彼は教皇クレメンス八世に直訴することを目論んでローマまで行こうとしたりするだろうか。おそらくブルーノは、後年カンパネッラがウルバーヌス八世に対して行ったような魔術を、教皇クレメンス八世に対して行う機会があることを期待していたのだろう。彼は自分の思想はトマス主義と両立可能だと考えていた。それはトマスに対する深甚なる尊崇の念が繰り返し彼の著作中で言明されているという事実によって確認される。ブルーノは、〈魔術師《マグス》〉としてのトマスを尊敬していたのである。ブルーノは確かにドメニコ会士の地位は捨てたし、異端の外国を放浪した。カンパネッラはこの二つのこととは無縁の人生を送っている。しかしドメニコ会的な神学者は、ブルーノの裡でも生き続けた。このことはトマスとアルベルトゥスに対する尊崇の念にも反映されている。カンパネッラが彼の懐いた魔術的改革の構想を、神学的に見ても恥ずかしくないものにしようと努めたことは、逆にブルーノの伝道的使命感もまた——時代の文脈の中で見るならば——一見そう見えるほど実現不可能で大胆奔放なものではないということを示してくれるのである。

ブルーノとカンパネッラは、一つの連続する流れの中で捉えねばならない。われわれが本書で試みてきたこともこの連続性の検証であった。フィチーノはヘルメス教的魔術を復興するに際して、それがキリスト教と両立可能だと弁明し、護符の使用を正当化するためにトマス・アクィナスの権威を援用しようとした。ピコ・デッラ・ミランドラは魔術とカバラが、キリストの神性を証明していると考えた。教皇アレクサンデル六世は、ヴァティカンにエジプト主義のモティーフを山盛りにしたフレスコ画を描かせ、〈魔術〉の擁護者としての名を残した。こうした傾向の元々の起こりはと言えば、ラクタンティウスがヘルメス・トリスメギストスを教会制度内に受け入れたことにある。この決定的な第一歩は、けっして万人の是認するところとはならなかったし、むしろ正統信仰の立場からは、厳しい批判が繰り返し試みられてきた。しかしそれにもかかわらず、やはりこのラクタンティウスの端緒というものが、将来ジョルダーノ・ブルーノとトンマーゾ・カンパネッラへと通ずることになる道を啓いたのである。

一六〇〇年にデル・リオは魔術批判書を公刊した（またしてもこの重要な年、一六〇〇年である）。この著作は対抗宗教改革の警戒感を明確に告げる、時代への警鐘となった。[★063] しかしヘルメス・トリスメギストスは、すでにルネサンスの宗教性のあまりに深いところまで浸透していたので、この警鐘にもかかわらず、容易に追放することはできなかった。それはカンパネッラの経歴そのものが雄弁に物語っている。

カンパネッラの政治思想

カラブリアでのスペイン支配を終わらせ、そこに〈太陽の都市〉を建設することを夢見た反乱が失敗に終わった時、カンパネッラは彼の理想を実現するために、方針を変更して、他の政治的手段に訴えることにした。この手段の一つは、かつての蜂起が向けられたその敵対勢力への直訴であった。一六二〇年に初版が刊行された彼の著作『スペインの王政』（*Monarchia di Spagna*）の中で、カンパネッラは、スペイン王国が全世界を支配する帝国に発展するだろうことを予言している。そしてその世界帝国ではただ〈一者〉のみが支配し、全世界の平和と正義が実現されるのである。この全世界を支配する帝国はカトリックの国となり、教皇を霊的な方面での首長と仰ぐことになるだろう。しかし他の著書、例えば『教会国家についての一般論』（*Discorsi universali del Governo ecclesiastico*）と『メシアの王国』（*Monarchia Messiae*）では、カンパネッラは今度は、教皇が全世界を支配する帝国を築くことになるだろうと予言している。そこでは教皇自身が霊的な方面でも世俗的な方面でも全世界の頂点に立つ。そしてすべての宗教各派は一つのカトリック信仰へと改宗統合され、全世界に宗教的、政治的統一が行き渡ることになるだろう、とされている。[★064]

カンパネッラがこのように反乱蜂起から急転直下、全世界を支配するスペイン帝国や、やはり全世界を支配する教皇を頂点とするカトリックの神権国家を予言し幻視してみせるという方向に転向できたのはどうしてなのだろうか。まずカンパネッラの政治思想は完全に中世的かつ神秘的なものである。つまりその理想は、黄金時代の〈帝国〉への回帰を内実としている。かつてダンテは、〈唯一者〉を支配者として仰ぐ体制の平和と正義を『帝政論』(*De Monarchia*)で描き、この黄金時代の〈帝国〉に古典的な表現を与えた。カンパネッラは理想の世界帝国を実現する候補として同時代の勢力から支配者を選び、スペイン王国か教皇制度に世界統治の可能性を見るのである。彼はフランスに赴くと、今度はこの可能性をフランス王国に切り替え、新しい黄金時代の世界帝国の首長たる地位をフランス国王に予言する。しかしこれは彼が自分の使命をフランス・ナショナリズムの方向で考えたという意味ではない。むしろフランス王政を神秘的な帝国の象徴と考えたのであり、これはダンテの意味での〈唯一者〉による支配と同義であった。[★065]

カンパネッラの構想では、常に〈唯一者〉の統治する世界国家というものがまず組織されなければならなかった。その世界国家組織の一つの形態として、世俗と霊的な両方面を統轄する教皇制度的神権国家が樹立される場合には、その頂点に立つのは教皇自身であり、また教皇が世界国家の霊的な首長として君臨するならば、その世俗的な方面での頂点にはスペイン王国、ないしフランス王国が立つことになる。カンパネッラは、彼の〈太陽の都市〉を完全に展開した制度形態として、そうした世界国家を理論上も必要としていた。それは魔術的制度改革の必然の帰結としての世界体制であり、その体制下ではカトリック的な〈魔術師《マギ》たち〉が住民を恒常的な福利と健康と徳性に導き、その世界都市の宗教もまた、達成された科学的世界観、つまり自然魔術の描く世界像と、完全に調和することになるのである。

カラブリア反乱蜂起の折の煽動文書を検討してみると、そこには神秘的な帝国理念、黄金時代の帝国が再び戻ってくるという予言の言葉が溢れていることに気づかされる。★066この予言はラクタンティウスの予言的章句やシビュラたちの託宣から、修道院長ヨアキムの黙示録的な予言にまで及んでいる。カンパネッラは時代の更新の時が今まさに来たことを告げる予兆の数々を信じていた。だからこそカラブリアの住民とドメニコ会士は、カラブリアに理想都市を建設する準備をしなければならないのである。この計画が成功した暁には、その理想都市は世界全体へと拡がっていくはずであった。反乱が失敗し鎮圧された時、彼は予兆に欺かれたのだとは考えなかった（その証拠に彼は残りの人生を通じて、予兆について語り続けている。特に太陽が地球に下降を始めたという予兆は彼の十八番のテーマである）。予兆を疑うのではなく、彼は思想の方向を転換し、理想都市を自分の領土に建設してくれそうな君主を探すことにしたのである。それはスペイン国王かもしれないし、世俗君主としての教皇かもしれないし（つまりその場合は、教皇は霊的、世俗的両方面で世界の首長の位置に立つわけだが）、あるいはフランス国王かもしれなかった。これがブランシェの解釈である。☆037つまり反乱鎮圧後のカンパネッラの政治思想は、そのように展開したのだと彼は考える。そしてわたしは彼は正しく解釈していると思う。

しかしわたし自身の考えもいくつか示唆しておこう。まず第一に、南イタリアにこうした理想の帝国的国家を建設し、そこから世界へ理想国家体制を広めていこうという計画はけっして新しい考えではない。神聖ローマ皇帝フリードリッヒ二世☆038は、シチリア王国を自律的なモデル国家として創設した（それはナポリも含んでいた）。★067そして彼は、この実験的な小国家を将来的には彼の帝国全体に広げていく望みを持っていた。おそらくこのフリードリッヒの実験的国家が、ダンテに霊感を与え、『帝政論』を執筆させたのだろう。かつて実践されたこの帝国主義的実験の社会的記憶が、南イタリアに蓄積され、それがカラブリア反乱の背景になったということは考えられないだろうか。だからカンパネッラは、反乱煽動文書の中でダンテにあれほどしばしば言及し、その反乱の予言者としての彼の存在を暗示したのではないだろうか。

第二に、この革命的回帰の思想には、明らかに三つの契機があるとわたしは思う。まず理想のローマ帝国が、新しい黄金時代として回帰してくるという観念、次に哲学者たちが支配者となるというあのプラトンの理想国家の観念。カンパネッラは、しかしこの二つの黄金時代的回帰に、第三の理想国家の観念を付け加えた。それが神官たちの魔術によって維持され永遠化されるエジプトの理想国家の観念である。〈太陽の都市〉の太陽的支配者は、したがって神官と王とを一身に兼ね備えた存在となる。彼は霊的な領域における第一人者であると共に、世俗的な領域をも支配する。つまり一言で言えば、彼は、神官、哲学者、王を一身に兼ね備えた、ヘルメス・トリスメギストスなのである。

カンパネッラは、このように、決して一個の自由主義的革命思想家などではなかった。彼が理想とした国家は、かつてのエジプトがそうであったような、絶大な権力を持つ神権国家である。その権力は、科学的魔術によって天上界の感応霊力を十二分に統御するほど強大であり、それによって住民すべての生命をも統轄することになる。この体制に明確に自由主義的側面があるとすれば、それは科学的研究と発明の国家的奨励という点に求められる。太陽都市の住民は、コペルニクスの天文理論にも関心を示しているわけだが、それは「世界の仕組み《ファブリカ・デル・モンド》」を知ることが重要だからである。彼らはまた機械的な道具の工夫にも長けており、それらは一般の福利のために活用される。しかしこれら太陽都市の先進科学は、結局上層の神官階級に独占され統御されている——かつてのエジプトがそうであったように。

カンパネッラの驚嘆に値する意志の強さと堅忍不抜は、次第にその果実をもたらし始めた。世界の君主たちはこの囚人に関心を示すようになった。その結果、一五九九年には危険な異端思想とスペイン支配に対する反乱の廉《かど》で投獄され、明日の命すら知らなかったこの罪人が、一六二六年には逆にスペインの影響力で釈放されることになったのである。その後再びローマで短期間収監されるがそれもすぐに釈放され、ごく短い期間だが自分が成功のほんの手前まで来ているのではないかという予感を持つことになった。彼は自著『地上の全域において〈主〉に顔を向けるために何を想起すべきか』(*Quod reminiscentur et convertentur ad Dominum universi fines terrae*)の中で、大規模な伝道の使命感をもって、自己の計画の概要を提示した。当時のローマでは、まさに伝道的使命が最優先事項となっていた。教皇庁内に〈信仰宣伝聖省〉が設置されたのも、少なくとも部分的には、カンパネッラの献策に拠ったものだと噂された。しかしこの噂自体、自著を献呈した折のカンパネッラ自身の言葉だけを典拠とするもののようである。[★068]この本は教皇パウロ五世、グレゴリウス十五世、そしてウルバーヌス八世に献呈されているのだが、カンパネッラはその献辞の中で、この新設された教皇庁聖省のためにこの著作を用いてほしいと述べているのである。さらに一六三五年にフランスで書かれた手紙の中で、彼は自著『何を想起すべきか』はその流布のために大量の宣教師の集団を必要としている、自分はこれから〈信仰宣伝聖省〉宛の書簡を書いて、そこでフランスの異教徒たちを改宗させるための献策を行うつもりだ、と述べている。[★069]こうした有名なカトリックの制度機関と関係を持っていると考えたのはカンパネッラだけだったとしても、彼の過去の歴史を考え併せれば、やはりこの事実だけで異例とも言える事態ではあるだろう。彼が世界中に宣伝普及させたいと望んだ信仰とは、もちろんカトリック化された自然宗教である。ブランシェが指摘しているように、やはりすべての異教徒への伝道を目指した著作、『征圧された無神論』(*Atheismus Triumphatus*)において、この哲学者は、それらイスラム教徒、ユダヤ教徒そして世界中のすべての異教徒たちに対して、自然宗教の啓示と教説を提示するのだが、その内実は彼が一五九九年の反乱蜂起の際に霊感を得たその同じ思想の再現なのである。[★070] カンパネッラは、ローマで一六二八年に、教皇ウルバーヌス八世のために〈食〉の邪気を祓う魔術を行った。ウォーカーは、この試みは、この占星術を信じていた教皇の好意を勝ち得て、自分の計画に関心を持ってもらうためでもあったと考えている。「もしカンパネッラが、太陽が地球にゆっくりと近づいているという予兆と、それが予言していることを教皇に伝え、納得させることができたなら、カンパネッラ自身によって訓練された宣教師の一団がローマを出発して全世界へと向かい、世界中の人々をその改革された『自然な』カトリック信仰へと改宗させることになっていたのだろう。それは全世界を〈太陽の都市〉へと変容させる千年王国の開始を告げたはずなのである」[★071]。実際にこの時期カンパネッラは、ウルバーヌス八世の庇護を得て、ローマの宗教政策にある程度の影響を与え始めていたらしい。

カンパネッラが一過性のものにせよ、ともかく実際にローマである程度の成功を収めかけたということは、似たような試みの結果火刑台に果てたジョルダーノ・ブルーノの先例を想起すれば、まさに驚くべきことではある。ブルーノもフランクフルトで全世界を一つの宗教にするための計画を「占星術化」して示し、伝道の使命に燃え、教皇に献呈する予定の自著を携えて、イタリアに帰国したのだった。そしてパドヴァでは、カンパネッラがそこに赴く直前に、世界がより良い状態に回帰する兆しは太陽にはっきりと顕れているという予言を繰り返した。ブルーノはもちろん、カンパネッラよりも遥かに極端であったし、特にカンパネッラが後年悔悛の姿勢を見せ始めたのに比べれば、暴力的と言えるほど直截であった。とはいえしかし、カトリック信仰の基本枠の中で「自然な」改革を目指すという根本の理念は、両者に共通していたのである。

こうしたことを踏まえた上で、なおかつカンパネッラの成功を過大評価しないように気をつけなければならない。

依然として彼に強く反対する者たちは多かった。この敵対者の中には、当時ドメニコ会の総長であったリドルフィも含まれていた。[★072] カンパネッラがウルバーヌス八世と魔術の儀式を行ったという事実が、『占星術《アストロロギア》』の補遺として追加される形で一六二九年にフランスで公にされたのは、どうやら著者カンパネッラの許可なしに勝手になされたことらしい。つまりあちこちの機関で高い地位を占めていたドメニコ会士たちが、ローマでの彼の影響力を殺《そ》ぐために、この魔術の記録を暴露して彼の信用を落とそうとしたらしいのである。[★073] 実際カンパネッラのローマにおける名声は短命に終わり、一六三〇年から一六三四年にかけては急速に評判が落ちたばかりでなく、身の危険すら感じるほどになってしまった。

一六三四年にカンパネッラはローマを去りパリに赴いた。

フランス王国への接近

すでにカンパネッラは釈放後ローマにいた間に、世界改革の主導者の役を教皇庁からフランス王国に切り替え始めていた。その趣旨で何冊もの著作を公刊したばかりでなく、ローマ駐在のフランス大使とも親交を深めていた。パリに赴いた後に公刊された著作はほとんどすべて、フランス王国が聖なる帝国建設の運命を担っているということを主題としている。例えば『政治アフォリズム集』(*Aphorismi politici* 一六三五年)では、天界の兆しはスペイン王国の力が衰退し、フランス王国の力は増大しつつあることを告げている、と述べている。同じ趣旨の内容を持つ著作は、草稿のままフランスの〈学識者《エリュディ》〉及び政治家の間で流布していった。例えばルイ十三世[☆039]を九天の高みにまで持ち上げて見せた『ガリア人の国家に関する記録』(*Documenta ad Gallorum nationem*)がそうである。この著作でカンパネッラは、ルイ十三世をその高貴なる重臣リシュリューと共に、ヨーロッパをスペインの圧政から解放するであろう君主として礼讃し、それはあたかも新しいシャルルマーニュが彼の騎士たちを伴って再登場するような有様であろう、と述べている。[★074]彼はまた、以前公刊した著作のいくつかを再版し、それらに新しくフランス王国に対する讃辞を添えた。例えば前述のリシュリューへの献辞を添えた『事物の感覚と魔術』(*De sensu rerum et magia* 一六三七年)がそれである。[★075]この献辞中で彼は、リシュリューに、〈太陽の都市〉を建設するよう献策している。これらの自著再版には、『太陽の都市』のパリ版(一六三七年)も含まれる。

カンパネッラは、パリでも依然として世界改革の使命感に満たされ、フランスのプロテスタントを改宗させようと試み続けた。書簡の中では、自分はイギリスのプロテスタントをも多く改宗させた、と述べている。[★076]彼はカトリック教会にも働きかけ、聖餐の典礼についてはプロテスタントに譲歩[☆040]して宥和的な態度を見せるべきだと献策した。[★077]

ここでパリのジョルダーノ・ブルーノを思い起こしてみよう。彼もアンリ三世という君主を通じて、フランス王国に積極的に関わろうと試みたのだった。『勝ち誇る野獣の追放』においては、このフランス国王を天界の改革の指導者として祭り上げた。イギリスから再度パリに戻ってきた時には、サン＝ヴィクトルの修道院司書に、聖餐を廻る困難はもう少しで取り除かれるだろうと述べ、「太陽の都市」についての話をしている。こうして見るとまさに歴史は繰り返すように見える。ブルーノはカンパネッラとして再登場し、今度はもっと成功に近づく。

しかしパリにおいてカンパネッラがいかに宮廷の庇護を受けていたと言っても、その成功を決して過大視してはならない。彼の正統信仰を疑い批判する声は、常にローマから聞こえてきた。カンパネッラが監獄で執筆した主な哲学的著作は、あのフィチーノの魔術についての記述を伴う『形而上学《メタフュジカ》』を含めて、確かにフランスで公刊された。しかし彼の『神学』に関しては、ソルボンヌ[☆041]は結局公刊の許可を与えなかったのである。[★078]

一六三八年にフランス国王の嫡子[☆042]が誕生した折、カンパネッラは、メシア的な主題を詠うウェルギリウスの『牧歌』第四篇を真似て、フランスの雄鶏が改革されたペトルス[☆043]と共に世界を支配する運命にある、という趣旨の田園詩を作ってこれを祝賀した。この来たるべき世界体制においては、労働はすべての人々によって和気藹々と行われ、一つの歓楽と化すことになり、すべての人々が唯一の〈神〉にして〈父〉を信仰し、愛が万人を結びつけることになる。すべての国の国王、すべての国の人々は一つの都市に集まってくる。その都市は〈ヘリアカ〉☆044つまり〈太陽の都市〉と呼ばれるだろう。この都市を創設するのが今誕生したこの英雄なのである。★079この牧歌で詠われる予言は、黄金時代の帝国の回帰という主題に、エジプト風の〈太陽の都市〉のモティーフを加味している。その都市に向けて、ちょうど『アスクレピウス』中に描かれているように、地上のすべての国々から人々が急ぎ来たるのである。イタリア語草稿の『太陽の都市』に見られるいわゆる〈共産主義〉的要因ですら、労働はすべての人々によって和気藹々と行われる、という公約にかすかな残響を響かせている。カラブリアの反乱蜂起のプロパガンダは、ルイ十四世時代の到来を予告する田園詩へと変容したのである。

ジョルダーノ・ブルーノは、後にフランス王国をアンリ四世として統治することになるナヴァール王アンリに、赫々たる事績を期待していた。カンパネッラは、後に「太陽王《ル・ロワ・ソレイユ》」として君臨することになる、このナヴァール王の孫にあたる幼児に、やはり赫々たる事績の成就を期待するのである。

ルイ十四世誕生の翌年、カンパネッラは天上に〈食〉が間もなく起こることを知った。彼はそれが自分にとっての災いの予兆であることを怖れ、かつてローマでウルバーヌス八世のために執り行ったのと同じ〈食〉の邪気祓いの魔術を、パリで寄寓していたドメニコ会の修道院の個室で行った。その直後に彼は亡くなった。臨終の際にはキリスト者として秘跡を受けている。★080彼の葬儀には多くの貴顕、学者が参列した。

カンパネッラの最期はブルーノのそれとは大きく異なるものだった。

この波瀾万丈のカンパネッラの生涯において、われわれは果たして〈太陽の都市〉という一つの象徴的観念自体が持ったしぶとい持続力に驚くべきなのか、それともむしろカンパネッラという個人が、この象徴的観念を自在に変容させ、出発点の全面的敗北を名誉ある勝利へと導いてみせたその劇的展開に感嘆するべきなのか、ほとんど決めかねてしまう。それとももっと単純に考えるべきなのだろうか。フランス王国こそが、かつてジョルダーノ・ブルーノにとってそうであったように、カンパネッラにとっても常に改革の理想的な主導者だったのだろうか。ひとときスペイン王国を持ち上げて見せたのは、ただ身の安全を図り、監獄から出るための手段にすぎなかったのだろうか。そして彼はその人生の最期になってようやくフランス王国に落ち着き、そこで本当の故郷に帰ったように感じたのだろうか。

ブルーノとカンパネッラの対比

カンパネッラとブルーノの人生の共通点が、はっきり右左に分岐していく地点が存在する。カンパネッラは、ブルーノのようにプロテスタントの国々で暮らしたこともなければ、その異端の国々の君主崇拝に参加したこともない。ブルーノの方はイギリスで宮廷人たちと一緒になって反スペインの女王、「神の如きエリザベッタ」に対する処女崇拝に加わっている。彼は彼女の未来にいささかダンテ風の連合王国の到来を予言した。この王国の至高の統治権は、もちろん海洋の〈唯一者〉、女神アンフィトリーテーたる彼女の手中に握られることになる。[★081] わたしはかつてエリザベス一世を廻る帝国理念と神秘思想の独特の融合を、黄金時代の正義を支配する処女神である〈アストライア〉の象徴を中心に研究したことがある。[★082] エリザベス朝の神秘的帝国理念は、テューダー朝で盛んだった帝国理念の聖性を廻る議論の延長として捉えることができる。この政治イデオロギーは、霊的な統治と世俗的な統治を現実に統合するものとして構想されているわけだから、その一体的統治を実現した王国は〈エジプト風〉と評してもよかったかもしれない。ブルーノは、このイギリス女王を廻る神秘的崇拝が、騎士道の復興という形を取っていることを知り、『英雄的熱狂』を上梓してそれに参加した[★083]。

もしカンパネッラのフランス宮廷での影響力が頂点に達した時期にパリに滞在した旅行者が、そのままイギリスに赴いたとしたならば（ちょうど何年も前にブルーノがそうしたように）、イギリス宮廷でその当時ちょうど上演されていた宮廷仮面劇を参観できたかもしれない。この仮面劇の舞台装置はイニゴ・ジョーンズ[☆045]が考案し、筋立てと台詞の多くはブルーノの『勝ち誇る野獣の追放』から取られていた。つまりそれは一六三四年に宮廷で催された『天上のブリタニア』(*Coelum Britannicum*)のことである。この仮面劇はユピテルの天上における改革の有様を描く。台本を書いたのはトマス・カルー[☆046]だった。彼はブルーノから多くの台詞をほとんど言葉通りに借りてきている[★084]。筋立てに含まれる天上界での舞台転換は、偉大なる芸術家が（イニゴ・ジョーンズのことだが）ブルーノの作品に内在する芸術的可能性を理解し得たことを証明している。「ここで舞台は転換する。天上に一つの天球が現れ、そこにはいくつかの星々の図像が描かれている[★085]」。お祭り騒ぎのおしまいには、舞台正面に置かれた玉座に王（つまりチャールズ一世[☆047]）とそのフランス王室から嫁いだ王妃（「ナヴァール王」の娘、アンリエット・マリー、英国名ヘンリエッタ・マリア）が置物のように並んで坐ると、舞台用にしつらえた雲が彼らの上から降りてきて、その雲の中から〈宗教〉、〈真理〉、〈叡智〉が天上での勝利を誇らしげに告げつつ姿を顕すのである。また〈永遠〉も一団の星々に囲まれて登場し、「われわれの英国に生まれた英雄たちが、その死後星々に変わったことを表現する。しかしそれらの星々の中でひときわ輝きわたる星は、国王陛下の頭上に輝いている。舞台の一段下がったあたりの遠方には、いとも栄えあるガーター騎士団のいとも名高き本拠、ウィンザー城が浮かび上がるのである[★086]」。

このようにしてアンリ三世の後継者としての殉教王チャールズ一世[☆048]が、天上の改革の指導者として昇り来たることになる。この仮面劇自体、一種の魔術として構想され国王の成功を寿《ことほ》いでいる。この『天上のブリタニア《コエルム・ブリタンニクム》』は、はっきりとブルーノの『追放』から影響を受けた作品だが、もう一つの名作、シェイクスピアの『恋の骨折り損』との結びつきも疑うことはできない。つまりこの仮面劇は、十七世紀初頭のイギリスにおいて、ブルーノの影響がまだはっきりと残っていたことを証しているのである。

ブルーノと同様に、カンパネッラもまた詩人であり、世界を崇拝する彼の宗教感情を一連のソネットや他の詩形式で表現した。そして時折自身でそれらの詩作品に散文の註解を付した。これはブルーノの『英雄的熱狂』と同じ様式を踏襲したものである。この叙情詩をカンパネッラ自身は〈雅歌《カンティクル》〉と呼んだが（ブルーノも自作『英雄的熱狂』を〈雅歌《カンティクル》〉と呼んでいる[★087]）、その一部分は一六二二年にドイツで「セッティモンターノ・スクウイッラ」という偽名で出版された。[★088]この偽名はカンパネッラが七つの惑星を象徴していると信じていた、あの七つの頭の瘤にちなんだものである。[☆049]カンパネッラの詩で残ったのはこの匿名詩集だけで、他は失われてしまった。これらの詩とそれに付された註解のいくつかのテーマは、『英雄的熱狂』のそれと緊密に連関している。しかしブルーノの詩に特徴的だった比喩形象の豊かさというものは欠けている。カンパネッラ自身が、比喩形象の使用を自覚的に避けてもいるのである。[★089][☆050]しかし〈結びの長詩《エピロゴ・マグノ》〉では、〈神〉の影像としての世界を詠《うた》い、真の哲学は、恋する者が愛しい人の似姿に見入るように、自然に反映した神性の面影を追い求めることである、と述べている。[★090]この言葉はブルーノの詩世界への導入の感がある。つまりこの心象をペトラルカ風の隠喩法に発展させて、素晴らしいアクタイオーンの比喩形象の上に焦点を結ぶならば、それがすなわちブルーノの造型した『英雄的熱狂』なのである。それは大いなる詩情によって表出されたヘルメス教的な世界崇拝の表現だった。そして騎士道的な女王崇拝を暗示する『英雄的熱狂』は、エリザベス朝を代表する詩人フィリップ・シドニーへ献呈されることによって、エリザベス朝文学の一部と化したのである。

ブルーノはヴィッテンベルクにおいて、ルター派への真情溢れる共感を示している。彼がこのように異端の君主貴顕を称讃し続けたことは、後々異端審問裁判で致命的な意義を持つことになった。ブルーノの、この異端の時代における、いわば左翼的な位置というものは、カンパネッラのそれと鋭い対比を見せている。

もう一つ、カンパネッラとブルーノの間には、比較参照に値する点がある。ただしこの問題は、わたしがもう一冊の研究書として纏めることを予定している記憶術の歴史に関わるものなので、ここで詳細に展開することはできない。しかし問題の所在だけでも述べておくことは必要だろう。われわれは、ブルーノの魔術の基軸的形態が、ヘルメス教で説かれる内面への世界の反照という教理を、古典的な記憶技法と融合させたものであることを確認してきた。彼は『イデアの影について』において、魔術的形象を基礎とする記憶の世界体系というものを呈示している。カンパネッラも、この統合の試みが一つの伝統を形成してきたことは知悉している。そして実際に〈太陽の都市〉も、「場所の記憶」として内面に反映させることが可能なのである。★091 したがって記憶の体系という側面から、この理想都市をブルーノの記憶体系と比較対照していく必要がある。『スペインの王政《モナルキア・ディ・スパーニャ》』では、まず星座全体の天文図を作製し、その天上界にオーストリア・ハプスブルク家の諸侯を散りばめる。カンパネッラは、そのようにして作製された天文図を、「場所の記憶」としても用いることができる、と推賞している。

> 彼（スペイン国王）は、新世界にも有能な占星学者を派遣するようにしなければならない。それは彼らにその南半球で観察されるすべての新しい星々を記述し解説させるためである。その記述は、南極から山羊座の支配する熱帯に及び、南極上に君臨する〈聖十字架座〉を解説するものでなければならない。その南極点の周りには、カール五世とその他のオーストリア・ハプスブルク家の諸侯の肖像を星座にして置くことになるだろう。☆051 これはギリシア人、エジプト人の模範に倣っている。なぜなら彼らは天上に自分たちの君主たち、英雄たちを配置したからである。つまりこうしたやり方を用いるならば、占星学と場所の記憶は同時に学ぶことがで

きるのである[★092]……

この著作は、カンパネッラの親スペイン的な時期に執筆されたものだが、あたかもオーストリア・ハプスブルク家のための実践的魔術指南のような趣きがある。まず世界図《マッパモンド》を造り、そこに描かれた天上世界にオーストリア・ハプスブルク家の諸侯を配し、それを魔術に使用する。この世界図は同時に記憶の体系をも表現している。もしわれわれが、このカンパネッラの処方を記憶術の歴史全体の中に位置づけ、その際、記憶術がヘルメティズム的なルネサンス魔術の中で果たした役割にも目配りするならば、ブルーノの『勝ち誇る野獣の追放』の意味をもより良く理解することができるようになるにちがいない。その場合ブルーノの世界図は、アンリ三世の政治的利害に合わせて、あるいはおそらくそこにエリザベス女王も入れてよいのだろうが、ともかく彼が選んだ天上の改革の指導者に合わせて作製されることになるだろう。カンパネッラのこの世界図も、内面への反照を基軸としており、その意味でブルーノの記憶体系とある程度の関わりを持っているのである。

このようにほとんどすべての点で、ブルーノとカンパネッラは、その気質や性格は異なるものの、非常に近い縁戚関係にある二人の人物のように見える。その人生行路は変化やさまざまな運命の違いを伴いつつも、お互いに重なり合い、反復している。彼らは二〇年の間隔を置いて、共に大いなる力に駆り立てられるようにして、宗教的ヘルメティズムを極端に魔術的な形態に変容させ、その思想を世界の中に解き放つ。両者の年齢の間に、二〇歳という隔たりがあることは重要である。なぜならこの時の隔たりは、宗教的ヘルメティズムがまさにその頂点へと向かうさなかに、つまりそれが主だった哲学的運動の根幹に関わり、また時代の宗教的問題の中核へと深く浸透していく過程を背景として、ブルーノの人生が演じられたのだということを意味するからである。またカンパネッラはそれから二〇年遅れてブルーノの道を辿ったがゆえに、今度は宗教的ヘルメティズムの衰退の時期と彼の人生が重なり合うことになるのである。ヘルメス文献が最終的に年代同定されたのは、まさにカンパネッラが収監されていた時期だった。ヘルメス・トリスメギストスは遙かの古代に生きた実在の人物だと見做されていた。この仮説が確信と化していたところに、ルネサンス・ヘルメティズムという壮大なる思想体系のすべての基礎が置かれていた。つまりそのすべての魔術と宗教の細部組織は、結局この思い込みを究極の根拠としていたのである。したがってテクスト本文の文献学的批判によって、この確信の基盤が掘り崩された時、その上に築かれた壮大なる建築の崩壊の運命も定まることになった。新しく生まれたデカルト派の哲学は、ルネサンスのアニミズム的哲学を、そのヘルメティズム的な基盤も含めて、世界を把握する学的方法としては全く時代遅れだと判断した。十七世紀の大いなる進歩の過程で、科学は魔術に取って代わったのである。

カンパネッラがパリにやって来た時、〈有力者たち〉《レ・グラン》と宮廷が彼を好意的に迎えたのは確かに、彼のフランス王政礼讃がリシュリューの野心的な反ハプスブルク政策に適っていたからだろう。しかしまた古い思考法というものも当時のフランスには根強く残存していた。多くのフランスの学者たちが、真正の学問的関心をカンパネッラに感じていたことも事実なのである。これは彼が大きな名声を彼らの間で勝ち得たことを見れば分かる。だから彼の著作が多大な関心と共に読まれたことに疑問の余地はないし、おそらくはそのことが彼らの間でのルネサンス的な雰囲気の復活という現象をも生んだのである。

しかし未来の担い手であった人々、そして新しい時代へと歩みを進めつつあった人々、つまりメルセンヌ[☆052]や、デカルトや、彼らの知己友人にとっては、カンパネッラはすでに無に等しかった。ペーレスク[☆053]はメルセンヌにカンパネッラを強く推賞したことがある。その時メルセンヌはこう答えている。「わたしはカンパネッラ尊師と三時間ほど共に過ごしました。これは二度目の面会です。わたしに分かったのは、彼が科学については何一つわれわれに教えるような知識を持っていないということです。前から彼が音楽に非常に造詣が深いということは聞いていたのですが、わたしが実際に尋ねてみると、なんとオクターヴの意味すら知らないのです。しかし彼はなかなか記憶力は優れていますし、豊かな想像力も持ち合わせてはいます」[★093]。この最後のコメントはほとんど礼儀上の必要から添えられただけなのだろうが、その実、おそらく最も辛辣な批評を含んでもいる。メルセンヌは、デカルトに、カンパネッラとオランダで会う気がするかどうか書簡で問い合わせたことがある。しかしこの偉大なる人物の返事は、もうすでにカンパネッラのことなら十分知っている、会うまでもないと思う、という素気ないものだった[★094]。ルノーブルが述べているように「時代は変わった《レ・タン・ソン・レヴォリュ》」のである。メルセンヌやデカルトは近代のただ中にいる。カンパネッラは確かに、宮廷から受け入れられるという勝利を味わい、有力者たちのホロスコープを作製して見せたものの、進歩的な学識者たちはすでにそうした夢のような話には耳を傾けなくなっていたのである。

この近代世界の開始を告げる曙光の中では、科学を「自然魔術」の一種と考え、それは「神的な魔術」としての宗教と混ざり合い一体化しなければならないとするそれまでの普遍宗教の夢は、霞み、消え去る運命にあった。この普遍宗教の正統性は、確かに常に非常に疑わしいものではあった。しかしこの普遍宗教の理念は、ルネサンス期の主な哲学思想と共鳴して、理念という夢固有の力を発揮してきたことも確かな事実なのである。カンパネッラがこれほど遅い時期になって、この普遍宗教の夢を復興し、かなりの成功を収め得たという事実自体、ヘルメス・トリスメギストスがそれまでに宗教思想の中に占めてきた確固たる地位というものを証言している。しかし今や科学と哲学は正統信仰と手を結んで、この夢を教会制度から追放しようとする。だからメルセンヌの魔術に対する大いなる戦いは、同時に自然神学に対する大いなる戦いをも意味していたのだった。

ブルーノよりも二〇年遅れて生まれたカンパネッラは、やはり生まれてくるのが二〇年遅すぎたのかもしれない。パリのカンパネッラは、ほとんど絶滅しかけたマンモスを見ているような趣がある。つまりルネサンス的〈魔術師《マグス》〉

という マンモスである。この人物が非常に苛酷な状況下で示した不屈の力そのものが、ルネサンスの〈魔術師《マグス》〉が、彼の自然宗教から引き出し得た強靱なる活力というものを証言している。本章を閉じるにあたって、カンパネッラがナポリの監獄で作ったソネットの一つを引用しておくことにしたい。

〈哲学の道〉

世界とは、永遠なる〈感覚〉が、自らの思考を
記した書物である。それは〈感覚〉の生きた神殿であり
そこには彼自身の姿が美しく照り映えている。
そして彼は厖大なこの圏域のすべてに満ちわたる。

だからこの世界においてこそ、すべての人間は読み解き、見出さねばならない
いかに生きるべきか、いかに治めるべきかを。そして
神なき悲惨を見つめつつも、あらゆる場所に遍在する〈神〉を見出し
大胆に宇宙の精神をこの手に捉えねばならない。

しかしわれわれは繋がれ縛られている、死せる本の山に、死せる神殿の廃墟に、
それは無数の過ちを生きたその生の写し。しかしわれわれは、
その過ち多き生を、かの高尚なる学派よりはさらに高貴なるものと呼ぶ。

ああ、このわれわれの感覚なき、鈍き魂がついにはその痛みによって、
その嘆き、苦悩、困難によって、ついには真理への憧れに捕らえられますように！
そのただ一冊の世界の原本を読み解くことができますように。[★095][☆054]

第二一章

ヘルメス・トリスメギストスの年代同定以降

ヘルメス文献への死刑宣告

思想の歴史にとって基本的な重要性を持つ発見というものが存在する。しかしこうした発見のあるものは、それがなされた後もあまり気づかれないままに過ぎることがある。例えばカゾボンなる人物が一つの発見をしたからといって、誰一人として「前カゾボン期」とか「後カゾボン期」とかいう時代区分をする気にはならないだろう。しかしそれにもかかわらず、イザーク・カゾボンが一六一四年に、ヘルメス文献は、非常に古い時代に生きた一人のエジプトの神官の真作ではなく、キリスト生誕後の時代に書かれたものだという年代同定を行った時、それがまさにルネサンスと近代を分かつ分水嶺となったのである。この年代同定は、〈始源の神学者たち《プリスキ・テオロギ》〉の存在に基盤を置くルネサンス・ネオプラトニズムの経験世界を一撃の下に粉砕した。その〈始源の神学者たち〉の筆頭格がまさにヘルメス・トリスメギストスに他ならなかったからである。それはまた、ヘルメティズムとカバラ主義の基盤、つまり古代の「エジプト風」の哲学とカバラ主義の融合に基づくルネサンス的な魔術師と魔術の根拠のすべてを粉砕した。そしてそれは十六世紀の非魔術的なキリスト教的ヘルメティズムの運動ですら不可能にした。またそれは、かつてジョルダーノ・ブルーノが体現していたような、急進的ヘルメティズムを不可能にした。彼らの標榜した前ユダヤ教的、前キリスト教的な「エジプト風の」よりよい哲学、そして魔術的宗教への回帰は、この神聖なる古代エジプト人の著作が、モーセよりもずっと後代だというばかりでなく、キリストと比べてすら遥かに後代の作品だと同定されざるを得なかったことで、その拠って立つ基盤が完全に破壊されてしまった。それはまたヘルメティズムに基づいた自然神学を構築しようとする試みの基盤をも粉砕した。つまりかつてカンパネッラの希望の拠り処でもあった神学は、いまや不可能となったのである。

カゾボンの仕掛けた爆薬はすぐに炸裂したわけではない。それを無視するか、あるいは拒否し、古き固定観念に頑固にしがみついた人々も多かった。十七世紀にルネサンス的伝統に吹き始めた強い逆風には、確かにカゾボンのこの発見以外にもさまざまな要因がある。しかしそれにもかかわらず、十七世紀の思想家たちを魔術から解放するのに貢献した要因の一つとして、この発見は重視されねばならないとわたしは思う。[★001]

一五五九年にジュネーヴでプロテスタントの両親の子として生まれたイザーク・カゾボン[★002]は、同時代における最も卓越したギリシア学者の一人であり、古典学のすべての分野に深く通暁していたばかりでなく、教会史にも詳しかった。友人だったジョセフ・スカリゲル[☆001]は、彼をヨーロッパ全体で最も学識ある人間だと考えていた。カゾボンは一六一〇年にイギリスに招聘され、ジェイムズ一世の庇護を得てバロニウス[☆002]の『教会年代記』(*Annales Ecclesiastici*)を批判する作業に着手した。〈ヘルメス文書〉が遙か古代に成立した文献だという伝説に対する彼の批判も、元々はこの作業の中に包摂されていた。カゾボンの没年は一六一四年で、遺体はウェストミンスター大聖堂に安置された。

チェーザレ・バロニウスの一二巻に及ぶ壮大な著作『教会年代記』は、一五八八年から一六〇七年にかけて出版された。それはプロテスタントの歴史観に対抗する対抗宗教改革の側からの教会史である。[★003]バロニウスは浪漫的伝説と古史料を全く無批判に用い、自分でもそれらに夢中になりながら記述を進めている。この著作の第一巻はキリストの来臨を告げる異教徒の予言を長々と扱っている。その典拠はラクタンティウスであり、バロニウスは欄外註で彼を引用している。ラクタンティウス[☆003]に従いつつ、バロニウスは異教徒の予言者として、メルクリウス・トリスメギストス、ヒュダスペース、そしてシビュラたちの名を挙げている。[★004]これがバロニウスのトリスメギストスに関する記述のすべてである。しかしラクタンティウスの神学的規範の枠組の中で、トリスメギストスをシビュラたちと並置すれば、それだけですでに、ヘルメス文書をキリストの来臨を告げる異教の予言書だとする、入念に組織された解釈の体系のすべてを共示することになるのである。明らかにカゾボンもその点に注目する。だからこそ彼はシビュラたちの予言の信憑性と〈ヘルメス文書《ヘルメティカ》〉のそれとを抱き合わせにする形で、それらの典拠の不確実性と、その古代性という思い込みが無根拠であることに、本格的な攻撃を加えるのである。

カゾボンのバロニウス批判書は、『聖なる事績と教会の事柄に関する実践集XVI』(*De rebus sacris et ecclesiasticis exercitationes XVI*)といういささか近寄り難い表題を持った著作である。それはバロニウスの著作の第一巻の半ばまでを検討し、その誤謬を指摘したものである。カゾボンはこうしたやり方で一二巻のすべてを検討するつもりだったが、この企図は彼の死によって中断されることになった。バロニウスが異教徒の予言者たちを列挙する条に来ると、カゾボンはこの主張の典拠となる著作の真正さに関する強い疑義を提出する。[★005] プラトンやアリストテレスを読んでも、また他の主な異教古代の著作家たちの作品を読んでも、ヘルメス・トリスメギストスやシビュラたちの託宣に言及した言葉には全く出会わない、と彼は述べる。[★006] 彼は、こうした偽書が初期キリスト教の時代に捏造されたのは、新しいキリスト教の教理を異教徒たちに好ましいものに見せるためであったと考える。[★007] トリスメギストスの作だとされた文書は、キリスト教徒ないし半ばはキリスト教徒であった者の偽作であって、その意図するところは善であったとはいえ、真実を偽った点は嫌悪されて当然である、とカゾボンは主張する。確かに遙かなる古代にヘルメス・トリスメギストスという名の人物は実在したかもしれない、と彼は一応譲歩して見せる。[★008] しかしこの人物が、彼の作だとされた文書の真の著者だということはあり得ない。これらの著作は古代エジプトの教理を含んでいるのではなく、むしろ一部はプラトンやプラトン主義者の著作から、また一部はキリスト教徒の聖なる経典から材料を借りて、それらをつぎはぎしてでっち上げたものである、と彼は結論する。[★009]『ピマンデル』にはプラトン、特に『ティマイオス』からの影響が顕著であるし、また「創世記」と「ヨハネによる福音書」をも援用している。[★010]『ヘルメス選集《コルプス・ヘルメティクム》』XIIIに登場する〈諸力〉は、聖パウロの「ローマの信徒への手紙」を想い起こさせる。[★011] ヘルメス文書に含まれる讃歌の多くは古い祈祷書、特にダマスクスの聖ヨハネのそれ、ないしは「詩編」から取られている。[★012]〈復活〉を描くヘルメス文書は、聖パウロ、殉教者ユスティヌス[☆004]、聖キュリロス[☆005]、ナジアンゾスのグレゴリウス[☆006]、その他のキリスト教思想家たちの観念を

借りたものである。[★013]

〈ヘルメス文書〉が、想定されてきたほどの古代文書ではないことを示す具体的な文献上の証拠も挙げられている。例えばそれらには、フェイディアース[☆007]やピュティア競技会[☆008]に関する言及があるし、また他の遅い時代のギリシアの著作家からの引用が多く見られる。そして最後にこの文献の文体そのものが疑わしい。その文体は初期ギリシア文献の文体ではなく、遅い時代の語彙を含むものである。[★014]したがってそれらの著作が太古のエジプト人メルクリウス・トリスメギストスによって書かれたと考えることは全くの間違いだし、それがそうした著作を元にした翻訳だと主張することも同様に誤りである。[★015]これが、カゾボンが長く詳細な批判的分析の末に辿り着いた結論だった。

カゾボンが、壊滅的な帰結をもたらした暴露を行うために実際に用いた〈ヘルメス文書〉が、現在大英博物館に所蔵されている。その表題扉には彼の署名があり、本文欄外には彼自身による手書きの多くの書き込みが残されている。それはトゥルネブスの編集によって、一五五四年にパリで出版されたギリシア語の原典版であり[★016]、『ヘルメス選集』の最初の一四編のフィチーノによるラテン語訳と、ラッツァレッリの「定義集」[☆009]の同じくラテン語訳を付して合本としたものだった。この小さな書物を手にしてみると、今自分が確かにルネサンス人の観念世界に生きていたヘルメス・トリスメギストスの死亡宣告を前にしているのだという、一種の畏怖に似た感覚に打たれる。この一冊の書物に至るまで、あの想像上のエジプトの神官は、〈始源の神学者たち〉の指導者として、かくも長きにわたって、これほど絶大なる影響を及ぼし続けたのである。

文献批判の感覚を全く持たないバロニウスは、もちろんギリシア学者でもなかった。彼は異教の哲学者に対する古来の見解をそのまま踏襲している。つまりそれは、すでに見たように、ヘルメス・トリスメギストスのキリスト教化に大きな役割を果たしてきた、ラクタンティウスの見解に従うということである。〈ヘルメス文書〉がキリスト教徒による捏造文書だというカゾボンの主張は、逆に〈ヘルメス文書〉のキリスト教的解釈がいかにこの文献の一般的理解の深層にまで浸透していたかということを証してもいる。カゾボンにとっても、この文献に浸透したキリスト教の影響は完全に自明の事実に思えたので、それを前提とした上で、そうした現象が生じた原因は、それが古代末期のキリスト教徒自身による捏造文書だったからなのだという風に解釈したのである——またはっきりと言明はしないものの、ラクタンティウスがその捏造に気がついていたかもしれないのに、それを見て見ぬふりをしたのは、それがキリスト教徒自身による捏造だったからかもしれないということをも仄めかしている。われわれは本研究の始めの方で、ラクタンティウスが、シビュラたちと抱き合わせに、ヘルメスをも異教の予言者だと見做したことが、後代のヘルメスの影響力を確立する上で重要な役割を果たしたことを見た。再びこのヘルメティズムの終焉の時期においても、ヘルメスが近代的な文献批判によってその地位を追われるのは、依然としてラクタンティウスが呈示した基本枠に沿ってなのである。その基本枠をバロニウスが踏襲して再度提示し、そしてそれに沿ってカゾボンのヘルメス追放の作業も行われたのだった。この追放を目撃するわれわれは、〈ヘルメス文書〉に対してこのような遅い時期になって初めてこうした文献批判が行われたことに気づき、逆にこの遅さに対して、啞然たる驚きの念に襲われる。カゾボンがこの年代同定の作業に用いた文献批判という武器は——つまりそれは内容からの批判的検討と文体からのそれの両者を包含するわけだが——すでに彼よりずっと以前に、ラテン人文学者たちが開発発展させ、ラテン作家たちの年代同定に成果を挙げてきた学的方法だった。しかしこの革新にもかかわらず、十六世紀の全体がこの方法を〈ヘルメス文書〉には全く用いることなく経過し、それどころかこの世紀はヘルメスの年代的誤謬に基づいた、異常なほどのヘルメティズム隆盛の時期となるのである。そうした空白を置いて、ようやくカゾボンが登場し、それ自体はすでに周知のものとなっていたこの文献批判という道具を用いて、『ヘルメス選集』のギリシア原典テクストの年代同定を行うことになった。『アスクレピウス』に関しては、もちろん最初からギリシア語原典は欠如していた。しかし『アスクレピウス』は、ルネサンス期には『ヘルメス選集』との緊密な連関において、同一の太古に生きたエジプトの著者によって書かれた作品として読まれてきたわけだから、『ヘルメス選集』の年代同定と共に、やはり特権的地位から追放されることになった。そしてそれと同時に、フィチーノこのかた、『アスクレピウス』中の魔術描写が与えてきた、魔術是認のための大きな論拠も失われることになったのである。

カゾボンの行ったヘルメス・トリスメギストスの捏造暴露は、元々バロニウスの歴史観に対する入念な批判の枠の中に、人目につきにくい形で組み込まれ隠されていた。したがってそれは、十七世紀という完全に新しい思想の運動が始まった時代にも、ルネサンス的伝統にしがみついた人々からは軽視され無視されることがあり得たし、また実際にそうなったのである。

こうした〈時代遅れの人々《レタルダテール》〉の筆頭かつ最大の存在が、カンパネッラであったということになるだろう。ブルーノは、カゾボンの捏造暴露本が公刊される一四年前にすでに火刑台に果てていた。カンパネッラは当時監獄にいた。彼の出獄後のすべての活動は、この暴露の事実を全く無視して行われている。ブルーノやカンパネッラのような人々にとっては、〈始源の神学《プリスカ・テオロギア》〉の聖なる太古のテクストに対して、近代主義的信条から文献批判を行うということ自体が、そもそもの発想にはないことだったのかもしれない。彼らは二人共、徹頭徹尾、非人文主義的な伝統を自らの出自とする思想家であり、その思想的伝統の中では「ヘルメス」と「プラトン派の人々《プラトニチ》」が、全くなんらの人文主義的学識も介さず、またその色合いさえ帯びることもなく、直接中世的な伝統主義へと接ぎ木されていたのである。もしブルーノが、このカゾボンの暴露が行われた十七世紀初頭にまだ生きていたとしたならば、確かにその伝道的使命の外観は後期カンパネッラのそれと大きく異なっていたかもしれない。しかしヘルメス・トリスメギストスの遙かなる古代性に関しては、全く信仰を失うことはなく、その点ではカンパネッラと軌を一にしていただろうことは確実である。

ブルーノの亡霊じみたところのあったカンパネッラは、この点でも、十七世紀の現実の中で完全に孤立していたわけではない。ルネサンス・ネオプラトニズムはごくゆっくりと死に絶えていった。そして同時代の新しい哲学や科学のさまざまな形態の中に、その最後の残照を与えることになった。一方にはマラン・メルセンヌのような人々がいて、彼らはルネサンスのアニミズムや魔術的観念と闘うのに忙しかった。その闘いは新しい時代への道を啓くためのものであり、その戦闘の武器の一つとしてこの〈ヘルメス文書〉の年代同定も活用した。しかし彼らの逆側にはまた、ロバート・フラッドやアタナシウス・キルヒャーのような人々もいた。彼らはヘルメス・トリスメギストスに関しては、全く伝統的なルネサンス的姿勢を堅持し、カゾボンは完全に無視した。しかしまた、いまだにしっかりとルネサンスのプラトン主義的な伝統に属しながらも、カゾボンの発見自体からは影響を受けた人々もいた。

本章では、カゾボン後の時期に、いまだにヘルメス・トリスメギストスに対して、完全にルネサンス的な姿勢を保ち続けた典型例として、フラッド、薔薇十字団、キルヒャーの三つの事例を検討してみたい。また次に、ルネサンス的プラトニズムの伝統に立ちながらも、カゾボンの発見によって〈ヘルメス文書〉に対する姿勢が大きく変わった思想家の例として、ヘンリー・モア[☆010]とラルフ・カドワース[☆011]を検討することにしたい。

復古的ヘルメス主義者——ロバート・フラッド

カゾボンの〈ヘルメス文書〉に対する批判を含む著作がイギリスで公刊され、ジェイムズ一世に献呈されたのは一六一四年である。[☆012] 三年後、まさにこの同じ君主に、ロバート・フラッドは、ドイツで出版された彼の主著『両宇宙誌』(*Utrisque cosmi ...historia*)の第一巻を献呈した。[★017] これほどまでに対照的な立場の著作が、わずか数年の間に同一のイギリス国王に次々と献呈されるという出来事は、ほとんど想像だにできないような奇妙な事態である。カゾボンは、ギリシア語の学識に基づく人文主義的な方法を用いて、〈ヘルメス文書〉のあまりに太古に設定されていたその年代を説得力のある形で覆してみせた。そしてこの文献と、旧約、新約の両聖典との間に存在する並行関係、またやはりこの文献と、プラトン及びプラトン派の著作との間に存在する近親関係は、後代の著作家が前代の著述を借用したことによって説明し得るとした。フラッドは『両宇宙誌』においても、また他の浩瀚な数々の著作においても、この新しい年代同定を完全に無視した。[★018] つまり彼は、カゾボンがあたかも全く生まれてもいないかの如くに、宗教的ヘルメティズムの経験世界に生き、この経験世界固有の、太古のエジプト人、ヘルメス・トリスメギストスに対する深甚なる尊崇の念を保ち続けたのである。ヘルメスが書いたとされる著作は、実際上、この伝統の中では聖典の位置に相当する権威を持っていた。フラッドは、再三再四、聖なるヘルメスの教説を引用する。それも「創世記」や「ヨハネによる福音書」と同じ重みを持ち、同じ宗教的真理を啓示した教説として、プラトンやその教えを摂取したプラトン派よりもずっと以前の、一人の〈始源の神学者《プリスクス・テオログス》〉の教説として引用するのである。

フラッドの著作のほとんどすべての頁に、フィチーノによる『ヘルメス選集』ラテン語訳からの言葉が見つかると言っても過言ではない。フラッドは『アスクレピウス』も使いこなしているし、他のヘルメス文書も活用しているが、フィチーノの『ピマンデル』がなんと言ってもやはり主たる枕頭の書である。フラッドの引用をフィチーノの原文と比較してみると、フラッドが『ピマンデル』を暗記し記憶によって引用していることが分かる。つまりそれらの引用は、常にかなり似た形でありながら、時折自由な改変が加わっているのである。彼はフィチーノの註釈からも引用することがある。フィチーノの『ピマンデル』と、それに続くキリスト教化されたヘルメティズムの伝統から、フラッドは、ヘルメス・トリスメギストスがモーセと世界創造に関する見解を共有し、〈三位一体〉を予見していたという命題を学び、それを完全に自家薬籠中のものにしている。

フラッドのヘルメティズム的見解を詳細にわたって解説することは、かなり退屈な作業になってしまうだろう。したがってわたしは、『両宇宙誌』第一巻の読者宛の献辞からその典型例を引用するに留めたい。フラッドはそこで、

「すべての哲学者の中で最も神的な、そしてモーセに近いトリスメギストスは『ピマンデル』において、人間には〈七柱の支配者たち〉の持つ諸力が備わっている、と述べている（引用はフィチーノのラテン語訳に従っている）。だから人間は星々の本性とそれが下方の事物に働きかける様態を知っているだけでなく、いと高きところのさらなる高みへと昇り行き、すべての真理を理解することができるのである。人間の精神《メンス》は生命と光から成り立っている〈神〉の似姿であるので、もし自分自身を本当に知ることができるなら、彼は〈神〉に近い存在になるのである（再びフィチーノのラテン語訳を引用している）。[★019] このようにフラッドが『両宇宙誌』において、本論である二つの世界、すなわちマクロコスモスとミクロコスモスの解説を行うのは、〈魔術師としての人間〉という基本的な人間観を持つヘルメティズムの基盤においてなのである。[★020]

フラッドの『両宇宙誌』第一巻は、ド・ブリ[☆013]によって興味深い挿絵が添えられている。この著作は世界創造の物語から始まる。それは定番通り、ヘルメス文書『ピマンデル』と「創世記」の照応関係に基づくもので、この両方の典拠からの豊富な引用を伴っている。後年の著作『モーセの哲学』(*Philosohia Moysaica*)[★021]もまたモーセ的かつヘルメス教的なものである。この著作の扉はヒエログリフ的な図で飾られ、その見開きの頁にはこう説明されている。「闇が深淵の面にあった。「創世記」第一章。そしてヘルメスはこう述べる。深淵の裡に無限の闇があった。そしてその深淵には水があり、またその上に薄く靄のように聖霊が漂っていた、と」。実際ルネサンス期の思想家たちと同じように、フラッドはヘルメスをエジプト人にとってのモーセだと見做し、ほとんどキリスト教徒的な〈三位一体論者〉だったと考えている。

フラッドは、しばしばピコ・デッラ・ミランドラからの引用を著者への尊崇の念と共に行う。[★022] 彼もピコ同様、ひとまず自家薬籠中としたこのフィチーノのタイプのヘルメティズムに、さらにカバラの要素を付け加える。ここではしかしフラッドがどのくらい実際にカバラを知っていたのか、またどのくらいのヘブライ語の知識があったのか、という問題には深入りしないでおこう。それはわたしの能力に余るテーマだからである。だからここでフラッドが、フィチーノ的なヘルメティズムにカバラの要素を付加したと主張するのも、フラッドの宇宙像においては、四大の圏域と惑星の圏域のさらに上方に天使たちの形成するディオニュシウス偽書的な位階の圏域があって、そこへの上昇という契機がまずフィチーノの宇宙像同様に存在し、そしてさらにそれらの圏域はカバラの説くセフィロトと等置ないし並置された、という点を確認しておきたいからなのである。これは元々ピコがカバラを〈魔術《マギア》〉に付加したその構想に倣ったものであり、だからわたしは以前の章で、[★023] カバラと〈魔術〉の融合を説明する際に、先回りしてこのフラッドの挿絵を用いたのだった。ピコのこの構想は、『両宇宙誌』第一巻の悪霊《ダイモン》と天使を論じた章で解説され検討されている。この章では、ディオニュシウス偽書的な天使たちの位階が、星辰の神霊《ダイモン》たちないし天使たちと結びつけられている。[★024]『モーセの哲学』のセフィロトを論じた章では、それはディオニュシウス偽書的な天上位階に関係づけられる。フラッドはこの章で、ロイヒリンの『カバラの技法《デー・アルテ・カバリスティカ》』を活用している。[★025]

このようにフラッドは、完全にピコ的な構想の中で思考を進めている。そこではルネサンス的〈魔術師《マグス》〉は、〈魔術〉とカバラを共に用いて実践的操作を行うのである。この構想が、かすかながらもキリスト教的な香りを伴うのは、それがキリスト教的な天使の位階と融合していたからだった。ではフラッドは「操作者《オペレイター》」だったのだろうか、つまり実践的〈魔術師《マグス》〉だったのだろうか。彼がアグリッパの『オカルト哲学について《デー・オクルタ・フィロソフィア》』からしばしば引用を試みているという事実は、彼が実際に魔術を実践していた証であるとわたしは感じる。メルセンヌは少なくともそう確信していたようだ。だから彼は、フラッドは魔術師である、と断固たる調子で非難している。[★026]

このごく簡単なフラッドの思想のスケッチでわたしが目指しているのは、ただフラッドをヘルメティズムの歴史一般の中に位置づけるということだけである。この位置はわたしには概ね以下のようなものに思える。フラッドの時代とはつまりは、〈ヘルメス文書〉がすでに年代同定され、またすべてのルネサンス的構想というものが衰退のさなかにあり、そしてそれが新しい十七世紀の時代思潮に席を譲ろうとしていた、そういう遅い時代である。そしてまさにその遅い時期に、フラッドは、ルネサンス的構想を再構築しようとしたのである。彼は、フィチーノの〈ヘルメス文書〉翻訳以降覚醒した、求心的な神秘主義の熱気に耽溺し、あるいはまた、ピコが〈魔術〉とカバラの融合を完成した直後の精神状況に生きているかのような感を人に与える。もちろん彼は、フィチーノやピコよりずっと後代の影響も蒙っているから、これは一つの誇張には違いない。例えばフラッドは、アグリッパによって編纂された、役に立つ教科書的な魔術も知っている。またわたしの感じでは、彼は、十六世紀の伝統的な宗教的ヘルメティズムのなにがしかも知っていたと思う。つまりフォワ・ド・カンダルが代表する、あの純粋に神秘的で非魔術的なタイプのヘルメティズムである。フラッドは、〈ヘルメス文書〉を聖書と同様経典としての価値を持つ書物だと固く信じていたわけだから、ヘルメティズムに対する熱狂は、事実上なんらの限界をも知らない類のものだった。フラッドがその著作を執筆したのは、十七世紀のイギリスにおいてである。にもかかわらず彼は、ある種遅れてきた思想家として、最も求心的な種類の十六世紀風宗教的ヘルメティズムに比することのできる思想体系を構築していったのである。

フラッド(一五七四—一六三七年)は、生没年で言えば、カンパネッラ(一五六八—一六三九年)とほとんど重なる同時代人である。確かに両者共に、遅れてきた宗教的ヘルメティストという風に定式化できるかもしれない。しかし二人の出自まで同じ流れから出ているというわけではない。カンパネッラは、ヘルメティズムの本家イタリアの伝統から生まれ出た思想家だった。そしてこの伝統は、彼の時代に、いまだに生きて展開中であった。しかしブルーノとカンパネッラは、カバラを強調しない点において、またきわめて自然主義的なそのヘルメス教への傾倒において、ルネサンス・ヘルメティズムの伝統からは少し逸脱した位置にいる。この彼らの特殊な位置に比べれば、フラッドは本家本元を志向する、つまりフィチーノとピコに遡行しようとする、復古的思想家である。さらにまたフラッド

図15a[右]――〈ヒエログリフ的統一〉、
ジョン・ディーの『ヒエログリフ的統一』題扉挿絵、アントワープ、1564
図15b[左]――〈キルヒャーの解釈による“ヒエログリフ的統一”〉、
アタナシウス・キルヒャー、『パンフィリウスのオベリスク』より、ローマ、1650, p.371

は、あのドメニコ会的な鍛錬を経た人間ではない。この前歴こそが、ブルーノとカンパネッラというドメニコ会出身の〈魔術師たち《マギ》〉を、哲学者としても、また伝道者としても、畏るべき力強い存在へと鍛え上げていったのだった。しかしながらまた、フラッドの研究者にとって、カンパネッラとの、またブルーノとの比較が啓発的であるような領域も存在する。カンパネッラの著作『聖なる三位の単一性について』は、フラッドが活用するのと似たようなタイプのヘルメティズム的三位一体主義に基づいている。もちろんこう言ったからとて、この著作そのものが実際にフラッドに影響を与えたということはあり得ない。なぜならこの著作は、そもそもカンパネッラの『神学《テオロギア》』の一部分を成すものであり、その『神学』は出版されないままに終わったからである。フラッドとブルーノの比較はさらに両者の本質を開示してくれるものでもある。すでに指摘しておいたように、[★027] フラッドはブルーノのように三位一体主義を忌避しないし、またブルーノのような一般的に急進的な姿勢を示すこともない。しかしフラッドの著作には、彼が確かにブルーノの近くで思考を進めていることを感じさせる部分が存在する。フラッドは少なくともブルーノの著作の一冊、つまり『図像の構成について《デー・イマギヌム・コンポジチオーネ》』は知っていたとわたしは思う。ブルーノのこの著作はフラッドの記憶理論に影響を与えた形跡があり、またそれはフラッドの理論を理解するのに役立つからである。[★028] さらにフラッドは、ブルーノの魔術的図案、特に彼のラテン詩の絵解きを見ていた可能性がある。フラッドがコンパスに神秘的な解釈を施したのも（本書図16 a参照）、[★029] ブルーノとファブリツィオ・モルデンテのあのいささか謎めいた論争事件との関わりで検証することができるかもしれない。

　フラッドは最初期の著作で、自分は薔薇十字団《ロウジクルーシアン》の団員だと表明している。この薔薇十字団はおそらくはドイツに起源を持ち、またルター派の周辺で結成されたことは明白である。それは神秘的宗派、ないしは秘密結社、あるいは単なる一つの集団である。[☆014] 薔薇十字団の思想的内実についての史料は、もどかしいほどに曖昧かつ刺激的なもので、この集団が現実に組織された実在の宗派《セクト》かどうかさえ確実ではない。十七世紀に至ると、ルネサンス・ヘルメ

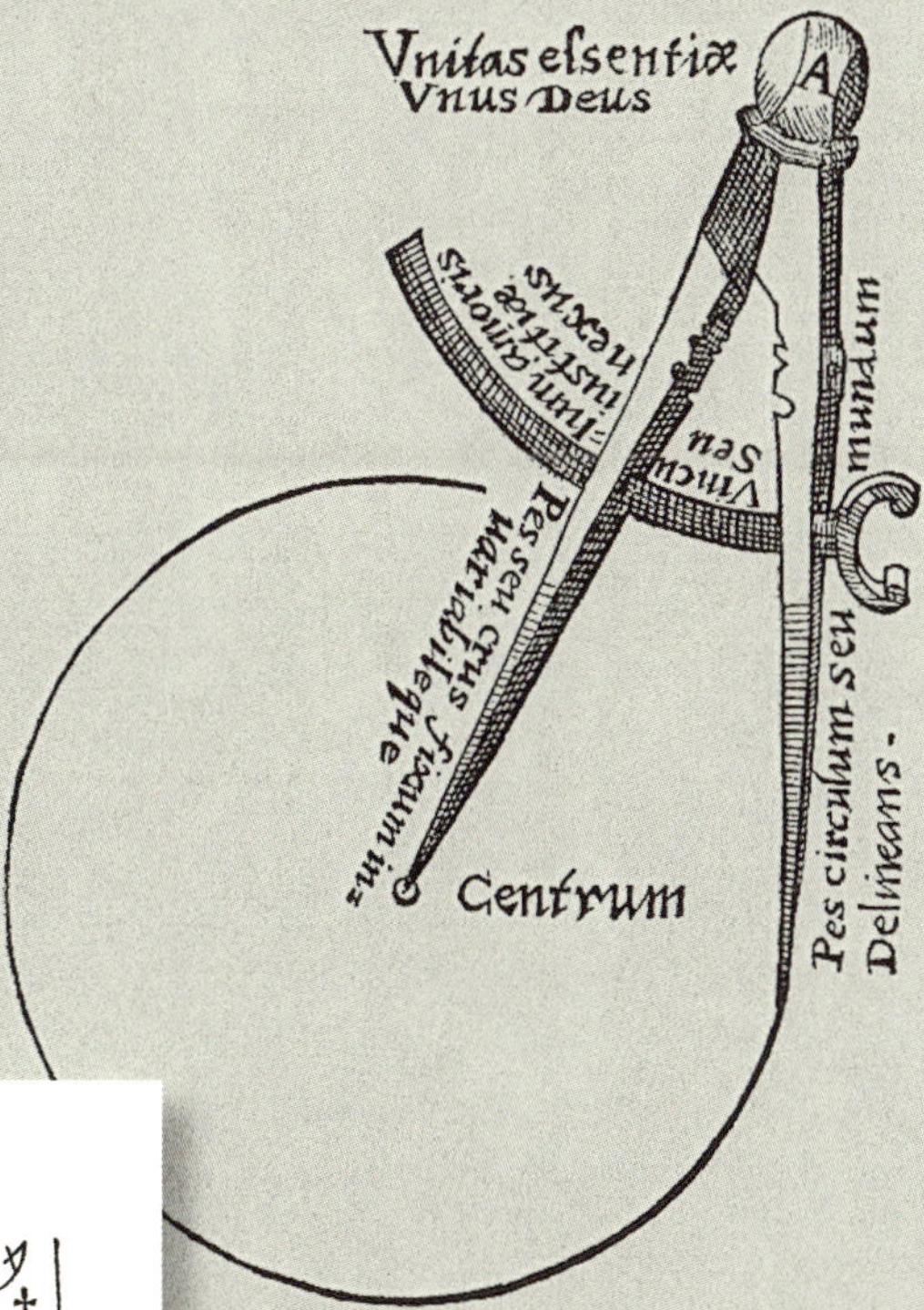

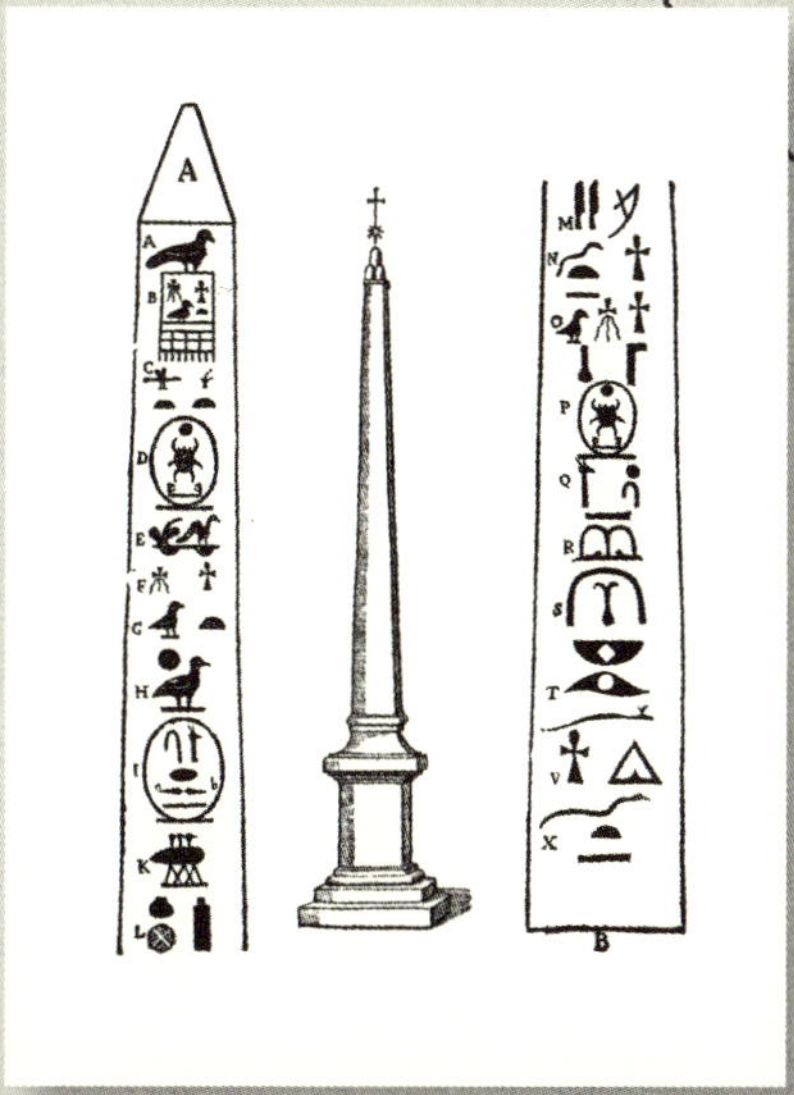

図16a［右］―――〈神秘のコンパス〉、ロバート・フラッドの『両宇宙誌』より、II(I)、p.28。
図16b［左］―――〈ヘリオポリスのオベリスク〉、
アタナシウス・キルヒャーの『パンフィリウスのオベリスク』より、ローマ、1650、p.371 (photos: Warb.Inst.)

ティズムや他のオカルト的思想運動は地下活動化し、表の社会から消えていくという傾向を示し始めるが、薔薇十字団はその代表格である。かつて支配的であった哲学諸派と結びついていた思想的営為が、この趨勢によって変容し、秘密結社という少数派の関心事へと限定されていくことになる。[030]

フラッドが薔薇十字団と関係があったらしいという事実は、彼をこうした地下活動、秘密結社化の趨勢の中に位置づける。フラッドが目指したルネサンス的〈魔術師《マグス》〉の復活は、それ自体時代に逆行する構想である。それはルネサンス的〈魔術師《マグス》〉が——十七世紀に支配的となった思想運動により、かつてフィチーノとピコが彼に与えた高貴な地位から追放された結果——地下に潜行し、どことなく薔薇十字団員を思わせる曖昧な姿へと変容していく時代を背景としていたのである。

復古的ヘルメス主義者——薔薇十字団

秘密結社の目的は、もちろん自身を秘密にしておくということであるわけだから、そのような集団の一つとしての薔薇十字団の秘密を解くことは容易なことではない。はっきりとこの集団に関係していたことが分かっている宣言書《マニフェスト》の類ですら、その表現は曖昧なほのめかしと神秘化でくるまれている。彼らの組織の実体については何一つ知られていないし、それどころかそうした組織が実際にあったのか、現実に一つの宗派が設立されていたのか否かすら分かっていないのである。[031] しかしマラン・メルセンヌはこの団体を非常に嫌い、自著の一冊で自分が反対しているのは、「魔術師たち、そしてトリスメギストスやすべての古代のカバラ主義者たちの言っていることが自分には不思議に分かると法螺《ほら》を吹いていらっしゃる、薔薇十字の友愛会とかいう名のいかさまペテン師たち」[032]なのだと述べている。メルセンヌのこの見解に従うならば、われわれがこれまで追跡してきたヘルメティズム-カバラ的伝統の中に薔薇十字団を位置づけることは可能であると思われる。
薔薇十字団の秘密に関わる最初の記録は、一六一四年にカッセルで出版された宣言書である。★033 この宣言書は実際にはかなり不釣り合いな二つの部分から成っている。「全面的改革」と題された部分は、トライアーノ・ボッカリーニの『パルナッソス山からの報告』第七七章をそのままドイツ語訳しただけのものであり、「友愛団の名声」(*Fama Fraternitatis*)☆015 と題された部分が本来の薔薇十字宣言なのである。
わたしは以前本書の第一九章でボッカリーニの『パルナッソス山からの報告』を検討した際に、このヴェネツィアの自由主義者によって書かれた諷刺劇は、ジョルダーノ・ブルーノの『勝ち誇る野獣の追放』を想い起こさせるものがあることを指摘しておいた。ボッカリーニはナヴァール王アンリに心酔し、また根っからの反スペイン主義者だった。その作品の舞台設定はアポロの宮廷という神話的な枠を用いている。ボッカリーニはまたブルーノの『勝ち誇る野獣の追放』を知っていた可能性がある。彼がいたヴェネツィアでは、ブルーノの著作が書店を通じての販売という形で出回っていたからである。★034 一六一二年から翌年にかけて発表されたこのボッカリーニの作品は、親フランス、反スペインの立場の自由主義を基調としている。その思想的内実は、確かに神話的な仮装でくるまれてはいるものの、偽装の覆いはすぐ下が透けるほど薄っぺらなものである。したがってこうした作品を当時のイタリアのような複雑な政治状況下で公刊すること自体、なかなか大胆不敵な行動であったと言わざるを得ない。著者ボッカリーニはガリレオの友人であり、ヴェネツィア゠パドヴァの自由主義的なグループに属していた。彼が一六一三年にかなり唐突に亡くなった時、変死のはっきりした証拠はなかったようだが、それにもかかわらず、暗殺か毒殺だったのではないかという噂が流れた。★035
ドイツの薔薇十字団員は、ボッカリーニのこの作品から一章を選んでドイツ語に翻訳し、それを彼らの第一宣言書の序文として掲載した。その章は、「アポロの命令により、世界の全面的改革の企画書が、ギリシアの七賢人とその他の物書きたちによって公刊される次第」と題されている。★036〈時代〉の現状はすさまじくも悲惨であり、多くの者たちは自殺で片を付けてそこからおさらばしようとする。アポロはそこで全面的改革を発令し、ギリシアの七賢人を責任者として指名する。七賢人たちは何が現状においてなされるべきかについての所見を述べる。タレースの見解では、現在、悪が支配しているその根本の原因は偽善と偽装の蔓延である。そこで純真無垢さを奨励するために人々の胸に小さな窓を開けて中味が見えるようにしたらどうかと提案する。しかし外科医たちがいよいよ手術に取りかかろうとメスを手にしたちょうどその時、物書きたちが異議を唱える。もし支配者たちの胸中があけすけに分かるようになってしまったら、統治の仕事は恐ろしく難しくなってしまうだろう、と指摘するのである。そこでこの計画は頓挫してしまった。次にソロンが立ち上がって現状の混乱の原因を分析する。

今の時代をこれほどまでに混乱させているのは、酷薄な憎悪と悪意に満ちた嫉妬です。それらがすべての人々を支配しているのです。このことは一目瞭然です。したがいまして現状の悪を取り除くには、いくつかの美徳が一緒になって共に働いてもらわねばなりません。〈慈善〉、お互いの間の〈好意〉、そして〈神〉の戒律の中心ともなる、かの聖別されたる〈隣人愛〉を人類に浸透させますれば、状況の改善も期待できるでしょう。われわれは憎悪の機会というものを取り除くように全力を注がねばならないのです。それが今や人々の心を支配してしまっているからです……★037

ソロンは、憎悪と嫉妬を取り除く最善の手段は、世界中の品物を新しく再分配して皆同じ分け前を貰うようにすることだ、と提案する。しかし他の賢人たちが、この提案を実行した場合に予想されるさまざまな不都合を指摘し、ソロンの案は結局不採択となる。他の賢人たちの提案も、それぞれ素晴らしいものではあるのだが、すべて実行不可能なことが分かる。そこで最後に〈時代〉は、再び派手な上着を着せられて、その腐れ果てた身体を隠すことにし、改革者たちも全世界の全面的改革を目指す大計画を諦めて、キャベツ、小魚、カボチャの価格を適正に保つにはいかにすればよいか、ということに集中することにした。

　このいささか退嬰的なヴェネツィアの自由主義者の洗練された現実暴露、苦いアイロニーと全く好対照を成すのが「友愛団の名声」である。もともとこの薔薇十字宣言は、ボッカリーニの小品のドイツ語抄訳に続くものだった。ボッカリーニが経験豊かで明快な世界を描くのとは対照的に、「友愛団の名声」は素朴で雑然たる宣言書である。読んでみてなんとか分かることは、薔薇十字の友愛会が一人のキリスト者、ローゼンクロイツなる人物によって創設されたこと、彼は修道院で教育を受けたドイツ人だったこと、彼はその後世界中を、特に東方世界を旅したこと、こうした事実である[★038]。フェス[☆016]で出会った賢者たちから教えてもらった〈魔術〉とカバラは完全に純粋なものとは言えなかった。「しかし彼はそれを良く用いる術を知っていた。そして一歩一歩、自らの信仰の根拠を全世界との快き調和の裡に確立し、それを常に心に刻んでいったのだった」[★039]。彼はまた、フェスの学者たちが互いに数学、自然学、魔術の新しい発見を和気藹々と伝え合うその有様をも礼讃した。それを見た彼は、ドイツの魔術師たち、カバラ主義者たち、自然学者たち、哲学者たちもフェスの学者たちのように協力し合えばよいのに、と願った[★040]。「友愛団の名声」の大部分は、曖昧模糊として理解し難い。この曖昧さは疑いもなく作為である。神秘的な〈円盤《ロタエ》〉なるものの存在が暗示され、幾何学図形に覆われた地下納骨堂などといったものが登場する[★041]。友愛団の会員たちは、パラケルススの著作のいくつかを持っている[★042]。彼ら団員たちが同意した条項の中には、病人を治療する仕事以外の職業を持たず、病人には無償で治療を施すこと、特定の衣服を身に纏うのではなく滞在する土地の習慣に従った服装をすること、R・Cの符丁が彼らの封印の印として使われるべきであること、友愛団は百年の間秘密のままに留まること、といったものがある[★043]。

「友愛団の名声」とボッカリーニの翻訳は、宣言書の中では一体化しているわけだが、その両者を内容的に結ぶものがあるとすれば、薔薇十字団も世界の全面的改革を目指している、という点のみである。

しかしながらわれわれは、しばらくすれば一つの全面的改革が到来するだろうことを知っている。その改革は神的な事柄と人間的な領域の両者を包含し、われわれ自身の欲求と他の人々の期待に沿って行われることになる。なぜなら太陽が昇ろうとする前に〈曙光《アウローラ》〉が現れ明け初めるべきであり、明澄で神的な光が天に満ちわたるべきだからである。★044

「友愛団の名声」の最初の方では、人間はやがて「彼自身の高貴と価値を知り、どうして彼が〈ミクロコスモス〉と呼ばれているのかを知り、どこまで自然の内部を解明できるのかということを知るに至るだろう★045」と告げられている。薔薇十字団の構想する世界の全面的改革は、おそらく神秘的かつ魔術的な過程を辿ることになり、ブルーノが歓呼の声と共に迎えた昇り行く魔術的改革の太陽と似たものになるのだろう。ブルーノもまたその政治思想の次元では、ボッカリーニの抄訳によりイタリアの自由主義的思想運動と結びつくわけである。薔薇十字団はこうして、同じ思想運動に参加していたわけだから、前章でわたしが示唆しておいた仮説が、ここでも再び頭をもたげてくることになる。★046 つまり薔薇十字団は、なんらかの方法で、ブルーノがドイツに創設したと噂された〈ジョルダーノ派《ジョルダーニスティ》〉という宗派と結びつきがあったのではないだろうか、という仮説である。

宣言書でのボッカリーニ抄訳の位置、つまりそれを本体の「友愛団の名声」の前に持ってくるというこの位置はきわめて奇妙なものである。フラッドとミヒャエル・マイアーを教導したとされている一人の薔薇十字団員は、この二つの文書の間にはなんの関係もない、ボッカリーニの描く〈全面的改革〉の場面が「友愛団の名声」の宣言に含まれてしまったのは全くの偶然事だと述べている。[★047] これはしかし全くありそうもない話である。少なくとも薔薇十字運動と関係のある他の著作において、ボッカリーニに対するある種の共感の存在を確認できるという事実が、この言明の真実性を否定している。[★048]

ブルーノはドイツ中を回って、来たるべき魔術的改革運動の指針を説き広めた。この伝道活動は政治的にはナヴァール王アンリと結びついていた。アンリ四世は一六一〇年に暗殺され、自由主義者たちの希望も果てた。トライアーノ・ボッカリーニが『パルナッソス山からの報告』を公刊したのは、一六一二年から翌年にかけてである。この作品は逝去したこのフランス国王への称讃と悲嘆、スペインへの憎しみ、衒学と圧政に対するアイロニーを籠めた筆誅を内容としている。ブルーノが突然消えたように、ボッカリーニも一六一三年に唐突な死を迎える。翌一六一四年、ドイツ薔薇十字団の声明「友愛団の名声」が、ボッカリーニの全面的改革の理念と結ばれる形で発表される。この連鎖はもちろん何ものをも証明するわけではない。ただ何かを示唆しているようには思える。

薔薇十字団関係の他の公刊史料は、『友愛団の告白』(*Confessio Fraternitatis* 出版はカッセルにて一六一五年)と『クリスティアン・ローゼンクロイツの化学的結婚』(*Chymische Hochzeit Christiani Rosencreutz* 出版はシュトラースブルクにて一六一六年)であり、後者の著者がルター派の牧師ヨーハン・ヴァレンティン・アンドレーエであることは確実である。[☆017] 彼はまたボッカリーニの翻訳を行った可能性もあり、また他の宣言書の起草者かもしれないが、これは確実な事実というわけではない。[★049] ともかくドイツで十七世紀初頭に姿を現した薔薇十字主義は、ルター派との関係があったようには見える。十字架と薔薇を際立たせる薔薇十字団の紋章の由来に対する一つの説明は、それがルターの紋章の模倣だという解釈である。[★050] 創設者に擬せられた「クリスティアン・ローゼンクロイツ」は、完全に神話伝説的虚構であるように思えるが、その名前はやはりルターを暗示したものなのかもしれない。しかし薔薇十字団員は魔術的、ヘルメティズム的、カバラ的な傾向を持つルター派であって、特に錬金術的象徴には耽溺と言いたくなるほど熱中している。この耽溺の実例が『クリスティアン・ローゼンクロイツの化学的結婚』[★051]だが、これは念入りに構成された、しかしかなり難解な作品である。

薔薇十字運動にルター派の香りがそこはかとなくつきまとうという事実は、ブルーノとこの思想運動との関係を否定するものではない。なぜならすでに見たように、ブルーノはヴィッテンベルクのルター派に好感を持ったわけだし、ヴィッテンベルク大学に対するねんごろな謝辞の中では、真理は彼らの間に見出されることになるだろう、となかなか感動的な予言を行っているからである。[★052]

声明文の一つは『至高善』(*Summum bonum*)と題されているが、この表題は薔薇十字団員の信奉する〈魔術〉、カバラ、そして錬金術の〈至高善性〉を意味しているのだろう。この文書には〈エピローグ〉の章が結びにあり、キリスト教が現在、ローマ・カトリック派、ルター派、カルヴァン派に分かれているのは現実にそぐわないことであり、やがてこうした対立は無視されるに至るだろう、なんとなればこれらすべての宗派は根本においては同一のものであり、同一の目的を目指すものだからである、と主張されている。[★053]ここには薔薇十字運動に内在する、平和主義的、自由主義的な傾向の残存及び存続という現象を確認することができる。この傾向は十六世紀の宗教的ヘルメティズムの特質であり、またブルーノがさまざまな国を経巡りつつ、そこで「衒学」に出会うたびにそれを撲滅する対抗手段として説諭し続けたものでもあった。薔薇十字団は、三十年戦争を魔術によって回避できるのではないかと期待したのかもしれないし、またその連関でパリに赴いて寛容なフランス国王に謁見することを期待していたのかもしれない。[★054]しかしもしそうだとしても、彼らを待ち受けていたものは失望幻滅だけだっただろう。なぜならフランス王国はいまやリシュリューの手中にあり、彼は三十年戦争でドイツを破壊する立役者の一人となる人物だったからである。

薔薇十字運動にはブルーノを想い起こさせる要素が多々あるが、他方またブルーノと異なる点も多々ある。もしフラッドが薔薇十字団の思想を具現していたとするなら、すでに以前指摘しておいたように、彼の〈魔術〉とカバラの緊密な連結の構想はやはりブルーノの基本的な考え方とは異なっている。ブルーノはフラッドと比べた場合、キリスト教的な側面が弱いし、また錬金術への思い入れも少ない。この比較はおそらくブルーノと薔薇十字団との関係にも妥当している。逆にまたフラッドはブルーノのようには太陽中心説を採用しない。[★055] ともかくはっきりと断言はできないにせよ、フラッドも彼の改革運動の構想を、ブルーノの特質であったヘルメス教的文脈で続けようとしていた、という風には言えるだろう。

わたしのこの研究以前に、ジョルダーノ・ブルーノが薔薇十字団との関連上で検討されたことは、少なくともわたしの知る限り、なかったように思う。一方トンマーゾ・カンパネッラの方は、薔薇十字団との連関を指摘されたことがあるし、実際両者の結びつきは現実に存在していたように見える。カンパネッラにはトビアス・アダミというドイツ人の弟子が一人いて、このアダミは師カンパネッラが獄中で執筆した草稿の一部をドイツに持ち出し、しばらくしてそこで出版したという事情も想い起こしておくべきだろう。[★056] アダミが草稿を持って行った先はテュービンゲン[☆018]だった。それは一六一一年から翌年にかけてのことであり、ヨーハン・ヴァレンティン・アンドレーエも当時この町にいた。アンドレーエが自身薔薇十字宣言の起草者であったかどうかははっきりしないものの、ともかくこの団体が出現した時、そのメンバーたちと関係があったことは確実である。したがってカンパネッラの思想は、このアダミの仲介を経て、アンドレーエまで達したことは疑問の余地がない。またアンドレーエの親友であったヴェンゼという人物は、一六一四年にナポリに赴いて、まだ収監中だったカンパネッラに面会している。したがってこの方面からも、アンドレーエは、カンパネッラの思想を知り得たに違いない。ヴェンゼは、アンドレーエが提唱するキリスト教同盟は、〈太陽の都市〉と呼ばれるべきであると示唆しているし、それだけでなくアンドレーエの理想の共和国を論じた著作はカンパネッラの『太陽の都市』から大きな影響を受けている。[★057] このようにカンパネッラと薔薇十字団の間には、監獄に彼を訪れ、草稿の一部をドイツへと持ち出したドイツ人の弟子を介して、確かな繋がりが存在していたのである。

しかしカンパネッラと薔薇十字団の改革構想の間に繋がりが確認できるからといって、それがブルーノと薔薇十字団の関連の方を否定するものかというと、わたしはそうではないと思う。むしろそれはブルーノとの繋がりを傍証しているのである。もしブルーノが、これ以前にドイツで〈ジョルダーノ派《ジョルダーニスティ》〉という宗派を結成して自分の思想の種を蒔いていたとするならば、その土壌はカンパネッラの思想を受け入れる準備をしていたことにもなる。なぜなら前章で検証しておいたように、ブルーノから発した改革の理念は、初期カンパネッラと彼が指導したカラブリアの反乱蜂起に流れ込んでいるからである。

この難しく曖昧な問題の検討はこれで終わることにしたいが、最後に言っておきたいのは、薔薇十字運動がともかくもルネサンスのヘルメティズム的-カバラ的伝統のなにがしかを具現し、またその宗教的理念と本質的に連関するものであったという事実である。もしフラッドの思想を薔薇十字団の思想の典型例として捉えることが可能なら（それはけっして確実とまでは言えないことも確かなのだが）、この友愛団の懐く〈魔術〉とカバラの観念は、ブルーノとカンパネッラが体現した新しいヘルメティズムの展開に比べると、よりルネサンス・ヘルメティズムの本源を志向していた、と言うことはできるだろう。こうした傾向は、ヴィッテンベルク大学の学者たちがヘルメティズムとカバラに深甚なる関心を懐いていたことからも分かるように、ドイツのルター派が元々涵養していた思想傾向なのかもしれない。薔薇十字団とカンパネッラ、ブルーノの間には、当初からその志向性の違いが存在していたことは確かなのだが、新しいヘルメティズムの伝道者の一人カンパネッラの改革運動の顚末は、噂として彼ら薔薇十字団員のもとまで達していたことは確実であり、またおそらくはドイツで自己の使命を伝道したことのあるブルーノの事績も、やはり彼らには伝わっていたに違いない。したがって薔薇十字団がヘルメティズム的な文脈上で全面的改革を目指した際、その思想のなにがしかをブルーノとカンパネッラの両者に負っていたと言うことはできるだろう。

では薔薇十字団とフリーメイソンの起源の間には繋がりがあるのだろうか、それともないのだろうか。この繋がりは確かに存在したと考える人々もいる。逆にまた、フリーメイソン主義は、その思想傾向において、薔薇十字団と同じ流れから発しているものの、その直接の淵源は異なっている、と考える人々もいる。[★058]

フリーメイソンが一つの実在する協会として最初に確認されたのは、イギリスの十七世紀においてである。この連関ではエリアス・アシュモール[☆019]が重要人物である。彼は一六四六年の日記に、ウォリントンの支部集会所《ロッジ》でメイソンに入会したと記載している。[★059]もちろんアシュモールとその仲間たちが関係したイギリスのメイソンの伝統は、すでにそれ以前にさまざまな形で形成されてきたに違いない。しかしそれらについてはほとんど何も知られていない。フリーメイソンの自己理解では、当然ながら、自分たちは中世の石工ギルドを出自としていると主張されている。しかしこうした前史のすべては神秘の覆いに包まれている。

ジョルダーノ・ブルーノが彼の使命感を吐露し説諭したのが、ドイツのルター派だけではなく、その聴衆にはエリザベス朝イギリスの宮廷人たちも含まれていたという事実は、この連関でなんらかの重要性を持ってはいないだろうか。前の方の章でわたしは、単なる試みにすぎないものの、ブルーノのイギリスでの使命の内実を一応記述しておいた。それは前宗教改革的な社会的、神秘的な観念に訴えかけるものであり、かつての大修道院や一般修道院の荒廃を嘆くものだった。こうしたブルーノの感覚はなにがしかフリーメイソンの過去に対する姿勢と重なるものがあるのではないだろうか。[★060]ブルーノは、彼のヘルメティズムを王党派の騎士道的エリザベス一世崇拝と融合させる。メイソンとして最初に記録に登場するブルーノよりは後代のこのアシュモールも、エリザベス女王の時代の宮廷文化が彼の時代まで影響を及ぼしているという伝統観念に対してはなんらの利害の齟齬も感じなかったはずである。アシュモールは熱烈な王党派であり、また騎士道の歴史にも甚大なる関心を懐いていた。ブルーノの影響が宮廷で長く残存していたことは、あの仮面劇『天上のブリタニア《コエルム・ブリタンニクム》』が実証している。そしてこの仮面劇が宮廷で上演されたのはアシュモールがメイソンに加入するわずか一二年前なのである。したがって薔薇十字運動がイギリスに及び、それがフラッド、ヴォーン、[☆020]そしてアシュモールといった人々に影響を与える一方で、おそらくはブルーノから影響を受けたイギリス宮廷文化の思潮と交錯し、その潮目からフリーメイソンが生じたのではないか、と想定することは全くの絵空事とは言えないように思える。

ともかくも、ブルーノがイギリスとドイツに残した足跡を検討してきた本書の視座から見れば、ルネサンス・ヘルメティズムが地下に潜行し秘教的な秘密結社へと変容を遂げるその転換点にブルーノがいて、重要な役割を果たしたことは間違いないように思える。

モーツァルトの『魔笛』は、フリーメイソン会員であった作曲家の信念のなにがしかを具現したものだと言われている。もしそうだとすれば、このオペラで表現されているものはまさに、エジプト人の善き宗教、善良なる者が受けることを許されるイシスとオシリスの加入儀礼的秘祭の神秘体験を、詩的、音楽的な形象世界によって象徴させたものだということになるだろう。そしてその魔術的な場に包まれて、人間の魂は、ヘルメティズム的-エジプト的救済への道を見出すのである。[★061]このオペラに登場する祭司長「ザラストロ」は、かつてルネサンス的な叡智の系譜図で、ゾロアスターとヘルメス・トリスメギストスが等置されていたその過去を反映しているのかもしれない。

復古的ヘルメス主義者——アタナシウス・キルヒャー

E・ガリンが「さまざまな特質を持つ友愛団にして結社」と呼んだ、[★062]この秘教的な集団についての検討はこのくらいにしておこう。こうした地下集団に、「ヘルメス・トリスメギストス」の年代が同定されて以降のヘルメティズムは流れ込んでいったわけだが、ともかく研究テーマとしてはなかなかに難解な問題を含んでいる。こうした難問の反対側には、例えばロバート・フラッドの例に窺えるように、トリスメギストスの年代同定を完全に無視する出版物の山がある。それは確かに手に取ることのできる具体的な史料ではある。こうした著作群においては、ルネサンス的ヘルメティズム-カバラの総合の伝統はいまだにしっかりとした基盤の上で維持されているのである。

御身にこそトリスメギストスの名声はふさわしい、
ヘルメスよりも正しきヘルメスよ。御身の偉大さこそ
その三重の威光をさらに超え出たがゆえに……

この詩句は、イエズス会士アタナシウス・キルヒャーに捧げられたものである。作者は一人のイギリス人で、キルヒャーの一六五二年に公刊されたヒエログリフに関する大部の著作、『エジプトのオイディプース』(*Oedipus Aegyptiacus*)[★063]の冒頭に掲載された。この心酔者の讃辞は、作者キルヒャーが何ゆえにその名声に達したのかを明かし、この著作の中にフィチーノの『ピマンデル』と『アスクレピウス』からの無数の引用が撒き散らされているのはなぜなのかを、あらかじめわれわれに教えてくれる。キルヒャーは、ヘルメス・トリスメギストスをアブラハムの時代の人物だとしている[★064]。そして暗黙裡に、彼に帰せられた著作はすべて真作であることを確信している。ヘルメスは確かに明確な定義にまでは達しなかったものの、〈三位一体〉の真理を予知していた。そして彼がこの真理を最初に語り、その後のいかなる異教徒たちよりもよりよくその内実を理解していたことは否定しようのない事実なのである[★065]。

キルヒャーの大いなる情熱の対象は、エジプトのヒエログリフとその意味の解明であった[★066]。彼はルネサンス以来

のヒエログリフ解釈の伝統を受け継ぎ、それが神的な真理を裡に秘めた象徴であることを確信していた。そして骨身を惜しまぬ努力と擬似考古学的手法によって、この解釈を拡張したのである。彼の厖大な仕事によって、ルネサンスのヒエログリフ学はこうした遅い時期にその最後の華を咲かせることになった。しかしそれはすぐその後、ヒエログリフの真の言語的本質の発見によって、あっという間に時代遅れなものとして捨てられてしまった[★067]。ルネサンスの了解に沿ってヒエログリフを捉えるには、古代エジプトの神官としてのヘルメス・トリスメギストスの実在性というものを、ひとまず固く信じることが不可欠である。エジプトのヒエログリフとその神々の図像に隠されているのは、ヘルメスが知悉していた類の叡智、すなわち〈ヘルメス文書〉に表明された叡智だ、というのがルネサンスのヒエログリフ理解だったからである。キルヒャーのこの著作には、なかなか読み応えのある章句が散見し、そうした箇所で彼は『ヘルメス選集』に見られる〈神〉の定義を、エジプトの象徴的形象と関連させている。例えば彼はまず『ヘルメス選集』Ⅳの冒頭に出てくる〈神〉についての記述を引用する。世界創造者は世界に内在しており、世界はあたかも彼にとっての身体のようなものである。次に『ヘルメス選集』Ⅴの隠れたる〈神〉についての記述をも引用する。続いてキルヒャーは、宗教的ヘルメティストに特徴的な法悦的礼讃の口調で、いかなるキリスト者、いかなる神学者も〈神〉についてこれほどまでに深遠なる真理を口にしたことはない、と断言し、さらにこうした事柄こそがヒエログリフに隠されているのだと付け加える[★068]。この二つの引用は、両方共、フィチーノのラテン語訳からなされている[★069]。フィチーノのラテン語訳をこういう風に活用することもまた、ルネサンスのヒエログリフ学者の定番の方法であった。ヒエログリフを〈神〉と世界についての真理を内包したものだと解釈するルネサンス的ヒエログリフ学の伝統は、此岸的世界を礼拝対象とするヘルメス教の世界観が、この時代を通じて広まり行くその媒体として機能した――そしてこの解釈の伝統が、アタナシウス・キルヒャーの著作の中に遅咲きの華を咲かせることになるのである。『エジプトのオイディプース《オイディプース・アイギュプティアクス》』の結尾では、ヘルメティズムそのものへの頌歌が唱われ、そこでキルヒャーは、ヒエログリフ研究が与える霊感に対する信仰告白を行っている。

> 最初にヒエログリフを制定したエジプト人、ヘルメス・トリスメギストスは、そのことによって、すべてのエジプトの神学と哲学の支配者にして始祖となった。彼はエジプト人たちの中で最初の、最古の者であり、初めて神的な事柄について正しく考えた人物であった。そして彼は自身の見解を、未来永劫にわたって、不壊の石の上に、また巨大な岩石の上に彫り込んだ。この碑文を見て、オルフェウス、ムーサイオス、リヌス、ピュタゴラス、プラトン、エウドクソス、パルメニデス、メリッソス、ホメーロス、エウリピデースやその他の人々は〈神〉と神的な事柄について正しく学ぶことができたのである。……トリスメギストスは、彼の『ピマンデル』と『アスクレピウス』において、〈神〉が〈唯一〉にして〈善〉である、と確言した最初の人物であり、その他の哲学者たちは彼に追随したのである。[★070]

ヒエログリフと〈ヘルメス文書〉は、両者共にヘルメス・トリスメギストスの作品とされ、その両方のテクストで彼は神的な事柄について同一の主張をし、古代のすべての詩人や哲学者たちは彼のこの教示に従ったのだとされる。キルヒャーは、この深遠なる真理に拠って、エジプトのすべての遺跡やオベリスクを解釈し、そこにはフィチーノ的ヘルメティズムの真理がヒエログリフで書き記されている、と考えるのである。

　キルヒャーはエジプトの主神としてのイシスとオシリスに多大の関心を寄せている。この神々の意味を論じた条で、彼はこう述べている。

> 神の如きディオニュシウスは、すべての被造物は神的な叡智の光をわれわれまで届かせる鏡に他ならないと

断言している。それゆえエジプトの智者たちは、オシリスは万物の統轄をイシスに任せると、全世界の裡に溶融しつつ姿を隠したのだと推察したのである。このことは、不可視の〈神〉の力が、万有の裡に緊密に染み渡っているということ以外の何を意味し得るだろうか。[★071]

「エジプトの」内在的神性は、偽ディオニュシウス的な光の神秘主義と結びついて、事物における神性に対する鋭い感覚を涵養することになる。この汎神論的感覚は、まさにルネサンス・ヘルメティズムの本質を成すものでもあった。キルヒャーにとってイシスとオシリスは、一つの意味的経験を内実とする神々であり、この意味性は例えばジョルダーノ・ブルーノのようなルネサンス哲学者に見出される場合には「汎生気論」と呼ばれることになるのである。

キルヒャーのエジプトに対する情熱は、入念な地理学的探査の動機ともなる。この探査の過程で彼は〈ヘリオポリス〉という名のエジプトの都市に出会う。ヘリオポリス、すなわちラテン語訳すれば「キーウィタース・ソーリス」。これはつまりはカンパネッラの著作名となった〈太陽の都市〉である。キルヒャーは、アラビア人たちはこの町を「アインシェームス」すなわち「太陽の瞳」と呼んでいると述べ、さらにこの町の太陽神殿には大いなる技術によって構築された驚くべき鏡があって、それは太陽の光をそのまま太陽に送り返している、とも言っている。[★072] ここでわれわれは、あのアドケンティン市の奇跡に満ちた雰囲気に戻ってきたことを感じる。それは『ピカトリクス』に描かれたアラビア版の〈太陽の都市〉であった。[☆021] キルヒャーは、『ピカトリクス』の名は挙げていないし、またヘリオポリスと『アスクレピウス』中の予言を結びつけるようなことも全く言ってはいない。しかし彼のこの町の描写は、カンパネッラの『太陽の都市』が究極的にはエジプト起源のものであるという見解を追認している。

キルヒャーが論じるのは、エジプトの神官制度（ここでは主にアレクサンドリアのクレメンスからの引用を典拠として用いている）[★073]、エジプトの法制度[★074]、人民の王たちに対する敬愛の念、エジプトの王制がいかに彼らの宇宙像に照応しているかということ[★075]、エジプト人の哲学、プラトンのイデア論がエジプトに起源を持つこと（つまりヘルメスの著作を借用していること）[★076]、エジプト人の「機械学」[★077]ないし応用科学、そして最後にエジプト人の魔術[★078]、以上のテーマである。キルヒャーの論点を概観してみると、究極的にはフィチーノが始めた〈ヘルメス文書〉崇拝まで遡るこの遅い時期のルネサンス的「エジプト主義」において、果たしていまだに魔術を論じる余地があり得たのかという疑問が自然に浮かんでくる。

この『エジプトのオイディプース』にはフィチーノの『天上より導かれるべき生命について』からの引用が一箇所ある。[★079]それはフィチーノがエジプトの十字架の形を論じている条である。キルヒャーは、この引用を行うに先立って、ヘルメス・トリスメギストスがこのエジプト特有の十字架の形を発案したのであると主張する。それは〈腕の張った十字架〉(crux ansata)であって、ヘルメス・トリスメギストスはこれを「ヘルメスの十字架」と呼んだ。フィチーノの十字架論の引用が終わると、今度は長々とこのヘルメス的十字架と世界との関係、及びそれが有する天界からの感応霊力を引き寄せる力について、非常に入念に構築された論述が展開される。[★080]エジプト風ないしヘルメス風の十字架は、キルヒャーによれば、「一つの非常に強力な護符」であり、驚くべき技法によって製作された「一つの占星記号」である。その製作技法は、自然的形態を活用しつつ光の唯一の源泉へと導くものである。マルシーリオ・フィチーノもその力を記述している、[★081]と彼は述べる。キルヒャーはこのようにエジプト風十字架の持つ魔術的な力については、フィチーノの見解に賛同している。キルヒャー自身のエジプト風十字架に関する学識溢れる占星術的註解もまた、フィチーノが『天上より導かれるべき生命について《デー・ウィータ・コエリトゥス・コンパランダ》』で述べた言葉を発展させ解説したものである。彼はしかし、少し珍しい形でこの著作の表題を言い間違えて、『天上より広められるべき《プロパガンダ》生命について』(*De vita coelitus propaganda*)と言っている。キルヒャーは、この章句の中ではキリスト教の十字架とエジプト風のそれとの比較は行っていないが、他の箇所でエジプトの遺跡の解釈を行う際に、この十字架間の比較もはっきりとした形で行っている。

例えばヘリオポリスのオベリスク上に刻まれたヒエログリフには、[★082]キルヒャーがエジプト風十字架と名づけた文字がいくつか含まれ、それは中央のオベリスクに記された意味、つまりキリスト教の十字架と太陽（本書図版16ｂ参照）の意味を持つと説明される。オベリスクに記されたヒエログリフに対するキルヒャーの解釈は、[★083]フィチーノの『天上より導かれるべき生命について』からの影響に全面的に規定されている。彼はヒエログリフのヘルメティズム的＝フィチーノ的解釈を入念に磨き上げることによって、それをこの図の中央に示されている太陽と三位一体の象徴を伴うキリスト教の十字架の図案と合体させるのである。この解釈方法の全体は、ヒエログリフという媒体を用いた宗教的ヘルメティズムの表現に他ならない。ヘルメス・トリスメギストスが、この太陽神に奉献されたオベリスクの上に、ヘルメス文献の中で述べたと同じ真理をヒエログリフを用いて刻んだとされる。したがってそこにはキリスト教の到来の予言、〈三位一体〉の予知が記され、フィチーノの『天上より導かれるべき生命について』で説かれているように、キリスト教の十字架を予感させるエジプトの魔術的十字架が描かれることになる。

ジョルダーノ・ブルーノもまた、エジプトとキリスト教の十字架の形態については、彼独自の見解を持っていたことをここで想い起こしておかねばならない。この見解の基盤も、フィチーノの『天上より導かれるべき生命について』であり、彼はこの見解に対して異端審問官に申し開きをしなければならなかった。[★084]

ルネサンスにおいて魔術観の試金石となったのは、『アスクレピウス』中の魔術を描いた条である。そこではエジプト人たちが、魔術を用いて、彼らの偶像に神霊たちを招き降ろした手法が記述されていた。キルヒャーは、二度この章句を引用している。最初は〈悲嘆〉の一部も含めた全部の章句を引用し、批判の言葉は一言も述べていない。[★085]彼はこの引用を、一個の考古学者ないし歴史家として、エジプトとエジプトの生活一般を記述する連関上で行う。二度目の引用は、〈悲嘆〉は除き、偶像製作の章句のみを要約したもので、エジプトの魔術を説明する関連上でなされている。キルヒャーは、この魔術の慣習は非常に邪悪な、悪魔的なものであったとして強い調子で非難し、欄外註には「トリスメギストスの冒瀆的教説」(*Trismegisti impia doctrina*) と記している。[086]

キルヒャーはデカンの魔術図像を列挙する際に、[087]『アスクレピウス』中のデカンに関する記述と照らし合わせている。[088]彼の基本とするはっきりとした魔術批判の見地からすれば、これらの図像に対する関心は純粋学問的なものであり、その意味で無害な記述であったとすべきだろう。しかしキルヒャーの見解を全体として評価査定するのは、かなり難しい作業である。彼は確かに一個の歴史家としての、また一個の考古学者としての学問的本能を持っている。[089]しかし彼はまた、ヘルメス教的な思考空間の中に没入しつつこうした学問的作業をしていたわけだから、自ずとこうした事柄に対する姿勢は純粋に客観的なものとは言えなくなる。彼はもちろん非常にはっきりと悪魔的魔術には反対する。他方ではしかし、滑車や他の手段を用いてエジプトの神像[090]に生きた神々の外観を与えたその機械学的な手段には絶大なる関心を寄せ、エジプトの神官制度一般に対する礼讃と関心をも示すのである。

キルヒャーが実際にある種の自然魔術を実践していたことは間違いない。彼の『光と影の大いなる技法』(*Ars magna lucis et umbrae*)[091]は、以前われわれがその扉絵を検討しておいた著作[092]であるが、その中には〈光と影の魔術〉(Magia lucis et umbrae) と題された部門がある。そこで描かれる魔術は、悪魔的魔術ではなく自然魔術である。[093]この部門の結尾には、法悦的忘我の調子で、光に関する偽ディオニュシウスとトリスメギストスの章句を誉め讃える数章が置かれている。[094]この礼讃の調子は、パトリッツィがやはり光について述べた言葉を想い起こさせるものがある。[095]

キルヒャーはまた、非常な学識を備えたカバラ主義者でもあった。彼もまた、かつてピコ・デッラ・ミランドラが『結論集《コンクルシオーネス》』において企てたような、カバラ主義とヘルメティズムの総合を構想する。『エジプトのオイディプース』のカバラに関する部門は、「古《いにしえ》のヘブライの寓意に含まれる叡智について、またエジプトのカバラとヒエログリフの類似関係について」(De Allegorica Hebraicorum veterum Sapientia, Cabalae Aegyptiaca et hieroglyphicae parallela)。[096]と題されている。

彼はセフィロトの配置についても深く思いを巡らしている[097]。しかし彼はカバラ主義者の行う魔術は激しく非難する[098]。このようにキルヒャーは、ヘルメティズム-カバラの総合という基本的構想の上では、ルネサンスの本流に沿っているにもかかわらず、〈魔術〉と実践的カバラに関しては慎重な姿勢を保つのである。

キルヒャーのすべてのエジプト的事物に対する深甚なる関心は、彼の求心的な宗教的ヘルメティズムと相俟って、われわれの目下の系譜的研究においても、興味深い事例を提供している。ジョルダーノ・ブルーノのエジプト主義は、神霊的なものであり、革命的なものであった。それはエジプト的-ヘルメス的宗教の完全なる復活を求めるものだったからである。イエズス会士であったキルヒャーのエジプト主義は、確かに悪霊的魔術を厳しく排斥するし、キリスト教を至高のものと位置づけはするものの、そこにおいてはエジプトとエジプトの十字架がキリスト教の背景で一つの役割を果たしてもいる。この立場の歴史的根拠は、ある意味で、あのヘルメス・トリスメギストスの教会内への侵入という重大な事件であったと言うことができる。

こうした十七世紀中葉という遅い時期まで、ヘルメティズムの観念が、一人の敬虔なるイエズス会士の心の底に深く刻まれていたという事実は、かつてパトリッツィが教皇に、ヘルメティズムをイエズス会の宗教教育のシステムに取り入れてはどうかと助言したことが、それほど的外れではなかったことを示唆するものなのだろう[099]。『エジプトのオイディプース』の結尾で、キルヒャーは、『ピマンデル』からの讃歌を引用した後、一つのヒエログリフを掲載する。掲載の趣旨は、こうした至高の教理に対する秘密と沈黙の指示である。この十七世紀に生きた一人のイエズス会士が懐いた最も熱狂的なタイプの宗教的ルネサンス・ヘルメティズムにおいて、ヘルメティズム的伝統が流れ込んでいったもう一つの秘教的地下水流を確認することができる。これがおそらくはまた、モーツァルトがどうしてフリーメイソン団員でありながらカトリック信者であり続けることができたのか、という問題をも説明してくれるのだろう。

ケンブリッジ・プラトン派とカゾボンによる〈ヘルメス文書〉の年代同定

よく知られているように、ケンブリッジ・プラトン派として括られているイギリスの思想家たちは、十七世紀においても、ルネサンス・プラトニズムの観念と伝統の多くを継承していた。この学派の代表格はヘンリー・モアとラルフ・カドワースである。しかしこの二人は、フラッドやキルヒャーとは違って、〈ヘルメス文書〉に対するカゾボンの文献批判を知っていたし、またそれを受け入れてもいた。この近代的認識によって、彼らはヘルメス・トリスメギストスをもはや〈始源の神学者〉と見做すことができなくなった。つまりルネサンス的総合の主な基盤の一つを失ってしまったのである。わたしより以前にこのことに気がついた研究者はいないように思うし、またモアとカドワースがルネサンス思想を受容する際にこの否定的な契機がいかなる意味を持ったかということも、これまで検討されたことはなかったように思う。しかしこの問題は本質的な意味を持っているので、モアとカドワースを扱う本章の数頁で検討できるような性質のものではない。わたしにできることはしたがって、いくつかの事実を手短に指摘することだけであり、その意味の解明は他の研究者にお任せしたいと思う。

モアは不死性をテーマとした彼の著作の中で、魂の先天的所与性を論じる際に、こう述べている。

この見解は(つまり魂が先天的に存在するということは)、古からすべての学問の隠れたる養い手であった。それはエジプトにおいては、すべての賢人の賛同を得た定説であった。このことは、トリスメギストスの残された断章が、十分明らかな形で立証している。確かにトリスメギストスの著作の中には、特にキリスト教に関する条にいくつか改竄があることは疑い得る。しかしこと魂の先天的所与性に関しては、それはキリスト教が本来関心を持つ分野でもないわけだから、こうしたトリスメギストスに帰せられた文献からの証拠によって、エジプト民族の本来の叡智に含まれていた、と判断し得るのである。この見解には、裸形苦行僧や他のエジプトの賢者たちが賛同しているばかりでなく、インドのバラモンも、バビロンとペルシアのゾロアスター教祭司《マギ》も、皆賛同している。こうしたことはプレトンやプセッロスが註解した魔術的託宣、つまりカルデアの託宣を読めばすぐ分かることである。この魂の先天的所与性に賛同する人々の見解に、ユダヤ人たちの難解なる哲学を加えることもできるだろう。学識あるユダヤ人たちのすべてが認めているように、彼らの哲学体系のかなりの部分がこの問題を取り扱っているのである。この理論が「創世記」の三つの神秘的な章に明らかに関係しているということを、わたしは拙著『カバラ的推論』(*Conjectura Cabalistica*)において解明することを試み、悪くない成果を収めたのではないかと感じている。★100

モアは実際にカゾボンの『実践集』を非常に詳細に検討したようである。彼は『カバラ的推論』の中でこの著作からの引用を試み、著者カゾボンの名も挙げている。★101 したがって先に引用した章句で、「トリスメギストスの断章」を含んだ「書物」(つまり『ヘルメス選集』)が、キリスト教徒による敬虔な動機からの捏造文書だと疑われているという彼の叙述は、確実にカゾボンの見解に従ったものである。モアの趣旨は、この魂の先天的所与性はキリスト教本来の教理には含まれていないから、『ヘルメス選集』でこの教理を述べた部分は、こうした偽造を行った者たちの手を逃れて、原典のままに保存された真正の「エジプト的叡智」だと言える、というものである。次に彼は、この真正にエジプト的な〈ヘルメス文書〉の教説と、カルデアの託宣、あるいはカバラとの総合を試みる。この総合はルネサンス的伝統に則って行われる。しかしこのようにして〈ヘルメス文書〉の真偽問題に神経を尖らせながら、本当にエジプト的な章句を注意深く拾っていかなければならないとすれば、そうした批判的作業は、かつてこの文献全体を「創世記」と一致する太古のエジプトの予言だと見做した見方とは非常に異なる読み方になると言わねばなるまい。本来のルネサンス・ヘルメティズムの観点からは、ここでモアが疑っているまさに同じ章句が〈三位一体〉の予言の証拠だとされていたのである。そしてそれはカゾボンによって「キリスト教の擁護という利害関心からの捏造であり、改竄である」と烙印を押された部分でもあった。

モアがいかに深くこの〈ヘルメス文書〉の新しい評価に影響されていたかということは、彼の『カバラ的推論』を少し検討してみるだけで明確になる。この著作で彼は、「『創世記』の最初の三章におけるモーセの観念を検証」しようとする。つまりカバラの三重性に則り、文献的、哲学的、神秘的次元での解釈を試みるのである。モアは、ピコ・デッラ・ミランドラや他のすべてのルネサンス・カバラ主義者同様に、「ユダヤ人のカバラは、モーセ五書の伝統的教理を解明するためのものであり、この教理はそもそもモーセがシナイ山上で〈神〉と共に語らった時、〈神〉自らの語る言葉を記したものである」ことを確信していた。[★102] 彼はさらに哲学的カバラは、「かの卓越したる哲学者たち、すなわちピュタゴラス、プラトンがエジプトとアジアの一部からヨーロッパへと持ち来たった秘教と」同じものを含んでいると考えていた。そして「キリスト教徒たちはこの二人の哲学者たちがモーセからその教説を学んだと一般に認めている」[★103]と言っている。モアはしたがって、彼のカバラ的な「創世記」解釈と――というのもこれがこの『カバラ的推論』の内実なのである――ピュタゴラス教的な数の神秘主義及びプラトンとネオプラトニストの教説とを融合するのである。ここでもまたこのモアの思想的営為は、本来のルネサンス的伝統に則ったものなのである。彼らはピュタゴラスのような〈始源の神学者〉と、モーセまで遡行するカバラ的伝統を融合させようとしたのだった。モアは彼の信奉するプラトニズムを、このピュタゴラス的-モーセ的古代への回帰と合体させる。その結果として、彼はすべてのプラトニズム的伝統がキリスト教の伝統と調和することを発見する。つまりはそれが彼のキリスト教的プラトニズムの内実でもあったわけである。

モアの『カバラ的推論』において新しい事象は、それにすでに含まれているものというよりは、それに含まれなくなったものの方である。甚大なる削除というものがこの著作には確かに存在する。それはヘルメス・トリスメギストスの名が一度として言及されていないという事実である。このことは、モアが目指した総合が、通例のエジプトの創世記としての『ピマンデル』とモーセの「創世記」との融合ではなかったということを意味している。またもう一つの削除の例として、キリスト教的プラトニズムを支える論拠として、ヘルメス文書の三位一体を思わせる章句を全く活用していない、という事実を挙げることができる。これらの削除の理由は、モアがカゾボンの主張を受け入れて〈ヘルメス文書〉の「モーセ的」また「キリスト教的」章句は、モーセの教理と合致しキリスト教を先取りしている最古のエジプトの叡智ではなく、後代のキリスト教の著作家たちによって「捏造され改竄された」ものだと見做したからである。彼は一般的には、モーセがエジプト人たちから学んだということを信じているものの、〈ヘルメス文書〉を信頼するに足るエジプトの叡智の記録と考えることはしなくなっている。そして〈ヘルメス文書〉と「創世記」や、「ヨハネによる福音書」との合致という見方も排除する。

伝統的総合とモア的総合の甚大なる差異は、モアをフラッド及びキルヒャーと比較することによって精確な了解が可能となる。フラッドの『モーセの哲学』は、モア同様に「創世記」に対する一種のカバラ的な註解なのだが、ここではいまだにヘルメス・トリスメギストスはモーセと同等の権威を保っているし、フィチーノの『ピマンデル』訳も常に「創世記」との比較参照のために活用されている。またヘルメティズム的な三位一体主義も、ピュタゴラス派とカバラ主義者の信奉する数の神秘主義と結合され、その結果として、フラッドの風変わりな神秘的図案が生まれることになる。同様のことがキルヒャーの著作についても概ね妥当している。先に検討した『エジプトのオイディプース』がその例だが、そこでは「創世記」はフィチーノの『ピマンデル』によって理論的な根拠を与えられ、ヘルメティズム的な三位一体主義も権威ある教理として自在に使いこなされているのである。フラッドの生きた時代は、モアのそれと重なっている。彼が亡くなった時モアは二五歳だった。キルヒャーもモアよりは少しだけ年上だが、やはり同時代人である。しかし彼らはモアからは一つの深淵によって隔てられている。彼ら二人は、カゾボンの〈ヘルメス文書〉に対する文献批判の結果を拒否しているのに対し、モアはそれを受け入れているからである。この甚大なる差異の帰結は、フラッドとキルヒャーが依然としてヘルメティズム的カバラ主義者であり、彼らのプラトニズムをこのヘルメティズムとカバラという二重の基盤と合致させようとするのに対して、モアはもはやヘルメス主義者ではなく、ただカバラ主義者であるだけだという点に如実に顕れる。したがってモアがモーセ、ピュタゴラス、そしてプラトンの教理を合体させようとする時、その総合の試みは、キリスト教的ヘルメティズムという力強くも重々しい伝統からは完全に解放されているのである。なぜなら彼はこの伝統を捏造であったと考えるわけだから。

この事実が(なぜならそれは確かに事実なのだから)、モアのプラトニズムをフィチーノやピコのプラトニズムと、またルネサンス的伝統一般と比較する際にいかなる意味を持つのかという問いは、将来の研究者が決定する課題として残すしかないだろう。おそらくそれは、ヘンリー・モアが、かつてフィチーノやピコが懐いていた自己像と同じものを懐いていたということを意味しているだけなのかもしれない。つまりフィチーノやピコは、自分が敬虔なキリスト者としてプラトニズムを解釈し、その解釈の神秘的傾向は、自身のキリスト教信仰を強化する意味があると確信していた。それと同一の自己像をモアも持っていたのかもしれない。しかしまたモアの場合は、フィチーノやピコとは違い、フィチーノのヘルメス・トリスメギストス崇拝がそのプラトニズムに与えた魔術的理論及び実践といった影響からは解放されていることも確かなのである。

モアはまたデカルトの著作を研究しそれを称讃した。彼は若干の留保は付けるものの、デカルトの自然学の基軸である機械論的世界観を受け入れた。こうした形で近代的思潮もまた彼に影響を与えることになった。モア本来の思考の基軸はルネサンス的伝統の多くをいまだに保持しているものの、少なくとも彼自身満足のいく程度には、それを新しい機械論的哲学と調和させることができたのである。この調和の一つの手法は、デカルト的機械論という真理が、古代においてすでにモーセに知られており、この世界観はカバラの伝統の裡に保たれ、したがってデカルトはそれを神的な霊感によって再発見したのだ、と考えることだった。[★104] モアはしかし自然の機械論的解釈を全面的に受け入れたわけではない。自然現象の中には機械論で説明できないものもあることを指摘している。そして彼は「自然の霊気」(spirit of nature)の観念を活用して機械論を修正しようとした。デカルトの機械論をこうした方向に修正しようとしたモアの構想は、E・A・バートによって研究されている。[★105] モアは、デカルトの機械論とその背景にある物質-精神の二元論に対抗する「自然の霊気」論を、『魂の不死性について』(*The Immortality of the Soul*)という著作の中で展開した。興味深いことは、彼がここではっきりとフィチーノのヘルメティズムを思わせる見解に戻ろうとしていることである。デカルトの第一と第二の実体[☆022]は同一のものだとされ、この見解はフィチーノの説と調和することになる。

> デカルトが言っているのは、天上的ないしエーテル的物質が遍在しているということで、これはフィチーノがどこかで天界とはそうしたものだと述べていることと一致する。そしてそれはまた、トリスメギストスが、精神の最も内奥にある媒体だと言ったあの裡なる火と同一のものである。それは〈神〉が世界を創造するために用いた道具であり、〈世界の魂〉が活動するところではどこでも用いられているものでもある。[★106]

この引用部分に対する欄外註には参照箇所が指示され、「トリスメギストス。ポイマンドレス。第一〇章あるいは〈鍵〉」とある。つまりフィチーノの『ピマンデル』第一〇章参照の意味である(実際は『ヘルメス選集』X)。[★107]
これで分かるように、モアがデカルトの機械論を受け入れたその根拠は、実際にはカバラ的なものであった。そして機械論に対する批判の論拠もまた、少なくともその一部分は、ヘルメティズム由来のものである。つまりモアはこうした立論の際、フィチーノの『ピマンデル』を参照対象としているわけであるから、カゾボンの批判にもかかわらず、ヘルメス文献が依然として彼にはかなり役に立っていたことが分かるのである。

モアの友人で同僚でもあったケンブリッジ・プラトン学派のラルフ・カドワースは、無神論者を論駁するために『宇宙の真の知的体系』(*The True Intellectual System of the Universe* 一六七八年)という本を書いた。彼はこの論駁のために、〈神〉信仰の事例をあらゆる時代、あらゆる場所にわたり、また哲学的伝統の主流を渉猟して収集した——この方法自体、明らかにルネサンス的習合の影響を受けている。カドワースは、異教的多神教の教理は常に同一のものであり、彼らの礼拝する多くの神々の中心には必ず唯一の至高にして万能なる神格が顕れることになる、という命題を論証しようとした。

> われわれはこのことを主張するに際して、シビュラたちの託宣を主要な論拠として使用するつもりは全くない。また同様に、あの有名なヘルメス・トリスメギストスの著作に頼ろうとも思わない。ヘルメスの著作の権威は、最近になって学識ある人々からはっきりとした批判の対象となっているからである。また異教徒の神々の託宣であるとされているものの、実際にはキリスト教徒の捏造したものではないかと疑われ得るような資料にも頼ろうとは思わない。われわれが論拠として用いるのは、全く疑いの余地のない、全く議論の余地のない、そうした異教的古代の文書資料なのである。★108

カドワースは続いて何が実際に〈始源の神学者たち〉の資料とするに足るのかを再検討していく。ゾロアスターについて述べる際には、★109『カルデアの託宣集』(これもかなり信憑性の高い文献であることは認めるのだが)とは別の資料も用いるようにする。オルフェウス教を論じる際には、[★110]『オルフェウス文書』は非常に疑わしい文献だと考え、他のもっと信憑性のある資料に頼ることにする。古代エジプト人の神学や哲学を説明する時には、[★111]「ヘルメス・トリスメギストス」の書いたものよりは、イアンブリコス、プルタルコス、初期教父たちの著作を典拠とするようにする。シビュラたちの託宣はほとんどすべてがキリスト教徒による捏造だと考え、典拠資料からは除外する。[★112]そして「ヘルメス・トリスメギストス」の著作もまた、後代のキリスト教著作家の手が加わっていると考える。というのも昔の自称キリスト教徒の中には問題のある人々もいたように彼には思えるからである。

彼らはキリスト教の真理を、自分の浅知恵で考え出した絵空ごとや捏造で擁護しようとした。そうしたことは、それ自体として恥ずべき卑劣なことであるし、また絵空ごとや捏造を必要と感じるだけで、そうしたキリスト教を擁護しているつもりの当の人々自身が、その論拠を疑っているということを証明してしまっている。ここにも悪魔の陰謀というものがある。キリスト教の全体(少なくとも後代のそれ)を疑わしいものにするには、それより効果のある方法はないからである。そういった意味では、キリスト教の聖性と真理性は、公然と敵意を表明した者たちのあからさまな暴力と敵対的活動にもかかわらず、それが広まっていったという事実の中にこそ、より明確な形で顕れているのではないかと問うことは可能に思える。少なくとも、ただ見せかけだけの理解者たちや擁護者たちの捏造や詐欺によっては、結局それは損なわれ押さえつけられてしまうのではないか、という問い直すことは可能だろう。[★113]

こうした〈新批評〉[☆023]のおかげで、われわれはあのフィチーノの『ピマンデル』註解の世界からなんと遠くまで来てしまったことだろうか！　これはまたシエナの大聖堂に登場したあのシビュラたちに囲まれたヘルメス・トリスメギストスからの遠さでもある。またそれは十六世紀の宗教的ヘルメティズムからの、あるいはフラッドやキルヒャーといった十七世紀の復古的ヘルメス主義者からの隔たりでもある。しかしキルヒャーはカドワースのこの本が出版された時にはまだ生きていたのだ！

カドワースはこの著作の後の方で、カゾボンの〈ヘルメス文書〉批判を詳細に検討している。イザーク・カゾボンはシビュラたちの託宣と「トリスメギストス風の」著作がキリスト教徒の捏造文書だということを暴いた最初の人物である、とカドワースは言う。そしてまた彼はキリスト教徒の手によることが明白な捏造された多くの章句をも暴露した。

つまりその暴露の対象となったのは『ポイマンドレス』と題されたヘルメス文献の第一書だった。こうした捏造の章句は、〈酒杯《クラーテル》〉という表題の第四書にも、〈復活に関する山上の垂訓〉と題された第一三書にも含まれている。したがってこの三つの書物全体、あるいは少なくともそのうちの最初と最後の書が疑わしいことになる。ここではカゾボンが批判した章句を繰り返して検討することはやめておこう。ただカゾボンは無視した事例だが、第一三書から、つまり〈山上の垂訓〉からもう一つだけ捏造箇所を指摘しておきたい。なぜならそれは他のどの捏造章句よりも全くあからさまにキリスト教的なものだからである。……「誰が復活を可能にし、復活させてくれる者なのですか。そのことも語って下さい」。「〈神〉の子だ。〈神〉の意志を託された者が復活を可能にする」。これがその捏造文である。アタナシウス・キルヒャーは、こうしたトリスメギストス風の書物が信憑性のあるものだということを非常な熱意と共に主張するが、われわれの見るところでは、前述の三書、あるいは少なくとも『ポイマンドレス』と正しく呼び慣わされてきた書と、通称〈山上の垂訓〉の書は自称キリスト教徒により完全に捏造され改竄されたものか、あるいは多くの捏造された章句を含むものである。それゆえこうした疑いのあるトリスメギストス風の書物を、完全に真正の信頼するに足る典拠として用いた上で、エジプトの異教徒たちが唯一の普遍的神性《ヌーメン》の存在を認めていた、とするわけにはいかないのである。★[114]

こうした文献批判の過程のすべてを通じて、カゾボンとカドワースは二人ともキリスト教的ヘルメティズムの影響を強く受けていることを確認することができる。ある意味でこの影響関係は、非常に奇妙な現象ではある。シビュラたちの託宣の中には、確かにキリスト教徒による捏造の例も見られる。しかし〈ヘルメス文書〉の全体をキリスト教徒の捏造文書だと見做すことは、現代の学者にはできない芸当である。現代の文献学者は、当然ながらカゾボンやカドワースのように、キリスト教的ヘルメティズムの思想環境で人となったわけではない。したがって〈ヘルメス文書〉がキリスト教が登場して以降の文献だという事実には確信を持っても、この確信をキリスト教的ヘルメティズムに対する反動として解釈することはない。だからまたこの文献を一纏めに初期キリスト教徒による捏造文書だとすることもないのである。★[115]実際のところ、現代文献学は〈ヘルメス文書〉におけるキリスト教の影響は皆無か、ごくわずかであると考えている。★[116]しかしカドワースは、数世紀にわたるヘルメティズムの伝統を背景とした思想家であった。その伝統においては、「トリスメギストス風の」著作は、キリスト教的解釈を色濃く施され、太古のエジプトに生きた〈始源の神学者〉による作品だと見做されると共に、著者トリスメギストスはキリスト教の到来を告げる予言者だとされた。――このキリスト教化されたヘルメティズムの基本的な観念は、カドワースの同時代においても、いまだに生きた思想の潮流であった。そのことはカドワースのキルヒャー評を見れば分かる★[117]――したがってこうした背景を持ったカドワースからすれば、彼が問題とする書物や章句は「あからさまにキリスト教的」であり、したがってそれは捏造文書に見えたのである。

カドワースはしかしカゾボンとは違って、ヘルメス文献をエジプトの叡智を検証するための基礎資料として全く無価値のものだと考えたわけではない。たとえもし、それらの文書がすべて捏造だったとしても、それらが「エジプトの異教とその神官たちの系譜が絶える以前に」書かれたことには間違いないわけだから、これらの文書の著者たちはそうした神官たちについて、またその神官たちの有する「真の神学の奥義」に関するなにがしかの知識は持っていたはずである、と彼は考える。したがってこうした書物は、古代エジプトに関するなんらかの史料は含んでいるはずなのであるから、全く役に立たないものとして捨て去るようなことはすべきではない、こう彼は結論するのである。[★118]さらにまた彼は、いくつかのヘルメス文献に捏造が発見されたことから、カゾボンはすべての文献の捏造性を推論したが、この一般化は間違っていると考える。[★119]カドワースは、カゾボンがフィチーノによって出版された『ピマンデル』という表題の書物が元々一つの著作であるかのように考えているが、これも間違っている、と指摘する。[★120]実際にはこの『ピマンデル』として編纂された書物は、いくつかのはっきりと独立した著作を含んでいるのであり、したがってそのいくつかに捏造箇所が見つかったとしても、すべてが捏造だとする必要はないのである。カドワースは、パトリッツィが編纂出版した『ピマンデル』以外のヘルメス文献、とりわけ『アスクレピウス』はキリスト教徒による捏造と見做してはならないと考える。なぜならその中にはいかなる偽造の（つまりキリスト教化の）徴《しるし》も見出されないからである。[★121]

カドワースは、カゾボンが〈ヘルメス文書〉に見出される「プラトン的でギリシア化された」観点は、すべてギリシア的教養を身につけたキリスト教徒によって改竄されたものだとする見解に対しても反対する。われわれは、「ピュタゴラス主義、プラトン主義、そしてギリシア的教養一般の大部分がエジプト人たちから伝わってきたものだ」ということを知っているわけだから、ヘルメス文献に現れるそうしたエジプト風の教養にしても、キリスト教徒という迂回路を取るのではなく、直接その源泉であるエジプトの神官たちから伝えられたと考えて悪いはずはない、[★122]これがカドワースの論理である。この循環論法[☆024]は、エジプトを叡智の源泉として尊崇するルネサンス的観念が、いかに強くカドワースの心をも呪縛していたかということをはっきりと示している。[☆025]カドワースは、ギリシア的教養に内在するエジプト文化の例を示している。トリスメギストス風の書物に述べられた、「世界に存在する事物は何一つとして滅びるものはない。死は破壊ではなく、単なる事物の変化と置換である」という教理は、ピュタゴラス派の主張ではあるものの、元々はエジプト人たちからピュタゴラスが学んだものである。だからこそこれらヘルメス文献で述べられている世界は「第二の神」であり、それゆえ不滅である、という教理とぴたりと符合している、と彼は指摘する。だからこの教理は古《いにしえ》のエジプトの学識が、そのままこうした文献に保存されたものなのだろう、と彼は考えるのである。[★123]

『アスクレピウス』は、カドワースにとっては、キリスト教徒による捏造文書ではあり得なかった。それは著作中に描かれる神‐製作の章句そのものが証明している、と彼は考える。それらの神像に招き入れられる霊気は、「全くキリスト教的なものではなく、あからさまに異教的なものである」[★124]からである。彼は『アスクレピウス』で述べられる〈神の子〉が、どうしてラクタンティウスの解釈するように〈三位一体〉の第二神位でなければならないのかが自分には理解できない、と述べる。カドワースに従うならば、この〈神の子〉とは、可視の世界そのものを意味しているのである。[★125]また彼は〈悲嘆〉はエジプトの宗教の衰亡の予言というよりは、むしろキリスト教徒によるその破壊以降に予言を虚構して書かれたものではないかと推論する。しかし絶対的な確信を持っているわけでもない、と断る。[★126]

カドワースの結論。

わたしの主張を要約すればこうなるだろう。まずトリスメギストス風の著作は、その全体がキリスト教徒による捏造であるか、あるいは偽造された章句を挿入したものである。しかしながらそれらは、元々のエジプトの原典を含んでいる。そうした原典はヘルメス的ないしエジプト的な教理を記録している（そうした文献のすべてで、唯一至高の神格の存在が、そのあらゆる箇所で確言されているわけだから）。その教理からわれわれは、エジプト人たちが確かに唯一至高の神格の存在を認めていた、と結論することができるのである。★127

「ヘルメス・トリスメギストス」は、かつてはエジプトに関する安全な権威であった。しかし彼は文献学的な嵐の中で難破してしまった。その難破の後に散った断簡からなにがしかを救い出すためには、かくも小心翼々たる作業が必要になってしまったのである。この事実は、敬虔なるキリスト教的プラトニストたちに与えたカゾボンの文献批判の甚大なる衝撃というものを如実に物語っている。彼らはそれ以外のところでは、いまだにかなりの程度まで、ルネサンス的伝統の内部でその思想的営為を続けていたのである。

カドワースが〈ヘルメス文書〉の中から、真正にエジプト的な要素と見做して救い出そうとしたものが（それは物質の永遠性と神性、『アスクレピウス』とその魔術的宗教である）、ブルーノのエジプト主義と重なり合うことを確認できるのは、真に興味深い符合である。ブルーノの場合は――それは全く衝撃的かつ痛烈に非正統的であったわけだが――こうしたヘルメス文献のキリスト教的解釈を原理的に拒否することで、そうした結論に到達したのだった。

ヘルメス・トリスメギストスが文献学的に年代同定された後に起こった思潮の典型として選ばれたこれら四つの事例は、十七世紀のヘルメティズムを概観するのに役立つのではないかと思う。ヘルメティズムはゆっくりとその地歩を失っていった。フラッド、薔薇十字団、そしてイエズス会士キルヒャーは、ヘルメス・トリスメギストスがフィチーノにとってそうであったような〈始源の神学者〉であり続けることはもはやできない時代の現実に生きた人々である。にもかかわらず彼らはこの現実を無視して、ルネサンス的なヘルメティズムとカバラの総合に固執し続けた。ケンブリッジ・プラトン学派たちはそれとは反対に、カゾボンの批判的研究の成果を概ね受け入れた。その結果として、ヘルメティズム的な基盤を失ったケンブリッジ・プラトン学派は、ルネサンス・プラトニズムとは相当に異なった相貌を呈することとなった。しかし彼らはやはり〈ヘルメス文書〉の全体を捨て去ることは躊躇し、その影響のなにがしかを維持しようとして工夫を重ねたのである。

〈ヘルメス文書〉は、こうしてようやく正しい年代同定に至った。しかしその宗教的経験のドキュメントとしての無二の重要性を失ったわけではなかったし、現在でも失ってはいない。現代の学者たちですら、この文献にどの程度まで真正のエジプト的教理が含まれているのか、あるいはいないのか、それすら決めかねているというのが実情なのである。★128

第二三章

ヘルメス・トリスメギストスとフラッド論争

前章でわれわれは、いまだにルネサンス的伝統に生きていたさまざまな人々が、カゾボンの〈ヘルメス文書《ヘルメティカ》〉批判に対峙したその基本的姿勢というものを検証してみた。これらの人々の中には〈魔術師《マグス》〉としてルネサンス的伝統を継承するフラッドのような人物もいれば、またキルヒャーのようなエジプト学者もいた。またそこには、魔術には手を染めずキリスト教的プラトニズムの立場を守るモアやカドワースのような人々も含まれていた。続く本章では、ルネサンス的伝統から脱し、実際にその伝統に敵対すると共に、特にその魔術的アニミズム的側面を廃絶しようとした人々が同じカゾボンの文献批判的発見を活用した、その有様を辿ってみることにしたい。この新しい思潮を代表する人々は、世界観の革新、つまりデカルト的な機械論的自然哲学を内実とする世界観への道を啓き、また機械学的科学諸分野の大幅な進歩に伴い、真正に科学的かつ非-魔術的な応用の世界を切り拓こうとした。この企図を実現するためには、長い準備期間が必要とされたことは確かである。しかし十七世紀が、人間の歴史において、決定的な転換点を意味していたことは何人《なんびと》も否定し得ないであろう。この転回以降、人間は初めて近代科学による自然の支配というその道に踏み入り、確固たる歩みを進めることとなったのである。この科学による自然の支配こそは、近代ヨーロッパ人の驚嘆に値する功績であり、かくまでの功績は人類史の全体を通じてもただ近代ヨーロッパ人だけに帰するものなのである。[☆001]

十七世紀初頭のフランスでは、ルネサンス魔術に対する攻勢は、ミニム修道会[☆002]の「善良なる神父《ル・ボン・ペール》」マラン・メルセンヌによって指導されていた。この攻勢は、ルネサンス魔術と結びついたネオプラトニズム、及びそのアニミズム的自然哲学にも必然的に向けられることになった。非常に敬虔なキリスト者であると同時に熱心な科学研究者であったメルセンヌは、デカルトとガッサンディ[☆003]の友人であり、またガリレオの礼讃者でもあった。彼はヨーロッパ中のほとんどすべての学者たちと書簡のやりとりをすることで、同じような時代思潮の中で試行錯誤する人々の仕事を互いに結びつけ、それによって新しい思想運動を奨励し推進する重要な役割を果たした。ルノーブルが簡潔に指摘しているように、[★001]このルネサンス魔術に対する攻勢は、その葛藤のただ中にいたメルセンヌのような人々にとっては、ただ単に新しい哲学的かつ科学的観点と、旧弊なスコラ的伝統との間の対立を意味しただけではなかった。デカルトは、アリストテレスの自然学を最終的に廃絶へと追いやったが、彼はまたルネサンスの自然主義をも軽蔑し、無視し、脇へと押しのけたのである。ルネサンスの自然主義は、それに参加したルネサンス期の思想家たちが明確に示す反アリストテレス主義的傾向という点では、デカルト的自然観との類似性をはっきりと示していた。しかしそれは本質的な次元では、アリストテレスの自然学以上にデカルトの世界像とは両立し得ないものでもあった。デカルト自身この点を了解していたからこそ、それを積極的に排除したのである。メルセンヌにとっても、正統的キリスト教信仰と真の科学の両面からして、主たる敵対者はルネサンス的自然主義であり、それと結びつくあらゆる形態の魔術だった。[★002]それゆえ彼は、ルネサンス的〈魔術師《マグス》〉をその王座から退位させ追放することに力を傾け、あらゆる種類の卑俗な魔術が今を盛りと蔓延している状況に攻撃を加えた。こうした俗悪な魔術はある意味で、長い間支配的な位置を占めていたヘルメティズムとカバラ主義に付き従う取り巻きのようなものだったのである。

　決定的な意味を持つ転回点であった十七世紀の初頭には、あらゆる種類の魔術とオカルティズムが繁茂し、蔓延し、この事態には国家当局者たちも警戒の念を深めていた。フランスでは毎年何百人という単位で魔法使いと見做された人々が火刑に処されていた。[★003]この事実はルノーブルも述べているように、魔術の流行の証であるばかりでなく、魔術の力に対する信仰が広がっていたことを立証している。秘教的で悪霊たちの跳梁するこの時代の雰囲気が、究極的にはフィチーノとピコに由来するあの魔術の再評価の最終的な——いわばデカダンスとしての——帰結であることには疑問の余地がない。[☆004]フィチーノとピコに発したこの流れは、コルネリウス・アグリッパのような彼らの後裔によって、ある種けばけばしい派手さを伴って続けられ、ルネサンス期の哲学者に共通するアニミズム的自然解釈からの支持を得ることになった。コイレが述べているように、「十六世紀と十七世紀に生きた人々にとっては、すべては自然のままであり、すべてが可能であった。なぜなら魔術の働きは万物に及び、自然それ自体もまた至高の魔術師としての〈神〉の魔術の顕れに他ならなかったからである」[★004]。メルセンヌとデカルトが生まれたのは、まさにこうした世界の中だった。そしてメルセンヌは、手に入るあらゆる武器を用いてこの状況と闘うのが自らの使命だと考えたのである。しかし彼の手にする科学の武器は、まだ今のようには強力なものではなかった。われわれは厳密科学の知見が、このわれわれの生きる二〇世紀に長足の進歩を遂げた現状に目を眩まされて、それがその出発点においていかにひ弱なものだったか、自然現象の唯一の説明方式であることを自負していた魔術的自然観の蔓延に対して、メルセンヌが攻撃を加えた際に身に纏った科学的な鎧兜一式がいかに軽装のものだったか、という事実を忘れてしまいがちである。

メルセンヌの『創世記の諸問題』(*Quaestiones in Genesim* 一六二三年)[★005]は、なかなか取り扱いの難しい書物である。その厖大な量だけが問題なのではない。内容の構成もまた混乱しているように見える。部立てはなされているものの、それらには非常に長短のばらつきがある。そして各部の冒頭表題には「創世記」の最初の三章から取られた詩句が用いられている。実際にこの書物は、その表題が示すように「創世記」の註釈書を目指したものである。しかしその究極の目標がどこに設定されているのかは、読者にはなかなか分からない。非常に雑然とした小論の集積の中を苦労して読み進めねばならないからである。ルノーブルはしかしこの著作の主題的統一がどこに存するのかを的確に洞察している。彼はそれが、すべての魔術と託宣の技術、あらゆる種類のカバラ主義者たちとオカルト主義者たち、自然主義者たちとアニミズム的哲学者たちを論駁するために書かれた書物であると考える。メルセンヌは、こうした人々のすべてが一般に無神論者かそうでなければ理神論者ではないかと疑う。他の言葉で言うならば、この書物はメルセンヌにとっての〈大全《スンマ》〉のようなものであり、聖書の言葉はこの〈大全〉という絵を描くためのキャンバスとして用いられているのである。そして彼のこの〈大全〉はルネサンス魔術を、そのすべての思考形式、そのすべての派生物を含めて否定するためのものであった。その魔術の派生物が、まさに彼の生きる同時代的状況の中で、実践的魔術として増殖し蔓延していたからである。またルノーブルは、それがメルセンヌ自身の科学的関心の〈大全〉でもあったことを指摘する。つまりそれは彼が研究対象とする音楽、数学、物理学、天文学等々の分野を包摂するのである。[★006] このようにメルセンヌは、モーセ的な世界創造物語の枠の中で、魔術的な自然観を追放すると共に、新しい方法、すなわち科学と真正の数学[☆005]の来たるべき方法を導入しようとするのである。

ちょうどルネサンスと近代世界の中間点に位置する、この最重要の著作に集められた資料は厖大な量に達する。したがってここではその中からいくつかの事例を選ぶことしかできない。メルセンヌは、まず彼がそれほど嫌悪するルネサンス魔術を知り抜いている。この点ではおそらく彼は、魔術を論難したあのデル・リオの著書を活用したのだろう。実際に何度かこの著作に言及している。フィチーノに関しては非常に明晰な理解を示す。メルセンヌによれば、フィチーノは『天上より導かれるべき生命について』の中で図像や占星記号が下界のすべての事物に対する力を有すると主張しているが、この主張はカトリックの信仰を離れてしまっている。なぜならまさにこうしたことを否定するのが、本来のカトリック教徒のはずだからである。[★007] メルセンヌはこの著作の他の箇所で、宝石の特性と魔術的図像を解説し、非常に学識豊かな知見を披露している。その際彼は、ルネサンス・プラトニズムが確立した星辰の魔術的図像とプラトン的イデアの間の本質連関に着目している。

まずプラトンのイデアの考えに遡行しようとする人々がいる。彼らは、諸々のイデアがさまざまな宝石の本性を規定していると共に、またそれぞれの宝石は自分のイデアを内在させ、そのイデアにより自己固有の力を放出し、また蓄積すると考える。あるいはまたヘルメスや天文学者たちと共に、星辰の世界と天界の図像に(遡行しようとする)人々もいる。[★008]

メルセンヌは、フィチーノ的プラトニズムの核心が魔術であることを暴露する。そしてその魔術が、イデアの観念と魔術的図像を操作するヘルメティズムとの融合を内実としていることをも見抜いている。単なる図像に、そのように多大の力を認めることは、彼にとっては全くの狂気の沙汰である。

実際、正気を備えた者ならば誰一人として、そうした図像が力を持っている、そして星座はもっと大きな感応霊力をわれわれに及ぼす、などと戯言《たわごと》を言ったりはしないだろう。[★009]

メルセンヌは近代人である。彼は思想史の分水嶺を越えて、こちら側、つまりわれわれが現在いる側に立つ人物である。したがって星辰の魔術的図像の力を信ずることは、彼には狂気の沙汰に思える。降霊術師の用いるすべての図像を合わせても、マンテーニャ[☆006]の一枚のデッサンの価値もない、と彼は考える。[★010]自分はそうした図像を糾弾しようとは思わないが、それはその力が怖いからではなく、それが無意味のものだということが分かっているからだ、と彼は述べる。メルセンヌは占星術を完全に捨て去る。[★011]したがって当然ながら、星辰魔術と自然魔術《マギア・ナトゥラーリス》の道具立てのすべて、つまり植物や宝石[★012]や図像の不可思議な力に対する信仰のすべてを捨て去る。

彼は〈世界の魂《アニマ・ムンディ》〉の教理を糾弾する。[★013]教理の全体でなくとも、少なくとも、ルネサンスの自然誌家《ナチュラリスト》たちが、この教理をはなはだ奔放に拡張解釈して、世界は生き、呼吸し、それどころか考えることすらできる、という観念に耽ったことを厳しく糾弾する。ここでもまた彼は、ルネサンス・プラトニズムの思弁的核心を看破している。自然全体を対象とするアニミズムこそは、〈魔術師《マグス》〉の実践的操作の基盤であり、〈世界の霊気《スピリトゥス・ムンディ》〉はその操作の媒体を提供するものとして構想されていたからである。

カバラに関しては、メルセンヌは、聖書の神秘的解釈を主眼とする正統的な形態のカバラは是認する。[★014] しかしカバラ主義的魔術はもちろんきっぱりと否認する。この否認はカバラ的天使論と、それと結びついた宇宙論のすべての体系に及ぶ。

メルセンヌは、ルネサンス魔術の基盤であるヘルメティズム－カバラ的総合そのものを解体することを目指す。この精力的な脱構築の過程で、[☆007] メルセンヌはルネサンス魔術を喧伝した主だった思想家をすべて挙げて、その見解を糾弾論難する。まずフィチーノとピコ・デッラ・ミランドラ及び彼らの魔術観の継承者たちが批判される。メルセンヌはもちろんコルネリウス・アグリッパやトリテミウスといった根っからの魔術師たちには非常に手厳しい。さらにフランチェスコ・ジョルジの名も挙げられる。この多大の影響を与えた『世界の調和』(*Harmonia Mundi*)の著者は、また最も著名なヘルメティズム的カバラ主義者の一人でもあった。彼に対しては、メルセンヌは多くの頁を割いて批判するだけでなく、特別に彼だけを論駁するための本をもう一冊書いている。[★015] パトリッツィの光に関する理論も検討の対象となり、否認される。[★016] ブルーノとカンパネッラも攻撃される。ブルーノの批判は手短に(メルセンヌのブルーノ批判は他のいくつかの著作で本格的に行われている)、カンパネッラに対する批判は詳細を極める。[★017] 手短に言うならば、メルセンヌのこの厖大な「創世記」註釈は、聖書註解という外観の下で、われわれが本書で研究対象としてきた魔術的思潮のほとんどすべての要因に対する、鋭い洞察に満ちた批判的分析を行っているのである。こうした猛攻撃を蒙っては、ルネサンス的〈魔術師《マグス》〉も瀉血を続けられた病人の如く、命を支えるに足る血液すら失うという事態に至ってしまった。彼が大事に育んできた数々の理論、数々の幻想、妄想はこの新しい時代の冷たい分析の光に照らされて、役立たずのがらくたの山と化してしまったのである。

しかしこれでメルセンヌの脱構築が終わったわけではない。まだ主たる標的の名が挙がっていない。彼にとってすでに死んで過去の人々となったヘルメティズム的カバラ主義者たちはもうそれほど危険な存在ではなかった。つまり生きているヘルメティズム的カバラ主義者、例えばロバート・フラッドのような人物に比べれば、という意味である。★018 フラッドがメルセンヌの魔術論駁の主たる標的だったということに関しては疑問の余地はない。メルセンヌは、同時代人であるフラッドが、ルネサンス的〈魔術師《マグス》〉の世界観を全力を傾注して復興し強化しようとしていることを正しく見抜いていた。そしてまさにこの魔術的世界観の解体こそが、メルセンヌの関心事だったわけである。

フラッドの著作、とりわけ彼の主著でもある『両宇宙誌』がメルセンヌの大きな憂慮の元であった。そのあまりの苛立たしさに、彼の方もいささか常軌を逸した反フラッド論の大著『創世記の諸問題《クワエスティオーネース・イン・ゲネシム》』を、フラッドに向けてふらふらと書く気になってしまった(ひどい駄洒落を御寛恕願うとして)とでもいうところだろうか。☆008 フラッドは再三再四フィチーノの『ピマンデル』からの引用を繰り返して、モーセ的世界創造物語との等置を試みた。このことをまず想い起こしておこう。そうすればメルセンヌがどうして彼の『創世記の諸問題』をもって、『ピマンデル』を典拠とするフラッドへの論駁を行おうとしたのか、その構想の企図が読み取れるはずである。この企図がつまりは上述したルノーブルの指摘する一般的な魔術批判の意図と並ぶ、著者メルセンヌの「創世記」註解全体の基軸なのである。メルセンヌはこの註解を行う際に、神学的な典拠としては、初期教父たち、そして公認されたカトリック教会の神学者たちの著作のみを活用している。つまり彼はヘルメティズム的カバラ主義者フラッドのように「創世記」を取り扱おうとはせず、一個の正統信仰的なカトリック信徒としての立場を守る。彼はしたがってフラッドのヘルメティズム的-カバラ的な聖書註解を攻撃する際にも、この正統信仰の伝統に則った「創世記」註解を批判の典拠として用いる。彼のその批判論駁は、ピコ・デッラ・ミランドラ以来構築されてきたヘルメス=モーセの等置の理論のすべてに向けられることになる。こうして見てくると、メルセンヌのこの著作に真に総合の焦点を与えたのは他ならぬモーセ自身だと言ってよいのかもしれない。もちろんメルセンヌのモーセは、魔術から顔を背けつつ、新しい科学の約束の地へと導く、そうした彼自身の預言者なのである。

　メルセンヌはヘルメス・トリスメギストスにはそれほどしばしば言及するわけではない。〈ヘルメス文書《ヘルメティカ》〉からの引用を行う際も、常にギリシア語原典から行い、フィチーノのラテン語訳はけっして用いようとしない。[★019]しかし彼は、ヘルメスがフラッドにとって、そしてフラッドの拠って立つ伝統の全体にとって、いかに重要な意味を持っているかという点を十全に理解している。フラッドのマクロコスモス＝ミクロコスモスの照応を基軸とした〈両宇宙〉理論は実証し得ない、とメルセンヌは言う。フラッドの理論の根拠は、もちろん「エジプト人たち」が、人間は宇宙をその内面に蔵していると教示し、また「メルクリウス」は（そしてまた「エジプト人たち」も意味されているわけだが）人間は大いなる奇跡であり〈神〉に似た存在であると述べた、ということに置かれている。[★020]

　メルセンヌがこの書物を書いた時点で、カゾボンの〈ヘルメス文書〉に関する発見を知っていたという証拠は『創世記の諸問題』の中には見出されない。この著作を仕上げた直後に彼はカゾボンの仕事を知り、それがルネサンス的〈魔術師《マグス》〉とその後裔であるロバート・フラッドの根城を攻撃し破壊する最善の武器であることを見抜いた。というのももし「エジプトのモーセ」が偽物ならば、魔術的体系の要石は取り除かれ、魔術的思想の構築物はすべて崩れ去り廃墟と化す運命にあったからである。

フラッドの反撃

　フラッドはメルセンヌの論難に激怒した。そしてその怒りも露わに弁駁書を発表した。この論争書『叡智と愚鈍の闘い』（*Sophiae cum moria certamen* 序文の日付はオックスフォードにて、一六二六年となっている）で、フラッドはメルセンヌを激しく罵倒し、彼の『創世記の諸問題』から自分に対する論難の箇所を引用した上で、それに詳しい答弁を付している。この「叡智と愚鈍の闘い」において、フラッドは自分を深遠なる叡智を体現した者として描き、対してメルセンヌを表面的なことしか知らない愚者であると決めつける。フラッドは初期の著作で薔薇十字団員であることを認めていたが、メルセンヌはこの謎めいた友愛団にフラッドが一枚噛んでいることも論難の対象としていた。したがって薔薇十字団の一件もフラッド-メルセンヌ論争に含まれることになった。メルセンヌを攻撃するもう一冊の弁駁書『至高善』(一六二九年)[★021]が出版された時、その主題である至高善は、題扉で、「薔薇十字の友愛団員が信奉する〈魔術《マギア》〉、カバラ、錬金術」として定義された。この弁駁書もおそらく部分的にはフラッドによって書かれている。メルセンヌの『創世記の諸問題』にはフィチーノを論難した条がある。[★022]『至高善』でその部分を問題にする際に、この弁駁書の著者は、フィチーノの魔術擁護書である『弁明』を長く引用し、それは著者自身が支持する見解と全く一致していると述べる。[★023]この言明はそれだけですでに、フラッドと薔薇十字団員たちがルネサンス的〈魔術〉を支持していたことを十二分に立証する。フィチーノから発した伝統の中で、カバラや他のさまざまな要素を融合させた彼らが、合理主義者メルセンヌに敵対することになったのである。同年にもう一冊の論争書が発表され、そこで著者フラッドは、悪意に満ちた神父メルセンヌの欺瞞に抗議して、勝ち誇った調子で『ピマンデル』と『アスクレピウス』を引用する。このようにしてヘルメス・トリスメギストスの軍旗のもと、欺瞞と悪意の攻撃に対して、叡智は進軍を続けるのである。[★024]

この論争は全ヨーロッパの注目の的となり、多大の関心と興奮を引き起こした。そのことはメルセンヌの往復書簡集中にこの論争に関する多くの記事が登場することを見ればよく分かる。[★025]この論争に関して出版された著書を挙げることすらわたしにはできそうもないし、まして詳細な議論をするわけにはいかない。論戦を廻るメルセンヌとフラッド自身の寄稿出版の点数も多いが、それらはまた他の人々の論争への参加によってさらに膨らんでいくのである。例えばカバラ主義者のジャック・ガファレル[☆009]がフラッドの陣営に参加する一方で、ピエール・ガッサンディは科学者として、メルセンヌを護り助けるために馳せ参じる。

メルセンヌはガッサンディに助けを請うた。フラッドに自分でいちいち答弁するのにくたびれ果ててしまったためである。ガッサンディは一六三〇年になかなか魅力的な表題の著書を公刊して、メルセンヌに対する友情の証とした。それは『神学者ペトルス・ガッセンドゥスによる信仰実践書簡——それにより医師ロベルト・フルッドゥスの哲学原理は暴露され、神父にしてパウラの聖フランシスによって創設されたる修道会ミニムス会修道士マリーヌス・メルセンヌス師を論難したる、かの医師の最近の著作への弁駁がなされるであろう』(*Petri Gassendi theologi epistolica exercitatio, in qua Principia Philosophiae Robert Fluddi Medici reteguntur; et ad recentes illius Libros, adversus R. P. F. Marinum Mersennum Ordinis Minimorum Sancti Francisci de Paula scriptos respondetur.*)[☆010]と題された弁駁書である。ガッサンディは、この著作でフラッドに対して、メルセンヌよりは穏やかな調子を保っているように見えるものの、その実、ルノーブルも言うように、「ガッサンディの不偏不党の態度は、時として、メルセンヌの激昂よりもずっと恐るべきものとなった」[★026]のである。ガッサンディはその根本的なものの考え方において、メルセンヌに完全に賛同していた。彼は、こうした人々(つまりフラッドのような人々)がかまける曖昧模糊たる学問よりは、旧弊なアリストテレス主義の方がまだしもましだと思う、と述べる[☆011]。こうした人々は数学に関する知識が全くなく、あらゆるものを自身の掲げる〈世界の魂〉の教理と混同し、世界中に天使やら悪魔やらを見境もなく撒き散らす、こう彼は批判する。

ガッサンディは、この重要な論争書の序に代えて、メルセンヌからの公開書簡を掲載した。その書簡の中に、メルセンヌがカゾボンによって提供された武器を発見しそして活用していることを示す重要な条がある。この書簡中で、メルセンヌは、フラッドが「偽トリスメギストス」の著作に——「偽」の一語に注意されたい——聖書と同じ権威を与えているといって非難し(そしてこの非難は正しかったわけだが)、それらの著作はカゾボンが研究を行って以来もはや全くなんらの権威も持たないものとなっている、と述べているのである。

フルッドゥスはまた、この他にも多くの著作家を列挙しているわけではあるが、わたしは実際に彼の著作の中でその権威が典拠として引かれているようなものだけに限定して論じることにしたい。そうした典拠の中で第一位を占めるのは、偽トリスメギストスである。この偽トリスメギストスの『ピマンデル』と他の小論は、その権威と真理において聖書と同等の価値があると見做されている。しかしわたしが思うに、もし人がカゾボンのこれらの著作の年代同定を研究した〈第一実践〉論を読みさえすれば、こうした著書にはなんらの権威を認めることもなくなるはずなのである。★027

ガリンはこの章句を引用し、こう解説している。「フラッドと薔薇十字団を廻って激しく吹き荒れた論争の嵐が……ルネサンス・ヘルメティズムの運命を決定する時代を……閉じることになったのである★028」。

ひとたびカゾボンという武器がフラッドの敵たちの手に落ちるや、フラッドの足場は見る見る掘り崩されていった。ガリンも言うように、ルネサンス・ヘルメティズムの伝統の全体が一つの区切りを迎えることとなったのである。フィチーノ以来、ヘルメティズムは時代思潮の方向をその核心において決定してきた。しかしもはやその支配的な位置を維持することはできなくなった。そして「薔薇十字のヘルメティズム的夢想」(sogni ermetici dei Rosacroce★029)を代表とする秘教的な地下集団へと潜行していくことになったのである。

フラッド対ケプラー

ロバート・フラッドを廻って引き起こされた数々の論争の中で最も有名な、そしてまた最も重要なものはフラッドとケプラーの論戦である。★030 ケプラーは、その偉大な著作『世界の調和全五書』（一六一九年）への補遺においてフラッドを批判する。それに対してフラッドは『両宇宙誌』第二巻に小論を挿入してケプラーに弁駁した。この論戦はさらに続き、ケプラーがまた『弁明』（一六二二年）を発表してこの弁駁に再度応じると、フラッドは『世界の一弦琴』（*Monochordum Mundi*）（一六二二年）でそれにしっぺ返しを喰わせた。

惑星の楕円軌道を発見したこの卓越した数学者はしかし、その一般的な世界観においては、決してルネサンス的思潮の影響を脱していたわけではなかった。例えば彼の信奉する太陽中心説は、神秘的な背景を伴ったものである。惑星楕円軌道の発見もまたピュタゴラス的な天球の音楽を実証するものとして、彼に忘我の歓びを体験させたのだった。さらに彼の理論にはアニミズムの痕跡も観察される。★031 しかしこうしたすべてのことにもかかわらず、ケプラーは、量的測定に基づく真正の数学と、「ピュタゴラス的」ないし「ヘルメス的」な数の神秘の把握とは、根本的に異なる二つの事象なのだということを非常にはっきりと了解していた。彼はしたがって自分とフラッドの間の差異の根源には、彼らの数に対する基本的な立場の差異があることを完璧に理解していたのである。つまり彼自身の数に対する姿勢は数学的かつ量的であり、それに対しフラッドのそれはピュタゴラス派的かつヘルメティズム的であったということである。フラッドに対する弁駁中で行ったこのケプラーの分析は、両者の基本的な立場の違いを顕在化させた素晴らしいものであった。それは、初めてこの本質的な問題に露わな陽の光を当て、真正の数学を長きにわたる数秘学への隷属から最終的に解放するために多大な貢献をなしたのである。

『世界の調和』においてケプラーは、多くの頁を割いてヘルメス・トリスメギストスを論じている。彼は明らかに

『ヘルメス選集《コルプス・ヘルメティクム》』を非常に綿密に研究している。特に「復讐者たち《ウルトーレース》」についての対話篇が彼の注意を惹いている。ケプラーはまずヘルメス的教説をピュタゴラスのそれと等置する。「ピュタゴラスがヘルメス的に考えているのか、あるいはヘルメスがピュタゴラス的に考えているのかのどちらかである」☆012。ケプラーがヘルメス・トリスメギストスを論じた章句は、非常に重要なものであるので、要約せずに完全に引用しておく必要がある（冒頭で言及されるカメラーリウス☆013は、この章句の前でケプラーが彼のピュタゴラス派断簡集註解★032を要約しておいたことに関連している）。

これが古代の作家たちに関するカメラーリウスの見解である。こうした古代の作家たちがしばしば一致して主張するところに従えば、ヘルメス・トリスメギストスは（たとえ彼が何者であるにせよ）、彼の息子タティウスにこう教示している。言葉通りに引用してみよう。「統一は一〇という数に潜む理性の力によって成就される。そしてまた逆に一〇は理性を成就するのである」。この統一はこうして成就された後、一二の復讐者たちから、あるいはまた倫理的欠陥から、魂の欲望する能力を形成する。いずれにせよ統一は黄道十二宮の数にまで分裂する。この欲望の力に肉体と肉体に向かう魂は隷属するのである。それに対して魂の理性的な能力は真にこの一〇という数から発し、それ自体倫理的な美徳を形成する。これがピュタゴラス教徒たちが、魂の根源には四という数があると主張する根拠でもある。カメラーリウスは、多くの事物がこの四つ組を構成すると述べている。それは四つ組の根源から発して一〇の総数に至るようなものだけでなく、八つ組の根源から発して三六の総数を構成するようなものも含んでいる。タティウスもこのことを父ヘルメスの教示に従いつつ認める。そして時間の経過と共に、この同じものが八つ組を構成する。つまり八重のものとなるのである。父ヘルメスは、八つ組を讃える頌歌を唱っている息子タティウムをピマンドルスのもとに赴かせる。この頌歌では実際に魂の倫理的な状態の八重性というものが露わにされる。七という数には明らかに七つの惑星が照応している。その第一が月である。第八のものは惑星よりも神的なかつ静謐なる圏域であって、それはイデアの圏域として、天球のすべてを統べているのだとわたしは考える。したがってすべては調和によって貫徹されている。深い沈黙があり、精神と真理が言及され、洞窟と大地と内室と魂の酒杯、その他多くの物が露わにされる。そしてこのことに全く疑問の余地はないのだが、ピュタゴラスがヘルメス的に考えているのか、ヘルメスがピュタゴラス的に考えているかのどちらかなのである。というのもヘルメスはある神学を啓示し、神的な数の礼拝をも教えているからである。この点で彼はしばしばモーセ、また福音史家ヨハネの言葉を自分の解釈で敷衍して用いている。このことは特に復活に関して顕著であり、またいくつかの儀式をも弟子たちに教示している。古代の著作家たちはこれと同じことをピュタゴラス教徒たちに関して述べている。彼らの神学の一部は、別の儀式を行うようになったため、また迷信に退行して堕落したとも言われている。さらにピュタゴラス派の哲人プロクロスは瞑想によって数の神学を構築した、とも述べられている。★033

わたしがこの章句全体から理解できることは、ケプラーが『ヘルメス選集』に通暁し、その基本的な教理をピュタゴラス派の説く調和理論と合致していると考えたこと、魂が上昇する果ての第八天界（『ヘルメス選集』XIII参照）には三六の区分が存在すること、そしてそれがピュタゴラス教徒にとっての魂の基本数である四と関連づけられていること、等々である。ケプラーはまた（これは彼にとって全く新しい文献への展望を与えることにもなるのだが）、キリスト教的ヘルメティズムの伝統も知悉している。この伝統によって『ヘルメス選集』は「創世記」及び「ヨハネによる福音書」と結びつけられることになる。ケプラーはしたがってフラッドが「創世記」と『ピマンデル』を等置したこと、ヘルメス・トリスメギストスを常に聖ヨハネと対照させたことの根拠をも完全に理解することができた。

ではケプラーは、「それがたとえ誰であれ」このヘルメス・トリスメギストスなる人物によって、モーセや聖ヨハネの言葉が引用敷衍されたのは、本当はキリスト以降の現象だったということを知っていただろうか。つまり、彼はカゾボンを読んでいただろうか。先に引用した章句は、この点に関するはっきりとした示唆は与えていない。わたしは、ケプラーの見解は、いまだにカゾボン以前の段階の宗教的ヘルメティズムを反映しているのではないかという見方に傾いている。「ピュタゴラスがヘルメス的に考えているのか、それともヘルメスがピュタゴラス的に考えているのかのどちらかである」(aut Pythagoras Hermetiset, aut Hermes Pythagoriset)という言葉は、ヘルメスがピュタゴラスの典拠であったか否か(もしそうならヘルメスは古のヘルメティズムが主張していたように非常な古代まで遡るわけだが)という問題に関しては、明確な答えを与えていないように思えるからである。

いずれにせよケプラーは、彼の調和に関する著作の中でフラッドを批判する際に、フラッドのヘルメティズムがモーセ的かつキリスト教的な観念連合を伴い、〈三位一体〉論とも関連しているということを知らないままに論難したのではないこと、それは明らかである。ケプラーが強い調子で批判した点は、むしろフラッドが真正の数学と「ヘルメス教徒のやり方で」扱われた数秘学との間になんらの区別をもしない、その混乱した観点だった。この批判は何度も繰り返されている。彼、ケプラーは調和を論じた自著で「数学的証明」を行っている。しかるにフラッドにとっては、「化学者(つまり錬金術師)」、ヘルメス主義者、パラケルスス主義者が「真の数学者なのである。★034 ケプラーはまた、フラッドが数や幾何図形を用いて論証を行う場合、その論証の根拠はマクロコスモスとミクロコスモスの類比関係であるのに対して、自分(ケプラー)は天体をそれ自体として、つまり全くそうした類比を用いることなしに研究している、と指摘している。★035 それゆえフラッドの著作に掲載された挿絵は「ヒエログリフ」★036ないし「図絵」であるのに対して、ケプラーの図解は数学的作図であり、彼は数学者として論証を行っているのである。

あなたの図絵をわたしの作図と比較してみた場合、わたしが認めざるを得ないのは、わたしの書物があなたのそれのようには壮麗に飾られていないということです。また誰がわたしの読者となってくれたとしても、その嗜好にわたしの書物がぴたりと合うというのもあまりありそうにないことです。しかしこれはわたしの学者としての立場から必然的に由来する欠点であることを申しておかねばなりません。つまりそれはわたしが数学者として研究を行っているからなのです。[★037]

フラッドの数学的操作は、本当は「普遍学《マテーシス》」であり、「空しい幾何図形もどき」である。なぜなら彼は数学を「化学」[☆014]及び「ヘルメス学」と完全に混同してしまっているからである。[★038]ケプラーが目指しているのは、「ピュタゴラス教徒たちの設定する目的」ではなく、事物それ自体(res ipsa)[★039]である。彼は数学者として数学的方法を用いる。対してフラッドは数学を「ヘルメス教徒のやり方で《モーレ・ヘルメティコー》」[★040]用いるのである。もし彼とフラッドの調和に関する研究を比較してみるならば、ケプラーは読者に数学者として自分の理論を示そうとすることが分かる。つまり「わたしは数学者として数学を示し、あなたはヘルメス教徒として数学を扱う」(rem mathematicam ego tradam Mathematice, tu Hermetice)[★041]である。

この問題の根底には、フラッドが調和を論じる際にとる「普遍学」ないし「ヘルメス教徒のやり方」での数学が、究極的には占星術に基礎を置く数魔術的な連関を内実としている、という事実がある。数秘学的な連関は、至高天、天上界、そして四大の世界という三つの世界に浸透し、マクロコスモスとミクロコスモスを連結する。ケプラーの意味での数学は量的測定であり、経験的にのみ、そして天上世界に対してのみ用いられ、その場合も適用を惑星の運動のみに限定する。

最後にローベルトゥス・デー・フルークティブス[☆015]が、彼の宇宙的音楽の理論の基盤とした事象を、より詳細に検討してみることにしよう。まず彼は全宇宙を、すなわち至高天、天上世界、四大の世界という宇宙の三つの部分のすべてを、理論の対象としている。一方わたしは、天上世界のみを対象とし、それもその全部をではなく、ほとんどいつも黄道十二宮の領域にある惑星の運動のみを対象とする。フルークティブスは、調和の力が数に由来すると信じた古代の著作家たちを典拠として、彼らの理論に倣う。そしてそれぞれの部分の間に調和的関係が存在することを証明する時には、それぞれの部分をどのようなものであれともかく数の関係として把握すればそれでこと足りるとし、そのようにして構築された統一体にそれらの数がどう関連するかということには全く関心を示さない。それに対してわたしは、事物そのものの中に調和は存在するのだから、同じ量の尺度を用いて事物間の調和関係を測定できない時には、そこに調和を探し求めることはできない、と考えるのである[★042]……

ケプラーは自分の方法とフラッドのそれとの差異を明確に把握し、そして極めて明快にそれを説明してみせる。このケプラーの姿勢は、彼が（本章の彼の著作からの引用の最初のものが示しているように）、『ヘルメス選集』の中のピュタゴラス的‐ヘルメティズム的な世界と魂の調和の理論を入念に研究し、宗教的ヘルメティズムの伝統をも知悉していたことを考え合わせれば、さらに興味深いものとなる。

薔薇十字団の影

こうした論戦のただ中に、もしジョルダーノ・ブルーノが登場したとしたら、彼は果たしていかなる立場をとってみせただろうか！　ジョルダーノ・ブルーノにとっては「普遍学」が魂の四つの指針の一つだった。彼はコペルニクスの天体図にヘルメス教的な意味を読み取った。彼にとっては、新案のコンパスはコンパスではなくヒエログリフだった。彼は「数学者たちに反対する」書物を著し、それを自由奔放な魔術的図案で飾った。つまり確かなことは、彼がこの「衒学者」ケプラーを激しく論難する対話篇を書いただろうということである。そしてヘルメス主義者フラッドと(たとえ彼がブルーノにとってはいまだ十分に「エジプト的」だとは言えないとしても)薔薇十字団の側に味方しただろうということもまた確実である。

ではさらにブルーノは、メルセンヌの『創世記の諸問題』にいかなる反応を示しただろうか。それはブルーノの命の源とも言えるフィチーノ的プラトニズムの、その魔術的核心部に攻撃を加えた著作なのである。メルセンヌの著作が糾弾する〈世界の魂〉と生きた自然に内在する普遍的アニミズムの理論は、ブルーノの永遠のテーマだった。メルセンヌの著作はまた、ルネサンス的〈魔術師《マグス》〉の地位を、じっくりと考え抜かれた手段で貶めようとする。そしてこのルネサンス的〈魔術師《マグス》〉とはまさにブルーノの本性なのである。ブルーノがこのメルセンヌに対してケプラーの時以上に激昂し、「この衒学者め！　衒学者め！」と我を忘れて罵倒しつつ、恐ろしい勢いで攻撃論駁を始めたことは確実であると思う。

実際にマラン・メルセンヌの心には、いまだにジョルダーノ・ブルーノの姿が見え隠れしていた。彼は『創世記の諸問題』への前言の中で、新しい哲学を主張した著者たち、つまり「無神論者、魔術師、理神論者、及びそれに類した連中」を列挙する際にブルーノの名前を挙げることを忘れていない。[★043]ブルーノに対する主な論難はこの著作ではなく、『理神論者の無信仰』(*L'Impiété des Déistes*)の中で行われている。そこでメルセンヌはブルーノを「この地上に生きた最も邪悪な人間の一人」(un des plus mechans hommes que la terre porta jamais)であると決めつける。そしてブルーノが「新しい様式の哲学を発案したのは暗黙裡にキリスト教を攻撃するためだった」[★044]と述べている。メルセンヌはブルーノの〈縮約〉を読んで仰天させられた。[★045]しかしブルーノの哲学の基盤は全面的に悪しきものであるにもかかわらず、時折この悪しき土壌からいくらかの真理が育つこともある、ともメルセンヌは見ている。「ジョルダーノに関しては、彼は確かに悪しき基礎に拠って立つのだが、それにもかかわらず彼が主張する通り、宇宙が一つの可能性としては無限である、ということもあり得るかもしれない。というのも無限の原因というものが存在するとすれば、無限の帰結というものがない、と言う方がおかしいだろうから」。[★046][☆016]

メルセンヌは、ブルーノの哲学体系の背景に「伝道的使命」が隠されていることを見抜いた。この使命は、「暗黙裡にキリスト教を攻撃する」ことだと述べ、それには全くの嫌悪の念しか感じていない。こうしたことを企図した人物は、かつてこの地上に生きた最も邪悪な人間であると考えるのである。魔術師にしてアニミズムの信奉者であるヘルメス教徒ブルーノは、実際特に危険な人物であった。なぜなら彼は一つの宗教的使命を持っていたからである。この使命が反キリスト教的なものであるとするメルセンヌの直観は、ブルーノの全面的改革の構想が、キリスト教以前に想定されたヘルメティズム的エジプト主義への回帰を目指すという意味において、正しいものだった。しかしブルーノ自身はと言えば、この構想を必ずしも反キリスト教的なものだとは考えなかっただろう。なぜなら、われわれがすでに見たように、彼はこの改革は現在の宗教制度の枠組の中で起こり得るだろうという、全く奇妙な希望を懐いていたからである。[☆017]しかしたとえメルセンヌがこの事情を知っていたとしても、気持ちが和らぐどころか、逆に、正統的キリスト教信仰にとってルネサンス魔術は非常に危険だという自らの確信を深めたことは確実である。実際にこの危険をはっきりと認識していたことが、断固としてこのルネサンス魔術の伝統を圧殺しようとした彼の主な動機なのである。[★047]

ここまで検討してきたこれらの論争すべての背景には、薔薇十字団の影が見え隠れしていた。フラッドの著作は薔薇十字団の擁護を意図していたし、またフラッドに対する攻撃は薔薇十字団に対する攻撃でもあった。メルセンヌは常に薔薇十字団を問題にした。[★048]およそ誰であれ、フラッドを廻る論戦に参加した人々はすべて薔薇十字団に言及した。薔薇十字団の名はケプラーの堂々とした純粋抽象的な数学的論述にすら登場する。[★049]実際に一六二三年には薔薇十字団を自称する使節がパリを訪れた。パリに着くと彼らは「不可視の者たち」と名乗り、自分たちは多くの深遠なる真理に通暁しているから、誰でも望むものは来て学ぶがよい、という内容の宣言文を掲示した。[★050]彼らの来訪はやはりちょうどこの時パリにやって来た、奇妙に謎めいた宗派の出現と重なり合うことになった。彼らはスペインからやって来て「奥義に通じた者たち《イルミナーティ》」を自称していた。[★051]メルセンヌや彼の友人たちが仕掛けた薔薇十字団を攻撃する知的戦闘たけなわのこの時期に、その宗派代表を自称する「不可視の者たち」がパリに姿を現したことは、この論争の状況に劇的性格を付け加えることになった。すでに本書で示唆しておいたように、もしもこの宗派の創設にブルーノがなんらかの形で影響を与えていたとすれば、ブルーノがこの論争においてどちらの側に立ったかはより明白になったと言えるだろう。つまりブルーノがもし十七世紀に再び生き返って、パリに舞い戻ったとするならば、「不可視の者たち」の一員としてであったことは確実である。

リシュリューは薔薇十字団の謁見を許さなかった。[★052]しかしこの事件の一五年後にカンパネッラがパリを訪れた際には、この権勢の頂点にあった枢機卿はカンパネッラを擁護した[★053]――このことはカンパネッラが彼の構想を（それは初期的形態においては、薔薇十字団運動を含むドイツでの思想運動に影響を及ぼしたのだが）[★054]、現状の権力が受け入れ易い形に切り替え、この転向がしっかり成功したということを意味している。すでに見たようにメルセンヌはカンパネッラに対してなんらの感激も示さなかった。[★055]実際にカンパネッラの星辰魔術と自然神学は、メルセンヌの基本的な立場からすれば、この憎むべき薔薇十字団の〈魔術〉やカバラと同じく、旧弊な望ましくないものに思えたはずである。

この決定的な意味を持った時代には、薔薇十字団が代表する古き世界が倒壊し、その廃墟から近代世界が勃興しようとしていた。そこには過去からの思想の潮流、それに対抗する潮流というものが渦巻いて、まさに叙事詩的とも言える闘争を現出させる。そしてその闘争の行方は、それに巻き込まれた登場人物にとっても、それを見守る観客にとっても、いまだ曖昧模糊としていた。メルセンヌ[★056]とデカルトはその難解さをもって知られていたため、薔薇十字団員ではないかと疑われていた。[☆018] カゾボンの発見を武器として、メルセンヌがヘルメティズムに総攻撃をかけ、いましもヘルメティズムが退却を始めようとするその同じ時、同じ場所で、カンパネッラは、宮廷において、誕生した世継ぎルイ十四世はエジプト風の〈太陽の都市〉を建設することになるだろう、と予言している最中だったのである。

ヘルメティズムと科学革命

十七世紀は近代科学にとって創造の時代であった。フラッド論争は、この近代科学への転換点という、まさに決定的な時期に起こった社会現象であった。この時代、機械論的自然哲学は仮説構築という手順を発見し、数学の進歩は人間の自然に対する最初の決定的勝利を可能にする手段を提供した。なぜなら、「近代科学の壮大な運動のすべては本質的に一枚岩的なものだった。後になって発展した生物学的、また社会学的な部門ですら、その基本的な原則を初期の力学における勝利の数々から構築していたのである」。[★057]

本書の主題はガリレオの力学に至る真正の科学の歴史とはなんの関わりもない。その歴史は本来の科学史に属している。例えばデュエム[☆019]の研究がそうした本来の科学史の典型である。彼は中世を通じて科学の進歩が見られることを立証し記述した。中世の科学的研究はパドヴァのアリストテレス派によって集大成され、さらに継続された。それはルネサンス期におけるギリシア数学の復興と融合し、数学的研究全般の深化拡大を呼び覚ました。そしてまさにこの点で、ネオプラトニズムからの影響というものが確認されているのである。つまりガリレオという現象は、ギリシア科学の合理的伝統が中世とルネサンスを通じて発展し続けた、その一つの帰結と見做すことができるのである。この伝統の擁護のためにこそメルセンヌは立ち上がり、畏るべき魔術師たちを撃退したのだった。

科学史は十七世紀における近代科学の抬頭を、そのさまざまな段階にわたって追跡し解説することができる。しかしそれが説明できないことが一つある。つまりどうしてこの時期にそれが起きたのかということである。どうして特にこの時期に、自然界とその作用に対する新しい関心が強く呼び覚まされたのだろうか。科学史家たちは、ここに彼らの認識の限界が存在していることを認めている。「というのも、もし一つだけはっきりしたことがあるとすれば、それは、近代科学の抬頭が非常に複雑な現象であり、非常に多様な要因を包摂しているということである」[★058]。「科学革命はその初期的段階においては、技術面での道具立ての拡充と言うよりは、むしろ知的な視座の体系転換という形で生じた。ではどうしてこの思想の方法における革命が起こる必然性があったのだろうか。それははっきりしないのである」[★059]。研究者の一人は、必要なものは「歴史的研究である」と述べている。そしてその歴史研究は、科学的進歩の背景にある「基底的な動因、またその他のこの運動に関わる人間的要因を探索しなければならない」、とも述べている[★060]。

まさにこの点で、一つの歴史研究である本書も、特にそれが歴史の動因の研究であるという意味において、こうした問題の解明のために貢献し得るのではないかと思う。一つの知的潮流を真の意味で形成するもの、それは意志そのものの運動である。新しい知的関心の焦点が出現する時には、必ずその潮目を取り巻くようにして、情念的な沸騰というものが観察される。こうして生まれてきた知的探索への意志が命ずる処に、精神は赴き、新しい観点、新しい発見がそれによって続々と生まれていくのである。近代科学の抬頭の背景には、意志が世界に対して新たに自己定位するという現象が潜んでいる。世界の驚異、そして世界の諸作用の謎めいた姿に対して、それを根底から理解し、その力を実践的に操作してみたいという新しい渇望と決断が意志を捕らえて放さなくなるのである。

ではこの新しい定位への志向はどこから、またいかにして生じたのだろうか。一つの解答の可能性は本書で示唆されている。それはつまり「ヘルメス・トリスメギストス」から、という一語に要約される。この名にわたしはフィチーノ的ネオプラトニズムの中核をも含めて考えている。そればかりではない。ヘルメティズムとカバラ主義の融合というピコの決定的な重要性を持った思想的営為、神秘的-魔術的威力の源泉としての太陽に向けられた関心、〈魔術師《マグス》〉が探し出し、それを用いて魔術を実践しようとする自然全体に浸透した魔術的生気の観念、自然の秘密に通じる鍵としての数に集中する思考、『ピカトリクス』のような魔術の教則本にも哲学的なヘルメス文献にも含まれる、万有は一者であるという哲学、魔術の実践者が懐く自分が用いる手順の普遍的な妥当性への信頼、そして最後に、ある意味では最も重要な基底を形成した、奇妙な歴史的年代同定の誤認とそれによって可能となった「ヘルメス・トリスメギストス」のキリスト教化、こうした契機のすべてがこの「ヘルメス・トリスメギストス」の一語に要約されるのである。だからこそ宗教的ヘルメス主義者は、世界を彼の伴侶の如きものであると考え、それについての思弁を展開し、その世界観念を媒介として創造の神秘に迫り、さらに（すべてのヘルメス主義者がそこまで彼の世界観を広げるわけではないにしても）魔術によって世界の力を操作しようとまで試みるのである。

「ヘルメス・トリスメギストス」の統治の時代は、年表的な正確さを伴っている。それが始まったのは、フィチーノが新しく発見された『ヘルメス選集』をラテン語訳した十五世紀末である。そしてそれはカゾボンがその文献の誤認を暴露した十七世紀初頭に終わる。この両端に挟まれたヘルメスの君臨する時代に、やがて近代科学の抬頭を生むこととなる新しい世界観、新しい視座、新しい動機の蠢動が見られるのである。

〈魔術師《マグス》〉がその魔術を操作実践しようとした手順は、本来的には真正の科学とはなんの関係もなかった。問題は彼ら魔術の実践者たちが、正真正銘の科学とその方法へと向かう意欲を刺激したのかどうか、という点である。本書の最初の方の章で、わたしは実際にそうしたことが起きたということを、ジョン・ディーの例を挙げて示唆しておいた。彼はその精神の一面においては科学的進歩を推進する真正の数学者である。しかしその逆の一面では実践的カバラによって天使たちを招き寄せようとする。もちろんこの強固なヘルメティズム的-カバラ的伝統が、ルネサンス期の科学者たちに及ぼした影響についてはっきりとした判断を下すためには、彼らの仕事の背景に潜む動因についてのもっと詳細な「探索」がなされなければならない。ガリンは、レオナルド・ダ・ヴィンチの原典資料を再検討し、レオナルドが「ヘルメス的哲学者」(Ermete Filosofo)に言及している点、またレオナルドの主張のいくつかがフィチーノの信奉したヘルメティズムに類似していることに着目している。[★061]あるいはレオナルドのような人物が、数学的かつ機械学的な研究を芸術家としての活動と連結させることができたのも、もともとこの総合の可能性がルネサンス〈魔術師〉の理念の中にあらかじめ含まれていたからではないのだろうか。[☆020]

時代の変遷を楽しい街路の散策気分で長々と眺め続けるのはよいのだが、そうした散策で一つの思潮の連続性が美しい発展のシークエンスのように見えてくるとしたら、そのことだけですでに、それはあまり途切れなく美しいがゆえに、完全な真理ではあり得ないことを示していると考えた方がよさそうである。[☆021]古典古代末期は、もはやギリシア科学を一歩も先に展開する能力を持っていなかった。彼らは此岸的世界そのものを礼拝対象とする宗教祭祀に救いを求め、その祭祀にはオカルト主義や魔術が伴った。「ヘルメス・トリスメギストス」に帰せられたヘルメス文献は、この古代末期の思潮の一つの表現である。この時代に〈魔術師《マグス》〉が理想の存在として登場したことは、フェステュジエールも述べているように、古代人の心性が理性からオカルトへと退行していったことを表しているのである。[★062]フェステュジエールはまた、ルネサンス期における〈魔術師《マグス》〉の理想の再登場も、新しい強力な合理主義から中世的スコラ主義への似たような退行の一場面として捉えている。[★063]長い中世において、西洋においてもアラビア世界においても、ギリシア科学の合理精神は継承され発展を続けた。この事実を背景において考えれば、ルネサンスにおいて「ヘルメス・トリスメギストス」とこの標語によって代表される思潮のすべてが再発見された時、オカルト的なものへの回帰は、今回は真正の科学をも推進することになったのである。

抬頭してきた近代科学は、いまだに〈ヘルメス的雰囲気〉とでも言えるようなものに包まれていた。フランシス・

ベーコン[☆022]の『新アトランティス』をこの近代科学を包むヘルメス的なものの一つの例に挙げるのは、もうあまり適切とは言えないかもしれない。ベーコンを実験的近代科学の父とする見方自体、最近では疑問視され始めているからである。しかしそれにもかかわらず、やはり〈ニュー・アトランティス〉は科学者の天国であり、そこではすべての発見、発明がこの幸せな人々のために活用されている。この国は「ソロモンの館」と呼ばれる教団ないし協会によって統治されている。彼らは献身的に〈神〉の御業と被造物の研究に励んでいる。「ソロモンの館」の最高位者である〈父〉は、大いなる祝典の行列が町を練る時には一台の戦車に乗り、「黄金で造られた太陽が、光輝に包まれた戦車の上、ちょうど中心部に置かれている」[★064]。この〈ニュー・アトランティス〉と〈太陽の都市〉の間に現実の参照関係が介在していたのかどうかは分からない。しかしいずれにせよ、これら二つのユートピアは、同じ一つの思想潮流から生まれ出たものである。そしてその潮流こそヘルメティズム、ないしヘルメティズム的カバラ主義の伝統に他ならない。

ジョルダーノ・ブルーノの真実

新しい宇宙像を想像裡に描き出す大きな動因として、ヘルメティズムからの影響が活用された事例が、つまりはジョルダーノ・ブルーノという思想現象である。本書で試みられた彼への新しい取り組みが、ブルーノをもう一度思想の歴史における重要な境界標《ランドマーク》として呈示することになるだろう。古き悪しき硬直した理性の境界標ではない。むしろ新しい正しき理性の道しるべである。

ドメニコ・ベルティ[☆023]がブルーノを英雄として祭り上げて以来[★065]、ブルーノに対する正しい理解は阻害されてきた。彼の解釈に拠れば、ブルーノはコペルニクスの理論が真実であることを否認するよりは死を選んだ科学的確信の英雄であり、近代科学の殉教者であり、中世的アリストテレス主義の束縛を破って近代世界の到来を告知した先駆者である。通俗的なブルーノ像というものは、いまだに概ねこのベルティのブルーノ観に規定されている。もしわたしがこのブルーノ観の根本的な誤りを最終的に証明できなかったとすれば、本書は全く無駄だったことになる。

つまり何が真実か、ということである。ブルーノは正真正銘の魔術師だった。最も深い次元で、彼は「エジプト」とヘルメティズム的理想に心を奪われていた。そして彼にとってはコペルニクスの太陽中心説もまた、魔術的宗教への回帰を告げる予兆だったのである。彼はオックスフォード大学の学者たちとの論戦の際には、コペルニクス主義を魔術と、つまりフィチーノが『天上より導かれるべき生命について』の中で論じる魔術と結びつけた。コペルニクスの天体図は、彼にとっては、神的なもののヒエログリフであった。彼は地動説をヘルメティズム的な論拠で擁護し、その論拠は自然界すべてに浸透した魔術的生命観を基盤とするものであった。彼の目的はヘルメティズム的世界認識を達成することであり、そのための手段が、魔術によって自らの精神《メンス》の裡に世界そのものを反照させることであった。この内的な反照には、星辰の魔術的図像を記憶に刻印する作業が含まれていた。この方法によって、彼は偉大なる〈魔術師《マグス》〉、奇跡を行う宗教指導者へと成長することを目指すのである。ブルーノはキリスト教的ヘルメス主義者が構築してきた神学的な上部構造を一掃してみせた。そしてカバラはただ〈魔術〉に従属する要素としてのみ活用した。この意味で彼は純粋な自然主義者であり、その宗教的信条は擬似エジプト的ヘルメティズムを内包する、『アスクレピウス』の説く自然宗教だったのである。ブルーノの世界観は、ヘルメティズム的な世界観が拡張され続け、内的な求心力を増大させ続けた場合に、いかなるものを産み得たかということを示している。ブルーノはコペルニクスとルクレティウスにヘルメティズム的な解釈を施した。そしてそれによって、神的なものの無限への拡張がそのまま自然界に反映されている、という驚くべき幻視的直観へと至った。地球が運動するのは、エジプトの魔術的表象の裡に捉えられた太陽の周りを、それが生きた存在として回っているからである。惑星は生命ある星辰として、やはり地球同様に太陽の周りを回る。そして無数の世界が巨大な動物たちのように運動しながら無限の宇宙を満たしている。

この宇宙像から本源的なアニミズムを奪い去り、運動の原理として、自然の魂としての生命を慣性と重力の法則によって代替し、主観的描像を客観的なそれに改めた場合、ブルーノの宇宙は、アイザック・ニュートンの機械論的宇宙に近いものへと変容する。その宇宙もまた、自己自身の法則性に従って、驚嘆すべき永遠の運動状態にある。しかしこの法則を宇宙の中に置いた〈神〉はもはや魔術師ではなく、機械工であり数学者である。ブルーノのヘルメティズム的かつ魔術的世界が、かくも長きにわたって進歩的思想家の構築した世界観であると誤認されてきたこと自体、「ヘルメス・トリスメギストス」がこの科学革命を用意する一つの要因としてなんらかの役割を果たしてきたという本書の主張を証明してもいる。ブルーノは、そうした進歩的思想家として科学革命の結果誕生すべき新しい宇宙論を先取りしていた、と誤解されてきた。ジョルダーノ・ブルーノの哲学の研究は、過去の研究が彼を真の歴史的コンテクストから切り離してしまった過ちを繰り返してはならない。★066 これから思想の歴史を研究する者たちにとっては、ブルーノは、近代科学の登場直前の時期におけるヘルメティズム的世界観の注目に値する典型例として検証されるべきものなのである。☆024

「ヘルメス・トリスメギストス」は進歩を続ける十七世紀からは放擲されねばならなかった。彼の真の年代がカゾボンによって同定されたことは、ヘルメティズムの貢献が終わったちょうどその時、正しい時期に行われたのである。しかしまた近代科学の抬頭の歴史は、それが何を克服して抬頭してきたのかという歴史を示すことなしには完成されない。例えばメルセンヌの反発という現象も、彼が一体何に対して反発していたのかを理解することなしにはその内実を把握することはできない。時代思潮の振り子は、はっきりと合理主義の側に揺れていた。しかしそれは、ルネサンス期のオカルト復興に対する反発というコンテクスト上でのみ、正しい了解が可能となる現象なのである。

ヘルメティズム的法悦としての〈デカルトの夢〉

さらにまた十七世紀の科学革命によって確立された機械論的な世界観もまた、つい最近の科学的知見の驚くべき発展によって過去のものとなりつつある。[☆025] したがって科学革命の総過程を二つの段階に分けて考えるのが啓発的なのではないかと思う。最初の段階で支配的だったのは、魔術的操作の対象として宇宙を措定するアニミズム的宇宙論である。第二の段階は力学が支配する数学的宇宙像の世界である。今日の科学状況の新たな進展を眼前にしているわれわれにとって、[★067] より実りのある歴史研究とは、ただ十七世紀の科学革命の勝利のみに焦点を合わせるような従来の研究ではなく、この両段階にわたる、そして両宇宙像の相互影響作用を解明する、そういう新しい視座からの研究だろう。それにまた、そもそもすべての科学の営みは、やはり一つの世界認識《グノーシス》の営みなのではないだろうか。つまり連続的に獲得される知見から〈万有〉の本性に対する洞察が獲得される、それがすべての科学に共通する過程ではないだろうか。

バイエのデカルト伝[☆026]はその人間性の描出においてなかなかに興味深いものだが、その中に若き哲学者デカルトが熱烈に真理を探し求め、一種の狂乱に近い状態にまで至ったことを述べた条がある。「(この真理への熱狂は)デカルトの全身全霊を捉えてしまい……夢や幻視からの印象に満たされるまでになってしまった」。一六一九年一一月一〇日、彼は意を決して床に就く。[☆027]「(デカルトは)真理への熱狂と、新しい科学の素晴らしい基礎を今晩こそは発見しようという思いに満たされていた[★068]」。その夜彼は三つの夢を続けて見た。それはいと高き処から彼に降りてきた夢のように見えた。つまりここでわれわれは、ヘルメティズム的忘我を眼前にしているのである。[☆028] つまり感覚が眠りに陥る時、真理が開示されるという観念である。[☆029] このヘルメティズム的忘我の雰囲気は、バイエの伝記のこの夢に続く記述でも持続されている。そこではデカルトが「薔薇十字友愛団」なるものの噂を聞いたこと、そしてその噂に拠れば彼らは「真の科学」を知っているとされていたことが述べられている。[★069][☆030] デカルトはもっと彼らと彼らが知っているとされた秘密の知識について知りたいと思った。しかし彼らについてそれ以上のことを知ることはできなかった。ところが一六二三年にドイツからパリに帰還してみると、なんと彼自身が薔薇十字友愛団に参加した嫌疑をかけられていることを知るのである。[★070] この嫌疑自体は事実無根だった。しかしこうした友愛団が完全に空想上のものだとは言えないことは逆にこの事件で明らかになる。なぜならバイエも言うように、「何人かのドイツ人たち、そしてイギリス人ロバート・フラッドも彼らの著作の中で、薔薇十字団には好意的な発言を行っている」[★071]からである。つまりデカルトが真理について思索するその時代の場というものは、フラッドと薔薇十字団を廻る大いなる論争の熱気に包まれていたのである。

　バイエの述べるところでは、大体この同じ頃に、デカルトはほとんど彼がこれまで好んできた数学と幾何学の研究をやめてしまうところだった。それらがなんらの確実性も持っていない空虚なものに見え始めたからである。

> デカルトには、単純な数それ自体と想像上の図形に没頭し……それを超える何ものをも考えすらしないということよりも空しく、なんの結果ももたらさないものはないように思えた。そうした作業は全く無用なものにも思えた。研究と経験の流れが偶然そうしたものと関わる以上にあまりにも真剣に熱を入れて、表層的で内容空疎な説明に没頭することは危険だと確信した。そしてそれらが悟性の領域に属するというよりはむしろ視覚と想像力を刺激するものにすぎないことをも確信していた。[★072]

ここで述べられているのは、フラッドが使用したタイプのヘルメティズム的図案であったかもしれない。デカルトにとってそれはなんの意味も持たなかった。彼が探し求めていたものは「普遍的科学」(Science generale)であって、それは「普遍学または普遍的数学」(Mathesis, ou Mathematique universelle)[★073][☆031]とでも呼ぶべきものであったからである。デカルトは夢に幻視した真理体験によって、数学のみが自然の秘密を明かす鍵であることを確信していた。このあとすぐ彼は「新しい、非常に生産的な道具、解析幾何学」[★074]を発見することになる。

デカルトの懐く普遍学の理念は、宇宙の鍵となる真正の数学を構築しようとする構想である。そしてそれはこの探求に必要な科学的手段の発見へと通じていった。この移行がなされたのは、ヘルメティズム的な、ほとんど「薔薇十字団的」な世界への姿勢がいまだにさまざまな科学的直観の源泉となっていたような、そういう時代のただ中であった。しかしデカルトが内的な境界線を踏み越えた時、ヘルメティズムで涵養されてきた世界内的事象に対する想像力の鍛錬が、ここでもその思想的営為を準備してきたのだとは言えないだろうか。

デカルトは、自然を客観的な機械的体系として把握することに努め、またこの客観的探求の唯一確実な手段としての純粋数学に熱中した。その結果としてしかし、その思想的営為を行う主体としての精神の問題はいささかとまどうような裸形の即物性を示しつつ取り残されてしまった。そこで彼は、暫定的に、この問題を非常に乱暴なやり方で解決しようとした。これが彼のいわゆる〈二元論〉[☆032]である。「一つの世界は巨大な数学的機械によって構成される。そしてそれは空間の中に延長されている。もう一つの世界は延長されることのない思考する精神から成る。数学的でないもの、ないし思惟する実体に全面的に依存するものは……後者に連関するのである」[★075]。デカルトはこの「思惟する実体」の場所を身体中に求め、それを同定すらしている。つまり〈松果体〉(conarion)という大脳中の一部分がそれであるとされる。この部分が外界の膨大な延長の世界に関係ない一切の事柄を引き受けることになる[★076]。精神の本質を規定するこの奇妙に不適格な手法はすぐに問題視され始めた。そしてデカルト以来多くの哲学者や思想家たちは、この精神と物質を廻る知の根拠、すなわち認識論を求めてさまざまな試行を重ねることとなった。にもかかわらずこの悪しき出発点がもたらした知の問題は、全面的解決には至らなかった。確かに延長の世界の内実はますます露わにされ続けた。しかし人間自身の内面について、彼の精神については、つまりなぜそれが世界をその裡に映し、驚くべきやり方で自然を取り扱うのかという疑問に対しては、デカルト以来の進歩は微々たるものにすぎない。

ではどうしてデカルトはそれほどまでに、精神を軽蔑し、もしこう言ってよければ、それを怖れたのだろうか。☆033 そしてそれを機械論的な宇宙と数学から取りのけるために、それ自体としてのみ自立するような場所に置いたのだろうか。これはあるいは彼の世界、彼が全身全霊で確立しようとする新しい世界像が「ヘルメス・トリスメギストス」との（わたしはもちろんここでもこの言葉を一般的な意味で用いているのだが）葛藤の裡から誕生したということを意味しているのではないだろうか。魔術師が世界に向き合う姿勢と、科学者が世界に対峙する姿勢とは根本的に異なる。魔術師は世界を彼の裡に引き込もうと努める。それに対して科学者はまさにその反対のことを行う。科学者はヘルメス文献に記述されたその世界内化とはまさに逆向きの意志の運動に駆り立てられて、世界を外化し、非人称化しようとするのである。それに対してヘルメス文献の強調点は、まさにこの精神の裡に反照する世界に置かれていた。ヘルメス的な世界への姿勢というものは、宗教的経験としても魔術としても、本質的に内面的な性格を有しているのである。

したがって、予期できなかったこととはいえ、アニミズムと魔術に替わって力学と数学が優越的地位を占めるや否や、この内面性、精神と世界の親密な関係というものがいかなる犠牲を払っても忌避されるべき対象となった。他方またこの外面化に対する強い反発から誤った行き過ぎが生じ、今度は精神の問題を肥大させ、物質が外的な世界で働くその様態と全く無関係なところにまで追いやってしまった。このように精神の問題史という観点からすれば、すなわち近代世界成立のその当初に精神が無視され問題現象と化してしまったという観点からすれば、「ヘルメス・トリスメギストス」こそがまさに重要な現象として顕在化してくるのである。フラッドを廻る論争を検討するに際しても、ただ単に近代派は間違いを犯すはずはないということを仮定してしまって、あっさりと軍配をそちらに上げるようなことはすべきでない。なんとなればこの近代派の方こそ、今日の思想状況に重要な意味を持つ物質と精神を廻る観念を捨て去っていたかもしれないのである。その際この観念が当時の思想状況において、かなり奇妙な装いを纏っていたということは本質的な問題ではない。いずれにせよ現代人としてのわれわれは、彼ら近代初頭の近代派が果たして何を捨て去ったのかという、その歴史的背景を知らねばならない。たとえそうした作業の結果、機械論の勝利の背景となった諸動機を理解するという成果しか得られないとしても、この探求はなされねばならない。歴史的探求は、人間の精神が宇宙のその神的生命にもはや包摂されていないことを知った時に起きた変容を明るみに出さねばならないからである。〈ヘルメス・トリスメギストス〉の同伴者として、人は魔術と宗教のあわい、魔術と科学の境界、そして魔術と芸術、詩、音楽との臨界を踏み越えて行く。ルネサンス人の心が向かい、そして住みついた場所とは、そのような仄暗くも曖昧な地帯だったのであり、十七世紀はそうした〈大いなる奇跡《マグヌム・ミラークルム》〉を志向したルネサンス的心性を了解するための鍵を失ってしまったのである。

わたしが本書で行い、今読者に呈示する研究は歴史研究である。わたしは対象とした時代の歴史的概観を恒に眼前に保とうとしてきた。そしてその枠組の中で宗教的、文化的な動因が時代の思想潮流を形造るその様相を追跡しようと試みた。その潮流は究極的には「ヘルメス・トリスメギストス」(わたしは再びこの名前を本書で研究対象としたすべての思想運動を包括する標語として用いている)がイタリア・ルネサンスに及ぼした衝撃にまで遡行するものである。この影響は部分的には隠れた地下水脈を形成した。この伏流を地表の明るみにまでもたらし、歴史的探求の対象とする過程で、これまで馴染みのものだと思っていた現象を全く新しい視座から見直すことが可能となってきた。わたしが目指したところも、そうした新しい視座の一つにジョルダーノ・ブルーノを置き直すということに他ならなかったわけである。本書が古い問題の新しい解決を目指して探求の旅に出発される方々のために、いささかなりともその道を切り拓いたことを望んでやまない。

原註

〈参考文献の略号〉

Bibliografia : V. Salvestrini, *Bibliografia di Giordano Bruno* (1582-1950), seconda edizione postuma a cura di Luigi Firpo, Florence, 1958.

C.H. : *Corpus Hermeticum,* Paris, 1945 and 1954. Vol. I, *Corpus Hermeticum,* I-XII, texte établi par A. D. Nock et traduit par A.-J. Festugière. Vol. II, *Corpus Hermeticum* XIII-XVIII, *Asclepius,* texte établi par A. D. Nock et traduit par A.-J. Festugière. Vol. III. Fragments extraits de Stobèe, I-XXII, texte établi et traduit par A.-J. Festugière, Vol. IV, Fragments extraits de Stobèe, XXIII-XXIX, texte établi et traduit par A.-J. Festugière; Fragments divers, texte établi par A. D. Nock et traduit par A.-J. Festugière.

Dial. ital. : Giordano Bruno, *Dialoghi italiani,* con note da Giovanni Gentile, terza edizione a cura di Giovanni Aquilecchia, Florence, 1957 (one vol.).

Documenti : *Documenti della vita di Giordano Bruno,* a cura di Vincenzo Spampanato, Florence, 1933.

Festugière : A.-J. Festugière, *La Révélation d'Hermès Trismégiste,* Paris, 1950-4 (four vols.).

Ficino : Marsilio Ficino, *Opera omnia,* Bâle, 1576 (two vols., consecutively paged).

Garin, Cultura : Eugenio Garin, *La cultura filosofica del Rinascimento italiano,* Florence, 1961.

J.W.C.I. : *Journal of the Warburg and Courtauld Institutes.*

Kristeller, Studies : Paul Oskar Kristeller, *Studies in Renaissance Thought and Letters,* Rome, 1956.

Kristeller, Suppl.Fic. : Paul Oskar Kristeller, *Supplementum Ficinianum,* Florence, 1937 (two vols.).

Op. lat. : Giordano Bruno, *Opere latine,* ed. F. Fiorentino, V. Imbriani, C. M. Tallarigo, F. Tocco, H. Vitelli, Naples and Florence, 1879-91 (three vol. in eight parts). Facsimile reprint, 1962 (Friedrich Fromman Verlag Gunther Holzboog, Stuttgart-Bad Cannstatt).

Pico : Giovanni Pico della Mirandola, *Opera omnia,* Bâle, 1572 (one vol.).

Scott : *Hermetica,* ed. W. Scott, Oxford, 1924-36 (four vols.).

Sommario : Angelo Mercati, *Il sommario del processo di Giordano Bruno,* Città del Vaticano, 1942.

Test. uman. : *Testi umanistici su l'ermetismo,* testi di Ludovico Lazzarelli, F. Giorgio Veneto, Cornelio Agrippa di Nettesheim, a cura de E. Garin, M. Brini, C. Vasoli, P. Zambelli, Rome, 1955.

Thorndike : Lynn Thorndike, *A History of Magic and Experimental Science,* Columbia University Press, 1923-41 (six vols.).

Walker : D. P. Walker, *Spiritual and Demonic Magic from Ficino to Campanella,* The Warburg Institute, University of London, 1958.

＊――【 】内は、訳者による補足。

第一章　ヘルメス・トリスメギストス

★001――Festugière, I, pp.67ff.

★002――Cicero, *De nat. deor*, III, 22.

★003――*C.H.*, I, p.v. (Nockによる序文); Festugière, III, p.l.

★004――ブルームフィールドが言うように〝このヘルメス教におけるエジプト的要因の問題を廻っては人文学は一つの極端から逆の極端へと急転回してきた〟(M.W. Bloomfield, *The Seven Deadly Sins*, Michigan, 1952, p.342及びそこで示された参考文献をも参照)。フェステュジエールはエジプト的要因はほとんど全く認めず〈ヘルメス文書《ヘルメティカ》〉においてはほぼ完全にギリシアからの影響のみに研究を集中する。ブルームフィールドは慎重な立場で以下の如く要約する。「これらの著作は主にエジプトの新プラトン主義者たちのものであり、彼らはプラトンからの、特に『ティマイオス』からの影響はもちろんとして、ストア派、ユダヤ教、ペルシア神学、そしておそらくは土着のエジプトの信仰からも大きな影響を受けていた。それらはおそらくはエジプトの秘祭宗教のバイブルであり、その中核部分は前二世紀にまで遡るものかもしれない」。フェステュジエールは秘儀祭祀説には反対している。I, pp.81ff.

★005――ノックとフェステュジエールに従う。*C.H., loc.cit.*; Festugière, I, pp.85 ff. を見よ。

★006――この作者同定は間違っているが、九世紀からすでに主張されていた。*C.H.*, II, p.259. コプト文献でのこの誤った作者同定の事例は、本書第二章★128を見よ。

★007――『ヘルメス選集《コルプス・ヘルメティクム》』がいつ文集として一つに纏められたのかは分かっていない。しかし十一世紀のプセッルスの時代にはすでにこの形で知られていた。*C.H.*, I, pp. xlvii-l (序文はノックによる)を見よ。

★008――Festugière, I, pp. 1 ff.

★009――同書、I, pp. 14 ff.

★010――同書、I, pp. 19 ff.

★011――同書、I, pp. 46 ff.

★012――*C.H.*, II, p. 328.

★013――Lactantius, *Div. Inst.*, I, vi：英訳は以下を参照。W. Fletcher, *The Works of Lactantius*, Edinburgh, 1871, I, p.15.

★014――〈ヘルメス文書〉からのラクタンティウスの引用文に関しては、*C.H.*, I, p. xxxviii; II, pp. 259, 276-7. を見よ。

★015――Lactantius, *De ira Dei*, XI：フレッチャーの翻訳はII, p.23.

★016――Lactantius, *Div. Inst.*, IV, vi：フレッチャーの翻訳は、I, p.220. ラクタンティウスの引用の典拠は、*Asclepius*, 8 (*C.H.*, II, p.304).

★017――*C.H.*, II, pp. 276-7. を参照。

★018――本書第二章参照。

★019――Lactantius, *Div. Inst.*, IV, xi：フレッチャーの翻訳は、I, p.226.

★020――Lactantius, *Div. Inst.* I, vi; IV, vi; VIII, xviii; フレッチャーの翻訳は、I, pp.14-19; 220-2; 468-9.

シビュラの託宣集も〈ヘルメス文書〉同様真正の古代資料ではない。ユダヤ教に起源を持つシビュラの予言偽作が登場した年代は曖昧だが、後代これをキリスト教徒が活用することになる。この〈シビュラ託宣集〉(*Oracula Sibyllina*)のユダヤ教的要素をキリスト教起源のそれと弁別するのは困難に思える。以下の文献を参照。M. U. Lagrange, *Le judaisme avant Jésus-Christ*, Paris, 1931, pp. 505-11 ; A. Puech, *Histoire de la littérature grecque chrétienne*, Paris, 1928. II, pp. 603-15 ; さらに以下の著作における G. Bardy の註釈を参照。*Oeuvres de Saint Augustin*, Desclée de Brouwer, Vol. 36, 1960, pp. 755-9.

★021——Lactantius, *Div. Inst.*, II, xv.

★022——Augustine, *De civ. Dei*, VIII, xxiii-xxvi. 彼は『アスクレピウス』の以下の箇所から引用している。*Asclepius*, 23, 24, 37. cf. *C.H.* II, pp. 325 ff.

★023——*C.H.*, II, p. 259.

★024——*De civ. Dei*, VIII, xiii-xxii.

★025——この表題は十六世紀のウィリアム・アドリントン(William Adlington)の英訳に拠るものである。

★026——*De civ. Dei*, VIII, xxiii. 本文引用の英訳はジョン・ヒーリー(John Healey)に拠る。聖書からの引用部分は「ローマの信徒への手紙」I, xxi.

★027——「イザヤ書」XIX, i.

★028——本書第一〇章参照。

★029——*De civ. Dei*, XVIII, xxix. 本文引用の英訳はジョン・ヒーリーに拠る。

★030——Scott. Vol.I. に収録の〈Testimonia〉(証言資料集)を参照。

★031——Clement of Alexandria, *Stromata*, VI, iv, xxxv-xxxviii. cf. Festugière, I, pp.75 ff.

★032——クレメンスはヘルメス教の著作には言及していない。この事実からスコットは(Scott, I, pp.87-90)クレメンスはその存在を知らなかったか、あるいはそれが非常に古い文献ではないことを知っていたかのどちらかだろうと推察している。

★033——フィチーノの翻訳の原本となった写本はラウレンツィアーナ図書館【Biblioteca Mediceo Laurenziana フィレンツェのサン・ロレンツォ教会附属の図書館。コジモが創設し、ロレンツォが拡充し、ミケランジェロが建築プランを構想し一部実現した。メディチ家蒐集の写本がコレクションの中心。フィレンツェ・ルネサンス研究の重要な拠点である】に現存する(Laurentianus LXXI 33 [A])。以下を参照。Kristeller, *Studies*, p. 223. この著作の第一一章はクリステラーが一九三八年に最初に出版した論文を改稿し再度発表したものである。この論文はフィチーノの『ヘルメス選集』翻訳に関する先駆的な研究である。ルネサンス期のヘルメス教をテーマとするすべての研究者はクリステラーの仕事に多大の恩恵を蒙っている。

★034——フィチーノがプロティノスの抜粋註釈集に付加したロレンツォ・デ・メディチへの献辞である。cf. Ficino, p. 1537.

★035——〈Mercurium paucis mensibus eo uiuente (referring to Cosimo) peregi. Platonem tunc etiam aggressus〉(あの御方はもう数箇月の命しか残されていなかったので【コジモのことである】メルクリウスの翻訳を完成しました。そしてすぐその後でまたプラトンの仕事を再開したのです) Ficino, 上記引用文中。cf. Kristeller, *Studies*, p. 223 ; A. Marcel, *Marsile Ficin*, Paris, 1958, pp. 255 ff.

★036——コジモとフィチーノのこの熱中ぶりを理解するには、フィチーノ以前の中世とルネサンス期におけるヘルメス教の歴史を知る必要がある。『アスクレピウス』が中世に与えた影響については以下の箇所に指摘されている。cf. *C.H.* II, pp. 267-75. ヘルメス教に対する関心は十二世紀の早期ルネサンスの一つの特徴であった(それは主に『アスクレピウス』と偽ヘルメス文書である。*Liber Hermetis Mercurii Triplicis de VI rerum principiis* に基づいていた)。これらの著作がサン=ヴィクトルのフーゴー【Hugo/Hugues de Saint-Victor　一〇九六―一一四一年。十二世紀フランスの人文主義を代表するスコラ哲学者、神秘主義者。パリのサン＝ヴィクトル修道院長であったのでこの名で呼ばれた】に与えた影響に関しては以下の文献を参照。*Didascalicon* (Jerome Taylor による翻訳), Columbia, 1961, 序文 pp. 19 ff. 及び註。中世にはもちろんヘルメスの名を冠した多くの魔術、錬金術、そして占星術関係の著作が知られていた。それに関しては本書第三章参照。

★037――フィチーノの『ピマンデル』の前置きとしての〈解題〉(argumentum)。cf. Ficino, p. 1836.

★038――この"三倍も偉大な者"の意味の解釈はすでに中世の資料に見出される。それに関しては本書第三章参照。

★039――Ficino, 上記引用箇所。

★040――フィチーノは『プラトン神学』において叡智の系譜を以下の順で呈示している。❶ゾロアスター、❷メルクリウス・トリスメギストス、❸オルフェウス、❹アグラオフェームス、❺ピュタゴラス、❻プラトン (Ficino, p. 386)。プロティノス註解の序言の中で、フィチーノは、神聖なる神学はペルシア人たちの間ではゾロアスターによって、エジプト人たちの間ではメルクリウスによって同時期に始められた、と述べている。そう述べた後にオルフェウス、アグラオフェームス、ピュタゴラス、プラトンの系譜に言及している (ibid., p. 1537)。

このゾロアスターとヘルメスの等置により、フィチーノの系譜はゲミストス・プレトーンのそれとのある程度の符合を示している。というのもプレトーンにとってはゾロアスターが古代的叡智の源泉であり、フィチーノによって示されたのとは異なる後継者たちの系譜を語るものの、結局はフィチーノ同様にピュタゴラスとプラトンに至るのである。以下の著書において引用されたプレトーンの『法律』【プラトンの『法律』のこと】註解及びスコラリオスに対する返答を参照。F. Masai, *Pléthon et le Platonisme de Mistra*, Paris, 1956, pp. 136, 138.

フィチーノの叡智の系譜に関する貴重な研究としては以下を参照。D. P. Walker, "The *Prisca Theologia* in France", *JWCI*, 1954 (XVII), pp. 204-59.

★041――*Vita di Ficino*, これは一五九一年頃に書かれた草稿から出版されたものである (Marcel, 上掲書, p. 716 に収録)。

★042――フィチーノは宗教としてのキリスト教を論じた著作において (*De Christ. relig.* XXV)、ヘルメスをシビュラたちと並べて、彼らは皆キリストの来臨を証言したとしている (Ficino, p. 29)。

★043――Scott, I, p. 31. ただしこの幻想の終焉を十六世紀とすることは早すぎる。本書第二一章参照。

★044――Kristeller, *Studies*, pp. 223 ff. *Suppl. Fic.*, I, pp. lvi-lviii, cxxix-cxxxi.

★045――Scott, I, pp. 31 ff. また本書第一〇章も参照。

★046――プレトーンはこの託宣集が遙か古代に成立したものであると固く信じていた (Masai, 上掲書, pp. 136, 137, 375 etc. 参照)。それは彼にとってはゾロアスター的叡智の原初の淵源なのであり、そこから流れ出す系譜が結局はプラトンにまで達していると考える。これはフィチーノが〈ヘルメス文書〉に対峙する姿勢に正確に照応する。フィチーノにとっては、この二つの始源の泉からの水流を合流させることは難しいことではなかった。それらはおよそ同時代だとされていたし、またその雰囲気が似通っていたからである。ノックは〈ヘルメス文書〉に言及しつつ、その点についてこう述べている。「マルクス・アウレリウス帝の時代に成立した〈カルデアの託宣集〉同様、〈ヘルメス文書〉もまた思考の様式、あるいはより正確には思考を活用するその方式を明示するのであって、それはある種の呪術の方式に類似しているのである……」(C. H., I, p. vii)。

〈カルデアの託宣集〉はW・クロルによって編纂されている。cf. W. Kroll, *De oraculis chaldaicis, Breslauer Philolog. Abhandl*, VII (1894), pp. 1-76.

★047――ルネサンスにおける〈オルフェウス教文書〉に関しては以下の文献を参照。D. P. Walker, "Orpheus the Theologian and the Renaissance Platonists", *JWCI*, 1953 (XVI), pp. 100-120.

第二章　フィチーノの『ピマンデル』と『アスクレピウス』

★001――この問題に関しては、依然としてライツェンシュタインの著作、特に『ポイマンドレス』(ライプツィッヒ、一九〇四)が基礎文献であることは言うまでもないだろう。本書ではW・スコットの編集した〈ヘルメス文書〉に彼自身が付した序言と文献批判的註解、及びノック＝フェステュジエール版の〈ヘルメス文書〉の序言と註釈も参照した。他の参考文献で役に立ったものは以下のようなものである。A. D. Nock, *Conversion*, Oxford, 1933; C. H. Dodd, *The Bible and the Greeks*, London, 1935; R. Mc. L. Wilson. *The Gnostic Problem*, London, 1958

★002――『ヘルメス選集』Iの『ピマンデル』がユダヤ的要素をある程度含んでいることは一般に認められている。しかしこの文献の著者が、そのヘレニズム化されたユダヤ文化にどの程度実際に影響を蒙っているのかということに関しては意見の一致を見るまでには至っていない。

★003――大半の専門家は、〈ヘルメス文書〉におけるキリスト教からの影響は、たとえあったとしてもごくわずかであると考えている。ユダヤ教からの影響を重視するドッドも、この問題については以下の点を強調している。「〈ヘルメス文書〉においてキリスト教からの影響が疑われる箇所も、ヘレニズム化されたユダヤ教の諸観念が〈ヘルメス文書〉と新約聖書の両方の背景をなしていたと考えることによって整合的に説明されるのである」(*op. cit.*, p. xv, 及び註)。

★004――Festugière, I, p. 84; II, pp. x-xi (〈ヘルメス文書〉の各篇をオプティミストとペシミストの型に分類することに関しては、p. xi への註参照)

★005――この記述方法の基調は直接的な引用をも含む形での要約である。したがって読者各位はこの部分を完全な翻訳と考えてしまわないように注意されたい。この要約を作製するにあたってわたしが常に手元に置いて参照したのは、フェステュジエールの仏訳とフィチーノのラテン語訳である【イエイツの古典語の知識はほぼラテン語に限定されていたから、ギリシア語原典の〈ヘルメス文書〉は本書でほとんど参照されていない】。スコットの英訳は残念ながら使うわけにはいかなかった。彼が原典をあまりに自由訳してしまっているからである。

★006――*C.H.*, I, pp. 7-19; Ficino, pp. 1837-9.

★007――「わたしはさらにピマンドルスの贈り物を魂に深く刻み込みました……」(フィチーノのラテン語訳、Ficino, p. 1839)

★008――Ficino, *loc. cit.*

★009――*Theologia Platonica*, VIII, I (Ficino, p. 400) フィチーノはおそらくアルタパヌスに関する知識をエウセビオスから得ている。*De praeparatione evangelica*, IX, 27, 6. を参照。アルタパヌスはヘレニズム化したユダヤ人であった。Festugière, I, pp. 70, 384. を見よ。

★010――フェステュジエールの解釈では、人間の創造への欲求はそれ自体としては過ちではない。なぜならこの創造の行為は〈父〉によって容認されているからである。しかし人間が創造の営みを始めるやただちに〈七柱の支配者たち〉の住む世界造物主の圏域に侵入することはすでに一種の罰である。つまりそれは物質への転落の始まりを意味しているからである(*Révélation*, III, pp. 87 ff.)。ドッドの解釈も(*op.cit.*, p. 153)これに類似する。彼ら二人はヘルメス的人間とモーセ的人間の差異を強調する。彼らによればヘルメス的人間の転落は、アダムの転落よりは、むしろルチフェルの転落に似ている。

★011——本書第二章を見よ。

★012——*C.H.*, II, pp. 200-09; Ficino, pp. 1854-6.

★013——Festugière, III, pp. 90, 154, 156 他。また M. W. Bloomfield, *The Seven Deadly Sins*, Michigan, 1952, pp. 48 ff. におけるこの対話篇に関する示唆に富む議論、さらに悪徳と黄道十二宮及び諸惑星との結びつきの検討がなされている部分を見よ。

★014——諸力に関しては、Festugière, III, pp. 153 ff.

★015——Ficino, p. 1856.

★016——Festugière, IV, p. 253.

★017——「ヨハネによる福音書」1—4、12

★018——*C.H.*, I, pp. 147-57; Ficino, pp. 1850-52.

★019——*C.H.*, I, pp. 174-83; Ficino, pp. 1852-4.

★020——*C.H.*, II, pp. 296-355.

★021——同書、p. 297.

★022——同書、pp. 301-2.

★023——同書、pp. 304-5.

★024——本書第一章を見よ。

★025——*C.H.*, II, p. 319.

★026——デカンに関しては本書第三章を見よ。

★027——*C.H.*, II, pp. 325-6.

★028——同書、pp. 347-9.

★029——同書、pp. 326 ff.

★030——ルフェーヴル・デタープルは、一五〇五年にパリでフィチーノの『ピマンデル』と『アスクレピウス』を合本にして出版した。その際『アスクレピウス』には彼自身の註解を施した。その後この二点の著作はしばしば合本として出版されることになった。その結果二点とも纏めてフィチーノの著作選集に採択され、『アスクレピウス』の註解がフィチーノによるものではなく、ルフェーヴル・デタープルによるものだという事情が言及されないままになってしまったのである。例えば本書が底本として用い、引用もすべてそこから行った『フィチーノ著作集』(Opera)では、フィチーノの『ピマンデル』訳と彼自身の註解(Ficino, pp. 1836-57)にすぐ続いて『アスクレピウス』が収録され(pp. 1858-72)、それにはルフェーヴル・デタープルの註解もそのまま補説されているため、不注意な読者は必然的にこの註解もフィチーノのものだと考えてしまうのである。P・O・クリステラーが初めてこの錯誤を以下の文献において正した。*Suppl. Fic.*, I, pp. cxxx ff. また Kristeller, *Studies*, pp. 223 ff. を見よ。

★031——『アスクレピウス』の註解では、そこに描かれたエジプトの偶像崇拝と魔術の実践が糾弾されている(実際にはルフェーヴル・デタープルによる註解である)。この問題に関するフィチーノの見解は、Ficino, pp. 1866-7, 1870 を見よ。また D. P. Walker, "The *Prisca Theologia* in France", *J.W.C.I.*, 1954 (XVII), p. 238. をも参照。

★032——「メルクリウスによって著された多くの著作の中で、二冊が特に神的な性格を持っている。その一冊は神的な意志に関するものであり、別の一冊は〈神〉の力と叡智に関するものである。最初の著作には『アスクレピウス』、もう一つには『ピマンデル』という表題が与えられている」(Ficino, p. 1836)。

★033——Scott, I, p. 32.

★034——Lactantius, *Div. Inst.*, IV, vi フレッチャーの英訳は、I, p. 221 に収録。*C.H.*, II, pp. 304-5. また本書第一章を参照。

★035——*C.H.*, I, p. 8.; Ficino p. 1837. Lactantius, *Div. Inst.*, IV, viii, ix. フレッチャーの英訳は、I, pp. 224, 226. に収録。

★036——Cicero, *De nat. deor.*, III, 22. ラクタンティウスによる引用は、Lactantius, *Div. Inst.*, I, vi を参照（フレッチャーの英訳は、I, p. 15 に収録）。ラクタンティウスのキケロ引用は、彼がヘルメスとシビュラたちを並置している部分で行われている。したがってこのモザイク装飾の作者は直接キケロを引用したのではなく、ラクタンティウスを介してキケロの言葉を参照したのかもしれない。

★037——R. H. Cust, *The Pavement Masters of Siena*, London, 1901, pp. 23, 31. を見よ。ヘルメスは中世にはすでに異教徒の予言者として知られていた。またこの作例は彼をシビュラたちと並置する最初の事例だというわけではない。しかしシエナ大聖堂の作品はいずれにせよ、この主題をルネサンス芸術の輝きで包んだ最初の事例である。

第三章　ヘルメス・トリスメギストスと魔術

★001——ストバイオスの断簡に仏訳を施した文献は以下を参照。C.H., vols. III 及び IV.

★002——スコットはこうした区分を設けようと試みている。彼は哲学的な〈ヘルメス文書〉は他の「大量の戯言」とははっきりと違うものであり、また遥かに優れた文献であると考える (Scott, I, p. 1)。フェステュジエールはこれに対して、彼の『啓示』(*Révélation*) の最初の巻を〈占星術とオカルト的科学〉のために割き、そこで魔術的な、また占星術的なテクストを〈ヘルメス文書〉の哲学的部分の研究のために必要不可欠な準備作業と考えて検討している。また Thorndike, I, pp. 287ff. も見よ。

★003——この問題を手際よく要約してくれる文献として、Festurgière, I, pp. 89 ff. を見よ。

★004——デカンについては以下を参照。Festugière, I, pp. 115 ff.; Bouché-Leclercq, *L'Astrologie grecque*, Paris, 1899, pp. 215 ff.; F. Boll, *Sphaera*, Leipzig, 1903, pp. 15 ff., 176 ff. ; O. Neugebauer, *The Exact Sciences in Antiquity* (Princeton, 1952), Harper Torchbook Reprint, 1962, pp. 81 ff. デカン図像を専門的に研究としたものとしては以下の文献を参照。W. Gundel, *Dekane und Dekansternbilder*, Studien der Bibliothek Warburg, XIX, 1936.

★005——*C.H.*, III, pp. 34, 36 (Stobaeus Excerpt, VI). この章句に対する註解の中で (*ibid*, p.L) フェステュジエールはデカンの子供たち、ないし息子たちは悪霊となると説明している。以下の文献をも参照。*Révélation*, I, pp. 118-20; Scott, III, p. 374（この章句によればデカンたちは黄道十二宮の領域の外側ないし上方に位置するわけだが、その図解がこの研究で試みられている）。

★006——Thorndike, I, p. 291; Festugière, I, pp. 111-12. を見よ。

★007——Thorndike, *loc.cit.*; Festugière, *ibid*, pp. 143 ff.

★008——Festugière, *ibid*, pp. 207 ff. フェステュジエールはこう述べている。「このヘルメス・トリスメギストスの対話篇は医学を論じた小品であり、占星的学問と動物の自然の衝動を基礎としたものである。そして彼の弟子アスクレピウスに対して執筆するという形式を取る」。この小品の仏訳表題から見て取れるように、この型の論考はしばしば哲学的〈ヘルメス文書〉に含まれる他の小論と同じ性格を示す。この動物を論じた小品は、ヘルメスからアスクレピウスに対して向けられたものとされるが、この設定は『アスクレピウス』の場合と同様である。

★００９——Thorndike, I, p. 291; Festugière, I, pp. 130-1. を見よ。

★０１０——Festugière, I, pp. 112 ff.『ヘルメスの書』(*Liber Hermetis*) はグンデルによって発見され、彼によって一九三六年に公刊された。

★０１１——Festugière, I, pp. 139 ff.

★０１２——同前、pp. 283 ff.

★０１３——Thorndike, II, pp. 214 ff.; Festugière, I, pp. 105 ff.

★０１４——彼の『天文学概観』(*Speculum astronomiae*) における主張である。Albertus Magnus, *Opera*, ed. Borgnet, X, p. 641 を見よ。また Thorndike, II, p. 220. を参照。おそらくアルベルトゥス・マグヌスは、中世において『アスクレピウス』のラテン語版の存在を知っていた著作家の一人に数えることができる (C.H., II, pp. 268-9 を見よ)。

★０１５——Thorndike, II, p. 219.

★０１６——同書、pp. 215, 222. この解釈はおそらく十二世紀に成立したヘルメス偽書、『六番目の事物の原理に関する〈三倍のヘルメス・メルクリウス〉の書』(*Liber Hermetis Mercurii Triplicis de VI rerum principiis*) からの影響である。この文献は以下の著作中に公刊されている。Th. Silverstein, *Archives d'histoire doctrinale et littéraire du Moyen Age*, 1955 (22), pp. 217-302. この著作の影響については、本書第一章★０３６を見よ。

★０１７——『ピカトリクス』のアラビア語原典は以下の文献で公刊された。H. Ritter, *Studien der Bibliothek Warburg*, Vol. XII, 1933. H・リッターとM・プレッスナーによる独訳は以下の文献に発表された。*Studies of the Warburg Institute*, University of London, Vol. 27, 1962. アラビア語原典の英語による内容要約も右の文献中でなされている。

『ピカトリクス』に関してはこれらの原典編集の他に以下の研究をも参照。H. Ritter, *Picatrix, ein arabisches Handbuch hellenistischer Magie*, in *Vorträge der Bibliothek Warburg*, 1922; Thorndike, II, pp. 813 ff.; Festugière, I, pp. 389, 397 (ルイ・マシニョンによるアラビア語のヘルメス文献に関する補遺の中に収録されている); Garin, *Cultura*, pp. 159 ff.

★０１８——『ピカトリクス』のこのラテン語訳に関しては、まだ公刊された底本が存在しない。しかしルネサンス期に参照されたのはアラビア語原典ではなくこのラテン語訳の方であり、また内容的にもそれは原典版とは異なった部分を含んでいるから、ルネサンス期の著作家たちを研究する者はこのラテン語訳を積極的に活用する必要がある。

わたしが使用したラテン語訳の『ピカトリクス』写本はSloane, 1305. である。この写本の成立は十七世紀だが、古い時期の写本に正確に対応しており (Thorndike, II, p. 822 を見よ)、字体がはっきりとしていて読みやすいという利点がある。

★０１９——E. Garin, *Medioevo e Rinascimento*, Florence, 1954, pp. 175 ff.; *Cultura*, pp. 159 ff.

★０２０——P. Kibre, *The Library of Pico della Mirandola*, New York, 1936, p. 263. また Garin, *Cultura*, p. 159. を見よ。

★０２１——Ludovico Lazzarelli, "Testi scelti", ed. M. Brini, in *Test. Uman.*, p. 75. を見よ。

★０２２——G. F. Pico, *Opera*, Bâle, 1572-3, II, p. 482. Thorndike, VI, p. 468. を参照。

★０２３——アーバノの犯した過ちを論難する部分に含まれている。

Thorndike, II, p. 814; V, pp. 119, 122. を参照。

★０２４——*Pantagruel*, III, 23. Thorndike, II, p. 814中の引用に拠る。

★０２５——Agrippa d'Aubigné, *Oeuvres completes*, ed. E. Réaume and F. de Caussade, Paris, 1873, I, p.435.

★０２６——『ピカトリクス』の写本に関しては、Thorndike, II, pp. 822-4. を見よ。

★０２７——*Picatrix*, Lib. I, cap. 7, and Lib. IV, cap. I (Sloane 1305, ff. 21 *verso* ff.; ff. 95. *recto* ff.).

★０２８——*Picatrix*, Lib. II, cap. 12 (Sloane 1305, ff. 52 *recto* ff.).

★０２９——惑星の図像は、Lib, II, cap. 10 (Sloane 1305, ff. 43 *recto* ff.) に列挙されている。

★０３０——デカン図像の一覧は、Lib. II, cap. 11 (Sloane 1305, ff. 48 *verso* ff.) に掲載されている。

★０３１——Sloane 1305, ff. 37 *recto* ff.

★０３２——Sloane 1305, ff. 95 *recto* ff.

★０３３——*Picatrix*, Lib. IV, cap. 3 (Sloane 1305, f. III *recto*). アラビア語原典版ではこの都市の名は〈アル-アシュムーナイン〉となっている。アラビア語本文の独訳三一三頁を見よ（本書第三章★０１７参照）。

★０３４——*Asclepius* (*C.H.*, II, p. 332).

★０３５——*C.H.*, I, p. 61; Ficino, p. 1843.

★０３６——*C.H.*, I, p. 114; Ficino, p. 1847.

★０３７——*Asclepius* (*C.H.*, II, pp. 318 ff.). この一覧表では、天界そのものと太陽を象徴するユピテルが神々の中で最高の地位を占めている。神々に続くのが三六体のデカンたちであり、このさらに下に天界の最下位の存在として惑星たちが位置する。この惑星の中にもユピテル=木星と、ソール=太陽の図像が登場するが、これらは低位の惑星としての機能しか持っていない。本書第二章参照。

★０３８——本書第四章参照。

★０３９——本書第四章を見よ。

★０４０——Walker, p. 36; Garin, *Cultura*, pp. 159 ff.

★０４１——P. D'Ancona, *Les Mois de Schifanoia à Ferrara*, Milan, 1954, p. 9. この宮殿フレスコ画では、黄道十二宮の〈宮〉の図像に添えて奇妙な姿の人物たちが描かれている。それらがデカン図像であることを初めて検証したのは、A・ワールブルクである。以下を参照【ルネサンスのイコノロジー研究全体に大きな影響を与えた記念碑的論考である】。"Italienische Kunst und Internationale Astrologie im Palazzo Schifanoja zu Ferrara", *Gesammelte Schriften*, Leipzig, 1932, II, pp. 459 ff.

★０４２——E. Garin, *Medioevo e Rinascimento*, p. 155 は、フィチーノのヘルメティズム再興以前に『アスクレピウス』から影響を受けた著作家たちとして、サルターティとマネッティの名前を挙げている。

★０４３——Julian, *Works*, Loeb edition, I, pp. 405, 407.

★０４４——Origen, *Contra Celsum*, VIII, 58-9; translated H. Chadwick, Cambridge, 1953, pp. 496-7.

第四章　フィチーノの自然魔術

★００１——フィチーノの魔術はD・P・ウォーカーの著作『フィチーノからカンパネッラに至る精霊-悪霊魔術』(*Spiritual and Demonic Magic from Ficino to Campanella*) において見事な形で論述されている。本章はこの研究に負うところが大きい。またわたしは　E・ガリンの以下の論考からも多くを学んだ。E. Garin, "Le 'Elezioni' e il problema dell'astrologia" in *Umanesimo e esoterismo*, ed. E. Castelli, Archivio di Filosofia, Padua, 1960, pp. 7 ff.

★002――『生命の書』《リブリー・デー・ウィータ》は三冊に分かれる著作を一つに纏めたものである。その第三書が、『天上より導かれるべき生命について』《デー・ウィータ・コエリトゥス・コンパランダ》と題されているのである。『生命の書』にはさまざまな版が存在し、フィチーノの著作の中でも最も流布したものの一つだった。この点に関しては、Kristeller, *Sppl. Fic.*, I, pp. lxiv-lxvi を見よ。この著作は以下のフィチーノ著作集に含まれている。Ficino, *Opera*, pp. 530-73.

★003――Ficino, p. 530 (Lib.III, *De vita coelitus comparanda* の読者に対する序言).

★004――フィチーノと憂鬱症《メランコリア》の問題に関しては、以下の研究を参照。E. Panofsky and F. Saxl, *Dürer's Melencolia I*, *Studien der Bibliothek Warburg*, 2, 1923; L. Babb, *The Elizabethan Malady*, East Lansing, 1951.

★005――*Libri de vita*, II, III, 5, etc.; (Ficino, pp. 536-7).

★006――Julian, *Works*, Loeb edition, I, p. 407.

★007――*Libri de vita*, II, 14 (Ficino, pp. 520-1).

★008――*Libri de vita*, III (*De vita coelitus comparanda*), I (Ficino, pp. 532-3).

★009――Kristeller, *Suppl. Fic.* I, p. lxxxiv. 前出のガリンの論文一八頁以下を参照。ウォーカーは (p. 3, note 2) *Enn.* IV, 4, 30-42 も重要である可能性があると示唆している。

★010――Plotinus, *Enn*, IV, 3, xi. 英訳は、S. MacKenna, London, 1956, p. 270.

★011――Garin, *article cited*, pp. 21 ff.

★012――E. H. Gombrich, "*Icones Symbolicae*: the Visual Image in Neoplatonic Thought", *J.W.C.I.*, 1948 (XI), pp. 163-92.

★013――Walker, pp. 40-1.

★014――*De vita coelitus comparanda*, 26 (Ficino, pp. 571-2). エジプトの神官的魔術に関してはもう一つ重要な描写を含む史料があり、フィチーノはこちらも良く知っていた。それはプロクロスの『犠牲儀礼と魔術』(*De Sacrificiis et Magia*) であり、フィチーノはこの著作を翻訳している (Ficino, pp. 1928-9)。この点に関しては以下の研究を参照。Festugière, I, pp. 134-6; Walker, pp. 36-7; Garin, *article cited*, pp. 19-20.

★015――*Contra Gentiles*, III, civ-cvi.

★016――Walker, p. 43. を参照。

★017――Ficino, p. 562.

★018――Origen, *Contra Celsum*, trans. H. Chadwick, Cambridge, 1953, p.139.

★019――Walker, pp. 1-24. and *passim*.『生命の書』でフィチーノが霊気論を展開したのは主に以下の箇所である。Lib. III (*De vita coelitus comparanda*), I, 3, 4, II, 20. しかし霊気論はこの著作の大前提であり、あらゆる箇所で言及されている。

★020――Virgil, *Aened*, VI, 726-7. フィチーノは『天上より導かれるべき生命について』第三節において (Ficino, p. 535) この詩句を引用している。

★021――本書第三章を見よ。

★022――*De vita coelitus comparanda*, 18 (Ficino, p. 556).

★023――Ficino, pp. 556-7.

★024――*Picatrix*, Lib. II, cap. 10; Sloane, 1305, f. 43 *verso*.

★025――Ficino, p. 557.

★026――*Picatrix*, *loc. cit.*; Sloane, 1305, *loc. cit.*

★027――Ficino, *loc. cit.*

★028――*Picatrix*, *loc. cit.*; Sloane, 1305, f. 45 *recto*.

★029——Ficino, *loc. cit.*

★030——*Picatrix, loc. cit.*; Sloane, 1305, f. 44 *verso*.

★031——Ficino, *loc. cit.*

★032——*Picatrix, loc. cit.*; Sloane, 1305, *loc. cit.*

★033——フィチーノは特にアーバノのペトルスを典拠として用いた。フィチーノは全く『ピカトリクス』に言及していない。おそらくアーバノの方が口外しても安全な典拠だと考えたためだろう。したがって後代アーバノに対して『ピカトリクス』からの借用が論難される際には(本書第三章を参照)、フィチーノも間接的にその非難の標的となっていた可能性がある。

★034——Gundel, *Dekane und Dekansternbilder*, p. 280.

★035——パドヴァの〈サローネ〉には、占星術的な構想に従って、デカンの図像が示されている。この図像の意味はF・ザクスルによって初めて完全に解明された(*Sitzungsberichte der Heidelberger Akademie der Wissenschaft*, 1925-6, pp. 49-68)。ザクスルがこの占星術的プランの典拠として研究したのは、グイド・ボナッティ【Guido Bonatti　一三〇〇年前後に没。占星術師、天文学者。神聖ローマ皇帝フリードリッヒ二世の占星術師でもあった】の占星術とアーバノのペトルスの*Astrolabium planum*である。図像はアルブマザールを典拠としている。以下の文献をも参照。J. Seznec, *The Survival of the Pagan Gods*, trans. B. F. Sessions, New York, 1953, pp. 73-4.

★036——「星々の威力というものは、実際、四つの方位が垂直に交わる時、すなわち東西を結ぶ線が中央で分割される時に最大に達する。このような時には星々からの光線が互いに十字架を構成するような形になるのである。だから古代の著作家たちは十字架は星々の力によって形成されると述べている。また同じ力が影像にも宿るから、その十字架の図像は最高の力を有し、惑星たちの力と霊気をも受け取ることができるのだ、とも述べられている。この古典古代の著作家たちの見解はエジプト人たちによっても推察されていたか、ないしは確言されていた。エジプト人たちが用いた占星記号の中で十字架のみが来世の生命を意味し、セラピス神像の胸の部分に刻み込まれた。わたしはしかしキリスト生誕以前に、エジプト人たちのもとで十字架が高く評価されていたのは、星辰の贈り物を期待したその証拠というよりは、救世主キリストから受け取るであろうその徳性を前もって知っていたためだと考えるのである……」。Ficino, p. 556.

★037——Ficino, p. 558.

★038——同前、*loc. cit.* Walker, p.43. をも参照。

★039——しかし「フィチーノと悪霊たち」を廻るウォーカーの議論も(pp. 44-53)参照すること。

★040——Ficino, p. 559.

★041——「身につけるか、あるいは向い側に置いてじっと眺めるのである」(同前、*loc.cit.*)。

★042——A. Chastel, *Marsile Ficin et l'Art*, Geneva-Lille, 1954, p. 95. を見よ。ロレンツォ・デッラ・ヴォルパイアのこの時計に関しては、ポリツィアーノ、ヴァザーリ他の著作家たちが言及している(こうした資料はChastel, *op. cit.*, pp. 96-7, note 16に掲載されている)。シャステルは、『天上より導かれるべき生命について』の中で世界の図像を製作することを述べた条を検討し、それらはすべてデッラ・ヴォルパイアの時計の記述だと考えている。しかしわたしはそうは思わない。フィチーノは世界の構造の表現として三つの異なった事象を記述している。その一つが宇宙の機械的構造であり、デッラ・ヴォルパイアの時計はその構造を具体化した事例なのである。

★043——Ficino, *loc. cit.*

★044——Ficino, p. 805. さらに以下の研究を参照。E. H. Gombrich, "Botticelli's Mythologies: a study in the Neoplatonic symbolism of his circle", *J. W.C.I.*, VIII (1945), p.16.

★045——フィチーノのオルフェウス教的魔術については、Walker, pp. 12-24. を見よ。

★046——以下の研究を参照。Walker, "Orpheus the Theologian and the Renaissance Platonists", *J.W.C.I.*, XVI (1953), pp. 100-20.

★047——Walker (*Spiritual and Demonic Magic*), pp. 19, 22.

★048——同書、p. 23.

★049——Pico, p. 106. 引用は Walker, p. 22. に拠る。

★050——Pico, p. 106. 本書第五章を見よ。

★051——Ficino, p. 558.

★052——同書、pp. 572-4.『弁明』(*Apologia*) に関しては、Walker, pp. 42 ff., 52-3. を見よ。

★053——Ficino, p. 573. Walker, p. 52. を参照。

★054——E. Garin (*Medioevo e Rinascimento*, p. 172) は中世期の「低俗な魔術」("*bassa magia*") と「ルネサンス的魔術」("*magia rinascimentale*") とを区別している。

★055——Sloane, 1305, f. 152 *verso*.

★056——Warburg, *Gesammelte Schriften* 及び挿絵入りの占星術写本他の書物に関するザクスルの目録を見よ(文献目録については以下の研究を参照。F. Saxl, *Lectures*, Warburg Institute, University of London, 1957, I, pp. 359-62)。また以下の研究を参照。J. Seznec, *The Survival of the Pagan Gods*, pp. 37 ff.

★057——Francesco da Diacceto, *Opera omnia*, ed. Bâle, 1563, pp. 45-6. また以下を参照。Walker, pp. 32-33. ディアチェットに関しては、Kristeller, *Studies*, pp. 287 ff. を見よ。

★058——本書第四章を参照。この章句では太陽の護符図像はほとんど独立した「彫像」へと変容しており、『アスクレピウス』で記述されているような儀式を伴った礼拝の対象となっている。

★059——「その天界を照らす太陽は……一つの知性的原理である。そしてその知性的原理に依存する魂がその太陽のすぐ上に座を占める……つまり魂はこの天界の太陽と隣り合い、媒介としてさらに上方の世界と結ばれることになるのである」。Plotinus, *Ennead*, IV, 3, XI; Mckenna's translation, p. 270.

第五章　ピコ・デッラ・ミランドラとカバラ的魔術

★001——Lactantius, *Div. Inst.*, IV, ix; Fletcher's translation, I, p. 226.

★002——Thorndike, IV, p. 494.

★003——ピコの『結論集』(Conclusiones) は全ルネサンスの思潮にとって根本的な意義を持つ著作であるにもかかわらず、近現代のピコの著作集からは除かれてしまっている。したがって本章でのこの著作と『弁明』(Apologia) の底本としては一五七二年に出版されたピコ著作集を用いた(文献として Pico の形に省略してある。原註冒頭の〈参考文献の略号〉参照)。『人間の尊厳について』の冒頭演説はイタリア語訳を付して出版されたE・ガリンの編集による版を参照している (G. Pico della Mirandola, *De hominis dignitate*, Heptaplus, *De ente et uno, e scritti varii*, ed. E. Garin, Florence,

1942)。『人間の尊厳について』の英訳は以下の著作に含まれている。*The Renaissance Philosophy of Man*, ed. E. Cassirer, P. O. Kristeller, J.H.Randall, Chicago, 1948, pp. 223 ff.　この演説の最初の構想については、Garin, *Cultura*, pp. 231 ff. を見よ。

★004——Pico, p. 104.

★005——同書、*loc. cit.*

★006——同書、pp. 104, 105.

★007——同書、p. 105.

★008——原典の章句は以下の如くである。

「……すでに第一の結論集で述べておいたように、わたしは教会が禁じているすべての魔術を糾弾し嫌悪しているのである。ただわたしが自然魔術についてのみ語っているのだということは正しく理解されていないようなので、その点に関してだけは論駁を試みたい。つまりわたしは自然魔術についてのみ語っているということに関して、特別の結論集の章を設けて以前よりもはっきりと抗議しておきたいと思うのである。なぜならこの自然魔術においては、自然の徳性を刺激し、結合するような試みの他は何もなされることはないからである。実際、魔術に関する第一一番目の結論ではそう述べられている。魔術の技法から生じる驚嘆すべき事柄はあらかじめ自然の中に潜在している要素を統合し、生動させることによってのみ可能となるのである。それゆえわたしは第一三番目の結論で、魔術の操作とは諸世界間の婚姻に他ならない、と述べておいた。魔術に関する結論集で述べられた特殊化し、限定された命題の数々は、その命題の個々の事例を離れて、この自然魔術にそのまま適用し得るとわたしは考えている。つまりこう言うのは、魔術で活用される占星記号や図像の現実の力というものに関しても妥当することであり、わたしはこれらの力の働きとその自然の作用というものを合わせて論じているのである。またすべての哲学者たちも、それらが活動する時には、能動と所動の様態において活動すると考えているのである」。

".....sicut dixi in prima conclusione, refellam omnem Magiam prohibitam ab Ecclesia, illam damnans et detestans, protestans me solum loqui de Magia naturali, et expressius per specialem conclusionem declarans: quod per istam Magicam nihil operamur, nisi solum actuando uel uniendo uirtutes naturales. Sic enim dicit conclusio undecima conclusionum Magicarum. Mirabilia artis Magicae, non sunt nisi per unionem et actuationem eorum, quae seminaliter et separate sunt in nature, quod dixi in 13 conclusione Quod Magiam operari non est aliud quam maritare mundum. Praedictam autem specificationonem, et restrictionem intentionis meae, in conclusionibus Magicis, ad Magiam naturalem intendo esse applicandam, cuilibet conclusioni particulari, et ita cum dico, de actiuitate characterum et figurarum, in opere Magico loquor de uera actiuitate sua et naturali. Patet enim, quod talem habent secundum omnes philosophos tam in agendo, quam in modo agendi et patiendi." Pico, pp. 171-2 (*Apologia*).

★009——同書、p. 106. 本書第四章を見よ。

★010——同書、*loc. cit.*

★011——ピコは、ベニヴィエーニの詩に対する註解の中では (Pico, p. 742; *De hominis dignitate, etc.*, ed. Garin, pp. 508-9)、三美神を実際に三つの「善き」惑星と等置しているわけではない。しかしフィチーノの弟子であったピコはこの等置の観念を知っていたはずである。

★012——Pico, *De hominis dignitate, etc.*, ed. Garin, p. 148.

★013——同書、p.152.

★014——同書、p. 102.

★015——Pico, *Opera*, p.105.

★016——同書、*loc. cit.*

★017——同書、p.107.

★018——カバラに関しては、G. G. Scholem, *Major Trends in Jewish Mysticism*, Jerusalem, 1941. を見よ。

★019——Scholem, *op. cit.*, p.210.

★020——同書、p.212.

★021——同書、p.18.

★022——同書、pp.202 ff.

★023——同書、pp.122 ff.

★024——同書、pp.141-2.

★025——〈実践的カバラ〉ないしカバラ的魔術の基本的な知識については、以下の著作を見よ。K. Seligmann, *The History of Magic*, New York, 1948, pp.346 ff.

★026——ピコとカバラに関する従来の主要な研究は以下のブラウの著作であった。J.L. Blau, *The Christian Interpretation of the Cabala in the Renaissance*, Columbia University Press, 1944. しかし現在では以下の論考が非常に重要である。G. Scholem, "Zur Geschichte der Anfänge der christlichen Kabbala", in *Essays presented to L.Baeck*, London, 1954; F. Secret, "Pico della Mirandola e gli inizi della cabala cristiana", in *Convivium*, I, 1957. ピコについての研究書は多いが、ピコとカバラの関係を大きく扱うものとしては、以下の著作を挙げることができる。E. Anagnine, *Giovanni Pico della Mirandola*, Bari, 1937.

★027——*Essays presented to L. Baeck*, p.164, note.

★028——Pico, p.107. カバラの結論集は二部に分けることができる。❶四八の命題はカバラから直接引かれたものであると言われている（同書、pp.80-3）。❷七二の命題はピコの「自分の見解」に従ったものである（同書、pp.107-11）。この後者の範疇の命題をわたしは本章で用いている。

★029——同書、p.108.

★030——同書、*loc. cit.*

★031——同書、pp.107-8. また以下を参照。Scholem, *essay cited, loc. cit.*

★032——Pico, p.108.

★033——同書、*loc. cit.*

★034——この部分の原典章句は以下のごとくである。

「一般的に言って、二つの学的方法がこのカバラという名前で称賛の対象となっている。一つは〈結合の技法〉(*ars combinandi*)と呼ばれているもので、これは伝統的な諸学の中では、われわれの許で〈ライムンドゥスの術〉(*ars Raymundi*)と呼ばれているものに似ている。もちろんその手順は大いに異なっていることも認めておかねばならない。もう一つの技法は、月を越えた彼方の世界に存在するより高次の事物の徳性を活用するもので、卓越した自然魔術の一部をなすものである。これらの両方がヘブライ人たちの間ではカバラと呼ばれている。……われわれのこの結論集でも、適宜、この両方の技法に言及することとしたい。〈結合の技法〉をわたしはこの結論集では〈アルファベットの回転技法〉(*Alphebetariam reuolutionem*)と呼んでみたい。より高次の事物の徳性から成り立つ技法は、ある意味では自然魔術の一部を構成する。しかしまた別様に観れば、この技法にはそれとは異なる要素も内在している。この要素を特に、今この結論でわたしは際立たせておきたい。つまりそれはすでに述べられたようなやり方で、われわれがキリストの神性を認識する手助けをしてくれる、とわたしは言いたいのである。この二つの技法は第一義的な固有の意味ではカバラの名を与えるにはふさわしくないかもしれないが、〈分有〉の原理によって(*transumptiue*)カバラの名で呼ぶことができるのである」。

"In uniuersali autem duas scientias, hoc etiam nomine honorificarunt, unam quae dicitur ars combinandi, et est modus quidam procedendi in scientiis, et est simile quid, sicut apud nostros dicitur ars Raymundi, licet forte diuerso modo procedant. Aliam quae est de uirtutibus rerum superiorum, quae sunt supra lunam, et est pars Magiae naturalis suprema. Utraque istarum apud Hebraeos etiam dicitur Cabala, ... et de utraque istarum etiam aliquando fecimus mentionem in conclusionibus nostris: Illa enim ars combinandi, est quam ego in conclusionibus meis uoco, Alphebetariam reuolutionem. Est ista quae de uirtutibus rerum speriorum, quae uno modo potest capi, ut pars Magiae naturalis, alio modo, ut res distincta ab ea: est illa de qua loquor in praesenti conclusione, dicens: Quod adiuuat nos in cognitione diuinitatis Christi ad modum iam declaratum, et licet istis duabus scientiis nomen Cabalae, ex primaria et propria impositione non conueniat, transumptiue tamen potui eis applicari." Pico, pp. 180-1 (*Apologia*).

★０３５——同書、p. 181.

★０３６——同書、p. 105.

★０３７——同書、p. 104.

★０３８——同書、pp. 105-6.

★０３９——同書、p. 106.

★０４０——同書、pp. 108-9.

★０４１——ベニヴィエーニの『愛の歌』(*Canzona de Amore*)への註解、第三書、第八章(Pico, p. 753; *De hominis dignitate, etc.*, ed. Garin, p. 558.)

★０４２——Pico, p. 109.

★０４３——同書、*loc. cit.*

★０４４——同書、p. 111.

★０４５——ピコは普通に〈第一の動者〉から開始する代わりに〈至高天〉から始め、また土星の位置を間違えるなど、通常の秩序をいささか混乱させてしまっている。

★０４６——Pico, p. 113.

★０４７——Scholem, *Major Trends*, p. 209.

★０４８——Pico, p. 112.

★０４９——Johannes Reuchlin, *De arte cabalistica*, Haguenau, 1517.

★０５０——例えば魔術に関する結論集の第一九命題が引用されている し(*ed. cit.*, p. 58 *recto*)、カバラに関する結論集の第一命題もやはり引用されている(p. 64 *recto*)。

★０５１——同書、p. 56 *verso*.

★０５２——同書、p. 58 *verso*.

★０５３——同書、p. 57 *recto*.

★０５４——Pico, *De hominis dignitate etc.*, ed. Garin, pp. 102 ff., 152 ff., etc.

★０５５——同書、pp. 155 ff., etc.

★０５６——同書、p. 157.

★０５７——同書、*loc. cit.*

★０５８——同書、pp. 129, 131.

★０５９——Walker, pp. 82-3.

★０６０——Pico, *De hominis dignitate, etc.*, ed. Garin, pp. 319, 321.

★０６１——Pico, *Opera*, p. 106.

★０６２——同書、p. 105.

★０６３——同書、pp. 166 ff.

★０６４——同書、pp. 108, 109. カバラに関する結論集第一四、第一六命題をも参照(同書、p. 109)。

★065——同書、pp. 181 ff.

★066——同書、p. 105; in *Apologia, ibid*, pp. 166 ff., 181, etc.

★067——Thorndike, II, pp. 280-1.

★068——Pico, p. 181 (*Apologia*).

★069——Thorndike, II, p. 281, note 1.

★070——G. Scholem, *Jewish Gnosticism, Merkabah Mysticism, and the Talmudic Tradition*, New York, 1960. ショーレムの『主要なる思潮』(*Major Trends*) 中の、カバラに対するグノーシスからの影響を論じた部分をも参照。

★071——本書第二章を参照。

★072——Scholem, *Jewish Gnosticism*, pp. 65 ff.

★073——Pico, p. 80.

★074——本書第二章を参照。

★075——Pico, *loc. cit.*

★076——マグレガー・マシューズに従うならば (S. L. MacGregor Matthews, *The Kabbalah Unveiled*, London, 1951)、一〇のセフィロトに対する一〇の悪はサタン、ベルゼブル、等々の一〇体の大悪魔なのかもしれない。

★077——C. H., II, pp. 301-2 (*Asclepius*). 本書第二章を参照。

★078——以下の研究を参照。E. Garin, "La 'Dignitas hominis' e la letteratura patristica", in *La Rinascita* (Florence, 1938), IV, pp. 102-46.

★079——以下の研究を参照。L. Dorez/L. Thuasne, *Pic de la Mirandole en France*, Paris, 1897. ピコを廻る論争が魔術にとってどういう意味を持ったのかという問題に関しては、ソーンダイクによる研究が充実している (Thorndike, VI, pp. 484-511)。わたしも概ね彼の見解を踏襲している。

★080——Thorndike, IV, pp. 497-507.

★081——同書、p. 507. アルカンジェロはピコのカバラに関する結論集をも解説している (Archangelo de Burgo Nuovo, *Cabalistarum delectiora.... dogmata, a Ioanne Pico excerpta*, Venice, 1569)。

★082——Walker, pp. 151, 153 ff., 178-85, etc.

★083——Thorndike, IV, pp. 493, 560; Dorez and Thuasne, *Pic de la Mirandole en France*, p. 103; P. de Roo, *Material for a History of Pope Alexander VI*, Bruges, 1924, III, pp. 26-7. ピコは一四九二年に教皇アレクサンデル六世に宛てて、自分の事件を再考してほしいという内容の手紙を書いている。この手紙は以下の論文に収録されている。L. Dorez, "Lettres inédites de Jean Pic de la Mirandole", *Giornale storico della letteratura italiana*, XXV (1895), pp. 360-1.

★084——一五七二年のバール版では題扉の見開きに印刷されている。

★085——Walker, pp. 54-5.

★086——Pico della Mirandola, *Disputationes adversus astrologiam divinatricem*, ed. E. Garin, Florence, 1946, p. 60.

★087——しかしまたそれは、フィチーノが彼のプロティノス註解で展開した「悪しき」占星術に対する批判を暗示したものである可能性もある。この点に関してはウォーカーの見解も参照 (Walker, p. 54)。いずれにせよ重要な点は、もしピコがフィチーノを一般的に占星術に反対していた著作家だと見做していたなら、ピコがここで批判している占星術は、フィチーノのタイプのネオプラトニズム化された星辰魔術ではあり得ない、ということである。

★088——F. Saxl, "The Appartamento Borgia", in *Lectures*, Warburg Institute, University of London, I, pp. 174-88; II, Pls. 115-24.

★089——本書第一章を参照。

★001——以下の研究を参照。R. Klibansky, *The Continuity of the Platonic Tradition*, London, Warburg Institute, 1939, pp. 42 ff.

★002——この理由で聖ディオニュシウスは、フィチーノにとってただ単にプラトニズムの〈頂点《クルメン》〉であるばかりでなく、キリスト教神学そのものの〈最高到達点《コルメン》〉をも意味していた（ディオニュシウスの『三位一体の書』に関するフィチーノの註解は、以下に収録されている。Ficino, p. 1013.）

★003——R. Roques, *L'univers dionysien*, Paris, 1954, pp. 240 ff.

★004——ディオニュソス偽書は従来紀元後六世紀頃のものだとされてきたが、最近の研究はこれよりはかなり早い時期に成立したのではないかという見解に傾いている。この点に関しては以下の論考を参照。Eleuterio Elorduy, *Ammonio Sakkas, I. La doctrina de la creación y del mal en Proclo y el Ps. Areopagita*, Brugos, 1959, pp. 23 ff.

★005——*De Christiana religione*, cap. XIV (Ficino, p. 19).

★006——同前、*loc. cit.*

★007——*Summa Theologiae*, Pars I, quaest. 108, articles 5, 6. 以下の論考を参照。M. de Gandillac, "Astres, anges et génies chez Marsile Ficin", in *Umanesimo e esoterismo*, ed. E. Castelli, Padua, 1960, p. 107. 天上位階の活動を記述するに際して、アクィナスがさらなる変化を加えるために用いる典拠は以下の文献である。Gregory, *Homil. 34 in Evang.* (Migne, *Patr. Lat.*, 76, cols. 12350-1)。これはフィチーノもまた用いていた可能性がある。

★008——Dante, *Convivio*, Lib. II, cap. 6.

★009——ダンテはここで名前を挙げて言及されているわけではない。しかしこの著作の最終章には、邪悪な者たちに対する懲罰を天上の幸いなる者たちの位階と対照させて論じている条があり、そこの最後の言葉が〈地　獄《インフェルノ》〉と〈天　国《パラディーゾ》〉なのである。またこの章冒頭部で描かれる魂が自分の星に帰還していく姿は『天国篇』(Paradiso, IV, 49-54) を想い起こさせる。

★010——Ficino, pp. 965-75.

★011——同書、pp. 976-86.

★012——この移行は『太陽論』(*De sole*) には、はっきりと導入されている。そこではまず天体としての太陽の中心的な意義が説き起こされ、最終章では太陽を〈三位一体〉及び天使の九層の位階と比較しているからである (*De sole*, cap. XII; Ficino, p. 973)。

★013——『ヴェニスの商人』第五幕、第一場。

★014——Pico, *De hominis dignitate, Heptaplus, etc.* ed. Garin, p. 185.

★015——同書、p. 187.

★016——同書、pp. 255, 257.

★017——同書、p. 189.

★018——E. Garin, *Giovanni Pico della Mirandola*, Florence, 1937, pp. 194 ff.

★019——Pico, *De hominis dignitate, Heptaplus etc.*, ed. Garin, p. 247.

★020——カバラに関する結論集の第二命題でピコは次のように述べている（この命題は最初の四八命題の組に属する）。「天使たちの位階には九層ある。すなわちその名は、ケルビム、セラフィム、ハスマーリム、ハゴット、アラリム、タルシシム、オファニム、テフラシム、イシムである」(Pico, p. 81)。これらは確かにカバラで用いられる天使たちの位階である（ちょうど偽ディオニュシウスの天上位階の媒介によって〈三位一体〉に近づくことができたように、このカバラ的天使たちの位階によってセフィロトの世界に接近できるのである）。しかしピコはこの天使を九人しか挙げていないし（一〇人いなければならないはずである）、ケルビムとセラフィムから列挙を始めるのも、カバラ本来の順序には照応していない。したがって彼の目的は、カバラが呈示する秩序を、偽ディオニュシウスの九層の位階に可能な限り近似させることにあったことが分かる。

★０２１――『無知蒙昧の雲』に関連する神秘的な論考としては以下のものがある。*Deonise Hid Divinitie* (ed. P. Hodgson, Early English Text Society, 1955)

★０２２――*Cloud of Unknowing*, ed. Justin McCann, London, 1925, p. 19.

★０２３――Klibansky, *op. cit.*, pp. 42, 47.

★０２４――Pseudo-Dionysius, *Divine Names*, I.

★０２５――Ficino, p. 1034.

★０２６――*C.H.*, II, p. 321 (*Asclepius*, 30).

★０２７――以下の研究を参照。Scholem, *Major Trends in Jewish Mysticism*, pp. 12 ff.

★０２８――Pico, p. 107.

★０２９――同書、p. 96（プラトンに関する結論集の第六命題）

★０３０――*C.H.*, I, p. 11 (*Pimander*). 本書第二章参照。

★０３１――*Commentarium in Convivium Platonis de amore*, oratio VI, cap. 10 (Ficino, p. 1348).

★０３２――Pseudo-Dionysius, *Divine Names*, IV, 14, 15; *Celestial Herarchies*, I, 2.

★０３３――*In Convivium*, oratio III, cap. 2 (Ficino, p. 1329).

★０３４――M. de Gandillac, *article cited*, p. 99.

★０３５――本書第二章参照。

★０３６――*Theologia Platonica*, IV, 1 (Ficino, p. 130) ; *In Convivium*, II, 4 (ibid., p. 1325). この風変わりな主張はフィチーノ以降の後期ルネサンスにおいて繰り返されることになる。本書第一〇章参照。

第七章　コルネリウス・アグリッパのルネサンス魔術総覧

★００１――アグリッパについては以下の文献を参照。Thorndike, V, pp. 127 ff.; Walker, pp. 90 ff.『オカルト哲学について』(*De occulta philosophia*) の一章を含むアグリッパの著作集からの抜粋集が、充実した序言と註釈を添えてパオラ・ザンベッリによって公刊されている (Paola Zambelli, in *Test. uman*, pp. 79 ff.)。ザンベッリの以下の論考をも参照。そこでは広範な参考文献も呈示されている。Paola Zambelli, "Umanesimo magico-astrologico" in *Umanesimo e esoterismo*, ed. E. Castelli, Padua, 1960, pp. 141 ff.

『オカルト哲学について』の初版は一五三三年である。わたしは以下の版を用いた。H. C. Agrippa, *Opera*, "Per Beringos fratres, Lugduni", s.d., Vol. I.

★００２――Thorndike, V, p. 138.

★００３――Agrippa, *De occult. phil.*, I, 1 and 2; *ed. cit.*, pp. 1-4.

★００４――同書、I, II; *ed. cit.*, p. 18.

★００５――同書、*loc. cit.*; *ed. cit.*, p. 19.

★００６――同書、I, 14; *ed. cit.*, p. 23.

★００７――彼は『天上より導かれるべき生命について』(Ficino, p. 534) 第三節からの引用を行っている。この引用及び他のフィチーノからの借用はウォーカーによって指摘されている。Walker, pp. 89-90.

★００８――Agrippa, *De occult. phil.*, I, 15-37; *ed. cit.*, pp. 24-53.

★００９――Walker, p. 92.

★０１０――*De occult. phil.*, I, 38; *ed. cit.*, p. 53

★０１１――同書、*loc. cit.*

★０１２――同書、I, 39; *ed. cit.*, pp. 54-5.

★０１３——同書、I, 40-8; *ed. cit.*, pp. 55-68.
★０１４——同書、I, 49; *ed. cit.*, pp. 68-71.
★０１５——同書、I, 50-69; *ed. cit.*, pp. 71-109.
★０１６——同書、I, 69-74; *ed. cit.*, pp. 109-17.
★０１７——同書、II, 1; *ed. cit.*, pp. 121-3.
★０１８——同書、*loc. cit.*; *ed. cit.*, p. 123.
★０１９——同書、II, 4; *ed. cit.*, pp. 125-7.
★０２０——同書、II, 5-14; *ed. cit.*, pp. 127-62.
★０２１——同書、II, 6; *ed. cit.*, pp. 129-31.
★０２２——同書、II, 22; *ed. cit.*, pp. 174 ff.
★０２３——同書、II, 24; *ed. cit.*, pp. 184 ff.
★０２４——同書、II, 35-47; *ed. cit.*, pp. 212-25.
★０２５——同書、II, 38; *ed. cit.*, p. 217.
★０２６——同書、II, 41; *ed. cit.*, p. 219.
★０２７——同書、II, 42; *ed. cit.*, p. 220.
★０２８——同書、II, 37; *ed. cit.*, pp. 214-17.
★０２９——同書、II, 46; *ed. cit.*, pp. 221-5.
★０３０——同書、II, 49; *ed. cit.*, pp. 227-8.
★０３１——“.....et haec de imaginibus dicta sufficiant, nam plura ejusmodi nunc per te ipsum investigare poteris. Illud autem scias, nihil operari imagines ejusmodi, nisi vivificentur ita, quod ipsi, aut naturalis, aut coelestis, aut heroica, aut animastica, aut daemonica, vel angelica virtus insit, aut adsistat. At quis modo animam dabit imagini, aut vivificabit lapidem, aut metallum, aut lignum, aut ceram? atque ex lapidibus suscitabit filios Abrahae? Certe non penetrat hoc arcanum ad artificem durae cervicis, nec dare poterit illa, qui non habet: habet autem nemo, nisi qui jam cohibitis elementis, victa natura, superatis coelis, progressus angelos, ad ipsum archetypum usque transcendit, cujus tunc cooperatur effectus potest omnia.....” 同書、II, 50; *ed. cit.*, pp. 230-1【ラテン原文翻訳は本文中のイエイツ訳に従う】
★０３２——同書、II, 58; *ed. cit.*, pp. 242-3.
★０３３——同書、II, 59; *ed. cit.*; pp. 244-5.
★０３４——同書、II, 55; *ed. cit.*; p. 239.
★０３５——「そしてメルクリウスは『共通のものについて』と題された論考において、世界に存在するすべてのものは、増大しているか減少しているかのどちらかの状態で運動している、と述べている。しかし運動しているものは生きているものである。すべてが運動するのであるから、大地もまた大いなる運動によって生きているのである」。同書、II, 56; *ed. cit.*, p. 240. この章句を以下のフィチーノの『共通のものについて』(『ヘルメス選集』XII)の翻訳と比較してみること。「ではおまえは大地が不動のものだと思うのかね。そのようなことはありはしない。大地は多くの運動を蒙っているのだ。……世界に存在する……すべてのものは増大しながら、あるいは減少しながら運動しているのだ。しかし運動しているものは、つまりは生きているものなのだ……」。Ficino, p. 1854.
★０３６——本書第二章参照。
★０３７——P・ザンベッリは『オカルト哲学について』における頻繁な〈ヘルメス文書〉からの引用が見られること、またアグリッパがヘルメティズム的な教説に魔術的な意義を与えていることに注目している(*Test. uman.*, p. 108)。
★０３８——本書第二章を参照。
★０３９——Agrippa, *De occult. phil.*, III, 1; ed.cit., p. 253.
★０４０——同書、III, 2; *ed. cit.*, p. 254.

★041——同書、III, 3; *ed. cit.*, pp. 256-8. この章とIII, 36〈神の似姿に創造された人間について〉を比較する必要がある。この部分はザンベッリがテクストを掲載した上でその典拠に関する註解を施しているが、それを見るとそれら典拠の多くはヘルメス文献関係のものであることが分かる(*Test. uman*, pp. 137-46)。

★042——Agrippa, *De occult. phil.*, III, 4; ed.cit., pp. 258-60.

★043——同書、III, 5-7; ed.cit.; pp. 260-5.〈魔術師《マグス》〉の宗教性のどことなく三位一体主義的な性格は、彼が用いる数秘学が三という数を基調とした分類法を展開するところに保たれている。第八章では(*ed. cit.*, pp. 265-7)〈三位一体〉は太古の哲学者たち、特にヘルメス・トリスメギストスによって予言されていた、と述べられている。

★044——同書、III, 10; *ed. cit.*, pp. 268-72.

★045——同書、III, 11; *ed. cit.*, pp. 272-89.

★046——同書、III, 12; *ed. cit.*, pp. 279-81.

★047——同書、III, 16; *ed. cit.*, pp. 287-90.

★048——同書、III, 17-25; *ed. cit.*, pp. 291-309.

★049——アグリッパはロイヒリンともトリテミウスとも面識があった。この二人は実践的カバラの専門家である。

★050——同書、III, 58-64; *ed. cit.*; pp. 384-403. ウォーカーは(pp. 94-6)これらの章を議論の対象としている。

★051——同書、III, 64; *ed. cit.*, pp. 399-403.

★052——*Ed. cit.*, pp. 403-4.

★053——E・ガリンは(*Medioevo e Rinascimento*, p. 172)、『オカルト哲学について』がその内容の多くを『ピカトリクス』に負っていることを示唆している。

★054——アグリッパ宛の手紙。引用はソーンダイク(Thorndike, V, p. 132)に拠る。

★055——この問題を初めて洞察したのは『精霊・悪霊魔術』におけるD・P・ウォーカーである。

第八章　ルネサンス魔術と科学

★001——以下の研究を参照。H. W. Janson, *Apes and Ape Lore in the Middle Ages and Renaissance*, Warburg Institute, University of London, 1952, pp. 304 ff.

★002——以下の研究を参照。Walker, pp. 86 ff.

★003——これらの天使たちの名前は、オリフィエル(土星)、ザカリエル(木星)、サマエル(火星)、ミカエル(太陽)、アナエル(金星)、ラファエル(水星)、ガブリエル(月)である(Johannes Trithemius,『機密記号法』*Steganographia*, Frankfort, 1606, p. 162)。これらの天使たちを招き寄せる一つの手段は、彼らの図像を刻んだ護符を用いることである。例えば以下のように説明されている。「蜜蠟でオリフィエルの図像を造るか、あるいは新しい紙の上にそれを描かねばならない。それは髭の生えた裸の男の姿をした図像である。この男はさまざまな色で塗られた牡牛の上に乗り、右手には本を一冊、左手には杖を一本持っている……」(*Steganographia, ed. cit.*, p. 177. 引用はウォーカーに拠る〔Walker, p. 87, note 3〕)。

★004——*Ed. cit.*, p. 179. 引用はウォーカーに拠る(Walker, pp. 87-8)。

★005——*Ed. cit.*, pp. 96-7.

★006——Pico, p. 79. ピュタゴラス派的な数魔術の要素は〈ヘルメス文書〉の中にも内在している。これは特に『ヘルメス選集』IV (C.H., I, p. 53)の

〈単一体《モナス》〉に関する記述に顕著に見られる傾向である。

★007——Pico, pp. 172 ff.

★008——アグリッパは実際にデューラーの重要な典拠の一つとなっている。この点に関しては以下の研究を参照。E. Panofsky and F. Saxl, *Dürer's Melencolia I, Studien der Bibliothek Warburg*, 2, 1923.

★009——Agrippa, *De occult. phil*, II, 1. アグリッパが数学的諸科学を魔術に活用するために用いた典拠は『ピカトリクス』だったかもしれない。

★010——Tommaso Campanella, *Magia e Grazia*, ed. R. Amerio, Rome, 1957, p. 180.

★011——ディーに関しては以下の研究を参照。Fell Smith, *John Dee*, London, 1909; I. R. F. Calder, *John Dee, studied as an English Neoplatonist*, 1952, London University.（未刊の博士論文だが貴重な研究である）

★012——H. Billingsley, *The Elements of .... Euclide*, London, 1570, Dee's preface, sig. ★*i, verso.*

★013——Pico, p. 101.

★014——しかしディーは〈ソーマタジィ〉を〈数学的技芸〉に分類し、その実例としてアルベルトゥス・マグヌスによって製作された真鍮製の頭像、アルキュタースの木製の鳩、ニュルンベルクで製作された機械仕掛けの蠅を挙げているから（preface to Billingsley's *Euclid*, sig. A i *verso*）、彼もまたアグリッパやカンパネッラが例示したのと同様の機械的驚異を示そうとしていることが分かる。

　ディーはアレクサンドリアのヘロン【ギリシアの数学者で数学を応用して自動装置を作ったことで知られる】の空気力学に関心を示し、そこから〈アスクレピウス〉の彫像、彼の言うところのメルクリウス像へと想いを馳せる。驚嘆すべきエジプトの彫像がヘロンの空気力学や機械装置と観念的に結びついて、ディーの力学に対する関心を刺激したようにわたしには思えるのである。

★015——ディーは、彼の書斎にはアグリッパの本が開いたまま置いてある、と述べたことがある。したがって彼は、魔術実践の研究に際しては、アグリッパを常に活用参照していたことが分かる。

★016——これらの図表は〈エノク書〉のディー自身による手書き写本の中に確認することができる（British Museum, Sloane MSS. 3189.）アグリッパの『オカルト哲学について』における〈ジルーフの図表〉を参照すること（Agrippa, *De occult. phil*, III, 24.）。ディーとケリーにとってアグリッパは唯一の実践的カバラの典拠だったわけではないが、こうした作業をする際には、アグリッパ的な観念の基本枠内で彼らが思考していたことは確かである。

★017——この風変わりな降霊儀式の顛末はディーの『精霊日記』に描かれている。この日記の一部はメリック・カゾボンによって【Méric Casaubon 一五九九—一六七一年　イギリスの古典学者。〈ヘルメス文書〉の年代同定を行うことでルネサンス・ヘルメティズムの息の根を止めたイザーク・カゾボンの——本書第二一章参照——息子にあたる】、『ジョン・ディー博士と……なにがしかの精霊たちの間の……長年にわたる交流で何が起きていたのか——その真実にして精確なる報告』（*A True and Faithful Relation of what passed for many years between Dr. John Dee ..... and some spirits ....*, London 1659）という表題で公刊された。

★018——上註の文献『ジョン・ディー博士と……』の四九頁を参照。そこでは〈頭領《プリンシパル》〉がやって来て自然の神秘を明かすことになっている。

★019——Billingsley's *Euclid*, preface, sig. A i *verso.*

★020——「上方に存在する事物は下方の事物に似ている……そしてす

べての事物は唯一者に由来しているのであるから……その原点においてはこの唯一者から生まれ出たのである」(『エメラルド銘刻文《テイブル》』ないし『エメラルド碑板《タブレット》』。英訳は以下の文献に拠る。K. Seligmann, *History of Magic*, pp. 128-9)。〈単一が単一体を生む〉(*monas generat monadem*)という定式で表現された観念はヘルメス主義者たちによって繰り返されてきた。『エメラルド銘刻文』の起源と歴史については以下の文献を参照。J. Ruska, *Tabula Smaragdina*, Heidelberg, 1926.

★021――パーゲルによる以下の諸研究を参照。W. Pagel, "The Prime Matter of Paracelsus", *Ambix*, IX (1961), pp. 119 ff.; "Paracelsus and the Neoplatonic and Gnostic Tradition", *Ambix*, VIII (1960), pp. 125 ff.; *Paracelsus: An Introduction to Philosophical Medicine in the Era of the Renaissance*, Bâle, New York, 1958.

★022――以下の研究を参照。Pagel, *Paracelsus*, pp. 218 ff.

★023――C. Vasoli, "Francesco Giorgio Veneto" in *Test. uman*, pp. 79 ff.

★024――本書第二二章参照。

★025――本書第一章参照。

★026――「プラトンは、すべての哲学の部門を創設したかのエジプト人たちの見解に従い、太陽を月と水星の間に置くことを好んだ」(Macrobius, *In Somnium Scipionis*, XIX; trans. W. H. Stahl, New York, 1952, p. 162)。以下の文献をも参照。Plato, *Timaeus*, 38 d 1-3; A. E. Taylor, *Commentary on Plato's Timaeus*, Oxford, 1928, pp. 192-3.

★027――*De sole*, cap. 6 (Ficino, pp. 968-9).

★028――*C.H.*, II, pp. 336-7 (*Asclepius*, 29).

★029――*C.H.*, I, p. 61.

★030――同書、I, pp. 114-5.

★031――同書、II, pp. 233 ff.

★032――本書第一〇章参照。

★033――*C.H.*, II, pp. 336-7 (*Asclepius*, 29).

★034――N. Copernicus, *De revolutionibus orbium caelestium*, Thorn, 1873, pp. 16-17.

★035――同書、p. 30.

★036――「太陽はほぼ中央の位置を占めている。彼は指導者にして第一人者であり、他の天体の光を統御する者である。世界の精神であり支配者である。その大いなる光により万有は照らされ、満たされる。……」Cicero, *Somnium Scipionis*, cap. IV.

★037――以下の研究を参照。A. Koyré, *La révolution astronomique*, Paris, 1961, pp. 61 ff. コイレは、コペルニクスにとって太陽の宗教的かつ神秘的な意義が重要であったという点を強調する。彼はまたネオプラトニズムと新ピュタゴラス主義の復興がコペルニクスに及ぼした影響を検証し、フィチーノとの連関にも言及する。以下の研究も参照。E. Garin, "Recenti interpretazioni di Marsilio Ficino", *Giornale critico della filosofia italiana*, 1940, pp. 308 ff.

★038――本書第一二章参照。

第九章　魔術批判　[1]神学的異議　[2]人文主義者の伝統

★001――ピコが魔術を論駁した主要な著作は以下の二点である。G. F. Pico, *Examen Vanitatis Doctrinae Gentium*; *De Rerum Praenotione*. これらの著作はいずれもバール版に含まれている。G. F. Pico, *Pera omnia*, Bâle, 1573.

★002――Walker, pp. 146-7. 以下の研究も参照。Thorndike, VI, pp. 466 ff.

★003——G. F. Pico, *Opera, ed. cit*, p. 662. ウォーカーもこの部分を引用している(Walker, p. 147)。

★004——Walker, pp. 147-9. G・F・ピコは【ピコ・デッラ・ミランドラの甥】、アーバノのペトルスが『ピカトリクス』を典拠として用いている点を非難した。この批判はフィチーノにも間接的にではあるが関係している。フィチーノは彼の典拠としてアーバノを用いたと述べているからである。これはしかしおそらくは『ピカトリクス』を参照していたことを隠すためだったのだろう。本書第三章参照。

★005——引用はヴァイアーの以下の著作をウォーカーが要約した部分(Walker, p. 152)に拠っている。Johann Wier, *De praestigiis daemonum* (first edition in 1566).

★006——Walker, pp. 153-6.

★007——Erastus, *Disputationem de medicina nova Philippi Paracelsi*, Bâle, n.d., p. 118. この箇所はウォーカーによっても引用されている(Walker, p. 163.)。

★008——同書、*loc. cit.*

★009——Walker, pp. 156-66.

★010——Martin Del Rio, *Disquisitionum Magicarum, Libri Sex*, first edition Louvain, 1599-1600.　Walker, pp. 178-85を見よ。

★011——文献学者としてのペトラルカについては以下の研究を参照。G. Billanovich, "Petrarch and the Textual Tradition of Livy", *JWCI*, XIV (1951), pp. 137 ff.

★012——ヴァッラは(バルトロメオ・ファチオを非難する中で)『ヘレンニウスへ』(*Ad Herennium*)はキケロの文体によって書かれてはいないから、彼の作品ではあり得ないと指摘している。ヴァッラによる大胆な文献批判の他の例としては、『コンスタンティヌス大帝の遺贈』が偽書であることを暴露して見せたこと、またディオニュシウス・アレオパギタはいわゆる〈ディオニュシウス文書〉の作者ではあり得ないということを見抜いていた点が挙げられる。

★013——より正確に言えば、人文主義者は彼の好みに従って研究対象を選択したのである。〈人文主義者〉という言葉がルネサンスの時期に持っていた意味を二つの基本研究が明確にした。A・カンパーナは〈人文主義者《ウマニスタ》〉は最初大学での隠語《スラング》として登場し、それは古典文学の教師を意味していたことを明らかにした(A. Campana, "The Origin of the Word Humanist", *JWCI*, IX (1946), pp. 60-73)。クリステラーは人文主義的研究が中世的自由七芸【*seven liberal arts* 中世の標準的な大学教育システム。文法、論理、修辞、算術、幾何、音楽、天文】の中で自由三芸【*trivium* 自由七科の最初の三部門、文法、論理、修辞】を拡張した領域であって、哲学的な主題を扱う自由四芸【*quadrivium* 自由七芸の後半の四部門、算術、幾何、音楽、天文】とははっきりと異なる分野であることを説得力のある形で検証した(Kristeller, *Studies*, pp. 553-83. この章は彼の以下の論文を再録したものである。Kristeller, "Humanism and Scholasticism in the Italian Renaissance", first published in 1944)。この観点からすれば、〈始源の神学《プリスカ・テオロギア》〉という観念から生じた伝統は、それが古典古代の文献の復興から生まれる限りでのみ、人文主義的と言ってよいことになる。この観念に含まれる他の要素はすべて厳密な意味では非人文主義的なのである。つまりそれは哲学、科学、魔術そして宗教といった非人文主義的な主題を扱うからである。

★014——ポッジョの著作『高貴について』(*De nobilitate*, 1440)では、人文主義的な(つまりわたしが考える意味での)人間の尊厳ないし高貴さの理想が明確に表現されている。というのもポッジョにとっては、〈高貴な〉人間とは古代の美徳を模倣することで徳性高き者と成りおおせた人物のことであり、古典的教養を身につけることで名声と社会的特権を獲得した者のことだからである。それはしたがってピコの〈人間の尊厳〉の理念とは明確に異なる。ピコにとっては人間の尊厳の根拠は〈魔術師《マグス》〉としての人間が確立する〈神〉とのいと高き関係であり、その関係によって宇宙から引き出す力なのである。

もし〈人文主義〉という言葉を文献的研究という厳格な意味においてではなく、もっと曖昧なルネサンス期における人間の理念に対する一般的姿勢という意味で用いたいのなら、その際にその〈理念〉が上のどちらの態度を意味しているのかを厳密に規定しておかねばならない。

★015——以下の研究を参照。W. K. Ferguson, *The Renaissance in Historical Thought*, Cambridge, Mass., 1948.

★016——Pico, p. 352. 英訳は以下の研究から引用した。J. A. Symonds, *Renaissance in Italy*, 1897, II, pp. 241-2.

★017——以下の研究を参照。Karl Giehlow, "Die Hieroglyphenkunde des Humanismus in der Allegorie der Renaissance", in *Jahrbuch der kunsthistorischen Sammlungen des allerhöchsten Kaiserhauses*, XXXII, pt. I, 1915; E. Iversen, *The Myth of Egypt and its Hieroglyphs*, Copenhagen, 1961.

★018——以下の文献を参照。*The Hieroglyphics of Horapollo*, trans. By Geroge Boas, Bollingen Series 23, New York, 1950.

★019——「彼らはこの人物（ヘルメス）がアルグスを殺してエジプトに逃げ、そこで人々に法律と文字を教えたのだと主張している。その文字は実際に動物や木々の形を元にして制定されたのである」(Ficino, p. 1836)。フィチーノはプロティノス註解のある部分で、これらエジプトの神官たちによって用いられた図像文字を〈ホルス〉によって記述された文字、すなわちホラポロのヒエログリフに関連させている (Ficino, p. 1768; 以下の文献をも参照。*Hieroglypics of Horapollo*, ed. Boas, p. 28)。ヘルメス教的哲学を伝達する媒体としてのヒエログリフの活用に関しては、本書第二一章参照。

★020——George Clutton, "Termaximus: A Humanist Jest", *Journal of the Warburg Institute*, II (1938-9), pp. 266-8. ウルリヒ・ザジウスはエラスムス宛の手紙で彼に「三倍も大いなるエラスムスよ」("*ter maxime Erasme*")と呼び掛けている (P. S. Allen, *Opus Epistolarum Des. Erasmi*, II, ep. 317)。クラットンは(*article cited*, p. 268) この「三倍も大いなる」という言葉が「トリスメギストス＝三倍も偉大なる」を想い起こさせると指摘している。

★021——Erasmus, *Paraclesis* (1519), in *Opera omnia*, Leyden, 1703-6, col. 139. 引用と翻訳は以下のウォーカーの論考に拠っている。D. P. Walker, "The *Prisca Theologia* in France", *JWCI.*, XVII (1954), p. 254.

★022——「本当のところを言えば、わたしはカバラにせよタルムードにせよそれを心から楽しんだことはないのです」(*Opus Ep, ed. cit.* III, p. 589.)。エラスムスはほとんど同じ言葉を他の手紙の中でも用いている (同書, IV, p. 100.)。同書、III, p. 253; IV, p. 379; IX, p. 300. も参照。

★023——以下の文献を参照。*Opus Ep, ed. cit.*, III, p. 482; XI, p. 111. さらにこれらの箇所の註釈も参照。そこでエラスムスは「使徒行伝」第一七章の物語を敷衍解説しつつ、ディオニュシウス・アレオパギタが〈ディオニュシウス文書〉の著者だということを疑問視している (Erasmus, NT, 1516, p. 394.)。つまりここで彼はヴァッラの説に従っているわけである。

★024——*Opus Ep, ed. cit.*, XI, p. III.

★025——ルネサンス人文主義を廻る議論は、〈キリスト教人文主義〉を主題とする場合に特にその論証を曖昧なものにしてしまう。エラスムスは確かに一個のキリスト教的人文主義者として捉えることも可能かもしれない。しかしわたしの見るところでは、フィチーノとピコに同じ観念を適用するわけにはいかない。ピコはキリストの神性を〈魔術《マギア》〉とカバラによって立証しようと試みた。この志向は確かにキリスト教的ではあるが、決して人文主義的ではない。それはある意味でより〈キリスト教科学〉的なものであり【イェイツはもちろん新興宗派としての〈クリスティアン・サイエンス〉を共示しているのだが、慎重に *like christian science* として小文字による一般化を図っている】、ないしはアグリッパの表現を借りるならば、キリスト教的なオカルト哲学である。フィチーノもキリスト教的人文主義者ではない。彼はキリスト教的ヘルメス主義者なのである。そして彼は(本書次章で検討する他のキリスト教的ヘルメス主義者たちとは違って)その魔術的側面も決して排除していない。

★026——J. Huizinga, *Erasmus of Rotterdam*, trans. F. Hopman, New York, 1952, p. 38.

★027——Erasmus, Chiliades adagiorum (1508), II, no. I.

★028——Anthony à Wood, *The History and Antiquities of the University of Oxford*, ed. J. Gutch,k Vol. II, part I (*Annals*), p. 107.

★029——"Giordano Bruno's Conflict with Oxford", *Journal of the Warburg Institute*, II (1938-9), pp. 227-42.

★030——ここで述べた諸点は本書の展開に従って繰り返されることになるだろう。

★031——R. McNulty, "Bruno at Oxford", in *Renaissance News*, XIII (1960), pp. 300-5. 本書第一二章参照。

第一〇章　十六世紀の宗教的ヘルメティズム

★001——本書第二章★003を参照。

★002——本書第二一章参照。

★003——J. Dagens, "Hermètisme et cabale en France de Lefèvre d'Etaples à Bossuet", *Revue de littérature comparée*, Janvier-Mars, 1961, p. 6.

★004——D. P. Walker, "The *Prisca Theologia* in France", *J.W.C.I.*, XVII (1954), pp. 204-59.

★005——これはフィチーノ著作集に収録された『アスクレピウス』に付された註解であり、以前はフィチーノ自身に拠るものだと考えられていた(本書第二章参照)。

★006——この著作の草稿は現存している。以下を参照。Thorndike, IV, p. 513.

★007——この風変わりな人物ラッツァレッリと、さらにいっそう常軌を逸した彼の師、ヨアンネス・メルクリウス・ダ・コレッジョに関する記録に光を当てた最初の研究者はクリステラーである。このヨアンネスは自身をある種ヘルメス教的キリストであると信じていたらしい。彼は一四八四年にローマの大道を茨の冠を頭に戴いて【もちろん受難のキリストの姿である】闊歩し、その冠には「これはわれの選びし愛子、ピマンデルなり」("*Hic est puer meus Pimander quem ego eligi*")と記すということをやってのけた。ラッツァレッリと〈ヨアンネス・メルクリウス〉に関しては以下の研究を参照。Kristeller, "Marsilio Ficino e Lodovico Lazzarelli", first published as an article in 1938, enlarged and revised in *Studies*, pp. 221-47; "Ancora per Giovanni Mercurio da Correggio", *Studies*, pp. 249-57; "Lodovico Lazzarelli e

"Giovanni da Correggio" in *Biblioteca degli Ardenti della Città di Viterbo*, 1961.

ラッツァレッリの『ヘルメスの酒杯』(*Crater Hermetis*)と『エノクの書簡』(*Epistola Enoch*)からの抜粋は(後者はヨアンネス・メルクリウスと彼のヘルメス教的使命についての著作である)、M・ブリーニにより序言と註解を付して以下の文献に収録されている。*Test. uman*, pp. 23-77.

『ヘルメスの酒杯』とこれに連関した記録には、カバラ主義的要素と共にヘルメティズム的要素も認められる。ラッツァレッリと〈ヨアンネス・メルクリウス〉を廻る現象はいまだにその正しい歴史的文脈において捉えられていないように思う。それはあるいはピコを廻る論争と関係しているのではあるまいか。この論争の核心にはキリストの神性を〈魔術〉とカバラが立証し得るのかという問いがあったからである。そしてこの問いは教皇アレクサンデル六世によって非常に印象的な形で肯定されたのであった。これに関してはまた〈若きヘルメス〉作とされた一つのソネットが存在している。作者はほとんど確実にこの〈ヨアンネス・メルクリウス〉なのだが、この詩の一箇所は註解者たちによってアレクサンデル六世を暗示したものとされている(以下の研究を見よ。Kristeller, *Studies*, pp. 252, 255).

★008——ウォーカーは(pp. 70-1)『ヘルメスの酒杯』で描かれている経験世界は、魔術の実践のそれに似ていることを指摘している。『ヘルメスの酒杯』では魔術により師匠が弟子に善き神霊を授けるさまが描かれているが、これは『アスクレピウス』に描かれた神霊を偶像に招き入れる条と類似している。ルフェーヴルはラッツァレッリがこの『アスクレピウス』の偶像製作の章句を、「偶像は使徒の如くであり、偶像を造る人はキリストに似ている」と解釈したと記録している(引用はウォーカーに拠る。D. P. Walker, "The *Prisca Theologia* in France", p. 241, from Lefèvre's commentary on the *Asclepius*)。

★009——Walker, "The *Prisca Theologia* in France", pp. 234-9.

★010——*Corpus Hermeticum* XVI(この文献は現代の編纂者たちによって三つの部分に分けられている); *C.H.*, II, pp. 231-55. ラッツァレッリのラテン語訳は一五〇七年のC・ヴァゾーリによる版から収録され再版されている。以下の論考を参照。"Temi e fonti della tradizione ermetica in uno scritto di Symphorien Champier", in *Umanesimo e esoterismo*, ed. E. Castelli, Padua, 1960, pp. 251-9. ラッツァレッリの翻訳草稿を含むヴィテルボの写本については以下の研究を参照。Kristeller, *Studies*, pp. 227 ff. また上で言及した*Biblioteca degli Ardenti della Città di Viterbo*に含まれる彼の論文をも参照【本章★007参照】。

★011——Kristeller, *Studies*, p. 223; Walker, "The *Prisca Theologia* in France", p. 209. ウェルギリウスの序からの引用は以下の研究に拠る。Scott, I, pp. 33-4.

★012——Walker, "The *Prisca Theologia* in France", p. 209; Scott, I, pp. 34-6.

★013——Walker (*Spiritual and Demonic Magic*), pp. 96-106.

★014——Pontus de Tyard, *Deux discours de la nature du Monde et de ses parties*, Paris, 1578, p. 98 *recto*; reprinted as *The Universe*, ed. J. C. Lapp, Columbia, 1950, pp. 148-9.

★015——Lib. IV, cap. 1 (Ficino, p. 130).

★016——Pontus de Tyard, *Deux discours, etc.*, 1578, pp. 112 *verso*-113 recto (ed. Lapp, p. 169). 以下の文献をも参照。Walker, "The *Prisca Theologia* in France", p. 210.

★017——Pontus de Tyard, *Deux discours, etc.*, 1578, preface by Du Perron. sig. a iiii *verso*. 以下の拙著をも参照。F. A. Yates, *The French Academies of the Sixteenth Century*, Warburg Institute, University of London, 1947, pp. 88-9.

★０１８——〈バレエ・コミック〉に関しては以下の拙著を参照。F.A. Yates, *The French Academies of the Sixteenth Century*, pp. 236 ff; *The Valois Tapestries* (Warburg Institute, University of London, 1959), pp. 82 ff. わたしは以下の小論で、こうした類の祝祭上演には魔術的な要因が内在していることを検証した。その際わたしは、この上演におけるユピテルの降下とカトリーヌ・ド・メディシスの所蔵品だったと伝承される護符に描かれたユピテルの姿を比較参照した(p. 255)。F.A. Yates, "Poésie et Musique au Mariage du Duc de Joyeuse" (*in Musique et Poésie au XVIe siècle*, Centre National de la Recherche Scientifique, Paris, 1954, pp. 241 ff).

★０１９——ウォーカーはモルネがヘルメティズムを活用している点を指摘している(D. P. Walker, "The *Prisca Theologia* in France", p. 209, 211-2.)。

★０２０——Mornay, *De la vérité de la religion chrétienne*, Antwerp, 1581, p. 38.

★０２１——同書、pp. 80, 98-100.

★０２２——同書、pp. 101-2.

★０２３——同書、pp. 106 ff., 740 ff. ダジャンは(*article cited*, pp. 9, 11)、モルネがヘルメティズム的-カバラ的教説を偽ディオニュシウス的神秘主義と結合していると指摘している。

★０２４——同書、pp. 633 ff.

★０２５——わたしは以下の著作において、アンジュー家の庇護下に寛容な国家体制を築こうとしたオラニエ公の試みが失敗に終わったことと、いわゆる〈ヴァロワ・タピスリー〉がこの失われた歴史の希望を反映したものであることを連関させて検証した。F.A. Yates, *The Valois Tapestries* (Warburg Institute, University of London, 1959).

★０２６——*A Woorke concerning the trewnesse of the Christian Religion*, by Philip of Mornay...begun by Sir P. Sidney, finished at his request by Arthur Golding, London, 1587, p. 27.　この章句は第三章に含まれているし、また序文でゴールディングはシドニーが出征前にいくつかの章の翻訳は済ませていたと述べているから、引用した部分はシドニーの訳である可能性がある。もちろん断定はできない。この問題に関しては以下の文献を参照。D. P. Walker, "Ways of Dealing with Atheists: a Background to Pamela's Refutation of Cecropia", *Bibliothèque d'Humanisme et Renaissance*, XVII (1955), pp. 252 ff. このウォーカーの研究は、モルネの〈始源の神学〉を廻る観念が、シドニーの『アルカディア』の一節に対する註解の役を果たしていることを検証している。

★０２７——ロッセリのこの著作にはケルンで一六三〇年に出版された版も存在する。以下の論考を参照。Scott, I, p. 36; Dagens, *article cited*, p. 7.

★０２８——Hannibal Rosseli, *Pymander Hermetis Mercurii Trismegistus, cum commentariis*, Cologne, 1630, I, pp. 322 ff.

★０２９——同書、I, pp. 241 ff.

★０３０——同書、I, pp. 248 ff

★０３１——Dagens, *article cited*, p. 8.

★０３２——パリ国立図書館の版画室に所蔵されている一組の素描は、長蛇の宗教的行列を描いている。この行列はパリの街路を練った後、郊外へ抜けて巡礼の旅へと出発する。この催しには国王アンリ三世と彼の信仰の友たちも参加し、行列を率いるのはカプチン会修道士たちである。わたしはこの素描を以下の論文中に掲載した。そしてその意味の分析を試み、この行列、またアンリ三世の宗教政策全般にとってのカプチン会の重要性を指摘した(p. 223 ff.)。F.A. Yates, "Dramatic Religious Processions in Paris in the Late Sixteenth Century", *Annales Musicologiques*, II, Paris, 1954, pp. 215-70.

★０３３——*The French Academies of the Sixteenth Century/The Valois Tapestries.*

★034——*Journal of the Warburg Institute*, III (1939-40), pp. 181-207. 以下の拙著をも参照。*The French Academies*, pp. 225-9.

★035——Giordano Bruno, *Spaccio della bestia trionfante*, dial. 3 (*Dial. ital.*, p. 826). 以下の拙論を参照。F.A. Yates, "The Religious Policy of G. Bruno", p. 224; *The French Academies*, pp. 227-8. また本書第一二章参照。

★036——Scott, I, p. 37.

★037——「このヘルメス・トリスメギストスはモーセの時代の人物だと見做されている。ただ少しモーセよりは年上なのである……」(パトリッツィの『普遍哲学新論』中の〈ヘルメス文書〉の部冒頭に置かれた序文より)。以下の研究をも参照。Scott, I, p. 40.

★038——「ポイマンドレスは、世界と人間の創造を、モーセが考えたのとほとんど同じようなものとして理解していた。そして三位一体の神秘については、モーセ自身よりも遥かにはっきりとまた詳細に述べているのである」(パトリッツィの『普遍哲学新論』中の教皇グレゴリウス十四世に宛てた献辞より)。以下の研究をも参照。Scott, I, p. 39.

★039——Patrizi, dedication of the *Nova de universis philosophia*. スコットもこの箇所を翻訳して引用している。Scott, *loc. cit.*

★040——*Zoroaster*, separately paged work in Patrizi, *Nova de universis philosophia*, p. 4 *verso*.

★041——同書、*loc. cit.*

★042——同書、p. 5. 及び他の箇所においても同様である。

★043——Patrizi, *De luce*. この小品は『普遍哲学新論』冒頭に別立ての頁を振られて置かれている。

★044——同書、p. 11, etc.

★045——Patrizi, *De spacio physico* (separately paged work in *Nova de universis philosophia*), p. 109.

★046——Patrizi, *Pampsychia* (separately paged work in *Nova de universis philosophia*), pp. 54 ff. (*an mundus sit animatus*)

★047——Patrizi, *Panarchios* (separately paged work in *Nova de universis philosophia*), pp. 9 ff.

★048——パトリッツィがローマで引き起こした問題に関しては以下の研究を参照。Luigi Firpo, "Filosofia italiana e Controriforma", *Revista di Filosofia*, XLI (1950), pp. 150-73; XLII (1951), pp. 30-47.

★049——本書第九章参照。

★050——特にコレットの天上位階に関する論文は、フィチーノが天使の九層の位階は神的な感応霊力を「飲み込む」ものであると考えていたことを明らかにした。この感応霊力はそこからさらに世界の九層の秩序、つまり〈始源の動者〉(*primum mobile*)、黄道帯、そして七つの惑星を通り抜け下降していく。「というのもこの九層の天使たちの位階が飲み干すものが、宇宙の九つの領域を通過しながら拡散していくのである……」(John Colet, *Two Treatises of the Hierarchies of Dionysius*, published with English translation by J. H. Lupton, London, 1869, p. 180)。コレットの偽ディオニュシウス的な神秘主義は、フィチーノ的な「占星術化する」神秘主義の影響を蒙っている(本書第六章参照)。コレットはまたピコがカバラを称讃していたことをも知っていた。この論文でピコからの引用も行っている。

★051——R. W. Chambers, *Thomas More*, London, 1935, pp. 93-4.

★052——*The Life of John Picus, Earl of Mirandula*, in *The English Works of Sir Thomas More*, ed. W. E. Campbell, A. W. Reed, R. W. Chambers, etc., 1931, I, p. 351.

★053——Th. More, *Utopia*, Robinson's translation, Everyman edition, p. 100.

★054——同書、pp. 100-1.

★０５５——同書、pp. 101-2.
★０５６——*A True and Faithfull Relation of what passed.....between Dr. John Dee and some Spirits*, p. 397.
★０５７——以下の研究を参照。F. R. Johnson, *Astronomical Thought in Renaissance England*, Baltimore, 1937, pp. 134-5.

第二章　ジョルダーノ・ブルーノ——最初のパリ滞在

★００１——ブルーノに関する文献は厖大な量に達している（*Bibliografia* を見よ）。最良の文献一覧表は以下の著作に見出される。V. Spampanato, *Vita di Giordano Bruno*, Messina, 1921. 本書で使用したブルーノ著作集及び伝記資料関係の文書の典拠に関しては原註冒頭の〈参考文献の略号〉を参照されたい。
★００２——*Documenti*, p. 84.
★００３——古典記憶術を手短に解説したものとしては、わたしの以下の論考を参照。F. A. Yates, "The Ciceronian Art of Memory" in *Medioevo e Rinascimento, studi in onore du Bruno Nardi*, Florence, 1955, II, pp. 871-903. 最近の記憶術に関する研究でブルーノについての章を設けているものとしては以下の著作がある。Paolo Rossi, *Clavis Universalis arti mnemoniche e logica combinatoria da Lullo a Leibniz*, Milan-Naples, 1960. 以下の研究をも参照。C. Vasoli, "Umanesimo e simbologia nei primi scritti lulliani e mnemotecnici del Bruno", in *Umanesimo e Simbolismo*, ed. E. Castelli, Padua, 1958, pp. 251-304, and P. Rossi's article in the same volume (pp. 161-78).
★００４——本書第四章参照。
★００５——本書第二章参照。
★００６——Bruno, *Op. lat.*, II (i), pp. 1 ff.
★００７——同書、p. 6.
★００８——同書、pp. 7 ff.
★００９——同書、pp. 8-9.
★０１０——同書、p. 9.
★０１１——同書、p. 14.
★０１２——ブルーノ自身の言葉は以下の通りである。
「たとえある期間法律が定められ、人々の許に悪しき偽りのヘルメスたちが遣わされたとしても、神々の摂理というものは止むことがないのです（エジプトの神官たちがそう言っています）。……また感覚の太陽としての知性の輝きが止むということもありません。だから、わたしたちは状況を常に全否定するようなことはしないのです」（同書、p. 9）。

"Non cessat prouidentia deorum (dixerunt Aegyputii Sacerdotes) statutis quibusquam temporibus mittere hominibus Mercurios quosdam..... Nec cessat intellectus, atque sol iste sensibilis semper illuminare, ob eam causam quia nec semper, nec omnes animaduertimus."

ブルーノはここで〈悲嘆〉の章句を（*C.H.*, II, p. 327.　本書第二章参照）念頭に置いている。その章句ではエジプトの宗教がやがて法規の定めによって禁止されるだろうことが予言されているからである。アウグスティヌスは、正しいキリスト教によって誤ったエジプトの宗教が制圧される予言が〈悲嘆〉であると解釈した（本書第一章参照）。ブルーノはこのアウグスティヌスの解釈を援用する。しかしその意味を逆転させ、キリスト教徒の抑圧により（「悪しき偽りのヘルメスたち」により）真のエジプトの太陽崇拝的宗教が法で禁止されてしまった、と考える。この太陽崇拝はブルーノの考えに拠れば、可視の太陽を越えて神的なものにまで到達するものだった。しかしこの抑圧にもかかわらず真の宗教が廃絶されることはないし、ブルーノ自身がまさにそれを復興しようとしているのである。

上の章句の文法構造は今一つはっきりしないが、わたしは今述べた解釈が正しいことを確信している。この解釈のためには、ブルーノが他の箇所で「悪しき偽りのヘルメスたち」について述べていることをも参照しなければならない。この偽りのヘルメスたちは真の宗教を教えると言いながら、その実、真理を抑圧し混乱と不和を広めるのである(*Dial. ital.*, p. 32; *Op. lat.*, I (iii) p. 4. 本書第八章及び第一七章参照)。

★013——*Op. lat.*, II (i), pp. 20 ff.

★014——同書、p. 54.

★015——本書第一一章参照。

★016——*Op. lat.*, II (i), pp. 41 ff.

★017——同書、pp. 135-57.

★018——同書、p. 135. デカン図像は同書の一三五から一四一頁に掲載され、それらは黄道帯の十二の〈宮〉に従って分類されている。デカンは本来この〈宮〉の〈相貌〉だからである。〈宮〉の占星図は木版挿絵として掲載されている。

★019——Garin, *Medioevo e Rinascimento*, p. 160, note.

★020——Agrippa, *De occult. phil*, II, 37. ブルーノのデカン図像の詳細な分析により以下の事実が判明した。その中の一七の図はアグリッパの著作に掲載されたそれと同一であり、他の一七の図は近似しているものの僅かな変更が加えられている。一つの図(魚座の第二デカン)はアグリッパの図像よりはアーバノのペトルスが示す図(彼の*Astrolabium planum*における)の方に近い。そしてアグリッパともアーバノのペトルスともはっきりと異なる図(山羊座第三デカン)が一つある。

★021——*Op. lat.*, II (i), p. 144. 惑星の木版挿絵図像は、この著作の一四四から一五一頁に掲載されている。

★022——Agrippa, *De occult. phil*, II, 37-44.

★023——*Op. lat.*, II (i), pp. 151-3.

★024——Agrippa, *De occult. phil*, II, 46.

★025——*Op. lat.*, II (i), pp. 154-7.

★026——本書第七章参照。わたしはこれらの三六の創作図像は、定型の図像に創意工夫を加えることで、一般的に有利な感応霊力を獲得することを目指しているのではないかと思う。手短に言えば、一五〇の図像は、全体としての天界から有利な力を引き出そうとする企図を反映したものだろうということである。

★027——本書第一八章参照。

★028——チェッコ・ダスコリの註解は以下の著作中に掲載されている。Lynn Thorndike, *The Sphere of Sacrobosco and its Commentators*, Chicago, 1949, pp. 344 ff. (ソロモンの作とされた『イデアの影の書』[*Liber de umbris idearum*]からの引用はこの著作の、三九七、三九八頁に見出される)以下の研究も参照。Thorndike, *History of Magic and Experimental Science*, II, pp. 964-5.
ブルーノはチェッコ・ダスコリの著作を知っていた。彼は自身の著作『巨大と無数について』(*De immenso et innumerabilibus*)の註解の中でそれに言及している。「キックス・アエスクラーヌスにフローロンの精霊は嘘をつかなかった。月の影についてそれはなんなのか、と尋ねられた時、彼はこう答えている。『それは大地が大地であるようなものだ』と。……」(*Op. lat.*, I (I), p. 377)。チェッコは実際にこの精霊フローロンに言及し、彼は「ケルビムの位階に属する」と述べている。そしてこの説明をまさにソロモンの作とされた『イデアの影の書』からの引用中で行っているのである（*The Sphere, etc.*, ed. Thorndike, p. 398.）。

ブルーノは失われた彼自身の天球論に言及する時、チェッコ・ダスコリからのこうした引用を背景に置いているので（本書第一七章★０７９を参照）、トゥールーズで行った天球論講義に際して、チェッコの降霊術的註解を典拠として用いた可能性がある。そしてそこからまた、彼の魔術的記憶に関する著作の表題のアイデアを得たのかもしれない。

★０２９——偉人と発明者たちは（*Op. lat.*, II (i), pp. 124-8.）三〇の組に分けられ、それぞれの組にまた五つの下位範疇が属し、それらには五つの母音の符丁が与えられている。他の一覧表も（同書、pp. 132-4.）同様に組み分けされ、符丁が与えられている。魔術の図像も（同書、pp. 135-7.）同様の組み分けと符丁に従っている。こうした一覧の図像として一つの車輪の内部を帯状に区切り、その同心円状の帯の上に配置してみると、一五〇の魔術的図像を三〇組に分けた完全なシステムを得ることになる。この分類範疇に偉人、発明者、宇宙の内容が照応することになるのである。

このシステムは、予定している記憶術に関する研究書で、もっと詳細に検討することにしたい。一見気狂いじみたこの魔術的システムも、もう一つの記憶のシステムとの照合によって、より良く理解されるだろうからである。

★０３０——本書第二章参照。

★０３１——本書第二章参照。

★０３２——*Op. lat.*, II (i), pp. 78-9.

★０３３——同書、p. 47.

★０３４——この系譜的背景はE・ガリンによって確認されている。『天上より導かれるべき生命について』を検討した論文中で彼は次のように述べている。「ブルーノが……彼の記憶技法において、バビロニアのテウクロスの一見占星術的な要素を活用するのは偶然でも気紛れでもない。それは現実の事象を対象とする非常に厳密な論証の継続を意味しているのである」（"Le 'Elezioni' e il problema dell'astrologia", in *Umanesimo e esoterismo*, ed. E. Castelli, Padua, 1960, p. 36.）。

★０３５——Alexander Dicson, *De umbra rationis et iudicii, siue de memoriae virtute Prosopopaeia*, London, 1583, dedicated to Robert, Earl of Leicester. このディクソンないしディックソンがスコットランド人であったことは以下の研究で明らかにされている。Hugh Platt, *The Jewell House of Art and Nature*, London, 1594, p. 81. この人物はブルーノのいくつかのイタリア語対話篇では、弟子〈ディクソーノ〉として登場している。

★０３６——*Op. lat.*, II (i), pp. 179 ff.

★０３７——同書、p. 182.

★０３８——同書、pp. 185-8.

★０３９——「父なる太陽よ、あなたはただ一人で万物を照らしておられます。……あなたの支配とその連結の力により宇宙に遍在する量り難き力は、イデアの世界から発し、世界の魂であるその精神を介して、まっすぐわれわれにまで到達します。そしてこのさまざまな事物の存在する下方の世界をも照らすのです。そこでは香草、植物、またその他の宝石の諸力が、星々の光線によって世界の精神の力を引き寄せ増大していくことになるのです」（同書、p. 185.）。

★０４０——同書、pp. 188-92.

★０４１——同書、p. 193.

★０４２——「ヘルメスが世界の七柱の支配者たちと呼んでいる」、その者たちを招き寄せるために用いる名前や異名については以下を参照。

Agrippa, *De occult.phil*, II, 59.
★043——*Op. lat*, II (i), p. 191.
★044——Agrippa, *De occult. phil*, *loc. cit.*
★045——*Op. lat*, II (i), p. 185.
★046——同書、pp. 211 ff.
★047——本書第四章及び、Walker, p. 33. を参照。
★048——*Op. lat.*, II (i), p. 186.
★049——同書、*loc. cit.*
★050——同書、pp. 186-7, etc.
★051——同書、pp. 193 ff.
★052——同書、p. 194.
★053——同書、pp. 209-10.
★054——F. Tocco, *Le opere latine di Giordano Bruno*, Florence, 1889, p. 56.
★055——「……国王アンリ三世は、ある日、人を遣わしてわたしを呼び寄せました。そしてわたしの記憶力、また記憶に関する講義が自然のものなのか、それとも魔術の力に拠っているのか、満足のいく答えを与えるようにと言われました。そこでわたしはこの国王に、それが魔術の技法によるものではなく、学問的方法を根拠としているということを語りまた証明して見せました。この後わたしは記憶に関する一冊の著書を発表し、それに『イデアの影について』という表題を与え、国王陛下に献呈いたしました。このことによって陛下はわたしを暫定的に特別講師に任命して下さったのです……」(*Documenti*, pp. 84-5.)。
★056——本書第三章参照。
★057——「……このフランス国王自身の推薦状を頂きまして、それを持って国王陛下にお仕えする大使閣下の許に赴くためイギリスに渡りました。大使閣下はド・モーヴィシエール卿という方でお名前はミシェル・ド・カステルノーと言いました。そしてこの大使閣下のお館にずっと留まることになったのです」(*Documenti*, p. 85.)。
★058——*Calendar of State Papers, Foreign*, January-June 1583, p. 214.

第二章　ジョルダーノ・ブルーノのイギリス滞在——ヘルメス教的改革

★001——『記憶と想像力の畑を耕すための術。三〇の封印の裡に求められ、呈示され、保持されることにより明かされる多くの新しい理性を導入することを目指す著作。三〇の封印による開示……、封印中の封印……』(*Ars reminiscendi et in phantastico campo exarandi, Ad plurimas in triginta sigillis inquirendi, disponendi, atque retinendi implicitas nouas rationes et artes introductoria; Explicatio triginta sigillorum ...; Sigillus sigillorum ...*) 著作には日付も場所の記載もない。この作品はブルーノがイギリスで公刊した最初の著作であることはほとんど確実である。公刊は一五八三年以降ではあり得ない。この点に関しては*Bibliografia*, p. 68. を見よ。この著作及びブルーノがイギリスで公刊したイタリア語の対話篇の書肆がジョン・チャールウッド【John Charlewood 一五九三年没。海賊版の手法で大量の書籍を印刷した出版業者。ブルーノの本も架空のヴェネツィアの書店名で出版されている】であることはすでに確証されている。以下の研究を参照。G. Aquilecchia, "Lo stampatore londines di Giordano Bruno", in *Studi di Filologia Italiana*, XVIII (1960), pp. 101 ff.
★002——*Op. lat.*, II (ii), pp. 76-7.
★003——「読者はこの著作において、論理学、形而上学、カバラ、自然魔術、大いなる術、また小さき術の理論によって、探求されるべきものはなんであれ、見出すことができるであろう」(同書、p. 73.)。「大いなる術、小さき術」というのはラモン・ルルの技法を意味している。

★004——Anthony à Wood, *History and Antiquities of the University of Oxford*, ed. J. Gutch, 1796, II (I), pp. 215-8.

★005——*Private Diary of Dr. John Dee*, ed. J. O. Halliwell, Camden Society, 1842, p. 20.

★006——*La cena de le ceneri* (1584), dial, 4 (*Dial. ital.*, pp. 133-4.).

★007——Gabriel Harvey, *Marginalia*, ed. G. C. Moore Smith, 1913, p. 156. フローリオのモンテーニュ訳で読者に宛てた序言をも参照。"N.W."は以下の著作の序文署名に登場する。Samuel Daniel, *The Worthy Tract of Paulus Iouius* (1585).

★008——Robert McNulty, "Bruno at Oxford", *Renaissance News*, 1960 (XIII), pp. 300-5.

★009——ヒルとブリストウの著作に関しては以下の研究を参照。A. F. Allison and D. M. Rogers, *A Catalogue of Catholic Books in English Printed Abroad or Secretly in England*, Bognor Regis, 1956, nos. 146-9, 400-1. また以下も参照。McNulty, *article cited*, p. 302.

★010——Abbot, *The Reasons*, etc., pp. 88-9. 以下の論文でも引用されている。 McNulty, *article cited*, pp. 302-3.

★011——*De la causa, principio e uno* (1584), dial. I (*Dial. ital.*, pp. 309-10.).

★012——ロバート・グリーンが彼の戯曲『修道士ベーコンと修道士バンギ』を書いた時(一五八七年頃かもう少し後)、念頭に置いていたのはこの出来事だったかもしれない。この劇の舞台はオックスフォードで、そこに神聖ローマ皇帝以下有名な外国人が来訪中であるという筋立てである。一行には外国人の学者が同伴することになっている。この学者は魔術をヨーロッパ中の大学で論じて大変な称讃を勝ち得ていたのだが、オックスフォード大学では修道士ベーコンと魔法比べをして負けてしまう。ベーコンの魔法の方が強力だったからである。後世A・W・ワードが気づいたように、グリーンのこの劇に登場する外国人の魔法使いの台詞は『灰の水曜日の晩餐』のいくつかの文句と似た響きを持っている(Marlowe, *Tragical History of Dr. Faustus* and Greene, *Honourable History of Friar Bacon and Friar Bungay*, ed. A. W. Ward, Oxford, 1887, pp. 254-5.)。

★013——*Spaccio della bestia trionfante*, dial. 3 (*Dial. ital.*, pp. 777-8.)

★014——本書第二章参照。

★015——*Spaccio*, dial. 3 (*Dial. ital.*, pp. 780-2).

★016——本書第三章、及び第四章参照。

★017——*Spaccio*, dial. 3 (*Dial. ital.*, pp. 784-6).『アスクレピウス』の以下の箇所をも参照。 *C.H.*, II, pp. 326-30. また本書第二章をも参照。

この章句が『アスクレピウス』に由来することは以前から知られている。しかしそれに先行する章句がすべて『アスクレピウス』中のエジプトの宗教の描写に基づいたものであることはこれまで指摘されたことがなかった。つまりこの章句はフィチーノが導入し流行らせたネオプラトニズムをブルーノの視点で拡張したものなのである。

★018——本書第四章参照。

★019——本書第七章参照。

★020——*Spaccio*, dial. 3 (*Dial. ital.*, p. 780).

★021——*C.H.*, IV, pp. 1-22 (Stobaeus Excerpt XXIII).

★022——同書、p. 7.

★023——同書、pp. 8-9.

★０２４——同書、p.17.

★０２５——同書、pp.18-20.

★０２６——同書、pp. 21-2. ここではこの儀式のいくつかの要素を述べたにすぎない。

★０２７——この問題に関しては以下の研究を参照。Festugière, III, pp. 37-41, 83 ff.

★０２８——モムスはルキアノスの『真実の話』(*Vera historia*)に登場する。ブルーノはこの作品を知悉していた。『灰の水曜日の晩餐』では名前を挙げて言及している(*Cena de le ceneri*, dial. 3, *Dial. ital*, p.111)。ブルーノはしたがってルキアノスの典拠を直接知っていた。しかしより重要なことは『宇宙の乙女《コレー・コスムー》』においてモムスがヘルメティズム的な文脈で登場するという事実である。「ヘルメスはモムスの言葉を聞いて喜んだ。なぜならその言葉は彼にとって馴染みのものだったからである」。

★０２９——『宇宙の乙女』は以下の著作に収められた。*Nova de universis philosophia*, Ferrara, 1591, and Venice, 1593. 本書第一〇章参照。パトリッツィがストバイオスの断簡集を出版したことに関しては以下を参照。Scott, I, p.40.

★０３０——紀元後五〇〇年頃ストバイオスが編纂した『抜粋集』(*Anthologium*)は、古代ギリシアの著作家たちからの抜粋であり、〈ヘルメス文書〉からの断簡をも含んでいる。そのいくつかは『ヘルメス選集』の文言と一致するが、この『抜粋集』でしか知られていない著作もあり、『宇宙の乙女』はその一つである。この著作の初版(第一書及び第二書)はアントウェルペンにて一五七五年である。以下をも参照。Scott, I, pp. 82 ff.

★０３１——*Spaccio*, dial. 1 (*Dial. ital*, pp. 611-2).

★０３２——同書、*Dial. ital*, pp. 595 ff.

★０３３——Hyginus, *Fabularum liber*, Paris, 1578. 本書第一八章参照。

★０３４——*Spaccio*, dedication (*Dial. ital*, p. 561).

★０３５——*Spaccio*, dedication and dial. 1 (*Dial. ital*, pp. 562 ff, 617 ff).

★０３６——同書、*Dial. ital*, pp. 562, 611.

★０３７——同書、*Dial. ital*, pp. 562, 562, 621.

★０３８——同書、*Dial. ital*, pp. 563, 622.

★０３９——*Spaccio*, dedication and dial. 3 (*Dial. ital*, pp. 565, 755).

★０４０——同書、*Dial. ital*, pp. 566, 765-6.

★０４１——同書、*Dial. ital*, pp. 567, 774.

★０４２——同書、*Dial. ital*, pp. 567, 775 ff.

★０４３——同書、*Dial. ital*, pp. 568, 803 ff.

★０４４——同書、*Dial. ital*, pp. 569, 817 ff.

★０４５——本書第二章参照。

★０４６——本書第二章参照。

★０４７——*Spaccio*, dedication (*Dial. ital*, pp. 561-2).

★０４８——同書、*Dial. ital*, p. 560.

★０４９——本書第一二章参照。

★０５０——*Spaccio*, dedication (*Dial. ital*, pp. 619-20).

★０５１——同書、dedication and dial. 3 (*Dial. ital*, pp. 569, 817-8).

★０５２——同書、dedication and dial. 1 (*Dial. ital*, pp. 562, 621).

★０５３——同書、dedication and dial. 3 (*Dial. ital*, pp. 565, 751).

★０５４——同書、*Dial. ital*, pp. 565, 761-3.

★０５５——同書、*Dial. ital*, pp. 567, 771.

★０５６——同書、*Dial. ital*, pp. 566, 765-6.

★０５７——同書、*Dial. ital*, pp. 566, 766-7.

★058——同書、*Dial. ital*, pp. 565, 753-4.

★059——同書、*Dial. ital*, pp. 564, 711.

★060——*Spaccio*, dedication and dial. 2 (*Dial. ital*, pp. 563, 705-6).

★061——本書第一八章参照。

★062——*Spaccio*, dial. 1 (*Dial. ital*, p. 602).

★063——同書、dial.3 (*Dial. ital*, pp. 795-6).

★064——本書第五章参照。

★065——*Spaccio*, dial. 3 (*Dial. ital*, pp. 799-80).

★066——この著作は非常に大衆受けした。特にプロテスタント諸国における人気が高かった。その理由はカトリック聖職者に対する諷刺が効いていたためである。イギリスでは学校での教科書として使われるということにまでなった。この点に関しては以下を参照。Foster Watson, *The Zodiacus Vitae*, London, 1908, p. 5. 英訳はバルネイブ・グッジによるものが存在する(by Barnabe Googe, reprinted with an introduction by R. Tuve, Scholars' Facsimiles and Reprints, New York, 1947.)。

★067——この『生命の黄道十二宮』中でヘルメスに言及されるのは以下の詩句の一箇所だけである。

ああ三倍も大いなるヘルメスはなんと正しく述べたことだろうか!
世界は混沌とし、諸悪が積もり積もって山となる。
疑いもなくこれは悪魔の仕業。彼がこの地上を支配し、
その悪行が残虐な圧制者たちを喜ばせているのだ(*Zodiacus Vitae*, ed. of Rotterdam, 1722, p. 251)。

これに続く詩句でも、作者は世界がサルコテウスという名の邪悪な悪魔の支配に委ねられてしまったことを嘆き続けている。これは基本的に二元論的な観念の存在を意味しているのだろう。それがこの詩のペシミズムと邪悪なるものを大きく扱う理由に思える(R・テューヴはグッジ訳の序文の中で、この詩の基本的な構想はほとんどマニ教の二元論を思わせると示唆している)。この二元論をエピクロス主義のピュタゴラス的―プラトン的解釈と調和させることは至難の業である。実際にわたしはこのパリンゲニウスの構想を通常の哲学的基盤の上で理解することはできないように思う。あるいはこの構想の破綻は、パリンゲニウスが典拠としたルクレティウスを完全に誤解していたためかもしれない。つまりルクレティウスのペシミズムと此岸的世界に対する深い関心を、ある種の二元論的グノーシスだと誤解したのではないかということである(このことがまたエピクロス的倫理を黄道十二宮と魔術の枠で囲うことの理由なのかもしれない)。そしてこの誤解を彼はさらにピュタゴラス主義及びネオプラトニズムと結びつけたのかもしれない。

★068——Garin, "Ricerche sull'epicureismo del quattrocento" in *Cultura*, pp. 72-86.

★069——同書、pp. 83-4.

★070——『巨大について』の第三書の中で、ブルーノはパリンゲニウスを引用しているが、賛同と批判をない交ぜにした姿勢を示している(*Op. lat.*, I [ii], pp. 292 ff.)。はっきりとパリンゲニウスを論じた章句は、そのまま〈グノーシス宗派〉("*Gnostica secta*")に関する章句へと続き、そこではこの宗派が善悪二つの原理に固執し、世界はこの邪悪なる原理に委ねられていると見做していたと述べられている(同書、pp. 302 ff.)。ブルーノはここではパリンゲニウスの二元論から距離をとろうとしているのだと考えることができる。

★071——*Spaccio*, dial. 1 (*Dial. ital*, pp. 623-4).

★072——同書、dial. 2 (*Dial. ital*, p. 662).

★073——同書、dial. 1 (*Dial. ital*, p. 622).

★074——同書、*Dial. ital*, p. 627 ff.

★075——同書、dial. 2 (*Dial. ital*, pp. 705 ff.).

★076——同書、dial. 3 (*Dial. ital*, pp. 706 ff.).

★077——同書、*Dial. ital*, p. 771.

★078——同書、dial. 3 (*Dial. ital*, p. 825). ケンタウロス座の議論で何が問題とされているかをも参照のこと(同書、pp. 823 ff.)。ケンタウロス座はキリストである。つまりヘルメティズム的に理解されたキリストであり、そのキリストは慈愛に満ちた〈魔術師《マグス》〉なのである。

★079——同書、Dial.ital, pp. 826-7.「第三の天界が待っている」(*"Tertia coelo manet"*)というモットーはアンリ三世に予定されている三重の王冠に関係している。以下のわたしの研究を参照。F. A. Yates, *French Academies of the Sixteenth Century*, pp. 227-8.

★080——*Documenti*, p. 40.

★081——*Spaccio*, dial. 3 (*Dial. ital*, pp. 808, 825).

★082——*Documenti*, p. 66.

★083——A. Corsano, *Il pensiero di Giordano Bruno del suo svolgimento storico*, Florence, 1940, pp. 281 ff.

★084——L. Firpo, *Il processo di Giordano Bruno*, Quaderni della Rivista Storica Italiana, Naples, 1949, pp. 10 ff. コルサーノもフィルポもブルーノの後期の思想と魔術的改革者としてのイタリアへの帰還に関心を寄せている。しかしコルサーノはブルーノの著作がそのそもそもの始まりから魔術に充ち満ちていたということを理解していない。『追放』における魔術はこれまで全く議論の対象とすらなっていないのである。

★085——本書第一二章参照。

★086——本書第一二章参照。

★087——本書第三章参照。

★088——本書第三章参照。

★089——*Documenti*, p. 44.

★090——Thomas More, *Utopia*, Everyman edition, p. 109.

★091——引用は以下の文献から。Strype, *Life of Parker*, 1821, I, p. 301. 以下の研究も参照。R. W. Chambers, *Thomas More*, p. 264.〈ユートピア〉における〈始源の魔術〉の存在を示唆するもう一つの興味深い事実は、この本の最後の方に出てくるユートピア語の詩の中で、「裸形苦行僧たち《ジムノソフィスツ》」に似た言葉が二度繰り返されている点である。

第一三章 ジョルダーノ・ブルーノのイギリス滞在——ヘルメス教的哲学

★001——*Cena de le ceneri*, dial. 1 (*Dial. ital*, p. 41). この作品はフランス大使モーヴィシエールに献呈されている。作中でブルーノが衒学者の博士たちとコペルニクスの理論についての意見を闘わせているのは、フルク・グレヴィルの邸宅だという舞台設定になっているが、後にブルーノ自身、異端審問官たちに対して、この討論が実際にはフランス大使館で行われたことを明かしている(*Documenti*, p. 121.)。わたしはこの作品のいくつかの側面を以下の論考で扱った。F. A. Yates, "The Religious Policy of Giordano Bruno", *JWCI*, III (1939-40), pp. 181-207.『灰の水曜日の晩餐』の最良の版は、G・アクイレッキアによって編集され一九五五年に出版されたフィレンツェ版である。

★002——*Oratio valedictoria*, Wittenberg, 1588 (*Op. lat.* I [i], pp. 16-17).

★００３——*Cena*, dial. 1 (*Dial. ital*, p. 28).

★００４——Ariosto, *Orlando furioso*, XXXV, 1. 引用はジョン・ハリントン卿の英訳に拠る。

★００５——*Cena*, dial. 1 (*Dial. ital*, pp. 29-33).

★００６——本書第八章参照。

★００７——以下の研究を参照。F. Saxl, "Veritas Filia Temporis", *Philosophy and History*, essays presented to E. Cassirer and edited by R. Klibansky and H. J. Paton, Oxford, 1936, pp. 197-222.

★００８——本書第一一章参照。

★００９——*Cena*, dial. 1 (*Dial. ital*, pp. 43-4).

★０１０——本書第三章参照。

★０１１——*Cena*, dial. 1 (*Dial. ital*, p. 33).

★０１２——Agrippa, *De occult. phil*, II, 30. 本書、第七章も参照。

★０１３——本書第一三章参照。

★０１４——*Cena*, dial. 4 (*Dial. ital*, pp. 139 ff.).

★０１５——同書、*Dial. ital*, pp. 140-1.

★０１６——同書、*loc. cit.* わたしはこの点に関するブルーノの錯誤を以下の研究で指摘しておいた。F. A. Yates, "The Religious Policy of G. Bruno", *The French Academies of the Sixteenth Century*, pp. 102-3, note 3, and Plate 6.

★０１７——J. Kepler, *Harmonice mundi* (Gesammelte Werke), ed. M. Caspar, Munich, 1940, Band VI, p. 432. 本書第一三章参照。

★０１８——*Cena*, dial. 1 (*Dial. ital*, p. 29).

★０１９——同書、dial. 5 (*Dial. ital*, pp. 154-6).

★０２０——*C.H.*, I, pp. 180-1; Ficino, p. 1854. この章句が含まれる対話篇の要約は本書第三章参照。

★０２１——Agrippa, *De occulta philosophia*, II, 56. フィチーノのラテン語訳との比較は本書第七章★０３５を参照。

ピコ・デッラ・ミランドラのヘルメス教に関する第五と第六の結論は「世界に存在するもので生命のないものは何一つない。宇宙に存在するもので死と腐敗に捕らえられているようなものは何一つない」となっている。これはヘルメス文献の『共通のものについて』から採られたものである。Pico, p. 80. を見よ。

★０２２——*Cena*, dial. 3 (*Dial. ital*, p. 109).

★０２３——Thomas Digges, *A Perfit Description of the Caelestiall Orbes*, first edition in 1576. ディグスとブルーノの関係に関しては以下の研究を参照。F. R. Johnson, *Astronomical Thought in Renaissance England*, Baltimore, 1937, pp. 168 ff.

★０２４——以下の研究を参照。A. O. Lovejoy, *The Great Chain of Being*, Harvard University Press, 1942 (second Edition), pp. 116 ff.

★０２５——A. Koyré, *From the Closed World to the Infinite Universe*, New York, 1958 (second edition), p. 54.

★０２６——*Cena*, dial. 4 (*Dial. ital*, pp. 130-1).

★０２７——この著作はフランス大使への献辞を添えて一五八四年にイギリスで出版された。ドロシア・ウェイリー・シンガーによる英訳は彼女の以下の研究書に掲載されている。Dorothea Waley Singer, *Giordano Bruno, His Life and Thought*, London, 1950, pp. 225 ff.

★０２８——*De l'infinito*, dial. 1 (*Dial. ital*, p. 377). 引用はD・W・シンガーの翻訳に拠った。Dorothea Waley Singer, *op. cit*, p. 257.

★０２９——*C.H.*, I, p. 38 (*Corpus Hermeticum*, II).

★０３０——*C.H.*, II, p. 343 (*Asclepius*).

★０３１——*De immenso*, Bk. I, cap. 1 (*Op. lat*, I[1], p. 206).

★０３２——特にこの著作の最後の対話篇がそうである。ブルーノにとってルクレティウスが重要な意味を持っていたことに関しては以下の研究を参照。D. W. Singer, *op. cit*.; A. Koyré, *op. cit*. コイレは、ルクレティウスの宇宙論を真剣に検討したのはブルーノが初めてだった、と考えている。

★０３３——*Oratio valedictoria*, Wittenberg 1588 (*Op. lat*, I[1], pp. 16-17).

★０３４——The *Liber XXIV philosophorum*, published by Clemens Baeumker, *Das pseudo-hermetische Buch der XXIV Meister*, Beiträge zur Geschichte der Philosophie und Theologie des Mittelalters, fasc. xxv, Münster, 1928. この文献の〈神〉に関する第二の命題は、〈神〉を「無限の天球であり、その天球の中心はあらゆる場所にあり、周辺はどこにもない」(sphaera infinita cuius centrum est ubique, circumferentia nusquam) と規定している。以下の研究を参照。Koyrè, *op. cit*, pp. 18, 279 (note 19).

フィチーノはこの命題をヘルメスのものだとしている。「メルクリウスはこう言ったことがある。〈神〉は知性の天体である。その天体の中心はあらゆる場所にあり、周辺はどこにもない、と」(Disse Mercurio: Iddio è spera intelligibile, il cui centro è in ogni loco, la circumferentia in nessuno) (Ficino, *De Deo et anima*, in Kristeller, *Suppl. Fic*, II, p. 134)。ロバート・フラッドもこの点に関しては同じ見解だった (Garin, *Cultura*, p. 145, note を見よ)。

★０３５——Cusanus, *De docta ignorantia*, II, cap. 2. 以下の研究をも参照。Koyré, *op. cit*., pp. 10 ff.

★０３６——この習合現象はさらなる研究を必要としている。ヘルメス文献そのものにすでにエピクロスからの影響が見られるのだろうか(本書第一章で見たように、ヘルメス文献が古典古代末期のさまざまな思潮を融合させていたことは確かな事実である)。だからヘルメス・トリスメギストという太古のエジプト人に心酔したルネサンス期の人々は、このヘルメスの教説のなにがしかを、逆にルクレティウスの著作の中に再認することができたのだろうか。つまりこの再認はルネサンス期のプラトン主義者たちが、やはりプラトニズムの源泉をヘルメスにおいて確認したのと同様の事情であったのかもしれない。パリンゲニウスとブルーノにおいてヘルメスとルクレティウスという結びつきが確認されるわけだが、この結合は一見すると全く不可能な組み合わせに見えかねない。したがってこの背景を歴史的に解明する必要がある。

★０３７——*De la causa, principio e uno*, dial. 5 (*Dial. ital*, pp. 341-2).

★０３８——*De la causa*, dial. 5 (*Dial. ital*, p. 329).

★０３９——本書第一二章参照。

★０４０——*C.H.*, I, p. 116; II, p. 311.

★０４１——*Cabala del cavallo pegaseo*, dial. 2 (*Dial. ital*, pp. 892 ff.).

★０４２——特に以下の著作を参照。*Eroici furori*, Pt. I, dial. 4 (*Dial. ital*, pp. 1026 ff.).

★０４３——以下の研究を参照。D. P. Walker, "The Astral Body in Renaissance Medicine", *J.W.C.I.*, XXI (1958), p. 123.

★０４４——本書第七章参照。

★０４５——*De la causa*, dial. 4 (*Dial. ital*, pp. 300 ff.).

★０４６——本書第一四章参照。

★０４７——*De la causa*, dial. 5 (*Dial. ital*, p. 340).

★０４８——*De l'infinito universo*, dial. 5 (*Dial. ital*, pp. 524-5).

★０４９——*Cena*, dial. 5 (*Dial. ital*, p. 160).

★０５０——G. Bruno, *Candelaio*, ed. V. Spampanato, Florence, 1923, pp. 130 ff.

★０５１——*Cena*, dial. 1 and 4 (*Dial. ital*, pp. 37, 132). 以下の著作も参照。

Erasmus, *Adagia*, chiliade I, centuria VIII, no. 51. アンティキュラはヘレボルス根の産地として有名だった。ヘレボルス根は狂気を鎮める作用があると信じられていた。

★052――本書第一二章参照。

★053――本書第一二章参照。

★054――*Cena*, dial. 1 (*Dial. ital*, pp. 46-7).

★055――同書、p. 44.

★056――F. A. Yates, "The Religious Policy of Giordano Bruno", *J.W.C.I.*, III (1939-40), p. 189.

★057――この連関で注意する必要があるのは、エリザベス朝のイギリスで公然とカトリックのミサを行えたのは外国大使館においてのみであったという事実である。

★058――本書第一二章参照。

★059――*Cena*, dedication (*Dial. ital*, pp. 17-18).

★060――Cena, dedication (*Dial. ital*, pp. 10-11).

★061――*De la causa*, dial. 1 (*Dial. ital*, pp. 192-3).

★062――*Explicatio triginta sigillorum* (*Op. lat*, II [ii], p. 133).

第一四章　ジョルダーノ・ブルーノとカバラ

★001――マッキンタイアは、ブルーノはおそらくヘブライ語は読めなかっただろうから、カバラに関する知識はほとんどアグリッパを典拠とし、それに少しロイヒリンが加わった程度ではないかと推察している。以下を参照。J. L. McIntyre, *Giordano Bruno*, London, 1903, p. 131, note.

★002――しかしこの知識はおそらく間接的なものに留まっている。

★003――*Documenti*, p. 40.

★004――モスクワのノロフ写本コレクションはブルーノによる魔術関連の手稿、そして他の魔術文献からの覚え書きや写しを含んでいる。このコレクションの大半はブルーノのラテン語著作集第八巻として刊行された。しかしアグリッパとトリテミウスからの覚え書きは、写本の原本の全体ではなく、メモの表題のみが収録された(*Op. lat*, III, pp. 493-506)。

★005――本書第一九章参照。

★006――書肆ジョン・チャールウッドによってイギリスで刊行された(本書第一二章★001を参照)ブルーノの著作のすべては、奥付を偽造して出版の場所をヴェネツィアかパリに(Venezia/Parigi)仮設している。『三〇の封印』だけは例外で、これには出版の場所は記載されていない。フランス大使館の内輪の客人であったブルーノの著作をこうした方法で海賊出版することには、フランス大使も一枚噛んでいたに違いない。これらの著作の何点かは彼に献呈されているからである。

『天馬ペガソスのカバラ』はイギリスで執筆されたブルーノの他のイタリア語の著作同様に対話篇の様式で書かれ、巻末に「ノラの〈ろば〉チレニコ」と題された短い対話篇が付されている。

★007――*Cabala*, dial. 1 (*Dial. ital*, pp. 865-6).

★008――Agrippa, *De occult. phil*, III, 10.

★009――『カバラ』【『天馬ペガソスのカバラ』のこと】の序、〈信心深く敬虔なる読者各位へ〉を見よ(*Dial. ital*, pp. 851 ff.)。そこではキリストがエルサレム入城にあたって、ロバの背に乗ったという故事が論じられている。アルチャーティの紋章《エンブレム》の一つ(第七番)は――ロバの聖なる役割をエジプト化した例として――女神イシスの神像を背に乗せて歩むロバが描かれている。無知蒙昧なる者は、神聖なるもの自体とそれをただ運ぶだけの者を混同してしまい、ロバを崇拝するに至るのである。ミグノーとホィットニーは、この紋章を聖職者の傲慢に対する諷刺的表現として解釈している。しかしブルーノがロバを登場させているのはこうした意味ではない。もちろんこの諷刺も言外の意味として共示されていた可能性はある。ロバの象徴をブルーノとアグリッパの表現まで含めて研究したものとして、以下の論考を参照。John M. Steadman, "Una and the Clergy: the Ass Symbol in The Faerie Queene", *J.W.C.I.*, XXI (1958), pp. 134-6.

★010——*Cabala*, dial. 1 (*Dial. ital*, pp. 867-8).

★011——*Cabala*, dial. 1 (*Dial. ital*, pp. 875-6). ロバはまた「ピロン主義者やエフェソス風の」徹底した懐疑派の象徴ともなる(同書、p. 876)。

★012——*L'asino cillenico* (*Dial. ital*, p. 915).「キュレネーの」【〈チレニコ〉はそのイタリア語形】という定型修辞はこのロバをメルクリウスと結びつける。メルクリウスが生まれたのはキュレネー山の洞窟だったとされているからである【ヘルメース神は、ペロポネソス半島中央部のアルカディア地方にあるキュレネー山で生まれたとされていた】。このロバはまた天馬ペガソスとも縁がある。したがってこの著作は『天馬ペガソスのカバラ』と題されているのである。

★013——*L'asino cillenico* (*Dial. ital*, p. 917).

★014——同書、*loc. cit.*

★015——同書、*loc. cit.*

★016——*L'asino cillenico* (*Dial. ital*, pp. 842, 862). この著作では、エジプト人たちが牡牛の姿のアピス神をロバとして描いてもいたと述べられている。したがって〈勝ち誇る野獣〉というのは本当はアピス神なのかもしれない。この場合のアピスはしかし、教皇アレクサンデル六世にとってそうであったような、キリスト教の先駆者を意味するのではなく、真のエジプトの宗教の象徴である。つまりユダヤ人やキリスト教徒たちは、逆にこの真の宗教を抑圧し転倒させてしまったとされるのである。

★017——本書第一〇章参照。

★018——Cornelius Agrippa, *De vanitate scientiarum*, cap. 102, *Ad Encomium Asini digressio*. また以下の研究も参照。V. Spampanato, *Giordano Bruno e la letteratura dell'asino*, Portici, 1904; Steadman, *article cited*, pp. 136-7.

★019——*Cabala*, dedication (*Dial. ital*, p. 837).

★020——*Op. lat*, III, pp. 395 ff. and 653 ff. この二つの著作はノロフ写本コレクションに含まれている。これらについては、また後にブルーノのドイツでの活動を検討する際に言及する機会があるだろう(本書第一七章参照)。

★021——A. Corsano, *Il pensiero di Giordano Bruno*, pp. 281 ff.

★022——この著作で天使たちへの言及がなされているのは一箇所だけであり(*De magia*, *Op. lat*, III, p. 428)、それもついでの折に軽く暗示されているにすぎない。全体として見れば、この著作からは、ルネサンス魔術の定番である天使的上部構造は取り除かれている。

★023——*De magia* (*Op. lat*, III, p. 397).

★024——*De magia* (*Op. lat*, III, pp. 411-2).

★025——*C.H*, II, p. 232.

★026——本書第一〇章参照。

★027——「なぜならエジプトの言語自体、音声の価値の他にエジプト人の名称の持つ言挙げそのものの力を内在させているからです。ですから(できうる限り)、王よ、これらすべての対話の内容を翻訳しないまま記録しなければなりません。かくも深遠なる奥義をギリシア語に翻訳してしまってはなりません。またギリシア風の議論の形式に変えてしまうのも良くありません。ギリシア人たちの討論は空しいものであり、焼きごてで髪を縮らすようなわざとらしいことを平気でやります。そのようなやり方では内容のある、働きのある、言挙げ本来の力というものが無効にされてしまうのです。ギリシア語というものは、王よ、こうした新しい論証ばかりをこととするものなのです。そしてギリシア人たちの哲学の言葉もただそれだけのものです。しかしわれわれエジプト人は空しい言葉を語っているのではありません。言挙げ本来の大いなる働きというものをしっかりと見据えた上で、それを活用しているのです」。ルドヴィコ・ラッツァレッリによる〈定義集〉のラテン語訳より。以下の文献に収録されている。Symphorien Champier, *De quadruplici vita*, Lyons, 1507. また以下の論文中にもリプリント版で掲載されている。C. Vasoli, "Temi e fonti della tradizione ermetica", in *Umanesimo e esoterismo*, ed. E. Castelli, Padua, 1960, pp. 251-2.

★028——ブルーノはプラトンの『パイドロス』(274C-275B)をも連想しているのかもしれない。そこにはエジプトの王タムスがテウトの文字の発明に反対し、文字によって記憶が減退してしまうだろうと述べる条がある。ブルーノの弟子のディクスンは、師の記憶理論に倣った著作を纏め、その序としてタムス、メルクリウス、テウタ―テスが登場する対話篇を付した(A. Dicson, *De umbra rationis, etc.*, London, 1583. 本書第一一章参照)。この対話篇にはプラトンの対話篇の内容も、上述したヘルメス文献の対話篇の主張も混在している。

★029——*De magia* (*Op. lat.*, III, pp. 401-2).

★030——以下を参照。*De magia* (*Op. lat.*, III, pp. 414 ff., 434 ff. 二番目の章句には、内容的に避けることのできない、ウェルギリウスの「霊気は裡側を養い」云々」の引用が含まれている); *De rerum principiis, elementis et causis* (*Op. lat.* III, pp. 521 ff.). しかしブルーノは、ルクレティウスを自然魔術の実践者だと考え、また彼のアトム理論を自身の自然魔術の体系に導入し(例えば *Op. lat.*, III, p. 415を見よ)、自身の魔術に異なった傾向を与えている。

★031——ブルーノは悪霊に頼る悪しき魔術も確かに存在する、と述べている。それは〈絶望した者たちの魔術〉(*magia desperatorum*)であり、いわゆる〈悪名高き術〉(*Ars notoria*)もその一種である、とする(〈悪名高き術〉は中世期の魔術の一つの伝統を形成した。それはソロモン以来のものだとされ、悪霊たちを呪文によって呼び寄せようとした。以下の研究を参照。Thorndike, II, pp. 279-89)。しかし霊を用いるという意味では、この同じ魔術の範疇に属しながら、こうした〈悪名高き術〉に堕さないものも存在する。そこでは霊は悪霊ではなく神霊として登場し【demonsには両方の意味があるため、イエイツのこの部分の記述はやや曖昧である。したがってやや敷衍して訳した】、この神霊たちの下位のものを上位の神霊たちの権威によって使いこなそうとするのである。この魔術は超自然的なものであり、その意味で形而上的、また降霊術的なものである。ブルーノの神霊的魔術はこのより高次の形態の魔術である(*De magia*, *Op. lat.*, III, p1398)。

★032——本書第四章参照。

★033——Agrippa, *De occult. phil.*, III, 33, *De vinculis spiritum.* ブルーノもまた同様に時折トリテミウスを典拠として用いている(例えば『機密記号法』I, 15. でトリテミウスは精霊たちの名前を挙げ、彼らが四つの基点及び基数を支配していると述べているが、ブルーノは『魔術について』の中で、第三の〈連結〉を四つの基点を支配する者による結合だとしている。*De magia*, *Op. lat.*, III, p. 436.)。ブルーノが筆耕助手のベースラーを使って、アグリッパとトリテミウスから筆写させた部分は彼自身の降霊術に必要なテクストだった(本書第一四章参照)。

★034——*De magia, Op. lat*, III, pp. 443-6.

★035——第九の〈連結〉は「占星記号と封印」によるものである(*De magia, Op. lat*, III, p. 437.)。

★036——*De magia, Op. lat*, III, pp. 449 ff.

★037——*De magia, Op. lat*, III, p. 453.

★038——ノロフ写本に含まれるもう一つの〈連結〉に関する著作である『属の連結について』(*De vinculis in genere*)では、神霊たちとの連結法が三〇の項目に分けて解説されている。この三〇の項目は、記憶理論を扱った著作(『イデアの影について』*De umbris* 及び『三〇の封印』)に一貫する三〇を基調とする分類法に照応している。また以下の箇所も参照。『属の連結について』*De vinculis in genere, Op. lat*, III, pp. 669-70.

★039——『最大と無数について』*De immenso et innumerabilibus, Op. lat*, I (i), p. 376.

★040——同書、*Op. lat*, I (ii), p. 33.

★041——『三重に最小なるものと尺度について』*De triplici minimo et mensura, Op. lat*, I (iii), p. 171.

★042——*Spaccio*, dial. 3 (*Dial. ital*, pp. 781-3). ここでの引用はW・モアヘッドの英訳だとされる十八世紀のテクストを用いた。したがってこの章句の前半はすでに先に引用を試みておいたのだが(本書第一二章参照)、文体にやや差異が生じている。

★043——本書第五章参照。

★044——Agrippa, *De occult. phil*, III, 25.

★045——Reuchlin, *De arte Cabalistica*, Hagenau, 1517, pp. lvii ff.

★046——Agrippa, *De occult. phil*, III, 16.

★047——以下を参照。*Op. lat*, III, p. 496. (これは助手ベースラーが『機密記号法』から筆写した材料であり、ノロフ写本に含まれる)

★048——本書第一五章参照。

★049——この著作は三部構成だが、わたしは総題としてこの表題を選びたい。本書第一二章★001を参照。

★050——本書第一二章参照。

★051——この問題は予定している記憶術に関する著作の中で詳説することにしたい。

★052——これらの「封印」が記憶術的な「場所」と魔術的図像を媒介している。

★053——*Sigillus Sigillorum, Op. lat*, II (ii), pp. 180 ff.

★054——Agrippa, *De occult. phil*, III, 55.

★055——*Op. lat*, II [ii], pp. 180-2.

★056——同書、pp. 189-93.

★057——Agrippa, *De occult. phil*, III, 4.

★058——*Op. lat*, II (ii), pp. 190-1.

★059——Agrippa, *De occult. phil*, III, 5.

★060——"*De quatuor rectoribus*", *Op. lat*, II (ii), pp. 195 ff.

★061——同書、p. 195.

★062——同書、p. 196.

★063——同書、pp. 197-99. 善き魔術の宗教は、「過つ者を正し、痴愚なる者、知恵弱き者の知力を強化し理性を鋭くする」とされている(同書、p. 198)。これはノラの人ブルーノが『灰の水曜日の晩餐』の中で、自身の力として誇示したものでもあることを想い起こしておこう(本書第一三章参照)。

★０６４――魔術師たちは、このウェヌスの両面に関わってきたように思える。つまり彼らは官能的世界に君臨する卑俗なるウェヌスと、天上的ウェヌスの両者の力を、その魔術の実践に際して招き寄せたのである(本書第二章参照)。この点はフィチーノの教説とも矛盾するわけではないが、ブルーノの体系は「自然を志向して」いるから、二面的なウェヌスの観念とはフィチーノの場合以上に相性が良い。

第一五章　ジョルダーノ・ブルーノ――英雄的狂信家にしてエリザベス朝の宮廷人

★００１――この著作にはL・ウィリアムズによる以下の英訳が存在する。L. Williams, *The Heroic Enthusiasts*, London, 1887-9. また以下の仏訳も存在する。Paul-Henri Michel, *Des fureurs héroiques*, Paris, 1954.

★００２――*Eroici furori*, dedication (*Dial. ital.*, pp. 927-48).

★００３――同書、*Dial. ital.*, p. 932.

★００４――同書(「雅歌」２―９の引用を行っている)、*Dial. ital.*, p. 937.

★００５――以下の研究を参照。J. C. Nelson, *Renaissance Theory of Love: The Context of Giordano Bruno's "Eroici furori"*, Columbia University Press, 1958, pp. 15 ff.

★００６――ブルーノはこうした解釈の伝統を、「神秘主義とカバラ主義の学者たち」(*"gli mistici e cabalistici dottori"*)によるものだと総称している(*Dial. ital.*, p. 932)。

★００７――わたしは以下の論考で、ブルーノの呈示する紋章と、紋章学の著作で用いられる挿絵を比較してみた。F. A. Yates, "The Emblematic Conceit in Giordano Bruno's *De gli eroici furori* and in the Elizabethan sonnet sequences", *J.W.C.I.*, VI (1943), pp. 101-21. (also published in *England and the Mediterranean Tradition*, Oxford University Press, 1945, pp. 81-101).

★００８――*Eroici furori*, pt. II, dial. 1 (*Dial. ital.*, pp. 1092 ff.).

★００９――同書、*Dial. ital.*, p. 1093; Williams, II, p. 28.

★０１０――「詩編」１４３―６、１１９―１３１。

★０１１――*Eroici furori*, pt. II, dial. 1 (*Dial. ital.*, pp. 1093-4); Williams, II, p. 29.

★０１２――*Eroici furori*, *ibid.* (*Dial. ital.*, p. 1094); Williams, II, p. 30.

★０１３――*Eroici furori*, dedication (*Dial. ital.*, p. 937).

★０１４――同書、pt. II, dial. 1 (*Dial. ital.*, p. 1107).

★０１５――同書、pt. II, dial. 1 (*Dial. ital.*, p. 1123); Williams, II, pp. 65-6.

★０１６――同書、*Dial. ital.*, pp. 1123-6; Williams, II, pp. 66-9.「単一が単一体を生む」(*monas generat monadem*)という定式に関しては本書第八章★０２０を参照。

★０１７――同書、pt. I, dial. 1 (*Dial. ital.*, pp. 1072-3); Williams, II, p. 2.

★０１８――同書、*Dial. ital.*, p. 1074; Williams, II, pp. 4-5.

★０１９――本書第一三章参照。

★０２０――本書第二章参照。

★０２１――*Eroici furori*, pt. II, dial. 1 (*Dial. ital.*, p. 1091); Williams, II, p. 26.

★０２２――同書、pt. I, dial. 3 (*Dial. ital.*, pp. 986-7); Williams, I, pp. 69-70.

★０２３――Agrippa, *De occult. phil.*, III, 46-9.

★０２４――同書、III, 49.

★０２５――*Eroici furori*, pt. I, dial. 4 (*Dial. ital.*, p. 1007); Williams, I, p. 92.

★０２６――本書第二章参照。

★０２７――*Asclepius*, in *C.H.*, II, p. 302. 本書第二章参照。

★０２８——*Eroici furori*, pt. I, dial. 4 (*Dial. ital.*, p. 1008); Williams, I, p. 93.

★０２９——同書、pt. I, dial. 4, and pt. II, dial. 1 (*Dial. ital.*, pp. 1010, 1094); Williams, I, p. 96; II, p. 30.

★０３０——同書、pt. II, dial. 4 (*Dial. ital.*, p. 1164); Williams, II, pp. 111-12.

★０３１——同書、pt. II, dial. 4 and 5 (*Dial. ital.*, pp. 1140 ff.); Williams, II, pp. 88 ff.

★０３２——同書、dedication (*Dial. ital.*, pp. 943-4). ブルーノはこの「九人の盲人たち」(“*nove ciechi*”)は「九つの天球」(“*nove sfere*”)を象徴しているのだ、と述べている。この九つの天球をカバラ主義者たち、カルデア人たち、ゾロアスター教の祭司たち、プラトン主義者たち、そしてキリスト教の神学者たちは、九つの位階に照応させている、とも述べている。後の方では(p. 944)キリスト教の神学者たちはこの九つの天球を「聖霊の九つの秩序」(“*nove ordini di spiriti*”)に対応させている、と主張している。

★０３３——同書、pt. II, dial. 5 (*Dial. ital.*, p. 1197); Williams, II, p. 114.

★０３４——同書、*Dial. ital.*, p. 1168; Williams, II, p. 115. いつものように、ブルーノの描くキルケーは伝統的な悪しき性格をすべて捨て去り、善き魔術のみを体現している。

★０３５——本書第一二章参照。

★０３６——本書第一五章★００５に引用したわたしの論考を参照。

★０３７——本書第一二章参照。

★０３８——『追放』ではナポリ王国は「パルテノペオの統治」という名で登場する。そこでは「宗教秩序の維持という口実のもとで」貪欲が支配している(*Spaccio*, dial. 2; *Dial. ital.*, pp. 719-20.)。

★０３９——*De la causa*, dial. 1 (*Dial. ital.*, pp. 222-3).

★０４０——*Documenti*, pp. 121-2.

★０４１——*Cena*, dial. 2 (*Dial. ital.*, pp. 67-8). わたしは以下の論考において、この章句をエリザベス女王を廻る神秘的帝国理念との連関で検討した。F. A. Yates, “Queen Elizabeth as Astraea”, *JWCI.*, X (1947), pp. 80-1.

★０４２——*Eroici furori*, dedication (*Dial. ital.*, p. 496).

★０４３——同書、pt. II, dial. 5 (*Dial. ital.*, pp. 1168-9, 1173); Williams, II, pp. 115-16, 119-20.

★０４４——同書、pt. I, dial. 5 (*Dial. ital.*, pp. 1030 ff.); Williams, I, pp. 121 ff.

★０４５——以下のわたしの論考を参照。F. A. Yates, “Elizabethan Chivalry: The Romance of the Accession Day Tilts”, *JWCI.*, XX (1957), p. 24.

★０４６——“Elizabethan Chivalry”, p. 11.

★０４７——*The Queen's Majesty's Entertainment at Woodstock*, 1575, London, 1585 (edited by A. W. Pollard, Oxford, 1910).

★０４８——“Elizabethan Chivalry”, p. 24.

第一六章　ジョルダーノ・ブルーノ——二度目のパリ滞在

★００１——以下の論考を参照。G. Aquilecchia, “L'adozione del volgare nei dialoghi londinesi di Giordano Bruno”, *Cultura Neolatina*, XIII (1953), fascs. 2-3.

★００２——*Eroici furori*, pt. I, dial. 1 (*Dial. ital.*, p. 956).

★００３——『灰の水曜日の晩餐』の架空のロンドン散策を参照。そこではフランス大使館からストランド街を通ってフルク・グレヴィルの邸宅へと至る道のりが、愉快な出来事と共に活写されている。

★００４——*De la causa*, dial. 1 (*Dial. ital.*, p 223). ここで述べられる「血に染まった」セーヌ河というのは、サン=バルテルミの虐殺を暗示している。

★005——以下のわたしの研究に引用した、モーヴィシエールからフローリオに宛てた書簡を参照のこと。F. A. Yates, *John Florio, The Life of an Italian in Shakespeare's England*, Cambridge, 1934, pp. 71-2.

★006——同書、p. 84.

★007——*Documenti*, p. 85.

★008——以下のわたしの論考を参照。F. A. Yates, "Giordano Bruno: Some New Documents", *Revue internationale de philosophie*, XVI (1951), fasc. 2, pp. 174-99. わたしはこの論文で、それまで知られていなかったコルビネッリ−ピネッリ往復書簡中のブルーノに関する資料を掲載し、それを歴史的背景の中に置くことを試みた。

★009——以下のわたしの研究を参照。F. A. Yates, *French Academies of the Sixteenth Century*, p. 175.

★010——以下の研究を参照。E. Picot, *Les Italiens en France au XVIe siècle*, Bordeaux, 1901-18, pp. 91 ff. また以下のわたしの論考も参照。F. A. Yates, "Giordano Bruno: Some New Documents".

★011——The *Figuratio Aristotelici physici auditus*, Paris, 1586 (*Op. lat.*, I〔iv〕, pp. 129 ff.). また最近G・アクイレッキアによって刊行された(次註を見よ)ファブリツィオ・モルデンテに関する対話篇をも参照。

★012——ファブリツィオ・モルデンテの新案コンパスに関するブルーノの対話篇は、その二編がかなり以前から知られていた(『モルデンテを廻って』〔*In Mordentium*〕と『モルデンテのコンパス論』〔*De Mordentii circino*〕がそれであり、これらは纏めて『ファブリキウス・モルデントゥスを廻る二つの対話篇』〔*Dialogi duo de Fabricii Mordentis*, Paris, 1586〕として出版された)。この二つの対話篇はラテン語著作集にも収録された(*Op. lat.*, I〔iv〕, pp. 223 ff.)。他の二つの対話篇は(『勝ち誇る愚者』〔*Idiota Triumphans*〕と『夢のような話を探る』〔*De somnii interpretatione*〕である)これらは上述の一五八六年の対話篇に、ピエロ・デル・ベーネに献呈された他の対話篇として言及されているもので、それぞれ一部ずつしか残存していない(以下の論考を参照。John Hayward, "The Location of First Editions of Giordano Bruno", *The Book Collector*, V, 1956, p. 154.)。現在ではこれら四篇の対話篇を合本としてG・アクイレッキアが編集した版が存在する(Giordano Bruno, *Due dialoghi sconosciuti e due dialoghi noti*, Rome, 1957)。アクイレッキアはこの版の序言で、新しく発見された対話篇と、わたしが発見した新資料、すなわちコルビネッリ−ピネッリ往復書簡中のブルーノとモルデンテの喧嘩を廻る記載とを関連づけている。したがってアクイレッキアが編纂したこの新版が、この風変わりな新案コンパスを廻る逸話のすべてを纏めてくれたことになる。

★013——『サレルノの人ファブリツィオ・モルデンテのコンパスとそれによって描かれる図案——これを用いれば、自然を模倣する芸術に必要な、無数の奇跡を成し遂げることができるのである。……』(*Il Compasso, et Figura di Fabritio Mordente di Salerno: con li quali duoi mezzi si possono fare un gran numero di mirabili effetti, al tutto necessarij all'Arte, imitatrice della Natura....*, Paris, 1585. 以下の研究をも参照。Aquilecchia, *Due dialoghi*, introduction, p. xvii.

★014——A. Favaro, Galileo *Galilei e lo studio di Padova*, Florence, 1883, I, p. 226.

★015——*Documenti*, p. 43.

★016——「われらがファブリツィオは、ノラの人ブルーノに対して、全く獣じみた怒りを感じたわけです」("*contro al Nolano e in una collera bestiale il nostro Fabritio*")。コルビネッリのピネッリ宛書簡、一五八六年、二月一六日(Ambrosiana, T. 167 sup, f. 180)。

★017——「ファブリツィオにとってはかなりの出費となりました。彼はノラの人の対話篇を買い求めて消却しようとしているのです」(*"A Fabritio costa parecchi scudi per comparar et far abbruciar il Dialogo del Nolano"*)。コルビネッリのピネッリ宛書簡、一五八六年、四月一四日 (Ambrosiana, T. 167 sup, f. 183)。

★018――「あのモルデンテはギーズ派の処に赴いて、世人を自分の企てに引き寄せようと画策しました」(*"Il Mordente andò al Guisa et vuole chei pigli il mondo co suoi ingegni"*)。コルビネッリのピネッリ宛書簡、一五八六年、八月四日 (Ambrosiana, T. 167 sup. f. 187)。

★019――*Op. lat.*, I (iv), p. 255; *Due dialoghi, etc.*, ed. Aquilecchia, p. 55.

★020――*Op. lat.*, *vo. cit.*, p. 256; *Due dialoghi, ed. cit.*, p. 57.

★021――普遍学 (mathesis) という言葉はある程度幅のある概念である。ギリシア語の *mathēsis* は学識ないし教養一般を意味することができた。ラテン語になった *mathēsis* はルイス&ショートによれば【ラテン語の大辞典として定評のある Lewis and Short, *A Latin Doictionary*, Oxford, 1879. のこと】、❶数学、❷占星術を意味し得る。例えば後期ラテン時代の占星学者、ユリウス・フィルミクス・マテルヌスはこの後者の意味でこの語を用いている。ソールズベリのジョンに拠れば (*Policraticus*, I, 9; II, 18, ed. Webb, pp. 49, 101-2)、この語の発音が重要な意味を持つとされる。máthesis という風に最後から二番目の音節を短く発音してアクセントをaに置くと【これはラテン語の基本的なアクセント規則に則っている】、占星術の体系を意味する。また mathēsis という風に最後から二番目の音節を長くすると共にそこにアクセントを置くと魔術を意味するのである。

ブルーノはしかしアクセント記号を付しているわけではないから、この語の意味を決定するとされるソールズベリのジョンの規則を適用することはできない。しかし上に引用した部分で、彼はマテーシスを〈四つの指針〉の一つだとしているわけだから、それを魔術と連関させていることは明白である。

★022――*Idiota Triumphans in Due dialoghi, etc.*, ed. Aquilecchia, pp. 6-7.

★023――本書第一五章参照。

★024――*Idiota Triumphans, ed. cit.*, pp. 6-7. アクイレッキアが指摘しているように (*Due dialoghi*, introduction, p. xxi)、『勝ち誇る愚者』は同一の登場人物によって『追放』及び『天馬ペガソスのカバラ』の世界と結びつけられている。この人物は「サウリーノ」ないし「サヴォリーヌス」という名でブルーノの母方の親戚だということにされている。

★025――*Idiota Triumphans, ed. cit.*, p. 12.

★026――George Peele, *The Honour of the Garter*, in Peele, Works, ed. A. H. Bullen, 1888, II, pp. 316-20.

★027――『追放』でのブルーノのコペルニクス天体図解釈は、地球を表す点がコンパスの軸足の残した点だとする錯誤に基づいていた。つまり彼は地球と月が同一の周転円上に置かれていると考えたのだった。モルデンテのコンパスを廻る紛糾でこのことを想い出してみるとかなり奇妙な思いがする(本書第一三章参照)。

★028――F. A. Yates, "Giordano Bruno: Some New Documents", pp. 188 ff. さらにG・アクイレッキアは、この論争の背景となるいくつかの興味深い事実を明らかにしている。例えばコルビネッリの書簡からするとモルデンテはカトリック同盟派だったらしい (*Due dialoghi, etc.*, introduction, p. xxii, note)。

★029――コルビネッリとピネッリの往復書簡は、いまだにその断簡が出版されたのみである。その主なものとしては以下の文献を参照。R. Calderini De-Marchi, *Jacopo Corbinelli et les érudits français*, Milan, 1914.

★０３０——『ヨハンネス・ヘンネクイヌスによって著され……ノラの人、ヨルダーヌス・ブルーヌスによって監修されたる……自然と宇宙に関する一二〇の論提』(*Centum et viginti articuli de natura et mundo...per Ioh. Hennequinum...sub clipeo et moderamine Iordani Bruni Nolani*, Paris, 1586)。ラテン語著作集にはこの表題だけが収録されている(*Op. lat.*, II〔ii〕, p. 221.)。この作品は、ヴィッテンベルクで一五八八年に改題されて出版された(*Camoeracensis Acrotismus*, Wittenberg, 1588)。こちらの改題された版の方がラテン語著作集には収録されている(*Op. lat.*, I〔i〕, pp. 53 ff.)。

★０３１——*Op. lat.*, I (1), pp. 56-8.

★０３２——「カモエラケンシス」というのはカンブレ、つまりパリ大学のカンブレ学寮のことである。そこで公開討論が催されたのだった。

★０３３——*Documenti*, p. 44.

★０３４——同書、p. 45.

★０３５——*Op. lat.*, I (1), pp. 66-7.

★０３６——同書、pp. 68-9.

★０３７——同書、p. 70.

★０３８——同書、p. 71.

★０３９——*Documenti*, pp. 45-6.

★０４０——同書、p. 92.

★０４１——同書、p. 46.

★０４２——以下のわたしの研究を参照。F. A. Yates, *French Academies of the Sixteenth Centuruy*, pp. 162 ff.

★０４３——以下の著作に収録されたラウル・カイエの詩。Jacques Davy Du Perron, *Discours spirituel*, Leyden, 1600. この著作はヴァンセンヌでアンリ三世を前にして行われた演説を収録したものである。以下のわたしの研究を参照。F. A. Yates, *French Academies of the Sixteenth Centuruy*, pp. 170, 230.

★０４４——F. A. Yates, *French Academies*, pp. 231 ff.

★０４５——*Op. lat.*, I (iv), pp. 129 ff.

★０４６——同書、p. 139.

★０４７——以下を参照。F. A. Yates, *French Academies*, pp. 193 ff.

★０４８——以下の研究を参照。A. Corsano, *Il pensiero di Giordano Bruno*, pp. 290 ff.

★０４９——*Documenti*, p. 104; 以下の研究をも参照。Spampanato, *Vita di Giordano Bruno*, p. 392.

★０５０——「あのジョルダーノですが、彼は神頼みの毎日といったところです。哀れなアリストテレスで頭脳をごしごし洗濯しすぎて、どこからやっつけられるのではないかとびくついているのです」(“il Giordano s'ando con Dio per paura di qualche affronto, tanto haveva lavato il capo al povero Aristotele.” コルビネッリからピネッリ宛書簡。一五八六年、八月四日。Ambrosiana, T. 167 sup., f. 187.)。以下のわたしの論考も参照。F. A. Yates, “Giordano Bruno: Some New Documents”, p. 185. コルビネッリはこれより少し前、六月六日の書簡でカンブレでの公開討論に関してこう述べている。「わたしは彼(ブルーノ)がこのパリ大学から石打ちの刑に処されるよう気がします。しかしもうすぐ彼はドイツへ行くのです。ブルーノはイギリスでも大騒動を起こしてこうした学者連に大きな争いの種を蒔いて逃げてきました。だからもう沢山、といったところでしょうか。仲間としてはなかなか楽しい男です。生活の方面ではエピクロス主義者です」(Ambrosiana T. 167 sup., f. 190. 以下のわたしの論考をも参照。F. A. Yates, “Giordano Bruno; Some New Documents”, p. 181.)。コルビネッリの書簡はブルーノの人物像を脇から照らし出してくれるという意味でも興味深いものだが、さらにまた、彼がブルーノのイギリスでの伝道的使命はかなりの成功を収めたという印象を持っていたことも分かり、この点で貴重な史料的意味を持っていると言える【イエイツはコルビネッリがブルーノにある種階級的な距離を置いていることを見逃しているように思う。コルビネッリのような一人の貴顕にとってはブルーノが〈面白い男〉の格であったことが、逆に山師すれすれの生き方をしていた逃亡修道士ブルーノの社会状況を立体的に照射している。少なくともこの書簡の本格的な教養人らしい独特に醒めた調子の描写からは、ブルーノが彼と同等の社会的地位にある人物として描かれてないことが即座に伝わってくる】。

コルビネッリはブルーノの著作を蒐集していた。この蔵書に含まれていたブルーノの本は、最終的にミラノのトリヴルツィアーナ図書館に収められている。その中には『追放』が一部あり、そこには十六世紀末の手跡で「コルビネッロ殿へ」(*Al Sr. Corbinello*) と記されている。以下の論考をも参照。R. Tissoni, "Lo sconosciuto fondo bruniano della Trivulziana", *Atti della Accademia delle Scienze di Torino*, Vol. 93 (1958-9)

★051——*Documenti*, p. 85.

第一七章　ジョルダーノ・ブルーノのドイツ滞在

★001——Dedication of the *De lampade combinatoria*, *Op. lat.*, II (ii), pp. 230-1. 引用は以下の研究に収録された英訳に拠る。McIntyre, *Giordano Bruno*, pp. 53-4. ブルーノにはしかしヴィッテンベルクで親しく付き合った友人が一人いた。イギリスで知り合った偉大なる法学者アルベリーコ・ジェンティーレである。彼がブルーノをヴィッテンベルク大学に推薦してくれたのだった(*Documenti*, pp. 85-6)。

★002——*Documenti*, p. 86.

★003——*Op. lat.*, II (ii), pp. 239-40.

★004——*Op. lat.*, II (ii), pp. 225 ff.

★005——*Op. lat.*, II (iii), pp. 1 ff.

★006——同書, pp. 336 ff. 以下をも参照。*Bibliografia*, p. 160.

★007——*Op. lat.*, III, pp. 259 ff. 以下も参照。*Bibliografia*, p. 165. この著作にはもう一つ別の手書き草稿が存在するが、この版の編集者はそれもノロフ写本の草稿と校合している。

★008——*Op. lat.*, III, pp. 1 ff. 以下も参照。*Bibliografia*, p. 164.

★009——『イデアの影について』のことである。この著作では図像が三〇の組に分けられている。本書第一一章参照。

★010——『属における結合について』(*De vinculis in genere*) のことである。この著作では〈連結〉が三〇の表題の下に纏められている。本書第一四章★038を参照。

★011——*Op. lat.*, III, pp. 8-9.

★012——心的な影像を活用するヘルメティズムの立場は、大きな意味では、やはり記憶影像を活用する古典記憶術の歴史の流れに包摂される。

★013——三〇の組み分けはルルス主義に連関している。例えば『イデアの影について』において最初の「三〇」の組み分けは概念の分類であり、それは一つの車輪の上に配置される。この構想は直接ルルス主義の伝統を踏襲しているのである。あるいは正確には偽ルルス主義と言うべきかもしれない(この点の議論は省略しておいた。本書第一一章参照)。ルルスの〈術《アルス》〉は創造の原因としての事物に宿る神的な属性を基盤としている。この基礎概念の数はさまざまな〈術〉の範疇ごとに異なる(以下のわたしの論考を参照。F.A. Yates, "Ramon Lull and John Scotus Erigena", *J.W.C.I.*, XXIII (1960), pp. 1 ff.)。ブルーノはルルス主義について論じた著作の一つで彼が「三〇」の基数を選んだ根拠を述べている(*De compendiosa architectura artis Lulli*, *Op. lat.*, II〔ii〕, p. 42.)。ブルーノは自分の目的に合わせてルルス主義を取捨選択している。

★014——*Op. lat.*, III, pp. 9-37.

★015——同書、pp. 37-43.

★016——同書、p. 44.

★017——同書、pp. 51-2.

★018——同書、pp. 53-4, 60.

★019——本書第一章、及び第二章参照。

★020——*Op. lat.*, III, pp. 63-8.

★021——本書第四章参照。

★022——*Op. lat.*, III, pp. 68-73. 本書第十一章参照。

★023——同書、p. 142. ここでブルーノはナターリス・コメス【Natalis Comes/Natale Conti 一五二〇—八二　イタリアの人文主義者、歴史家。彼の『神話』はこの時期の代表的な古典神話の教科書となった。E・ゴンブリッヒもこの著作の資料的価値を高く評価している】の『神話』(*Mythologiae*【原書に*Mythologia*とあるのは誤り】)を活用しているように見える(ブルーノはこの著作を確実に知っていた。以下を参照。*Bibliografia*, p. 167.)。しかしブルーノの「彫像たち」の分析と解釈は複雑かつ深遠なる揺らぎを示している。

★024——*Op. lat.*, I (i), pp. 1 ff.

★025——同書、p. 12. この演説は以下の研究中で部分的に英訳され収録されている。McIntyre, *Giordano Bruno*, pp. 55-7.

★026——*Op. lat.*, I (i), pp. 20 ff. この叡智の系譜について、またこの系譜にルクレティウスとパリンゲニウスを含めることについては、本書第一三章参照。

★027——同書、pp. 21 ff. 少なくともこれがこの高揚しつつも混乱した比喩形象に対するわたしの解釈である。ブルーノはこの形象を用いつつヴィッテンベルク大学への謝意を表明し、祝福を与えている。

★028——本書第一五章参照。ヴィッテンベルクでの謝辞演説の結尾でニュンフと河川の比喩形象が登場する。

★029——「彼は哲学の名のもとに新しい宗派を創設する企図を持っていることを明かしました……」(*Documenti*, p. 60)

★030——「彼(ブルーノ)はこう申しました。ドイツでは以前ルターの著作が非常に高く評価されていた。しかし自分(ブルーノ)の著作の味わいを知って以来、彼らはもう他のものを探し求めようとはしなくなった。自分はドイツで新しい宗派を創設した。もし監獄を出ることができれば、彼らの処に戻って組織を改善したい。そして彼らを〈ジョルダーノ派〉の名で呼ばせたいと思っている、と。……」(*Sommario*, p. 61. 同書、以下も参照。pp. 57, 59.)

★031——本書第二一章参照。

★032——*Documenti*, p. 86.

★033——*Op. lat.*, I (iii), pp. 1 ff. ブルーノはプラハでもルルス主義に関する一冊の著作を公刊、ないし再版している。

★034——Spampanato, *Vita di Giordano Bruno*, p. 429.

★035——これらの写真はパリ国立図書館の所蔵品から撮影されたものである(Rés. D^2-5278)。この古書のみがすべての挿絵図案を完備している(以下を参照。*Bibliografia*, p. 138.)。

★036——ブルーノのラテン語著作集の以下の巻である。*Op. lat.*, I, (iii), edited by Tocco and Vitelli.

★037——ブルーノのラテン語著作集の同じ巻に収録された『三重の最小』(*De triplici minimo*)に関しても、編者トッコとヴィテッリは、原著の挿絵図案により通常の外観を与えるような変更を加えている。本書第一七章参照。

★038——本書第一七章参照。

★039——*Op. lat.*, I (iii), pp. 78-80.

★040——同書、pp. 20-1.

★041——同書、p. 21.

★042——同書、pp. 3-7.

★043——*Documenti*, p. 86. ジョン・ディーの助手エドワード・ケリーは、ブルーノがプラハを訪れた同じ時期にプラハに滞在中で、皇帝から手厚い庇護を受けていた(以下の研究を参照。C. Fell Smith, *John Dee*, 1909, pp. 179 ff.)。

★044——*Documenti*, p. 51. ブルーノが訪れた当時のヘルムシュテットの状況については以下の研究を参照。Spampanato, *Vita di Girodano Bruno*, pp. 431 ff.; W. Boulting, *Giordano Bruno*, London, 1924, pp. 214 ff.

★045——*Documenti*, p. 52.

★046——*Op. lat.*, I (i), pp. 27 ff.

★047——同書、p. 33.

★048——彼の有名な著作、『外交論』(*De legationibus*)からの影響が想定される。

★049——*Op. lat.*, I (i), pp. 47 ff.

★050——同書、p. 49. 以下の研究をも参照。McIntyre, *Giordano Bruno*, pp. 60-1.

★051——*Op. lat.*, I, (i), pp. 193-9. 及び Op.lat., I, (iii), pp. 123-4.

★052——*Op. lat.*, I (i), p. 193.

★053——以下を参照。*Op. lat.*, III, introduction, pp. xxvii-xxix.

★054——*Documenti*, p. 86.

★055——Spampanato, *Vita di Giordano Bruno*, pp. 446 ff.

★056——しかしブルーノの称讃者の中には『巨大さについて』を傑作だと見做す人々もいる。

★057——*Op. lat.*, *I*, (i), pp. 191 ff. 及び *Op. lat.*, I, (ii), pp. 1 ff.

★058——*Op. lat.*, I (iii), pp. 119 ff.

★059——*Op. lat.*, I (ii), pp. 319 ff. ブルーノの『三重の最小』及び『モナド論』と密接に連関する二つの小編の草稿が、最近になってイェーナで発見された。これらの草稿は以下の研究中に収録公刊されている。G. Aquilecchia, *Atti dell' Accademia dei Lincei*, vol. XVII, 1962.

★060——本書第一三章参照。

★061——本書第一七章参照。

★062——*Op. lat.*, III, p. 416.

★063——同書、p. 535. D・W・シンガーは(*Giordano Bruno, etc.*, p. 71.)この〈最小体〉の永遠の運動に関して、それはブルーノの〈宇宙的新陳代謝〉(*cosmic metabolism*)の観念の表出であると述べている。

★064——*Op. lat.*, I (ii), pp. 171-2.

★065——*Op. lat.*, I (iii), pp. 277-83.

★066——*Op. lat.*, I (iii), pp. 253, 256.

★067——同書、p. 323.

★068——同書、p. 333.

★069——『三重に最小なるものと尺度について』(*De triplici minimo et mensura*) は以下の版に収録されている。*Op. lat*, I (iii) , ed. Tocco and Vitelli, Florence, 1899. この著作の挿絵図案は他の著作にも転用されている。しかしその際、星の装飾や他の装飾的文様は除かれている。この事実がおそらくはこのラテン語版を編集したトッコとヴィテッリが、そうした図案は気紛れな不必要な装飾だから除いてしまっても構わないと考えた根拠だろう。

★070——「彼(つまりブルーノ)はこれらの木版図案を自らの手で彫ったばかりでなく、その校正作業をも引き受けた」(*Op. lat*, I [iii], p. 123.)。書肆ヴェッヒェルが秘密結社に便宜を図っていた可能性は皆無ではないだろう。同名のアンドレアス・ヴェッヒェル書店は、以前、フランクフルトの彼の自宅をヨーロッパ中からの旅行客の集会所として開放していたという前歴がある(以下の研究を参照。J.A. Van Dorsten, *Poets, Patrons and Professors*, Leiden, 1962, p. 30.)。よく知られている事実だが、フィリップ・シドニーも最初の大陸周遊の折にアンドレアス・ヴェッヒェルの許に滞在している。しかしこのヴェッヒェルと、ブルーノの書籍を出版したヨーハン・ヴェッヒェルは同一人物ではない。

★071——本書第一七章参照。

★072——*Op. lat*, I (ii) , pp. 319 ff.

★073——Agrippa, *De occult.phil*, II, 4-13.

★074——F. Tocco, *Le fonti più recenti della filosofia del Bruno*, Rome, 1892, p. 71.

★075——Agrippa, *De occult. phil*, II, 5.

★076——*Op. lat*, I (ii) , pp. 358-69. 三つの太陽を虹の中に配する同じような図柄は、ウィリアム・リリー【William Lilly 一六〇二—八一 イギリスの占星術師、オカルト学者。没落中産出自の私学者である】の予言書を飾る木版挿絵の一枚に〈前兆〉の一つとして登場する(W. Lilly, *An Astrological Prediction of the Occurences in England, Part of the years 1648, 1649, 1650*, printed by T.B, 1648.)。

★077——R. Fludd, *Utriusque cosmi historia*, part 2 (*Microcosmi historia*) , Oppenheim, 1619, pp. 19 ff.

★078——本書第一一章参照。

★079——"Ciccus Asculanus (tempus lucis nactus) ....", *Op. lat*, I (ii) , p. 467. この巻の四六六から四六八頁までは、リン・ソーンダイクの以下の研究と比較参照させてみるとチェッコの註解に正確に基づくものであることが分かる。Lynn Thorndike, *The Sphere of Sacrobosco and its Commentators*, Chicago, 1948, Commentary by Cecco d'Ascoli, pp. 396-9. それゆえこの文脈上でブルーノが彼自身の失われた天球論に言及していることが(「わたしも天球論でそう述べた」"Et ego, in libro de sphaera", p. 466.) 重要な意味を持つ。つまりほぼ確実にこの失われた天球論はチェッコの理論に基づくものであったことが分かるのである。

★080——*Op. lat*, I (ii) , p. 466.

★081——Thorndike, *Sphere*, p. 405. この著作の序言五四頁でチェッコの創案になる〈アストロフォン〉を論じた部分も参照のこと。

★082——*Op. lat*, I (ii) , pp. 467-8. 以下の研究も参照。Thorndike, *Sphere*, pp. 398-9, 407-8; *History of Magic and Experimental Science*, II, p. 965. チェッコによれば、悪魔フローロンは大いなる呪文により鋼鉄の鏡に閉じ込められており、多くの自然の秘密を知っている。このことにはブルーノも『追放』で北方の〈熊座〉を取り扱う際に (dial. 1) 言及している。「鋼鉄の鏡を用いて魔術師たちがフローロンの託宣を求めるあたり、そのフローロンと申すは北極の精霊たちの中で最大の者の一人」(*Dial. ital*, p. 617.)。

★083——Bruno, *Op. lat*, I (ii), p. 473.

★084——*Op. lat*, I (iii), p. 87

★085——*Sigillus sigillorum*, *Op. lat*, II (ii), pp. 196-7.

第一八章　ジョルダーノ・ブルーノ——最後の刊行本

★001——Spampanato, *Vita di Giordano Bruno*, pp. 446 ff.; McIntyre, *Giordano Bruno*, pp. 62 ff.

★002——Spampanato, *op. cit.*, pp. 449-50.; McIntyre, *op. cit.*, p. 64.

★003——*Op. lat*, II (iii), pp. 85 ff.

★004——本書第一一章参照。

★005——*Op. lat*, II (iii), pp. 200-77.

★006——Hyginus, *Fabularum liber*, Paris, 1578.

★007——*Op. lat*, II (iii), pp. 202-5.

★008——本書第一二章参照。

★009——*Op. lat*, II (iii), pp. 207 ff; pp. 221 ff.

★010——同書、pp. 261 ff.

★011——同書、pp. 243 ff.

★012——同書、pp. 247-8.

★013——同書、pp. 248-50.

★014——同書、pp. 250 ff.

★015——同書、p. 250.

★016——同書、pp. 221-2.

★017——同書、pp. 227-9.

★018——同書、p. 241.

★019——同書、p. 270.

★020——『想像力の構成について』(*De imaginum compositione*) はイギリスで公刊された他の著作とも連関している。例えば『〈ろば〉チレニコ』(同書、pp. 237 ff を見よ)、また『三〇の封印』(同書、pp. 93, 163 ff. 他を見よ) などである。

★021——*Op. lat*, II (iii), p. 243.

★022——同書、p. 249.

★023——同書、pp. 259-61.

★024——本書第四章参照。

★025——R. Fludd, *Utriusque cosmi...historia*, Part II (*Microcosmus*), Oppenheim, 1619, pp. 48 ff. フラッドとブルーノの関係については本書第二一章参照。

★026——「われわれはここでイデアという言葉をプラトンの意味で用いているのではなく……天使たち、神霊たち、星辰の変形、そして男神たち、女神たちの図像に対して用いているのである。そしてこうした意味でのイデアに天界の事物は属しているのである……」(Fludd, *op. cit.*, p. 50.)。ブルーノの表題、『図像、記号、イデアの構成について』という場合のイデアもこの意味なのである。

★027——*Op. lat*, II (iii), p. 92.

★028——Aristotle, *De anima*, 431 a, 17. 以下の箇所ではラテン語訳で引用されている。*Op. lat*, II (iii), p. 103.; ibid. p. 91 (in the dedication to Hainzell).

★029——*Op. lat*, II (iii), pp. 120-1. ブルーノはここでシュネシウスの『夢について』(*De somniis*) のフィチーノによるラテン語訳 (Ficino, pp. 1970-1) の

内容を要約し、自身の理論に適合させている。

★030——わたしは予定している記憶術に関する研究書の中で、ルネサンス期の図像操作の発展と想像力論の転換との関連を探ってみたいと思っている。

★031——*Op. lat*, II (iii), p. 102.

★032——*Op. lat.*, II (iii), p. 117.

★033——同書、p. 198.

★034——同書、p. 90 (dedication to Hainzell of the *De imginum compositione*).

第一九章　ジョルダーノ・ブルーノ——イタリア帰国

★001——*Documenti*, pp. 69 ff.; Spampanato, *Vita di Giordano Bruno*, pp. 456 ff.; McIntyre, *Giordano Bruno*, pp. 66 ff.

★002——*Documenti*, pp. 88-9.

★003——本書第一九章参照。

★004——*De l'infinito universo e mondi*, dial. 1 (*Dial. ital.*, p. 392).

★005——*Sigillus sigillorum* (*Op. lat*, II [ii], pp. 184-5).

★006——メルクリウスを自称したこの人物とラッツァレッリに関しては、本書第六章参照。

★007——A. Corsano, *Il pensiero di Giordano Bruno*, Florence, 1940, pp. 267 ff.; L. Firpo, *Il processo di Giordano Bruno*, Naples, 1949, pp. 10 ff.

★008——*Documenti*, p. 74.

★009——同書、p. 75.

★010——*Documenti*, p. 66.; *Sommario*, p. 55.

★011——*Documenti*, pp. 86-7, 131.

★012——同書、p. 122.

★013——同書、pp. 122-3.

★014——同書、p. 123.

★015——本書第一一章参照。

★016——Ambrosiana T. 167 sup., ff. 170 v. 171. この部分は以下の文献中にも引用されている。R. Calderini De-Marchi, *Jacopo Corbinelli et les érudits français*, Milan, 1914, pp. 237-8. またわたしの以下の論考をも参照のこと。F. A. Yates, "Giordano Bruno: Some New Documents", *Revue internationale de philosophie*, 1951, pp. 195-6.

★017——H. C. Davila, *Historia delle guerre civili di Francia*, ed. Lyons, 1641, p. 972. 上註で引用したわたしの論考も参照のこと。

★018——Agrippa d'Aubigné, *Confession Catholique du Sieur de Sancy*, in *Oeuvres complètes*, ed. Réaume et de Caussade, II, p. 327. 以下のわたしの研究も参照。F. A. Yates, *French Academies of the Sixteenth Century*, p. 224.

★019——例えばイタリアのユグノー教徒でナヴァール王派であったヤコポ・ブロカルドについての以下の研究を参照。Delio Cantimori; "Visioni e speranze di un ugonotto Italiano", *Rivista storica italiana*, 1950, pp. 199 ff. またフランチェスコ・マリーア・ヴィアラルディはナヴァール王派の政治活動家であり、ブルーノと同じ時期に異端審問所の監獄に収監されていた。彼に関しては以下の研究を参照。Luigi Firpo; "In margine al processo di Giordano Bruno, Francesco Maria Vialardi", *Rivista storica italiana*, 1956, pp. 325 ff. ブルーノは、自分はヴィアラルディとは全くなんの関係もないし、また彼が語っているのを聞いたことはあるがそれは「〈神〉に逆らい、宗教にも教会にも反する恐ろしい言葉」("parole orrende contro Dio, la religione e la Chiesa")で、そんなものと自分は全く関わりがない、と述べた(*Sommario*, p. 84)。

★020——デリオ・カンティモーリは以下の研究でF・プッチの重要性を強調した。Delio Cantimori, *Eretici italiani del cinquecento*, Florence, 1939, pp. 370 ff. 彼はまたプッチの著作のいくつかを以下の文献において公刊している。Delio Cantimori, *Per la storia degli eretici italiani del secolo XVI in Europa*, Rome 1937. ルイジ・フィルポはプッチの生涯と裁判を以下の彼の論文で検討した。Luigi Firpo, "Processo e morte di Francesco Pucci", *Rivista di Filosofia*, 1949 (XL). フィルポはまたプッチの著作の文献目録をも作成している。L. Firpo, *Gli Scritti di Francesco Pucci*, Turin, 1957.

★021——天使ウリエルがこの降霊会に出現し(もちろん目撃したのはケリーだけだが)、プッチに向かって霊感に満ちた言葉をかけた。プッチはディーにローマに行って教皇に天使たちとの体験を語ってみてはどうかと説得に努めたようである。この点に関しては以下の文献を参照。*A True and Faithfull Relation of what passed for many years between Dr. John Dee...and some spirits*, ed. Méric Casaubon, London, 1659, pp. 409 ff. プッチ自身のその後の運命を考えれば、彼がこの時ディーにローマに行くことを勧めたのは、真意からのことであったように思える。つまりディーがこの時疑ったような〈スパイの策略〉としての底意は彼にはなかったのだろう。

★022——以下の研究を参照。Firpo, *Gli Scritti di Francesco Pucci*, pp. 114, 124, 134. プッチはナヴァール王の秘書であったルイ・ルヴォールに宛ててイタリアにこれから赴くところだと告げ、こう述べている。「イタリアに行って、この教皇クレメンスと何かみんなのためになるような仕事ができないか、ひとつ試してみたいのです」(同書、p. 120)。

★023——本書第一〇章参照。

★024——本書第一〇章参照。

★025——本書第一〇章参照。

★026——本書第一〇章参照。

★027——しかしパトリッツィのこの最初の成功は長続きしなかった。というのは彼の見解は異端審問所が問題視するところとなり、ほとんど教授活動を差し止められたからである。この点に関しては以下の研究を参照のこと。L. Firpo, "Filosofia italiana e Controriforma", *Rivista di filosofia*, XLII (1951), pp. 12 ff (of the extract). また本書第一〇章参照。

★028——*Sommario*, pp. 56-7. ブルーノはイギリスで出版した著作の一冊で、パトリッツィを激しく攻撃している(『原因、原理と一者について』[*De la causa, principio e uno*]がそれである。dial. 3; *Dial. ital.*, pp. 260 ff)。しかしこの論難はパトリッツィのアリストテレス註釈に対してであって、当時まだ彼の主著『普遍哲学新論』は公刊されていなかった。

★029——*Sommario*, pp. 57-8.

★030——フランチェスコ・プッチ捕縛の事情も、ブルーノのそれと瓜二つである。プッチも自分が啓示を受け、伝道の使命を授かったことを信じ、イタリア帰還の時が来たことを確信した。彼もナヴァール王が〈神〉の摂理を体現していることを信じ、それを教皇に説得しようとして帰還した先で死の罠に落ちた。プッチはもちろんブルーノほど自由奔放な人物ではないが、両者の運命の類似性は印象的である。特に二人共イギリスに滞在したことがあるという点が注目に値する。

こうしてみると、ジョン・ディーがプッチの助言に従ってローマに行き、天使たちから聞いたことを解説しようとしなかったのは、まことに賢明なことであったと言うべきだろう。

★031——ヴェネツィアでの最初の寄寓先は〈安宿の一室〉("*camera locanda*")であった(*Documenti*, p. 70.)。

★032——「昼間は本屋で過ごしました」(“*ho raggionato in alcune librarie*”)。同書、p. 135.

★033——*Documenti*, pp. 61, 129, 135.

★034——同書、pp. 64, 70. 以下の研究を参照。Spampanato, *Vita di Giordano Bruno*, pp. 462 ff.; McIntyre, *Giordano Bruno*, pp. 69 ff.

★035——このブルーノの草稿は、一五八六年二月一六日付けの書簡に同封されて送られた。例のファブリツィオのブルーノに対する激昂ぶりを報告した書簡である (Ambrosiana, T. 167 sup, f. 180.)。以下のわたしの論考をも参照のこと。F.A. Yates, “Giordano Bruno: Some New Documents”, p. 178.

★036——*Op. lat.*, III, introduction, p. xxviii.

★037——同書、*loc. cit.*

★038——*Documenti*, pp. 64, 90-1, 127-8; *Sommario*, pp. 100, 110.

★039——*Documenti*, pp. 127-8. ブルーノはおそらく『鉱物論』II-3中の封印に関する記述を示唆しているのだろう (Albertus Magnus, *Opera*, ed. P. Jammy, Lyons, 1651, II, p. 226.)。『鉱物論』はまた星辰の魔術的図像をも含んでいるから、ドメニコ会出身の魔術師ブルーノにはとても便利な参考書だったに違いない【アルベルトゥス・マグヌスももちろんドメニコ会を代表する神学者の一人である】。ヘルメス・トリスメギストスもこの著作では繰り返し言及されている。以下の文献をも参照。*Sommario*, p. 100, note; Thorndike, II, pp. 556 ff.

★040——Firpo, *Il Processo di Giordano Bruno*, p. 14.

★041——同書、pp. 12, 114.

★042——モチェニゴは一五九二年五月二五日付けの密告書の中で、ブルーノがおよそ二箇月の間彼の館に滞在していたと述べている (*Documenti*, p. 64)。しかしこの供述は信頼できるものではないかもしれない (この点に関しては以下の研究を参照。Spampanato, *Vita di Giordano Bruno*, p. 468.)。

★043——*Documenti*, pp. 68-9, 77-9. 密告者モチェニゴがヴェネツィアの書肆チョットから購入したブルーノの著作が、彼をヴェネツィアに招待するきっかけとなったわけだが、この著作はチョットの供述に拠れば (*Documenti*, p. 70)『最小、最大と尺度』である。この事実は重要な意味を持つかもしれない。本書の第一七章で示唆しておいたように、もし『三重に最小なるものと尺度について』が一つの宗派、ないし秘密結社への暗示を含んでいるとすれば、そしてもしモチェニゴもこの点に気づいたとすれば、彼の招待が当初から密告のための罠だった可能性が高くなるからである。

★044——*Sommario*, introduction, p. 21.

★045——同書、pp. 1-4.

★046——*Documenti*, pp. 135-6.

★047——*Documenti*, p. 191. 以下の文献中のメルカーティの見解も参照のこと。*Sommario* (Mercati's introduction), pp. 41 ff. さらに以下の研究をも参照。Firpo, *Il processo di Giordano Bruno*, pp. 90 ff.

★048——*Documenti*, pp. 183, 186. 以下をも参照。*Sommario* (introduction), pp. 43 ff.; Firpo, op.cit., pp. 92 ff.

★049——*Documenti*, pp. 93-8.

★050——「異教徒たち自身、宇宙の構造を述べる際に『霊気が裡側を養う』(*Spiritus intus alit*) と述べています。この『霊気』こそが彼 (つまり聖霊) に他ならないのです」(Jacques Davy Du Perron, *Diverses oeuvres*, Paris, 1622, p. 684.)。以下のわたしの研究も参照。F.A. Yates, *French Academies of the Sixteenth Century*, p. 169, note 5. デュ・ペロンのこの点に関する見解は特に興味深い。

彼はナヴァール王アンリの改宗に主要な役割を果たした人物だからである。本書第一六章も参照のこと。

★051――*Documenti*, p. 96.

★052――「わたしや他の仲間が普通に十字を切っておまじないをしているのを、彼(つまりブルーノ)は見ていました。そしてこう言いました。そんなまじないをしてもなんの役にも立ちはしない、だってキリストはそうした形の十字架の上に磔けになったのではないからだ、と言うのです。そしてこう続けました。キリストは二本の木を組み合わせてその上に磔けにされたのだ。その木の形は当時罪人を吊したその習慣に従った形だ。そしてまたこう言いました。今日キリスト教徒の祭壇に置かれている十字架は元々は女神イシスの神像の胸の部分に図像と文字として彫りつけてあったものだ。この十字架の形を古代人たちは常に崇拝していた。それをキリスト教徒たちが古代人たちから盗んで、キリストが磔にされたのはこの形の十字架の上でなのだ、と偽ったのだ。こういうことを申したのです」(Sommario, pp. 70-1.)。

★053――「わたしは(語っているのはブルーノである)確かに、十字架は絵によく描かれるような四つの同じ長さの腕を張った形ではない、と申しました。そしてそうした絵の形は、十字架本来の聖なる本質を偽っているものだとも申しました。なぜなら古代においては、王たちはその懲罰をこの十字架とは別様の形で行っていたからです。したがってキリストの十字架を四つの同じ長さの腕で表現するのは間違いなのです。つまり上の方に張った部分は罪名を掲示するのに都合良いように作られているのです。そして十字架のこの形はわれらが救世主キリストの死を表現していることを認めた上で、そう申したのです。わたしはマルシーリオ・フィチーノの著作のどこかで読んだような気がするのですが、彼はこう言っています。この十字架の力と崇拝の慣習は、われらが主キリストの受胎の時代よりも遙かに古いものだ。そしてそれはエジプトの宗教が非常に栄えていた時代、およそモーセの時代にあたるわけですが、その時代からずっと広く認められてきたものだ、とも彼は言っています。彼に拠れば、この十字架の印はセラピス神の神像の胸部を飾っていたのです。惑星とその影響力は、その原点としての形である十字架を構成する時に、その通常の原理と基礎を越えた力を発揮するのです。それは星々の光線の色彩が〈食〉または黄道帯を直接横断するような時です。その時は互いを区切りあう二つの円環がこうした十字架の形を結ぶのです。そうしてできた四つの基本的な徴が、天球の二つの分点と二つの至点を構成し、この四つの天の区分の中に、われらが主の死、誕生、そして受胎は含まれ、祝われてきたのです【このブルーノはキリスト教の、特にカトリックの式典の年中行事性を天体の区切りと融合させようとしているのだろう。原文イタリア語を掲載しておく】」。

"Ho ben detto che la croce non havea quattro rami eguali secondo l'uso che si pinge, et è usurpato il sacro carattere di quella perchè altrimente si pratticava ne la punitione de rei anticamente, e che ne la croce di Christo il quarto ramo fu posticcio cioè il supperiore palo per commodità di affigervi il titolo, e confessando che il carattere della croce ha virtù della morte di nostro signore in quella ho detto quello che mi pare haver letto in Marsilio Ficino, che la virtù e riverenza di quel carattere è molto più antica che non è il tempo dell'incarnatione di nostro Signore e ch'è stata riconosciuta dal tempo che foriva la Religione de gl'Egittij circa i tempi di Moise, e che quel segno era affisso nel petto di Serapide, et all'hora li pianeti et influssi di essi hanno più efficacia oltre il principio, e fondamento quando sono nel principio de segni cardinali cioè dove i colori intersecano l'eclitica o il zodiaco per linea retta, onde da dui circoli in questo modo intersecanti viene prodotta la forma di tale carattere, li quattro segni cardinali sono li dui equinottiali e li dui solstitiali circa li quali la morte, natività et incarnatione di Nostro Signore sempre fu intesa essere, e fu celebrata." (*Sommario*, pp. 72-3.)

この部分からわたしは、ブルーノがキリストはＴ字型の十字架で磔になったと考えていたのだと推論する。キリスト教徒が用いている通常の十字架は、本当はエジプトの「占星記号」だと彼は主張する。

図像表現としてキリストの磔刑をこのＴ字型の十字架で表す事例がいくつかある。この問題に関しては以下の文献を参照のこと。G. Miccoli, "La 'Crociata dei Fanciulli' del 1212", *Studi medievali*, 3e serie, II, 2 (1961), pp. 421 ff. この研究中に挙げられた参考文献をも参照。さらに本書第二一章で記述されるアタナシウス・キルヒャーの十字架についての見解をも参照のこと。

★０５４——本書第四章参照。

★０５５——*Sommario*, p. 101.

★０５６——*Sommario*, pp. 86-7.

★０５７——*Documenti*, pp. 101-2. ブルーノはここで彼の本当の考えを表明していないわけではない。この点に関しては本書第一二章参照。

★０５８——*Sommario*, pp. 113-9.

★０５９——*Sommario*, pp. 12-13. メルカーティも述べているように、ブルーノの訴追事由が〈信仰〉に関してのものだったことは確実である。フィルポもこの裁判が厳密に合法的なものであったという点に賛同している(Firpo, *Il processo di Giordano Bruno*)【この〈合法性〉が非常に問題を孕んだ観念であることは、本章☆０１８で触れておいた。根本の問題は〈教会法〉がそこまでの警察国家的権能を有するかという点であり、純法学的に見ても当然世俗権力の法機構とのつばぜり合いがあらゆる場面で生じることになる。いずれにせよイェイツが典拠とするこのイタリアの大御所フィルポもまた教会制度寄りにブルーノの異端審問を〈学問的に〉是認するわけであるから、異端審問制度そのものがいまだに教会制度及びその周辺の保守的な学者グループにとって決して過去の歴史現象としてではなく、なんらかの制度的アクチュアリティーを伴った〈熱い〉問題として表象されている可能性が高いように思う】。

★０６０——スキオッピウスの書簡は以下の文献に掲載されている。Spampanato, *Vita di Giordano Bruno*, pp. 798-805. スキオッピウスが列挙するブルーノの過ちは以下の文献に収録されている。*Sommario*, p. 9.

★０６１——以下の研究を参照。Firpo, *Processo di Giordano Bruno*, p. 108.

★０６２——フィルポは(*op. cit.*, p. 112.)、裁判の最後にブルーノが「深刻な不正の犠牲の感覚」にとらわれたことに着目している。つまり彼は自分の真意が全く理解されていないような焦燥に襲われたのである。こうしたことの前提として、まずこの〈世紀末《ファン・ド・シエークル》〉においては、宗教的な大変革が間近に迫っているという感情が蔓延していたという事実を理解しておかねばならない。この歴史的背景を入念に再構成してみて初めて、ブルーノという問題現象もより深い次元での理解が可能となる。あまりにしばしば、十六世紀の人々をわれわれ現代人の観点から判断し、現実にはそうした大いなる全面的な宗教上の大変革などはなかったのだという後知恵を、彼らも共有していたかのような誤解に陥りがちである。

★０６３——『恋の骨折り損』第四幕、第三場、三三七—四二行。

★０６４——『テンペスト』のプロスペロはジョン・ディーをモデルにしていると考えられてきた。この見方も正しいのかもしれないが、しかしすでに見てきたように、ディーとブルーノは共に、同じ〈魔術〉とカバラというルネサンス的主題の変奏なのである。

★０６５——ブルーノがイギリスに残した影響関係が十全に検証された時、そこに歴史の大いなる逆説の一つが働いていたことが確認されるかもしれない。つまりブルーノの懐いた伝道的使命は、イギリスの人々にとっては対抗宗教改革のオカルト思想に見えたかもしれない、ということである。

★０６６——Traiano Boccalini, *Ragguagli di Parnaso*, Centuria I, Ragguaglio 3. 引用は以下の英訳に拠った。Henry, Earl of Monmouth, *Advertisements from Parnassus*, second edition, London, 1669, p. 5.

　薔薇十字団がボッカリーニの著作を活用した点に関しては、本書第二一章参照。

★０６７——ガリレオはピュタゴラス的数秘学を慎重に検討し否認している。彼がこの作業を行ったのは代表作である偉大なる著作においてだが、それを註解した現代の一人の学者は次のように述べている。「ガリレオのこうした発言は、彼の同時代に流行っていた擬似ピュタゴラス派的なオカルト科学や神秘的合理主義の流れからはっきりと距離を取ろうとする意味を持っていた。こうした思潮は後期ルネサンスの時代に異常とも言える復興熱を生み、その頂点でブルーノの悲劇的な運命が演ぜられることになるのである」(Galileo Galilei, *Dialogue on the Two Great World Systems* in the Salusbury translation, revised and annotated by G. De Santillana, Chicago, 1953, p. 15 note)。この註解はブルーノに対する注目に値する洞察を示している。

★０６８——A. Favaro, *Galileo Galilei e lo studio di Padova*, Florence, 1883, I, p. 226.

第二〇章　ジョルダーノ・ブルーノとトンマーゾ・カンパネッラ

★００１——カンパネッラに関しては以下の文献を参照。L. Amabile, *Fra Tommaso Campanella, la sua congiura, i suoi processi, e la sua pazzia*, Naples, 1882; *Fra Tommaso Campanella ne' Castelli di Napoli, in Roma ed in Parigi*, Naples, 1887; L. Blanchet, *Campanella*, Paris, 1920; Paolo Treves, *La filosofia politica di Tommaso Campanella*, Bari, 1930; A. Corsano, *Tommaso Campanella*, second edition, Bari, 1961.

　カンパネッラの複雑な著作を解明するための必携の書としては、L. Firpo, *Bibliografia degli scritti di Tommaso Campanella*, Turin, 1940がある。

★００２——Blanchet, *op. cit.*, p. 37.

★００３——本書第一九章参照。

★００４——Amabile, *Congiura*, I, pp. 63 ff.; Blanchet, *op. cit.*, pp. 24-7.

★００５——Blanchet, *op. cit.*, pp. 25-9.

★００６——同書、p. 29.

★００７——同書、p. 32.

★００８——同書、pp. 33-41.

★００９——カラブリア反乱蜂起の史料は以下の研究の第三版に収録されている。Amabile, *Congiura*.

★０１０——例えば以下の文献を参照。Campanella, *Lettere*, ed. V. Spampanato, Bari, 1927, pp. 23, 219.

★０１１——Amabile, *Congiura*, III, p. 490.

★０１２——この反乱蜂起にはドメニコ会的な要因が大きな意味を持っていた。そのことはアマービレによって刊行された史料が明確に示している。

いる。しかしこの点は後代この事件を扱った著作家たちによっては強調されないままになってしまった。

★013――Amabile, *Congiura*, I, pp. 25-8.

★014――本書第一四章参照。

★015――Firpo, "Processo e morte di F. Pucci", p. 23.

★016――Amabile, *Congiura*, I, pp. 220 ff.; Blanchet, *op. cit.*, pp. 66 ff.

★017――Campanella, *Città del Sole*, ed. E. Solmi, Modena, 1904. 本書での参照はこの版で行う。

★018――*Città del Sole*, ed.cit., pp. 3-5

★019――本書第三章参照。

★020――本書第三章参照。

★021――〈太陽の都市〉の原点を『アスクレピウス』に置くこの解釈は、「イザヤ書」19―18を典拠とするパオロ・トレヴェスの指摘と矛盾するものではない。「その日には、エジプトの地に五つの町ができる。そこではカナンの言葉が語られ、万軍の主に誓いが立てられる。その町の一つは〈太陽の町〉ととなえられる」(新共同訳聖書)。

"In die illa erunt quinque civitates in terra Aegyptii, loquentes lingua Chanaan, et jurantes per Dominum exercituum; Civitas Solis vocabitur una." (Paolo Treves, "The Title of Campanella's City of the Sun", *JWCI*, III, 1939-50, p. 251.

このヘブライの預言者の語る〈太陽の都市〉は、いずれにしてもエジプトにあったことに違いはないのである。

★022――Campanella, *Città del Sole*, ed.cit., p. 11.

★023――同書、p. 43.

★024――同書、p. 38.

★025――本書第一二章参照。

★026――Campanella, *Theologia libro primo*, ed. R. Amerio, Milan, 1936. この著作の他の巻はやはりアメリオによってこれ以降の数年間に編集され、ローマの〈国際人文研究センター〉(*Centro internazionale di studi umanistici*)から出版された。

★027――Walker, pp. 203-36.

★028――Campanella, *Universalis philosophiae seu metaphysicarum rerum, iuxta propria dogmata, Libri* 18, Paris, 1638. カンパネッラはこの著作の最初の構想をおそらく一五九〇年に纏めている。この本のその後の有為転変については以下の研究を参照。Firpo, *Bibliografia di Campanella*, pp. 119-22.

★029――Campanella, *Metaphysica*, Paris III, XV, vii (2), pp. 179-183. 以下の研究も参照。Walker, pp. 210-11.

★030――Campanella, *Metaphysica*, III, XV, iii (1), pp. 167-70.

★031――同書、p. 169.

★032――同書、p. 179. 以下の研究も参照。Walker, pp. 211-12.

★033――Campanella, *Astrologicorum Libri VI. In quibus Astrologia, omni superstitione Arabum, et Iudaeorum eliminata, physiologice tractatur, secundum S. Scripturas, et doctrinam S. Thomae, et Alberti*, Lyons, 1629, Lib. VII, *De siderali Fato vitando*, IV, I, pp. 11-13. 以下の研究も参照。Walker, pp. 206-10.

★034――Quétif and Echard, *Scriptores Ordinis Praedicatorum*, Paris, 1721, II, p. 508. 以下の研究も参照。Walker, p. 210.

★035――Walker, p. 223.

★036――『太陽の都市』のパリ版でのラテン語初版からの異文は以下に引用されている。*Città del Sole, ed.cit.*, notes to pp. 7, 38, 44-5. 以下の研究をも参照。Walker, p. 209.

★037――Campanella, *Metaphysica*, III, XV, ii (1 and 2). 以下の研究も参照。

Walker, pp. 224-9.

★038——Campanella, *Città del Sole*, *ed. cit.*, pp. 34-5.

★039——Campanella, *Magia e Grazia*, ed. R. Amerio, Rome, 1957, p. 45. カンパネッラは書簡中でピコのカバラに対する没頭を非難している。以下を参照。Campanella, *Lettere*, ed. Spampanato, p. 134.

★040——Walker, p. 218

★041——しかし〈魔術と恩寵〉(*Magia e Grazia*)という表題は、『神学《テオロギア》』のこの巻の編集者に拠るものである。

★042——Campanella, *De Sancta Monotriade* (*Theologia*, Liber II), ed. R. Amerio, Rome, 1958, p. 14.

★043——「トリスメギストスは、世界の三重の創造者は世界そのものではなく〈神〉であると述べている。なぜなら〈神〉の言葉によって万物は創造されたと説いているからである。そして〈神〉はこう言挙げしたとされる。『わが業のすべてよ、木々のように芽吹き実りなさい』と。これはモーセが記録した〈神〉の言葉、『産めよ、増えよ』に対応している。また同様に〈神〉は言葉によって第三の神位である精神をも創造した、と説いている。この精神は〈神〉であり聖霊であり神性なのである。トリスメギストスは神的な事柄を常にこのように見ていたのである」(Campanella, *op. cit., loc. cit*)。

★044——「神殿の奥所から〈神〉は聖なる言葉を叫んで言った、『木々のように芽吹きなさい、育ちなさい、その種とわたしの業とによって、宇宙に満ちわたりなさい』と」。

〈*Ex templo Deus uerbo sancto clamauit pullulate, adolescite, propagate universi germina, atque opera mea.*〉Ficino, p. 1838.

★045——Ficino, p. 1839. 本書第二章参照。

★046——「……トマスはプラトン派の著作もトリスメギストスのそれも見ていなかった。彼の時代にはそれらはまだラテン語訳されていなかったからである。したがって彼自身そう述べているように、また事実そうであるように、アリストテレスの倫理学本文とそれに対する註解が食い違っていることに不思議はないのである」(Campanella, *De Sancta Monotriade*, p. 12.)。

★047——Walker, pp. 43, 214-15, 218-19, 222-3. カイエターノの護符擁護論は以下のアリストテレス註解に見られる。Thomas Aquinas, *Opera omnia*, Rome, 1570, XI, Pars Altera, folios 241 r.-242 r, commentary by Tommaso de Vio, Cardinal Caietano.

★048——Walker, p. 214.

★049——Blanchet, *Campanella*, pp. 138 ff, 201 ff.

★050——Campanella, *Theologia*, *Libro Primo*, ed. Amerio, 1936, p. 189.

★051——本書第一九章参照。

★052——Campanella, *Del senso delle cose e della magia*, ed. A. Bruers, Bari, 1925, p. 223. この著作の最初の草稿は一五九〇-九二年頃ラテン語で書かれたが、彼が一五九二年パドヴァに赴く途次、ボローニャに滞在していた折に、修道士たちによって盗まれた。この草稿は異端審問の資料に用いられ、カンパネッラはパドヴァからローマへ護送されることになった。このラテン語原典版は教皇庁の文書館で探し求められたが発見には至らなかった。カンパネッラはその後この著作を再度記憶によりイタリア語で纏めた。これはおそらくナポリの監獄に収監中の一六〇四年頃のことである。それからまた彼は再びラテン語版を執筆した。そしてこの二度目のラテン語版がアダミによって監獄から持ち出され、一六二〇年にフランクフルトで出版されたのである。その後パリで一六三七年に再版されることになった。

われわれの引用はイタリア語の草稿からだが、この草稿がこうした事情から考えて、カンパネッラの思考の原点に最も近いテクストではないかと思われる。もちろん教皇庁の使者たちによって押収され失われてしまったラテン語版が、その原点そのものであることは確かである。このイタリア語版のブルーアーによる序文を見よ。また以下を参照。Firpo, *Bibliografia di Campanella*, pp. 67-72.

★０５３――*Op. cit., ed. cit.*, p. 224.

★０５４――同書、p. 119.

★０５５――同書、p. 138. しかしこの章句は多少曖昧でもある。

★０５６――Walker, pp. 228-9.

★０５７――Campanella, *Quod reminiscentur...*, ed. R. Amerio, Padua, 1939, pp. 23 ff. また以下の研究も参照。Blanchet, *op. cit.*, pp. 90 ff.; Walker, p. 213.

★０５８――Campanella, *Apologia pro Galileo*, Frankfort, 1622, p. 9.

★０５９――Capmpanella, *Lettere*, ed. Spampanato, p. 241. カンパネッラのガリレオ宛書簡のすべてはブルーノの世界、特に『灰の水曜日の晩餐』の世界を強く想起させる。以下を参照のこと。*Lettere, ed. cit.*, pp. 163 ff.; 240 ff.

★０６０――Campanella, *Lettere, ed. cit.*, p.177; letter to Galileo in 1614.

★０６１――カンパネッラは、アグリッパが人間を悪魔に隷属させるような魔術は拒否したものの、悪魔を人間に隷属させその意志するところを行わせるような類の魔術は保持しようとした、と述べている。Campanella, *Magia e Grazia, ed. cit.*, p.206.

★０６２――同書、p. 202.

★０６３――以下を参照。Walker, pp. 178-85.

★０６４――以下を参照。Blanchet, *op. cit.*, pp. 44 ff.; 59 ff., etc.

★０６５――わたしは以下の論考において、カンパネッラの神秘的帝国主義をフランス王政との関わりで研究した。F. A. Yates, "Considération de Bruno et de Campanella sur la monarchie française", *L'Art et la Pensée de Léonard de Vinci, Communications du Congrès International du Val de Loire*, 1952, Paris-Alger, 1953-4, pp. 409 ff.

★０６６――以下のカンパネッラの著作を参照。Campanella, *Articuli profetales*, printed in Amabile, Congiura, III, pp. 489-98.

★０６７――以下の研究を参照。E. Kantorowicz, *Frederick II*, trans. E. Lorimer, London, 1931, pp. 234 ff.

★０６８――Blanchet, *op. cit.*, pp. 52-3. この献辞は手書き草稿に含まれ、以下の研究で公刊された。K. Kvacala, *Thomas Campanella, ein Reformer der ausgehenden Reinassance*, Berlin, 1909, p.152.『何を想起すべきか』は一度ベラルミンによって出版が許可されかけたが、また撤回されてしまった。出版を廻る複雑な事情については以下の研究を参照。Firpo, *Bibliografia di Campanella*, pp. 153-7. この著作の第一巻がR・アメリオの編集によって出版されたのは一九三九年になってからである。

★０６９――Campanella, *Lettere, ed. cit.*, pp. 328, 330.

★０７０――Blanchet, *op. cit.*, p.53.『征圧された無神論』(*Atheismus Triumphatus*)は一六三一年にローマで出版されたが、教会の検閲に触れすぐに没収された。その後一六三六年になってパドヴァで出版された。以下の研究を参照。Firpo, *Bibliografia di Campanella*, pp. 101-3.

★０７１――Walker, p. 205; Blanchet, *op. cit.*, pp. 56-7. カンパネッラは一六二八年に教皇ウルバーヌス八世に宛てた書簡の中で、太陽はプトレマイオスの時代よりもずっと低くなって地球に近づいているということや、他の多くの予兆を描いている(*Lettere, ed.cit.*, pp. 218-25)。これは彼がすでにカラブリアの反乱蜂起の際に述べていたことの繰り返しである（Amabile, *Congiura*, III, pp. 480, 495, etc.）。以下も参照。*Lettere*, pp. 23, 65. またフランス皇太子誕生を祝賀するカンパネッラの『田園詩』をも参照（本書第二〇章参照）。

太陽の降下とそれに伴う前兆はスペンサーの代表作中でも描写されている（Spencer, *Faerie Queene*, V, Introduction, 5-8.）

★072——Blanchet, *op. cit.*, p. 57.

★073——L. Firpo, *Ricerche Campanelliane*, Florence, 1947, pp. 155 ff.; *Bibliografia di Campanella*, pp. 98-100; Walker, p. 208.

★074——Campanella, *Opuscoli inediti*, ed. L. Firpo, Florence, 1951, pp. 57 ff. (*Documenta ad Gallorum nationem*).

★075——この献辞は以下の文献中に公刊されている。*Lettere, ed. cit.*, pp. 372-4.

★076——同書、pp. 309, 403, etc.

★077——Blanchet, *op. cit.*, p. 62.

★078——『神学』（*Theologia*）を編集したアメリオの序文を参照。*Theologia*, Lib. I, p. xviii; Firpo, *Bibliografia di Campanella*, p. 161.

★079——「雄鶏は唱うだろう。ペトルスは喜んで自己改革を成し遂げるだろう。ペトルスは唱うだろう。雄鶏は世界中を天翔るだろう。しかしその世界の支配はペトルスに委ね、ペトルスの指示に従うだろう。労働は親しい人々の間で仲良く分かたれる歓楽となるだろう。なぜなら万人は唯一の父なる〈神〉を認めるからである。……すべての王たち、国民たちは〈ヘリアカ〉と彼らが呼ぶ町に集うだろう。この町は今誕生したこの高貴なる英雄によって建設されるのである。その町の中央には天上界の宮居に倣った一つの神殿が建立されるだろう。その町は大祭司と君主たちの構成する元老院によって統治されるだろう。そして王たちの笏杖はキリスト像の足元に置かれるのだ」（*Ecloga Christianissima Regi et Reginae in portentosam Delphini...Nativitatem*, Paris, 1639.）。この『田園詩』には作者カンパネッラ自身による註解が添えられている。この詩の最良のテクストは以下の文献中に収録されている。Campanella, *Tutte le opere*, ed. L. Firpo (Classici Mondadori), 1954, Vol. I, pp. 281 ff. 本註前掲の引用はこの版の三〇八、三一〇頁からのものである。『田園詩』の冒頭ではさまざまな前兆が描かれる。太陽の降下、コペルニクスの理論等々、それらはカラブリアの反乱蜂起で用いられた表現の多くを繰り返している。カンパネッラはさらに自己註解において典拠をも示しているから、この詩の全体は彼の終末論を解明するための第一級の資料を提供している。

★080——Quétif and Echard, *Scriptores Ordinis Praedicatorum*, Paris, 1721, II, p. 508. 以下の研究も参照。Blanchet, *op. cit.*, p. 65; Walker, p. 210.

★081——本書第一五章参照。

★082——F. A. Yates, "Queen Elizabeth as Astraea", *J.W.C.I.*, X, 1947, pp. 27 ff. 帝国主義的神秘主義から国民国家的王政への移行については以下のわたしの論考を参照。F. A. Yates, "Charles Quint et l'idée d'empire", in *Fetes et Cérémonies au temps de Charles Quint*, Centre National de la Recherche Scientifique, Paris, 1960, pp. 57 ff.

★083——本書第一五章参照。

★084——ブルーノがこの仮面劇に与えた影響は広く知られている。以下を参照。Thomas Carew, *Poems, with his Masque Coelum Britannicum*, ed. R. Dunlap, Oxford, 1949, pp. 275-6.

★085——同書、p. 158.

★086——同書、pp. 182-3.

★０８７——本書第一五章参照。

★０８８——以下の文献を参照。Firpo, *Bibliografia di Campanella*, pp. 43 ff. この作品の最良の版は以下の全集中の一巻に含まれている。Campanella, *Tutte le opere*, ed. Firpo, I, 1954.

★０８９——*Tutte le opere, ed. cit.*, p. 9.

★０９０——Campanella, *Epilogo magno*, ed. C. Ottaviano, Rome, 1939, pp. 181-2.

★０９１——カンパネッラはナポリの監獄に収監されていた当時、自分にできることを列挙してみせているが、その中で「一つの町を素晴らしいやり方で建設し、それを一目見るだけですべての学問を修得することができるようになる」と述べている。そしてまた自分は「場所の記憶」をも教示することができ、それは世界を本として示すものとなるだろう、とも述べている。以下を参照。*Lettere, ed. cit.*, pp. 27, 28, 160, 194. カンパネッラが実現を約束した驚嘆すべき事柄の一覧表には、上記のものとは別の形のものも存在する。それは以下の研究に収録されているので、そちらをも参照されたい。L. Firpo, *Rivista di Filosofia*, 1947, pp. 213-29.

★０９２——引用は以下の英訳に拠る。Campanella, *Monarchia in Spagna*, in E. Chilmead, *Discourse touching the Spanish Monarchy*, London, 1654, p. 48.

★０９３——メルセンヌが一六三五年にペーレスクに宛てた書簡。引用は以下の研究書に拠る。R. Lenoble, *Mersenne et la naissance du mécanisme*, Paris, 1943, p. 41.

★０９４——ホイヘンスとメルセンヌに宛てたデカルトの書簡。引用は以下に拠る。R. Lenoble, *Mersenne et la naissance du mécanisme*, Paris, 1943, p. 43.

★０９５——引用は以下の英訳に拠る。J. A. Symonds, *Sonnets of Michael Angelo Buonarrotti and Tommaso Campanella*, London, 1878, p. 123. イタリア語の原典テクストは以下を参照。Campanella, *Tutte le opere*, ed. Firpo, I, p. 18. シモンズの英訳は概ね原典に忠実だが、ただ第四行、「そして彼はこの厖大な圏域のすべてに満ちわたる」は、原典をそのまま訳せば、「そして彼は下方と上方(の世界)を生きた影像で満たすのだ」となるだろう。

第二章　ヘルメス・トリスメギストスの年代同定以降

★００１——E・ガリンは『ヘルメティズム覚え書き』(“Nota sull'Ermetismo”)と題された素晴らしいエッセイで、カゾボンによる〈ヘルメス文書〉の年代同定の重要性を十七世紀思想との連関で強調した。以下を参照。Garin, *Cultura*, pp. 143 ff.

★００２——カゾボンについては『国民伝記事典』(*Dictionary of National Biography*【一八八五年初版以来版を重ねた英国史の基礎資料。二〇〇四年に *Oxford Dictionary of National Biography*, 60vols として再編集された】)中のカゾボンの項目と以下の論考を参照。Mark Pattison, *Isaac Casaubon*, Oxford 1892 (second edition).

★００３——バロニウスに関しては『エンサイクロペディア・イタリアーナ』中のバロニウスに関する項目を参照。この対抗宗教改革の重要人物についての近現代の研究書は存在しない。彼はネリの聖フィリポ【St. Philip Romolo Neri/ Filippo de Neri　一五一五—九五　オラトリオ会の創設者として知られる】の最初の弟子の一人であり、一五九四年という重要な時期から以降は教皇クレメンス八世の懺悔聴聞僧を務めている。没年は一六〇七年。

★００４——「彼ら(つまり異教徒の予言者たち)は、メルクリウス・トリスメギストス、ヒュダスペース、そしてシビュラたちです」。この部分欄外註にはラクタンティウス(I,6)への参照が示唆されている(C. Baronius, *Annales Ecclesiastici*, edition of Mainz, 1601, I, p. 10.)。

★005——Isaac Casaubon, *De rebus sacris et ecclesiasticis exercitationes XVI. Ad Cardinalis Baronii Prolegomena in Annales*, London, 1614, pp. 70 ff. カゾボンの文献批判を部分的に論じたものとしては以下の論考を参照。Scott, I, pp. 41-3; Pattison, *op. cit.*, pp. 322 ff. スコットはカゾボンが〈ヘルメス文書〉の年代を実際よりやや古く同定したこと、またそれをキリスト教徒による捏造だとした点では誤っていたことを指摘している。

★006——Casaubon, *op. cit.*, p. 73.

★007——同書、pp. 73-5.

★008——同書、p. 75.

★009——同書、p. 77.

★010——同書、pp. 77-9.

★011——同書、p. 82.

★012——同書、pp. 82-3.

★013——同書、p. 83.

★014——同書、pp. 85-7.

★015——同書、p. 87.

★016——Ερμου του Τρισμεγιστου Ποιμανδρης ... Ασκληπιου Οροι προς Αμμονα βασιλεα: *Trismegisti Poemander, seu de potestate ac sapientia divina. Aesculapii Definitiones ad Ammonem Regem*, Paris, 1554, A. Turnebus. British Museum Press Mark 491. d. 14. この版の註解はフィチーノに拠るものではなく、ルフェーヴル・デタープルに拠っている。以下の研究を参照。Kristeller, *Suppl. Fic.*, I, p. lviii; Walker, "The *Prisca Theologia* in France", p. 209, note.

★017——Robert Fludd, *Utriusque cosmi, maioris scilicet et minoris, metaphysica, physica atque technica historia*, Vol. I, Oppenheim, 1617; Vol. II, Oppenheim, 1619.

カゾボンのヘルメス真相暴露の連関で興味深い符合がもう一つある。それはカゾボンの著作が公刊されたちょうどその時、ウォルター・ローリー卿【Walter Raleigh 一五五四頃—一六一八 イギリスの軍人、探検家、詩人。エリザベス女王の寵臣から一転して投獄されるなど波瀾万丈の人生を送った。イギリスの海軍と植民地経営の基礎を築いた重要な人物である。最後は断頭台に果てた】がロンドン塔に幽閉され彼の『世界史』(*History of the World*)を執筆中だったという事実である。この著作はフィチーノの『ピマンデル』からの引用で装飾され、さらにヘルメス・トリスメギストスを一節全部を割いて論じている(第一部、第二書—第六章第六節)。ローリーはヘルメスをおそらくはモーセよりもさらに古代の人物と考えた。そして彼に深い尊崇の念を懐いている。『アスクレピウス』中の偶像崇拝を描いた部分は、この聖なる人物の著作に紛れ込んだ捏造だという伝統的な解釈を踏襲している。つまりこの時期のジェイムズ一世統治下のイギリスで、❶カゾボンは文献批判によりヘルメス・トリスメギストスを暴露しつつあり、❷エリザベス朝の生き残りローリーはいまだにこのヘルメスの呪縛下にあり、❸そして若きフラッドはヘルメティズムの主張を新しい時代に活かそうとしていたことを確認できるのである。

★018——この問題に関する参考文献は以下の研究中に掲載されている。R. Lenoble, *Mersenne ou la naissance du mécanisme*, Paris, 1943, pp. xlvi-xlvii.

★019——Fludd, *Utriusque cosmi....historia*, I, pp. 11-12. さらに以下も参照。Ficino, *Pimander*, cap. 1 (Ficino, pp. 1837-8).

★020——もちろんフラッドは「人間は大いなる奇跡である」(“*magnum miraculum est homo*”)から始まる章句を常に引用している。例えば以下を参

照。Fludd, *Utriusque cosmi.....hisoria,* II, pp. 72; *ibid,* second section, p. 23, etc.

★０２１――R. Fludd, *Philosophia Moysaica,* Gouda, 1638.

★０２２――フラッドはピコの『結論集』も活用している。例えば以下を参照。Fludd, *Utriusque cosmi.....historia,* II, p. 55.

★０２３――本書図07 a、08、10を見よ。

★０２４――Fludd, *Utriusque cosmi....historia,* I, pp. 108 ff.

★０２５――Fludd, *De philosophia Moysaica,* pp. 84.

★０２６――本書第二二章参照。

★０２７――本書第一七章参照。

★０２８――Fludd, *Utriusque cosmi....historia,* II, section II, pp. 54 ff. また本書第一八章をも参照。

★０２９――同書、II, pp. 28-9.

★０３０――E・ガリンが述べているように、この時期のルネサンス・ヘルメティズムは、「オカルティズムの領域に、そして友愛団やさまざまな特徴を持つ結社の中に」(E. Garin, "Nota sull'ermetismo", in *Cultura,* p. 144.) 流れ込んでいったのである。

★０３１――アーノルドは薔薇十字の〈友愛団〉には実体がなかったと考えている。以下の研究を参照。彼の研究は薔薇十字団神話を批判的に検証し、またこの団体の起源であるドイツの人脈に関する多くの新しい研究成果を活用している。P. Arnold, *Histoire des Rose-Croix et les origines de la Franc-Maçonnerie,* Paris, 1955, pp. 166-7.

★０３２――M. Mersenne, *La vérité des sciences,* Paris, 1625, pp. 566-7. 以下の文献も参照。Mersenne, *Correspondance,* ed. Waard and Pintard, Paris, 1932, I, pp. 154-5.

★０３３――『遥か世界の彼方にまで及ぶ普遍的にして全面的な改革。名声高き友愛団、薔薇十字の誉め讃えらるべき結社から、ヨーロッパのすべての学者と統治者に向けての宣言』(*Allgemeine und General Reformation der gantzen weiten Welt. Beneben der Fama Fraternitas, dess Löblichen Ordens des Rosencreutzes, an alle Gelehrte und Haüpter Europas geschrieben,* Cassel, 1614.) この宣言のドイツ語原典と薔薇十字団の他の宣言書は、以下の文献中に収録されている。*De Manifesten der Rosekruisers,* ed. A. Santing, Amersfoort, 1930; *Chymische Hochzeit Christiani Rosencreutz, etc.,* ed. F. Maack, Berlin, 1913 (この文献は宣言書と『化学的結婚』の両方の原典を収録している)。宣言書の英訳は以下を参照。A. E. Waite, *The Real History of the Rosicrucians,* London, 1887, pp. 36 ff. 宣言書の作者を批判的に検証した研究としては以下を参照。Arnold, *op. cit.,* pp. 23 ff.

★０３４――本書第一九章参照。

★０３５――以下の研究を参照。A. Belloni, *Il Seicento, Storia letteraria d'Italia,* Milan, ed. of 1955, p. 471.

★０３６――Traiano Boccalini, *Ragguagli di Parnaso,* Centuria I, Ragguaglio 77 (in the edition of Venice, 1669, pp. 214 ff). 英訳は以下を参照。Henry, Earl of Monmouth, *Advertisements from Parnassus,* London, 1669, pp. 119 ff. 独訳からの重訳はマーク (Maack) によって編集された『名声』、『化学的結婚』と共に巻末別頁で発表されている。さらに上記モンマスによる英訳を改訳したものとして以下を参照。Waite, *op. cit.,* pp. 36 ff.

★０３７――Monmouth's translation, *ed. cit.,* p. 121; Waite's translation, *op. cit.,* p. 41.

★０３８――Waite's translation, *op. cit.,* pp. 66 ff. クリスティアン・ローゼンクロイツはここでは「友愛団員C・R・C」という略名で暗示されている。

★０３９――同書、p. 68.

★040——同書、p.67.
★041——同書、pp.75-7.
★042——同書、p.78.
★043——同書、p.73.
★044——同書、pp.80-1.
★045——同書、p.65.
★046——本書第一七章参照。
★047——Waite, *op. cit.*, p.271.
★048——Arnold, *op. cit.*, pp.66-7. 薔薇十字団は反スペインの立場を取る。
★049——この問題に関しては以下の研究を参照。Arnold, *op. cit.*, pp.85 ff.
★050——薔薇の中に十字架を描くルターの紋章は、〈薔薇的十字架〉の図解として『化学的結婚』に掲載されている（*Chymische Hochzeit*, ed. Maack, p.XLVIII）。薔薇十字団の名称は錬金術の象徴で用いる薔薇と連関しているという別の解釈もある（以下の研究を参照。C. G. Jung, *Psychology and Alchemy*, London, 1953, pp.74-5）。薔薇十字宣言に見られるルター派的な香りは、それより以前にあった薔薇十字運動をルター派が受容したことによるものかもしれない【イェイツは再びブルーノが創設したかもしれない〈ジョルダーノ派〉と薔薇十字団の関わりを推察している】。
★051——英訳は以下に拠る。Waite, *op. cit.*, pp.99 ff.
★052——本書第一七章参照。
★053——*Summum bonum*, Frankfort, 1629, epilogue. この作品はR・フリッツィウスの作だとされているが、部分的にはほとんど確実にフラッドによるものである。以下の研究を参照。Arnold, *op. cit.*, p.236.
★054——薔薇十字団員のパリ来訪については本書第二二章参照。
★055——フラッドは太陽中心説には反対していた。以下を参照。Fludd, *Utriusque cosmi...historia*, I, pp.156 ff.
★056——本書第二〇章参照。
★057——カンパネッラがアンドレーエとその友人たちに与えた影響に関しては以下の研究を参照。Arnold, *op. cit.*, pp.60 ff. アンドレーエの『クリスタノポリス共和国誌』（J. V. Andreae, *Reipublicae Christianopolitanae descriptio*, Strasburg, 1619）には〈太陽の都市〉の影響が見られる。アンドレーエはまたカンパネッラの詩のいくつかを独訳した。以下の研究を参照。Firpo, *Bibliografia di Campnella*, p.43.
★058——この問題に関する厖大な文献をある程度まで取り込んだ、示唆に富む著作として以下のものを挙げておく。Arnold, *op.cit.*, pp.229 ff. フリーメイソンの側からの視点を研究対象とした著作としては以下のものがある。B. E. Jones, *Freemason's Guide and Compendium*, London, 1950, pp.117 ff.
★059——この記事は以下に引用されている。Jones, *op. cit.*, p.99.
★060——本書第一四章参照。
★061——もちろんモーツァルトが関係したのは大陸のフリーメイソン結社である（この問題に関しては以下を参照。E. Iversen, *The Myth of Egypt and its Hieroglyphs*, Copenhagen, 1961, p.122）。しかしまた大陸のフリーメイソン組織はすべてイギリスから派生したものであり、その根源にはエリザベス朝のイギリスでエジプト宗教の復興を熱く語るジョルダーノ・ブルーノの姿が見え隠れしている。
★062——Garin, *Cultura*, p.144.
★063——A. Kircher, *Oedipus Aegyptiacus*, Rome, 1652.
★064——*Op. cit.*, I, p.103.
★065——同書、II(2), p.506.

★０６６――フィチーノ同様に（本書第九章参照）、キルヒャーはヘルメス・トリスメギストスがヒエログリフを発明したのだと考えていた。

★０６７――ヒエログリフの銘文解読をようやく可能にしたシャンポリオンの研究成果が刊行されたのは一八二四年である。この解読の事情については以下を参照。Iversen, *The Myth of Egypt*, pp. 137 ff.

シャンポリオンはエジプト神話破壊の第二段階を代表している。その第一段階がカゾボンによる〈ヘルメス文書〉の年代同定だったわけである。

★０６８――Kircher, *op. cit.*, II (2), pp. 504-5.

★０６９――以下を参照。Ficino, *Opera*, pp. 1842, 1843-4.

★０７０――Kircher, *op. cit.*, III, p. 568.

★０７１――同書、I, p. 150.

★０７２――同書、I, pp. 29-30. 以下の箇所をも参照。III, p. 331.（ヘリオポリスの〈太陽崇拝の〉オベリスクに関して）

★０７３――同書、I, pp. 115 ff.

★０７４――同書、pp. 118 ff.

★０７５――同書、pp. 119, 137, etc.

★０７６――同書、p. 148（プラトン、ピュタゴラス、プロティノスをヘルメス・トリスメギストスの後継者として描いている）; p. 523（イデアの教理はカルデア人とエジプト人に起源を持つと主張され、『ピマンデル』と『アスクレピウス』が参照される）。

★０７７――同書、II (2), pp. 280 ff.（エジプト人が建築の際、また奇跡的効果をあげるために神殿で用いた機械的手段等々について）エジプト人は力学の創始者であり、ギリシア人はすべての力学的知識をエジプト人から学んだのだとする（同書、p.322）。

★０７８――同書、II (2), pp. 436 ff.

★０７９――同書、II (2), p. 399. 以下を参照。Ficino, p. 556（この章句はすでに本書で引用済みである。本書第四章★０３６を参照）

★０８０――Kircher, *op. cit.*, II (2), pp. 400 ff.

★０８１――同書、II (2), p. 399. キルヒャーは『パンフィリウスのオベリスク』においてもエジプトの十字架を詳細に論じている。Kircher, *Obeliscus Pamphilius*, Rome, 1650, pp. 364 ff. そしてそこでもフィチーノを引用している。*Ibid.*, pp. 377-8.

キルヒャーはこの著作のエジプトの十字架を論じた部分で、ジョン・ディーの『ヒエログリフ的単位』(*Monas hieroglyphica*, 1564) からも長い章句を引用し、ディーが讃美する〈単位〉の図案を掲載している（本書図15 a、b参照）。キルヒャーはどうやらこの図案をエジプトの十字架の形だと考えていたらしい (Kircher, *Obeliscus Pamphilius*, pp. 370-73.)。

★０８２――Kircher, *Oedipus Aegyptiacus*, III, pp. 332 ff.

★０８３――同書、p. 334.

★０８４――本書第一九章参照。ブルーノはいつもながら全く失敗の連続である。

★０８５――Kircher, *op. cit.*, I, pp. 142-5.

★０８６――同書、II (2), pp. 442-3. キルヒャーはまた以前デル・リオを引用しつつ、エジプトの魔術を非難したことがあった（同書、pp. 436-7.）。

★０８７――同書、II (2), pp. 182-6. キルヒャーが提示するデカン図像の一覧表は以下の研究書で論じられている。Gundel, *Dekane und Dekansternbilder*, pp. 370-2.

★０８８――Kircher, *op. cit.*, II (2), p. 182. 以下の章句も参照。「なぜならヘルメスは『ピマンデル』と『アスクレピウス』において、ウシアルコス、ホロスコープス、デカーヌス、パントモルフォスといったさまざまな神々の位階に従って、さまざまな合唱隊を割り振っているからである」(『アスクレピウス』におけるエジプトの神々の位階に関しては本書、第二章を参照)。

★０８９——キルヒャーの考古学的研究、とりわけコプト文化に関するそれは軽視してはならない。以下の研究を参照。Iversen, *op. cit.*, pp. 92 ff.

★０９０——Kircher, *op. cit.*, II (2), pp. 280 ff.

★０９１——Kircher, *Ars magna lucis et umbrae*, Rome, 1646.

★０９２——本書図09参照。

★０９３——*Op. cit.*, p. 769. したがってキルヒャーの立場は、彼がしばしば引用するイエズス会士デル・リオのそれと重なり合っている。デル・リオは悪魔的魔術は非難し自然的な種類の魔術は許可したのだった。以下を参照。Walker, pp. 178-85.

★０９４——Kircher, *op. cit.*, pp. 919 ff.

★０９５——本書第一〇章参照。

★０９６——Kircher, *Oedipus Aegyptiacus*, II (1), p. 209. キルヒャーはすべての神秘主義的伝統の総合を目指している。この点に関しては彼はまさに十七世紀に再来したピコ・デッラ・ミランドラである。しかしキルヒャーはピコにはまだ知られていなかった地域、例えばメキシコや日本を含めている。こうした地域はキルヒャーの属したイエズス会の伝道活動領域でもあった。

★０９７——同書、II (2), p. 480.

★０９８——同書、II (1), p. 358.

★０９９——同右参照。

★１００——引用は以下の版に拠る。*A Collection of Several Philosophical Writings of Henry More*, second edition, London, 1662, *The Immortality of the Soul* (separately paged), p. 113.

★１０１——Henry More, *Conjectura Cabbalistica*, (前註の版に拠る) (separately paged), p. 102.

★１０２——同書、p. 1. モアはしかしルネサンス期に普及していたのとは異なるタイプの後代のカバラからも影響を受けている。以下を参照。R. J. Z. Werblowsky, "Milton and the *Conjectura Cabbalistica*", *J.W.C.I.*, XVIII, 1955, pp. 94, 96.

★１０３——同書、p. 3.

★１０４——同書、p. 104.

★１０５——E. A. Burtt, *The Metaphysical Foundations of Modern Physical Science*, London, 1932, pp. 127-36.

★１０６——*Immortality of the Soul*, p. 96 (in the Collection cited).

★１０７——以下を参照。Ficino, p. 1849.

★１０８——Ralph Cudworth, *The True Intellectual System of the Universe*, second edition, London, 1743, p. 281.

★１０９——同書、pp. 285 ff.

★１１０——同書、pp. 294 ff.

★１１１——同書、pp. 308 ff.

★１１２——同書、pp. 282 ff.

★１１３——同書、pp. 281-2.

★１１４——同書、pp. 319-20.

★１１５——シビュラ託宣集の捏造性に関する文献は本書第一章★０２０を参照。

★１１６——本書第二章★００３を参照。

★１１７——カドワースは他の箇所でキルヒャーに再び言及し、彼は「一般にヘルメス・トリスメギストスのものとされてきた」これらの著作が真作であることを確証した、と述べている(*op. cit.*, p. 285.)。

★118——Cudworth, *op. cit.*, p. 320.

★119——同書、*loc. cit.*

★120——同書、*loc. cit.*

★121——同書、p. 321.

★122——同書、p. 326.

★123——同書、pp. 326-7.

★124——同書、p. 328.

★125——同書、p. 331.

★126——同書、p. 329.

★127——同書、p. 333.

★128——最近になって発見されたコプト語版の『アスクレピウス』は、〈ヘルメス文書〉にエジプト本来の要素を見る立場を強化したと言えるかもしれない。以下を参照。J. Doresse, *The Secret Books of the Egyptian Gnostics*, London, 1960, pp. 255 ff.

第二三章　ヘルメス・トリスメギストスとフラッド論争

★001——R. Lenoble, *Mersenne ou la naissance du mécanisme*, Paris, 1948, pp. 5 ff.

★002——同書、p. 7.

★003——同書、pp. 30 ff.

★004——引用は以下に拠る。Lenoble, *op. cit.*, p. 85.

★005——M. Mersenne, *Quaestiones celeberrimae in Genesim...*, Paris, 1623.

★006——Lenoble, *cp. cit.*, pp. 25 ff.

★007——「わたしは、フィキーヌスが空しい魔術師たちや占星術師たちを持ち出して褒めそやすようなことをする時には、彼は真のカトリックとして振る舞ってはいないと断言したい。このことは彼が『天上より導かれるべき生命について』の第三書で、占星記号や星辰の図像が下方の世界のすべての事物に対して力を振るっていると主張していることによっても明らかである。このようなことは真のキリスト者ならば誰でも否定することだからである」(Mersenne, *Quaestiones in Genesim*, col. 1704.)。

★008——Mersenne, *Quaestiones in Genesim*, col. 1164.

★009——同書、col. 1165.

★010——同書、*loc. cit.* マンテーニャへの言及はメルセンヌがカミッルスの宝石論(Leonardus Camillus, *Speculum lapidum*, Venice, 1502.)を弁駁する折に行われている。カミッルスの宝石論ではマンテーニャ、ベリーニ、レオナルド・ダ・ヴィンチが挙げられている。以下を参照。Garin, *Cultura*, p. 397.

★011——Lenoble, *op. cit.*, pp. 128 ff.

★012——メルセンヌは図像の魔力を論駁する際に(*op. cit.*, col. 1164.)いまだに「カトリックの哲学者たち」(つまりトマス・アクィナス)を典拠として引用している。しかしこれらの哲学者たちは、宝石に彫られた護符はそうした力を持つと主張していたのだった(本書第四章参照)。

★013——Lenoble, *op cit.*, pp. 153 ff.

★014——同書、p. 103.

★015——M. Mersenne, *Observationes et emendationes ad Francisci Giorgi problemata*, Paris, 1623.

★016——Mersenne, *Quaest. in Gen.*, cols. 739-40.

★017——メルセンヌのこの著作の序文で、ブルーノとカンパネッラは主要な悪人たちの例として挙げられている（「無神論者、魔術師、理神論者、そうした類の連中……つまりカンパネッラ、ブルーノ、テレシオ……」）。カンパネッラの『事物の感覚について』は詳細に検討され批判されている（col. 1164 ff.）。ブルーノに対するメルセンヌの姿勢については本書第二二章参照。

★018——メルセンヌの主要な批判対象がフラッドと薔薇十字団であったという点に関しては以下の研究を参照。Lenoble, *op. cit.* pp. 27 ff.

★019——例えば以下の箇所を参照。Mersenne, *Quaest. in Gen*, cols. 731, 1750.

★020——同書、cols. 1746, 1749.

★021——本書第二一章参照。

★022——Mersenne, *Quaest. in Gen*, cols. 1704-5.

★023——*Summum bonum*, p. 8.

★024——Fludd, *Medicina Catholica*, Frankfort, 1629, p. 36.

★025——以下を参照。M. Mersenne, *Correspondance*, ed. C. de Waard and R. Pintard, Paris, 1932, indices *sub nomine*; Lenoble, *op. cit.*, pp. 27 ff., etc.

★026——Lenoble, *op. cit.*, p. 29.

★027——この書簡は以下の文献に収録されている。M. Mersenne, *Correspondance, ed. cit.*, II, pp. 444-5.

★028——E. Garin, "Nota sull'ermetismo", *Cultura*, p. 144.

★029——同書、p. 146. 薔薇十字団の夢にはイエズス会士キルヒャーの夢も加えておくべきだろう。彼も擬似エジプト的なヘルメティズムの世界を展開しているからである。

★030——カッシーラーもフラッド-ケプラー論争の重要性に言及している。E. Cassirer, *Das Erkenntnisproblem in der Philosophie und Wissenschaft der neueren Zeit.* またパウリはこの問題に関して貴重な所見を以下の小論中で発表している。W. Pauli, "The Influence of Archetypal Ideas on the Scientific Theories of Kepler", in C. G. Jung and W. Pauli, *The Interpretation of Nature and the Psyche*, English trans, London, 1955, pp. 147 ff. ルノーブルも以下の彼の研究でこの問題を重視している。Lenoble, *Mersenne ou la naissance du mécanism.* さらにガリンのこの問題に関する啓発的な示唆も参照のこと。Garin, *Cultura*, pp. 143 ff.

★031——前註で挙げたパウリの小論を参照のこと。

★032——J. Camerarius, *Libellus Scolasticus*, Bâle, 1551.

★033——J. Kepler, *Harmonice mundi*, in Kepler's *Gesammelte Werke*, ed. M. Caspar, Munich, 1940, Band VI, pp. 98-9. この版の註解は（p. 534）ケプラーが〈ヘルメス文書〉を参照する時には、フォワ・ド・カンダルによるラテン語訳（Bordeaux, 1574）を活用していたこと、またパトリッツィの『普遍哲学新論』（*Nova de universis philosophia*, Ferrara, 1591）をも合わせて参照していることを示唆している。しかしケプラーが『ヘルメス選集』XIIIを引用している箇所を検討してみると、それはむしろフィチーノ訳に正確に対応していることが分かる。ケプラーによれば、トリスメギストスは彼の息子タトにこう語りかけている。「統一は一〇を基数とする理性によって把握され、他方一〇は統一によって把握されるのだ」（"Unitas secundum rationem Denarium complectitur, rursumque Denarius unitatem"）。これを以下のフィチーノ訳と比較せよ。「統一は一〇を基数とする理性によって把握され、また他方一〇は統一によって把握されるのだ」（"unitas secundum rationem denarium complectitur, rursusque denarium uintatem"【ケプラー原文の rursumque とフィチーノ訳の rursusque は全く同じ意味】）(Ficino, pp. 1855-6.)。

フラッドの『ヘルメス選集』XIIIに対する見解と、フィチーノのラテン語訳を多く活用する〈復讐者たち〉についての理論は以下を参照のこと。Fludd, *Utriusque cosmi...historia*, II, pp. 129-31.

★034――Kepler, *Harmonice mundi*, Appendix, in *Gesammelte Werke*, *ed. cit*, VI, p.374.

★035――Kepler, *Apologia*, *Gesammelte Werke*, *ed. cit*, VI, p.386.

★036――「あなたは(ケプラーはフラッドに語りかけている)事物の姿形、ないしそのヒエログリフを図解で示そうとされています」(*ibid.*, *loc. cit.*)。

★037――同書、p.396.

★038――同書、p.399.

★039――同書、p.428.

★040――同書、p.432.

★041――同書、*loc. cit.*

★042――Kepler, *Harmonice mundi*, Appendix, *Werke*, *ed. cit*, VI, p.375.

★043――メルセンヌはブルーノと共にジュリオ・チェーザレ・ヴァニーニ(一五八五―一六一九)を非常に嫌った。カルメル会の修道士であったヴァニーニは、ドイツ、ボヘミア、オランダ、スイスの各地を遍歴している。彼は一度フランスに定住しようとしてうまくいかずイギリスに渡った。そこで彼はイギリス国教会の人々に温かく迎えられ、カトリック信仰を捨ててロンドンのイタリア人プロテスタント教会に改宗したと言われている。彼はしかしその後国教会の庇護を失ってロンドン塔に一箇月幽閉されてしまった。その後、スイスに戻ったが、すぐパリ、続いてトゥールーズへ赴き、そこで火刑に処されている。ヴァニーニはこれまでもブルーノに比較されることが時折あった。順序は同じではなくとも、ブルーノと同じような国々を経巡り、最期を火刑台で迎えるという似たような運命を示しているからである。しかしヴァニーニの思想はわたしにはブルーノのそれとは全く異なるように見える【Giulio Cesare Vanini 一五八五―一六一九 イタリアのレッチェ近郊の出身でローマで学び修道士となった。神学から出発して自然学を学び汎神論的な世界観に辿り着いた。火刑の罪名は無神論、占星術、魔術であり、イエイツのコメントにもかかわらず、ブルーノがある種〈時代現象〉だったことを示すブルーノの分身の一人であると言ってよい。メルセンヌが二人を並置するのもその意味であったと思われる】。

★044――M. Mersenne, *L'Impiété des Déistes*, Paris, 1624, I, pp. 229-30. メルセンヌのブルーノに対する姿勢に関しては以下の文献の編集者註解を参照。Mersenne, *Correspondance*, *ed. cit*, I, pp. 137-8, 147.

★045――*L'Impiété des Déistes*, I, p. 233.

★046――Mersenne, *Correspondance*, *ed. cit*, III, p. 275. 以下の箇所も参照。*Ibid.* p. 187.

★047――以下の研究を参照。Lenoble, *Mersenne etc.*, pp. 119 ff., 157 ff.

★048――メルセンヌ書簡集の〈薔薇十字〉("Rose-Croix")の項目を見よ。Mersenne, *Correspondance*, *ed. cit.*

★049――J. Kepler, *Apologia* in *Gesammelte Werke*, *ed. cit*, VI, p. 445.

★050――P. Arnold, *Histoire des Rose-Croix*, pp. 7 ff.; Mersenne, *Correspondance*, *ed. cit*, I, pp. 154-5, note; Lenoble, *op. cit*, pp. 30-1.

★051――Lenoble, *op. cit*, p. 31. ルノーブルは以下の文献を引用している。Baillet, *La Vie de Monsier Descartes*, Paris, 1691, I, p. 107.

★052――Arnold, *op. cit*, p. 15.

★053――本書第二〇章参照。

★054――本書第二二章参照。

★055――本書第二〇章参照。
★056――Lenoble, *op. cit.*, p.31. デカルトと薔薇十字団の関係については本書、第一二章を参照。
★057――E. A. Burtt, *The Metaphysical Foundations of Modern Science*, London, 1932, pp. 16-17.
★058――J. H. Randall, *The School of Padua and the Emergence of Modern Science*, Padua, 1961, p. 118.
★059――A. C. Crombie, *Augustine to Galileo*, London, 1961 (second edition), II, p.122.
★060――Burtt, *op. cit.*, p. 305.
★061――Garin, *Cultura*, pp. 397 ff.
★062――Festugière, I, p. 63.
★063――同書、p. 64.
★064――F. Bacon, *Works*, ed. Spedding, Ellis, and Heath, London, 1857, III, p. 155. ベーコンの思想の魔術的背景に関しては以下の研究を参照。P. Rossi, *Francesco Bacone: dalla Magia alla Scienza*, Bari, 1957.
★065――Domenico Berti *La Vita di Giordano Bruno da Nola*, first edition, Florence, 1867.
★066――ブルーノ受容史は非常に魅力的な研究分野である。そのための基礎資料は記念碑的と言える『ジョルダーノ・ブルーノ文献(一五八五―一九五〇)』(*Bibliografia*)によって提供された。
★067――ブルーノのアトム理論は、物質がその裡側で蠢く生きたアトムによって構成されていると見る。それに関しては以下の研究を参照。P.-H. Michel, *La cosmologie de Giordano Bruno*, Paris, 1962, p. 66 ff. ブルーノはおそらくルクレティウス的宇宙論を魔術的アニミズムと融合させることによってこのアトム観に到達したのだろう(本書第一三章、及び第一三章★060を参照のこと)。
★068――Baillet, *Vie de Descartes*, I, p. 81.
★069――同書、p. 87.
★070――同書、pp. 90-1.
★071――同書、p. 108.
★072――同書、p. 112.
★073――同書、pp. 114-5.
★074――同書、*op. cit.*, p. 97.
★075――同書、p. 113.
★076――同書、pp. 114-15. デカルトはしかしこの命題の意味を限定して、身体の中に精神の実際の場所を同定することは不可能だが、精神は特に松果体においてその機能を発揮し、自身の働きをそこから全身に及ぼすのだ、と主張している。

訳注

〈訳註の方針について〉

訳註は事項説明の註と内容に踏み込んだ本来の訳者註解の二部仕立てとした。事項説明はイエイツの本文を読解するのに過不足ない程度に簡潔を心がけてまとめるようにした。それに対し訳者註解はルネサンス研究の古典としての本書の性格を、1.イエイツの仕事の全体の中で、2.ブルクハルト以来の近現代ルネサンス研究の流れの中で、3.そしてルネサンス現象の原点である古典古代文化そのものとの関わりにおいて、際立たせることを目標とした。特に重点を置いたのは、2のワールブルク派の中での彼女の研究、そして本書の学説史的な位置である。そのために1、2、3、それぞれの範疇で最重要の古典を厳選した上でそれらと本書との内的な連関を解明することに力を注いだ。頻繁に参照対象とした古典ないし事項事典は以下の略号で表記してある。

1.イエイツの主要著作の参照

❶**AM** = *The Art of Memory*, 1966.（邦訳『記憶術』玉泉八洲男他訳、水声社、一九九三）

❷**TW** = *Theatre of the World*, 1969.（邦訳『世界劇場』藤田実訳、晶文社、一九七八）

❸**RE** = *Rosicrucian Enlightenment*, 1972.（邦訳『薔薇十字の覚醒』山下知夫訳、工作舎、一九八六）

❹**OPE** = *The Occult Philosophy in the Elizabethan Age*, 1979.（邦訳『魔術的ルネサンス』内藤健二訳、晶文社、一九八四）

2.ルネサンス研究の古典の参照（ブルクハルト、ワールブルク、ワールブルク派）

❶**KR** = J. Burckhardt, *Die Kultur der Renaissance in Italien*, 1860 (*Gesammelte Werke*, 10 Bde. Basel/Stuttgart, 1970).（邦訳J・ブルクハルト『イタリア・ルネサンスの文化』柴田治三郎訳、中央公論社、1966）

❷**ASW** = A. Warburg, *Ausgewählte Schriften und Würdigungen*, hrsg. Dieter Wuttke, 2. Aufl. Baden-Baden, 1980.

❸**GAW** = E. H. Gombrich, *Aby Warburg: An Intellectual Biography*, University of London, 1970.

❹**PMR** = E. Wind, *Pagan Mysteries in the Renaissance*, London, 1958.（邦訳E・ウィント『ルネサンスの異教秘儀』田中英道他訳、晶文社、一九八六）

3.古典古代他の参照（事項事典、ブルクハルト、ブルケルト、カバラ関係）

❶**KP** = *Der Kleine Pauly: Lexikon der Antike in 5 Bänden*, dtv, 1979.

❷**ZCG** = J. Burckhardt, *Die Zeit Constantins des Grossen*, 1853 (*Gesammelte Werke*, 10 Bde. Basel/Stuttgart, 1970).

❸**HN** = W. Burkert, *Homo Necans: Interpretationen altgriechischer Opferriten und Mythen*, Berlin/New York, 1972.（邦訳W・ブルケルト『ホモ・ネカーンス』前野佳彦訳、法政大学出版局、二〇〇八）

❹**KSS** = G. Scholem, *Zur Kabbala und ihrer Symbolik*, Zürich, 1960.（邦訳G・ショーレム『カバラとその象徴的表現』小岸昭他訳、法政大学出版局、一九八五）

上記参考文献の対応箇所の指示は原書、翻訳の両方の使用を可能にするため章、節の指示に留めた。つまり〈HN 3-1.〉とあるのは『ホモ・ネカーンス』第三章、第一節の意味である。

序

☆001——Strand　ロンドンのトラファルガー広場から北東へ向かう目抜き通り。

☆002——Whitehall　旧宮殿のあった官庁街。トラファルガー広場に近い。

☆003——『灰の水曜日の晩餐』の舞台設定は当時のエリザベス朝の宮廷文人フルク・グレヴィルの邸宅で行われた哲学談義であり、ブルーノが実名で登場している。本書第一三章を参照。

☆004——Paul Oskar Kristeller　一九〇五—九九　ベルリンで生まれアメリカで亡くなったルネサンス人文主義の代表的研究家。ハイデガーの下で研究した経歴が示すように、彼のルネサンス研究は本格的な哲学的素養に基づくもので、その点エドガー・ヴィントに近いところにいる。代表作『マルシーリオ・フィチーノの哲学』(*Die Philosophie des Marsilio Ficino*)はこのルネサンス期最重要の哲学者の一人、フィチーノの世界観を一つの体系として記述した名著である。

☆005——ルネサンスのヘルメティズム復興運動は、事実上、十五世紀末にフィチーノがヘルメス文献をラテン語訳したことから始まった。本書第二章を参照。

☆006——Eugenio Garin　一九〇九—二〇〇四　二〇世紀イタリアを代表するルネサンス研究家。特に哲学史関係の著作が高く評価されている。

☆007——Daniel Pickering Walker　一九一四—八五　イギリスの歴史家。魔術史、オカルト史を専門とすることからイエイツの研究分野に非常に近い位置にいた。彼もワールブルク研究所を中心に研究活動を行った学者である。

☆008——*prisca theologia* は〈古代神学〉と訳されることもあるが、モーセを典型として挙げることから分かるようにその概念の重点は〈古代性〉にではなく〈始源性〉にある。つまりアンティカ・テオロギアとの弁別を明確にする意味で〈始源の神学〉の訳が適切である。

☆009——『アスクレピウス』については本書第一章、第二章を参照。

☆010——この魔術研究はイエイツの本書にとって最重要の先行研究であり、ウォーカーが準備した基本枠にブルーノを置いたのが本研究であると言っても過言ではない。

☆011——Lynn Thorndike　一八八二—一九六五　アメリカの中世、ルネサンス期の科学史家。彼の史観はブルクハルトのルネサンス観に対抗して、中世からルネサンスへの連続性をその科学思想の進展の面で捉えるのが特徴である。総合的な科学史家としては二〇世紀最大の存在の一人と言ってよいだろう。

☆012——この問題はもちろん本書と並ぶイエイツのもう一冊の主著『記憶術』のテーマとなった。ブルーノの記憶術はそこでの中心的研究対象とされている——cf. *AM* 9, 11-14.

☆013——イエイツはルルスをスペイン名のルルで呼ぶ。

☆014——こちらは熟語としてのルルス思想であるのでルルスを採用する。

☆015——André-Jean Festugière　一八九八—一九八二　フランスの哲学史家。ヘルメティズム、ネオプラトニズムの研究で知られる。

☆016——Gershom Scholem　一八九七—一九八二　ベルリンに生まれイスラエルに移住したヘブライ学者。近代的カバラ研究は事実上彼によってその基礎が築かれた。W・ベンヤミンの親友でもあり、伝記、往復書簡集はベンヤミン研究の貴重な資料となっている。

☆017——ショーレム以下の本格的ヘブライ学ではKabbalaという表記が定着している。英語にはこのcabala/kabbalaの両形があるが慣用的なのは前者である。

☆018——Dorothea Waley Singer　一八八二—一九六四　イギリスの中世史家。

☆019——ヴィント以下のワールブルク派については本文中で参照が成される箇所で註釈を加えることにしたい。

☆020——ワールブルクの一族は周知の如くドイツの大金融資本家であり、戦後も拠点をアメリカ他に移して事業を続けたが、〈ワールブルク文庫〉の支援はほとんどしなくなっていた。したがってロンドン大学に編入され政府機関となるまでは、研究所全体が非常に不安定な位置にあった。

☆021——Aby Warburg　一八六六—一九二九　言うまでもなく二〇世紀最大の文化学者の一人である。彼の創始した研究所、また学派とイエイツのこの著作との関係は〈解説〉で詳述しているのでそちらを参照されたい。なおワールブルクの表記についてはワーグナー、ウェーバーに倣い、ヴァールブルクとはしない方が外来語としての日本語に早く馴染むと訳者は考えてきた。

☆022——ワールブルク文庫の特異な生産性についてはこれまでもすでにさまざまな著書、訳書で紹介されてきているので、ここでは一つだけ標語を付け加えておこう。それはGute Nachbarschaft=〈良きお隣りさん〉というものである。これはワールブルクがしばしば蔵書の配列を変えることに腐心した結果、口にし始めたモットーだった。本の並びからさまざまな研究への連想を膨らませるという方法が彼の研究の原点にあった、そのことがよく窺える逸話である。現在の研究所は彼の創設した当時よりもさらに一般書が大幅に補填されているので、この配列の妙は一見見えにくくなっているが、それでも少し古い図書を参照する際には独特の体験をすることがある。この研究所でワールブルクに関する博士論文を纏めた訳者も、しばしば人気のない蔵書部でトーデやディーテリヒの著作を探した時にそうした体験をした。

☆023——Ernst Gombrich　一九〇九—二〇〇一　ウィーンのユダヤ人家庭に生まれ、ドイツで学び、イギリスに亡命し、そこで仕事をして亡くなった。二〇世紀を代表する美術史家の一人である。なお日本では英語読みのゴンブリッチが一般化しているが、訳者が親しく博士論文を指導していただいた一九八二-八三年頃は、内輪のスタッフも彼の出自に敬意を表してドイツ風に呼ぶことがしばしばあった。ドイツ・ユダヤ文化の伝統を如実に継ぐ大教養人としての教授はやはりその出自に敬意を表してゴンブリッヒと表記すべきではないだろうか。この原則はドイツ・ユダヤ文化の全般に及ぼすべきであると訳者は考えている。アーレントはエアレントではない、という意味で。

☆024——Rudolf Wittkower　一九〇一—七一　ベルリン生まれ。三四年から五六年まではワールブルク研究所のスタッフ。五六年から合衆国に渡った。ルネサンス建築のイコノロジー研究の第一人者である。

☆025——ワールブルク研究所の最大の特徴の一つがこの完備した写真、スライド資料のシステムである。これはワールブルク最晩年の〈ムネーモシュネー〉プロジェクトにまで遡るもので、ロンドン移転後も持続的に拡充されていった。

第一章　ヘルメス・トリスメギストス

☆001――冒頭のこの単純な命題に含まれる原理的矛盾が本書のテーマであり、またイエイツのルネサンス観の総括でもある。文化史研究においてルネサンス像を決定したブルクハルトの『イタリア・ルネサンスの文化』（一八六〇年初版）でも〈古代の復活〉が、かえって近代的な意味での〈個人の発展〉の推進力となるという同じ矛盾が提示されていた。ブルクハルトの場合、この矛盾の媒介‐宥和は〈芸術〉の理念によって与えられていた。イエイツの場合は〈オカルティズム‐秘教〉であると定式化できるだろう。ではブルクハルト的な〈芸術〉によって媒介された前進‐回顧の時空構造はいかなる程度まで本書で展開される〈ヘルメス教〉的な時空構造と共通し、どこで分岐するのかが問われねばならない。イエイツのみならずA・ワールブルク自身をも含めた〝ワールブルク学派〟のルネサンス像の核心がまさにブルクハルト的〈芸術〉理念の――それは学的対自化の手法としては〝文化史〟の根拠となるわけだが――継承と超克にあったからである――〈解説〉参照。

☆002――このthe cyclic view of time自体が神話的な時間概念であることに注意しなければならない。この神話的時間概念の構成原理は、M・エリアーデが『永劫回帰の神話』でモデル化に成功した汎古代的な円環的時空である。そしてそれは中世→近世という進歩史観に内在する直線的な時間概念と原理的に対立矛盾する。

☆003――聖書への復帰と聖書の原典批判が矛盾した形で同時進行したことと同一の現象が、〈ヘルメス教〉のルネサンス的展開に見られる。この矛盾が本書の分析と記述の基軸の一つである。この問題は再びルネサンス的時空概念自体に内在する自己矛盾へと連なる。

☆004――本書の中核的なテーマがここにさり気なく提出された。それは〈ヘルメス文書〉の古さの誤認を廻っている。

☆005――Magusは〈魔術師〉が原義だが、ルネサンスの文脈上では魔術師とは占星術師及び錬金術師である。したがってルネサンスの魔術史に即して訳すならば〈占星錬金術師〉という訳語が最適だということになるだろう。しかしイエイツのルネサンス魔術研究の特徴の一つは、占星魔術と護符魔術に焦点を当てる分、錬金術の伝統の参照がほとんど主題化されないことである。したがって本書では〈魔術師《マグス》〉また〈魔術〉という表記でイエイツがルネサンス固有の魔術概念を考えていることのみに焦点を合わせることにした。

☆006――Gnosticism＝グノーシス教／グノーシス派は後一から四世紀にローマ帝国で広範に見られた主知主義的救済宗教運動。原始キリスト教と密接かつ複雑な関係にあった――cf. KP.

☆007――百眼または三つ眼の怪物アルゴスのこと。牝牛に変えられたイーオーを監視している彼をゼウス神の命令で殺したヘルメス神は、「アルゴス殺し」＝アルゲイフォンテースという呼称を得た。

☆008――殺人の結果としての亡命はギリシア神話の定型であるばかりでなく、古代ギリシアの現実でもあった。

☆009――the occult sciences　通常〈神秘学〉のみの訳語を当てられているが〈オカルト〉はその中でも非公式、秘教、超常魔術的な自律的組織を意味するので――原義occulo＝隠れる、の残響効果を活かしつつ――やや剰語ではあるがこの訳語を採用した。

☆010――sympathetic magic　代表は占星術におけるマクロコスモス＝天体とミクロコスモス＝人体の照応観念に基づく瀉血法など。A・ワールブルクのルネサンス研究の一つの基軸であり、イエイツの本書の資料的母胎となったロンドン大学のワールブルク研究所はこの関係の充実した文献蒐集を誇っている——cf. A・ワールブルク『ルター時代における言語及び図像上に表現された異教——古代的予言託宣』1920／ASW 8.

☆011——これも占星術の応用分野であり本書第四章で詳細に論じられている。

☆012——Hermetism/Hermeticism はこれまで〈ヘルメス思想〉／〈ヘルメス主義〉と訳されることが多かったが、イエイツの本書の主題がまさにそうした思想-主義の源泉としての秘教的伝統を解明することにあったわけであるから、〈ヘルメス教〉の訳語が適切である。彼女が二次的な対自性、思想性の強い -ticism の語尾形ではなく -tism の宗教性をも包括する一次的対自化の語尾形を選んでいることもこの訳語を支持する。ヘルメス教の伝統のさらに淵源には古典古代の秘教集団、特にオルフィズムがあり、こちらも〈オルフェウス思想／主義〉ではなく実体的な教義教団としての〈オルフェウス教〉であることが、やはりこの訳語の選択を支持するもう一つの根拠である。ヘルメス思想／主義なのか、ヘルメス教なのか、この小さな訳語の問題は、ブルーノの宗教思想をどうイエイツが読み解いたかという本書の中心的テーゼの妥当性と連関し、結局本書全体の読解の鍵であると言ってよい。問題は〈ヘルメティズム〉を一般的に〈ヘルメス教〉と訳すことの妥当性ではなく、イエイツがブルーノに代表されるルネサンス期の〈ヘルメティズム〉を〈ヘルメス教〉であると解釈した、その妥当性にあるのだと訳者は考える——〈解説〉参照。

☆013——Hermetica　ヘルメス教関係の文献はこの用語で総括される慣わしである。

☆014——ギリシア神話の医神アスクレピオスのラテン語形。

☆015——このヘルメス教の基本文献の読解をフィチーノとブルーノの解釈を通じて行うことが本書の一つの基軸となる。

☆016——代表はペルシアの神ミトラスを祀る秘祭宗教としてのミトラ教。

☆017——Apuleius of Madaura　後二世紀のカルタゴ出身の著作家。『黄金のろば』が代表作。本書にイエイツ自身の伝記要約があり、その秘祭信仰が分析されている。

☆018——この〈上昇《アセント》〉の枠組みはアリストテレス-プトレマイオスによって集大成された古代的宇宙像であり、それを文学化した最大の作品がダンテの『神曲—天国篇』であることを考えれば、ヘルメティズムが古典古代の世界像を中世に媒介したその重要な文化的機能が明確になる。

☆019——ローマから中世にかけての教育制度のモデル。文法、論理、修辞、代数、幾何、音楽、天文の七学芸。現在の大学制度の〈一般教養科目〉の淵源である。

☆020——Graeco-Roman/Greco-Roman は古典期のラテン集団で進行したギリシア文化の受容によって成立した〈ギリシア化されたローマ文化〉が原義である。

☆021——becomes in Hermetism actually a religion　ハリソン自身ヘルメティズムを〈思想／主義〉としてではなく一つの〈宗教〉として捉えていたことがこの一文に簡潔に表現されている。〈ヘルメス教〉の訳語が本書においては妥当である所以である——〈解説〉参照。

☆022——Pythagoreanism＝ピュタゴラス教は前六世紀にピュタゴラス自身によって南イタリアのクロトン市に哲学的教団組織として創設されたが、ポリス制度からの弾圧を受け早く秘密結社化した。例えばソクラテスもこの密儀集団の影響を受けている。その世界原理としての〈数〉の観念が、ソクラテスの弟子プラトンの世界観を決定したという系譜を背景に置けば、グノーシス-ヘルメティズムとピュタゴラス教の復興運動の内的必然性は明らかである。

☆023——聖所での就寝による夢占は神話時代のギリシア以来の託宣の定型である——cf. *KP.*

☆024——本書全体のテーマが簡潔に提示された。それは〈錯誤の生産力〉である。

☆025——L. C. F. Lactantius　三世紀から四世紀前半を生きた教父。ディオクレティアヌス帝の大迫害を体験し、コンスタンティヌス大帝のキリスト教公認の際には宗教政策の顧問となる等、キリスト教会の成立期に深く関与した彼には、ヘルメティズムの強い影響が見られる——cf. *KP.*

☆026——Aurelius Augustinus　三五四—四三〇　言うまでもなく最重要の教父、神学者の一人である。ラクタンティウスとは異なり、グノーシス派の流れを汲むマニ教は、彼自身の履歴における〈異端〉として回心の際に清算剔抉されている。

☆027——プラトニズムにおける世界創造者。プラトン自身の『ティマイオス』においては至高神の性格は希薄だが、プラトニズムからネオプラトニズムの展開過程で次第に至高の神性を獲得し一神教に接近した。例えばアウグスティヌスの回心の前提もこの一神教化したネオプラトニズムの造物主観念の摂取同化だった——cf.『告白』Ix.10.25.

☆028——〈世界〉は〈神〉に。

☆029——〈神〉は〈世界〉を。

☆030——Sibylla はローマで制度化された巫女託宣の制度。ローマ帝国がキリスト教化する際にこの予言に寄せた偽書〈シビュラの託宣〉が編纂された。ラクタンティウスの言及するシビュラはこちらのキリスト教化された仮空の巫女の方である——cf. *KP.*

☆031——ルネサンス期には、ラクタンティウスはアウグスティヌスよりも好んで読まれ引用された。

☆032——これはおそらく、アウグスティヌスの時点でギリシア語原典版が散逸しラテン語訳だけが残っていたことを意味するものではないだろう。『告白』を読めば明らかなように、アウグスティヌスにとってはギリシア語はやや遠い言語であり、例えばネオプラトニズムからの大きな影響もラテン語訳を介して受けたものだからである。したがって本来エジプトのギリシア語文化を中心地とするグノーシス-ヘルメティズムはカルタゴのラテン語文化圏にあっては言語的にも他在として受け取られ、それが例えば同じ地方の出身でありながら帝国内を広く教養遍歴することでギリシア語文化としてのヘレニズムを同化摂取していったラクタンティウスとカルタゴ-ローマ-ミラノの往復が生活圏であったアウグスティヌスとの本質的差異であったと考えることができる。この言語媒体の問題——ギリシア語原典による古典文化なのかラテン語訳を介した古典文化なのかという問題——は中世には潜在化していたが、ルネサンス期に至って再燃し、その中で再度ラクタンティウスの受容したヘレニズム文化とアウグスティヌスの学んだラテン文化が対置されることになる。ルネサンスのヘルメティズム受容がフィチーノのラテン語訳から始まるのも、このマクロ連関上での言語媒体の葛藤を再現していると言えるだろう。遠い並行現象として明治期の翻訳文化における〈重訳〉の位置、例えば中江兆民のルソー漢訳のような事例を比較参照してみると、ルネサンス人の言語世界の多元性が意外とわれわれに近いものとして感得できるかもしれない。

☆033——Madauros は北アフリカ、ヌミディアのローマ総督府——cf.

KP.

☆034——資産家の末亡人に気に入られて結婚したので、資産をあてにしていたその親族たちから訴えられた——cf. *KP.*

☆035——『黄金のろば』の原題は*Metamorphoses*、つまり『変身譚』である。平易な冒険譚でありながら古典古代末期の実存的葛藤を活写した重要な作品であり、例えばブルクハルトも『コンスタンティヌス大帝の時代』において詳細にこの作品を分析している——cf. *ZCG*6.

☆036——ソクラテスの行動を抑止した〈神霊《ダイモーン》〉は、彼の裡なる良心の声の化身だった。史上のソクラテス裁判の訴状がこの〈神霊〉信仰の〈不敬〉を告発するものであったことに鑑みれば、ヘルメス教の淵源の一つがこの裁判で争われた〈裡なる敬虔〉の世界対〈ポリスの神々〉＝制度イデオロギーとしての公的宗教であったことが分かる。アプレイウスの神霊論がソクラテスへ遡行することと彼の個人的内面的宗教観は連動しているし、それを論難するアウグスティヌスの最終的な拠り処は勿論〈神の国〉＝正統教会制度イデオロギーであった。内化⇔外化の弁証法はヘルメティズムの記号世界をも本質規定していると言えるだろう。

☆037——以下の引用は「ローマの信徒への手紙」I—21。訳文は新共同訳聖書。

☆038——訳文は新共同訳聖書。

☆039——本書第一〇章を参照。

☆040——Marsilio Ficino　一四三三—九九　フィレンツェ・ルネサンスを代表する人文主義者。ルネサンスのヘルメティズム受容は彼による『ヘルメス選集《コルプス・ヘルメティクム》』のラテン語訳から始まる——本書第二章を参照。

☆041——Giordano Bruno　一五四八—一六〇〇　ナポリ近郊に軍人の子として生まれ、ドメニコ会修道士となった。異端の嫌疑を受け修道会を脱走後ヨーロッパ中を遍歴し、ヴェネツィアで捕らえられ一六〇〇年にローマで火刑に処される。ブルーノのコスモポリタン的遍歴は本書にも自然な形で汎ヨーロッパ的精神史の枠組みを与えている。

☆042——Titus Flavius Clemens von Alexandria　一五〇頃—二一五　おそらくアテーナイに生まれ、ヘレニズム的教養を身につけた後、キリスト教に改宗し迫害を逃れた先のカッパドキアで死亡。オリゲネスの師にあたる最初期のキリスト教哲学者の一人。代表作『プロトレプティコス』（異教徒への勧告）は古典古代以来の秘祭の内実を暴露した重要な資料としてギリシア宗教学の方面で活用されている——cf. *HN*、〈原典資料〉

☆043——*Hermetica* はクレメンスより後の時代に成立、編纂されたものであるため。

☆044——Cosimo de' Medici　一三八九—一四六四　銀行業でヨーロッパ的規模の流通に関与し、巨額の富を獲得した後一四三〇年代から実質的にフィレンツェ市政の実権を掌握した。孫のロレンツォと並んでフィレンツェ初期ルネサンスの実質上の推進者である。フィチーノは彼の私設秘書のような位置にいた。

☆045——Lorenzo de' Medici　一四四九—九二　フィレンツェ・ルネサンス最大のパトロンとして共和国の全盛期を指導した。ブルクハルトもワールブルクも、まずルネサンス全体の精神を体現したこの〈イル・マニフィコ〉（華麗なる者）を廻る大規模な文化サークルに注目した。フィチーノはロレンツォに対しては老家庭教師の位置にある。

☆046——一四三八—三九年にフィレンツェ及びフェラーラで開催された東西教会の宥和・統一を大目的とする公会議、会議そのものは失敗に終わったが、ビザンチン帝国の人文学者がフィレンツェ・サークルと緊密な交流を始めたことでイタリアの人文ルネサンスは著しく加速した。

☆047——Gemistos Plethon　一三六〇頃—一四五二　ビザンチン帝国晩期を代表する新プラトン主義哲学者。フィレンツェのプラトン・アカデミー創設のきっかけを与えた。

☆048——ギリシア原典の表題は『ポイマンドレス』。

☆049——Hermopolis/Hermupokis は上エジプトの都市。主神はトートであるからヘルメス神との習合が生じたと考えられる——cf. KP.

☆050——Aglaophamos/Aglaophemus　トラキアでピュタゴラスに奥義を授けたオルフェウス派哲人とされているが具体的な事蹟は伝わらない——cf. KP.

☆051——Philolaos　前五世紀中頃に活躍したピュタゴラス派の哲学者。プラトンへの影響は直接にではなく弟子のアルキュタスを通じてである——cf. KP.

☆052——Jacques Lefèvre d'Etaples　一四五〇頃—一五三六　北フランスに生まれ、パリで活躍したルネサンス期のフランスを代表する人文学者。聖書復古による宗教改革の理念を実践しようとして異端の疑いをかけられ隠遁した。彼をルターと並置してみると、確かにイエイツが指摘するように、〈始源の神学〉への回帰がこの時期の時代現象であったことがよく分かる。

☆053——Byzantium　コンスタンティノープルの中世における名称。

☆054——Iamblichos　四世紀前半に活躍したシリア出身の新プラトン派哲学者。次項ポルフュリオスの弟子。主著は『エジプト人の密儀について』であるから新プラトン派とヘルメス教の親近性をよく示している——cf. KP.

☆055——Porphyrios　二三〇頃—三〇五頃　シリア生まれの新プラトン派哲学者。プロティノスの弟子でイアンブリコスの師にあたる。『アリストテレス範疇論入門』が代表作——cf. KP.

☆056——Plotinos　二〇五頃—二七〇　エジプト出身の哲学者で言うまでもなく新プラトン主義の大成者である。主著は『エンネアデス』。フィチーノによってラテン語訳された。

第二章　フィチーノの『ピマンデル』と『アスクレピウス』

☆001——「異教的」という限定がつくのは、グノーシス教／派にはさらに原始キリスト教と習合したもの、及びヘブライズムの影響が濃厚なものを含むため。

☆002——〈想像力を参加させ……と仮定する〉の原文は、approach... imaginatively。イエイツのルネサンス研究の方法的基軸は歴史研究でありながら、なお裡側からの理解を目指す。そしてそのために研究者自身の想像力を活用しようとする。これは彼女の主たる研究対象がオカルト神秘学であったため、通常の歴史研究ではマイナーな「迷信」現象として粗雑に処理されがちであったことへの批判を含んだ主張である。イエイツの著書にオカルト神秘学関係の著作のパラフレーズ的紹介がかなり多く見られるその原点には、こうした内在的了解への強い志向があることに注意しなければならないだろう——〈解説〉参照。

☆003——この〈上昇〉のプラトニズム的な直接の源泉はプラトンの『パイドロス』や『国家』中の哲学神話だが、さらにその根源にシャーマニズム的な〈上昇〉シンタクスがあることを指摘しておきたい。ダンテやまたダンテの挿絵画家としてのボッティチェッリの〈上昇〉を廻る心象世界の理解には、プラトニズム的なものに加わるこの原シャーマニズム的な経験世界のトーンへの了解が欠かせないからである――エリアーデ『シャーマニズム』他参照。

☆004――ヘルメス文書としての呼称は、Poimandres＝ポイマンドレス。この語の原義は〈人々の羊飼い〉であり、原始キリスト教で重要な象徴として用いられた〈良き羊飼い〉のトポスと連動している――cf. *KP*。ピマンデルはフィチーノの翻訳表題。イエイツは一貫してピマンデルの語形を用いているのでそれを本訳書においても踏襲することとした。

☆005――イエイツがこれから分析するように、この条には「創世記」と「ヨハネによる福音書」からの共鳴が明確に認められる。

☆006――〈神のナルシシズム〉のテーマが呈示される。この独特の〈神のナルシシズム〉のトポスはナルキッソス神話の後発性やヘルマフロディテの造形のやはり後発性から考えて、古典世界末期の爛熟的デカダンスを反照したものと考えられる。イエイツは直接的にはこのテーマは掘り下げていない。しかしヘルメティズムに内在する個人性と自省過多のナルシシズムの内的連関は、例えばフィチーノやピコの背景にボッティチェッリの脆くも儚い造形世界を置くだけで一目瞭然となる。その造詣世界の基軸は内省美の本質的なナルシシズム性だったからである――cf. *KP*. また後代のヴァレリーにおけるナルシシズムのテーマがやはり古典神話的形象を纏いつつも、壮麗なオリュンポス神たちの世界ではなく、むしろマイナーな無名神たちの世界との親近性を示していたことも思い合わされる。

☆007――〈支配者たち〉も造物主によって形成された存在であるという点において人間の〈兄弟〉である。

☆008――前註の〈神のナルシシズム〉と連関するナルキッソス神話素の介在。

☆009――〈両性具有〉は加入儀礼と連関する神話に普遍的に登場するモチーフである――エリアーデ『加入儀礼、儀式、秘密結社』参照。ヘルメス教がこのモチーフを習合したことと、またその儀礼的組織が著しくシャーマニズム的な師弟間の秘伝伝授の傾向を帯びることとはやはり内的に連関しているものと思われる。例えばヘブライズムの人間創造はアダムを二重化するものの、アダムはやはり〈男〉として規定されており、この〈両性具有〉のトポスとは重合しない――cf. *KSS* 5. 総じてヘブライズムにはカバラにおける師弟関係の緊密さを除いてはシャーマニズム性が稀薄なように思える。仏教の特に密教関係で、〈両性具有〉のトポスとやはり師弟間の秘密伝授がシャーマニズム的色彩を伴って重要な儀礼組織を形成していることも重要な参照対象とすべきかもしれない。

☆010――〈期〉＝periodとはギリシア神話の世界時間としてのアイオーン＝aionのこと。アイオーンによって区切られた一つの世界の生成と消滅は特にストア派の宇宙論の特徴であるから、ヘルメス教とストア派の親近性をこの創造神話に見ることが可能であり、イエイツもほぼそのラインでヘルメス教に流れ込んだ〈グレコ‐ローマン的哲学諸派〉を捉えている。

☆011――「創世記」9―7、「あなたたちは産めよ、増えよ／地に群がり、地に増えよ。」新共同訳聖書。

☆012――〈摂理〉＝Providenceはキリスト教神学の重要な基軸であるから、ここではヘルメス教と原始キリスト教の習合を考えることができる。

☆013――こちらは典型的に異教的な運命観と占星術の結合を示している。ヘルメス教が古典世界とキリスト教を媒介する宥和の可能性としてルネサンス人に強くアピールしたその原点に、この結合の自己矛盾があると言える。

☆014――ソクラテス的自知の古典世界末期における転形の姿をここに確認することができる。ソクラテスにおいて神人分離のモットーであったものが、プラトニズム-新プラトニズムの媒介を経て内的な神人一致に至ったことが特徴的である――『ソクラテスの弁明』23A―B参照。

☆015――ボッティチェッリのダンテ『神曲』への挿絵がこの天界への上昇のプラトニズム-ヘルメス教的超越を美しくまた宗教的実存性を込めて描いている。ゲーテの『ファウスト第二部』の終局も天界への上昇だが、そこにはもはや脱ぎ捨てるべき〈悪〉は登場しない。そして人はそこに宗教的実存性を感じることはない。やはりヘルメス教的霊肉二元論からの距離が、ルネサンス以降のヨーロッパ的実存の宗教性を計る一つの尺度なのかもしれない。

☆016――〈天球の刻印〉とはホロスコープ的な星辰の運命支配のこと。

☆017――ogdoadic はギリシア語の okto=8 に由来するヘルメティズムの観念で、天球の〈七柱の支配者たち〉を超越した存在という意味である。

☆018――この〈刻み込んだ〉=engraved という語は、註で示されているようにフィチーノ訳の inscripsi に対応している。つまり記憶術の使用とヘルメス教の本質連関がすでにフィチーノ自身において自覚されていたことをイエイツはさりげなく示唆している。本書第一八章参照。

☆019――「創世記」1―2、「…闇が深淵の面にあり、神の霊が水の面を動いていた。」新共同訳聖書。

☆020――「創世記」1―3、「神は言われた。『光あれ。』こうして光があった。」新共同訳聖書。

☆021――つまりキリスト教の布教以前にヘルメス文書は成立したとフィチーノたちルネサンス人は考えていたわけだから。

☆022――ヘルメス文書の著者としてのメルクリウスは。

☆023――フィチーノは〈三位一体〉の原初的真理性に興奮している。

☆024――前記『ヘルメス選集』I要約中の註参照。

☆025――*Theologica Platonica de Immortalitate Animarum*『魂の不死性に関するプラトン神学』(一四八二年)。新プラトン主義者としてのフィチーノの代表作。

☆026――プラトンの対話篇中ではこの作品において最も大規模に〈世界創造〉の哲学神話が語られているから、〈ヘルメス文書〉の創造神話との比較が可能であり、フィチーノもそのラインで思考を進めている。

☆027――ヘルメス・トリスメギストスのこと。フィチーノのラテン語翻訳家としての意識が人名化の意識――メルクリウスは姓である！――にいつのまにか移行していることが面白い。

☆028――Artapanos　前二世紀に活動したヘレニズム期の異教化したユダヤ人著作家。代表作『ユダヤ人について』はヘブライの古代史をテーマとする歴史小説だったらしいが、散逸して断片のみ伝わっている――cf. *KP*.

☆029――〈…とフィチーノは〉以下は原文にない。イエイツの選んだ共感的想像力の参加の方法が文体をほとんど心理小説の感情移入に近いところまで接近させている。したがって冗長ではあるが誤読を避けるために補った。

☆030――「ヨハネによる福音書」1―1〜5、「初めに言《ことば》があった。言は神と共にあった。言は神であった。この言は、初めに神と共にあった。万物は言によって成った。成ったもので言によらず成ったものは何一つなかった。言の内に命があった。命は人間を照らす光であった。光は暗闇の中で輝いている。暗闇は光を理解しなかった。」新共同訳聖書。

ヨハネ福音書冒頭部をギリシア的ロゴス観と比較することはギリシア学の側からも聖書学の側からもすでに試み尽くされた観があるが、ヘルメス教及びそのルネサンス的展開のコンテクスト上に置いてこの照応関係を捉えることにより、ギリシア-ヘブライズムの二項対立に習合的-宥和的媒介項が登場し新たな世界観的構図への視野が啓ける。ルネサンス的心性にとってまさにこの習合-宥和の可能性こそが頂門の一針であることをブルクハルト以来のルネサンス研究家たちは自らの心に感じ続けた。ワールブルク、ヴィント、パノフスキー、ゴンブリッヒ、そしてイエイツ。ルネサンス研究が近代史学の中で特異に実存的な奥行きに満ちた分野になったその根源には、この媒介-宥和の可能性を廻るルネサンス人たちと史家自身の心の共振があると思う。つまりルネサンスとはやはりブルクハルトが定式化したように〈ヨーロッパ近代の故郷〉なのである。彼らの〈心の旅路〉としてのルネサンス研究に異文化のコンテクスト上から心惹かれ続けた一人としてこの事実を確認しておきたい——cf. *KR* 2,3,6.

☆０３１——原典の〈ポイマンドレス〉のこと。

☆０３２——しかし〈カバラ〉の伝統においてはアダムの創造自体が二重化され、〈原初のアダム〉はこの神的な創造の力を有していたことに注意しなければならない——cf. *KSS* 3. イエイツの観点からすればまさにそこがカバラのヘブライズムにおける異端の証であり、ピコによるヘルメス教との習合を内在的に招来したということになるだろう。

☆０３３——「創世記」3—1〜24。

☆０３４——このセッティングは典型的にシャーマンの秘伝伝授の型を踏襲していることに注意。例えば『ツァラトゥストラ』第四部の〈ましな人間たち〉とツァラトゥストラのファルス風の対話劇もこのシャーマニズム・シンタクスの末裔である。つまりニーチェにおいても師弟関係は上昇—下降の二項対立上で行われる必然性があったという意味で、ヘルメス教及びルネサンス的心性と系譜的に連関している。そしてバーゼル大学でニーチェの同僚であったブルクハルトは、その古典的ルネサンス研究でペトラルカの〈山上での沈思黙考〉にルネサンス的葛藤の原点の一つを観たのだった——cf. *KR* 4. ではブルーノにおいてこの山上のトポロジーはどういう形に転形したのかを本書の展開に従って考えてみると、ルネサンス的秘教の情念型が側面から照らし出されるかもしれない。

☆０３５——この〈真理〉の感官にとっての不可知性の主張は、遥か後代のカントの理性批判における〈物自体〉の不可知性の主張と共鳴しているのが興味深い。

☆０３６——われわれの足元の伝統からインド的〈ヨーガ〉、あるいは仏教的〈止観〉、あるいは老荘的〈静座〉を連想した上で、それらとヘルメス教的ヨーガとの偏差を考えてみると、その個人的自同性の強調が際立ってくる。つまりわれわれの概念を使用してその特性を考えれば、それは〈自性〉の聖化を廻る秘教である、と定式化できる。

☆０３７——この一二→一〇の数範疇の転換は後に見るように重要な意味を持つ。

☆０３８——イエイツの訳はtent。tabernakulumも天幕の意味だが、原義はローマの鳥占いのための地所であり、それが旧約の幕屋＝イスラエルの民の移動式神殿へと転用された。キリスト教で教会内部の装飾的天蓋をこの語で表示するのもその伝統に由来している。つまりイエイツが言いたいのは、フィチーノがヘルメス教の原典をキリスト教の伝統と習合させる形で翻訳しているということである。イエイツの言語一般に対する細やかな感性がよく発揮された鋭い指摘であると思う。

☆０３９——〈一者〉はイオニア自然哲学以来のギリシア哲学の根幹的理

念だが、ここではネオプラトニズムのイデア＝ロゴス的一者が直接の参照対象であると思われる。

☆040――ここまでが『ヘルメス選集』(*Corpus Hermeticum*) XIIIの要約。

☆041――この恩寵⇕宿命の二項対立の宥和こそがヘルメス教の果たしたルネサンス的調和の理念形成の本質に他ならない。本書の最重要のテーマの一つである。

☆042――聖書訳は新共同訳による。

☆043――この〈生成し続ける世界の永遠性〉の哲学的直感はニーチェの〈ディオニュソス的世界〉を強く連想させる。系譜的に言えばこの符合の背景には、❶ヘルメス教とストア的宇宙論の親近性、❷ニーチェとヘラクレイトスの親近性、❸ストア派がヘラクレイトス哲学の俗化の側面を持っていたこと、の三点があり、したがって哲学史的な解説を加えれば一応整合的な了解は可能だが、より本質的な次元でやはり〈秘教〉的な世界感覚の共振というものを考えるべきではないかと思う。つまりやはりここでも基底的なシャーマニズム的世界像が〈生成〉する世界の永遠性をその〈秘教〉のシンタクスにおいて記憶していたと考えるならば、このシンタクスの再生に伴う社会的記憶＝世界像の再生を原理的に想定することができる。ある種プルーストのこだわった〈水中花〉の再生を思わせるこの記憶そのもののメカニズムはルネサンスを〈再生〉の原義に沿って総体的に把握ようとするときに何よりも有効な視点であり、イエイツの本書もヘルメス教の〈秘教〉的シンタクスの再生の現場を追跡したものだと言えるだろう。

☆044――古典世界の基本的了解に従えば、魂とは何よりも〈自らを動かす者〉である。

☆045――この垂直的昇降は典型的なシャーマン的世界把握のシンタクス型である――エリアーデ『シャーマニズム』参照。

☆046――アリストテレスを代表とする古代的範疇論が投影されていることに注意。ヘルメス教の大掛かりな習合性がここでも発揮されている。

☆047――ここでも〈一度に〉という独特の存在体験の爆発的体験と自己神化が重合していることを内的儀礼のシンタクスとしてひとまず抽象化すれば、その同じ自己神化の儀礼性が例えば『悪霊』のキリーロフの特異な神人一体化の思考実験にほとんどそのままの形で再現されていることに驚かされる。この時代と集団を越えた〈先祖返り〉の根拠はなんなのかを考える時、〈秘教〉の持つ普遍的な生命力の一端に触れることができるだろう。

☆048――視覚の優越は典型的に異教古代的な世界像の基調であり、言葉＝ロゴスもこの文脈では可視の世界秩序の主宰者である。つまりそれは本来的にはヘブライズム的な言葉＝〈神〉の命令による世界創造の描像とは対極的な位置にある。命令の本質は聴覚の優越であるから。ここでもしたがってヘルメス教の強靱な習合力がロゴス的世界と旧約的世界を融合しようと試みている、その現場の一つを確認することができる。

☆049――この〈円環的循環〉はヘラクレイトス的-ストア的宇宙論の基本構造であり、ニーチェの〈永劫回帰〉へと転生する。

☆050――原文はgodを無冠詞で使っている。God または a god とのニュアンスの差異はおそらくはギリシア語原文――といってイエイツはフェステュジエールの仏訳とフィチーノのラテン語訳を中心にこの要約を作成しているわけだが――の影響ではないかと思う。theos は本来的には形容詞であり〈神的な状態〉を意味するからである。ケレーニイやW・オットーが繰り返しこのギリシア的神顕現の汎神論的性格を論じていることが思い合わされる。
☆０５１――ここでも再びgodは無冠詞。
☆０５２――再び古典古代の生命観に特徴的な生命-運動-魂の三位一体が前提とされている。
☆０５３――アリストテレスの〈不動の動者〉=〈神〉はもちろんこの世界にあって世界を動かしつつなおかつ自身は動かない者である。ヘルメス教の宇宙論の源泉はこれまでに観たようにストア派-ヘラクレイトス的なものであるからその世界原理は〈生成〉であり、ニーチェの用語法で言えばディオニュソス的である。対して〈不動の動者〉の系譜はパルメニデスの存在論を直接の淵源とする。つまりこの後者の系譜が中世キリスト教神学の基軸となったことを考えれば、ニーチェがギリシア哲学の根源に観た〈生成〉対〈存在〉の二律背反はヘルメス教のルネサンス的復興においても繰り返されていたことが分かる。この点はブルーノに至る〈異端審問〉の問題にとっても本質的である。つまりヘルメティズムは大がかりに習合的な宗教運動であったとはいえ、その基本的世界観は〈生成〉と世界内在的=汎神論的神人一致観にあり、アリストテレス-スコラの正統キリスト教神学の〈存在〉的=超越神的世界観からは〈異端〉として判断されざるを得なかった、と要約できるだろう――ニーチェ『悲劇時代のギリシア人の哲学』他参照。
☆０５４――〈神〉はGod、〈一柱の神〉はa god.
☆０５５――〈自然哲学〉の原型はイオニア植民市で興ったタレースを始めとするギリシア初期哲学だが、少なくともその主流は一元論的であり、また汎神論的色彩が強かった。イエイツはそのことを踏まえている。
☆０５６――Hammonはアモン/アメンのこと。エジプト新王国の主神であり太陽神と習合してアモン-ラーと呼ばれた。ギリシア的文脈からはゼウスと同一視された点が重要である――cf. *KP.*
☆０５７――この〈大衆〉を排除したエリートたちの〈エジプトの神殿での〉秘密の会合というセッティングは、ヘルメティズムからルネサンス的神秘主義に至る〈オカルト的秘教〉の宗教的-文化的本質を把握しようとする際に非常に重要である。古典古代において〈秘教〉のルーツの一つは〈秘祭〉であり、それはむしろ非常に一般大衆的な広がりを持つものだった――cf. *HN5.*/E・ローデ『プシューケー』他参照。対してもう一つのルーツの〈哲学的秘教〉は原初的にエリート志向、脱大衆的であり、〈オカルト的秘教〉においてはこの二つの背反する要因が複雑に絡み合っている。〈オカルト神秘学〉的伝統におけるこの〈大衆性〉と〈エリート性〉の二律背反は、例えばブルーノの大衆的な発想を修辞的に最大限活用しながらなおかつエリートをつねに読者層に設定するという文体上の分裂にまで反映していると考えることができる。そしてそれはまた知的エリートの教養言語であるラテン語で書くべきか、それとも〈大衆〉も読める〈俗語〉=国語で書くべきかという言語媒体の選択の問題へと連続する。
☆０５８――原文のcontinual effluviaは、通常の英語語法ではeffluxでなければならないところだろうが、ラテン語の原義の転用としては全く問題ない。古典研究をライフワークとする学者に時折見られる古典語の原義の優先の一例である。
☆０５９――つまりヘルメス教によって。
☆０６０――〈神〉の創造の業の証人としての人間の創造というこの独特の起源譚的理由づけは、哲学史的に言えば、〈観照的生〉vita contemplativaと〈行動的生〉vita activaの価値的対立という古典古代全般にわたる二律背反を反映している。つまり熟視=観照が人間の創造の根拠であるならば、行動ではなく哲学的省察が人間本来の〈神性〉の証となる。この二律背反に関してはH・アーレントの研究をまず参照すべきである——H・アーレント『人間の条件』参照。

☆061——spiritus＝精神の原義は微風、大気、息吹である。つまり東洋的文脈での〈気〉と重なり合う。

☆062——Horoscopesの語源はギリシア語のhoroscopos＝時の監視役。抽象概念の神格化は典型的に古代末期的現象である——cf. ZCG 6.

☆063——一時間は一五度にあたる。

☆064——dekanはホロスコープ占星術の基本的概念であり、さまざまな神話的形象と習合する。ワールブルク以来図像学的ルネサンス研究の大きな対象領域となっている——cf. ASW 7, 8.

☆065——以下非常に印象的な形で神像の制作と魔術的儀礼によるそれへの生命賦与が語られる。オカルト神秘学的秘教の一つの特性としての〈神の力の操作＝奪取〉の原風景がここにあることに注意しておきたい。

☆066——この部分はピュタゴラス派の教理との習合を示している。天体の調和と音楽の特に音階的調和はピュタゴラス派にあっては早くから等置されていた。それがソクラテス-プラトンを経てイデアの理念体系とまず融合し、ネオプラトニズムのオカルト的儀礼化を介してヘルメス教の教理へと変容していったわけである。

☆067——古典古代とインド文化の接触のターニングポイントはもちろんアレクサンダー大王の東征だが、それ以来特に宗教的な世界像の臨界域＝フロンティアとしてインドは興味深い観念的な機能を果たし続けることになる——cf. KP.

☆068——ルネサンス的調和の定式となった〈調和した不調和〉discordia concorsの原型がここに見られることに注意——cf. PMR 5, 10. この定式にはもう一つ対偶的な〈不調和である調和〉concordia discorsがある。こちらの頻度はdiscordia concorsに比べると少ないようだが、そもそもこの対偶の存在を意識すること自体、やはりルネサンス的心性にとっての調和の脆さ、危うさというものを証言していると言ってよいだろう——cf. PMR 4.

☆069——イエイツも『アスクレピウス』中の〈神の制作〉の受容の可否をルネサンス的人文主義の分水嶺と考えていたことが分かる。つまり〈魔術〉の可否である。

☆070——ルネサンス人にとっての「現代」とは解体するキリスト教会の危機の時代だった。したがって〈嘆き〉に対する感情移入はアウグスティヌスとはちょうど逆向きになる。しかし通常の批判的-客観的歴史叙述はこうした時代の主観性に対してあまり注意を払おうとしない。したがってこの時代の心性における〈古典〉の意味の逆転を捉えるには、イエイツの虚心坦懐な「想像力の参加」つまりひとまずルネサンス人になりきりその「迷信」を共にするという特殊な方法をとる必要があった。イエイツの共感的読解——それはそれ自体ある種の共感魔術なのだろう——が歴史の深層に動く集団の情念を鋭く捉えた瞬間である。

☆071——シエナの大聖堂は十三世紀初頭に建築が開始された。大理石床のモザイク装飾はこの教会が最も力を入れた部分の一つで、一三七三年に始められ一五四七年まで続けられている（したがって必然的にさまざまな様式が混交している）。イエイツがここで扱っているヘルメス・トリスメギストスとシビュラたちの装飾は一四八〇年代のものである。重要なことはシエナが長い間トスカナにおける覇権をフィレンツェと争う位置にあったということであり、特にこの大聖堂は同時期に建設が進められていたフィレンツェのサンタ・マリーア・デル・フィオーレ大聖堂に対する強い対抗意識をもって進められた最重要のプロジェクトだったという点である。つまりシエナが自分の大聖堂の入り口にヘルメス・トリスメギストスを麗々しく装飾したことは同時代のフィレンツェ市民にも当然意識されていたわけで、その点から見ればコジモの指令による『ヘルメス選集』の発見収集もフィチーノによる翻訳もヘルメス教受容による本家争いのような側面を持っていたと言える。この事実からしてもヘルメス教の受容は中世以来のものであり、またルネサンス共通の一大関心事であったことが分かると思う。

☆０７２――ローマの伝説上の託宣巫女としてのシビュラの総数は伝統的に一〇人。前四世紀に制度化された時もこの数は守られたが前一世紀に一五人に増員された――cf. KP. したがってシエナのプラニングは古伝説に基づいたものであることが分かる。この図像における始源志向のトーンがヘルメス教受容の最大の動因の一つであり、やはり始源的なものへの志向と連動していることに注意すべきだろう。

☆０７３――Moyse はモーセのラテン語別型 Moyses の英語化。聖ヒエロニムスの聖書ラテン語訳ではこちらの形が用いられている。

☆０７４――旧約中の人物を特にターバンを纏わせたトルコ-オリエント風に描くのは中世以来レンブラントあたりまで保たれる宗教画の定型。

☆０７５――再びイエイツの共感的直感が〈夢の集団〉(ベンヤミン)つまり時代の集団的情念を捉えようとしている。キリスト教の淵源にモーセの律法があり、そのモーセはヘルメス・トリスメギストスの権威を裏書きする〈嘆願者〉である。しかしその嘆願はエジプトの堕落、転落を前提とした〈エジプトの復活〉への嘆願である。そしてその〈エジプトの復活〉とは〈キリスト教会の復活〉に他ならず、その前提はルネサンス的現代にとってのキリスト教の転落、解体の危機である。それゆえモーセの嘆願対象としてのヘルメス・トリスメギストスはルネサンス・コムーネの焦点としての大聖堂の入り口を飾る栄誉を担うのである。ここには非常に複雑で錯綜した集団の情念のアンビバレンツと弁証法の前哨形態が介在しており、それこそまさにルネサンス的〈調和する不調和〉discordia concors ということになるのだろう。これだけの問題に実証的な細部から切り込んで見せたイエイツの史的想像力の拡がりはまた正統的にブルクハルト-ワールブルクのラインでのルネサンス研究の本流を継承するものであったことを指摘しておきたい――〈解説〉参照。

第三章　ヘルメス・トリスメギストスと魔術

☆００１――Stobaeus/Stobaios は紀元後五世紀初頭に活躍したマケドニア出身の博物誌家。広範な古典作家からの抜粋集で知られる――cf. KP.

☆００２――金星の。

☆００３――エジプトにおけるこの一日の時間の神格化は、東洋古代以来の干支のシステムとの比較が可能である。ただしその際ひとまず干支では陰陽五行的な〈操作〉性が優越し〈神格〉性は稀薄であることが比較の基軸を曖昧にしている。しかしさらにエジプト的な時間分割がここでイエイツが指摘しているように占星術的操作のシステム的前提であったことを考え合わせれば、再び両者は意味ある比較の対象となる。つまりイエイツの魔術研究の視座は非常に広範な〈一般文化学〉的な適用の可能性を持っていると言える。そしてそこにこそ、われわれ異文化のコンテクストから、このヨーロッパ的心性の核心を目指した古典的研究を参照し続ける意味があるように感じる――南方熊楠『十二支考』参照。

☆004――カルデア人はメソポタミアに居住していたセム系民族。彼らが中心となって創設した新バビロニア王国で最初の占星術の体系化が行われたことから、特に古典古代からカルデアは占星術の中心地と見做される伝統が生じた――cf. *KP*.

☆005――惑星はもちろん黄道十二宮上をふらふらと不規則に移動するわけだから、デカンと惑星の関係は一時的であり不安定である。ここから占星術システムの無限のヴァリエーションが生じることになる。

☆006――つまり黄道十二宮の一宮分は三〇度であるから一〇度ごとのデカンの三体分に対応する。ルネサンス期の占星術イコノロジーの代表作であるフェラーラのスキファノイア宮殿フレスコ画でも、この三体のデカン対一つの星座＝徴の対応が全体のプラニングの基礎となっている――cf. *ASW7*.

☆007――先にハモンとして登場したあのアモン-ラー神の現《うつ》し身である。

☆008――フィチーノは後者を〈土星恐怖〉に対する治癒手段として採用することになる――本書第四章参照。

☆009――Albertus Magnus　十三世紀のスコラ哲学者。トマス・アクィナスの師として有名。トマスはヘルメス教及びヘルメス教的魔術の正当性の権威づけの際に重要な役割を果たしたから――本書第四章参照――その連関でこのトマスの師の魔術批判も捉える必要がある。皮肉なことに、百科全書的な知識欲を特徴とするアルベルトゥス・マグヌスは、同時代人には〈魔術師〉の一人として受け取られさまざまな伝説を生むこととなった。

☆010――Roger Bacon　十三世紀イギリスのスコラ哲学者、自然学者。数学の重視、アラビア自然学の積極的受容など、十八世紀の経験哲学を非常に早い段階で先取りする特異な哲学者であると共に、またオーソドックスに中世的な普遍志向を持つ神学者でもある。ヘルメス教に対する敬意は後のやはり〈経験〉を標榜する同国同姓の哲学者フランシス・ベーコンのヘルメス教及びルネサンス的魔術の否定と対照的であり、経験科学の二つの側面、その総合的-習合的側面と分析的-専門化的側面を際立たせている。

☆011――本書第二章結尾のシエナ大聖堂のヘルメス・トリスメギストスを描いたモザイクに関する叙述を参照。

☆012――アダムとノアの間に位置するこのユダヤの祖がいきなりここで登場する必然性は、彼がノア以前の義人の代表として「神と共に歩み、神が取られたのでいなくなった」(新共同訳聖書「創世記」5―24)からであろう。つまりヘルメス教的文脈からこの義人としての死を〈天上への魂の帰還〉とネオプラトニズム的に読み替えたことが分かる。

☆013――Triplex の原義は three-fold.

☆014――*Picatrix* は最初スペインのアラビア人によって十世紀に書かれ、十三世紀にラテン語訳された際にこの通称を与えられた。中世後期のオカルト的占星術の代表的マニュアルとしてルネサンス期に至るまで深く広い影響を及ぼし続けた。この俗流魔術マニュアルのヨーロッパ精神史にとっての大きな意味に最初に注目したのはワールブルクであり、書誌学的同定も彼が中心となって行ったものである――cf. *ASW7, 8*.――『ピカトリクス』はワールブルク派にとっては一種の仲間裡の符丁のようなものであり、この書名を挙げるだけでワールブルクのスキファノイア宮研究とデューラー研究が自動的に想い起こされるほど、イコノロジー的研究の最も成功した範例としての位置を占めている。つまりここでイエイツは自身の研究の本拠であったワールブルク研究所の伝統を最大限に活用しようと試み、それに成功している。

☆015——この年代同定はワールブルクと異なる。彼は十世紀だと考えアラビア人の著作家も同定している。イエイツはもちろんワールブルクの説を知っていたはずだが、どうして十二世紀に成立を遅らせて考えたのかその理由は分からない——cf.*ASW* 8.

☆016——Harran　メソポタミアの古代都市。現在はトルコ南東部にある。古来重要な交易都市であった。カルデアのウルを出立したアブラハムもカナンに入る前にこの町に滞在したことがある。

☆017——Sabean/Sabean はアラビア半島南西部の古王国の住人。旧約の〈シバの女王〉の国である。

☆018——Alfonso X　一二二一—八四　レオン-カスティリヤ国王。在位一二五二—八四　アラビア語からの翻訳事業を中心とした文芸奨励により〈賢王〉の名で呼ばれたが、内政面では失政続きであった。

☆019——Ludovico Lazzarelli　一四四七—一五〇〇　イタリアの哲学者、オカルト主義者、ヘルメティスト。フィチーノの『ヘルメス選集』に漏れた文献を翻訳している。実践的な魔術師でもあった。

☆020——Giovanni Francesco Pico　一四七〇—一五三三　イタリアの哲学者。伯父とサヴォナローラの伝記が資料的な価値を持って後世に残った。彼自身の立場は伯父よりも遙かに保守的である。

☆021——Symphorien Champier　一四七一—一五三八　フランスの医師、人文主義者。モンペリエ、リヨンで活動した。リヨンではラブレーと知り合っている。

☆022——Pietro d'Abano　一二五〇頃—一三一六　イタリアの哲学者、占星学者、医師。パドヴァで活動した。異端審問の訴追を受け収監中に没している。ワールブルクも彼の占星術マニュアル本の木版挿絵をスキファノイア宮の研究の際に用いている——cf.*ASW* 7.

☆023——渡辺一夫訳『ラブレー第三の書　パンタグリュエル物語』第23章。

☆024——Théodore Agrippa D'Aubigné　一五五二—一六三〇　ユグノー戦争の時期を生きた新教派の詩人。アンリ三世、四世と交渉があった。作風はバロック的であると評されている。

☆025——Henri III　一五五一—八九　在位一五七四—八九　ユグノー戦争中に暗殺されたこのフランス国王は、本書の後の記述で明らかなようにブルーノのパトロンとしての役割を果たしている。後年イエイツは〈薔薇十字団〉の研究に際してこの秘教運動の焦点となった選帝侯フリードリヒ五世をアンリ三世に擬している——cf.*RE* 13.イエイツのルネサンス研究の隠れたもう一つのテーマはルネサンス的習合-寛容の逆の項としての宗教戦争-魔女狩りで、その否定的趨勢を止め得たかもしれない啓蒙的君主たち、アンリ三世、四世、そしてフリードリヒ五世への思い入れは強く、ほとんど個人的なニュアンスすら感じさせる。

☆026——再びヘルメス教の哲学系譜的ルーツ、つまりストア-ヘラクレイトス的な〈永遠の生成〉の世界像がここに垣間見えている。「上昇する道と下降する道は同一である」とヘラクレイトスは言っている——cf.*DK*/22B60.そしてこの生成的世界観はもちろんまた中世的フォルトゥーナの上昇し下降する運勢の転輪のトポスと習合している。だからまたそれは占い=占星術のテーマとして展開されていくわけである。

☆027——いわゆるミクロコスモスとしての人間とマクロコスモスとしての宇宙の照応のテーゼ。ホロスコープ占星術の最も基本的な観念である。

☆028——イエイツがここで土星の護符図像から始めるのは、それが

〈メランコリア〉の問題と本質連関しているからである。

☆029——木星は土星に対抗する天体。ユピテルは父サトゥルヌスを退位に追いやったからである。

☆030——ワールブルクがスキファノイア宮の研究で扱ったデカンである——cf.*ASW*7.

☆031——これは占星医術の方面で瀉血の際の部位の同定に活用される考え方である。瀉血図と占星術的世界観の連関に注目したのもワールブルクをもって嚆矢とする——cf.*ASW/GAW*9.

☆032——*miliaria/miliarium* の原義は早くから道路網の発達したローマで制度化された里程標。転じてマイルの意味になった。一ローマ・マイルは学者によってばらつきがあるがほぼ一四八〇メートル前後とされている——cf.*KP*.

☆033——cubit/cubitum の原義は腕。度量単位としては約五〇センチ前後。したがって三〇キュービットは一五メートル前後。

☆034——*rotunda* の原義は円形。転じて多くはドーム式の円形建築の様式概念となった。この灯台の場合は円筒形の塔の頂上がドーム式なのだろう。

☆035——このやや唐突な描写は地中海域で時折魚類の礼拝や禁忌が見られたことと連関してこの町の聖性を強調したものと考えることができる——cf.*HN* 3.8.

☆036——〈ユートピア〉という言葉によってヘルメティズムの重要な基軸がここで導入された。それはカンパネッラの〈太陽の都市〉へと至る理想都市の理念である。

☆037——*coelitus*＝〈天上より〉という原題をイエイツは星辰魔術の方向へ具体化している。

☆038——*Proklos* は後五世紀を、*Iamblichos* は後三—四世紀の時期をそれぞれ代表する新プラトン主義者——cf.*KP*.

☆039——Borso d'Este　一四一三—七一　在位一四五〇—七一　庶子として生まれ実力で実権を握り、その権力の是認を文化事業での公共性に求めたという点で典型的なイタリア・ルネサンスの君主の一人である。ルネサンス絵画の一つの流派としての〈フェラーラ派〉は彼の庇護によって育成された。スキファノイア宮のフレスコ画はその最大の記念碑である。

☆040——このスキファノイア宮のイコノロジー研究の先鞭を付けたのはもちろんワールブルクであり、イエイツも当然その研究成果を前提としている——cf.*ASW*7.

☆041——Flavius Claudius Julianus　三三一—三六三　コンスタンティヌス大帝の甥にあたる。在位は三六一—三六三と短いが、古典古代的異教の最後の段階を示す彼の宗教政策は文化史上非常に重要である——cf.*KP*.

☆042——ユリアヌスは若い頃実際にアテーナイに短期間遊学してネオプラトニズムを学んでいる。

☆043——Origenes　一八五頃—二五三以前　アレクサンドリアで活躍した初期教父。輪廻説を信奉し去勢するなど、教理的な幅が広かった初期教会の思想家の中でもきわめて特異な存在であり、彼の学派は早い段階で異端の烙印を押された。近年パピルス写本からの著作復元が徐々に進んでいる——cf.*KP*.

☆044——Aulus Cornelius Celsus　後一世紀のティベリウス帝時代に活躍した百科全書的博物誌家。医学関係の小論の他は著作は散逸して残らない——cf.*KP*.

☆045――ルネサンス魔術における〈操作〉の契機を強調するこの命題は、本書の最重要の主張の一つであり、この〈操作〉の概念において魔術と近代科学が一つに出会うことになる。つまりこの出会いから生ずる渦がブルーノという特異に総合的-習合的な知性の誕生の母胎だとイエイツは直観している。

☆046――訳者の知る限り、ワールブルク派の占星術研究においてイエイツを際立たせているものは――もしこうした言い方が許されるならば――ほとんど男性的な能動性、操作性の強調である。ワールブルク自身においてもこうした〈運命〉対〈操作〉の二律背反は研究全体の情念的基調でもあるのだが、その際彼はこの二律背反を〈占星術＝迷信〉対〈近代科学＝合理性〉と等置するため、占星術的操作そのものが運命的受動性を裡側から破っているという観点を持つことが――少なくとも自覚的には――なかった。つまり彼の近代科学観はこの意味ではオーソドックスに新カント派的であったと言ってよい。そのために彼においては神話-儀礼的操作がそのあらかじめの無能性の決定により著しく悲劇的な様相を呈する（〈蛇儀礼〉を廻る考察など）。対してイエイツの特にこのブルーノ研究の真の独自性は魔術的操作そのものに対運命的、対決定論的な〈救済〉の情念的可能性を観たところにある。そしてこの可能性において魔術は科学の母胎となる。そこにブルーノにおいて魔術と科学が調和しなければならない必然性もあった。それは真正に宗教的な〈救済〉の必然性でもある。この観点は近代科学の成立そのものに関わる大問題であることを強調しておく必要があるだろう。イエイツのこの観点が決して個人的な独自の視座といった次元のものではなく、ヘルメス教という長大な文化的伝統そのものにこの操作への強い志向性が内在していることは、すでに本章までの入念な要約と分析によって明らかとなっている――cf. *ASW* 7, 8/*GAW* 9, 10, 11. このイエイツの能動的魔術観は特に〈メランコリア〉の解釈において――特にパノフスキーの奇妙にアパシー的な受動性との対比において――顕在化していることを補説しておこう――〈解説〉参照、また cf. *OPE* 6.

第四章　フィチーノの自然魔術

☆001――フィチーノのヘルメティズム受容は中世的気質論のルネサンス的変容をも意味した。この変容は〈土星恐怖〉＝〈メランコリア〉のトポスを廻って行われた、と総括できる――〈解説〉参照。

☆002――〈三美神〉はルネサンス的象徴の核心に置かれ、〈調和する不調和〉*discordia concors* の代表的図像であることはヴィントの研究に詳述されている。つまりフィチーノの〈メランコリア〉の占星医学的研究がルネサンス的均衡に本質連関したものであったことが、この詩的用語法に垣間見えるわけである――cf. *PMR* 2, 3.

☆003――古典詩での定型表現。〈輝く兜のヘクトール〉の類。

☆004――ボッティチェッリの《春《プリマヴェーラ》》がまさにこのウェヌスの野辺を描いている。そこには古風な一重の薔薇が咲き乱れている。

☆005――このいかにもイギリス教養人風のユーモアはまたフィチーノの占星医術が不安定な、しかし均衡を求めてやまないルネサンス的心性に与えたであろう治癒力を言い当ててもいる。連想の妙であり、読者自身のさまざまな連想をも誘う。

☆006――Synesios　三七〇頃―四一三頃　アレクサンドリアでネオプラトニズム的素養を積んだ後、北アフリカのキュレーネーの司教となる。

書簡が同時代資料として重要――cf.KP.

☆007――Plotinos　二〇五頃―二七〇　言うまでもなく古典古代末期最大の新プラトン主義者である。ヘルメス教との連関では彼がエジプト出自であること、アレクサンドリアで哲学的教養を積んだことが特に重要である。主著はこれからすぐ登場する『エンネアデアス』であり、フィチーノによってラテン語訳された――cf.KP.

☆008――つまり神殿など。

☆009――つまり神像など。

☆010――もともと難解なプロティノス的神学をイエイツは苦労して要約しているが、やや生硬であり哲学史的概説の二番煎じの観は否めない。イエイツがヘルメティズムとネオプラトニズムの関係で参照しているのはほとんどフェステュジエール一人であることを言い添えておこう――cf.A.-J.Festugière, *La Révélation d'Hermès Trismégiste*, Paris, 1950-4 (four vols.).

☆011――この命題も未整理で曖昧である。ネオプラトニズムに即して言えばイデアそのものが〈形〉なのだから、図像／影像-イデアの関係は〈形〉ではなく〈流出〉に根拠を置く〈反照〉でなければならないはずである。イエイツは例えばヴィントに比べるとかなり概念思考が表層的、概論的に流れる嫌いがあり――それはアングロサクソン系の研究者にある程度共通する弱点なのだろうが――時折そうした欠点を見せることがある。もちろんそれを補って余りある独自性をまず評価すべきだと思うが、逆に欠点は欠点として是々非々の精神で臨む必要もあるだろう。

☆012――Thomas Aquinas　一二二五頃―一二七四　言うまでもなく中世最大の神学者でありスコラ哲学の大成者である。南イタリアの出自だが活動の中心は当時神学研究のメッカだったパリ大学であった。〈魔術師《マグス》〉の噂があったあのアルベルトゥス・マグヌスが師にあたる。非常に印象的な形で死を間近にしてすべての著作活動を放棄した。この逸話は秘教に連なる神秘体験がスコラの大いなる淵源としてのトマスの実存においては決して無縁ではなかったことを示すものとして興味深い。この実存性はしかしドグマ化したスコラの体系からは急速に失われていく。本書の連関では、彼がドメニコ会(ドミニコ会。イタリアでの通称はドメニコ会)の修道士であり、ドメニコ会が彼以降正統派カトリック神学の本丸として異端審問制度の中核を担っていった歴史が特に重要である。ブルーノはドメニコ会の学問的伝統を吸収した後に脱会し、ヨーロッパ中を放浪しつつヘルメティズム的哲学を説き、異端審問に倒れたのだった。ここでフィチーノがすでに〈聖トマス〉の権威と魔術の正当性の間で微妙に揺れていることが、ブルーノの先鋭化した問題を先取りしていることに注意すべきだろう。さらにこれはヨーロッパ中世-ルネサンス文化を研究する際に忘れてはならないことだが、この時期の一つの基軸として〈托鉢修道会〉、つまりドメニコ会とフランチェスコ会の果たした重要な宗教-文化上の機能がある。両会共に十二-十三世紀にある種の民衆宗教運動として始まり、当初はこれも両会共に異端すれすれの前衛性を持っていた。しかしちょうどこのトマスの列聖(一三二三年)あたりから両会の対照的な分岐が始まる。ドメニコ会は平たく言って体制的となり、カトリック神学のイデオロギー的中核となる。対してフランチェスコ会は民衆性、ある種の開放的な前衛性を長く保ち続けた。この分岐はドメニコ会のアリストテレス主義(大成者はもちろんトマスである)とフランチェスコ会のアウグスティヌス重視という神学上の差異としても顕在化している。トマス的アリストテレス主義が次第に中世的抑圧の体系へと変質していくのに並行して、フランチェスコ会は地下水脈的にイタリア・ルネサンスの特に自然観を解放していく大きな支柱となる。これがアッシジでのジォットのフレスコ連作が聖フランチェスコの生涯を描きつつ全ルネサンス運動の一つの発端となったその背景である。例えばまたラブレーもフランチェスコ会の修道士であった過去を持っている。異端の嫌疑に生涯つきまとわれた彼が教皇に謁見を許された際の有名な警句は「よく洗われた教皇の尻」を廻るものだったことも思い合わされる。中世末期の民衆的前衛性が十六世紀の彼の時代まで生きていたわけである。そしてこの〈カーニバル〉性は、ドメニコ会をやはり異端の嫌疑で逃げ出したブルーノが共有していた感覚でもあった。なおフランチェスコ会とジォットに始まるイタリア・ルネサンスの造型運動の連関については以下の古典的著作が依然として啓発的である――cf. H.Thode, *Franz von Assisi und die Anfange der Kunst der Renaissance in Italien*, Berlin, 1885.

☆０１３――この〈キリスト教的〉という限定句の強調はさまざまなニュアンスを伴ってイエイツのルネサンス魔術研究の一つの基軸となる。後年G・ショーレムのカバラ研究を積極的に取り込んで、ヘルメス教研究の成果との融合を図った折にも、この限定句が再度登場して〈キリスト教的カバラ〉という概念が研究の指針を与えていたことを併せて考えるべきだろう――cf. *OPE*. これは果たしてイエイツにおけるある種のヨーロッパ的境界設定を意味していたのか否か、もしそうだとしたらヘルメティズムに明らかに内在する非ヨーロッパ的習合の大きな要因はどのように再解釈されていたのか。この問題はむしろわれわれ異文化的コンテクストからイエイツ他の〈ヨーロッパ〉文化史家を参照する際の本質的な問いを形成することになるのだろう。

☆０１４――カトリック神学の本流であるアリストテレス主義との調和、またその本来的な異教性と異端に過敏になりつつあるキリスト教会との有和が*feat*＝〈離れ業〉を要求する。これもまた〈調和する不調和〉の追求の一場面である。

☆０１５――占星術では惑星と太陽と月の区別はなく、共に〈天体〉でありまた共に光線を発する。

☆０１６――*pneumatic magic*　ギリシア語原語のpneumaは再びストア派の宇宙論の根本概念であると共に、早くから医術上の生体生気論の伝統をも形成した。占星医術においてはこの二つの流れが融合し『ピカトリクス』もその段階の霊気論を基礎としている。

☆０１７――Albumazar/Albumasarは、アブー・マーシャル（Abu Ma'shar 七八七―八八六）のラテン名。イスラム世界を代表する占星術家の一人で中世からその著作のラテン語訳が存在する。

☆０１８――〈イデアの影〉*Umbra Idearum*　はブルーノの主著の表題であり、イエイツはそこにも連想を働かせているように思える。

☆０１９――前章に登場したスキファノイア宮殿のフレスコ連作のこと。

☆０２０――このルネサンス的〈大胆さ〉はフェラーラ宮殿のパトロンとしてのボルソ・デステ公のルネサンス的心性の表現として考えるべきだろう。これと非常に似た事例として、〈ケンタウロス〉を自分の紋章に選んだフィレンツェの大商人フランチェスコ・サセッティを挙げることができる。ワールブルクが注目したのもこの神話的形象の選択におけるルネサンス的〈活力〉のアンビバレントな発現だった――cf. *ASW5*.

☆０２１――十字架が護符の機能を果たすということのフィチーノの見解は、〈お守り〉の文化的伝統を持つ日本人、いや東洋人一般には全くありふれたほとんど陳腐な日常感覚に思える。イエイツのこの異化感覚は逆に近現代の（特に新教圏の）キリスト教文化におけるイコノクラスム＝偶像／図像破壊の後遺症を証言しているように思える。異文化研究で時折生じる〈常識の落とし穴〉の一つであり、意外とこうした細部からマクロの問題連関が直観されることがある。

☆０２２——*Serapis* はヘレニズム期アレクサンドリアを中心として礼拝された典型的な習合神。ゼウスやハデスをも取り込んだが、元来は死者の神オシリスが出発点であるから秘教的来世信仰がその習合の基軸であった——cf. *KP*.

☆０２３——Porphyrios　二三四—三〇一／三〇五　プロティノスの弟子として師の『エンネアデス』を編纂した。ネオプラトニズムの組織者として重要である——cf. *KP*.

☆０２４——トマスの主著。一二五九—六四年成立。正式な表題は『異教徒に対立する正統なる信仰の真理性についての大全』。師のアルベルトゥス・マグヌスが積極的にアラビアの自然学を学び、〈魔術師《マグス》〉の噂を立てられたのに対し、弟子は当初からキリスト教の正統性の確立に最大の力を傾注した。確かにここにはドメニコ会が異端審問を担うその先駆的形態がある。

☆０２５——Sabbath はイスラム教では金曜、ユダヤ教では土曜、そしてキリスト教では日曜であるから、占星術の体系の翻訳にあたっては再調整が必要となる。

☆０２６——これは古典古代の〈サトゥルヌスの日〉＝〈サトゥルナーリア〉の祝祭日の記憶を保っている——cf. *KP*.

☆０２７——Vesta はローマの竈の神。Ceres はやはりローマの豊穣神。両者共に対応するギリシアの神々は存在するもののローマ的先史性の強い〈土地の神々〉(chtonische Götter——E・ローデ)である。

☆０２８——非常に興味深いことだが、この緑、金色、青はちょうどこの占星術の復興が起こった時期の絵画様式における色彩の基調と一致している。つまりいわゆる〈国際ゴシック〉から初期フィレンツェ・ルネサンスの色彩感覚はまさにこの三色——それに赤が加わる——を中心にほとんど記号的と言ってよい感覚をみせる。あるいはこの占星術的な色彩イコノロジーが微妙に影響していたのかもしれない。例えば代表的な芸術家として、シモーネ・マルティーニ、フラ・アンジェリコ、フィリッポ・リッピ。そしてもちろんボッティチェッリを挙げることができる。訳者の狭い知識の範囲内ではこの色彩イコノロジーと占星術的色彩トポロジーの相互連関を正面からテーマにした研究にはあまり出会った記憶がない。例えばゴンブリッヒはその主著『芸術と幻影』で色彩のイコノロジー的使用を一般論としては興味深い形で展開するものの(第一章)、美術様式内在的な視点が優越して、こうした美術外からのトポロジー分析の観点は弱いように感じる。また例えばパノフスキーには占星術とは逆側の近代的世界像造型の原理としての遠近法の優れた研究があるが、それもまた基本的には様式内在的なものである。イエイツの占星魔術の研究はまだ意外にも美術史への活用をまっているのではあるまいか。つまりワールブルク-ザクスルの方向へ占星術イコノロジー研究を進展させる可能なエネルギー源として。

☆０２９——*Heptaplus*　ピコの一四八九年に公刊した著作。聖書の世界創造を論じたものである。

☆０３０——ウェスタ-ヘスティアと大地の関係は竈と犠牲の本質連関を考える時に初めて了解可能となる。つまりそれは〈狩猟文化の遺産〉としての豊穣観念の焦点であった。例えばエレウシスの秘祭で竈と火と犠牲の融合がまさに〈地母神〉の集団心象を廻って起こっていることが重要な参照対象となるだろう——cf. *KP/HN5*.

☆０３１——ルネサンス期には個人的な信条をメダルに刻むことが非常に流行した。ヴィントもルネサンスの秘教研究をメダルのイコノロジーから始めている——cf. PMR 3.

☆032——*the figure of the world* は天体模型のようなものだと考えてよいだろう。figureはもともと占星術の概念としては十二宮の立体模型だがイエイツはもう少し一般化して天体の図式的模型というほどの意味で用いている。

☆033——Lorenzo della Volpaia　一四四六—一五一二　フィレンツェの時計商でメディチ家の時計納入を一手に引き受けていた。数学者でもある。

☆034——本書の重要な基軸である記憶術と宇宙図の本質連関が導入されつつあることに注意。

☆035——イタリアにおける中世、ルネサンス期のこの種の私邸の天井画はまずほとんどが壁面に直描きのフレスコである。近代的なタブローの意味での油絵絵画は教会祭壇画を除いては最初は小画面のポータブルなものであった。そしてテーマも肖像画や寓意画が中心であり、これに遅れて静物画が加わった。

☆036——いよいよ〈記憶術〉と占星術の内的連関が導入される。本書の最もユニークな主張の一つであり、それは直接的には本書第一一章以下で分析記述されるブルーノの宇宙論的記憶術を廻っているが、もちろんまた後年のイエイツのもう一冊の主著『記憶術』を用意するものでもある——cf. AM 9-14.

☆037——ブルーノの主著『イデアの影について』(*De umbris idearum*)のテーマである。

☆038——Lorenzo di Pierofrancesco de' Medici　一四六三—一五〇七　メディチ家の中では傍系の大コジモの弟筋の出自で、目立った事績は伝わらない。ボッティチェッリの代表作のパトロンとして美術史でのみ記憶される名前である。

☆039——誰が見てもこの絵の第一印象では中央の女神があまりに地味で〈愛の女神〉のイメージからは遠いためである。ゴンブリッヒは素直な鑑賞者の感性を大切にする人でもあった。彼ならではの〈強調〉であると思う。例えばヴィントがこういう〈強調〉をすることはまず考えられない。

☆040——こういうことは訳者はあまり好きではないのだが、一応の知識としてワールブルク没後のワールブルク派が概ね、ザクスル-ゴンブリッヒのライン、つまり最終的にロンドン大学に統合された研究所の機構の中心に残った人々と、パノフスキー-ヴィントのライン、つまり研究所を出てアメリカを中心として活躍した人々に二分され、両者の関係はあまり良好とは言えなかったことを知っておいてもよいかもしれない。特にゴンブリッヒとヴィントの仲は最悪に近いところまで行ってしまった。ヴィントがゴンブリッヒの重要な仕事であるワールブルク伝を書評で酷評したからである(訳者個人の意見で恐縮だが、ゴンブリッヒのこの仕事は十九世紀から二〇世紀の人文諸学の動向までをも視野に収めた真に古典的な価値を持つ傑作であると思う。もちろんヴィントの主著もルネサンス研究全体の中での白眉ではあるのだが)。イエイツはと言えば、もともと私学者肌の人であったので、こうした俗事には基本的に無関心であった印象を訳者は持っている。ただ長く研究所長を務めたゴンブリッヒとの関係は、彼女が研究所の機構を活用するためには不可欠の条件だったことも言っておかねばならないだろう。そしてそれは幸いなことに概ね良好に推移したようである。

☆041——La Primavera =《春》の成立年代に関しては古来諸説あるが、現在では大体一四七七-七八年に同定されている。例えば代表的なRizzoli

の Classici dell'Arte 中のボッティチェッリ作品集でもこの年代が採用されている。

☆042——ワールブルクの研究以来、右側の人物群は〈西風〉ゼフュロスと〈花のニンフ〉フローラとする説が定着している。彼らの横の花を蒔く女性はニンフの変容した本来の〈春の女神〉プリマヴェーラであり、彼女を変容以前のニンフと一応分けるのがワールブルクの解釈の骨子だった——cf. *ASW1*.

☆043——このイエイツの《春》の解釈は、それを単純に護符魔術へと還元してみせたことで、ルネサンス美術のアレゴリー的プラニング性をかえって非常に説得力のある形で明示することになった。つまりその手法は〈骨格のみのイコノロジー〉とでも命名したくなる輪郭のはっきりしたもので、ワールブルクに即して言えば、やや文化史的-文学史的色彩の強かったボッティチェッリ研究よりは後年のスキファノイア宮研究やあるいはルター／デューラー研究に近い味わいがある。もちろんしかし直接の参照対象はヴィントの《春》解釈であるべきだろう。単純化して言えば、同じアレゴリカルなプラニングをイエイツはほぼ占星魔術のみに還元するが、ヴィントはより複雑錯綜した当時の教養の全状況を前提としてその還元の学的試行そのものを〈秘教〉化するような趣きがある。イエイツは対して顕教的、オーソドックスに啓蒙的である——cf. *ASW1, 7, 8/PMR*.

☆044——オルフェウス讃歌そのものの成立はずっと古いことに注意しなければならない。オルフェウス教が登場するのは大体前六世紀で、その頃にはすでに多数の古風な宗教詩が彼に帰せられて成立している。古典古代末期の編纂は一種のリヴァイヴァルの波に乗ったものだった——cf. *KP*.

☆045——〈三位一体〉はもちろん正統キリスト教神学の根幹だが、今までの本書の分析の連関では、この神学理念の最初の大成者がアウグスティヌスであったことがフィチーノにとって重要であったことをも、イエイツはここでさりげなく共示している。つまりフィチーノにとっては正統キリスト教的な安心感をこの〈三位一体〉のオルフェウス的予見が与えていたわけである。これならばもうアウグスティヌスも異端扱いはできまい、という意味での安心感である。

☆046——本書のテーマである〈年代同定の錯誤の生産性〉がヘルメス教のみに限らないこと、つまりすべて〈秘教〉的なものがこの錯誤を積極的に喚起したことがこれで明らかとなった。

☆047——〈リラ・ダ・ブラッチョ〉はルネサンスの時期、イタリアで発達したヴァイオリンの前身にあたる楽器である。フレットの幅が広くブリッジも低めなので和声の演奏が今のヴァイオリンよりも容易だった。現在では古楽器演奏団体による復元演奏をCDで鑑賞することもできる。くぐもった古雅な響きの楽器である。

☆048——原文ラテン語 *veri* の単数形によって、これらのおどろおどろしき名はすべてソール＝太陽神の別称であることが分かる。

☆049——シェイクスピア『マクベス』の魔女たちの鍋の中身が自然に連想される。

☆050——*reinvest*＝〈再び身に纏う〉という細部の表現に、イエイツの捉えたルネサンス的魔術復興のアンビバレンツが集約された形で顕れている。それは本来の〈衣装〉への復帰なのか、それとも〈借り着〉の再登場なのか。残されたルネサンス期の特に視覚芸術の作品群を、虚心坦懐にともかく大量に右から左に流してみると（つまりヨーロッパの歴史都市及び首都圏の大博物館ではこうしたことが日常的に「文化観光」の次元で行われているわけだが)、その第一印象は思いがけず浅く、また装飾的なものである。つまりルネサンス期の代表的な作品は例えばレオナルドの《最後の晩餐》やミケランジェロの《最後の審判》がそうであるように依然として中世以来の教会制度に付属しているか、あるいは《モナ・リザ》の例がそうであるように、私的なポータブルな小品の二つに概ね分化している。つまりどちらの場合も例えば中世の最盛期ゴシックの大規模性、すべてのジャンルを巻き込む壮麗さといったものに較べると意外と〈モード〉の表層性が強いのである。これはわれわれ現代人の観光の表層性によるものというよりは、ルネサンスという文化現象そのものに内在するモード性と考えるべきである。例えば文化観光マニュアルの元祖としての位置を占めるブルクハルトの『チチェローネ』においても、ルネサンス期の美術作品の割合が意外と低く、中世的な文化財が特に建築において優越していることが観察される。このルネサンス=モードという本質連関はやはり彼の主著であり、ルネサンス像を最初に決定的な形で造型して見せた『イタリア・ルネサンスの文化』においても貫徹されているように思える。つまりこの書物自体ある種の〈時代現象〉、〈モード〉とすらなったのだが、その〈近代的個人性〉の標榜は意外にも中世的な〈迷信〉と不可分の形で進行したというマクロの視点があちこちに顕在化しているのである。古典的形態の復興が本質的な〈装い〉の再帰だったのか、それとも〈借り着〉だったのか、という問いはブルクハルトの時点ですでに提出されていたのだと見てよい。そしてそのさらに深層には〈装う〉ことの文化本質的な問題が隠されている。ここに、ブルクハルトの仕事を正統に継承したワールブルクにおいて〈占星術〉と〈モード〉がルネサンス研究の基軸となる必然性があった。イエイツもまたこの〈再び身に纏うこと〉のモード性を占星術復興に見ることによって、ブルクハルト-ワールブルクのラインのルネサンス研究の本流に棹さそうとしているのである—— cf. KR/ASW 1, 5/GAW 6, 8, 9/Y.Maikuma (Maeno) *Der Begriff der Kultur bei Warburg, Nietzsche und Burckhardt*, Königstein/Ts. 1-A.

☆051——つまり例えば〈護符〉としての使用法。〈意味〉に〈使用〉が加わるのがイエイツ的な占星術イコノロジーの特性である。

☆052——このボッティチェッリのマリア的ウェヌスの〈外観〉は、表情のみならずとりわけ優美なS字を描くその姿勢に外化している。つまりそれはゴシック-国際ゴシックのマリア像の姿態様式を継承したものである。

☆053——Francesco da Diacetto　一四六六—一六二二　フィレツェ出身の人文主義者。

☆054——本書で繰り返される、the religion of the world =〈世界の宗教〉という定式は古典古代の宗教性の本質である世界内在性をキリスト教の本質としての世界超越性に対照させたものである。ドイツのギリシア学では一般に、weltlich/weltimmanent という哲学的定式が古典古代の宗教性に対して用いられているが、英語にはそれに対応する表現がない。したがってやや冗語だが「此岸的世界」の説明語句を加えて訳出してみた。意とするところは世界を超えた〈神〉が不在である、という意味である。つまりニーチェの用語法で言えば Hinterweltler =〈世界背後論者〉の不在を本質とする一元的な此岸性である。

☆055——syncretism の定訳はなく〈シンクレティズム〉のままで術語化しているが、eclecticism =〈折衷〉の表層性との対照を考えた場合、少なくとも文化学的には〈習合〉の訳語が適正であると考える。われわれの宗教的伝統を形成した〈神仏習合〉ももちろん重要な参照対象となる。異種の金属が〈合金〉となった状態が〈習合〉の比喩としては最適であるように思う。つまりその深層の次元までキリスト教と異教の融合が志向されていたのがまさにフィチーノ-ピコ-ブルーノのラインでの〈ヘルメス教〉受容であったとイエイツは考えているわけである。したがってまたヘルメティズムはその場合、〈ヘルメス主義〉ではなく〈ヘルメス教〉となる。

第五章　ピコ・デッラ・ミランドラとカバラ的魔術

☆001――フィチーノは一四三三年生まれ、ピコは一四六三生まれであるから二人の間には親子ほどの年齢の差があった。

☆002――Sefiroth/Sephiroth は〈神〉の創造力の流出形態であり、それは〈神〉の秘密の名〉として外化する。そしてその名を知り唱えることがこの力の獲得-操作を可能とする。カバラの最も基本的な観念である。ショーレムのカバラ研究で詳しく解説されているのでそちらを参照しつつ本章を読み進めれば理解が深まると思う――cf. KSS 2, 4.

☆003――カバラの原義は〈伝承〉である――cf. KSS.

☆004――本書の主題からはやや逸れるので示唆のみにとどめるが、このカバラにおける師弟間の奥義伝授が、テクスト化され制度化された〈顕教〉としてのモーセ五書の律法世界を廻るユダヤ教に深層の伝承世界を導入するものであったことは、大乗仏教における〈密教〉及び〈禅〉の秘伝性、〈不立文字〉性、そして緊密な師弟間の〈口伝〉性を如実に連想させるものがある。この全く異なる大宗教間の深層の伝承構造の符合は、そのさらに淵源にシャーマニズム的加入礼のマクロの残存という普遍現象を置いて考える他はないと思う。いずれ中世、ルネサンス期の〈秘教〉の原典を纏めて訳出、紹介する機会を設けたいと考えているので、その際に本書を代表とするイエイツの占星魔術研究をさらにこの面から深めてみたい。あらかじめ最も普遍的な契機のみを抽象化して先取りしておくことが許されるなら、それは制度⇕脱制度の弁証法の中で普遍的に顕在化する旧制度のシンタクスの復活であり、ルネサンスは実はこの面でこそ洋の東西を超えた普遍文化事象としての範例性を有すると考えられる。訳者はこの断章取義される旧シンタクスの意味的乖離状況を私的術語として〈シンタクス浮遊〉と長年呼び慣わしてきた――cf. KSS／M・エリアーデ『シャーマニズム』、『加入礼、儀式、秘密結社』、前野佳彦『散歩の文化学I』（法政大学出版局、二〇〇八）第五章参照。

☆005――厳密に言えばこの推定はイエイツのアナクロニズムの可能性が高い。歴史上のカバラ運動は意外と新しく、十二世紀南フランスのユダヤ社会で最初に登場するからである。ショーレムもこの運動の背景には「間違いなくオリエントに発する地下水脈の如きものがあった」とするものの、それは前カバラ的要因であってカバラそのものではないと考えている。つまりカバラの自己了解がいかに古代へ遡行しようとも、カバラの本質的な異教的神話儀礼性は前ヘブライズム的な多神教的記憶――いわば〈金の子牛〉的民衆の社会的記憶――が特に中世末期南フランスで盛んであったキリスト教内部での異端的-多神教帰り的運動――代表はカタリ派――に大きな刺激を受けて、一種の習合運動として始まった可能性が高いのである。したがって古典古代末期において――ラクタンティウスの時点で――実体的なカバラ集団を想定するかの如きこのイエイツの記述は、歴史を飛び越えてカバラの自己了解＝系譜神話に巻き込まれていると思う――cf. KSS 3.

☆006――「詩編」33―6、「御言葉によって天は造られ／主の口の息吹によって天の万象は造られた。」新共同訳聖書。

☆００７——「ヨハネによる福音書」1—1。新共同訳聖書。

☆００８——引用で分かるようにラクタンティウスが有和を試みるのはヘルメス教とキリスト教の聖典としての旧約であって、その旧約をあらためてユダヤカバラ的に再解釈しているわけではない。イエイツの読みがカバラの自己了解に寄りすぎたと判断せざるを得ない根拠がここにある。

☆００９——この真にプロメテウス的な企ては、ピコ自身の悲劇的な死の序奏となったが、それはまた思想史的に見て確かにルネサンス的な〈調和する不調和〉discordia concorsという集団の夢の頂点の一つとなった。

☆０１０——*De hominis dignitate*　ブルクハルトのルネサンス研究以来〈近代的人間観〉の発端と見做されてきた本書に〈魔術〉の大きな要因を見るところにイエイツの独自性がある。

☆０１１——例えばG・ショーレム。イエイツのカバラの知識の主たる情報源もショーレムの研究である。

☆０１２——つまりキリスト教の真理を否定する悪魔によって。

☆０１３——characterのラテン語の原義は家畜に施す焼き印。転じて符丁。ピコはそれをおそらく魔術的照応の意味で用い、イエイツもそのピコの方向でラティニズム風に用いていると解釈する。

☆０１４——Antonio Benivieni　一四四三—一五〇二　ピコとほぼ同時代の文人、医学者。病理解剖学の方面での業績が重要である。

☆０１５——ピコの〈三美神〉のメダルはヴィントによってこれ以上ないほどの精緻なイコノロジー的分析を加えられているが、不思議なことにこのイエイツが非常に単純化した形で示した占星魔術的な護符の側面が潜勢化しているか、あるいは捨象されている。逆にイエイツのこの実用一点ばりの解釈に欠けているものがまさにヴィント的解釈の哲学的奥行きであり、単純化していえばイエイツの見るピコはあまりに魔術師一辺倒であり、ヴィントの見るピコはあまりに深遠なるネオプラトニストである。真実はやはり〈黄金の均衡〉を求めているのではあるまいか——cf. *PMR* 3.

☆０１６——中世ヨーロッパの民俗。楡に葡萄の蔓をはわせたものを結婚の縁起物とした。

☆０１７——つまり普通名詞であれ固有名詞であれ。

☆０１８——以下ショーレムのカバラ研究を基にしたパラフレーズである。文献表*KSS*を参照することが本章の理解には欠かせない。イエイツの要約にはやや偏りが見られるからである。

☆０１９——前者がイエイツの原文。後者は一般の呼称。紀元後三—六世紀の成立だがこの書物はユダヤ神秘思想の最重要の文献ではあっても、時折そう紹介されるようなカバラ固有の聖典ではないことに注意しなければならない。カバラにこの書物が取り込まれたのは、中世末期に南フランスないし北スペインのユダヤコミュニティでこの本に対する関心が高まり、カバラ的に註釈書が書かれたことによる。つまりやはりカバラはショーレムが指摘しているように固有の宗教運動としてはヨーロッパのユダヤコミュニティ出自なのである——cf. *KSS* 3.

☆０２０——〈ゾーハル〉の原義は〈光輝〉。ショーレムは「カバラ主義者の聖書」と呼んでいる——cf. *KSS* 1.

☆０２１——Abraham Abulafia　一二四〇—九一頃　スペインのカバラ主義者。〈預言者のカバラ〉派の創始者。事績は文献*KSS*参照。

☆０２２——ヘブライ語のアルファベットは子音のみの表記で母音はコンテクストからの解釈によって決定されるため、こうした文字の神秘的共示を原理的に孕んでいる。

☆023——旧約最古層においてモーセ五書ないし六書は二つの原典の系統に分岐する。その分岐のメルクマールは〈神〉の名の差異であり、一方はヤハウェJahveを他方はエロヒームElohimを〈神〉の呼称とする。カバラにおける〈el〉〈iah〉の神名の語尾化はカバラの創始ではなく、もともと例えば〈ヨシュア〉がそうであるように、名前に〈神〉の名を織り込むことは古層のユダヤ習俗としてタブー視されてはいなかったらしい。フロイトもこの二つの〈神〉の名の分岐を彼の〈モーセ論〉の重要な骨子としている——フロイト『人間モーセと一神教』参照。

☆024——Notarikon　カバラ的文字変換の手法。単語や文章の最初の文字を抜き出して新しい文章を作る。日本の言葉遊びにも時折見られる手法である。

☆025——Temurah　アルファベットを中央で二分しその両端の組み合わせからアナグラム的操作を行う手法。

☆026——アナグラムはアルファベット系言語の基本的な言葉遊びで、要するに同じ文字から別の意味を合成する遊びである。晩年のソシュールが没頭したことから記号論の方面で一時注目を浴びた。

☆027——Gematriaは以下のイエイツの要約で明らかなように、アルファベットと数の対応による一種の暗号法である。そのプリミティヴな形態は例えばポーの『黄金虫』の暗号にも観察することができるが、ゲマトリアの場合は数値から逆に意味の共示へと発展し得ることが一般の一義的な数-アルファベット暗号との最大の差異であり、いわば数そのものがアナグラム化することが特徴的である。

☆028——この〈演算〉の内実はアナグラム的な共示性の操作である。

☆029——signaculaの原義は印。例えば印鑑のそれだが、〈肉体のsignacula〉は割礼を意味するから、やや唐突なこのラティニズムはそちらの連想によるのかもしれない。普通に考えれば〈記号〉で用は足りるはずだから。

☆030——Elia del Medigo　一四五八—九三　クレタ出身のユダヤ人。イタリアで活動した。アヴェロエスのラテン語訳でヨーロッパのアラビア文化受容に貢献した。ある意味ピコに通じる習合的な発想がその翻訳活動にはみられる。

☆031——Flavius Mithridates　十五世紀後半にイタリアで活動したユダヤ人キリスト教徒。ピコの館に寄寓してピコのためにカバラの叢書を翻訳した。

☆032——つまり〈聖霊〉。

☆033——cの小文字に注意。イエイツの解釈とぶつかるが、このcatholicusはラテン-ギリシア原義の〈普遍〉の意であり、ほぼ後世のライプニッツの意味での〈普遍哲学〉の意であると考える。カバラのアルファベット展開の技法が普遍的な意味での〈世界〉の構成法であることもこの傍証となる。さらに言えば、ここでイエイツがピコの〈普遍性〉をカトリック教会寄りに〈正統性〉の意味に解することには彼女のピコ解釈のある種の偏りが潜在しているように感じる。

☆034——原文as "Catholic" philosophy　大文字であるからカトリック教会に限りなく近い〈正統性〉の意味となる。これはピコのラテン原文に反する解釈であるように思う——前註参照。

☆035——Raimundus Lullus　一二三二頃—一三一六　スペインの神学者-神秘思想家。アラビアの科学とカバラの影響を受けながら対異教徒の宣教師的情熱を学問の原動力とした点で、少し前のアルベルトゥス・マグヌスとトマス・アクィナスを一身に兼ねたような趣きがある。記憶術の方法を基盤とした〈大いなる術〉はブルーノ、ライプニッツへと連なる先駆的な〈普遍哲学〉性を示し、『記憶術』でイエイツは一章を割いて解説している――cf. AM 8.

☆036――原語 transumption　ラティニズムである。原註に引用してあるピコの文章中の transumptivum を基にした英語型。ピコのこの用語も翻訳語でプラトンのイデア論の要である〈分有〉metalepsis のラテン語訳。イデア論をカバラに応用してカバラのその学問性を〈カバラの理念〉への〈分有〉として把握しているわけである。ピコの習合的発想の面目躍如たるものがある。

☆037――このイエイツのパラフレーズにはやや疑義が残る。ピコの原文 inter utrosque「両者の間に」は記号と数の両者の間に、と読めるからである。ピコはむしろ文字操作をカバラと自然魔術を媒介する普遍項と見做していたのではないだろうか。少なくともこの〈結論〉からはそう読み取れるように思う。

☆038――この〈曖昧さ〉は、イエイツがピコの媒介項を読み違えたことから由来した解釈者の曖昧さであるように思う。記号と数を文字が媒介するなら両者の繋がりは図式的と言えるほど明々白々となるわけだから。前註参照。

☆039――この鋭いテーゼは媒介⇕直接性の二項対立において〈固有性〉の問題をも視野に収めた点において、ほとんど二〇世紀的な響きがする。すなわちここで捉えられたものは無媒介的な〈個〉と普遍の対峙の問題、〈実存〉の問題である、と定式化できるだろう。ピコの生きた時代の鋭く不安定な実存状況というものを如実に感じさせる、真に哲学する精神のドキュメントであると思う。

☆040――これもイエイツの読みに疑義を感じつつラテン語原文を優先する。原文 qui a Cabalistis non exprimitur という関係文の先行詞は Deo では意味をなさないから Modus だろうが、そうするとこの non を修辞否定と考えない限りは、カバラ主義者はこの神秘的合一に参与するというよりはむしろ排除されるかあるいは少なくとも沈黙を護るということではないかと思う。さらにまた大天使の介在はやはり〈死〉を内在させたもので、単なるコミュニケーションではなく〈犠牲〉の範疇にあるのではないだろうか。つまりピコの原文は徹頭徹尾〈死〉の心象に浸されているのに、イエイツはその神秘体験の核心を見ていないように感じる。原文を掲載するので識者の御意見を仰ぎたいと思う。

"*Modus quo rationales animae per archangelum Deo sacrificantur, qui a Cabalistis non exprimitur, non est nisi per separationem animae a corpore, non corporis ab anima nisi per accidens, ut contigit in morte osculi, de quo scribitur praeciosa in conspectu domini mors sanctorum eius.*"

☆041――冒頭の sacrificare はキリスト教徒にとっては何よりも聖者たちの殉教の死であった。その心象が結尾のこの部分まで保たれていると解釈しつつ試訳を付した。つまり魂が理性的に主導権をとる時、それは主体的に肉体を去り〈神〉との神秘的合一に至るのだが、〈偶然〉つまり肉体が迫害の如き事件に捉えられる時、〈神〉の恩寵が〈死の接吻〉として殉教者に臨む。その場合は魂は主体的にではなく、また理性的にでもなく、むしろ非合理的にこの暴力の強制に屈する。しかしそれは主の貌を死の瞬間に見る、〈主の聖者たち〉に許された尊厳なる死でもある。そしてこの殉教的死の心象が逆に深いところで冒頭の主体的神秘体験をも内的に規定している。つまりそれは大天使が犠牲司祭の役を果たす一つの〈殉教の先取り〉なのである。このようにしてみるといかにピコが実存の深層において〈神を求める人〉であったかがあらためて分かり、異文化のコンテクスト上からこの実存を対象化するしかないわれわれもある種現代的と言いたくなる深く鋭い感動を覚える。ピコは確かにサヴォナローラに宗教的実存の基底を揺さぶられる、そうした資質を備えた人間であったことが、この〈結論〉には滲み出ていると感じる。

☆042——この部分のイエイツの解釈が前のピコ原文と矛盾することについては、原文に付した訳註を参照されたい。

☆043——この部分の原文との齟齬も前の註に倣う。イエイツは魂の主体的離脱の延長上に〈偶然〉を設定して考えていることに注意。そこには〈実存〉は現象しない。

☆044——イエイツに対していささか揚げ足取りの如き註解が続いて真に申し訳ないのだが、この命題を〈死の接吻〉の本質的な〈偶有性〉つまり実存的非合理性と結びつけることは、ピコに即して言えば、全く不可能であると思う。むしろこの命題は合理的知性に拘束されたカバラのある種の限界、例えば前の如き真の神秘的合一をテーマ化し得ないその限界を見越しての定式化なのではあるまいか。

☆045——*Azazalus/Azazel* は「レビ記」一六章に〈贖罪の雄山羊〉を捧げるべき対象として登場し、その後外典系統で堕天使と同化していったらしい。〈悪魔〉というほどの意味でピコは使っているのだろう。

☆046——ピコの順序はイエイツが呈示するそれと最後の部分がずれている。これはピコの汎神論的感覚に関係しているのかもしれない。

☆047——〈神〉と〈最高天〉の順序をイエイツも気にしているのが分かる。

☆048——これは非常に難解な秘密めかした言い回しだがおそらくは〈調和する不調和〉*discordia concors*、それも特にその代表としての〈高貴なる性愛〉のことではないかと訳者は推測する。つまりヴィントがピコのメダルを分析した折に〈性愛〉に見出した高次の弁証法的媒介機能のことを暗示しているのだと考えたい——cf. *PMR* 3.

☆049——さすがにカバラとしか言いようのない難解さである。イエイツがなんの註解も与えないですたすたと通り過ぎるのは若干アンフェアな気もするが、ともかく難渋苦渋の試訳を示しておく。おそらくは文字-数値のカバラ的置換がこの演算の基礎にあるのだろう。原文は以下の通り。

"Qui sciuerit explicare qaternarium in denarium, habebit modum si sit peritus Cabalae deducendi ex nomine ineffabili nomen 72 literarum."

☆050——Johannes Reuchlin 一四五五—一五二二 ドイツのネオプラトニスト。人文主義者。特筆すべきは彼の親ユダヤ的な姿勢で、ヘブライ語及びカバラを研究しドイツのヘブライ学の基礎を築いた。やや遅れたルターやエラスムスの人文性に反ユダヤ的色彩が強かったのと対照的に、ピコ的な寛容の精神を体現した習合的精神の体現者であった。

☆051——Johannes Trithemius 一四六二—一五一六 ドイツの修道院聖職者だが、写本の収集を通じて占星術、魔術の研究にのめりこんだ。

☆052——Heinrich Cornerius Agrippa 通称は Agrippa von Nettesheim 一四八六—一五三五 ピコと並ぶルネサンスを代表する神秘思想家、カバラ研究家、人文主義者。本書第七章で彼の魔術研究の特性が要約されている。主著は『オカルト哲学について』とその全面否定である『あらゆる学問の虚栄と傲さ』。ファウスト伝説のモデルの一人でもあり、この時期の精神史の揺れを一身に体現したような面もピコとの比較が可能である。

☆053——この要約は少なくともアグリッパに関しては一面的であると思う。この〈粗野〉とは十五世紀最盛期のフィレンツェ・ルネサンスの貴人であったピコと、アルプスの北で魔術を実践した〈ファウストたち〉のその都市的洗練の差異ではなかったのだろうか。世界観的な次元ではピコと〈ファウストたち〉は多くを共有しているからである。

☆054――この命題はやや理解が難しいが、〈宗教性〉をキリスト教的超越性、内面性とひとまず等置して、そうした〈宗教性〉は外面的自然魔術にはなく、それはピコのカバラの導入によって初めてルネサンス魔術と合体した、という風に限定すればイエイツの意図に沿った了解が可能となる。ただしもちろん自然魔術的な外的祭祀、例えばユリアヌス帝の太陽崇拝を範例とする儀式も外的な〈宗教性〉を備えているのではないか、という議論は可能である。

☆055――ルネサンス期の魔術の宗教化が、その反動としての宗教改革の魔術排除を生み、その結果すべての偶像-影像-図像の破壊＝イコノクラスムにまで至らせたというマクロの弁証法的過程をイエイツは見据えている。宗教改革に内在するこのイコノクラスムはまさにイコノロジーという同根の学問的営為のその基盤である図像を徹底的に破壊する宗教ラディカリズムとして、イエイツの隠れたテーマであり続けた。記憶術の研究においても薔薇十字団の研究においてもプロテスタント的図像-偶像破壊は負の現象として通奏低音のように響き続けている。この点でイエイツのルネサンス研究はルター-デューラーのプロテスタント的基軸を重要なテーマとして追求するワールブルクとは対照的に、エリザベス朝の特異な習合的文化を除けば――もちろんそれはイエイツの表看板であるシェイクスピア研究の基盤でもあるのだが――むしろカトリック文化圏との本質的な親和性を有する。例えばイエイツの対極にプロテスタント的イコノクラスムにほとんど不感症と言いたくなる無関心を示すM・ウェーバーの〈近代〉の〈理念型〉的描像を置くと(『プロテスタンティズムの倫理と資本主義の精神』)問題がさらに立体化してくるかもしれない――cf. AM 15,16/RE 8,16.

☆056――この古典古代末期の宗教全体の魔術化、〈神霊化〉に関してはいまだにブルクハルトの『コンスタンティヌス大帝の時代』中の記述が最も規範的なものであり、本書の読解にも非常に参考となる洞察が多く散りばめられている――cf. ZCG 5,6.

☆057――前出の如く『ピカトリクス』の原著者はアラビアの学者だが、ラテン語訳の段階でその記憶は抹消され、代わって書名が著者名だと誤解されることが時折あったらしい。

☆058――Hekhaloth　ヘカロートないしヘハロース。原義は瞑想において観照される天上の宮殿。それをテーマとする神秘主義の文献は『Hekhaloth の書』と総称される。ショーレムの『ユダヤ神秘主義』に詳説されている。

☆059――the Dignity of Man the Magus　このピコの〈人間〉を〈魔術師《マグス》〉と等置するというのがイエイツの本章におけるピコ解釈の最も核心的かつ独創的なテーゼであるということは認めるとして、では果たしてそれはピコその人に即した理解と言えるのかどうかはさらに検討を要すると思う。なぜならピコが、あるいはこの時期の習合的発想を基調とする思想家が humanitas＝人間性／人文性という根幹的な語を口にする際、そこにはほとんど崇高と言ってよい姿勢が常に見られ、この姿勢は魔術をすら単なる一つの契機、一つの媒介と化すような真の人間の普遍性への深く勁い渇望の表現であったように感ぜられてならないからである。いずれにせよしかしこの問題は本書のテーマ、あるいはイエイツの仕事の全体の評価という局面をも超えて、われわれにとってのルネサンスの全体像の問いへと本質連関していくことは確かであり、この終わりなき問いの場に立つためにこそイエイツとイエイツを介してのピコと、さらにピコその人と出会い続ける必然性があると言えるのだろう。

☆060――イエイツの原文はやや言葉が足らず錯綜している。おそらく人間＝魔術師の等置という彼女の基本テーゼがピコの『アスクレピウス』からの引用の長短にこだわらせ、そのこだわりを共有できない読者には〈秘教的〉に響く文体上の錯綜を生んだのではないかと思う。

☆061――ピコの原文は〈人間〉であり、イエイツはそれを〈魔術師《マグス》〉と置換している。この根拠が人間＝魔術師の等置にあることはすでに見てきた。

☆062――実際に例えばヴァザーリにはこの類の言い回しが多用されていてほとんどバブルの観を呈している。

☆063――Innocentius VIII　一四三二―一四九二　在位一四八四―九二　ルネサンス期の教皇の中では影の薄い存在だが、彼がやや宗教的狂信性を帯び魔女狩りに積極的だったことは、ピコの異端事件との連関で注意しておく必要があるだろう。

☆064――当時の国王はシャルル八世(Charles VIII)　一四七〇―九八　在位一四八三―九八　この国王は相続権の関係からイタリアと縁が深かった。

☆065――ロレンツォは当時フィレンツェ市政の全権を掌握していたばかりでなく、その金融経済網を背景として全イタリア、さらにヨーロッパ諸国を越えて彼方の異教世界にまで隠然たる影響力を行使していた。教皇庁もその例外ではない。次男であり将来レオ十世となるジョヴァンニは当時一三歳の若さで枢機卿となったばかりであった。

☆066――Girolamo Savonarola　一四五二―九八　ドメニコ会修道士。サン・マルコ修道院長として、その説教を通じてフィレンツェ市政の世俗的退廃を糾弾し、一種の宗教カリスマとして絶大な影響力を行使した。一四九四年のメディチ家追放以来市政の実権を掌握し神権政治を敷いた。権力の頂点においては一四八七年に世俗文化の全面否定として〈虚飾の火刑〉が行われ、ボッティチェッリの絵画を始めとする多くのルネサンス芸術が失われた。最後は教皇アレクサンデル六世と衝突して破門され、異端者として火刑に処される。サヴォナローラもまたルネサンス人の大きな心の揺れをピコの逆側の宗教的リゴリズムとして体現した人物であり、その二人の間に友情に近い親密な交流があったことは真に興味深い。ブルクハルトの主著に非常に陰影に富んだ記述と分析があるので、本章のピコの精神史的背景を知るには最も優れた参照対象であると思う――cf. *KR6.*

☆067――享年三一。死因は毒殺だと言われている。二〇〇七年にサン・マルコ修道院に埋葬されていたピコの遺体が発掘されその死因が科学的な方法で鑑定された。死因は砒素であり殺害者はロレンツォの跡を継いだピエロに同定された。この調査はイタリアの教育番組としてテレビ放映されている――cf. *The Daily Telegraph (London) 7.Feb.2008.*

☆068――この国王とはフランスに逃亡したピコを保護したシャルル八世である。相続権を主張してナポリに進出する途上フィレンツェに侵入したのだった。このフランス軍の侵攻によってフィレンツェ内部の反メディチ派が勢いづき、メディチ家は追放され、市政は大混乱の中に前の註に示した如く、一時説教師サヴォナローラの神政的体制が敷かれることになる。

☆069――Alexander VI　一四三一―一五〇三　在位一四九二―一五〇三　ボルジャ家はスペインの名家だが、早くイタリアの高位聖職者として教皇庁に隠然たる勢力を築いた。その頂点がこのアレクサンデル六世とその庶子チェーザレ・ボルジャ(一四七五―一五〇七)による中央集権的教会国家建設の試みだった。二人は十六世紀イタリアへのスペイン勢力の進出の最初の大きな徴候として捉えられることが多いが、キリスト教会の最高権力者としてはユリウス二世へと引き継がれる中央集権的君主の側面を強く持っていたことを忘れてはならない。後代イタリアのスペイン隷属への反発からこの親子はルネサンス的権謀術数の典型と見做され、ありとあらゆるスキャンダルの元凶とされた。ブルクハルトの記述すらその例外ではないが、彼はまたこの世俗的教皇の登場の必然性が教皇庁自体に内在していたことも正確に見抜いている。いずれにせよルネサンス期で最も問題的な親子であることは間違いない。後世ニーチェは〈超人〉の先駆を特にボルジャに見出すことになる。しかしある意味で彼もまた〈スキャンダル〉の残像に支配されていたと言えるかもしれない。マキャヴェリのボルジャ評は遙かに冷静かつ客観的にその政治性の優越の必然性を見据えている。ボルジャ-ユリウス二世-レオ十世のラインで教会国家を捉える時、その大規模な芸術パトロンとしての側面も含めてのマクロの集権的必然性が見えてくるだろう。そしてそれはまた、ここでイエイツが取り上げる〈教皇の占星術〉という逆説に最も客観歴史的な背景を与えるはずである。少し辛辣で俗な言い方が許されるならば、占星術という〈際物〉によってあまりに小説化されたこの〈際物〉の〈超人的ルネサンス人〉のそのステレオタイプを中和する時、思いがけず普遍的な制度的集権の必然性と真正かつ真摯な政治的営為というものが照らし出されると思う。われわれにとってのルネサンス研究の可能性がここにも眠っている―― *cf. KR* I,5.

☆070――〈星辰魔術〉はすでに見たように、通例の占星術とフィチーノ-ピコのラインの占星魔術を区別するためにイエイツ自身が導入した概念である。

☆071――再び、本書の最も奥行きのある哲学的視点である〈操作〉と〈自由〉の内的連関が一瞬顕在化していることに注意しておこう。

☆072――Pinturicchio　これは通称で、本名はBernardino di Betto　一四五四頃―一五一三　ペルジーノとフィレンツェ派の影響を受けた初期ルネサンスを代表するフレスコ画家の一人。作風は装飾的で深みに欠けるが、その豪華絢爛たる色彩と特に服飾の華美はギルランダイオと並んでルネサンスのモード的、都市的洗練の側面を体現している。彼の色彩の饗宴に接した者はルネサンスの〈明るさ〉の忘れがたい印象を記憶に刻む。

☆073――Appartamento Borgia　ヴァチカン宮殿内の六室。アレクサンデル六世の命によって改装が行われたためこの名で呼ばれることとなった。ピントリッキオのフレスコ連作は一四九二―九五年の製作。

☆074――Fritz Saxl　一八九〇―一九四八　一九一一年以降ワールブルク文庫の助手格として師のワールブルクに親しく接しつつ自らもイコノロジーの研究を持続的に行った。特に文庫のロンドンへの亡命的移転に際しては東奔西走し、またイコノロジーとワールブルク派の研究成果をイギリスに紹介し社会的な是認を勝ち得たその功績は大きい。主著はパノフスキーとの〈メランコリア〉研究、『土星とメランコリア』である。

☆075――この〈牡牛〉崇拝は汎地中海的な神話-儀礼の最も基本的な語彙であったことを考えれば、ボルジャ家の〈牡牛〉の背景に闘牛を、そしてオシリス-アピスの背景に〈犠牲として死んで蘇る神〉の観念を置いて考えることができる。するとこの〈死んで再生した神〉であるキリストの使徒としての〈教皇〉がその犠牲儀礼に自己同化する、という複雑な、しかし一種歴史を超越した観のある集団的心性の基底を成す観念連合が一瞥されるはずである。ワールブルクの創始したイコノロジーとは本来的にこうした集団的情念の深層を啓蒙の光の明るみにもたらす学的な試みであり、ザクスルもイエイツもその道を辿ろうとしてこの〈牡牛〉に焦点をあてていると言える――cf. *KP*/〈Apis〉/*HN* 3-1, 2.

☆076――このフレスコ画は典型的にワールブルク的な〈殺害の情念型〉を基本構図として描かれている。またイオの神話が古層の犠牲儀礼の型を保持する代表的な神話の一つであることにも注意すべきだろう――cf. *ASW* 4/*GAW* 8/*HN* 3-2.

☆077――ルネサンスを〈ヨーロッパ近代〉の濫觴、精神的故郷として捉える基本的な視座はすでにブルクハルトの主著によって確立された一つの学的パラダイムであり、ワールブルクもイエイツもその基本枠を守り続ける。しかしそのhumanitas/humanity＝〈人文性〉の内実は時代により、研究者により、そして研究者の出自集団の情念的な動揺により、さまざまな揺らぎとトーンの差異を見せる。その根本をなすルネサンス人自身にとっての〈人間〉への問い自体が揺らいでいたからだろう。イエイツがここでピコ・デッラ・ミランドラの〈人間〉を〈ヨーロッパ的人間〉と読み替える時、その文化学的対自の視界において何が起きているのかを、まさに非ヨーロッパの〈人文性〉の文脈上に人となり、その文脈からブルクハルトを、ワールブルクを、イエイツを、その学的対自の強固な系譜を追跡し続けるわれわれは、注視し続けるべきだと思う。

第六章　偽ディオニュシウスとキリスト教魔術の神学

☆001――Dionysius Areopagita　パウロによりキリスト教に改宗したとされるアテーナイ人。「使徒行伝」17―34に記事が見られる。偽ディオニュシウスとは彼に帰された〈偽ディオニュシウス文書〉の無名の作者で、実際には紀元後五世紀末頃に成立した神秘主義の文献だが、中世を通じてこのパウロと同時代の聖者の作とされてきた。ネオプラトニズムの影響が顕著であり、グノーシス-ヘルメス教のキリスト教化された形態であると考えられている――cf. *KP*.

☆002――〈偽ディオニュシウス文書〉の代表作の一つ。天上界における天使の位階を説く。

☆003――person　ローマ法で発達した〈法人格〉の観念が神学に持ち込まれたものと見做すことができる。〈神〉、〈子〉、〈聖霊〉の三つが唯一の〈神〉の神学的顕れ＝位格を形成する。

☆004――つまりネオプラトニズムがそうであるような〈宇宙論的宗教〉ではない。

☆005――この主張は残念ながら明確な自己撞着である。〈始源の神学者たち〉のその〈始源性〉とは少なくともイエイツのこれまでの記述の基調を信頼する限り、グノーシス-ヘルメス教の自己理解に沿ったものであったはずだから、モーセ-ノアの洪水といった〈始源〉の時間範疇で捉えられていたはずである。しかるにこの偽ディオニュシウスを廻る中世的な錯誤はパウロの同時代人としての、つまり紀元後一世紀の聖人に同定されていたわけでから、それはイエイツのような現代の学者がグノーシスやヘルメス教の文献の〈真の成立年代〉と見做すその最初期ということである。したがって偽ディオニュシウスの〈始源性〉が中世的錯誤に含まれていたとするのは不可能である。おそらくイエイツの対象に即した感情移入がこの〈錯誤〉の実体を見誤らせたのだと思う。しかしこの自己撞着は幸いにして立論の骨子を損なうものではない。

☆006――the Chrystalline sphere/heaven　プトレマイオスの宇宙論に遡る概念。

☆007——イエイツのこの推測は聖書の定型表現〈われは世の光なり〉Ego sum lux mundi に拠ったものと思われる。

☆008——イエイツはおそらくユリアヌス帝を範とする〈太陽崇拝〉と偽ディオニュシウス的な位階論を結合する要石を〈光〉の等級化に見出しているのだろう。

☆009——〈知性界〉mundus intelligibilis は〈感性界〉mundus sensibilis に対立する。この二律原理はプラトニズム-ネオプラトニズムを基軸とする形での西洋哲学の最も基本的なパラダイムであり、例えばカント哲学の出発点もこの世界の二分法だった。一七七〇年に提出された彼の教授資格論文は『感性界と知性界の形式と原理について』(*De mundi sensibilis atque intelligibilis forma et principiis*)と題されている。そしてその彼が長い思弁の果てに辿り着いた地点が〈我が天上の星空〉と〈我が裡なる道徳律〉の二律性に支えられた〈人間の自由〉=〈人間の尊厳〉だった。ここには確かに実存の基底における内化された宇宙の同じ見え方というものが存在している。ではわれわれの〈星空〉と〈自由〉はどこにあるのか。

☆010——偽ディオニュシウスは紀元後五世紀末頃の著作家であるから、そしてギリシア語で著作したわけだから、正確な事績は伝わらなくともほぼビザンティン帝国内での成立が想定されることになる——cf. KP.

☆011——つまりもし九つの集団がばらばらに固定されたままだと九↓三↓一という〈三位一体〉の表現に必要な求心的な統合が生じない。この統合が一種の循環でなければならないのは逆にまた統合された〈一体〉は〈三位〉でもなければならないからである。こうした相当に複雑な観念の運動をイエイツは一切省略して結論だけ述べているので、われわれにとっては難解な命題と化しているが、これは彼女のペダントリーというよりはむしろ、〈三位一体〉というキリスト教神学の根幹部がいかに現代においてもヨーロッパ的知のコモンセンスであるかの証ではないかと思う。ちょうどわれわれにとっての〈因縁〉や〈業〉のようなものではないだろうか。これとて異文化の側から眺めれば相当に複雑な論理構造体であるから。

☆012——Robert Fludd　一五七四—一六七三　イギリスのルネサンスを代表する思想家。ブルーノの特に記憶術理論との関係が顕著であり、薔薇十字運動とも密接な関わりを持った。『記憶術』以来イエイツの研究の基軸となり、フラッドの再評価に彼女の果たした役割は決定的である。主著『両宇宙誌』は『世界劇場』においてシェイクスピア時代の劇場理念との関わりで詳細に研究されている。わが国でのイエイツ受容はこの両著が中心となってきたこともあって、特に英文学研究者にとってはフラッドやジョン・ディーのオカルト的哲学はすでに馴染みの世界であろうと思う——cf. AM 15,16/TW 3,4,8/RE 8.

☆013——Athanasius Kircher　一六〇二—八〇　ドイツ出身のイエズス会士。カトリック神学と自然科学、さらにカバラやオカルト哲学の総合を目指したバロック期の博物学者。ローマを中心に活動し、晩年はエジプトのヒエログリフの解読を試みた。彼の思想のヘルメティズム的側面は本書第二一章で詳述されている。

☆014——Ferdinand III　一六〇八—五七　神聖ローマ皇帝在位一六三七—五七　イエイツの Archduke=大公という呼称は正確には誤りだが、この呼称はハプスブルク-オーストリアの皇子にも用いられるため前呼称としては正しい。一六四六年はまだ三十年戦争のただ中であるから、キルヒャーたちカトリック信徒にとってはフェルディナンド三世は〈支配者〉であってほしい筆頭の君主ということになる。

☆015——一三八〇年頃成立したと推測されている中世後期のイギリ

ス宗教文学の代表的作品。著者は〈否定〉を自らに及ぼして意図的に無名に留まったらしい。A・サンダースの英文学史概論に簡にして要を得た要約がある。

☆016——Saint Denis　三世紀半ばのパリ初代司教。ラテン名がDionysiusであることからディオニュシウスと混同されることもあった。『無知の雲』の著者はしたがってこの混同の伝統上で語っていることになる。サン＝ドニの方はフランスの守護聖人として特にゴシック期の大聖堂では馴染みの聖人である。例えばシャルトル大聖堂の彫刻群で自分の首を手に持った奇妙な人物に出会うが、それが殉教の姿を記憶するサン＝ドニである。サルトルの『嘔吐』においてすら地方の図書館での幻想的場面にコミカルな登場をするから、フランス人にはすっかり自国の伝統のイメージと一体化していることが分かる。

☆017——Nicolaus Cusanus　一四〇一—六四　ドイツの神学者、哲学者、神秘思想家。ケルン大学で学び枢機卿になった後、教会改革と東西教会の和解に奔走した。その意味ではやはり東西教会の仲介を通じてプラトン哲学やヘルメス教に接したコジモ・デ・メディチを廻るフィレンツェの思想運動と近い位置にある。またその〈対立物の一致〉の主張はある意味で〈調和する不調和〉の先取りであるし、また特異な無限論はブルーノの宇宙観を用意するものでもあった。ルネサンス思想と神学の融合を体現したような重要な人物であり、同時代に及ぼした影響も深く広い。

☆018——グノーシス-ヘルメス教の伝統と〈否定〉の契機の本質連関は哲学史的には最重要の現象の一つだが、その問題はある意味西欧的思惟の本源の問題でもあって、ここで略述することはとてもできない。ただイエイツの本書との連関で言えば、四つの内部的契機への分岐を指摘することはできるだろう。それは❶一神教と〈隠れたる神〉の本質連関、❷その逆側の自然宗教＝〈世界を廻る宗教〉と〈顕れる神〉の本質連関、❸〈否定〉を〈本質的〉規定と捉えるクサーヌス-スピノザ-ヘーゲルの系譜の〈弁証法〉的世界把握との本質連関、❹〈否定〉と〈無限〉の内的連関。これは特にブルーノの宇宙像を把握する際には欠かせない視点である。以上の見取り図に従って魔術から近代科学へのマクロのパラダイムシフトを通観する時に初めて、〈否定の神学〉の固有性と普遍性を見極めることができるだろう。例えばこの〈否定〉を東洋的思惟の基本形としての〈無〉あるいは〈止〉と比較することも、そうした具体的な作業を媒介としない限り、いつまでも西田哲学的な〈絶対〉に拘束され、〈文化学〉としての冷静客観的な比較を始めることはできない。イエイツの研究の実証的具体性はこうしたマクロの文化比較においてこそその本来の力を発揮することを、訳者は狭い経験の範囲内ではあるが確信している。

☆019——Termaximus は〈トリスメギストス〉のラテン語訳、つまりヘルメス・トリスメギストスと同一。

☆020——聖パウロのこと。キリスト教改宗後の彼の布教活動の拠点はシリアのアンティオキアの教団だった。やや唐突なイエイツのこの連想は、パウロが聖ディオニュシウスを改宗させたアテーナイでの演説に有名な「知られざる神」への言及があるためではないかと思う（「使徒行伝」17—23）。つまり〈否定の神学〉の淵源をパウロ-聖ディオニュシウスの系譜に認めた上で、それと近いところでヘルメス教もまた「知られざる神」について〈否定の神学〉的な発想をしていた、という風にイエイツの連想は展開していくのだろう。

☆021——*En-Sof*　原義は〈無限なるもの〉である。つまり〈否定の神学〉とブルーノに至る〈無限〉観念の一つの接点がこのユダヤ神秘主義に内在している。ショーレムのセフィロト研究もこの〈エーン・ソーフ〉との本質連関に注目している——cf. KSS 2.
☆022——この逆説は典型的にピコ的な弁証法を内在させていることに注意しておこう。つまり〈愛の盲目〉は愛の無力ではなく逆に〈視〉の無力＝知の無力の雄弁な証左となるのである。この同じ否定の肯定性がブルーノの宇宙観へと連続していくところに本書の追跡する魔術的パラダイムの本質的な生産力が顕在化している。
☆023——『饗宴註解』は『プラトン神学』と並ぶネオプラトニストとしてのフィチーノの代表作である。
☆024——マニ教は紀元後三世紀にイランで創始された徹底的な禁欲と二元論を基調とする宗教で、基盤はゾロアスター教だが、キリスト教、グノーシス、さらには仏教までをも習合した壮大な総合的宗教だった。古典古代末期には絶大な影響力を発揮し、例えばアウグスティヌスはマニ教徒として宗教的履歴を始めている。中国で秘密宗教化し、長く民間での伝統を保ったことも特筆に値する事実である。

第七章　コルネリウス・アグリッパのルネサンス魔術総覧

☆001——Girolamo Cardano/Hieronymus Cardanus　イエイツは後者のラテン名を用いている。一五〇一—七六　イタリアの医学者、オカルト哲学者、数学者。三次方程式の一般的解法を発見したことで数学史での評価が高いが、同時代的にはフィチーノ-ピコの系譜を次ぐ占星魔術師としての名声の方が注目を浴びていた。異端審問の圧迫を受けたところはブルーノを先取りしたような側面もあった。
☆002——*natural philosophy* はこの時期以降ほぼ今日の自然科学を意味するようになる。
☆003——〈自然哲学〉でないことに注意。訳者前註に示したこの転換期の新しい通念をイエイツも踏襲しているからである。
☆004——Templars/Templarii　初期十字軍の参加者が攻略したエルサレムのソロモン神殿跡で創設した騎士団。多大の寄進を受けまた略奪の結果として莫大な富を築いたが、最後にはその富の分割を廻っての争いが泥沼化し十四世紀初頭に異端宣告の末解散させられた。
☆005——デューラーの有名な版画《メレンコリアⅠ》の背景に描かれているのがこの数字を用いた魔方陣である。
☆006——音楽的和声による治癒法とは、例えば狂ったリアに調和した音楽を聴かせ眠らせて正気を取り戻させるといった類の療法である。
☆007——本書第四章参照。
☆008——mansions は占星術の概念で二八ないし一二を数える天体の〈家〉である。一二の場合は黄道十二宮の〈宮〉と重合することがある。アグリッパは二八のシステムの方を用いている。
☆009——このプロト-近代科学的ヒュブリスの本質を成す〈神〉の〈世界創造〉の模倣が魔術出自のものであることが次第に明らかになってきた。ではこの自己神化的パトスはブルーノに至るまでひたすらに肥大を続けたのか、それがブルーノがアグリッパを参照した意味だったのか、これを本書のこれからの展開に沿って観察していかねばならない。
☆010——この独特に醒めた魔術の要件の洞察は、後世M・モースが定式化した宗教的呪術の基本要件を先取りしていて興味深い——M・モース〈呪術の一般理論の素描〉『社会学と人類学』所収。おそらくこの実践的な客観性がピコの人文的時代とアグリッパのプロト-自然科学的状況を分かつ分水嶺として機能したのではあるまいか。ブルーノにおいてはこのアグリッパ的冷静さとピコ的忘我が二つながら共存し、独特の緊張を保っているように感じる。

☆011――guide はもともとオカルト的心霊学における〈霊〉を表す言葉である。

☆012――最後の二つの〈奇跡〉は明らかに福音書の描くイエスの〈奇跡〉を意識したものである。つまりこの主張はイエスと魔術師を等置するもので、異端審問官がこうした命題を見逃すことはまずなかっただろう。

☆013――再びイエスの生涯の暗示。

☆014――Apollonios　紀元後一世紀頃の新ピタゴラス派の哲学者。苦行により奇跡を行う力を得たという伝説が残されている。

☆015――このアグリッパに対する非常に低い評価の根拠はなんなのか訳者には了解不可能である。あるいはイエイツのルネサンス魔術が不思議に〈ファウスト的なもの〉を無視、ないし過小評価することと連動しているのかもしれない。アグリッパはもちろんファウスト伝説の一つの淵源であるわけだから。この問題はここで素描するにはあまりに複雑な問題だが、〈ファウスト的なもの〉を廻る評価の問題は結局、魔術における〈近代性〉とはなんなのかという原理的な問題に通底していることだけは確かであると思う。

第八章　ルネサンス魔術と科学

☆001――地球は全世界の中心であるのに対して、この地球中心的システムに統合されたプトレマイオス的宇宙論は、太陽対他の天体の関係にその〈太陽中心性〉を導入していることに注意しなければならない。

☆002――原文の *operator* は本章のキーワードとして非常に含蓄に富む意味を担っている。それは概ね古代-中世的な観照、瞑想に対立する実践、実用、行動の方向の概念だが、その核心には恒に〈操作〉があってこの〈操作〉をルネサンス魔術と近代科学が共有している、という概念構成であると思う。したがって訳出に際しては古代-中世的世界観との対照性と科学との協働性の両方の契機に目配りして、やや冗長ではあっても説明的語句を適宜補い、原著者本来の意図を顕在化させるように心がけた。

☆003――フラッドの『両宇宙誌』は一六一七-二一年の出版であるから、アグリッパの『オカルト哲学について』とはおよそ八〇年の隔たりがある。

☆004――なかなかの難語だが steganos はギリシア語で〈覆い〉〈防水〉の意味であったから、われわれの「水も漏らさぬ」くらいの意味で用いた学者造語であると思う。したがってこの訳語を工夫してみた。

☆005――トリテミウスの没年は一五一六年。

☆006――デューラーの代表作《メレンコリアI》はワールブルクがルター時代の占星術研究に用いて以来、ワールブルク派の碩学たちによって次々とテーマ化され分析されていった。したがってそのイコノロジーは学派の共有財産であると共に、個性の差を明確に示す尺度としても機能している。イエイツの解釈は晩年の『エリザベス朝のオカルト哲学』に纏まった形で登場するが、特にパノフスキーとの対比においてなかなかに個性的な興味深いものである―― *cf. ASW* 8/*GAW* 10/*OPE* 6. また〈解説〉参照。

☆007――Tommaso Campanella　一五六八―一六三九　南イタリア出身の哲学者。社会思想家。ドメニコ会修道士として出発しその過激な理論のゆえに異端審問の迫害を受けるなど、多くの点で同時代のブルーノとの比較が可能である。ガリレオとも親交があった。代表作はユートピア的理想都市論『太陽の都市』。本書第二〇章でその思想世界が詳述されている。

☆008——Archytas　前四世紀のギリシア哲学者、数学者。ピュタゴラス派に属し機械学方面での業績も伝えられている——cf. *KP*.

☆009——Phalaris　前六世紀のシチリアの僭主。

☆010——John Dee　一五二七—一六〇八　イギリスのルネサンス思想家。ユークリッド幾何学を註解した数学者であると共に実践的な占星術師であり、また最初期の公共的な図書館システムを目指した蔵書家でもあった。ヘルメス教の影響も顕著であり、『記憶術』以降フラッドと並んでイエイツの特にシェイクスピア研究の基軸として大きな研究対象となった——cf. *AM* 16/*TW* 1,2/*RE* 4/*OPE* 8,9.

☆011——原文は a flying crab だが『世界劇場』中の詳細な記述では、これはケンブリッジ大学で上演されたアリストファネスの『平和』のための機械仕掛けで巨大な〈黄金虫〉であったことが分かるので、そちらに沿って訂正した——cf. *TW* 2.

☆012——Edward Kelley　一五五五頃—九七　おそらくは薬剤師の助手から出発して一種の山師-占星錬金術師となった人物。犯罪歴もあったが当時の有名な降霊術師であった。

☆013——このカバラ体験を記録した『精霊日記』が死後出版されたことでディーは旧弊な魔術師としての烙印を押され、公の科学史から姿を消すという皮肉な事態になってしまった——cf. *TW* 1.

☆014——原文 in the show-stone　ケリーはジプシー占い等で用いる水晶球を小道具とする託宣を売り物にしていた。

☆015——*Emerald Tablet*/*Tabula smaragdina* とも言われる錬金術文献。〈賢者の石〉の獲得を目標とする錬金術の古典的な形態を示している。

☆016——Paracelsus　一四九三/九四—一五四一　スイスで生まれ南ドイツで育ち、イタリアで学び、その後はヨーロッパ中を活躍の舞台とした真の〈普遍人〉の一人。彼の錬金術の最大の特徴は実証的な側面を持つ医学との緊密な結びつきにある。

☆017——Francesco Giorgio/Giorgi　一四六六—一五四〇　ヴェネツィアのフランチェスコ会修道士。イエイツは『エリザベス朝のオカルト哲学』の中でも彼の哲学を詳述している——cf. *OPE* 4.

☆018——Philolaos　前五世紀のギリシア哲学者。ピュタゴラスの弟子とされ、プラトンにも影響を与えた。彼の数論の基本は一〇の聖性の強調であり、やはり一〇を基数とするセフィロトとの比較が可能である——cf. *KP*.

☆019——Ambrosius Theodosius Macrobius　紀元後四—五世紀のローマの著作家。プロティノスを註解したことで中世期のプラトニズム受容の基本的なテクストを提供した——cf. *KP*.

☆020——最後の語は原書では inaminantia となっているが、もちろん inanimantia の誤り。

☆021——この命題がおそらくは本書全体を通じて最も射程の遠い、また依然として前衛的意義を持った根幹的な直観だと言えるだろう。真の問題はしかし魔術の側にではなくむしろ科学の側にあるのかもしれない。つまり魔術の科学性ということをイエイツが明らかにしてくれたとしたら、逆の科学の魔術性もまた啓蒙の光に曝されねばならないはずである——〈解説〉参照。

☆022——イエイツのヨーロッパ志向の文化イデオロギーが実に素朴な形で表明された命題である。つまり〈人間〉は〈西欧的人間〉の内面において造型される。どこかフッサールの〈危機〉書のヨーロッパ志向の素朴さを思わせるこの文化イデオロギー的基調は、彼女の場合、もう一つの基軸〈エリザベス朝イギリスへの帰還〉というトーンによって独特な構造化を経ていることに注意すべきだろう。そしてこの両者のトーンは共に学派の創始者としてのワールブルクには全く欠如していた。真に〈人間〉を語った現代的知性がいたとしたら、それは彼をおいて他にはいない。しかし彼が最大の精神的危機を体験したのはまさに現代ヨーロッパ的国家としてのプロイセン的ドイツの敗退-解体の日だった。それは一体なぜなのだろうか——〈解説〉参照。

第九章　魔術批判［1］神学的異議［2］人文主義者の伝統

☆001——Johann Wier　一五一五—八八　オランダの医師、オカルト哲学者。コルネリウス・アグリッパの弟子にあたる。魔女狩りを早い時期に批判したことが注目に値する。

☆002——Thomas Erastus　一五二三頃—一五八三頃　ドイツ及びスイスで活動した医師、神学者。プロテスタンティズムに沿った教会改革を行いその方面での業績は後代の模範とされたが、魔女狩りを支持するなど時代の不吉な徴候をも先取りしていた。

☆003——Martin Del Rio　一五五一—一六〇八　スペイン人イエズス会士、神学者。オランダ方面で活動し、そこでの魔女狩りを煽動したことが後世の史家によって批判されている。

☆004——Francesco Petrarca　一三〇四—七四　ペトラルカの人文主義はキケロの再発見をきっかけとしたものであり、ルネサンス期の一つの文体的基軸としてのキケロ主義を早期に開始したという意味でも重要である。しかしまたペトラルカは『告白録』を愛読書とするアウグスティヌス主義的キリスト者であったことも忘れてはならない。最大の文学的業績としての〈ラウラ〉を廻る抒情詩では、キケロ主義ではなくむしろアウグスティヌス的内面性の近代化が果たされている。その意味でも彼の〈人文性〉はここでイエイツがやや単純化して図式化するものよりは、やはりブルクハルトの陰影に富むペトラルカ評を参考にすべきであると思う——cf. *KR* 3, 4.

☆005——ローマ古典の復興は単純化すれば、キケロ主義を軸とした政治性が優越したものであった。それは例えばマキァヴェッリのリヴィウス評価-註釈へと連続していく。そしてまたこのローマ古典の復興は全イタリア的な運動であり、やがて全ヨーロッパ的なものへと拡大されていく。対してギリシア古典の復興の中心地はフィレンツェ、つまりコジモ・デ・メディチとフィチーノ、ピコのフィレンツェであり、それは東西教会の和解運動と連動していたことからも分かるように、当初から宗教的かつ内面的な性格のものであった。この古典復興の二面性に関する総体的な記述としては、ブルクハルトの古典的研究に優るものはない——cf. *KR* 3.

☆006——Lorenzo Valla　一四〇七—五七　ローマで生まれナポリで活躍した人文主義者。文献学者。その実証的な方法は近代的文献学の祖としての位置を彼に与えている。

☆007——Tullius はキケロのセカンド・ネーム。ローマの名前のシステムは三つの名の並記で、それは〈個人名〉-〈氏族名〉-〈家族名〉であり、有名人の場合にはこれに第四の名として通称が付されることがある。キケロのフルネームは Marcus Tullius Cicero であるから〈トゥリウス族出のキケロ家のマルクス〉という意味になる。

☆008――古典弁論術の重要な著作であるばかりでなく〈記憶術〉に関する重要な章句を含むことから、イエイツの代表作『記憶術』の基礎資料として活用されている――cf. *AM* 1.

☆009――ここに至ってラテン人文主義が〈人文主義〉そのものと等置されていることに注意。これは論理構成上〈人文主義⇔魔術〉の対立を強調するための下準備であると考えられる。ではギリシア古典の復興は〈人文主義〉ではなかったのか。この正当な問いもまたイエイツの魔術研究の根幹に関わる問いであることは確認しておく必要があるだろう。

☆010――つまりフィチーノやピコのギリシア古典の復興運動は。

☆011――Poggio Bracciolini　一三八〇―一四五九　トスカナ出身の人文主義者。古写本をヨーロッパ中で収集しラテン黄金期の作家の再発見に大きな貢献をした。

☆012――Ermolao Barbaro/Hermolaus Barbarus　一四五四―九三／九五　ヴェネツィアに生まれパドヴァの哲学教授となった人文主義者。教皇庁との関係が深く、故郷ヴェネツィアとは政治的に対立した。アリストテレス学者であるから当時の思想状況でははっきりと保守派と言ってよい。

☆013――このイエイツの読みは少しおかしい。エルモラオはパドヴァの哲学教授であったわけだから、ピコはむしろ彼を哲学の仲間として遇していたはずであり、それは書簡の文面からも読み取れると思う。

☆014――quadrivium　中世的大学教育の世俗的分野の中核をなす学問、代数、幾何、音楽、天文。

☆015――この章でのイエイツの立論はかなり個性の強いもので、例えばヴィントのライフワークとしての〈ルネサンスの異教秘儀〉の観点とはどうやら正面衝突してしまっている。ヴィントの方はイエイツとは逆に、ギリシア哲学-ネオプラトニズムの〈秘教〉的系譜上に、ルネサンス的古典古代復興の本流を認めるからである。要は〈古典古代的異教〉をどの次元で捉えるかという根本的な問題に通底しているのだろう。ブルクハルトもヴィントもオーソドックスに異教そのものにすでに原始キリスト教に至る超越性、秘教性が内在していたと捉えている。したがってここでイエイツが尖鋭化してみせる〈二つの伝統〉の根本的な対立は顕在化しない。ただしこうした尖鋭化によって〈魔術〉に対するラテン主義とギリシア古典受容のスタンスの違いは見事に説明されるわけで、その点はブルクハルト-ヴィントのラインではむしろ曖昧になる。いずれにせよこの問題はルネサンスの本質に関わるものであるので、性急な判断は避け、一つ一つ丹念に具体的な事例を検討し続けるべきだろう――cf. *ZCG* 5, 6, 7/*KR* 3/*PMR* 2, 4, 11, 12.

☆016――Horapollon は紀元後五世紀に活動したと推定されるエジプトの学者。もともとコプト語で当時すでにエジプト人の間でも相当に意味不明となっていたヒエログリフ＝聖刻文字の意味を解釈し、それをフィリッポスという事績不詳のギリシア人がギリシア語に翻案した。このギリシア語版の写本が十五世紀初頭に発見されたことがルネサンスにおけるヒエログリフ大流行の発端となったのだった――cf. *KP*. 重要なことはホラポローンその人の段階でヒエログリフの音価は失われ、したがって言語としてのヒエログリフの復元は不可能になっていたという点である。それが逆にエジプトにおいてはもともと図像＝意味の等置が言語原理とされていたという理論を生み、この誤った〈象徴言語〉の観念がバロックに至るまでのアレゴリー観念の基調となったのだった。このアレゴリー観念は結局二〇世紀の言語神秘主義、とりわけベンヤミンとデリダのそれにまで影響を及ぼしていることに注意しなければならない。訳者は記号論を理論的基軸としてこの図像言語とアレゴリーの問題一般に接近を試みたことがあるので興味のある読者はそちらを参照されたい——前野佳彦『言語記号系と主体』(言叢社、二〇〇六)第6、7、9章。

☆017——この部分の原文はかなり〈ねじれ〉ているので整理して意味の流れを優先した。イェイツの文体は時折複文の論理展開を見失うことがある。特に明らかに不必要なor=〈ないし〉/〈すなわち〉が頻出するのでこれも適宜整理して他のより論理性の強い接続詞に変えてある。

☆018——パウロを典拠として前の註で述べたように紀元後五世紀のコプト語原典のギリシア語訳は原書成立後であるから、〈ヘレニズム期の成立〉ではなく古典古代そのものの終焉期である。

☆019——Desiderius Erasmus　一四六九頃—一五三六　言うまでもなく北方ルネサンスを代表する人文主義者である。彼の場合、古典古代への文献学的アプローチが、キリスト教聖典としての聖書に対する福音主義的テクスト至上主義と矛盾なく結合していたところに、ルネサンス的な〈調和する不調和〉を認めることができるだろう。ただしその福音主義からはユダヤ教的要素が排除されていたことに注意しなければならない。その意味では彼はすでにルネサンスを離れてルターの時代に生きていた。

☆020——*Moriae encomium*　一五一一年出版。モリアは親友トマス・モアのもじり。

☆021——ギリシア語原典新約聖書の校訂に次ぐ仕事で一五一七—二四年出版。

☆022——Ordo Carthusiensis/Carthusians　十二世紀にフランスのグルノーブル近郊で創設された修道会。深山での瞑想を目指す神秘主義的色彩の強い修道会でいわゆる〈托鉢修道会〉とは一線を画している。より中世的な修道会だと言ってよいだろう。その中世的神秘主義がディオニュシウス偽書のこの修道会内部での重視の伝統を生んだものと考えることができる。スタンダールの『パルムの僧院』がこのカルトゥジア会修道院を背景にしているのも中世志向のロマンチシズムの現れとして理解できる。

☆023——John Colet　一四六七頃—一五一九　イギリスの人文主義者、神学者。

☆024——Anna van Borselen　一四七一—九八　エラスムスのパトロンとなった貴族夫人。

☆025——エラスムスの主著の一つ。一五〇八年出版。

☆026——Edward VI　一五三七—五三　在位一五四七—五三　ヘンリー八世の子。病弱で幼少のため実権は摂政に握られていた。国教化が進み社会混乱が拡がったことが彼の治世の一般的特徴である。

☆027——Mary Stuart　一五四二—八七　スコットランド女王としての在位は一五四二—六七　彼女の数奇な生涯は結局宗教改革の混乱に全面的に規定されたものでもあった。イェイツの言う〈反動〉は、メアリがイギリスに亡命しエリザベス女王に軟禁されて以降の、スペインを中心とするカトリック勢力の内政干渉が彼女を常に一種の切り札として使おうとしたことを示しているのだろうが、歴史家としてはやや〈傾向的〉な語法である。エリザベス女王が彼女のルネサンス研究の終着点でありヒロインでもあったことと連動しているように感じる。ある種の〈国粋〉の形式と言ってよいのだろう。

☆028——前出コレットやモアとの親交によってエラスムスはイギリスの知識人に早くから受け入れられていた。特にコレットがイギリスでは指導的な神学者であったことが重要である。

第一〇章　十六世紀の宗教的ヘルメティズム

☆001——Isaac Casaubon　一五五九—一六一四　ジュネーヴで生まれパリで活躍しイギリスで没したギリシア古典学者。実証的な文献学的方法で多数の古典作品を校訂註釈した。ルネサンス期のギリシア学が必ずしもイエイツが前章で主張したように宗教-哲学色の強いものばかりではなかったことは、カゾボンの仕事ぶりからも分かるように思う。やはりフィレンツェのプラトン・アカデミーという特殊な文化環境がギリシア古典と魔術復興の結合には不可欠だったのではあるまいか。エラスムスの新約聖書の校訂もまた文献学的ギリシア学の範例の一つである。

☆002——カゾボンのヘルメス文書の年代同定が、ルネサンス・ヘルメティズムに最終的に死亡宣告を下すことになった過程は、本書第二一章に詳述されている。

☆003——Hermetism を宗教として捉える本書の基調からすると religious Hermetism という本章の表題の言葉は〈宗教的ヘルメス教〉とでもなって全くの冗語であるが、これは本章の主題がキリスト教神学内部でのヘルメティズムを主題とすることに規定されたもので、その内実が宗教性にあることには前章までとなんの変わりもない。したがって本章では〈ヘルメティズム〉の訳語を基調とすることにした。

☆004——この引用文ですでにダジャンが l'hermétisme religieux =〈宗教的ヘルメティズム〉という言い方をしているので、あるいはこの章の表題での用語法はヘルメティズム研究での共通語彙を踏襲した結果かもしれない。

☆005——Guillaume Briçonnet　一四七二頃—一五三四　モーの司教となりルフェーヴル・デタープルと共に教会改革を指導するが、異端の嫌疑をかけられて沈黙させられた。

☆006——Charles de Lorraine 一五二四—七四　ユグノー戦争当時のフランスの教会政策の実力者。フランソワ二世の統治を支え、カトリーヌ・ド・メディシスに敵対した。

☆007——Adrianus Turnebus/Adrien Turnebe　一五一二—一五六五　フランスのギリシア学者、人文主義者。ギリシア悲劇のテクスト校訂が最大の業績。スカリゲル・ジュニアの師にあたる。

☆008——Peter Paul Vergerius　一四九八頃—一五六五　イタリアに生まれローマ教皇大使も務めた高位聖職者だったが、一五四〇年に宗教会議中に職務を放棄して逃亡しプロテスタントに改宗した。テュービンゲンで没している。

☆009——Aire-sur-l'Adour　ランド地方の小都市。

☆010——Josephus Justus Scaliger　一五四〇—一六〇九　スカリゲル親子の息子の方。親子共にフランスの古典学者である。古代史の総体的な年代同定をライフワークとした。これは結局カゾボンによる〈ヘルメス文書〉の年代同定に連続していく実証的古代史研究の始まりであったと考えることができる。

☆011——〈甘美なる獅子〉の意。

☆012——Jean-Antoine de Baïf　一五三二—八九　ロンサールと〈プレイヤード〉を組織した詩人。一五七〇年にシャルル九世をパトロンとして〈詩歌音楽アカデミー〉を創設。

☆013——アプレイウスの『黄金のろば』はブルクハルトも古代末期の精神状況を象徴する作品として『コンスタンティヌス大帝の時代』において分析を試みている。ブルクハルトの解釈はローデの『プシュケー』と同じく秘祭-霊魂信仰のマクロの古代的心性の文脈上でこの主人公の変身譚を読み解くもので、イエイツのそれとは根本的にその視座が異なっている。両者の視点の差異を保ちつつ『黄金のろば』を読んでみると面白いと思う——cf. ZCG 6.

☆014——Pontus de Tyard　一五二一—一六〇五　フランスの人文主義者、詩人。〈プレイヤード〉に属し、フランス詩におけるソネット形式の創始者の一人に数えられる。アンリ三世に忠誠を尽くしたために晩年は不遇であった。

☆015——シャンピエはリヨンで活動した。

☆016——Jacques Davy Du Perron　一五五六—一六一八　フランスの外交官、詩人。アンリ三世、四世に仕え、ロンサールの友人でもあった。宗教的な経歴は新教、旧教の間を揺れ動き複雑である。

☆017——いわゆるバロック的オペラ-バレエの〈パフォーマンス〉の氾濫が始まりつつある時代である。この傾向を最初に制度化したものがまさにフランスのこの時期の〈アカデミー〉であったと言える。

☆018——Catherine de Médicis　一五一九—八九　イタリア名カテリーナ・デ・メディチ。父のウルビーノ公ロレンツォは大ロレンツォの孫であるから、カテリーナはメディチ家本流の血筋を引くことになる。イタリアと縁の深いフランス国王フランソワ一世の第二子と結婚した。それが後のアンリ二世であり、彼女はアンリ三世の母として〈皇太后〉となった。同時代人から後世の歴史記述に至るまでさまざまな毀誉褒貶の焦点となった女性だが、フランス文化の核心部にイタリア・ルネサンスの精華を移入した功績は莫大に大きい。

☆019——この宮廷祝祭は明らかにイタリア・ルネサンスの一大特徴を成した都市祝祭がバロック宮廷に向かってインテリア化したものである。この祝祭現象はブルクハルト-ワールブルクを結ぶ太いルネサンス研究の柱でもあった。イエイツはこの学派の伝統に〈魔術〉という彼女独自のテーマを融合させていく——cf. KR 5/ASW 1, 2, 3/GAW 6, 8, 11.

☆020——この宮廷祝祭の一部としてのバレエは近代バレエの源泉の一つだと見做されている。しかしプロの踊り手だけでなく宮廷人たち自身が多数参加したところにルネサンス的都市祝祭の名残りをも認めるべきだろう。

☆021——Philippe Du Plessis Mornay　一五四九—一六二三　フランスのプロテスタント神学者。アンリ四世の友人でもあった。ギリシア語ラテン語の他ヘブライ語や近代語にも通じた新しいタイプの人文主義者だった。

☆022——Christophe Plantin　一五二〇頃—一五八九　アントウェルペンの印刷出版業者。彼の書肆は当時ヨーロッパで最大規模の出版社であった。カトリック、プロテスタントの両陣営からの書籍を幅広く受け入れたことがその特徴である。

☆023——後のアンリ四世。

☆024——ヘルメス・トリスメギストスのフランス読み。

☆025——Hercule François　一五五五—一五八四　アンリ二世の末子。一五七五年以降アンジュー公。一五七九年にはエリザベス女王に求婚して断られている。彼が二四歳、エリザベスが四六歳の時だった。エリザベス女王自身は彼がかなりお気に入りだったらしいが、単なる冗談だったという見方もある。オランダの名目上の国王に招かれたのはその直後。一五八三年にアントウェルペンを武力制圧しようとして大失敗し全軍を失い、這々の体でパリに逃げ帰り、まもなく母カトリーヌ・ド・メディシスに看取られつつ病死した。

☆026――Philip Sidney　一五五四―一五八六　エリザベス朝を代表する詩人、文人、政治家。一五八五年にイギリスのオランダ支援軍に参加してスペイン軍と戦いつつ各地を転戦し、翌年戦死した。文武両道を称えられるカリスマ的廷臣であった。

☆027――Arthur Golding　一五三六頃―一六〇五頃　イギリス・ルネサンスを代表する古典翻訳家。オウィディウスの訳が有名でシェイクスピアも種本として使用したらしい。

☆028――Robert Dudley 1st Earl of Leicester　一五三二／三三―一五八八　エリザベス女王の寵臣の一人。一五八五年以来イギリスのネーデルランド支援軍の責任者となるが大きな戦果は挙げられず、召喚されてまもなく病死した。

☆029――Capucin　十六世紀にフランチェスコ会から分派した修道会。

☆030――Hannibal Rosseli　一五二四頃―一六〇〇頃。

☆031――Francesco Patrizi　一五二九―九七　イタリアの人文主義的哲学者。ネオプラトニズムを基調とし、その面ではフィチーノの後継者の位置にある。パトリッツィが教皇に招かれてローマで哲学を講じたことは、ピコたちの時代と比べて隔世の感がある。これもまた反宗教改革の力学に規定されたカトリック神学のテリトリー拡大の一場面だったと言えるだろう。その神学の根幹はスアレスの例に典型的に現れているように、いまだにアリストテレス-トマスの基軸上にあったわけだから。

☆032――つまり教会を支える哲学がスコラであったことを批判している。

☆033――Proklos　四一〇―四八五　コンスタンティノープルに生まれアテーナイで教えた古代末期を代表する新プラトン主義者。ヘーゲルも彼の哲学の論理性、体系性には高い評価を与えている。

☆034――この〈危険性〉の強調はいかにも異端審問と対抗宗教改革の時代を感じさせる。スコラとアリストテレスが教会＝カトリックにとって危険だというのは中世-ルネサンス的な見地からは全く奇想天外としか言いようのない発想であることに注意すれば、この資料の属する神学が、すでにバロック期の〈陰謀〉と〈転覆〉の横行する世界観を基盤としていることは明確である。

☆035――この〈呼び戻し〉のプロパガンダ的論理は、訳者の世代には、冷戦時代のプロパガンダ合戦を彷彿とさせるものがあって興味深い。十六、十七世紀ヨーロッパの宗教戦争と二〇世紀の世界を規定した冷戦のイデオロギー構造は、極めて近似的な側面があったからではなかろうか。

☆036――ピコ・デッラ・ミランドラは。

☆037――Thomas More　一四七七―一五三五　言うまでもなくイギリス・ルネサンスを代表する人文主義者である。聖職には就かず弁護士として政治及び文筆活動に入った。本書との連関ではその主著『ユートピア』がヘルメティズムに当初から内在していた宗教的理想都市論の系譜上にあること、またエラスムスの啓蒙的キリスト教理念との連関が重要である。

☆038――Ralph Robinson　一五二〇―七七　イギリスの人文主義者。彼による『ユートピア』の英訳は一五五一年初版。

☆039――一五七二年八月　新教と旧教の和解の象徴として行われた後のアンリ四世と国王の妹との結婚式が、かえって旧教勢力の陰謀の標的とされ魔女狩り的な虐殺の惨事へと拡がった。この事件によりユグノー戦争の宗教的和解は実質不可能となっただけでなく、十六世紀のあらゆる宗教的寛容が終焉を迎えた。

☆040——Michael Servetus　一五一一—五三　スペインの医師、人文主義者。異端審問を避けて亡命した先のジュネーブでカルヴァンの勢力に逮捕され火刑に処された。

☆041——ヘンリー八世の離婚問題から発した〈国王至上法〉によるイギリス国教会の成立が一五三四年。モアはそれに従うことを拒否して翌年処刑された。

☆042——George Fox　一六二四—九一　クェーカー派の創始者。布教は一六四六年頃から。

第二章　ジョルダーノ・ブルーノ——最初のパリ滞在

☆001——Johannes de Sacrobosco　一一九五頃—一二五六頃　イギリス出身でパリで教えた天文学者／占星学者。

☆002——『記憶術』の研究がブルーノの記憶術への関心から出発したことが明確に窺える条である。実際に『記憶術』はブルーノの記憶術を中心とした構成をとっていて、量的にも彼を廻る記述が圧倒している——cf.AM9, 11, 12, 13, 14.

☆003——Metrododos　前二世紀頃ギリシアで活躍した弁論家。その記憶の正確さで評判を得たという——cf.KP.

☆004——Merlin　アーサー王伝説中の有名な魔法使い。夢魔と修道女の間の姦通の子だとされている

☆005——このブルーノの文体の基調を成す〈神秘〉-〈誇張〉の二律背反は、❶ルネサンス的習合の根本原理としての〈調和する不調和〉discordia concorsの表現形態としての側面と、❷カーニバル的ジャンル混交の原理としての〈メニッペア〉の二つの側面を有していると思う。イエイツはブルーノの魔術的思想の内実に関心を集中するために、残念ながらブルーノの非常に個性的かつ民衆的な文体に対してはごく断片的なコメントしか行っていない。ラブレーとブルーノの文体をこの面から比較することで、つまりバフチンの基本的な視点をブルーノ研究に導入することで、イエイツの研究成果もまた新たな光に照らされることになるのではないかと思う——M・バフチーン『フランソワ・ラブレーの作品と中世・ルネサンスの民衆文化』(川端香男里訳、せりか書房、一九八〇)参照。

☆006——basiliskはトカゲとサソリを一緒にしたような伝説の怪物。目が合うと死ぬというトポスが詩で使われる。

☆007——これから見るように、ブルーノの神話的表象において〈メルクリウス〉は〈本物の〉メルクリウス＝ヘルメス・トリスメギストスと〈偽物の〉メルクリウスたちに奇妙に分裂している。

☆008——ラモン・ルル／ライモンドゥス・ルルスのこと。

☆009——これは非常に微妙な問題だが、あるいはこのブルーノの魔術的図像に対する〈怖れのなさ〉は、魔術そのものの遊戯的形骸化を意味していたのではないだろうか。そうだとすればブルーノの魔術はルネサンスよりはむしろバロック的演劇性の方向を向いていたことになるだろう。今後の研究課題として呈示しておきたい。

☆010——Teukros　前一世紀頃のバビロニアの占星学者。黄道十二宮とデカンをギリシア的宇宙像に導入したことで知られる。

☆011——Cecco d'Ascoli　一二六九—一三二七　ボローニア大学の占星学教授、詩人、医師。ダンテの詩友でもある。イエイツの述べるこのサクロボスコ註釈が異端の嫌疑を受けフィレンツェに亡命したが、あまりにあけすけな言論で敵を多く作り結局火刑となった。

☆012——ここで再びヴィントの側から可能なイエイツ批判の骨子を示しておこう。ヴィントによればプラトニズム、特にそのネオプラトニズム的な形態の中核には秘教の〈弁証法〉が宿っている。そしてその〈弁証法〉は図像によって表現される。問題はこの〈表現〉の実在性をどこに、どういう形で設定するか、ということにある。ヴィントの見地からはこの実在性の設定そのものが〈弁証法〉に本質的に規定されている。つまりフィチーノもピコもそしてネオプラトニズムの影響の圏内でのブルーノも、影像-図像をイデア-実在の二律背反=弁証法そのものの裡に見ていたということである。したがってヴィントの眼にはイエイツの魔術論そのものがあまりに素朴実在論に見えたことは間違いないと思う。しかし逆にイエイツの立場からすればヴィントの観点はあまりに観念的であり、魔術-近代科学の根底の情念がまさに素朴実在的な〈実践的操作〉にあったことを見逃してしまう、ということになるだろう。ここにあるのはまさに近代精神の根源を廻る問題であることは間違いない。ヴィント-イエイツの立場の違いを越えた研究、ブルーノその人に即した研究がさらに要請される根拠がここにある——cf. PMR 3, 4, 7. また〈解説〉参照。

☆013——Kirke/Circe　太陽神ヘーリオスの娘。ギリシア神話の古層を出自とする女神で、そのため系譜も場所も周辺に追いやられている。『オデュッセイアー』第一〇書に詳しい。

☆014——Henri d'Angoulême　一五五一—八六　アンリ二世の庶子で Gran Prieur de France に父王から任命された。名目的な名誉職である。若くして決闘で殺された。

☆015——ここでも再び〈文体〉の問題がイエイツの意識から捨象されているように思う。ブルーノの誇張された中世的野蛮はメニッペア-カーニバルのラインでの文体選択として整合的に解釈し得るからである。

☆016——Astraia はゼウスと〈掟〉の女神テミスとの間に生まれた正義の処女神。黄金時代の終焉と共に地上から去る。エリザベス女王とアストライアの神話的同一視がイエイツの『エリザベス朝のオカルト哲学』のライトモチーフとなった——cf. OPE.

☆017——〈ユグノー戦争〉のこと。英語ではこの呼称は用いずに一般化して〈宗教戦争〉という。

☆018——つまりカトリーヌ・ド・メディシスの。

☆019——Michel de Castelnau de Mauvissière　一五二〇—九二　フランスの貴族、外交官。

☆020——Francis Walsingham　一五三二頃—九〇　エリザベス朝の国務大臣。女王の治世をスパイ網による情報収集で支えた影の実力者であり、近代的国家情報制度の草分け的存在としての評価を得ている。彼とエリザベス女王の最大の仮想敵はもちろんスペインであったが、フランスの動向も非常に重要なファクターであった。例えばウォルシンガムはユグノー教徒の地下活動を支援するパイプを持っていた。

第一二章　ジョルダーノ・ブルーノのイギリス滞在——ヘルメス教的改革

☆001——Philotheus Jordanus Brunus Nolanus　ブルーノの自称のラテン名、〈神を愛する、ノラの人、ジョルダーノ・ブルーノ〉という程の意味。ここにすでに独特のラブレー的誇張の笑いが隠されていることに注意すべきである。

☆002——Albert Alasco　一五二七—一六〇五　ラスキは同年ディーを伴ってポーランドに帰国する。二人はオカルト同好の士として意気投合したらしく、降霊術の実験を繰り返している。
☆003――Gabriel Harvey　一五四五―一六三〇　古典詩の韻律を英語に導入しようとした古典学者、著作家。
☆004――John Florio/Giovanni Florio　一五五三―一六二五　イタリアに亡命した新教牧師の息子。生まれはロンドンで語学の才能に優れ宮廷に出入りした。ブルーノとも、またおそらくシェイクスピアとも交友関係にあったが、同時にまた国務大臣ウォルシンガムの重宝するスパイでもあった。ブルーノのイギリス滞在中は彼と行動を共にしつつフランス大使館で諜報活動を行っている。転形期に特徴的なコウモリ的パーソナリティの一例であり、イエイツの初期の研究の中心的対象となった。
☆005――Samuel Daniel　一五六二―一六一九　詩人、歴史家。フローリオと縁戚関係にあり、初期の恋愛詩はシェイクスピアの周辺の文学環境と重なる。
☆006――George Abbot　一五六二―一六三三　労働者階級の出自ながら大主教まで昇り詰めた当時を代表する聖職者の一人。オックスフォード大学の副総長も務め大学との縁も深かった。
☆007――Balliol　オックスフォード大学の最も由緒あるカレッジの一つ。創設は十三世紀。
☆008――quartron という語は難語でおそらくラテン語＋ギリシア語尾の複合造語だと考え試訳を付した。あるいは単純に〈宝石〉程度の意味かもしれない。その場合は『珠玉の根拠云々』というほどの表題になるだろう。
☆009――この論争書の、どこか現代の夕刊紙やスポーツ紙の〈あっと驚く〉コピー修辞を連想させる長々とした表題は、典型的にバロック期のそれである。そしてこの能記過剰のエクリチュール原理はブルーノのこれまでに引用された章句の文体が如実に示すものでもある。つまりブルーノもブルーノの敵もすでにその造型感覚はルネサンスからマニエリスムを経てバロックに向かう途上にあったと総括することができる。
☆010――この頃からラテン語の発音は各国ごとに分化し、知識人間の会話での意思疎通に困難を来たし始めた。〈チ〉の音がすべてイタリア風である。
☆011――Christ Church　オックスフォード大学の学寮。ヘンリー八世が創設。アボットはChrists-Church と綴っている。
☆012――つまり異教古代的に世界内在的な神性であり、キリスト教的に世界超越的神性ではない。
☆013――コレーはギリシアでは神殿奉納の乙女の立像としてクーロス＝〈青年〉と対になりその背景には加入礼的共同体の記憶がある。またコレーは秘祭関係の用語としては冥府の〈姫神〉＝ペルセフォネーを表す言葉でもある。つまり〈処女性〉はコレーの第一義的な契機ではない。通常はmaiden と訳されるこの語をvirgin とすることによってイエイツはマリア信仰の方向を共示しているように思える。この共示が意図的なものか、それとも彼女の古典古代表象のある偏りを表しているのかはかなり微妙な問題であると思う――cf. *KP/HN5.*
☆014――このa curious vein ＝「奇妙な調子」こそは〈メニッペア〉的なジャンル混交の様式に他ならない。イエイツはこの文体の基軸に気づいてはいるものの、いまだに分析のための概念組織を持たないため、副次的要因と見做して素通りしている。つまりここにバフチンのラブレー論の成果をブルーノの文体分析に応用するという、非常に興味深い未開拓の研究分野が眠っているわけである。
☆015――ペルセウスもゼウスの〈姦通〉の子。

☆016――Hyginus　紀元前後のローマの博物誌家。文献学者。アウグストゥス時代の解放奴隷である――cf. KP.

☆017――前掲註のHyginusの代表的な著作は神話系譜関係のものだった。

☆018――アポロは太陽神、ディアナは月の女神。これにユピテルの木星を加えれば七柱となる。

☆019――イエイツが解釈するブルーノの魔術的論理においては、自然を裡側から形成する潜勢力を持つ神人一致的モナド＝実在がpersonalityとして観念されている。したがってこの訳語を充てる。

☆020――Vincenzo Cartari　一五三一―七一以降。イタリアの古典学者。主著の神話論は寓意作家の種本として活用された。

☆021――イエイツはブルーノの反カバラ-反ユダヤ的側面をほとんど無視しているように思えるが、これは例えばピコやアグリッパの大規模な習合的魔術観念と比較した場合、見逃すことのできない時代の徴表であると思う。ここにはもちろん、ブルーノにおいて自然宗教と超越的一神教の根本的二律背反に対する原理的洞察が進んだという側面も介在している。しかしやはりルターとエラスムスの両者が反ユダヤ的なキリスト教ヨーロッパのイデオロギーを共有していたことと、フランス国王をパトロンとするこのブルーノの〈改革〉の描像からユダヤ-カバラ的伝統が排除されていることは、その政治イデオロギーの次元で、内的に連関していると考えざるを得ない。非常に微妙かつ複雑な問題だが、それだけに慎重な検討を要する学的課題だと言えるだろう。

☆022――Palingenius Stellatus/Pier Angelo Manzolli　イタリア名はイエイツを踏襲するが諸説ある。以下の主著が残るものの伝記についてはあまり知られていない。この主著の出版以前に没していたようである。対抗宗教改革により異端書の筆頭に挙げられたのが一五五九年であるから、この頃まで生きていれば確実にブルーノの先駆者として異端審問所の迫害を受けていただろう。皮肉なことにしかし、この異端書としての指名がプロテスタント圏でのこの本の評判を高めることになった。イギリス滞在中のブルーノの本書の受容もその延長上にあるのだろう。

☆023――十九世紀革命思想の基軸となった〈所有は窃盗である〉にきわめて似通った発想が見られることが興味深い。宗教戦争の周辺の〈改革〉派の一人がブルーノであったことを考えれば、革命思想というものの時代を超えたイデオロギー的同型性を確認し得る。これは本書第二〇章で詳述されるカンパネッラの場合、より尖鋭化した形で顕在化している。

☆024――ヘラクレスはゼウスとアルクメーネーの間の子。ゼウスはアルクメーネーの夫アンフィトリュオーンの姿に化けて彼女に近づく。クライストはこの神話を素材として心理的陰影に富む戯曲『アンフィトリュオン』を書いた。

☆025――罰は娘アンドロメダの人身供犠で、それをペルセウスが助けることになる。この神話はルネサンス期の世俗画の主題として非常に好まれた。

☆026――Vestaは竈の神。〈ローマ広場〉＝フォルム・ローマーヌムのウェスタ神殿での聖なる火の維持は中核的な国家神殿制度でもあった。またウェスタ神殿の故地はヴァチカンにも近いことから、おそらくは教皇庁を諷刺したものと見ることができる。その場合、ウェスタの神殿の火を護った巫女たちが処女性を守らねば死刑に処せられた故事と、教会制度の童貞不犯主義が建前と化してかえってネポティズム――教皇以下の庶子を〈甥〉と偽る――を代表とする腐敗の制度的背景を成していることを批判したものと見るべきだろう。

☆027――イエイツもカトリック僧綱制度の不犯主義にブルーノが反対していると解釈していることが分かる――前註参照。

☆028――ケンタウロスのケイローンは医術に通じていた。天界への道を示したケンタウロスとはおそらくヘラクレスを毒殺したネッソスのことだろう。ヘラクレスは自分を火葬にした後、星として天に昇るからである。またケンタウロスの〈半人半獣性〉はルネサンス的均衡の情念型の一つともなった。ワールブルクの代表的な論文の一つが、ケンタウロスを個人的紋章に選んだフィレンツェ・ルネサンスの一市民の心性をテーマにしている(『フランチェスコ・サセッティの遺言』一九〇七年)。この論文は彼の全仕事の中でも特に評価の高いもので、領域を超えた規範的な価値をいまだに有する。文体も壮年期の充実した彼の精神的安定を背景とした素晴らしいものである――cf. ASW 5/GAW 6, 8.

☆029――イエイツはブルーノの政治理念を〈古のヨーロッパ〉に置くが、これは彼女自身の文化イデオロギーのヨーロッパ中心性に明確に規定された〈読み込み〉であると思う。「古のエジプト」は、少なくともブルーノの言説を追う限りは、ヨーロッパ内在的な原理ではないからこそ、ヨーロッパ的袋小路に超越的な治癒力をもたらすものとして構想されているからである。

☆030――イエイツはブルーノの文体上の特性をすぐに飛び越えて「コンテクスト」に向かっている。その結果として彼女が最も得意とするマクロの「コンテクスト」記述は達成されるのだが、それは当初から文体=形態の問題を捨象した内容本位の〈思想〉の相互連関であることに注意しなければならない。イコノロジーの言葉に即して言えば、イエイツの観点からはいわゆる「様式」の現象が脱落してしまうのである――〈解説〉参照。

☆031――この「形式」は〈様式〉ではない。そしてそれは「風変わり」に見えざるを得ない。原点の〈文体〉が当初から飛び越えられてしまったからである――前註参照。

☆032――St. Victor's Abbey 十二世紀初頭にシャンポーのウィリアムによって創設された修道院。アウグスティヌス主義を標榜し、後世はジャンセニストの居城となるなど、やや主流からはずれた学問性を特質としていた。蔵書の充実も、またブルーノのような得体の知れない逃亡修道士を受け入れたのも、この修道院のリベラルな雰囲気と関係していたと考えられる。

☆033――洗礼と聖餐のこと。

☆034――カトリック・ミサのパンと葡萄酒をキリストの身体の象徴として拝領する儀式。聖餐と部分的に重なる。

☆035――福音書の描く〈最後の晩餐〉におけるキリストの言葉。

☆036――Zuan Mocenigo ブルーノを異端審問所に引き渡したヴェネツィアの貴紳。本書第一九章に詳しい。

☆037――後年のアンリ四世に。

☆038――イエイツはなんらの註解も与えていないが、文脈から考えればおそらくピコ・デッラ・ミランドラがこの司書とブルーノの共通の話題となっていたものと思われる。

☆039――the religion of More's communists 『ユートピア』は十九世紀以降、社会主義-共産主義の運動が盛んになるとその「共産主義」的性格がクローズアップされるようになった。イエイツのこの故意に矛盾を際立たせた表現は、そうした単純に一元的な観点への皮肉を籠めた批判が含まれていると見るべきだろう。本書は冷戦の時代の〈ヨーロッパの文化的統一性〉を廻る研究であることを忘れてはならない。

☆040――この語は上の「モア的共産主義者」の残像に引きずられて登

場した語彙だろう。
☆041――イエイツのルネサンス研究全体の流れは、このブルーノのイギリス滞在を介して、エリザベス朝ルネサンス、特にシェイクスピアを核とする文化環境の全体へと向かった。その分水嶺がまさに『追放』を廻る分析であったことがよく窺える条である。

第一三章　ジョルダーノ・ブルーノのイギリス滞在――ヘルメス教的哲学

☆001――Tiphysはアルゴス号の建造者ではなく舵手である。
☆002――再びブルーノに特徴的な〈メルクリウス〉の分裂した姿が顕れる。この〈メルクリウスたち〉は次の〈アポロたち〉と同じく真理を語る者を真似る偽預言者たちである。この分裂の原点にあるのは、あるいは古典古代的神話心象ではなく〈アンチクリスト〉の姿ではないだろうか。つまりこれはブルーノの思想に侵入したユダヤ教-キリスト教的な終末論の影を宿した否定的心象なのかもしれない。同時代の宗教的紛糾をブルーノは終末論的な破局の総体として捉えていたからこそ、その改革の企図も〈全面的〉なものでなければならなかったのではないだろうか。
☆003――古典古代からある金言で「時間がすべてを白日のもとに曝す」というほどの意味だが、原註にあるザクスルの研究に明らかなように特にこのルネサンス末期に好んで用いられた。
☆004――Fulke Greville　一五五四―一六二八　エリザベス朝、ジェームズ朝で大臣を歴任した実力者。男爵の家柄であった。文人肌でシドニーと同じ文学グループに属していたから、親ブルーノ派であったと想定できる。友人シドニーの伝記を残し、それはシドニー研究の基礎資料となっている。
☆005――*epicycle*　プトレマイオスの天動説を支える有力な手段であった補助の円軌道のこと。コペルニクスの地動説においても回転の原理は円軌道が前提とされていたため、この周転円をいまだに必要とした。ブルーノもそれを踏襲しているわけである。周転円はケプラーの楕円軌道の導入によって初めて不要となった。
☆006――〈原因〉が結局〈目的〉を根拠とすることに注意。これはブルーノに限らずヘルメティズムの世界観-宇宙論に本質的な循環的-自同的構造から派生する論理である。この〈世界内在的〉な循環性は結局カントの目的論を経てロマン派の世界像にまで連続していくことが確認される。すると、シェリングがどうしてブルーノ再評価に欠かせぬ大きな役割を果たしたのかという〈世界観的〉な連関が見えてくる。この〈世界内在的〉循環性はその終局においてニーチェの〈ディオニュソス的世界〉へと辿り着く。そのとき初めて一神教的な〈世界超越性〉との二律背反も最も先鋭的な形でテーマ化されることになるのである。
☆007――Thomas Digges　一五四五―九六　イギリスの天文学者。ジョン・ディーの弟子にあたる。
☆008――このブルーノの代表作はこれまでどうした事情でかは分からないが『無限、宇宙および諸世界について』と訳されてきた（清水純一による岩波文庫版など）。しかし各国語訳の例も示唆しているように、l'infinitoを〈無限なるもの〉と訳してしまうのは内容的にも語学的にも無理がある。その場合〈宇宙〉が浮いてしまうからである。したがって〈無限の宇宙〉以外の訳はあり得ないと思う。ブルーノは〈無限〉そのものを「数学的に」論じたのではなく、〈無限の宇宙〉を「自然哲学的に」論じたのである。この差異は本質的である。おそらくは通常の哲学史的了解の範囲内でのブルーノ像がこの〈無限〉観念を抽象化＝数学化して捉えすぎていたために、まさにイエイツの指摘するブルーノの根本的な反数学性＝魔術性が見逃され、それがこうした決定的と言わざるを得ない誤解を生んできたのだろう。

☆009――前後関係が錯綜してややこしいが、ルクレティウスはエピクロスの倫理観を踏襲し、パリンゲニウスはそれを直接エピクロスの著作からでなくルクレティウスの著作から学び、さらにブルーノはパリンゲニウスを通じてエピクロス的倫理観を知った、という意味。

☆010――Averroes/Ibn Rushd　一一二六―九八　イスラム中世を代表する哲学者、医学者。イブン・ルシュドが本名でアヴェロエスはラテン名。アリストテレスの受容に決定的な役割を果たし、彼の著作が十三世紀にラテン語訳されてヨーロッパ中世に紹介されたことが、スコラ哲学の主流を準備したと言っても過言ではない。

☆011――Avicebron/Ibn Gabirol　一〇二一頃―五八頃　ユダヤ系のイスラム哲学者、詩人。ネオプラトニズムの影響を強く受けている。ラテン語訳を介してヨーロッパ中世に影響を与えた。

☆012――Bernardino Telesio　一五〇九―八八　イタリアの自然哲学者。感覚世界の重視により近代的経験論の先駆者の一人となった。

☆013――アンティキュラはヘレボルスという植物の特産地である海辺の町。ヘレボルスの根が狂気を癒すと信じられたことから狂人の療養地としての評判が確立した。エラスムスの格言はそれを踏まえたもの――cf. Lewis & Short, *A Latin Dictionary*.

☆014――イエイツの数少ない〈文体〉に対するコメントは、ブルーノのラテン文が正規の人文主義的文体ではなく俗語化した会話的文体を駆使したものだという指摘に留まり、その民衆体の選択の必然性まではテーマ化されずに終わってしまう。

☆015――イギリスへのルネサンス絵画の浸透は非常に遅く、ようやくこの頃貴顕や王室の肖像画を中心とした新しい様式への嗜好が目覚めたばかりだった。対してイタリアはすでにマニエリスムの終焉期である。ブルーノが言葉で描いて見せた寓意画は大陸では陳腐なほど氾濫していた。

☆016――「絵画の如く詩作せよ」はホラティウスの言葉。原義は〈絵画の如く詩作も〉で、その作品の永続性の有無を論じたものだったが、シモニデスの絵画詩作一元論に引きずられる形で古典古代の美学の本質を表現したモットーと化した。イエイツもこの美学的伝統の上でこの引用を行っているので、そちらの方向の訳語を付した。ここではレッシングの『ラオコオン』が、この絵画詩作一元論に反発することにより時間芸術としての文学ジャンルの確立に至ったことを思い合わせつつ、ブルーノの絵画的言語が果たして時間性を本当に捨象しているのかを検討する必要があるだろう。表現における時間性の問題はまた結局『ヘルメス選集』を廻る年代同定の問題に通底しているはずである。そしてそれはまたバフチンが見事に分析しモデル化したラブレーを典型とするルネサンス的時間像との対比、さらには、ブルーノが敵対した〈数学的〉＝近代科学的時間の数量化との対照も可能にするものとなるだろう。

第一四章　ジョルダーノ・ブルーノとカバラ

☆001――Jerome Besler　一五六六―一六三二　ニュルンベルク出身のドイツ人である。伝記詳細は本書以外は未詳。

☆002——イギリスでのイタリア語対話篇の出版は、おそらくフランス大使館の援助を受け、一種の海賊出版の形で行われた。つまりそれは政治宣伝パンフレットの範疇に収まる側面を持っていたことが、この出版事情から読み取れる。

☆003——〈チレニコ〉はヘルメス神の生まれたキュレネー山のイタリア語化した形だが、ろばの名前のように使用されている。

☆004——〈哲学〉、〈宗教〉、〈魔術〉という三つの本書の基本概念を廻るある種素朴とも言えるこの概念の並列的組み合わせは、イエイツが解説する魔術の操作に非常に似通っていることを注意しておきたい。そして同じ組み合わせの万華鏡化はブルーノにおいて大規模な列挙修辞として外化している。これを戯画化すれば『ハムレット』のポローニアスの言語型となる。文体と魔術的思考の本質連関が新しいルネサンス研究への端緒となり得る一つの証左である。

☆005——ブルーノは〈神学〉、〈哲学〉、〈カバラ〉の三つの概念の魔術的配列を操作している。前の註を参照のこと。

☆006——ガリアはケルトと同義。ドルイド教はケルトの特異な自然宗教でカエサルの『ガリア戦記』に詳しい記述がある。

☆007——この二つの引用は要約ではなく、おそらくフェステュジエールの仏訳を基にイエイツ自身がパラフレーズしたものだが、細かな語句は一致しない部分も多い。したがって全体を新たに翻訳することにした。

☆008——ここでブルーノ研究から発するイエイツのライフワークのもう一つの方向が示唆された。それはエリザベス朝の〈オカルト哲学〉であり、その基本枠の中に薔薇十字団運動もフリーメイソンも、またシェイクスピア劇における魔術-オカルトの要素もすべて統合されることになる——cf. *TW/RE/OPE*.

☆009——以下フリーメイソンで広く用いられる、新参者を目隠しにしてさまざまな試練を課すイニシエーションを前提とした修辞が続く。

☆010——モーツァルト自身フリーメイソン会員であったし、その晩年の傑作『魔笛』はフリーメイソンのイニシエーション儀礼をプロット全体の基本枠として用いている。

第一五章　ジョルダーノ・ブルーノ——英雄的狂信家にしてエリザベス朝の宮廷人

☆001——「雅歌」2—9、新共同訳聖書に拠る。この章句の始まりは「恋しい人はかもしかのよう／若い雄鹿のようです」であり、ブルーノ-イエイツのパラフレーズはもちろん教会神学におけるこの詩の寓意解釈を前提としてはいるものの、ネオプラトニズムの方向に逸脱した相当にオリジナルなものであることは否定できない。

☆002——十一世紀末に南仏のトルバドゥールたちの恋愛詩運動から始まった宮廷での虚実を交えた恋愛遊戯の観念。日本の平安文化にも八代集の基軸にやはり恋愛遊戯的和歌文化があったことが——その明確な差異をも含めて——比較参照の好個の対象となる。

☆003——「詩篇」143—6、新共同訳聖書。

☆004——「詩篇」119—131、同前。

☆005——Aktaion　アクタイオーンは若い狩人。山中で水浴中の処女神アルテミス=ディアナの裸体を見てその罰に鹿に変身させられ、自分の猟犬に八つ裂きにされた。この神話の背景には非常に古層の狩猟文化的犠牲儀礼が隠されていることをW・ブルケルトは指摘している——cf. *HN2*.

☆006——Amphitrite　ネーレイスの一人で海神ポセイドーンの后。この女神も古層の神話に属している。

☆007——この〈大いなる年の一巡り〉を廻る最底辺からの転回の必然性は、ほとんど同じシンタクス構造でニーチェの〈永劫回帰〉の思想に〈回帰〉する。これはニーチェとブルーノの思想的親近性というよりは、さらにマクロの文化パラダイムの共振と持続力を示しているように思える。それが〈ヘルメティズム〉の持続力なのか、あるいはそこにベンヤミンが観た〈近代性〉の問題の優越を感じ取るべきなのか、慎重な検討を要する問題であると言えるだろう——〈解説〉参照。

☆008——原書Dionysiusとあるのは明らかにDionysosの誤り。

☆009——ヘーゲルの〈自己に帰還する世界精神〉と非常に似た霊感の運動のシンタクス構造が顕在化している。確かに『精神現象学』の序においても〈秘祭〉と〈狂気〉について語られていたし、何よりも青春時代のヘーゲルの親友ヘルダーリンがそうした〈霊感〉の神秘を実存の基底で感じ続けた典型的な〈狂気〉の詩人だった。こうしてみるといかにヘルメティズムが西欧的実存に繰り返し〈上昇〉のパラダイムを提供し続けてきたか、その持続力には確かに驚かされるばかりである。そしてさらに事例は続く。ヘルダーリンとニーチェの言語-詩世界に一生惹かれ続けた哲学者ハイデガーはグノーシス的傾向の非常に顕著な思考形式を特徴としていた。グノーシス-狂気-ヘルメティズムの本質連関を追跡することで、一つの大きな精神の地下水流が顕れ出る。

☆010——しかし「世俗の愛」と「聖なる愛」の対比、及び相互浸透というトポスそのものはルネサンス期を通じて好まれたものでもあった。例えばティツィアーノの代表作の一つ(ローマ、ボルゲーゼ美術館蔵)が、このテーマを扱っている。

☆011——Otto Vaenius/Otto van Veen　十七世紀オランダの画家、紋章《エンブレム》学者。ここでイエイツが論じているのはその主著『愛の紋章集』(Amorum Emblemata　一六〇八)である。

☆012——無敵艦隊の来寇は一五八八年。

☆013——エリザベス女王崇拝はイエイツ最晩年の研究『アストライア——十六世紀の帝政論』の主題となった。

☆014——この異端審問官の尋問は短いながら月並み定型化したスコラ哲学の教義問答調の典型を示している。審問された側の生死の問題とは全くかみ合わないその醒めた論理性が、自ずから〈ガルゲンフモール〉=絞首台的ブラックユーモアの雰囲気を漂わせている。スコラにはまって青春を空費したアイルランドの一青年が、後年その空費に自作のユーモアで復讐した抑圧言語の世界である。つまり『ユリシーズ』第一七挿話の世界。

☆015——ホメーロスの時代からdiosは権力者への尊称として完全に定型表現的に使われた。〈神の如き〉が原義であってもそれはほとんど〈尊い〉くらいの意味にまで日常化している。ブルーノもそのことを言っている。この尊称の基底はおそらく古代地中海的な多神教世界の言語型まで遡るものだろう。自動化した尊称であるとはいえ、やはり神人一体的な世界観を背景としているからである。対してアルプス以北のヨーロッパでは言語の段階で神人はすでに分離されているように感じる。diosに当たる尊称がそれらの言語にはないか、あるいは表現としては存在しても修辞的借り物性が強く、このブルーノの主張するような日常性はほとんど感じられないからである。

☆016——これはブルーノがイギリスで実見したエリザベス女王と処女神〈アストライア〉との同一視を指しているものと思われる。つまり前註を続ければ、ここにも神人一体観のアルプス以北における修辞性、非日常性、遊戯性が際立っているわけである。イエイツのエリザベス女王崇拝研究の基調もまさにそこにあった――cf. *OPE*.

☆017――Astraiaはすでに見たように古層の〈正義〉の女神であり、末世の人間界を離れてひとまず天上の〈乙女座〉へと変容する。その再度の降臨をエリザベス女王の処女性と重ね合わせているわけで、この〈黄金時代の回帰〉はルネサンス・ヘルメティズムの基調、そしてブルーノ自身の魔術的改革のプランと一致するものであったことが見て取れる。

☆018――海神の后神をイギリス女王の喩えとして用いる。

☆019――一五五八年一一月一七日のエリザベス女王即位を記念して、この後毎年この日に催されることになった中世風の馬上槍試合。前述のイエイツの『アストライア』第二部で詳しく論じられている。

第一六章 ジョルダーノ・ブルーノ――二度目のパリ滞在

☆001――スペインを南北に流れる河川。

☆002――スペイン、ポルトガルを東西に流れる河川。

☆003――ギーズ家は十六世紀のフランス史のみならずヨーロッパ全体の趨勢をも左右した大貴族である。〈カトリック同盟〉も事実上ギーズ家を指導者とするカトリック過激派の政策の帰結であった。当時は第三代当主アンリの時代。

☆004――日本の西洋史学では〈旧教同盟〉の通称が一般化している。

☆005――Sixtus V/Felice Peretti　一五二一―九〇　在位一五八五―九〇。

☆006――コンデ家はブルボン家の分家として十六世紀以来親王家の位置にあった。ギーズ家に対抗して新教派を指導したが、アンリ四世に倣ってカトリックに改宗した後は一転してフランスのカトリック勢力の中核を担った。文化パトロンとしても大きな役割を果たした名門である。

☆007――Guillaume de l'Aubespine de Châteauneuf　一五四七―一六二九　名門貴族の男爵。カトリック派の外交官として活躍した。

☆008――Jacopo Corbinelli　一五三五―九〇頃　フィレンツェの文献学者。カトリーヌ・ド・メディシスにより息子アンリ三世の家庭教師としてパリに招かれた。国王との親交はそれ以来のものである。

☆009――Gian Vincenzo Pinelli　一五三五―一六〇一　パドヴァ出身の人文主義者、博物学者。蒐集家としての側面も備え蔵書家でもあった。ガリレオもそのコレクションを活用した。

☆010――Fabrizio Mordente　一五三二―一六〇八　サレルノ出身の数学者。ヨーロッパ中の宮廷を回って彼の新案のコンパスを売り込もうとした。

☆011――〈バラムのロバ〉は「民数記」22―22以下に記録された逸話。ロバが抜き身の剣を抜いた天使が道の両側に立っているのを〈幻視〉して、自分が背に乗せて運ぶ預言者バラムを救った話。

☆012――George Peele　一五五六―九六　イギリス・ルネサンス期の劇作家。エリザベス女王崇拝を詩作の方面で実践した。

☆013――Collège de Cambraiは一三四八年に創設されたパリ大学の学寮。カンブレの司教が創設に加わったためにそう呼ばれた。

☆014――つまりアリストテレスに反対する。

☆015――Jean Filesac　一五五〇頃―一六三八　フランスの神学者。パリ大学総長は一五八六年以来。

☆016――イエイツの註で分かるように、この全く耳慣れないラテン語は、コレージュ・ド・カンブレでの公開討論がなんの反響も呼ばずに失敗したのを、ご当地の大学人の「無脈症」＝鈍重のせいにしたものである。

☆017――フランソワ一世によって創設された学術団体。コレージュ・ド・フランスの前身である。

☆018――カトリック神学の根幹はスコラ神学であり、それはアリストテレスの哲学体系を規範としたものであるため、アリストテレスの全否定は〈間接的に〉カトリック信仰の否定につながる、とする通念があった。ブルーノはこの通念を前提としてこう語っている。

☆019――Raoul Callier　本書の記述以外は伝記未詳。

☆020――ホロスコープは通例正方形を線分で区分した形を取る。

☆021――古典的記憶術の最もオーソドックスなタイプは、あらかじめ憶えた建物の細部に順次記憶すべき事柄に連関させた図像を配置していくという形式をとった。「想起」はこの建物を想像裡に巡りながらこの図像を拾い集めていくのである。本書と並ぶイエイツの代表作『記憶術』で印象的な実例を混じえながら詳説されている――cf. AM 1, 2.

☆022――異端嫌疑でドメニコ修道会を出奔して以来の彼はいわば〈破戒僧〉的な位置にあった。

☆023――Bernardino de Mendoza　一五四〇―一六〇四　スペインのフェリペ二世の懐刀的な外交官、スパイ。ネーデルラント方面で参戦した後、無敵艦隊来寇寸前のロンドンにスペイン大使として赴任し精力的にスパイ活動に当たった。メンドーサは前出ウォルシンガムの好敵手であり、このスパイ合戦は冷戦下のイギリス大衆文学におけるスパイ物の遠い祖先を見る気がする。あわせてブルーノのこの〈二股膏薬〉的な動きもやはりこうしたイデオロギー闘争下のデラシネ-インテリゲンツィアの蝙蝠的位置を如実に示しており、ここにも普遍的な近代-現代における知性の運命を感じさせるものがある。

☆024――前註とも関連するが、ブルーノがイギリスを離れるやスペイン・スパイのボス、メンドーサに接近した一件を通り過ぎてしまうイエイツの姿勢と、このブルーノのあまり褒められたものではない日和見行動を〈自発的で真剣〉といささか強弁する姿勢は連関している。例えばブルーノのこの再改宗行動は、イタリアで考古学を研究するためにプロテスタント信仰を捨て、カトリックに改宗せざるを得なかった後年のヴィンケルマンの行動形態と極めて似通っている。しかしイエイツはこのあまりに現実的な制度圧下での適応行動を観察しようとしない。この欠如は彼女の史学の最大の弱点である制度史的現実のある種の飛び越えと連動して歴史把握をロマン化し、その現実性を稀薄化していることは批判されなければならないだろう。つまりブルクハルトやワールブルクの史学に非常にはっきりと存在した〈市民的公共性〉の基本的現実感覚から発する制度史的現実への切り込みが、彼女には絶対的に不足している。だからブルーノは〈魔術師〉〈英雄的〉になる反面、生きた歴史的実存としての現実性をこうした具体的な側面で喪失していくのである――〈解説〉参照。

☆025――このブルーノとサン＝ヴィクトルの司書のやりとりも標準的なフランスのカトリック知識人を前にしての前衛的思想家ブルーノの一種の〈和光同塵〉的な適応行動として捉えねば、その陰影は立体化できないように感じる。つまりイエイツのこの理解はあまりにその標準カトリック教徒寄りなのではないだろうか。

第二七章　ジョルダーノ・ブルーノのドイツ滞在

☆001——プラトンの『国家』514A以下における有名な洞窟の比喩をブルーノも用いている。

☆002——Demogorgon　デミウルゴス＝世界造物主と同義。冥府の王を指すこともある。

☆003——ブルーノにおける自然宗教的祭祀の〈内面化〉を媒介するものが〈記憶術〉である。この本質連関は本書のテーマを遥かに超えた普遍的な拡がりを持つ現象であり、イエイツはブルーノにおけるこの両契機の連関を指摘するのみだが、こうした現象がルネサンス研究においてもごく稀にしかテーマ化されてこなかったことを考え合わせれば、この命題こそが本研究に真の古典的価値を与えるものであると言っても過言ではないだろう。もちろんこの〈記憶術〉によるルネサンス的〈内面化〉の内実はなんなのかはさらに問い続けなければならない——〈解説〉参照。

☆004——いわゆる〈パリスの審判〉を踏まえている。トロヤの王子パリスは世界一の美女を選んでトロヤ戦争の原因となったが、自分は学芸の女神ミネルウァを選んでヴィッテンベルクに来た、というほどの意味。

☆005——〈ソクラテス的無知〉の修辞的活用。

☆006——〈薔薇十字団〉の起源はもちろん晩年の研究『薔薇十字団の啓蒙運動』に纏められている。そこでもブルーノはこの運動の源泉の一つとして繰り返し言及はされているが、重点はもはやジョン・ディーの方に移っている。結局イエイツはブルーノと〈薔薇十字団〉の直接的な関係は実証できなかったようである——cf. *RE* 3.

☆007——Rudolf II　一五五二—一六一二　在位一五七六—一六一二　ハプスブルク家出身の皇帝。宗教戦争に対する無策で知られた暗君である。

☆008——例のコンパスの一件でブルーノの処罰を望んだ数学者である。前章参照。

☆009——つまり魔術にとって。

☆010——ヘルメス神は盗人の神でもある。ヘルメス・トリスメギストスと紛らわしいので〈盗賊の首領メルクリウスたち〉としておく。

☆011——Helmstedt　ドイツ北部の小都市。ハンザ同盟に属したこともある由緒ある歴史都市。以下のイエイツの記述にも見られるように一五七六年以来大学が創設され一八一〇年まで続いた。

☆012——〈イタリア人、ノラの人、ジョルダーノ・ブルーノ〉。

☆013——特にドイツでは中世以来基本的に現代に至るまで大学間を移動する〈放浪学生〉は常態的であるので、各大学はそうした学生を適宜この学籍登録＝Immatrikulationによって受け入れた。対象は必ずしも学生ばかりではなく聴講生、研究者も含まれている。この聴講研究者の資格でブルーノも学籍登録を行ったのだろう。

☆014——Alberico Gentile　一五五二—一六一一　イタリアの法学者。自然法理論の初期の思想家として知られている。

☆015——atriumはローマ建築の基本単位で、元々は私邸における天窓付き広間を意味した。共和政時代は居間に用いられたが、その後は玄関ホールと化した。これがキリスト教会に応用されて、教会入り口に付設された回廊ホールを意味するようになった。ブルーノはおそらく最後の意味でこの言葉を使用しているものと思われる。つまり奥義が明かされる前の、その奥殿への入口の間というほどの意味だろう。

☆016——〈プレクトルム〉は、リュート演奏のための人工の爪、つまり現代ギターの〈ピック〉にあたる。あるいは同根の楽器として琵琶の撥《ばち》を考えた方がいいかもしれない。リュートはしかしすでに十三世紀頃からプレクトルムの使用はやめて、直接に指で弾くようになっていたことに注意しなければならない。つまりブルーノは明らかに、リュートの〈古代的〉な奏法を想起してこの図を作製しているのである。われわれが古楽器に対して持つのとほぼ同じ〈雅び〉への志向がここにも働いていると見て間違いないだろう。

☆017――ここでイエイツの一般的な方法論について一言しておくならば、その実証性の大半はこうした書誌学的な方面で発揮されていることに注意すべきである。つまり彼女の著作が専門のルネサンス研究者の間で高く評価されたのも、特にこの丹念な書誌学的追跡のある種の独創性によるものであった。そしてその独創性があまりに書物中心であったことが、逆に彼女のルネサンス像の限界となっているとも言える。この問題はむしろ彼女を離れ、あるいは戦後のワールブルク派の全般的な実証主義化、書誌学化をも離れて、原点のワールブルク、そしてさらにルネサンス研究全体の原点としてブルクハルトまで遡って初めて――それとの対照において――学説史的な正しい評価が可能になるものに思える――〈解説〉参照。

☆018――スパイ小説の国イギリスの本領発揮、といったところだろうか。これは皮肉ではなく、実際にオカルト文化をテーマとする彼女には本質的に必須の感覚だったことは確かである。ともあれ一読者としてイエイツのそれなりに小骨の多い煩瑣な実証研究を丹念に読み解く醍醐味は、この謎解きのサスペンスにあることは正直に認めてもいいのではないだろうか。訳者も汗をかきかきそうした読み方を楽しんできた一読者であるから。彼女のこのスパイ小説的感覚は特に晩年の著作『薔薇十字団の啓蒙運動』で縦横に発揮されていることを言い添えておこう――cf. *RE* 1,4,5,15.

☆019――黄道十二宮の三つの徴を纏めたもの。一つの季節に対応する。

☆020――〈三美神〉は〈美〉、〈愛〉、〈快楽〉という組み合わせになることがあり、ピコやフィチーノの時代にはむしろそちらが一般的だった。この三つ組の変容については、ヴィントの主著で素晴らしい分析が試みられている――cf. *PMR* 2,3,7.

☆021――*mathemata* ギリシア語の原義は一般的な〈学ばれたこと〉だが、ブルーノは〈マテーシス〉との連関を考えているのだろうから〈普遍学によって習得された知識〉というほどの意味だろう。

第一八章　ジョルダーノ・ブルーノ――最後の刊行本

☆001――アスクレピウスの別型。

☆002――これはブルーノの自覚的な操作というよりは、古典古代の神々を参照する以上、常に〈オリュンポス十二神〉の月並みとすら言い得るトポスに拘束されているだけなのではあるまいか。一二という基数は、イエイツのこれまでの記述を追う限り、ブルーノにおいては三の倍数としての意味以上のものではなかったように思えるからである。むしろ三にせよ、一〇にせよ、一二にせよ、彼以前のオカルト思想家にとって実体的な魔術性を濃厚に持っていた数秘学的観念が、彼の場合には実体性を失ったからこそ、自由な修辞的操作の対象となったのではあるまいか。ここにブルーノの魔術観念そのものの〈唯名化〉の契機を認め得るならば、それが彼の記号操作の〈自由〉の根拠だったのではあるまいか。訳者はこの方向での〈記号学的〉なブルーノ及びルネサンス魔術の研究を予定している。

☆003――Manilius　紀元後一世紀頃のローマの文人。代表作の『アストロノミカ』は古典古代占星術を体系的に提示した重要な著作である。イエイツの以下の記述もこの著作の要約である――cf.KP.

☆004――いつものことだが、占星術では太陽は〈惑星＝移動する天体〉の一つに数えられる。

☆005――epitheton　古典古代叙事詩で用いられた定型修辞。〈足の速いアキレウス〉の類を淵源とするが、後世この形容詞が独立化し異名として用いられるようなった。〈春秋左氏伝〉の頃の君主に対する諡《おくりな》に同じ定型修辞の独立化の現象が観察される。

☆006――これは非常に古い〈悲嘆〉の身体言語的定型である。例えば『ホメーロス』においても、親友パトロクロスを失ったアキレウスがこの動作を見せる。

☆007――錬金術では物質の化合をエロチックな比喩形象で語ることが常套的である。しかしまた、この魔術と春画的情景の組み合わせは東洋では密教、道教、土俗宗教の恒常的な要素としてお馴染みのものである。例えば『金瓶梅』の媚薬の出所がやはりそうした土俗魔術的なものであったことが思い合わされる。つまりここではブルーノは成金地主のそうした俗な嗜好にある程度迎合しつつ世渡りをしていると考えねば、彼の魔術の民衆土俗的なルーツはかえって見えにくくなってしまうと思う。やはりここにも〈メニッペア〉的な民衆性が働いて、この成金地主と放浪破戒僧の妄想を重合させているのではあるまいか。

☆008――ルネサンス期の魔術復興と〈バーバリズム〉の内的連関は非常に大きなテーマであり、より詳細な検討を必須とする分野であると思う。この問題はブルクハルト、ワールブルクにおいてもすでに独自の視座からの分析が――他のテーマとの連関におけるもので、いまだに付帯的ではあるが――試みられている。つまりここでもテーマの絶対的な新しさを主張するよりは、ルネサンス研究の本流に戻ってそのさらなる発展を心がけるべきである。一つのヒントとして、ここでイエイツが提示するブルーノの魔術における〈バーバリズム〉は後ろ向きの、中世志向のものというよりは、むしろ前向きのバロック的なドラマトゥルギーの萌芽である可能性があることを指摘しておこう。つまり例えば彼とほぼ同時代のカラヴァッジョの世界に濃厚に漂う都市モブ的な暴力性への嗜好との重合を考えてみる、ということである。ブルーノの魔術構想がそうしたバーバリズムを抑止昇華したフィチーノやピコの世界に遠かった点も併せて考察の対象となり得るだろう。

☆009――ウェヌス＝アフロディテ誕生の神話は非常に〈野蛮〉なもので、クロノスが父神ウラノスと争いその男根を切り落として海に投げ捨てる、その男根から漏れ出た精が海の泡となってそこから女神が誕生するというものである。この神話はすでにヘシオドスによって語られているから、神話の古層に属すると考えられている。ボッティチェッリの美しい《ウェヌスの誕生》が描いているのはまさにこのアルカイックな去勢神話である。

☆010――*humour*　占星錬金術と密接に関係する中世〈四体液説〉の基本用語である。

☆011――このフラッドの劇場モデルは後に『記憶術』及び『世界劇場』で詳細なイコノロジー的分析、解釈の対象となっている。それはイエイツの代表的な業績の一つである――cf.AM 15, 16/TW8.

☆012――第一四章で。

☆013――これはあまりに近代認識論―イギリス経験論化したアリストテレス像である。アリストテレスはプラトンに比較すれば確かに感覚の〈基体〉としての側面を強調するものの、その古代的な〈経験〉概念はいまだに近代的な意味での感覚的事象のみに基づくものではないからである――『形而上学』参照。

☆014――*simulacrum*＝模擬物。その呪物性は日本の平安物語、特に『源氏物語』における〈形代〉の観念とほぼ重合する。

☆015――再びブルーノの文体に特徴的な組み合わせの修辞的操作が見られることに注意。

第一九章　ジョルダーノ・ブルーノ――イタリア帰国

☆001――活版印刷術の発明以来フランクフルトは出版業の中心地となり、その書籍市はヨーロッパ規模の書籍流通の機関として重要であった。

☆002――女神ヘーラーが赤子のヘラクレスを殺そうとして二匹の蛇を送ったが、赤子は両手に一匹ずつ掴みひねり殺してしまったという神話。

☆003――「ルカによる福音書」9―28以下など。

☆004――ネッソスはヘラクレスの死因を作ったケンタウロス。毒殺、強姦、横死を共示するこのネッソスがどうしてこの微妙な時期の将来のアンリ四世に関係するのか、訳者の理解を超えている。

☆005――Francesco Pucci　一五四三―九七　フィレンツェに生まれたイタリアの神学者、哲学者。パリ遊学中にサン＝バルテルミの大虐殺に遭遇し、プロテスタントに同情してその神学に関心を持ち、イギリスに渡りオックスフォード大学で研究を続けた。こうした経歴から分かるように、異端審問制度には批判的だった。イタリア帰国後、異端審問所に捕らえられ死刑に果てた。

☆006――"*il Patritio*"＝「貴族風の」というほどの異名となる。おそらくモチェニゴはパトリッツィの名を渾名と勘違いしたか、あるいは異端審問官の前であまり評判の良くない哲学者を大して知らないふりをしたのだろう。

☆007――Andrea Morosini　一五五八―一六一八　イタリアの歴史家。ヴェネツィア市当局から依頼を受けてラテン語のヴェネツィア年代記を編纂し、死後公刊された

☆008――〈アカデミー〉はちょうどこの時期私設の学術親睦の会から国家制度的〈学士院〉へと移行していた時期だった。原点はその両方の性格を兼ねた、あのメディチ家が支援しフィチーノが中心となったフィレンツェの〈プラトン・アカデミー〉である。

☆009――Holy Office　教皇庁に所属する異端審問の機関。

☆010――これはイエイツ自身の実証資料ではなく、『ジョルダーノ・ブルーノ異端訴訟要綱』を読んで要領よくピックアップしたものだが、ここに目がいくこと自体、彼女が最も得意とした分野が書誌学的考証であったことがよく分かる、ワサビの利いた記述である。

☆011――ヴェネツィアの異端審問は予審であったことがこのイエイツの記述から分かる。

☆012――Roberto Bellarmino　一五四二―一六二一　イタリアのイエズス会士、枢機卿。神学者として異端審問裁判に関与し、このブルーノ

の事件の他にガリレオの裁判にも関わっている。また外交方面でも活躍し、この時期のカトリック神学の大物格であると言ってよいだろう。二〇世紀になって列聖された。
☆０１３——Alberto Tragagliolo　同じく教皇庁関係の人物であることは確かだが伝記は未詳。
☆０１４——キリスト教神学の要である〈神〉の子キリストの〈受肉〉のこと。
☆０１５——つまり〈子なる神〉を。
☆０１６——ブルーノの言葉から考えて、彼はキリストが実際に磔刑となった十字架の形はT字型のものだったと考えていたのだろうとイエイツは解釈している——本章★０５３参照。
☆０１７——ブルーノは「カラッテル」という言葉で十字架を表している。
☆０１８——これは訴訟の基本的な手順からして自己撞着的な主張であると思われる。ベラルミーノたちが異端審議を八点に絞り込んだ時点で、「さまざまな論点」は整理され、審判の直接的対象からは排除ないしその八点に包摂されていたはずだからである。とすればブルーノのこの自説撤回の形式そのものに、「憤怒の発作」に似た自棄の感情を読み取ることが正当であるように感じる。つまり当初からこの異端審問は彼と〈異端の君主たち〉の関係に的を絞った非常に政治性の高いものであり、神学哲学議論はむしろ表層的な訴訟遅延のための口実ではなかったろうか。ブルーノがイギリスでもフランスでも複雑な外交関係の頂点に位置する宮廷に比較的自由に出入りし、しかも諜報網のすぐ近くで、ある種蝙蝠的な生き方を続けていたことを総合的に考える必要があると思う。
☆０１９——Gaspar Scioppius　一五七六—一六四九　ドイツ出身でイタリアで活動した文献学者、一五九七年にプラハでカトリックに改宗して以来は対抗宗教改革宣伝家として活動した。
☆０２０——ブルーノの思想をルネサンス魔術の集大成として捉える本書の論理的帰結が、この〈科学の進歩のための殉教者〉伝説の放棄である。
☆０２１——つまり近代科学の基盤となる非魔術的哲学を。
☆０２２——原文 if 節は直説法過去なので「含めていたが、それは正しかった」とも読める。しかし一応これまでの〈資料不足による推定〉というイエイツ自身の前提とするラインを保って訳してみることにした。イタリアの十九世紀の自由主義者が愛国的な動機からブルーノを〈科学進歩〉の殉教者へと祭り上げたことをイエイツは批判する。またそれに対する大きなアンチテーゼを狙ったのが本書の基本的な意図であることも明確にされている。しかし異端審問の〈完全な正しさ〉(ここも原文は perfectly within its rights とあるだけで、もっとストレートである)をこれだけ正面に押し出されると、いささか勇み足ではないかと心配になる。イエイツその人の宗教的信条でもここに介在しているのかどうか、訳者には残念ながら判断する能力はない。ただ異端審問に果てたブルーノその人に即して、果たしてこうした一方的に教会制度寄り評価でいいのかが非常に気になるのである——〈解説〉参照。
☆０２３——ここもイエイツの意を汲んで敷衍しなければ理解が難しい。つまり彼女が言いたいのはこういうことだろう。ブルーノその人が哲学の中核的テーマを〈神性〉の解明においた以上、それはオーソドックスな意味での神学と不可分であった。したがってブルーノの哲学的教説は、神学的教説としても自己主張することになる。異端審問はこの神学的問題を扱うのであるが、ブルーノにおいてそれが哲学と不可分である以上、彼の哲学的教説の異端性をも問題にしたのは「全く正当」である。このスコラ的論証を濃厚に思わせる正当化の論理は、しかし〈教会〉の、しかも

〈異端審問〉の側の言い分ではないだろうか。――〈解説〉参照。

☆024――読みは小田島訳に従うが、イエイツの意を汲めば、ブロウンと表記してもいいかもしれない。いずれにしても〈異人〉であることがすぐ分かる名前には違いない。

☆025――イエイツの大きな業績となったシェイクスピア研究が、ブルーノのイギリス滞在の研究を出発点としていたことが明確に窺える条である。

☆026――ナントの王令は一五九八年、カトリックへの改宗の五年後である。

☆027――Traiano Boccalini　一五五六―一六一三　イタリアの作家。近代的ジャーナリズムの感覚を備えた作品を残したことで評価されている。

☆028――いわゆる『天文対話』のこと。正式の題名はもっと長く『プトレマイオスとコペルニクスの二大世界体系についての対話』(*Dialogo sopra i due massime sistemi del mondo, Tolemaico e Copernicano*)。

☆029――Simplicius/Simplikios　紀元後六世紀、古典古代がほとんど終焉した時期のネオプラトニスト。アリストテレス註釈が残っている。ガリレオの対話篇はイタリア語で書かれているからシンプリチオとなる。

第二〇章　ジョルダーノ・ブルーノとトンマーゾ・カンパネッラ

☆001――Tommaso Campanella　一五六八―一六三九　伝記は以下のイエイツの記述に詳しいので省略するが、南イタリアのドメニコ修道会士として異端嫌疑に問われたその経歴の出発点がブルーノのそれに著しく近似することだけは最初から注意しておく必要がある。

☆002――スペイン支配下の南イタリアでの反乱計画は一五九九年。以下の叙述で明らかなように完全な茶番に終わったが、スペイン支配の悲惨さもまたブルーノ-カンパネッラを結ぶ太い線であることに注意しなければならない。つまりブルーノ-カンパネッラのラインは、対スペイン支配の独立闘争の闘士として見た場合、イタリア国民国家建設の先駆的イデオローグという側面を持つことも忘れてはならない。十九世紀にブルーノ及びカンパネッラに対する関心が自然にイタリア・ナショナリズムの周辺で高まっていったのはその文脈上でだった。対してイエイツのこのブルーノ研究はブルーノ及びカンパネッラをヨーロッパ的な文脈に置き直そうとする視点で統一されている。ブルーノ及びカンパネッラに即して言えば、このヨーロッパ的要因とイタリア国民国家的要因が複雑に絡み合って彼らの歴史的実存を造型していったと見るべきである。またブルーノとカンパネッラの世代差も、このマクロの流れの一場面として理解すべきものであると思う。付言しておけば、こうしたマクロの時代変遷に最も敏感であったのはルネサンス研究の出発点にあるブルクハルトである。それがなぜなのか、つまりこうしたマクロの時代変遷に対する感覚がイエイツに至る研究の流れでどうして潜勢化していったのかも、いずれ問われねばならない問題の一つだろう――〈解説〉参照。

☆003――dauphin　フランス王室での皇太子の称号。

☆004――ルイ十四世の誕生は一六三八年。カンパネッラの死の前年にあたる。

☆005――フィチーノの太陽崇拝、ブルーノの太陽魔術、カンパネッラの〈太陽の都市〉、そして〈太陽王〉ルイ十四世、ヘルメティズムの太陽崇拝の伝統がフィレンツェ・ルネサンスから発し、フランス絶対王政のイデオロギーの中核に流れ込むさまが、わずかこの一文によって見事に顕在化した。イエイツの〈魔術師〉としての才能が十全に発揮された歴史の地下水脈の幻視である。こうしたマクロの地下水脈の幻視はワールブルク風に言えば〈地震計〉としての文化学者本来の責務でもある、と言えるのだろう ——cf. Y.Maikuma (Maeno), *Der Begriff der Kultur bei Warburg, Nietzsche und Burckhardt*, Königstein/Ts, 1985 p.340ff.

☆006——Calabria はイタリア半島のその〈長靴〉の爪先の部分である。

☆007——Lelio Orsini オルシーニ家はコロンナ家と並ぶローマの名門中の名門である。皇帝党《ギベリン》のコロンナ家に対し教皇党《ゲルフ》としてローマの覇権を争った。一門から五人の法王、四〇人の枢機卿を出している。レリオはこの時期一門中の実力者であったらしいが伝記などは未詳。

☆008——Nicola Antonio Stigliola 一五四六—一六二三 ブルーノと同郷のノラ出身の哲学者、建築家。ブルーノとも交流があったらしいが、イエイツはこの点は見逃しているようである。

☆009——Luigi Amabile 一八二八—九二 ナポリで活動した軍医、歴史家。イタリア統一後は議員に選ばれていることから分かるように、国民国家建設に参加する過程でカンパネッラの史料発掘に貢献したこの時期の愛国的歴史家の一人である。

☆010——St. Vincent Ferrer 一三五七—一四一九 十四世紀のスペイン、ヴァレンシア出身の聖人。

☆011——Joachim of Fiore/Gioacchino da Fiore 一一三五頃—一二〇二 カンパネッラと同じカラブリアの神学者、神秘思想家。中世修道院運動の指導者の一人でもある。

☆012——イエイツはカンパネッラたちが異教徒トルコからの支援を要請した一件を茶番と見做して、あっさり通り過ぎるが、逆にこの要請が実効性を持ちかけたこと自体、いやそもそもこの要請を行ったこと自体、〈キリスト教ヨーロッパ〉よりも地域の圧政からの解放を目指したその政治性の優越という点において、カンパネッラたちの〈革命性〉は時代に真に先駆けていたのではないだろうか。また元々南イタリアからシチリア島にかけては、中世以降イスラム文化の影響を色濃く反映し、統一以前のスペインと同じく非常に習合的な文化の進展が見られた特異な地域であることも考え合わせるべきだと思う。

☆013——本書第一九章以下参照。

☆014——このイスラム世界の包摂は、カラブリア反乱でトルコの援助を要請した〈革命〉思想の論理的必然であることが理解される。

☆015——ここでイエイツは、カンパネッラがブルーノの用いた太陽の省略記号を踏襲した可能性を考えている。本書第一七章参照。

☆016——この全体主義的〈種の淘汰〉の観念は、プラトンの理想国家論以来の西欧的ユートピア論の基軸であることに注意しなければならない。この流れは確実に二〇世紀の全体主義における社会進化論的家族論、教育論にまで達している。

☆017——イエイツはgeneticsと言う言葉で〈太陽の都市〉の淘汰的育種の現代的誤解を総括するが、これは近い過去の〈淘汰的育種〉の事例、すなわち全体主義における〈種の純化〉のイデオロギーを考えればgeneticsというニュートラルな科学概念ではなく、それを強烈に文化イデオロギー化したeugenics＝〈優生学〉でなければならないはずである。これはあるいはイエイツの理系音痴的なミスかもしれないが、ある種イデオロギー的配慮が働いてこの概念の曖昧さをユーフェミズム(婉曲表現)の方向に逸らした可能性もあり、訳者の心証はむしろそちらに傾いている。〈全体主義〉と〈太陽の都市〉を切り離そうとする意識が、この育種概念の曖昧さと本質連関していることを感じるからである──前註及び次註参照。

☆018──〈太陽の都市〉における魔術的〈種の純化〉を、それは魔術であるから、現代的病理としての全体主義的淘汰思想とは絶対的に無縁だとするこのイエイツの主張は、本書で魔術と科学の本質連関を最も深い次元で論じた──それは理論的分析として本書の白眉でもあるわけだが──第八章を想起するならば、やはり自己撞着なのではないかと思う。魔術の情念的な力が近代科学の大きな推進力であったなら──訳者もそうではなかったかと思うのだが──近代的国家制度、特にそのユートピア的側面においてこそ、やはり魔術の情念的な力が本源的なイデオロギー形成力として機能し、その早期の典型例が、実際にユートピア型革命反乱の首魁でもあったカンパネッラの〈太陽の都市〉であるということになるのではないかと思うからである。おそらくここには、イエイツの、近い過去の全体主義に対する強い忌避感情が働いているものと思われるが、むしろわれわれにとってのカンパネッラのテクストの牽引力とは、このイエイツの忌避した部分の普遍的な現代性にあるような気がしてならない──〈解説〉参照。

☆019──ルネサンスの造形芸術の大きな特徴はそれが都市環境そのものの〈古典化〉を目指したことだった。もちろんその古典志向は、非常に興味深い形で、近代都市-現代都市の先駆形態と融合している。この傾向が現れたのは非常に早く、すでにフィレンツェ・ルネサンスの初期ブルネレスキの頃、あるいはさらにジョットの絵画背景あたりまで遡らせることが可能である。そして図像の方面だけではなく実際に理想都市建設が志向されたのもこの時代からだった。

☆020──占星術では〈動く天体〉が惑星であるから太陽もそれに含まれていたことをもう一度思い出しておこう。

☆021──水星はブルーノの観念世界ではこれまでの記述で分かるように善悪両面を持つ惑星であるから、その善い方の側面を、ということだろう。

☆022──Tobias Adami　一五八一─一六四三　ドイツの哲学者。若い頃貴族の家庭教師となり、その縁でイタリア教養旅行の同伴をした際、ナポリの監獄にカンパネッラを尋ね知己となった。

☆023──出版からすれば第二版だが、最初のイタリア語草稿から数えれば三度目の版になる。よって〈第三ヴァージョン〉と訳しておく。

☆024──つまり絶対王政的集権制への野心。

☆025──Urbanus VIII/Maffeo Vincenzo Barberini　一五六八─一六四四在位一六二三─一六四四　有力な文化パトロンであり、ネポティズムで一族支配を固め、また精力的に教皇領を拡大するなどルネサンス的教皇としての側面の強い教皇だった。以下の逸話もこの方向での教皇の性格をよく示している。

☆026──陽気で恋を唱う音楽というほどの意味になる。

☆027──つまり蒸留のTPOをホロスコープで占ったのだろう。

☆028──以下のイエイツの記述で分かるように、魔術儀式の記録はカンパネッラ自身によるものだったが、この記録を出版したのは彼の評判を落とそうとした彼の敵たちの巧妙な策略だった。

☆029──カラブリア反乱にトルコ軍の支援を要請したカンパネッラにとって、マホメットの扱いが〈体制順応〉の一つのメルクマールであったことがよく分かる細部である。

☆030──本書第六章。

☆031──つまり彼岸的宗教としてのキリスト教と此岸的宗教としてのヘルメス教との。

☆０３２――「創世記」1―22。

☆０３３――イエイツの用いる「テオロギカ」の形は厳密には誤りで「テオロギアエ」が正しい。

☆０３４――Caietano/Tommaso De Vio　一四六八―一五三四　ナポリに生まれドメニコ会士として聖職者の履歴を開始し、枢機卿まで昇り詰めた。ピコ・デッラ・ミランドラと神学論争をしたこともあるが、彼の名を歴史に残したのはヴィッテンベルクにおける教皇大使としてルターと敵対したことによる。当時の体制派神学を代表する一人であった。

☆０３５――Giovanni Battista Porta　一五三五?―一六一五　ナポリで活動した普遍人的な趣を持つ万能学者。主著は『自然魔術』(*Magiae Naturalis* 一五五八)。

☆０３６――このカンパネッラの言葉に含まれる新旧のパラダイムの矛盾的調和はまさにルネサンスの本質である〈調和する不調和〉の凝縮した表現であり、そのままブルクハルトがルネサンス研究の出発点に見た〈古代の復興〉と〈世界の発見〉の矛盾的調和でもある。ルネサンス全体を象徴するような定式化であるので、原文を掲げておこう。

"Queste novità di verità antiche di novi mondi, nove stelle, novi sistemi ...son principio di secol novo."

☆０３７――突然他の研究者の名前が登場して、読者はこの段落がすべて先行研究のパラフレーズであったことを知らされる。訳文で工夫できないことはないが、この読者の感じるある種のとまどいは、イエイツの文体上の特性という以上に、彼女のとった実証的かつ感情移入的記述の方法の本質から発していると考えたので、そのままにしておくことにした。『記憶術』以降の彼女の著作では、古典テクストと先行研究の引用パラフレーズにはある種自然な階梯が設けられて、こうしたとまどいはひとまず潜勢化する。しかし本書ではあらゆる箇所にこのパラフレーズの等質性、つまり彼女自身によるパラフレーズと先行研究者によるパラフレーズの融合が生じている。分野は大きく違うのだが、レヴィ＝ストロースの初期――といっても彼の著作家としての履歴のということだが――の著作、特に『親族の基本構造』において同様の融合が観察されるのは興味深い。両者共にある種の実証性が研究者のエゴを透明化しているように訳者は感じる。こうしたことは特に碩学と言える研究者の初期の段階に起こりやすいのではあるまいか。

☆０３８――Friedrich II　一一九四―一二五〇　神聖ローマ皇帝在位、一二二〇―五〇　ハインリヒ六世とシチリア王女の間にパレルモに生まれ、ドイツでの権力闘争に勝利して皇帝となった。フリードリヒ二世の支配体制の中心は、イタリア、特にシチリアであって、汎地中海的なダイナミックな外交政策を武器に非常に特異な帝国の建設を図った。その影響は後世にまで及んでいる。ブルクハルトも彼のイタリア・ルネサンス研究の冒頭〈芸術作品としての国家〉を、フリードリヒ二世の〈専制〉体制の分析から始める――cf. *KR* I.

☆０３９――Louis XIII　一六〇一―四三　在位一六一〇―四三　アンリ四世の子、ルイ十四世の父。寵臣リシュリューの協力で国王親政を実現させフランス絶対王制への道を開いた重要な君主である。しかしその後三十年戦争への参戦によって内政は混乱した。

☆０４０――カトリックの教会典礼、特に聖餐はルターの宗教改革以来の大きな争点となっていた。

☆０４１――つまりパリ大学神学部は。

☆０４２――後のルイ十四世。

☆０４３――つまり教皇庁と共に。カトリック教会の祖は使徒ペテロに同定されている。
☆044――heliaca　ギリシア語の太陽＝ヘーリオスの派生語。〈太陽的なもの〉。
☆045――Inigo Jones　一五七三―一六五二　イギリスに擬古典主義を導入した建築家。最初は舞台装置考案家として出発し、徐々に実作へ移行した。基本的にはパラディオの模倣家である。
☆046――Thomas Carew　一五九五―一六四〇　イギリスの詩人。貴族の子弟だが浮沈の大きい作家生活を送った。この仮面劇台本執筆の頃がキャリアの頂点である。
☆047――Charles I　一六〇〇―四九　在位一六二五―四九　国政の混乱からピューリタン革命を招き公開の処刑に果てたが、その治世において豪奢な宮廷祝祭を日常化し、文化パトロンとしてははっきりとルネサンス君主たちの伝統を継ぐ王であった。
☆048――一六四九年に処刑されたチャールズ一世は、もちろんこの宮廷仮面劇の一六三四年の時点では、現実のイギリス国王として君臨している。
☆049――Settimontano Squilla は〈七つの山を越えて聞こえる教会の小さな鐘の音〉というほどの意味。もちろんカンパネッラ＝鐘も隠し味なのだろう。
☆050――隠喩を避け抽象概念を直接形象化すると、いわゆる寓意＝アレゴリーが発生する。つまりカンパネッラの文体は、ベンヤミンの意味でのバロック・アレゴリーであることが分かる――W・ベンヤミン『ドイツ悲劇の根源』参照。
☆051――アムンゼン、スコットの南極旗立て合戦の時代を先取りして、それをさらに星座に拡大した発想が実に面白い。
☆052――Marin Mersenne　一五八八―一六四八　フランスの聖職者、哲学者、科学者。各国の哲学者たちとの往復書簡が非常に重要な思想史の基本資料となっている。とりわけデカルトとの親交が重要である。
☆053――Nicolas Claude Fabri de Peiresc　一五八〇―一六三七　パドヴァでガリレオに学んだ後南仏で活動した科学者。天文学の業績が評価されている。
☆054――この非常に美しい詩の形象的焦点は、ラテン中世詩の代表的なトポスとしての〈世界の本〉である――〈世界の本〉についてはE.R. Curtius, *Europäische Literatur und lateinisches Mittelalter*, 1948 が、いまだに最も規範的な研究である。しかしそれはブルーノの場合同様に全面的な内化の媒介を経て、著しく個人化されていることに注意しなければならない。この内化の質がデカルト、あるいはヘーゲルの「近代的」内化と根本的に異なる、ということなのだろう。ではそれはどういう質の内化だったのか。このことをイエイツの研究成果のすべてを踏まえて、考え続けなければならない。それはある意味で、われわれの前近代にも内在していた内化の契機を、なんらかの形で照らし出す可能性があるからである。つまり彼らの〈こころ〉と、われわれの〈こころ〉の共鳴、あるいは対峙の可能性――〈解説〉参照。

第一一章　ヘルメス・トリスメギストスの年代同定以降

☆001――Josephus Justus Scaliger　一五四〇―一六〇九　古典学者として有名なスカリゲル親子の子供の方。トゥルネブスを師とする。
☆002――Cesare Baronius　一五三八―一六〇七　南イタリア出身の神

学者。クレメンス八世の縁故で枢機卿となりヴァチカンの図書館長となった。二度教皇に選ばれかけたがスペインの反対で反古にされた。彼の教会史は中世を〈暗黒時代〉と総括したことにより後のヨーロッパ史のパラダイムを規定したことが非常に重要である。

☆003――Hydaspes はインド西部の河川で、アレクサンダー大王がインド侵入の際に戦った地としてその名を残しているが――cf.KP.――どうしてそれが人名に転用されたかは未詳。

☆004――St. Justinus　一六五年頃ローマで殉教したシリア生まれの哲学者。彼の哲学の出発点はネオプラトニズムだった――cf.KP.

☆005――St. Cyrilos　九世紀のモラヴィア地方伝道に功績のあったギリシア人伝道師。これは〈ヘルメス文書〉の典拠としてはあまりに新しすぎるから、カゾボンの誤りか、あるいはカゾボンの時代にキュリロスの生年代が前にずれていたかのどちらかだろう。

☆006――St. Gregory of Nazianzus　三二九―八九　カッパドキアの神学者。

☆007――Phidias/Pheidias　言うまでもなく前五世紀アテーナイの古典期の代表的な彫刻家であるばかりでなく、そもそも古典古代の文化を代表する一人でもある。フェイディアースの代表作オリュンピア神殿のゼウス座像は紀元後五世紀頃まで残存していた記録が残っている。

☆008――アポロの神託所デルフォイで行われた全ギリシア参加型の奉納競技会。紀元前七-六世紀には制度化され、オリュンピア競技会と並ぶ重要な古代ギリシア文化の焦点の一つであった。古典古代の歴史記述はこうした競技会の年を中心に編年されていたから、それが〈ヘルメス文書〉に見られることは、この文献のギリシア出自を証明しているとカゾボンは見たのだろう。

☆009――つまり『ヘルメス選集』XVの。

☆010――Henry More　一六一四―八七　ケンブリッジ・プラトン派に属するイギリスの哲学者。神智学的傾向が強く、ネオプラトニズムの影響が濃厚に窺える。

☆011――Ralph Cudworth　一六一七―八八　ヘンリー・モアと同じくケンブリッジ・プラトン派に属する哲学者。同時代のイギリス最大の哲学者トマス・ホッブズの論敵として知られている。

☆012――正式の題名は *Utrisque cosmi, maioris scilicet et monoris, metaphysica, physica atque technica historia*『両宇宙についての、すなわち大宇宙と小宇宙についての、形而上的、自然学的、技術的博物誌』となる。

☆013――John Theodore De Bry　一五六一―一六二三　フランクフルトの書肆。挿絵画家。父の代から積極的にヘルメティズム関係の著作を出版した。

☆014――以下薔薇十字団についての記述は、後年の『薔薇十字団の啓蒙運動』のテーマへの導入の役を果たしている――cf.RE.

☆015――原書 Fraternitas とあるのは、明らかに Fraternitatis の誤りである。

☆016――Fez　モロッコ北部の町。

☆017――Johann Valentin Andreä　一五八六―一六五四　プロテスタントの神学者、牧師。ルター派の教会改革に着手し、特に南西ドイツで功績をあげた。従来薔薇十字運動の中心的メンバーと見做されているが、資料的確証には乏しい。

☆018――Tübingen　言うまでもなく南ドイツを代表する大学町であるばかりでなく、ヘーゲル、ヘルダーリンの時代に到るまでプロテスタント神学の中心地だった。

☆019——Elias Ashmole　一六一七—九二　イギリスの博物誌家、蒐集家。オカルト方面の書籍の蒐集が有名。生前にすべての蒐集品をオックスフォード大学に寄付した。これが現在でも良質のギリシア壺絵他の所蔵品を誇るアシュモーリアン・ミュージアムの起こりである。

☆020——Henry Vaughan　一六二二—九五　ウェールズ出身のイギリスの詩人、神秘思想家。

☆021——『ピカトリクス』の原書がアラビアの占星学者によりアラビア語で書かれたことを踏まえている。

☆022——精神と物質は。

☆023——the New Criticism　イエイツは、第二次大戦前後のイギリス、アメリカを中心として起こった文芸批評運動のテクスト中心性とある種のフォルマリズムを、カゾボン以来の文献批判精神に擬している。

☆024——イエイツは、ギリシア的教養がエジプト出自だと仮定することがカドワースの循環論法を生んでいると考えている。

☆025——しかしこのイエイツの論法自体ある種の循環論法である、とカドワースは反論するだろう。すでにプラトン自身において、否、古代ギリシアの一般的文化観においてはっきりと〈エジプト主義〉は存在していたからである。つまりギリシア的なものからエジプト的なものを全面的に排除することが、イエイツの立論の前提であり、それは誤謬推理を必然的に生む、という反論が可能である。ここにはまたイエイツのヨーロッパ像の一種の純粋主義的文化イデオロギーが反映していることも確実である。

第二二章　ヘルメス・トリスメギストスとフラッド論争

☆001——非常にナイーブな形でイエイツのヨーロッパ中心的文明観が表明されている。〈人間の歴史〉が数行後には〈近代ヨーロッパ人にだけ帰する近代科学史〉へと自同的に等置されることがこの文明イデオロギーの特性であり、その基本構造はヘーゲルの〈世界史〉パラダイムをそのまま踏襲している。しかし彼女のライフワークであった〈魔術〉こそは真に人類普遍の現象であり、ヨーロッパは、特に近代ヨーロッパは、逆にその〈周辺〉に位置するともいえる。この逆説を最も深い次元で考え続けたのは、ワールブルク、特に〈クロイツリンゲン講演〉以降の彼であった——cf. Y.Maikuma (Maeno), *Der Begriff der Kultur bei Warburg, Nietzsche und Burckhardt*, pp.43ff.　及び前野佳彦『言語記号系と主体』、第二章第一節参照。

☆002——Minimes　一四三五年にパオラの聖フランシスコにより創設された修道会。

☆003——Pierre Gassendi　一五九二—一六五五　南仏出身のフランスの哲学者。アリストテレス批判から出発しエピクロス主義を復興させるなど、いまだに人文主義的な素養を基盤とするものの、その唯物的世界観は確実に近代人のそれであった。

☆004——本章の基調は近代科学礼讃的である分だけ、これまでの本書の宗教戦争的〈分裂〉に対する感情移入を伴ったリベラルなイエイツの基本姿勢と鋭く対立しているように訳者は感じている。魔女狩りで焼かれた人々はただ単に近代科学の敵対者であったというよりは、何よりも対立する宗教制度の被害者だったのではないだろうか。そしてその筆頭がまさに火刑台に果てたブルーノだったはずではないだろうか。イエイツの本章での突然のある種ジンゴイスト的な変容の根拠はなんだったのかを冷静かつ客観的に批判査定する必要があるだろう――〈解説〉参照。

☆００５――つまりピュタゴラス主義やカバラ主義の数秘学から解放され脱色された数学の。

☆００６――Andrea Mantegna　一四三一―一五〇六　主にマントヴァで活動したイタリア・ルネサンスを代表する画家の一人。デューラーに大きな影響を与えたことから分かるように、彼の精緻な写実性には一種の近代科学的客観性の萌芽が認められる。メルセンヌのこの例示もその文脈上でなされていると思われる。

☆００７――原文はthis energetic clearance　メルセンヌの〈撤去解体〉は大掛かりな魔術的世界観というパラダイムそのものの大掃除なので、デリダの〈脱構築〉の概念がぴたりと適合する。もちろんこの言葉も現状での適訳に過ぎず、いずれデリダと一緒に〈脱構築〉されてしまうような気もするのだが。

☆００８――地口が正しく翻訳されているかどうか気になる詩人肌の読者各位のために、イエイツの洒落を味わっていただこう。

"......which precipitated the whole vast counter-flood (if the bad pun may be permitted) of the Quaestiones in Genesim."

☆００９――Jacques Gaffarel/Jacobus Gaffarellus　一六〇一―八一　フランスの学者、占星術師。主著は占星術、護符魔術を主題とするものであり、東方の諸言語に通じていた。リシュリューが彼のパトロンであったことも興味深い。

☆０１０――このガッサンディのバロック的ユーモアに溢れる表題は以前登場した逆の側からの、つまりイギリスのプロテスタントの側からの宗教パンフレットに見られたバロック性と――本書第一二章参照――好一対をなしている。つまりガッサンディはこの誇張されたバロック性を自分で笑っている――見せないようにする含み笑いだが――のに対し、イギリスのパンフレットは当人が真剣であるところがこちらを笑わせてくれる、という差である。ガッサンディの年期が入ったユーモアは、この時代の誇張された肩書き社会そのものを逆用して見せているところ、つまりただのイギリスの〈医師〉対わがフランスのありがたき修道会のありがたき神父のその肩書きの軽重のみならず、通常ならロベルトゥスとすべきラテン名を民衆ラテン語風にロベルトと訛って見せるところにまで発揮され、ともかく念がいったユーモアになっている。またexercitioはイエズス会の創設者イグナティウス・デ・ロヨラの代表的著作『霊的実践』(*Exercitia spiritualia*)を踏まえた信仰実践上の観念で、この論争の神学性をやはり誇張して見せたものである。

☆０１１――ガッサンディの哲学方面での大きな仕事の一つがアリストテレス主義批判だったことが、この言明の背景にある。

☆０１２――この二つの中心の可能性を認める発想が巧まずして〈楕円軌道〉的であるのが面白い。

☆０１３――Joachim Camerarius　一五〇〇―七四　南ドイツで活動した人文主義者。メランヒトンと親交があった。大量のギリシア古典をラテン語訳したことが最大の業績であり、このピュタゴラス文書註解もその文脈上での仕事である。

☆０１４――つまり錬金術。

☆０１５――ロバート・フラッドのラテン名だが貴顕用の〈デー〉まで添えるなど、最高の敬意を表明している。これをあのガッサンディの〈医師〉フルッドゥスという呼び捨てと比較してみること。

☆０１６――メルセンヌは世界創造の原因としての〈神〉の無限性を考え

ている。

☆017――イエイツが繰り返し疑問に感じているこのブルーノにおける自己矛盾――キリスト教から脱色された宗教的なエジプト主義を目指しながら、しかも現実のカトリシズムとの調和の可能性を信じていた――このブルーノ理解の根幹に関わる問題は、あるいはブルーノの問題ではなく、イエイツの解釈の保守性の問題なのかもしれない。つまりブルーノが企図したのは、政治的現実の悲惨を前にしての〈宗教的修辞〉を伴う政治的〈改革〉だったとすれば、この自己矛盾は自己矛盾ではなく、むしろ彼のイデオロギー的な先進性-近代性の証であった可能性が強いからである。やはりこの点に関してはイエイツではなく〈自由主義的〉な十九世紀のイタリアの愛国的歴史家の方が本能的に問題の真の所在を直観していたのではないだろうか。ブルーノの親友の一人、そして彼と同じく異端審問の処刑に果てたプッチが――本書第一九章参照――国際法の初期の理論家として評価されているという事実も、ブルーノの思想のこの方面での先進性を証す傍証であると思える。いずれにせよこれが訳者自身のこれからのブルーノ研究の青写真である。

☆018――デカルトが薔薇十字団員の嫌疑をかけられたのは、三十年戦争への参戦からパリに帰国した一六二三年の折である。彼はちょうどこの頃パリで、一種の魔女狩りのような様相を見せ始めていた〈薔薇十字恐慌〉に出くわしたのだった。イエイツの『薔薇十字の啓蒙運動』に詳しい記述がある――cf. *RE* 8.

☆019――Pierre Duhem　一八六一――一九一六　フランスの哲学者、科学史家。イエイツがここで言及する中世期の科学史が代表的業績。

☆020――この問題はレオナルドの評価を超えて、いわゆるルネサンス人のその〈普遍性〉の位置づけに関わる本質的な問題である。つまりそれは〈普遍人〉uomo universale の理念の〈近代性〉の内実を廻る問題である。ブルクハルトの答えは〈近代的個の解放〉であった。イエイツの立場は〈魔術的世界観の復興〉である。したがってその〈近代性〉は疑問符つきのものとなる。学説史的には対照的なこの両者の転回点を用意したのがワールブルクのルネサンス研究だったということになるだろうが、結局この問題は総体的な〈近代〉と〈人間〉への問いを避けて通ることはできない。ここにわれわれ非西欧的知の伝統がこの問題に積極的に参与する必然性があり、われわれ自身の問題として彼らのルネサンス研究を読み解く意味がある――〈解説〉参照。

☆021――これは上述のデュエムの科学史観を代表とする、古代から中世そして近代へのヨーロッパ科学の〈連続性〉を基軸とする観点への批判である。

☆022――Francis Bacon　一五六一――一六二六　イギリスの哲学者、政治家。近代科学の経験的方法は彼の提唱した Novum Organum ＝〈新機関〉の理念をもって最初に本格的な対自化へと至ったというのが通説的科学史の評価であり、イエイツのこの条はそれを意識して変奏を加えようとするものである。しかしベーコンを近代的精神の体現者と見ることは科学史によって定説化したというよりは、近代的思潮自身の自己理解であったことが、イエイツに対する、あるいはこの定説を掘り崩そうとする近年の傾向に対する再批判として述べられねばならないだろう。カントが『純粋理性批判』のエピグラムにベーコンの言葉を選んだのはこの典型例である。

☆023――Domenico Berti　一八二〇――九二　イタリアの哲学史家、政治家。彼を中心とするブルーノの再評価は、イタリア国民文化再興の流れで行われたある意味非常にまっとうなものでもあったことに注意しなければならない。

☆024――もし同じ事を〈ヘルメティズム的要素〉がレオナルドの思考に内在しているという理由から主張すれば、〈普遍人〉の理念は最終的に解体され、ブルクハルト以来の古典的ルネサンス像のすべてが崩壊することは間違いない。そしてその逆転にどこか無理があるのなら、イエイツのこの一般化の妥当性は再検証されねばならないだろう。つまりブルーノがどうして異端審問という〈先祖返りした中世〉の犠牲として果てたのか、という原点の問いに戻らねばならないはずである。果たして本当に彼は中世的、あるいは古代的〈魔術師〉として処刑されたのか。彼が教会制度にとって大きな危険として認知されたのは、やはりその幅広いヨーロッパ規模の活動がなんらかの近現代の政治思想家のそれを先取りしていたからではないのか。ブルーノ研究がイエイツを超えて続行されるべき必然性を有していることは、イエイツが拠って立ったブルクハルト-ワールブルクのルネサンス研究の本流からの論理的必然であると訳者は確信している。それは魔術の中にすら発現する、〈近代的個〉あるいは〈勝利する人《ホモ・ヴィクトール》〉の探求であったはずだから――〈解説〉参照。

☆025――本書の執筆時点での〈最近の科学の進歩〉とは、❶相対性理論によるニュートン的時空の分離の否定、❷量子論による分析的測定の否定＝原子論の再構築、❸DNAの構造解析による分子生物学の爆発的進展、を挙げることができるだろう。つまり二〇世紀になされた科学革命の最後の要素、❹カオス数学の展開と複雑系モデルの進展が、この著作の段階ではまだ萌芽的でありイエイツの観念からも脱落している。しかし衆目認めるところ、このカオス-複雑系が最も錬金術的な〈創発〉emergenceの概念を復活させつつあり、ブルーノの、あるいは広くヘルメティズムのアニミズム的宇宙像が呼応し合う科学的パラダイムは、むしろイエイツ以降のわれわれの現代において、目下進行中であると言ってよいだろう。つまりその面からも、ブルーノ及びヘルメティズムの世界観を、われわれ自身の現代的見地から再検討する価値が十二分にあるということである――〈解説〉参照。

☆026――Adrien Baillet　一六四九―一七〇六　どこか後世のジュリアン・ソレルを思わせる下層出身の少年で、教会の教育制度の末端にかろうじてひっかかりそこから刻苦勉励した人物である。村の司祭を経て大きめの文庫の司書となったがその宗教観は合理的なものであったため、イエズス会と衝突しかけている。その意味で彼の代表作デカルト伝は、そうした新しいタイプの知性にとってのヒーロー、デカルトを見事に活写することとなった。その『デカルトの生涯』(*La vie de M. Descartes*　一六九一)はいまだにデカルト研究の最重要の基礎資料である。

☆027――いわゆる〈デカルトの夢〉の日である。

☆028――この大胆なイエイツの解釈に関しては、デカルトの友人メルセンヌだけでなく、デカルト自身もバイエもアランもサルトルも、フランス思潮における〈デカルト的〉知性はすべて異議を唱えることを訳者は確信している。その上でしかしイエイツのこのデカルトにおける魔術の問題は再検討する必要があるだろう。彼のコギトそのものが近代的知性にとってやはり一つの大きな脱自的経験世界を提供してきたことは、例えば初期サルトルの例を考えれば一目瞭然だからである。カリスマ的知性-デカルトの根底にあったものは果たしてなんなのか。魔術か、それとも近代を超えた〈存在〉の囲繞か。それとも〈存在〉自体が一つの〈魔術〉なのか(これは『嘔吐』におけるロカンタンの視座である)。

☆029――これは極論である。夢と真理体験は、ほとんどあらゆる前近代に夢の託宣を信じた時期があった以上、それをヘルメティズムに独占させることはできないからである。またデカルトの場合は、後年『情念論』によって完成される人間の内的体制そのものの機械的側面への関心が、すでに早い時期から観察される以上、その点でもいきなり魔術的時空へ没入することは考えられない。バイエの記述を注意深く追えば、この体験が必ずしも全面的な真理体験としてではなく、むしろその前提としての実存的危機として描かれていることが明らかになってくる。

☆030――このエピソードの記述も後年の『薔薇十字団の啓蒙運動』ではむしろ、デカルトの薔薇十字団との距離を際立たせる方向に逆転している――cf. *RE* 8.

☆031――このou＝〈または〉による〈普遍学〉と〈一般数学〉の等置が真の意味での近代的合理主義の幕開けであったと言えるだろう。それはつまりライプニッツの構想した〈普遍学〉の理念でもある。対してブルーノは本書で解明されたように〈普遍学〉と〈数学〉をむしろ敵対的に捉えていたのだった。この等置によって知のパラダイムの核心部で何が本当に起きていたのかを本書の魔術研究の成果と併せて考え続ける必要があるだろう――〈解説〉参照。

☆032――このイエイツの哲学史的要約はいささか「乱暴」である。例えばデカルトの系譜を継ぐアランやサルトルならそう批判するだろう。二元論はむしろプラトニズム、ネオプラトニズム、ヘルメティズムの側に淵源を持つ世界観であることを考えれば、彼らの反論にも分があるように感じる。デカルトが〈乱暴〉に二元論を創始したわけではなく、デカルトはその二元論パラダイムに新たな近代性を与えようとしたのである。ここでしたがって、彼女がヘルメティズムを常に〈此岸的世界を礼拝対象とする宗教〉と規定してきた必然性と、またこの要約のある種の〈乱暴さ〉も明らかとなる。ヘルメティズムの〈此岸性〉はあくまでキリスト教の超-彼岸性との対照における世界内的志向であって、古典古代全体の多神教的現実の持つ本来的な此岸性――後に若き文献学者ニーチェが〈悲劇的世界観〉と定式化した古典古代の世界観の本質的な此岸性――と比較すると、むしろ古典古代の枠組の中での〈彼岸的〉な志向の目立つ宗教思想運動だったと言わざるを得ないからである。イエイツの基本的な素養における本格的な哲学的訓練の欠如が、ここには否定的な形で顕在化している。

☆033――このデカルトの精神に対する〈恐怖〉というのは大陸の、つまりフランスとドイツ本来の合理主義からすれば全く理解不可能なデカルト解釈だろう。つまり逆にイエイツ自身の世界観がオーソドックスに――ほとんどロック、ヒュームの時代の感覚で――イギリス経験論的であることが分かる。デカルトが精神に割り振った場所＝松果体の小ささが気になるのである。デカルトからすれば、その物質的稀薄性こそが精神の物質に対する優位を示すものであったはずなのに。

解説　ルネサンス的均衡における魔術の内化

前野佳彦

1――イエイツ――人と著作

本書は、Frances A. Yates, *Giordano Bruno and the Hermetic Tradition*, 1964の全訳である。初版の出版はアメリカ（Chicago, University of Chicago Press）、カナダ（Toronto, University of Toronto Press）、イギリス（London, Routledge and Kegan Paul）の同時出版の形で行われた。訳者が目を通した初版はアメリカとイギリスのものだが、二つとも同じ組版を使用しているので、カナダでの初版本も全く異同は無いものと思われる。

フランセス・アミーリア・イエイツ（一八九九―一九八一）にとって、一九六四年に出版された本著は最初の代表作である。当時彼女は定年退官を間近にひかえたロンドン大学の準教授《リーダー》だった。六五歳にして初めてルネサンス研究家としての評価が定まったという一点に、彼女の人生とまた研究の来歴のすべてが凝縮した形で顕れている。本書の序言を読めば明らかなように、それまでの彼女の研究のすべてはこのブルーノ研究に集大成され、その後の多産な著作活動のすべてはこのブルーノ研究から流れ出しているからである。

今回の訳出と並行して訳者は初期の書評の代表的なもののいくつかに目を通してみた。[001] その中の一つは次のような出だしである。

> 素晴らしいスタイルで仕上げられた、またたっぷりと資料を織り込んだ本著は、ロンドン大学ルネサンス史の講師《レクチャラー》である若き女性の作品である。[002]……

この書評は宗教学のスタンダードな論文研究誌の巻末書評であるから、イエイツ自身目を通していた可能性が高い。

六〇代半ばの自分があまりに若く見られたことにアイロニーともペイソスともつかないものを感じただろうが、しかし同時にまたある種の感慨を持ってこうした〈学界〉のこれまでの無理解と本格化し始めた国際的評価との落差を感じたことも間違いないだろう。

　しかし彼女自身の無名性は別として、ではこれらの初期書評が全く同次元の無理解を彼女の仕事に対しても、つまり本著の学問的意図に対しても示しているかというと、そうではないところがまた面白いところで、むしろ逆に本書がブルーノ研究に対して、そしてルネサンス研究全体に対して持った革新的な意義は――もちろん十全な理解というわけにはいかないが――概ね正確に伝わり、また早い段階で評価され始めているのである。例えば晩年のイエイツに評論活動の拠点を提供した本格的な書評誌『ニューヨーク書評誌』(The New York Review of Books)は、その的確な批評を格調高く以下の結論で締めくくっている。

> ジョルダーノ・ブルーノは晩期ルネサンスから科学革命の時代への移行期を代表する雄勁な思弁的知性の一人であった。イエイツ女史の本著は、まさにこの移行の時代特有のさまざまな思潮の絡み合いをまざまざと示してくれるという点で特に啓発的なものである。それら思潮の中には、通例は注目されていなかった魔術という要因も思いがけない形で含まれていたことが明かされる。……イエイツ女史はブルーノがあらゆる点でこの移行期特有の時代精神を体現していたこと、そしてヘルメティズムの伝統は彼の時代においてそうであったように、ブルーノの裡においても活発な生命を保っていたことを明らかにした。[003]

この書評に対してはイエイツも会心の笑みを浮かべたことだろう。彼女が自身の著作の〈革命性〉(序を参照)を信じたとしたら、それはまさに自分が初めてブルーノにおける魔術的思弁に内在するヘルメティズムの契機の重要性に気がついたということ、その一点を廻っていると言っても過言ではないからである。

そうしたわけで、イエイツの人と研究のすべては、ブルーノにおける魔術を目指して流れ込み、ブルーノにおける魔術から流れ出す、という非常にシンプルな構造を持っていたことが確認できる。

このような単純な収斂と拡散が一個の知性において起こる、それはどの程度普遍的な現象なのだろうか。あるいはそれは個別の実存的な、または固有に時代集団的な現象なのだろうか。あるいはもう一歩進めて、こうした〈魔術〉に規定された知の運動というものは、〈ルネサンス研究〉にとって固有の契機と言えるのだろうか。

そうしたことを、イエイツと本著に即して少し考えてみたい。

フランセス・アミーリア・イエイツはイギリス南部、ハンプシャー（サウスシー）に技師の三女、末娘として生まれた。父親が海軍兵器工廠に勤務する戦艦建造技師だった関係で、各地を転々とした幼少時の教育はしばしば中断され、おもに母親や姉二人からの家庭教育で基礎的な素養を積んでいった。家庭環境で重要な点は、❶ヴィクトリア朝中産子女の家庭教育の伝統、❷保守的な国教会派に属するやや旧式の宗教的情操、❸中産下層には珍しくフランスでの夏季ヴァカンスを習慣とするフランス文化愛好の教養環境、以上の三点である。特に❶は彼女をJ・E・ハリソンやヴァージニア・ウルフの伝統上に置くと共に、そうした社会進出がままならなかった古い時代の知的女性特有の、勁い芯を持った生き方の最後の体現者としての位置を与えることにもなっている。

イエイツのただ一人の兄はオックスフォード大学を卒業後、第一次大戦に従軍して大戦初期の一九一五年に戦没した（本書他でのフィリップ・シドニー卿のやはり大陸での戦没の描写に深い感情的な彩りが見られるのは、この兄の想い出が重合しているように感じる）。彼女も早熟の才能ある少女として育ち、この兄の跡を継いでオックスフォード大学を目指すが受験に失敗する。当時のイギリスは同時代の日本ほどの学歴社会ではなかったが、やはり知的エリートはケンブリッジ閥とオックスフォード閥に二分されていたことは隠然たる事実で（ここでもヴァージニア・ウルフの属したブルームズベリー・グループの前衛的インテリエリートたちが、結局はケンブリッジ閥を実体としていたことが思い合わされる）、イエイツの初期の学歴が非常に不安定だったのもこの最初の失敗が長く尾を引いたものと思われる。一九二四年にロンドン大学ユニヴァーシティ・カレッジを卒業するが、その学士号は通学を必要としない〈学外学士号《エクスターナル・ディグリー》〉で、現代風に言えば大学通信教育の課程である。専攻はフランス語であった（これは明らかに家庭のフランス文化愛好を反映している）。続いて一九二六年、同じロンドン大学で今度は通常の修士号を取得している（専攻は同じくフランス語）。この時期の彼女の生活はロンドン郊外の家に父母と同居しつつロンドン北部の大学市民講座のようなところでフランス語を教えるというものだった。この生活が第二次大戦前夜まで続く。本書序文で彼女自身が述べているように、こうした不安定な全く無名の語学教師の生活に転機が訪れたのは、友人の紹介でワールブルク研究所に通うようになったからだった。これは一九三七年、つまり彼女が三八歳の時である。一九四一年に当時研究所の中心であったF・ザクスルが研究所機関誌《ジャーナル》の編集委員の職を斡旋したことで（パート的な職で給料もひどく安かったらしいのだが）、彼女の学術研究に第二の転機が訪れた。助手的な地位ではあれ、ともかく真にヨーロッパ的な学統のその中核メンバーに属することとなったからである。しかし実人生においては自宅と図書館（ロンドン図書館が彼女の主たる仕事場で、これにもちろん大英図書館、博物館が加わった）そして研究所を往復し、ひたすらに資料を渉猟する一種私学者的な生活は全く変わらなかった。一九五〇年にようやくロンドン大学の講師《レクチャラー》に任命され（五一歳）、準教授《リーダー》に昇進したのが一九五六年（五七歳）、そのまま教授に昇進することもなく一九六七年に退官している[004]（上述の〈若い女性〉と間違えた書評子は彼女の肩書きまで間違えて、一九六四年当時の準教授職を講師としてしまっている。よほど新進の女性講師の固定観念にとらわれていたのだろう）。

一言で言えば、彼女の実人生は一生私学者として終わった、そして一生日常的に書物と資料の山と格闘し続けたアビィ・ワールブルクのそれに非常に近いものであった。

J・B・トラップがイギリスの学士院年鑑である『イギリス学士院年報』(*Proceedings of British Academy*)に最近発表した(二〇〇三年)イエイツ論は、非常に良く纏まったイエイツの業績の要約で、おそらく今後のイエイツ研究の最も基本的な資料として定着していくことと思うが、このイエイツのイギリス中産下層的出自の固有性を次のように纏めてくれている。

> フランセス・イエイツの歴史家としての資質を育んだのは、国教会に帰依した、非常に英国的な小家族の背景である。それはかなり仲間裡に閉じこもったものでありながら、なおまた自由主義的な雰囲気を持ち、良く啓蒙され、真剣でありながら、非社交的な頑なさとは無縁な、お互いに緊密な繋がりを保つ、そうした社会環境である。後年に至ると、彼女自身、そうした出自の徴表であるマシュー・アーノルド的な文芸への傾注、率直な心情の高邁、義務の感情、そして個人的な〈努力〉の称揚を語り始めることになる。こうした彼女の自己意識は、その後半生ほとんど半世紀に及ぶワールブルク研究所との緊密な関係にもかかわらず、そしてこの研究所のスタッフ及びその研究方針に多大のものを負っていることを彼女自身常に喜んで認めたにもかかわらず、やはり本質的な次元では全く変わらなかったと言ってよい。[005]

マクロの文化史的分析を加えれば、ここでトラップが〈ワールブルク研究所〉中心メンバーの上層ブルジョワ的な社会的出自とイエイツの小市民的なそれとをさり気なく弁別している、その英国階級社会的なニュアンスを濃厚に伴う差異化は、ワールブルクその人の非常にプロテスタント的な(ルター派プロテスタント的な)エートスまで遡れば、再び〈一つの近代ヨーロッパ文化〉的な位相で平準化されることに注意しなければならない。逆に言えば、このどこかちまちまとした島国的階級の差異性が、大陸出自の〈ワールブルク研究所〉の中核において顕在化し始めた時が、〈一つのヨーロッパ〉を志向した研究所の人的体制が〈英国化〉を始めたその徴表だったと言えるのかもしれない（トラップはイエイツがこの本を出版した当時は司書であり、その後ゴンブリッヒの次の研究所長を務めた人物である——ちなみに訳者も研究所でワールブルクの自筆原稿の資料調査をしてその文化概念についての博士論文を纏める際に、事務的な次元で彼のお世話になった）。つまりもしワールブルクがこの時期まで所長をしていたと仮定するなら、その下にザクスルやヴィントやパノフスキーやゴンブリッヒや、またイエイツが、営々とまた和気藹々と、そのさまざまな国民的、階層的出自をひとまず忘れて一元的な〈文化学〉を信奉しつつ研究生活に没頭していた、と想定することは非常に容易であり、その時には個別の出自の特性はある種〈調和する不調和〉（discordia concors）的な、つまりルネサンス的な均衡を示したであろうことを筆者は確信している。その意味でトラップのこの〈英国学士院〉の立場でのイエイツ評は、一つの真に国際的であった学派の終焉の事実を記録する意味も持っているように感じるのである。

ではイエイツ自身に即して、この〈地場の〉イギリス文化と大陸の文化、特にルネサンス文化はどのような乖離、あるいは調和を示していたのであろうか。

上述した〈魔術〉へと至り、〈魔術〉から流れ出る彼女の知の運動の焦点は、この側面から視れば、ケプラー的な二つの焦点を持つ楕円構造であったことを考え合わせる必要がある。つまりそれは〈大陸の魔術〉と〈地場の〉つまり〈エリザベス朝の魔術文化〉という二つの焦点を持っていたのであり、この二つの焦点を媒介したものがオックスフォード大学を訪れ、そこでフィチーノの先進的魔術を講演したブルーノその人なのである（本書第一三章参照）。この独特の二重焦点性は、単純に彼女の主要な研究を編年で追うだけで確認できる基本的な事実でもある。

イエイツの主要著作を年代順に列挙すると以下の如くになる。

❶『ジョン・フローリオ——シェイクスピア時代のイギリスに生きたあるイタリア人』(*John Florio: The Life of an Italian in Shakespeare's England*, 1934)

❷『"恋の骨折り損"研究』(*A Study of Love's Labour's Lost*, 1936)

❸『十六世紀のフランス学士院』(*The French Academies in the Sixteenth Century*, 1947)

❹『ヴァロワ・タピスリー』(*The Valois Tapestries*, 1959. 邦訳『ヴァロワ・タピスリーの謎』藤井康生他訳、平凡社、一九八九)

❺『ジョルダーノ・ブルーノとヘルメス教の伝統』(*Giordano Bruno and the Hermetic Tradition*, 1964. 本書)

❻『記憶術』(The Art of Memory, 1966. 邦訳『記憶術』玉泉八洲男他訳、水声社、一九九三)

❼『世界劇場』(*Theatre of the World*, 1969. 邦訳『世界劇場』藤田実訳、晶文社、一九七八)

❽『薔薇十字の啓蒙運動』(*Rosicrucian Enlightenment*, 1972. 邦訳『薔薇十字の覚醒』、山下知夫訳、工作舎、一九八六)

❾『アストライア——十六世紀の帝政論』(*Astraea: The Imperial Theme in the Sixteenth Century*, 1975. 邦訳『星の処女神エリザベス女王』/『星の処女神とガリアのヘラクレス』西澤龍生他訳、東海大学出版会、一九八二-八三)

❿『シェイクスピア晩期の作品——新しい視座』(*Shakespeare's Last Plays: A New Approach*, 1975. 邦訳『シェイクスピア最後の夢』藤田実訳、晶文社、一九八〇)

⓫『エリザベス朝のオカルト哲学』(*The Occult Philosophy in the Elizabethan Age*, 1979. 邦訳『魔術的ルネサンス』内藤健二訳、晶文社、一九八四)

⓬『論文・評論集』1〜3(*Collected Essays* 1-3, 1982-84)

日本でのイエイツ紹介が本格化したのは、❼『世界劇場』あたりからで、まずシェイクスピア劇の新しい解釈者として英文学方面での評価が定まり(❼、❿)、それが順次エリザベス朝文化全般の研究者となり、そして大陸のルネサンス後期文化の図像学的研究者としての側面が美術史関係の研究者の参照対象となっていった(❹)。その最後にようやくルネサンス魔術‐記憶術の総合的研究家としてのイエイツが登場することになる（❽、❻、❺）。

この日本でのイエイツ受容の順序は、本書以降のイエイツの代表的著作の順序からすれば概ねそれを逆転したものであったことが事後的に分かるわけだが、これはイエイツその人に即して言えばいわば後半生の研究の流れであって、そこに至るまでの、つまり本書のブルーノ研究に至るまでの流れはちょうど逆転して、今度は概ね日本での紹介の順序に沿って彼女の研究が進められていたことが明らかになる。イエイツの出発点はシェイクスピア時代にイギリスに生きた異国の文人、特にイタリアからの渡来者であって（❶の研究）、シェイクスピアの『恋の骨折り損』が特に研究対象として選ばれたのも、この劇のセッティングがナヴァール王アンリ（後のアンリ四世）の宮廷であるばかりでなく、主役の一人がブルーノをモデルとしていたからだった（本書第一九章参照）。つまりシェイクスピア劇の中でも特にフランス‐イタリアの後期ルネサンス文化に顔を向けた作品がイエイツの関心を最初に惹いたわけである（❷の研究）。フランス・ヴァロア朝の宮廷文化研究は（❸、❹）したがって彼女のフランス語の能力を十全に活かすという側面の他に、その基底的な動機としてエリザベス朝文化が受容した大陸の本格的ルネサンス文化を学び知るというより深い遠心的な志向があったことを見逃してはならないだろう。

つまり一言で言えば、イエイツは出立し、そして帰還する知性の人であった。エリザベス朝の異国文化から大陸ルネサンスへと至り、その最も本質的な文化型、すなわちルネサンス魔術を集大成しつつこの島国にもたらした、南イタリア出身の〈ノラの人〉ジョルダーノ・ブルーノと共に彼女も帰還する。そしてその一回り大きくなった知性の視界を、自分のルーツとしての最盛期の英国文化、すなわち〈シェイクスピアの時代〉に向け直すことになるのである。

この楕円的な出立‐帰還の構図は、研究領域においてのみならず、研究方法においても観察することができる。上述したトラップのイエイツ論ではイエイツの仕事を〈知性の歴史家〉（the intellectual hisorian）と分かり易く標語化し、この基軸はすでに前掲の❶のフローリオ研究に顕在化しているとするが、[006]これは事柄の表層をなぞっているに過ぎない。その〈知性〉がイエイツの場合はバフチン・グループの意味での〈公式文化〉と〈非公式文化〉[007]の二重の焦点を結ぶところに、真の緊張、ほとんど分裂に近い情念的葛藤が見られるからである。この葛藤こそ彼女の〈知性〉を正統的にブルクハルト-ワールブルクのルネサンス研究の本流に置くものに他ならない（本解説2、3参照）。この緊張は方法論的にはルネサンス後期の図像資料が持つ公式-非公式の本源的両極性に規定されている。活版印刷の導入によって図像がバルトの意味での〈政治的エクリチュール〉と化して（バルト『零度のエクリチュール』）大衆の心性を迷信や宗教的プロパガンダで染め上げたのが、まさにこの〈ルターとデューラーの時代〉だったからである。したがってこの時代を対象とするイエイツの図像学は、図像資料がテクストに対してまず他者として登場し、テクストの公式性に隠された非公式性、オカルト性、魔術性を顕在化することを正しく自覚している（❹の研究）。ところが面白いことにひとたび導入されたこの両極的図像資料の学的活用の観点は、今度は逆転する形で公式のテクスト自体の解釈を公式-非公式の緊張でとらえ、いわばその内実を二重焦点化するのである。このテクストの二重性の発見もまた、本書ブルーノ研究を転機として彼女に自覚された方法的な〈帰還〉でもあった。なぜならこの二重性は彼女の出発点であった〈エリザベス朝の異邦人〉の文化的-実存的な二重性と本質連関しており、また特に彼女が選んだ〈異国情緒溢れるシェイクスピア劇〉の二重性でもあったからである。シェイクスピアのテクストの比喩形象そのものがいわば図像的エクリチュールを、公式-非公式の文化的二重性に分裂させていた。そのエリザベス朝的心性の二元的分裂を再び一元化するルネサンス的統合の〈鍵〉を彼女はほとんど本能的に探し求めていた。そしてそれがルネサンス魔術であったことを長い長い知的遍歴の末に本書でつかんだ、そういう風にイエイツの〈知的伝記〉は綴られることになるだろう。[008]

2——ルネサンス研究の本流における本書の位置

本書はジョルダーノ・ブルーノによって集大成されたルネサンスの魔術的世界観が、ヘルメス教の復興／復古運動に基盤を置くものであったことを豊富な文献渉猟と確かなマクロ記述により立証した研究であり、『記憶術』(*The Art of Memory*, 1966)と並ぶイエイツの代表的著作であるばかりでなく、二〇世紀後半になされたルネサンス研究全体の中でも、E・ヴィントの『ルネサンスの異教秘儀』(*Pagan Mysteries in the Renaissance*, 1958)[009]と双璧たるの位置を争うものだと言って間違いない。両者はまた古典古代の秘祭-秘教的なものの復興にルネサンス運動の本質を観るというそのマクロの文化史把握においても、さらに図像学《イコノロジー》の本格的な応用というその方法的基軸においても密接に連関している。[010]このテーマと方法の共通性は、この両研究の母胎となったワールブルク研究所の資料-研究システムを背景に置くことによって初めて理解が可能なものであり、それは結局ワールブルクその人の〈文化学〉の理念に規定されたルネサンス研究の本流を継ぐものである。

ルネサンスが単に〈高貴なる単純と静謐なる偉大〉(edle Einfalt und stille Größe)(ヴィンケルマン)を標榜する[011]擬古典的な文化理想の人文主義的復古でなかったことは、すでに近代ルネサンス研究の端緒となったブルクハルトの『イタリア・ルネサンスの文化』(*Die Kultur der Renaissance in Italien*, 1860)において提示されていた。その第六章〈風俗と宗教〉の章は古代的迷信の復活を活写する。[012] A・ワールブルクはこのブルクハルト的ルネサンス像の内部矛盾から出発する。彼が注目したのも〈迷信〉、即ち魔術的-占星術／錬金術的世界観が特にルネサンス-宗教改革の時期に近代化され合理化されて鎮静化するのではなく、逆に異常なまでの活況と社会的評価の高まりを見せるという、通例の〈近代精神の出発点としてのルネサンス〉という描像には到底収まりきれない極めて逆説的な現象だった。[013] ワールブルクその人は〈魔術〉や〈迷信〉とは逆側の、新カント派の理性主義に極めて近い位置で自己定位を行い、恒に〈勝利する人〉(homo victor)としての理性人を文化的営為の主体として捉え、その史的淵源としてのルネサンス（特にフィレンツェ・ルネサンス）を精神的故郷と見做していた。[014]それだけにこのマクロの〈理性の時代〉における非理性＝魔術的なものの奔騰は実存的-情念的な次元での難問を呈示することになる。しかしこの葛藤が彼のルネサンス研究に齎した実りは大きかった。ワールブルクの代表的なルネサンス研究として『サンドロ・ボッティチェッリの《ウェヌスの誕生》と《春》――イタリア初期ルネサンスにおける古典古代像の研究――』(1893)[015]、『フェラーラのスキファノイア宮殿におけるイタリア芸術と国際的占星術』(1912/22)[016]、『ルター時代の言語と図像における異教古代的託宣』(1920)[017]の三点を挙げれば、それらがいずれもヴィントとイエイツのルネサンス研究の方法論的基本枠を先取りし、そのテーマを本質的に規定していることが了解される。したがってイエイツの本書の文化学上の貢献はまずこのブルクハルト-ワールブルクの〈学統〉上の通時的な系譜上で、そして続いてヴィントの主著との〈学派〉上での共時的な共通性、差異性の面から立体的に了解されなければならない。

　イエイツの代表作である本書の読解に特にこうした学統-学派の文脈上でのルネサンス研究の総体を背景に置く必要があるのは、〈オカルティズム〉という周辺的文化現象の代表的研究者としてのイエイツの仕事の評価とも通底する根本的な問題でもあるからである。これまで近代的精神の〈英雄〉の一人だと見做されていたジョルダーノ・ブルーノの世界観の基軸に〈オカルト神秘学〉と魔術と占星錬金術への志向があった、ということだけを独立させて本書及びイエイツの全仕事を評価するならば、それはバフチン・グループの意味での〈非公式文化〉のみを追った好事家的な特殊な研究者であったということにもされかねない。しかしイエイツにとって、そしてヴィント、またワールブルクにとって、〈魔術〉は本質的に理性-非理性の弁証法に規定された根幹的な文化事象であったことを忘れるわけにはいかない。イエイツがジョルダーノ・ブルーノをまさに精神史上の〈英雄〉として選択したことは、〈学派〉としての、つまり〈ワールブルク学派〉としての人文的世界観を背景にして初めて十全な理解が可能となる。ブルーノはまさにルネサンス的総合の伝統の最後の体現者として彼女の視界に立ち現れたのであり、それはちょうどヴィントの視界にボッティチェッリが、ワールブルクの視界にデューラーが理性‐非理性の葛藤の体現者として、そしてその葛藤からの〈勝利する人〉、homo victor[018]として立ち現れたのと本質的には同じ学的実存の選択だった。つまりルネサンス的‐魔術的世界観の化身としてのジョルダーノ・ブルーノという一箇の思想家が、彼女の学的対自のその基底と共振していた、その根拠を見据える必要があるのである。

以上の哲学的‐世界観的背景は抽象的なドグマとしてではなく、本書の具体的な検証作業の隅々にまで浸透している。例えば『ヘルメス選集《コルプス・ヘルメティクム》』の年代誤認の問題を本書の分析・記述の基軸としたことの(本書第一章、第二一章参照)深い意味もそこにあると考えることができる。

本書の構成はジョルダーノ・ブルーノの魔術的世界観の基本的構造の解析(第一一～第二〇章)を中核としている。そしてその前史、後史の枠組みをヘルメス教の復活と再度の衰退が与えることになる。この〈ヘルメス教の伝統〉は極めて特殊な、しかしまたルネサンス的心性に固有のものでもある〈アナクロニズム〉に規定されていた。ルネサンスにおける魔術的世界観の隆盛はこの『ヘルメス選集《コルプス・ヘルメティクム》』の発見と翻訳(ラテン語訳)を起爆剤としていたわけだが、ヘルメス教の始祖でありこの選集の作者とされたヘルメス・トリスメギストスなる〈エジプトの神官にして賢人〉はモーセの同時代人ではなく、古典古代末期、紀元後二‐三世紀の宗教的幻想の産物だった。ところがヘルメス文書のギリシア語写本を蒐集したコジモ・デ・メディチも、その委託を受けて短期間でラテン語訳したマルシーリオ・フィチーノも、ヘルメス・トリスメギストスの実在と、この著作集の太古性を固く信じ切っていた。イエイツは彼らのこの奇妙なアナクロニズムがルネサンス期におけるヘルメス教の受容の決定的要因であったことを指摘し、すでに初期キリスト教の教父達(ラクタンティウス／アウグスティヌス)がこの年代誤認を犯していたことを詳細に検証している(第一章)。逆にヘルメス教とヘルメス文書に対する史的、文献考証的な理解が徐々に進み、その真の年代同定が文献学者カゾボンによって一六一四年になされた時、文化運動の大きな推進力であったヘルメス教への熱狂的関心もまた終焉を迎える(第二章)。この年代誤認的アナクロニズムがルネサンスにおける〈魔術〉復興-復古の根本的動因であったとするイエイツの指摘は、〈好事家〉的なポワンテとして一編の〈歴史読物〉的な読まれ方をされてしまうと、より哲学的-世界観的な位相を見逃してしまう怖れがないわけではない。つまりこのアナクロニズムの破綻自体が〈始源〉を志向しつつも、その〈始源〉を実証しようとするルネサンス精神の自己矛盾から必然的に展開しているのである。この洞察にこそ、イエイツの指摘する〈アナクロニズム〉が果たした魔術的な豊饒性、そのルネサンス的心性にとっての生産性の根拠がある。そしてこの史的錯誤の豊饒性の洞察もまた、それが理性-非理性の葛藤における危ない均衡の産物であるという意味において、ヴィントが抽出したルネサンス的理念としての〈調和する不調和〉(discordia concors)[019]、あるいは学派の淵源としてのワールブルク自身の〈情念型〉(Pathosformel)のパラダイムへと[020]系譜的に遡行する。

同様の本質的な葛藤は、イエイツが総体的な分析と記述を試みるジョルダーノ・ブルーノの魔術的世界観にも内在している。ブルーノにおける〈科学〉と〈魔術〉の並存の諸相を分析記述するための予備的考察の性格を持つ第八章〈ルネサンスの魔術と科学〉は、本書全体の中でそのマクロ記述の有機性、緊密性、そしてその史的ヴィジョンの壮大さにおいて一つの頂点を形成するものだが、そこにおいて素描されているものこそこの理性-非理性の〈調和的均衡〉の可能性、つまりルネサンス的〈コスモス〉の遠近法に他ならないのである。本書が登場するまでは、通例の科学史概説において、ブルーノはコペルニクスの地動説を支持したがゆえに異端審問の対象となり火刑に果てた〈近代科学精神〉の殉教者とされることが定番となっていた。逆にこのイエイツのブルーノ解釈以来、今度はブルーノは古代-中世の魔術的世界観の体現者としての側面が強調され、〈後れて来た魔術師〉=非近代的精神の化身であるとされてしまうことが常套的な解説の基調となってしまっている。しかしこの第八章に始まる魔術-科学の対抗、葛藤、そして調和のユートピア的理念を廻るイエイツの記述を虚心坦懐に追えば、自ずからそうした一面的な了解では把握され得ない立体的な、ひとつの有機体としてのルネサンス的世界観が浮び上ってくるのを実感できるに違いない。このルネサンス的〈コスモス〉の自己矛盾は、〈近代科学〉成立期の一つの原初的風土でもあるがゆえに、ルネサンス研究の枠を超えた〈近代的人間〉の原風景を廻るさまざまな問題を提出することにもなるのである。

つまりこのルネサンス的〈コスモス〉＝調和的世界像の自己矛盾した理念において、別の〈近代〉を経たわれわれも、本書の提示する基本問題に確実に参与することになる。

3——ルネサンス的均衡における魔術の位置

ではその〈ルネサンス的コスモス〉とはいかなるものであったのか。

ルネサンスとは一言で言って〈危うい均衡の時代〉であった。

そしてこの均衡の焦点には常に魔術があった。

これは大きな逆説である。

ルネサンスがもしも近代的知性の故郷であるならば、その理性的であるべき心象世界において、どうして前近代そのものである非合理な〈魔術〉がかくも熱き心で招来されたのか。これは表層的なルネサンス讃美の視点では全く解決不能の難問である。

そしてこの難問と正面から取り組むことで、本格的なルネサンス研究は出発したのだった。

つまりブルクハルトの古典的著作『イタリア・ルネサンスの文化』(*Die Kultur der Renaissance in Italien*)のことである。ブルクハルトのこの著作はあまりに〈公式文化〉の讃美礼賛の対象となってしまったことで、逆にそこに明確に内在していた近代的心性の非公式的-魔術的〈分裂〉の側面が隠蔽されてしまった。これはパノフスキーの世代のルネサンス論の基調である〈複数の古典文芸復興論〉[021]の時代に起こった現象ではなく、ブルクハルトの同時代にすでにこの書物はある種後代の〈超人〉ゲーリンクたちの〈普遍人〉気取りの月並みを用意してしまったことは否めない事実なのである。[022] つまりそこにワールブルクのような真の読み手がこの古典的テクストの表層と深層の緊張-分裂を見抜き、われわれ後代の学人にその読解の要諦を伝える必然性も生じることになる。[023]

例えば代表的なルネサンス的専制君主の一人、ミラノのヴィスコンティ家の最後の当主は次のように描かれている。

> フィリッポ・マリーアは、その心の奥底でも、二つの相対立する世界観の両極に二股膏薬的に保険をかけておくような生き方をしていた。彼は星廻りとそれがもたらす盲目の運命を信ずる一方で、救難に功徳のあるとされたありとあらゆる守護聖人にしっかりとお祈りしておくことも忘れない。古典古代の著作家を読む一方で、フランスの騎士道小説にも没頭する。そして最期を迎える折には、死が話題にされることを決して許さず、自分の城ではたとえそれが寵愛する臣下であろうとも、臨終の際には外に運び出させ、その幸福の砦にいささかの翳りも与えまいとした。その同じ人間が、受けた傷の治療を拒んでそれを閉じさせ、瀉血も許さず、品位と尊厳とともに自らの死を早めたのである。[024]

こうしたルネサンス期特有の小君主たちは、特に政情が中世末期以来不安定だったイタリアにおいて、ちょうどわが国の戦国期に似た群雄割拠の様相を呈し、その統治を著しく個人化、人工化、すなわち〈芸術化〉することとなった。これがブルクハルトのルネサンス観の基軸である〈個人の発展〉(die Entwicklung des Individuums)と〈芸術作品としての国家〉(der Staat als Kunstwerk)の内的連関である。つまりこの基軸上では歴史の現実がすでに彼の方法論に沿って〈三つの潜勢力〉(drei Potenzen)、すなわち国家、宗教、文化の基本範疇の複雑かつダイナミックな絡み合い[025]として把握されている。したがってこのルネサンス的な個性を示す地方専制君主の国家統治、対教会制度的術策、そして自己顕彰のための芸術活動の奨励、保護というそのすべての歴史的現実への外化に、この内奥の〈二つの相対立する世界観の両極〉(die entgegengesetzten Polen der Weltanschauung)が投影している、とブルクハルトは考えるのである。アルプス以北にルネサンスの運動が広まっていく中で、このイタリア特有の傭兵隊長《コンドッティエーレ》的地方諸侯は王制国家規模にまで拡大されていくが、本質的な次元では、ブルクハルトが見た〈個人の発展〉-〈国家体制の人為化〉の基軸はヴァロア朝においてもエリザベス朝においても、またドイツのプロテスタント諸侯、自治都市においても基本的に妥当し、あらゆる場面でこの権力中枢の心性における〈両極性〉の歴史的現実への外化という現象が見られる。

問題はしたがって、〈文芸復興〉が中世期を通じて見られるということではない。通常の反ルネサンス論者、反ブルクハルト史観の主張者はあたかもブルクハルトが中世期の文化を全く無視したかの如き論じ方をするが、かえって彼のもう一冊の主著『コンスタンティヌス大帝の時代』(*Die Zeit Constantin des Großen*)が古典古代から中世期へのマクロの移行を見事に分析し、活写したという事実への無知を暴露してしまっている。それはこの〈複数のルネサンス論〉の集大成の感があるパノフスキーの名著、『西洋美術における一回的ルネサンスと複数のルネサンス』(*Renaissance and Renaissances in Western Art*)[026]についても指摘しておかねばならない欠陥である。ブルクハルトの視点からすれば、文芸復興が何度も繰り返されてイタリア・ルネサンスまで到達したことは自明中の自明の事実である。しかしかつての文芸復興は一度として近代的個我の、その内奥の分裂の表現となることはなかった。それがイタリア・ルネサンスにおいて起こったこと、これが近代的精神のその原点をそこに置く歴史的妥当性を保証する基本的事実だとブルクハルトは考える。

ワールブルクもそう考えた。[027]

つまり文芸復興が近代的心性を用意したのではない。むしろ近代的心性のその独特の情念的分裂が文芸復興の場そのものを〈両極的《ポラール》〉に分裂させるのである。そしてこの分裂の焦点に均衡と調和をもたらすものとして要請されたのは、〈理性〉でも〈神〉でもなく〈魔術〉だった。こういう風にブルクハルト-ワールブルクの本流におけるルネサンス観を総括できるだろう。そしてその本流にイエイツの魔術観、ブルーノ研究もしっかりと参加することになる。それは〈近代〉の内奥の分裂を対自化する学的な志向の表現であり、その意味でこそ異邦のわれわれ自身の〈近代〉の内的構造を問いかけるものともなるのである。

本書にはアンリ三世というフランス後期ルネサンス文化の大パトロンが登場する(本書第一〇章、第一一章参照)。ブルーノの思想の展開のみを追っていく場合には非常に影の薄い君主だが、しかしブルーノの実人生において彼を歴史の舞台に引き上げたのはまさにこの君主であったことをイエイツは忘れていない。彼女は異端審問資料から注意深く次のブルーノの供述を引用している。

……国王アンリ三世は、ある日、人を遣わしてわたしを呼び寄せました。そしてわたしの記憶力、そして記憶に関する講義が自然のものなのか、それとも魔術の力に拠っているのか、満足のいく答えを与えるようにと言われました。そこでわたしはこの国王に、それが魔術の技法に拠るものではなく、学問的方法を根拠としているということを語り、また証明して見せました。この後わたしは記憶に関する一冊の著書を発表し、それに『イデアの影について』という表題を与え、国王陛下に献呈いたしました。このことによって陛下はわたしを暫定的に特別講師に任命して下さったのです[028]……

アンリ三世は魔術への旺盛な関心を示すと共に(本書第一〇章参照)、現実感覚に秀でた集権君主であり、また難局に際しては中世的神秘主義を民衆的心性の焦点としてある種パフォーマンス的に活用してみせる独特の感覚を示す君主でもあった。イエイツは彼の晩年の信心ぶりをこう描写している。

パリ国立図書館の版画室に所蔵されている一組の素描は、長蛇の宗教的行列を描いている。この行列はパリの街路を練った後、郊外へ抜けて巡礼の旅へと出発する。この催しには国王アンリ三世と彼の信仰の友たちも参加し、行列を率いるのはカプチン会修道士たちである。[029]

このブルーノのパトロンであった後期ルネサンスの君主の姿が、巧まずして先に引用したブルクハルトが古典的に描写してみせるイタリアのルネサンス君主の姿と重なり合っていること、この明確な系譜性に着目すれば、ブルーノがまさに〈魔術師〉として権力中枢にある意味易々と接近できた、その時代精神の基調というものも把握されるはずである。魔術を焦点とした外化⇕内化の弁証法の発現は全面的に心性の両極性、その個人実存的な次元での葛藤に規定されており、だからこそルネサンス魔術は時代の内奥の問題を形成していったのだと総括できる。ルネサンス魔術とは、つまりは〈世界観〉の本質的な焦点としての内的なコスモス表象であった。ゲーテはその意味でファウストにこう叫ばせている。

そこでおれは、霊の力と啓示によって
いくらか神秘がわかろうかと、
魔法に没頭した。
それがわかったら、つらい汗を流して、

知りもしないことをしゃべったりせずにすむだろうと思ったのだ。
いったいこの世界を奥の奥で統《す》べているものは何か、
それが知りたい、そこではたらいているあらゆる力、あらゆる種子、
それが観《み》たい。そうすれば
もうがらくた言葉を掻きまわす必要もなくなるだろうと思ったのだ。

（ゲーテ、『ファウスト第一部』377-385行、手塚富雄訳）

Drum hab' ich mich der Magie ergeben,
Ob mir durch Geistes Kraft und Mund
Nicht manch Geheimnis würde kund;
Daß ich erkenne, was die Welt
Im Innersten zusammenhalt,
Schau' alle Wirkenskraft und Samen,
Und tu' nicht mehr in Worten kramen.

こうしてルネサンス魔術の系譜をイタリアの地方専制君主、フランスの後期ルネサンス文化のパトロン国王、そして近代人ゲーテの心に映ったルネサンス魔術師ファウストと点景的に通観するだけで、イエイツが選んだ魔術師ブルーノも確かにこの系譜上の情念の体現者であることが了解される。

それだけではない。

ルネサンス魔術が近代的心性の原点における〈危うい均衡〉であったという基本的な事実は、即座に近代人としてのルネサンス研究者の心性そのものに反照する。葛藤が葛藤を誘発する。均衡が均衡を覚醒する。ここにルネサンス研究独特の研究者自身の実存的情念の世界が展開することになる。

そしてこの対自的ルネサンス像の核心に登場するもの、それも再び〈魔術〉なのである。

4――〈内的労働〉の情念型としての〈メレンコリアI〉

ルネサンス的コスモス表象の内奥に両極的分裂と葛藤が隠されていること、それはすでにブルクハルトの研究によってマクロに把握され記述された基本的な事実だった。この事実はワールブルクによってさらに精緻な原理的考察の対象となる。

ルネサンス的心性にとって〈コスモス〉はそれ自体両極的な観念であった。それはイエイツが本書で検証したヘルメティズム的〈コスモス〉像のルネサンス的復興のさまざまな場面で観察される基本的な事実である。つまりそれは〈天界〉としては超越的な、すなわちキリスト教的な神を媒介する過渡の世界である（本書第六章参照）。この〈神〉は摂理と救済の原理として〈世界〉を超越するが故に、〈世界〉のその被造物性は当初から〈転落〉＝〈堕罪〉の原初的〈悪〉として表象されている。しかし〈コスモス〉はまた〈宇宙〉でもある。その〈宇宙〉はオルフェウス教的な調和の楽音にしたがって星辰が廻る世界であると共に、また異教の神々の住まう〈ウラノス〉でもある。しかしこの〈ウラノス〉は去勢され、退位した古《いにしえ》の黄金時代の主神でもあった。〈ウラノス〉退位後の世界を支配しているのは超越神の世界救済計画ではなく、裸形のモイラ、すなわち酷薄な〈運命〉である。したがってこの〈此岸的世界〉は真善美の調和の世界である反面、その超越性の不在において、〈摂理〉も〈救済〉も知らない世界、つまりニーチェの定式で言えば〈悲劇的世界〉でもある。この古典的世界の陰陽の二面性は、例えばフェステュジエールが定式化した〈オプティミスト的〉グノーシスと〈ペシミスト的〉グノーシスの二面性を内在させるヘルメティズムの本質でもあった（本書第一章参照）。したがってイタリアにおいて最初に大規模な古典復興の運動が展開した時に、その集団的心性の最深部で起こった現象はこの内的な〈コスモス〉を廻る〈摂理〉の超越的救済性と〈運命〉の古典古代的悲劇性の真っ向からの衝突、葛藤であった、と定式化することができる。しかしその〈運命〉の体現者である古典古代の神々は最盛期古典文化の、つまりポリス的、あるいは共和制的な共同体の祭祀対象としての〈神々〉ではない。その〈モイラ〉は例えば〈ギリシア悲劇〉において市民公衆に告知される共同体倫理としての〈ヒュブリスの戒め〉ではない。[031]そうではなくルネサンスが向き合った古代とは中世によって媒介された古代、つまりブルクハルトが『コンスタンティヌス大帝の時代』第六章〈異教世界の神霊化〉(Die Dämonisierung des Heidentums)で活写した、異教の神々の非-祭祀化、個人的迷信化、無名化のデカダンス的世界であった。[032]しかしこの古典古代末期の神々は、ばらばらにモザイク化され無名化するのみの存在ではなかった。最盛期の古典古代の知らない異邦の神々が大量に流入し、新しい組織、強固な〈方法〉的組織を与えられたのがまさにこの解体する古代末期の世界だったからである。この組織とはつまり〈占星術〉のことである。

ルネサンス人はまず〈占星術〉に組織された古典末期の異教の神々によって〈運命〉＝〈救済なきモイラ〉の世界を知った。これが最重要の基本的事実である。つまり例えば若きニーチェが〈ギリシア悲劇〉によって古典最盛期の神々とその運命的世界観とに対峙したのとは根本的に異なる要因が、そこには介在していたということである。

単純化すればこうなる。

〈悲劇〉が体現する世界は、共同体的〈祭祀〉の世界である。

〈占星術〉が体現する世界は、個人的〈魔術〉の世界である。

したがってニーチェ的な心象世界においては、〈魔術師〉とは、例えば『ツァラトゥストラ』第四部に登場するワーグナー-ショーペンハウアーのカリカチュアとしての〈魔術師《ツァウベラー》〉がそうであるように、〈祭祀〉の共同性を失った孤独なデカダンス現象として把握される。

対して古典末期-ルネサンス的〈魔術〉の観念においては〈祭祀〉は一つの操作の体系として表象されるのを常とするために、〈秘教〉化し〈オカルト〉化する傾向を示す（これが〈ヘルメス教〉の祭祀的内実ともなる――本解説5参照）。

ワールブルクは、ブルクハルトのルネサンス研究とニーチェのギリシア像を常に参照対象としつつ、この一般的な古典受容の差異性というものを明確に自覚した。[033] ここに占星術研究が彼の古典受容研究の中心的課題として登場する必然性もある。それは彼の視座から視れば、近代的心性にとっての〈古典古代の復興〉の周辺現象ではなく、むしろ核心に位置するのである。つまり先述したパノフスキーの見た〈一つのルネサンス〉と〈複数のルネサンス〉の差異性は、ワールブルクの古典受容史のマクロの描像にあっては再度平準化される。中世の〈複数のルネサンス〉の基軸は〈占星術〉が媒介する古典末期の神々の世界であり、その核心の〈運命〉＝〈モイラ〉的世界が真に内面の問題となるのがイタリア・ルネサンスに始まる〈魔術〉の世界観的核心との対峙であった、とワールブルクは考えるからである。

異教の神々は、星辰図像に凝固した古代ギリシア的形象として、中世においてもその間断なき生命を保ち続けた。この伝統の連続は、例えば単純に、中世がその世界像の拡充において、自己自身の探求に基づく新しい象徴法を全く展開できなかったという事実によっても保証されていた。[034]

ルネサンスにおける古典古代の描像は、ローマを中心に発掘が進んだその擬古典的ローマ期の彫像や建築遺構が模倣した最盛期のギリシア－ローマの古典理念が与える、審美的な〈オリュンポス神的に晴朗な〉側面と、この古典末期に淵源を持ち中世的魔術によって媒介された占星術的世界観の本質をなす〈ダイモーン的に陰鬱な〉側面に分裂していた、とワールブルクは考える。これは一面ではニーチェの〈アポロ的-ディオニュソス的な二重性〉(die Duplizität des Apollinischen und Dionysischen)(『悲劇の誕生』[035])の応用形であり、源泉をさらに辿れば結局ヴィンケルマンの〈高貴なる単純と静謐なる偉大〉(edle Einfalt und stille Größe)の定式に遡行する。[036] しかし問題はこの二項定式の本質が〈二重性〉の、つまり〈表層〉と〈深層〉の重合にあるのか、それとも二つの原理の拮抗するその〈両極性《ポラリテート》〉にあるのか、という点にあり、つまりは古典文化の、そしてそのルネサンス的再生の本質をどこに見るのか、という問題に通底する。ワールブルクの基本的な観点は〈両極性《ポラリテート》〉である。それは彼の心象において、〈双頭のヘルマ〉(Doppelherme)の形象へと収斂する。

例えば一五二〇年頃の最盛期ルネサンスのイタリアでは、確かに異教の神々の芸術作品としての姿は形態的な美の世界を実現していたし、またその美的世界は同時にキリスト教信仰と異教的世界観の節度ある均衡を意味していた。しかしこの外観に欺かれてはならない。この最も自由な芸術的創作の時代においても、古典古代はいわば双頭のヘルマのごとき礼拝の対象となっていたのである。その一つの顔はダイモーン的な陰鬱の表情を示しつつ、迷信的な礼拝を命じていた。もう一つの顔はオリュンポス神的に晴朗な表情を示しつつ美的尊崇を要求していたのである(『ルター時代の言語と図像における異教古代的託宣』[037])。

〈ヘルマ〉は壮年の頭像を載せた角柱の下方に勃起した〈陽物《ファロス》〉を組み合わせた異様な神像で、ギリシア古代ではちょうど東洋の道祖神の如く道や広場の境界領域に置かれて、その〈テリトリー性〉を表示していた。ブルケルトによれば、この〈ヘルマ〉の儀礼的根源には狩猟文化的な非常に古い宗教的観念の残存が観察される。[038] つまり宗教史的に言って〈ヘルマ〉は〈ディオニュソス的なもの〉と同範疇の原初的な経験世界を指し示している。[039] しかしワールブルクのこの比喩形象の独自性はその両極性（頭部とファロスの）がさらに頭部自体の双頭性として外化する点にある。〈双頭のヘルマ〉とは実際にヘレニズム期以降に観察される〈ヘルマ〉像の一変形で、壮年の頭像部が双頭に分裂するのである（これはいわゆる〈ヤヌス〉像ではないことに注意しなければならない。〈ヤヌス〉像が〈門〉の表象と不可分であったのに対し、〈ヘルマ〉の本質は屋外に設定される〈テリトリー〉性にあった）。[040] この頭部の分裂とはつまり〈古典的教養〉と〈占星術〉の分裂に他ならない。したがって〈占星錬金魔術〉がルネサンス期、フィチーノやピコの思弁的展開を経て、いわばその中世的に素朴かつあからさまな欲望操作的、〈陽物《ファロス》〉的下部構造性を隠蔽していく過程にこそ、ワールブルクはルネサンス魔術のその情念的本質を見ていた、という風にこの比喩形象に籠められた彼自身の〈情念型〉を読み解くことができる。このルネサンス魔術の〈洗練〉は、イエイツの考えるルネサンス・ヘルメティズムのその魔術的展開の本質でもあったことを合わせて想い起こしておこう。彼女は中世的、欲望充足的魔術とルネサンス的、世界観的魔術の差異をこう要約している。

> 汚らしい混ぜ物を調合する降霊術師、あるいはおどろおどろしい呪いを考え出す魔法使いは、両者共に社会の落ちこぼれであり、宗教を危険に曝す者たちと見做され、それゆえこっそりとその魔法の生業《なりわい》を続けざるを得なかった。これら流行遅れの人物像をルネサンスの哲学的かつ敬虔な〈魔術師たち《マギ》〉に重ね合わせることはまず不可能である。ここにはほとんど芸術家のステイタスの変化になぞらえることのできる、魔術のステイタスの変化というものが介在している。中世の単なる職工は、ルネサンス期に至るや学識ある洗練された王侯貴顕の仲間へと変容したのだった。魔術師たちの変容もこれに劣らず根本的で、過去の同類の影をも留

めぬ類のものだった。[041]

問題はしかしこうした〈洗練〉、エリート化においてこそそのエリートの心象の基底的分裂が顕在化するという点だった。この現象は興味深い形で古典古代末期の魔術のいわば〈大衆性〉を（そしてそれを引き継いだ中世魔術の〈大衆性〉を）逆転することになる。もう一度ニーチェの世代のギリシア古典受容が（それはヘーゲル―ヘルダーリンの世代まで遡るものだが）〈悲劇〉のその共同祭祀性を廻っていたことを思い合わせておこう。つまりブルクハルト―ワールブルクのルネサンス研究とニーチェ―ローデのギリシア研究のその実存情念的な差異性が事柄そのものに即して観察されるとすれば、それは〈ディオニュソス的なもの〉と〈占星術的なもの〉の基底的な差異性であり、それはそのままポリス的古典古代とヘレニズム的コスモポリタンの世界観的基底の差異性でもあった、と定式化できる。そして〈ルネサンス人〉の心象における〈古代〉とは、明らかに〈悲劇祭祀〉ではなく〈占星錬金魔術〉を廻っていたのである。

再び〈コスモス〉の形象に戻るならば、ルネサンス人にとっての〈コスモス〉とは内的な自由と必然の葛藤の場そのものであった（この心象はカントにまで達して〈裡なる道徳律〉と〈星辰の天界〉への根元的な〈驚嘆〉を彼の精神に刻印することになる）。[042] その際占星術的な決定論の桎梏も、またそれへの対抗策としての〈魔術〉の操作性も著しく内面化されていた。このルネサンス的葛藤の最も典型的な〈均衡〉のモデルは、ワールブルクにとってはデューラーの代表作、〈メレンコリアI〉であった。それが最も占星決定論的な〈土星恐怖〉(Saturnfürchtigkeit)からの解放を志向する近代的内面性の、その〈魔術〉の活用操作に対する志向を表現した作品だったからである。

〈メレンコリアI〉はワールブルクの研究以来、イコノロジーの方法が最も力を発揮した作品として、あたかも彼の学派全体の守護天使のような役割を果たしてきた。ここに明確にルネサンス的情念とルネサンス研究家のその近代的情念の実存的共鳴を認めることができる。近代的実存のその内面性が〈コスモス〉として表象される時には、原

〈メレンコリアI〉、デューラー

理的にそのコスモスの決定論-救済論の二律背反というルネサンス的神学の基本問題が登場する、と言う風に言い換えてもよい。この二律背反は研究者自身の内的葛藤、あるいは世界観的定位の問題を必然的に誘発する。学的対自の内面における操作そのものが、根元的には近代的内面性の派生型としての性格を持つ以上、同根の〈コスモス〉表象における分裂は学的対自のその概念体系の〈天界〉に必ず反照するからである。

〈メレンコリアI〉の図像的解明という点では、ワールブルクの弟子たち三人による共著『土星とメランコリー』(*Saturn and Melancoly*)[043]中の分析が最も範例的なものだが、これはいわば図像学的に整序されたルネサンス研究の次元での範例性であって、その研究分析の実存的基底はすべて師のワールブルクのルター-デューラー研究を淵源としている。彼の〈メレンコリアI〉解釈はその意味で、『悲劇の誕生』がニーチェ以降のギリシア学全般の実存的情念を規定したのと同じ意味を彼以降のルネサンス研究に対して持った、と総括することができる。その解釈の根本は実にオーソドックスに〈近代的内面性〉の基本現象を廻っている。

デューラーの〈メレンコリアI〉は土星恐怖に対抗する人文的教養の慰めに満ちた図像作品である。その真に固有の創造的行為を理解するには、魔術的な神話システムというものが、彼の芸術化し精神化する変形の本来の対象であったということを認識しなければならない。土星が天空において他の天体の化身と闘う、その闘いの帰趨に土星に照らされた被造物の運命も支配されてしまう。そこでは土星は自らの子供を喰う陰惨な天体の魔神《デーモン》であった。デューラーはその魔神《デーモン》としての土星を人間化しつつ変容し、思索する労働人の彫塑的な実像を製作したのである。……

天空の衝突葛藤は、人間の内面における事象と化して残響を響かせる。しかし醜悪な魔神たちは消え失せた。土星の陰惨な鬱屈は人間的な思慮へと人文的に精神化された。翼を持つ憂愁《メランコリア》は、右手にコンパスを持ち、深く自らの裡に沈潜する。彼女は技術的工具、数学的象徴のただ中に坐し、その前には球状の物体がころがっている。円や円環は（したがって球体も）フィチーノの古いドイツ語訳ではメランコリー的思惟を象徴したものなのである。「しかし叡智や教説を獲得したり、また難解な魔術の技法を習得するには、心が外界から内界へ向け直され、ちょうど円周が中心に、つまり中点（centrum）と呼ばれるその中心に引き寄せられ、それに屈服し適応することが不可欠なのである」（『ルター時代の言語と図像における異教古代的託宣』[044]）。

〈土星《サトゥルヌス》〉はギリシア神話の時の神クロノスと、ローマ神話の黄金時代の豊穣神サトゥルヌスとの融合した惑星神である。この表象はそれ自体強烈に〈両極的〉なものであった。クロノスは鎌を手にする〈不毛〉の神である。彼はその鎌で父ウラノスを去勢し、自らの権勢を脅かす子神たちを次々と喰らう（ゴヤの〈黒い絵〉中で最も陰惨なものの一枚にこのおぞましい神の姿が悪夢の如く登場する）。対してサトゥルヌスは文明以前の黄金時代を支配する神として、その祭り〈サトゥルナーリア〉では古代的階級制の基本原理である自由人‐奴隷の差異すら消滅する。つまり古典古代の〈コスモス〉表象における〈調和〉の〝オプティミスティック〟な側面と、〈運命〉支配の〝ペシミスティック〟な側面のその両極性を一身に体現する神として、〈土星〉は自ずから占星術的世界表象の焦点を形成する必然性があったと考えることができる。

ルネサンス的心象において占星術に媒介された異教の神々が蘇った時、その〈調和〉の明るい側面はキリスト教的中世の知らなかった此岸的世界の〈真善美〉を再発見させる導き手となった。つまり黄金時代のサトゥルヌスはこうしてまず人文主義的学者（フィチーノ）の、次いで人文主義的芸術家（デューラー）のその〈豊饒なる思索と創造〉の守護神となる。しかしこの神はまた古代的〈運命〉支配のその酷薄さに対する恐怖をも蘇らせた。その恐怖の実体は運命神による内面の支配、つまり情念の支配であり、この星辰的感応霊力の支配は〈体液〉の支配として表象される。こうして最も〈運命〉的な星辰、〈土星〉に支配される〈体液〉、黒胆汁(humor melancholicus)に規定される人間、憂愁《メランコリア》に沈む創造‐思索人の描像が完成することになる。

R・M・ウィットカウアーの研究に拠れば、中世の占星術において〈芸術家〉に割り振られた星は〈水星《メルクリウス》〉であって〈土星《サトゥルヌス》〉ではなかった。[045] またその時期には学者の憂愁《メランコリア》が大きな世界観的問題を顕在化させるということも起こらなかった。したがってフィチーノにおいて、またデューラーにおいて、つまりルネサンス人の心象世界において、憂愁《メランコリア》がそれほどまでに本質的な実存の問題を提起したその根本の動因は、占星術という外的な枠組にではなく、むしろ内的な情念のその特異な分裂にあったと考えねばならない。その分裂とはワールブルクの言葉で言えば〈思索する労働人〉(der denkende Arbeitsmensch)[046] の内面的緊張から必然的に結果する葛藤、分裂である。フィチーノ的学問において、デューラー的芸術において、まず自覚されたもの、それは〈内面〉における豊饒であり、その豊饒はキリスト教的中世の知らなかった〈内的コスモス〉において展開される必然性を持っていた。この内的豊饒に君臨するのが黄金時代のサトゥルヌスとしての〈土星〉である。しかしそれはまた〈土星〉的運命の支配に対する古代‐実存的恐怖をも先祖返り的に蘇らせる必然性を持っていた。共同体からの離脱という根本の現象が占星術的宿命観の基軸であり、そこにおいてブルクハルトが古典末期に見た〈神霊的なものへの迷信的恐怖〉とルネサンス的心象における〈土星恐怖〉は明らかに共振共鳴する。

それだけではない。この憂愁‐恐怖は、ルネサンスを自らの知性の故郷として想起する近代的心性そのものをも巻き込む本源的な力を有している。近代的心性もまた〈内的コスモス〉の豊饒性‐宿命性の両極性に依然として支配されているからである。

したがって〈近代的内面性〉において、研究者ワールブルクの実存は研究対象デューラーの実存と強い共振関係に入る。

しかし一般的、抽象的な意味での〈近代的内面性〉は情念的、実存的葛藤とは遠い概念的な整序のテーマにすぎない。この内面性が情念的共振の場となる時、それはかならず〈地場〉の〈地震波〉の影響下にある。

ワールブルクにとっての近代的内面性とは〈内的労働〉に規定されたものであった。この労働のほとんど〈天職《ベルーフ》〉的倫理性は、M・ウェーバーが『プロテスタンティズムの倫理と資本主義の精神』(*Die protestantische Ethik und der "Geist" des Kapitalismus*,1920)で分析記述したルターの〈天職〉概念の画期を淵源とするものである。つまりそれは同化したユダヤ金融家ワールブルク家のエートスであり、アビィ・ワールブルク自身の〈学問的豊饒性〉を内面で支える根本の近代的エートスでもある。だからこそこの『ルター時代の言語と図像における異教古代的託宣』は、単なる論文の域をはるかに越えた、情念的、実存的なドキュメントとしての迫力を持つものともなったのである。つまりワールブルクの観る〈内的労働〉の倫理は、その根本において、カント的な〈道徳律〉と〈星辰〉の二元性に規定されている。そしてそのさらに根源に〈内的豊饒〉と〈外的運命〉の二元性、つまり〈土星〉の二元性が置かれている。こういう風に彼の近代的情念観を総括できるだろう。

問題は二つある。

まず神と神々の位置。異教的古代神と中世の、あるいはルターの〈神〉はいかにして一つの〈コスモス〉へと統合されるべきか。

ワールブルクはまず〈近代化〉のその内面性そのものを多神教→外的一神教→内的一神教の進化論的図式で総括した。[047] これはワールブルクに限った発想ではなく、むしろルター派に同化したドイツ・ユダヤ文化の同時代的現象であったことは、コーエンやベンヤミンにおいても同様の神学的進化論が思弁的対象となったことを考えれば明らかである。[048] しかしこの内的コスモス化において、〈神〉と神々が時軸上に同居したことは（時の神クロノス神の支配を受けつつ）、カントの概念的思弁の知らなかった次元で〈神〉の〈摂理〉と〈神々〉の〈暴力〉（ベンヤミン『暴力論』）の両極的緊張を顕在化させることにもなった。ここにもまたフィチーノ、デューラーの実存の問題と彼らの抱えた〈近代〉の問題の近さというものが顕在化している。

もう一つの総合の可能性、それが〈魔術〉であった。
ワールブルクが〈人文的教養の慰めに満ちた図像作品〉（das humanistische Trostblatt）と呼ぶその図像プランの実体は、コルネリウス・アグリッパを介してデューラーに伝えられたフィチーノの〈自然魔術〉であり、だからこそ彼のイコノロギー解釈はフィチーノの古ドイツ語訳における〈魔術〉からの引用で結ばれる必然性があったのである。

ルネサンス〈魔術〉は〈近代科学〉の源泉でもあった。近代人の〈内的労働〉が〈神〉の〈摂理〉と〈神々〉の〈運命＝暴力〉のはざまで、科学的操作の体系を外化させていく、そしてそれが〈土星恐怖〉からの自己解放を実現していく、その原風景がこの〈メレンコリアI〉だとワールブルクは考えた。つまりそれは近代人が〈勝利する人〉（homo victor）へと自己練磨する、その仕事場の原風景である。

〈メレンコリアI〉という表題は当然〈メレンコリアII、III……〉という連作の存在を予測させる。しかしデューラーにはそうした作品は現存しないし、またそうした構想を持っていたという確かな証拠もない。したがってこの〈I〉というナンバーはさまざまな憶測を生むこととなった。弟子たちの世代がこの問題をかなり気にしたのに対して、師のワールブルクはむしろ〈メレンコリアI〉を自己完結した作品として捉え、それだけでデューラーのルネサンス的世界観は十全に表現されていると考えていたような趣きが窺える。結論的に言えば、どうやら弟子たちの詮索より師の直観の方が正しかったようである。デューラー自身、連作として〈I〉というナンバーを振ったのではなく、それが第一段階の憂愁であることを表示するためにこの数字を用いたという事情だったように思えるからである（これはパノフスキーやイエイツの解釈ではなく——彼らはむしろ連作の実在をデューラーの構想上に限定した形であれ想定していた——、『土星とメランコリー』で暗示されている解釈の方向を筆者なりに総括したものである）。

再びザクスル／クリバンスキー／パノフスキーを典拠とすれば、フィチーノのメランコリア論がコルネリウス・アグリッパを介してデューラーに伝えられた時点で、メランコリアは三段階に分類されていた。その第一段階は〈想像的〉、第二段階は〈理性的〉、第三段階は〈叡智的〉なものであり、この段階は階層的秩序として措定されている。[049]つまり人間の能力が想像力→理性→叡智（カントなら構想力→悟性→理性と三分するだろう）へと上昇していく、それにつれて憂愁もまたより〈高尚〉なものへと進展していく。これが人文主義者たちの考えたメランコリア論の究極の姿である。デューラーの〈I〉という数字はこの秩序に従うが、しかしそれは表層的な意味に過ぎない。つまり彼は〈想像的憂愁〉、すなわち想像力を用いて仕事をする芸術家固有の〈土星恐怖〉の心象世界を描いていて、そこまでは人文主義者たちのプラニングに従っている。しかしその袋小路的憂愁は人文主義者的な学問的〈叡智〉を目指す世界観の初歩段階という意味ではない。むしろこの〈I《アインス》〉は自己目的化した想像的憂愁の内的緊張の世界を表現している。根本の問題は、フィチーノの人文的メランコリア観とデューラーの芸術創造的メランコリア観の差異性を強調することではなく（これは弟子たちの、特にパノフスキーのデューラー研究の基調となるのだが）、むしろそのルネサンス的〈均衡〉の等質性を対自化することにある（これがワールブルクの解釈の基調である）。つまりフィチーノ的なメランコリアの位階においては、一見すると〈想像＝創造〉の契機は低次の段階として位置づけられ、人文的教養が哲学的‐神学的観想に至って初めてその〈土星恐怖〉は哲学的に解決されるような構造を標榜しているように見えるが、イエイツの本書が明らかにしたように、フィチーノの〈自然魔術〉は特にその個人祭祀的、オカルト的側面において想像力の内的操作（これは〈記憶術〉と本質連関する内的操作である）を体系的に導入している（本書第四章参照）。つまりフィチーノの段階でメランコリアはいわば顕教的な表顔と密教的な裏顔に分裂し、このオカルト秘教的な側面がヘルメティズムと習合するところにルネサンス独特の内的図像表象のコスモスが結晶していったと見るべきである。すなわち〈魔術〉的なコスモス把握はフィチーノ、ピコの段階からすでに〈想像〉-〈操作〉の基軸上で捉えられていたということであり、その意味ではフィチーノ-ピコ-コルネリウス・アグリッパ-デューラー-ブルーノは同一の〈内的操作〉による〈内的均衡〉の志向の系譜上で捉えるべき人々である。そしてこの基軸こそルネサンス的〈ヘルメス教〉の基軸に他ならない。この想像的-芸術創造と想像的-魔術操作の同根性をヘルメティズムという隠れた伝統上に位置づけたことは、イエイツの本書がルネサンス研究全体に果たした大きな貢献の一つでもある。

もう一度、〈メレンコリアI〉を虚心坦懐に見てみよう。

憂愁《メランコリア》は近代科学の濫觴となった魔術と科学と芸術の混交した仕事場に坐して、強い内的集中に入っている。これを〈仕事〉と見るか〈仕事の放棄〉と見るか。描かれているものは即物的に言えば仕事への集中と仕事の停止の並存である。つまり集中は散在し停止した仕事場のただ中で行われ、仕事そのものはこのまま放置されればおそらくその被造物性にしたがって〈無常《ヴァニタス》〉の方向へと朽ち果てていくものとして〈括弧に括られて〉いる。〈操作〉は集中の内的視界に登場しているが、外的な仕事にはいまだに実現されていない。

これがまさに〈想像=創造的操作の原風景〉である。

つまりこの集中と実現の〈差延《ディフェラーンス》〉（デリダ）[050]こそ〈近代的豊饒〉の、その〈内的労働〉のダイナモなのである。

作品に即した解釈の鍵の一つは背景の壁に描かれた魔方陣である。これはすでにワールブルクの段階で、コルネリウス・アグリッパの『オカルト哲学』を介したフィチーノの星辰魔術の応用であることが確認されていた。[051] それは〈土星《サトゥルヌス》〉の感応霊力に対抗する〈木星《ユピテル》〉の感応霊力を魔術的に招来するための〈用具〉である。憂愁《メランコリア》の集中が占星術的宿命観へと凝固してしまわないためには異教的コスモスの〈晴朗な〉側面、星辰の調和的音楽を鳴り響かせるその

〈オプティミスティック〉な側面がユピテルの支配力によって導入されねばならない。

しかしここにも集中-実現の〈差延〉、すなわち内的緊張の信仰と外的操作の停止の並存が見られる。集中する憂愁の顔は暗い(黒い)。これはまさに〈黒胆汁〉の活動状態を示している。つまり魔方陣のユピテル的-護符的機能は〈括弧に括られ〉停止中である。

しかしワールブルクはまさにこの差延、この並存に近代的内面性の、その〈仕事〉の〈慰め〉を観た。その〈慰め〉は〈芸術化し精神化する変形〉(die künstlerisch-vergeistigende Umformung)によって実現されている。[052]

つまり〈仕事〉はやはりなされた。〈仕事〉の原風景のその差延、並存を〈メレンコリアI〉として描くというデューラーの〈仕事〉。そこにワールブルクは近代的内面性の原初的勝利のドキュメントを観ている。

ワールブルクは弟子たちにおいて特化していく学的対自の能力をすべて総合したような知性の人であった。ヴィントの晦渋な秘教性も、パノフスキーの文献渉猟的完璧主義も、ゴンブリッヒの大教養人的な感性の素朴な受容性も、すべて彼にあっては一つの学的集中の〈用具〉的側面を帯びていた。この〈メレンコリアI〉解釈において、彼の総合的知性の特性はまさに範例的な次元で発揮されていることが観察される。〈仕事〉とは〈作品〉に外化される〈変形〉である。この最も素朴な事実が彼の解釈の基本である。それゆえ差延、並存は、〈描かれた差延〉、〈描かれた並存〉としてその内的世界の〈道枢〉(『荘子』〈斉物論篇〉)とでも言うべき豊饒なる焦点を顕在化させるのである。

差延し並存するものを〈変形〉の対象として外化することのできる心性の焦点。

それこそまさにルネサンス的〈均衡〉、〈調和する不調和〉(discordia concors)の焦点に他ならない。

ワールブルクは自明の事実としてこの〈均衡〉の実現をデューラーの描く憂愁《メランコリア》に感得している。つまりそれが彼自身の学的対自化の〈均衡〉の〈道枢〉でもあったからに他ならない。[053]

このルネサンス的心象焦点とルネサンス研究家の学的対自の共振という現象は、ワールブルクにおいて最も古典的な形で実り、豊かなさまざまな知見を生んでいったものの、その次のいわゆる〈直弟子〉の世代、つまりザクスル、ヴィント、クリバンスキー、パノフスキーの世代には奇妙に潜勢化していった。むしろこの〈近代的内面性〉のテーマが顕在化するのはいわば〈孫弟子〉とでも言うべき世代、生前のワールブルクの薫陶は受けることができなかったもののその著作を介して大きな影響を受けた世代である。この世代において、〈想像力〉は再び大きな学的対自のテーマ性を獲得する。ゴンブリッヒとイエイツがその代表である。

ゴンブリッヒのワールブルク観についてはまた別に論じる機会を持ちたいと思うのでここではひとまず通り過ぎることにしよう。イエイツとワールブルクのテーマ的連続、そのルネサンス観の本質的な共振関係に対象を限定してみることにする。

ここでも再び〈メレンコリアI〉が示準化石的な機能を発揮する。

イエイツは『エリザベス朝のオカルト哲学』において〈メレンコリアI〉を詳しく論じた。[054] その解釈の基軸はパノフスキーへの反発、そしてワールブルクへの復帰である(前者は明言され、後者は暗示される)。

まずイエイツが批判し否定するパノフスキーの解釈のその〈十九世紀的な〉方向を一瞥しておこう。[055]

彼の主著『アルブレヒト・デューラーの生涯と芸術』(*The Life and Art of Albrecht Dürer*)における〈メレンコリアI〉解釈がそれである。彼の解釈の基調は〈挫折〉であり、内的労働の〈勝利〉を確認するワールブルクのそれとまさに対蹠的である。

> デューラーの描く憂愁《メランコリア》は確かに翼を与えられてはいるものの、その翼ははばたくことなく地上に向けて垂れ下がっている。花輪の冠を戴いてはいるものの、影に覆われている。芸術と科学の用具を備えてはいるものの、怠惰に耽り、無駄に思い悩んでいる。彼女は見る人に絶望状態にある創作家の印象を与える。彼女の

絶望は、思弁のより高い領域から自分が閉め出されていることを自覚し、その次元の差異が乗り越えがたい障壁であることをはっきりと知ったその帰結である。あるいはこの絶望する憂愁の能力が最も初歩的な、低次の段階にあるということを強調するために、デューラーはこの作品に〈I〉というナンバーを割振ったのではあるまいか。[056]

この解釈の基本枠は上に紹介した、ザクスル／クリバンスキー／パノフスキーによる『土星とメランコリー』中の〈メレンコリアI〉解釈だが、そこでは〈想像〉-〈理性〉-〈叡智〉の三段階の人文主義的メランコリア論がこの作品の背景だとされ、また魔方陣に代表される護符的自然魔術の効果が〈停止中〉の状態にあることも正確に観察され指摘されてはいるものの、[057]記述分析の基調は冷静に中立的であり、こうしたストレートな形で〈挫折〉や〈絶望〉を強調することはない。つまり事後的に確認されるのは、パノフスキーのこの方向での否定性を抑止したのがザクスルとクリバンスキーの学問的中立性だったということである。ここにはある意味学問以前のパノフスキー自身の価値体系が露呈している。その価値観は師ワールブルクとは違って、もはやデューラー的心象世界と共振共鳴することはない。彼は芸術家の〈挫折〉と〈絶望〉を外から見ているだけである。その意味でイエイツが批判するように、このある種無気力な解釈の基調は〈十九世紀的〉ではあるのだが、彼女がもう一つ標語化して付け加える〈ロマン主義的〉という特性[058]はあてはまらない。むしろ露呈しているのはブルーノの言う〈英雄的熱狂《エロイチ・フローリ》〉の完全な欠如、いかなる浪漫主義も生成しようのない静態的で受け身の価値観である。

何が起きたのだろうか。

あるいは、何が起きるのをやめてしまったのだろうか。

〈内的労働〉の豊饒性に対する確信の消滅であると思う。

ではその近代的内面性の〈サトゥルナーリア〉的豊饒を消滅させたパノフスキーの〈価値の表〉は何を根拠としているのだろうか。

ヒントは二つある。

まず彼の学問研究の方法的クレドと言ってよい〈人文学としての美術史〉（『視覚芸術の意味』所収）[059]における〈意味解釈〉の優越である。何に対する優越か。芸術創造に対する優越である。つまり彼はフィチーノの人文的体系（デューラー的な人文的創造を差し引いた形での）に遡行する。

しかしこれだけでは創造者の〈挫折〉、〈絶望〉をあたかも死んだ昆虫をピンで留める蒐集家の如き感覚で静態的に記述分析する彼自身の〈価値〉の問題はまだ隠蔽されている。

もう一つのヒント。

これはかなり思いがけない方向からやってくる。

ヴィントの主著『ルネサンスの異教秘儀』にこの蒐集家の価値観が露呈しているのである。例えばこういう条。

　ピコがこだわった異教の再興もその実体は〈古典古代の復活〉というよりは、むしろ〈古典古代末期の習合〉と呼ばれるかの醜悪なる世界の再登場なのである（a recrudescence of that ugly thing which has been called 'late-antique sincretism'）。[060]

このいささかショッキングとも言えるストレートな価値判断は、これまでに確認してきたルネサンス的魔術復興のその核心部に向けてのものであることに注意しておこう。つまりブルクハルトが『コンスタンティヌス大帝の時代』で確認した異教古代末期の〈神霊化＝占星魔術化〉がピコの古代熱の志向する対象であることをヴィントは的確に見抜きつつ、なおかつそれを〈醜悪〉と呼ぶのである。

何に対する〈醜悪〉さか。

〈古典〉に対する醜悪さ、つまり古典古代最盛期のフィーディアースや〈ベルリンの画家〉に対する〈醜悪〉である。

ではこの〈美しき古典〉はいつどのように生成してきた価値観なのか。

十八世紀から十九世紀の〈擬古典主義〉の時代にこの価値の表は成立した。その原点には再びあのヴィンケルマンの〈高貴なる単純と静謐なる偉大〉が登場する。

つまり……一種の先祖返りである。

市民的審美主義、その静態的価値観への回帰。

それはつまりブルクハルト以前の〈美術鑑賞〉への回帰でもあった。

これは一種の逆説である。

パノフスキーやヴィントの美術史的方法論はもうそれ以上先が無いというほどの洗練を示している。

しかし根本のところで彼らはその拠り所とする〈審美的市民性〉のさらに根源にある〈創造的近代性〉の臍の緒を失ってしまった。つまりワールブルク風に言えば、〈双頭のヘルマ〉の〈陰鬱で迷信的な面〉、あるいはよりストレートに言えばその〈陽物《ファロス》〉的生産性への確信を失ってしまった。ここにヴィントの〈秘教〉概念のその高踏的静態性の限界があり、またパノフスキーが先の〈人文学としての美術史〉でプッサンの露骨とも言える審美主義〈芸術の目的は快楽なり〉というテーゼを全体の倫理的基調に全くそぐわない形で大きく評価する[061]その真の原因がある。

ここにイエイツが登場する意味がある。

イエイツの学的方法はパノフスキーほどの緻密な文献渉猟を背景としたものでもないし、またヴィントの如きあらゆる難解な哲学概念的テクストを易々と分析分類する真に驚嘆に値する鋭い知性の働きを示すこともない。むしろ彼女のテクストは繰り返しの多い、パラフレーズをいとわぬ、ある意味素朴なものである。

しかしヴィントにも、パノフスキーにも根本的に欠けているもの、それが彼女のテクストには確実に存在する。それは学的対自自身における〈想像力〉の参加である。

彼女のパラフレーズが根本のところで、自らの想像力を積極的に参加させて魔術、オカルトのシステムを再構築する志向を持っていることは訳註ですでに指摘しておいた。[062]

この〈想像力〉は彼女における〈審美的市民性〉ではなくむしろより一般的、包括的な〈創造的近代性〉の発現であり、トラップが上で表層的に要約した勤勉なる学問的エートスのその真の源泉でもある。

つまりそれは〈内的労働〉の豊饒を信ずる、〈内的操作〉の同根性を直観する、彼女における〈近代的内面性〉の徴表である。そしてこの内的コスモス形成における〈想像力〉の優越は即座にルネサンス的〈均衡〉と共振共鳴する。その〈均衡〉を実現したものこそ〈想像的操作〉に他ならなかったからである。

したがってイエイツの〈メレンコリアI〉解釈はパノフスキーを批判否定しつつ、原点のワールブルクに遡ることになる。

デューラーの憂愁《メランコリー》は意気消沈した活動停止状態にあるわけではない。むしろ彼女は強い法悦に浸りつつ内的な幻視に沈潜している。この茫然自失の境地は悪霊たちの介入からは護られている。彼女自身天使としての導きに従う存在だからである。つまり彼女は威勢ある星辰-神霊としての〈土星〉から霊感を吹き込まれているだけではない。〈土星〉の圏域に住まう天使もまた〈時〉の天使の如き翼を備えた存在として彼女を守護しているのである。

この作品に描かれた飢えさらばえた犬は、全体の意味を解く鍵を提供している。この猟犬は、わたしの考えるところでは、挫折の意気消沈を表示するもう一つのモチーフだというわけではない。それは肉体的な感覚の象徴だとわたしは信ずる。この霊感の第一段階においてそれらは飢餓状態にあり、厳しく制御されている。つまりその霊感の中にあっては活動の停止は挫折を表示するものではなく、むしろ内的幻視のその求心的な強度を表している。土星的憂愁に襲われた存在は、〈感覚的世界に別れを告げ〉、その幻視の法悦と共に諸世界を次々と超越しつつ飛翔を続けるのである（『エリザベス朝のオカルト哲学』[063]）。

このイエイツの知的視界そのものが〈法悦〉の内的祝祭の方向に高揚していることに注意しなければならない。つまりこの高揚の実体が彼女の観る〈魔術宗教〉であり、その典型が〈ヘルメス教〉なのである。それはつまり魔術儀式、芸術創造、科学的数理操作に共通する〈図像操作〉の内的法悦であって、そこでは記憶と想像力が分かちがたく渾然一体となってその忘我の〈飛翔〉を支えることになる。

おそらくこの〈内的労働〉の魔術的生産性という〈双頭のヘルマ〉の下部構造的豊饒はそれ自体一つのマクロ歴史的事象であり、一つの豊饒なる文化イデオロギーだったのだろう。〈土星恐怖〉-〈メランコリア〉に即して言えば、その近代性の実体はやはり豊饒-不毛の原初的二元性、あるいは両極性に原理的に規定されたものであって、その意味で法悦的忘我-挫折の意気消沈の両者を自己矛盾的に包括するものが近代的〈憂愁《メランコリア》〉の内実であったと考えるべきである。その意味ではパノフスキーも正しく、イエイツも正しい。一般的な見地からは、近代的心性の基底の一つとして宿命論的に拘束された自意識の表徴として〈メランコリア〉を捉えることが、最も普遍的な〈近代的内面性〉への視界を啓くことは確実である。その場合の概念的内実は、ザクスル／クリバンスキー／パノフスキーが見事に要約した〈高められた自己意識としてのメランコリー〉(Melancholy as Heightened Self-awareness)[064]という定式が妥当するものと思われる。この自己意識の情念としての〈憂愁〉は例えばゲーテ-ハイデガーの系譜上での〈憂慮《ゾルゲ》〉、またサルトルの〈存在〉に対する基本感情としての〈嘔吐《ノゼ》〉をも包括することは容易に直観されるし、また例えば近代化に巻き込まれたわが明治的心象における〈神経衰弱〉(漱石)、〈かのように〉(鴎外)といったわれわれの地場の自意識の焦点をもおそらくは包括する普遍性、一般性を持つ現象であると思われる。つまりその意味では近代に近代的内面性が普遍的に現象する以上、〈メランコリア〉的なものもまた近代的内面性の一つの普遍的な風光である、と考えることができる。問題はしかしこの普遍的に近代的な〈自己意識〉、普遍的に近代的な〈メランコリア〉の果たしたそれぞれに固有な文化的機能、文化的系譜の解析である。

そしてその固有に西欧ルネサンス的な観点からすれば、イエイツは正しく、パノフスキーは間違っている、と言える。より正確にはイエイツが正しいのではなく、デューラー-ワールブルク-イエイツの系譜上で顕在化し、対自化される〈内的労働〉のそのエートス的豊饒が、実体的勢力として西欧近代的な内的コスモスの展開の担い手となった、ということであり、パノフスキーの過ちはこの実体的勢力の文化的豊饒性を誤認したままルネサンス文化を論じ、デューラーを論じたことにあった、と言うべきだろう。

そしてその過ちもまた一つの近代、いや正確に言うならば、一つの西欧的近代ではあったのである。

5――〝イズム〟としての宗教――内的魔術儀礼の世界

〈ヘルメティズム〉は〈ヘルメス教〉なのか。あるいは〈ヘルメス思想〉なのか。

この問題は三つの契機を内在させている。

❶古典古代末期にグノーシスやオルフィズムの影響で成立し、中世を生き延び、そしてフィレンツェ・ルネサンスにおいて再生復活した長大な、また複雑な〈伝統〉としての〈ヘルメティズム〉の実体は〈宗教〉だったのか、あ

るいは〈思想〉だったのか。あるいは時折そう紹介されているように〈主義〉だったのか。

❷ ブルーノにおける〈ヘルメティズム〉は〈宗教〉だったのか、〈思想〉だったのか、あるいは〈主義〉だったのか。

❸ イエイツはブルーノにおける〈ヘルメティズム〉を〈宗教〉だと考えたのか、あるいは〈思想〉、〈主義〉の次元で捉えたのか。また〈ヘルメティズム〉一般を〈宗教〉、〈思想〉、〈主義〉のどの次元で考えていたのか。

この三つの問いの中で最も単純に一義的解答が可能であるのは❸の前半であり、イエイツ自身、ブルーノにおける〈ヘルメティズム〉は〈魔術的宗教〉への志向を持っていたと指摘しているから[065]、少なくともイエイツのこの点での観点は一貫していたと考えてよい。しかし、では〈ヘルメティズム〉の〈伝統〉一般に対しても彼女がそれを〈宗教〉と見る立場を一貫して守っているかというと、そうではなく、中核はあくまで〈宗教〉現象なのだがそれが〈主義〉や〈思想〉に変容していくこともありうると考えていたらしいことが、特にブルーノ以降のヘルメティズムの記述に窺える（本書第二〇－二二章）。

この問題は本書の理解にとって核心的な意味を持つだけではなく、一般に魔術、オカルトと呼ばれる文化現象の特性の理解にとっても最重要の問いの一つであることが直観されるだろう。

本書に即した結論をまず提示しておけば、イエイツは〈ヘルメティズム〉を〈魔術宗教〉として捉え（第一章参照）、ブルーノの本質を〈魔術師〉として捉えるのみならず、この〈魔術的宗教〉の伝道の使命に規定された宗教的実存として捉えた（第一〇－一九章）。したがって本書の立論の範囲での〈ヘルメティズム〉はイエイツにおいても、イエイツの視界に捉えられたブルーノにおいても〈ヘルメス教〉であった、と一義的に考えるべきである。つまりイエイツのブルーノ解釈の〈革命性〉が〈魔術的宗教家〉としてのブルーノ像の確立にあった以上、その革命性は本体の〈ヘルメティズムの伝統〉に対しても発揮され、通常は〈思想〉、〈主義〉、あるいはどのように拡張してもたかだか〈擬似宗教〉の範疇で括られる特殊な観念体系に直截に〈宗教〉の名を与えたところに、イェイツの真意があったと見るべきだからである。したがって本書の表題が日本でこれまで〈主義〉、〈思想〉の範疇で紹介されてきたのはイェイツの意を汲んだものではなく、〈ヘルメス教〉と一義的に訳出し、その方向での読解を試みるべきだと筆者は結論的に考える。

しかし、より根本の問題はイェイツの視界をひとまず離れて、歴史事象そのものとしての〈ヘルメティズム〉、またブルーノその人の把握した〈ヘルメティズム〉の実体が果たしてなんだったのか、という点に存することも確かである。そしてこの問題こそはどうやらまた〈近代的内面性〉のその憂愁的高揚の内実と通底するものであることも予感されるのである。

したがって本書の解説の域は若干越えるものの、この根本の問題への視界を最後に端緒的にではあれ、確保すべく思念を集中してみよう。

まず〈イズム〉固有の文化現象というものが観察される。

典型はわれわれの現代的経験の中核の一つを形成したマルクシズムを廻るイデオロギー現象だろう。マルクシズムは思想であり、主義であり、そして濃厚にある種の〈宗教性〉を漂わせる観念体系であった。しかしまたそれは〈制度宗教〉の意味での、つまりキリスト教や仏教やイスラームの意味での〈宗教〉ではなかった。

なぜなのだろうか?

〈制度宗教〉も〈イズム〉の語形で表現することが可能である。しかしそれをイデオロギー表現としての〈イズム〉であると総括することには誰しも抵抗を感じるだろう。

なぜなのだろうか?

〈イズム〉の語源はギリシア語のismēで〈知識〉というほどの意味だが、古典語の世界での用例はきわめて少ない。[066]ところがこの語はoida＝〈知っている〉という動詞の派生語であって、こちらは全く日常レベルの基本語である。さらに興味深いことは、このoidaは〈見る〉を意味するeidōの現在完了形から派生した言葉であるという点である。[067]つまりエイドー‐エイドス‐イデアとの語根連関がオイダを介してイズムとの間に存在する。こうして〈イズム〉という言葉にアウラのように付き纏うイデオロギー性が、確かにその語根連関において〈イデアのロゴス〉を原義とする〈イデオロギー〉と本質連関していることが確認されるのである。

〈制度宗教〉を〈イズム〉＝知識体系として把握する発想は、しかし元来のギリシア語にはなく、おそらくインド＝ヨーロッパ語に遡っても存在しない（バンヴェニストの『インド＝ヨーロッパ語諸制度語彙集』における〈宗教〉の分析が傍証となる）。[068]この知識体系が〈エイドス‐イデア〉との語根連関を原初的に示すということは、そうした特殊な宗教観が育まれたのは〈イデア〉を廻る知識体系を志向した〈プラトニズム〉においてだったのではないか、という直観を与えることになる。この直観はローデの浩瀚なギリシア宗教研究『プシュケー』を検討すれば確信へと変わる。〈プラトニズム〉はギリシア宗教史において大衆的な〈秘祭〉宗教が、ポリス崩壊期にエリート化し、〈秘教〉化したその一場面であることが見事に分析、記述されているからである。[069]そしてその〈哲学的秘教〉の源泉の一つが〈オルフィズム〉であることを知れば、ここにイエイツの捉えた〈宗教としてのヘルメティズム〉の真の源泉が顕在化することになる。つまりそれはポリス崩壊に伴って共同体を喪失していったヘレニズム的個我が志向する〈哲学的秘教〉という大きな範疇に括られる文化現象であったという基本的事実である。

イエイツが確認した〈哲学的秘教〉への志向はもちろん紀元後二‐三世紀の古代末期のデカダンス状況、つまり〈ヘルメス教〉の成立する背景の精神風土に内在したものだった。彼女がフェステュジエールの『ヘルメス・トリスメギストスの啓示』を参照しながら要約した部分を想い起こしておこう。

> 紀元後二世紀のこの古代世界は、張りつめた心で現実の知識を求め、現実が醸成する諸問題への解答を探り

続けていた。しかしこの解答を与えることに通常の教育は失敗していた。だから彼らは教育制度とは別の道を辿ってこの解答を求めた。すなわち彼ら探求者は直観的、神秘的、魔術的な道を辿ったのである。理性は解答の探求に失敗したように見えた。だから彼らは〈理性《ヌース》〉そのものを人間に内在する直観的能力であると捉え直した上で、それを鍛錬しようとしたのである。哲学は弁証術《ディアレクティケー》の練習問題としてではなく、神的なものに関する、また世界の意義に関する直観的な知に到達する方法として、すなわち〈世界認識《グノーシス》〉の道として用いるべきものとなった。要約して言うならば、哲学は禁欲の原則と宗教的生活によって支えられねばならなくなったのである。[070]

こうして〈イズム＝知識体系としての哲学宗教〉という一見非常に特殊な文化現象の真のマクロ連関が見えてくる。すなわちそれは一言で言って〈魔術〉の成立基盤である共同性の焦点としての共同祭祀の喪失と同根の現象であり、例えば仏教における〈密教〉の魔術性、また〈陰陽道〉における占星術的側面、さらに〈道教〉に内在する錬金術魔術的志向などのさまざまな地場の宗教文化現象と比較可能となる。その共通のメルクマールは〈祭祀〉の形骸化と〈魔術〉の顕在化である。それは広い意味での共同性の解体、つまりニーチェの意味での〈デカダンス〉を本質とする、と定義できる。

こうして西洋近代における古典受容で顕在化した〈悲劇〉-〈魔術〉の二項性（本解説4参照）は、より大きな普遍的文化現象として宗教的共同性解体の〈デカダンス〉を根源としていることが分かる。そしてその一場面が、この〈イズム＝知識体系としての哲学宗教〉の伝統、つまり〈ヘルメス教〉の伝統なのである。それは本源的に魔術とオカルトを志向する。オカルト的魔術とは、いわば共同性を喪失した個人の内面における祭祀の転形変容した姿だからである。

そのためには〈記憶〉が内面化され、個人化される必要があった。

つまりそれは〈想像力〉として〈内的労働〉を始める必要があった。これが〈宗教家〉としてのブルーノの真の使命であった、ということになるのだろう。つまり西洋的な〈イズムとしての哲学宗教〉の系譜において、オルフェウス、ソクラテス、プラトンが最初に来るとすれば、その系譜のルネサンス的反復として、フィチーノ、ピコ、ブルーノが来る、という風に概観できる。そしてこの概観を説得力のある形で与えてくれるのもまた本書の果たした大きな貢献なのである。

もう一度われわれの足下で起きた大きな〈イズム〉の運動、マルクシズムを一瞥してみよう。この比較がルネサンス研究である本書から全く離れたテーマとは言えないことは、すでに本書を読了された読者各位も認められることと思う。本書の成立時期がスターリニズムから冷戦時代にわたっているという事実だけでなく、例えばカンパネッラが〈太陽の都市〉で標榜するユートピアに内在する全体主義的〈淘汰〉の観念に際して（第二〇章）、イエイツ自身明らかに同時代現象としての〈イズム〉に身構えていることが観察されるからである。[071] マルクシズムの〈哲学的秘教性〉は、特にレーニンによるボルシェヴィズムの地下活動組織のその〈細胞〉性に顕著に認められる。またその〈思想〉を超えた宗教的確信の力は、むしろ本源のヨーロッパでよりも、それを受容した戦前の日本や中国の地下活動的〈闘士〉の伝道的使命感に認められることはしばしば指摘されてきた（神島二郎、橋川文三など）。[072] それが標榜したものは〈史的弁証法〉という絶対的、かつ最終的な〈科学〉である。しかしその〈科学〉はマルクスの意味での〈物神化〉のアウラを発揮しつつ非常に皮肉な形で〈魔術〉的な威力をその信奉者自身に発揮することとなった。

そうしたことの原点にデューラーの描く〈メレンコリアI〉の〈内的労働〉が置かれていた、とわれわれは事後的に対自化するべき時期に来ているのかもしれない。近代的豊饒と近代的不毛の両極性の中で幻視されるもの、そこにブルーノ的ヘルメス教の復興の計画も、『魔笛』のフリーメイソン的なイニシエーションの響きも、ピョートル・ヴェルホヴェンスキーやキリーロフたちの、〈悪霊〉たちの陰惨なる悪夢も、すべてあらかじめ忘我の法悦的陶酔の対象として、その〈生産〉と〈滅び〉の、すなわち〈時《クロノス》〉の天使の視界に顕れていたのかもしれない。なぜなら制度的共同性を喪失した近代人の知識操作がやがて知識体系として再度制度ユートピアを志向する、そこに近代の本源的〈憂愁〉の普遍妥当性の根拠が存在していたのかもしれないからである。[073]

そうした〈イズム〉の普遍系譜的な連関上の一つの典型として、イエイツの観た〈ヘルメス教〉の内実を把握するならば、その〈魔術〉の理念によって同時代の紛糾した制度宗教の改革を目指したブルーノの思いがけない現代性というものも顕在化してくる。こうした読み方が可能なところに、あるいは本書のわれわれにとってのアクチュアリティーの本質が存在するのかもしれない。

本書の解説はこれで終了するが、ブルーノに即した〈魔術〉の理解はイエイツも本書の結語として述べているように、ようやく本書によって端緒が切り開かれた、いまだに未開拓の諸問題の眠る原生林に似た領域である。そしてそれはまた〈近代的内面性〉のその内奥の原風景の一つであるという意味において、われわれ自身の、その受容された〈近代〉の本質とは何か、またわれわれに固有の〈内面性〉とは何か、という本質的な問題の有力な参照対象となる可能性が非常に高い領域でもある。したがって筆者は本書に続いてブルーノの魔術論および異端審問資料を訳出し、それと本書との密接な対応関係を探ることで、この近代的魔術という非常に興味深い、矛盾に満ちた現象への一般的な視界を切り拓きたいと願っている。これはまた同時に、イエイツの本書に対する資料集として本書の読解をさらに深める機能をも果たしてくれるはずである。本書で遠い異国の文化運動の意外な近さに興味を感じられた読者に、現今の出版状況ではやや軽んじられている事象そのものの内的連関を、こうした研究書-資料集の融合によっていささかなりとも提供してみたい、それが淡々と訳業に専念する筆者のささやかな夢でもある。読書子各位の御理解と御支援を期待させて頂きたい。

＊　＊　＊

本書の企画は工作舎の十川治江氏、編集校正は堤靖彦氏にお世話になった。ご尽力に深く感謝したい。また、校正作業が本格的に滑り出した初校ゲラの段階で、思いがけず元平凡社の二宮隆洋氏が大変丁寧に目を通して下さった。氏からさまざまな貴重なご指摘を頂いたことに、心からの謝意を表したい。こうした一般の読書子をも視界に入れた読み易い本に仕上がったことに対しては、イエイツもきっと〈天上の位階〉のどこかから下界を眺めて喜んでくれていると思う。

＊——参考文献の略号は訳註のものを参照。

001——参照した書評は以下のものである。J. Bronowski, A Dark Side of the Renaissance, *The New York Rewiew of Books,* 1964. Sep. 10; H.W.Brann, Giordano Bruno and the Hermetic Tradition. By frances A. Yates, *Journal for the Scientific Study of Religion,* vol. 5, No. 3, Autumn, 1966; M. Nicolson, Frances A. Yates, Giordano Bruno and the Hermetic Tradition, *Renaissance News,* Vol. 18, No. 3, Autumn, 1965; G. Boas, Giordano Bruno and the Hermetic Tradition. By Frances A. Yates, *History and Theory,* Vol. 5, No. 1, 1966; G.d.Santillana, Giordano Bruno and the Hermetic Tradition. By Frances A. Yates, *The American Historical Review,* Vol. 70, No. 2, Jan. 1965; P. E. Memmo Jr., Bruno and the Hermetic Tradition. By Frances Yates, *Comparative Literature,* Vol. 18, No. 2, Spring, 1966; D. P. Walker, Giordano and the Hermetic Tradition. By Frances A. Yates, *The Modern Language Review,* Vol. 61, No. 4. Oct., 1966. 内容的には最初のブロノフスキーのものと最後のウォーカーのものが充実している。特にウォーカーはワールブルク派の研究者としてすでに主著『フィチーノからカンパネッラにいたる霊気-神霊魔術』(*Spiritual and Demonic Magic from Ficino to Campanella,* 1958. 邦訳『ルネサンスの魔術思想——フィチーノからカンパネッラへ』田口清一訳、平凡社、一九九三)を公刊しこの分野での第一人者としての評価を得ていたから、彼の好意あふれる、また的確な書評が本書の国際的評価の道を開いたと言っても過言ではない。彼は頑なに修士号のみの学位に固執していたイエイツに——同僚の心優しさを示しつつ——Dr Yatesの称号をさり気なく与えている(cf. *ibid.*)。

002——H. W.Brann, Giordano Bruno and the Hermetic Tradition. by Frances A. Yates, *Journal for the Scientific Study of Religion,* vol. 5, No. 3, Autumn, 1966.

003——J. Bronowski, A Dark Side of the Renaissance, *The New York Rewiew of Books,* 1964. Sep. 10.

004——以上の伝記的事実は概ねJ・B・トラップのイエイツ論に従って要約した。cf. J. B. Trapp, Frances Amelia Yates 1899-1981, *Proceedings of the British Academy,* 120, 527-554., 2003.

005——同前(トラップ論文)、p. 528.

006——同前、p. 531.

007——この概念はバフチン（ヴォロシーノフ？）の著作『フロイト主義』に定義されているものだが、バフチン、あるいはバフチン-グループのすべての文化理論の前提だと考えてよい。つまり彼らの対自化の作業そのものがスターリニズム的全体主義下における〈非公式文化〉としての知的抵抗の側面を如実に示しているということでもある。この抵抗の感覚が失われた時、実質的にバフチン派の運動の生産性も終焉した（ロトマンの形式主義への退行を典型とする）。

008——E・H・ゴンブリッヒのワールブルク伝の副題は〈一つの知性の伝記〉である。文化学の一般化に一生を捧げるとは、つまり〈テスト氏〉とは全く別の意味で〈分類しつつ生きて死ぬ〉ことであった。実人生の淡々とした進行がその知性のコスモス的鏡像性の外化した姿であり、こうした知性の伝記作者としては、ゴンブリッヒのような別の範疇の拡がり、〈教養〉的な拡がりがその年代記的遠近法の構成に不可欠であるように感じる。cf. E. H. Gombrich, *Aby Warburg: An Intellectual Biography*, 1970.

009——ヴィントのルネサンス観は〈秘儀-秘教〉を中核とするものであるにもかかわらず、イエイツの〈ヘルメス教〉を基軸とする観点に比べると著しく哲学理論的であり、また〈魔術〉の観点が不思議に潜勢化している。逆に言えば、イエイツのルネサンス観に欠如しているものはヴィント的に精緻かつ本格的な哲学的思弁であることも間違いない。これが事象に即した、つまりルネサンス的思弁の現実に即した分裂-二元性の学問的対自における顕在化なのかどうかは、実際にわれわれ自身のルネサンス研究を進める中で丹念に検証していく必要があるだろう。

010——図像学に関してもヴィントとイエイツは対蹠的な位置にあるように筆者は感じる。筆者の観点から図像学の背景にさらに一般的な記号学の概念枠を与えてみれば、ヴィントの方法は〈能記〉から出発して〈所記〉のその観念複合の分析に至るという意味で、オーソドックスにワールブルク的である（〈情念型〉分析の基本がやはり〈能記〉→〈所記〉の手順を辿る）。対してイエイツの方法は例えば本書第四章のボッティチェッリの《春《プリマヴェーラ》》解釈に観られるように、〈所記〉の前了解から〈能記〉を説明するというタイプのもので、ある意味素朴に〈イコノグラフィー〉的な側面を留めているが、またその視線は不思議にヴィントやパノフスキーの高踏的方法が見逃す図像操作の〈魔術〉的側面をかえって的確に捉えていることも確かなのである。イコノロギーの方法の拡がりは決していまだに完成されたものではないことがここにも顕れているのだろう。拙著『言語記号系と主体——一般文化学のための註釈的止観』言叢社、二〇〇六年、第七章、第一節、第二節参照。

011——J. J. Winckelmann, *Gedanken über di Nachahmung der griechischen Werke*, 1755. また以下の拙訳解説をも参照。前野佳彦〈ディオニュソス的なもの、と狩猟文化複合〉、W・ブルケルト『ホモ・ネカーンス』前野佳彦訳、法政大学出版局、二〇〇八年所収、pp. 330-334.

012——cf. J. Burckhardt, *Die Kultur der Renaissance in Italien*, VI〈Sitte und Religion〉,〔Verflechtung von antikem und neuerm Aberglauben〕*GW*. III. pp. 350-

013——cf. E. H. Gombrich, *Aby Warburg: An Intellectual Biography*, 1970. pp. 186- また以下の拙著（博士論文）をも参照。Yoshihiko Maikuma (Maeno), *Der Begriff der Kultur bei Warburg, Nietzsche und Burckhardt*, Königstein/Ts. 1985, pp. 31-

014——彼の史観の一つの基本枠は〈理性の進化論〉である。cf. Y. Maikuma (Maeno), *ibid.*, pp. 26-

015——A. Warburg, Sandro Botticellis 'Geburt der Venus' und 'Frühling'. Eine Untersuchung über die Vorstellungen von der Antike in der italienischen Frührenaissance, 1893, in *ASW* pp. 11-64.

016——A. Warburg, Italienische Kunst und internationale Astrologie im Palazzo Schifanoja zu Ferrara (1912/22), in *ASW* pp. 173-198.

017——A. Warburg, Heidnisch-antike Weissagung in Wort und Bild zu Luthers Zeiten (1920), in *ASW* pp. 199-304.

018——cf. E. H. Gombrich, *op. cit.*, p. 294.

019——〈調和する不調和〉の統合の焦点はピコ・デッラ・ミランドラに拠れば〈美〉= Pulchritudo である。この観点が最も根元的にルネサンス的均衡の内実を定式化している。cf. E. Wind, *Pagan Mysteries in the Renaissance*, 1958 (Oxford, 1980), p. 78.

020——〈情念型〉(Pathosformel) の観念はすでに一八九三年のボッティチェッリ論にその先駆形態としての〈外的に生動する装飾表現〉(Darstellung äußerlich bewegten Beiwerks) として登場するが (*ASW* p.13.)、明確な概念として使用されたのは一九〇六年のデューラー論（『デューラーとイタリアの古典古代』*Dürer und die italienische Antike*, *ASW* p.126.）においてである。cf. E. H. Gombrich, *op. cit.*, pp. 186- ; Yoshihiko Maikuma (Maeno), *op. cit.*, pp. 17-

021——cf. E. Panofsky, *Renaissance and Renaissances in Western Art*, 1969, Chap.2.

022——H・シュラッファーはその出色のブルクハルト論〈ヤーコプ・ブルクハルトまたは文化史という亡命〉において、ブルクハルトの歴史研究を同時代的激動からの〈亡命〉(das Asyl)と総括したが、その意図的に選択された非政治性がビーダーマイアー的小市民性の教養志向と不思議に絡み合ってしまったところに二〇世紀的〈月並み-ルネサンス熱〉の相当広範囲な社会階層的根源があった、と事後的に総括することができる。ナチスドイツの全体主義運動の基体は上層のプロイセンユンカー的軍国右派と小市民階級のジンゴイズムが複合していたが、両者ともに〈教養〉志向の末期的形態を示し、まさしくその中に、パロディ化されたが如きニーチェの〈権力への意志〉も『イタリア・ルネサンスの文化』や『チチェローネ』も登場することになる。この退行現象のマクロ分析も、ルネサンス的均衡が破綻した形で肥大化していった近代的魔術儀礼の遠い末裔として、総合的に病理解剖的な視点で分析する必要があることを筆者は確信している。通例の全体主義分析はアーレントの規範的なそれも含めて、あまりに近現代の市民社会の退行という狭い視点に束縛されているからである(カンパネッラの『太陽の都市』になぜ全体主義的淘汰の観念が先取りされているのか、それが一つの徴表である)。cf. H. Schlaffer, Jacob Burckhardt oder das Asyl der Kulturgeschichte, in *Studien zum ästhetischen Historismus*, 1975; Yoshihiko Maikuma (Maeno), *op. cit.*, pp.335-

023——ワールブルクはブルクハルト的な〈省察の塔〉(Seherturm)(右註のH・シュラッファーの'亡命'と重なる観点である)の本質は〈リュンケウス〉的なものであった、と総括している。もちろん『ファウスト第二部』に登場する方の〈リュンコイス〉のことである。cf. Yoshihiko Maikuma (Maeno), *ibid.*, pp. 342-

024——J. Burckhardt, *Die Kultur der Renaissance in Italien*, *GW* 3. p.26.

025——J. Burckhardt, 〈Zur Lehre von den drei Potenzen〉in *Über das Studium der Geschichte*, hrsg. von Peter Ganz, 1982. pp.173-204. (このガンツの文献学的労作は従来『世界史考察』*Weltgeschichtliche Betrachtungen* として知られていたブルクハルトの講義録を、甥の編集を全く離れ、草稿に遡って編年の講義録集として再編纂したものである。ブルクハルト史学の正確な理解に必須の文献であるばかりでなく、十九世紀史学を通観する位置にある重要な歴史原理論であり、筆者は一ブルクハルト研究者として長年翻訳を企図してきた。すでに訳出の準備は整っているのでできるだけ近い将来に出版書肆を定めたいと思っている。)

026——E. Panofsky, *Renaissance and Renaissances in Western Art*, 1969.

027——つまり古典古代の文芸復興という外的な事象が初めて内化したところに〈情念型《パトスフォルメル》〉の大規模な外化という典型的にイタリ

ア・ルネサンス的な現象が生じる。これがワールブルクのボッティチェッリ論文以来の一貫した視点である。つまりそうした形で古代的な意匠の借用が〈情念〉の、内面の問題となることが中世の古典参照には見られない、と彼は考えるのである。cf. Yoshihiko Maikuma (Maeno), *op. cit.*, pp. 22-

028——本書第一一章★055。

029——本書第一〇章★032。

030——Goethe, *Faust I*, Hamburger Ausg. p. 20.

031——『悲劇』の提示する〈運命〉の解釈に対しては、ニーチェとベンヤミンの『悲劇』論は全く正反対の志向を示すものの、両者共にそれがポリス共同体の中核的世界観の表現であるという点では一致している。cf. Nietzsche, *Geburt der Tragödie*, 〈7〉; W. Benjamin, *Der Ursprung des deutschen Trauerspiels*, 〈Trauerspiel und Tragödie〉.

032——共同体祭祀の解体に伴う儀礼の個人化、魔術化、迷信化は、わが国上古においても観察される。それは〈国つ神〉の集権的デラシネ化の過程と並行する形で『万葉』の〈恋占〉の世界を生む。筆者は人麿の形象世界の背景にこの共同体祭祀の解体を置いて記号学的方法を用いた分析を行い一定の成果を収めることができた(以下の文献参照)。つまりこうした側面から、ルネサンス魔術はわれわれの足下の文化現象との活発な比較参照が可能な分野、〈一般文化学〉にとっての豊饒が期待できる分野である。筆者個人のルネサンス研究の動機は三〇年近く前にワールブルクの〈文化学の一般性〉の理念に触れた時から一貫してこの〈楕円的帰還〉の構図に規定されていることを付言しておきたい。拙著『言語記号系と主体——一般文化学のための註釈的止観』言叢社、二〇〇六年、〈序〉1、9、第七章8、及び『散歩の文化学2』法政大学出版局、二〇〇九年、第四章参照。

033——cf. Yoshihiko Maikuma (Maeno), *op. cit.*, pp. 340-348.

034——A. Warburg, Die antke Götterwelt und die Frührenaissance im Süden und im Norden (1908), cf. *GAW* p.189; Yoshihiko Maikuma (Maeno), *ibid.*, p. 32.

035——〈二重性〉と〈両極性〉の差異性を確認することは、ニーチェのこのあまりに有名な定式の真の内実を理解するために不可欠の作業である。拙著『言語記号系と主体——一般文化学のための註釈的止観』言叢社、二〇〇六年、p.107, pp.236-8 参照。

036――以下の拙訳解説を参照。前野佳彦〈'ディオニュソス的なもの'と狩猟文化複合〉、W・ブルケルト『ホモ・ネカーンス』前野佳彦訳、法政大学出版局、二〇〇八年所収、pp.330-334.

037――A. Warburg, Heidnisch-antike Weissagung in Wort und Bild zu Luthers Zeiten (1920), in *ASW* p. 231.

038――cf. W. Burkert, *Structure and History in Greek Mythology and Ritual*, 1979, II-2.〈Herms, Libations, and Branches〉(W・ブルケルト『ギリシャの神話と儀礼』橋本隆夫訳、リブロポート、一九八五年、第二章第二節〈ヘルメス像、灌奠、小枝〉)ヘルマの実際の姿は、拙訳W・ブルケルト『ホモ・ネカーンス』の口絵3に壺絵の例を掲載しておいたのでそちらを参照されたい。

039――cf. W. Burkert, *Homo Necans: Interpretationen altgriechischer Opferriten und Mythen*, 1972, III-7.〈Die Wiederkehr des Delphins〉(W・ブルケルト『ホモ・ネカーンス』前野佳彦訳、法政大学出版局、二〇〇八年、第三章第七節〈イルカの帰還〉)

040――前註038の文献及び*KP*(*Der kleine Pauly*)の〈Herme〉、〈Janus〉の項目を参照。

041――本書(原書), p. 107.

042――〈二つの事象が、それを繰り返し、思念を集中して省察するその度ごとに、わたしの心をいやまさる驚嘆と畏敬の念で満たし尽くす。それはわたしの頭上のあの星々に満ちた天界と、わたしの裡なる道徳律である。両者ともに、暗闇に包まれたものとして、あるいは自分勝手な妄想をたくましくして、視界の及ばぬ彼方にあるものとして探し求め、憶測をたくましくすることを許さない。なぜならわたしはそれらをわたしの眼前にまざまざと視て、それをわたしの現存するという事実の意識と直接的に結びつけるからである〉(カント『実践理性批判』A-289-290)。このあまりに有名な章句は、その前半のみがカント哲学の要約として金言的に引用されるのみで、その外的-内的な二律性が即座に現存在的な総合の対象となっていることが(つまり〈自己意識の直接性〉との連結が)見逃されてしまうことがあまりに多い。この実存的=内的総合において天界と道徳律の二律性が融合することが、カント的世界観を正統的にフィチーノやピコやブルーノの魔術的世界観の系譜上に、すなわち〈内的労働〉の系譜上に位置づけるものなのである。以下の拙著をも参照。『言語記号系と主体――一般文化学のための註釈的止観』言叢社、二〇〇六年、〈序〉註10。

043――R. Klibansky/E. Panofsky/F. Saxl, *Saturn and Melancholy - Studies in the History of Natural Philosophy, Religion and Art*, 1964, IV-II〈The

Engraving ‘Melencolia I’〉

044——A. Warburg, Heidnisch-antike Weissagung in Wort und Bild zu Luthers Zeiten（1920）, in *ASW* pp. 258-261. さらにまた拙著、『言語記号系と主体——一般文化学のための註釈的止観』言叢社、二〇〇六年、 pp. 155-158をも参照。

045——cf. Rudolf/Margot Wittkower, *Born under Saturn*, 1963, Chap. 5-2.

046——A. Warburg, *op. cit.*, in *ASW* p. 258.

047——cf. A. Warburg, Fragmente, 4.9.1888; Yohihiko Maikuma（Maeno）, *op. cit.*, pp. 28-; *GAW* pp. 71-72.

048——cf. H. Cohen, *Bedeutung des Judentums für den Fortschritt der Menschheit*, 1910; W. Benjamin, *Zur Kritik der Gewalt*, 1921.

049——R. Klibansky/E. Panofsky/F. Saxl, *op. cit.*, IV-II-2〈The New Meaning of ‘Melencolia I’〉

050——cf. J.Derrida, *L'écriture et la différence* I, 1967,〈Force et signification〉また拙著、『言語記号系と主体——一般文化学のための註釈的止観』言叢社、二〇〇六年、 pp. 250-266.

051——A. Warburg, *op. cit.*, in *ASW* pp. 257-8.

052——同前、 p. 258.

053——その〈均衡〉の理念はドイツ観念論、古典主義で用意された〈両極性〉の弁証法に内在する本源的な〈啓蒙〉の理念を根源とするものだった。筆者は博士論文においてワールブルクの文化理論の本質を〈啓蒙の理念〉の標語で総括してある。cf. Yoshihiko Maikuma（Maeno）, *op. cit.*,〈Warburg: Die Idee der Aufklarung und die Konstellation der Kultur〉.

054——cf. F. A. Yates, *The Occult Philosophy in the Elizabethan Age*, 1979, I-6.〈The Occult Philosophy and Melancholy: Dürer and Agrippa〉

055——“Panofsky wishes to move Dürer's image in a modern, or perhaps a nineteenth-century, direction, expressive of the sense of suffering and failure of the creative artist.”（*ibid.*, p.64 in 1999, *The Selected Works of Frances Yates* edition）

056——E. Panofsky, *The Life and Art of Albrecht Dürer*, 1943（first edition）, 1971（Princeton Paperback after 1945 revised edition）, p. 168.

057——cf. R. Klibansky/E. Panofsky/F. Saxl, *op.cit.*

058——cf. F. A. Yates, *op. cit.*, I-6.

059——E. Panofsky, *Meaning in the Visual Arts*, 1957, 1.〈The History of Art as a Humanistic Discipline〉

060——E. Wind, *Pagan Mysteries in the Renaissance*, 1958 (Oxford, 1980), p. 22.

061——E. Panofsky, *op. cit.*, 7.〈Et in Arcadia ego〉

062——本書第二章☆００２参照。

063——F. A. Yates, *op. cit.*, p. 66.

064——R. Klibansky/E. Panofsky/F. Saxl, *op. cit.*, III-I-3.〈Melancholy as Heightened Self-awareness〉

065——本書第一八章結尾参照。

066——Liddell & Scott, *A Greek-English Lexicon* は〈ism〉の用例としてヘシュキオスの一例を挙げるのみである。ヘシュキオスは紀元後五-六世紀という遅い時期の文法学者であるからこの語が本来の古典古代的観念には遠かったことを示していると考えてよいだろう。

067——拙著『言語記号系と主体——一般文化学のための註釈的止観』言叢社、二〇〇六年、pp. 148-9. 参照。

068——cf. É. Benveniste, *Le vocabulaire des institutions indo-européennes* II, 1969.〈La Religion〉(邦訳E・バンヴェニスト『インド＝ヨーロッパ諸制度語彙集』蔵持不三也他訳、言叢社、1986-87)

069——cf. E. Rohde, *Psyche: Seelencult und Unsterblichkeitsglaube der Griechen*, 1894, WB Ausg. 1974, Bd. II.〈Die Orphiker〉/〈Philosophie〉

070——本書（原書）、p. 4.

071——本書第二〇章☆０１８参照。

072——神島二郎『近代日本の精神構造』岩波書店、一九六一年、pp. 57-8. ／橋川文三『日本浪漫派批判序説』（増補版）未来社、一九六五年、pp. 137-8. 参照。

073——このユートピア的〈時《クロノス》〉の生産性-破壊性の二律背反はニーチェの〈全面的改革〉の構想〈大いなる正午〉(der große Mittag) の理念において極まる。それは明確にブルーノ的な意味での〈改革者としての魔術師《マグス》〉の自己意識の系譜上にある。すなわちそれは共同性を喪失した孤独の極北での共同性創始のほとんど宗教的な幻視の世界であった。以下の拙著で筆者はニーチェのこの内的祝祭の理念における共同性-世界性の喪失の病理を指摘しておいた。当時はしかし筆者は〈市民的共同性〉の規範性をあまりに強くまた素朴に信じすぎていたために、ニーチェ批判もカント的な倫理性からの価値判断をやや急ぎ過ぎ、一面的に終わったことを反省している。現在ではこの病理現象はニーチェ個人の問題を越えた、近代的な〈内的労働〉のその豊饒-不毛の二律背反のマクロの病理現象の一場面であるように感じている。フィチーノ-ピコ-デューラー-ブルーノの系譜で浮かび上がるその内化された魔術儀礼の〈狂気〉と〈憂愁〉の根元的問題を概念化した上で、この内的儀礼の最終形態が、スタヴローギンやキリーロフやニーチェやロカンタンの心象世界に至る、その普遍近代的な〈情念型〉を対自化しなければならない。
cf. Yoshiko Maikuma (Maeno), *Der Begriff der Kultur bei Warburg, Nietzsche und Burckhardt*, Königstein/Ts. 1985. pp. 199-225.

383, 397, 591
ローゼンクロイツ, クリスティアン　Rosencreutz, Christian　599
ロック, R　Roques, R.　188
ロッセリ, アンニバーレ　Rosseli, Hannibal　274, 275, 279, 285, 286, 341, 506
ロレンツォ・デ・メディチ　Lorenzo De Medici　035, 119, 175, 177

ワ

ワールブルク, アビィ　Warburg, Aby　017, 129

マニリウス　Manilius　484
マホメット　Mahomet　539, 550
マンテーニャ　Mantegna　634
ミケランジェロ　Michelangelo　162, 174
ミトリダーテス, フラヴィウス　Mithridates, Flavius　147
ミルトン　Milton　413, 414
メアリ女王　Mary I　258, 284, 285, 352
メディゴ, エリア・デル　Medigo, Elia del　147
メトロドーロス　Metrodorus　289
メルカーティ, アンジェロ　Mercati, Angelo　512, 518
メルセンヌ, マラン　Mersenne, Marin　015, 576, 577, 588, 591, 596, 630, 631, 632, 633, 634, 635, 636, 637, 638, 639, 647, 648, 649, 650, 651, 656
メンドーサ　Mendoza　446
モア, トマス　More, Thomas　281, 282, 283, 284, 285, 345, 541
モア, ヘンリー　More, Henry　588, 615, 616, 617, 618, 619, 620, 630
モーヴィシエール, ミシェル・ド・カステルノー・ド　Mauvissière, Michel de Castelnau de　304, 340, 431, 432
モーセ　Moses　033, 034, 036, 037, 039, 044, 050, 051, 052, 073, 075, 076, 085, 086, 093, 098, 132, 134, 135, 151, 160, 167, 172, 184, 185, 223, 239, 265, 266, 272, 277, 280, 332, 370, 393, 394, 395, 399, 400, 495, 515, 517, 519, 539, 553, 557, 582, 589, 590, 617, 618, 619, 620, 633, 636, 637, 643, 644
モーツァルト　Mozart　606, 614
モチェニゴ, スアン　Mocenigo, Zuan　342, 458, 498, 501, 502, 503, 507, 508, 509, 510, 531
モルデンテ, ファブリツィオ　Mordente, Fabrizio　433, 434, 435, 437, 444, 447, 459, 464, 470, 509, 594
モルネ, フィリップ・デュ・プレシ　Mornay, Philippe Du Plessy　270, 271, 272, 273, 274, 286, 340
モロシーニ, アンドレア　Morosini, Andrea　509

ヤ

ユークリッド　Euclid　234, 538
ユスティノス　Justin　584
ユリアヌス帝　Julian　099, 101, 105, 129, 131, 240
ユリウス公, ハインリヒ　Julius, Henry　465, 467, 470,
ユリウス公, ブラウンシュバイク＝ヴォルフェンビュッテル　Duke Julius of Brunswick-Wolfenbuttel　465, 466, 467,
ヨハネ　John　584, 643, 644

ラ

ラクタンティウス　Lactantius　026, 027, 028, 029, 030, 032, 037, 038, 039, 042, 052, 066, 073, 074, 075, 076, 098, 099, 101, 132, 183, 225, 263, 455, 514, 562, 564, 583, 585, 586, 626
ラッツァレッリ, ルドヴィコ　Lazzarelli, Ludovico　086, 239, 264, 265, 390, 499, 585
ラファエッロ　Raphael　162, 174
ラブレー, フランソワ　Rabelais, F.　086
リシュリュー　Richelieu　529, 546, 549, 568, 569, 576, 602, 649
リドルフィ　Ridolfi　568
ルイ十三世　Louis XIII　568
ルイ十四世　Louis XIV　529, 570
ルキアノス　Loukianos　324, 340, 345, 386
ルグノー, ジャン　Regnault, J.　298
ルクレティウス　Lucretius　333, 364, 365, 366, 367, 368, 468, 469, 655
ルター, マルティン　Luther, M.　457
ルドルフ二世　Rudolph II　458, 460, 464, 470
ルノーブル　Lenoble　577, 631, 632, 633, 636
ルフェーヴル・デターブル　Lefèvre d'Etaples　040, 072, 263, 264
ルル, ラモン　Lull, Ramon　014, 150, 293, 294, 400, 453
レオナルド・ダ・ヴィンチ　Leonardo da Vinci　174, 653
レスター伯　Earl of Leicester　272
ロイヒリン　Reuchlin　160, 222, 231, 255, 230,

355, 356, 357, 360, 361, 362, 363, 364, 365, 366, 367, 368, 369, 370, 371, 372, 373, 374, 376, 378, 379, 382, 383, 384, 385, 386, 387, 388, 389, 390, 391, 392, 393, 394, 396, 397, 398, 399, 400, 401, 402, 403, 406, 409, 412, 414, 415, 417, 418, 419, 420, 421, 422, 423, 424, 425, 426, 427, 428, 430, 431, 432, 433, 434, 435, 436, 437, 438, 439, 440, 441, 442, 443, 444, 445, 446, 447, 450, 451, 452, 453, 454, 455, 456, 457, 458, 459, 460, 464, 465, 466, 467, 468, 469, 470, 471, 472, 474, 475, 476, 477, 480, 481, 484, 485, 486, 487, 489, 490, 491, 492, 493, 494, 495, 496, 498, 499, 500, 501, 502, 503, 504, 505, 506, 507, 508, 509, 510, 511, 512, 513, 514, 515, 516, 518, 519, 520, 521, 522, 523, 524, 528, 529, 530, 531, 532, 534, 535, 536, 545, 546, 547, 552, 554, 555, 556, 557, 559, 560, 561, 562, 567, 569, 570, 571, 573, 574, 575, 576, 577, 582, 587, 592, 594, 597, 600, 601, 602, 603, 604, 605, 606, 610, 612, 614, 627, 635, 646, 647, 648, 649, 654, 655, 656, 661
プレトーン, ゲミストス　Pletho, Gemistus 035, 037, 038
フローリオ, ジョン　Florio, John　310
プロクロス　Proclus　095, 211, 278, 399, 476, 547, 643
プロティノス　Plotinus　035, 041, 106, 107, 108, 109, 110, 111, 113, 117, 131, 182, 211, 278, 294, 295, 556
ベーコン, フランシス　Bacon, Francis　653
ベーコン, ロジャー　Bacon, Roger　084
ベースラー, ヒエロニュムス　Besler, Jerome 383, 397, 467, 509
ペーレスク　Peiresc　576
ペトラルカ　Petrarch　248, 252, 254, 406, 417, 418, 422, 534,
ペトルス(アーバノの) Peter of Abano　086, 095, 117,
ベニヴィエーニ, G　Benivieni, G.　142, 155, 205, 406
ヘラクレイトス　Heraclitus　476
ベラルミーノ, ロベルト　Bellarmino, Robert 512, 518
ベルティ, ドメニコ　Berti, D.　654
ヘルメス・トリスメギストス　Hermes Trismegistus 021, 025, 026, 027, 028, 029, 031, 032, 033, 034, 035, 036, 037, 038, 039, 040, 042, 044, 045, 047, 048, 049, 050, 051, 052, 054, 055, 056, 058, 059, 061, 062, 065, 066, 068, 069, 072, 073, 074, 075, 076, 077, 080, 083, 084, 085, 086, 087, 091, 092, 093, 094, 095, 096, 098, 101, 109, 110, 111, 120, 124, 131, 132, 134, 135, 136, 137, 143, 160, 167, 170, 172, 183, 184, 185, 201, 205, 211, 218, 219, 222, 223, 225, 236, 238, 240, 241, 242, 239, 244, 253, 255, 259, 262, 263, 265, 266, 268, 277, 280, 281, 286, 290, 291, 292, 293, 298, 324, 332, 344, 352, 357, 359, 361, 389, 393, 394, 411, 412, 416, 421, 467, 474, 514, 541, 542, 547, 548, 549, 551, 553, 555, 558, 562, 565, 576, 577, 582, 583, 584, 585, 586, 587, 588, 589, 606, 607, 608, 609, 611, 612, 614, 615, 618, 621, 622, 627, 634, 637, 638, 641, 642, 643, 644, 651, 652, 653, 656, 660, 661
ベンチ, トンマーゾ　Benci, Tommaso　040
ヘンリー八世　Henry VIII　284, 345
ホイジンガ　Huizinga　256
ボッカリーニ, トライアーノ　Boccalini, Traiano 523, 597, 599, 600, 601
ボッティチェッリ　Botticelli　124, 130, 162, 232, 491, 492
ホメーロス　Homer　609
ホラポローン　Horapollo　253
ポルフュリオス　Porphyry　041, 117, 211, 219, 547, 556
ポンツィオ, ディオニジオ　Ponzio, Dionisio 534
ポンテュス・ド・ティヤール　Pontus de Tyard 267, 268, 269, 285, 370

マ

マーリン　Merlin　290, 293
マイアー, ミヒャエル　Meier, Michael　600
マクナルティ, ロバート　McNulty, Robert　259, 310, 311
マクロビウス　Macrobius　238, 241

168, 169, 170, 171, 172, 173, 174, 175, 176, 177, 182, 183, 185, 193, 194, 195, 196, 202, 203, 204, 205, 206, 220, 221, 222, 223, 224, 225, 234, 231, 235, 246, 248, 250, 251, 252, 256, 258, 259, 263, 267, 269, 271, 279, 281, 370, 382, 383, 387, 393, 402, 406, 419, 420, 421, 476, 551, 561, 590, 591, 592, 596, 613, 617, 619, 631, 635, 636, 652
ピネッリ, ジャン・ヴィンチェンツォ　Pinelli, Gian Vincenzo　432, 433, 437, 447, 504, 509, 524
ヒュギーヌス　Hyginus　326, 328, 484
ピュタゴラス　Pythagoras　027, 037, 038, 040, 125, 211, 215, 219, 231, 232, 237, 238, 240, 281, 290, 419, 436, 476, 513, 609, 617, 619, 626, 641, 642, 643, 644
ヒュダスペース　Hydaspes　583
ビリングリー, H　Billingsley, H.　234, 235
ヒル, トマス　Hill, Thomas　311, 313
ピントリッキオ　Pintoricchio　183
ファラリス　Phalaris　233
フィチーノ, マルシーリオ　Ficino, Marsilio　012, 033, 035, 036, 037, 038, 039, 040, 041, 044, 045, 050, 051, 052, 057, 058, 061, 064, 072, 073, 074, 084, 085, 086, 094, 095, 096, 098, 101, 102, 104, 105, 106, 107, 108, 109, 111, 112, 113, 114, 115, 116, 117, 118, 119, 120, 121, 122, 124, 125, 126, 127, 128, 129, 130, 131, 132, 134, 137, 140, 141, 142, 143, 144, 162, 163, 168, 170, 172, 174, 176, 182, 184, 188, 189, 190, 191, 192, 193, 194, 200, 201, 202, 204, 205, 206, 212, 213, 216, 217, 218, 219, 223, 224, 225, 231, 232, 236, 237, 238, 239, 240, 241, 242, 244, 246, 247, 248, 249, 250, 251, 252, 253, 256, 259, 262, 263, 264, 265, 266, 267, 269, 279, 289, 294, 295, 296, 298, 299, 301, 303, 312, 313, 315, 320, 322, 330, 341, 356, 357, 360, 369, 370, 371, 382, 383, 387, 390, 391, 401, 402, 406, 415, 420, 421, 455, 475, 488, 189, 492, 494, 515, 516, 528, 540, 547, 548, 550, 551, 552, 553, 554, 558, 560, 585, 587, 589, 590, 591, 592, 596, 607, 608, 611, 612, 618, 619, 620, 621, 622, 625, 627, 631, 633, 634, 635, 636, 637, 638, 640, 652, 653, 651, 655
フィルサック, ジャン　Filesac, Jean　438
フィルポ　Firpo, L.　015, 343, 500, 519, 536
フィロラオス　Philolaus　037, 238, 240, 544
フェイディアース　Phidias　585
フェステュジエール　Festugiére　014, 022, 044, 046, 056, 057, 206, 653
フェリペ二世　Philip II　272, 275, 284
フェルディナンド三世　Ferdinand III　196
フォックス　Foxe, John　285
フォワ・ド・カンダル, フランソワ・ド　Foix de Candale, François de　265, 266, 274, 277, 592
プッチ, フランチェスコ　Pucci, Francesco　505, 506, 535, 536
プトレマイオス Ptolemaios　228, 238, 239, 361, 524, 544,
ブラッチョリーニ, ポッジョ　Bracciolini, P. 250, 252
フラッド, ロバート　Fludd, Robert　195, 196, 357, 472, 474, 492, 493, 588, 589, 590, 591, 592, 594, 596, 600, 603, 604, 606, 607, 615, 618, 619, 623, 630, 636, 637, 638, 639, 640, 641, 643, 644, 645, 646, 647, 658, 660, 661
プラトン　Platon　021, 027, 035, 036, 037, 038, 039, 040, 045, 096, 098, 125, 182, 211, 219, 240, 279, 362, 371, 406, 413, 415, 440, 454, 476, 540, 543, 556, 565, 584, 589, 609, 611, 617, 619, 633
ブランシェ, レオン　Blanchet, Leon　533, 537, 564, 566
プランタン　Plantin　270
フリードリッヒ二世　Frederick II　564
ブリストゥ, リチャード　Bristow, Richard　311, 313
プルタルコス　Ploutarch　384, 622
ブルーノ, ジョルダーノ　Bruno, Giordano　011, 013, 014, 015, 016, 033, 121, 210, 226, 242, 244, 251, 258, 259, 260, 267, 272, 273, 275, 276, 280, 284, 285, 286, 288, 289, 290, 292, 293, 294, 295, 297, 299, 300, 301, 302, 303, 304, 305, 308, 309, 310, 311, 313, 314, 315, 316, 318, 320, 322, 323, 324, 326, 327, 328, 330, 331, 332, 333, 334, 336, 337, 339, 340, 341, 342, 343, 344, 345, 348, 349, 352, 354,

ダングレーム, アンリ　Henri d'Angoulême　298
ダンテ　Dante　190, 191, 406, 534, 563, 564, 565
チャールズ一世　Charles I　572
チョット, ジョヴァンニ・バッティスタ　Ciotto, Giovanni Battista　498, 500, 509, 510
ディアチェット, フランチェスコ・ダ　Diacetto, Francesco da　130, 131, 300
ディー, ジョン　Dee, John　234, 235, 236, 285, 286, 309, 315, 476, 506, 652
ディオニュシウス・アレオパギタ→偽ディオニュシウスを参照。
ディグス, トマス　Digges, Thomas　361
ディクソン, アレグザンダー　Dicson, Alexander　298
デカルト　Descartes, Réné　015, 576, 577, 619, 620, 630, 631, 632, 649, 657, 658, 659, 660
デステ大公, ボルソ　Borso d'Este　096
デモクリトス　Democritus　469
デッラ・ポルタ, ジョヴァンニ・バッティスタ　Della Porta, Giovanni Battista　555, 556, 557
デューラー　Dürer　232
デュ・ペロン, ジャック・ダヴィ　Du Perron, Jacques Davy　268, 441, 442, 445, 514
デル・ベーネ, アレッサンドロ　Del Bene, Alessandro　504
デル・ベーネ, ピエロ　Del Bene, Piero　432, 433, 444, 445, 504
デル・リオ, マルティン　Del Rio, Martin　237, 247, 248, 280, 562, 633
テレジオ　Telesio　371, 555, 556, 557
トゥルネブス　Turnebus　265, 277, 585
ドービニェ, アグリッパ　D'Aubigné, Agrippa　087, 303, 505
トッコ, F　Tocco, F.　302
ド・ブリ　De Bry　590
ドナテッロ　Donatello　162
トラガリオーロ　Tragagliolo　512, 518
トリテミウス　Trithemius　160, 222, 230, 231, 383, 467, 635
ド・ロレーヌ, シャルル　De Lorraine, Charle　264

ナ

ナヴァール王アンリ　Henri de Navarre (Henri IV)　270, 342, 431, 432, 433, 437, 445, 446, 466, 500, 502, 503, 504, 505, 506, 508, 521, 523, 530, 597, 601, 536, 570
ニュートン, アイザック　Newton, Isaac　656
ヌオーヴォ, アルカンジェロ・デ・ブルゴ　Nuovo, Archangelo de Burgo　176
ノーサンバランド伯爵　Earl of Nothumberland　436

ハ

バイエ　Baillet　657, 658
ハーヴィ, ゲイブリエル　Harvey, Gabriel　310
パーゲル, W　Pagel, W.　236
バート, E・A　Burtt, E. A.　620
バーンズ, ジョゼフ　Barnes, Joseph　311
バイフ　Baïf　266, 268
ハインツェル, ヨハンネス・ヘンリキウス　Hainzell, Johann Heinrich　480, 493
パウロ　Paul　032, 188, 189, 341, 400, 584
パウロ五世　Pual V　566
パトリッツィ, フランチェスコ　Patrizi, Francesco　277, 279, 280, 281, 323, 324, 341, 362, 370, 506, 507, 508, 613, 614, 625, 635
パラケルスス　Paracelsus　236, 371, 599
パリンゲニウス　Palingenius　332, 333, 334, 365, 366, 371
バルバロ, エルモラオ　Barbaro, Ermolao　251, 258
パルメニデス　Parmenides　609
バロニウス, チェーザレ　Baronius, Cesare　583, 584, 585, 586
ピール, ジョージ　Peele, George　436
ピウス九世　Pius IX　512
ピコ, ジョヴァンニ・フランチェスコ　Pico, G. F.　086, 246, 247, 281
ピコ・デッラ・ミランドラ　Picco Della Mirandola　015, 054, 086, 119, 126, 127, 134, 135, 136, 137, 138, 139, 140, 141, 142, 143, 144, 146, 147, 148, 149, 150, 151, 152, 154, 155, 156, 157, 158, 159, 160, 162, 163, 164, 166, 167,

Nazianzenus　584
グレゴリウス十四世　Gregory XIV　277, 506, 507
グレゴリウス十五世　Gregory XV　566
クレメンス　Clement　034, 037
クレメンス八世　Clement VIII　280, 502, 506, 507, 531, 535, 561
グンデル, W　Gundel, W.　116
ケプラー, ヨハンネス　Kepler, John　015, 238, 357, 435, 641, 642, 643, 644, 645, 646, 647, 649
ケリー, エドワード　Kelly, Edward　235, 476, 506
ケルスス　Kelsos　099, 100, 112, 321
コイレ　Koyré　632
ゴオリ, ジャック　Gohorry, Jacques　266
コジモ・デ・メディチ　Cosimo De Medici　035, 036, 039, 052
ゴールディング, アーサー　Golding, Arthur　272
コタン　Cotin　438, 439, 441
コバム, ヘンリー　Cobham, Henry　304
コペルニクス, ニコラウス　Copernicus, Nicholas　011, 240, 241, 242, 244, 259, 279, 286, 292, 312, 313, 314, 322, 348, 349, 351, 352, 354, 356, 357, 361, 362, 365, 367, 371, 372, 379, 434, 437, 477, 524, 544, 545, 559, 565, 646, 654, 655
コルサーノ　Corsano　343, 388, 445, 500, 519,
コルビネッリ, ヤーコポ　Corbinelli, Jacopo　432, 433, 434, 437, 443, 445, 447, 504, 509
コレット, ジョン　Colet, John　255, 256, 281, 285
コンデ親王　Prince de Condé　431
ゴンブリッヒ, E・H　Gonbrich, E. H.　017, 108, 109, 121, 122

サ

サヴォナローラ　Savonarola　175, 534
ザクスル, F　Saxl, F.　016, 129, 183, 184
サグレード, フランチェスコ　Sagrado, Francesco　524
サクロボスコ　Sacrobosco　288, 295, 474
サルヴィアーティ, フィリッポ　Salviati, Filippo　524
シクストゥス五世　Sixtus V　431
シドニー, フィリップ　Sidney, Philip　272, 273, 285, 309, 315, 327, 328, 339, 340, 406, 409, 420, 426, 432, 487, 524, 573
シャトーネフ　Châteauneuf　432
シャンピエ, サンフォリアン　Symphorien, Champier　086, 239, 264, 268, 265, 499
シュネシウス　Synesius　106, 476, 494
シェイクスピア　Shakespeare　192, 521, 522, 572
ジェイムズ一世　James I　583, 588
ジェンティーレ, アルベリーコ　Gentile, Alberico　466
ショーレム, G　Scholem, G.　014, 146, 148, 149, 158, 169, 170
ジョーンズ, イニゴ　Jones, Inigo　572
ジョルジ, フランチェスコ　Giorgi, Francesco　237, 552, 635
スアーウィス, レオ　Suavius, Leo　266
スカリゲル, ジョセフ　Scaliger, J.　583
スキオッピウス, ガスパール　Scioppius, Gaspar　518
スコット　Scott　039, 075, 277
スティリオーラ　Stigliola　532
ストバイオス　Stobaeus　080, 277, 323, 324
スパンパナート, ヴィンチェンツォ　Spampanato, Vincenzo　511
セルヴェトゥス　Servetus　284
ソーンダイク, リン　Thorndike, Lynn　013, 137, 175, 246,
ソクラテス　Socrates　031
ゾロアスター　Zoroaster　038, 041, 098, 106, 107, 211, 222, 400, 606, 621
ソロン　Solon　598

タ

ダジャン, J　Dagens, J.　263, 274, 506
ダスコリ, チェッコ　D'Ascoli, C.　295, 474, 475, 561
ダニエル, サミュエル　Daniel, Samuel　310
タレース　Thales　598

ウォルシンガム, フランシス　Walsingham, Francis　304
ヴォルパイア, ロレンツォ・デッラ　Volpaia, Lorenzo della　119
ウルバーヌス八世　Urban VIII　548, 549, 561, 566, 567, 568, 570
エウドクソス　Eudoxus　609
エウリピデース　Euripides　609
エドワード四世　Edward IV　284
エドワード六世　Edward VI　257
エヌカン, ジャン　Hennequin, Jean　438
エピクロス　Epicurus　333, 365, 366, 368, 476
エラストゥス　Erastus　247
エラスムス　Erasmus　253, 254, 255, 256, 257, 258, 260, 284, 373, 374
エリザベス女王　Elizabeth I　258, 284, 285, 352, 423, 424, 425, 426, 427, 506, 575, 605
オールステッド, J・H　Alsted, J.H.　451
オラニエ公ウィレム　William of Orange　272, 274
オリゲネス　Origen　099, 100, 112, 321
オルシーニ, レーリオ　Orsini, Lelio　532
オルフェウス　Orpheus　037, 038, 041, 098, 125, 126, 127, 128, 141, 142, 163, 202, 211, 217, 219, 221, 271, 281, 300, 301, 365, 482, 486, 487, 490, 609

カ

カイエ, ラウル　Cailler, Raoul　441, 443
カイエタヌス　Caietano　554
カゾボン, イザーク　Casaubon, Isaac　262, 263, 582, 583, 584, 585, 586, 587, 588, 615, 616, 617, 618, 619, 621, 623, 624, 625, 627, 628, 630, 637, 639, 640, 644, 650, 652
ガッサンディ, ピエール　Gassendi, Pierre　630, 639
カトリーヌ・ド・メディシス　Catherine de' Medici　269, 445,
カドワース, ラルフ　Cudworth, Ralph　588, 615, 621, 623, 624, 625, 626, 627, 630
ガファレル, ジャック　Gaffarel, Jacques　639
カメラーリウス　Camerarius　642
ガリレオ　Galileo　433, 519, 524, 525, 531, 559, 597, 630, 650
ガリン, E　Garin, E.　012, 014, 108, 195, 294, 333, 606, 640, 653
カルー, トマス　Carew, Thomas　572
カルヴァン　Calvin　284, 288
ガルシア, ペドロ　Garcia, Pedro　175, 176, 223, 248,
カルダーノ　Cardanus　210
カルターリ　Cartari　331
ガンディヤック, M・ド　Gandillac, M. de　204
カンパネッラ, トンマーゾ　Campanella, Tommaso
015, 233, 344, 345, 510, 528, 529, 530, 531, 532, 533, 534, 535, 536, 537, 540, 541, 542, 543, 546, 547, 548, 549, 550, 551, 552, 553, 554, 555, 556, 557, 558, 559, 560, 561, 562, 563, 564, 565, 566, 567, 568, 569, 570, 571, 572, 573, 574, 575, 576, 577, 578, 582, 587, 592, 594, 603, 604, 605, 610, 635, 649, 650
偽ディオニュシウス　Pseudo-Dionysius　188, 189, 190, 191, 193, 195, 200, 201, 202, 203, 221, 255, 281, 384, 385, 387, 398, 399, 419, 420, 471, 550, 551, 613
ギーズ公　Duc de Guise　339, 431, 432
キケロ　Cicero　021, 027, 037, 184, 241, 249, 289, 291,
キュリロス　Cyril　584
ギヨーム, ブリソネ　Briçonnet, Guillaume　264
キリスト　Christ　029, 032, 038, 057, 098, 100, 127, 135, 151, 164, 165, 166, 183, 215, 219, 341, 392, 400, 499, 515, 516, 517, 519, 539, 543, 544, 550
キルヒャー, アタナシウス　Kircher, Athanasius　196, 588, 607, 608, 609, 610, 611, 612, 613, 614, 615, 618, 619, 623, 627, 630
クインティリアヌス　Quintilian　289
クサーヌス, ニコラウス　Nicholas of Cusa　200, 348, 361, 365, 366
クラットン, ジョージ　Clutton, George　254
クリステラー, P・O　Kristeller, P.O.　012, 040, 106, 264
グレヴィル, フルク　Greville, Fulke　356, 376, 524
グレゴリウス(ナジアンゾスの) Gregory

人名索引

ア

アヴィケブロン　Avicebron　371
アヴェロエス　Averroes　371
アウグスティヌス　Augustinus　026, 027, 030, 031, 032, 033, 034, 037, 038, 039, 042, 073, 074, 084, 096, 098, 099, 101, 213, 225
アクイレッキア, G　Aquilecchia, G.　015, 017, 430
アクィナス, トマス　Aquinas, Thomas　110, 111, 117, 143, 176, 188, 190, 194, 241, 251, 288, 289, 291, 341, 371, 374, 400, 494, 553, 554, 561
アグリッパ, ハインリヒ・コルネリウス　Agrippa, Henry Cornelius　160, 210, 211, 212, 213, 214, 216, 217, 218, 219, 220, 221, 222, 224, 225, 226, 228, 230, 232, 233, 235, 248, 294, 295, 299, 300, 314, 322, 354, 355, 360, 361, 369, 370, 371, 383, 386, 388, 391, 397, 399, 400, 415, 416, 417, 421, 467, 471, 472, 474, 476, 560, 561, 591, 592, 631, 635
アシュモール, エリアス　Ashmole, Elias　605, 606
アストフォーン　Astophon　475
アダミ, トビアス　Adami, Tobias　546, 603
アマービレ, ルイジ　Amabile, Luigi　533, 535, 537
アブラハム　Abraham　607
アブラフィア, アブラハム　Abulafia, Abraham　146, 148, 149, 150
アプレイウス(マダウロスの)　Apuleius of Madaura　022, 030, 031, 039, 262, 265, 266, 386
アボット, ジョージ　Abbot, George　310, 310, 313, 315, 336, 356, 373, 422, 489
アポロニオス　Apollonius　222
アラスコ, アルベルトゥス　Alasco, Albert　309, 310, 312, 315
アリスタルコス　Aristarchus　544
アリストテレス　Aristotle　277, 278, 280, 315, 348, 371, 372, 419, 439, 440, 444, 447, 452, 464, 493, 494, 545, 550, 558, 584, 631
アルキメデス　Archimedes　119, 538
アルキュタース　Architas　232, 233
アルタパヌス　Artapanus　052
アルフォンソ賢王　Alfonso the Wise　086
アルブマザール　Albumazar　114
アルベルトゥス・マグヌス　Albertus Magnus　084, 117, 233, 289, 292, 348, 365, 366, 371, 374, 510, 554, 561
アレクサンデル六世　Alexander VI　177, 182, 185, 183, 223, 225, 246, 248, 331, 562
アンジュー公フランソワ　François d'Anjou　272
アンドレーエ, ヨーハン・ヴァレンティン　Andreae, Johann Valentin　601, 603
アンリエット・マリー　Henrietta Maria　572
アンリ二世　Henri II　298
アンリ三世　Henri III　087, 275, 288, 290, 302, 303, 304, 338, 339, 377, 423, 431, 432, 433, 438, 441, 442, 443, 445, 466, 480, 500, 503, 530, 569, 572,
アンリ四世→ナヴァール王アンリを参照。
イアンブリコス　Iamblichus　041, 095, 211, 414, 547, 622,
インノケンティウス八世　Innocent VIII　174, 177, 185
ヴァイアー, ヨハン　Wier, Johann　247
ウァエニウス　Vaenius　422
ヴァゾーリ, C　Vasoli C.　237
ヴァッラ, ロレンツォ　Valla, Lorenzo　249, 252, 255,
ヴェッヘル, ヨハン　Wechel, John　467, 470
ウェルギリウス　Virgil　113, 218, 454, 513, 514, 555, 556, 569
ウェルゲリウス　Vergerius　265
ヴェンゼ　Wense　603
ウォーカー, D・P　Walker, D. P.　012, 014, 015, 095, 109, 112, 118, 126, 130, 131, 162, 176, 212, 246, 255, 263, 547, 548, 549, 550, 552, 554, 559, 567
ヴォーン　Vaughan　606

❖著者紹介

フランセス・イエイツ　Frances A. Yates

一八九九年、イギリスのポーツマスに生まれる。ロンドン大学で学び、一九四四年からは同大学付属ワールブルク研究所の一員として、イタリア、フランス、イギリスのルネサンスならびにジョルダーノ・ブルーノ研究に従事。ルネサンスの新プラトン主義に底流するヘルメス＝カバラ的伝統に注目し、図像学的方法を駆使して、「魔術とカバラと錬金術」を視座としたルネサンス精神史の新しい展望を拓く。一九六七年以降、ワールブルク研究所名誉研究員、英国学士院会員。一九八一年死去。

邦訳書に、『薔薇十字の覚醒』（工作舎）、『世界劇場』『魔術的ルネサンス』『シェイクスピア最後の夢』（以上、晶文社）、『記憶術』（水声社）、『星の処女神エリザベス女王』『星の処女神とガリアのヘラクレス』（以上、東海大学出版会）、『十六世紀フランスのアカデミー』『ヴァロア・タピスリーの謎』（平凡社）がある。

❖訳者紹介

前野佳彦　Yoshihiko Maeno

一九五三年、福岡県生まれ。一九七四年東京大学法学部中退、一九七九年同大学院人文科学研究科修士課程修了、一九八〇～八四年シュトゥットガルト大学・ロンドン大学付属ワールブルク研究所に留学。一九八四年シュトゥットガルト大学哲学部博士学位（Dr.phil.）取得。現在、博士後期課程大学院生を中心に〈文化記号塾〉主宰（http://bunkakigoujyuku.org/index.asp）。著書にDer Begriff der Kultur bei Warburg, Nietzsche und Burckhardt（博士論文、Königstein/Ts, Hain Verlag bei Athenäum, 1985）、『東洋的専制と疎外』（私家版）、『言語記号系と主体』（言叢社）、『散歩の文化学1』『散歩の文化学2』『事件の現象学1』『事件の現象学2』（法政大学出版局）、訳書にヴァルター・ブルケルト『ホモ・ネカーンス』（法政大学出版局）がある。

ジョルダーノ・ブルーノとヘルメス教の伝統

発行日――二〇一〇年五月一五日
著者――フランセス・イエイツ
訳者――前野佳彦
編集――堤靖彦
エディトリアル・デザイン――宮城安総＋小沼宏之
印刷・製本――三美印刷株式会社
発行者――十川治江
発行――工作舎　editorial corporation for human becoming
〒104-0052　東京都中央区月島1-14-7-4F
phone: 03-3533-7051 fax: 03-3533-7054
URL: http://www.kousakusha.co.jp
e-mail: saturn@kousakusha.co.jp
ISBN978-4-87502-429-3

薔薇十字の覚醒

◆フランセス・イエイツ　山下知夫＝訳

新旧キリスト教の抗争渦巻く十七世紀ヨーロッパに出現した薔薇十字宣言。魔術とカバラ、錬金術を内包したそのユートピア思想は、もうひとつのヨーロッパ精神史を形づくっていた…。

●A5判上製●444頁●本体3800円＋税

記憶術と書物

◆メアリー・カラザース　別宮貞徳＝監訳

記憶力がもっとも重視された中世ヨーロッパでは、数々の記憶術が生み出され、書物は記憶のための道具にすぎなかった！　F・イエイツの『記憶術』を超え、書物の意味を問う名著。

●A5判上製●540頁●本体8000円＋税

綺想の帝国

◆トマス・D・カウフマン　斉藤栄一＝訳

諸学のパトロンかつ稀代の収集家ルドルフ二世が君臨した十六世紀プラハ。ワールブルグ派気鋭の美術史家が、当時の芸術家たちの作品から豊かな魔術的想像力を読み解く画期的論考。

●A5判上製●384頁●本体3800円＋税

バロックの神秘

◆エルンスト・ハルニッシュフェガー　松本夏樹＝訳・付論

ドイツの小教会に残る十七世紀の祭壇画。図像的解釈とシュタイナーの世界観を通して、当時のキリスト教カバラ＝薔薇十字思想の英知を読み解く。細密カラー図版四八頁収録。

●A5判上製●436頁●本体8000円＋税

キルヒャーの世界図鑑

◆ジョスリン・ゴドウィン　川島昭夫＝訳

中国文明エジプト起源説、地下世界論、作曲コンピュータや幻燈器の発明など、ルネサンス最大の幻想的科学者の業績を、一四〇点余のオリジナル図版で紹介。澁澤龍彦、中野美代子、荒俣宏各氏の付論も収録。

●A5判変型上製●318頁●本体2900円＋税

ルネサンスのエロスと魔術

◆ヨアン・P・クリアーノ　ミルチャ・エリアーデ＝序文　桂 芳樹＝訳

フィチーノらが占星術、錬金術を駆使して想像力の根源エロスを噴出させた十七世紀。しかし、科学革命と新旧の宗教革命はそれを封印しようとする…。西欧精神史を根底から覆す画期的書。

●A5判上製●504頁●本体4800円＋税